DECISÕES DO CONSELHO DE RECURSOS DA PREVIDÊNCIA SOCIAL (CRPS)

ENUNCIADOS COMENTADOS E RESOLUÇÕES ANOTADAS

FREDERICO AMADO

DECISÕES DO CONSELHO DE RECURSOS DA PREVIDÊNCIA SOCIAL (CRPS)

ENUNCIADOS COMENTADOS E RESOLUÇÕES ANOTADAS

2021

EDITORA *Jus*PODIVM

www.editorajuspodivm.com.br

EDITORA *Jus*PODIVM
www.editorajuspodivm.com.br

Rua Território Rio Branco, 87 – Pituba – CEP: 41830-530 – Salvador – Bahia
Tel: (71) 3045.9051
• Contato: https://www.editorajuspodivm.com.br/sac

Diagramação: SBNigri Artes e Textos Ltda. *(sbnigri@centroin.com.br)*

Capa: Marcelo S. Brandão *(santibrando@gmail.com)*

D294 Decisões do CRPS - Enunciados Comentados e Resoluções Anotadas / organizador Frederico Amado – Salvador: Editora JusPodivm, 2021.
1088 p.

ISBN 978-65-5680-294-7.

1. Direito Previdenciário. 2. Enunciados. 3. Resoluções. I. Amado, Carmem. II. Título.

CDD 341.6

Apresentação

A presente obra intitulada ***Decisões do Conselho de Recursos da Previdência Social (CRPS) – Enunciados Comentados e Resoluções Anotadas*** busca suprir uma grande lacuna na atuação profissional previdenciária no RGPS: o conhecimento das teses jurídicas fixadas pelo CRPS na fase recursal no processo administrativo previdenciário de benefícios.

O CRPS é um órgão da União vinculado atualmente ao Ministério da Economia e formado por diversos órgãos internos com competência recursal: Juntas de Recursos (JR's), para julgar o recurso ordinário; Câmaras de Julgamento (CAJ's), para julgar o recurso especial e Plenário para uniformizar as divergências "jurisprudenciais" entre as CAJ's e as JR's nas matérias de alçada exclusiva.

É imprescindível para o profissional da área previdenciária ou mesmo assistencial conhecer a estrutura do CRPS, as suas competências recursais e a sua "jurisprudência", especialmente as teses jurídicas firmadas pelo Conselho Pleno através dos enunciados (abstratos e aprovados por maioria absoluta) e das resoluções (editadas em casos concretos por votação da maioria relativa dos membros do Pleno).

O recurso administrativo é um instrumento legítimo interno do Poder Executivo da União que possibilita que o beneficiário da Previdência Social possa obter uma reavaliação do ato administrativo indeferitório praticado pelo INSS por Colegiado da estrutura da União, prevenindo milhares de ações judiciais.

O trânsito pela fase recursal no processo administrativo previdenciário sem o conhecimento das teses jurídicas firmadas pelo órgão de cúpula do CRPS e de todo o procedimento administrativo prejudica o êxito do recurso, inclusive para o INSS que poderá interpor recurso especial e pedido de uniformização.

Nesse sentido, apresento aos profissionais previdenciaristas do setor público e privado esta inovadora obra, que reflete a minha experiência profissional acumulada há mais de quinze anos como Procurador Federal, professor e autor, inclusive atualmente participando das sessões trimestrais do Plenário do CRPS em representação à Procuradoria Federal Especializada do INSS com sustentações orais.

A obra foi estruturada em **três capítulos**. O **primeiro** trata de todo o procedimento e competência recursal do CRPS, dando todo o suporte teórico para a compreensão dos capítulos seguintes.

O **segundo capítulo**, por sua vez, traz os dezesseis enunciados do Plenário do CRPS atualmente em vigor com comentários detalhados.

De arremate, o **terceiro capítulo** contém as setenta e duas Resoluções publicadas pelo CRPS no ano de 2020, precedidas de anotações contendo o tema julgado, o resultado e a tese firmada pelo Plenário do CRPS. Ademais, ainda foi apresentado um Ementário das Resoluções editadas em 2019 e 2018, com link de acesso ao texto por QR CODE.

Enfim, este é o perfil, objetivo e conteúdo deste pioneiro livro que inexistia no Direito Previdenciário brasileiro, que passa a integrar a nossa *Coleção Direito Previdenciário Profissional* publicada pela Editora Juspodivm.

O AUTOR

Sumário

Capítulo 1

PROCEDIMENTO RECURSAL

1. FASE RECURSAL NO PROCESSO ADMINISTRATIVO PREVIDENCIÁRIO DO CRPS

De acordo com a antiga Súmula 05, do Conselho de Recursos da Previdência Social, "a Previdência Social deve conceder o melhor benefício a que o segurado fizer jus, cabendo ao servidor orientá-lo nesse sentido", entendimento repetido no artigo 687, da Instrução Normativa INSS 77/2015.

Veja-se o novo enunciado do CRPS agora mais detalhado:

> **JR/CRPS – ENUNCIADO Nº 1 – Alterado: Publicado no DOU de 12.11.2019**
>
> **A Previdência Social deve conceder o melhor benefício a que o beneficiário fizer jus, cabendo ao servidor orientá-lo nesse sentido.**
>
> I – Satisfeitos os requisitos para a concessão de mais de um tipo de benefício, o INSS oferecerá ao interessado o direito de opção, mediante a apresentação dos demonstrativos financeiros de cada um deles.
>
> II – Preenchidos os requisitos para mais de uma espécie de benefício na Data de Entrada do Requerimento (DER) e em não tendo sido oferecido ao interessado o direito de opção pelo melhor benefício, este poderá solicitar revisão e alteração para espécie que lhe é mais vantajosa, cujos efeitos financeiros remontarão à DER do benefício concedido originariamente, observada a decadência e a prescrição quinquenal.
>
> III – Implementados os requisitos para o reconhecimento do direito em momento posterior ao requerimento administrativo, poderá ser reafirmada a DER até a data do cumprimento da decisão do CRPS.
>
> IV – Retornando os autos ao INSS, cabe ao interessado a opção pela reafirmação da DER mediante expressa concordância, aplicando-se a todas as situações que resultem em benefício mais vantajoso ao interessado.

No mesmo sentido o Regulamento da Previdência Social, alterado pelo Decreto 10.410/2020:

> "Art. 176-E. Caberá ao INSS conceder o benefício mais vantajoso ao requerente ou benefício diverso do requerido, desde que os elementos constantes do processo administrativo assegurem o reconhecimento desse direito. (Incluído pelo Decreto nº 10.410, de 2020)
>
> Parágrafo único. Na hipótese de direito à concessão de benefício diverso do requerido, caberá ao INSS notificar o segurado para que este manifeste expressamente a sua opção pelo benefício, observado o disposto no art. 176-D. (Incluído pelo Decreto nº 10.410, de 2020)".

Logo, se um segurado requereu a aposentadoria por idade, mas também tinha direito à aposentadoria por tempo de contribuição com melhor renda mensal, o INSS deverá deferir este último benefício.

Por conseguinte, quando o servidor responsável pela análise do processo verificar que o segurado ou dependente possui direito ao recebimento de benefício diverso ou mais vantajoso do que o requerido, deve comunicar o requerente para exercer a opção.

A decisão administrativa deverá ser fundamentada, sob pena de nulidade, com indicação dos documentos e dos elementos que levaram à concessão ou ao indeferimento do benefício ou serviço.

Deverá ser adotado vocabulário simples, suficiente para propiciar adequado grau de certeza, segurança e respeito aos direitos dos usuários da Previdência Social, evitando-se o uso de siglas ou palavras de uso interno da Administração que dificultem o entendimento pelo interessado.

Com propriedade, a decisão administrativa, em qualquer hipótese, deverá conter despacho sucinto do objeto do requerimento administrativo, fundamentação com análise das provas constantes nos autos, bem como conclusão deferindo ou indeferindo o pedido formulado, sendo insuficiente a mera justificativa do indeferimento constante no sistema corporativo da Previdência Social[1].

Insta advertir que, se por ocasião do despacho, for verificado que na data de entrada do requerimento o segurado não satisfazia as condições mínimas exigidas para a concessão do benefício pleiteado, mas que os completou em momento posterior ao pedido inicial, será dispensada nova habilitação, admitindo-se, apenas, a reafirmação da data de entrada do requerimento[2].

Esse instituto, criado pelo artigo 690 da Instrução Normativa INSS 77/2015 no processo administrativo previdenciário, se chama **reafirmação da DER** (data de entrada do requerimento).

1. Artigo 691, §1º, da Instrução Normativa INSS 77/2015.
2. Artigo 690, da Instrução Normativa INSS 77/2015.

Não se tratava de mera discricionaridade administrativa, pois o artigo 690 da IN INSS 77/2015 aduz que "deverá o servidor informar ao interessado sobre a possibilidade de reafirmação da DER", sendo portando um direito do segurado:

> "Art. 690. Se durante a análise do requerimento for verificado que na DER o segurado não satisfazia os requisitos para o reconhecimento do direito, mas que os implementou em momento posterior, **deverá** o servidor informar ao interessado sobre a possibilidade de reafirmação da DER, exigindo-se para sua efetivação a expressa concordância por escrito".

Por outro lado, a Normativa da Autarquia exige expressamente a aquiescência do segurado para a implementação da reafirmação da DER.

O caso típico de reafirmação da DER é o segurado que não implementou todos os requisitos para a concessão de um benefício na DER originária, mas o fez durante o curso do processo administrativo previdenciário.

Dessa forma, ao invés de negar o benefício na DER originária e forçar a criação de mais um processo administrativo, é melhor para o segurado e para a Administração Pública aproveitar o processo anterior e alterar a data do requerimento para uma data mais recente em que já havia nascido o direito por uma questão de economicidade processual.

Destarte, é possível definir a REAFIRMAÇÃO ADMINISTRAVA DA D.E.R. como um direito do segurado constituído pelo artigo 690 da Instrução Normativa INSS 77/2015, consistente na postergação da data de entrada do requerimento administrativo para outra data em que foi constituído o direito a um benefício previdenciário, considerando que na D.E.R. originária ainda não havia se formado o direito ao benefício.

Mas o artigo 690 da IN INSS 77/2015 é incompleto. Isso porque ele deveria fixar o momento da reafirmação da DER, já que apenas afirma o seguinte: ***"mas que os implementou em momento posterior".*** Que momento seria este afinal?

Vejo apenas duas possibilidades juridicamente viáveis para a nova DER administrativa: data do implemento das condições (dia do direito adquirido, que precisa ser posterior à DER originária) ou a data do despacho administrativo do servidor durante a instrução processual.

Diante da lacuna normativa, creio que seja razoável a adoção da posição mais favorável ao segurado, qual seja, reafirmar a DER data do implemento das condições, que necessariamente e por óbvio será uma data posterior à DER originária.

Acertadamente, nesse sentido o Decreto 10.410/2020, que alterou o Regulamento da Previdência Social:

> "Art. 176-D. Se, na data de entrada do requerimento do benefício, o segurado não satisfizer os requisitos para o reconhecimento do direito, mas implementá-los

em momento posterior, antes da decisão do INSS, **o requerimento poderá ser reafirmado para a data em que satisfizer os requisitos**, que será fixada como início do benefício, exigindo-se, para tanto, a concordância formal do interessado, admitida a sua manifestação de vontade por meio eletrônico. (Incluído pelo Decreto nº 10.410, de 2020)".

Curioso notar, por outro lado, que a reafirmação administrativa da DER, de direito do beneficiário constituído pelo artigo 690 da IN INSS 77/2015, passou a ser uma discricionariedade da autarquia de previdência desde o Decreto 10.410/2020, pois a expressão "deverá" foi convertida em faculdade ("poderá") pelo ato presidencial, de superior hierarquia à normativa do INSS.

Caberá ao Chefe da Agência da Previdência Social encaminhar uma **Carta de Deferimento ou de Indeferimento do benefício,** conforme o caso, ao endereço do segurado ou do seu dependente, em que constará a espécie de prestação previdenciária postulada, o NB (número do benefício), a DER (data de entrada do requerimento) e as razões da decisão.

No caso de auxílio-doença, nos termos do **Memorando-Circular Conjunto nº 6 /DIRSAT/DIRAT/DIRBEN/INSS, de 5/4/2017, ficará** disponível no portal da Previdência Social, a Comunicação de Resultado de Requerimento – CRER de auxílio-doença, sob o nome de Comunicação de Decisão de Requerimento/ Benefício, tendo o interessado acesso à informação a partir das 21 horas da data de realização da perícia médica, através do endereço www.previdencia.gov.br, *consulta de situação de benefício, resultado de perícia* ou através da Central 135.

Por questões de segurança especialmente do Perito-médico previdenciário, restou vedada a entrega da CRER na APS no mesmo dia da realização do exame médico pericial, a todos os segurados/requerentes independentemente do tipo de filiação, ficando ainda proibido ao servidor do INSS a comunicação do resultado do requerimento por qualquer forma ou meio que não o determinado neste memorando, sob pena de apuração de responsabilidade a quem descumprir essa determinação.

Uma vez negado pelo INSS o pedido do beneficiário da previdência ou assistencial social, acaso o requerente não tenha se resignado com a negativa, três caminhos se abrem para a impugnação:

a) Pedido de revisão;

b) Recurso administrativo para o CRPS;

c) Ação judicial.

Neste momento trataremos apenas do **pedido de revisão do indeferimento administrativo**, regulado pelo artigo 559 e seguintes da Instrução Normativa INSS 77/2015, que pode ser protocolizado a qualquer tempo, desde que observada a prescrição quinquenal e a decadência decenal de que trata o artigo 103 da Lei 8.213/91.

Trata-se de procedimento administrativo utilizado para reavaliação dos atos praticados pelo INSS, podendo ser instaurado por requerimento do beneficiário, por iniciativa do INSS, por solicitação de órgãos de controle interno ou externo, por decisão recursal ou ainda por determinação judicial.

No caso de pedido de revisão de ato de indeferimento, deverão ser observados os seguintes procedimentos:

> I – sem apresentação de novos elementos, o INSS reanalisará o ato, observado o prazo decadencial; ou
>
> II – com a apresentação de novos elementos, esgotada a possibilidade de revisão do ato com os elementos originários do processo, o pedido será indeferido, e o servidor orientará sobre a possibilidade de novo requerimento de benefício.

Dessa forma, o pedido de revisão do indeferimento administrativo somente será acolhido na situação de constatação de erro administrativo, sem a apresentação de elementos novos pelo requerente, devendo ser pagos os atrasados, observada a prescrição quinquenal.

Para a autarquia, **não se consideram novos elementos:**

> I – os documentos apresentados para provar fato do qual o INSS já tinha ciência, inclusive através do CNIS, e não oportunizou ao segurado o prazo para a comprovação no ato da concessão, tais como:
>
> a) dados extemporâneos ou vínculos sem data de rescisão;
>
> b) vínculos sem salários de contribuição;
>
> c) período de atividade rural pendente de comprovação no CNIS; e
>
> d) período de atividade especial informados pela empresa através de GFIP;
>
> II – a decisão judicial de matéria previdenciária, na qual o INSS é parte, e baseada em documentação apresentada no processo administrativo.

Por outro lado, **serão considerados como elementos novos:**

> I – as marcas de pendência em vínculos e remunerações inexistentes na análise inicial da concessão do benefício;
>
> II – as alterações de entendimento sobre aplicação da legislação; e
>
> III – outros elementos não presentes na análise inicial que possam interferir no reconhecimento do direito ou de suas características.

De sua vez, o Conselho de Recursos da Previdência Social – CRPS, através dos seus inúmeros órgãos internos, exerce a função de órgão julgador das decisões do INSS no que concerne aos benefícios previdenciários, seguro-defeso e ao BPC/LOAS.

O CRPS, órgão da União integrante do Ministério da Economia, é formado por 4 (quatro) Câmaras de Julgamento – CaJ, localizadas em Brasília – DF, que julgam em segunda e última instância matéria de Benefício, e por 29 (vinte e nove) Juntas de Recursos – JR nos diversos estados que julgam matéria de benefício em primeira instância.

O CRPS é o órgão revisor das decisões administrativas do INSS, dispondo o artigo 126, da Lei 8.213/91, a quem compte julgar recursos das decisões do INSS nos processos de interesse dos beneficiários. Eis as competências do CRPS, **ampliadas no ano de 2019:**

> Art. 126. Compete ao Conselho de Recursos da Previdência Social julgar, entre outras demandas, na forma do regulamento: (Redação dada pela Lei nº 13.876, de 2019)
>
> I – recursos das decisões do INSS nos processos de interesse dos beneficiários; (Incluído pela Lei nº 13.846, de 2019)
>
> II – contestações e recursos relativos à atribuição, pelo Ministério da Economia, do Fator Acidentário de Prevenção aos estabelecimentos das empresas; (Incluído pela Lei nº 13.846, de 2019)
>
> III – recursos das decisões do INSS relacionados à comprovação de atividade rural de segurado especial de que tratam os arts. 38-A e 38-B, ou demais informações relacionadas ao CNIS de que trata o art. 29-A desta Lei. (Incluído pela Lei nº 13.846, de 2019)
>
> IV – recursos de processos relacionados à compensação financeira de que trata a Lei nº 9.796, de 5 de maio de 1999, e à supervisão e à fiscalização dos regimes próprios de previdência social de que trata a Lei nº 9.717, de 27 de novembro de 1998. (Incluído pela Lei nº 13.876, de 2019)

Vale ressaltar que é vedado ao INSS escusar-se de cumprir as diligências solicitadas pelo CRPS, bem como deixar de dar cumprimento às decisões definitivas daquele colegiado, reduzir ou ampliar o seu alcance ou executá-las de modo que contrarie ou prejudique seu evidente sentido.

O CRPS é formado pelos seguintes órgãos:

> I – **vinte e nove Juntas de Recursos**, com a competência para julgar, em primeira instância, os recursos interpostos contra as decisões prolatadas pelos órgãos regionais do INSS, em matéria de interesse de seus beneficiários;
>
> II – **quatro Câmaras de Julgamento**, com sede em Brasília, com a competência para julgar, em segunda instância, os recursos interpostos contra as decisões proferidas pelas Juntas de Recursos que infringirem lei, regulamento, enunciado ou ato normativo ministerial;
>
> III – **Conselho Pleno**, com a competência para uniformizar a jurisprudência previdenciária mediante enunciados, podendo ter outras competências definidas no Regimento Interno do Conselho de Recursos da Previdência Social.

O CRPS é presidido por Representante do Governo, com notório conhecimento da legislação previdenciária, nomeado pelo Ministro de Estado da Economia.

De acordo com o Decreto 10.410/2020, as Juntas de Recursos e as Câmaras de Julgamento, presididas por representante do Governo federal, são integradas por quatro conselheiros em cada turma, nomeados pelo Ministro de Estado da Economia, com a seguinte composição:

> I – para os órgãos com competência para processar e julgar as contestações ou os recursos de que tratam os incisos I, II e III do **caput** do art. 305 **(decisões do INSS e FAP):**
>
> a) dois representantes do Governo federal;
>
> b) um representante das empresas; e
>
> c) um representante dos trabalhadores; e
>
> II – para os órgãos com competência para processar e julgar os recursos de que tratam os incisos IV e V do **caput** do art. 305 **(compensação financeira e irregularidades em RPPS):**
>
> a) dois representantes do Governo federal;
>
> b) um representante dos entes federativos; e
>
> c) um representante dos servidores públicos.

O mandato dos conselheiros do CRPS é de **três anos**, permitida a recondução, cumpridos os seguintes requisitos:

> I – os representantes do Governo federal serão escolhidos entre servidores federais, preferencialmente do Ministério da Economia ou do INSS, ou de outro órgão da administração pública federal, estadual, municipal ou distrital, com graduação em Direito, os quais prestarão serviços exclusivos ao CRPS, sem prejuízo dos direitos e das vantagens percebidos no cargo de origem;
>
> II – os representantes das empresas e dos trabalhadores serão escolhidos entre os indicados em lista tríplice pelas entidades de classe ou sindicais das respectivas jurisdições, com graduação em Direito, e serão enquadrados como segurados obrigatórios do RGPS na condição de contribuintes individuais;
>
> III – os representantes dos entes federativos e dos servidores públicos serão escolhidos entre os indicados em lista tríplice pelo Conselho Nacional dos Regimes Próprios de Previdência Social, observadas as respectivas representações, com graduação em Direito, e manterão a qualidade de segurados do regime próprio a que estejam vinculados; e
>
> IV – os representantes não poderão incidir em situações que caracterizem conflito de interesses, nos termos do disposto no art. 10 da Lei nº 12.813, de 16 de maio de 2013.

Na atualidade, o Regimento Interno do CRPS foi aprovado pela Portaria MDSA 116, de 20 de março de 2017, que precisa ser atualizado para se alinhar à Lei 13.846/2019 e ao Decreto 10.410/2020.

Atualmente, é entendimento sumulado do CRPS a **admissão da reafirmação da DER em grau recursal** até a data do cumprimento da decisão do Conselho de Recursos pelo INSS:

> ***"JR/CRPS – ENUNCIADO Nº 1 – Alterado: Publicado no DOU de 12.11.2019***
>
> ***A Previdência Social deve conceder o melhor benefício a que o beneficiário fizer jus, cabendo ao servidor orientá-lo nesse sentido.***
>
> *I – Satisfeitos os requisitos para a concessão de mais de um tipo de benefício, o INSS oferecerá ao interessado o direito de opção, mediante a apresentação dos demonstrativos financeiros de cada um deles.*
>
> *II – Preenchidos os requisitos para mais de uma espécie de benefício na Data de Entrada do Requerimento (DER) e em não tendo sido oferecido ao interessado o direito de opção pelo melhor benefício, este poderá solicitar revisão e alteração para espécie que lhe é mais vantajosa, cujos efeitos financeiros remontarão à DER do benefício concedido originariamente, observada a decadência e a prescrição quinquenal.*
>
> ***III – Implementados os requisitos para o reconhecimento do direito em momento posterior ao requerimento administrativo, poderá ser reafirmada a DER até a data do cumprimento da decisão do CRPS.***
>
> *IV – Retornando os autos ao INSS, cabe ao interessado a opção pela reafirmação da DER mediante expressa concordância, aplicando-se a todas as situações que resultem em benefício mais vantajoso ao interessado".*

Vale registrar a existência de previsão regulamentar aduzindo que a apresentação do documento que ateste o direito após proferida a decisão do INSS não gerará o pagamento de atrasados, devendo ser reafirmada a DER (data de entrada do requerimento) para a data da apresentação do documento, mesmo que em grau recursal no CRPS.

Nesse sentido, nos termos do artigo 176 do Decreto 3.048/99, modificado pelo Decreto 10.410/2020, nas hipóteses de requerimento de revisão de benefício em manutenção ou de recurso de decisão do INSS com apresentação de **novos elementos extemporaneamente** ao ato concessório, **os efeitos financeiros serão fixados na data do pedido de revisão ou do recurso**.

De acordo com o Provimento CRPS 3/2020, ao dar provimento a um recurso de BPC/LOAS-Deficiente (B87) indeferido exclusivamente pelo critério de renda, a Junta de Recursos restituirá o processo ao INSS para prosseguir com a análise da deficiência do requerente e proferir nova decisão.

Ademais, na hipótese em que o recurso não esteja instruído com elementos documentais que permitam o julgamento do critério de renda do BPC/LOAS-Deficiente (B87) e nem se possa obtê-los por meio do SAT – Sistema de

Atendimento – Módulo Central ou outro sistema disponível, o processo será baixado em diligência, especificando os documentos que o INSS deve juntar.

Ainda de acordo com o CRPS, tratando-se de recurso de BPC/LOAS-Deficiente (B87) indeferido com base em não reconhecimento da deficiência do requerente, o Conselheiro Julgador, se for o caso, demandará a realização de Parecer Técnico Fundamentado de Benefício Assistencial em fase recursal pela Perícia Médica Federal, hipótese em que deverão ser observados os procedimentos estabelecidos na Orientação Interna SPREV/SEPRT nº 04/2019.

Na hipótese de a Perícia Médica Federal definir pela necessidade de realização de perícia médica na modalidade presencial, o Conselheiro Julgador encaminhará o expediente ao INSS para fins de agendamento do ato pericial no sistema PMF-Agendas, com a consequente convocação do requerente.

1.1. Recurso Ordinário e Recurso Especial

Da decisão tomada pelo INSS nos processos de interesse dos beneficiários, caberá **recurso ordinário** no prazo de 30 dias ao Conselho de Recursos da Previdência Social – CRPS, órgão colegiado originalmente integrante da estrutura do Ministério da Previdência Social, na forma do artigo 126, da Lei 8.213/91, que o julgará através de uma das suas **29 Juntas de Recursos**, com eficácia suspensiva e devolutiva, se tempestivo.

Com o advento da Lei 13.341/2016, o Conselho de Recursos da Previdência Social passou a se chamar **Conselho de Recursos da Previdência Social**, sendo vinculado ao Ministério do Desenvolvimento Social e Agrário.

No entanto, em 2019, com a reforma ministerial, voltou a se chamar Conselho de Recursos da Previdência Social – CRPS, agora integrante da estrutura do Ministério da Economia.

Também competirá às Juntas de Recursos do CRPS apreciar recurso contra decisão do INSS acerca da configuração do Nexo Técnico Epidemiológico Previdenciário – NTEP. Após a interposição do recurso pelo segurado ou seu dependente, o INSS apresentará **razões de contrariedade**, também no prazo de 30 dias.

Na hipótese de Recurso Ordinário, serão considerados como contrarrazões do INSS os motivos do indeferimento, não havendo mais a apresentação de peça específica pela autarquia previdenciária.

De acordo com o artigo 29 do Regimento Interno do CRPS, denomina-se Recurso Ordinário aquele interposto pelo interessado, segurado ou beneficiário da Seguridade Social, em face de decisão proferida pelo INSS, dirigido às Juntas de Recursos do CRPS, observada a competência regimental.

Eis a atual redação do artigo 126 da Lei 8.213/91:

> "Art. 126. Compete ao Conselho de Recursos da Previdência Social julgar, entre outras demandas, na forma do regulamento: (Redação dada pela Lei nº 13.876, de 2019)
>
> I – recursos das decisões do INSS nos processos de interesse dos beneficiários; (Incluído pela Lei nº 13.846, de 2019)
>
> II – contestações e recursos relativos à atribuição, pelo Ministério da Economia, do Fator Acidentário de Prevenção aos estabelecimentos das empresas; (Incluído pela Lei nº 13.846, de 2019)
>
> III – recursos das decisões do INSS relacionados à comprovação de atividade rural de segurado especial de que tratam os arts. 38-A e 38-B, ou demais informações relacionadas ao CNIS de que trata o art. 29-A desta Lei. (Incluído pela Lei nº 13.846, de 2019)
>
> IV – recursos de processos relacionados à compensação financeira de que trata a Lei nº 9.796, de 5 de maio de 1999, e à supervisão e à fiscalização dos regimes próprios de previdência social de que trata a Lei nº 9.717, de 27 de novembro de 1998. (Incluído pela Lei nº 13.876, de 2019)".

Compete às Juntas de Recursos julgar os Recursos Ordinários interpostos contra as decisões do INSS nos processos de interesse dos beneficiários do Regime Geral de Previdência Social, nos processos referentes aos benefícios assistenciais de prestação continuada previstos no art. 20 da Lei nº 8.742, de 07 de dezembro de 1993 e, nos casos previstos na legislação, nos processos de interesse dos contribuintes do Regime Geral de Previdência Social.

Por força do artigo 176, §3º, do Regulamento, alterado pelo Decreto 10.410/2020, não caberá recurso ao CRPS da decisão que determine o arquivamento do requerimento sem análise de mérito decorrente da não apresentação de documentação indispensável ao exame do requerimento.

Ao que parece, essa disposição regulamentar restringe indevidamente o inciso I do artigo 126 da Lei 8.213/91, que prevê recurso contra decisão do INSS nos processos de interesses dos beneficiários, não excluindo as decisões administrativas sem a análise de mérito.

Nos termos do §4º do artigo 347 do RPS, inserido pelo Decreto 10.410/2020, nas hipóteses de requerimento de revisão de benefício em manutenção ou de **recurso de decisão do INSS** com apresentação de novos elementos extemporaneamente ao ato concessório, os efeitos financeiros serão fixados na data do pedido de revisão ou do recurso.

Eis as 29 Juntas de Recursos do CRPS:

- 1ª Junta de Recursos – Manaus – AM
- 2ª Junta de Recursos – Fortaleza – CE

  - 1ª Composição Adjunta – 2ª JR – Sobral – CE
- 3ª Junta de Recursos – Recife – PE
- 4ª Junta de Recursos – Salvador – BA
- 5ª Junta de Recursos – Brasília – DF
  - 1ª Composição Adjunta – 5ª JR – Taguatinga – DF
  - 2ª Composição Adjunta – 5ª JR – Ceilândia – DF
- 6ª Junta de Recursos – Goiânia – GO
- 7ª Junta de Recursos – Belo Horizonte – MG
- 8ª Junta de Recursos – Belo Horizonte – MG
- 9ª Junta de Recursos – Juiz de Fora – MG
- 10ª Junta de Recursos – Rio de Janeiro – RJ
  - 1ª Composição Adjunta – 10ª JR – Duque de Caxias – RJ
- 11ª Junta de Recursos – Rio de Janeiro – RJ
  - 1ª Composição Adjunta – 11ª JR – Niterói – RJ
- 12ª Junta de Recursos – Rio de Janeiro – RJ
- 13ª Junta de Recursos – São Paulo – SP
  - 1ª Composição Adjunta – 13ª JR – São José do Rio Preto – SP
  - 2ª Composição Adjunta – 13ª JR – São Bernardo do Campo – SP
- 14ª Junta de Recursos – São Paulo – SP
  - 1ª Composição Adjunta – 14ª JR – São José do Rio Preto – SP
  - 2ª Composição Adjunta – 14ª JR – Santo André – SP
- 15ª Junta de Recursos – Bauru – SP
- 16ª Junta de Recursos – Curitiba – PR
- 17ª Junta de Recursos – Florianópolis – SC
- 18ª Junta de Recursos – Porto Alegre – RS
- 19ª Junta de Recursos – São Luís – MA
- 20ª Junta de Recursos – Teresina – PI
- 21ª Junta de Recursos – João Pessoa – PB
- 22ª Junta de Recursos – Campo Grande – MS
- 23ª Junta de Recursos – Cuiabá – MT

- 24ª Junta de Recursos – Vitória – ES
- 25ª Junta de Recursos – Aracajú – SE
- 26ª Junta de Recursos – Maceió – AL
  - 2ª Composição Adjunta – 26ª JR – Maceió – AL
- 27ª Junta de Recursos – Natal – RN
  - 1ª Composição Adjunta – 27ª JR – Mossoró – RN
  - 2ª Composição Adjunta – 27ª JR – Caicó – RN
- 28ª Junta de Recursos – Belém – PA
- 29ª Junta de Recursos – Porto Velho – RO

Contudo, a partir da Lei 11.457/07, note-se que atualmente os processos ligados à arrecadação das contribuições previdenciárias passaram a tramitar na Secretaria da Receita Federal do Brasil, com competência recursal do Conselho Administrativo de Recursos Fiscais, órgão da estrutura do Ministério da Fazenda (atualmente Ministério da Economia).

Eis uma competência atribuída ao CRPS pela Lei 13.846/2019: **julgar as contestações e recursos relativos à atribuição, pelo Ministério da Economia, do Fator Acidentário de Prevenção aos estabelecimentos das empresas.**

Outrossim, por força da Lei 13.876/2019, também competirá ao **CRPS** julgar os **recursos** de processos relacionados à **compensação financeira** de que trata a Lei nº 9.796, de 5 de maio de 1999, e à supervisão e à fiscalização dos regimes próprios de previdência social de que trata a Lei nº 9.717, de 27 de novembro de 1998.

Ademais, em determinadas hipóteses, as decisões tomadas pelas Juntas de Recursos poderão ser impugnadas através de **recurso especial** dirigido a umas das **04 Câmaras de Julgamento do CRPS**, que funcionará como **órgão de 3ª instância.**

Excepcionalmente, conforme veremos, poderemos ainda ter a **4ª instância de julgamento** através do pedido de uniformização de jurisprudência para o **Plenário do CRPS.**

INSTÂNCIAS DE JULGAMENTO:

1ª instância	INSS
2ª instância	Juntas de Recursos do CRPS
3ª instância	Câmaras de Julgamento do CRPS *
4ª instância	Pleno do CRPS * (pedido de uniformização de jurisprudência)

As Juntas e as Câmaras, presididas por representante do Governo, são compostas por quatro membros, denominados conselheiros, nomeados pelo Ministro da Fazenda, sendo dois representantes do Governo, um das empresas e um dos trabalhadores, com mandato de 02 anos, permitida a recondução.

Eis as 4 Câmaras de Recursos do CRPS:

- **1ª Câmara de Julgamento**

  1ª Composição Adjunta – 1ª CAJ – RJ

- **2ª Câmara de Julgamento**

  1ª Composição Adjunta – 2ª CAJ – SP

  2ª Composição Adjunta – 2ª CAJ – RN

- **3ª Câmara de Julgamento**

  1ª Composição Adjunta – 3ª CAJ – MG

- **4ª Câmara de Julgamento**

  1ª Composição Adjunta – 4ª CAJ – PR

Entende-se que deveria também existir um representante dos aposentados, em aplicação ao Princípio da Gestão Quadripartite da Seguridade Social, devendo futuramente ser modificada a legislação previdenciária para se adaptar a essa importante norma constitucional.

Nos termos do artigo 30 do Regimento Interno 2017 do CRPS, das decisões proferidas no julgamento do Recurso Ordinário caberá **Recurso Especial** dirigido às **Câmaras de Julgamento**, observado o prazo de 30 dias (corridos, e não úteis).

O INSS recorrerá das decisões das Juntas de Recurso nas seguintes hipóteses:

> I – violarem disposição de lei, de decreto ou de portaria ministerial;
>
> II – divergirem de Súmula ou de Parecer do Advogado Geral da União, editado na forma da Lei Complementar nº 73, de 10 de fevereiro de 1993.
>
> III – divergirem de pareceres da Consultoria Jurídica do MDSA, dos extintos MTPS e MPS ou da Procuradoria Federal Especializada – INSS, aprovado pelo Procurador-Chefe.
>
> IV – divergirem de enunciados editados pelo Conselho Pleno do CRPS e do antigo CRPS;
>
> V – tiverem sido fundamentadas em laudos ou pareceres médicos divergentes emitidos pela Assessoria Técnico-Médica no âmbito do CRPS e pelos Médicos peritos do INSS, ressalvados os benefícios de auxílio-doença e assistenciais nos termos do inciso I do § 2º deste artigo; e
>
> VI – contiverem vício insanável.

Desta forma, **para o INSS o recurso especial possui causa de pedir tarifada**, embora se reconheça que as hipóteses são deveras abertas.

Por sua vez, constituem **alçada exclusiva das Juntas de Recursos**, não comportando recurso às Câmaras de Julgamento, as seguintes decisões:

> I – fundamentada exclusivamente em matéria médica, e relativa aos benefícios de auxílio-doença;
>
> II – proferida sobre reajustamento de benefício em manutenção, em consonância com os índices estabelecidos em lei, exceto quando a diferença na Renda Mensal Atual – RMA decorrer de alteração da Renda Mensal Inicial – RMI.

Logo, **não caberá recurso especial do INSS ou dos beneficiários da Previdência Social ou da assistência social para devolver às Câmaras estes temas, sendo novidade do Regimento Interno 2017 do CRPS o impedimento do recurso especial envolvendo o auxílio-doença.**

IMPORTANTE!
De acordo com o **Provimento 6/2019 do CRPS**, "nos processos de Recurso Ordinário interpostos contra a cessação do benefício de Auxílio-Doença previdenciário ou acidentário, em que o interessado não requereu pedido de prorrogação (pp) dentro do prazo de 15 dias, contados do décimo quinto dia que anteceder o termo final concedido até esse dia, **deverá ser considerado precluso o pedido e considerado seu recurso como requerimento de novo benefício". Curiosamente, logo após a sua edição, coube ao Provimento 7/2019 revogá-lo por expresso, pois, por certo, se trata de questão de mérito que deve ser avaliada pelo órgão julgador.**

A interposição tempestiva do Recurso Especial suspende os efeitos da decisão de primeira instância e devolve à instância superior o conhecimento integral da causa.

O prazo para o INSS interpor recurso especial em 30 dias terá início a partir da data do recebimento do processo na unidade que tiver atribuição para a prática do ato.

1.2. Procedimento recursal

Os recursos serão interpostos pelo interessado, preferencialmente, junto ao órgão do INSS que proferiu a decisão sobre o seu benefício, que deverá proceder a sua regular instrução com a posterior remessa do recurso à Junta ou Câmara, conforme o caso.

É de **trinta dias** o prazo para a interposição de **recurso** e para o oferecimento de **contrarrazões**, contado da data da ciência da decisão e da data da intimação da interposição do recurso, respectivamente.

Os processos submetidos a julgamento pelo CRPS serão numerados folha a folha, e as peças neles inseridas, a partir do recurso, devem ser digitadas, datadas e assinadas, recusadas as expressões injuriosas ou desrespeitosas, que poderão ser riscadas dos autos pelo Presidente da Câmara ou Junta.

As Carteiras de Trabalho e Previdência Social - CTPS e os Carnês de Contribuição serão extratados pelo servidor do INSS responsável pela instrução do processo, que fará anexar aos autos simulação autenticada do tempo de contribuição apurado, inclusive dos dados existentes no Cadastro Nacional de Informações Sociais - CNIS e as seguintes informações:

> I - na hipótese de aposentadoria por tempo de contribuição ou de aposentadoria especial deverá conter o tempo: a. apurado até 15 de dezembro de 1998; e, até 28 de novembro de 1999 até a data do requerimento; assim como o tempo adicional referente ao pedágio para aposentadoria proporcional sem direito adquirido antes da Emenda Constitucional nº 20, de 15 de dezembro de 1998, seguidos do número de contribuições válidas para efeito de carência; b. apurado até 18/06/15, para fins de verificação da aposentadoria por tempo de contribuição sem o fator previdenciário, e o número de contribuições válidas para efeito de carência; e
>
> II - para os demais casos, conforme as hipóteses, o número de contribuições válidas para efeito de carência, o tempo de contribuição até a data do requerimento para fins de aposentadoria por idade urbana sem considerar a perda da qualidade de segurado, e o número de meses de atividade rural correspondente ao prazo de carência para os benefícios de trabalhadores rurais.

As Juntas de Recursos e as Câmaras de Julgamento **priorizarão** a análise e solução dos recursos que tenham como parte beneficiários com idade igual ou superior a sessenta anos e relativos às prestações de auxílio-doença, de aposentadoria por incapacidade permanente e do benefício assistencial de que trata o art. 20 da Lei nº 8.742, de 7 de dezembro de 1993.

Na hipótese de Recurso Ordinário, serão considerados como contrarrazões do INSS os motivos do indeferimento. Em se tratando de Recurso Especial, expirado o prazo para contrarrazões, os autos serão imediatamente encaminhados para julgamento.

Os **prazos recursais** são contínuos e começam a correr a partir da data da ciência da parte, excluindo-se da contagem o dia do início e incluindo-se o do vencimento, só iniciando ou vencendo em dia de expediente normal no órgão em que tramita o recurso ou em que deva ser praticado o ato, considerando-se prorrogado o prazo até o primeiro dia útil seguinte se o vencimento ocorrer em dia em que não houver expediente ou em que este for encerrado antes do horário normal.

De sua vez, quando o ato for praticado por meio eletrônico para atender a prazo processual, serão considerados tempestivos os transmitidos integralmente até as vinte e quatro horas de seu último dia útil.

Considera-se **intimação** é o ato pelo qual se dá ciência a alguém dos atos, termos e decisões do processo, para que faça ou deixe de fazer alguma coisa. Será efetuada por ciência no processo, por via postal com aviso de recebimento, por telegrama, por meio eletrônico, ou por outro meio que assegure a regularidade da ciência do interessado ou do seu representante, sem sujeição a ordem de preferência, presumindo-se válidas as intimações dirigidas ao endereço residencial ou profissional declinado nos autos pela parte, beneficiário ou representante, cumprindo aos interessados atualizar o respectivo endereço sempre que houver modificação temporária ou definitiva.

Considera-se feita a intimação:

> I – se pessoal, na data da ciência do interessado ou de seu representante legal ou, caso haja recusa ou impossibilidade de prestar a nota de ciente, a partir da data em que for dada a ciência, declarada nos autos pelo servidor que realizar a intimação;
>
> II – se por via postal ou similar, na data do recebimento aposta no comprovante, ou da nota de ciente do responsável;
>
> III – se por edital, quinze dias após sua publicação ou afixação.
>
> IV – por meio eletrônico, com a confirmação de envio da correspondência eletrônica ao destinatário, fazendo-se a juntada da cópia do comprovante de envio.

A cientificação será efetuada por meio de **edital** somente nos casos de interessados indeterminados ou desconhecidos, ou cujo domicílio seja indefinido, entendido este como endereço vago ou incompleto.

Será nula a intimação quando realizada sem observância das prescrições legais, mas o comparecimento do interessado supre sua falta ou irregularidade, pois não há nulidade processual se não houver prejuízo.

Saliente-se que a admissão ou não do recurso é prerrogativa do CRPS, sendo vedado a qualquer órgão do INSS recusar o seu recebimento ou sustar-lhe o andamento, exceto se houver previsão regimental em sentido contrário.

Todavia, após a análise das razões recursais, caso o INSS se convença de que assiste razão ao recorrente, deverá exercer o **juízo de retratação**, revendo o seu ato administrativo e deixando de encaminhar o recurso a uma das Juntas do CRPS.

Nesse sentido, nos termos do artigo 34 do Regimento Interno do CRPS, o INSS pode, enquanto não tiver ocorrido a decadência, reconhecer expressamente o direito do interessado e reformar sua decisão, observado o seguinte procedimento:

> I – quando o reconhecimento ocorrer na fase de instrução do Recurso Ordinário o INSS deixará de encaminhar o recurso ao órgão julgador competente;
>
> II – quando o reconhecimento ocorrer após a chegada do recurso no CRPS, mas antes de qualquer decisão colegiada, o INSS deverá encaminhar os autos ao respectivo órgão julgador, devidamente instruído com a comprovação da reforma de sua decisão e do reconhecimento do direito do interessado, para julgamento do mérito.

III – quando o reconhecimento ocorrer após o julgamento da Junta de Recurso ou da Câmara de Julgamento, o INSS deverá encaminhar os autos ao órgão julgador que proferiu a última decisão, devidamente instruído com a comprovação da reforma de sua decisão e do reconhecimento do direito do interessado, para que, se for o caso, seja proferida nova decisão.

Frise-se que o não conhecimento do recurso pela intempestividade não impede a revisão de ofício pelo INSS, quando verificada a incorreção da decisão administrativa.

Apregoado o processo, o Presidente do órgão julgador dará a palavra ao Conselheiro relator, que apresentará o seu relatório, após o que será facultada ao recorrente e ao recorrido, sucessivamente, a oportunidade de sustentar suas razões, pelo tempo de até quinze minutos para cada um, nessa ordem, prosseguindo-se o voto.

Quando solicitado pelas partes, o órgão julgador deverá informar o local, data e horário de julgamento, para fins de sustentação oral das razões do recurso.

O pedido de inscrição para realização de sustentação oral por videoconferência, quando disponível, deverá ser dirigido à Secretaria do órgão julgador até 72h antes da sessão de julgamento, podendo ser feito por mensagem eletrônica.

Os órgãos colegiados do CRPS obedecerão à seguinte ordem de trabalho:

I – abertura da sessão;

II – verificação de quórum;

III – leitura, discussão e aprovação da ata da sessão anterior;

IV – julgamento dos recursos; e

V – comunicações diversas.

Nos moldes do artigo 16 do Regimento Interno do CRPS 2017, ao Conselheiro relator das Câmaras e Juntas incumbirá:

I – presidir e acompanhar a instrução do processo no âmbito do Colegiado, inclusive requisitando diligência preliminar, até sua inclusão em pauta;

II – propor à composição julgadora relevar a intempestividade de recursos, no corpo do próprio voto, quando fundamentadamente entender que, no mérito, restou demonstrada de forma inequívoca a liquidez e a certeza do direito da parte;

III – verificar se as partes foram regularmente cientificadas de todos os atos processuais praticados no curso do processo, a fim de que aos litigantes sejam assegurados o pleno exercício do contraditório e ampla defesa;

IV – solicitar, a qualquer tempo, o pronunciamento técnico da assessoria médica ou jurídica, visando obter subsídios para formar o seu convencimento;

V – retirar de pauta os autos de processo para reexame da matéria controvertida, podendo solicitar instrução complementar;

VI – devolver à Secretaria do respectivo órgão julgador os processos relatados, com observância dos prazos fixados pelo Presidente do CRPS;

VII – apontar a ocorrência de conexão ou de continência, determinando a reunião de processos, mediante referendo do Órgão Colegiado por ocasião da apreciação da matéria;

VIII – declarar-se impedido de participar do julgamento, na forma regimental;

XIX – executar outras atribuições fixadas no Regimento, ou solicitadas pelo Presidente do CRPS, ou ainda pelo Presidente da Câmara ou Junta a que estejam vinculados.

Após o voto do relator, os demais Conselheiros poderão usar a palavra e debater sobre questões pertinentes ao processo, proferindo seus votos na seguinte ordem de votação: I – representante do governo; II – representante dos trabalhadores; III – representante das empresas; e IV – presidente da composição de julgamento. **Frise-se que, em caso de empate, o Presidente proferirá voto de desempate**, após o voto dos outros três membros do colegiado.

As decisões das Juntas de Recursos e das Câmaras de Julgamento poderão ter o seguinte conteúdo:

I – conversão em diligência[3];

II – não conhecimento[4];

III – conhecimento e não provimento;

IV – conhecimento e provimento parcial;

V – conhecimento e provimento;

VI – anulação; e

A intempestividade é uma das hipóteses de não conhecimento do recurso ordinário e do recurso especial. No entanto, por força do artigo 16, II, do Regimento do CRPS, ao Relator incumbe propor à composição julgadora **relevar a intempestividade de recursos**, no corpo do próprio voto, quando fundamentadamente

3. A conversão em diligência não dependerá de lavratura de acórdão e se dará para complementação da instrução probatória, saneamento de falha processual, cumprimento de normas administrativas ou legislação pertinente à espécie e adotará preferencialmente a diligência prévia, sem que haja prejulgamento.

4. Constituem razões de não conhecimento do recurso: I – a intempestividade; II – a ilegitimidade ativa ou passiva de parte; III – a renúncia à utilização da via administrativa para discussão da pretensão, decorrente da propositura de ação judicial; IV – a desistência voluntária manifestada por escrito pelo interessado ou seu representante; V – qualquer outro motivo que leve à perda do objeto do recurso; e VI – a preclusão processual.

entender que, **no mérito, restou demonstrada de forma inequívoca a liquidez e a certeza do direito da parte.**

Da sessão será lavrada ata sucinta contendo:

I – número e natureza da sessão;

II – data, hora e local de abertura;

III – verificação de quórum e o nome dos ausentes, se houver;

IV – resultado de matéria administrativa;

V – remissão à pauta, indicando-se quantos processos foram julgados e os retirados de pauta, desde que haja motivo;

VI – os fatos ocorridos na sessão de julgamento, inclusive a presença das partes ou de seus representantes para fins de sustentar suas razões; e

VII – assinatura dos Conselheiros presentes.

A **sessão de julgamento será pública**, ressalvado à Câmara ou Junta o exame reservado de matéria protegida por sigilo, a exemplo de processos que envolvam situações pessoais que devam ser preservadas, admitida a presença das partes e de seus procuradores, exigindo o **quórum mínimo de três membros**. Até a proclamação do resultado final, os Conselheiros, inclusive o Relator, poderão modificar seu voto.

As decisões das composições julgadoras serão lavradas pelo relator do processo, redigidas na forma de acórdão, deverão ser expressas em linguagem discursiva, simples, precisa e objetiva, evitando-se o uso de expressões vagas, de códigos, de siglas e de referências a instruções internas que dificultem a compreensão do julgamento, devendo constar do acórdão:

I – dados identificadores do processo, incluindo nome do interessado ou beneficiário, número do processo ou do recurso, número e espécie do benefício;

II – relatório, que conterá a síntese do pedido, dos principais documentos, dos motivos do indeferimento, das razões do recurso e das principais ocorrências havidas no curso do processo;

III – ementa, na qual se exporá de forma resumida o assunto sob exame e o resultado do julgamento, com indicação da base legal que justifica a decisão;

IV – fundamentação, na qual serão avaliadas e resolvidas as questões de fato e de direito pertinentes à demanda, expondo-se as razões que formaram o convencimento do julgador, sendo vedada a exposição na forma de "considerandos";

V – conclusão, que conterá a decisão decorrente da convicção formada na fundamentação;

VI – julgamento, no qual constará a decisão final da composição julgadora, com o resultado da votação de seus membros; e

VII – os nomes dos Conselheiros participantes e a data de julgamento.

1.3. Enunciados e resoluções do CRPS

Frise-se que o CRPS ainda é composto pelo **Conselho Pleno**, que tem competência para uniformizar em tese (abstratamente) a "jurisprudência" previdenciária mediante **enunciados de súmula**, tendo efeito vinculante em relação aos demais órgãos julgadores do CRPS, sendo vedado a estes decidir casos concretos em sentido diverso.

Vale destacar que a emissão de enunciados dependerá da aprovação da maioria absoluta dos membros do Conselho Pleno e vincula, quanto à interpretação do direito, todos os Conselheiros do CRPS. Entretanto, a interpretação dada pelo enunciado não se aplica aos casos definitivamente julgados no âmbito administrativo, não servindo como fundamento para a revisão destes.

Em 12 de novembro de 2019 foram publicados no Diário Oficial da União novos enunciados do CRPS, que foram inseridos ao longo da obra no próximo **Capítulo 2** com comentários.

A uniformização, em tese, da "jurisprudência" administrativa previdenciária poderá ser suscitada para encerrar divergência jurisprudencial administrativa ou para consolidar jurisprudência reiterada no âmbito do CRPS, mediante a edição de enunciados, podendo ser provocada pelo Presidente do CRPS, pela Coordenação de Gestão Técnica, pela Divisão de Assuntos Jurídicos, pelos Presidentes das Câmaras de Julgamento ou, exclusivamente em matéria de alçada, por solicitação de Presidente de Juntas de Recursos, ou pela Diretoria de Benefícios do INSS, mediante a prévia apresentação de estudo fundamentado sobre a matéria a ser uniformizada, no qual deverá ser demonstrada a existência de relevante divergência jurisprudencial ou de jurisprudência convergente reiterada.

O enunciado poderá ser revogado ou ter sua redação alterada, por maioria simples, mediante provocação das citadas autoridades, sempre precedido de estudo fundamentado, nos casos em que esteja desatualizado em relação à legislação previdenciária; houver equívoca interpretação da norma; ou quando sobrevier parecer normativo ministerial, aprovado pelo Ministro de Estado, nos termos da Lei Complementar nº 73, de 1993, que lhe prejudique ou retire a validade ou eficácia.

A divergência ou convergência de entendimentos deverá ser demonstrada mediante a elaboração de estudo fundamentado com a indicação de decisórios divergentes ou convergentes, conforme o caso, proferidos nos últimos cinco anos, por outro órgão julgador, composição de julgamento, ou, ainda, por resolução do Conselho Pleno.

O **Pedido de Uniformização de Jurisprudência** poderá ser requerido em casos concretos, pelas partes do processo, dirigido ao Presidente do respectivo órgão julgador, nas seguintes hipóteses:

I - quando houver divergência na interpretação em matéria de direito entre acórdãos de Câmaras de Julgamento do CRPS, em sede de Recurso Especial, ou entre estes e resoluções do Conselho Pleno; ou

II - quando houver divergência na interpretação em matéria de direito entre acórdãos de Juntas de Recursos do CRPS, nas hipóteses de alçada exclusiva previstas no art. 30, § 2º, deste Regimento, ou entre estes e Resoluções do Conselho Pleno.

A divergência deverá ser demonstrada mediante a indicação do acórdão divergente, proferido nos últimos cinco anos, por outro órgão julgador, composição de julgamento, ou, ainda, por resolução do Conselho Pleno.

Será de **trinta dias** o prazo para o requerimento do Pedido de Uniformização de Jurisprudência e para o oferecimento de contrarrazões, contados da data da ciência da decisão e da data da intimação do pedido, respectivamente, hipótese em que suspende o prazo para o seu cumprimento.

Portanto, a uniformização da "jurisprudência" administrativa previdenciária em última instância é da competência do Conselho Pleno do CRPS, que poderá expedir os seguintes atos administrativos:

I - edição de Enunciado, com força normativa vinculante, quando houver aprovação da *maioria absoluta* de seus membros;

II - edição de Resolução para o caso concreto, quando houver aprovação da *maioria simples* de seus membros.

Nesse sentido, nos termos do artigo 3º do Regimento Interno 2017 do CRPS, ao Conselho Pleno competirá:

I - uniformizar, em tese, a jurisprudência administrativa previdenciária e assistencial, mediante emissão de Enunciados;

II - uniformizar, no caso concreto, as divergências jurisprudenciais entre as Juntas de Recursos nas matérias de sua alçada ou entre as Câmaras de julgamento em sede de Recurso Especial, mediante a emissão de Resolução; e

III - decidir, no caso concreto, as Reclamações ao Conselho Pleno, mediante a emissão de Resolução.

As Resoluções mais recentes do Plenário do CRPS são apresentadas no **Capítulo 3**, previamente anotadas com o tema, o resultado do julgamento e a síntese da tese adotada.

Por sua vez, a título de exemplo, eis as Emendas das Resoluções CRPS do ano de 2017:

CONSELHO DE RECURSOS DO SEGURO SOCIAL – CRSS(1)

EMENTÁRIO DE RESOLUÇÕES DO CONSELHO PLENO COM IDENTIFICAÇÃO DA MATÉRIA – 2017

MATÉRIA	RESOLUÇÃO Nº	DATA JULGAMENTO	EMENTA
Aposentadoria diferenciada de Professor e cômputo de tempo de atividade de Coordenação Pedagógica em Secretaria Municipal de Educação.	51	22/11/2017	EMENTA: PEDIDO DE UNIFORMIZAÇÃO DE JURISPRUDÊNCIA.INCISO II DO ARTIGO Nº 3º E INCISO I DO ARTIGO Nº 63, AMBOS DO REGIMENTO INTERNO DO CRSS, APROVADO PELA PORTARIA Nº116/2017. APOSENTADORIA POR TEMPO DE CONTRIBUIÇÃO DOS PROFESSORES. § 8º ARTIGO 201 DA CONSTITUIÇÃO FEDERAL E ARTIGOS 56 DA LEI Nº 8.213/1991. INVIABILIDADE DE COMPUTO DE PERIODO DE ATIVIDADE DE COORDENAÇÃO PEDAGOGICA JUNTO A SECRETARIA MUNICIPAL DE EDUCAÇÃO. RECURSO PROVIDO.
Neutralização da exposição do agente nocivo Ruído com o uso efetivo de Equipamento de Proteção Individual – EPI.	50	22/11/2017	EMENTA: RECLAMAÇÃO AO CONSELHO PLENO.INCISO III DO ARTIGO 3º E INCISO II DO ARTIGO 64, AMBOS DO REGIMENTO INTERNO DO CRSS, APROVADO PELA PORTARIA Nº116/2017. APOSENTADORIA POR TEMPO DE CONTRIBUIÇÃO. ATIVIDADE ESPECIAL. §§ 1º E 2º DO ARTIGO 64 E ARTIGO 70, AMBOS DO DECRETO Nº 3.048/1999. EXISTENCIA DE PROVA INCONTESTAVEL DE QUE O EQUIPAMENTO DE PROTEÇÃO INDIVIDUAL – EPI NEUTRALIZOU EXPOSIÇÃO AO AGENTE NOCIVO RUÍDO. NÃO CONSTATAÇÃO DE INFRIGENCIA AO PARECER CONJUR/MPS/CGU/AGU Nº 616/2010 E ENUNCIADO 21 DO ENTÃO CRPS. RECLAMAÇÃO IMPROCEDENTE.
EMPREGADO DOMÉSTICO – Aplicação do art. 36 da Lei nº 8.212/91 e contribuições previdenciárias em outra categoria para implemento das condições ao benefício. Parecer CONJUR nº 672/12.	49	22/11/2017	EMENTA: RECLAMAÇÃO AO CONSELHO PLENO.INCISO III DO ARTIGO 3º E INCISO II DO ARTIGO 64, AMBOS DO REGIMENTO INTERNO DO CRSS, APROVADO PELA PORTARIA MDSA Nº 116/2017. APOSENTADORIA POR IDADE. VINCULO EMPREGATICIO NA CONDIÇÃO DE EMPREGADA DOMESTICA. COMPUTO PARA EFEITO DE CARENCIA. INTELIGENCIA DO INCISO V DO ARTIGO 30 DA LEI Nº 8.212/1991, ARTIGO 27 DA LEI Nº 8.213/1991, COM REDAÇÃO DADA PELA LEI COMPLEMENTAR Nº 150/2015 E ENUNCIADO Nº 18 DO ENTÃO CRPS. NÃO CONSTATAÇÃO DE INFRIGENCIA AO PARECER CONJUR/MPS/CGU/AGU Nº 672/2012. QUESTÃO JÁ ANALISADA PERANTE O CONSELHO PLENO. RESOLUÇÕES Nº 6/2017 E Nº11/2017. RECLAMAÇÃO IMPROCEDENTE.
	48	22/11/2017	EMENTA: RECLAMAÇÃO AO CONSELHO PLENO.INCISO III DO ARTIGO 3º E INCISO II DO ARTIGO 64, AMBOS DO REGIMENTO INTERNO DO CRSS, APROVADO PELA PORTARIA MDSA Nº 616/2017. APOSENTADORIA POR IDADE. VINCULO EMPREGATICIO NA CONDIÇÃO DE EMPREGADA DOMESTICA. COMPUTO PARA EFEITO DE CARENCIA. INTELIGENCIA DO INCISO V DO ARTIGO 30 DA LEI Nº 8.212/1991, ARTIGO 27 DA LEI Nº 8.213/1991, COM REDAÇÃO DADA PELA LEI COMPLEMENTAR Nº 150/2015 E ENUNCIADO Nº 18 DO ENTÃO CRPS. NÃO CONSTATAÇÃO DE INFRIGENCIA AO PARECER CONJUR/MPS/CGU/AGU Nº 672/2012. QUESTÃO JÁ ANALISADA PERANTE O CONSELHO PLENO. RESOLUÇÕES Nº 6/2017 E Nº11/2017. RECLAMAÇÃO IMPROCEDENTE.

[1] Lei nº 13.341/2016, oriunda da MPV nº 726/2016, alterou a designação do Conselho de Recursos da Previdência Social - CRPS para **Conselho de Recursos do Seguro Social – CRSS**, que passou a integrar a estrutura do Ministério de Desenvolvimento Social – MDS.

Ementário organizado pela Divisão de Assuntos Jurídicos do CRSS, em abril de 2018.
Fonte: Secretaria do Conselho Pleno do Gabinete do CRSS.
Eventuais inconsistências identificadas nesta base podem ser informadas à referida Divisão.

CONSELHO DE RECURSOS DO SEGURO SOCIAL – CRSS(1)

EMENTÁRIO DE RESOLUÇÕES DO CONSELHO PLENO COM IDENTIFICAÇÃO DA MATÉRIA – 2017

MATÉRIA	RESOLUÇÃO Nº	DATA JULGAMENTO	EMENTA
Fixação do termo para os efeitos financeiros decorrentes de revisão procedida em face da apresentação de novos comprovantes de remuneração do segurado.	47	22/11/2017	EMENTA: PEDIDO DE UNIFORMIZAÇÃO. REVISÃO DE RENDA MENSAL INICIAL EFEITOS FINANCEIROS.NOVOS ELEMENTOS.1. NO CASO DE REVISÃO DE BENEFÍCIOS EM MANUTENÇÃO, COM APRESENTAÇÃO DE NOVOS ELEMENTOS, OS EFEITOS FINANCEIROS DEVEM SER FIXADOS NA DATA EM QUE O INSS TOMOU CONHECIMENTO DESSES ELEMENTOS QUE PERMITIRAM AO INSS EFETUAR A REVISÃO REQUERIDA SOMENTE VIERAM AOS AUTOS QUANDO DA APRESENTAÇÃO DO PEDIDO DE REVISÃO. ART.29-A DA LEI Nº 8.213, DE 1991. § 4º DO ART. 347 DO DECRETO Nº3.048, DE 1991. PEDIDO CONHECIDO E PROVIDO.
Restituição de valores pagos indevidamente a título de benefício assistencial – LOAS, considerando a falta de comunicação do fato ou situação que importe em alteração das condições de acesso ao benefício.	46	22/11/2017	EMENTA: PEDIDO DE UNIFORMIZAÇÃO DE JURISPRUDÊNCIA.INCISO II DO ARTIGO 3º E INCISO I DO ARTIGO 63, AMBOS DO REGIMENTO INTERNO DO CRSS, APROVADO PELA PORTARIA MDSA Nº116/2017. AMPARO SOCIAL À PESSOA PORTADORA DE DEFICIENCIA. SUPERAÇÃO DAS CONDIÇÕES PARA MANUTENÇÃO DO BENEFÍCIO. ARTIGO 49 DO DECRETO Nº 6.214/2007. RESTITUIÇÃO DOS VALORES RECEBIDOS INDEVIDAMENTE. PARECER CONJUR/MPS Nº 616/2010 DE OBSERVANCIA OBRIGATORIA PELOS ORGÃOS DO CRSS. PARECER Nº005/2014/CONJUR/CGU/AGU. PARAGRAFO ÚNICO DO ARTIGO 68 DO REGIMENTO INERNO DO CRSS, APROVADO PELA PORTARIA MDS Nº116/2017. RESOLUÇÕES CRPS Nº 27/2015. PEDIDO DE UNIFORMIZAÇÃO DE JURISPRUDENCIA CONHECIDO E PROVIDO.
PENSÃO POR MORTE – Ressarcimento de valores recebidos acima do teto previdenciário entre 2002 e 2010. Parecer/CONJUR nº 616/2010.	45	22/11/2017	EMENTA: PENSÃO POR MORTE.RECLAMAÇÃO AO CONSELHO PLENO.BENEFÍCIO CONCEDIDO ACIMA DO TETO DA PREVIDENCIA SOCIAL. DEVOLUÇÃO DE VALORES RECEBIDOS INDEVIDAMENTE.IMPOSSIBILIDADE DE PERDÃO DA DIVIDA, AINDA QUE COMPROVADA BOA-FE POR PARTE DO INTERESSADO.PARECER Nº 616/2010, QUSTÃO 15. RECLAMAÇÃO PROVIDA.
PENSÃO POR MORTE – Ressarcimento de valores recebidos acima do teto previdenciário entre 2003 e 2010. Parecer/CONJUR nº 616/2010.	44	21/11/2017	EMENTA: PENSÃO POR MORTE. RECLAMAÇÃO AO PLENO.BENEFÍCIO CONCEDIDO ACIMA DO TETO DA PREVIDENCIA SOCIAL. DEVOLUÇÃO DE VALORES RECEBIDOS INDEVIDAMENTE.IMPOSSIBILIDADE DE PERDÃO DA DÍVIDA, AINDA QUE COMPROVADA BOA-FÉ POR PARTE DO INTERESSADO. PARECER Nº 616/2010, QUESTÃO 15. RECLAMAÇÃO PROVIDA.
PRESCRIÇÃO para reaver valores pagos indevidamente após o óbito do titular do benefício em 21/11/1997.	43	22/11/2017	EMENTA: APOSENTADORIA POR IDADE. PEDIDO DE UNIFORMIZAÇÃO DE JURISPRUDENCIA. Divergência jurisprudencial entre as Câmaras de Julgamento no que tange a prescrição na cobrança administrativa de valores recebidos indevidamente. Competência para análise deste Conselho Pleno na forma do art. 15 inc.II do Regimento Interno do CRPS aprovado pela Portaria MPS nº 548/2011. Pressupostos de Admissibilidade do pedido alcançados na forma do art. 64 do mesmo Regimento. É prescritível a ação de cobrança formulada pelo INSS. Inexistência de comando legal indicando a má-fé como excludente do prazo prescricional. Exceção: Comprovação de ilícito penal por meio de processo na esfera competente. Entendimento dado pelo STF no Tribunal Pleno em Repercussão Geral: " É prescritível a ação de reparação de danos à Fazenda Pública decorrente de ilícita civil" (RE 669069). PEDIDO DE UNIFORMIZAÇÃO CONHECIDO E IMPROVIDO.

CONSELHO DE RECURSOS DO SEGURO SOCIAL – CRSS(1)

EMENTÁRIO DE RESOLUÇÕES DO CONSELHO PLENO COM IDENTIFICAÇÃO DA MATÉRIA – 2017

MATÉRIA	RESOLUÇÃO Nº	DATA JULGAMENTO	EMENTA
LOAS - Benefício de Prestação Continuada Cômputo de benefício previdenciário recebido por familiar idoso no montante da renda.	42	22/11/2017	EMENTA: RECLAMAÇÃO AO CONSELHO PLENO. ATENDIDOS OS REQUISITOS DOS INCISOS II E § 3º DO ARTIGO 64 DA PORTARIA MDSA 116/2017.VIOLAÇÃO À QUESTÃO 11 DO PARECER/CONJUR Nº 616/2010 APROVADO PELO MINISTRO DE ESTADO DA PREVIDENCIA SOCIAL. RECLAMAÇÃO PROCEDENTE.
Ausência de responsável técnico para emissão de laudo e informação inserida no PPP para o agente Ruído.	41	24/05/2017	VOTO DIVERGENTE VENCEDOR. RECLAMAÇÃO AO CONSELHO PLENO. EVENTUAL DEFICIÊNCIA FORMAL DO PPP, QUE NÃO ELIDA A CREDIBILIDADE, A QUALIDADE E A CONSISTÊNCIA DAS INFORMAÇÕES DELE CONSTANTES, NÃO PREJUDICA A COMPROVAÇÃO DA NATUREZA ESPECIAL DA ATIVIDADE LABORATIVA. RECLAMAÇÃO IMPROCEDENTE.
Cômputo de período rural a partir de 11/1991 sem o devido recolhimento previdenciário.	40	22/11/2017	EMENTA: PEDIDO DE UNIFORMIZAÇÃO DE JURISPRUDENCIA. APOSENTADORIA POR IDADE – TRABALHADOR RURAL- PERDA DA QUALIDADE DE SEGURADO – NÃO COMPROVADO EXERCICIO DA ATIVIDADE RURAL EM PERÍODO IMEDIATAMENTE ANTERIOR AO REQUERIMENTO DO BENEFÍCIO - NÃO APLICAÇÃO DAS DISPOSIÇÕES DO §1º DO ART. 3º DA LEI Nº 10.666, DE 2013. PEDIDO NÃO CONHECIDO.
Restituição de Valores pagos pela concessão indevida de auxílio-doença previdenciário. Violação questão 15 do Parecer/CONJUR nº 616/10.	39	22/11/2017	EMENTA: RECLAMAÇÃO À COMPOSIÇÃO PLENARIA DO CONSELHO DE RECURSOS DO SEGURO SOCIAL (ART.64 DO REGIMENTO INTERNO DO CRSS, APROVADO PELA PORTARIA MDSA Nº 116, DE 20 DE MARÇO DE 2017). INFRIGÊNCIA DA NORMA DOS TERMOS DO ARTIGO 64 DO REGIMENTO INTERNO DO CRSS, APROVADO PELA PORTARIA Nº 64 DO REGIMENTO INTERNO DO CRSS, APROVADO PELA PORTARIA Nº 116/2017 – PEDIDO DE RECLAMAÇÃO OPOSTOS PELO INSS FOI INTEMPESTIVO – ENTENDIMENTO JÁ FIRMADA PELO CONSELHO PLENO DE QUE PEDIDO DE REVISÃO DE OFICIO NÃO INTERROMPEM O PRAZO PARA INTERPOSIÇÃO DO PEDIDO DE RECLAMAÇÃO (VIDE RESOLUÇÃO Nº 27 DE 2015). NÃO CONHECIDO.
Restituição de Valores pagos indevidamente devido ao cômputo no cálculo de contribuição de período já utilizado no Regime Próprio – Violação questão 15 do Parecer/CONJUR nº 616/10.	38	22/11/2017	EMENTA: RECLAMAÇÃO À COMPOSIÇÃO PLENARIA DO CONSELHO DE RECURSOS DO SEGURO SOCIAL (ART.64 DO REGIMENTO INTERNO DO CRSS, APROVADO PELA PORTARIA MDSA Nº 116, DE 20 DE MARÇO DE 2017). INFRIGÊNCIA DA NORMA DOS TERMOS DO ARTIGO 64 DO REGIMENTO INTERNO DO CRSS, APROVADO PELA PORTARIA Nº 64 DO REGIMENTO INTERNO DO CRSS, APROVADO PELA PORTARIA Nº 116/2017. RECLAMAÇÃO JULGADA COMO PROCEDENTE
LOAS- benefícios previdenciários e cômputo no montante da renda – questão 11 do Parecer/CONJUR 616/2010.	37	22/11/2017	EMENTA: RECLAMAÇÃO AO CONSELHO PLENO. ATENDIDOS OS REQUISITOS DOS INCISOS II E § 3º DO ARTIGO 64 DA PORTARIA MDSA 116/2017.VIOLAÇÃO À QUESTÃO 11 DO PARECER/CONJUR Nº 616/2010 APROVADO PELO MINISTRO DE ESTADO DA PREVIDENCIA SOCIAL. RECURSO CONHECIDO E PROVIDO.
Recolhimentos previdenciários efetuados em atraso na condição de empregado doméstico. Infringência ao Parecer/CONJUR nº 616, de 2010 e Parecer/CONJUR nº 672/2012.	36	21/11/2017	EMENTA: RECLAMAÇÃO A COMPOSIÇÃO PLENARIA DO CONSELHO DE RECURSOS DA PREVIDENCIA SOCIAL. (ARTIGO 64 DO REGIMENTO DO CRSS, APROVADO PELA PORTARIA MDSA Nº 116, DE 20 DE MARÇO DE 2017. RECLAMAÇÃO JULGADA IMPROCEDENTE.

CONSELHO DE RECURSOS DO SEGURO SOCIAL – CRSS(1)

EMENTÁRIO DE RESOLUÇÕES DO CONSELHO PLENO COM IDENTIFICAÇÃO DA MATÉRIA – 2017

MATÉRIA	RESOLUÇÃO Nº	DATA JULGAMENTO	EMENTA
Cessação de pensão por morte a beneficiária maior inválida – Incapacidade posterior a maioridade.	35	21/11/2017	EMENTA: CONCESSÃO DE PENSÃO POR MORTE A FILHA MAIOR INVÁLIDA.ACUMULAÇÃO DE BENEFICIO DE APOSENTADORIA POR INVALIDEZ E PENSÃO POR MORTE PREVIDENCIARIA.PEDIDO DE UNIFORMIZAÇÃO DE JURISPRUDENCIA PROCEDENTE.
Exigência de documentos descritivos para qualificar a função laboral exercida que permita o enquadramento da especialidade por Categoria Profissional até 28/04/1995.	34	22/11/2017	EMENTA: PEDIDO DE UNIFORMIZAÇÃO DE JURISPRUDENCIA. APOSENTADORIA POR TEMPO DE CONTRIBUIÇÃO.ATIVIDADE ESPECIAL.ENQUADRAMENTOATIVIDADE LAVRADOR ANTERIOR A VIGENCIA DA LEI Nº 8.213 DE 1991. PEDIDO UNIFORMIZAÇÃO PARCIALMENTE PROCEDENTE.
Ressarcimento de valores pagos indevidamente pela Previdência Social, exercício de atividade concomitante com o Auxílio-Doença.	33	21/11/2017	EMENTA: RECLAMAÇÃO A COMPOSIÇÃO PLENARIA DO CONSELHO DE RECURSOS DA PREVIDENCIA SOCIAL (ARTIGO 64 DO REGIMENTO INTERNO DO CRSS, APROVADO PELA PORTARIA MDSA Nº116, DE 20 DE MARÇO DE 2017). INFRIGÊNCIA DA NORMA NOS TERMOS DO ARTIGO 64 DO REGIMENTO INTERNO DO CONSELHO DE RECURSOS DO SEGURO SOCIAL, APROVADO PELA PORTARIA MDSA Nº 116 DE MARÇO DE 2017. RECLAMAÇÃO PROCEDENTE.
Restituição de Valores recebidos indevidamente pela Renda Mensal Vitalícia por idade rural (Lei nº 6.179/74) cumulada com Pensão por Morte a partir de 10/01/99.	32	21/11/2017	EMENTA: RENDA MENSAL VITALICIA POR IDADE. PEDIDO DE UNIFORMIZAÇÃO DE JURISPRUDENCIA. IRREGULARIDADE NA MANUTENÇÃO DE BENEFICIOS. ATO NULO. APLICAÇÃO DA LEI. DECADENCIA. RECURSO CONHECIDO E NÃO PROVIDO.
Enquadramento de Atividade Especial por caracterização de habitualidade e permanência ao agente nocivo.	31	21/11/2017	EMENTA: APOSENTADORIA POR TEMPO DE CONTRIBUIÇÃO. PEDIDO DE UNIFORMIZAÇÃO DE JURISPRUDENCIA. ATIVIDADE ESPECIAL. O RECONHECIMENTO DA NATUREZA ESPECIAL DAS ATIVIDADES EXERCIDAS PELO SEGURADO EXIGE DOIS REQUISITOS: A NOCIVIDADE E A PERMANÊNCIA. NÃO APRESENTAÇÃO DE DIVERGENCIA EM MATERIA DE DIREITO. REDISCUSSÃO DE MATERIA FATICA. PEDIDO NÃO CONHECIDO.
LOAS - Amparo Social ao Idoso. Critério objetivo renda familiar per capita inferior a ¼ do salário mínimo.	30	21/11/2017	EMENTA. VOTO DIVERGENTE VENCEDOR: AMPARO SOCIAL AO IDOSO. RECLAMAÇÃO AO CONSELHO PLENO. RENDA FAMILIAR SUPERIOR A ¼ DO SALÁRIO MINIMO. AFRONTA AO PARECER MINISTERIAL. RECLAMAÇÃO PROCEDENTE.
LOAS–Pessoa Portadora de Deficiência-Cobrança de valores recebidos cumulativamente com Pensão por Morte	29	21/11/2017	EMENTA: AMPARO SOCIAL AO DEFICIENTE. RECLAMAÇÃO AO PLENO. INFRIGENCIA A PARECER/MPS COMPROVADA. RECLAMAÇÃO PROCEDENTE.

CONSELHO DE RECURSOS DO SEGURO SOCIAL – CRSS(1)

EMENTÁRIO DE RESOLUÇÕES DO CONSELHO PLENO COM IDENTIFICAÇÃO DA MATÉRIA – 2017

MATÉRIA	RESOLUÇÃO Nº	DATA JULGAMENTO	EMENTA
DECADÊNCIA E PRESCRIÇÃO para restituição de valores recebidos indevidamente.	28	25/05/2017	EMENTA: VOTO VENCEDOR. APOSENTADORIA POR VELHICE.PEDIDO DE UNIFORMIZAÇÃO DE JURISPRUDENCIA. Divergência jurisprudencial entre Câmaras de Julgamento no que tange a devolução de valores recebidos indevidamente, após constatação de concessão de benefícios por errônea intepretação de norma. Competência para análise deste Conselho Pleno na forma do art. 3º inc. II do Regimento Interno do CRSS aprovado pela Portaria MDSA nº116/2017. Pressupostos de Admissibilidade do pedido alcançados nas formas do art. 63 do mesmo Regimento. Independentemente da boa-fé do segurado (a), do caráter alimentar do benefício, do entendimento jurisprudencial acerca da matéria, a devolução dos valores recebidos de forma irregular é obrigatória na seara administrativa, quando se trata de benefício concedido ou majorado por força de errônea interpretação da norma, como o caso ora apresentado, conforme inteligência da Questão nº 15 do Parecer Conjur/MPS nº616/2010 c/c art. 154 do RPS, aprovado pelo Decreto nº 3.048/99 que vinculam o julgamento do CRSS na forma dos arts. 68 e 69 do Regimento Interno da Casa c/c. Parecer nº 05/2014/CGU/AGU. **Pedido de Uniformização conhecido e provido**. Necessidade do Órgão Julgador do CRSS adequar o julgamento ao decidido pelo Pleno. Inteligência do § 12 do art. 63 do Regimento Interno.
AUXÍLIO-SUPLEMENTAR POR ACIDENTE DE TRABALHO – Aplicação da decadência para cessar benefícios acumulados e mantidos ilegalmente.	27	21/11/2017	EMENTA: PEDIDO DE UNIFORMIZAÇÃO DE JURISPRUDÊNCIA.ACUMULAÇÃO DE AUXÍLIO SUPLEMENTAR COM APOSENTADORIA CONCEDIDA EM 1994. POSSIBILIDADE. ENUNCIADO Nº 36 DO CRSS E APLICAÇÃO DA DECADÊNCIA DO INSS EM REVER SEU ATO APÓS MAIS DE 10 ANOS.RESOLUÇÕES 23/2015 E 12/2016. CONHECIDO E NÃO PROVIDO.
Metodologia de aferição para análise do agente nocivo RUÍDO.	26	21/11/2017	EMENTA: APOSENTADORIA POR TEMPO DE CONTRIBUIÇÃO.ATIVIDADE ESPECIAL.REQUISITOS.AGENTE RUÍDO.AFERIÇÃO DE METODOLÓGIA A SER UTILIZADA PARA A ANÁLISE DO AGENTE.DIVERGÊNCIA JURISPRUDENCIAL ENTRE CAMARAS DE JULGAMENTO NÃO DEMONSTRATADA. AUSENCIA DE PRESSUPOSTOS DE ADMISSIBILIDADE CONTIDOS NO § 1º DO AR. 63 DO REGIMENTO INTERNO DO CRSS. NÃO CONHECIMENTO DO PEDIDO DE UNIFORMIZAÇÃO.
Exigência de documentos descritivos para qualificar a função laboral exercida, para fins de reconhecimento da especialidade por categoria profissional.	25	21/11/2017	EMENTA: PEDIDO DE UNIFORMIZAÇÃO DE JURISPRUDENCIA. INCISO II DO ARTIGO 3º E INCISO I DO ARTIGO 63, AMBOS DO RGIMENTO INTERNO DO CRSS, APROVADO PELA PORTARIA MDSA Nº116/2017. APOSENTADORIA POR TEMPO DE CONTRIBUIÇÃO. ATIVIDADE ESPECIAL. §§ 1º E 2º DO ARTIGO 64 E ARTIGO 70, AMBOS DO DECRETO Nº3.048/1999. ENQUADRAMENTO POR CATEGORIA PROFISSIONAL.DISPENSABILIDADE DA APRESENTAÇÃO DE FORMULÁRIOS. RESOLUÇÃO Nº 4/2016. INTEMPESTIVIDADE DO PEDIDO. § 2º DO ARTIGO 63 DO RI/CRSS. PEDIDO DE UNIFORMIZAÇÃO DE JURISPRUDÊNCIA NÃO CONHECIDO.
Exigência de documentos descritivos para qualificar a função laboral exercida, para fins de reconhecimento da especialidade por categoria profissional.	24	21/11/2017	EMENTA: PEDIDO DE UNIFORMIZAÇÃO DE JURISPRUDENCIA.ENQUADRAMENTO ESPECIAL POR CATEGORIA PROFISSIONAL SEM APRESENTAÇÃO DE FORMULÁRIO ATÉ 28/04/1995.POSSIBILIDADE.EXIGÊNCIA FEITA SOMENTE A PARTIR DA LEI Nº 9.732 DE 11/12/1998.RESOLUÇÃO 05/2016 NO MESMO SENTIDO PERMITIVO. RECURSO CONHECIDO E NÃO PROVIDO.

CONSELHO DE RECURSOS DO SEGURO SOCIAL – CRSS(1)

EMENTÁRIO DE RESOLUÇÕES DO CONSELHO PLENO COM IDENTIFICAÇÃO DA MATÉRIA – 2017

MATÉRIA	RESOLUÇÃO Nº	DATA JULGAMENTO	EMENTA
Exigibilidade de laudo técnico para o agente nocivo RUÍDO. Enunciado CRPS nº 20.	23	21/11/2017	EMENTA: RECLAMAÇÃO AO CONSELHO PLENO.ATENDIDOS OS REQUISITOS DOS INCISOS II E § 3º DO ARTIGO 64 DA PORTARIA MDSA Nº 116/2017. VIOLAÇÃO A QUESTÃO Nº 11 DO PARECER CONJUR/MPS 616/2010 APROVADO PELO MINISTRO DE ESTADO DA PREVIDENCIA. RECURSO CONHECIDO E NÃO PROVIDO.
Decadência para cessar benefícios inacumuláveis, de natureza temporária, (auxílio suplementar- acidente de trabalho com aposentadoria por tempo de contribuição), mantidos ilegalmente.	22	25/05/2017	EMENTA: PEDIDO DE UNIFORMIZAÇÃO DE JURISPRUDENCIA. AUXÍLIO ACIDENTE DE TRABALHO. ACUMULAÇÃO INDEVIDA APÓS CONCESSÃO DE APOSENTADORIA POR TEMPO DE CONTRIBUIÇÃO. PEDIDO REVISIONAL APÓS O PRAZO LEGAL.EXISTENCIA DE AÇÃO JUDICIAL. RENUNCIA TACITA A LIDE ADMINISTRATIVA. NÃO CONHECIDO. *Citação refere-se ao Despacho CRPS/DIJUR/LTF nº 031/2016.*
AUXÍLIO RECLUSÃO – valor do último salário de contribuição acima do limite fixado pela Portaria Interministerial MPS/MF nº 407 de 14/07/2011.	21	25/05/2017	EMENTA: AUXÍLIO RECLUSÃO. PEDIDO DE UNIFORMIZAÇÃO DE JURISPRUDÊNCIA. SALÁRIO DE CONTRIBUIÇÃO DO INSTITUIDOR DO BENEFICIO ACIMA DO LIMITE PREVISTO NA LEGISLAÇÃO. DEVIDA UNIFORMIZAÇÃO DE JURISPRUDÊNCIA.
AUXÍLIO RECLUSÃO – aplicação do art. 116 do Decreto nº 3.048/99 para determinar qual o último salário de contribuição do desempregado no momento da reclusão.	20	25/05/2017	EMENTA: AUXILIO RECLUSÃO. PEDIDO DE UNIFORMIZAÇÃO DE JURISPRUDENCIA. SALÁRIO DE CONTRIBUIÇÃO DO INSTITUIDOR DO BENEFICIO ACIMA DO LIMITE PREVISTO NA LEGISLAÇÃO. DEVIDA UNIFORMIZAÇÃO DE JURISPRUDÊNCIA. RECURSO PROVIDO.
Prazo prescricional para a restituição dos valores pagos indevidamente à segurada de benefício previdenciário (salário-maternidade) obtido mediante fraude.	19	25/05/2017	EMENTA: DIREITO PREVIDENCIARIO E PROCESSUAL CIVIL. AÇÃO DE RESSARCIEMNTO DE DANOS AO ERÁRIO. DANOS NÃO DECORRENTES DE ATO DE IMPROBIDADE OU INFRAÇÃO PENAL. PRSCRITIBILIDADE. INTERPRETAÇÃO RESTRITIVA DO ART. 37, § 5º, DA CONSTITUIÇÃO FEDERAL. PRAZO QUINQUENAL. RECURSO NÃO CONHECIDO.
Parâmetros para enquadramento de períodos laborados em condições especiais, e eficácia do EPC.	18	24/05/2017	EMENTA: PEDIDO DE UNIFORMIZAÇÃO DE JURISPRUDENCIA. APOSENTADORIA ESPECIAL. REQUISITOS. AGENTE RUÍDO. EFICÁCIA DO EPC. VALORAÇÃO DE PROVA NO CASO CONCRETO. INEXISTÊNCIA DE DISCUSSÃO DO DIREITO. NÃO CONHECIDO.
Restituição de valores pagos indevidamente pela acumulação ilegal (AUXÍLIO ACIDENTE com APOSENT.POR IDADE). Questão 15 do Parecer/CONJUR nº 616/2010.	17	24/05/2017	EMENTA: RECLAMAÇÃO AO CONSELHO PLENO. AUXÍLIO ACIDENTE. ACUMULAÇÃO INDEVIDA. CONCESSÃO DE OUTRO BENEFÍCIO. VINCULAÇÃO A PARECER NORMATIVO. DEVOLUÇÃO AO ERÁRIO. RECLAMAÇÃO ACOLHIDA.
Auxílio-doença por doença isenta de carência quanto à data de filiação ou à do reingresso do interessado ao RGPS já portador da doença incapacitante, com fundamento no art. 26, II da Lei 8.213/91; art. 30, III do Decreto 3.048/99.	16	24/05/2017	EMENTA: PEDIDO DE UNIFORMIZAÇÃO DE JURISPRUDÊNCIA. AUXÍLIO DOENÇA PREVIDENCIÁRIO. RESTABELECIMENTO. CONCESSÃO INDEVIDA. NÃO COMPROVAÇÃO DA QUALIDADE DE SEGURADO.ISENÇÃO DE CARÊNCIA. RECURSO CONHECIDO E PROVIDO.

CONSELHO DE RECURSOS DO SEGURO SOCIAL – CRSS(1)

EMENTÁRIO DE RESOLUÇÕES DO CONSELHO PLENO COM IDENTIFICAÇÃO DA MATÉRIA – 2017

MATÉRIA	RESOLUÇÃO Nº	DATA JULGAMENTO	EMENTA
Vínculo de segurada cônjuge de titular em firma individual, no período de 02/01/06 15/08/12.	15	24/05/2016	EMENTA: SEGURADA COMPROVA VINCULO EMPREGATÍCIO NA FIRMA INDIVIDUAL, TENDO SEU CONJUGE COMO TITULAR. VÍNCULO REGISTRADO REGULARMENTE NA CTPS E NO CNIS.ARTIGO 11 DA LEI Nº 8.213/91 E ARTIGO 69 DA PORTARIA MPS 548/2011. ORIENTAÇÃO NORMATIVA MPS/SPS Nº 8, DE 21 DE MARÇO DE 1997 NÃO VEDA VÍNCULO ENTRE CONJUGES EM FIRMA INDIVIDUAL, MAS APENAS RECONHECE COMO EMPREGADO O CONJUGE EM FIRMA COLETIVA A QUAL O OUTRO CONJUGE É SOCIO. PEDIDO DE UNIFORMIZAÇÃO CONHECIDO E NEGADO.
MOTORISTA - Enquadramento de atividade especial antes de 28/04/1995, sem exigência de PPP. Art. 52 da Lei 8.213/91 e art. 56 do Decreto nº 3.048/99.	14	24/05/2017	EMENTA: PEDIDO DE UNIFORMIZAÇÃO DE JURISPRUDÊNCIA. APOSENTADORIA POR TEMPO DE CONTRIBUIÇÃO. CATEGORIA PROFISSIONAL DE MOTORISTA CARRETEIRO ANTES DE 28/04/1995. SEM EXIGÊNCIA DE FORMULÁRIOS OU PPP CONFORME LEGISLAÇÃO À ÉPOCA. CÓDIGO 2.4.4 DO ANEXO I DO DECRETO 53.831/64. PEDIDO CONHECIDO E NÃO PROVIDO.
Enquadramento de tempo especial para a atividade de vigilante a partir de 29/04/95.	13	24/05/2017	EMENTA: APOSENTADORIA ESPECIAL.PEDIDO DE UNIFORMIZAÇÃO DE JURISPRUDÊNCIA. Divergência Jurisprudencial entre as Câmaras de Julgamento no que tange ao enquadramento da atividade de vigilante a partir de 06/03/97. Competência para análise deste Conselho Pleno na forma do art. 3º inc. II do Regimento Interno do CRSS aprovado pela Portaria MDSA nº 116/2017. Pressupostos de Admissibilidade do pedido alcançados na forma do art. 63 do mesmo Regimento. A Lei nº 9.032/95, aboliu a modalidade de enquadramento por categoria profissional não sendo permitido ao Conselho enquadrar a atividade de vigilante a partir de 29/04/95, por inexistência de previsão legal. Estrita observância do julgamento ao previsto em lei, decreto e ato normativo ministerial, na forma do art. 69 do Regimento Interno do CRSS. Pedido de Uniformização CONHECIDO E IMPROVIDO.
Contagem do tempo de empregada doméstica, como carência, independente do recolhimento das contribuições, tratando-se de segurada facultativa na DER, para aposentadoria por idade. Art. 28, II do Decreto nº 3.048/99, e Questão 19, do Parecer CONJUR/MPS nº 616/2017.	12	24/05/2017	EMENTA: RECLAMAÇÃO AO CONSELHO PLENO. APOSENTADORIA POR IDADE. EMPREGADA DOMÉSTICA.INEXISTENCIA DE RECOLHIMENTO PREVIDENCIARIO.OBRIGAÇÃO DO EMPREGADOR.APLICAÇÃO DE ENUNCIADO DO CONSELHO DE RECURSOS. RECLAMAÇÃO IMPROCEDENTE.
Aposentadoria por idade à segurada empregada doméstica e períodos como contribuinte individual, com fundamento no art. 36 da Lei nº 8.213/1991 e DER anterior a LC nº 150/2015.	11	24/05/2017	EMENTA: APOSENTADORIA POR IDADE. RECLAMAÇÃO AO CONSELHO PLENO. COMPETÊNCIA PARA ANÁLISE DESTE CONSELHO PLENO NA FORMA DO ART. 3º INC. III DO REGIMENTO INTERNO DO CRSS APROVADO PELA PORTARIA MDSA Nº 116/2017. PRESSUPOSTOS DE ADMISSIBILIDADE DO PEDIDO NÃO ALCANÇADOS NA FORMA DO ART. 64 DO MESMO REGIMENTO. INFRINGÊNCIA DE ÓRGÃO JULGADOR AO PARECER CONJUR/MPS/CGU/AGU Nº 672/2012 NÃO DEMONSTRADA. RECLAMAÇÃO IMPROCEDENTE.

CONSELHO DE RECURSOS DO SEGURO SOCIAL – CRSS(1)

EMENTÁRIO DE RESOLUÇÕES DO CONSELHO PLENO COM IDENTIFICAÇÃO DA MATÉRIA – 2017

MATÉRIA	RESOLUÇÃO Nº	DATA JULGAMENTO	EMENTA
Enquadramento de tempo especial para o trabalhador rural antes da unificação dos regimes (rural e urbano) pela Lei nº 8.213/91. A regra da época para o trabalhador rural era de vinculação à previdência Rural.	10	24/05/2017	EMENTA: APOSENTADORIA POR TEMPO DE CONTRIBUIÇÃO. PEDIDO DE UNMIFORMIZAÇÃO DE JURISPRUDÊNCIA. ATIVIDADE INSALUBRE.TRABALHADOR RURAL.NÃO RECONHECIMENTO DE ATIVIDADE ESPECIAL POR CATEGORIA PROFISSIONAL.INDISPENSÁVEL COMPROVAÇÃO DE DEVIDA FONTE DE CUSTEIO DEVIDA UNIFORMIZAÇÃO DE JURISPRUDENCIA. RECURSO PROVIDO.
Conversão de tempo especial após 06/03/97,de técnico de enfermagem, por exposição a agente biológico devido à segregação em áreas ou ambulatórios específicos em contato com pacientes portadores de doenças infecto-contagiosas.	09	25/05/2017	EMENTA: APOSENTADORIA POR TEMPO DE CONTRIBUIÇÃO. PEDIDO DE UNIFORMIZAÇÃO DE JURISPRUDENCIA. ATIVIDADE INSALUBRE.ENFERMEIRO. PERIODO POSTERIOR A 05/03/1997, DESNECESSÁRIA COMPROVAÇÃO DA A TIVIDADE EM ESTABELECIMENTO DE SAÚDE, EXCLUSIVA EM CONTATO COM PACIENTES SEGREGADOS PORTADORES DE DOENÇA INFECTOCONTAGIOSAS OU COM MANUSEIO DE MATERIAIS CONTAMINADOS. DEVIDA UNIFORMIZAÇÃO DE JURISPRUDÊNCIA. PEDIDO CONHECIDO E NÃO PROVIDO.
Cômputo de tempo de contribuição em duplicidade perante o RGPS e o RPPS, de períodos concomitantes e contagem recíproca. Compensação previdenciária. Parecer Conjur/MPS nº 224/2007 e Parecer/Conjur/MPS/Nº 616/2010.	08	24/05/2017	EMENTA: APOSENTADORIA POR IDADE. RECLAMAÇÃO AO PLENO. PERIODO DE LABOR CONCOMITANTE, REGIME GERAL DE PREVIDENCIA SOCIAL E REGIME PRÓPRIO DE PREVIDENCIA. IMPOSSIBILIDADE DE CÔMPUTO DE PERÍODOS CONCOMITANTES. AVERBAÇÃO AUTOMÁTICA. IMPOSSIBILIDADE DE SE COMPUTAR EM DUPLICIDADE PERÍODOS ANTERIORES A 11/1990. PARECER 616/2010, QUESTÃO 20. PARECER 224/2007. RECLAMAÇÃO ACOLHIDA E PROVIDA.
PENSAO POR MORTE – Qualidade dependente para ascendente e prova exclusivamente testemunhal. Enunciado CRPS nº 13.	07	24/05/2017	EMENTA: PENSÃO POR MORTE PREVIDENCIARIA. PEDIDO DE UNIFORMIZAÇÃO DE JURSPRUDENCIA /RECLAMAÇÃO AO PLENO. IMPOSSIBILIDADE DE COMPROVAÇÃO DE DEPENDÊNCIA ECONÔMICA POR MEIO DE PROVA EXCLUSIVAMENTE TESTEMUNHAL. RECLAMAÇÃO AO PLENO NÃO ACOLHIDA. NÃO COMPROVAÇÃO DE INFRIGÊNCIA À ENUNCIADO. RECLAMAÇÃO NÃO ACOLHIDA.
Aposentadoria por idade à segurada empregada doméstica sem comprovação de recolhimentos, e contribuinte individual na DER, com fundamento no art. 36 da Lei nº 8.213/1991, anterior a LC nº 150/2015. Parecer Conjur/MPS nº 672/2012.	06	24/05/2017	EMENTA: RECLAMAÇÃO À COMPOSIÇÃO PLENARIA DO CONSELHO DE RECURSOS DA PREVIDENCIA SOCIAL (ART. 64 DO REGIMENTO INTERNO DO CRSS, APROVADO PELA PORTARIA MDSA Nº 116, DE 20 DE MARÇO DE 2017). NÃO INFRIGÊNCIA DA NORMA NOS TERMOS DO ARTIGO 64 DO REGIMENTO INTERNO DO CONSELHO DE RECURSOS DO SEGURO SOCIAL, APROVADO PELA PORTARIA MDSA Nº 116 DE 20 DE MARÇO DE 2017. RECLAMAÇÃO JULGADA IMPROCEDENTE.
Enquadramento de tempo de atividade de magistério como especial para conversão em tempo comum.	05	24/05/2017	EMENTA: PEDIDO DE UNIFORMIZAÇÃO DE JURISPRUDENCIA.APOSENTADORIA POR TEMPO DE CONTRIBUIÇÃO.ATIVIDADE ESPECIAL. PROFESSOR. INTEMPESTIVIDADE DO PEDIDO. DIVERGENCIA EM MATERIA DE DIREITO NÃO DEMONSTRATADA. 1. O PEDIDO DE UNIFORMIZAÇÃO DE JURISPRUDENCIA FOI APRESENTADO INTEMPESTIVAMENTE. 2. INEXISTENTE DIVERGENCIA EM MATERIA DE DIREITO A ENSEJAR O PRESENTE PEDIDO DE UNIFORMIZAÇÃO.3. PEDIDO NÃO CONHECIDO.

CONSELHO DE RECURSOS DO SEGURO SOCIAL – CRSS(1)

EMENTÁRIO DE RESOLUÇÕES DO CONSELHO PLENO COM IDENTIFICAÇÃO DA MATÉRIA – 2017

MATÉRIA	RESOLUÇÃO Nº	DATA JULGAMENTO	EMENTA
Requisitos para enquadramento de atividade rural e períodos trabalhados em condições nocivas para fins de conversão de tempo especial.	04	24/05/2017	EMENTA: PEDIDO DE UNIFORMIZAÇÃO DE JURISPRUDENCIA.APOSENTADORIA POR TEMPO DE CONTRIBUIÇÃO – ANÁLISE DE CASO CONCRETO E VALORAÇÃO DAS PROVAS APRESENTADAS NOS AUTOS – NÃO CONHECIMENTO DO PEDIDO DE UNIFORMIZAÇÃO DE JURISPRUDENCIA NOS TERMOS DO ARTIGO 63 DO REGIMENTO INTERNO DO CONSELHO DE RECURSOS DO SEGURO SOCIAL CRSS, APROVADO PELA PORTARIA Nº 116, DE 20 MARÇO 2017. NÃO CONHECIDO.
LOAS – Benefício de Prestação continuada. Cômputo do benefício previdenciário recebido por familiar idoso no montante da renda – questão nº 11 do Parecer Conjur/MPS nº 616/10.	03	24/05/2017	EMENTA: BENEFICIO DE PRESTAÇÃO CONTINUADA. LOAS. PEDIDO DE UNIFORMIZAÇÃO DE JURISPRUDÊNCIA. Divergência jurisprudencial entre as Câmaras de Julgamento no que tange aos critérios de fixação da renda per capita familiar. Competência para análise deste Conselho Pleno na forma do art. 3º inc. II do Regimento Interno do CRSS aprovado pela Portaria MDSA nº 116/2017. Pressupostos de Admissibilidade do pedido alcançados na forma do art. 63 do mesmo Regimento. Para fixação dos critérios da renda familiar aplicam-se àqueles definidos na Lei nº 8.742/93, regulamentada pelo Decreto nº 6.214/97, avalizado na Questão nº 11 do Parecer Conjur/MPS nº 616/2010 de vinculação obrigatória ao CRSS na forma do art. 68 do Regimento Interno da Casa c/c parecer nº 05/2014/CGU/AGU, além do necessário cumprimento do exposto em lei, decreto e ato normativo ministerial, conforme o previsto no art. 69 do mesmo RI/CRSS. Precedentes do Conselho Pleno. PEDIDO DE UNIFORMIZAÇÃO CONHECIDO E IMPROVIDO.
Critério objetivo de aferição de miserabilidade renda de ¼ per capita para o Benefício de Prestação Continuada – LOAS.	02	24/05/2017	EMENTA: BENEFICIO DE PRESTAÇÃO CONTINUADA. LOAS. PEDIDO DE UNIFORMIZAÇÃO DE JURISPRUDÊNCIA. Divergência jurisprudencial entre as Câmaras de Julgamento no que tange aos critérios de fixação da renda per capita familiar. Competência para análise deste Conselho Pleno na forma do art. 3º inc. II do Regimento Interno do CRSS aprovado pela Portaria MDSA nº 116/2017. Pressupostos de Admissibilidade do pedido alcançados na forma do art. 63 do mesmo Regimento. Para fixação dos critérios da renda familiar aplicam-se àqueles definidos na Lei nº 8.742/93, regulamentada pelo Decreto nº 6.214/97, avalizado na Questão nº 11 do Parecer Conjur/MPS nº 616/2010 de vinculação obrigatória ao CRSS na forma do art. 68 do Regimento Interno da Casa c/c parecer nº 05/2014/CGU/AGU, além do necessário cumprimento do exposto em lei, decreto e ato normativo ministerial, conforme o previsto no art. 69 do mesmo RI/CRSS. Precedentes do Conselho Pleno. PEDIDO DE UNIFORMIZAÇÃO CONHECIDO E IMPROVIDO.
	01	24/05/2017	EMENTA: BENEFICIO DE PRESTAÇÃO CONTINUADA. LOAS. PEDIDO DE UNIFORMIZAÇÃO DE JURISPRUDÊNCIA. Divergência jurisprudencial entre as Câmaras de Julgamento no que tange aos critérios de fixação da renda per capita familiar. Competência para análise deste Conselho Pleno na forma do art. 3º inc. II do Regimento Interno do CRSS aprovado pela Portaria MDSA nº 116/2017. Pressupostos de Admissibilidade do pedido alcançados na forma do art. 63 do mesmo Regimento. Para fixação dos critérios da renda familiar aplicam-se àqueles definidos na Lei nº 8.742/93, regulamentada pelo Decreto nº 6.214/97, avalizado na Questão nº 11 do Parecer Conjur/MPS nº 616/2010 de vinculação obrigatória ao CRSS na forma do art. 68 do Regimento Interno da Casa c/c parecer nº 05/2014/CGU/AGU, além do necessário cumprimento do exposto em lei, decreto e ato normativo ministerial, conforme o previsto no art. 69 do mesmo RI/CRSS. Precedentes do Conselho Pleno. PEDIDO DE UNIFORMIZAÇÃO CONHECIDO E IMPROVIDO.

1.4. Reclamação ao CRPS

Em caso de não cumprimento de decisão definitiva dos órgãos julgadores do CRPS, é facultado à parte prejudicada formular reclamação, mediante requerimento instruído com cópia da decisão descumprida e outros elementos necessários à compreensão do processo, dirigida ao **Presidente do CRPS**, a ser processada pela Coordenação de Gestão Técnica.

Recebida e autuada a reclamação na Coordenação de Gestão Técnica, esta expedirá, de imediato, ofício ou mensagem por meio eficaz de telecomunicação ou via eletrônica, com as devidas cautelas à autenticação da mensagem e do seu recebimento, ao órgão encarregado do cumprimento da decisão, para que informe sobre a situação processual, apresentando, se for o caso, os motivos do não cumprimento do julgado, no prazo improrrogável de cinco dias.

Encerrado o prazo e não havendo resposta ou sendo as justificativas consideradas improcedentes, será expedido ofício firmado pelo Presidente do CRPS à Diretoria de Benefícios do INSS para adoção das medidas cabíveis ao efetivo cumprimento da decisão e, se for o caso, instauração de procedimento administrativo para apuração de falta funcional do servidor responsável pelo retardamento.

Ademais, a **reclamação ao Conselho Pleno** poderá ocorrer, no caso concreto, por requerimento das partes do processo, dirigido ao Presidente do CRPS, somente quando os acórdãos das Juntas de Recursos do CRPS, em matéria de alçada, ou os acórdãos de Câmaras de Julgamento do CRPS, em sede de Recurso Especial, infringirem:

> I – Pareceres da Consultoria Jurídica do MDSA, aprovados pelo Ministro de Estado do Desenvolvimento Social e Agrário, bem como, Súmulas e Pareceres do Advogado-Geral da União, na forma da Lei Complementar nº 73, de 10 de fevereiro de 1993;
>
> II – Pareceres da Consultoria Jurídica dos extintos MPS e MTPS, vigentes e aprovados pelos então Ministros de Estado da Previdência Social e do Trabalho e da Previdência Social;
>
> III – enunciados editados pelo Conselho Pleno.

Isso porque, de acordo com o artigo 68, do Regimento Interno do CRPS, os pareceres da Consultoria Jurídica do MDSA, quando aprovados pelo Ministro de Estado, nos termos da Lei Complementar nº 73, de 10 de fevereiro de 1993, vinculam os órgãos julgadores do CRPS, à tese jurídica que fixarem, sob pena de responsabilidade administrativa quando da sua não observância.

A vinculação normativa citada aplica-se também aos pareceres da Consultoria Jurídica dos extintos MPS e MTPS, vigentes e aprovados pelos então Ministros de Estado da Previdência Social e do Trabalho e da Previdência Social, enquanto não revistos pela atual Consultoria Jurídica do MDSA.

Eis as Súmulas previdenciárias e assistenciais da **AGU** que também possuem efeitos vinculantes no CRPS:

Enunciado AGU Nº 82, de 7 de fevereiro de 2018

O pensionista de servidor falecido posteriormente à EC nº 41/2003, caso se enquadre na regra de transição prevista no art. 3º da EC nº 47/2005, tem direito à paridade, ou seja, a que sua pensão seja revista na mesma proporção e na mesma data, sempre que se modificar a remuneração dos servidores em atividade, mas não tem direito à integralidade, isto é, a que sua pensão corresponda ao valor total dos proventos do servidor falecido.

Enunciado AGU Nº 80, de 17 de novembro de 2015

Para concessão de aposentadoria no Regime Geral de Previdência Social – RGPS, a conversão de tempo de serviço/contribuição especial em comum deve observar o fator de conversão vigente à época em que requerido o benefício, devendo ser desconsiderado, para esta finalidade, o fator de conversão vigente à época da prestação da atividade laboral.

Enunciado AGU Nº 74, de 31 de março de 2014

Na Reclamação Trabalhista, quando o acordo for celebrado e homologado após o trânsito em julgado, a contribuição previdenciária incidirá sobre o valor do ajuste, respeitada a proporcionalidade das parcelas de natureza salarial e indenizatória deferidas na decisão condenatória.

Enunciado AGU Nº 69, de 14 de junho de 2013

A partir da edição da Lei n. 9.783/99, não é devida pelo servidor público federal a contribuição previdenciária sobre parcela recebida a título de cargo em comissão ou função de confiança.

Enunciado AGU Nº 67, de 03 de dezembro de 2012

Na Reclamação Trabalhista, até o trânsito em julgado, as partes são livres para discriminar a natureza das verbas objeto do acordo judicial para efeito do cálculo da contribuição previdenciária, mesmo que tais valores não correspondam aos pedidos ou à proporção das verbas salariais constantes da petição inicial.

Enunciado AGU Nº 60, de 08 de dezembro de 2011

Não há incidência de contribuição previdenciária sobre o vale transporte pago em pecúnia, considerando o caráter indenizatório da verba.

Enunciado AGU Nº 44, de 14 de setembro de 2009, com redação alterada pela Súmula 65, de 05 de julho de 2012 e pela Súmula 75, de 02 de abril de 2014

Para a acumulação do auxílio-acidente com proventos de aposentadoria, a consolidação das lesões decorrentes de acidentes de qualquer natureza, que resulte sequelas definitivas, nos termos do art. 86 da Lei nº 8.213/91, e a concessão da aposentadoria devem ser anteriores às alterações inseridas no art. 86, § 2º da Lei nº 8.213/91, pela Medida Provisória nº 1.596-14, convertida na Lei nº 9.528/97.

Súmula nº 38, de 16 de setembro de 2008

Incide a correção monetária sobre as parcelas em atraso não prescritas, relativas aos débitos de natureza alimentar, assim como aos benefícios previdenciários, desde o momento em que passaram a ser devidos, mesmo que em período anterior ao ajuizamento de ação judicial. (Publicada no DOU, Seção I, de 17/09; 18/09 e 19/09/2008)

Enunciado AGU Nº 32, de 09 de junho de 2008

Para fins de concessão dos benefícios dispostos nos artigos 39, inciso I e seu parágrafo único, e 143 da Lei 8.213, de 24 de julho de 1991, serão considerados como início razoável de prova material documentos públicos e particulares dotados de fé pública, desde que não contenham rasuras ou retificações recentes, nos quais conste expressamente a qualificação do segurado, de seu cônjuge, enquanto casado, ou companheiro, enquanto durar a união estável, ou de seu ascendente, enquanto dependente deste, como rurícola, lavrador ou agricultor, salvo a existência de prova em contrário.

Enunciado AGU Nº 30, de 09 de junho de 2008

A incapacidade para prover a própria subsistência por meio do trabalho é suficiente para a caracterização da incapacidade para a vida independente, conforme estabelecido no art. 203, V, da Constituição Federal, e art. 20, II, da Lei nº 8.742, de 7 de dezembro de 1993 (Revogada pelo Ato de 31 de janeiro de 2011, publicado no DOU, Seção I, de 03, 04 e 07 de fevereiro de 2011).

Enunciado AGU Nº 29, de 09 de junho de 2008

Atendidas as demais condições legais, considera-se especial, no âmbito do RGPS, a atividade exercida com exposição a ruído superior a 80 decibéis até 05/03/97, superior a 90 decibéis desta data até 18/11/2003, e superior a 85 decibéis a partir de então.

Enunciado AGU Nº 28, de 09 de junho de 2008

O pagamento das parcelas atrasadas de benefício previdenciário deve ocorrer sempre com correção monetária, independentemente de ocorrência de mora e de quem lhe deu causa, vez que representa mera atualização da moeda.

Enunciado AGU Nº 27, de 09 de junho de 2008

Para concessão de aposentadoria no RGPS, é permitido o cômputo do tempo de serviço rural exercido anteriormente à Lei nº 8.213, de 24 de julho de 1991, independente do recolhimento das contribuições sociais respectivas, exceto para efeito de carência.

Enunciado AGU Nº 26, de 09 de junho de 2008

Para a concessão de benefício por incapacidade, não será considerada a perda da qualidade de segurado decorrente da própria moléstia incapacitante.

Enunciado AGU Nº 25, de 09 de junho de 2008

Será concedido auxílio-doença ao segurado considerado temporariamente incapaz para o trabalho ou sua atividade habitual, de forma total ou parcial, atendidos os demais requisitos legais, entendendo-se por incapacidade parcial aquela que permita sua reabilitação para outras atividades laborais.

Enunciado AGU Nº 24, de 09 de junho de 2008

É permitida a contagem, como tempo de contribuição, do tempo exercido na condição de aluno-aprendiz referente ao período de aprendizado profissional realizado em escolas técnicas, desde que comprovada a remuneração, mesmo que indireta, à conta do orçamento público e o vínculo empregatício.

Enunciado AGU Nº 15, de 19 de abril de 2002

Da decisão judicial que restabelecer benefício previdenciário, suspenso por possível ocorrência de fraude, sem a prévia apuração em processo administrativo, não se interporá recurso.

Enunciado AGU Nº 12, de 19 de abril de 2002

É facultado ao segurado ajuizar ação contra a instituição previdenciária perante o Juízo Federal do seu domicílio ou nas Varas Federais da capital do Estado-membro.

Este é um tema polêmico, pois surgiu uma doutrina que sustenta a autonomia plena das decisões do CRPS, que, em tese, não estariam vinculados aos pareceres da Consultoria do MPS aprovados pelo Ministro da Fazenda.

Nesse sentido, em 20 de novembro de 2013, o CRPS fez publicar o Enunciado 35, que, em sua parte final, no julgamento dos processos em sede recursal, eliminava a aludida vinculação:

> **Enunciado 35** – "Os pareceres da Consultoria Jurídica do Ministério da Previdência Social aprovados pelo Ministro de Estado, bem como as súmulas e pareceres normativos da Advocacia-Geral da União vinculam o Conselho de Recursos da Previdência Social em suas atividades, **exceto nas de controle jurisdicional**" **(REVOGADO EM 27/11/2014)**.

No entanto, a pedido da Procuradoria Especializada do INSS, o Presidente do CRPS chegou a suspender a aplicação do Enunciado 35 em 26/11/2013. Posteriormente, em sessão realizada em 27/11/2014, **o Enunciado 35 foi cancelado**:

> "Resolução CRPS Nº 17 DE 27/11/2014
>
> Publicado no DO em 9 dez 2014
>
> Revoga a decisão do Presidente do Conselho Recursos da Previdência Social – CRPS, que suspendeu "ad referendum" deste Conselho Pleno, os efeitos do Enunciado nº 35 do CRPS, editado por meio da Resolução CRPS nº 1 de 2013.
>
> O Conselho Pleno do Conselho de Recursos da Previdência Social, no uso da competência que lhe é atribuída pelo artigo 303, Parágrafo 1º, Inciso IV do

Decreto nº 3.048, de 1999 na redação do Decreto nº 6.857/2009, tendo em vista o disposto no artigo 15, inciso II, da Portaria MPS nº 548/2011 - Regimento Interno do CRPS - em Sessão Extraordinária realizada no dia 27 de novembro de 2014,

Resolve:

Revogar a decisão do Presidente do Conselho Recursos da Previdência Social - CRPS de 21.11.2013, que suspendeu "ad referendum" deste Conselho Pleno, os efeitos do Enunciado nº 35 do CRPS, e, DAR PROVIMENTO, por maioria, ao pedido da Procuradoria Federal Especializada junto ao Instituto Nacional do Seguro Social, de acordo com o voto divergente e sua fundamentação, **para revogar o Enunciado 35, editado por meio da Resolução nº 1 em 19.11/2013 (DOU 227 e 228).**

CARLOS ALEXANDRE DE CASTRO MENDONÇA

Presidente do Conselho"

Entende-se que o cancelamento foi acertado, pois inexiste autonomia absoluta para o CRPS. Ora, sendo órgão colegiado da estrutura do Ministério da Economia, crê-se que seria um contrassenso admitir que as decisões das Juntas e Câmaras pudessem afrontar um parecer da Consultoria aprovado pelo Ministro, autoridade máxima da Pasta.

Veja-se que no âmbito do Poder Judiciário os juízes e os tribunais não possuem autonomia plena nas suas decisões, eis que submetidos às súmulas vinculantes e decisões tomadas em controle abstrato de constitucionalidade pelo STF, sob pena de reclamação.

O tema será julgado pelo STF na ADI 5.918, proposta pela Confederação Nacional dos Trabalhadores em Transportes Terrestres (CNTTT), que busca a declaração de "inconstitucionalidade os arts. 40, 41 e 42 da LC nº 73/93 e art. 69 do Regimento Interno do CONJUR/MPS, no sentido de desvincular as decisões do Conselho de Recursos do Seguro Social dos pareceres normativos da Advocacia Geral da União aprovados pelo Ministro da Previdência Social ou pelo Presidente da República".

As Reclamações admitidas são julgadas em sede de **Resolução** pelo **Pleno do CRPS**, sendo apresentadas várias lavradas recentemente no **Capítulo 3** desta obra.

Na condição de Procurador Federal, tive a honra de atuar no Plenário do CRPS na sessão virtual de 29 de maio de 2020, dentre outras, sustentando oralmente em defesa da autarquia por videoconferência.

Os casos versavam a respeito de reclamações propostas pela autarquia contra acórdãos das Câmaras contrários a pereceres jurídicos vinculantes, porquanto contavam como homologação ministerial.

Há uma enorme dificuldade em levantar esses pareceres vinculantes que ainda vigoram, pois em muitos casos houve alteração legislativa superveniente que o tornou inócuo em algum ponto quando não totalmente.

Por certo, o mais importante em razão da enorme abrangência é o **Parecer Vinculante CONJUR/MPS 616/2010**:

DOU 24-12-2010 – S.1, pp. 95-99

Ministério da Previdência Social

GABINETE DO MINISTRO

DESPACHO DO MINISTRO

Em 23 de dezembro de 2010

Aprovo. Publique-se.

CARLOS EDUARDO GABAS

ANEXO

PARECER/CONJUR/MPS/Nº 616/2010, DE 23 DE DEZEMBRO DE 2010

Processo nº 44000.009041/2010-17

Direito Previdenciário. Benefício. Solução de diversas questões jurídicas relativas à aplicação da legislação.

O Secretário Executivo do Ministério da Previdência Social, ao acatar o relatório final do Grupo de Trabalho instituído pela Portaria nº 2.472, de 26 de maio de 2010, formulou consulta a esta unidade abordando, em abstrato, questões relativas à aplicação da legislação previdenciária, com a finalidade de que sejam dirimidas, no âmbito administrativo, divergências de interpretação estabelecidas entre o Instituto Nacional do Seguro Social – INSS e o Conselho de Recursos da Previdência Social – CRPS.

2. Colhe-se dos autos que foram relacionadas, no total, vinte e oito questões, que serão abaixo respondidas.

3. É o breve relatório. Passa-se à análise.

Questão 1. O período de graça inicia com a interrupção das contribuições ou com a interrupção da atividade do contribuinte individual?

4. O período de graça, para a Lei de Benefícios da Previdência Social – LBPS (Lei nº 8.213, de 24 de julho de 1991), constitui-se no número de meses, variável segundo a categoria de segurado, em que o trabalhador amparado pelo Regime Geral de Previdência Social – RGPS mantém a cobertura pelo sistema, mesmo sem ter contribuído. É o que se extrai do exame do art. 15 da referida Lei.

5. Ou seja, uma vez cessado o vínculo que gera automática filiação ao RGPS, prorroga-se por força da Lei a qualidade de segurado e a conseqüente possibilidade de elegibilidade a direitos, desde que cumpridos os requisitos de cada

benefício. Com efeito, de acordo com o § 3º do art. 15 da LBPS, durante o prazo correspondente ao período de graça, o segurado conserva todos os seus direitos perante a Previdência Social.

6. No caso do contribuinte individual, estando enquadrado na categoria de segurado obrigatório do RGPS, o período de graça é de doze meses, a teor do inciso II do art. 15 da Lei nº 8.213, de 1991. Esse prazo pode ser prorrogado até vinte e quatro meses, caso o segurado tenha mais de cento e vinte contribuições mensais ao sistema, sem interrupção que acarrete a perda da qualidade de segurado ou se comprovar a situação de desemprego, mediante registro no órgão competente do Ministério do Trabalho e Emprego ou do Ministério da Previdência Social. Se comprovadas cumulativamente as duas situações, pode o período de graça chegar a trinta e seis meses.

7. A questão pontuado nos autos diz respeito ao termo inicial do período de graça, é dizer, se é deflagrado com a interrupção das contribuições ou com a interrupção da atividade do contribuinte individual.

8. Entendemos que o período de graça, para o contribuinte individual, inicia-se com a interrupção das contribuições, pois a responsabilidade pela arrecadação é, em regra, do próprio segurado (excepciona-se a hipótese do art. 4º da Lei nº 10.666, de 8 de maio de 2003, em que a responsabilidade da arrecadação é da empresa para qual o contribuinte individual presta serviços). Tal raciocínio decorre da interpretação sistemática do art. 15 da Lei nº 8.213, de 1991, ombinado com o art. 30, inciso II, da Lei nº 8.212, de 1991.

9. Neste sentido, o termo inicial do período de graça do contribuinte individual recairá, em regra, sobre o primeiro dia do mês do pagamento da última contribuição, pois, na realidade, o pagamento é referente ao mês de cobertura previdenciária imediatamente anterior. Ressalte-se que o recolhimento da contribuição garante a cobertura pelo sistema durante todo o mês a que se refere.

10. Ademais, não se pode olvidar que o recolhimento das contribuições se dá no mês seguinte ao de cada competência, nos termos do inciso II do art. 30 da Lei nº 8.212, de 1991. Assim, para que seja computada determinada competência, é imprescindível que tenha havido o respectivo recolhimento.

11. Em síntese: para o contribuinte individual, o termo inicial do período de graça recai, em regra, sobre o primeiro dia do mês do recolhimento da última contribuição, relativa à competência imediatamente anterior.

Questão 2. Com a morte de contribuinte individual que estava na qualidade de segurado, mas não estava em dia com as contribuições, as contribuições podem ser quitadas pelos sucessores? Isso é pressuposto para o deferimento da pensão?

12. Para adequada resposta ao questionamento, é necessário compreender que as relações de custeio e de benefício da Previdência Social, embora interdependentes, guardam certa autonomia. Nesse sentido, para ter direito às prestações é necessário preencher os requisitos da Lei de Benefícios, que inclusive flexibiliza

a relação de custeio específica em determinados aspectos, como é o caso da previsão em torno do período de graça, na forma do art. 15 da LBPS.

13. Assim, com a morte do contribuinte individual em débito, mas ainda no período de graça, a pensão será devida aos seus dependentes, independentemente da regularização da dívida por parte dos sucessores.

14. Ressalte-se que, à luz do art. 74 da LBPS, para ter direito à pensão por morte é necessário comprovar a qualidade de segurado do instituidor e a qualidade de dependente do interessado. O benefício independe de período de carência, na forma do art. 26, inciso I, da mesma Lei.

15. Por outro lado, a concessão da pensão por morte pelo INSS não impede que a Receita Federal do Brasil efetue a cobrança de quem for responsável pelas contribuições devidas pelos contribuintes falecidos, observados os critérios da legislação em vigor.

16. Ademais, o pensionista não é responsável solidário pelo débito do instituidor com o RGPS, por falta de previsão expressa da legislação.

17. Por fim, convém esclarecer que os dependentes do contribuinte individual em débito que perdeu a qualidade de segurado por não contribuir não farão jus ao recebimento de pensão. De acordo com o art. 102, § 2º, da LBPS, "Não será concedida pensão por morte aos dependentes do segurado que falecer após a perda desta qualidade, nos termos do art. 15 desta Lei, salvo se preenchidos os requisitos para obtenção da aposentadoria na forma do parágrafo anterior".

Questão 3. Morte do contribuinte individual há mais de 13 meses sem trabalhar, mas antes de vencido o prazo para recolhimento da contribuição referente ao 13º mês: há qualidade de segurado na data do óbito?

18. A questão envolve o termo final do período de graça, sendo disciplinada pela legislação no § 4º do art. 15, da Lei nº 8.213, de 1991.

19. Tal dispositivo, de forma obscura, estabelece que a perda da qualidade de segurado se consuma no dia seguinte ao do término do prazo fixado no Plano de Custeio para recolhimento da contribuição referente ao mês imediatamente posterior ao do final dos prazos fixados no art. 15 e seus parágrafos.

20. Em linhas gerais, a Lei parte do pressuposto que é necessário impedir a ocorrência de injustiças com o indeferimento de benefícios por questão de dias, logo, estabeleceu um período extra de manutenção da qualidade de segurado, além dos meses estabelecidos nos incisos do art. 15.

21. Pressupõe-se, também, que cada segurado deve acompanhar o seu período de graça e, se entender conveniente diante das circunstâncias pessoais em face do RGPS, ainda que não volte a exercer atividade obrigatoriamente abrangida pela Previdência Social, poderá sempre filiar-se na categoria de segurado facultativo, com base no art. 13 da Lei nº 8.213, de 1991.

22. Por exemplo, pode suceder que faltem apenas alguns meses de contribuição para determinado trabalhador alcançar uma aposentadoria, e seria

extremamente injusto que não alcançasse o benefício exclusivamente por não conseguir uma nova colocação no mercado de trabalho para terminar de preencher todas as condições do benefício.

23. Assim, em sintonia com o raciocínio desenvolvido nas respostas às questões anteriores, é necessário saber quando ocorreu a última contribuição do contribuinte individual. Se assumirmos que se passaram treze meses desde a última contribuição, mas não foi ainda esgotado o prazo para pagamento da contribuição relativa ao décimo terceiro mês após o afastamento, ainda que na categoria de segurado facultativo, não há que se falar em perda da qualidade de segurado. E, conforme art. 30, inciso II, da Lei nº 8.212, de 1991, o prazo para o recolhimento pelos segurados contribuinte individual e facultativo vai até o dia 15 do mês seguinte ao da competência.

24. Nesses termos, percebe-se que o art. 15 da LBPS contém duas regras complementares que entram em conflito apenas aparente; de um lado, o inciso II do art. 15 estabelece o período de graça de doze meses e, de outro, o seu § 4º estende o termo final do período de graça para somente após o término do prazo para recolhimento da contribuição previdenciária referente ao décimo terceiro mês após o afastamento.

25. No fim das contas, de acordo com a interpretação sistemática dos dispositivos ora examinados, o período de graça para o segurado contribuinte individual não é de exatos doze meses, mas de treze meses e quinze dias, por força do § 4º do art. 15 da LBPS, salientando que se deve iniciar a contagem do período de graça sempre a partir do primeiro dia do mês de pagamento da última contribuição.

Questão 4. Incapacidade do contribuinte individual há mais de 13 meses sem trabalhar, mas antes de vencido o prazo para recolhimento da contribuição referente ao 13º mês: há necessidade de recolhimento da contribuição referente ao 13º mês para manutenção da qualidade e deferimento do benefício?

26. Na mesma linha da resposta às questões anteriores, percebe- se que o segurado cumprirá o requisito relativo à qualidade de segurado para obtenção de benefícios se, na data da caracterização do fato gerador incapacidade, encontrar-se amparado pelo § 4º do art. 15 da LBPS, que estabelece o termo final da qualidade de segurado por força do período de graça.

27. Tratando-se de benefício por incapacidade, deve-se registrar que não basta a qualidade de segurado e a incapacidade, pois, em regra, deve ser cumprida a carência de doze contribuições mensais, nos termos do art. 25, inciso I, da Lei nº 8.213, de 1991.

28. Ainda em face do § 4º do art. 15 da LBPS, o INSS não poderá exigir pagamento do segurado que se incapacitou e requereu o benefício enquanto ainda não esgotado o prazo para recolhimento da contribuição do décimo terceiro mês após a interrupção das contribuições. É que, além de não estar configurada mora do devedor da contribuição, a lei de benefícios efetivamente não condiciona o reconhecimento do direito ao pagamento dessa contribuição.

29. Ressalte-se que os requisitos do auxílio-doença, à luz do art. 59 da LBPS, são qualidade de segurado, período de carência de doze meses e incapacidade para o trabalho. No caso de segurados empregados a incapacidade deve ser superior a quinze dias consecutivos.

30. A propósito, convém distinguir os conceitos de período de carência e de período de graça, fruto de muita confusão.

31. Período de carência é o tempo mínimo de meses de contribuição, desde a inscrição junto ao RGPS, para que o segurado se faça elegível a um determinado benefício. Conta-se o período de carência em número de meses de contribuição.

32. As aposentadorias programadas (idade, tempo de contribuição e especial) são as que exigem maior período de carência, equivalente a cento e oitenta meses de contribuição, pela regra geral do art. 25 da LBPS. Já o menor período de carência previsto na Lei é do salário-maternidade para as seguradas contribuintes individuais e facultativas, equivalente a dez contribuições mensais (conforme art. 25, III, da LBPS).

33. O fundamento do período de carência está na exigência de sustentabilidade a longo prazo do regime previdenciário, princípio estabelecido no "caput" do art. 201 da Constituição. Assim, o RGPS deve evitar o reconhecimento de direitos de indivíduos que tenham se filiado após a materialização do risco social objeto de cobertura.

34. Na outra mão, o período de graça consiste no tempo adicional de cobertura previdenciária, independente de contribuições, após a cessação das mesmas. Ele propicia o reconhecimento do direito mesmo após o segurado deixar de contribuir, limitado a um certo período. Em suma, enquanto o período de carência é o tempo prévio de contribuição exigido em cada tipo de benefício, o período de graça é o tempo de permanência gratuita como filiado ao regime, após a cessação das contribuições.

Questão 5. Ocorrendo perda da qualidade de segurada dentro dos 28 dias que antecedem o parto, há direito ao salário-maternidade?

35. Segundo o art. 102 da LBPS, a perda da qualidade de segurado importa em caducidade dos direitos inerentes a essa qualidade, salvo se for caracterizado direito adquirido a uma aposentadoria antes do termo final do período de graça, situação em que também estará garantida a concessão da pensão por morte decorrente.

36. Quanto ao salário-maternidade, a LBPS estabelece, no seu art. 71, os critérios para sua concessão, ao dispor que é devido à segurada da Previdência Social, durante cento e vinte dias, com início no período entre vinte e oito dias antes do parto e a data de ocorrência deste.

37. Assim, o salário-maternidade poderá iniciar-se a partir do vigésimo oitavo dia que anteceder o parto, a pedido da própria segurada, pois não é exigida a comprovação de recomendação médica para o afastamento do trabalho nesse período.

38. Muito embora o art. 102 da LBPS, nos seus §§ 1º e 2º, expressamente ressalve apenas o direito adquirido a uma aposentadoria e sua pensão decorrente, deve-se dar uma interpretação extensiva ao dispositivo, por força da garantia constitucional à segurança jurídica, cujo escopo é a proteção ao direito adquirido, ao ato jurídico perfeito e à coisa julgada, e que tem assento no art. 5º, inciso XXXVI, da Constituição.

39. De tal sorte que, se a gestante encontra-se no período de graça até o vigésimo oitavo dia que anteceder o parto, terá direito adquirido ao recebimento do benefício, não restando caracterizada – ao contrário do que leva a crer o enunciado da questão – a perda da qualidade de segurada. Na realidade, não ocorreu a mencionada perda da qualidade de segurada, se a gestante ingressou nos vinte e oito dias que antecedem o parto com essa qualidade.

40. Nesse sentido, partindo da premissa de que a segurada conserva seus direitos perante a previdência social durante o período de graça, na forma do art. 15, § 3º, da LBPS, ao ingressar no período de fruição do salário-maternidade com essa qualidade, é dizer, se no vigésimo oitavo dia que anteceder o parto ainda mantenha a condição de segurada, o benefício estará amparado pela garantia constitucional do direito adquirido.

Questão 6. Há vedação para o fracionamento da percepção do salário-maternidade, de modo que seja do empregador a responsabilidade pelo benefício enquanto perdurar o contrato de trabalho temporário e do INSS o ônus de seu pagamento após a cessação do vínculo?

41. A Lei nº 8.213, de 1991, nada dispõe sobre o salário maternidade no caso de empregada que firma contrato de trabalho temporário. Às seguradas empregadas é destinado tratamento uniforme.

42. Por outro lado, a Lei prevê expressamente que, no caso de empregada, a empresa fica obrigada a pagar o salário-maternidade devido à gestante, efetivando-se a compensação, observado o disposto no art. 248 da Constituição, quando do recolhimento das contribuições incidentes sobre a folha de salários e demais rendimentos pagos ou creditados, a qualquer título, à pessoa física que lhe preste serviço (a propósito, ver o art. 72, § 1º, da LBPS).

43. Como a Lei, no seu art. 72, não distingue entre os contratos de trabalho firmados pela empregada, entendemos que é dever da empresa terminar de pagar o benefício nessa situação, mesmo após a extinção do vínculo empregatício, até porque não será prejudicada, já que fará jus à compensação com as contribuições devidas sobre a respectiva folha de salários.

44. Assim, o benefício, devido em quatro prestações equivalentes à remuneração integral da segurada, deve ser pago pela empresa ou, quando a Lei assim o determina, diretamente pelo INSS, não existindo previsão de fracionamento da responsabilidade.

45. Deve-se ressalvar os casos em que a extinção do contrato de trabalho temporário se opera regularmente antes da data de início do benefício. Nessas

situações, o benefício será devido diretamente pela previdência social, pois, na realidade, a segurada estará no período de graça, na forma do art. 15 da LBPS.

Questão 7. Cabe concessão de salário-maternidade à segurada desempregada mesmo antes da previsão expressa do regulamento, com base unicamente na Lei nº 8.213/1991?

46. A nova redação dada ao art. 97, parágrafo único, do Regulamento da Previdência Social - RPS, aprovado pelo Decreto nº 3.048, de 6 de maio de 1999, que passou a contemplar expressamente a concessão do salário-maternidade à segurada empregada durante o período de graça, entrou em vigor no dia 14 de junho de 2007, data da publicação do Decreto nº 6.122, de 13 de junho de 2007.

47. Por outro lado, a redação original do art. 97 do RPS dispunha que o salário-maternidade da empregada seria devido pela Previdência Social enquanto persistisse a relação de emprego, observadas as regras quanto ao pagamento do benefício pela empresa, sem mencionar a possibilidade de pagamento durante o período de graça.

48. Há um princípio de hermenêutica que diz que a aplicabilidade das normas deve ser, em regra, para o futuro. Em direto previdenciário, especialmente para o RGPS, essa diretriz é de extrema relevância, na medida em que a criação, majoração e extensão de benefícios com eficácia retroativa inexoravelmente poderia traduzir-se em graves conseqüências para o sistema, tanto do ponto de vista operacional, haja vista a necessidade de reanálise de benefícios deferidos e indeferidos, quanto do ponto de vista financeiro, por força de elevados custos adicionais com pagamentos retroativos, prejudicando a relação de equilíbrio entre receitas e despesas.

49. Além disso, sobre a missão do regulamento do direito administrativo, por força do art. 84, inciso IV, da Constituição, sabe-se que a sua finalidade é a "fiel execução da lei", não podendo alterar, seja para ampliar ou restringir, o conteúdo de disposições do seu respectivo parâmetro legal, sob pena de nulidade.

50. Existem casos, todavia, nos quais a alteração da norma regulamentar não representa obrigatoriamente a invalidação da disciplina anterior, mas tão-somente a mudança de uma diretriz interpretativa perfeitamente válida e, por conseguinte, a escolha por uma melhor regulamentação do objeto do decreto normativo.

51. É o que sucede quanto ao art. 97 do RPS, devendo ficar registrada a anterior polêmica em relação à possibilidade, ou não, de garantia do salário-maternidade após a extinção do vínculo empregatício, dadas as peculiaridades desse benefício.

52. A Lei nº 9.784, de 29 de janeiro de 1999, embora tenha o processo administrativo federal como seu objeto principal, revela um princípio de extrema importância na matéria, ao dispor que interpretação da norma administrativa deve seguir a forma que melhor garanta o atendimento do fim público a que se dirige, sendo vedada aplicação retroativa de nova interpretação.

53. Nesse sentido, conclui-se que a nova redação do art. 97, parágrafo único, do RPS, nos termos do Decreto nº 6.122, de 2007, é aplicável apenas para os fatos geradores de salário-maternidade ocorridos a partir de 14 de junho de 2007.

Questão 8. Empregada demitida sem justa causa durante a estabilidade gestacional: o salário-maternidade deve ser pago por intermédio da empresa ou diretamente pelo INSS?

54. Extrai-se do parágrafo único do art. 97 do RPS que, nessa situação, a responsabilidade pelo pagamento do benefício é da empresa. Tal dispositivo prevê expressamente as situações em que a segurada no período de graça fará jus ao benefício pago pela Previdência Social, quais sejam: demissão antes da gravidez ou, durante a gestação, por justa causa ou a pedido. Percebe-se que foi excluída a hipótese de demissão sem justa causa, justamente por conta da responsabilidade da empresa.

55. A razão da omissão é que o INSS deve evitar o risco de pagar o benefício em duplicidade, ao efetuar o pagamento direto à segurada e a empresa requerer ulterior compensação, mediante prova de que também efetuou o pagamento à segurada, ao reintegrá-la ou ao indenizá-la.

56. Nesse sentido, cumpre enfatizar que a empregada faz jus à reintegração no emprego por força da estabilidade, ou à indenização dos salários e demais direitos, se ultrapassado o período respectivo. Lembre-se ainda que o art. 71 da LBPS orienta no sentido de que, para fins do salário-maternidade, deverão ser observadas as situações e condições previstas na legislação no que concerne à proteção à maternidade.

Questão 9. Professor que exerceu a atividade sem habilitação legal, no período posterior à Lei n. 9.394: é possível contagem para fins da aposentadoria de professor (art. 56)?

57. No sistema atual, por força do art. 201, § 8º, da Constituição, o professor tem direito à antecipação da aposentadoria por tempo de contribuição aos trinta anos de contribuição (se homem) e aos vinte e cinco anos de contribuição (se mulher), com renda mensal inicial equivalente a cem por cento do salário-de-benefício.

58. A Lei nº 8.213, de 1991, não prevê expressamente a exigência de comprovação de habilitação legal, assim entendida como a formação profissional em instituição reconhecida, previamente ao exercício da atividade, para comprovação de atividade de professor, para fins do benefício instituído no seu art. 56.

59. No plano regulamentar, o RPS, no seu art. 56, disciplina o que se deve entender como atividade de professor: aquela exercida, exclusivamente, em "função de magistério" na educação infantil, no ensino fundamental ou no ensino médio, devendo ser considerada por "função de magistério" a exercida por professor em estabelecimento

de educação básica em seus diversos níveis e modalidades, incluídas, além do exercício da docência, as funções de direção de unidade escolar e as de coordenação e assessoramento pedagógico.

60. Nesse sentido, como não há qualquer exigência específica da legislação previdenciária, as disposições legais referentes à exigência de habilitação profissional para o exercício da atividade de professor, constantes da legislação específica, não se consideram determinantes no âmbito do RGPS, para fins de reconhecimento de direitos.

61. Para o INSS, inclusive, haverá presunção de habilitação profissional se for comprovada a atividade por meio dos seguintes elementos probatórios: a) dos registros em Carteira Profissional ou Carteira de Trabalho e Previdência Social, complementados, quando for o caso, por declaração do estabelecimento de ensino onde foi exercida a atividade, sempre que necessária essa informação, para efeito de sua caracterização; b) informações constantes do Cadastro Nacional de Informações Sociais – CNIS; ou c) Certidão de Tempo de Contribuição – CTC os termos da contagem recíproca para o período em que esteve vinculado a Regime Próprio de Previdência Social – RPPS. Nesse sentido, dispõe o art. 228 da Instrução Normativa nº 45, de 6 de agosto de 2010.

Questão 10. As alterações da Lei nº 11.718/2008, art. 10 (definição legal de segurado especial), aplicam-se aos requerimentos de benefícios pendentes de decisão?

62. O segurado especial, no regime atual da LBPS, é, em síntese, o pequeno produtor rural pessoa física que explora atividade agropecuária, inclusive o seringueiro e o extrativista vegetal, bem como o pescador artesanal, que trabalham individualmente ou em regime de economia familiar.

63. A Lei nº 11.718, de 20 de junho de 2008, como diz o próprio enunciado da questão, acrescentou novos parâmetros ao marco legal da categoria, de um modo geral, permitindo um maior aprofundamento e flexibilidade ao conceito para fins de enquadramento pelo INSS, contudo, sem alterar aspectos essenciais da definição.

64. A dúvida é saber a partir de quando incidem os novos parâmetros legais para enquadramento como segurado especial, particularmente se são válidos para os requerimentos de benefícios pendentes de decisão pelo INSS, na data da vigência da Lei, que foi publicada em 23 de junho de 2008.

65. A resposta é afirmativa, na medida em que a legislação apenas aprofundou alguns aspectos do conceito de segurado especial. Ademais, seria desarrazoado exigir que os segurados enquadrados na nova norma tivessem os seus benefícios indeferidos e, somente então, levados a reapresentar seus pedidos, pudessem ter a sua situação avaliada com base nesses critérios.

66. É bem de ver que não se defende, neste parecer, a aplicação retroativa da nova Lei, mas tão-somente a incidência imediata dos seus critérios aos processos pendentes de decisão no âmbito administrativo (INSS ou CRPS), não podendo, por essa razão, gerar pagamento de benefício de forma retroativa à data de vigência da Lei nº 11.718, de 2008. Nessa linha, inclusive, os segurados deverão reafirmar a data de requerimento do benefício para a data da entrada em vigor da Lei nº 11.718, de 2008.

Questão 11. Valor da renda familiar para concessão de BPC da LOAS: o benefício previdenciário de valor mínimo, recebido por familiar idoso, integra ou não o montante da renda?

67. A resposta é afirmativa, à luz do art. 6º, inciso IV, do Regulamento do Benefício de Prestação Continuada – BPC, aprovado pelo Decreto nº 6.214, de 26 de setembro de 2007.

68. De acordo com citada norma, para os fins do reconhecimento do direito ao benefício, considera-se renda mensal bruta familiar a soma dos rendimentos brutos auferidos mensalmente pelos membros da família composta por salários, proventos, pensões, pensões alimentícias, "benefícios de previdência pública ou privada", comissões, pró-labore, outros rendimentos do trabalho não assalariado, rendimentos do mercado informal ou autônomo, rendimentos auferidos do patrimônio, Renda Mensal Vitalícia e Benefício de Prestação Continuada, ressalvado o disposto no parágrafo único do art. 19, disposição que remete à exceção do art. 34, parágrafo único, da Lei nº 10.741, de 1º de outubro de 2003 (o Estatuto do Idoso).

69. Nesse raciocínio, entre os "benefícios de previdência pública" encontram-se os citados benefícios previdenciários no valor igual a um salário mínimo, tais como aposentadoria, pensão, auxílio-doença etc.

70. Apenas a título de esclarecimento, convém referir que o parágrafo único do art. 34 do Estatuto do Idoso exclui da renda mensal bruta familiar, para fins de reconhecimento do direito ao BPC ao Idoso, o benefício já concedido a qualquer membro da família. Nesse sentido, dispõe expressamente o parágrafo único do art. 19 do Regulamento do BPC.

Questão 12. O entendimento de que a pensão por morte à dependente maior inválido é devida somente quando a invalidez tenha ocorrido antes da maioridade previdenciária é aplicável apenas aos benefícios decorrentes de óbitos ocorridos a partir da vigência do Decreto nº 6.939/2009, que deu nova redação ao inciso III do art. 17 do Decreto nº 3.048/99?

71. Na realidade, a citada regra consta do art. 108 do RPS, na redação dada pelo Decreto nº 6.939, de 18 de agosto de 2009, assim redigido: "A pensão por morte somente será devida ao filho e ao irmão cuja invalidez tenha ocorrido antes da emancipação ou de completar a idade de vinte e um anos, desde que reconhecida ou comprovada, pela perícia médica do INSS, a continuidade da invalidez até a data do óbito do segurado".

72. Entendemos que não se trata de uma hipótese de mudança de interpretação, a ensejar a aplicação do princípio da irretroatividade da nova interpretação no âmbito do processo administrativo, pois não havia norma expressa em sentido diverso.

73. Portanto, o disposto no art. 108 do RPS é aplicável a todos os requerimentos de benefício pendentes de análise a partir de 19 de agosto de 2009, data da vigência do Decreto nº 6.939, de 2009, independentemente da data do óbito do segurado instituidor do benefício.

Questão 13. A informação por parte da empresa de utilização do EPI e de sua eficácia constitui motivo para o não reconhecimento da atividade exercida sob condições especiais?

74. O direito à aposentadoria especial no âmbito do RGPS está previsto no art. 201, § 1º, da Constituição, e decorre do exercício, por parte do segurado, de uma atividade sob condições prejudiciais à sua saúde ou integridade física.

75. Não se trata de benefício por incapacidade (seja real ou presumida), mas de modalidade diferenciada de benefício por tempo de contribuição, de quinze, vinte ou vinte e cinco anos, conforme o grau de nocividade do agente presente no ambiente de trabalho.

76. A comprovação da atividade especial encontra-se atualmente disciplinada no art. 58 da Lei nº 8.213, de 1991, o qual não exclui, expressa ou implicitamente, o direito à aposentadoria especial se for atestado, no laudo técnico, a informação de que a empresa fornece aos segurados Equipamento de Proteção Individual – EPI que seja eficaz.

77. Ora, se fosse imprescindível a comprovação de que houve prejuízo efetivo para a saúde ou integridade física do segurado, estaríamos diante de uma modalidade de benefício por incapacidade, o que não é o caso. Basta referir que não há qualquer previsão de a perícia médica avaliar da condição de saúde do segurado, para fins da aposentadoria especial.

78. Por outro lado, a exigência da lei sobre a comprovação da efetiva presença dos agentes nocivos no ambiente de trabalho, imprescindível para que haja enquadramento na aposentadoria especial, bem como a exigência de informação, no laudo técnico respectivo, sobre os EPIs fornecidos e sua eficácia, não impede que os segurados utilizem equipamentos de proteção eficazes contra esses agentes, tampouco exonera os empregadores do recolhimento da contribuição adicional para financiamento da aposentadoria especial.

79. Em resumo: os segurados devem proteger-se contra agentes nocivos presentes no ambiente de trabalho, sem que com isso fique automaticamente descaracterizado o seu direito à aposentadoria especial ou afastado o dever de recolhimento, por parte dos empregadores, das contribuições adicionais, devidas independentemente da eficácia dos EPIs. Todavia, compete ao segurado comprovar, em cada caso concreto, que os agentes nocivos estavam efetivamente presentes no ambiente de trabalho, durante toda sua jornada, devendo constar do laudo técnico informação sobre o grau de eficiência dos EPIs utilizados. Se a prova for incontestável de que os EPIs eliminaram o risco de exposição ao agente nocivo, reduzindo-lhe a intensidade a limites de tolerância, o tempo de contribuição será contado como comum, por força do não atendimento aos §§ 3º e 4º do art. 57 da Lei nº 8.213, de 1991.

Questão 14. Computa-se para efeito de carência o período em que o segurado usufruiu benefício do auxílio-doença? O fato de ter o segurado voltado a contribuir no momento imediatamente posterior à cessação do auxílio-doença permite seja computado para fins de carência o período do gozo do benefício, como tem decidido o CRPS?

80. No regime da LBPS, o período de carência equivale ao número de meses de contribuição necessários para o segurado se tornar elegível a um benefício (art. 24 da LBPS). Nem todas as prestações do RGPS dependem de carência. Os casos de dispensa estão elencados no art. 26 da Lei nº 8.213, de 1991. Assim, computam- se para efeito de carência os meses de efetiva contribuição ao RGPS. Em situações determinadas presume-se o recolhimento para efeito de benefícios.

81. Assim, há casos em que não é necessário que o segurado comprove a contribuição propriamente dita, mas o exercício da atividade, como é a situação clássica dos segurados empregados, por força do art. 30, inciso I, da Lei nº 8.212, de 1991. Os empregados comprovam perante o INSS que trabalharam para determinada empresa. Não pode o INSS exigir prova do recolhimento das contribuições sociais correspondentes ao período de emprego.

82. Em resposta à primeira indagação, entendemos que não poderá ser computado período de recebimento de benefício para fins de carência, por não se tratar de período de contribuição em uma das diversas categorias de segurado, como exige a lei para essa finalidade. Ademais, o fato de o segurado ter voltado a contribuir no momento imediatamente posterior à cessação do auxílio-doença não permite seja computado para fins de carência o período de gozo do benefício.

83. A carência é medida em meses de contribuição, o que não se confunde com meses de recebimento de benefício. É contraditório e ilógico que se cumpra determinada carência, necessária ao benefício, justamente computando-se o de tempo de recebimento de outro benefício. Há benefícios, contudo, como o auxílio-acidente, em que não há sequer afastamento do trabalho, mas o que deve ser computado não é o tempo de benefício, mas o tempo de contribuição.

84. Na Lei nº 8.213, de 1991, há um dispositivo na subseção destinada à aposentadoria por tempo de contribuição que gera bastante controvérsia sobre o tema, que é o inciso II do art. 55. Diz ele que será computado, como tempo de contribuição, o período intercalado em que o segurado esteve em gozo de auxílio-doença ou aposentadoria por invalidez.

85. O que ocorre é que, para fins do benefício de aposentadoria por tempo de contribuição, a Lei buscou, excepcionalmente, minimizar os efeitos dos afastamentos do trabalho por motivo de incapacidade, determinando que tais períodos, quando intercalados entre períodos de atividade, sejam efetivamente inseridos no cálculo de tempo de contribuição, para não causar prejuízo graves aos segurados.

86. Repare que não foi mencionado o auxílio-acidente (art. 86 da LBPS), justamente porque não há que se falar em afastamento do trabalho, o que ocorre apenas quando é concedido auxílio-doença ou aposentadoria por invalidez.

87. Ademais, lembre-se que o período de carência da aposentadoria por tempo de contribuição é, em regra, de cento e oitenta meses de contribuição, equivalente a

quinze anos (art. 25 da LBPS). Assim, por exemplo, para efeito da aposentadoria por tempo de contribuição integral, o segurado do sexo masculino, dos trinta e cinco anos necessários, poderá contar com até vinte anos de tempo intercalado de recebimento de auxílio-doença ou aposentadoria por invalidez.

Questão 15. A boa-fé do segurado é fator impeditivo para a restituição de valores de benefícios equivocadamente concedidos ou majorados administrativamente, por força de errônea interpretação da norma?

88. No âmbito do RGPS, para que fique delineada a situação de pagamento de benefício indevido, no todo ou em parte, é necessário que o fato fique comprovado em sede de processo administrativo no qual deve ser assegurada ampla defesa e contraditório ao beneficiário, por força da garantia constitucional ao devido processo legal (art. 5º, inciso LIV, da Constituição).

89. Por outro lado, a legislação em vigor não permite o perdão da dívida ao segurado recebedor de benefício indevido, mesmo se ficar caracterizada sua boa-fé. Permite-se apenas o parcelamento do débito ou a sua consignação, quando o beneficiário for recebedor de outro benefício do INSS. É o que se extrai da leitura do art. 115, inciso II e § 1º, da LBPS.

90. O Regulamento da Previdência Social, no seu art. 154, contém alguns parâmetros mais detalhados sobre como proceder ao ressarcimento do erário.

Questão 16. O limite de meio salário mínimo estabelecido pelas Leis nºs. 9.533/97 e 10.689/2003 deve ser considerado para fins de aferição de miserabilidade em substituição ao previsto na Lei nº 8.742/93 (1/4 SM)?

91. Os requisitos para a concessão do benefício de prestação continuada da Assistência Social – BPC, sob operacionalização do INSS, encontram-se delineados no art. 20 da Lei nº 8.742, de 7 de dezembro de 1993, a Lei Orgânica da Assistência Social – LOAS.

92. Entre os requisitos do benefício, é necessário comprovar o estado de hipossuficiência econômica da família da pessoa com deficiência ou idosa, que consiste numa renda familiar mensal inferior a um quarto do salário mínimo per capita, por força do § 3º do art. 20 da LOAS.

93. Em 2007 foi editado pelo Poder Executivo o novo Regulamento do BPC/LOAS, aprovado pelo Decreto nº 6.214, de 2007, por meio do qual se reafirmou a exigência da comprovação do requisito previsto no § 3º do art. 20 da LOAS, nada dispondo sobre a elevação do limite para o patamar de meio salário mínimo per capita.

94. A propósito, o art. 4º, inciso IV, do Regulamento anexo ao Decreto nº 6.214, de 2007, estabelece: "Para os fins do reconhecimento do direito ao benefício, considera-se: IV – família incapaz de prover a manutenção da pessoa com deficiência ou do idoso: aquela cuja renda mensal bruta familiar dividida pelo número de seus integrantes seja inferior a um quarto do salário mínimo; (...)".

Questão 17. Os titulares de aposentadorias despachadas em data anterior à publicação da Súmula AGU nº 44, de 14/09/2009, cujos benefícios de auxílio-acidente (B/36 e C/94) foram cessados em razão do anterior entendimento pela impossibilidade de acumulação, são abrangidos pelos efeitos da referida súmula?

95. De acordo com o art. 86 da LBPS, o auxílio-acidente constitui modalidade de benefício indenizatório, devido ao segurado quando, após consolidação das lesões decorrentes de acidente de qualquer natureza, resultar(em) seqüela(s) que implique(m) na redução da capacidade para o trabalho habitualmente exercido.

96. Até a edição da Lei nº 9.528, de 10 de dezembro de 1997, não havia disposição expressa na LBPS proibindo a cumulação de auxílio-acidente com aposentadoria. Tal disposição foi inserida por essa Lei, fruto da conversão da Medida Provisória nº 1.596-14, de 10 de novembro de 1997.

97. A mesma Lei previu que o valor do auxílio-acidente, embora cessado com a aposentadoria, seria incorporado ao salário-debenefício para cálculo da aposentadoria, nos moldes do art. 31 da LBPS. A indenização devida em razão da seqüela deveria cessar na medida em que inexistente o fundamento primordial do benefício, qual seja, a reparação em virtude da redução parcial da capacidade laboral do segurado. Ora, uma vez aposentado pelo RGPS, a indenização mensal ao segurado perderia por completo sua finalidade.

98. A Previdência Social defendeu ao longo dos anos que, para fazer jus ao recebimento cumulado dos benefícios de aposentadoria e auxílio-acidente, deveria ficar caracterizado o direito adquirido à cumulação. Ou seja, o direito adquirido ao recebimento concomitante de aposentadoria e auxílio-acidente deveria estar perfectibilizado antes da entrada em vigor da MPV nº 1.596-14, de 1997, convertida na Lei nº 9.528, de 1997.

99. O Poder Judiciário, contudo, entendeu de forma diversa, posicionando-se no sentido da exigência apenas de direito adquirido ao auxílio-acidente antes da nova legislação. A Súmula nº 44 da Advocacia-Geral da União veio para pacificar o entendimento jurisprudencial no âmbito administrativo, e com isso propiciar a redução de demandas judiciais contra o INSS.

100. A propósito, segue reproduzido o inteiro teor da Súmula nº 44 da AGU: "É permitida a cumulação do benefício de auxílio-acidente com benefício de aposentadoria quando a consolidação das lesões decorrentes de acidentes de qualquer natureza, que resulte em sequelas definitivas, nos termos do art. 86 da Lei nº 8.213/91, tiver ocorrido até 10 de novembro de 1997, inclusive, dia imediatamente anterior à entrada em vigor da Medida Provisória nº 1.596-14, convertida na Lei nº 9.528/97, que passou a vedar tal acumulação".

101. Por sua vez, a Súmula nº 44 da AGU, consoante texto acima, não prevê expressamente que os benefícios de auxílio-acidente, cessados até a sua edição, seriam de ofício restabelecidos pelo INSS. Portanto, a resposta ao questionamento é negativa, ou seja, os benefícios cessados, a princípio, permanecerão

como estão, até porque foram incorporados no cálculo do salário-de-benefício das aposentadorias que lhes substituíram.

102. Nesse sentido, a revisão ex-ofício para restabelecimento dos auxílio-acidente cessados antes da Súmula nº 44 da AGU deveria acarretar, como conseqüência inexorável, a proporcional redução dos valores das aposentadorias correlatas, causando insegurança jurídica ao INSS.

Questão 18. Há possibilidade de emissão de CTC, computando-se o tempo de serviço prestado pelo trabalhador rural anteriormente à competência novembro de 1991, independentemente de indenização? (Não há dúvida de que não é possível a contagem recíproca. A dúvida refere-se ao direito de certidão)

103. O direito de certidão insere-se no rol dos direitos fundamentais, previsto no art. 5º da Constituição (inciso XXXIV, alínea "b"). Como todo direito, não é absoluto, no sentido de que o seu exercício deve respeitar o princípio da razoabilidade.

104. A Certidão de Tempo de Contribuição – CTC é o documento que materializa a determinação prevista no § 9º do art. 201 da Constituição e somente é emitida para fins de contagem recíproca do tempo de contribuição entre o RGPS e os Regimes Próprios de Previdência Social – RPPS dos Estados, Municípios e Distrito Federal que os instituírem.

105. O art. 128 do RPS, no seu § 3º, expressamente disciplina que a CTC somente será emitida pelo INSS contendo tempo de serviço rural anterior a novembro de 1991 mediante prova do recolhimento das contribuições correspondentes ou indenização.

106. Assim, a prova do recolhimento das respectivas contribuições ou indenização do período correspondente é requisito para o deferimento da certidão. Portanto, a resposta ao questionamento é negativa.

Questão 19. Para efeito de carência, considerando que é do empregador a responsabilidade pelo recolhimento das contribuições do segurado empregado doméstico, o período do trabalho doméstico pode ser computado independentemente do efetivo recolhimento das contribuições?

107. Há uma regra específica na Lei nº 8.213, de 1991, quanto à contagem do período de carência do segurado empregado doméstico (art. 27, inciso II da LBPS). Vamos a ela: "Art. 27. Para cômputo do período de carência, serão consideradas as contribuições: (...) II – realizadas a contar da data do efetivo pagamento da primeira contribuição sem atraso, não sendo consideradas para este fim as contribuições recolhidas com atraso referentes a competências anteriores, no caso dos segurados empregado doméstico, contribuinte individual, especial e facultativo, referidos, respectivamente, nos incisos II, V e VII do art. 11 e no art. 13" – grifos acrescidos.

108. A norma supra transcrita estabelece que o período de carência é computado a partir da comprovação do efetivo pagamento da primeira contribuição em

dia, para os segurados empregado doméstico, contribuinte individual, especial e facultativo.

109. Por outro lado, é fato que a responsabilidade pelo recolhimento da contribuição retida da remuneração do empregado doméstico cabe ao seu respectivo empregador, por força do art. 30, inciso V, da Lei nº 8.212, de 1991.

110. Para compatibilização entre os sistemas de benefício e de arrecadação, deve-se entender que a legislação impôs um ônus aos empregados domésticos, no tocante à deflagração da contagem do período de carência, que é o dever de fiscalizar o recolhimento da primeira contribuição em dia, sob pena de não ver computado o período de atividade para fins de carência, senão após o recolhimento dessa primeira contribuição.

111. Assim, para efetivo resguardo de todos os direitos previdenciários (sobretudo para fins de início do cômputo do período de carência), o empregado doméstico deve certificar-se de que o empregador recolheu, pelo menos, a primeira contribuição previdenciária em dia.

112. Por exemplo, caso o vínculo empregatício do trabalhador doméstico se inicie no decorrer do mês de janeiro de um determinado ano e o empregador efetue o recolhimento das contribuições acumuladas de janeiro a maio apenas em junho, antes do término do prazo para arrecadação, o período de carência passará a ser computado, pelo INSS, apenas a partir de maio em diante.

Questão 20. Atividades concomitantes: é possível expedição de CTC circunscrita a uma das atividades?

113. Existem várias situações que podem se amoldar aos termos do enunciado da presente questão, logo, a correta resposta demandaria o fornecimento de maiores detalhes a respeito das atividades concomitantes.

114. Digamos, por exemplo, que o segurado empregado trabalhou concomitantemente em duas empresas na iniciativa privada e, posteriormente, ingressou no serviço público. Ao requerer a expedição de Certidão de Tempo de Contribuição – CTC apenas em relação a uma dessas atividades concomitantes, o INSS deve indeferir o pedido.

115. A razão é que o art. 96, inciso III, da Lei nº 8.213, de 1991, expressamente veda a contagem do tempo de contribuição por um sistema previdenciário, quando o mesmo tempo já tenha sido utilizado para concessão de aposentadoria por outro.

116. De forma que, após ser expedida a CTC pelo INSS, nada obstaria que esse segurado viesse futuramente a obter outro benefício do RGPS, decorrente da contagem do mesmo tempo de contribuição já enviado ao RPPS. Mas, como dito, esse mesmo tempo de contribuição já foi transferido ao regime próprio, a pedido do próprio interessado.

117. Assim, no caso de atividades concomitantes no âmbito do RGPS, o tempo de contribuição é único e indivisível, não gerando a possibilidade de dupla

aposentadoria por esse regime. Nesse sentido, é a redação do art. 124, inciso II, da LBPS. Ademais, para fins de reconhecimento de direitos, diz a Lei nº 8.213, de 1991, no seu art. 32, como será feita a apuração do respectivo salário-de-benefício.

Questão 21. Em relação ao número de contribuições necessárias para carência da aposentadoria por idade, segurado filiado antes de 24-7-1991 (art. 142), qual é o ano que define o número de contribuições necessárias? O ano em que completada a idade? Ou o ano em que estiverem atingidos idade e carência?

118. A aposentadoria por idade do RGPS destaca-se entre os benefícios de prestação continuada da Previdência Social por se tratar de uma prestação programada estabelecida em função da idade e período de carência. Tem assento constitucional no art. 201, § 7º, da Constituição.

119. Sua disciplina no plano infraconstitucional consta dos arts. 48 e seguintes da Lei nº 8.213, de 1991. Quanto ao período de carência, em regra, é necessário que o segurado, independente do sexo e categoria de beneficiário, cumpra o mínimo de cento e oitenta contribuições mensais (art. 25, inciso II, da LBPS).

120. Antes da Lei nº 8.213, de 1991, o período de carência da aposentadoria por velhice era de sessenta contribuições mensais (art. 32 do Decreto nº 89.312, de 23 de janeiro de 1984, a Consolidação das Leis da Previdência Social – CLPS/1984).

121. Com o advento da Lei nº 8.213, de 1991, o período de carência da aposentadoria por idade acabou sendo triplicado, se comparado ao período de carência da aposentadoria por velhice da CLPS/1984.

122. Diante desse quadro, a LBPS estabeleceu uma regra de transição para que os segurados inscritos na Previdência Social se adaptassem ao novo período de carência, na conformidade do seu art. 142 (regra essa aplicável aos benefícios de aposentadoria por idade, tempo de contribuição e especial).

123. Por essa norma, a nova carência da aposentadoria por idade (de cento e oitenta contribuições) não seria de plano exigida, mas proporcionalmente majorada ao longo dos anos, mediante aplicação de uma tabela que parte de sessenta meses de contribuição para o ano de 1991, chegando a cento e oitenta contribuições em 2011.

124. Assim, o período de carência da regra de transição é definido, em cada caso concreto, conforme o ano em que o segurado implementar todas as condições para o benefício. Lembre-se que a regra transitória é aplicável a três diferentes modalidades de benefícios, cada qual com seus requisitos específicos.

125. No caso da aposentadoria por idade, os requisitos específicos são idade de sessenta e cinco anos para homens e sessenta para mulheres, ao lado da própria carência e do requisito geral da qualidade de segurado (art. 48, caput, da LBPS).

126. Como a regra de transição abre uma exceção justamente em relação requisito carência, deve-se considerar, para fins de aplicação da regra do art. 142 da LBPS, a data do cumprimento do requisito etário.

127. Por exemplo: segurado do sexo masculino, inscrito na Previdência Social até 24 de julho de 1991, completou sessenta e cinco anos de idade em 2000. Pela regra de transição do art. 142 da LBPS, deverá comprovar, perante o INSS, no mínimo cento e quatorze meses de contribuição, a título de carência para sua aposentadoria.

128. Vejamos então, com outro exemplo, como se aplica a regra de transição do art. 142 da LBPS no caso do benefício de aposentadoria por tempo de contribuição. Imagine-se um segurado do sexo masculino, inscrito na Previdência Social até 24 de julho de 1991, completou trinta anos de contribuição no ano de 2000.

129. Ocorre que, na atualidade, para fazer jus à aposentadoria proporcional, é necessário que possua, cumulativamente, cinqüenta e três anos de idade e que tenha cumprido o "pedágio", tempo adicional de contribuição equivalente a 40% do que faltava, em 16 de dezembro de 1998, para alcançar os trinta anos de contribuição, nos termos do art. 9º da Emenda Constitucional nº 20, de 15 de dezembro de 1998.

130. Nesse caso, admita-se que o segurado completou cinqüenta e três anos de idade apenas em 2002 e que cumpriu o pedágio em 2003. Como a carência da regra transitória é prevista para o ano do implemento de todas as condições, deve-se buscar na tabela do art. 142 da LBPS o ano de 2003, equivalente a cento e trinta e dois meses de contribuição, pois somente em 2003 é possível afirmar que o segurado completou todas as condições para o benefício almejado.

131. Em resumo, no que tange à aposentadoria por idade, os únicos requisitos exigíveis, ao lado da carência, são a própria idade e a qualidade de segurado. Por isso, a aplicação do art. 142 da LBPS deve levar em conta o ano em que o segurado, inscrito na Previdência Social até 24 de julho de 1991, completou sessenta e cinco anos, se homem, ou sessenta, se mulher.

132. Por fim, cumpre enfatizar que o art. 3º da Lei nº 10.666, de 8 de maio de 2003, fruto da conversão da Medida Provisória nº 83, 12 de dezembro de 2002, estabeleceu no § 1º do seu art. 3º: "Na hipótese de aposentadoria por idade, a perda da qualidade de segurado não será considerada para a concessão desse benefício, desde que o segurado conte com, no mínimo, o tempo de contribuição correspondente ao exigido para efeito de carência na data do requerimento do benefício".

133. Sobre esse dispositivo, é necessário esclarecer que ele afasta a aplicação do parágrafo único do art. 24 da LBPS, no caso da aposentadoria por idade, não sendo mais exigível do segurado que cumpra período adicional de carência, correspondente a um terço do número de contribuições exigidas, no caso de perda da qualidade de segurado, desde que já conte na data do requerimento, com o total do período de carência.

134. Retomemos o exemplo acima: segurado do sexo masculino, inscrito na Previdência Social até 24 de julho de 1991, completou sessenta e cinco anos de idade em janeiro de 2000. Pela regra de transição do art. 142 da LBPS, deverá

comprovar, perante o INSS, no mínimo cento e quatorze meses de contribuição, a título de carência para sua aposentadoria.

135. Imagine-se que deixou de contribuir em 1987, tendo reingressado no sistema apenas em janeiro de 2002. Assim, restou caracterizada a perda da qualidade de segurado. Requereu o benefício ao INSS em fevereiro de 2004, oportunidade em que já contava com cento e vinte meses de contribuição, nos períodos de janeiro de 1980 a dezembro de 1987 e de janeiro de 2002 a dezembro de 2003.

136. Nessa situação, em fevereiro de 2004 (data do requerimento), faria jus ao benefício, por força do § 1º do art. 3º da Lei nº 10.666, de 2003, na medida em que, mesmo diante da perda da qualidade de segurado, já possuía, na data do requerimento, o tempo de contribuição correspondente ao exigido para efeito de carência. Repare que o segurado, neste exemplo, completou a idade de sessenta e cinco anos em 2000, logo, sua carência corresponde a cento e quatorze meses e já contava com cento e vinte.

137. Ademais, ressalte-se que, na data do requerimento (fevereiro de 2004), esse segurado contava com sessenta e nove anos de idade, é dizer, quatro anos a mais que a idade mínima de sessenta e cinco anos, nos termos do art. 48 da LBPS.

Questão 22. O direito da Previdência Social de anular os atos de que decorram efeitos favoráveis a seus beneficiários, quando praticados antes da Lei nº 9.784/99, decai apenas a partir de 1-2-2009 (cf. Parecer MPS/CJ nº 3509/2005)? A dúvida deve-se à existência de prazo fixado antes da Lei nº 9.784/1999, pelo art. 207 do Dec. nº 89.312/1984. Esse artigo estabelecia um prazo geral de decadência contra o INSS ou impedia apenas a revisão de decisões tomadas em grau de recurso administrativo?

138. Esse artigo impedia apenas a revisão de decisões tomadas em grau de recurso administrativo. Vejamos o texto do citado dispositivo da CLPS/1984, constante do título específico que trata do recurso administrativo e da revisão dos julgados do Conselho de Recursos da Previdência Social: "Art. 207. O processo de interesse de beneficiário ou empresa não pode ser revisto após 5 (cinco) anos contados de sua decisão final, ficando dispensada a conservação da documentação respectiva além desse prazo".

139. Atualmente, é de dez anos o prazo decadencial para o INSS anular os atos de que decorram efeitos favoráveis aos seus beneficiários, contados do dia primeiro do mês seguinte ao do recebimento do primeiro pagamento, salvo comprovada má-fé. É o que dispõe o art. 103-A, da Lei nº 8.213, de 1991, acrescentado pela Lei nº 10.839, de 5 de fevereiro de 2004, fruto da conversão em lei da Medida Provisória nº 138, de 19 de novembro de 2003.

140. Por sua vez, o prazo decadencial previsto no art. 54 da Lei nº 9.784, de 29 de janeiro de 1999, quanto aos atos a ela anteriores, começa a correr apenas a partir de 1º de fevereiro de 1999, data da vigência da referida Lei. Por conseguinte, o direito de a Previdência Social anular os atos de que decorram efeitos favoráveis a seus beneficiários, quando praticados antes da Lei nº 9.784, de 1999, decairá

apenas a partir de 1º de fevereiro de 2009, quando se completam dez anos contados do início da vigência da referida Lei.

141. O prazo decadencial de dez anos de todo e qualquer direito ou ação do segurado ou beneficiário para a revisão do ato de concessão do benefício (art. 103). Não se deve confundir esse prazo com o de prescrição qüinqüenal que fulmina toda e qualquer ação para haver prestações vencidas ou quaisquer restituições ou diferenças devidas pelo INSS aos seus beneficiários, ressalvado o direito dos menores, incapazes e ausentes, na forma do Código Civil (art. 103, parágrafo único).

142. Em síntese: concedido o benefício, inicia-se a contagem de dois prazos decadenciais distintos, de dez anos, um para o INSS e outro para o beneficiário.

143. Nos termos do art. 103-A da Lei nº 8.213, de 1991, o INSS dispõe de dez anos para instaurar o processo de anulação do ato de concessão do benefício deferido por erro ou em valor superior ao devido, salvo comprovada má-fé. Se ficar comprovada má-fé do beneficiário, o ato de concessão do benefício fraudulentamente alcançado poderá ser revisto a qualquer tempo.

144. Já os segurados ou beneficiários, à luz do disposto no art. 103 da Lei nº 8.213, de 1991, também deverão acionar o INSS dentro do prazo dez anos para revisão da renda mensal inicial do benefício, sob pena de decadência. Contudo, poderão ser efetivamente cobradas diferenças resultantes do ato de revisão apenas em relação aos últimos cinco anos de recebimento, por força da prescrição qüinqüenal, nos termos do parágrafo único do art. 103 da Lei nº 8.213, de 1991.

Questão 23. São constitucionais as disposições contidas no art. 116 do Regulamento da Previdência Social e na Portaria Interministerial MPS/MF nº 333, de 29 de junho de 2010, que fixam como renda bruta mensal o último salário-de-contribuição do segurado?

145. De acordo com o art. 201, inciso IV, da Constituição, na redação dada pela Emenda Constitucional nº 20, de 1998, o auxílio-reclusão e o salário-família serão devidos aos dependentes dos segurados de baixa renda.

146. Portanto, as normas citadas são compatíveis com o citado dispositivo e com a regra transitória do art. 13 da Emenda Constitucional nº 20, de 1998, que estabeleceu critério provisório para aferição da baixa renda, enquanto a questão não for disciplinada pelo legislador ordinário. De acordo com as citadas normas constitucionais, a renda mensal bruta a ser considerada é do segurado instituidor e não dos seus dependentes.

Questão 24. Questão: A Portaria Interministerial MPS/MF nº 333/2010 limita o alcance do disposto no § 1º do art. 116 do Regulamento da Previdência Social, que determina ser devido o auxílio-reclusão aos segurados quando não houver salário-de-contribuição na data do recolhimento à prisão?

147. Dispõe o art. 5º da Portaria Interministerial nº 333, de 29 de junho de 2010: "Art. 5º O auxílio-reclusão, a partir de 1º de janeiro de 2010, será devido aos

dependentes do segurado cujo salário-de-contribuição seja igual ou inferior a R$ 810,18 (oitocentos e dez reais e dezoito centavos), independentemente da quantidade de contratos e de atividades exercidas. § 1º Se o segurado, embora mantendo essa qualidade, não estiver em atividade no mês da reclusão, ou nos meses anteriores, será considerado como remuneração o seu último salário-de-contribuição. §2º Para fins do disposto no § 1º, o limite máximo do valor da remuneração para verificação do direito ao benefício será o vigente no mês a que corresponder o salário-de-contribuição considerado". – grifos acrescidos.

148. Por sua vez, o § 1º do art. 116 do RPS tem a seguinte redação: "É devido auxílio-reclusão aos dependentes do segurado quando não houver salário-de-contribuição na data do seu efetivo recolhimento à prisão, desde que mantida a qualidade de segurado".

149. Lembre-se que o segurado, durante o período de graça (art. 15 da LBPS), conserva os seus direitos perante a previdência social.

150. Assim, o art. 5º da Portaria Interministerial nº 333, de 2010, da forma como redigido, não restringe o alcance do § 1º do art. 116 do RPS, na medida em que este último limita-se a assegurar a possibilidade de reconhecimento do direito durante o período de manutenção da qualidade de segurado.

151. Ademais, a renda mensal do segurado a ser considerada para efeito de verificação do enquadramento no limite constitucional de baixa renda deve levar em conta o parâmetro existente, que corresponde ao último salário-de-contribuição recebido.

152. Por outro lado, se considerarmos que todo segurado em gozo de período de graça faria jus ao benefício, poderiam ocorrer, em casos extremos, graves distorções quanto à aplicação da regra transitória, na medida em que muitos deles efetivamente não integrariam a faixa da população de baixa renda.

Questão 25. Questão: Restringindo a Portaria Interministerial nº 333/2010 o alcance do disposto no § 1º do art. 116 do Regulamento da Previdência Social, quais os critérios devem ser observados para apuração da renda mensal bruta a que se refere o art. 13 da emenda Constitucional nº 20, de 15 de dezembro de 1998?

153. Conforme resposta à Questão nº 24, entendemos que a Portaria Interministerial nº 333, de 2010, não caracteriza restrição ao alcance do § 1º do art. 116 do RPS, razão pela qual a resposta ao presente questionamento resta prejudicada.

Questão 26. Os benefícios do auxílio-acidente e do auxílio suplementar, previstos nos arts. 6º e 9º da Lei nº 6.367, de 10 de outubro de 1976, foram unificados sob um único benefício, denominado auxílio-acidente, previsto no art. 86 da Lei nº 8.213, de 24 de julho de 1991?

154. O benefício de auxílio suplementar, atualmente extinto, não foi absorvido pelo benefício de auxílio-acidente, previsto na redação original da Lei nº 8.213, de 1991. Não houve, pois, a cogitada unificação.

155. O extinto auxílio suplementar estava previsto no art. 9º da Lei nº 6.367, de 10 de outubro de 1976, que dispunha: "Art. 9º O acidentado do trabalho que, após a consolidação das lesões resultantes do acidente, apresentar, como seqüelas definitivas, perdas anatômicas ou redução da capacidade funcional, constantes de relação previamente elaborada pelo Ministério da Previdência e Assistência Social (MPAS), as quais, embora não impedindo o desempenho da mesma atividade, demandem, permanentemente, maior esforço na realização do trabalho, fará jus, a partir da cessação do auxílio-doença, a um auxílio mensal que corresponderá a 20% (vinte por cento) do valor de que trata o inciso II do Artigo 5º desta lei, observando o disposto no § 4º do mesmo artigo. Parágrafo único. Esse benefício cessará com a aposentadoria do acidentado e seu valor não será incluído no cálculo de pensão".

156. Já o auxílio-acidente, previsto no art. 86 da Lei nº 8.213, de 1991, foi instituído pela Lei nº 8.213, de 1991, na sua redação original, com as seguintes características: "Art. 86. O auxílio-acidente será concedido ao segurado quando, após a consolidação das lesões decorrentes do acidente do trabalho, resultar seqüela que implique: I – redução da capacidade laborativa que exija maior esforço ou necessidade de adaptação para exercer a mesma atividade, independentemente de reabilitação profissional; II – redução da capacidade laborativa que impeça, por si só, o desempenho da atividade que exercia à época do acidente, porém, não o de outra, do mesmo nível de complexidade, após reabilitação profissional; ou III – redução da capacidade laborativa que impeça, por si só, o desempenho da atividade que exercia à época do acidente, porém não o de outra, de nível inferior de complexidade, após reabilitação profissional. § 1º O auxílio-acidente, mensal e vitalício, corresponderá, respectivamente às situações previstas nos incisos I, II e III deste artigo, a 30% (trinta por cento), 40% (quarenta por cento) ou 60% (sessenta por cento) do salário-de-contribuição do segurado vigente no dia do acidente, não podendo ser inferior a esse percentual do seu salário-de-benefício. § 2º O auxílio-acidente será devido a partir do dia seguinte ao da cessação do auxílio-doença, independentemente de qualquer remuneração ou rendimento auferido pelo acidentado. § 3º O recebimento de salário ou concessão de outro benefício não prejudicará a continuidade do recebimento do auxílio-acidente".

157. Comparando as normas acima transcritas, percebe-se que há evidentes diferenças entre os fatos geradores de uma e outra modalidade de benefício, bem como no cálculo do valor da renda mensal inicial. Ademais, de acordo com o parágrafo único do art. 9º da Lei nº 6.367, de 1976, o auxílio suplementar cessava com a aposentadoria do acidentado e seu valor não era incluído no cálculo de eventual pensão decorrente, ao passo que, quanto ao auxílio-acidente, na redação original do art. 86 da LBPS, o recebimento de salário ou concessão de outro benefício não prejudicava sua continuidade.

Questão 27. Em sendo positiva a resposta da 1ª Questão, ao beneficiário do auxílio suplementar aplica-se o disposto na Súmula nº 44 da AGU, em especial a possibilidade de cumulação deste benefício com o de aposentadoria?

158. A resposta ao presente questionamento restou prejudicada, pois a resposta à Questão nº 26 é negativa. Questão 28. CTPS assinada por ordem judicial em processo trabalhista: serve, por si só, de início de prova material? O fato de ter havido execução trabalhista e recolhimento das contribuições previdenciárias gera obrigatoriedade de consideração, pelo INSS, do período correspondente?

159. A LBPS, no seu art. 55, § 3º, exige que a comprovação do tempo de contribuição, para efeito de reconhecimento de direito a benefícios do RGPS, seja feita com base em início de prova material, não sendo admitida a prova exclusivamente testemunhal, salvo na ocorrência de motivo de força maior ou caso fortuito, conforme dispuser o Regulamento.

160. Salvo nos casos de condenação judicial dirigida ao INSS, situação em que não há dúvida de que a sentença deve ser cumprida, nos termos da legislação processual, cabe ao INSS analisar sempre todo o conjunto probatório e atentar para a exigência da legislação quanto à apresentação, por parte do segurado, de início de prova material.

161. O início de prova material pode ser considerado o ponto de partida do conjunto probatório, algo que sustenta não apenas ideologicamente os fatos a comprovar. Nessa linha, em geral, o início de prova material tende a constituir-se em documentos, enquanto registros contemporâneos dos fatos a comprovar.

162. Para o RGPS, o documento corporifica a prova do tempo de filiação previdenciária, especialmente no aspecto cronológico, posicionando-o contexto do histórico laboral do trabalhador, ao passo que consubstancia os seus contornos básicos sobre início e término da atividade, remuneração percebida no período, períodos de afastamentos eventuais e outras ocorrências relevantes.

163. Há uma dificuldade de se desvendar o conteúdo da expressão início de prova material, na medida em que material conduz à idéia de documento e se é documento já tende a ser, a princípio, prova suficiente do tempo de filiação e contribuição ao RGPS, não se tratando, pois, de mero início de prova.

164. Pode haver, contudo, situações em que o documento anexado ao processo pelo segurado não revela exatamente o tempo de filiação previdenciária, ou não identifica a categoria de segurado, ou ainda não relaciona os salários-de-contribuição no período a considerar, devendo ser complementado por outras provas.

165. O documento poderá ainda conter indícios do exercício da atividade, como, por exemplo, a situação em que uma pessoa efetuou determinada operação de venda, em nome da empresa, constitui indício de ser ele um empregado dessa empresa. Evidentemente, esse indício não é suficiente para reconhecimento do direito à contagem do tempo de contribuição ao RGPS, devendo ser complementado por outras provas.

166. Daí a necessidade de uma razoável complementação da prova indiciária do tempo de contribuição, podendo ser feita com base nos meios de prova postos à disposição pelo ordenamento jurídico, tais como testemunhas e perícias etc.

167. Admite-se, dessa forma, a comprovação do tempo de contribuição por meio de prova testemunhal, não podendo, contudo, ser exclusivamente esse o mecanismo a ser utilizado, em razão da restrição legal que emana a LBPS. A prova testemunhal, portanto, para ser eficaz no reconhecimento do tempo de contribuição, deve ser necessariamente aliada a uma base de prova de natureza material, salvo nas exceções de caso fortuito e força maior.

168. Respondendo à indagação, entendemos que a sentença proferida em processo judicial não pode ser considerada início de prova material, considerando os termos do § 3º do art. 55 da Lei nº 8.213, de 1991. A sentença constitui o ato do juiz que põe fim ao processo.

169. A anotação da Carteira de Trabalho e Previdência Social - CTPS, ainda que por força de ordem judicial, tem os seus efeitos perante a Previdência Social delimitados no art. 40 da Consolidação das Leis do Trabalho – CLT, que reza: "Art. 40 – As Carteiras de Trabalho e Previdência Social regularmente emitidas e anotadas servirão de prova nos atos em que sejam exigidas carteiras de identidade e especialmente: I – Nos casos de dissídio na Justiça do Trabalho entre a empresa e o empregado por motivo de salário, férias ou tempo de serviço; II – Perante a Previdência Social, para o efeito de declaração de dependentes; III – Para cálculo de indenização por acidente do trabalho ou moléstia profissional" (grifos acrescidos).

170. Nesse sentido, para ter direito às prestações, é necessário preencher os requisitos da Lei nº 8.213, de 1991, não estando o reconhecimento dos direitos aos segurados empregados atrelado ao pagamento das contribuições previdenciárias, pois, como visto, estas se encontram sob responsabilidade dos empregadores.

Ante o exposto, encaminho o presente parecer à elevada consideração do Excelentíssimo Senhor Ministro de Estado da Previdência Social, para os fins do disposto no art. 42 da Lei Complementar nº 73, de 10 de fevereiro de 1993.

Brasília, 17 de dezembro de 2010.

GUSTAVO KENSHO NAKAJUM

Procurador Federal/Consultor Jurídico/MPS

De efeito, foram catalogados pela Consultoria Jurídica do Ministério da Economia a existência de **36 pareceres vinculantes previdenciários** com homologação ministerial e publicados no Diário Oficial da União, conforme síntese a seguir:

COLETÂNEA DE PARECERES VINCULANTES[1]

Número	EMENTA/CONTEÚDO[2]
PARECER/CONJUR/MPS Nº 117/2013	Ref. Processo nº 44231.000026/2013-32, SIPPS nº 357800107.EMENTA: CGPRE. DIREITO PREVIDENCIÁRIO. CONSULTA. **SALÁRIO-MATERNIDADE. PERÍODO DE GRAÇA E VINCULAÇÃO CONCOMITANTE COMO SEGURADA ESPECIAL, FACULTATIVA OU CONTRIBUINTE INDIVIDUAL.** A segurada que se encontra em período de graça, decorrente da sua anterior vinculação ao sistema como empregada, doméstica ou avulsa, e passa a contribuir como facultativa ou contribuinte individual, ou se enquadre como segurada especial, sem, contudo, cumprir o período de carência reclamado para a percepção do salário-maternidade nesta condição, faz jus ao aludido benefício, independentemente da exigência de carência, com fulcro no art. 15, da Lei nº 8.213/91. O cálculo do salário-maternidade na hipótese anterior deve se dar com base nos últimos salários-de-contribuição apurados quando a segurada exercia suas atividades de empregada, doméstica ou avulsa, excluídas as contribuições vertidas posteriormente na qualidade de facultativa ou contribuinte individual. APROVADO pelo Ministro de Estado da Previdência Social em 19 de março de 2013, publicado em 22/03/2013. Em vigor.
PARECER/CONJUR/MPS N° 19/13	PREVIDENCIÁRIO. RGPS. APOSENTADORIA POR IDADE RURAL DA LEI N° 8.213/91, ART. 48, § 3Q. MODALIDADE QUE ADMITE A **"CARÊNCIA HÍBRIDA"** COMPUTANDO PERÍODOS URBANOS PARA A CONCESSÃO DE APOSENTADORIA RURAL. RESTRITA AO TRABALHADOR RURAL, AINDA QUE DETENHA A QUALIDADE DE SEGURADO URBANO QUANDO DO REQUERIMENTO. RPS, ART. 51, § 4°. INTERPRETAÇÃO. O tempo de trabalho rural anterior à competência de novembro de 1991 não pode ser computado como carência para a obtenção de benefícios da Lei n° 8.213/91 (art. 55, § 2°). Para a concessão de aposentadoria por idade rural, basta a comprovação do efetivo exercício de atividade rural, ainda que de forma descontínua, no período imediatamente anterior ao requerimento do benefício, por tempo igual ao número de meses de contribuição correspondente à carência do benefício pretendido, preenchido o requisito etário (art. 48, §§ 1° e 2°), no período imediatamente anterior ao requerimento (art. 143). Os trabalhadores rurais que não satisfazem a condição para a aposentadoria do art. 48, §§ 1° e 2°, podem computar períodos urbanos, pelo art. 48, § 3°, que autoriza a carência híbrida. Considerando a inaplicabilidade da Lei n° 10.666/03 para a concessão da aposentadoria rural, o art. 51, § 4°, do RPS, apenas admite que o trabalhador que completou os requisitos da aposentadoria do art. 48, § 3°, formule o requerimento posteriormente, sem necessariamente deter a qualidade de segurado rural, pois se trata de direito adquirido que não pode ser afastado pelo simples não exercício imediato. APROVADO pelo Ministro de Estado da Previdência Social em 28/05/2013, conforme Portaria nº 264 MPS, publicada em 29/05/2013. Em vigor. *Vide Portaria MPS nº 7, de 07/01/2014-DOU de 10/01/2014.*

[1] Fonte: Pareceres emitidos na forma na Lei Complementar n° 73/1993, extraídos do Sistema Legis (CONJUR/MPS); *Sislex.previdencia.gov.br* e do sítio da Advocacia Geral da União *http://www.agu.gov.br/pareceres*. Incidência artigos 68 e 69 do Regimento Interno do Conselho de Recursos. A presente Coletânea é uma alternativa de consulta e não esgota o acervo jurídico, nem substitui o conteúdo e a publicação dos vinculantes.

[2] Eventuais inconsistências identificadas nesta base ou atualizações podem ser informadas à Divisão de Assuntos Jurídicos – DIJUR do Conselho.

CRPS/Divisão de Assuntos Jurídicos/DIJUR, em Dez/2015

PARECER/CONJUR/MPS N° 18/13	PREVIDENCIÁRIO. RGPS. PERCEPÇÃO DE **AUXÍLIO-DOENÇA PRÉVIO COMO REQUISITO À CONCESSÃO DE AUXÍLIO-ACIDENTE. DESNECESSIDADE**. LEI N° 8.213/91, ART. 86, § O auxílio-acidente será concedido, como indenização, ao segurado quando, após consolidação das lesões decorrentes de acidente de qualquer natureza, resultarem sequelas que impliquem redução da capacidade para o trabalho que habitualmente exercia. Não é possível condicionar a concessão do auxílio-acidente à percepção de auxílio-doença antecedente. Intenção legislativa apenas de vedar o recebimento conjunto do auxílio-doença e do auxílio-acidente decorrentes de um mesmo fato gerador, dada a necessidade de consolidação das lesões. APROVADO pelo Ministro de Estado da Previdência Social em 28/05/2013, conforme Portaria nº 264 MPS, publicada em 29/05/2013. Em vigor.
PARECER/CONJUR/MPS N° 17/13	PREVIDENCIÁRIO. RGPS. **AUXÍLIO-ACIDENTE**. DEFINITIVIDADE DAS SEQUELAS QUE O ENSEJAM. NECESSIDADE. LEI N° 8.213/91, ART. 86. RPS, ART. 104. SITUAÇÕES DISCRIMINADAS NO ANEXO III DO REGUMANETO DA PREVIDÊNCIA SOCIAL — RPS. INEXISTÊNCIA DE TAXATIVIDADE. ROL MERAMENTE EXEMPLIFICATIVO. O auxílio-acidente será concedido, como indenização, ao segurado quando, após consolidação das lesões decorrentes de acidente de qualquer natureza, resultarem sequelas que impliquem redução da capacidade para o trabalho que habitualmente exercia. A exigência de definitividade da sequela é válida, histórica e compatível com o benefício, dado seu caráter vitalício. O não enquadramento em alguma das situações do Anexo III, simplesmente, não pode ser obstáculo à concessão do auxílio-acidente, caso a Perícia Médica do INSS verifique, no caso concreto, o preenchimento dos requisitos para a sua concessão. O Anexo III do RPS contém rol meramente exemplificativo das situações que ensejam o auxílio-acidente. APROVADO pelo Ministro de Estado da Previdência Social em 28/05/2013, conforme Portaria nº 264 MPS, publicada em 29/05/2013. Em vigor.
PARECER/CONJUR/MPS N° 675/12	DIREITO PREVIDENCIÁRIO. CONSULTA ORIUNDA DA PFE/INSS. SUGESTÃO DE REVISÃO PARCIAL DO PARECER/CONJUR/N° 616/2010, APROVADO PELO MINISTRO DE ESTADO DA PREVIDÊNCIA SOCIAL. Acolhimento da proposta formulada pela PFEANSS. Recomendação de **revisão do entendimento esposado na resposta à Questão 6 do referido pronunciamento jurídico. Revogação da Questão 6 do parecer 616/10**. Possibilidade de **fracionamento do pagamento de salário-maternidade** após extinção do contrato de trabalho, quando já houver início do pagamento pelo empregador. APROVADO pelo Excelentíssimo Senhor Ministro de Estado da Previdência Social em APROVADO pelo Ministro de Estado da Previdência Social em 28/05/2013, conforme Portaria nº 264 MPS, publicada em 29/05/2013. Em vigor.

PARECER/CONJUR/MPS Nº 674/12	Comando Sipps 21866539. EMENTA: DIREITO PREVIDENCIÁRIO. REGIME GERAL DE PREVIDÊNCIA SOCIAL - RGPS. CONTROVÉRSIA ENTRE O INSS E O CONSELHO DE RECURSOS DA PREVIDÊNCIA SOCIAL - CRPS. INAPLICABILIDADE DA LEI N° 10.666/2003 AO SEGURADO ESPECIAL. O preceito contido no artigo 3°, §12 da Lei n° 10.666/2003 não se aplica à aposentadoria por idade rural de que trata o art. 39, I, art. 48, §§1 2 e 2°, e art. 143, todos da Lei n° 8.213/1991. Não é possível, destarte, a concessão de aposentadoria por idade rural a segurado especial com base na Lei n° 10.666/2003, a qual permitiu a dissociação da comprovação dos requisitos de carência e idade para obtenção de aposentadoria aos trabalhadores urbanos, cujo benefício pressupõe a comprovação de contribuições mensais. APROVADO pelo Ministro de Estado da Previdência Social em 28/05/2013, conforme Portaria nº 264 MPS, publicada em 29/05/2013. Em vigor.
PARECER/CONJUR/MPS Nº 672/12	Comando Sipps 342604585. EMENTA: DIREITO PREVIDENCIÁRIO. REGIME GERAL DE PREVIDÊNCIA SOCIAL - RGPS. **SEGURADA EMPREGADA DOMÉSTICA**. SUPOSTO CONFLITO ENTRE OS PARECERES NORMATIVOS N° 2585/2001 E N° 616/2010. Para o início da contagem do período de carência, relativamente ao segurado empregado doméstico, é necessária a comprovação do recolhimento da primeira contribuição sem atraso, conforme exigência contida no art. 27, II, da Lei n° 8.213/1991. Para a concessão de benefícios no valor mínimo, entretanto, à luz do disposto no art. 36 da Lei n° 8.213/1991, pode ser dispensada a prova do recolhimento das contribuições, inclusive a primeira sem atraso, desde que atendidos os demais requisitos legais exigidos para a concessão do benefício. Ausência de conflito entre os pareceres normativos n° 2585/2001 e n° 616/2010. APROVADO pelo Excelentíssimo Senhor Ministro de Estado da Previdência Social em 28/05/2013, conforme Portaria nº 264 MPS, publicada em 29/05/2013. Em vigor.
PARECER/CONJUR/MPS Nº 282/11	EMENTA: CGPRE — DIREITO PREVIDENGÁRIO. REGIME GERAL DE PREVIDÊNCIA SOCIAL. CONVERSÃO DO TEMPO DE TRABALHO EXERCIDO SOB CONDIÇÕES ESPECIAIS. LIMITE TEMPORAL. FATOR DE CONVERSÃO APLICÁVEL. PROPOSTA DE ALTERAÇÃO LEGISLATIVA. A conversão do tempo de serviço especial em comum independentemente da data em que exercidas as atividades (se anterior ou posterior a 28.05.1998), é direito garantido aos segurados por meio do art. 57, §5°, da Lei nº 8213/91, dispositivo cuja redação foi resguardada por força do art. 15, da Emenda Constitucional n° 20/98. O art. 28, da Lei nº 9.711/98 versa sobre a criação de uma obrigação legal afeta ao Poder Executivo, a quem incumbiu de estabelecer critérios para fins de conversão em comum do tempo de trabalho exercido sob condições especiais até 28/05/1998, nos termos dos arts. 57 e 58, da Lei n° 8213/91, desde que o segurado tivesse implementado percentual do tempo necessário para a obtenção da respectiva aposentadoria especial, conforme estabelecido em regulamento, ausente qualquer menção à revogação expressa ou mesmo tácita do art 57, §59, da Lei nº 8213/91. O fator de conversão a ser utilizado para o somatório dos

períodos de trabalho comum e especial é aquele vigente à época em que requerido o benefício (atualmente previsto no art 70, caput, do RPS), devendo ser desconsiderado, para esta finalidade, o fator de conversão vigente à época em que prestadas as atividades laborais. Mudança de interpretação da norma da forma que melhor garanta o atendimento do fim público a que se dirige, vedada sua aplicação retroativa, na forma do art. 2°, parágrafo único, inciso XIII; da Lei n° 9.784/99. Sugestão de aprovação do Parecer na forma do art. 42, da Lei Complementar n. 73/93. APROVADO pelo Excelentíssimo Senhor Ministro de Estado da Previdência Social em 28/05/2013, conforme Portaria nº 264 MPS, publicada em 29/05/2013. Em vigor.

PARECER/CONJUR/MPS Nº 616/2010	Processo SIPPS nº 342438814. EMENTA: DIREITO PREVIDENCIÁRIO. BENEFÍCIO. **SOLUÇÃO DE DIVERSAS QUESTÕES JURÍDICAS RELATIVAS À APLICAÇÃO DA LEGISLAÇÃO**. APROVADO pelo Ministro de Estado da Previdência Social em 23/12/2010. Publicado na íntegra no DOU de 24/12/2010. - Em vigor.
PARECER/MPS/CJ Nº 11/2008	Sipps nº 28915412; INTERESSADO: Conselho de Recursos da Previdência Social – CRPS. Pedido de revisão do Parecer/CJ nº 2.893/2002 - **Aluno Aprendiz**. Contagem de tempo de serviço. Direito Previdenciário. Benefício. Aluno Aprendiz. Cômputo de tempo de serviço. "*Tempus Regit Actum*". Direito adquirido e irretroatividade das normas. Art. 5º, inc. XXXVI, CF/88. I. A Legislação que rege o Direito à contagem de tempo de serviço/contribuição é aquela vigente à época da prestação da atividade. Precedentes do Supremo Tribunal Federal (RE s 82881,85218 e 174159). II. O advento do Regulamento da Previdência Social, desde 1999, que deixou de enumerar a hipótese de contagem do tempo prestado como aluno aprendiz, não altera o conteúdo e os efeitos dos fatos jurídicos ocorridos antes de sua vigência. III. Possibilidade de cômputo do período prestado naquela condição mesmo na hipótese de o segurado ter implementado os demais requisitos para a aposentadoria somente após o advento do Dec. 3.048, de 6 de maio de 1999. IV. Revisão do parecer/CJ nº 2893/2002, neste particular aspecto; - Parecer Normativo. APROVADO pelo Ministro dia 17/01/2008; publicado na íntegra no DOU de 18/01/2008 - Em vigor.
PARECER/MPS/CJ Nº 10/2008	Comando Sipps nº 23087980. INTERESSADO: Instituto Nacional do Seguro Social. EMENTA: Enquadramento do posseiro ocupante de margens de rodovias como segurado especial. Solução de controvérsia. Art. 309 do Dec. nº 3.048, de 6 de maio de 1999. Ocupante de terrenos marginais de rodovias. Enquadramento como segurado especial. Possibilidade. A inexistência de titulação ou eventual irregularidade na ocupação da terra não afasta, por si só, a caracterização do trabalhador rural como segurado especial. Compatibilidade ao princípio da universalidade da cobertura e do atendimento. Art. 194, parágrafo único, inc. I, CF/88; APROVADO pelo Ministro dia 17/01/2008; publicado no DOU de 18/01/2008. - Em vigor.

Parecer CONJUR/MPS nº 224/2007	Sipps 10936539. INTERESSADO: Diretoria de Benefícios do INSS. ASSUNTO: Tempo de atividade com filiação à Previdência Social e período objeto de averbação automática perante o Regime Jurídico Ùnico - RJU da Lei nº 8.112/1990. Direito previdenciário. Contagem recíproca. Tempo de atividade autônoma com filiação à Previdência Social urbana concomitante ao período de emprego público celetista averbado perante o Regime Jurídico Ùnico - RJU. DESPACHO/CONJUR/MPS/Nº 719/2007; - Parecer normativo; APROVADO pelo Ministro dia 27/08/2007. Publicado na íntegra no DOU de 29/08/2007. - Em vigor.
Parecer CONJUR/MPS Nº 01/2007	Sipps nº 25031021; INTERESSADO: Comissão de Anistia Política do Ministério da Justiça; ASSUNTO: Anistiado político; EMENTA: Reparação econômica concedida pela Comissão de Anistia e possibilidade de contagem de tempo de **anistiado político** no âmbito do RGPS. Direito previdenciário. Anistiado Político. Lei nº 10.559/2002. Reparação econômica de caráter indenizatório. Contagem de tempo do período de afastamento para efeitos previdenciários. Direitos acumuláveis. Parecer normativo. APROVADO pelo Ministro dia 15/01/2007. Publicado na íntegra no DOU dia 19/01/2007; - Em vigor.
PARECER/CONJUR/MPS Nº 118/2006	EMENTA: Previdenciário. Benefício. Aposentadoria Especial do Regime Geral de Previdência Social. Regime Jurídico Anterior à Lei nº 9.032/95. Caracterização por categoria profissional. 1- Para períodos de atividade até 28.04.95, data anterior à vigência da Lei nº 9.032/95, cabe o enquadramento de atividade especial por grupos profissionais ou ocupações, conforme previsto no código 2.00 do quadro Anexo ao Decreto nº 53.831/64 e no Anexo II ao Decreto nº 83.080/79. 2- Não há como reconhecer o enquadramento por categoria profissional da atividade de **frentista** de posto de combustível, pois essa ocupação não se achava descrita nos citados Decretos do Poder Executivo. 3- É também inadmissível a aplicação generalizada a toda categoria dos frentistas do código 1.2.11 do Anexo ao Decreto nº 53.831/64, uma vez que a caracterização por exposição aos agentes nocivos depende do exame das condições de trabalho em cada caso concreto. Parecer normativo; APROVADO pelo Ministro dia 15/12/2006 e publicado na íntegra no DOU de 18/12/2006.- Em vigor.
Parecer MPS/CJ Nº 67/2006.	Sipps 16759508. INTERESSADO: Procuradoria Federal Especializada–INSS. ASSUNTO: Pensão por morte. Viúvo. Óbito da instituidora ocorrido após a CF/88 e antes da edição da Lei nº 8.213/91. EMENTA: Direito previdenciário. Benefício. Regência pelo art. 298, CAPUT e parágrafo único, do Decreto nº 83.080, de 1979; a pensão por morte somente será devida aos dependentes do segurado especial rural, cujo óbito tenha ocorrido entre a data da promulgação da CF/88 e o advento da Lei nº 8.213, de 1991, se o instituidor do benefício fosse chefe ou arrimo de unidade familiar, em conformidade com o art. 298, caput e parágrafo único, do Dec. nº 83.080, de 1979. APROVADO pelo Ministro dia 06/06/2006. DOU de 08/06/2006. - Em vigor.

Parecer MPS/CJ Nº 46/2006.	REFERÊNCIA: Comando Sipps nº 15440537. ASSUNTO: Contagem de tempo de serviço especial de servidor público federal, prestado antes do advento da Lei nº 8.112/90. EMENTA: Previdenciário. **Averbação de tempo de serviço especial em comum.** Tempo de serviço público federal celetista prestado, em condições especiais, antes do advento do regime jurídico único. Possibilidade de conversão para averbação junto ao regime próprio de previdência dos servidores públicos federais. 1 - Revogação, expressa, do Parecer CJ/MPS nº 1.201/98. Ratifica conclusões do Parecer CJ/MPS nº 2.549/2001. 2- Manutenção das conclusões contidas no Parecer CJ/MPS nº 2549/2001. 3- Tem direito à averbação do tempo de serviço público federal prestado até 11 de dezembro de 1990, em condições perigosas ou insalubres, com o acréscimo decorrente da transformação em tempo de serviço comum, o servidor que se encontrava sob a égide do regime celetista quando da implantação do Regime Jurídico Único; - Parecer normativo; APROVADO pelo Ministro dia 16/05/2006. publicado na íntegra no DOU dia 19/05/2006; - Em vigor.
PARECER/MPS/CJ Nº 39/2006	Comando SIPPS nº 20352307. INTERESSADO: SPS/MPS. ASSUNTO: **Aposentadoria por idade e comprovação de atividade rural dos segurados especiais** após a expiração do prazo previsto no art. 143 da Lei nº 8.213, de 24 de junho de 1991. a) o segurado especial, após a expiração do prazo previsto no art. 143 da Lei nº 8.213, de 24 de julho de 1991, deverá comprovar o exercício de atividade rural nos moldes do art. 39 da referida lei; b) para o segurado especial coberto pela Previdência Social somente após 24 de julho de 1991, a concessão de aposentadoria por idade no valor de 1 (um) salário mínimo depende da comprovação de atividade rural, ainda que de forma descontínua, no período imediatamente anterior ao do requerimento do benefício, pelo período de 180 (cento e oitenta) meses; c) para o segurado especial coberto pela Previdência Social Rural até 24 de julho de 1991, aplica-se o período de carência previsto no art. 142 da Lei nº 8.213, de 24 de julho de 1991. Parecer normativo, APROVADO pelo Ministro, dia 31/03/2006, publicado na íntegra no DOU de 03/04/2006. - Em vigor.
PARECER/MPS/CJ Nº 3.509/2005	Parecer CJ/MPS nº 2.434/2001. ASSUNTO: Prazo de **decadência para revisão ex officio** dos atos administrativos praticados pela Previdência Social. EMENTA: Decadência. art. 54 da Lei nº 9.784, de 29 de janeiro de 1999. Prazo decadencial de cinco anos para a Administração rever os atos de que decorram efeitos favoráveis para os destinatários. Termo A quo para os atos anteriores à publicação da Lei. Data do início da vigência da Lei - 1º de fevereiro de 1999. Medida Provisória nº 138, de 19 de novembro de 2003, convertida na Lei nº 10.839, de 5 de fevereiro de 2004. Extensão do prazo decadencial para dez anos em relação aos atos da previdência Social referentes à matéria de benefício. Interpretação do § 2º do art. 54 da Lei nº 9.784/99; - Parecer normativo. APROVADO pelo Ministro dia 26/04/2005, publicado na íntegra no DOU de 28/04/2005; - Em vigor.

PARECER/MPS/CJ Nº 3.165/2003	Ementa: Regimes Próprios de Previdência Social. Momento de criação, para fins de exclusão do Regime Geral. Necessidade de edição de lei em sentido estrito. 1 - Considera-se instituído o regime próprio de previdência social, para os fins liberatórios da proteção do servidor e das contribuições deste e da entidade pública para a qual trabalhe (arts. 12 da Lei nº 8.213/91 e 13 da Lei nº 8.212/91), a partir da vigência da lei, em sentido estrito, do Estado ou do Município, que estabeleça o regime previdenciário local. 2 - Impossibilidade de consideração, para os fins acima especificados, das normas de aposentadorias e pensão por morte constantes da Constituição Federal, de Constituições Estaduais ou de Leis Orgânicas Municipais. Absorção obrigatória do art. 40 da Constituição Federal pelas Constituições Estaduais e Leis Orgânicas Municipais. Competência privativa do Chefe do Poder Executivo para iniciativa de leis que disponham sobre aposentadoria de servidores públicos (art. 61, parágrafo 1º, II, "c", da Constituição Federal). 3 - Invalidação do Parecer MPS/CJ nº 2.955/03. Aprovado pelo Ministro em 29/03/2003. DOU DE 31/10/2003. Em vigor.
PARECER/MPS/CJ Nº 3.136/2003	Comando SIPPS 8204217- INTERESSADA: Coordenação-Geral de Benefício do INSS. ASSUNTO: Comprovação de atividade rural. EMENTA: Aposentadoria por idade. Trabalhadores rurais. **Comprovação de exercício de atividade rural** pelo número de meses equivalentes ao da carência do benefício. Artigos 39, I e 143 da Lei de Benefícios da Previdência Social. Eficácia das declarações fornecidas por sindicatos de trabalhadores rurais. **Início de prova material**. Contemporaneidade. 1. Imprescindibilidade de início de prova material. Impossibilidade de se considerar a declaração dos sindicatos de trabalhadores rurais, em sim mesma, início de prova material para fins de homologação pelo INSS. 2. Desnecessidade de que o início de prova material seja contemporâneo ao período de atividade rural equivalente ao número de meses idêntico à carência do benefício, podendo servir de começo de prova documento anterior a este período. Parecer normativo, APROVADO pelo Ministro dia 23/09/2003, publicado na íntegra no Dou de 25/09/2003; - Em vigor.
PARECER/MPS/CJ Nº 3.052/2003	ASSUNTO: Benefícios previdenciários de **ex-combatentes** e seus dependentes; EMENTA: Direito Constitucional e Previdenciário. Valor do benefício de prestação continuada devido aos ex-combatentes ou seus dependentes. Inteligência do artigo 53, inciso V, do ADCT da Constituição Federal de 1988. - o Termo "aposentadoria com proventos integrais inserto no inciso V, do artigo 53, do Ato das Disposições Constitucionais Transitórias da Carta Política de 1988, não asseguram ao ex-combatente aposentadoria com valor equivalente à remuneração que este percebia na atividade. Os proventos integrais que o mencionado preceito garante são os que a legislação previdenciária estabelece como tais. - Precedentes do STJ e do STF. Parecer normativo, APROVADO pelo Ministro dia 30/04/2003. Revoga o Parecer/MPAS/CJ nº 2.017/2000. Publicado na íntegra no DOU de 06/05/2003. - Em vigor.

PARECER/MPS/CJ Nº 2.893/2002	EMENTA: DIREITO PREVIDENCIÁRIO. BENEFÍCIO. **ALUNO APRENDIZ**. RECONHECIMENTO DE TEMPO DE SERVIÇO. APLICAÇÃO DA LEGISLAÇÃO VIGENTE AO TEMPO DA IMPLEMENTAÇÃO DE TODOS OS REQUISITOS PELO SEGURADO. 1. Requisitos para concessão do benefício implementados durante o período de vigência do Decreto nº 611, de 1992, e do Decreto nº 2.172, de 1997 - o segurado tem direito à contagem como tempo de serviço do período de aprendizado profissional realizado, em qualquer época, nas escolas técnicas na condição de aluno aprendiz, desde que haja remuneração e vínculo empregatício, em razão da jurisprudência pacífica do STJ. Revogação do Parecer/CJ/Nº 1.263/98; 2. Implementada todas as condições para concessão do benefício durante o período anterior ao Decreto nº 611, de 1992 - é possível a contagem do tempo de serviço na condição de aluno aprendiz, nos termos do Parecer/CJ/Nº 24/82; 3. Requisitos para concessão do benefício implementados em período posterior ao advento do Decreto nº 3.048, de 1999 - não se admite a contagem como tempo de serviço do período de aluno aprendiz. Parecer normativo, APROVADO pelo Ministro dia 12/11/2002. Publicado na íntegra no DOU de 14/11/2002. (REVISADO PELO PARECER/MPS/CJ/Nº 11/2008.
PARECER/CJ Nº 2.630/2001	EMENTA. DIREITO PREVIDENCIÁRIO. PENSÃO POR MORTE. DATA DE INÍCIO DO BENEFÍCIO. REGRA ATUAL DO ART. 74 DA LEI Nº 8.213, DE 1991. APLICAÇÃO DA LEI NO TEMPO. *TEMPUS REGIT ACTUM*. ÓBITOS ANTERIORES À MODIFICAÇÃO DA NORMA. DIREITO ADQUIRIDO. 1. A legislação aplicada em sede de benefício de pensão por morte é aquela em vigor na data do óbito do segurado. Precedente desta Consultoria Jurídica - Parecer nº 1.735/99. 2. Com base no art. 74 da Lei nº 8.213, de 24 de julho de 1991, com redação alterada pela Medida Provisória nº 1.596-14, de 10 de novembro de 1997, publicada no DOU de 11 de novembro de 1997, posteriormente convertida na Lei º 9.528, de 10 de dezembro de 1997, não havendo requerimento no prazo de trinta dias a contar do óbito, a pensão por morte será devida a partir do pedido, ainda que o falecido já esteja em gozo de aposentadoria. 2.1. A conversão automática do benefício de aposentadoria em pensão por morte não está autorizada em lei. Há necessidade de requerimento da pensão por morte por parte dos dependentes do segurado falecido, aposentado ou não. 2.2. O recebimento de aposentadoria em nome do segurado já falecido é ilegal e constitui crime (art. 171 do Código Penal), ensejando a obrigação de restituição ao INSS dos valores indevidamente recebidos. 3. Com relação aos óbitos verificados antes do advento da Medida Provisória nº 1.596-14, de 1997, posteriormente convertida na Lei nº 9.528, de 1997, a pensão será devida a contar do falecimento do segurado, ainda que requerida após a modificação legislativa, em respeito ao direito adquirido. APROVADO pelo Ministro de Estado em 07/12/2001. Publicado no DOU DE 17/12/2001.Em vigor.

PARECER/MPAS/CJ Nº 2.585/2001	EMENTA: Direito Previdenciário. Tempo de Contribuição. **Empregado Doméstico.** 1. O segurado empregado doméstico, desde que atenda os demais requisitos previstos em lei, não é obrigado a comprovar o recolhimento das contribuições para obtenção de benefício de valor mínimo, nos termos do art. 36, da Lei nº 8.213, de 24 de julho de 1991. 2. Para que seja concedido benefício em valor superior ao mínimo, em conformidade com as regras gerais, o segurado empregado doméstico deverá comprovar o efetivo recolhimento das contribuições relativas ao período de carência, além do atendimento aos demais requisitos exigidos pela lei de regência, em conformidade com o art. 27, inciso II, da Lei nº 8.213, de 1991. 3. Para fins de contagem recíproca, nos termos do art. 96, inciso IV, da Lei nº 8.213, de 1991, não havendo a comprovação do recolhimento das contribuições previdenciárias correspondentes ao tempo que se pretende contar, há a necessidade de indenizar o período respectivo. APROVADO pelo Ministro dia 26/09/2001. Parecer citado nos despachos do Ministro publicado no DOU de 01/10/2001. - Em vigor.
PARECER/MPAS/CJ Nº 2.551/2001	ASSUNTO: Reconhecimento de **tempo de serviço rural intercalado com tempo de serviço urbano** para fins de concessão do benefício de que trata o artigo 143 da Lei nº 8.213, de 1991; EMENTA: Direito previdenciário. Aposentadoria por idade. Trabalhador rural. Art. 143 da Lei nº 8.213, de 1991, exercício de atividade urbana intercalada. 1. O desempenho de atividade urbana por tempo superior a doze meses, intercalando os períodos de atividade rural exercidos pelo segurado, não é óbice para o recebimento do benefício de que trata o artigo 143 da Lei nº 8.213, de 1991. 2. Períodos rurais que não contam apenas para efeito de carência dos demais benefícios previdenciários, por ausência de recolhimento das contribuições. Art. 55, § 2º, da Lei nº 8.213, de 1991; - Parecer normativo; APROVADO pelo Ministro dia 23/08/2001. Publicado na íntegra no DOU de 30/08/2001. - Em vigor.
PARECER/MPAS/CJ Nº 2.549/2001	EMENTA: DIREITO CONSTITUCIONAL E PREVIDENCIÁRIO. TRABALHO SUJEITO A CONDIÇÕES ESPECIAIS. **CONVERSÃO DO TEMPO DE SERVIÇO PARA FINS DE CONTAGEM RECÍPROCA**. IMPOSSIBILIDADE. VEDAÇÃO CONSTITUCIONAL E LEGAL (§ 9º DO ARTIGO 201 DA CF DE 1988 C/C O ARTIGO 96, INCISO I, DA LEI Nº 8.213, DE 1991). PRECEDENTE DO SUPREMO TRIBUNAL FEDERAL. 1. A contagem recíproca referida no § 9º do artigo 201 da Constituição Federal de 1988 é feita em relação às contribuições efetuadas pelo segurado junto aos diversos regimes de previdência que este tenha se filiado. 2. O tempo fictício de serviço não está contemplado no instituto da contagem recíproca prescrito no texto constitucional. APROVADO pelo Ministro dia 23/08/2001. Publicado na íntegra no DOU de 30/08/2001.- Em vigor.

PARECER/MPAS/CJ Nº 2.548/2001 Aposentadoria especial do professor. Direito Constitucional e previdenciário. Professor. Conversão do tempo de serviço exercido em outra atividade para fins da aposentadoria especial. Impossibilidade. Necessidade de efetivo exercício das funções de magistério. Precedentes do Supremo Tribunal Federal. 1. As regras de conversão de tempo de serviço previstas na Lei nº 8.213, de 1991, não se aplicam à aposentadoria especial do professor. 2. A aposentadoria especial do professor exige o efetivo exercício das funções de magistério, nos termos da Constituição Federal de 1988 e da Carta Política que a antecedeu. APROVADO pelo Ministro dia 23/08/2001. Em vigor.

PARECER/MPAS/CJ Nº 2.532/2001 EMENTA: DIREITO PREVIDENCIÁRIO. ACORDO INTERNACIONAL. CONCESSÃO DE BENEFÍCIO POR TOTALIZAÇÃO. APLICAÇÃO DO INSTITUTO DA CONTAGEM RECÍPROCA. POSSIBILIDADE. PRINCÍPIO DA IGUALDADE. EXIGÊNCIA DE PREVISÃO EXPRESSA NO TEXTO DO ACORDO INTERNACIONAL. APROVADO pelo Ministro dia 14/08/2001. Publicado na íntegra no DOU de 17/08/2001 - Em vigor.

PARECER/MPAS/CJ Nº 2.522/2001 Enquadramento legal dos **trabalhadores rurais que trabalham em empresas agroindustriais.** EMENTA: Direito previdenciário. Enquadramento de segurados como trabalhadores rurais tendo em vista a natureza da atividade do empregado e não das empresas. Os empregados que exercem atividades tipicamente rurais em agroindústrias, especificamente em usinas de cana-de-açúcar, são tidos, para fins de concessão de **aposentadoria por idade, como trabalhadores rurais e não urbanos**. Necessidade de adequação das normas regulamentares e da rotina do Instituto Nacional do Seguro Social a este entendimento. Art. 201, § 7º, inciso II da Constituição Federal e dispositivos da Lei 8.212, de 24 de julho de 1991; - Parecer normativo; APROVADO pelo Ministro dia 09/08/2001. Publicado na íntegra no DOU de 16/08/2001; - Em vigor

PARECER/MPAS/CJ Nº 2.467/2001 Recomendação PR/SP nº 10/2000. INTERESSADO: Ministério Público Federal em São Paulo/SP. ASSUNTO: Descontos em pagamentos de benefícios previdenciários pelo INSS. EMENTA: Direito constitucional e previdenciário. **Valores indevidamente pagos pelo INSS a beneficiários da previdência social.** Culpa da administração. Responsabilidade civil do servidor (artigo 159 do código civil c/c artigos 121 e 122 da Lei nº 8.112/90). Enriquecimento sem causa do beneficiário. Necessidade de ressarcimento ao erário, ainda que verificada a boa-fé do favorecido. Faculdade de cobrança do débito pela administração diretamente do beneficiário ou do servidor responsável ou de ambos ao mesmo tempo. Renda mensal inferior ao salário mínimo. Restituição das quantias pagas impropriamente, mediante descontos mensais nos benefícios em manutenção. Previsão legal (art. 115, inciso II, da Lei nº 8.213/91). Constitucionalidade; - Parecer normativo; APROVADO pelo Ministro dia 10/05/2001. Publicado na íntegra no DOU de 14/05/2001. - Em vigor.

PARECER/MPAS/CJ Nº 2.445/2001	Processo nº 35546.000085/96-00; LOAS. EMENTA: **Concessão indevida de benefício assistencial. Restituição dos valores ao INSS**. Direito constitucional e previdenciário. Assistência social. Concessão imprópria de benefício por culpa da administração. Inexistência de previsão na Lei orgânica da assistência social (Lei 8.742, de 07/DEZ/93), quanto à restituição dos valores pagos indevidamente pelo INSS. Enriquecimento sem causa do beneficiário. Violação de princípios constitucionais da administração pública. Prejuízo ao erário. Apuração do erro e cobrança do débito. Necessidade; - Parecer normativo; APROVADO pelo Ministro dia 25/04/2001. Publicado na íntegra no DOU de 04/05/2001; - Em vigor.
PARECER/MPAS/CJ Nº 2.160/2000	EMENTA: Direito Assistencial. Benefício. Conceito de família incapaz de prover a manutenção da pessoa portadora de deficiência ou idosa. Inteligência do § 3º do art. 20 da Lei nº 8.742 de 07 de dezembro de 1993. Ultrapassados os parâmetros legais que fixam o valor da renda familiar, deve ser indeferido o benefício assistencial da Lei Orgânica da Assistência Social - **LOAS**. APROVADO pelo Ministro dia 06/06/2000. Publicado na íntegra no DOU de 09/06/2000. - Em vigor.
PARECER/MPAS/CJ Nº 2.157/2000	EMENTA: BENEFÍCIO DO REGIME GERAL DE PREVIDÊNCIA SOCIAL. **APOSENTADORIA POR INVALIDEZ DECORRENTE DE DOENÇA MENTAL**. COBERTURA DO RISCO FISIOLÓGICO. RESTRIÇÃO AO ESTADO CIVIL DA PESSOA. Representação legal do beneficiário pelo instituto da curatela. Submissão periódica à perícia médica nos termos do art. 42, § 1º, e do art. 101, ambos da Lei nº 8.213, de 24 de julho de1991. APROVADO pelo Ministro dia 31/05/2000. Publicado na íntegra no DOU de 06/06/2000. - Em vigor.
PARECER/MPAS/CJ Nº 1.945/1999	EMENTA: Direito Previdenciário. Benefício. Pensão por Morte. Não preenchimento dos requisitos para concessão do benefício. A morte do provável instituidor da pensão ocorreu após a entrada em vigor da Medida Provisória nº 1.523/96 que alterou a redação do § 2º, do art. 16, da Lei nº 8.213/91, retirando do rol de dependentes do segurado os menores sob guarda judicial; - Parecer normativo; APROVADO pelo Ministro dia 09/11/1999. Publicado na íntegra no DOU de 17/11/99; - Em vigor.
PARECER/MPAS/CJ Nº 1.591/1998	EMENTA. PREVIDENCIÁRIO E TRIBUTÁRIO. MENOR ASSISTIDO. Em face da nova Constituição, a figura do menor assistido deixou de existir. Já a Lei nº 6.494, de 1977, continuou em vigência, sendo que os maiores de 14 anos contratados nos termos desta, devem ser considerados estagiários e não empregados. No caso em concreto, a contratação ocorreu de acordo com os requisitos legais, não caracterizando qualquer vínculo empregatício. Não conhecimento da proposta de avocatória ministerial, por não se verificar, no caso, violação da lei ou de orientação administrativa. Aprovado pelo Ministro em 15/12/98. DOU de 17/12/98. Em vigor.

PARECER/MPAS/CJ Nº 868/1997	Averbação de tempo de serviço EMENTA: Estagiário. Projeto Rondon. PT/MTPS nº 1.002, de 29 de setembro de 1967. Descabimento. Os estagiários contratados através de Bolsa de Complementação Educacional não terão, para quaisquer efeitos, vínculo empregatício com as empresas, cabendo a estas apenas o pagamento da Bolsa durante o período de estágio. Relação de emprego descaracterizada. Precedentes do INSS; - Parecer normativo; APROVADO pelo Ministro dia 30/04/1997; Publicado na íntegra no DOU de 28/05/97; - Em vigor.

O prazo para o requerimento da Reclamação ao Conselho Pleno é de **trinta dias** contados da data da ciência da decisão infringente e suspende o prazo para o seu cumprimento, cabendo ao Presidente do CRPS fazer o juízo de admissibilidade da Reclamação ao Conselho Pleno verificando se estão presentes os pressupostos previstos no *caput*, podendo:

I – indeferir por decisão monocrática irrecorrível, quando verificar que não foram demonstrados os pressupostos de admissibilidade;

II – distribuir o processo ao Conselheiro relator da matéria no Conselho Pleno quando verificar presentes os pressupostos de admissibilidade.

A **intempestividade não é relevada pelo Plenário do CRPS para as Reclamações**, mas apenas em sede de recursos, nos termos do artigo 16, II, do RICRPS.

1.5. Embargos de declaração

Ainda são previstos no artigo 58, do Regimento Interno do CRPS 2017, os **embargos declaratórios**, cabíveis quando existir no acórdão obscuridade, ambiguidade ou contradição entre a decisão e os seus fundamentos ou quando for omitido ponto sobre o qual deveria pronunciar-se o órgão julgador.

Ainda caberão os aclaratórios para corrigir erro material, entendendo-se como tal, os decorrentes de erros de grafia, numéricos, de cálculos ou, ainda, de outros equívocos semelhantes, que não afetem o mérito do pedido, o fundamento ou a conclusão do voto, bem como não digam respeito às interpretações jurídicas dos fatos relacionados nos autos, o acolhimento de opiniões técnicas de profissionais especializados ou o exercício de valoração de provas.

Poderão ser interpostos no prazo de 30 dias, interrompendo o prazo para cumprimento do acórdão, sendo restituído todo o prazo de trinta dias após a sua solução. A interrupção cessa a partir da intimação das partes acerca da decisão dos declaratórios, quando passa a fluir o lapso temporal de 30 (trinta) dias.

Os embargos de declaração opostos tempestivamente interrompem o prazo para a interposição de recurso especial, para a apresentação de Reclamação ao Conselho Pleno e para o Pedido de Uniformização de Jurisprudência.

No entanto, **para corrigir erro material**, os embargos de declaração serão cabíveis a qualquer tempo, entendendo-se como tal os decorrentes de erros de grafia, numéricos, de cálculos ou, ainda, de outros equívocos semelhantes, que não afetem o mérito do pedido, o fundamento ou a conclusão do voto, bem como não digam respeito às interpretações jurídicas dos fatos relacionados nos autos, o acolhimento de opiniões técnicas de profissionais especializados ou o exercício de valoração de provas.

Nos Embargos de Declaração, via de regra, não há necessidade de se oportunizar a manifestação da parte contrária, salvo nos casos em que a pretensão do embargante, na integração do julgado, implicar na modificação da decisão final, hipótese em que, excepcionalmente, deverá ser oportunizado o oferecimento de contrarrazões ao embargado.

Os embargos de declaração opostos tempestivamente interrompem o prazo para a interposição de recurso especial.

Quando solicitado pelas partes, o órgão julgador deverá informar o local, data e horário de julgamento, para fins de sustentação oral das razões do recurso.

Autuado o pedido, o processo será encaminhado ao relator ou ao seu sucessor, ao qual competirá fazer o juízo de admissibilidade dos embargos de declaração, podendo:

I – não conhecer dos embargos de declaração, por decisão monocrática irrecorrível, quando verificar que não foram demonstrados os pressupostos de admissão;

II – conhecer dos embargos de declaração, quando verificar presentes os pressupostos de admissão;

III – conhecer dos embargos de declaração, quando verificar os pressupostos de admissão, submetendo ao Presidente do Órgão Julgador, mediante despacho, as razões para saneamento e reedição do acórdão.

1.6. Desistência do recurso administrativo e propositura de ação judicial

Vale frisar que o INSS poderá, em qualquer fase do processo, reconhecer expressamente o direito do interessado e reformar sua decisão, deixando de encaminhar o recurso à instância competente, ou, caso o recurso esteja em andamento perante o órgão julgador, será necessário comunicar-lhe sua nova decisão, para fins de extinção do processo com apreciação do mérito, por reconhecimento do pedido.

Ademais, em qualquer fase do processo o recorrente poderá, voluntariamente, desistir do recurso interposto.

> Na forma do artigo 126, §3º, da Lei 8.213/91, a propositura, pelo beneficiário ou contribuinte, de ação que tenha por objeto idêntico pedido sobre o qual versa o processo administrativo, importa em renúncia ao direito de recorrer na esfera administrativa e desistência do recurso interposto.

Considera-se idêntica a ação judicial que tenha as mesmas partes, a mesma causa de pedir e o mesmo pedido do processo administrativo, devendo o INSS dar ciência ao interessado ou seu representante legal para que se manifeste no prazo de trinta dias.

Nos termos do artigo 36, do Regimento Interno do CRPS, certificada a ocorrência da propositura da ação judicial, os prazos processuais em curso ficam suspensos e o INSS dará ciência ao interessado ou a seu representante legal para que se manifeste no prazo de trinta dias. Expirado o prazo, os autos serão encaminhados para julgamento.

Ademais, caso o conhecimento da propositura da ação judicial seja posterior ao encaminhamento do recurso ao CRPS e este ainda não tenha sido julgado administrativamente, o INSS comunicará o fato à Junta ou Câmara incumbida de proferir decisão, acompanhado dos elementos necessários para caracterização da renúncia tácita.

Na hipótese em que o conhecimento da propositura da ação judicial seja posterior ao julgamento do recurso administrativo, se a decisão administrativa definitiva for favorável ao interessado e não existir decisão judicial transitada em julgado, o INSS comunicará o fato à Procuradoria Federal Especializada para:

> I – orientar como proceder em relação ao cumprimento da decisão administrativa; e
>
> II – se for o caso, estabelecer entendimento com o autor da ação judicial objetivando a extinção do litígio.

Se o conhecimento da propositura da ação judicial for posterior ao julgamento do recurso administrativo e houver decisão judicial transitada em julgado com o mesmo objeto do processo administrativo, conforme orientação da Procuradoria Federal Especializada, **a coisa julgada prevalecerá sobre a decisão administrativa**.

1.7. Matéria médica

Em se tratando de matéria médica, deverá ser ouvida a Assessoria Técnico – Médica Especializada, prestada por servidor lotado na instância julgadora que, na qualidade de perito do colegiado, se pronunciará, de forma fundamentada e conclusiva, no âmbito de sua competência, hipótese em que será utilizado mero encaminhamento interno por meio de despacho[5].

Nos casos em que a controvérsia girar em torno do enquadramento de atividades exercidas sob condições especiais que prejudiquem a saúde ou a integridade física, o Conselheiro Relator, mediante despacho fundamentado, submeterá os autos ao Presidente da Instância Julgadora, cabendo a este decidir sobre a necessidade

5. Artigo 53, §7º, do Regimento Interno do CRSS.

de oitiva da Assessoria Técnico – Médica, hipótese em que restringirá as consultas às situações de dúvidas concretas[6].

1.8. Revisão de ofício

Em decorrência do poder de autotutela, conforme previsto no artigo 59, do Regimento Interno do CRPS 2017, **as Câmaras de Julgamento e Juntas de Recursos deverão rever suas próprias decisões, de ofício**, enquanto não ocorrer a decadência de que trata o artigo 103-A, da Lei nº 8.213/91, quando:

I – violarem literal disposição de lei ou decreto;

II – divergirem dos pareceres da Consultoria Jurídica do MDSA, aprovados pelo Ministro de Estado do Desenvolvimento Social e Agrário, bem como do Advogado-Geral da União, na forma da Lei Complementar nº 73, de 10 de fevereiro de 1993;

III – divergirem dos Pareceres da Consultoria Jurídica dos extintos MPS e MTPS, vigentes e aprovados pelos então Ministros de Estado da Previdência Social e do Trabalho e da Previdência Social;

IV – divergirem de enunciado editado pelo Conselho Pleno;

V – for constatado vício insanável.

Considera-se vício insanável, entre outros:

I – A decisão que tiver voto de Conselheiro impedido ou incompetente, bem como, se condenado por crimes relacionados à matéria objeto de julgamento do colegiado;

II – a fundamentação baseada em prova obtida por meios ilícitos, ou cuja falsidade tenha sido apurada em processo administrativo ou judicial;

III – a decisão decorrer de julgamento de matéria diversa da contida nos autos.

IV – a fundamentação de voto decisivo ou de acórdão incompatível com sua conclusão.

V – a decisão fundada em "erro de fato", compreendendo-se como tal, aquela que considerou fato inexistente, ou, considerou inexistente fato efetivamente ocorrido, sendo indispensável, em ambos os casos, que o fato não represente ponto controvertido sobre o qual o órgão julgador deveria ter se pronunciado.

É certo que a Administração Pública tem o dever de anular os seus próprios atos quando eivados de vícios legais não passíveis de convalidação, em atenção ao interesse público primário, independentemente de provocação, aplicando de ofício o Princípio da Legalidade, na forma da Súmula 473, do STF[7].

---

6. Artigo 53, §8º, do Regimento Interno do CRSS.
7. A administração pode anular seus próprios atos, quando eivados de vícios que os tornam ilegais, porque deles não se originam direitos; ou revogá-los, por motivo de conveniência ou oportunidade, respeitados os direitos adquiridos, e ressalvada, em todos os casos, a apreciação judicial.

Entrementes, caso a retirada do ato administrativo do mundo jurídico interfira na esfera patrimonial de terceiros, é curial o exercício prévio do contraditório antes da autotutela pelo Poder Público, conforme já se pronunciou a Suprema Corte[8].

Em termos gerais na Administração Pública federal, salvo comprovada má-fé, nas hipóteses em que o ato administrativo ilegal gere efeitos patrimoniais aos administrados, há prazo decadencial para que seja procedida a sua anulação de ofício, que é de 05 anos, a contar da percepção do primeiro pagamento, na forma do artigo 54, da Lei 9.784/99.

De acordo com o entendimento administrativo do INSS, para os benefícios concedidos antes do advento da Lei nº 9.784, de 29 de janeiro de 1999, ou seja, com data do despacho do benefício – DDB até 31 de janeiro de 1999, o início do prazo decadencial começa a correr a partir de 1º de fevereiro de 1999[9].

Entretanto, por mais de uma década vigorou o artigo 7º, da Lei 6.309/1975, que dispunha que "os processos de interesse de beneficiários e demais contribuintes não poderão ser revistos após 5 (cinco) anos, contados de sua decisão final, ficando dispensada a conservação da documentação respectiva além desse prazo".

Sucede que a Lei 6.309/75 foi expressamente revogada pela Medida Provisória 302, de 13.04.1992, convertida na Lei 8.422/92, mas surtiu efeitos nesse interstício.

Nesse sentido, a melhor jurisprudência:

> "PREVIDENCIÁRIO. ADMINISTRATIVO. APOSENTADORIA ESPECIAL DE AERONAUTA. REDUÇÃO DO VALOR DA RMI. DECURSO DE MAIS DE TRINTA ANOS ENTRE A DATA DA CONCESSÃO DO BENEFÍCIO E O INÍCIO DO PROCESSO ADMINISTRATIVO QUE CULMINOU COM A DIMINUIÇÃO DOS PROVENTOS. INVIABILIDADE DE REAPRECIAÇÃO DA QUESTÃO. AUSÊNCIA DE FRAUDE. **A revisão de ato de concessão de benefício pelo INSS, no regime anterior ao advento do art. 103-A da Lei 8.213/91, somente pode ocorrer, em regra, dentro do prazo decadencial de 5 (cinco) anos, haja vista o disposto no artigo 7º da Lei 6.309/75 (revogado pela Lei 8.422, de 23-05-1992) e no artigo 54 da Lei 9.784/99, e também em homenagem ao princípio da segurança jurídica.** Somente no caso de prova de fraude (má fé), a revisão pode ser operada a qualquer tempo, observado o devido processo legal. Em se tratando de benefício deferido sob a égide do art. 7º da Lei 6.309/75 (revogado pela Lei 8.422, de 23.05.92), deve, de qualquer sorte, ser aplicada referida norma restritiva ao poder de desfazimento, até porque ostenta conteúdo material. Apelação e remessa oficial improvidas" (TRF da 4ª Região, AMS 200772050018049, de 02.04.2008).

Atualmente há regra especial de prazo para o exercício da autotutela pela Previdência Social, esculpida no artigo 103-A, da Lei 8.213/91, inserido pela Lei 10.839/2004, fruto da conversão da Medida Provisória 138/2003:

8. MS 26.628, de 17.12.2007.
9. Artigo 569, §1º, da Instrução Normativa INSS 77/2015.

> "Art. 103-A. O direito da Previdência Social de anular os atos administrativos de que decorram efeitos favoráveis para os seus beneficiários decai em 10 (dez) anos, contados da data em que foram praticados, salvo comprovada má-fé.
>
> §1º No caso de efeitos patrimoniais contínuos, o prazo decadencial **contar-se-á da percepção do primeiro pagamento.**
>
> §2º Considera-se exercício do direito de anular qualquer medida de autoridade administrativa que importe impugnação à validade do ato".

Destarte, o INSS terá o prazo decadencial de 10 anos, **a partir do primeiro pagamento**, para anular atos administrativos ilegais (a exemplo da concessão de benefícios previdenciários indevidos ou com renda a maior) com efeitos continuados com eficácia favorável aos administrados, salvo comprovada má-fé dos beneficiários, hipótese em que a ilegalidade poderá ser pronunciada a qualquer tempo.

A revisão iniciada com a comunicação do início de procedimento revisional instaurado por meio de despacho decisório dentro do prazo decadencial impedirá a consumação da decadência, ainda que a decisão definitiva do procedimento revisional ocorra após a extinção de tal lapso[10].

A instituição de um prazo legal decorre do Princípio da Segurança Jurídica, haja vista que o administrado não poderá ficar sujeito indefinidamente à anulação do ato ilegítimo, desde que não concorra maliciosamente para a sua prática.

Nos termos do artigo 573, da IN INSS 77/2015, modificado pela IN 88/2017, na revisão administrativa o termo inicial do período prescricional será fixado para a Previdência Social, a partir da data da expedição de comunicação ao interessado acerca do despacho decisório de procedimento revisional e/ou apuratório, sendo a prescrição é interrompida pela expedição de comunicação ao interessado acerca do despacho decisório de procedimento revisional e/ou apuratório.

De acordo com a **Súmula 19, do Conselho de Recursos da Previdência Social**, "transcorrido mais de dez anos da data da concessão do benefício, não poderá haver sua suspensão ou cancelamento na hipótese de o interessado não mais possuir a documentação que instruiu o pedido, exceto em caso de fraude ou má-fé."

De acordo com o atual posicionamento do STJ este prazo decadencial será aplicado aos benefícios concedidos antes da vigência da Lei 9.784/99 (Lei do Processo Administrativo Federal), que no seu artigo 54 instituiu um prazo de 05 anos para o exercício do poder-dever de autotutela.

No entanto, o prazo de decadência de 10 anos de que dispõe a Administração Pública Previdenciária somente começará a correr no dia 01/02/1999, data em que começou a vigorar o prazo decadencial na Lei do Processo Administrativo Federal.

10. Artigo 571, da Instrução Normativa INSS 77/2015 alterado pela IN 88/2017.

"PREVIDENCIÁRIO. BENEFÍCIO. REVISÃO. DECADÊNCIA. ART. 103-A DA LEI 8.213/91.

1. O Superior Tribunal de Justiça, sob o regime do art. 543-C do CPC (recursos repetitivos), reiterou o entendimento segundo o qual o prazo para a Administração Pública rever os atos que gerem vantagem aos segurados será decenal e disciplinado pelo art. 103-A da Lei 8.213/1991, descontado o prazo já transcorrido antes do advento da MP 138/2003.

2. Relativamente aos atos concessivos de benefício anteriores à Lei 9.784/1999, o prazo decadencial decenal estabelecido no art. 103-A da Lei 8.213/1991 tem como termo inicial 1º.2.1999, data da entrada em vigor da Lei 9.784/1999.

3. Embargos de Declaração providos para, reconhecendo o prazo decadencial decenal, determinar o retorno dos autos à origem para que verifique a configuração ou não da decadência, no caso" (EDcl no REsp 1262743, de 05/03/2013).

No mesmo sentido a TNU:

"PREVIDENCIÁRIO. DECADÊNCIA. ANULAÇÃO DE ATOS ADMINISTRATIVOS DE QUE DECORRAM EFEITOS FAVORÁVEIS PARA OS BENEFICIÁRIOS. DIREITO INTERTEMPORAL. CONFLITO DE LEIS NO TEMPO. LEI NOVA QUE AUMENTOU PRAZO. 1.O prazo de decadência do direito de revisar o ato de concessão dos benefícios concedidos antes da Lei nº 9.784/99 passou a correr a partir de 1º/2/1999. A decadência deveria, pois, se consumar em 1º/2/2004. Antes disso, porém, sobreveio a Medida Provisória nº 138, de 19/11/2003, que, inserindo na Lei nº 8.213/91 o art. 103-A, ampliou para dez anos o prazo de decadência para anulação dos atos administrativos no âmbito da previdência social. A ampliação do prazo de decadência aplica-se às situações jurídicas em curso. 2.A Terceira Seção do STJ entendeu que, em se tratando de benefício previdenciário concedido em data anterior à Lei n. 9.784/99, o INSS tem até dez anos para rever a renda mensal inicial do benefício, a contar da data da publicação da lei. E para os benefícios concedidos após a vigência da referida lei, a contagem do prazo decenal será a partir da data da concessão do benefício (REsp 1.114.938). Em qualquer caso, prevalece o entendimento de que a elevação do prazo de caducidade prevista na Medida Provisória nº 138 aplica-se aos benefícios concedidos anteriormente a ela. 3. Uniformizado o entendimento de que o direito da Previdência Social de anular os atos administrativos de que decorram efeitos favoráveis para os seus beneficiários decai em dez anos, mesmo quando o ato de concessão do benefício tenha antecedido o início da vigência da norma jurídica que aumentou o prazo de cinco para dez anos. 4. Incidente provido. 5. O Presidente da TNU poderá determinar que todos os processos que versarem sobre esta mesma questão de direito material sejam automaticamente devolvidos para as respectivas Turmas Recursais de origem, antes mesmo da distribuição do incidente de uniformização, para que confirmem ou adequem o acórdão recorrido. Aplicação do art. 7º, VII, "a", do regimento interno da TNU, com a alteração aprovada pelo Conselho da Justiça Federal em 24/10/2011" (PEDIDO 200971570065200, de 20/02/2013).

A Agência do INSS, ao detectar indícios de irregularidades em benefícios, serviços previdenciários, Certidão de Tempo de Contribuição – CTC, e alteração de dados do CNIS, deverá proceder à comunicação do início de procedimento revisional instaurado por meio de despacho decisório, formalizando o processo de apuração e efetuando a análise dos procedimentos adotados[11].

Em se tratando de erro, o levantamento dos valores recebidos indevidamente será efetuado retroagindo cinco anos, a contar da data da expedição da comunicação do início de procedimento revisional instaurado por meio de despacho decisório, incluindo-se os valores recebidos a partir dessa data até a cessação ou revisão do benefício, atualizados os valores correspondentes a esse período até a data da constituição do crédito[12].

Coube à Instrução Normativa INSS 88/2017 a inserção de mais dois anexos na Instrução Normativa INSS 77/2015:

ANEXO I

INSTRUÇÃO NORMATIVA Nº 88/PRES/INSS, DE 12 DE JUNHO DE 2017

PREVIDÊNCIA SOCIAL
INSTITUTO NACIONAL DO SEGURO SOCIAL

MODELO DE DESPACHO PARA INSTAURAÇÃO DO PROCESSO DE APURAÇÃO

00.001.00 - (NOME DA UNIDADE EMITENTE MAIÚSCULO), em DD/MM/AAAA

Referência: (Identificação do Item a ser apurado – Exemplo: Número de Identificação do Recebedor – NIT nº 0.000.000.000-0 ou Aposentadoria por Invalidez nº 000.000.000-0 ou Certidão de Tempo de Contribuição - CTC nº 12.001.010.1.00000/00-0 ou Protocolo nº 35000.000000/0000-00).

Interessado: (Nome do beneficiário ou segurado).

Assunto: (Migrar a ocorrência do Item).

1. Ciente.

2. O Instituto Nacional do Seguro Social *(tomou conhecimento de possível indício de irregularidade/verificou a necessidade de revisar o benefício/verificou a necessidade de atualizar o cadastro e/ou o benefício)* acima referenciado, competindo-lhe, portanto, dar início aos procedimentos competentes para elucidação dos fatos apontados.

3. Em face do exposto, determina-se *(a apuração/a revisão/a atualização)* nesta data a emissão de comunicação ao interessado do início deste procedimento.

[NOME DO SIGNATÁRIO EM MAIÚSCULAS E NEGRITO]

[Cargo do Signatário em Minúsculas e sem negrito]

11. Artigo 602, da IN INSS 77/2015.
12. Artigo 612, da IN INSS 77/2015.

ANEXO II

INSTRUÇÃO NORMATIVA Nº 88/PRES/INSS, DE 12 DE JUNHO DE 2017

PREVIDÊNCIA SOCIAL
INSTITUTO NACIONAL DO SEGURO SOCIAL

MODELO DE OFÍCIO DE COMUNICAÇÃO DE INÍCIO DE APURAÇÃO

Ofício nº 000/SIGLA DO SETOR/UNIDADE SUPERIOR

Cidade/UF,___ de________de 20___.

A (o) Senhor (a)
NOME COMPLETO
Endereço
CEP
Cidade/UF

Assunto: **minúsculo e negrito**.

Prezado (a) Senhor (a),

1. O Instituto Nacional do Seguro Social comunica que, em conformidade com o art. 11 da Lei nº 10.666, de 8 de maio de 2003, iniciou em ..../........./......... *(data do despacho decisório) a (apuração/revisão/atualização)* do benefício/NIT nº ....

2. Caso seja necessário, o (a) Senhor (a) poderá ser notificado (a) a prestar esclarecimentos ou apresentar documentações e, por fim, será informado (a) sobre o resultado dos trabalhos realizados.

Atenciosamente,

[NOME DO SIGNATÁRIO EM MAIÚSCULAS E NEGRITO]

[Cargo do Signatário em minúsculas e sem negrito]

AGÊNCIA DA PREVIDÊNCIA SOCIAL DE **#NOMEORGÃO#**

Endereço: **##ENDORGAO##** - **##BAIRROORGAO##** email: apsxx@inss.gov.br

CEP: **##CEPORGAO##** Município: **##MUNICIPIOORGAO##** UF: **##UFORGAO##**

1.9. Conflitos de competência, conexão, continência e impedimento de julgador

Na hipótese de **conflito de competência** entre órgãos do CRPS, assim considerado quando dois ou mais órgãos julgadores se declaram competentes para julgar o mesmo processo (conflito positivo), ou quando nenhum deles assuma a competência (conflito negativo), caberá aos Presidentes das Câmaras de Julgamento dirimi-los entre as Juntas de Recursos e, nos demais casos, a competência será do Presidente do CRPS, a exemplo do conflito entre as Câmaras de Recursos.

É expressamente vedada a retirada dos autos da repartição pelas partes, sendo facultado ao recorrente ou seu representante, ou ainda ao terceiro que comprovar legítimo interesse no processo, a vista dos autos ou o fornecimento de cópias de peças processuais, salvo se o processo estiver com o relator, exigindo-se, para tanto, a apresentação de pedido por escrito assinado pelo requerente, o qual deverá ser anexado aos autos.

Por sua vez, é possível que determinados processos precisem ser reunidos para julgamento em conjunto, especialmente com o objetivo de evitar decisões conflitantes de órgãos diversos do CRPS ou para definir a existência de interesse de agir no outro recurso, nas hipóteses de **conexão** e de **continência**.

Operar-se-á a *conexão* quando dois ou mais processos de recurso tiverem em comum o objeto ou a causa de pedir. Já a *continência* será verificada quando existir identidade de partes e da causa de pedir, mas o objeto de um dos processos de recurso, por ser mais amplo, abrange o do outro.

No entanto, as partes somente poderão alegar a conexão ou a continência até a interposição do recurso ou o oferecimento de contrarrazões.

Suponha-se que um segurado tenha postulado uma aposentadoria por tempo de contribuição proporcional, com base nas regras de transição da Emenda 20/1998, indeferida pelo INSS e vergastada via recurso ordinário. Tempos depois esse mesmo segurado requer uma aposentadoria integral, também indeferida pelo INSS e objeto de outro recurso ordinário.

Neste caso, os processos estão ligados pela continência, pois o segundo objeto recursal (aposentadoria integral) é mais amplo que o primeiro (aposentadoria proporcional), devendo ser julgados em conjunto pela Junta do CRPS, para evitar decisões conflitantes. Ademais, certamente a concessão da aposentadoria integral fará com que inexista interesse na proporcional, salvo no que concerne à data de início do benefício, cabendo a escolha ao segurado.

É possível que os recorrentes arguam a **exceção de impedimento de Conselheiro** para afastá-lo do julgamento, a ser apresentada até a apresentação dos memoriais ou a sustentação oral, nos casos elencados no artigo 40, do Regimento Interno do CRPS.

O Conselheiro estará impedido de participar do julgamento quando:

> I – participou do julgamento em 1ª instância;
>
> II – interveio como procurador da parte, como perito ou serviu como testemunha;
>
> III – no processo estiver postulando, como procurador ou advogado da parte, o seu cônjuge ou companheiro ou companheira, ou qualquer parente seu, consanguíneo ou afim, em linha reta ou na linha colateral, até o terceiro grau, inclusive;
>
> IV – seja cônjuge, companheiro ou companheira, parente, consanguíneo ou afim da parte interessada, em linha reta ou, na colateral, até o terceiro grau;
>
> V – for amigo íntimo ou notório inimigo da parte interessada;
>
> VI – tiver auferido vantagem ou proveito de qualquer natureza antes ou depois de iniciado o processo administrativo, em razão de aconselhamento acerca do objeto da causa; e

VII – tiver interesse, direta ou indiretamente, no julgamento do recurso em favor de uma das partes.

VIII – houver proferido a decisão indeferitória no âmbito do INSS.

Impende salientar que, em regra, na forma do artigo 69, do Regimento Interno do CRPS, é vedado aos órgãos julgadores do CRPS afastar a aplicação, por inconstitucionalidade ou ilegalidade, de tratado, acordo internacional, lei, decreto ou ato normativo ministerial em vigor, ressalvados os casos em que:

I – já tenha sido declarada a inconstitucionalidade da norma pelo Supremo Tribunal Federal, em ação direta, após a publicação da decisão, ou pela via incidental, após a publicação da resolução do Senado Federal que suspender a sua execução; e

II – haja decisão judicial, proferida em caso concreto, afastando a aplicação da norma, por ilegalidade ou inconstitucionalidade, cuja extensão dos efeitos jurídicos tenha sido autorizada pelo Presidente da República.

1.10. Processo digital

No segundo semestre de 2012 o INSS e o extinto Ministério da Previdência Social implementaram o **processo administrativo digital**, tendo sido criado o **e-Recursos**, o que irá conferir mais celeridade, economicidade e comodidade nos julgamentos, consoante atesta a notícia abaixo, publicada no sítio do Ministério da Previdência Social em 09 de agosto de 2012:

"GESTÃO: Conselho de Recursos faz defesa em processo por videoconferência

Tramitação dos processos fica mais rápida com o e-Recursos

Da Redação (Brasília) – O Conselho de Recursos da Previdência Social (CRPS) conta com mais um instrumento para agilizar a tramitação dos processos iniciados por meio do processo eletrônico da Previdência Social - o e-Recursos. Em uma ação pioneira, o CRPS promoveu nesta quinta-feira (9) a defesa oral de um processo procedente do Rio Grande do Sul por meio de videoconferência. A defesa foi assistida e julgada pela Junta de Recursos de Minas Gerais.

Para a presidente em exercício do CRPS, Maria Cassiana Marques, com a utilização de videoconferências, os processos não precisam mais ser remanejados de um estado para outro. Além disso, o segurado não precisa se deslocar para fazer sua defesa.

A grande vantagem disso é a agilidade na tramitação dos processos administrativos. Antes da implantação do e-Recursos, o CRPS tinha o prazo de 85 dias para julgar um processo. Com o novo sistema, esse prazo caiu para 45 dias. "Grande parte dos processos são julgados em um tempo bem menor, alguns levam até menos do que 20 dias", afirmou Maria Cassiana Marques. Com a utilização das videoconferências, a expectativa é de que o tempo para julgamento seja ainda menor.

e-Recursos – Por meio do novo sistema, tanto o processo inicial quanto o de recursos passam a ser digitalizados, o que permite maior rapidez no andamento desses documentos e também economia nos gastos com transporte via malote. Dessa forma, o processo físico deixará de existir. A iniciativa facilita o acesso do cidadão à Previdência e agiliza o julgamento de processos na via administrativa.

Desde a implantação do e-Recursos, já foram cadastrados no INSS cerca de 19,1 mil processos. Desse total, 4,4 mil foram julgados no âmbito do CRPS.

CRPS – O Conselho de Recursos da Previdência Social é um órgão colegiado, integrante da estrutura do Ministério da Previdência Social. Funciona como um tribunal administrativo que tem por função básica mediar os conflitos entre os segurados e o Instituto Nacional do Seguro Social (INSS).

Durante seus dez anos de existência, o Conselho de Recursos da Previdência Social (CRPS) analisou quatro milhões de processos administrativos. Apesar de o número ser elevado, grande parte dos segurados ainda prefere procurar o Poder Judiciário antes de recorrer à esfera administrativa. Prova disso é que, em 2010, o INSS foi responsável por 85% do pagamento dos precatórios – valores pagos em decorrência de uma decisão judicial da qual não cabe mais recurso – do governo federal.

O segurado ou beneficiário que quiser recorrer administrativamente de alguma decisão do INSS deve sempre procurar uma agência da Previdência, por meio do agendamento via Central 135 ou pela internet.

Histórico – O Conselho de Recursos da Previdência Social foi criado em 1939 com o nome de Câmara da Previdência Social do Conselho Nacional do Trabalho. Recebeu sua atual denominação em 1966 e foi transferido do Rio de Janeiro para Brasília em 1993. O CRPS é composto por 29 Juntas de Recursos distribuídas por todo o Brasil e quatro Câmaras de Julgamento localizadas em Brasília".

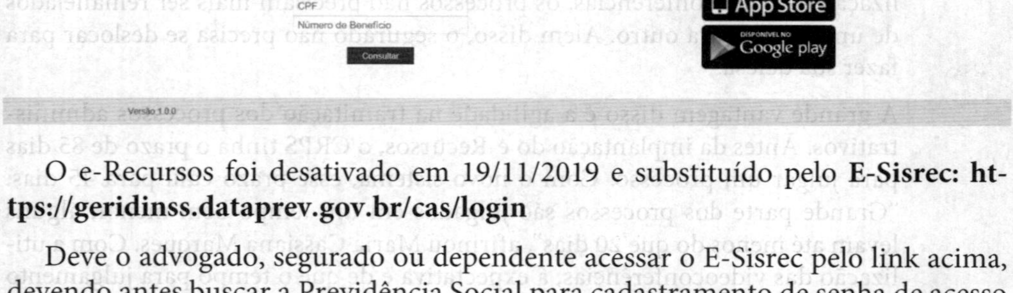

O e-Recursos foi desativado em 19/11/2019 e substituído pelo **E-Sisrec: https://geridinss.dataprev.gov.br/cas/login**

Deve o advogado, segurado ou dependente acessar o E-Sisrec pelo link acima, devendo antes buscar a Previdência Social para cadastramento de senha de acesso ou utilizar o certificado digital.

Posteriormente, basta inserir o número do benefício (NB), CPF ou número do protocolo para localizar todo o processo administrativo em trâmite no CRPS, que pode ser feito download integral na árvore.

O projeto **"INSS digital"** já foi implementado em algumas Agências da Previdência Social desde o ano de 2017, conforme noticiado no sítio da autarquia:

> **INSS Digital: uma nova forma de atender ao cidadão**
>
> Projeto consiste na construção de um novo fluxo de atendimento – combinando aspectos presenciais e remotos – e promete revolucionar a atual forma de atender
>
> publicado: 2 de outubro de 2017 última modificação: 15 de janeiro de 2018
>
> O Instituto Nacional do Seguro Social (INSS) está testando, desde o início do ano, novos fluxos de atendimento e de trabalho para facilitar a vida do segurado, promover qualidade de vida para os seus funcionários e mitigar problemas como falta de servidores e de agências físicas. O chamado INSS Digital é um projeto que consiste na construção de um novo fluxo de atendimento – combinando aspectos presenciais e remotos – e promete revolucionar a atual forma de atender.
>
> **O quê?**
>
> O INSS Digital consiste na construção de um novo fluxo de atendimento para aumentar a capacidade da autarquia de reconhecer direitos. Os pilares do projeto são o **processo eletrônico** – agendamento e concessão de benefício pela Internet para o segurado (deverá ser testado futuramente) ou por meio de entidade representativa que tenha celebrado Acordo de Cooperação Técnica com o INSS – e a **distribuição das demandas entre as unidades**.
>
> **Meu INSS – envio online**
>
> Também no conjunto de ações pensadas dentro do INSS Digital está a mudança na forma de contato entre o Instituto e o cidadão. O Meu INSS (meu.inss.gov.br) é uma central de serviços do cidadão acessível por meio de senha validada diretamente pela Internet. Por meio do Meu INSS é possível a emissão de extratos e consultas.
>
> Por meio do Meu INSS já é possível o envio online dos documentos necessários para o reconhecimento do seu direito. Ao fazer o agendamento, o cidadão é avisado sobre a possibilidade do envio de documentos diretamente pela Internet.
>
> Esta forma de interação com o usuário ainda está sendo avaliada e é uma forma de familiarizar o segurado com o cerne principal do INSS Digital: conceder o direito do cidadão sem que ele tenha que ir a uma agência. No site Meu INSS estão descritos os procedimentos de como devem ser enviados os documentos. Os originais dos documentos digitalizados devem ser apresentados no dia do atendimento agendado.

Agência Digital

Outra vertente da nova forma de atendimento que está sendo pensada no INSS é a Agência Digital, em que os requerimentos dos segurados são trabalhados totalmente em meio eletrônico. Os documentos são digitalizados e todo o processamento dos benefícios é feito sem a geração de papeis ou processos físicos.

A tendência é que passem a existir agências exclusivamente digitais e que até o servidor possa laborar em regime de *home office*.

Eis a apresentação do processo digital conforme consta no **Guia Prático do INSS Digital**:

"O INSS, enquanto maior autarquia do Poder Executivo Federal, tem como finalidade precípua operacionalizar o reconhecimento dos direitos sociais. Possui em seu quadro 36.427 servidores ativos que atenderam presencialmente mais de 44 milhões de pessoas em 2016, nas 1.604 Agências da Previdência Social em todo o território nacional. Desse contingente de servidores, mais de 12 mil já reúnem as condições necessárias para a aposentadoria.

Como se sabe, o equilíbrio das contas públicas e a contenção do aumento percentual de gastos com pessoal, indicam não haver perspectiva que essa força de trabalho seja reposta na sua integralidade.

Por outro lado, sempre há necessidade de desburocratizar procedimentos para alcançar a eficiência, a eficácia e a efetividade nos serviços públicos, de maneira a atender aos anseios da sociedade no sentido de melhorar a aplicação dos recursos públicos. Outro fato social é o aumento da demanda da sociedade por benefícios sociais.

Dados extraídos dos indicadores da Autarquia mostram quem em novembro de 2016, um cidadão esperava mais de 60 dias, em média, para ser atendido ao requerer um benefício em uma Agência da Previdência Social.

Surge, assim, a necessidade de buscar uma solução que facilite o acesso dos cidadãos aos serviços do INSS por meio de acesso remoto. É por meio desse acesso aos serviços oferecidos que se verifica a transformação do atendimento ao cidadão. Isso exige que sejam adotadas novas rotinas de trabalho e tecnologias adjacentes.

Como existe a perspectiva de implantação de novos sistemas que visam a redução da demanda não agendada e a distribuição das tarefas nas unidades com ênfase na transparência, inovação e eficiência no atendimento, estruturou-se, então, o projeto INSS Digital. Os principais objetivos são: disponibilizar autoatendimento pela internet; simplificar os serviços agendáveis; e ampliar os canais de protocolo, proporcionando um aumento do volume de requerimentos por meio remoto, mitigando a solicitação de agendamento de serviço incorreto que por vezes gera o reagendamento do atendimento ou o não comparecimento do solicitante na data agendada.

Por meio das soluções apresentadas pelos novos sistemas, teremos mais transparência no trâmite do processo, disponibilizando aos usuários meios para acompanhar o andamento das suas solicitações. Para os órgãos de controle, estarão disponíveis todas as informações das etapas do processo, como, por exemplo, o CPF e o "*login*" de acesso de quem fez a atividade e anexou o documento no sistema.

Com o INSS Digital, pretende-se: ampliar o número de requerimentos e atendimentos remotos, reduzir o tempo de espera do agendamento e o tempo em que o cidadão permanece numa agência e mitigar as demandas judiciais.

O projeto INSS Digital está alicerçado em três pilares:

1. **Canais de Comunicação Remotos** – e-mail, Central 135 e "Meu INSS", neste o cidadão terá acesso em tempo real ao seu requerimento e as comunicações feitas pelo INSS.

2. **Acordo de Cooperação Técnica** – firmado com prefeituras, empresas, sindicatos e outras entidades da iniciativa pública e privada. Essa dinâmica de atendimento é uma das principais premissas e reduzirá o atendimento presencial, uma vez que o cidadão poderá requerer seu benefício ou serviço por meio das entidades parceiras.

3. **Requerimento Eletrônico** – é o processo administrativo eletrônico regulamentado pelo Decreto 8.539/15, que será realizado seja pelas entidades, seja por entes conveniados, seja nas APS com atendimento agendado de requerimento / protocolo.

O sistema "Meu INSS" oferece ao usuário a possibilidade de se cadastrar para obter uma senha de acesso, que é validada pelo cidadão na própria internet ou na Central de Atendimento 135. Basta, para tanto, responder algumas perguntas sobre a vida de contribuição previdenciária, que somente o usuário tem conhecimento. A senha é considerada como nível de segurança altíssima. Além disso, o acesso ao sistema também poderá ser fornecido pelas APS – senha pode ser emitida em qualquer agência, caso o usuário não consiga emiti-la pela internet.

O cidadão que tem acesso à internet, seja por computador ou celular, poderá emitir extratos e consultas. Anteriormente, apenas na Agência esses serviços eram oferecidos. Atualmente, estão disponíveis os seguintes serviços: o Extrato CNIS (Cadastro Nacional de Informações Sociais), Histórico de Crédito, Carta de

Concessão, Declarações de Benefícios (consta/nada consta) e de Regularidade do Contribuinte Individual e Consulta de Revisão do Art. 29. O "Meu INSS" também possibilita ao usuário encontrar uma Agência da Previdência Social mais próxima do seu endereço. Dessa forma, pode ser solicitado agendamento de protocolo de requerimento do serviço previdenciário pretendido, inclusive o de perícia médica. O atendimento com data e hora marcada é feito sem a necessidade de se enfrentar uma fila.

O cidadão poderá acompanhar o processo eletrônico para saber em qual a etapa de análise se encontra o requerimento. Inclusive, poderá consultar se lhe foi enviada alguma notificação para cumprir alguma(s) exigência(s).

No sistema, o usuário poderá requerer um benefício que será analisado com base no cadastro existente. Caso haja divergência, este poderá enviar o documento por meio de um dos canais de protocolo, onde a documentação será autenticada. Hoje existem 738.641 usuários com acesso liberado ao "Meu INSS".

A Central de Teleatendimento – 135 dará suporte nas atividades de contato com o cidadão, com o intuito de receber o processo eletrônico digitalizado, por meio do sistema de Gerenciamento de Tarefas (GET), verificar se a documentação está completa, caso contrário, notificar o requerente para que envie o(s) documento(s) faltante(s). A Central 135 também será o meio de comunicação para deixar ciente o solicitante quando este tiver que cumprir uma exigência, quer seja por mensagem de celular, ligação ativa por parte de um operador da central ou envio de e-mail.

O Processo Eletrônico, além de possibilitar a publicidade e transparência aos atos administrativos vinculados ao processo de benefício, permitirá a consulta de cada etapa das atividades no processo e a informação de quem as realizou, ficando também disponível aos órgãos de controle pelo sistema de Gerenciamento de Tarefas. O Processo Eletrônico viabilizará transferir eletronicamente o processo de uma unidade do INSS para outra, distribuindo melhor a demanda, proporcionando assim, a otimização da força de trabalho no INSS por meio do GET, que distribuirá automaticamente as tarefas aos servidores da Autarquia.

Uma das estratégias de implantação do Projeto INSS Digital é a criação de polos para a recepção e análise dos requerimentos, que serão efetuados por meio de Acordos de Cooperação Técnica, que uma vez firmados, permitirão às conveniadas protocolizar os documentos e garantir a sua autenticidade por meio de advogado. Também, os servidores públicos poderão protocolar e autenticar os documentos, quando o conveniado for um ente federativo. Pretende-se, no futuro, negociar com os cartórios notariais, com os advogados, por meio de acordos com a OAB, para que possam recepcionar os documentos, dar autenticidade e incluir no sistema. O conveniado poderá instruir o processo e enviar pela internet, ficando sob a responsabilidade do INSS a análise do reconhecimento do direito ao benefício.

Tanto é assim, que o INSS inaugurou em 12 de abril de 2017, a Agência Brasília Digital, voltada para o atendimento remoto de requerimentos efetuados por meio de Acordo de Cooperação Técnica celebrado com a OAB do Distrito Federal, para atender as demandas dos advogados constituídos desta região.

Será treinada a equipe da OAB/DF, que concederá acesso seguro ao sistema, treinando os seus filiados para fazer a operação. Os processos serão instruídos pelos advogados do DF, sendo digitalizados e enviados pela internet. Além dos processos de benefícios serão disponibilizados aos advogados na APS Digital de Brasília extratos: CNIS, HISCON, Histórico de Créditos entre outros.

O objetivo do trabalho em polos é trazer celeridade e economicidade ao atendimento prestado pelo Instituto, além de conforto para o cidadão. Essa dinâmica de trabalho faz parte de uma nova modalidade de reconhecimento de direitos, em que os requerimentos dos cidadãos são convertidos totalmente em meio eletrônico. Os documentos são digitalizados e todo o processamento dos benefícios é feito sem a presença do solicitante e sem a geração de papéis ou processos físicos.

A análise dos requerimentos, nesse novo conceito de atendimento, pode ser feita em qualquer local onde houver disponibilidade de servidores capacitados para a concessão, o que vai acelerar a conclusão da demanda, com economia para os cofres públicos. Antes, o requerimento de benefícios exigia a formação de um processo físico e a análise da solicitação ficava restrita à unidade onde o pedido foi iniciado. Este formato, em diversas ocasiões, exigia deslocamento de servidores para atender localidades com maior demanda. A idéia é que, em breve, em vez de deslocarmos o servidor, deslocaremos o processo eletronicamente para um local onde houver maior disponibilidade, atendendo assim ao princípio de Economicidade, Impessoalidade e Transparência presentes Administração Pública.

Foi iniciada a experiência-piloto do Projeto INSS Digital nas unidades vinculadas à Gerência- Executiva de Mossoró/RN, em janeiro de 2017. Nesta fase, o requerimento é feito na Agência da Previdência Social. O cidadão chega à APS apresenta o protocolo de requerimento que foi agendado na Central 135 ou na internet e pega uma senha de digitalização. Nas mesas para recepção dos documentos, o cidadão informa o tipo do atendimento que busca, como uma aposentadoria, pensão, BPC ou outros benefícios. Todos os documentos do cidadão são digitalizados para serem autenticados por um servido na etapa posterior à digitalização.

Desde o início, esse modelo tem sido testado com a devida consistência e equalização. Em breve, será expandido para outras unidades do País. A APS Martins (RN) atualmente está 100% digital neste modelo. A Gerência Executiva em Mossoró, com suas 18 agências, já efetuou mais de 30 novos Acordos de Cooperação e, com isso, possibilitou mais de 48 locais para que o cidadão faça seu requerimento junto ao INSS. O tempo de espera para o atendimento agendado na APS Mossoró é de 1 dia, sendo de cinco dias para as APS que já estão com o novo modelo de atendimento na Gerência-Executiva. O tempo de permanência na agência que era mais de duas horas, está abaixo de 30 minutos, e os processos são finalizados em doze dias em média.

Ao se replicar para todo o Brasil os resultados obtidos na experiência-piloto de Mossoró, vislumbra-se a redução do valor pago em correção monetária, das despesas com diárias e das passagens para realização de grupos de trabalho com o objetivo de trabalharem no desrepresamento de processos, além disso, dos gastos significativos com impressões.

O novo fluxo de trabalho permite a redução da quantidade de pessoas presentes nas Agências da Previdência Social proporcionando assim um ambiente de trabalho mais saudável ao servidor e ao cidadão, que contará com um atendimento mais humanizado. Com o INSS Digital, a análise do requerimento será feita na retaguarda da APS ou em outra localidade, sem a presença do cidadão. Desta forma, as condições de trabalho do servidor que atuar na análise de benefícios será melhor que a atual".

Nos termos do **Ofício-Circular Conjunto nº 5 /DIRAT/DIRBEN/INSS, de 7/5/2019**, observado o artigo 677-A da Instrução Normativa n.º 77 PRES/INSS, de 21 de janeiro de 2015, o qual constitui o MEU INSS como principal canal de oferta de serviços e extratos ao cidadão, fica definido que, a partir de **13/5/2019**, o requerimento dos seguintes serviços deverá ser efetuado através dos canais remotos:

a) Cópia de processos

b) Revisão

c) Recurso

d) Recurso de benefício por incapacidade

e) Recurso de seguro defeso.

A partir de **29/05/2019**, o requerimento dos seguintes serviços também deverá ser efetuado através dos canais remotos:

a) Alteração de forma de pagamento;

b) Atualização de dados cadastrais do beneficiário;

c) Atualização de dados de Imposto de Renda – Retificação da DIRF;

d) Atualização de dependentes para Imposto de Renda;

e) Atualização de Imposto de Renda para Declaração de Saída Definitiva do País;

f) Bloqueio/desbloqueio de benefício para empréstimo;

g) Cadastrar Declaração de Cárcere/Reclusão;

h) Cadastrar ou atualizar dependentes para Salário-família;

i) Cadastrar ou Renovar Procuração;

j) Cadastrar ou Renovar Representante legal;

k) Cadastrar Pensão Alimentícia;

l) Certidão de Inexistência de Dependentes Habilitados à Pensão por Morte;

m) Certidão para saque de PIS/PASEP/FGTS;

n) Cessação de benefício por óbito;

o) Desistência de Benefício;

p) Exclusão de desconto de mensalidade associativa/sindicato em benefício previdenciário;

q) Reativar benefício;

r) Reativar Benefício Assistencial suspenso por inclusão no mercado de trabalho;

s) Solicitação de exclusão de empréstimo consignado;

t) Solicitar Pagamento de Benefício não Recebido;

u) Solicitar Valor não Recebido até a Data do Óbito do Beneficiário;

v) Suspender o Benefício Assistencial à Pessoa com Deficiência para inclusão no mercado de trabalho;

x) Transferir Benefício para outra Agência da Previdência Social.

Se o CNIS já indicar o direito, já existe concessão automática sem atuação do servidor dos benefícios urbanos de aposentadoria por idade e salário-maternidade:

Memorando-Circular Conjunto nº 2 /DIRAT/DIRBEN/INSS

Em 13 de março de 2018.

1.1. A concessão automática já se encontra em funcionamento pelo portal "Meu INSS" para os serviços de Salário Maternidade Urbano e Aposentadoria por Idade Urbana;

1.2. O cidadão efetuará o requerimento destes benefícios por intermédio do Meu INSS e o processamento é realizado automaticamente no sistema Prisma, com a formalização do processo eletrônico no Gerenciador de Tarefas – GET, sem a necessidade de formalização de processo físico;

1.3. Caso o benefício seja concedido pelo processamento automático, a tarefa gerada no GET é concluída automaticamente, com a informação de deferimento do pleito e constando o número do benefício (NB) nos detalhes da tarefa;

1.4. Para as solicitações de Salário Maternidade Urbano por via "Meu INSS", na situação em que o benefício não foi concedido automaticamente, o status da tarefa é alterado para "exigência", sendo necessária a análise do processo por um servidor do INSS, com a utilização do GET, nos moldes do novo fluxo de atendimento adotado pelo INSS Digital.

Memorando-Circular Conjunto nº 5 /DIRAT/DIRBEN/INSS

Em 18 de maio de 2018.

A publicação do Memorando-Circular Conjunto nº 2 /DIRAT/DIRBEN/INSS, de 13 março de 2018, alterou o fluxo de atendimento para os serviços de Salário Maternidade Urbano e Aposentadoria por Idade Urbana em todas as Agências da Previdência Social – APS, cujo cronograma foi alterado pelo

Memorando-Circular Conjunto nº 16 /DIRBEN/DIRAT/INSS, de 24 de abril de 2018.

2. O serviço de Aposentadoria por Tempo de Contribuição poderá ser solicitado por meio de requerimento eletrônico, neste primeiro momento, exclusivamente pelo Meu INSS, mantendo-se o fluxo de agendamento para os demais canais de atendimento.

3. O atendimento dos serviços Salário Maternidade Urbano e Aposentadoria por Idade Urbana observará o fluxo de requerimento eletrônico, sendo que, conforme Portaria nº 20 /DIRBEN/INSS, de 17 de maio de 2018, a criação da tarefa constitui o requerimento e manifestação de vontade, não sendo necessária assinatura pelo cidadão.

3.1. Tal requerimento poderá ser efetuado através dos canais de atendimento Meu INSS, Central 135, Sistema de Agendamentos – SAG Internet, para Acordos de Cooperação Técnica, e Intranet, nas APS.

4. Quando o requerimento for efetuado pela Central 135, será realizada a complementação dos dados cadastrais básicos no Cadastro Nacional de Informações Sociais-CNIS. Para requerimentos efetuados pelos canais de atendimento Meu INSS, SAG Internet, para Acordos de Cooperação Técnica, e Intranet, haverá campos adicionais para inclusão de endereço e CEP, que constarão no Gerenciados de Tarefas – GET, e deverão ser atualizados no CNIS no momento da análise.

Para a tarefa de Salário Maternidade Urbano criada pelo fluxo de requerimento eletrônico, onde tenha sido informada a matrícula da Certidão de Nascimento/ Natimorto, referente ao fato gerador, e o "*status* Prisma" for "pendente" no GET (não habilitado no Prisma APS Digital), os dados devem ser confirmados no Sistema Nacional de Informações de Registro Civil-SIRC no momento da análise. Caso estes dados constem nos campos adicionais no GET e contenham as informações necessárias para cadastramento do dependente, fica dispensada a necessidade de apresentação do documento pela(o) requerente. O acesso ao SIRC deve ser concedido conforme Memorando-Circular nº 4/DIRBEN/INSS, de 5 de fevereiro de 2016.

7. Quando verificada a necessidade de apresentação de documentos para subsidiar a análise do requerimento, o cidadão deverá ser convocado a comparecer à uma unidade de atendimento. O *status* da tarefa deve ser alterado para "exigência" e a carta de exigências encaminhada via Correios, caso o segurado não tenha optado por acompanhar o andamento do processo pelo Meu INSS, e-mail ou Central 135. A opção de acompanhamento será feita por campo adicional no SAG, informação que constará no GET.

8. Quando o *status* da tarefa é "exigência", é possível o cumprimento em qualquer APS. No entanto, as Superintendências-Regionais – SR ou Gerências-Executivas – Gex, poderão concentrar o cumprimento presencial de exigências em unidades de atendimento específicas, que possuam infraestrutura mais adequada

(quantidade de *scanners* e *link* suficiente), caso entendam ser necessário. Nestes casos, quando houver necessidade de convocação do cidadão, deve-se informar na exigência o endereço da APS na qual o mesmo deverá comparecer para a apresentação e digitalização dos documentos solicitados.

1.11. Temas finais

Por fim, no processo e julgamento dos recursos no âmbito do CRPS, nas hipóteses de omissão do Regimento Interno, aplicam-se sucessivamente, se houver compatibilidade das regras, as disposições pertinentes da Lei nº 13.105, de 16 de março de 2015 (CPC/2015) e da Lei nº 9.784, de 29 de janeiro de 1999, que regula o processo administrativo no âmbito da Administração Pública Federal.

Nesse sentido, considerando a aplicação supletiva do CPC, conforme expressamente previsto no Regimento Interno do CRPS, nas situações urgentes e nitidamente dotadas de verossimilhança nas alegações do segurado ou de seu dependente, **entende-se ser possível a concessão da antecipação da tutela administrativa, desde que seja medida adotada com a cautela necessária.**

É fato que os recursos nas Juntas e Câmaras do CRPS, a depender da região do Brasil, podem levar até alguns anos para julgamento. Caso não se adote a antecipação da tutela administrativa, certamente o beneficiário da Previdência Social irá propor demanda judicial, pois não poderá aguardar o esgotamento dos recursos administrativos para obter o benefício previdenciário, verba alimentar que tanto necessita, prejudicando o julgamento do recurso administrativo por força do artigo 126, §3º, da Lei 8.213/91.

Assim, a adoção da antecipação dos efeitos da tutela no âmbito recursal no CRPS poderá até reduzir o número de demandas judiciais, pois, assim como ocorre no processo judicial, poderá ser possível a concessão do benefício antes do término normalmente demorado do processo administrativo.

Suponha-se que um segurado postulou um benefício por incapacidade na via administrativa, que foi indeferido pelo INSS por ausência de incapacidade laborativa, decisão que foi impugnada pelo segurado em sede de recurso ordinário.

No entanto, o Parecer CONJUR 155/2015 homologado pelo Consultor Jurídico inadmitiu a adoção da antecipação da tutela antecipada administrativa por suposta incompatibilidade com o Regimento Interno do Conselho de Recursos da Previdência Social.

Por sua vez, na Junta de Recursos, a Assessoria Técnico-Médica do CRPS promoveu nova perícia que constatou a existência de incapacidade laborativa. Neste caso, é razoável o deferimento pelo Relator do processo da antecipação dos efeitos da tutela administrativa, ante a existência do *periculum in mora* e de novo laudo da Assessoria Médica do CRPS que atestou a incapacidade para o trabalho habitual.

Isso porque aguardar o término do processo (poderá levar mais de ano) certamente gerará prejuízos irreparáveis ao segurado, lembrando que o INSS poderá manejar recurso especial com base no artigo 16, inciso V, do Regimento Interno do CRPS, a ser julgado por uma das Câmaras.

Sabe-se que é um tema novo e controverso, já discutido internamente no Conselho de Recursos **da Previdência** Social, que devidamente debatido e regulado futuramente, poderá otimizar os seus julgamentos e inibir a propositura de demandas judiciais.

2. CUMPRIMENTO DAS DECISÕES ADMINISTRATIVAS

Em regra, o benefício será pago diretamente ao beneficiário, salvo em caso de ausência, moléstia contagiosa ou impossibilidade de locomoção, quando será pago a procurador, cujo mandato não terá prazo superior a 12 meses, podendo ser renovado.

Por sua vez, o benefício devido ao segurado ou dependente civilmente incapaz será feito ao cônjuge, pai, mãe, tutor ou curador, admitindo-se, na sua falta e por período não superior a seis meses, o pagamento a herdeiro necessário, mediante termo de compromisso firmado no ato do recebimento.

O segurado ou dependente maior de 16 anos de idade poderá firmar recibo independentemente de assistência, a teor do artigo 163, do RPS.

O INSS deverá fornecer ao beneficiário demonstrativo minucioso das importâncias pagas, discriminando o valor da mensalidade, as diferenças eventualmente pagas com o período a que se referem e os descontos efetuados.

Caso haja convênio, é possível que a empresa, sindicato ou entidade de aposentados processe os requerimentos dos seus empregados ou associados ou mesmo paguem diretamente os benefícios previdenciários.

Caberá ao INSS efetuar o primeiro pagamento do benefício até 45 dias após a data da apresentação, pelo segurado, da documentação necessária à sua concessão, podendo ser creditado diretamente na conta corrente do beneficiário.

Por cautela, na hipótese de conta criada apenas para a percepção de benefício previdenciário, a falta de movimentação por mais de 60 dias fará com que os valores consignados sejam estornados, cabendo ao segurado ou dependente requerer novamente o crédito, se ainda vivo.

Quando o segurado ou dependente necessitar de deslocamento em localidade diversa da sua residência para realizar exame médico pericial ou reabilitação profissional, deverá o INSS pagar uma diária no valor de R$ 101,95 (valor atualizado para 2020), a qual será dobrada caso seja necessária a presença de acompanhante.

Na forma do artigo 175, do RPS, com redação dada pelo Decreto 6.722/2008, que pôs fim a milhares de litígios (especialmente no caso do salário-maternidade),

o pagamento de parcelas relativas a benefícios efetuados com atraso, independentemente de ocorrência de mora e de quem lhe deu causa, deve ser corrigido monetariamente desde o momento em que restou devido, pelo mesmo índice utilizado para os reajustamentos dos benefícios do RGPS, apurado no período compreendido entre o mês que deveria ter sido pago e o mês do efetivo pagamento.

Ademais, **as decisões do CRPS vinculam o INSS, sendo vedado à autarquia federal escusar-se de cumprir as diligências solicitadas pelo CRPS**, bem como deixar de dar cumprimento às decisões definitivas daquele colegiado, reduzir ou ampliar o seu alcance ou executá-las de modo que contrarie ou prejudique seu evidente sentido, na forma do artigo 308, §2º, do RPS, **sob pena de reclamação**, a ser dirigida ao Presidente do CRPS.

A decisão do CRPS deverá ser cumprida pelo INSS em até 30 dias, contados do recebimento do processo, sob pena de responsabilização funcional do servidor que der causa ao retardamento.

Contudo, a decisão da instância recursal excepcionalmente poderá deixar de ser cumprida no prazo estipulado, se após o julgamento pela Junta ou Câmara, for demonstrado pelo INSS que ao beneficiário foi deferido outro benefício mais vantajoso, desde que haja opção expressa do interessado, dando-se ciência ao órgão julgador.

O INSS poderá suscitar junto ao Conselho Pleno do CRPS a uniformização em tese da jurisprudência administrativa previdenciária, mediante a prévia apresentação de estudo fundamentado sobre a matéria a ser uniformizada, no qual deverá ser demonstrada a existência de relevante divergência jurisprudencial ou de jurisprudência convergente reiterada, nos termos do Regimento Interno do CRPS[13].

Em decorrência do Princípio da Segurança Jurídica, **não será efetuada a cobrança administrativa referente ao período em que o beneficiário recebeu valores correspondentes a benefício que foi concedido ou reativado em grau de recurso, mas que, por força de revisão de acórdão foi cessado**, exceto se a decisão de revogação do acórdão de primeira instância se der em decorrência de fraude, dolo ou má-fé por parte do segurado, com conivência ou não do servidor, ou se, depois de notificado sobre a revogação da decisão de última e definitiva instância, o beneficiário continuar recebendo valores referentes ao benefício[14].

Por fim, **conclui-se o processo administrativo com a decisão administrativa não mais passível de recurso, ressalvado o direito de o requerente pedir a revisão da decisão no prazo decadencial previsto na lei de benefícios.**

---

13. Artigo 552, da Instrução Normativa INSS 77/2015.
14. Artigo 550, §3º, da Instrução Normativa INSS 77/2015.

Capítulo 2

ENUNCIADOS COMENTADOS DO CRPS

Os Enunciados do CRPS foram revisados através do Despacho 37/2019, publicado no DOU de 12/11/2019, edição 219, Seção 1, página 320.

Estão atualmente em **vigor 16 Enunciados atualizados**, que serão comentados neste Capítulo 2, aprovados por maioria absoluta dos membros do Plenário do CRPS e com **eficácia vinculante interna**, de modo que devem ser observados de modo necessário todos os órgãos do Conselho, sob pena de Reclamação ao Plenário.

2.1 ENUNCIADO 1 (DIREITO AO MELHOR BENEFÍCIO)

ENUNCIADO 1

A Previdência Social deve conceder o melhor benefício a que o beneficiário fizer jus, cabendo ao servidor orientá-lo nesse sentido.

I – Satisfeitos os requisitos para a concessão de mais de um tipo de benefício, o INSS oferecerá ao interessado o direito de opção, mediante a apresentação dos demonstrativos financeiros de cada um deles.

II – Preenchidos os requisitos para mais de uma espécie de benefício na Data de Entrada do Requerimento (DER) e em não tendo sido oferecido ao interessado o direito de opção pelo melhor benefício, este poderá solicitar revisão e alteração para espécie que lhe é mais vantajosa, cujos efeitos financeiros remontarão à DER do benefício concedido originariamente, observada a decadência e a prescrição quinquenal.

III – Implementados os requisitos para o reconhecimento do direito em momento posterior ao requerimento administrativo, poderá ser reafirmada a DER até a data do cumprimento da decisão do CRPS.

IV – Retornando os autos ao INSS, cabe ao interessado a opção pela reafirmação da DER mediante expressa concordância, aplicando-se a todas as situações que resultem em benefício mais vantajoso ao interessado.

COMENTÁRIOS:

De acordo com a antiga Súmula 05, do Conselho de Recursos da Previdência Social, (atual Enunciado 1), "a Previdência Social deve conceder o melhor benefício a que o segurado fizer jus, cabendo ao servidor orientá-lo nesse sentido", entendimento repetido no artigo 687, da Instrução Normativa INSS 77/2015.

No mesmo sentido o Regulamento da Previdência Social, alterado pelo Decreto 10.410/2020:

> "Art. 176-E. Caberá ao INSS conceder o benefício mais vantajoso ao requerente ou benefício diverso do requerido, desde que os elementos constantes do processo administrativo assegurem o reconhecimento desse direito. (Incluído pelo Decreto nº 10.410, de 2020)
>
> Parágrafo único. Na hipótese de direito à concessão de benefício diverso do requerido, caberá ao INSS notificar o segurado para que este manifeste expressamente a sua opção pelo benefício, observado o disposto no art. 176-D. (Incluído pelo Decreto nº 10.410, de 2020)".

Logo, se um segurado requereu a aposentadoria por idade, mas também tinha direito à aposentadoria por tempo de contribuição com melhor renda mensal, o INSS deverá deferir este último benefício.

Por conseguinte, quando o servidor responsável pela análise do processo verificar que o segurado ou dependente possui direito ao recebimento de benefício diverso ou mais vantajoso do que o requerido, deve comunicar o requerente para exercer a opção.

A decisão administrativa deverá ser fundamentada, sob pena de nulidade, com indicação dos documentos e dos elementos que levaram à concessão ou ao indeferimento do benefício ou serviço.

Deverá ser adotado vocabulário simples, suficiente para propiciar adequado grau de certeza, segurança e respeito aos direitos dos usuários da Previdência Social, evitando-se o uso de siglas ou palavras de uso interno da Administração que dificultem o entendimento pelo interessado.

Com propriedade, a decisão administrativa, em qualquer hipótese, deverá conter despacho sucinto do objeto do requerimento administrativo, fundamentação com análise das provas constantes nos autos, bem como conclusão deferindo ou indeferindo o pedido formulado, sendo insuficiente a mera justificativa do indeferimento constante no sistema corporativo da Previdência Social[1].

Insta advertir que, se por ocasião do despacho, for verificado que na data de entrada do requerimento o segurado não satisfazia as condições mínimas exigidas para a concessão do benefício pleiteado, mas que os completou em momento posterior ao pedido inicial, será dispensada nova habilitação, admitindo-se, apenas, a reafirmação da data de entrada do requerimento[2].

---

1. Artigo 691, §1º, da Instrução Normativa INSS 77/2015.
2. Artigo 690, da Instrução Normativa INSS 77/2015.

Esse instituto, criado pelo artigo 690 da Instrução Normativa INSS 77/2015 no processo administrativo previdenciário, se chama **reafirmação da DER** (data de entrada do requerimento).

Não se tratava de mera discricionaridade administrativa, pois o artigo 690 da IN INSS 77/2015 aduz que "deverá o servidor informar ao interessado sobre a possibilidade de reafirmação da DER", sendo portando um direito do segurado:

> "Art. 690. Se durante a análise do requerimento for verificado que na DER o segurado não satisfazia os requisitos para o reconhecimento do direito, mas que os implementou em momento posterior, **deverá** o servidor informar ao interessado sobre a possibilidade de reafirmação da DER, exigindo-se para sua efetivação a expressa concordância por escrito".

Por outro lado, a Normativa da Autarquia exige expressamente a aquiescência do segurado para a implementação da reafirmação da DER.

O caso típico de reafirmação da DER é o segurado que não implementou todos os requisitos para a concessão de um benefício na DER originária, mas o fez durante o curso do processo administrativo previdenciário.

Dessa forma, ao invés de negar o benefício na DER originária e forçar a criação de mais um processo administrativo, é melhor para o segurado e para a Administração Pública aproveitar o processo anterior e alterar a data do requerimento para uma data mais recente em que já havia nascido o direito por uma questão de economicidade processual.

Destarte, é possível definir a REAFIRMAÇÃO ADMINISTRAVA DA D.E.R. como um direito do segurado constituído pelo artigo 690 da Instrução Normativa INSS 77/2015, consistente na postergação da data de entrada do requerimento administrativo para outra data em que foi constituído o direito a um benefício previdenciário, considerando que na D.E.R. originária ainda não havia se formado o direito ao benefício.

Mas o artigo 690 da IN INSS 77/2015 é incompleto. Isso porque ele deveria fixar o momento da reafirmação da DER, já que apenas afirma o seguinte: "***mas que os implementou em momento posterior***". Que momento seria este afinal?

Vejo apenas duas possibilidades juridicamente viáveis para a nova DER administrativa: data do implemento das condições (dia do direito adquirido, que precisa ser posterior à DER originária) ou a data do despacho administrativo do servidor durante a instrução processual.

Diante da lacuna normativa, creio que seja razoável a adoção da posição mais favorável ao segurado, qual seja, reafirmar a DER data do implemento das condições, que necessariamente e por óbvio será uma data posterior à DER originária.

Acertadamente, nesse sentido o Decreto 10.410/2020, que alterou o Regulamento da Previdência Social:

> "Art. 176-D. Se, na data de entrada do requerimento do benefício, o segurado não satisfizer os requisitos para o reconhecimento do direito, mas implementá-los em momento posterior, antes da decisão do INSS, **o requerimento poderá ser reafirmado para a data em que satisfizer os requisitos**, que será fixada como início do benefício, exigindo-se, para tanto, a concordância formal do interessado, admitida a sua manifestação de vontade por meio eletrônico. (Incluído pelo Decreto nº 10.410, de 2020)".

Curioso notar, por outro lado, que a reafirmação administrativa da DER, de direito do beneficiário constituído pelo artigo 690 da IN INSS 77/2015, passou a ser uma discricionariedade da autarquia de previdência desde o Decreto 10.410/2020, pois a expressão "deverá" foi convertida em faculdade ("poderá") pelo ato presidencial, de superior hierarquia à normativa do INSS.

Atualmente, é entendimento sumulado do CRPS a **admissão da reafirmação da DER em grau recursal** até a data do cumprimento da decisão do Conselho de Recursos pelo INSS.

Vale registrar a existência de previsão regulamentar aduzindo que a apresentação do documento que ateste o direito após proferida a decisão do INSS não gerará o pagamento de atrasados, devendo ser reafirmada a DER (data de entrada do requerimento) para a data da apresentação do documento, mesmo que em grau recursal no CRPS.

Nesse sentido, nos termos do artigo 176 do Decreto 3.048/99, modificado pelo Decreto 10.410/2020, nas hipóteses de requerimento de revisão de benefício em manutenção ou de recurso de decisão do INSS com apresentação de **novos elementos extemporaneamente** ao ato concessório, **os efeitos financeiros serão fixados na data do pedido de revisão ou do recurso**.

Desde as Emendas 20/98[3] e 41/2003[4], assegurou-se o regime jurídico anterior com a formação do direito adquirido, ou seja, o implemento de todos os requisitos para a concessão do benefício em RGPS antes da reforma constitucional.

---

3. Art. 3º – É assegurada a concessão de aposentadoria e pensão, a qualquer tempo, aos servidores públicos e aos segurados do regime geral de previdência social, bem como aos seus dependentes, que, até a data da **publicação desta Emenda**, tenham cumprido os requisitos para a obtenção destes benefícios, com base nos critérios da legislação então vigente.
4. Art. 3º É assegurada a concessão, a qualquer tempo, de aposentadoria aos servidores públicos, bem como pensão aos seus dependentes, que, até a data de **publicação desta Emenda**, tenham cumprido todos os requisitos para obtenção desses benefícios, com base nos critérios da legislação então vigente.

Daí que os segurados do RGPS que implementarem todos os requisitos para se aposentar até o dia da entrada em vigor da Emenda 103/2019 (data da publicação - 13/11/2019) terão direito adquirido ao regime anterior, mesmo que prossigam em atividade, desde que lhes seja mais favorável, pois o instituto do direito adquirido se refere ao melhor benefício.

Veja-se o artigo 3º da Emenda 103/2019:

> "Art. 3º A concessão de aposentadoria ao servidor público federal vinculado a regime próprio de previdência social e ao segurado do Regime Geral de Previdência Social e de pensão por morte aos respectivos dependentes será **assegurada, a qualquer tempo, desde que tenham sido cumpridos os requisitos para obtenção desses benefícios até a data de entrada em vigor desta Emenda Constitucional**, observados os critérios da legislação vigente na data em que foram atendidos os requisitos para a concessão da aposentadoria ou da pensão por morte.
>
> § 1º Os proventos de aposentadoria devidos ao servidor público a que se refere o **caput** e as pensões por morte devidas aos seus dependentes serão calculados e reajustados de acordo com a legislação em vigor à época em que foram atendidos os requisitos nela estabelecidos para a concessão desses benefícios.
>
> § 2º Os proventos de aposentadoria devidos ao segurado a que se refere o **caput** e as pensões por morte devidas aos seus dependentes serão apurados de acordo com a legislação em vigor à época em que foram atendidos os requisitos nela estabelecidos para a concessão desses benefícios".

Nesse sentido, o STF ao acolher a tese da antecipação da DIB/direito ao melhor benefício, consectário do direito constitucional ao direito adquirido:

> **RE 630501 / RS – RIO GRANDE DO SUL**
>
> **RECURSO EXTRAORDINÁRIO**
>
> **Relator(a): Min. ELLEN GRACIE**
>
> **Redator(a) do acórdão: Min. MARCO AURÉLIO**
>
> **Julgamento: 21/02/2013**
>
> **Publicação: 26/08/2013**
>
> **Órgão julgador: Tribunal Pleno**
>
> view_listpicture_as_pdflibrary_booksfile_copyprint
>
> Repercussão Geral – Mérito
>
> **Publicação**
>
> REPERCUSSÃO GERAL – MÉRITO DJe-166 DIVULG 23-08-2013 PUBLIC 26-08-2013 EMENT VOL-02700-01 PP-00057

Partes

RECTE.(S) : ALOYSIO KALIL ADV.(A/S) : DAISSON SILVA PORTANOVA E OUTRO(A/S) RECDO.(A/S) : INSTITUTO NACIONAL DE SEGURO SOCIAL – INSS PROC.(A/S)(ES) : PROCURADOR-GERAL FEDERAL

Ementa

APOSENTADORIA – PROVENTOS – CÁLCULO. **Cumpre observar o quadro mais favorável ao beneficiário, pouco importando o decesso remuneratório ocorrido em data posterior ao implemento das condições legais. Considerações sobre o instituto do direito adquirido, na voz abalizada da relatora – ministra Ellen Gracie –, subscritas pela maioria**.

Na mesma linha o novo Regulamento da Previdência Social publicado em 01/07/2020:

> "Art. 176-E. Caberá ao INSS conceder o benefício mais vantajoso ao requerente **ou benefício diverso do requerido, desde que os elementos constantes do processo administrativo assegurem o reconhecimento desse direito.**
>
> Parágrafo único. Na hipótese de direito à concessão de benefício diverso do requerido, **caberá ao INSS notificar o segurado para que este manifeste expressamente a sua opção pelo benefício**, observado o disposto no art. 176-D".

Por outro lado, a ninguém é dado ter o melhor de dois mundos jurídicos, criando um terceiro regime jurídico com a escolha do melhor dos dois mundos. Daí que o segurado que prosseguir em atividade e optar pela concessão com base no direito adquirido, não poderá computar novas contribuições previdenciárias vertidas após a vigência da reforma constitucional.

Nesse sentido, o STF:

RE 575089 / RS – RIO GRANDE DO SUL

RECURSO EXTRAORDINÁRIO

Relator(a): Min. RICARDO LEWANDOWSKI

Julgamento: 10/09/2008

Publicação: 24/10/2008

Órgão julgador: Tribunal Pleno

view_listpicture_as_pdflibrary_booksfile_copyprint

Repercussão Geral – Mérito

Publicação

REPERCUSSÃO GERAL – MÉRITO DJe-202 DIVULG 23-10-2008 PUBLIC 24-10-2008 EMENT VOL-02338-09 PP-01773 RB v. 20, n. 541, 2008, p. 23-26 RT v. 98, n. 880, 2009, p. 122-129

Partes

RECTE.(S): RENI NUNES MACHADO ADV.(A/S): AYRTON JORGE MACHADO DE SOUZA E OUTRO(A/S) RECDO.(A/S): INSTITUTO NACIONAL DO SEGURO SOCIAL - INSS ADV.(A/S): MILTON DRUMOND CARVALHO

Ementa

EMENTA: INSS. APOSENTADORIA. CONTAGEM DE TEMPO. *DIREITO ADQUIRIDO*. ART. 3º DA EC 20/98. CONTAGEM DE TEMPO DE SERVIÇO POSTERIOR A 16.12.1998. POSSIBILIDADE. *BENEFÍCIO* CALCULADO EM CONFORMIDADE COM NORMAS VIGENTES ANTES DO ADVENTO DA REFERIDA EMENDA. INADMISSIBILIDADE. RE IMPROVIDO. **I - Embora tenha o recorrente *direito adquirido* à aposentadoria, nos termos do art. 3º da EC 20/98, não pode computar tempo de serviço posterior a ela, valendo-se das regras vigentes antes de sua edição. II - Inexiste *direito adquirido* a determinado regime jurídico, razão pela qual não é lícito ao segurado conjugar as vantagens do novo sistema com aquelas aplicáveis ao anterior. III - A superposição de vantagens caracteriza sistema híbrido, incompatível com a sistemática de cálculo dos *benefícios previdenciários*.** IV - Recurso extraordinário improvido.

O direito adquirido não é um fardo ao segurado, pois o seu gozo é facultativo. É evidente que nas situações em que o regramento da Emenda 103/2019, quer regramento de transição ou permanente, se tornar no caso concreto mais favorável ao segurado, deverá o INSS conceder o melhor benefício, inclusive no que concerne à renda mensal.

Ressalve-se apenas que na situação de ato jurídico perfeito consistente na concessão do benefício até 12/11/2019, é descabida a incidência do novel regramento inaugurado pela Emenda 103/2019, diante da situação consolidada, exceto no caso de desistência do segurado nas situações autorizadas no artigo 181-B do Decreto 3.048/99.

Ao revés, na situação de requerimento administrativo oferecido antes da Emenda 103/2019 em que a renda mensal fruto da aplicação da regra de direito adquirido formado em 13/11/2019 for inferior à renda do artigo 26 da Emenda 103/2019 em aplicação de regra permanente ou transitória da EC 103/2019, deve o INSS conceder o melhor benefício.

Nessa situação deve a autarquia notificar o interessado para a escolha do melhor benefício, pois por certo poderá haver a reafirmação da DER com perda de atrasados, embora haja elevação da mensal inicial, sendo a escolha do segurado.

Essa situação tem se tornado muito comum, pois a despeito da redução de coeficiente das aposentadorias programadas em diversas situações, a renda mensal pelas regras da EC 103/2019 pode se apresentar maior especialmente em razão da inexistência de divisor mínimo no salário de benefício, regra de descarte do tempo de contribuição excedente e inexistência de fator previdenciário.

Decerto, **o direito adquirido se refere ao melhor benefício, inexistindo direito adquirido ao pior benefício (menor renda mensal)**, quando a novel legislação é mais benéfica ao segurado e inexistia ato jurídico perfeito na data de mudança do regime jurídico (13/11/2019).

Nesta situação é curial que o segurado seja instado a se manifestar sobre o interesse na reafirmação administrativa da DER para 13/11/2019.

Isso porque não é possível a concessão de atrasados para a DER anterior à 13/11/2019 com a aplicação das regras da Emenda 103/2019, sob pena de criação de um terceiro regime jurídico, o que não se admite de acordo com a jurisprudência firmada pelo STF.

Sobre a tese do melhor benefício e a reafirmação da DER como seu instrumento de concretização no processo administrativo previdenciário, eis a Instrução Normativa INSS 77/2015:

> "Seção III Da fase decisória
>
> Art. 687. **O INSS deve conceder o melhor benefício a que o segurado fizer jus, cabendo ao servidor orientar nesse sentido.**
>
> Art. 688. Quando, **por ocasião da decisão, for identificado que estão satisfeitos os requisitos para mais de um tipo de benefício, cabe ao INSS oferecer ao segurado o direito de opção, mediante a apresentação dos demonstrativos financeiros de cada um deles.**
>
> § 1º A opção deverá ser expressa e constar nos autos.
>
> § 2º Nos casos previstos no *caput*, deverá ser observada a seguinte disposição:
>
> I – se os benefícios forem do **mesmo grupo**, conforme disposto no art. 669 , a DER será mantida; e
>
> II – se os benefícios forem de **grupos distintos**, e o segurado optar por aquele que não requereu inicialmente, a DER será fixada na data da habilitação do benefício, conforme art. 669.
>
> ...
>
> Art. 690. Se durante a análise do requerimento for verificado que na DER o segurado não satisfazia os requisitos para o reconhecimento do direito, mas que os implementou em momento posterior, deverá o servidor informar ao interessado sobre a possibilidade de reafirmação da DER, exigindo-se para sua efetivação a expressa concordância por escrito.
>
> Parágrafo único. O disposto no *caput* aplica-se a todas as situações que resultem em benefício mais vantajoso ao interessado".

Note-se que a **Autarquia somente preserva a DER originária se se tratar de benefícios previdenciários pertencentes ao mesmo grupo**, nos termos do artigo 669, §1º, da IN INSS 77/2015:

"§ 1º Para fins do disposto no inciso III, a DER será mantida sempre que o benefício requerido e o devido fizerem parte do mesmo grupo estabelecido em cada inciso a seguir, na forma da Carta de Serviços ao Cidadão:

I – aposentadorias;

II – benefícios por incapacidade;

III – benefícios aos dependentes do segurado;

IV – salário-maternidade; e

V – benefícios assistenciais".

Por outro lado, o **Enunciado 1 do CRPS** não traz essa restrição, **preservando a DER originária mesmo em se tratando de benefícios de grupos diversos.**

Veja-se também o Novo Regulamento da Previdência Social publicado em 01/07/2020:

> "Art. 176-D. Se, na data de entrada do requerimento do benefício, o segurado não satisfizer os requisitos para o reconhecimento do direito, mas implementá-los em momento posterior, antes da decisão do INSS, **o requerimento poderá ser reafirmado para a data em que satisfizer os requisitos**, que será fixada como início do benefício, exigindo-se, para tanto, a concordância formal do interessado, admitida a sua manifestação de vontade por meio eletrônico.

Nota-se que o Novo Regulamento se alinhou ao STJ, que por expresso previu que a reafirmação judicial da DER dar-se-á para a data do implemento dos requisitos no curso do processo (tema 995):

<table>
<tr><th>Tema/ Repetitivo</th><th>995</th><th>Situação do Tema</th><th>Acórdão Publicado</th><th>Órgão Julgador</th><th>PRIMEIRA SEÇÃO</th><th>Assuntos</th><th></th></tr>
<tr><td>Questão submetida a julgamento</td><td colspan="7">Possibilidade de se considerar o tempo de contribuição posterior ao ajuizamento da ação, reafirmando-se a data de entrada do requerimento-DER- para o momento de implementação dos requisitos necessários à concessão de benefício previdenciário: (i) aplicação do artigo 493 do CPC/2015 (artigo 462 do CPC/1973); (ii) delimitação do momento processual oportuno para se requerer a reafirmação da DER, bem assim para apresentar provas ou requerer a sua produção.</td></tr>
<tr><td>Tese Firmada</td><td colspan="7">É possível a reafirmação da DER (Data de Entrada do Requerimento) para o momento em que implementados os requisitos para a concessão do benefício, mesmo que isso se dê no interstício entre o ajuizamento da ação e a entrega da prestação jurisdicional nas instâncias ordinárias, nos termos dos arts. 493 e 933 do CPC/2015, observada a causa de pedir.</td></tr>
</table>

Neste diapasão, suponha-se que um segurado requereu uma aposentadoria por idade em 06/06/2019 e com direito adquirido formado a esse benefício já na DER, com renda mensal de R$ 1.500,00.

Neste interregno, adveio a Emenda 103, publicada em 13/11/2019 e o processo ainda não havia sido decidido nessa data.

Sucede que, em razão da regra de descarte e da inexistência de divisor mínimo para o salário de benefício, regra de transição da Emenda 103 com aplicação do seu artigo 26 gerou uma renda mensal R$ 2.200,00, R$ 700,00 a mais do direito a renda fruto do direito adquirido.

Nessa situação, ao decidir o processo supostamente em julho de 2020, deve o servidor da autarquia abrir exigência para o segurado dando as seguintes opções:

1. Concessão do benefício na DER originária de 06/06/2019 e com renda mensal de R$ 1.500,00 ou;
2. Concessão do benefício na DER de 13/11/2019 mediante reafirmação da DER para a data da vigência da Emenda 103/2019, com renda mensal de R$ 2.200,00, mas sem pagamento de atrasados do período anterior à vigência da EC 103/2019.

Já na hipótese de requerimento oferecido a partir de 13/11/2019, não será necessária a reafirmação da DER, acaso a regra da Emenda 103 gere um benefício com maior renda mensal, pois a Reforma Constitucional já vigorava na DER.

2.2. ENUNCIADO 2 (CONTRIBUIÇÕES PREVIDENCIÁRIAS E TEMPO DE CONTRIBUIÇÃO)

ENUNCIADO 2

Não se indefere benefício sob fundamento de falta de recolhimento de contribuição previdenciária quando a responsabilidade tributária não competir ao segurado.

I – Considera-se presumido o recolhimento das contribuições do segurado empregado, inclusive o doméstico, do trabalhador avulso e, a partir da competência abril de 2003, do contribuinte individual prestador de serviço.

II – Não é absoluto o valor probatório da Carteira de Trabalho e Previdência Social (CTPS), mas é possível formar prova suficiente para fins previdenciários se esta não tiver defeito formal que lhe comprometa a fidedignidade, salvo existência de dúvida devidamente fundamentada.

III – A concessão de benefícios no valor mínimo ao segurado empregado doméstico independe de prova do recolhimento das contribuições, inclusive a primeira sem atraso, desde que atendidos os demais requisitos legais exigidos, exceto para fins de contagem recíproca.

IV – O vínculo do segurado como empregado doméstico será computado para fins de carência, ainda que esteja filiado ao Regime Geral de Previdência Social (RGPS) em categoria diversa na Data de Entrada do Requerimento (DER).

V – É permitida a contagem, como tempo de contribuição, do tempo exercido na condição de aluno-aprendiz, exceto para fins de contagem recíproca, referente ao período de aprendizado profissional realizado em escolas técnicas, desde que comprovada a remuneração, mesmo que indireta, à conta do orçamento público e o vínculo empregatício, admitindo-se, como confirmação deste, o trabalho prestado na execução de atividades com vistas a atender encomendas de terceiros.

COMENTÁRIOS (*CAPUT* E ITEM I):

Com relação ao **segurado empregado** e ao **trabalhador avulso**, haverá *presunção absoluta de desconto* das suas contribuições previdenciárias pelo empregador, empresa ou equiparado, que deverá responder exclusivamente pelo pagamento, caso não tenha retido os valores ou não os repassados à União, na forma do artigo 33, §5º, da Lei 8.212/91:

> "§ 5º. **O desconto de contribuição e de consignação legalmente autorizadas sempre se presume feito oportuna e regularmente pela empresa a isso obrigada**, não lhe sendo lícito alegar omissão para se eximir do recolhimento, ficando diretamente responsável pela importância que deixou de receber ou arrecadou em desacordo com o disposto nesta Lei" (g.n.).

Destarte, os segurados empregados e os trabalhadores avulsos não sofrerão prejuízo na concessão dos benefícios previdenciários nem poderão ser posteriormente cobrados pela União, caso a empresa não repasse ao Fisco as contribuições previdenciárias dos referidos trabalhadores, mesmo que não tenham sido descontadas, **bastando aos segurados comprovar o vínculo laboral e o valor da remuneração percebida**.

Nesse caminho, prevê a Súmula 18, do Conselho de Recursos da Previdência Social, que "não se indefere benefício sob fundamento de falta de recolhimento de contribuição previdenciária quando esta obrigação for devida pelo empregador".

Nos termos do artigo 35, da Lei 8.213/91 (antiga redação, anterior ao advento da LC 150/2015), ao segurado empregado e ao trabalhador avulso que tenham cumprido todas as condições para a concessão do benefício pleiteado, mas não possam comprovar o valor dos seus salários de contribuição no período básico de cálculo, será concedido o benefício de valor mínimo, devendo esta renda ser recalculada, quando da apresentação de prova dos salários-de-contribuição.

O mesmo não ocorria com os empregados domésticos, que eram discriminados pela legislação previdenciária, pois não gozavam da mencionada presunção absoluta de recolhimento das suas contribuições previdenciárias, apesar de ser de responsabilidade dos empregadores domésticos.

Nos termos do artigo 19 da Instrução Normativa INSS 77/2015, a comprovação de contribuição do empregado doméstico far-se-á por meio do comprovante ou guia de recolhimento e a comprovação de vínculo, inclusive para fins de filiação, por meio de um dos seguintes documentos:

> I – registro contemporâneo com as anotações regulares em CP ou em CTPS;
>
> II – contrato de trabalho registrado em época própria;
>
> III – recibos de pagamento emitidos em época própria; ou
>
> IV – na inexistência dos documentos acima citados, as informações de recolhimentos efetuados em época própria constantes no CNIS, quando for possível

identificar a categoria de doméstico através do código de recolhimento ou de categoria nos casos de microfichas, comprovam o vínculo, desde que acompanhada da declaração do empregador.

São exemplos de dúvidas que devem ser levantadas e investigadas pelo INSS quanto à regularidade do contrato de trabalho do empregado doméstico:

> I – contrato de trabalho doméstico, entre ou após contrato de trabalho em outras profissões, cujas funções sejam totalmente discrepantes;
>
> II – contrato onde se perceba que a intenção foi apenas para garantir a qualidade de segurado, inclusive para percepção de salário-maternidade;
>
> III – contrato em que não se pode atestar a contemporaneidade das datas de admissão ou demissão; ou
>
> IV – contrato de trabalho doméstico em que o valor correspondente ao seu último salário de contribuição tenha sido discrepante em relação aos meses imediatamente anteriores, de forma que se perceba que a intenção foi garantir à segurada o recebimento de valores elevados durante a percepção do salário-maternidade.

Para compensar essa situação, por força do artigo 36, da Lei 8.213/91, se satisfeitas as condições para a concessão do benefício, caso não comprovado o recolhimento das contribuições previdenciárias pelo empregador doméstico, será concedido o benefício previdenciário no valor mínimo, o que poderá prejudicar os empregados domésticos que poderiam fazer jus a um benefício acima desse valor.

Neste ponto, o § 5º, do artigo 216, do RPS[5], entrava em choque com o artigo 36, da Lei 8.213/91, porquanto previu em favor do empregado doméstico a referida presunção de recolhimento, sendo razoável, apesar de desprovido de fundamento de validade.

Embora não analisando de maneira pormenorizada a questão, a Turma Nacional de Uniformização de Jurisprudência dos Juizados Especiais Federais seguiu o RPS e considerou como salário de contribuição a verdadeira remuneração do empregado doméstico para fins de cálculo de benefício previdenciário, e não a anotada da Carteira de Trabalho, no valor de um salário mínimo:

> "É fato público e notório que o empregador doméstico é responsável de fato pelo recolhimento de suas próprias contribuições previdenciárias e daquelas devidas pelos empregados domésticos que lhe prestem serviços, nos termos da Lei nº 8.212/91. **No caso presente, os recolhimentos foram efetuados com base em um salário-mínimo. Mas, consoante se verifica da carteira profissional, que goza de presunção de legitimidade, a autora vinha recebendo valores**

5. §5º **O desconto da contribuição e da consignação legalmente determinado sempre se presumirá feito, oportuna e regularmente**, pela empresa, **pelo empregador doméstico**, pelo adquirente, consignatário e cooperativa a isso obrigados, não lhes sendo lícito alegarem qualquer omissão para se eximirem do recolhimento, ficando os mesmos diretamente responsáveis pelas importâncias que deixarem de descontar ou tiverem descontado em desacordo com este Regulamento (g.n.).

superiores ao mínimo legal. Estamos diante de uma prática muito comum, qual seja, a recolher contribuições previdenciárias em valores muito menores do que o efetivamente pago ao empregado. Lamentavelmente, a empregada só toma conhecimento deste fato no momento em que necessita de benefícios previdenciários, pois não acesso a seus próprios carnês de recolhimento, em poder de seu empregador. Ressalto que estamos diante da figura do responsável tributário. Da mesma forma que a empresa, o empregador doméstico é o responsável tributário pelo recolhimento da contribuição previdenciária do empregado doméstico a seu serviço. O Plano de Custeio da Previdência Social aprovado pela Lei nº 8.212/91 é bastante claro em seu artigo 30, inciso V, ' in verbis' "Art 30 – A arrecadação e o recolhimento das contribuições ou demais importâncias devidas à Seguridade Social obedecem às seguintes normas: (...) V – o empregador doméstico está obrigado a arrecadar a contribuição do segurado empregado a seu serviço e a recolhê-la, assim como a parcela a seu cargo, no prazo referido no inciso II deste artigo." **Não se pode imputar ao empregado doméstico as conseqüências do erro ou má-fé de seu empregador e da ausência de fiscalização por parte da fiscalização da autarquia. Por fim, ressalto que as diferenças devidas devem ser objeto de constituição de crédito tributário e devida cobrança em face do empregador da autora, ora recorrida** É o voto" (g.n).[6]

No entanto, com o advento da Lei Complementar 150/2015, entende-se que os empregados domésticos passaram a gozar de presunção de recolhimento da sua contribuição previdenciária, mesmo nos casos de salário de contribuição acima de um salário mínimo.

Isso porque o artigo 35, da Lei 8.213/91, foi modificado, passando a prever que "o segurado empregado, **inclusive o doméstico**, e ao trabalhador avulso que tenham cumprido todas as condições para a concessão do benefício pleiteado, mas não possam comprovar o valor de seus salários de contribuição no período básico de cálculo, será concedido o benefício de valor mínimo, **devendo esta renda ser recalculada quando da apresentação de prova dos salários de contribuição**".

Ademais, a modificação promovida no artigo 34 da Lei 8.213/91 pela LC 150/2015 deixou ainda mais nítida a novidade, pontificando que no cálculo do valor da renda mensal do benefício, inclusive o decorrente de acidente do trabalho, serão computados para o segurado empregado, **inclusive o doméstico**, e o trabalhador avulso, os salários de contribuição referentes aos meses de contribuições devidas, **ainda que não recolhidas** pela empresa ou **pelo empregador doméstico**, sem prejuízo da respectiva cobrança e da aplicação das penalidades cabíveis.

Logo, se o empregado doméstico demonstrar que possuía salários de contribuição de R$ 1.500,00, mas o seu empregador nunca recolheu a contribuição, após a LC 150/2015 deverá o INSS considerar os salários de contribuição de R$ 1.500,00

6. PEDILEF 2002.61.84.001.529-8, de 10.02.2004.

no cálculo do salário de benefício, e não mais conceder o benefício mínimo, tendo havido **revogação tácita do artigo 36 da Lei 8.213/91**.

A Lei Complementar 150 entrou em vigor no dia 2 de junho de 2015, data da sua publicação. Entende-se ser constitucional sustentar que a presunção de recolhimento das contribuições previdenciárias em favor do empregado doméstico deve ser retroativa, alcançando as competências anteriores a junho de 2015.

Isso porque mesmo antes da LC 150/2015 a responsabilidade tributária de recolher a contribuição do empregado doméstico já era do patrão doméstico, tendo apenas sido corrigida uma inconstitucionalidade por omissão injustificável que discriminava negativamente o empregado doméstico.

No entanto, na interpretação administrativa da Previdência Social, a presunção de recolhimento em favor do empregado doméstico não irá retroagir, operando-se somente a partir da vigência da LC 150, em 2 de junho de 2015, devendo ser considerado o salário de contribuição de um salário mínimo para as competências anteriores a junho de 2015, acaso não comprovado o efetivo recolhimento da contribuição previdenciária[7].

O artigo 30, §4º, da Lei 8.212/91, incluído pela Lei 9.876/99, prevê que o contribuinte individual prestador de serviços à(s) empresa(s) poderá deduzir de sua contribuição mensal 45% da contribuição paga pela empresa, a fim de reduzir a contribuição do segurado para 11% do salário de contribuição, pois neste caso ainda existirá a contribuição previdenciária da pessoa jurídica.

Este dispositivo surgiu para reduzir de 20% para 11% (diminuição de 45%) a alíquota da contribuição previdenciária do contribuinte individual prestador de serviços à pessoa jurídica, vez que, neste caso, a empresa passou a pagar uma contribuição previdenciária de 20% sobre as remunerações dos contribuintes individuais prestadores de serviços, instituída pela mesma Lei 9.876/99, que inseriu o inciso III do artigo 22 da Lei 8.212/91.

Posteriormente, por força do artigo 4º, da Medida Provisória 83/2002, convertida na Lei 10.666/03, a partir da *competência de abril de 2003*, o contribuinte individual prestador de serviços à pessoa jurídica deixou de ser o responsável tributário pelo recolhimento da sua contribuição previdenciária, que passou a ser de responsabilidade da pessoa jurídica tomadora do serviço, à razão de 11% sobre o salário de contribuição, e não mais de 20%, conforme explicitado no artigo 216, §26, do RPS, dispositivo também aplicável às cooperativas de trabalho.

Nesse caminho, dispõe o artigo 216, §26, do Regulamento que a alíquota de contribuição a ser descontada pela empresa da remuneração paga, devida ou creditada ao contribuinte individual a seu serviço, observado o limite máximo do salário-de-contribuição, é de onze por cento no caso das empresas em geral e

7. Memorando-Circular nº 38/DIRBEN/INSS, de 5/11/2015.

de vinte por cento quando se tratar de entidade beneficente de assistência social isenta das contribuições sociais patronais.

Apenas neste caso o contribuinte individual também gozará da presunção absoluta de recolhimento, tal qual o segurado empregado e o trabalhador avulso, devendo a pessoa jurídica responder exclusivamente pelo pagamento, caso não tenha retido os valores ou não os repassado à União, na forma do artigo 33, §5º, da Lei 8.212/91.

Veja-se que o Enunciado 2 do CRPS esqueceu de citar que o contribuinte individual que possui presunção de recolhimento é somente aquele que presta serviços à uma pessoa jurídica.

Nos termos do artigo 38 da Instrução Normativa INSS 77/2015, para fins de comprovação das remunerações do contribuinte individual prestador de serviço, a partir de abril de 2003, no que couber, poderão ser considerados entre outros, os seguintes documentos:

> I – comprovantes de retirada de pró-labore, que demonstre a remuneração decorrente do seu trabalho, nas situações de empresário;
>
> II – comprovante de pagamento do serviço prestado, onde conste a identificação completa da empresa, inclusive com o número do CNPJ/CEI, o valor da remuneração paga, o desconto da contribuição efetuado e o número de inscrição do segurado no RGPS;
>
> III – declaração de Imposto de Renda Pessoa Física – IRPF, relativa ao ano-base objeto da comprovação, que possam formar convicção das remunerações auferidas; ou
>
> IV – declaração fornecida pela empresa, devidamente assinada e identificada por seu responsável, onde conste a identificação completa da mesma, inclusive com o número do CNPJ/CEI, o valor da remuneração paga, o desconto da contribuição efetuado e o número de inscrição do segurado no RGPS.

Estas disposições do artigo 4º, da Lei 10.666/03, não se aplicam ao contribuinte individual, quando contratado por outro contribuinte individual equiparado a empresa, por produtor rural pessoa física, ou ainda por missão diplomática e repartição consular de carreira estrangeiras, e nem ao brasileiro civil que trabalha no exterior para organismo oficial internacional do qual o Brasil é membro efetivo.

Logo, nestes casos, deverá o contribuinte individual continuar a se valer da autorização do artigo 30, §4º, da Lei 8.212/91, deduzindo de sua contribuição mensal 45% da contribuição paga pelo equiparado a empresa.

ITEM II:

É possível a comprovação do tempo de serviço ou de contribuição do segurado empregado com a apresentação da Carteira de Trabalho assinada na época do vínculo e sem rasuras, pois a prova documental precisa ser contemporânea.

Entretanto, o registro na CTPS não gera presunção absoluta de veracidade do registro, mas sim relativa, podendo ser desconstituída pela Previdência Social na hipótese de erro de preenchimento, fraude ou anotação extemporânea.

TST

Sobre o tema, pontifica a Súmula 12, do TST, que "as anotações apostas pelo empregador na Carteira Profissional do empregado não geram presunção jure et de jure, mas apenas juris tantum".

STF

Outrossim, diz a Súmula 225, do STF, que "não é absoluto o valor probatório das anotações da carteira profissional".

TNU

Súmula 75 – "A Carteira de Trabalho e Previdência Social (CTPS) em relação à qual não se aponta defeito formal que lhe comprometa a fidedignidade goza de presunção relativa de veracidade, formando prova suficiente de tempo de serviço para fins previdenciários, ainda que a anotação de vínculo de emprego não conste no Cadastro Nacional de Informações Sociais (CNIS)".

No entanto, no caso de vínculos anotados na CTPS e não registrados no CNIS, é necessário se promover uma investigação, podendo ter se verificado uma das seguintes hipóteses:

A) Trata-se de vínculo antigo anterior à criação do CNIS, razão pela qual não está registrado;

B) A empresa não inscreveu o segurado como seu trabalhador, normalmente com o objetivo de sonegar o recolhimento das contribuições previdenciárias;

C) O registro na CTPS é fraudulento e deve ser rejeitado.

O tema será apreciado pela TNU (tema 240):

Tema	**240**	**Situação do tema**	Em Julgamento – eproc	**Ramo do direito**	**DIREITO PREVIDENCIÁRIO**
Questão submetida a julgamento		Saber se a anotação de vínculo empregatício realizada extemporaneamente em CTPS tem a serventia de início de prova material para fins previdenciários (art. 55, § 3º, da Lei 8.213/91) ou se depende de outros elementos materiais de prova a corroborá-la.			
Tese firmada		-			
Processo	**Decisão de afetação**	**Relator (a)**	**Julgado em**	**Acórdão publicado em**	**Trânsito em julgado**
PEDILEF 0500540-27.2017.4.05.8307/PE	06/11/2019	Juiz Federal Gabriel Brum Teixeira	-		

ITEM III e IV:

O segurado empregado, o trabalhador avulso e o contribuinte individual que prestar serviços à pessoa jurídica (este último a partir da competência 04/2003) têm em seu favor a presunção absoluta de recolhimento das suas contribuições previdenciárias, a teor do artigo 33, §5º, da Lei 8.212/91, pois a responsabilidade tributária é da empresa, sendo apenas necessário comprovar a relação de trabalho e o valor da remuneração mediante prova material contemporânea.

Já para o empregado doméstico inexistia esta presunção, devendo ser demonstrado antigamente o pagamento das suas contribuições previdenciárias, apesar de a responsabilidade ser do empregador doméstico.

Caso inexistissem os pagamentos, se for comprovado o exercício da atividade laboral pelo período exigido, o segurado doméstico recebia o benefício no valor mínimo, na forma do artigo 36, da Lei 8.213/91[8].

Destarte, existia presunção indireta apenas para o valor mínimo de benefício em favor do empregado doméstico, nos termos do artigo 36 da Lei 8.213/91, no período que precedeu ao advento da LC 150/2015, inclusive para fins de período de carência.

Nesse sentido, para o período anterior à competência 6/2015, deve ser aplicado o artigo 36 da Lei 8.213/91, desincumbindo o empregado doméstico da prova do recolhimento da contribuição previdenciária para a concessão de **benefício de renda mínima**, nos termos do **Parecer CONJUR 672/2012**, inclusive para fins de carência:

> *"Ante o exposto, esta Advogada da União, no exercício da atribuição prevista no art. 11 da Lei Complementar nº 73/1993, tece as seguintes considerações conclusivas:*
>
> *(i) hão se verifica a existência de divergência quanto ao entendimento fixado no bojo do PARECER/CJ/Nº 2585/2001 (publicado no DOU de 1º.10.2001) e no PARECER/CONJUR/MPS/Nº616/2010 (publicado no DOU de 23. 2.2010);*
>
> ***(ii) regra geral, o segurado empregado doméstico deve comprovar o efetivo recolhimento das contribuições relativas ao período de carência, inclusive a pri eira sem atraso, em conformidade com o art. 27, inciso II, da Lei nº 8.213, de 1991;***
>
> ***(iii) entretanto, quando se tratar de concessão de benefício no valor mínimo, com esteio no art. 36 da Lei nº 8.212/1991, o segurado empregado doméstico e***

8. Art. 36. Para o segurado empregado doméstico que, tendo satisfeito as condições exigidas para a concessão do benefício requerido, não comprovar o efetivo recolhimento das contribuições devidas, será concedido o benefício de valor mínimo, devendo sua renda ser recalculada quando da apresentação da prova do recolhimento das contribuições.

seu dependentes não estão obrigados à comprovação do efetivo recolhimento das contribuições exigidas para efeito de carência, inclusive a primeira sem atraso, desde que atendidos os demais requisitos legais exigíveis, não incidindo nessa hipótese a regra contida no art. 27, II, da Lei nº 8.213, de 1991;

(iv) a comprovação da filiação do segurado empregado doméstico junto à Previdência Social, independentemente do valor do benefício, deve ser realizada em observância às regras gerais constantes na Lei nº 8.213, de 1991, especialmente nos arts. 55, §3°, e 108, que impõe indistintamente a todos os segurados obrigatórios a necessidade de comprovação da filiação à Previdência Social com base em prova material contemporânea à prestação do serviço, independentemente da responsabilidade pelo recolhimento de contribuições sociais."

Posteriormente, com o advento da Lei Complementar 150/2015, o empregado doméstico passou a ter a mesma presunção de recolhimento que já beneficiava o empregado, tendo sido modificado o artigo 27 e tacitamente revogado o artigo 36, da Lei 8.213/91, com a alteração perpetrada no artigo 34 da Lei 8.213/91.

Neste caso, para períodos posteriores à LC 150/2015, em não havendo recolhimento do tributo, basta que esses segurados comprovem o vínculo e o valor da sua remuneração para serem considerados no cálculo da renda mensal inicial dos benefícios e demais efeitos previdenciários.

Todavia, se não puderem comprovar o valor dos seus salários de contribuição no período básico de cálculo, será concedido o benefício de valor mínimo, devendo esta renda ser recalculada, quando da apresentação de prova dos salários de contribuição[9].

Eis os artigos da Lei 8.213/91 que disciplinam o tema, modificados pela LC 150/2015:

"Art. 34. No cálculo do valor da renda mensal do benefício, inclusive o decorrente de acidente do trabalho, serão computados:

I – para o segurado empregado, inclusive o doméstico, e o trabalhador avulso, os salários de contribuição referentes aos meses de contribuições devidas, ainda que não recolhidas pela empresa ou pelo empregador doméstico, sem prejuízo da respectiva cobrança e da aplicação das penalidades cabíveis, observado o disposto no § 5º do art. 29-A;

II – para o segurado empregado, inclusive o doméstico, o trabalhador avulso e o segurado especial, o valor mensal do auxílio-acidente, considerado como salário de contribuição para fins de concessão de qualquer aposentadoria, nos termos do art. 31;

III – para os demais segurados, os salários-de-contribuição referentes aos meses de contribuições efetivamente recolhidas.

9. Artigo 35, da Lei 8.213/91.

Art. 35. Ao segurado empregado, inclusive o doméstico, e ao trabalhador avulso que tenham cumprido todas as condições para a concessão do benefício pleiteado, mas não possam comprovar o valor de seus salários de contribuição no período básico de cálculo, será concedido o benefício de valor mínimo, devendo esta renda ser recalculada quando da apresentação de prova dos salários de contribuição".

De acordo com a interpretação administrativa da Previdência Social, que segue à risca o Princípio do *Tempus Regit Actum*, a presunção de recolhimento para salários de contribuição acima de um salário mínimo em favor do empregado doméstico não irá retroagir, operando-se somente a partir da vigência da LC 150, em 2 de junho de 2015, devendo ser considerado o salário de contribuição de um salário mínimo para as competências anteriores à 2 de junho de 2015, acaso não comprovado o efetivo recolhimento da contribuição previdenciária[10].

Esse é o panorama geral intertemporal a respeito do tempo de contribuição, carência e presunção de recolhimento de contribuição previdenciária em favor do empregado doméstico. No que tange à contagem recíproca, o tema é regulado no artigo 96 da Lei 8.213/91, com alterações perpetradas pela MP 871-Lei 13849/2019:

"Art. 96. O tempo de contribuição ou de serviço de que trata esta Seção será contado de acordo com a legislação pertinente, observadas as normas seguintes:

...

*V – é vedada a emissão de Certidão de Tempo de Contribuição (CTC) com o registro exclusivo de tempo de serviço, sem a comprovação de contribuição efetiva, **exceto** para o segurado empregado, **empregado doméstico**, trabalhador avulso e, a partir de 1º de abril de 2003, para o contribuinte individual que presta serviço a empresa obrigada a arrecadar a contribuição a seu cargo, observado o disposto no § 5º do art. 4º da Lei nº 10.666, de 8 de maio de 2003; (Incluído pela Lei nº 13.846, de 2019)"*

Nota-se um alinhamento entre a LC 150/2015 e a Lei 13.846/2019, pois desde 6/2015 o empregado doméstico possui a mesma presunção de recolhimento do segurado empregado.

De efeito, o legislador na maioria das vezes não promove recortes intertemporais na legislação, salvo situações muito pontuais, cabendo ao intérprete fazê-lo à luz do Princípio da Lei do Tempo Rege o Ato Jurídico.

Caso contrário, todas as alterações normativas teriam efeito retroativo, o que não pode ocorrer na área previdenciária, em regra, inclusive para fins de respeito à regra de contrapartida e ao ato jurídico perfeito.

Nesse sentido, alinhando-se ao próprio posicionamento anterior da autarquia exteriorizado pelo Memorando-Circular nº 38/DIRBEN/INSS, de 5/11/2015 e ao

10. Memorando-Circular nº 38/DIRBEN/INSS, de 5/11/2015.

Parecer CONJUR 364/2015, os períodos anteriores ao advento da LC 150 devem ser considerados como salário de contribuição no valor mínimo, na hipótese de inexistência de prova do recolhimento da contribuição previdenciária em valores superiores.

Desse modo reputo juridicamente correto o seguinte posicionamento:

A) A emissão de CTC para períodos anteriores à vigência da LC 150/2015 em favor do empregado doméstico deve ser feita com valores de salários de contribuição no piso legal, na hipótese de inexistir prova do recolhimento efetivo da contribuição previdenciária pelo empregado doméstico, acaso provado o vínculo de emprego, observado o artigo 55, §3º, da Lei 8.213/91;

B) A emissão de CTC para períodos posteriores à vigência da LC 150/2015 em favor do empregado doméstico dar-se-á com a presunção de recolhimento para salários de contribuição acima do mínimo legal, acaso provado o vínculo de emprego e os valores dos salários de contribuição, observado o artigo 55, §3º, da Lei 8.213/91.

Isto posto, a parte final do item III deste Enunciado é restritiva e ilegal, ao excluir o período do empregado doméstico da emissão da CTC, devendo ser revista pelo CRPS.

ITEM V:

A jurisprudência dominante e o CRPS entendem que o ***aluno-aprendiz*** será considerado como segurado empregado, desde que perceba remuneração, mesmo que indireta (valores recebidos a título de alimentação, fardamento, material escolar e parcela de renda auferida com a execução de encomendas para terceiros, entre outros), conforme estatuído na **Súmula 18 da TNU (redação original)**:

> "Súmula 18 – Provado que o aluno aprendiz de Escola Técnica Federal recebia remuneração, mesmo que indireta, à conta do orçamento da União, o respectivo tempo de serviço pode ser computado para fins de aposentadoria previdenciária".

Seguindo esse posicionamento, a **Advocacia-Geral da União** editou em 2008 a **Súmula 24**:

"Súmula 24 – É permitida a contagem, como tempo de contribuição, do tempo exercido na condição de aluno-aprendiz referente ao período de aprendizado profissional realizado em escolas técnicas, desde que comprovada a remuneração, mesmo que indireta, à conta do orçamento público e o vínculo empregatício".

No mesmo sentido o STF, a exemplo do julgamento do MS 28.399-AgR, de 22.05.2012:

"AGRAVO REGIMENTAL. MANDADO DE SEGURANÇA. TRIBUNAL DE CONTAS DA UNIÃO. TEMPO DE SERVIÇO PRESTADO COMO ALUNO-APRENDIZ EM ESCOLA TÉCNICA. CÔMPUTO PARA APOSENTADORIA. LEGALIDADE. MUDANÇA DE ORIENTAÇÃO DA CORTE DE CONTAS QUANTO AOS REQUISITOS EXIGIDOS, APÓS A CONCESSÃO DA APOSENTADORIA. IMPOSSIBILIDADE. AGRAVO REGIMENTAL IMPROVIDO. **I – A jurisprudência do Supremo Tribunal Federal consolidou-se, em casos idênticos ao que ora se analisa, pela legalidade do cômputo do tempo prestado como aluno-aprendiz para fins de aposentadoria.** II – A nova interpretação da Súmula 96 do TCU, firmada no Acórdão 2.024/2005, não pode ser aplicada à aposentadoria concedida anteriormente. III – Agravo regimental improvido".

Nos termos do **artigo 188-G, do Decreto 3.048/99**, inserido pelo **Decreto 10.410/2020**, é considerado como tempo de contribuição "o tempo exercido na condição de aluno-aprendiz referente ao período de aprendizado profissional realizado em escola técnica, desde que comprovados a remuneração pelo erário, mesmo que indireta, e o vínculo empregatício".

Entretanto, esse cômputo limitar-se-á até o dia 16 de dezembro de 1998, pois com o advento da Emenda 20/1998 o tempo de serviço foi substituído pelo tempo de contribuição, conforme entendimento administrativo da Previdência Social[11], valendo destacar que esse limitador não encontra arrimo jurisprudencial.

São considerados administrativamente pela Previdência Social como tempo de serviço/contribuição na condição de aluno aprendiz nos termos do artigo 76 da IN INSS 77/2015:

> I – os períodos de frequência às aulas dos aprendizes matriculados em escolas profissionais mantidas por empresas ferroviárias;
>
> II – o tempo de aprendizado profissional realizado como aluno aprendiz, em escolas industriais ou técnicas, com base no Decreto-Lei nº 4.073, de 30 de janeiro de 1942 (Lei Orgânica do Ensino Industrial), a saber:
>
> a) período de frequência em escolas técnicas ou industriais mantidas por empresas de iniciativa privada, desde que reconhecidas e dirigidas a seus empregados aprendizes, bem como o realizado com base no Decreto nº 31.546, de 6 de outubro de 1952, em curso do Serviço Nacional da Indústria - SENAI, ou Serviço Nacional do Comércio - SENAC, ou instituições por eles reconhecidas, para formação profissional metódica de ofício ou ocupação do trabalhador menor; e
>
> b) período de frequência em cursos de aprendizagem ministrados pelos empregadores a seus empregados em escolas próprias para essa finalidade ou em qualquer estabelecimento de ensino industrial;

11. Artigo 76, da Instrução Normativa INSS 77/2015.

III – os períodos de frequência em escolas industriais ou técnicas, inclusive escolas e colégios agrícolas, da rede de ensino federal, escolas equiparadas ou reconhecidas, desde que tenha havido retribuição pecuniária à conta do orçamento respectivo do Ente Federativo, ainda que fornecida de maneira indireta ao aluno, observando que: (Nova redação dada pela IN INSS/PRES nº 85, de 18/02/2016)

a) só poderão funcionar sob a denominação de escola industrial ou escola técnica os estabelecimentos de ensino industrial ou técnico mantidos pela União e os que tiverem sido reconhecidos ou a eles equiparados (incluído pelo Decreto-Lei nº 8.680, de 15 de janeiro de 1946); (Nova redação dada pela IN INSS/PRES nº 85, de 18/02/2016)

b) entende-se como equiparadas as escolas industriais ou técnicas mantidas e administradas pelos Estados ou pelo Distrito Federal e que tenham sido autorizadas pelo Governo Federal (disposição do Decreto-Lei nº 4.073, de 1942); e

c) entende-se como reconhecidas as escolas industriais ou técnicas mantidas e administradas pelos Municípios ou por pessoa natural ou pessoa jurídica de direito privado e que tenham sido autorizadas pelo Governo Federal (disposição do Decreto-Lei nº 4.073, de 1942).

De acordo com o TCU, "para a contagem como tempo de serviço público, para todos os efeitos, de período trabalhado na qualidade de aluno-aprendiz, além da comprovação de recebimento de retribuição pecuniária à conta do Orçamento da União, é essencial a prova do labor do então estudante na execução de encomendas recebidas da escola"[12].

Registre-se que o menor aprendiz (atual contrato de aprendizagem) não se confunde com o aluno aprendiz, conforme bem pontuado pelo TCU:

Acórdão 1834/2015 Primeira Câmara (Aposentadoria, Relator Ministro José Múcio Monteiro)

Tempo de serviço. Aluno-aprendiz. Empregado-aprendiz.

O tempo de serviço prestado na condição de empregado-aprendiz, desde que atestado por certidão do INSS, comprovadora do recolhimento da contribuição previdenciária, pode ser contado para efeito de aposentadoria.

A condição do aluno-aprendiz difere da condição do empregado-aprendiz. O aluno-aprendiz aprende trabalhando em escola técnica federal, recebendo ou não pecúnia à conta do orçamento público e salário indireto, representado por alimento, fardamento, atendimento médico-odontológico e pousada. O empregado-aprendiz é empregado regido pela CLT e sua condição de aprendiz é dirigida a uma proficiência pessoal no interesse de seu empregador, além de o curso estar inserido no expediente de trabalho.

12. Acórdão 6714/2015 Primeira Câmara (Pedido de Reexame, Relator Ministro Bruno Dantas).

Em 14 de fevereiro de 2020, o tema foi revisitado pela TNU no tema 216[13]:

TNU fixa critérios para o cômputo do tempo de serviço prestado como aluno-aprendiz

Decisão TNU

Em sessão ordinária realizada no dia 14 de fevereiro, a Turma Nacional de Uniformização dos Juizados Especiais Federais (TNU) decidiu negar provimento ao Pedido de Uniformização de Jurisprudência interposto pela parte autora, nos termos do voto da Juíza Relatora, fixando a seguinte tese: "para fins previdenciários, o cômputo do tempo de serviço prestado como aluno-aprendiz exige a comprovação de que, durante o período de aprendizado, houve simultaneamente: **(i) retribuição consubstanciada em prestação pecuniária ou em auxílios materiais; (ii) à conta do Orçamento; (iii) a título de contraprestação por labor; (iv) na execução de bens e serviços destinados a terceiros". Tema (216).**

A Turma também aprovou a alteração da redação da Súmula 18, a fim de que passe a ostentar a mesma redação da tese fixada. A mudança foi publicada na quarta-feira, 19, no DJe n. 21/2020, pg. 00002.

O Pedido de Interpretação de Uniformização de Lei foi interposto em face de acórdão da 1ª Turma Recursal do Ceará, no qual se discute o direito à averbação como tempo de serviço/contribuição do período em que o autor foi aluno aprendiz em Escola Técnica Federal. Segundo o requerente, o acórdão recorrido diverge da jurisprudência desta TNU (Súmula 18) e do Superior Tribunal de Justiça (STJ).

Em suas razões de decidir, a relatora do processo na TNU, juíza federal Polyana Falcão Brito, iniciou sua exposição de motivos pontuando que o cerne da discussão é saber se, além da menção a eventual remuneração (ainda que indireta) auferida pelo aluno aprendiz de estabelecimento de ensino técnico, exige-se a comprovação do vínculo empregatício, ou seja, a relação de trabalho/emprego, para a contagem do respectivo período para fins de aposentadoria previdenciária.

Critérios

Dando o prosseguimento, a relatora abordou a Súmula 18 da TNU, publicada em 07/10/2004, que diz: "*Provado que o aluno aprendiz de Escola Técnica Federal recebia remuneração, mesmo que indireta, à conta do orçamento da União, o respectivo tempo de serviço pode ser computado para fins de aposentadoria previdenciária*". A magistrada também citou a jurisprudência atual do STJ, que, em ambas as Turmas de Direito Público, aponta para a necessidade de observância dos requisitos estampados na redação original da Súmula 96 do Tribunal de Contas da União (TCU), quais sejam a exigência de comprovação do vínculo empregatício e remuneração à conta do orçamento da União.

13. https://www.cjf.jus.br/cjf/noticias/2020/02-fevereiro/tnu-fixa-criterios-para-o-computo-do-tempo-de-servico-prestado-como-aluno-aprendiz.

Após a contextualização, a relatora aprofundou o estudo a respeito do alcance e significado da Súmula 96 do TCU e a evolução interpretativa que lhe foi emprestada ao longo do tempo naquela Corte de Contas. De acordo com a magistrada, o entendimento do Tribunal no trato da matéria jamais prescindiu da prova de que o aluno comprovasse a existência de retribuição (que não deve ser confundida com remuneração, pura e simplesmente) pelo trabalho desenvolvido no ofício para o qual eram treinados, o que remete à ideia do vínculo empregatício.

Por fim, a relatora afirmou que é preciso ficar claro que a mera referência à percepção de remuneração por meio de fardamento, alimentação, material escolar ou outros benefícios de caráter não pecuniário não é suficiente, por si só, para atestar o efetivo labor do estudante, a existência do vínculo empregatício. Em tese (e muito comumente), tais benefícios podem ser custeados pelo orçamento público a um grupo de alunos de determinada instituição independentemente da realização de serviços para terceiros.

"No caso concreto, de acordo com o contexto probatório delineado no acórdão recorrido, 'não há menção ao exercício de trabalho pelo demandante, tampouco ao tipo de trabalho por este exercido', não restando atendidos assim os requisitos para o reconhecimento do tempo de serviço para fins previdenciários haja vista que, não havendo menção ao exercício de trabalho, não há como se inferir a existência de retribuição por este trabalho", completou a magistrada.

Nesse sentido, restou alterada a redação da Súmula 18:

Súmula 18 TNU – "Para fins previdenciários, o cômputo do tempo de serviço prestado como aluno-aprendiz exige a comprovação de que, durante o período de aprendizado, houve simultaneamente: (i) retribuição consubstanciada em prestação pecuniária ou em auxílios materiais; (ii) à conta do Orçamento; (iii) a título de contraprestação por labor; (iv) na execução de bens e serviços destinados a terceiros". **ALTERADA NA SESSÃO DE 14/02/2020.**

Note-se que a Turma Nacional passou a exigir – para que o período de aluno aprendiz seja reconhecido como tempo de contribuição do empregado – que a atividade tenha sido desempenhada na execução de bens ou serviços destinados a terceiros (novidade), além da remuneração em pecúnia ou utilidade à conta do orçamento público à título de contraprestação do labor.

A decisão da TNU está alinhada ao artigo 77 da Instrução Normativa INSS 77/2015, que prevê que os períodos de alunos aprendiz devem observar as seguintes regras para o seu reconhecimento como tempo de contribuição:

I – o Decreto-Lei nº 4.073, de 1942, vigente no período compreendido entre 30 de janeiro de 1942 a 15 de fevereiro de 1959, reconhecia o aprendiz como empregado bastando assim a comprovação do vínculo;

II – o tempo de aluno aprendiz desempenhado em qualquer época, ou seja, mesmo fora do período de vigência dos dispositivos do Decreto-Lei nº 4.073, de 1942, de que trata o tema, somente poderá ser considerado como tempo de contribuição desde que comprovada a remuneração e o vínculo empregatício, conforme Parecer MPAS/CJ nº 2.893, de 12 de novembro de 2002; e

III – considerar-se-á como vínculo e remuneração a comprovação de frequência e os valores recebidos a título de alimentação, fardamento, material escolar e parcela de renda auferida com a **execução de encomendas para terceiros**, entre outros.

Por sua vez, nos moldes do artigo 78 da Instrução Normativa INSS 77/2015, a comprovação do período de frequência em curso do aluno aprendiz far-se-á:

I – por meio de certidão emitida pela empresa quando se tratar de aprendizes matriculados em escolas profissionais mantidas por empresas ferroviárias;

II – por certidão escolar nos casos de frequência em escolas industriais ou técnicas na qual deverá constar que:

a) o estabelecimento era reconhecido e mantido por empresa de iniciativa privada;

b) o curso foi efetivado sob seu patrocínio; ou

c) o curso de aprendizagem nos estabelecimentos oficiais ou congêneres foi ministrado mediante entendimentos com as entidades interessadas.

III – **por meio de Certidão de Tempo de Contribuição – CTC**, na forma da Lei nº 6.226, de 14 de julho de 1975, e do Decreto nº 85.850, de 30 de março de 1981, quando se tratar de frequência em escolas industriais ou técnicas da rede federal, bem como em escolas equiparadas ou reconhecidas citadas nas alíneas "b" e "c" do inciso III do art. 76[14], nos casos de entes federativos estaduais, distritais e municipais, **desde que à época, o Ente Federativo mantivesse RPPS**;

IV – por meio de certidão escolar emitida pela instituição onde o ensino foi ministrado, nos casos de frequência em escolas industriais ou técnicas a que se refere o inciso III do caput, desde que à época, o ente federativo não mantivesse RPPS, devendo constar as seguintes informações:

a) a norma que autorizou o funcionamento da instituição;

b) o curso frequentado;

c) o dia, o mês e o ano do início e do fim do vínculo de aluno aprendiz; e

d) a forma de remuneração, ainda que indireta.

---

14. b) entende-se como equiparadas as escolas industriais ou técnicas mantidas e administradas pelos Estados ou pelo Distrito Federal e que tenham sido autorizadas pelo Governo Federal (disposição do Decreto-Lei nº 4.073, de 1942); e c) entende-se como reconhecidas as escolas industriais ou técnicas mantidas e administradas pelos Municípios ou por pessoa natural ou pessoa jurídica de direito privado e que tenham sido autorizadas pelo Governo Federal (disposição do Decreto-Lei nº 4.073, de 1942).

Insta destacar que na situação de escola pública estadual e municipal que mantinha RPPS, para períodos anteriores à EC 20/1998 o reconhecimento do período do aluno aprendiz vai depender da emissão de certidão de tempo de contribuição – CTC.

Vale registrar que o entendimento administrativo e judicial é que a certidão para reconhecimento do período como aluno aprendiz somente contemplará os dias letivos, subtraindo-se férias e dias não úteis, considerando a inexistência de remuneração nesse período inativo.

Nesse sentido, veja-se o TRF da 4ª Região e a 1ª Turma:

<table>
<tr><th rowspan="4">Acórdão</th><td colspan="2">Classe: AC – APELAÇÃO CIVEL</td></tr>
<tr><td>Processo: 5003114-48.2017.4.04.7102</td><td>UF: RS</td></tr>
<tr><td>Data da Decisão: 17/04/2018</td><td>Orgão Julgador: TERCEIRA TURMA</td></tr>
<tr><td>Inteiro Teor:</td><td>Citação:</td></tr>
<tr><th>Relator</th><td colspan="2">ROGERIO FAVRETO</td></tr>
<tr><th>Decisão</th><td colspan="2">Vistos e relatados estes autos em que são partes as acima indicadas, a Egrégia 3ª Turma do Tribunal Regional Federal da 4ª Região, por unanimidade, decidiu dar provimento à apelação, nos termos do relatório, votos e notas de julgamento que ficam fazendo parte integrante do presente julgado.</td></tr>
<tr><th>Ementa</th><td colspan="2">ADMINISTRATIVO. HABEAS DATA. ALUNO-APRENDIZ. CERTIDÃO EMITIDA PELO INSTITUTO DE EDUCAÇÃO. DIAS DE LABOR E REMUNERAÇÃO. AUSÊNCIA DE INFORMAÇÕES. DIREITO À INFORMAÇÃO. OBRIGAÇÃO DO INSTITUTO.
1.Hipótese em que houve resistência do INSTITUTO FEDERAL DO PIAUÍ – IF PIAUÍ em fornecer ao postulante a certidão com todas as informações solicitadas , mais precisamente com os dados constantes do art. 78, inc. IV, da Instrução Normativa INSS nº 77/2015.
2. A prestação de declaração incompleta inarredavelmente equivale à recusa da informação, tornando cabível a impetração de habeas data como via processual adequada para a obtenção e retificação de dados pessoais.
3. O motivo para a recusa na entrega de informações, pelo IFPIAUÍ, seria a necessidade de retribuição pecuniária direta ao aluno-aprendiz, que sem tal remuneração teria tão-somente a condição de aluno, não fazendo jus ao cômputo de tempo de contribuição, ainda que recebesse remuneração indireta, em contradição frontal com o entendimento consolidado pelo STJ. Precedentes.
4. Obrigatoriedade de expedição de certidão, pelo Instituto, nela constando todas as informações essenciais ao exercício de seu direito – inclusive os dias de efetivo trabalho, em dias úteis e subtraindo-se os dias de férias, e, especialmente, a forma como tais serviços foram remunerados, mesmo que de forma indireta, à conta do orçamento da União, ainda que na forma de recebimento de alimentação, fardamento, ou material escolar.</td></tr>
</table>

Tipo

Acórdãos

Número

0509099-19.2016.4.05.84000509099192016 4058400

Classe

Recursos

Relator(a)

CARLOS WAGNER **DIAS** FERREIRA

Origem

PRIMEIRA TURMA RECURSAL

Órgão julgador

PRIMEIRA TURMA RECURSAL

Data

13/10/2016

Data da publicação

13/10/2016

Fonte da publicação

Creta – Data::13/10/2016 – Página N/I

Ementa

0509099-19.2016.4.05.8400 EMENTA: DIREITO PREVIDENCIÁRIO. RECURSO INOMINADO. ALUNO-APRENDIZ. AVERBAÇÃO PARA FINS DE APOSENTADORIA. EXCLUSÃO DO PERÍODO DE FÉRIAS. SENTENÇA DE PROCEDÊNCIA. RECURSO PROVIDO. 1. Trata-se de recurso do INSS contra sentença que reconheceu ao autor o direito à aposentadoria por tempo de contribuição, computando-se o tempo de serviço como aluno- aprendiz. Pugna pela improcedência do pedido e, subsidiariamente, pela desconsideração do período considerado "não letivo" (férias). 2. A aposentadoria por tempo de contribuição é regulamentada pelos arts. 52 a 56 da Lei nº 8.213/91, sendo sempre integral para o homem com 35 anos de tempo de contribuição e para a mulher com 30 anos (art. 201, § 7º, I, da CF). Já a aposentadoria proporcional pressupõe idade mínima de 53 anos, tempo de contribuição igual, no mínimo, à soma de 30 (trinta) anos, se homem, de 25 (vinte e cinco) anos, se mulher, e um período adicional de contribuição equivalente a 40 (quarenta por cento) do tempo que, na data da publicação desta Emenda, faltaria para atingir o limite de tempo constante da alínea anterior" (§ 1º, art. 9º da EC n. 20/98). 3. De acordo com a Súmula nº 96 do Tribunal de Contas da União, conta-se como tempo de serviço público, para todos os efeitos, o período de trabalho prestado na qualidade de aluno-aprendiz em Escola Pública Profissional, desde que comprovada retribuição pecuniária à conta do orçamento, admitindo-se, como tal, o recebimento de alimentação, fardamento, material escolar e parcela de renda auferida com a execução de encomendas para terceiros. Igual entendimento restou pacificado nesta Turma Recursal através da edição do Enunciado nº 02 (O período de estudo do aluno-aprendiz, desde que realizado em escola profissional e comprovada a retribuição pecuniária à conta do orçamento público sob a forma de alimentação, fardamento, material escolar ou mesmo parcela de renda auferida com a execução de encomendas para terceiros, é contado como tempo de serviço para efeito de aposentadoria). 4. O Enunciado nº 18 da Turma Nacional de Uniformização também estabelece que, provado que o aluno aprendiz de escola técnica federal recebia remuneração, mesmo que indireta, à conta do orçamento da União, o respectivo tempo de serviço pode ser computado para fins de aposentadoria previdenciária. 5. Conforme jurisprudência do STF, mostra-se pacífico o entendimento firmado no sentido da legalidade do cômputo do 'tempo líquido» prestado na condição de aluno-aprendiz para fins de aposentadoria previdenciária (Ag. Reg. MS 31.477/DF, 1ª Turma, Rel. Dias Toffoli, Dje: 03/03/2015). 6. Destacou o juízo sentenciante: "Consoante a certidão anexada aos autos (anexo nº 04), emitida pela Escola Técnica da qual foi aluno o autor, este frequentou o Curso de Eletrotécnica, nos períodos de 03/02/1982 a 22/12/1982; 21/02/1983 a 23/12/1983; 13/02/84 a 19/12/84; e 11/02/1985 a 27/06/1985, recebendo, durante todo o tempo de aprendizagem, alimentação e assistência médica-odontológica, cujas despesas faziam parte, em rubrica própria, do orçamento da Escola Técnica. Tal elemento probatório demonstra, portanto, o recebimento de remuneração à conta do Orçamento Público durante tal período do curso profissionalizante. Assim, a pretensão do autor de reconhecer e averbar o tempo de aluno aprendiz merece guarida." – trecho da sentença (anexo 7). 7. No caso dos autos, a parte autora comprovou que durante o período compreendido entre 03/02/1982 a 27/06/1985, num total de 609 dias letivos, frequentou o curso técnico do Instituto Federal de Educação, Ciência e Tecnologia do Rio Grande do Norte, percebendo remuneração indireta dos cofres da União (alimentação, assistência médica- odontológica, entre outros). **8. Contudo, verifica-se que para efeitos previdenciários não é possível computar os períodos de férias escolares. Isso porque o aluno-aprendiz não recebe remuneração nos períodos considerados não letivos.** 9. Recurso provido para excluir as férias do cálculo. 10. Sem condenação em honorários. ACÓRDÃO Decide a Turma Recursal Federal do Rio Grande do Norte, em DAR PROVIMENTO ao recurso nos termos da ementa supra. Com trânsito em julgado, torne ao Juizado Especial Federal de origem. Natal/RN, data do julgamento. Carlos Wagner Dias Ferreira Juiz Federal da 1ª Relatoria.

Veja-se o posicionamento do TCU sobre todos esses pontos no Acórdão 2.024/2005 do Plenário (apresentamos apenas a Ementa e as Conclusões):

Número do Acórdão

ACÓRDÃO ***2024/2005*** – PLENÁRIO

Relator

LINCOLN MAGALHÃES DA ROCHA

Processo

016.271/2003-9

Tipo de processo

APOSENTADORIA (APOS)

Data da sessão

23/11/2005

Número da ata

46/2005 – Plenário

Interessado / Responsável / Recorrente

Interessados: Antônio Henrique de Souza (CPF: ***635015-**), Flávio Antônio de Castro Theodoro (CPF: ***059848-**), Francisco Ronaldo Roberto Monte (CPF: ***271943-**), Gerson Maia (CPF: ***650749-**), Jadson Protásio Nunes (CPF: ***605455-**), Lucas Cabral dos Santos Pires (CPF: ***594800-**) e Marcirio Malta Moreira (CPF: ***039954-**).

Entidade

Órgão: Departamento de Polícia Rodoviária Federal.

Unidade Técnica

SEFIP – Secretaria de Fiscalização de Pessoal

Assunto

Aposentadoria.

Sumário

Aposentadoria. Processo consolidado. Cômputo para fins de inativação de tempo de serviço prestado como aluno-aprendiz após o advento da Lei 3.552/59. A Lei 3.552/59 não alterou a natureza dos cursos de aprendizagem nem modificou o conceito de aprendiz (a prestação de serviços é inerente ao conceito legal de aprendiz), muito menos possui qualquer disposição que obstaculize o reconhecimento do tempo de aluno-aprendiz como tempo de serviço para fins de obtenção de aposentadoria. Os artigos 2º, 3º e 5º do Decreto-lei 8.590/46, que cuidaram da remuneração do aluno-aprendiz, reportaram-se ao pagamento dessa mão-de-obra, mediante a execução de encomendas, mas nem por isso o referido pagamento deixou de ser à conta do Orçamento da União. A Lei 3.552/59, ao dispor em seu artigo 32, parágrafo único, que os alunos participarão da remuneração decorrente da execução de encomendas, apenas ratificou o que havia sido disposto anteriormente pelo Decreto-lei 8.590/46. Nova inteligência dada à matéria. Possibilidade. Legalidade quanto às concessões de aposentadoria em favor de Flávio Antônio de Castro Theodoro, Francisco Ronaldo Roberto Monte, Gerson Maia, Lucas Cabral dos Santos Pires e Marcirio Malta Moreira. Registro. Ilegalidade no tocante às aposentadorias de Antônio

Henrique de Souza e Jadson Protásio Nunes. As certidões relativas ao tempo de aluno-aprendiz dos Srs. Antônio Henrique e Jadson somente atestam que perceberam hospedagem, assistência médica e alimentação gratuitamente à conta do Orçamento da União, nada dispondo a respeito de percepção de qualquer parcela de renda. Recusa de registro. Aplicação da Súmula TCU 106. Determinações.

...

Considerações finais

Em resumo, entendo não haver amparo legal, após a Lei n.º 1.711/1952, para o cômputo do tempo de aluno-aprendiz, situação na qual não existe vínculo estatutário ou celetista entre as partes: escola e aluno. Acolhi, anteriormente, a tese de estender o limite temporal até o advento da Lei n.º 3.552/1959 em nome do princípio da segurança jurídica, uma vez que esse era o entendimento mais recente do TCU.

Contudo, a jurisprudência atual do STJ permite seja computado esse tempo para fins de aposentadoria pelo regime geral, em razão da contagem recíproca de tempo de serviço, prevista no § 9º do art. 201 da Constituição Federal.

Entendo não deva o Tribunal afastar-se da sólida jurisprudência da Corte Superior de Justiça. Contudo, é dever do órgão de controle externo orientar as diversas entidades federais de ensino sobre os fundamentos para emissão de certidão de tempo de serviço, a serem utilizadas para a obtenção de benefícios do regime geral ou do regime próprio de previdência.

Dessarte, proponho seja expedida determinação à Secretaria Federal de Controle Interno para orientar as escolas federais profissionalizantes no sentido de que **as certidões de tempo de serviço de aluno-aprendiz devem expressamente mencionar os dias nos quais os interessados efetivamente laboraram na confecção de encomendas ou na prestação de serviços, bem assim o valor das remunerações auferidas**. Os períodos das **férias escolares** devem ser **desconsiderados.** De igual forma, deve ser esclarecido a essas entidades que **a simples concessão de auxílio financeiro ou de bens não caracteriza a situação de aluno-aprendiz, que decorre do trabalho despendido no atendimento de encomendas recebidas pela respectiva escola.**

No que se refere às escolas agrotécnicas, entendo devam ser aprofundados os estudos acerca da existência de aluno-aprendiz, uma vez que o Decreto-lei n.º 4.073/1942 cuida apenas das escolas de ensino industrial e que o Decreto-lei n.º 9.613/1946 (Lei Orgânica do Ensino Agrícola) não faz qualquer menção a essa possibilidade. De igual forma, o Decreto-lei 8.590/1946, que autorizou as escolas técnicas e industriais a trabalharem na execução de encomendas, mediante trabalho remunerado de alunos e ex-alunos, não abrangia as escolas agrotécnicas.

Também entendo necessário examinar mais detidamente a questão do limite temporal – tanto para o cômputo do tempo de serviço como para definir a existência jurídica da antiga figura do aluno-aprendiz. **Registro que a EC n.º 20/1998 vedou a contagem de tempo de contribuição fictício (§ 10 do art. 40),**

mas permitiu a contagem do tempo de serviço exercido até o advento de lei que disciplinasse a matéria (art. 4º). Ao que parece, essa lei não foi ainda editada. Por conseguinte, julgo pertinente determinar à Secretaria de Fiscalização de Pessoal que realize estudo sobre o tema, de modo a examinar pormenorizadamente toda a legislação ordinária e regulamentar que regia as entidades de ensino profissionalizante, bem assim os comandos constitucionais pertinentes.

Por fim, ressalvo a possibilidade de, futuramente, posicionar-me contra a contagem do tempo de aluno-aprendiz após 1959 – que considero indevida -, caso ocorra alteração na jurisprudência atual do STJ.

Diante do exposto, acompanho, em parte, a proposta do eminente relator, com as alterações sugeridas na minuta de Acórdão que segue.

TCU, Sala das Sessões, em 23 de novembro de 2005.

BENJAMIN ZYMLER

Revisor

Instado a se manifestar sobre a posição do TCU, o STF apenas ressalvou por questões de segurança jurídica que as aposentadorias concedidas anteriormente ao Acórdão 2.024/2005 não deveriam ser revistas.

Veja-se o Plenário da Suprema Corte e precedentes mais recentes:

MS 27615 AgR / AL – ALAGOAS

AG.REG. EM MANDADO DE SEGURANÇA

Relator(a): Min. RICARDO LEWANDOWSKI

Julgamento: 22/05/2014

Publicação: 13/06/2014

Órgão julgador: Tribunal Pleno

view_listpicture_as_pdflibrary_booksfile_copyprint

Publicação

ACÓRDÃO ELETRÔNICO DJe-114 DIVULG 12-06-2014 PUBLIC 13-06-2014

Partes

AGTE.(S) : UNIÃO ADV.(A/S) : ADVOGADO-GERAL DA UNIÃO AGDO.(A/S) : ANTÔNIO DE PÁDUA OLIVEIRA ADV.(A/S) : LOURDES GLÓRIA PEREIRA OLIVEIRA INTDO.(A/S) : TRIBUNAL DE CONTAS DA UNIÃO (TC Nº 01149820073 – ACÓRDÃO 583/2008) ADV.(A/S) : ADVOGADO-GERAL DA UNIÃO

Ementa

Ementa: AGRAVO REGIMENTAL. *MANDADO* DE *SEGURANÇA*. **APOSENTADORIA. CONTAGEM DE TEMPO.** *ALUNO-APRENDIZ*. **MUDANÇA**

DE ORIENTAÇÃO DO TRIBUNAL DE CONTAS DA UNIÃO QUANTO AOS REQUISITOS EXIGIDOS, APÓS A CONCESSÃO DA APOSENTADORIA. IMPOSSIBILIDADE. AGRAVO REGIMENTAL A QUE SE NEGA PROVIMENTO. I – A questão encontra-se regulamentada pela Lei 3.442/59, que não alterou a natureza das atividades e a responsabilidade dos aprendizes estabelecidas pelo Decreto-Lei 8.590/46. II – A Súmula 96 do Tribunal de Contas da União prevê a possibilidade de contagem, para efeito de tempo de serviço, do trabalho prestado por *aluno-aprendiz*, desde que comprovada sua retribuição pecuniária, para cálculo de concessão do benefício de aposentadoria. Precedente. III – Agravo regimental a que se nega provimento.

<u>MS 32415 AgR</u>

Órgão julgador: Segunda Turma

Relator(a): Min. EDSON FACHIN

Julgamento: 22/02/2019

Publicação: 06/03/2019

Ementa

Ementa: DIREITO ADMINISTRATIVO. AGRAVO REGIMENTAL EM *MANDADO DE SEGURANÇA*. APOSENTADORIA. *ALUNO- APRENDIZ*. TEMPO *DE* SERVIÇO. CONTAGEM. REQUISITOS PREENCHIMENTO. TRIBUNAL *DE* CONTAS DA UNIÃO. ENTENDIMENTO. MUDANÇA. APLICAÇÃO RETROATIVA. IMPOSSIBILIDADE. AGRAVO DESPROVIDO. **1. Está consolidada a jurisprudência do STF sobre a impossibilidade *de* aplicação retroativa dos requisitos estabelecidos pelo Tribunal *de* Contas da União no Acórdão 2.024/2005 para fins *de* averbação do tempo *de* serviço laborado na condição** *de aluno-aprendiz***.** 2. Na hipótese sob exame, à época *de* sua aposentaria, o impetrante havia preenchido os requisitos exigidos pela Súmula 96 do TCU para o cômputo do tempo laborado como *aluno-aprendiz*, *de* modo que não se aplicam ao caso os critérios posteriormente fixados pelo Acórdão 2.024/2005 da Corte *de* Contas. 3. Agravo regimental a que se nega provimento, com aplicação *de* multa, nos termos do art. 1.021, §4º, do CPC. Incabível a majoração *de* honorários advocatícios, em virtude da Súmula 512/STF.

Dessa forma, para a concessão de aposentadorias após o Acórdão Plenário TCU 2.024/2005 o STF validou o posicionamento da Corte de Contas, sendo a única ressalva a retroação da interpretação, vedada pela Suprema Corte.

Veja-se este precedente do STF:

MS 31518/DF – DISTRITO FEDERAL

MANDADO DE SEGURANÇA

Relator(a): Min. MARCO AURÉLIO

Julgamento: 07/02/2017

Publicação: 06/09/2017

Órgão julgador: Primeira Turma

Publicação

PROCESSO ELETRÔNICO DJe-202 DIVULG 05-09-2017 PUBLIC 06-09-2017

Partes

IMPTE.(S): JOSÉ VALDEK ADV.(A/S): LUÍS FERNANDO PIRES BRAGA E OUTRO(A/S) IMPDO.(A/S): TRIBUNAL DE CONTAS DA UNIÃO IMPDO.(A/S): PRESIDENTE DO TRIBUNAL DE CONTAS DA UNIÃO IMPDO.(A/S): RELATOR DA TC 01366220112 DO TRIBUNAL DE CONTAS DA UNIÃO ADV.(A/S) : ADVOGADO-GERAL DA UNIÃO

Ementa

CONTRADITÓRIO – PRESSUPOSTOS – LITÍGIO – ACUSAÇÃO. O contraditório, base maior do devido processo legal, requer, a teor do disposto no inciso LV do artigo 5º da Constituição Federal, litígio ou acusação, não alcançando os atos sequenciais alusivos ao registro de aposentadoria. PROVENTOS DA APOSENTADORIA – TEMPO DE SERVIÇO – ALUNO-APRENDIZ – COMPROVAÇÃO. **O cômputo do tempo de serviço como aluno-aprendiz exige a demonstração da efetiva execução do ofício para o qual recebia instrução, mediante encomendas de terceiros.**

Essa decisão do STF passou a ser adotada pelo TCU:

Acórdão

Acórdão 2761/2016-Segunda Câmara

Data da sessão

01/03/2016

Relator

VITAL DO RÊGO

Área

Pessoal

Tema

Tempo de serviço

Subtema

Aluno-aprendiz

Outros indexadores

Requisito, Marco temporal

Tipo do processo

APOSENTADORIA

Enunciado

Para aposentadorias concedidas antes da prolação do Acórdão 2.024/2005 Plenário, aplicam-se os requisitos básicos previstos na Súmula 96 do TCU (contagem de tempo de serviço de aluno-aprendiz). Às aposentadorias concedidas após a prolação do acórdão, aplicam-se as condições mais restritivas ao atendimento da súmula, nele definidas.

O posicionamento do TCU firmado desde 2005 pelo Plenário e está consolidado na Corte de Contas conforme os recentes precedentes:

Acórdão

Acórdão 14131/2019-Primeira Câmara

Data da sessão

26/11/2019

Relator

WALTON ALENCAR RODRIGUES

Área

Pessoal

Tema

Tempo de serviço

Subtema

Aluno-aprendiz

Outros indexadores

Requisito, Certidão, Contagem de tempo de serviço

Tipo do processo

APOSENTADORIA

Enunciado

Para que o tempo de serviço prestado como aluno-aprendiz seja computado para fins de aposentadoria, a certidão que o fundamenta deve, em observância à Súmula TCU 96, fazer referência, simultaneamente, a (i) retribuição em prestação pecuniária ou em auxílios materiais (ii) à conta do Orçamento, (iii) à título de contraprestação por labor (iv) na execução de bens e serviços destinados a terceiros, (v) em montante correspondente a uma fração da renda auferida com a execução das encomendas.

Acórdão

Acórdão 2886/2018-Plenário

Data da sessão

05/12/2018

Relator

JOSÉ MUCIO MONTEIRO

Área

Pessoal

Tema

Tempo de serviço

Subtema

Aluno-aprendiz

Outros indexadores

Férias, Certidão, Contagem de tempo de serviço

Tipo do processo

ADMINISTRATIVO

Enunciado

Para que o tempo de serviço prestado como aluno-aprendiz seja computado para fins de aposentadoria, a certidão que o fundamenta deve comprovar o labor do então estudante na execução de encomendas recebidas pela escola e deve expressamente mencionar o período trabalhado, bem assim a remuneração percebida. Na contagem desse tempo, consideram-se apenas os períodos nos quais o aluno efetivamente laborou, ou seja, despreza-se o cômputo do período de férias escolares.

Por fim, não existe base legal e na jurisprudência para impedir a emissão de CTC do período reconhecido pelo INSS como tempo de contribuição na qualidade de empregado do aluno aprendiz, devendo ser revista pelo CRPS essa parte do enunciado.

2.3 ENUNCIADO 3 (COMPROVAÇÃO DO TEMPO DE CONTRIBUIÇÃO/ AÇÃO TRABALHISTA)

ENUNCIADO 3

A comprovação do tempo de contribuição, mediante ação trabalhista transitada em julgado, somente produzirá efeitos para fins previdenciários quando baseada em início de prova material contemporânea aos fatos, constantes nos autos do processo judicial ou administrativo.

I – Não será admitida, para os fins previstos na legislação previdenciária, prova exclusivamente testemunhal, exceto na ocorrência de motivo de força maior ou caso fortuito.

II – Não será exigido início de prova material se o objeto da ação trabalhista for a reintegração ou a complementação de remuneração, desde que devidamente comprovado o vínculo anterior em ambos os casos.

COMENTÁRIOS:

O enunciado 3 do CRPS está alinhando ao posicionamento do INSS e da jurisprudência.

É muito comum na prática processual previdenciária que os segurados apresentem ao INSS uma sentença ou acordo homologado pela Justiça do Trabalho para o reconhecimento de filiação ao Regime Geral de Previdência Social, objetivando a concessão de um benefício, ou então para inserir ou majorar os salários de contribuição, elevando a renda mensal da prestação paga pela Previdência Social.

Entretanto, também é comum que o INSS se recuse em conferir eficácia previdenciária à decisão trabalhista, por diversos fundamentos jurídicos. Inicialmente, a autarquia previdenciária não foi parte no processo trabalhista, sendo-lhe ineficaz a coisa julgada, em aplicação ao Princípio do Contraditório e da Ampla Defesa.

Outrossim, inexiste previsão constitucional no artigo 114 para que a Justiça do Trabalho profira qualquer comando contra o INSS para a averbação de tempo de contribuição, concessão ou revisão de benefício.

Nesse sentido, o TST:

> "RECURSO DE REVISTA. INCOMPETÊNCIA DA JUSTIÇA DO TRABALHO. AVERBAÇÃO DE TEMPO DE SERVIÇO DE PERÍODO DE TRABALHO RECONHECIDO EM JUÍZO PARA EFEITOS PREVIDENCIÁRIOS.
>
> **É da competência da Justiça Federal, nos termos do artigo 109, I e § 3º, da CF, a averbação do tempo de serviço relativo a vínculo empregatício reconhecido em juízo, para fins previdenciários, visto que tal competência não se encontra taxativamente prevista no artigo 114 da CF, tampouco existe legislação em vigor que fixe a competência desta Justiça Especializada para determinar tal averbação.** Recurso de revista conhecido e provido. (Processo: RR – 138700-43.2007.5.15.0009 Data de Julgamento: 24/11/2010, Relatora Ministra: Dora Maria da Costa, 8ª Turma, Data de Publicação: **DEJT 26/11/2010**)."

Em termos previdenciários, a única competência deferida ao magistrado trabalhista se insere no campo do custeio da Previdência Social. É que, por força do artigo 114, inciso VIII, da Constituição Federal, compete à Justiça do Trabalho processar e julgar a execução, de ofício, das contribuições previdenciárias das empresas e dos trabalhadores e seus acréscimos legais, decorrentes das sentenças que proferir.

Mas o grande argumento que é manejado pelo INSS para rejeitar uma sentença trabalhista decorre da tarifação da prova exigível para a comprovação do tempo de contribuição. De acordo com o artigo 55, §3º, da Lei 8.213/91, "**a comprovação do tempo de serviço para os efeitos desta Lei**, inclusive mediante justificação administrativa ou judicial, conforme o disposto no art. 108, **só produzirá efeito quando baseada em início de prova material, não sendo admitida prova exclusivamente testemunhal**, salvo na ocorrência de motivo de força maior ou caso fortuito, conforme disposto no Regulamento".

Nos termos do artigo 143, §2º, do Regulamento, caracteriza *motivo de força maior ou caso fortuito* a verificação de ocorrência notória, tais como incêndio, inundação ou desmoronamento, que tenha atingido a empresa na qual o segurado alegue ter trabalhado, devendo ser comprovada mediante registro da ocorrência policial feito em época própria ou apresentação de documentos contemporâneos dos fatos, e verificada a correlação entre a atividade da empresa e a profissão do segurado.

Logo, enquanto para o juiz trabalhista vigora o Princípio do Livre Convencimento Motivado, seguindo o regramento geral do nosso ordenamento jurídico, a Previdência Social, em regra, não pode admitir exclusivamente o meio de prova testemunhal para a comprovação do tempo de serviço (até a Emenda 20/98) ou de contribuição (após a Emenda 20/98), sendo necessária a apresentação de documentos contemporâneos ao período probando (prova material).

Portanto, para que o INSS reconheça efeitos previdenciários na sentença ou acordo trabalhista homologado, é indispensável que haja o início de prova material no processo judicial laboral, sob pena de violação ao artigo 55, §3º, da Lei 8.213/91.

Nesse sentido, o STJ:

> "AGRAVO REGIMENTAL. PREVIDENCIÁRIO. RECONHECIMENTO DE TEMPO DE SERVIÇO. SENTENÇA TRABALHISTA DESACOMPANHADA DE DOCUMENTAÇÃO A EVIDENCIAR A ATIVIDADE LABORATIVA. INÍCIO DE PROVA MATERIAL NÃO CARACTERIZADA. MATÉRIA PACÍFICA.
>
> 1. A jurisprudência desta Corte é pacífica no sentido de que a sentença trabalhista pode ser considerada como início de prova material, mostrando-se hábil para a determinação do tempo de serviço previsto no artigo 55, § 3º, da Lei nº 8.213/1991, desde que fundada em elementos que evidenciem o exercício da atividade laborativa na função e períodos alegados na ação previdenciária, ainda que o INSS não tenha integrado a respectiva lide.
>
> **2. In casu, a decisão da Justiça do Trabalho não serve como prova apta a autorizar o reconhecimento do alegado tempo de serviço, pois inexistentes quaisquer documentos a evidenciar o exercício da atividade laborativa (AgRg no REsp 1.053.909, de 19.08.2008).**"

Logo, a **Súmula 31 da TNU**, ao dispor que "**a anotação na CTPS decorrente de sentença trabalhista homologatória constitui início de prova material para fins previdenciários**", deverá ser interpretada de acordo com a legislação previdenciária, pois deverá estar lastreada em início de prova material.

De acordo com a atual posição da TNU, "em suma a reclamatória trabalhista será válida como início de prova material em duas situações: (1) fundada em documentos que sinalizem o exercício da atividade laborativa na função e períodos alegados, ou (2) ajuizada imediatamente após o término do labor, antes da ocorrência da prescrição que impede ao reclamante obter direitos trabalhistas perante o empregador, consoante o art. 7º, inciso XXIX da CF/88" (processo 2012.50.50.002501-9, de 17/8/2016).

Verificou-se, a partir do ano de 2016, que o STJ vem promovendo uma distinção nas decisões trabalhistas, passando a acatar como prova material para subsidiar as revisionais previdenciárias as sentenças fruto de instrução probatória.

> "1. É firme a orientação desta Corte de que a sentença trabalhista será admitida como início de prova material, caso ela tenha sido fundada em outros elementos de prova que evidenciem o labor exercido na função e período alegado pelo segurado. Precedentes: AgRg no AREsp. 789.620/PE, Rel. Min. DIVA MALERBI, DJe 26.2.2016; AgRg no AREsp. 359.425/PE, Rel. Min. REGINA HELENA COSTA, DJe 5.8.2015; AgRg no REsp. 1.427.277/PR, Rel. Min. HERMAN BENJAMIN, DJe 15.4.2014; REsp. 1.427.988/PR, Rel. Min. SÉRGIO KUKINA, DJe 9.4.2014. **2. Como visto, no caso dos autos, o tempo de trabalho reconhecido na Justiça do Trabalho, foi confirmado pela prova testemunhal colhida em juízo, o direito ao benefício na maneira como requerido; neste caso, impende frisar que, na instância Trabalhista o tempo de trabalho averbado ao Trabalhador foi apoiado em prova judicial** (AgRg no AREsp 833569, 1ª Turma, de 22/9/2016).

Por outro lado, meras sentenças trabalhistas homologatórias de acordo em que inexiste prova material contemporânea no processo trabalhista não vêm sendo aceitas:

> "1. 'A jurisprudência desta Corte é firme no sentido de que a sentença trabalhista homologatória de acordo só pode ser considerada como início de prova material se fundada em elementos que demonstrem o labor exercido na função e os períodos alegados pelo trabalhador, sendo, dessa forma, apta a comprovar o tempo de serviço enunciado no art. 55, § 3º, da Lei n. 8.213/91. **Na hipótese dos autos, contudo, segundo consta no acórdão recorrido, não houve instrução probatória, nem exame de mérito da demanda trabalhista que demonstre o efetivo exercício da atividade laboral**". (STJ, AgRg no REsp 1.402.671/PE, Rel. Ministro Humberto Martins, Segunda Turma, DJe de 25.10.2013). 2. O Tribunal a quo decidiu de acordo com jurisprudência do STJ, de modo que se aplica à espécie o enunciado da Súmula 83/STJ. 3. Agravo Regimental não provido (AgRg no AREsp 817763, 2ª Turma, de 1/3/2016).

Suponha-se que um segurado tenha se aposentado proporcionalmente aos 30 anos de serviço (regras anteriores à Emenda 20/98) em meados de 1998. Ele tentou se aposentar integralmente aos 35 anos de serviço, mas não conseguiu reunir documentos de um suposto vínculo de emprego de cinco anos.

Posteriormente, ajuizou uma reclamação trabalhista contra a empresa que supostamente trabalhou, obtendo sentença judicial transitada em julgado que reconheceu o vínculo empregatício por cinco anos.

Em seguida, apresentou essa decisão à agência do INSS mantenedora da sua aposentadoria, requerendo o reconhecimento dos cinco anos de contribuição e, por conseguinte, a conversão da aposentadoria proporcional em integral.

A questão é a seguinte: O INSS irá acatar a sentença trabalhista? Depende. Se após a análise do processo trabalhista existir início de prova material contemporâneo ao tempo de contribuição probando, a autarquia previdenciária deverá revisar o benefício. Caso contrário, o pedido deverá ser denegado, a exemplo de decisão trabalhista apenas norteada pelo meio de prova testemunhal.

Lamentavelmente, não é incomum a existência de lides simuladas no âmbito da Justiça do Trabalho, algumas delas objetivando a concessão ou revisão de benefício da Previdência Social.

Assim, por ser uma relação de trato sucessivo que poderá durar décadas, ainda podendo gerar o benefício de pensão por morte, a relação previdenciária deve se cercar de maiores cautelas para o reconhecimento do tempo de contribuição, mesmo porque são recursos públicos que são utilizados para o pagamento dos benefícios.

Todavia, na hipótese de ação trabalhista que busque apenas a complementação de remuneração do empregado, o INSS vem dispensando administrativamente que a sentença trabalhista seja fundamentada em início de prova material.

De efeito, **tratando-se de ação trabalhista transitada em julgado envolvendo apenas a complementação de salários de contribuição de vínculo empregatício devidamente comprovado, não será exigido início de prova material**, independente de existência de recolhimentos correspondentes[15].

Da mesma forma, tratando-se de reclamatória trabalhista que determine a **reintegração do empregado**, para a contagem do tempo de contribuição e o reconhecimento de direitos para os fins previstos no RGPS, **não será exigido início de prova material, caso comprovada a existência do vínculo anteriormente**[16].

Vale salientar que inexiste competência para a Justiça do Trabalho determinar que o INSS averbe tempo de serviço ou de contribuição, conforme decidido pelo TST:

> "RECURSO DE REVISTA. INCOMPETÊNCIA DA JUSTIÇA DO TRABALHO. AVERBAÇÃO DE TEMPO DE SERVIÇO DE PERÍODO DE TRABALHO RECONHECIDO EM JUÍZO PARA EFEITOS PREVIDENCIÁRIOS. **É da competência da Justiça Federal, nos termos do artigo 109, I e § 3º, da CF, a averbação do tempo de serviço relativo a vínculo empregatício reconhecido em juízo, para fins previdenciários, visto que tal competência não se encontra taxativamente prevista no artigo 114 da CF, tampouco existe legislação em vigor que fixe a competência desta Justiça Especializada para determinar tal averbação.** Recurso de revista conhecido e provido.

15. Artigo 71, inciso IV, da Instrução Normativa INSS 77/2015.
16. Artigo 72, inciso II, da Instrução Normativa INSS 77/2015.

(Processo: RR - 138700-43.2007.5.15.0009 Data de Julgamento: 24/11/2010, Relatora Ministra: Dora Maria da Costa, 8ª Turma, Data de Publicação: **DEJT 26/11/2010**)."

De efeito, quando se tratar de ofício da Justiça do Trabalho determinando a inclusão, exclusão, alteração ou ratificação de vínculos e remunerações e a averbação de tempo de contribuição ou outra determinação decorrente de reclamatória trabalhista, o documento deverá ser encaminhado à Procuradoria do INSS local para conhecimento e adoção das medidas cabíveis[17], ante a manifesta incompetência da Justiça Laboral para fazê-lo.

Existe precedente da lavra do STJ considerando como termo inicial da decadência decenal a coisa julgada trabalhista, quando a ação revisional se fundar em decisão da Justiça do Trabalho:

> "DECADÊNCIA PARA O SEGURADO REVISAR BENEFÍCIO PREVIDENCIÁRIO. VIOLAÇÃO DO ART. 535 DO CPC. FALTA DE INTERESSE EM RECORRER. PARCELAS REMUNERATÓRIAS RECONHECIDAS PERANTE A JUSTIÇA DO TRABALHO. TERMO INICIAL PARA CONTAGEM DO PRAZO DECADENCIAL PREVISTO NO ART. 103 CAPUT DA LEI 8.213/1991. TRÂNSITO EM JULGADO DA SENTENÇA TRABALHISTA. ENTENDIMENTO QUE VEM SE FIRMANDO NO SUPERIOR TRIBUNAL DE JUSTIÇA. RECURSO ESPECIAL DO INSS CONHECIDO EM PARTE E NESSA PARTE NÃO PROVIDO. 1. Acerca da aplicação do prazo decadencial para o segurado revisar seu benefício, a tese foi analisada pela Primeira Seção do Superior Tribunal Justiça, no julgamento dos Recursos Especiais 1.309.529/PR, DJe de 4/6/2013 e 1.326.114/SC, DJe de 13/5/2013, ambos submetidos ao rito do recurso especial repetitivo, de Relatoria do Ministro Herman Benjamin. 2. No julgamento dos representativos da controvérsia, o STJ assentou que incide o prazo decadencial do art. 103 caput da Lei 8.213/1991, instituído pela Medida Provisória 1.523-9/1997, convertida na Lei 9.528/1997, também aos benefícios concedidos anteriormente a esse preceito normativo. 3. Há dois termos iniciais para contagem do prazo decadencial previsto no caput do art. 103 da Lei 8.213/1991: o primeiro a contar do dia primeiro do mês seguinte ao do recebimento da primeira prestação, o segundo, quando for o caso de requerimento administrativo, do dia em que tomar conhecimento da decisão indeferitória definitiva no âmbito administrativo. **4. Na hipótese de existir reclamação trabalhista em que se reconhece parcelas remuneratórias, como a do presente caso, o STJ vem sedimentando entendimento no sentido de que o prazo de decadência do direito à revisão do ato de concessão do benefício flui a partir do trânsito da sentença trabalhista**. 5. Recurso especial do INSS conhecido em parte e nessa parte não provido". (STJ, REsp 1440868, de 24/04/2014).

17. Artigo 75, da Instrução Normativa INSS 77/2015.

Permissa venia, a decisão do STJ é juridicamente equivocada. Isso porque a Justiça do Trabalho não possui competência para determinar a revisão de benefício previdenciário, razão pela qual a formação da coisa julgada trabalhista não pode ser considerada como o marco inaugural da decadência.

De efeito, independentemente da propositura de ação trabalhista, cabe ao segurado postular a revisão do benefício na Agência do INSS, demonstrando, por exemplo, que as parcelas salariais registradas no CNIS pelo empregador são inferiores às realmente devidas.

A mesma apreciação feita pela Justiça do Trabalho, para fins trabalhistas e de arrecadação das contribuições previdenciárias, é feita pelo INSS para fins de revisão do benefício previdenciário.

Nesta revisional, o STJ decidiu que "o termo inicial dos efeitos financeiros da revisão deve **retroagir à data da concessão do benefício**, uma vez que o deferimento da ação revisional representa o reconhecimento tardio de direito já incorporado ao patrimônio jurídico do segurado, não obstante a comprovação posterior do salário de contribuição" (REsp 1555710, 2ª Turma, 24/5/2016):

> **STJ, Tema 966 – Incide o prazo decadencial previsto no caput do artigo 103 da Lei n. 8.213/1991 para reconhecimento do direito adquirido ao benefício previdenciário mais vantajoso.** REsp 1.612.818-PR, Rel. Min. Mauro Campbell Marques, por maioria, julgado em 13/02/2019, DJe 13/03/2019:

INFORMAÇÕES DO INTEIRO TEOR
Cinge-se a controvérsia a saber se o prazo decadencial do caput do artigo 103 da Lei n. 8.213/1991 é aplicável aos casos de requerimento de um benefício previdenciário mais vantajoso, cujo direito fora adquirido em data anterior à implementação do benefício previdenciário ora em manutenção. O Supremo Tribunal Federal – STF ao analisar o tema da decadência do direito de o segurado revisar seu benefício, assentou que o direito à previdência social constitui direito fundamental e, uma vez implementados os pressupostos de sua aquisição, não há de ser afetado pelo decurso do tempo, apenas no tocante ao crédito dele decorrente. O prazo decadencial incide, portanto, sobre o conteúdo do ato administrativo: período básico de cálculo; salários de contribuição; salário de benefício; a incidência ou não do fator previdenciário sobre o cálculo; e a renda mensal inicial desse cálculo. Esses são os aspectos econômicos do cálculo do benefício. O STF protege o núcleo do direito fundamental. Permite possa o direito fundamental ao benefício previdenciário ser exercido a qualquer tempo, sem que se atribua qualquer consequência negativa à inércia do beneficiário. A decadência instituída pela MP n. 1.523-9/1997 atinge apenas a pretensão de rever benefício previdenciário, em outras palavras, a pretensão de discutir os componentes que formaram a graduação econômica do benefício já concedido. Todavia, STF estipulou a decadência prevista no caput do artigo 103, para reconhecimento de direito adquirido ao melhor benefício. A decadência justifica-se como respeito ao erário, ao dinheiro público, como ele é gasto, evitando descompasso nas contas da previdência social. Se há, realmente, um direito ao melhor benefício de aposentadoria, esse direito deve ser exercido em dez anos, porquanto o reconhecimento do direito adquirido ao melhor benefício equipara-se à revisão, quando já em manutenção na vida do trabalhador segurado uma aposentadoria. O segurado tem, portanto, dez anos, para aferir a viabilidade de alteração do seu ato de concessão de aposentadoria, após o qual caducará o direito adquirido ao melhor benefício.

No mesmo sentido a TNU:

> Informativo 17/2017
>
> Processo n. 0001530-06.2008.4.03.6316
>
> Os efeitos financeiros da revisão do benefício previdenciário mediante a consideração de novos salários de contribuição reconhecidos em sede de reclamatória trabalhista retroagem à data da concessão do benefício, observada a prescrição quinquenal a contar do pedido administrativo de revisão.

Por fim, vale informar que a cada dia aumenta o número de demandas judiciais intentadas contra o INSS postulando a revisão ou concessão de benefício previdenciário com base em decisão ou acordo homologado na Justiça do Trabalho.

2.4 ENUNCIADO 4 (DEPENDENTES DOS SEGURADOS E PENSÃO POR MORTE)

ENUNCIADO 4

A comprovação de união estável e de dependência econômica, mediante ação judicial transitada em julgado, somente produzirá efeitos para fins previdenciários quando baseada em início de prova material contemporânea aos fatos, constantes nos autos do processo judicial ou administrativo.

I – A dependência econômica pode ser parcial, devendo, no entanto, representar um auxílio substancial, permanente e necessário, cuja falta acarretaria desequilíbrio dos meios de subsistência do dependente.

II – O recebimento de ajuda econômica ou financeira, sob qualquer forma, ainda que superveniente, poderá caracterizar a dependência econômica parcial, observados os demais elementos de prova no caso concreto.

III – A habilitação tardia de beneficiários menores, incapazes ou ausentes, em benefícios previdenciários já com dependentes anteriormente habilitados, somente produzirá efeitos financeiros a contar da Data de Entrada do Requerimento (DER), sendo incabível a retroação da Data do Início do Pagamento (DIP) para permitir a entrega de valores a partir do fato gerador do benefício.

IV – É devida a pensão por morte aos dependentes do segurado que, apesar de ter perdido essa qualidade, preencheu os requisitos legais para a obtenção de benefício previdenciário até a data do seu óbito.

V – A concessão da pensão por morte ao cônjuge ou companheiro do sexo masculino, no período compreendido entre a promulgação da Constituição Federal de 1988 e o advento da Lei nº 8.213 de 1991, rege-se pelas normas do Decreto nº. 83.080, de 24 de janeiro de 1979, seguido pela Consolidação das Leis da Previdência Social (CLPS) expedida pelo Decreto nº. 89.312, de 23 de janeiro de 1984, que continuaram a viger até o advento da Lei nº. 8.213/91, aplicando-se tanto ao trabalhador do regime previdenciário rural quanto ao segurado do regime urbano.

COMENTÁRIOS (*CAPUT*):

O Enunciado 4 foi alinhado à Lei 13.846/2019, que passou a exigir início de prova material contemporânea anterior ao fato gerador da pensão por morte ou do auxílio-reclusão, desde que produzida em até 24 meses antes da morte e da prisão, quer para prova de dependência econômica, quer para comprovação de união estável, exceto fortuito e força maior, desconstruindo toda a jurisprudência que permitia a prova pelo meio testemunhal, pois não havia previsão na Lei 8.213/91, mas apenas no Decreto 3.048/99.

De efeito, a jurisprudência do STJ e TNU admitiam a prova da união estável apenas por prova testemunhal.

Qual o entendimento da TNU sobre o assunto?

Súmula 63 – A comprovação de união estável para efeito de concessão de pensão por morte prescinde de início de prova material.

Isto foi modificado com o advento da **Lei 13.846/2019**, tornando a posição Regulamentar (Decreto 3.048/99) válida e **afastando a jurisprudência citada**. Isso porque restou inserido no artigo 16 da Lei 8.213/91 um quinto parágrafo com tarifação de prova com marca de temporariedade de 24 meses antes do fato gerador da pensão por morte ou do auxílio-reclusão.

Importante:

De efeito, dispõe o novel §5º do artigo 16 da Lei 8.213/91 que "as provas de **união estável** e de **dependência econômica** exigem **início de prova material contemporânea dos fatos, produzido em período não superior a 24 (vinte e quatro) meses anterior à data do óbito ou do recolhimento à prisão do segurado**, não admitida a prova exclusivamente testemunhal, exceto na ocorrência de motivo de força maior ou caso fortuito, conforme disposto no regulamento".

Dessa forma, se o segurado morreu em 8 de setembro de 2019, a sua companheira não poderá provar a união estável apenas com testemunhos, devendo apresentar ao menos um documento que indique a união estável produzido entre 8 de setembro de 2017 e 8 de setembro de 2019, exceto fortuito e força maior ainda não regulamentados.

Assim, resta afastando o Princípio do Livre Convencimento Motivado e adotada a tarifação de prova para dar mais segurança jurídica, considerando a existência de casos habituais de falsos testemunhos e para preservar o Erário contra algumas situações de fraude.

No entanto, acredito que a exigência temporal do documento foi excessiva nos últimos 24 meses antes do fato gerador do benefício, a exemplo da certidão de nascimento de dois filhos em comum de 3 e 4 anos de idade no dia da morte do segurado, pois a certidões foram emitidas há mais de 24 meses do dia do óbito.

Vale registrar que se cuida de regra processual inerente à prova da condição de dependente, de modo que possui aplicação imediata a todos os processos pendentes de decisão para óbitos anteriores à vigência da alteração normativa, pois somente regras de direito material não possuem retroação.

Deve ser **aplicada a lei processual em vigor no dia da data da prolação da decisão**. É assim que se aplica o *Tempus Regit Actum* em temas processuais, como a prova. Veja-se o STJ:

> Processo
>
> AgRg no REsp **1584433** / SP AGRAVO REGIMENTAL NO RECURSO ESPECIAL 2016/0025455-2
>
> Relator(a)
>
> Ministro GURGEL DE FARIA (1160)
>
> Órgão Julgador
>
> T1 – PRIMEIRA TURMA
>
> Data do Julgamento
>
> 15/09/2016
>
> Data da Publicação/Fonte
>
> DJe 21/10/2016
>
> Ementa
>
> PROCESSUAL CIVIL. AGRAVO INTERNO. DECISÃO AGRAVADA PUBLICADA SOB A ÉGIDE DO CPC/1973. CONTAGEM DO PRAZO. REGRAS DE DIREITO INTERTEMPORAL. INAPLICABILIDADE DO CÓDIGO DE PROCESSO CIVIL DE 2015. INTEMPESTIVIDADE.
>
> **1. A nova lei processual se aplica imediatamente aos processos em curso (*ex vi* do art. 1.046 do CPC/2015), respeitados o direito adquirido, o ato jurídico perfeito, a coisa julgada, enfim, os efeitos já produzidos ou a se produzir sob a égide da nova lei.**
>
> 2. Considerando que o processo é constituído por inúmeros atos, o Direito Processual Civil orienta-se pela Teoria dos Atos Processuais Isolados, segundo a qual, cada ato deve ser considerado separadamente dos demais para o fim de determinar qual a lei que o regerá (princípio do *tempus regit actum*). Esse sistema está inclusive expressamente previsto no art. 14 do CPC/2015.
>
> 3. Com base nesse princípio e em homenagem à segurança jurídica, o Pleno do Superior Tribunal de Justiça interpretou o art. 1.045 do Código de Processo Civil de 2015 e concluiu que o novo CPC entrou em vigor no dia 18/03/2016, além de elaborar uma série de enunciados administrativos sobre regras de direito intertemporal (vide Enunciados Administrativos n. 2 e 3 do STJ).
>
> 4. Esta Corte de Justiça estabeleceu que a lei que rege o recurso é aquela vigente ao tempo da publicação do decisum. Assim, se a decisão recorrida for publicada sob a égide do CPC/1973, este Código continuará a definir o recurso cabível para sua impugnação, bem como a regular os requisitos de sua admissibilidade. *A contrario sensu*, se a intimação se deu na vigência da lei nova, será ela que vai

regular integralmente a prática do novo ato do processo, o que inclui o cabimento, a forma e o modo de contagem do prazo.

5. No caso, a decisão ora agravada foi publicada em 16/03/2016, portanto sob a égide do CPC/1973. Assim, é inviável a incidência das regras previstas nos arts. 219 e 1.021, § 2º, do CPC/2015, razão pela qual se mostra intempestivo o agravo regimental interposto após o prazo legal de cinco dias previsto nos arts. 545 do Código de Processo Civil de 1973 e 258 do Regimento Interno do STJ.

6. Agravo regimental não conhecido.

ITENS I E II:

Precisam provar dependência econômica o ex-cônjuge ou ex-companheiro, os equiparados a filho e os dependentes de classe 2 (pais) e classe 3 (irmãos). Um dos casos mais comuns é a mãe pedindo pensão por morte pelo falecimento do filho segurado.

A dependência econômica não é definida pela legislação previdenciária, mas certamente é mais do que um simples auxílio financeiro, pois é comum que os filhos que convivam com os genitores os auxiliem no pagamento das despesas domésticas.

É preciso mais do que mera colaboração financeira para a configuração da dependência econômica.

Na apelação cível no processo 2001.38.00.042. 826-7, o TRF da 1ª Região a definiu como a "necessidade de auxílio, proteção, amparo, etc., por parte do segurado da previdência. Razão que justifica a necessidade da preservação desta proteção após a morte do mantenedor e deve ser comprovada através de elementos próprios a cada situação contextual".

Logo, é possível apontar duas características cumulativas da dependência econômica: o **caráter substancial**, pois precisa ser necessária ao sustento do pai ou da mãe do segurado; a **habitualidade**, posto que é curial que o segurado permanentemente preste apoio financeiro aos seus genitores, não podendo ser meramente eventual.

Sobre o tema, vale colacionar passagem de bom julgado do TRF da 1ª Região:

> "PREVIDENCIÁRIO. PENSÃO POR MORTE DE FILHO. DEPENDÊNCIA ECONÔMICA COMPROVADA. CORREÇÃO MONETÁRIA. JUROS. HONORÁRIOS. REEXAME NECESSÁRIO E APELO PARCIALMENTE PROVIDOS. 1. Para os dependentes que não integram a primeira classe (art. 16, I, da Lei n. 8.213/91), como é o caso dos pais, faz-se imprescindível, além da comprovação do parentesco, a demonstração da dependência econômica. **2. Especialmente em relação aos pais, a regra é os filhos serem por eles assistidos, de sorte que a situação inversa há de ser densamente caracterizada.**

> **Para tanto, deve-se tomar como parâmetros, dentre outros os seguintes aspectos: a) ausência de renda por parte dos genitores ou, no mínimo um desnível acentuado a justificar a dependência; b) o caráter permanente e/ou duradouro da renda auferida pelo instituidor; c) superveniência de dificuldades econômico-financeiras após o óbito (decesso econômico-social) etc.".** (AC 200401990038750, de 29.09.2011).

Nesse sentido, de acordo com a TNU, em julgamento de incidente representativo de controvérsia, a dependência econômica dos genitores em relação aos filhos não necessita ser exclusiva, porém a contribuição financeira destes deve ser substancial o bastante para a subsistência do núcleo familiar, e devidamente comprovada, não sendo mero auxílio financeiro o suficiente para caracterizar tal dependência (processo 5044944-05.2014.4.04.7100, de 17/8/2016).

De acordo com o artigo 143, do RPS, a justificação administrativa ou judicial, no caso de dependência econômica, identidade e de relação de parentesco, somente produzirá efeito quando baseada em início de prova material, não sendo admitida prova exclusivamente testemunhal, salvo as hipóteses de caso fortuito ou força maior.

Contudo, ao que parecia, essa exigência regulamentar se afigurava ilegal, pois o artigo 55, § 3º, da Lei 8.213/91, apenas exige início de prova material para a comprovação de tempo de serviço, e não de dependência econômica ou parentesco.

Inclusive, esta é a posição do STJ:

> "PREVIDENCIÁRIO. AGRAVO REGIMENTAL NO RECURSO ESPECIAL. PENSÃO POR MORTE. DEPENDÊNCIA ECONÔMICA. COMPROVAÇÃO. AGRAVO IMPROVIDO. 1. **A Terceira Seção deste Superior Tribunal, no âmbito da Quinta e da Sexta Turma, já consolidou entendimento no sentido de que não se exige início de prova material para comprovação da dependência econômica de mãe para com o filho, para fins de obtenção do benefício de pensão por morte**. 2. Agravo improvido" (AGREsp 886,069, de 25.09.2008).
>
> **"INFORMATIVO 527- DIREITO PREVIDENCIÁRIO. COMPROVAÇÃO DA UNIÃO ESTÁVEL PARA EFEITO DE CONCESSÃO DE PENSÃO POR MORTE.**
>
> Para a concessão de pensão por morte, é possível a comprovação da união estável por meio de prova exclusivamente testemunhal. Ressalte-se, inicialmente, que a prova testemunhal é sempre admissível caso a legislação não disponha em sentido contrário. Ademais, a Lei 8.213/1991 somente exige prova documental quando se tratar de comprovação do tempo de serviço. Precedentes citados: REsp 778.384-GO, Quinta Turma, DJ 18/9/2006; e REsp 783.697-GO, Sexta Turma, DJ 9/10/2006. AR 3.905-PE, Rel. Min. Campos Marques (Desembargador convocado do TJ-PR), julgado em 26/6/2013".

Este também é o posicionamento da TNU, que no dia 23 de agosto de 2012 publicou a Súmula 63:

"Súmula 63 – A comprovação de união estável para efeito de concessão de pensão por morte prescinde de início de prova material".

Isto foi modificado com o advento da **Lei 13.846/2019**, tornando a posição Regulamentar válida e **afastando a jurisprudência citada**. Isso porque restou inserido no artigo 16 da Lei 8.213/91 um quinto parágrafo com tarifação de prova com marca de temporariedade de 24 meses antes do fato gerador da pensão por morte ou do auxílio-reclusão.

De efeito, dispõe o novel §5º do artigo 16 da Lei 8.213/91 que "as provas de **união estável** e de **dependência econômica** exigem **início de prova material contemporânea dos fatos, produzido em período não superior a 24 (vinte e quatro) meses anterior à data do óbito ou do recolhimento à prisão do segurado**, não admitida a prova exclusivamente testemunhal, exceto na ocorrência de motivo de força maior ou caso fortuito, conforme disposto no regulamento".

Assim, resta afastado o Princípio do Livre Convencimento Motivado e adotada a tarifação de prova com marca de temporariedade para dar mais segurança jurídica, considerando a existência de casos habituais de falsos testemunhos e para preservar o Erário contra algumas situações de fraude.

Vale registrar que se cuida de regra processual inerente à prova da condição de dependente, de modo que possui aplicação imediata a todos os processos pendentes de decisão para óbitos anteriores à vigência da alteração normativa, pois somente regras de direito material não possuem retroação.

A percepção pelos pais do segurado falecido de remuneração ou de benefício previdenciário anterior já constituem indícios contrários à comprovação de dependência econômica, máxime quando os valores são superiores a um salário mínimo.

ITEM III:

O Item III do Enunciado 4 do CRPS está de acordo com a posição do STJ e do INSS, mas se cuida de uma **situação jurídica anterior ao advento da Lei 13.846/2019**.

Em regra, a pensão por morte será paga a partir do óbito do segurado. Contudo, se postulada administrativamente após 90 (noventa) dias do falecimento, apenas serão pagas as parcelas a partir da data de entrada do requerimento administrativo[18].

18. Para óbitos ocorridos até o dia 10 de novembro de 1997, véspera da publicação da Lei nº 9.528, de 1997, a pensão por morte será devida a contar da data do óbito, conforme o Parecer MPAS/CJ nº 2.630, publicado em 17 de dezembro de 2001, **tratando-se de dependente capaz ou incapaz**, observada a prescrição quinquenal de parcelas vencidas ou devidas, ressalvado o pagamento integral dessas parcelas aos dependentes menores de dezesseis anos e aos inválidos incapazes.

Este prazo era de 30 dias até o advento da Lei 13.183, em vigor desde 5 de novembro de 2015 (aplicável às mortes a contar desta data), quando foi triplicado com razoabilidade para 90 dias, pois muitas vezes em um mês não há disposição emocional para se requerer o benefício previdenciário, em especial em falecimentos inesperados.

Vale ressaltar que, mesmo nos casos em que o requerimento do benefício é protocolizado após noventa dias do óbito, a data de início do benefício será o dia do falecimento, mas apenas serão devidas as parcelas a contar da data do requerimento.

É que no dia da morte é que nasce o direito, independentemente de quando foi requerido o benefício. Nesse sentido, dispõe o artigo 105, inciso I, do RPS, que no caso de requerimento após 30 dias (atuais 90 dias) do falecimento do segurado, a data de início do benefício será a data do óbito, aplicados os devidos reajustamentos até a data de início do pagamento, não sendo devida qualquer importância relativa ao período anterior à data de entrada do requerimento.

No caso dos absolutamente incapazes, pois contra eles não correrá a prescrição, a jurisprudência e o próprio INSS[19] vinham entendendo que o benefício era devido desde a data do falecimento, mesmo que o requerimento seja protocolizado após noventa dias do óbito (menor de 16 anos de idade), conforme o artigo 3º, do Código Civil.

No mesmo sentido a TNU:

> "PREVIDÊNCIA SOCIAL. AUXÍLIO-RECLUSÃO. BENEFICIÁRIO MENOR IMPÚBERE À DATA DA ENTRADA DO REQUERIMENTO ADMINISTRATIVO. EFEITOS FINANCEIROS A CONTAR DA DATA DE ENCARCERAMENTO E NÃO DA DATA DE ENTRADA DO REQUERIMENTO. **INAPLICABILIDADE DO DISPOSTO NO INCISO II DO ARTIGO 74 DA LEI 8.213/1991 AOS MENORES ABSOLUTAMENTE INCAPAZES**. REPRESENTATIVO DA TNU NO PEDILEF 0508581-62.2007.4.05.8200/PB. RECURSO CONHECIDO E PROVIDO. O requerente pediu, em 15/09/2008, a concessão de auxílio-reclusão pelo encarceramento de seu pai, em 28/05/2005, sendo-lhe deferido da data do requerimento e não da data do fato gerador, aplicando-se ao caso o disposto no artigo 74, II, da Lei 8.213/1991, dada a sistemática aplicável do quanto disposto em questão de pensão por morte ao caso desta espécie de benefício. Acórdão da Turma Recursal paraense por maioria de votos. **A TNU consolidou seu entendimento no julgamento do representativo pedido de uniformização 0508581-62.2007.4.05.8200/PB, da lavra do Juiz Federal Antônio Fernando Schenkel do Amaral e Silva, em Sessão de 16/08/2012, determinando que não se aplica o dispositivo aos absolutamente**

19. Nota Técnica CGMBEN/DIVCONS 112/2008 e artigo 364, §4º, da Instrução Normativa INSS 77/2015.

incapazes, dada a sua natureza prescricional. São devidas as prestações desde o encarceramento, em 28/05/2005. Ante o exposto, voto por conhecer do Pedido de Uniformização da Interpretação de Lei Federal e dar-lhe provimento para reafirmar a tese exposta no Pedilef 0508581-62.2007.4.05.8200/PB, aplicado aos casos de auxílio-reclusão, para julgar procedente a pretensão do jovem autor da demanda, devendo ser pagas as diferenças de 28/05/2005 a 15/09/2008, conforme apurado em liquidação" (PEDILEF 00241832920084013900, de 27/06/2014).

Após oscilação anterior, nesse sentido a atual posição do STJ:

"PREVIDENCIÁRIO. PENSÃO POR MORTE. **ABSOLUTAMENTE INCAPAZ. TERMO INICIAL. ÓBITO.** DUPLICIDADE DE PAGAMENTO. INOVAÇÃO RECURSAL. DESCABIMENTO.

1. A habilitação posterior de dependente somente produzirá efeitos a contar de seu respectivo requerimento, nos termos do art. 76 da Lei n. 8.213/1991, salvo direito de incapaz.

2. Não se conhece de alegação sobre eventual duplicidade no pagamento, ante a preclusão consumativa" (AgInt no REsp 1603894 / PR, de 15/8/2017).

Por outro lado, não havia retroação se algum dependente já houvesse se habilitado, pois o INSS não poderá pagar em duplicidade se não sabia da existência do menor que não se habilitou a bom tempo. Nesse sentido, o STJ:

"Informativo 566- DIREITO PREVIDENCIÁRIO. HABILITAÇÃO TARDIA DE PENSIONISTA MENOR. Ainda que o beneficiário seja "pensionista menor", a pensão por morte terá como termo inicial a data do requerimento administrativo – e não a do óbito – na hipótese em que, postulado após trinta dias do óbito do segurado, o benefício já vinha sendo pago integralmente a outro dependente previamente habilitado. A jurisprudência prevalente do STJ é no sentido de que, comprovada a absoluta incapacidade do requerente, faz ele jus ao pagamento das parcelas de pensão por morte desde a data do óbito do segurado, ainda que não haja postulação administrativa no prazo de trinta dias (REsp 1.405.909-AL, Primeira Turma, DJe 9/9/2014; REsp 1.354.689-PB, Segunda Turma, DJe 11/3/2014). Isso porque, nos termos do art. 79 da Lei 8.213/1991, está claro que tanto o prazo de decadência quanto o prazo de prescrição previstos no art. 103 da referida Lei são inaplicáveis ao pensionista menor, situação esta que só desaparece com a maioridade, nos termos do art. 5º do Código Civil. Contudo, o dependente menor que não pleiteia a pensão por morte no prazo de trinta dias a contar da data do óbito do segurado (art. 74 da Lei 8.213/1991) não tem direito ao recebimento do referido benefício a partir da data do falecimento do instituidor, na hipótese em que a pensão houver sido integralmente paga a outros dependentes que já estavam previamente habilitados perante o INSS. Com efeito, a habilitação posterior do dependente menor somente deverá produzir efeitos a contar desse episódio, de modo que não há que falar em efeitos financeiros para momento anterior à sua inclusão (art. 76 da Lei 8.213/1991). Ressalta-se, inclusive, que admitir o contrário implicaria em inevitável prejuízo à autarquia previdenciária, que seria condenada a pagar duplamente o valor da pensão. Precedente citado: REsp 1.377.720-SC, Segunda Turma, DJe 5/8/2013. **REsp 1.513.977-CE, Rel. Min. Herman Benjamin, julgado em 23/6/2015, DJe 5/8/2015".**

No mesmo sentido a TNU:

Informativo 16/2017

Processo n. 0504863-60.2012.4.05.8401

No caso de habilitação tardia, o menor impúbere tem direito às prestações vencidas desde o óbito do instituidor, se o benefício de pensão por morte não fora concedido a outro dependente integrante do mesmo núcleo familiar.

ATENÇÃO!

Mas o tema foi alvo de alteração normativa promovida no artigo 74, inciso I, da Lei 8.213/91 promovida pela MP 871/2019 convertida na Lei 13.846/2019: A pensão por morte será devida ao conjunto dos dependentes do segurado que falecer, aposentado ou não, a contar da data: I – do óbito, quando requerida em até cento e oitenta dias após o óbito, para os filhos menores de dezesseis anos, ou em até noventa dias após o óbito, para os demais dependentes.

Dessa forma, **para os óbitos ocorridos a partir da vigência da MP 871 (18/1/2019)**, no caso de beneficiário absolutamente incapaz (menor de 16 anos de idade), acaso o seu representante legal não ofereça requerimento administrativo em até 180 dias do óbito, o INSS não pagará os atrasados, gerando efeitos financeiros somente a partir da data de entrada do requerimento administrativo.

Por outro lado, para as mortes ocorridas até 17/1/2019 (Princípio do *Tempus Regit Actum*) segue com validade o regramento de que os efeitos da pensão por morte em favor do absolutamente incapaz devem retroagir ao dia do óbito, desde que não haja outro dependente habilitado.

Essa regra da Lei 13.846/19 vem gerando muita discussão. Inicialmente, poderia ter sido ressalvada a existência de caso fortuito ou de força maior para impedir o cômputo do prazo de 180 dias.

Imagine uma situação de uma criança órfã que ainda não tem um tutor judicialmente nomeado para requerer em nome do infante o benefício de pensão por morte. Não é razoável correr o prazo de 180 dias nesta hipótese antes da habilitação do representante judicial.

Outra crítica é o caráter curto do lapso de tempo de 180 dias, o que suscita a discussão sobre a sua constitucionalidade. É que existe a proteção constitucional do menor de idade no artigo 227 da Constituição, inclusive com direitos previdenciários em proteção especial.

Certamente o alargamento desse prazo para, ao menos, um ano, atenderia com mais compatibilidade o estatuto constitucional de proteção previdenciária especial em favor de crianças e adolescentes.

ITEM IV:

Considerando que a concessão da aposentadoria por idade, tempo de contribuição e especial independe da manutenção da condição de segurado, a teor do artigo 3º, da Lei 10.666/2003, desde que o segurado já preenchesse os requisitos para se aposentar, o STJ editou a Súmula 416:

"**Súmula 416** – É devida a pensão por morte aos dependentes do segurado que, apesar de ter perdido essa qualidade, preencheu os requisitos legais para a obtenção de aposentadoria até a data do seu óbito".

O lastro legal também é o artigo 102 da Lei 8.213/91:

> "Art. 102. A perda da qualidade de segurado importa em caducidade dos direitos inerentes a essa qualidade. (Redação dada pela Lei nº 9.528, de 1997)
>
> § 1º A perda da qualidade de segurado não prejudica o direito à aposentadoria para cuja concessão tenham sido preenchidos todos os requisitos, segundo a legislação em vigor à época em que estes requisitos foram atendidos. (Incluído pela Lei nº 9.528, de 1997)
>
> **§ 2º Não será concedida pensão por morte aos dependentes do segurado que falecer após a perda desta qualidade, nos termos do art. 15 desta Lei, salvo se preenchidos os requisitos para obtenção da aposentadoria na forma do parágrafo anterior. (Incluído pela Lei nº 9.528, de 1997)"**

Nesse sentido, de acordo com a TNU em julgamento de incidente representativo de controvérsia (tema 148 - 14/9/2016), a perda da qualidade de segurado constitui óbice à concessão da pensão por morte quando o *de cujus* não chegou a preencher, antes de sua morte, os requisitos para obtenção de qualquer aposentadoria concedida pela Previdência Social, tal como ocorre nas hipóteses em que, embora houvesse preenchido a carência, não contava com tempo de serviço ou com idade bastante para se aposentar.

Para exemplificar o caso, suponha-se que Alex tenha completado 65 anos de idade e já tenha a carência de 180 contribuições mensais para se aposentar por idade. Contudo, como não estava mais trabalhando há muitos anos e por desconhecimento da legislação previdenciária, ele faleceu sem sequer sonhar que tinha direito ao benefício.

Neste caso, se tiver deixado dependentes, estes terão direito à pensão por morte, pois passou a ser irrelevante o fato de Alex não mais ser segurado do RGPS, bastando o preenchimento dos pressupostos para a aposentação, como ocorreu na hipótese.

Este, inclusive, é o atual posicionamento administrativo do INSS, sendo concedida pensão aos dependentes mesmo que o óbito tenha ocorrido após a perda da qualidade de segurado, desde que o instituidor do benefício tenha implementado todos os requisitos para obtenção de uma aposentadoria até a data do óbito ou fique reconhecido o direito, dentro do período de graça, à aposentadoria por incapacidade permanente, a qual deverá ser verificada por meio de parecer médico-pericial do INSS com base em atestados ou relatórios médicos, exames complementares, prontuários ou outros documentos equivalentes, referentes ao ex-segurado, que confirmem a existência de incapacidade permanente até a data do óbito[20].

Não obstante já existir o citado posicionamento administrativo do INSS, existe **tutela provisória em âmbito nacional em ação coletiva para requerimentos a partir de 5/3/2015**, determinando ao INSS que deixe de reconhecer a perda da qualidade de segurado, quando devidamente comprovada a incapacidade do segurado na data do óbito ou no período de graça e desde que presentes os demais requisitos legais, para a concessão do benefício de pensão por morte:

> **PORTARIA CONJUNTA INSS/PFE Nº 5 DE 09/04/2020**
> DOU: 14/04/2020
> Comunica para cumprimento a decisão proferida na Ação Civil Pública nº 5012756-22.2015.4.04.7100/RS.
>
> O Diretor de Benefícios, o Diretor de Atendimento e o Procurador geral da Procuradoria Federal Especializada Substituto do Instituto Nacional do Seguro Social – INSS, no uso das atribuições que lhe conferem o Decreto nº 9.746, de 8 de abril de 2019 e o Decreto nº 9.745, de 8 de abril de 2019, e
>
> Considerando o contido no Processo nº 00695.000141/2017-16 e o processo 10128.102235/2020-12,
>
> Resolvem:
>
> Art. 1º Comunicar para cumprimento a decisão judicial proferida na Ação Civil Pública-ACP nº 5012756-22.2015.4.04.7100/RS, determinando ao INSS que deixe de reconhecer a perda da qualidade de segurado, quando devidamente comprovada a incapacidade do segurado na data do óbito ou no período de graça e desde que presentes os demais requisitos legais, para a concessão do benefício de pensão por morte.
>
> Art. 2º A determinação judicial a que se refere o artigo 1º produz efeitos para benefícios de pensão por morte com **Data de Entrada de Requerimento-DER a partir de 05.03.2015 e alcança todo o território nacional.**
>
> **Art. 3º Para o cumprimento da decisão judicial, quando for verificada a perda da qualidade de segurado do instituidor, na data do óbito, deverá ser**

20. Artigo 377, da Instrução Normativa INSS 77/2015.

> **oportunizado ao requerente, por meio de emissão de exigência, a apresentação de documentos que comprovem uma possível incapacidade que daria direito a um auxílio por incapacidade temporária (auxílio-doença), após cumprida a exigência, deverá ser encaminhada para realização de perícia médica.**
>
> **Art. 4º Os dependentes continuam tendo direito à pensão por morte quando o segurado falecido, mesmo tendo perdido a qualidade de segurado, já possuía direito à aposentadoria** antes do falecimento ou quando fique reconhecido o direito à **aposentadoria por invalidez** dentro do período de graça usufruído pelo segurado **falecido, conforme art. 377 da Instrução Normativa nº 77/PRES/INSS, de 21 de janeiro de 2015.**
>
> Art. 5º Os demais requisitos para direito ao benefício deverão ser observados, seja de exigência por mais de 15 (quinze) dias consecutivos de incapacidade, de carência ou isenção de carência, exceto o disposto nos incisos II e III do art. 303 da Instrução Normativa nº 77/PRES/INSS, de 21 de janeiro de 2015, no que se refere à Data de Entrada do Requerimento – DER, portanto, deverá ser considerado como se tivesse requerido dentro do prazo legal.
>
> Art. 6º Os requerimentos de pensão por morte com DER a partir de 05.03.2015, indeferidos por não possuir qualidade de segurado na data do óbito ou no período de graça, que tenham **pedido de revisão protocolados**, ficarão sobrestados até adequação dos sistemas.
>
> Art. 7º Os procedimentos de verificação de uma possível incapacidade para o reconhecimento da manutenção da qualidade de segurado na concessão da pensão por morte, que necessitam de encaminhamento à perícia médica, serão objeto de ato normativo específico.
>
> Art. 8º Até a adequação dos sistemas de benefícios e de gestão de tarefas, deverá ser sobrestada a decisão dos benefícios alcançados pelo artigo 1º, que serão objeto de orientações posteriores.

A maior novidade, e que é um procedimento bem complicado, é a regra do artigo 3º da Portaria citada. Mesmo que não haja nenhum indício de incapacidade laboral, na situação de potencial negativa de pensão por perda da qualidade de segurado, o INSS deverá abrir uma exigência para que o requerente da pensão por morte possa produz prova de que havia incapacidade ainda dentro do período de graça, de modo a conservar a qualidade de segurado, o que demandará uma perícia para análise documental, pois o segurado já veio a óbito.

Desse modo, se houver incapacidade laboral (DII) do segurado falecido ainda dentro do período de graça, e se esta incapacidade laboral perdurou continuamente até a data do óbito, não haverá perda de qualidade de segurado.

A tese jurídica se coaduna com o artigo 377 da Instrução Normativa INSS 77/2015. A grande dificuldade é a prova pericial, na medida em que o segurado não estará mais vivo e o exame recairá sobre documentos.

No caso de DER a partir de 5/3/2015 em que houve indeferimento, caberá ao dependente ofertar pedido administrativo de revisão para que a autarquia se adeque ao comando judicial.

No caso do segurado especial, é necessário que haja a qualidade de segurado mantida no dia do óbito para o deferimento de pensão por morte ou, ao menos, o direito adquirido à aposentadoria por idade rural com preenchimento simultâneo de carência e idade mínima.

Veja-se o **tema 39 da TNU**:

Tema	**39**	**Situação do tema**	**Julgado**	**Ramo do direito**	**DIREITO PREVIDENCIÁRIO**
Questão submetida a julgamento	Saber se o trabalhador que preencheu requisito de carência do benefício de aposentadoria por idade, e que na data do óbito, não mais detinha qualidade de segurado e tampouco havia implementado idade mínima, pode ser instituidor de benefício de pensão por morte.				
Tese firmada	Para a concessão de pensão por morte de rurícola é necessário que o instituidor tenha, na data do óbito, a qualidade de segurado ou tenha implementado, antes de falecer, todos os requisitos para a concessão de aposentadoria por idade rural, tanto a carência quanto a idade mínima.				
Processo	**Relator (a)**	**Julgado em**	**Acórdão publicado em**	**Trânsito em julgado**	
PEDILEF 0506910-51.2005.4.05.8013/AL	Juiz Federal Vladimir Santos Vitovsky	29/03/2012	20/04/2012	08/05/2012	

Excepcionalmente, no período em que vigorou o Decreto 611, de 31.07.1992, que na época aprovou o Regulamento da Previdência Social, houve o deferimento de pensões por morte de instituidores que não mais eram segurados, por força do artigo 240[21], que não foram revistas na via administrativa, em decorrência do Princípio da Segurança Jurídica.

Por seu turno, caberá a concessão nas solicitações de pensão por morte em que haja débito decorrente do exercício de atividade do segurado contribuinte individual, desde que comprovada a manutenção da qualidade de segurado perante o RGPS na data do óbito[22].

De efeito, a manutenção da qualidade de segurado far-se-á mediante, pelo menos, uma contribuição vertida em vida até a data do óbito, desde que entre uma

21. Art. 240. A perda da qualidade de segurado não implica a extinção do direito à aposentadoria ou pensão, para cuja obtenção tenham sido preenchidos todos os requisitos.
22. Artigo 378, da Instrução Normativa INSS 77/2015.

contribuição e outra ou entre a última contribuição recolhida pelo segurado em vida e o óbito deste, não tenha transcorrido o período de graça.

Logo, se o contribuinte individual que trabalha por conta própria perdeu a qualidade de segurado pelo não recolhimento das contribuições previdenciárias, tendo em vista que a sua filiação é condicionada ao recolhimento da contribuição, o INSS deverá negar a pensão por morte aos dependentes, pois não se admite o recolhimento dos atrasados após o falecimento.

Entretanto, registre-se que o mesmo entendimento não se aplica ao contribuinte individual que trabalha para uma pessoa jurídica a partir da competência de abril de 2003, pois neste caso existe presunção de recolhimento da contribuição por força do artigo 33, §4º, da Lei 8.212/91, tendo em vista que a responsabilidade tributária pelo desconto e arrecadação da contribuição é da empresa, a teor do artigo 4º, da Lei 10.666/03.

ITEM V:

O Item V do Enunciado 4 do CRPS está alinhado à posição da Autarquia de Previdência e divergente da jurisprudência firmada pelo STF e da TNU.

No regime previdenciário anterior à Lei 8.213/91, apenas o marido inválido era dependente de sua esposa e tinha o direito de perceber a pensão por morte. Para óbitos ocorridos a partir de 05 de abril de 1991, é devida a pensão por morte ao companheiro e ao cônjuge do sexo masculino, desde que atendidos os requisitos legais[23].

No entanto, para o Supremo Tribunal Federal, a previsão constitucional que estendeu a pensão por morte aos homens possui aplicabilidade imediata, independendo de regulamentação, já surtindo efeitos para os óbitos ocorridos a partir da sua promulgação em 05 de outubro de 1988.

Outrossim, a Suprema Corte entende ser inválida após a atual Constituição a exigência da invalidez para que o homem receba a pensão por morte da mulher por violação ao Princípio da Isonomia:

> "Agravo regimental no recurso extraordinário. Previdenciário. Pensão por morte. Cônjuge varão. Demonstração de invalidez. Princípio da isonomia. Aplicabilidade imediata do Regime Geral de Previdência Social. Precedentes. 1. A regra isonômica aplicada ao Regime Próprio de Previdência Social também se estende ao Regime Geral de Previdência Social. **2. O art. 201, inciso V, da Constituição Federal, que equiparou homens e mulheres para efeito de pensão por morte, tem aplicabilidade imediata e independe de fonte de custeio.** 3. A Lei nº 8.213/91 apenas fixou o termo inicial para a aferição do benefício de pensão por morte. 4. Agravo regimental não provido" (RE 415861 AgR, de 19/06/2012).

23. Artigo 368, da Instrução Normativa INSS 77/2015.

> "Ementa: AGRAVO REGIMENTAL NO RECURSO EXTRAORDINÁRIO. PREVIDENCIÁRIO. PENSÃO POR MORTE. CONCESSÃO AO CÔNJUGE VARÃO. ÓBITO DA SEGURADA ANTERIOR AO ADVENTO DA LEI N. 8.213/91. EXIGÊNCIA DE DEMONSTRAÇÃO DE INVALIDEZ. VIOLAÇÃO AO PRINCÍPIO DA ISONOMIA. ARTIGO 201, INCISO V, DA CONSTITUIÇÃO FEDERAL. AUTOAPLICABILIDADE. **1. O Princípio da Isonomia resta violado por lei que exige do marido, para fins de recebimento de pensão por morte da segurada, a comprovação de estado de invalidez** (Plenário desta Corte no julgamento do RE n. 385.397-AgR, Relator o Ministro Sepúlveda Pertence, DJe 6.9.2007). A regra isonômica aplicada ao Regime Próprio de Previdência Social tem aplicabilidade ao Regime Geral (RE n. 352.744-AgR, Relator o Ministro JOAQUIM BARBOSA, 2ª Turma, DJe de 18.4.11; RE n. 585.620-AgR, Relator o Ministro RICARDO LEWANDOWSKI, 1ª Turma, Dje de 11.5.11; RE n. 573.813-AgR, Relatora a Ministra CÁRMEN LÚCIA, 1ª Turma, DJe de 17.3.11; AI n. 561.788-AgR, Relatora a Ministra CÁRMEN LÚCIA, 1ª Turma, DJe de 22.3.11; RE 207.282, Relator o Ministro CEZAR PELUSO, 2ª Turma, DJ 19.03.2010; entre outros). **2. Os óbitos de segurados ocorridos entre o advento da Constituição de 1988 e a Lei 8.213/91 regem-se, direta e imediatamente, pelo disposto no artigo 201, inciso V, da Constituição Federal, que, sem recepcionar a parte discriminatória da legislação anterior, equiparou homens e mulheres para efeito de pensão por morte**. 3. Agravo regimental não provido" (RE 607907 AgR, de 21/06/2011).

Nesse sentido, a PGF editou o Parecer Referencial 00019/2018/DEPCONT/PGF/AGU:

> "EMENTA: **PARECER REFERENCIAL. PORTARIA AGU Nº 488/2016. JURISPRUDÊNCIA CONSOLIDADA DO STF. PENSÃO POR MORTE. CONCESSÃO. CÔNJUGE VARÃO SUPÉRSTITE. ÓBITO DA SEGURADA OCORRIDO EM DATA POSTERIOR À CONSTITUIÇÃO FEDERAL DE 1988 E ANTERIOR AO ADVENTO DA LEI 8.213/91. POSSIBILIDADE. PRINCÍPIO DA ISONOMIA. AUTOAPLICABILIDADE DO ART. 201, V, DA CARTA MAGNA.**
>
> I. A Procuradoria-Geral Federal, com fundamento no artigo 4º, inciso VII e § 2º, da Portaria AGU nº 488, de 27 de julho de 2016, autoriza os Procuradores Federais a, ressalvadas as hipóteses previstas no artigo 12 da gizada Portaria e outras questões de ordem fática e jurídica não abrangidas pela jurisprudência consolidada do STF a respeito, abster-se de interpor recurso especial, recurso extraordinário e agravo para o seu destrancamento (CPC, art. 1.042), bem como a desistir destes mesmos recursos que já tenham sido interpostos, quando a decisão judicial estiver em conformidade com a aludida jurisprudência, no sentido de que: i) o óbito da segurada ocorrido em data posterior ao advento da Constituição Federal de 1988 e anterior à legislação regulamentadora do seu artigo 201, inciso V (a saber: Lei nº 8.213/91), não afasta o direito do cônjuge varão supérstite à pensão por morte, porquanto o mencionado dispositivo constitucional tem aplicabilidade imediata e equiparou homens e mulheres para efeitos

do referido benefício; e ii) ademais, a exigência de invalidez do marido para ser beneficiário de pensão por morte da esposa fere o princípio da isonomia insculpido no artigo 5º, inciso I, da Carta da República, visto que tal requisito não é exigido em relação à cônjuge falecida.

II. Contudo, a apresentação de contestação e dos recursos ordinários cabíveis quanto à aventada pretensão deduzida contra o INSS deve continuar a ser feita pelo Procurador Federal, porquanto a Portaria AGU nº 488/2016, em se tratando de pretensão fundamentada apenas em jurisprudência uniformizada, estável, íntegra e coerente do STF, não autoriza a não apresentação das aludidas manifestações processuais".

Sucede que o STF resolveu rever o seu posicionamento e passou a garantir a pensão por morte em favor do homem por morte de esposa/companheira mesmo para **óbitos anteriores à vigência da Constituição de 1988**:

"AGRAVO REGIMENTAL EM RECURSO EXTRAORDINÁRIO. PENSÃO POR MORTE INSTIUÍDA ANTES DA CONSTITUIÇÃO FEDERAL DE 1988. CÔNJUGE VARÃO. VIOLAÇÃO AO PRINCÍPIO DA IGUALDADE. PRECEDENTES. **O cônjuge varão faz jus ao recebimento de pensão por morte no caso em que o óbito ocorreu na vigência da Constituição Federal de 1969, tendo em conta o princípio da igualdade**. Precedentes. Agravo regimental a que se nega provimento. (RE 439484 AgR, Relator(a): Min. ROBERTO BARROSO, Primeira Turma, julgado em 09/04/2014, ACÓRDÃO ELETRÔNICO DJe-083 DIVULG 02-05-2014 PUBLIC 05-05-2014). (grifamos)".

Ementa: PREVIDENCIÁRIO. AGRAVO REGIMENTAL NO RECURSO EXTRAORDINÁRIO. PENSÃO POR MORTE AO CÔNJUGE VARÃO. ÓBITO DA SEGURADA EM DATA ANTERIOR AO ADVENTO DA CONSTITUIÇÃO FEDERAL DE 1988. PRINCÍPIO DA ISONOMIA (ART. 153, § 1º, DA CF/1967, NA REDAÇÃO DA EC 1/1969). PRECEDENTES. **1. Segundo a jurisprudência do Supremo Tribunal Federal, o óbito da segurada em data anterior ao advento da Constituição Federal de 1988 não afasta o direito à pensão por morte ao seu cônjuge varão**. Nesse sentido: RE 439.484-AgR, Rel. Min. ROBERTO BARROSO, Primeira Turma, DJe de 5/5/2014; RE 535.156-AgR, Rel. Min. CÁRMEN LÚCIA, Primeira Turma, DJe de 11/4/2011. 2. Agravo regimental a que se nega provimento. (RE 880521 AgR, Relator(a): Min. TEORI ZAVASCKI, Segunda Turma, julgado em 08/03/2016, ACÓRDÃO ELETRÔNICO DJe-054 DIVULG 22-03-2016 PUBLIC 28-03-2016).

Este entendimento, conquanto viole o Princípio do *Tempus Regit Actum*, prestigia o Princípio da Isonomia. A crítica que pode ser feita ao STF é ter demorado quase três décadas para trazer um novo posicionamento em um tema tão relevante e que não sofreu alteração legislativa.

O novo posicionamento vai gerar potencial impacto à Previdência Social, pois certamente existem milhares de viúvos ainda vivos de seguradas que faleceram anteriormente à Constituição de 1988.

De acordo com a TNU, "afronta a garantia da igualdade vigente ainda na época da Constituição Federal de 1967 a exigência de invalidez do cônjuge supérstite para a concessão do benefício de pensão pelo falecimento da mulher, sendo inconstitucional a exigência contida no art. 11, I, da Lei 3.807/1960 e no art. 12, I, do Decreto 83.080/79" (Informativo 10, processo 5014629-34.2013.4.04.7001, de 20/10/2016).

2.5 ENUNCIADO 5 (CONTRIBUIÇÕES PREVIDENCIÁRIAS DO CONTRIBUINTE INDIVIDUAL)

ENUNCIADO 5

O contribuinte individual comprovará a interrupção ou o encerramento da sua atividade, sob pena de ser considerado em débito no período sem contribuição.

I – A concessão de prestações ao contribuinte individual inscrito em débito ou aos seus dependentes é condicionada ao recolhimento prévio pelo segurado das contribuições em atraso necessárias à reaquisição da qualidade de segurado ou da carência, conforme o caso, salvo em relação ao prestador de serviço, a partir da competência abril de 2003.

COMENTÁRIOS:

Para os ***contribuintes individuais que trabalhem por conta própria***, não bastará o simples exercício de atividade laborativa remunerada para que ocorra a filiação, que é condicionada ao efetivo recolhimento das contribuições previdenciárias, pois inexiste empresa ou empregador para ser o responsável pela arrecadação, competindo aos próprios contribuintes individuais fazê-lo.

Eis o posicionamento do STJ:

> "PROCESSO CIVIL. RECURSO ESPECIAL. PREVIDENCIÁRIO. VIOLAÇÃO DO ART. 535 DO CPC. INEXISTÊNCIA. **PENSÃO POR MORTE. SEGURADO OBRIGATÓRIO. CONTRIBUIÇÕES PREVIDENCIÁRIAS. RECOLHIMENTO POST MORTEM. IMPOSSIBILIDADE.** 1. Discute-se nos autos a possibilidade de a viúva, na qualidade dependente, efetuar o recolhimento das contribuições previdenciárias em atraso, após a morte do segurado. 2. Não há a alegada violação do art. 535 do CPC, pois a prestação jurisdicional foi dada na medida da pretensão deduzida, conforme se depreende da análise do acórdão recorrido. **3. Em relação ao recolhimento post mortem das contribuições previdenciária, esta Corte vem firmando orientação no sentido de que "é imprescindível o recolhimento das contribuições respectivas pelo próprio segurado quando em vida para que seus dependentes possam receber o benefício de pensão por morte. Desta forma, não há base legal para uma inscrição post mortem ou para que sejam regularizadas as contribuições pretéritas, não recolhidas em vida pelo de cujus.**" (REsp 1.328.298/PR, Rel. Ministro Castro Meira, DJe de 28.9.2012). 4. Decisões monocráticas no mesmo sentido: REsp 1.325.452/SC, Relator Ministro Mauro Campbell Marques, DJe 19.03.2013; REsp

1.251.442/PR, Relatora Ministra Laurita Vaz, DJe 1º.2.2013; REsp 1.248.399/RS, Relatora Ministra Maria Thereza de Assis Moura, DJe 14.11.2012; REsp 1.349.211/PR, Relatora Ministra Eliana Calmon, DJe 8.11.2012; REsp 1.328.298/PR, Relator Ministro Castro Meira, DJe 28.9.2012. Recurso especial provido" (RECURSO ESPECIAL 1346852, de 21/05/2013).

Nesse sentido, o pacífico entendimento da Turma Nacional de Uniformização de Jurisprudência:

"EMENTA PREVIDENCIÁRIA. PENSÃO POR MORTE. PERDA DA QUALIDADE DE SEGURADO. CONTRIBUINTE INDIVIDUAL. INSCRIÇÃO POST MORTEM. REGULARIZAÇÃO DAS CONTRIBUIÇÕES PELOS HERDEIROS. IMPOSSIBILIDADE. BENEFÍCIO INDEVIDO. INCIDENTE DE UNIFORMIZAÇÃO CONHECIDO E IMPROVIDO.

1 – O vínculo previdenciário do trabalhador autônomo, para fins de concessão do benefício de pensão por morte a seus dependentes, depende do regular recolhimento das contribuições pelo próprio segurado, conforme previsto no artigo 30, inciso II, da Lei 8.212/91.

2 – **Não é possível a concessão do benefício de pensão por morte aos dependentes do segurado falecido, contribuinte individual, que não efetuou o recolhimento das contribuições respectivas à época, não havendo amparo legal para a dita inscrição post mortem ou para que sejam descontadas as contribuições pretéritas, não recolhidas pelo de cujus, do benefício da pensão por morte percebido pelos herdeiros.**(Processo nº 2005.72.95.013310-7, Relator Juiz Federal Marcos Roberto Araújo dos Santos, DJ de 21/05/2007).

3 – Incidente de uniformização conhecido e improvido. (PEDILEF 200670950069697, de 17.12.2007)".

"PREVIDENCIÁRIO. PENSÃO POR MORTE. PERDA DA QUALIDADE DE SEGURADO. CONTRIBUINTE INDIVIDUAL. INSCRIÇÃO POST MORTEM. REGULARIZAÇÃO DAS CONTRIBUIÇÕES PELO CÔNJUGE SOBREVIVENTE PARA RECEBIMENTO DE PENSÃO POR MORTE. IMPOSSIBILIDADE. BENEFÍCIO INDEVIDO. INCIDENTE DE UNIFORMIZAÇÃO CONHECIDO E IMPROVIDO.

1. Apesar do trabalhador autônomo ser segurado obrigatório da Regime Geral da Previdência Social, a concessão do benefício de pensão por morte a seus dependentes, depende do regular recolhimento das contribuições pelo próprio segurado, em vida, conforme previsto no artigo 30, inciso II, da Lei 8.212/91, caso contrário, os recolhimentos ocorreriam após o próprio sinistro , em subversão ao sistema securitário, comprometendo o próprio equilíbrio atuarial, tendo em vista, inclusive a questão da carência no evento morte dentro do sistema previdenciário.

2. Portanto, não se afigura possível a concessão do benefício de pensão por morte ao cônjuge do segurado falecido, como contribuinte individual que não efetuou o recolhimento das contribuições respectivas à época, não havendo suporte legal para a denominada inscrição post mortem ou para que

sejam vertidas as contribuições pretéritas, também após o evento morte, mesmo com seus acréscimos, quando não tiverem sido recolhidas antes do sinistro, coberto pelo benefício buscado.

3. Incidente conhecido e não provido" (PEDIDO 200870950025150, de 13.09.2010).

No mesmo caminho, a jurisprudência majoritária dos Tribunais Regionais Federais, a exemplo de precedente da 2ª Região:

"PREVIDENCIÁRIO. PENSÃO POR MORTE. NÃO PREENCHIMENTO DOS REQUISITOS LEGAIS DO BENEFÍCIO. PERDA DA QUALIDADE DE SEGURADO DO DE CUJUS. IMPOSSIBILIDADE DE CONCESSÃO.

[...]

IV – Por outro lado, **enquadrando-se o falecido na condição de contribuinte individual, necessário se faz a comprovação de sua filiação à Previdência com o efetivo recolhimento das respectivas contribuições, por iniciativa própria, para que se considere a sua qualidade de segurado**, o que não ocorreu, na espécie, concluindo-se que o de cujus não ostentava a qualidade de segurado da Previdência quando do óbito e, portanto, inexiste o direito ao recebimento de pensão por morte a seus dependentes. Ressalte-se que o direito à pensão só permaneceria se o falecido houvesse preenchido os requisitos para aposentadoria, o que também não ocorreu, na hipótese. (AC 200602010148599, de 11.12.2007)".

Para espancar qualquer dúvida, coube à Lei 13.846/2019 inserir o §7º no 17 artigo da Lei 8.213/91: **"não será admitida a inscrição *post mortem* de segurado contribuinte individual e de segurado facultativo"**.

O dispositivo, no entanto, somente se aplica ao contribuinte individual autônomo, não possuindo aplicabilidade ao contribuinte individual que labora para pessoa jurídica a contar de abril de 2003 (Lei 10.666/03, art. 4º), pois este passou a ter presunção normativa de dependência econômica.

O Enunciado 5 cometeu uma falha ao citar apenas o contribuinte individual prestador de serviço, quando deveria se referir que o tomador é uma **pessoa jurídica**, pois somente nesta situação há presunção de recolhimento desde 4/2003 por força do artigo 4º da Lei 10.666/2003.

Desse modo, não é lícito o pagamento integral da contribuição após o fato gerador do benefício não programado, devendo ser anterior.

Todavia, acaso o tributo tenha sido pago a bom tempo, mas em monta inferior ao piso legal, **a complementação é possível com efeitos retroativos** após autorização dada pelo Decreto 10.410/2020.

De efeito, o Decreto 10.410/2020 permitiu a **complementação de contribuição após a morte**, desde que seja feita pelo dependente até o dia 15 de janeiro do ano seguinte.

Veja-se, nesse sentido, o §7º do artigo 19-E do Regulamento:

> "§ 7º Na hipótese de **falecimento do segurado**, os ajustes previstos no § 1º poderão ser solicitados por seus dependentes para fins de reconhecimento de direito para benefício a eles devidos **até o dia quinze do mês de janeiro subsequente ao do ano civil correspondente**, observado o disposto no § 4º. (Incluído pelo Decreto nº 10.410, de 2020)"

Suponha-se que um segurado faleceu em setembro de 2020 e que possua salário de contribuição referente à competência abril de 2020 no valor de R$ 500,00, pois se tratou de contrato de emprego intermitente.

Suponha-se, ainda, que essa competência abril é necessária para a manutenção da qualidade de segurado na data do óbito. Nesta situação, o dependente poderá complementar a competência abril de 2020 até 15/01/2021 para fins de concessão da pensão por morte.

Curioso notar que para os demais benefícios não programados, a exemplo da aposentadoria por incapacidade permanente e do auxílio por incapacidade temporária, o Decreto 10.410/2020 parece permitir o pagamento do complemento após a ocorrência do risco social, pois prevê que o recolhimento da complementação deverá ser efetuado pelo próprio segurado até o dia quinze do mês seguinte ao da competência de referência e, após essa data, com incidência dos acréscimos legais de que tratam os art. 238 e art. 239 (juros e multa).

2.6 ENUNCIADO 6 (SALÁRIO-MATERNIDADE)

> **ENUNCIADO 6**
>
> **Cabe ao INSS conceder o salário-maternidade à gestante demitida sem justa causa no curso da gravidez, preenchidos os demais requisitos legais, pagando-o diretamente.**
>
> **I – É vedado, em qualquer caso, o pagamento do salário-maternidade em duplicidade, caso a segurada tenha sido indenizada pelo empregador.**
>
> **II – Poderá ser solicitada diligência a fim de comprovar se houve pagamento do valor correspondente ao salário-maternidade pelo ex-empregador, enquanto não transcorrer o prazo prescricional para pretensão de créditos trabalhistas.**

COMENTÁRIOS:

O Enunciado 6 do CRPS é alinhado à jurisprudência do STJ e TNU. Com o advento do Decreto 10.410/2020, passou a ser pacífico o tema no âmbito administrativo.

Caberá à empresa pagar diretamente o salário-maternidade da segurada empregada gestante, que posteriormente será reembolsada através da compensação da quantia no pagamento de suas contribuições previdenciárias à União.

De acordo com o entendimento do extinto Ministério da Previdência Social, através do Parecer 675/2012/CONJUR-MPS/CGU/AGU, aprovado pela Portaria nº 264/2013/MPS, **é possível o fracionamento do pagamento do salário maternidade da segurada empregada temporária, após a extinção do contrato de trabalho, quando o empregador já houver iniciado o pagamento**, sendo este o novo posicionamento do INSS sobre o tema.

No entanto, para o STJ, o dever de pagamento do salário-maternidade é do INSS, quando a empregada gestante for despedida sem justa causa, vez que se trata de benefício previdenciário e, ao final das contas, sempre será custeado pela Previdência Social:

> **"INFORMATIVO 524- DIREITO PREVIDENCIÁRIO. RESPONSABILIDADE PELO PAGAMENTO DO SALÁRIO-MATERNIDADE.**
>
> É do INSS – e não do empregador – a responsabilidade pelo pagamento do salário-maternidade à segurada demitida sem justa causa durante a gestação. Isso porque, ainda que o pagamento de salário-maternidade, no caso de segurada empregada, constitua atribuição do empregador, essa circunstância não afasta a natureza de benefício previdenciário da referida prestação. Com efeito, embora seja do empregador a responsabilidade, de forma direta, pelo pagamento dos valores correspondentes ao benefício, deve-se considerar que, nessa hipótese, o empregador tem direito a efetuar a compensação dos referidos valores com aqueles correspondentes às contribuições incidentes sobre a folha de salários e demais rendimentos. **REsp 1.309.251-RS**, Rel. Min. Mauro Campbell Marques, julgado em 21/5/2013".

Correto o entendimento do STJ. Ora, caso a empresa cometa um ato ilegal e despeça a sua empregada gestante durante a estabilidade provisória, caberá ao INSS pagar, de logo, o salário-maternidade, sendo no mínimo desumano compelir que a segurada demande judicialmente contra a empresa quando necessita urgentemente de proteção previdenciária.

Isso porque as empresas pagam o salário-maternidade das suas empregadas apenas como uma forma de acelerar a proteção previdenciária, vez que são reembolsadas mediante compensação tributária.

No mesmo sentido, a TNU (tema 113):

Tema	**113**	**Situação do tema**	**Julgado**	**Ramo do direito**	**DIREITO PREVIDENCIÁRIO**
Questão submetida a julgamento	Saber se a segurada desempregada faz jus à percepção de salário-maternidade.				
Tese firmada	O salário-maternidade é devido mesmo nos casos de desemprego da gestante, hipótese em que deverá ser pago diretamente pela Previdência Social.				

Processo	Decisão de afetação	Relator (a)	Julgado em	Acórdão publicado em	Trânsito em julgado
PEDILEF 2010.71.58.004921-6/ RS	13/11/2013	Juiz Federal Paulo Ernane Moreira Barros	13/11/2013	18/11/2013	03/12/2013

Por força de decisão judicial com deferimento de tutela provisória em sede de Agravo de Instrumento de nº 5055114-88.2017.4.04.0000/PR, restou estendida a eficácia territorial da decisão na **Ação Civil Pública nº 5041315-27.2017.4.04.7000/PR para todo território nacional**, determinando a concessão administrativa de salário-maternidade às seguradas demitidas sem justa causa ou em razão de encerramento de contrato de trabalho por prazo determinado, preenchidos os demais requisitos ao benefício, pagando-os diretamente, nas Agências da Previdência Social.

> "A decisão judicial proferida com deferimento de tutela provisória em sede de Agravo de Instrumento de nº 5055114-88.2017.4.04.0000/PR, estabeleceu que, na Ação Civil Pública nº 5041315-27.2017.4.04.7000, em trâmite na 17ª Vara Federal de Curitiba/PR, que determinou ao INSS "conceder o benefício de salário-maternidade às gestantes desempregadas no curso da gravidez, preenchidos os demais requisitos ao benefício, pagando-os diretamente", afastando-se o entendimento de que o pagamento do benefício seria de responsabilidade da empresa nos casos de gestantes **demitidas "sem justa causa" ou em razão do encerramento da vigência de contrato por tempo determinado**, de que trata o art. 97 do Regulamento da Previdência Social-RPS, aprovado pelo Decreto nº 3.048/99, deve abranger todo território nacional, alcançando todas as Agências da Previdência Social – APS"[24].

Mas é possível que a empregada despedida ilegalmente durante a estabilidade gestacional busque a reparação na Justiça do Trabalho em ação contra a empresa, a fim de requerer indenização pela remuneração não recebida até o quinto mês após o parto e demais consectários de cunho trabalhista, com fulcro no artigo 10, II, letra B[25], do ADCT da Constituição.

---

24. Memorando-Circular Conjunto nº 14-2018/DIRBEN/PFE/INSS.
25. Art. 10. Até que seja promulgada a lei complementar a que se refere o art. 7º, I, da Constituição:

...

II – fica vedada a dispensa arbitrária ou sem justa causa:

a) do empregado eleito para cargo de direção de comissões internas de prevenção de acidentes, desde o registro de sua candidatura até um ano após o final de seu mandato;

b) da empregada gestante, desde a confirmação da gravidez até cinco meses após o parto.

Nesse sentido o TST:

> "AGRAVO DE INSTRUMENTO. RECURSO DE REVISTA INTERPOSTO NA VIGÊNCIA DA LEI Nº 13.015/2014. ESTABILIDADE PROVISÓRIA. GESTANTE. ART. 10, II, "b", DO ADCT. CONTRATO POR TEMPO DETERMINADO. DESCONHECIMENTO DO ESTADO GRAVÍDICO. SÚMULA Nº 244 DO TST 1. A jurisprudência do Tribunal Superior do Trabalho evoluiu no sentido de reconhecer o direito à estabilidade provisória prevista no art. 10, II, "b", do ADCT à empregada gestante submetida a contrato de trabalho por tempo determinado, gênero de que é espécie o contrato de experiência. Diretriz sufragada na nova redação do item III da Súmula nº 244 do TST. 2. Consoante a diretriz perfilhada na Súmula nº 244, I, do Tribunal Superior do Trabalho, o desconhecimento do estado gravídico tanto pela empregada como pelo empregador não afasta o direito ao pagamento da indenização decorrente da estabilidade (art. 10, II, "b", do ADCT). 3. Acórdão regional que consigna que o direito à estabilidade provisória da empregada gestante independe do conhecimento da gravidez pelo empregador mostra-se em consonância com a jurisprudência do Tribunal Superior do Trabalho, consubstanciada na Súmula nº 244, I, do TST. 4. Agravo de instrumento da Reclamada de que se conhece e a que se nega provimento". (AIRR-1759-61.2013.5.09.0068, Rel. Min João Oreste Dalazen, 4ª Turma, Data de Publicação: DEJT 12/2/2016).

Desta forma, acaso a ex-empregada tenha ajuizado reclamação trabalhista contra a empresa e tenha sido indenizada pela Justiça do Trabalho pelo período abarcado pelo salário-maternidade (que precede o quinto mês após o parto), não caberá a condenação do INSS para pagar o salário-maternidade, sob pena de duplo pagamento e enriquecimento sem causa.

Nesse sentido, o correto posicionamento da TNU[26]:

> **TNU fixa tese sobre salário-maternidade em caso de demissão sem justa causa**
>
> **Decisão TNU**
>
> **Publicado: 18/09/2017 10h52Última modificação: 18/09/2017 10h55**
>
> **Pagamento de indenização no valor de salários do período de estabilidade dispensa benefício**
>
> A Turma Nacional de Uniformização dos Juizados Federais (TNU) firmou a tese de que o pagamento de indenização trabalhista à empregada demitida sem justa causa, em valor comprovadamente correspondente a todos os salários relativos ao período em que a gestante gozaria de estabilidade, exclui a necessidade de concessão do benefício de salário-maternidade. O entendimento foi estabelecido, por unanimidade, na sessão do último dia 14 de setembro, realizada na Seção Judiciária de Maceió, em Alagoas.

---

26. http://www.cjf.jus.br/cjf/noticias/2017/setembro/tnu-fixa-tese-sobre-salario-maternidade-em-caso-de-demissao-sem-justa-causa.

O pedido de uniformização foi apresentado por uma segurada contra acórdão da Primeira Turma Recursal de Santa Catarina, que manteve sentença de primeira instância negando o pedido de concessão de salário-maternidade. Segundo a segurada, a decisão contraria entendimento das Segunda e Décima Turmas Recursais de São Paulo, de que é possível a concessão do benefício, independentemente do recebimento de indenização no valor referente ao período de estabilidade.

Em seu voto, o juiz federal Fábio Cesar dos Santos Oliveira, relator do caso na TNU, observou que, conforme a legislação em vigor, o salário-maternidade é benefício devido à segurada da Previdência Social durante 120 dias, com início no período entre 28 dias antes do parto e a data de ocorrência dele, que deve ser pago à empregada pela empresa. Também por força legislativa, apesar de realizar os pagamentos, o empregador deve receber posteriormente as compensações do Instituto Nacional de Seguro Social (INSS), entidade responsável pelo benefício, segundo já decidiu o Superior Tribunal de Justiça (STJ).

No pedido de uniformização apresentado à TNU, a autora impugnou decisão que entendeu como suficiente a indenização paga pela empresa, em valor correspondente à totalidade dos salários-maternidade do período de 120 dias determinado em lei. "O pagamento de indenização trabalhista à empregada demitida sem justa causa, correspondente ao período em que a gestante gozaria de estabilidade, exclui o fundamento racional do pagamento do benefício de salário-maternidade, caso reste demonstrado que a quantia paga pelo ex-empregador abrange os salários que deveriam ser recebidos pela segurada no período da estabilidade", argumentou Santos Oliveira, ao negar o pedido.

O entendimento do relator foi seguido pelos demais integrantes da Turma Nacional de Uniformização, que fixou a tese sobre a matéria. A TNU determinou ainda o retorno dos autos à Turma Recursal de Santa Catarina para adequação do julgado, para aferir se o valor da indenização trabalhista paga correspondia aos salários devidos no período de estabilidade.

Processo nº 5010236-43.2016.4.04.7201/SC.

O tema foi finalmente pacificado com o advento do Decreto 10.410/2020, que alterou o parágrafo único do artigo 97 do Decreto 3.048/99:

"Art. 97. O salário-maternidade da segurada empregada será devido pela previdência social enquanto existir relação de emprego, observadas as regras quanto ao pagamento desse benefício pela empresa. (Redação dada pelo Decreto nº 6.122, de 2007)

Parágrafo único. Durante o período de graça a que se refere o art. 13, a segurada desempregada fará jus ao recebimento do salário-maternidade, situação em que o benefício será pago diretamente pela previdência social". *(Redação dada pelo Decreto nº 10.410, de 2020)*

O texto do dispositivo foi alargado, passando a abarcar a obrigação de o INSS pagar o salário-maternidade da empregada gestante mesmo nas situações de despedida ilegal dentro do período da estabilidade gestacional.

Em teoria, como se cuida de responsabilidade pelo pagamento de benefício previdenciário, deveria ter sido veiculado por lei e não por decreto presidencial.

2.7 ENUNCIADO 7 (BENEFÍCIOS POR INCAPACIDADE LABORAL)

ENUNCIADO 7

Não há direito a benefício por incapacidade quando o seu fato gerador é preexistente ao reingresso do segurado no Regime Geral da Previdência Social (RGPS), salvo agravamento ou progressão da doença.

I – Fixada a Data de Início da Incapacidade (DII) antes da perda da qualidade de segurado, a falta de contribuição posterior não prejudica o seu direito às prestações previdenciárias.

II – Não será considerada a perda da qualidade de segurado decorrente da própria moléstia incapacitante para a concessão de prestações previdenciárias.

III – A revisão dos parâmetros médicos efetuada em sede de benefício por incapacidade não enseja a devolução dos valores recebidos, se presente a boa-fé objetiva.

IV – É devido o auxílio-doença ao segurado temporariamente incapaz, de forma total ou parcial, atendidos os demais requisitos legais, entendendo-se por incapacidade parcial aquela que permita sua reabilitação para outras atividades laborais.

V – Para a acumulação do auxílio-acidente com proventos de aposentadoria, a consolidação das lesões decorrentes de acidentes de qualquer natureza que resulte sequelas definitivas e a concessão da aposentadoria devem ser anteriores a 11/11/1997, data da publicação da Medida Provisória nº 1.596-14, convertida na Lei nº 9.528/97.

VI – Não se aplica o disposto no artigo 76 do Regulamento da Previdência Social, aprovado pelo Decreto 3048/99, para justificar a retroação do termo inicial do benefício auxílio doença requerido após o trigésimo dia do afastamento da atividade, nos casos em que a perícia médica fixar o início da atividade anterior à data de entrada do requerimento, tendo em vista que esta hipótese não implica em ciência pretérita da Previdência Social.

COMENTÁRIOS (*CAPUT*):

Na hipótese de o segurado ter se filiado ao RGPS já inválido não haverá cobertura securitária, inexistindo direito à percepção da aposentadoria por incapacidade permanente, pois a lesão ou enfermidade preexistiam à cobertura securitária.

Nesse sentido, a Súmula 53, da TNU:

> **"Súmula 53- Não há direito a auxílio-doença ou a aposentadoria por invalidez quando a incapacidade para o trabalho é preexistente ao reingresso do segurado no Regime Geral de Previdência Social".**

Todavia, caso a lesão ou enfermidade preexistiam à filiação, mas não ao ponto de tornar o segurado incapaz para o trabalho, tendo a incapacidade permanente se realizado após a filiação e em decorrência da progressão da doença ou lesão, fará jus o segurado à percepção da aposentadoria por incapacidade permanente, uma vez realizada a carência de 12 contribuições mensais, exceto nas hipóteses em que esta é dispensada.

O mesmo entendimento se aplica ao auxílio por incapacidade temporária, devendo ser avaliada se a DII (data de início da incapacidade) é anterior ou posterior à (re)filiação, e, se exigida carência, após o seu cumprimento.

ITENS I E II:

Suponha-se que Cornélio trabalhe por conta própria sem nunca ter recolhido contribuição previdenciária. Após se acidentar e se tornar incapaz para o trabalho temporariamente, Cornélio se filiou ao RGPS como contribuinte individual mediante o recolhimento de contribuição previdenciária.

Neste caso, deverá o INSS indeferir o benefício de auxílio-doença, vez que a incapacidade laboral é preexistente à filiação de Cornélio.

Por outro lado, suponha-se que Maria seja portadora de câncer no momento da sua filiação ao RGPS. Conquanto portadora da referida patologia, no momento em que se filiou ao regime previdenciário, Maria ainda gozava de plenas condições laborais.

Contudo, um ano após a filiação, o mal se agravou e Maria passou a ser incapaz para o trabalho de maneira parcial. Neste caso, o INSS deverá deferir o auxílio-doença, pois a incapacidade laboral decorreu de progressão da enfermidade verificada após a filiação.

Vale ressaltar que o período de graça não correrá ou, se já iniciado, será suspenso durante o período de incapacidade laboral do segurado, com base no artigo 15, I, da Lei 8.213/91.

Nesse sentido, em 09.06.2008, foi editada a Súmula 26 da AGU, que pontifica:

> "Súmula 26 – Para a concessão de benefício por incapacidade, não será considerada a perda da qualidade de segurado decorrente da própria moléstia incapacitante".

No mesmo caminho o STJ:

> **"AGRAVO REGIMENTAL NO RECURSO ESPECIAL. APOSENTADORIA POR INVALIDEZ. PERDA DA QUALIDADE DE SEGURADO ANTES DA OCORRÊNCIA DA MOLÉSTIA INCAPACITANTE. BENEFICIO INDEVIDO. REEXAME FÁTICO-PROBATÓRIO. AGRAVO DESPROVIDO.**
>
> I- A aposentadoria por invalidez é devida ao segurado que, após cumprida a carência e conservando a qualidade de segurado, for considerado incapaz para o trabalho e insuscetível de reabilitação em atividade que lhe garanta subsistência.
>
> **II- A jurisprudência desta Corte Superior de Justiça é firme no sentido de que o segurado que deixa de contribuir para a Previdência Social, por estar incapacitado para o labor, não perde a qualidade de segurado.**
>
> III- Ocorre que, no caso sub examine, tendo restado consignado ser a incapacidade do autor muito posterior ao fim de seu vínculo previdenciário, o

> reconhecimento da perda da qualidade de segurado e, consequentemente, o indeferimento do pedido de acidentário é medida que se impõe" (AgRg no REsp 1245217 / SP, de 12/06/2012).

Logo, é necessário avaliar se na data do início da incapacidade laborativa ainda havia a manutenção da qualidade de segurado. Se havia, o auxílio-doença será deferido. Caso contrário, será negado.

Isso porque nos casos em que o segurado deixa de recolher a contribuição por estar incapacitado, não haverá a perda da sua qualidade, pois a partir do momento em que houver a incapacidade para o trabalho habitual, já nascerá o direito ao auxílio-doença, mesmo que este só será requerido muito posteriormente, salvo no caso de empregado, cuja incapacidade deverá superar a quinze dias consecutivos.

Vamos supor que Rosângela é contribuinte individual que trabalha por conta própria. Ela possui 20 contribuições previdenciárias vertidas mensalmente em dia. A partir de janeiro de 2012, torna-se incapaz para o seu trabalho habitual por largo período, deixando de recolher as contribuições.

Por desconhecimento da legislação previdenciária, Rosângela apenas requereu o benefício em abril de 2013, quando ainda estava impossibilitada de exercer o seu trabalho habitual, época em que já não contribuía há mais de 12 meses.

Conquanto na data do requerimento administrativa ela aparentemente já tenha perdido a qualidade de segurada (se passou o período de graça de 12 meses sem novos recolhimentos), se a perícia médica do INSS apontar o início da incapacidade em janeiro de 2012, o benefício deverá ser concedido, pois naquele mês havia a manutenção da condição de segurada.

ITEM III:

O Item III desonera o segurado de restituir valores indevidamente recebidos de benefícios por incapacidade laboral na situação de revisão pericial, se presente a boa-fé objetiva.

A Autarquia de Previdência, por outro lado, se entender que houve recebimento indevido irá buscar a restituição como regra geral.

Este Enunciado, contudo, não trata de concessão por erro administrativo, mas apenas de cessação por "revisão dos parâmetros médicos", não sendo habitual nenhuma cobrança pelo INSS, mas apenas a cessação do benefício por incapacidade laboral.

ITEM IV:

Insta afirmar que mesmo a **incapacidade laborativa parcial** para o trabalho habitual enseja a concessão do auxílio-doença, *ex vi* da Súmula 25 da Advocacia-Geral da União:

"**Súmula 25** – Será concedido auxílio-doença ao segurado considerado **temporariamente** incapaz para o trabalho ou sua atividade habitual, de forma total **ou parcial**, atendidos os demais requisitos legais, **entendendo-se por incapacidade parcial aquela que permita sua reabilitação para outras atividades laborais**".

Nesse sentido o STJ:

> "RECURSO ESPECIAL. PREVIDENCIÁRIO. LEI 8.213/91. CONCESSÃO. AUXÍLIO-DOENÇA. INCAPACIDADE. TOTAL. PARCIAL. **A Lei 8.213/91 não faz distinção quanto à incapacidade, se deve ser total ou parcial; assim, não é possível restringir o benefício ao segurado, deferindo-o, tão-somente, quando a desventurada incapacidade for parcial.** Recurso desprovido" (REsp 699920/SP, de 17/02/2005).

Informativo 623 – PRIMEIRA TURMA

PROCESSO	REsp 1.474.476-SP, Rel. Min. Napoleão Nunes Maia Filho, por unanimidade, julgado em 05/04/2018, DJe 18/04/2018.
RAMO DO DIREITO	DIREITO PREVIDENCIÁRIO
TEMA	Auxílio-Doença. Requisitos delimitados no art. 59 da Lei n. 8.213/1991. Incapacidade total para o exercício de qualquer trabalho. Ausência de previsão legal.
DESTAQUE	
Não encontra previsão legal a exigência de comprovação de que o segurado esteja completamente incapaz para o exercício de qualquer trabalho para concessão do benefício de auxílio-doença.	
INFORMAÇÕES DO INTEIRO TEOR	
Nos termos do art. 59 da Lei n. 8.213/1991, para que seja concedido o auxílio-doença, necessário que o segurado, após cumprida a carência, seja considerado incapaz temporariamente para o exercício de sua atividade laboral habitual. Nessa hipótese, o que deve ser avaliado em perícia é a capacidade do segurado para exercer a sua função habitual, a análise deve se restringir a verificar se a doença ou lesão compromete (ou não) sua aptidão para desenvolver suas atividades laborais habituais. Sendo descabida a exigência de comprovação de que esteja completamente incapaz para o exercício de qualquer trabalho, requisito que só é necessário para a concessão de aposentadoria por invalidez. Assim, o segurado que apresenta incapacidade para o exercício de sua atividade habitual, mas remanesce capacidade laboral para o desempenho de outras atividades, faz jus à concessão do benefício de auxílio-doença até ser reabilitado para o exercício de outra atividade compatível com a limitação laboral diagnosticada, nos termos do art. 62 da Lei n. 8.213/1991.	

De acordo com o Manual de Perícia Médica da Previdência Social, "a **incapacidade laborativa** é a impossibilidade de desempenho das funções específicas de uma atividade ou ocupação, em consequência de alterações morfopsicofisiológicas provocadas por doença ou acidente".

De efeito, entende-se que **incapacidade parcial** é aquela que prejudica o desenvolvimento de algumas atividades laborativas habituais do segurado, mas não de todas, sem risco de vida do segurado ou agravamento maior.

Entretanto, a Súmula 25 da AGU a define como aquela que permita reabilitação para outras atividades laborais. Entende-se que a definição da referida Súmula é equivocada, pois é possível que haja incapacidade parcial e não seja necessária a reabilitação, caso possa o segurado se recuperar para o trabalho habitual. **O CRPS cometeu o mesmo equívoco.**

ITEM V:

Desde o advento da Medida Provisória 1.596-14, convertida na Lei 9.528/97, o auxílio-acidente não mais será acumulado com a aposentadoria do segurado, passando a integrar o salário de contribuição para fins do cálculo do salário de benefício da aposentadoria, na forma do artigo 31[27], da Lei 8.213/91.

De acordo com a TNU, "fixada a tese no sentido de que o valor mensal do auxílio-acidente integra o salário de contribuição para fins de cálculo do salário de benefício de qualquer aposentadoria, quando não for possível a cumulação, nos termos da Súmula 507 do Superior Tribunal de Justiça" (Informativo 26/2018 – PEDILEF n. 0053181-78.2015.4.03.6301).

Nos termos do artigo 174 da IN INSS 77/2015, **inexistindo período de atividade ou gozo de benefício por incapacidade dentro do período básico de cálculo (PBC), o valor do auxílio-acidente não supre a falta do salário de contribuição.**

Outrossim, ainda de acordo com a autarquia de previdência, se, dentro do período básico de cálculo, o segurado tiver recebido auxílio-doença, inclusive decorrente de acidente de qualquer natureza, concomitantemente com auxílio-acidente de outra origem, **a renda mensal desse será somada, mês a mês, ao salário de benefício daquele, observado o teto de contribuição**, para fins de apuração do salário de benefício da aposentadoria.

Trata-se de **regra administrativa que beneficia o segurado** e que de certa forma contraria o artigo 31 da Lei 8.213/91, que não faz essa ressalva.

Isso porque, inexistindo remuneração mensal ou percepção de benefício por incapacidade laboral em parte do PBC, esse período de gozo de auxílio-acidente não será considerado como salário de contribuição para cálculo do salário de benefício da aposentadoria, **impedindo a redução do valor da média aritmética simples**, o que por certo ocorreria diante da renda não elevada dos auxílios-acidentes, que podem até ser inferiores a um salário mínimo porquanto são benefícios indenizatórios.

27. Art. 31. O valor mensal do auxílio-acidente integra o salário-de-contribuição, para fins de cálculo do salário-de-benefício de qualquer aposentadoria, observado, no que couber, o disposto no art. 29 e no art. 86, § 5º. (Restabelecido com nova redação pela Lei nº 9.528, de 1997)

No mesmo sentido a TNU:

PUIL n. 0048144-70.2015.4.03.6301/SP "A TNU fixou a seguinte tese: o período de fruição de auxílio-acidente sem salário de contribuição não integra o cálculo do salário de benefício ou da renda mensal inicial da aposentadoria" (Boletim em 23.05.2019).

Diferentemente do INSS, o STJ estende a regra do artigo 31 da Lei 8.213/91 ao antigo auxílio-suplementar:

Processo

EREsp 501745 / SP

EMBARGOS DE DIVERGÊNCIA EM RECURSO ESPECIAL 2003/0222794-4

Relator(a)

Ministro HAMILTON CARVALHIDO (1112)

Órgão Julgador

S3 – TERCEIRA SEÇÃO

Data do Julgamento

27/02/2008

Data da Publicação/Fonte

DJe 30/06/2008

Ementa

EMBARGOS DE DIVERGÊNCIA. PREVIDENCIÁRIO. AUXÍLIO-SUPLEMENTAR. INCLUSÃO NO CÁLCULO DO SALÁRIO-DE-CONTRIBUIÇÃO DE APOSENTADORIA. POSSIBILIDADE. EMBARGOS ACOLHIDOS.

1. "Afastada a acumulação, antecedendo o auxílio-suplementar à aposentadoria especial, o seu valor deve ser somado aos salários-de-contribuição formadores do salário-de-benefício da aposentadoria." (EREsp nº 197.037/SP, Relator Ministro Gilson Dipp, in DJ 29/5/2000).

2. Embargos de divergência acolhidos.

Vale registrar que a **regra do artigo 55, II, da Lei 8213/91 não atinge ao auxílio-acidente**, que é benefício indenizatório e que **não deverá ser considerado como tempo de contribuição**. Nesse sentido, o STJ:

Processo

REsp 1247971 / PR RECURSO ESPECIAL 2011/0079656-3

Relator(a)

Ministro NEWTON TRISOTTO (DESEMBARGADOR CONVOCADO DO TJ/SC) (8350)

Órgão Julgador

T5 – QUINTA TURMA

Data do Julgamento

28/04/2015

Data da Publicação/Fonte

DJe 15/05/2015

Ementa

PREVIDENCIÁRIO. AUXÍLIO-SUPLEMENTAR. CÔMPUTO DO TEMPO CORRESPONDENTE PARA EFEITO DE APOSENTADORIA. IMPOSSIBILIDADE. BENEFÍCIO QUE INTEGRA, MAS NÃO SUBSTITUI, O SALÁRIO-DE-CONTRIBUIÇÃO. SEGURADO QUE NÃO CONTRIBUIU PARA A PREVIDÊNCIA SOCIAL NO PERÍODO QUE PRETENDE COMPUTAR. RECURSO ESPECIAL DESPROVIDO.

1. Por força do disposto no art. 55 da Lei n. 8.213/1991, no cálculo da aposentadoria por tempo de serviço, "é possível considerar o período em que o segurado esteve no gozo de benefício por incapacidade (auxílio-doença ou aposentadoria por invalidez) para fins de carência, desde que intercalados com períodos contributivos" (AgRg no REsp 1.271.928/RS, Rel. Ministro Rogerio Schietti Cruz, Sexta Turma, julgado em 16/10/2014; REsp 1.334.467/RS, Rel. Ministro Castro Meira, Segunda Turma, julgado em 28/05/2013; AgRg no Ag 1.103.831/MG, Rel. Ministro Marco Aurélio Bellizze, Quinta Turma, julgado em 03/12/2013). **Nos termos do art. 31 da Lei n. 8.213/1991, o valor mensal do auxílio-acidente – e, por extensão, o valor do auxílio-suplementar, que foi absorvido por aquele (AgRg no REsp 1.347.167/RS, Rel. Ministro Ari Pargendler, Primeira Turma, julgado em 18/12/2012; AgRg no REsp 1.098.099/SP, Rel. Ministro Marco Aurélio Bellizze, Quinta Turma, julgado em 27/11/2012; AgRg no AREsp 116.980/SP, Rel. Ministro Mauro Campbell Marques, Segunda Turma, julgado em 03/05/2012) – "integra o salário-de-contribuição" tão somente "para fins de cálculo do salário-de-benefício de qualquer aposentadoria".**

E "serão considerados para cálculo do salário-de-benefício os ganhos habituais do segurado empregado, a qualquer título, sob forma de moeda corrente ou de utilidades, sobre os quais tenha incidido contribuições previdenciárias, exceto o décimo-terceiro salário (gratificação natalina)" (art. 29, § 3º). De acordo com o art. 214 do Decreto n. 3.048/1999, não integram o salário-de-contribuição (§ 9º) os "benefícios da previdência social, nos termos e limites legais, ressalvado o disposto no § 2º" (inc. I), ressalva relacionada com o salário-maternidade. À luz desses preceptivos legais, é forçoso concluir que não pode ser computado como tempo de serviço para fins de qualquer aposentadoria o período em que o segurado percebeu apenas o auxílio-suplementar – salvo se no período contribuiu para a previdência social.

2. Recurso especial desprovido.

Essa inovação prejudica os segurados que tenham o salário de benefício atingido o teto, após a soma do valor do auxílio-acidente com os salários de contribuição do segurado, pois antes eles podiam receber a aposentadoria até o teto e o auxílio-acidente separadamente.

Contudo, conforme o entendimento administrativo da Previdência Social, as pessoas que preencheram todos os requisitos para a concessão do auxílio-acidente antes da vigência do novo regramento, terão direito à acumulação do auxílio-acidente com a aposentadoria.

Inclusive, essa é a inteligência da redação originária da **Súmula 44**, da Advocacia-Geral da União, de 14.09.2009:

> "Súmula 44 – É permitida a cumulação do benefício de auxílio-acidente com benefício de aposentadoria quando a consolidação das lesões decorrentes de acidentes de qualquer natureza, que resulte em sequelas definitivas, nos termos do art. 86 da Lei nº 8.213/91, tiver ocorrido até 10 de novembro de 1997, inclusive, dia imediatamente anterior à entrada em vigor da Medida Provisória nº 1.596-14, convertida na Lei nº 9.528/97, que passou a vedar tal acumulação."

Entende-se que esse posicionamento da AGU não se coaduna perfeitamente com o Princípio do *Tempus Regit Actum*. É que o direito adquirido de acumular a aposentadoria com o auxílio-acidente se concretiza no momento em que o segurado preenche todos os pressupostos legais de ambos os benefícios até a vigência da MP 1.526-14, de 10.11.1997.

Assim, em termos de acumulação de benefícios previdenciários, vale a lei em vigor no momento do preenchimento dos requisitos legais do segundo benefício (aposentadoria), e não do primeiro (auxílio-acidente), pois neste momento inexiste acumulação a ser aferida.

De qualquer sorte, o tema não vinha gerando polêmicas na prática previdenciária, vez que o entendimento do INSS acabava sendo mais favorável aos segurados, conquanto criticável do ponto de vista do momento da formação do direito adquirido.

Por outro lado, o STJ está seguindo a mesma linha de pensamento aqui sustentada, conquanto seja um entendimento divergente da antiga postura da AGU e do INSS e não favorável aos segurados do RGPS, a exemplo do julgamento do Recurso Especial 1.244.257, de 13.03.2012, pela 2ª Turma:

> "PREVIDENCIÁRIO. AUXÍLIO ACIDENTE. APOSENTADORIA. CUMULAÇÃO. INVIABILIDADE. CONCESSÃO DA APOSENTADORIA POSTERIOR À VIGÊNCIA DA LEI N. 9.528/97. SÚMULA 83/STJ.
>
> 1. A redação original do art. 86 da Lei n. 8.213/91 previa que o auxílio-acidente era um benefício vitalício, sendo permitida a cumulação do referido auxílio pelo segurado com qualquer remuneração ou benefício não relacionados com o mesmo acidente.

2. O referido normativo sofreu alteração significativa com o advento da MP 1.596-14/97, convertida na Lei n. 9.528/97, que afastou a vitaliciedade do auxílio--acidente e passou expressamente a proibir a acumulação do benefício acidentário com qualquer espécie de aposentadoria do regime geral, passando a integrar o salário de contribuição para fins de cálculo da aposentadoria previdenciária.

3. A jurisprudência do STJ firmou-se no sentido de que a possibilidade de acumulação do auxílio-acidente com proventos de aposentadoria requer que a lesão incapacitante e a concessão da aposentadoria sejam anteriores às alterações promovidas pela Lei n. 9.528/97. Súmula 83/STJ.

Recurso especial não conhecido".

Aliás, o mesmo raciocínio já era perfilhado no âmbito da 3ª Seção do STJ:

"AGRAVO REGIMENTAL. PREVIDENCIÁRIO. CUMULAÇÃO. APOSENTADORIA E AUXÍLIO-SUPLEMENTAR. JUBILAÇÃO POSTERIOR À LEI N. 9.528/1997. IMPOSSIBILIDADE.

1. É firme a jurisprudência desta Terceira Seção no sentido da possibilidade de cumulação de proventos de aposentadoria com benefício de auxílio acidente, desde que a moléstia tenha eclodido antes da alteração normativa decorrente da Lei n. 9.528/1997.

2. Para correta adequação do caso concreto ao entendimento pacificado nesta Corte, é imprescindível que a aposentadoria tenha sido concedida antes da alteração normativa. Precedentes.

3. Agravo regimental improvido" (6ª Turma, AgRg no AgRg no Ag 1375680/MS, de 27/09/2011).

Portanto, ante a jurisprudência da Corte Superior, havia subsídios para a AGU reformular a redação da sua Súmula 44, a fim de apenas admitir a acumulação do auxílio-acidente com a aposentadoria por invalidez quando o segurado tornou-se inválido para o trabalho até o dia 10 de novembro de 1997, data da vigência da Medida Provisória nº 1.596-14, convertida na Lei nº 9.528/97, pois é no momento do preenchimento dos requisitos do segundo benefício (aposentadoria por invalidez) é que deverá ser aferida a possibilidade legal de cumulação.

E finalmente a Advocacia-Geral da União alterou a redação da Súmula 44, através da Súmula 65, de 05 de julho de 2012:

"Súmula 44 da AGU: Para a acumulação do auxílio-acidente com proventos de aposentadoria, a lesão incapacitante e a concessão da aposentadoria devem ser anteriores as alterações inseridas no art. 86 § 2º, da Lei 8.213/91, pela Medida Provisória nº 1.596-14, convertida na Lei nº 9.528/97".

Posteriormente, esta súmula teve a redação aperfeiçoada pela Súmula AGU 75, de 02 de abril de 2014:

Súmula 44 – "**Para a acumulação do auxílio-acidente com proventos de aposentadoria, a consolidação das lesões decorrentes de acidentes de qualquer natureza, que resulte sequelas definitivas, nos termos do art. 86 da Lei nº 8.213/91, e a concessão da aposentadoria devem ser anteriores às alterações inseridas no art. 86, § 2º da Lei nº 8.213/91, pela Medida Provisória nº 1.596-14, convertida na Lei nº 9.528/97**" *(redação dada pela Súmula AGU 75/2014).*

A redação foi ajustada porque não é a lesão incapacitante que dá direito ao auxílio-acidente, e sim a consolidação de lesão por acidente de qualquer natureza ou causa que gere sequela que repercuta na capacidade laboral para o trabalho habitual, sendo pertinente a alteração promovida pela Advocacia-Geral da União.

Evidentemente, o novo entendimento da AGU não deverá ter eficácia retroativa, em respeito ao Princípio da Segurança Jurídica e da regra do artigo 2º, inciso XIII, da Lei 9.784/99 (Lei do Processo Administrativo Federal), que aponta como critério de atuação da Administração Pública federal a "interpretação da norma administrativa da forma que melhor garanta o atendimento do fim público a que se dirige, **vedada aplicação retroativa de nova interpretação**", conservando-se as acumulações já deferidas.

Em apenas um ponto não se concorda nesta obra com a posição do STJ e da AGU. Isso porque, mesmo que a aposentadoria seja concedida após a Lei 9.528/97, caso o direito adquirido se aperfeiçoe antes da referida norma é de se permitir a acumulação.

Isto porque é no dia em que o segurado preenche os requisitos para o auxílio-acidente e qualquer aposentadoria que se há de definir o regime jurídico aplicável, e não o dia da concessão.

Valeu frisar que a jurisprudência do STJ foi cristalizada na Súmula 507, aprovada pela 1ª Seção em 26 de março de 2014:

> **"Súmula 507 – A acumulação de auxílio-acidente com aposentadoria pressupõe que a lesão incapacitante e a aposentadoria sejam anteriores a 11/11/1997, observado o critério do artigo 23 da Lei 8.213/91 para definição do momento da lesão nos casos de doença profissional ou do trabalho".**

ITEM VI:

A Previdência Social deverá **processar de ofício o benefício**, quando tiver ciência da incapacidade do segurado sem que este tenha requerido auxílio-doença, na forma do artigo 76, do RPS.

No entanto, de acordo com a Súmula 28 do Conselho de Recursos da Previdência Social (atual Enunciado 7, item VI), "não se aplica o disposto no artigo 76 do Regulamento da Previdência Social, aprovado pelo Decreto 3.048/99, para justificar a retroação do termo inicial do benefício auxílio doença requerido após o trigésimo dia do afastamento da atividade, nos casos em que a perícia médica do INSS fixar a data de início da incapacidade anterior à data de entrada do requerimento, tendo em vista que esta hipótese não implica em ciência pretérita da Previdência Social".

2.8 ENUNCIADO 8 (SEGURADOS RURAIS)

ENUNCIADO 8

O tempo de trabalho rural do segurado especial e do contribuinte individual, anterior à Lei nº 8.213/91, pode ser utilizado, independente do recolhimento das contribuições, para fins de benefícios no RGPS, exceto para carência.

I – O tempo de trabalho rural do segurado especial e do contribuinte individual, anterior à Lei nº 8.213/91, pode ser utilizado para contagem recíproca, desde que sejam indenizadas as respectivas contribuições previdenciárias.

II – A atividade agropecuária efetivamente explorada em área de até 4 módulos fiscais, individualmente ou em regime de economia familiar na condição de produtor, devidamente comprovada nos autos do processo, não descaracteriza a condição de segurado especial, independente da área total do imóvel rural.

III – O exercício de atividade urbana por um dos integrantes do grupo familiar não implica, por si só, na descaracterização dos demais membros como segurado especial, condição que deve ser devidamente comprovada no caso concreto.

IV – Quem exerce atividade rural em regime de economia familiar, além das tarefas domésticas em seu domicílio, é considerado segurado especial, aproveitando-se-lhe as provas em nome de seu cônjuge ou companheiro (a), corroboradas por outros meios de prova.

V – O início de prova material – documento contemporâneo dotado de fé pública, sem rasuras ou retificações recentes, constando a qualificação do segurado ou de membros do seu grupo familiar como rurícola, lavrador ou agricultor – deverá ser corroborado por outros elementos, produzindo um conjunto probatório harmônico, robusto e convincente, capaz de comprovar os fatos alegados.

VI – Não se exige que o início de prova material corresponda a todo o período equivalente à carência do benefício, porém deve ser contemporâneo à época dos fatos a provar, inclusive podendo servir de começo de prova documento anterior a este período.

COMENTÁRIOS (*CAPUT*):

A figura do segurado especial surgiu somente com a Lei 8.213/91 e do contribuinte individual com a Lei 9.876/99, sendo atécnico em período rural nesta condição anterior à vigência da Lei 8.213/91.

O Enunciado 8 se refere ao período do trabalhador rural prestado no Pro-Rural anterior à vigência da Lei 8.213/91, que pode ser considerado como tempo de contribuição, mas não poderá ser computado para período de carência da antiga aposentadoria por tempo de contribuição, nos termos do artigo 55, §2º, da Lei 8.213/91.

Nesse sentido, para fins de concessão dos benefícios do RGPS, **o tempo de serviço prestado pelo trabalhador rural anteriormente à competência novembro**

de 1991 será reconhecido, desde que devidamente comprovado[28], independentemente de indenização, pois é respeitado o regramento da época, **salvo para fins de carência**, a teor do §2º, do artigo 55, da Lei 8.213/91:

> "2º O tempo de serviço do segurado trabalhador rural, anterior à data de início de vigência desta Lei, será computado independentemente do recolhimento das contribuições a ele correspondentes, **exceto para efeito de carência**, conforme dispuser o Regulamento".

Esse é o entendimento uniforme do STJ[29] e da **Súmula 24 da TNU:**

> "**Súmula 24** – O tempo de serviço do segurado trabalhador rural anterior ao advento da Lei nº 8.213/91, sem o recolhimento de contribuições previdenciárias, pode ser considerado para a concessão de benefício previdenciário do Regime Geral de Previdência Social (RGPS), exceto para efeito de carência, conforme a regra do art. 55, §2º, da Lei nº 8.213/91".

Isto porque se trata do tempo de serviço prestado à Previdência Social Rural, regulada pela revogada Lei Complementar 11/1971, em que não era necessário o efetivo recolhimento da contribuição ao FUNRURAL, optando o legislador em considerar esse período como tempo de serviço para fins de concessão da aposentadoria por tempo de contribuição, ressalvada a sua não contagem no período de carência.

No entanto, para o STJ, que flexibiliza a vedação legal, **no caso do empregado rural a situação jurídica é diversa**. Isso porque, mesmo no regime previdenciário anterior, a teor do artigo 15[30], da LC 11/1971, cabia ao empregador rural o recolhimento da contribuição previdenciária ou ao adquirente da produção fazê-lo, de modo que o tempo rural anterior à competência de novembro de 1991 do empregado rural será computado para fins de carência, haja vista a restrição do mencionado §2º se voltar apenas ao produtor rural, e não ao empregado rural.

Logo, entende-se ser razoável excluir ao menos o segurado empregado rural da dura restrição contida no §2º do artigo 55, da Lei 8.213/91, que veda o uso do antigo tempo de serviço rural para fins de carência, conquanto exista vedação legal direta.

---

28. Artigo 123, do RPS.
29. AR 3.629, de 23.06.2008.
30. Art. 15. Os recursos para o custeio do Programa de Assistência ao Trabalho Rural provirão das seguintes fontes:
I – Da contribuição de 2% (dois por cento) devida pelo produtor, sôbre o valor comercial dos produtos rurais, e recolhida:
a) pelo adquirente, consignatário ou cooperativa que ficam sub-rogados, para êsse fim, em todas as obrigações do produtor;
b) pelo produtor, quando êle próprio industrializar seus produtos ou vendê-los, no varejo, diretamente ao consumidor.

Nesse sentido, o STJ:

> "INFORMATIVO 532- DIREITO PREVIDENCIÁRIO. TEMPO DE SERVIÇO/CONTRIBUIÇÃO ANTERIOR À LEI 8.213/1991. RECURSO REPETITIVO (ART. 543-C DO CPC E RES. 8/2008-STJ).
>
> É possível a concessão de aposentadoria por tempo de serviço/contribuição mediante o cômputo de atividade rural com registro em carteira profissional em período anterior ao advento da Lei 8.213/1991 para efeito da carência exigida pela Lei de Benefícios. De fato, estabelece o § 2º do art. 55 da Lei 8.213/1991 que "o tempo de serviço do segurado trabalhador rural, anterior à data de início de vigência desta Lei, será computado independentemente do recolhimento das contribuições a ele correspondentes, exceto para efeito de carência, conforme dispuser o Regulamento". **Entretanto, não ofende o citado dispositivo o reconhecimento do tempo de serviço exercido por trabalhador rural registrado em carteira profissional para efeito de carência, tendo em vista que o empregador rural, juntamente com as demais fontes previstas na legislação de regência, eram os responsáveis pelo custeio do fundo de assistência e previdência rural (FUNRURAL). Assim, o trabalhador rural não pode ser responsabilizado pela comprovação do recolhimento das contribuições vertidas ao fundo.** Ademais, na atual legislação, o parágrafo único do art. 138 da Lei 8.213/1991 expressamente considera o tempo de contribuição devido aos regimes anteriores a sua vigência. Por fim, o art. 63 da Lei 4.214/1963 (Estatuto do Trabalhador Rural) determinava que os contratos de trabalhos, se constantes de anotações em carteira profissional, não poderiam ser contestados. Precedente citado: REsp 554.068-SP, Quinta Turma, DJ 17/11/2003. REsp 1.352.791-SP, Rel. Min. Arnaldo Esteves Lima, julgado em 27/11/2013".

Nesse mesmo sentido, a TNU não vem aplicando a sua Súmula 24 ao empregado rural do Pró-Rural, conforme notícia publicada no sítio da Justiça Federal:

> **Tempo de serviço do segurado empregado rural antes de 1991 deve ser reconhecido para fins de carência**
>
> **Decisão TNU**
>
> por publicado: 30/11/2017 10h23 última modificação: 30/11/2017 10h25
>
> A Turma Nacional de Uniformização dos Juizados Especiais Federais (TNU) reafirmou a tese que permite, para efeito de carência, o reconhecimento do tempo de serviço exercido por trabalhador rural, com registro na carteira profissional, em período anterior à Lei nº 8.213/91. O julgamento foi realizado no dia 22 de novembro, em Fortaleza, na sede da Seção Judiciária do Ceará. Em razão de tal entendimento, entendeu ainda o Colegiado ser necessária uma nova interpretação da Súmula 24 da TNU, de modo a excluir de seu escopo o trabalhador empregado rural com registro em CTPS, permitindo, neste caso, que o tempo de serviço de anterior ao advento da Lei nº 8.213/91 seja considerado para efeito de carência, independente da comprovação do recolhimento das contribuições previdenciárias.

A decisão ocorreu durante o julgamento de um recurso apresentado pelo Instituto Nacional do Seguro Social (INSS) contra um acórdão da Terceira Turma Recursal de Minas Gerais, que reconheceu, para fins de carência, o tempo em que o autor da ação manteve a condição de trabalhador rural empregado antes do advento da Lei nº 8.213/91. No pedido de uniformização de jurisprudência, o INSS defendia que a decisão estaria em desconformidade ao disposto no art. 55, §2º da referida Lei, que diz que "O tempo de serviço do segurado trabalhador rural, anterior à data de início de vigência desta Lei, será computado independentemente do recolhimento das contribuições a ele correspondentes, exceto para efeito de carência, conforme dispuser o Regulamento".

A relatora do processo na TNU, juíza federal Gisele Chaves Sampaio Alcântara, reconheceu o incidente de uniformização, mas negou a pretensão da autarquia previdenciária. Para a magistrada, a interpretação literal da legislação, conforme apontado pelo INSS, foi afastada após o julgamento pela Primeira Seção do Superior Tribunal de Justiça (STJ) do REsp 1352791/SP, que passou a nortear os julgados da TNU.

"Nos autos daquele repetitivo, firmou a Corte o entendimento de que não ofende o § 2º do art. 55 da Lei nº 8.213/91 o reconhecimento do tempo de serviço exercido por trabalhador rural registrado em carteira profissional para efeito de carência, tendo em vista que o empregador rural, juntamente com as demais fontes previstas na legislação de regência, eram os responsáveis pelo custeio do fundo de assistência e previdência rural (FUNRURAL)", afirmou a relatora em seu voto.

O entendimento da juíza federal foi acompanhado à unanimidade pelo Colegiado da TNU. O processo foi julgado como representativo da controvérsia, para que o mesmo entendimento seja aplicado a casos semelhantes.

Processo nº 0000804-14.2012.4.01.3805

Desse modo, **o Enunciado 8 do CRPS está alinhado à jurisprudência do STJ, excluindo o empregado rural da vedação do artigo 55, §2º, da Lei 8.213/91.**

A PGF editou o Parecer Referencial **n. 00002/2019/DEPCONT/PGF/AGU:**

> **PROCESSUAL CIVIL. PREVIDENCIÁRIO. APLICAÇÃO DO ARTIGO 3º, INCISOS I E IX, DA PORTARIA AGU Nº 488, DE 2016. RECURSO ESPECIAL REPETITIVO Nº 1.352.791/SP. PEDIDO DE UNIFORMIZAÇÃO DE JURISPRUDÊNCIA N.º 0000804-14.2012.4.01.3805, JULGADO PELA TURMA NACIONAL DE UNIFORMIZAÇÃO, COMO REPRESENTATIVO DE CONTROVÉRSIA. APOSENTADORIA POR TEMPO DE SERVIÇO/CONTRIBUIÇÃO. AVERBAÇÃO DE TEMPO DE SERVIÇO RURAL COM REGISTRO EM CARTEIRA DE TRABALHO. DESNECESSIDADE DE RECOLHIMENTO, PARA EFEITO DE CARÊNCIA.**

Vale registrar que não existe impedimento normativo para considerar o período rural anterior à vigência da Lei 8.213/91 (Pró-rural) para a carência da aposentadoria por idade, inclusive a híbrida, vez que o impedimento existente se direciona apenas à aposentadoria por tempo de contribuição.

Isso porque a regra de vedação do artigo 55, §2º[31], da Lei 8.213/91 trata apenas do benefício de aposentadoria por tempo de contribuição, que não era assegurado aos trabalhadores rurais na Previdência Rural, não se direcionando à carência da aposentadoria por idade.

Eis a correta posição da TNU:

> "PEDIDO DE UNIFORMIZAÇÃO INTERPOSTO PELA PARTE AUTORA. PREVIDENCIÁRIO. APOSENTADORIA POR IDADE HÍBRIDA. PREENCHIMENTO DOS REQUISITOS LEGAIS. IDADE E PERÍODO DE CARÊNCIA. TEMA 131 DA TNU. ANULAÇÃO DO JULGADO. QUESTÃO DE ORDEM N. 20. INCIDENTE PROVIDO. 1. Prolatado acórdão pela Turma Recursal de Santa Catarina, o qual manteve a sentença que julgou improcedente o pedido em função da parte autora não ter demonstrado que o último vínculo de trabalho era rural. 2. Interposto incidente de uniformização pela Ré, com fundamento no art. 14, § 2º, da Lei nº 10.259/2001. Alega, em síntese, a divergência do julgado com o posicionamento predominante que afasta a exigência do exercício da atividade rural imediatamente anterior ao cumprimento do requisito etário, podendo ser aceito o exercício da atividade urbana. 3. Incidente admitido na origem, sendo os autos encaminhados à TNU e distribuídos a este Relator, por ocasião do mutirão. 4. Nos termos do art. 14, § 2º, da Lei nº 10.259/01, o pedido de uniformização nacional de jurisprudência é cabível quando houver divergência entre decisões sobre questões de direito material proferidas por turmas recursais de diferentes regiões ou em contrariedade à súmula ou jurisprudência dominante da Turma Nacional de Uniformização ou do Superior Tribunal de Justiça. 5. No caso dos autos, tanto a sentença como o acórdão recorrido entenderam que o exercício da atividade urbana no período imediatamente anterior ao requerimento do benefício impede a sua concessão. De outro lado, o acórdão paradigma aponta a para a desnecessidade de que a atividade laborativa que precede o requerimento administrativo ou o preenchimento do requisito etário seja exclusivamente a atividade rural, podendo ser aceita para a concessão da aposentadoria por idade híbrida a atividade urbana. Nesse cenário, resta claro a dissonância jurisprudencial entre o acórdão recorrido e o paradigma. 6. Conheço, pois, do incidente e passo ao exame do mérito. 7. A TNU afetou a matéria aos temas Representativos de Controvérsia, tema 131, cuja tese firmada é a seguinte: **"Para a concessão da aposentadoria por idade híbrida ou mista, na forma do art. 48, § 3º, da Lei n. 8.213/91, cujo requisito etário é o mesmo exigido para a aposentadoria por idade urbana, é irrelevante a natureza rural ou urbana da atividade exercida pelo segurado no período imediatamente anterior à**

31. § 2º O tempo de serviço do segurado trabalhador rural, anterior à data de início de vigência desta Lei, será computado independentemente do recolhimento das contribuições a ele correspondentes, **exceto para efeito de carência**, conforme dispuser o Regulamento.

implementação do requisito etário ou ao requerimento do benefício. Ainda, não há vedação para que o tempo rural anterior à Lei 8.213/91 seja considerado para efeito de carência, mesmo que não verificado o recolhimento das respectivas contribuições." 8. Incidente conhecido e provido para reafirmar a tese no sentido de que, para fins de concessão de aposentadoria por idade híbrida é indiferente que a atividade desempenhada pelo trabalhador quando do preenchimento do requisito etário ou do requerimento administrativo seja o trabalho rural ou urbano. Por consequência, o feito deve retornar ao juízo a quo para a consequente análise das provas, conforme a Questão de Ordem nº 20/TNU, fiel a tese apresentada" **(PEDILEF 50014771320144047217, DOU de 23/3/2017).**

ITEM I:

Na forma do artigo 123, combinado com o artigo 127, V, ambos do RPS, para fins de *contagem recíproca*, ou seja, de consideração em RPPS, **o tempo de serviço prestado pelo trabalhador rural anteriormente à competência novembro de 1991 será reconhecido apenas se houver indenização ao INSS.**

Por sua vez, o STJ vem validando essa exigência:

"AGRAVO REGIMENTAL EM RECURSO ESPECIAL. CONTAGEM RECÍPROCA DO TEMPO DE ATIVIDADE RURAL. INDENIZAÇÃO. NECESSIDADE. **1. A jurisprudência da Terceira Seção do Superior Tribunal de Justiça é firme no sentido de que ser imperiosa a indenização ao Regime Geral de Previdência Social do período exercido na atividade rural, anterior à filiação obrigatória, para cômputo em regime próprio de servidor público**. 2. Agravo regimental improvido" (AGREsp 958.190, de 04.08.2008).

Informativo 624 – RECURSOS REPETITIVOS	
PROCESSO	REsp 1.682.678-SP, Rel. Min. Og Fernandes, Primeira Seção, por unanimidade, julgado em 25/04/2018, DJe 30/04/2018 (Tema 609)
RAMO DO DIREITO	DIREITO PREVIDENCIÁRIO
TEMA	Tempo de serviço. Servidor público. Contagem recíproca. Trabalho rurícola prestado em período anterior à vigência da Lei n. 8.213/1991. Direito à expedição de certidão. Cômputo do tempo. Exigência de recolhimento das contribuições previdenciárias. Indenização na forma prevista pelo art. 96, IV, da Lei n. 8.213/1991. Tema 609.
DESTAQUE	
O segurado que tenha provado o desempenho de serviço rurícola em período anterior à vigência da Lei n. 8.213/1991, embora faça jus à expedição de certidão nesse sentido para mera averbação nos seus assentamentos, somente tem direito ao cômputo do aludido tempo rural, no respectivo órgão público empregador, para contagem recíproca no regime estatutário se, com a certidão de tempo de serviço rural, acostar o comprovante de pagamento das respectivas contribuições previdenciárias, na forma da indenização calculada conforme o dispositivo do art. 96, IV, da Lei n. 8.213/1991.	

INFORMAÇÕES DO INTEIRO TEOR
De início, tem-se que, reconhecido o tempo de serviço rural, não pode o Instituto Nacional do Seguro Social – INSS se recusar a cumprir seu dever de expedir a certidão de tempo de serviço. O direito à certidão simplesmente atesta a ocorrência de um fato, seja decorrente de um processo judicial (justificação judicial), seja por força de justificação de tempo de serviço efetivada na via administrativa, sendo questão diversa o efeito que essa certidão terá para a esfera jurídica do segurado. No entanto, ainda que seja direito do segurado a expedição de certidão comprobatória do tempo de serviço rurícola prestado anteriormente à vigência da Lei n. 8.213/1991, o cômputo do tempo laborado, para efeito de contagem recíproca, não se revela de forma automática. Destarte, apesar de o art. 94 da Lei n. 8.213/1991 assegurar a contagem recíproca, a legislação, a seguir, em seu art. 96, exigiu fossem recolhidas as contribuições previdenciárias, na forma de indenização, até mesmo para fazer cumprir o mandamento da compensação de regimes. Registre-se que o tratamento entre regimes diferenciados (RPPS e RGPS) não pode ser igual, porque possuem fontes de custeio e formas de cálculo dos benefícios diversos. Ainda que assim não fosse, o caso é de contagem recíproca, o que difere em tudo da mera contagem de tempo dentro de um mesmo regime de Previdência. Assim, na forma da jurisprudência consolidada do STJ, "nas hipóteses em que o servidor público busca a contagem de tempo de serviço prestado como trabalhador rural para fins de contagem recíproca, é preciso recolher as contribuições previdenciárias pertinentes que se buscam averbar, em razão do disposto nos arts. 94 e 96, IV, da Lei 8.213/1991".

Este também é posicionamento do STF, noticiado por intermédio do Informativo 587:

> "**Contagem Recíproca do Tempo de Serviço Rural e Recolhimento de Contribuições**
>
> Conforme disposto no § 9º do art. 201 da CF ("Para efeito de aposentadoria, é assegurada a contagem recíproca do tempo de contribuição na administração pública e na atividade privada, rural e urbana, hipótese em que os diversos regimes de previdência social se compensarão financeiramente, segundo critérios estabelecidos em lei."), **a contagem recíproca do tempo de serviço rural pressupõe ter havido o recolhimento das contribuições previdenciárias**. Com base nesse entendimento, o Tribunal, por maioria, indeferiu mandado de segurança impetrado contra ato do Tribunal de Contas da União – TCU, que julgara ilegal a aposentadoria do impetrante, pelo fato de ter sido computado o tempo de serviço rural sem a comprovação do recolhimento das contribuições ao INSS. Vencidos os Ministros Dias Toffoli, Eros Grau e Ayres Britto que concediam a ordem. Tendo em conta que o impetrante comprovara que fora trabalhador rural e que, naquele período, a legislação impunha a contribuição sobre a produção da venda da propriedade rural, do produtor rural, reputavam que, no caso concreto, o TCU exigira uma prova impossível de o impetrante fazer, porque isso não era obrigação dele, mas do produtor rural. Precedente citado: MS 26919/DF (DJE de 23.5.2008). MS 26872/DF, rel. Min. Marco Aurélio, 19.5.2010. (MS-26872)"

No mesmo caminho o entendimento sumulado do Tribunal de Contas da União:

> "**Súmula 268** – O tempo de atividade rural somente poderá ser averbado para fins de aposentadoria no serviço público se recolhidas as respectivas contribuições previdenciárias na época própria ou, posteriormente, de forma indenizada".

A TNU também possui o mesmo entendimento:

> "**Súmula 10** – O tempo de serviço rural anterior à vigência da Lei nº. 8.213/91 pode ser utilizado para fins de contagem recíproca, assim entendida aquela que soma tempo de atividade privada, rural ou urbana, ao de serviço público estatutário, desde que sejam recolhidas as respectivas contribuições previdenciárias".

ITEM II:

O Enunciado 8 diverge da posição do INSS, **permitindo que haja o enquadramento como segurado especial mesmo que o prédio rústico do produtor rural agropecuária tenha mais de 4 módulos fiscais, desde que a área efetivamente explorada não ultrapasse a essa dimensão.**

Em regra, no caso do **produtor rural que explore atividade agrícola ou pecuária**, apenas será considerado como segurado especial aquele cujo **prédio rústico** tenha área equivalente a **até 04 módulos fiscais**, pois a exploração em terra com dimensão maior afasta a caracterização da atividade familiar de subsistência.

O módulo fiscal varia de acordo com a produtividade da terra em número de hectares. Dessa forma, quanto mais produtiva a terra for, 1 módulo fiscal terá um número menor de hectares, ao passo que, em áreas pouco produtivas, o número de hectares por módulo fiscal será bem maior.

Eis alguns exemplos de municípios no Estado da Bahia (Tabela 1).

Veja-se que no Município de Abaíra, um módulo fiscal possui 65 hectares, ao passo que no Município de Almadina um módulo fiscal terá 20 hectares. Esse dado em todos os municípios do Brasil é fixado pelo INCRA e pode ser obtida a tabela nacional no seguinte link: http://www.incra.gov.br/tabela-modulo-fiscal.

Contudo, esta limitação de área apenas se aplica para o tempo rurícola após 23.06.2008, data da vigência da Lei 11.718/2008, nos termos do artigo 20 da Instrução Normativa INSS 77/2015, pois a lei nova material não poderá reger relações pretéritas em prejuízo do segurado, ante a inexistência de limites no regramento pretérito.

Considera-se como **pequena propriedade ou posse rural familiar** aquela explorada mediante o trabalho pessoal do agricultor familiar e empreendedor familiar rural, incluindo os assentamentos e projetos de reforma agrária, e que atenda ao disposto no artigo 3.º, da Lei 11.326, de 24 de julho de 2006 (Política Nacional da Agricultura Familiar e Empreendimentos Familiares Rurais), que exige que o imóvel rural seja de até **quatro módulos fiscais**, dentre outros requisitos.[32]

32. "Utilize predominantemente mão de obra da própria família nas atividades econômicas do seu estabelecimento ou empreendimento; tenha percentual mínimo da renda familiar originada de atividades econômicas do seu estabelecimento ou empreendimento, na forma definida pelo Poder Executivo; dirija seu estabelecimento ou empreendimento com sua família".

O módulo fiscal variará de acordo com a região do Brasil, conforme as instruções normativas especiais editadas pelo INCRA[33], sendo também utilizado para o cálculo do Imposto Territorial Rural.

Antes da Lei 11.718/08, inexistia uma dimensão máxima do imóvel rural, tendo sido editada a **Súmula 30, da TNU**, que dispõe:

Tabela 1

SISTEMA NACIONAL DE CADASTRO RURAL

ÍNDICES BÁSICOS DE 2013

Relação Alfabética — **SR 05 - BAHIA**

UNIDADE GEOGRÁFICA			ZP	MOD. FISC. (ha)	ZTM IE 50/97	FMP (ha)	LIM. EST. (ha)	SITUAÇÃO CADASTRAL		SUPER. TERRIT. (km²)	ÁREAS ESPECIAIS
CÓDIGO MUNICÍPIO	NOME DO MUNICÍPIO	MRG						IMÓVEIS	ÁREA (ha)		
UF - BAHIA											
2900108	ABAÍRA	023	4	65	B3-6	4	90	1.626	20.960,1	530,3	S
2900306	ACAJUTIBA	017	3	30	A2-2	2	30	721	13.989,2	180,2	
2900405	ÁGUA FRIA	012	3	60	A2-2	2	30	1.240	29.394,4	661,9	S, PA
2900603	AIQUARA	024	3	35	A2-2	2	30	245	14.637,8	159,7	S
2900702	ALAGOINHAS	017	3	30	A2-2	2	30	2.510	70.304,5	752,4	ZM, PA
2900801	ALCOBAÇA	032	3	35	A2-2	2	30	2.296	144.922,3	1.481,3	L, PA, ZM
2900900	ALMADINA	031	2	20	A2-2	2	30	176	21.059,7	251,1	ZM, PA
2901007	AMARGOSA	024	3	35	A2-2	2	30	2.070	43.268,5	463,2	S, ZM
2901106	AMÉLIA RODRIGUES	019	2	30	A3-3	3	45	579	11.675,4	173,5	ZM
2901155	AMÉRICA DOURADA	009	4	65	B3-6	4	90	448	31.697,9	837,7	S, PA
2901205	ANAGÉ	028	3	35	A2-2	2	30	2.284	113.737,5	1.947,5	S
2901304	ANDARAÍ	023	4	65	B3-6	4	90	631	109.020,0	1.861,7	S, PA
2901353	ANDORINHA	008	4	65	B3-6	4	90	972	46.592,5	1.247,6	S, PA
2901403	ANGICAL	002	4	65	B3-6	4	90	1.857	169.793,4	1.528,3	PA

> "**Súmula 30** – Tratando-se de demanda previdenciária, o fato de o imóvel ser superior ao módulo rural não afasta, por si só, a qualificação de seu proprietário como segurado especial, desde que comprovada, nos autos, a sua exploração em regime de economia familiar".

Conquanto a referida Súmula ainda não tenha sido cancelada, entende-se que ela não mais subsiste com o advento do novo regramento, pois o legislador fixou a área máxima de 04 módulos fiscais para que haja o enquadramento do trabalhador rural que explore atividade agropecuária como segurado especial.

Questão interessante que ocorre especialmente na Região Norte é a existência de lavradores em regime de subsistência que possuem imóveis rurais com dimensão superior a 4 módulos fiscais e que exercem atividades agropecuárias em pequenas áreas, muito inferiores a 4 módulos fiscais.

Isso acontece, por exemplo, no Estado do Tocantins, através da expedição de títulos pelo Governo de Goiás (antes da divisão do Estado de Goiás) gratuitamente

33. A exemplo da INSTRUÇÃO ESPECIAL/INCRA/Nº 20, DE 28 DE MAIO DE 1980.

em áreas de médio porte, mas que os produtores rurais apenas exploram pequenas partes.

Outra situação que se verifica é quando o imóvel rural possui dimensão total acima de 4 módulos fiscais, mas a área agricultável é pequena, quer pelo tipo de vegetação, existência de morros, pedras ou mesmo pela seca em áreas não irrigáveis.

Há casos também em que são inúmeros lavradores do mesmo grupo familiar que apresentam o mesmo documento de terra que ultrapassa a 4 módulos fiscais, mas que, se fosse dividida a terra pelo número de produtores rurais, cada quinhão será bem inferior a 4 módulos fiscais.

A questão posta é a seguinte: o critério que limita o imóvel rural do segurado especial a 4 módulos fiscais é totalmente inflexível, ou, em situações muito excepcionais, poderá ser flexibilizado?

Acredita-se que, muito excepcionalmente, em terras de baixo valor venal, que se enquadrem como médias propriedades (acima de 4 e até 15 módulos fiscais), em que fique demonstrado pelo segurado que a área explorada não ultrapassa a 4 módulos fiscais e que o regime realmente é de subsistência, não gerando significativa renda pela venda da produção e não existindo trabalhadores permanentemente contratados, será possível considerar a qualidade de segurado especial.

Isso porque a regra do artigo 11, inciso VII, letra A, da Lei 8.213/91, inserida pela Lei 11.718/2008, deve ser interpretada teleologicamente, não havendo apenas um critério absoluto para a caracterização do segurado especial produtor rural.

Aliás, prova disso é que há produtores rurais cujo imóvel não supera a 4 módulos fiscais e que não são filiados como segurados especiais, quer pela contratação permanente de trabalhadores, quer pela renda anual gerada pela venda da produção ser vultosa, incompatível com o regime de subsistência.

E veja que o próprio texto da Lei 8.213/91 aduz que é segurado especial o "produtor, seja proprietário, usufrutuário, possuidor, assentado, parceiro ou meeiro outorgados, comodatário ou arrendatário rurais, **que explore atividade agropecuária em área de até 4 (quatro) módulos fiscais**".

O texto legal não chega ao ponto de vedar a filiação do segurado especial quando o prédio rústico possuir dimensão superior a 4 módulos fiscais, e sim limita a exploração da atividade agropecuária em área de até 4 módulos fiscais.

Existe uma linha de jurisprudência dos Tribunais Regionais Federais que tem tomado por absoluto o critério de área de até 4 módulos fiscais para a filiação do produtor rural na condição de segurado especial:

> "PREVIDENCIÁRIO. PROCESSUAL CIVIL. PENSÃO POR MORTE. GRANDE PROPRIEDADE RURAL. AUSÊNCIA DA QUALIDADE DE SEGURADO ESPECIAL DO FALECIDO. SENTENÇA DE PROCEDÊNCIA REFORMADA.

1. O benefício de pensão por morte de trabalhador pressupõe: a) óbito do instituidor que mantinha a condição de segurado; b) qualidade de dependente; e c) dependência econômica (art. 74 da Lei 8.213/91). 2. A Lei nº 8.213/91 enquadra como segurado especial a pessoa física residente no imóvel rural ou em aglomerado urbano ou rural próximo a ele que, individualmente ou em regime de economia familiar, ainda que com o auxílio eventual de terceiros, na condição de: produtor, seja proprietário, usufrutuário, possuidor, assentado, parceiro ou meeiro outorgados, comodatário ou arrendatário rurais, que explore atividade agropecuária em área de até 4 (quatro) módulos fiscais, entendendo-se como regime de economia familiar a atividade em que o trabalho dos membros da família é indispensável à própria subsistência e ao desenvolvimento socioeconômico do núcleo familiar e é exercido em condições de mútua dependência e colaboração, sem a utilização de empregados permanentes. **3. O tamanho da propriedade rural do falecido, com 6,90 módulos fiscais, descaracteriza o regime de economia familiar que o legislador buscou amparar.** 4. A parte autora deverá arcar com o pagamento das custas processuais e dos honorários de advogado fixados em R$ 937,00 (novecentos e trinta e sete reais), cuja exigibilidade ficará suspensa nos moldes do art. 12 da Lei nº 1.060/50.5. 5. A coisa julgada opera *secundum eventum litis* ou *secundum eventum probationis*, permitindo a renovação do pedido ante novas circunstâncias ou novas provas. 6. Apelação e remessa oficial providas para julgar improcedente o pedido inicial" **(TRF 1ª Região, APELAÇÃO 00192732320154019199, de 22/9/2017).**

"PREVIDENCIÁRIO. APOSENTADORIA POR IDADE. TRABALHADOR RURAL. REGIME DE ECONOMIA FAMILIAR NÃO CARACTERIZADO. AUSÊNCIA DA QUALIDADE DE SEGURADO ESPECIAL. IMPOSSIBILIDADE DE DEFERIMENTO DO BENEFÍCIO. APELAÇÃO DESPROVIDA. 1. A concessão do benefício de aposentadoria por idade (trabalhador rural), conforme disposto nos arts. 48, §§1º e 2º, e 143, da Lei 8.213/91, condiciona-se à verificação do requisito etário, 60 anos para homens e 55 anos para mulheres, associado à demonstração do efetivo exercício da atividade rural por tempo equivalente ao da carência do benefício pretendido (180 contribuições mensais), observada a regra de transição prevista no art. 142 do mencionado diploma legal, desde que o período seja imediatamente anterior à data do requerimento, ainda que o serviço tenha sido prestado de forma descontínua. Quanto à atividade rural exercida, esta deve ser demonstrada mediante início razoável de prova material, coadjuvada de prova testemunhal coerente e robusta, ou prova documental plena, não sendo admissível a prova exclusivamente testemunhal. 2. No caso dos autos, o demandante completou 60 anos em 11/setembro/2012 (fl. 11), correspondendo o período de carência, portanto, a 180 meses. Entretanto, em que pese o cumprimento do requisito etário, não há como reconhecer o direito pleiteado. 3. Embora a prova testemunhal confirme a dedicação do autor à atividade rural, não há referência clara e específica ao regime de economia familiar (fls. 69/70). De fato, além de consignar que a esposa do requerente é "professora" e reside em zona urbana, as atividades descritas em audiência mostram-se incompatíveis com o labor rural em regime de subsistência. 4. **Ademais, os documentos**

acostados às fls. 17/19 e 21 demonstram que a propriedade do genitor – local onde o requerente exerce a lida rural – possui área superior ao limite legal de 4 (quatro) módulos fiscais. De ver, ainda, que o contrato de arrendamento com firma reconhecida em 30/maio/2012 (fls. 14/15) mostra-se inservível para testificação da atividade rural pelo lapso temporal exigido, posto que se refere a período posterior ao implemento do requisito etário – 30/maio/2012 a 30/maio/2022. 5. As provas carreadas aos autos autorizam a presunção de que não se trata de trabalhador que possa ser qualificado como segurado especial, e sim de médio produtor rural, restando, em consequência, excogitada a referida proteção dispensada pela legislação previdenciária. 6. Improcedência dos pedidos mantida. Apelação desprovida" **(TRF 1ª Região, 1ª CÂMARA REGIONAL PREVIDENCIÁRIA DA BAHIA, APELAÇÃO 00252174020144019199, de 4/8/2017).**

"PREVIDENCIÁRIO. APOSENTADORIA POR IDADE. TRABALHADOR RURAL. QUALIDADE DE SEGURADA ESPECIAL NÃO DEMONSTRADA. IMPOSSIBILIDADE DE DEFERIMENTO DO BENEFÍCIO. APELAÇÃO DESPROVIDA. 1. A concessão do benefício de aposentadoria por idade (trabalhador rural), conforme disposto nos arts. 48, §§1º e 2º, e 143, da Lei 8.213/91, condiciona-se à verificação do requisito etário, 60 anos para homens e 55 anos para mulheres, associado à demonstração do efetivo exercício da atividade rural por tempo equivalente ao da carência do benefício pretendido (180 contribuições mensais), observada a regra de transição prevista no art. 142 do mencionado diploma legal, desde que o período seja imediatamente anterior à data do requerimento, ainda que o serviço tenha sido prestado de forma descontínua. Quanto à atividade rural exercida, esta deve ser demonstrada mediante início razoável de prova material, coadjuvada de prova testemunhal coerente e robusta, ou prova documental plena, não sendo admissível a prova exclusivamente testemunhal. 2. Rememore-se que a Lei 8.213/91, em seu art. 11, VII, define o segurado especial como "a pessoa física residente no imóvel rural ou em aglomerado urbano ou rural próximo a ele que, individualmente ou em regime de economia familiar, ainda que com o auxílio eventual de terceiros", explora atividade agropecuária em área de até 4 (quatro) módulos fiscais, além de estabelecer, no §1º, que "entende-se como regime de economia familiar a atividade em que o trabalho dos membros da família é indispensável à própria subsistência e ao desenvolvimento socioeconômico do núcleo familiar e é exercido em condições de mútua dependência e colaboração, sem a utilização de empregados permanentes". 3. No caso, a demandante completou 55 anos em 10/dezembro/1983 (fl. 11), correspondendo o período de carência, portanto, a 60 meses. Em análise da qualidade de segurado, todavia, a prova reunida, ainda quando capaz de configurar início de prova material (v. Certidão de Casamento à fl. 13) e de demonstrar o cumprimento do requisito etário, é inservível para o fim de comprovar a qualidade de segurada especial. **4. Os Certificados de Cadastro de Imóvel Rural acostados às fls. 18/22 dão conta de que a propriedade da demandante – "Fazenda Rio de Janeiro" – enquadra-se na classificação de "média propriedade", correspondendo a 5,18 módulos fiscais, circunstância que impede, por si só, o seu**

enquadramento como segurada especial, haja visto ser proprietária de imóvel rural com área superior a 4 (quatro) módulos fiscais (v. art. 11, VII, "a", da Lei 8.213/91). 5. Ademais, milita em desfavor da pretensão autoral o fato da testemunha MARÇAL DE OLIVEIRA LEMOS ter afirmado "... que a autora ajudava seu esposo na lida doméstica", e que "... nunca viu o marido da autora com enxada na mão" (fl. 91), declarações que não condizem com a alegada condição de segurada especial. Assim, não faz jus a postulante ao benefício de aposentadoria rural, à falta da comprovação da qualidade de segurada especial. 6. Improcedência da ação mantida. Apelação desprovida" **(TRF 1ª Região, 1ª CÂMARA REGIONAL PREVIDENCIÁRIA DA BAHIA, APELAÇÃO 00118017320124019199, de 26/5/2017).**

"PREVIDENCIÁRIO. APOSENTADORIA POR IDADE RURAL. AFASTADA A QUALIDADE DE SEGURADO ESPECIAL. CONTRIBUINTE INDIVIDUAL. BENEFÍCIO CONDICIONADO À CUMPRIMENTO DE CARÊNCIA, MEDIANTE RECOLHIMENTO DE CONTRIBUIÇÃO PREVIDENCIÁRIA. 1. **A extensão das 3 (três) propriedades rurais sob titularidade do companheiro da requerente, constantes do CAFIR – Cadastro de Imóveis Rurais, suplantam o limite de 4,0 (quatro) módulos fiscais previstos pelo artigo 11, VII, a, 1, da Lei 8.213/91, totalizando 6,0 (seis) módulos fiscais.** 2. Por se tratar de um benefício de índole premial (que independe de contribuição) e com redução de 5 (cinco) anos no critério idade, o benefício de aposentadoria no valor de 1 (um) salário mínimo, destinado ao segurado especial rural hipossuficiente não prescinde de percuciente análise nos requisitos de concessão, sob pena de se onerar indevidamente os já combalidos cofres da previdência social, majorando-se o risco de privá-lo dos recursos necessários para fazer frente aos pagamentos efetivamente devidos. 3. A parte autora é, na verdade, produtora rural e, portanto, contribuinte individual, tal e qual previsto no artigo 11, V, a, da Lei 8.213/91. Para fazer jus ao benefício de aposentadoria, exige- se a comprovação da carência, vale dizer, do recolhimento de contribuições previdenciárias pelo interregno legal. No entanto, de tal ônus não se desincumbiu, à luz do artigo 373, I, do NCPC. 4. Apelação e remessa providas" **(TRF 2ª Região, AC 00203169020154029999, de 5/10/2016).**

"APELAÇÃO – APOSENTADORIA POR IDADE – REQUISITOS NÃO COMPROVADOS – APELAÇÃO DA PARTE AUTORA IMPROVIDA 1.A parte autora completou o requisito idade mínima em 21/07/2012 devendo, assim, demonstrar a carência mínima de 180 contribuições, conforme previsto no artigo 142 da Lei nº 8.213/91. 2.O autor pediu o reconhecimento de tempo de serviço rural de 1977 a 1989, na condição de segurado especial, alegando explorar propriedade rural em regime de economia familiar. **O enquadramento no regime de segurado especial é de regramento estrito e o artigo 11, VII, a, 1, da Lei 8.213/1991 dispõe expressamente que a propriedade rural explorada pelo grupo familiar deve ter, no máximo, 4 módulos fiscais, que é fixado em 30 ha para o município de Dourados/MS. Deste modo, 4 módulos fiscais no município de Dourados/MS equivalem a 120 ha. No entanto, os documentos juntados aos autos revelam ser ele um médio proprietário de terras,**

> **detendo área de mais de 250 ha.** Deste modo, entendo que o autor, na verdade, se enquadra como contribuinte individual, por ser pessoa física, proprietária, que explora atividade agropecuária em caráter permanente em área superior a 4 (quatro) módulos fiscais, devendo ser enquadrado na previsão do artigo 11, V, a, da Lei 8.213/1991. Sendo contribuinte individual, tem o dever de provar também as contribuições, o que não fez. Assim, concluo que o trabalho rural na condição de segurado especial não pode ser reconhecido. 3. O autor conta com 140 contribuições comprovadas (fls. 12). A soma dos períodos comprovados não alcança 180 contribuições, deste modo, não cumprida a carência. Não preenchidos os requisitos legais, é indevido o benefício de aposentadoria por idade pleiteado. 4. Apelação da parte autora improvida" **(TRF 3ª Região, AC 00022194620134036002, de 8/8/2016).**

No entanto, com razoabilidade, mesmo que de modo excepcional, o STJ vem entende que o tamanho da propriedade, por si só, não descaracteriza a qualidade de segurado especial.

Mas os precedentes não citam a limitação de 4 módulos fiscais criada pela Lei 11.718/2008, parecendo se referir à legislação anterior que não limitava o tamanho do prédio rústico do segurado especial:

> "PREVIDENCIÁRIO. AGRAVO INTERNO CONTRA DECISÃO QUE NEGOU SEGUIMENTO AO RECURSO ESPECIAL. TRABALHADOR RURAL. TAMANHO DA PROPRIEDADE NÃO DESCARACTERIZA, POR SI SÓ, O REGIME DE ECONOMIA FAMILIAR. COMPROVAÇÃO DO LABOR RURAL. EXISTÊNCIA DE EMPREGADOS. IMPOSSIBILIDADE DE SE RECONHECER A QUALIDADE DE RURÍCOLA. IMPOSSIBILIDADE DE REEXAME DO ACERVO FÁTICO-PROBATÓRIO DOS AUTOS. AGRAVO DA PARTICULAR A QUE SE NEGA PROVIMENTO. 1. **Nos termos da jurisprudência do STJ, o tamanho da propriedade não descaracteriza, por si só, o regime de economia familiar, caso estejam comprovados os demais requisitos para a concessão da aposentadoria por idade rural: ausência de empregados, mútua dependência e colaboração da família no campo**" (1ª Turma, AgInt no REsp 1369260 / SC, de 13/6/2017).

> **"A jurisprudência deste Superior Tribunal está firmada no sentido de que a extensão da propriedade rural, por si só, não é fator que impeça o reconhecimento da atividade rural em regime de economia familiar"** (2ª Turma, AgRg no AREsp 745487, de 8/9/2015).

ITEM III:

O Enunciado 8 está alinhado neste ponto à jurisprudência da TNU e do STJ.

> De acordo com a TNU, desta feita na forma da Súmula 41, "a circunstância de um dos integrantes do núcleo familiar desempenhar atividade urbana não implica, por si só, a descaracterização do trabalhador rural como segurado especial, condição que deve ser analisada no caso concreto".

Portanto, o fato de um membro da família desenvolver a atividade urbana, por si só, não descaracteriza a condição do segurado especial. Contudo, quando a renda urbana constituir a principal fonte de renda, resta descaracterizada a condição de segurado especial do outro membro do grupo familiar, pois o valor da remuneração urbana acabará sendo a principal fonte de renda da família, o que deve ser verificado casuisticamente.

Nesse sentido, a TNU:

> "PREVIDENCIÁRIO. APOSENTADORIA POR IDADE RURAL. O REGIME DE ECONOMIA FAMILIAR SOMENTE RESTARÁ DESCARACTERIZADO SE A RENDA OBTIDA COM A ATIVIDADE URBANA OU COM O BENEFÍCIO URBANO FOR SUFICIENTE PARA A MANUTENÇÃO DA FAMÍLIA, DE MODO A TORNAR DISPENSÁVEL A ATIVIDADE RURAL, OU SE A RENDA AUFERIDA COM A ATIVIDADE RURAL NÃO FOR INDISPENSÁVEL À MANUTENÇÃO DA FAMÍLIA. ACÓRDÃO REFORMADO. QUESTÃO DE ORDEM 20. REMESSA DOS AUTOS À TURMA DE ORIGEM PARA READEQUAÇÃO DO JULGADO. PEDIDO DE UNIFORMIZAÇÃO PARCIALMENTE PROVIDO". (PEDILEF 200783025015224, JUIZ FEDERAL JOSÉ EDUARDO DO NASCIMENTO, 24.5.2011).

Esta é a mesma linha de raciocínio do STJ:

> "INFORMATIVO 507 – DIREITO PREVIDENCIÁRIO. SEGURADO ESPECIAL. TRABALHO URBANO DE INTEGRANTE DO GRUPO FAMILIAR. RECURSO REPETITIVO (ART. 543-C DO CPC E RES. N. 8/2008-STJ).
>
> O fato de um dos integrantes da família exercer atividade incompatível com o regime de economia familiar não descaracteriza, por si só, a condição de segurado especial dos demais componentes. A legislação previdenciária estabeleceu a possibilidade de um dos membros do grupo familiar exercer atividade estranha ao regime de subsistência (arts. 11, VII, § 9º, da Lei n. 8.213/1991 e 9º, § 8º, do Dec. n. 3.048/1999). Assim, a lei descaracteriza como segurado especial apenas o integrante da família que se desvinculou do meio rural. **O trabalho urbano de um dos membros do grupo familiar não descaracteriza, por si só, a situação de segurados especiais dos demais integrantes, devendo ser averiguado pelas instâncias ordinárias se o trabalho rural é dispensável para a subsistência do grupo familiar**. Dessa forma, a extensão de prova material em nome de um cônjuge ao outro não é possível quando aquele passa a exercer trabalho urbano, devendo a prova material ser apresentada em nome próprio. Precedentes citados: AgRg no REsp 1.218.286-PR, DJe 28/2/2011; AgRg no REsp 1.221.591-PR, DJe 28/3/2011; AgRg no REsp 1.118.677-SP, DJe 29/3/2010; AgRg no REsp 885.695-SP, DJe 1º/12/2008; AgRg no Ag 1.239.770-SP, DJe 17/2/2012; AgRg no REsp 1.104.311-SP, DJe 12/5/2011; AgRg no REsp 1.224.486-PR, DJe 26/9/2011; AgRg no REsp 1.296.889-MG, DJe 21/3/2012; AgRg no REsp 1.237.972-PR, DJe 5/3/2012; AgRg no Ag 1.239.770-SP, DJe 17/2/2012; AgRg no REsp 1.103.205-SP, DJe 1º/7/2011, e AgRg no REsp 1.104.311-SP, DJe 12/5/2011.REsp 1.304.479-SP, Rel. Min. Herman Benjamin, julgado em 10/10/2012".

Com base nisto, a PGF editou o Parecer Referencial 8/2018/DEPCONT/PGF/AGU:

> "EMENTA: **PARECER REFERENCIAL. PORTARIA AGU Nº 488/2016. JURISPRUDÊNCIA ITERATIVA DO STJ. RESP REPETITIVO Nº 1.304.479/SP. TRABALHO URBANO DE UM DOS MEMBROS DO GRUPO FAMILIAR. DESCARACTERIZAÇÃO DO TRABALHADOR RURAL COMO SEGURADO ESPECIAL. NECESSIDADE DE ANÁLISE DO CASO CONCRETO.**
>
> I. A Procuradoria-Geral Federal, com fundamento no artigo 3º, inciso I e parágrafo único, da Portaria AGU nº 488, de 27 de julho de 2016, autoriza os Procuradores Federais a, ressalvadas as hipóteses previstas no artigo 12 da mencionada Portaria e outras questões de ordem fática e jurídica não abrangidas pelo acórdão proferido no REsp Repetitivo nº 1.304.479/SP, abster-se de recorrer e desistir dos recursos já interpostos, quando a decisão judicial estiver em conformidade com a jurisprudência do STJ fixada no aludido recurso representativo de controvérsia, no sentido de que: *O trabalho urbano de um dos membros do grupo familiar não descaracteriza, por si só, os demais integrantes como segurados especiais, devendo ser averiguada a dispensabilidade do trabalho rural para a subsistência do grupo familiar, incumbência esta das instâncias ordinárias (Súmula 7/STJ).* II. No tocante ao dever de contestar ou à possibilidade de acordo quanto à referida pretensão deduzida contra o INSS, remanesce a necessidade de análise do caso concreto pelo Procurador Federal oficiante no processo, de acordo com as provas material e testemunhal apresentadas".

Dessa forma, o tema 23 da TNU (6/12/2011) deve ser interpretado à luz da Súmula 41 da TNU, devendo ser analisado o valor do salário do marido da trabalhadora rural ou o valor da pensão de alimentos para aferição de compatibilidade com o regime de subsistência:

<table>
<tr><th>Tema</th><th>23</th><th>Situação do tema</th><th>Julgado</th><th>Ramo do direito</th><th>DIREITO PREVIDENCIÁRIO</th></tr>
<tr><td colspan="2">Questão submetida a julgamento</td><td colspan="4">Saber se o trabalho urbano do marido ou se percepção posterior de pensão alimentícia descaracteriza condição de segurada especial em regime de economia familiar.</td></tr>
<tr><td colspan="2">Tese firmada</td><td colspan="4">A condição de segurada especial em regime de economia familiar não é descaracterizada pelo trabalho urbano do marido da autora ou mesmo pela paga, posterior, de pensão alimentícia, em razão de separação.</td></tr>
<tr><td colspan="2">Processo</td><td>Relator (a)</td><td>Julgado em</td><td>Acórdão publicado em</td><td>Trânsito em julgado</td></tr>
<tr><td colspan="2">PEDILEF 2008.72.50.003366-8/ SC</td><td>Juiz Federal Paulo Ricardo Arena Filho</td><td>11/10/2011</td><td>18/11/2011</td><td>06/12/2011</td></tr>
</table>

ITEM IV:

O Enunciado 8 está de acordo com a posição do STJ e mesmo do INSS pela comunicação de documentos entre membros do grupo familiar para a prova da qualidade de segurado especial.

No entanto, de acordo com a 3ª Seção do STJ, no julgamento do Recurso Especial 267.665/PR, publicado em 28.02.2012, "no caso de comprovação de que o marido exerceu atividade urbana durante o período de carência ou recebe aposentadoria por tempo de contribuição decorrente de vínculo urbano, a presunção relativa em benefício da autora, que adviria dos documentos em nome de seu cônjuge, não se dessume".

Ainda de acordo com o STJ, no julgamento do Recurso Especial 1.304.479 pela 1ª Seção em 10.10.2012, "a extensão de prova material em nome de um cônjuge ao outro não é possível quando aquele passa a exercer trabalho urbano, devendo a prova material ser apresentada em nome próprio" (Informativo 507).

ITEM V E VI:

A condição de segurado especial deverá ser provada por **início de prova material contemporânea** à carência do benefício a ser postulado, podendo ser **complementada** a prova por **testemunhas**.

A carência para os trabalhadores rurais de 180 contribuições mensais, mormente para os enquadrados como segurados especiais, será demonstrada pelo exercício da atividade campesina em regime de economia familiar para a subsistência, observada a tabela de transição.

De efeito, essa atividade deverá ser comprovada através do **início de prova material (documentos) produzido contemporaneamente ao período probando, mesmo que de maneira descontínua**, no período de 180 meses imediatamente anterior ao requerimento do benefício ou à data do implemento da idade mínima.

> TNU
>
> De acordo com a Súmula 34, "para fins de comprovação do tempo de labor rural, o início de prova material deve ser contemporâneo à época dos fatos a provar". Súmula 54 – "Para a concessão de aposentadoria por idade de trabalhador rural, o tempo de exercício de atividade equivalente à carência deve ser aferido no período imediatamente anterior ao requerimento administrativo ou à data do implemento da idade mínima."

De acordo com a TNU, "não se admite como início de prova material acerca da qualidade de segurado especial documento produzido em momento posterior ao período de trabalho rural a ser provado, em atenção ao enunciado n. 34 da súmula de jurisprudência da TNU" (Processo n. 2008.38.00.732548-4/MG – Boletim em 24.11.2016).

• Por outro lado, não se exige que o trabalhador rural tenha documentos correspondentes a todo o período de carência.

TNU

Na forma da Súmula 14, "para a concessão de aposentadoria rural por idade, não se exige que o início de prova material, corresponda a todo o período equivalente à carência do benefício".

Outrossim, prevê a Súmula 06 que "a certidão de casamento ou outro documento idôneo que evidencie a condição de trabalhador rural do cônjuge constitui início razoável de prova material da atividade rurícola".

Vale registrar que a jurisprudência dominante vem admitindo o reconhecimento de tempo rural anterior ao início de prova material mais remoto, desde que complementado por testemunhas idôneas.

STJ

No julgamento do REsp 1.348.633/SP, sob o rito do art. 543-C do CPC (recursos repetitivos), a 1ª Seção do STJ em 28/08/2013 reconheceu o tempo de serviço rural mediante apresentação de um início de prova material sem delimitar o documento mais remoto como termo inicial do período a ser computado, contanto que corroborado por testemunhos idôneos. No caso julgado, Arnaldo Esteves Lima, Ministro Relator, concluiu que as provas testemunhais juntadas para complementar o início de prova material, tanto do período anterior ao mais antigo, quanto posterior ao mais recente, eram válidas. Para ele, mesmo que não haja nenhum documento que comprove a atividade rural anterior à certidão de casamento do segurado, ocorrido em 1974, os testemunhos colhidos em juízo sustentam a alegação de que ele trabalha no campo desde 1967.

Posteriormente, o STJ editou em 22 de junho de 2016 a Súmula 577:

Súmula 577 – "É possível reconhecer o tempo de serviço rural anterior ao documento mais antigo apresentando, desde que amparado em convincente prova testemunhal colhida sob o contraditório".

No caso do segurado especial trabalhador rural, o exercício de curtos períodos de trabalho urbano intercalados com o serviço campesino não irá descaracterizar a sua condição, especialmente porque desde a Lei 11.718/2008 a *lex* previdenciária passou a permitir literalmente que durante a entressafra o segurado especial pode trabalhar em outra atividade por até 120 dia no ano, sem perder a sua filiação.

TNU

Súmula 46 – O exercício de atividade urbana intercalada não impede a concessão de benefício previdenciário de trabalhador rural, condição que deve ser analisada no caso concreto.

É que **o tempo de serviço ou de contribuição não poderá ser livremente comprovado através do meio de prova testemunhal**, por força do artigo 55, § 3º, da Lei 8.213/91, salvo configuração concreta de força maior, sendo uma exceção ao Princípio do Livre Convencimento Motivado, se constituindo em resquício do sistema da tarifação da prova, diante do elevado número de testemunhos falsos que lamentavelmente ocorrem na prática administrativa e judicial previdenciária.

STJ

De acordo com a Súmula 149, "a prova exclusivamente testemunhal não basta à comprovação da atividade rurícola, para efeito da obtenção de benefício previdenciário". Por sua vez, em termos de aposentadoria por idade do trabalhador rural, "é prescindível que o início de prova material se refira a todo período de carência legalmente exigido, se prova testemunhal for capaz de ampliar sua eficácia probatória"(AGREsp 1.117.709, de 25.05.2010). Ademais, a jurisprudência do STJ vem admitindo documentos em nome de terceiros para a comprovação da carência para a concessão da aposentadoria por idade do segurado especial: "É sedimentado o entendimento das Turmas que integram a Egrégia Terceira Seção no sentido de que as atividades desenvolvidas em regime de economia familiar, podem ser comprovadas através de documentos em nome do pai de família, que conta com a colaboração efetiva da esposa e filhos no trabalho rural." (REsp 386.538/RS, Quinta Turma, DJ de 07/04/2003).

Veja-se o tema 18 da TNU:

Tema	18	**Situação do tema**	Julgado (Súmulas 5 e 14 da TNU)	**Ramo do direito**	DIREITO PREVIDENCIÁRIO
Questão submetida a julgamento		Saber se documentos em nome de terceiros integrantes do grupo familiar, relativos à propriedade da terra trabalhada, servem como início de prova material da atividade rural.			
Tese firmada		A certidão do INCRA ou outro documento que comprove propriedade de imóvel em nome de integrantes do grupo familiar do segurado é razoável início de prova material da condição de segurado especial para fins de aposentadoria rural por idade, inclusive dos períodos trabalhados a partir dos 12 anos de idade, antes da publicação da Lei n. 8.213/91. Desnecessidade de comprovação de todo o período de carência.			
Processo		**Relator (a)**	**Julgado em**	**Acórdão publicado em**	**Trânsito em julgado**
PEDILEF 009.71.95.000509-1/ RS		Juíza Federal Simone dos Santos Lemos Fernandes	11/10/2011	28/10/2011	18/11/2011

2.9 ENUNCIADO 9 (APOSENTADORIA DO PROFESSOR)

ENUNCIADO 9

O segurado que exerça funções de magistério, nos termos da Lei de Diretrizes Básicas da Educação, poderá ser considerado professor para fins de redução do tempo de contribuição necessário à aposentadoria (B-57), observados os demais elementos de prova no caso concreto.

I – Consideram-se funções de magistério as efetivamente exercidas nas instituições de educação básica, incluídas, além do exercício da docência, as de direção de unidade escolar e as de coordenação e assessoramento pedagógico, inclusive nos casos de reintegração trabalhista transitada em julgado.

II – As funções de direção, coordenação e assessoramento pedagógico integram a carreira do magistério, desde que exercidas, em estabelecimentos de ensino básico, por professores de carreira, excluídos os especialistas em educação.

III – Os estabelecimentos de educação básica não se confundem com as secretarias ou outros órgãos municipais, estaduais ou distritais de educação.

IV – É vedada a conversão de tempo de serviço especial em comum na função de magistério após 09/07/1981, data da publicação da Emenda Constitucional nº 18/1981.

COMENTÁRIOS (*CAPUT*):

Mesmo após a EC 103/2019, somente os professores com tempo de contribuição exclusivo no ensino básico possuem direito às regras diferenciadas para a aposentação.

O STF vem considerando como tempo de contribuição de professor, para fins de redução em 05 anos, o período de ensino como "professor leigo", ou seja, sem habilitação específica, pois não descaracterizado o magistério no ensino básico[34].

Nos moldes do artigo 240, parágrafo único, da Instrução Normativa INSS 77/2015, a comprovação do exercício da atividade de magistério é suficiente para o reconhecimento do período trabalhado para fins de concessão de aposentadoria de professor, presumindo-se a existência de habilitação.

De acordo com o entendimento do extinto Ministério da Previdência Social, não há previsão na legislação previdenciária de necessidade de habilitação do professor para a redução de cinco anos no seu tempo de contribuição, razão pela qual o INSS não poderá exigi-la[35].

Considera-se, também, como tempo de serviço para aposentadoria por tempo de contribuição de professor os períodos[36]:

I – de Serviço Público Federal, Estadual, do Distrito Federal ou Municipal;

II – de afastamento em decorrência de percepção de **benefício por incapacidade**, entre períodos de atividade de magistério, desde que à data do afastamento o segurado estivesse exercendo atividade de docente;

III – de afastamento em decorrência de percepção de **benefício por incapacidade decorrente de acidente de trabalho, intercalado ou não,** desde que, à data do afastamento, o segurado estivesse exercendo atividade de docente (a partir de 1/7/2020, exige-se o intercalado – Decreto 10.410/2020);

IV – os períodos de descanso determinados pela legislação trabalhista, inclusive férias e salário-maternidade;

V – de licença prêmio no vínculo de professor;

VI – de professor auxiliar que exerce atividade docente, nas mesmas condições do titular.

34. Vide AI 251058 / SP, Rel. Min. Marco Aurélio, de 18.10.1999.
35. Nesse sentido, o Parecer/CONJUR/MPS 616/2010, aprovado pelo Ministro da Previdência Social em 23.12.2010.
36. Art. 242, Instrução Normativa INSS 77/2015.

ITENS I, II E III:

Também serão beneficiados os professores do ensino infantil, fundamental e médio que estejam exercendo atividades de **direção de unidade escolar, coordenação e assessoramento pedagógico**, a teor do artigo 1º, da Lei 11.301/2006.

Contra a Lei 11.301/2006 foi proposta a **ADI 3.772** pelo Procurador-Geral da República, sob o argumento de violação ao artigo 201, §8º, da Constituição Federal. Por sua vez, em 29.10.2008, o STF declarou a validade da referida norma, mas determinou a sua interpretação conforme a Constituição:

> "I – A função de magistério não se circunscreve apenas ao trabalho em sala de aula, abrangendo também a preparação de aulas, a correção de provas, o atendimento aos pais e alunos, a coordenação e o assessoramento pedagógico e, ainda, a direção de unidade escolar. **II – As funções de direção, coordenação e assessoramento pedagógico integram a carreira do magistério, desde que exercidos, em estabelecimentos de ensino básico, por professores de carreira, excluídos os especialistas em educação**, fazendo jus aqueles que as desempenham ao regime especial de aposentadoria estabelecido nos arts. 40, § 5º, e 201, § 8º, da Constituição Federal. III – Ação direta julgada parcialmente procedente, com interpretação conforme, nos termos supra" (g.n.)

Logo, para as atividades de direção de unidade escolar, coordenação e assessoramento pedagógico desenvolvidas por professor de carreira não têm mais aplicabilidade a **Súmula 726, do STF:**

"Súmula 726 – Para efeito de aposentadoria especial de professores, não se computa o tempo de serviço prestado fora da sala de aula".

Registre-se que **o STF excluiu os especialistas em educação do direito à redução**, pois não se tratam de professores, pois não habilitados a ministrar aulas, sendo uma espécie de carreira de apoio ao magistério ou mesmo gestores da atuação dos professore caracterizando-se como profissionais de educação para administração, planejamento, inspeção, supervisão e orientação para a educação básica.

Posteriormente, o STF fixou a tese no tema 965 em 27/9/2017:

> **"REPERCUSSÃO GERAL NO RECURSO EXTRAORDINÁRIO 1.039.644** SANTA CATARINA RELATOR: MIN. ALEXANDRE DE MORAES RECTE.(S) :MAGALI RUTE DOS SANTOS ADV.(A/S): FELIPE ROEDER DA SILVA ADV.(A/S) :JOSE SERGIO DA SILVA CRISTOVAM RECDO.(A/S) :ESTADO DE SANTA CATARINA PROC.(A/S)(ES) :PROCURADOR-GERAL DO ESTADO DE SANTA CATARINA RECDO.(A/S) :INSTITUTO DE PREVIDÊNCIA DO ESTADO DE SANTA CATARINA – IPREV ADV.(A/S) :MELISSA AGUIAR BATTISTI PORTO EMENTA: CONSTITUCIONAL E ADMINISTRATIVO. RECURSO EXTRAORDINÁRIO. APOSENTADORIA ESPECIAL DOS PROFESSORES (CONSTITUIÇÃO, ART. 40, § 5 º). CONTAGEM DE

TEMPO EXERCIDO DENTRO DA ESCOLA, MAS FORA DA SALA DE AULA.

1. Revela especial relevância, na forma do art. 102, § 3º, da Constituição, a questão acerca do cômputo do tempo de serviço prestado por professor na escola em funções diversas da docência para fins de concessão da aposentadoria especial prevista no art. 40, § 5º, da Constituição.

2. Reafirma-se a jurisprudência dominante desta Corte nos termos da seguinte tese de repercussão geral: Para a concessão da aposentadoria especial de que trata o art. 40, § 5º, da Constituição, conta-se o tempo de efetivo exercício, pelo professor, da docência e das atividades de direção de unidade escolar e de coordenação e assessoramento pedagógico, desde que em estabelecimentos de educação infantil ou de ensino fundamental e médio.

3. Repercussão geral da matéria reconhecida, nos termos do art. 1.035 do CPC. Jurisprudência do SUPREMO TRIBUNAL FEDERAL reafirmada, nos termos do art. 323-A do Regimento Interno".

O caso concreto julgado pelo STF **afastou do cômputo diferenciado** para a aposentadoria de professor período em que o autor do processo exerceu a sua atividade na **secretaria da escola**:

"Portanto, inteiramente acertado o acórdão recorrido ***ao não considerar****, para fins da aposentadoria especial de que trata o art. 40, § 5º, da CF/88,* ***o tempo de exercício da parte autora na função de "responsável por Secretaria de Escola"****. Com efeito, as atividades arroladas nos Anexos II e III da Determinação de Providência 001/2012, da Procuradoria-Geral do Estado de Santa Catarina,* ***não se abrigam no conceito de magistério****. Apenas o tempo de exercício nos cargos e funções do Anexo I propicia a concessão da aposentadoria especial"* (passagem do voto do Ministro Alexandre de Moraes).

Note-se que sempre deve ser avaliado o caso concreto com as atribuições das funções do cargo, sendo uma decisão que se aplica tanto ao RGPS quanto ao RPPS na aposentadoria do professor.

Conquanto tenham direito a uma aposentadoria por tempo de contribuição com redutor de 05 anos, não se trata mais de atividade enquadrada como especial desde o advento da Emenda 18/1981.

ITEM IV:

Conquanto tenham direito a uma aposentadoria por tempo de contribuição com redutor de 05 anos, não se trata mais de atividade enquadrada como especial desde o advento da Emenda 18/1981.

O Supremo Tribunal Federal possui o mesmo entendimento do INSS pela vedação da referida conversão por não mais se tratar de atividade especial:

"AGRAVO REGIMENTAL NO RECURSO EXTRAORDINÁRIO. ADMINISTRATIVO. CONTAGEM PROPORCIONAL DE TEMPO DE SERVIÇO EXERCIDO NO MAGISTÉRIO PARA FINS DE APOSENTADORIA COMUM. IMPOSSIBILIDADE. AGRAVO REGIMENTAL IMPROVIDO.

I – **Consoante a jurisprudência do STF, é vedada a contagem proporcional de tempo de serviço no magistério para fins de aposentadoria comum**. II – Agravo regimental improvido" (RE nº 486.155/MG-AgR, Primeira Turma, Relator o Ministro Ricardo Lewandowski, DJe de 1º/2/2011).

"AGRAVO REGIMENTAL. APOSENTADORIA COMUM. REGIME PRÓPRIO. **APROVEITAMENTO DE TEMPO DE SERVIÇO PRESTADO NO MAGISTÉRIO, MEDIANTE FATOR DE CONVERSÃO. IMPOSSIBILIDADE**. PRECEDENTES. É pacífica a jurisprudência desta Corte no sentido de que não é possível "fundir normas que regem a contagem do tempo de serviço para as aposentadorias normal e especial, contando proporcionalmente o tempo de serviço exercido em funções diversas", pois "a aposentadoria especial é a exceção, e, como tal, sua interpretação só pode ser restritiva" (ADI 178, rel. min. Maurício Corrêa, Tribunal Pleno, DJ 26.04.1996). Agravo regimental a que se nega provimento" (RE 288640 AgR, 1ª Turma, de 06.12.2011).

"Agravo regimental no recurso extraordinário. Previdenciário. **Magistério. Reconhecimento da aposentadoria de professor como especial após a EC nº 18/81. Impossibilidade.** Fator previdenciário. Constitucionalidade. Incidência do fator previdenciário no cálculo da renda mensal inicial de aposentadoria por tempo de contribuição de professor. Legislação infraconstitucional. Ofensa reflexa. Ausência de repercussão geral. Precedentes. 1. A jurisprudência da Corte é assente em que, a partir da Emenda Constitucional nº 18/81, a aposentadoria de professor passou a ser espécie de benefício por tempo de contribuição, com o requisito etário reduzido, e não mais uma aposentadoria especial. 2. O Supremo Tribunal Federal, no julgamento da ADI nº 2.111/DF-MC, Relator o Ministro Sydney Sanches, concluiu pela constitucionalidade do fator previdenciário. 3. A Corte assentou a ausência de repercussão geral do tema relativo à incidência do fator previdenciário no cálculo da renda mensal inicial de aposentadoria por tempo de contribuição de professor quando reunidos os requisitos após a edição da Lei nº 9.876/1999, dado o caráter infraconstitucional da matéria. (RE nº 1.029.608/RS, Relator o Ministro Edson Fachin, DJe de 31/8/17 – Tema 960). 4. Agravo regimental não provido. 5. Majoração da verba honorária em valor equivalente a 10% (dez por cento) do total daquela já fixada (art. 85, §§ 2º, 3º e 11, do CPC), observada a eventual concessão do benefício da gratuidade da justiça" **(RE 1038116 AgR/RS – RIO GRANDE DO SUL, de 29/9/2017)**.

Veja-se a atual posição da TNU (**tema 158**):

Tema	158	**Situação do tema**	Julgado	**Ramo do direito**	DIREITO PREVIDENCIÁRIO
Questão submetida a julgamento	Saber qual o termo final do reconhecimento da especialidade da atividade de magistério.				
Tese firmada	**Não é possível a conversão de período laborado na atividade de professor em tempo comum após a Emenda Constitucional 18/81. Revisão do Tema 22.**				
Processo	**Decisão de afetação**	**Relator (a)**	**Julgado em**	**Acórdão publicado em**	**Trânsito em julgado**
Processo n. 50109441320134047003		JUIZ(A) FEDERAL KYU SOON LEE	11/09/2014	26/09/2014	06/10/2014

No mesmo sentido o STJ:

"3. O Supremo Tribunal Federal, em julgado que se realizou sob o regime da repercussão geral, assentou a inexistência do direito à conversão do tempo de serviço especial em comum, prestado por professor, após a Emenda 18/1981: "Recurso extraordinário com agravo. Repercussão geral da questão constitucional reconhecida. Reafirmação de jurisprudência. 2. Direito Previdenciário. Magistério. Conversão do tempo de serviço especial em comum. 3. Impossibilidade da conversão após a EC 18/81. Recurso extraordinário provido." (ARE 703.550 RG, Relator: Min. Gilmar Mendes, julgado em 2/10/2014, Repercussão Geral – Mérito, p. 21-10-2014") – **(STJ, AR 4712 / RN, 1ª Seção, de 12/9/2018).**

2.10 ENUNCIADO 10 (DECADÊNCIA DECENAL)

ENUNCIADO 10

O prazo decadencial previsto no art. 103-A da Lei 8.213/91, para revisão dos atos praticados pela Previdência Social antes da Lei nº 9.784/99, só começa a correr a partir de 1º/02/99.

I – Não se aplicam às revisões de reajustamento e às estabelecidas em dispositivo legal, os prazos de decadência de que tratam os arts. 103 e 103-A da Lei 8.213/91.

II – A decadência prevista no art. 103-A da Lei nº 8.213/91 incide na revisão de acúmulo de auxílio-suplementar com aposentadoria de qualquer natureza e na manutenção de benefícios, ainda que irregular, salvo se comprovada a má-fé do beneficiário, a contar da percepção do primeiro pagamento indevido.

III – A má-fé afasta a decadência, mas não a prescrição, e deve ser comprovada em procedimento próprio, no caso concreto, assegurado o contraditório e a ampla defesa.

IV – Não se aplica a decadência prevista no art. 103-A da Lei nº 8.213/91 nos benefícios por incapacidade permanente (aposentadoria por invalidez) e assistenciais sujeitos a revisão periódica prevista na legislação.

V – O pecúlio previsto no inciso II do artigo 81 da Lei nº 8.213/91, em sua redação original que não foi pago em vida ao segurado aposentado que retornou à atividade quando dela se afastou, é devido aos seus dependentes ou sucessores, relativamente às contribuições vertidas até 14/04/94, salvo se prescrito.

COMENTÁRIOS (*CAPUT*):

É certo que a Administração Pública tem o dever de anular os seus próprios atos quando eivados de vícios legais não passíveis de convalidação, em atenção ao interesse público primário, independentemente de provocação, aplicando de ofício o Princípio da Legalidade, na forma da Súmula 473, do STF[37].

Entrementes, caso a retirada do ato administrativo do mundo jurídico interfira na esfera patrimonial de terceiros, é curial o exercício prévio do contraditório antes da autotutela pelo Poder Público, conforme já se pronunciou a Suprema Corte[38].

Atualmente há regra especial de prazo para o exercício da autotutela pela Previdência Social, esculpida no artigo 103-A, da Lei 8.213/91, inserido pela Lei 10.839/2004, fruto da conversão da Medida Provisória 138/2003:

> "Art. 103-A. O direito da Previdência Social de anular os atos administrativos de que decorram efeitos favoráveis para os seus beneficiários decai em 10 (dez) anos, contados da data em que foram praticados, salvo comprovada má-fé.
>
> §1º No caso de efeitos patrimoniais contínuos, o prazo decadencial **contar-se-á da percepção do primeiro pagamento.**
>
> §2º Considera-se exercício do direito de anular qualquer medida de autoridade administrativa que importe impugnação à validade do ato".

Destarte, o INSS terá o prazo decadencial de 10 anos, a partir do primeiro pagamento, para anular atos administrativos ilegais (a exemplo da concessão de benefícios previdenciários indevidos ou com renda a maior) com efeitos continuados com eficácia favorável aos administrados, salvo comprovada má-fé dos beneficiários, hipótese em que a ilegalidade poderá ser pronunciada a qualquer tempo.

De acordo com o atual posicionamento do STJ este prazo decadencial será aplicado aos benefícios concedidos antes da vigência da Lei 9.784/99 (Lei do Processo Administrativo Federal), que no seu artigo 54 instituiu um prazo de 05 anos para o exercício do poder-dever de autotutela.

No entanto, o prazo de decadência de 10 anos de que dispõe a Administração Pública Previdenciária somente começará a correr no dia 01/02/1999, data em que começou a vigorar o prazo decadencial na Lei do Processo Administrativo Federal.

> "PREVIDENCIÁRIO. BENEFÍCIO. REVISÃO. DECADÊNCIA. ART. 103-A DA LEI 8.213/91.
>
> 1. O Superior Tribunal de Justiça, sob o regime do art. 543-C do CPC (recursos repetitivos), reiterou o entendimento segundo o qual o prazo para a

37. A administração pode anular seus próprios atos, quando eivados de vícios que os tornam ilegais, porque deles não se originam direitos; ou revogá-los, por motivo de conveniência ou oportunidade, respeitados os direitos adquiridos, e ressalvada, em todos os casos, a apreciação judicial.
38. MS 26.628, de 17.12.2007.

Administração Pública rever os atos que gerem vantagem aos segurados será decenal e disciplinado pelo art. 103-A da Lei 8.213/1991, descontado o prazo já transcorrido antes do advento da MP 138/2003.

2. Relativamente aos atos concessivos de benefício anteriores à Lei 9.784/1999, o prazo decadencial decenal estabelecido no art. 103-A da Lei 8.213/1991 tem como termo inicial 1º.2.1999, data da entrada em vigor da Lei 9.784/1999.

3. Embargos de Declaração providos para, reconhecendo o prazo decadencial decenal, determinar o retorno dos autos à origem para que verifique a configuração ou não da decadência, no caso" (EDcl no REsp 1262743, de 05/03/2013).

No mesmo sentido a TNU:

"PREVIDENCIÁRIO. DECADÊNCIA. ANULAÇÃO DE ATOS ADMINISTRATIVOS DE QUE DECORRAM EFEITOS FAVORÁVEIS PARA OS BENEFICIÁRIOS. DIREITO INTERTEMPORAL. CONFLITO DE LEIS NO TEMPO. LEI NOVA QUE AUMENTOU PRAZO. 1.O prazo de decadência do direito de revisar o ato de concessão dos benefícios concedidos antes da Lei nº 9.784/99 passou a correr a partir de 1º/2/1999. A decadência deveria, pois, se consumar em 1º/2/2004. Antes disso, porém, sobreveio a Medida Provisória nº 138, de 19/11/2003, que, inserindo na Lei nº 8.213/91 o art. 103-A, ampliou para dez anos o prazo de decadência para anulação dos atos administrativos no âmbito da previdência social. A ampliação do prazo de decadência aplica-se às situações jurídicas em curso. 2.A Terceira Seção do STJ entendeu que, em se tratando de benefício previdenciário concedido em data anterior à Lei n. 9.784/99, o INSS tem até dez anos para rever a renda mensal inicial do benefício, a contar da data da publicação da lei. E para os benefícios concedidos após a vigência da referida lei, a contagem do prazo decenal será a partir da data da concessão do benefício (REsp 1.114.938). Em qualquer caso, prevalece o entendimento de que a elevação do prazo de caducidade prevista na Medida Provisória nº 138 aplica-se aos benefícios concedidos anteriormente a ela. 3. Uniformizado o entendimento de que o direito da Previdência Social de anular os atos administrativos de que decorram efeitos favoráveis para os seus beneficiários decai em dez anos, mesmo quando o ato de concessão do benefício tenha antecedido o início da vigência da norma jurídica que aumentou o prazo de cinco para dez anos. 4. Incidente provido. 5. O Presidente da TNU poderá determinar que todos os processos que versarem sobre esta mesma questão de direito material sejam automaticamente devolvidos para as respectivas Turmas Recursais de origem, antes mesmo da distribuição do incidente de uniformização, para que confirmem ou adequem o acórdão recorrido. Aplicação do art. 7º, VII, "a", do regimento interno da TNU, com a alteração aprovada pelo Conselho da Justiça Federal em 24/10/2011" (PEDIDO 200971570065200, de 20/02/2013).

Veja-se o artigo 569 da IN INSS 77/2015 também nesse sentido:

"Art. 569. O direito da Previdência Social de rever os atos administrativos decai em dez anos, contados da data em que foram praticados, salvo comprovada má-fé.

§ 1º Para os benefícios concedidos antes do advento da Lei nº 9.784, de 1999, ou seja, com DDB até 31 de janeiro de 1999, o início do prazo decadencial começa a correr a partir de 1º de fevereiro de 1999.

§ 2º Para os benefícios com efeitos patrimoniais contínuos, concedidos a partir de 1º de fevereiro de 1999, o prazo decadencial contar-se-á da data do primeiro pagamento".

Logo, este ponto do Enunciado 10 está de acordo com o INSS, TNU e STJ.

ITEM I:

O Item 1 deste Enunciado 10 aduz que a não se aplicam às revisões de reajustamento e às estabelecidas em dispositivo legal, os prazos de decadência de que tratam os arts. 103 e 103-A da Lei 8.213/91.

Tanto a decadência para rever ato de concessão por solicitação do benefício (art. 103, Lei 8213/91) quanto a decadência decenal para a autotutela (artigo 103-A, Lei 8.213/91) foram afastadas na visão do CRPS.

Trata-se de Enunciado sem base legal e que afronta a jurisprudência do STF e do STJ, que não vem excepcionando a decadência legal na hipótese, mesmo porque toda revisão precisa estar amparada em lei à luz do Princípio da Legalidade Administrativa.

Desse modo, *contra legem* e ao arrepio dos Tribunais Superiores, o Item 1 deste Enunciado 10 acaba esvaziando as decadências e deve ser revisado pelo CRPS ou mesmo pele Ministério da Economia em sede de parecer vinculante.

Vale frisar que a 1ª Turma do STF possui precedente mantendo a incidência da decadência decenal mesmo quando a ação revisional veicula tema não apreciado administrativamente pela Previdência Social:

09/12/2014 – PRIMEIRA TURMA

AG. REG. NO RECURSO EXTRAORDINÁRIO COM AGRAVO 845.209 PARANÁ

RELATOR : MIN. MARCO AURÉLIO

AGTE.(S): MARIA DO ROCIO GUSSO FERNANDES ADV.(A / S) : WILLYAN ROWER SOARES AGDO.(A/S): INSTITUTO NACIONAL DO SEGURO SOCIAL – INSS PROC.(A/S)(ES): PROCURADOR-GERAL FEDERAL

"DECADÊNCIA – PRAZO – BENEFÍCIO PREVIDENCIÁRIO – REVISÃO. É constitucional a fixação de prazo decadencial por meio de medida provisória. Precedente: Recurso Extraordinário nº 626.489/SE, Pleno, relator ministro Luís Roberto Barroso".

Na fundamentação, aduziu o Ministro Marco Aurélio que "o agravante, na minuta do regimental, sustenta a inaplicabilidade da decadência ao caso. **Afirma que**

o prazo decadencial não impede o reconhecimento do novo tempo de serviço ou de contribuição ainda não analisado na via administrativa. Evoca precedente do Superior Tribunal de Justiça".

No entanto, a tese do STJ foi rechaçada pelo STF

> **"Não prosperam as alegações do embargante. Passados mais de dez anos entre a vigência de Lei nº 9.528/97, decorrente da conversão da Medida Provisória nº 1.523/97, e o pedido de revisão, impõe-se a aplicação da decadência... Nesse sentido, uma vez assentado pelo Colegiado local tratar-se de revisão de aposentadoria, descabe a diferenciação pleiteada pelo embargante, visto que o precedente evocado não excepcionou qualquer situação de revisão da regra da decadência".**

Eis mais um precedente do STF no mesmo sentido:

> *"RECURSO EXTRAORDINÁRIO COM AGRAVO. PREVIDENCIÁRIO. REVISÃO DA RENDA MENSAL INICIAL.* ***PRETENSÃO NÃO ANALISADA PELA ADMINISTRAÇÃO POR OCASIÃO DA CONCESSÃO DO BENEFÍCIO. DECADÊNCIA. RE 626.489.*** *TEMA 313 DA REPERCUSSÃO GERAL. AGRAVO PROVIDO PARA, DESDE LOGO, PROVER O RECURSO EXTRAORDINÁRIO.*
>
> *É o relatório. DECIDO.*
>
> *O recurso merece prosperar.*
>
> *O prazo decadencial de dez anos, instituído pela Medida Provisória 1.523/1997, incide, inclusive, sobre os benefícios concedidos anteriormente à sua vigência, nos termos da jurisprudência fixada pelo Plenário desta Corte no julgamento do RE 626.489, Rel. Min. Roberto Barroso, Sessão Plenária realizada em 16/10/2013. A decisão restou assim ementada:*
>
> *(...)*
>
> *Assevere-se que, naquela oportunidade, firmou-se entendimento no sentido de que a decadência atinge a pretensão de rever benefícios previdenciários, ou seja, alcança a discussão da graduação econômica quando este já foi concedido.* ***Dito de outra forma, uma vez concedido o benefício, a partir do dia primeiro do mês seguinte ao do recebimento da primeira prestação, dá-se início ao prazo decadencial, que alcança toda e qualquer pretensão, tenha sido discutida ou não no processo administrativo.***
>
> ***A pretensão de revisão com fundamento em questões não aventadas quando do deferimento do benefício também está sujeita ao prazo previsto no artigo 103 da Lei 8.213/1991, pois a análise de questões não apreciadas na via administrativa, por ocasião da concessão do benefício, não se caracterizará como benefício novo, mas importará, em última análise, em revisão da renda mensal inicial.***
>
> *Nesse sentido, destaco o ARE 845.209-AgR, de relatoria do Min. Marco Aurélio, no qual a Primeira Turma desta Corte, interpretando o julgado do Pleno no*

RE 626.489, negou provimento a recurso em que a parte autora afirmava que "o prazo decadencial não impede o reconhecimento do novo tempo de serviço ou de contribuição ainda não analisado na via administrativa", tendo assentado o acórdão, in verbis:

'Nesse sentido, uma vez assentado pelo Colegiado local tratar-se de revisão de aposentadoria, descabe a diferenciação pleiteada pelo embargante, visto que o precedente evocado não excepcionou qualquer situação de revisão da regra da decadência.'

*Ex positis, PROVEJO o agravo e, com fundamento no disposto no artigo 932, V, do CPC/2015, DOU PROVIMENTO ao recurso extraordinário para reconhecer a decadência do direito de revisar o ato de concessão do benefício previdenciário" **Brasília, 26 de junho de 2017. Ministro Luiz Fux Relator Documento assinado digitalmente (ARE 1045210, Relator(a): Min. LUIZ FUX, julgado em 26/06/2017, publicado em PROCESSO ELETRÔNICO DJe-142 DIVULG 28/06/2017 PUBLIC 29/06/2017).***

No mesmo sentido o tema 975 do STJ:

"Haja vista a reflexão acima exposta, proponho, para fins dos arts. 1.036 e seguintes do CPC/2015, que a controvérsia fique assim resolvida (Tema 975/STJ): *"Aplica-se o prazo decadencial de dez anos estabelecido no art. 103, caput, da Lei 8.213/1991 às hipóteses em que a questão controvertida não foi apreciada no ato administrativo de análise de concessão de benefício previdenciário."*

ITEM II:

O CRPS entende que há decadência decenal para a autotutela na acumulação indevida de benefícios previdenciários, salvo prova de má-fé do beneficiário. Em sentido contrário temos a posição da TNU e do INSS.

A TNU aduz não incidir prazo decadencial para a cessação de auxílio-acidente, quando o segurado passou a receber aposentadoria, cuja acumulação é vedada após a vigência da Lei 9.528/97, ressalvado o direito adquirido.

Informativo 29/2018 – PUIL n. 5051825-36.2016.4.04.7000/PR – Reafirmada a tese de que não incide o prazo decadencial do art. 103-A da Lei n. 8.213/91 para a cessação do auxílio-acidente na hipótese de acumulação indevida deste benefício com qualquer aposentadoria no âmbito do RGPS.

Eis passagem da fundamentação da decisão:

"16. Na espécie, o ato de concessão do auxílio-acidente não constituiu ato inválido. Não fora apontado qualquer vício no ato administrativo de concessão do aludido benefício. Assim, de anulação não se trata. Portanto, não há que se falar em decadência do direito de anular o ato administrativo em comento. 17. Em verdade, o que ocorre, na espécie, é que o ato de concessão do benefício de

> aposentadoria por idade em favor da parte autora teve o condão de retirar os efeitos do ato concessivo do auxílio-acidente, em virtude da incidência da regra do § 2º do art. 86 da Lei n. 8.213/91, que veda o recebimento acumulado dos dois benefícios. Tem-se, na hipótese, a denominada contraposição, que se traduz na retirada dos efeitos de um ato administrativo em virtude da edição de outro ato com efeitos contrapostos. Enfim, com a concessão da aposentadoria por idade veda-se a produção de efeitos do ato concessivo do auxílio-acidente. Em outras palavras, o ato de concessão de aposentadoria cessa os efeitos do ato administrativo de concessão do auxílio-acidente. 18. Destarte, não incide na espécie a regra de decadência contida no art. 103-A uma vez que não se trata de anulação de ato administrativo de concessão de benefício previdenciário".

Registre-se que na situação citada a aposentadoria deverá ser revista em sua renda mensal, considerando a regra do artigo 31 da Lei 8.213/91, pois o valor do auxílio-acidente será considerado como salário de contribuição para fins de cálculo do salário de benefício.

Permissa venia, devo discordar da posição da TNU. Não é razoável que o segurado de boa-fé (que se presume, salvo prova em contrário do INSS) que recebeu por erro administrativo por mais de 10 anos os citados benefícios possa ter o cancelamento do auxílio-acidente a qualquer tempo.

É certo que tanto a concessão do auxílio-acidente quanto da aposentadoria foram atos legais. A ilegalidade não foi por ação, e sim por omissão. Após a Lei 9.528/97, para fato gerador após a sua vigência, deve o INSS cessar o auxílio-acidente na véspera da data de início da aposentadoria, pois passaram a ser inacumuláveis.

Dessa forma, a ilegalidade da Administração seu deu por ato omissivo, consistente na não cessação do auxílio-acidente na véspera da data de início da aposentadoria, sendo inválido o *non facere* do INSS.

Destarte, a manutenção do auxílio-acidente a partir da DIB da aposentadoria é sim um ato ilícito da Autarquia de Previdência, estando sujeito ao regramento de segurança jurídica do artigo 103-A da Lei 8.213/91, exceto comprovada má-fé do segurado.

O artigo 103 e o 103-A são lados da mesma moeda. "O pau que dá em Chico deve dar em Francisco". Se o INSS se beneficia da decadência decenal revisional em 10 anos, o segurado deve se beneficiar dos 10 anos de decadência para a autotutela.

Teses da Previdência Social para flexibilizar o artigo 103-A podem ter o efeito reverso, vez que o segurado poderá manejar os mesmos argumentos para criar brechas no artigo 103 da Lei 8.213/91, sendo que ambas as condutas atentam contra o Princípio da Segurança Jurídica.

Ademais, veja-se que no artigo 103-A há a ressalva da má-fé, o que já beneficia o Poder Público, porquanto esta exceção não consta do artigo 103 da Lei 8.213/91 para afastar a decadência decenal protetiva da Previdência Social, considerando que um ente público jamais poderá agir de má-fé, embora esse vício possa existir no ato administrativo do agente público em desvio de finalidade.

Inclusive, de acordo com o **ANTIGO** artigo 570 da Instrução Normativa INSS 77/2015, "**aplica-se a decadência na hipótese de manutenção indevida de benefícios decorrentes de divergência cadastral ou inacumulação legal**, não desdobramento de cotas **ou outras situações decorrentes de manutenção de benefícios**, exceto nos casos de ocorrência de dolo, fraude ou má-fé", revertendo posição contrária do artigo 444[39] da revogada IN 45/2010.

Mas a autarquia restaurou o seu antigo posicionamento através da IN 88/2017, repelindo à hipótese a aplicação da decadência decenal para o exercício da autotutela e alinhando-se à TNU:

> *"Art. 570. Nos casos em que a manutenção do benefício encontra-se irregular por falta de cessação do benefício ou cota parte, não se aplica o disposto ao art. 569".* (alterado pela Instrução Normativa nº 88 /PRES/INSS, de 12/6/2017)

ITEM III:

O artigo 103-A da Lei 8.213/91 permite que o INSS exerça a autotutela após dez anos, nas situações em que for comprovada a má-fé do beneficiário, a exemplo do cometimento de crime de estelionato que culminou com a concessão indevida do benefício.

Entretanto, infelizmente, <u>inexiste regra na Lei 8.213/91 que reze que a má-fé afaste a prescrição</u>, de modo que a cobrança pela autarquia dos valores indevidos deve respeitar o lustro prescricional, sendo este o posicionamento do CRPS.

Apesar disso, nestas situações mais graves (**crimes previdenciários e atos de improbidade administrativa**) é possível levantar o **manto da imprescritibilidade** da reparação do dano ao Erário previdenciário com lastro no julgamento pelo STF do RE 669.069/MG, de 3/2/2016, Relatado pelo saudoso Ministro Teori Zavascki (Tema 666 em Repercussão Geral):

> *"O que se mostra mais consentâneo com o sistema de direito, inclusive o constitucional, que consagra a prescritibilidade como princípio, é atribuir um sentido*

39. **Art. 444.** Não se aplica a decadência aos casos em que o ato concessório está correto mas a manutenção do benefício está irregular por falta de cessação do benefício ou cota parte, cuja causa esteja expressamente prevista em lei, podendo, neste caso, o benefício ou a cota parte, ser cessado a qualquer tempo.

estrito aos ilícitos de que trata o § 5º do art. 37 da Constituição Federal, afirmando como tese de repercussão geral a de que ***a imprescritibilidade a que se refere o mencionado dispositivo diz respeito apenas a ações de ressarcimento de danos decorrentes de ilícitos tipificados como de improbidade administrativa e como ilícitos penais".***

Nesse sentido, o correto posicionamento da 10ª Turma Recursal de São Paulo:

Tipo

Acórdão

Número

5000611-65.2017.4.03.6105 ..PROCESSO_ANTIGO: ..PROCESSO_ANTIGO_FORMATADO: 50006116520174036105

Classe

APELAÇÃO CÍVEL ..SIGLA_CLASSE: ApCiv

Relator(a)

Desembargador Federal NELSON DE FREITAS PORFIRIO JUNIOR

Relator para Acórdão

..RELATORC:

Origem

TRF – TERCEIRA REGIÃO

Órgão julgador

10ª Turma

Data

23/09/2020

Data da publicação

25/09/2020

Fonte da publicação

Intimação via sistema DATA: 25/09/2020 ..FONTE_PUBLICACAO1: ..FONTE_PUBLICACAO2: ..FONTE_PUBLICACAO3:

Ementa

EMENTA PREVIDENCIÁRIO. PROCESSUAL CIVIL. RESSARCIMENTO AO ERÁRIO. ILÍCITO PENAL. IMPRESCRITIBILIDADE. CAUSA MADURA. JULGAMENTO DO MÉRITO. APOSENTADORIA POR TEMPO DE CONTRIBUIÇÃO. BENEFÍCIO CONCEDIDO INDEVIDAMENTE. EXISTÊNCIA DE FRAUDE. DEVOLUÇÃO DOS VALORES. POSSIBILIDADE. APELAÇÃO PROVIDA. 1. Conforme tese de repercussão

> geral firmada pelo E. Supremo Tribunal Federal no julgamento do RE 669.069/MG, "é prescritível a ação de reparação de danos à Fazenda Pública decorrente de ilícito civil", sendo a imprescritibilidade a que se refere o artigo 37, §5º, da Constituição Federal com relação às ações de ressarcimento decorrentes de atos configurados como de improbidade administrativa ou ilícitos penais. 2. **A parte ré obteve o benefício de aposentadoria por tempo de contribuição irregularmente, por meio da inserção de dados falsos relativos a contratos de trabalho, obtendo vantagem ilícita em prejuízo do INSS através da manutenção da autarquia em erro. 3. Assim sendo, verifica-se que a conduta imputada à parte ré amolda-se ao delito de inserção de dados falsos em sistema de informações, previsto no art. 313-A do Código Penal, não sendo possível cogitar a prescrição da pretensão de ressarcimento ao erário.** 4. Afastada a ocorrência da prescrição, de rigor o reconhecimento da nulidade da r. sentença. 5. Todavia, tendo em vista os princípios da celeridade e da economia processual, estando a causa madura, o Tribunal pode apreciar diretamente o pedido, aplicando-se o disposto no art. 1.013, § 3º, I, do Código de Processo Civil. 6. Nos termos da Súmula 473 do Supremo Tribunal Federal, "A administração pode anular seus próprios atos, quando eivados de vícios que os tornam ilegais, porque dêles não se originam direitos; ou revogá-los, por motivo de conveniência ou oportunidade, respeitados os direitos adquiridos, e ressalvada, em todos os casos, a apreciação judicial.". 7. Tendo sido comprovadas diversas irregularidades no deferimento do benefício, caracterizando a existência de fraude, possível a anulação da concessão pela autarquia, bem como a cobrança dos valores indevidamente pagos. 8. Não tratando o presente caso de interpretação equivocada, má aplicação da lei ou erro da Administração, e não havendo que se falar em boa-fé da parte ré ou não participação no esquema fraudulento, mostra-se devida a restituição das quantias indevidamente recebidas, nos termos dos artigos 115, inciso II, da Lei nº 8.213/91, e 154, § 3º, do Decreto 3.048/99, sendo de rigor a reforma da r. sentença. 9. Honorários advocatícios pela parte ré, arbitrados em 10% sobre o valor da causa, nos termos do art. 85 do Código de Processo Civil, cuja execução observará o disposto no art. 98, § 3º, do citado diploma legal. 10. Apelação do INSS provida.

Deste modo, creio que o Enunciado deve ser restringido nas situações comprovadas de crime contra a Administração Pública e ato de improbidade administrativa.

ITEM IV:

Por outro lado, a **regra de decadência decenal para a autotutela não é compatível com os benefícios por incapacidade laboral no que concerne à avaliação médica**, pois se sujeitam à cláusula *rebus sic stantibus*. A mesma sistemática se aplica ao BPC/LOAS do deficiente.

Isso porque, modificado o estado clínico, estará alterada a situação fática ensejadora do benefício, havendo uma fungibilidade de mão dupla entre recuperação plena/auxílio-doença/auxílio-acidente/aposentadoria por incapacidade permanente.

Tanto que na aposentadoria por incapacidade permanente há a previsão legal da perícia bienal e a estabilização do benefício somente se dá quanto o segurado completar 60 anos de idade, salvo retorno ao labor remunerado e avaliação de auxílio acompanhante.

Dessa forma, plenamente cabível a revisão administrativa de aposentadoria por incapacidade permanente após completados dez anos de concessão, desde que o segurado conte com menos de 60 anos de idade.

De efeito, o artigo 103-A da Lei 8.213/91 prevê que "o direito da Previdência Social de anular os atos administrativos de que decorram efeitos favoráveis para os seus beneficiários decai em 10 (dez) anos, contados da data em que foram praticados, salvo comprovada má-fé".

Sucede que a revisão administrativa de aposentadoria por invalidez não visa a anular ato ilegal da nossa Previdência Social, e sim reavaliar modificações no estado clínico no segurado que podem gerar as seguintes decisões, em tese:

a) manutenção da aposentadoria por incapacidade permanente;
b) manutenção temporária da aposentadoria por incapacidade permanente na forma de mensalidades de recuperação;
c) conversão de aposentadoria por incapacidade permanente em auxílio-acidente;
d) conversão de aposentadoria por incapacidade permanente em auxílio-doença;
e) cessação do benefício.

ITEM V:

Previsto no artigo 81, da Lei 8.213/91, o pecúlio era uma prestação única paga ao segurado, correspondente à devolução daquilo que tivesse sido pago a título de contribuição previdenciária, nas seguintes hipóteses: segurado incapacitado para o trabalho antes da carência (extinto pela Lei 9.129/95); ao segurado aposentado por idade ou por tempo de serviço pelo RGPS que voltasse a exercer atividade (extinto pela Lei 8.870/94); ao segurado e dependentes, em caso de invalidez ou morte decorrente de acidente de trabalho (extinto pela Lei 9.129/95).

A percepção atual não mais é possível em razão da prescrição quinquenal.

2.11 ENUNCIADO 11 (FORMULÁRIOS E REGISTROS AMBIENTAIS NA APOSENTADORIA ESPECIAL POR AGENTES NOCIVOS)

ENUNCIADO 11

O Perfil Profissiográfico Previdenciário (PPP) é documento hábil à comprovação da efetiva exposição do segurado a todos os agentes nocivos, sendo dispensável o Laudo Técnico de Condições Ambientais de Trabalho (LTCAT) para requerimentos feitos a partir de 1º/1/2004, inclusive abrangendo períodos anteriores a esta data.

I – Poderá ser solicitado o LTCAT em caso de dúvidas ou divergências em relação às informações contidas no PPP ou no processo administrativo.

II – O LTCAT ou as demonstrações ambientais substitutas extemporâneos que informem quaisquer alterações no meio ambiente do trabalho ao longo do tempo são aptos a comprovar o exercício de atividade especial, desde que a empresa informe expressamente que, ainda assim, havia efetiva exposição ao agente nocivo.

III – Não se exigirá o LTCAT para períodos de atividades anteriores 14/10/96, data da publicação da Medida Provisória nº 1.523/96, facultando-se ao segurado a comprovação da efetiva exposição a agentes nocivos por qualquer meio de prova em direito admitido, exceto em relação a ruído.

COMENTÁRIOS:

O Enunciado 11 do CRPS está alinhado com a posição do INSS e do STJ.

A comprovação da efetiva exposição do segurado aos agentes nocivos será feita mediante **formulário** emitido pela empresa ou seu preposto, com base em **laudo técnico de condições ambientais do trabalho (LTCAT)**, expedido por médico do trabalho ou engenheiro de segurança do trabalho, nos termos da legislação trabalhista.

Exceto para o agente nocivo ruído que já o exigia, **o laudo técnico de condições ambientais passou a ser pressuposto obrigatório para o preenchimento do formulário com o advento do Decreto 2.172/97 (para o tempo especial a partir de 06.03.97)**, que regulamentou a nova redação artigo 58, da Lei 8.213/91, dada pela Lei 9.528/97, conforme o entendimento do STJ[40].

Entretanto, para o Conselho de Recursos da Previdência Social, o laudo técnico passou a ser obrigatório um pouco antes, em 11.10.1996, conforme prevê a sua antiga Súmula 20: "Salvo em relação ao agente agressivo ruído, não será obrigatória a apresentação de laudo técnico pericial para períodos de atividades anteriores à edição da Medida Provisória nº 1.523 -10, de 11/10/96, facultando-se ao segurado a comprovação de efetiva exposição a agentes agressivos à sua saúde ou integridade física mencionados nos formulários SB-40 ou DSS-8030, mediante o emprego de qualquer meio de prova em direito admitido", atual Enunciado 11.

40. REsp 354.737, de 18.11.2008.

Na análise do Laudo Técnico de Condições Ambientais do Trabalho – LTCAT, deverão ser observados os seguintes aspectos[41]:

I – se individual ou coletivo;

II – identificação da empresa;

III – identificação do setor e da função;

IV – descrição da atividade;

V – identificação de agente nocivo capaz de causar dano à saúde e integridade física, arrolado na Legislação Previdenciária;

VI – localização das possíveis fontes geradoras;

VII – via e periodicidade de exposição ao agente nocivo;

VIII – metodologia e procedimentos de avaliação do agente nocivo;

IX – descrição das medidas de controle existentes;

X – conclusão do LTCAT;

XI – assinatura do médico do trabalho ou engenheiro de segurança; e

XII – data da realização da avaliação ambiental.

O LTCAT deverá ser assinado por engenheiro de segurança do trabalho, com o respectivo número da Anotação de Responsabilidade Técnica – ART junto ao Conselho Regional de Engenharia e Arquitetura – CREA ou por médico do trabalho, indicando os registros profissionais para ambos.

São consideradas alterações no ambiente de trabalho ou em sua organização, entre outras, aquelas decorrentes de:

I – mudança de layout;

II – substituição de máquinas ou de equipamentos;

III – adoção ou alteração de tecnologia de proteção coletiva;

IV – alcance dos níveis de ação estabelecidos no subitem 9.3.6 da NR-09, aprovadas pela Portaria nº 3.214, de 8 de junho de 1978, do MTE, se aplicável; e

V – extinção do pagamento do adicional de insalubridade.

O Perito Médico Previdenciário, servidor efetivo do INSS, realizará análise médico-pericial dos benefícios de aposentadoria especial, elaborando relatório conclusivo no processo administrativo ou judicial que trata da concessão, revisão ou recurso dos referidos benefícios, inclusive para fins de custeio, podendo, sempre que julgar necessário, solicitar as demonstrações ambientais e outros

41. Artigo 262, da Instrução Normativa INSS 77/2015.

documentos pertinentes à empresa responsável pelas informações, bem como inspecionar o ambiente de trabalho.

Vale frisar que o próprio INSS admite que outras demonstrações ambientais e documentos a estas relacionados possa suprir a ausência do LTCAT, desde que contenham os seus elementos informativos básicos constitutivos[42]:

> I – Programa de Prevenção de Riscos Ambientais – PPRA;
>
> II – Programa de Gerenciamento de Riscos – PGR;
>
> III – Programa de Condições e Meio Ambiente de Trabalho na Indústria da Construção – PCMAT;
>
> IV – Programa de Controle Médico de Saúde Ocupacional – PCMSO;

Outrossim, ainda de acordo com a Instrução Normativa INSS 77/2015, desde que contenham os elementos informativos básicos constitutivos do LTCAT, a Previdência Social poderá aceitar os seguintes documentos para suprir a ausência do citado laudo:

> I – laudos técnico-periciais emitidos por determinação da Justiça do Trabalho, em ações trabalhistas, acordos ou dissídios coletivos;
>
> II – laudos emitidos pela Fundação Jorge Duprat Figueiredo de Segurança e Medicina do Trabalho – FUNDACENTRO;
>
> III – laudos emitidos por órgãos do MTE;
>
> IV – laudos individuais acompanhados de:
>
> a) autorização escrita da empresa para efetuar o levantamento, quando o responsável técnico não for seu empregado;
>
> b) nome e identificação do acompanhante da empresa, quando o responsável técnico não for seu empregado; e
>
> c) data e local da realização da perícia.

Nesse sentido, de acordo com o TRF da 3ª Região, "a aposentadoria especial será concedida ao segurado que comprovar (i) ter exercido trabalho permanente em ambiente em que haja agente nocivo à sua saúde ou integridade física; (ii) o agente nocivo deve assim ser definido em legislação contemporânea ao labor; (iii) reputa-se permanente o labor exercido de forma não ocasional nem intermitente, no qual a exposição do segurado ao agente nocivo seja indissociável da produção do bem ou da prestação do serviço; e **(iv) as condições de trabalho podem ser provadas pelos instrumentos previstos nas normas de proteção ao ambiente laboral (PPRA, PGR, PCMAT, PCMSO, LTCAT, PPP, SB-40, DISES**

42. Artigo 261, inciso V, da Instrução Normativa INSS 77/2015.

BE 5235, DSS-8030, DIRBEN-8030 e CAT) ou outros meios de prova" (APELREEX 1801370, de 03/02/2014).

De acordo com o Manual da Aposentadoria Especial do INSS atualizado em 2017, o LTCAT e as demais Demonstrações Ambientais deverão considerar:

a) a efetiva exposição aos agentes nocivos químicos, físicos, biológicos ou associação de agentes prejudiciais à saúde ou à integridade física;

b) as condições especiais que prejudicam a saúde ou integridade física, conforme definido no Anexo IV do Decreto nº 3.048, de 1999, com exposição a agentes nocivos em concentração ou intensidade e tempo de exposição que ultrapasse os limites de tolerância ou que, dependendo do agente, torne a simples exposição em condição especial prejudicial à saúde;

c) o conceito de nocividade como situação combinada ou não de substâncias, energias e demais fatores de riscos reconhecidos, presentes no ambiente de trabalho, capazes de trazer ou ocasionar danos à saúde ou à integridade física do trabalhador;

d) o conceito de permanência como aquele em que a exposição ao agente nocivo ocorre de forma não ocasional nem intermitente, no qual a exposição do empregado, do trabalhador avulso ou do cooperado ao agente nocivo seja indissociável da produção do bem ou da prestação do serviço;

e) a avaliação dos agentes nocivos descritos no Anexo IV do Decreto nº 3.048, de 1999, pode ser qualitativa ou quantitativa. Na avaliação qualitativa, a nocividade dá-se pela presença do agente no ambiente de trabalho, conforme os Anexos 6, 13, 13-A e 14 da NR-15 aprovada pela Portaria nº 3.214, de 1978, do MTE. Na quantitativa, a nocividade ocorre pela ultrapassagem dos limites de tolerância, de acordo com os Anexos 1, 2, 3, 4, 8, 9, 11 e 12 da mesma NR-15;

f) a partir de 1º janeiro de 2004, os procedimentos de levantamento ambiental devem estar de acordo com a metodologia das Normas de Higiene Ocupacional – NHO da Fundacentro, observando-se os limites de tolerância estabelecidos na NR-15, aprovada pela Portaria nº 3.214, de 1978, do MTE, sendo facultada a sua utilização a partir de 19 de novembro de 2003 (data da publicação no DOU do Decreto nº 4.882, de 2003).

Em muitas situações concretas a empresa não produziu o LTCAT e já encerrou as suas atividades. Caso inexista uma das citadas avaliações ambientais acima referidas, a jurisprudência vem admitindo o uso da **prova pericial de tempo especial por similaridade**, que não é acatada pelo entendimento administrativo do INSS[43], que não aceita a produção de laudo em empresa similar diversa.

43. Artigo 261, §1º, inciso V, da Instrução Normativa INSS 77/2015.

Eis o STJ:

> "PROCESSUAL CIVIL E PREVIDENCIÁRIO. RECURSO ESPECIAL. APOSENTADORIA POR TEMPO DE SERVIÇO/CONTRIBUIÇÃO. VIOLAÇÃO DO ART. 535 DO CPC. SÚMULA 284/STF. CÔMPUTO DE TEMPO ESPECIAL. PROVA TÉCNICA. PERÍCIA POR SIMILARIDADE. CABIMENTO. RECURSO ESPECIAL CONHECIDO EM PARTE E NESSA PARTE PROVIDO. 1. Em preliminar, cumpre rejeitar a alegada violação do art. 535 do CPC, porque desprovida de fundamentação. O recorrente apenas alega que o Tribunal a quo não cuidou de atender o prequestionamento, sem, contudo, apontar o vício em que incorreu. Recai, ao ponto, portanto, a Súmula 284/STF. **2. A tese central do recurso especial gira em torno do cabimento da produção de prova técnica por similaridade, nos termos do art. 429 do CPC e do art. 55, § 3º, da Lei 8.213/1991. 3. A prova pericial é o meio adequado e necessário para atestar a sujeição do trabalhador a agentes nocivos à saúde para seu enquadramento legal em atividade especial. Diante do caráter social da previdência, o trabalhador segurado não pode sofrer prejuízos decorrentes da impossibilidade de produção da prova técnica. 4. Quanto ao tema, a Segunda Turma já teve a oportunidade de se manifestar, reconhecendo nos autos do Recurso Especial 1.397.415/RS, de Relatoria do Ministro Humberto Martins, a possibilidade de o trabalhador se utilizar de perícia produzida de modo indireto, em empresa similar àquela em que trabalhou, quando não houver meio de reconstituir as condições físicas do local onde efetivamente prestou seus serviços. 5. É exatamente na busca da verdade real/material que deve ser admitida a prova técnica por similaridade. A aferição indireta das circunstâncias de labor, quando impossível a realização de perícia no próprio ambiente de trabalho do segurado é medida que se impõe. 6. A perícia indireta ou por similaridade é um critério jurídico de aferição que se vale do argumento da primazia da realidade, em que o julgador faz uma opção entre os aspectos formais e fáticos da relação jurídica sub judice, para os fins da jurisdição.** 7. O processo no Estado contemporâneo tem de ser estruturado não apenas consoante as necessidades do direito material, mas também dando ao juiz e à parte a oportunidade de se ajustarem às particularidades do caso concreto" (RESP 1.370.229, de 25/02/2014).

Vale frisar que, a princípio, basta a apresentação do PPP, não sendo exigível o LTCAT, salvo se houver incorreção, contradição ou obscuridade no PPP, hipótese na qual deve ser o segurado instado a apresentar o laudo.

O STJ fixou tese repetitiva nesse mesmo sentido no julgamento da PETIÇÃO Nº 10.262 – RS (2013/0404814-0), de 8/2/2017:

> PEDIDO DE UNIFORMIZAÇÃO DE JURISPRUDÊNCIA. PREVIDENCIÁRIO. COMPROVAÇÃO DE TEMPO DE SERVIÇO ESPECIAL. RUÍDO. PERFIL PROFISSIOGRÁFICO PREVIDENCIÁRIO (PPP). APRESENTAÇÃO SIMULTÂNEA DO RESPECTIVO LAUDO TÉCNICO DE CONDIÇÕES AMBIENTAIS DE TRABALHO (LTCAT). DESNECESSIDADE QUANDO AUSENTE IDÔNEA IMPUGNAÇÃO AO CONTEÚDO DO PPP.

> 1. Em regra, trazido aos autos o Perfil Profissiográfico Previdenciário (PPP), dispensável se faz, para o reconhecimento e contagem do tempo de serviço especial do segurado, a juntada do respectivo Laudo Técnico de Condições Ambientais de Trabalho (LTCAT), na medida que o PPP já é elaborado com base nos dados existentes no LTCAT, ressalvando-se, entretanto, a necessidade da também apresentação desse laudo quando idoneamente impugnado o conteúdo do PPP.
>
> 2. No caso concreto, conforme destacado no escorreito acórdão da TNU, assim como no bem lançado pronunciamento do Parquet, não foi suscitada pelo órgão previdenciário nenhuma objeção específica às informações técnicas constantes do PPP anexado aos autos, não se podendo, por isso, recusar-lhe validade como meio de prova apto à comprovação da exposição do trabalhador ao agente nocivo "ruído". 3. Pedido de uniformização de jurisprudência improcedente.

Por sua vez, a PGF editou o Parecer Referencial 23/2017, aduzindo que uma vez trazido aos autos o Perfil Profissiográfico Previdenciário (PPP), dispensável se faz, para o reconhecimento e contagem do tempo de serviço especial do segurado, a juntada do respectivo Laudo Técnico de Condições Ambientais de Trabalho (LTCAT), na medida que o PPP já é elaborado com base nos dados existentes no LTCAT, ressalvando-se, entretanto, a necessidade da também apresentação desse laudo quando idoneamente impugnado o conteúdo do PPP.

O PPP é o formulário utilizado desde 1/1/2004. Possui 20 campos a serem preenchidos. Nos campos 1/12 deverá ser identificado o segurado, inclusive a sua data de admissão, a existência de regime de revezamento[44] e a existência de Comunicação de Acidente de Trabalho registrada.

No campo 13 o representante da empresa deverá indicar os vínculos do segurado[45], inclusive o setor, o cargo e a função desenvolvida. Ademais, as atividades do segurado deverão ser descritas e o código CNAE[46] da empresa[47]. Já o campo 14 deverá ser completado com informações sobre a profissiografia do trabalhador, por período.

O campo 15 é destinado aos registros ambientais[48], devendo conter informações sobre a exposição do trabalhador a fatores de riscos ambientais, por período, ainda

---

44. Regime de Revezamento de trabalho, para trabalhos em turnos ou escala, especificando tempo trabalhado e tempo de descanso, com até quinze caracteres alfanuméricos.
45. BR – Beneficiário Reabilitado; PDH – Portador de Deficiência Habilitado. Número de Identificação do Trabalhador com onze caracteres numéricos, no formato XXX.XXXXX.XX-X.
46. Classificação Nacional de Atividades Econômicas da empresa, completo, com sete caracteres numéricos, no formato XXXXXX-X, instituído pelo IBGE por meio da Resolução CONCLA nº 07, de 16 de dezembro de 2002.
47. Classificação Brasileira de Ocupação vigente à época, com seis caracteres numéricos.
48. TIPO: F – Físico; Q – Químico; B – Biológico; E -Ergonômico/Psicossocial, M – Mecânico/de Acidente, conforme classificação adotada pelo Ministério da Saúde, em "Doenças Relacionadas ao Trabalho: Manual de Procedimentos para os Serviços de Saúde", de 2001. A indicação do Tipo "E" e "M" é facultativa. O que determina a associação de agentes é a superposição de períodos com fatores de risco diferentes.

que estejam neutralizados, atenuados ou exista proteção eficaz. Facultativamente, também poderão ser indicados os fatores de riscos ergonômicos e mecânicos.

Deve ser apontada pela empresa a existência e a efetiva utilização de equipamentos de proteção individual e coletiva que sejam eficazes para reduzir a exposição aos agentes nocivos à saúde.

<table>
<tr><td colspan="8">REGISTROS AMBIENTAIS</td></tr>
<tr><td colspan="8">15-EXPOSIÇÃO A FATORES DE RISCOS:</td></tr>
<tr><td>15.1-Período</td><td>15.2-Tipo</td><td>15.3-Fator de Risco</td><td>15.4-Itens/onc c</td><td>15.5-Técnica Utilizada</td><td>15.6-EPC Eficaz (S/N)</td><td>15.7-EPI Eficaz (S/N)</td><td>15.8-CA EPI</td></tr>
<tr><td>__/__/__ a __/__/__</td><td></td><td></td><td></td><td></td><td></td><td></td><td></td></tr>
<tr><td colspan="7">15.9-ATENDIMENTO AOS REQUISITOS DAS NR-06 E NR-09 DO MTE PELOS EPI INFORMADOS:</td><td>Sim/Não</td></tr>
<tr><td colspan="7">Foi tentada a implementação de medidas de proteção coletiva, de caráter administrativo ou de organização do trabalho, optando-se pelo EPI por inviabilidade técnica, insuficiência ou interinidade, ou ainda em caráter complementar ou emergencial</td><td></td></tr>
<tr><td colspan="7">Foram observadas as condições de funcionamento e do uso ininterrupto do EPI ao longo do tempo, conforme especificação técnica do fabricante, ajustada às condições de campo.</td><td></td></tr>
<tr><td colspan="7">Foi observado o prazo de validade, conforme Certificado de Aprovação-CA do MTE.</td><td></td></tr>
<tr><td colspan="7">Foi observada a periodicidade de troca definida pelos programas ambientais, comprovada mediante recibo assinado pelo usuário em época própria.</td><td></td></tr>
<tr><td colspan="7">Foi observada a higienização.</td><td></td></tr>
</table>

Verifica-se que o campo 15.8 (CA EPI) registra o número do **Certificado de Aprovação (CA)** do EPI pelo Ministério do Trabalho (com a extinção do Ministério do Trabalho, desde 2019 o Ministério da Economia assumiu a área trabalhista, tendo sido criada uma Secretaria Especial de Previdência e Trabalho). A Norma Regulamentadora n.º 6 (NR 6), com redação dada pela Portaria SIT n.º 25, de 15 de outubro de 2001, publicada no DOU em 17 de outubro de 2001, estabelece as disposições relativas aos Equipamentos de Proteção Individual – EPI.

Por sua vez, a Portaria DSST/SIT n.º 451, de 20 de novembro de 2014 estabelece procedimentos para cadastro de empresas fabricantes e/ou importadoras de EPI junto ao Departamento de Segurança e Saúde do Trabalho – DSST, bem como procedimentos para emissão e renovação do Certificado de Aprovação – CA de EPI, ao passo que a Portaria DSST/SIT n.º 452, de 20 de novembro de 2014 estabelece requisitos para fabricação e ensaios de EPI.

A consulta de Certificado de Aprovação – CA encontra-se disponível no sítio do Ministério do Trabalho na internet no link: http://caepi.mte.gov.br/internet/ConsultaCAInternet.aspx.

Conforme noticiado no sítio do extinto Ministério do Trabalho[49], como expresso na alínea "c" do item 6.6.1 da Norma Regulamentadora 06 (NR 6), é vedado ao empregador o fornecimento de Equipamento de Proteção Individual - EPI que não tenha Certificado de Aprovação - CA emitido pelo Ministério do Trabalho. Todavia, inexiste obrigação legal de requisição de cópia autenticada do documento quando da aquisição do equipamento, podendo o empregador, não obstante, solicitá-la ao fornecedor, se assim entender necessário. Da mesma forma, não há na Norma qualquer exigência de que o empregador mantenha cópia autenticada de CA para apresentação à fiscalização do trabalho.

Informamos que o Sistema de Gerenciamento de Certificados de Aprovação - CAEPI, disponível no sítio do MTPS na internet, implantado em 2009, disponibiliza todas as informações necessárias sobre os CAs emitidos, que podem ser utilizadas, inclusive, como subsídios para o fornecimento de equipamentos adequados aos trabalhadores. O mesmo sistema pode ser acessado pelos Auditores-Fiscais do Trabalho para a verificação de existência e validade de um CA, assim como para consulta sobre os tipos de proteção para as quais um determinado EPI foi aprovado.

Ademais, para fins de comercialização, o CA concedido aos EPI ter validade:

a) de 5 (cinco) anos, para aqueles equipamentos com laudos de ensaio que não tenham sua conformidade avaliada no âmbito do SINMETRO;

b) do prazo vinculado avaliação da conformidade no âmbito do SINMETRO, quando for o caso.

O prazo de validade do Certificado de Aprovação - CA de um Equipamento de Proteção Individual - EPI necessário a fim de resguardar a qualidade dos EPIs disponibilizados no mercado, tendo em vista que, para a renovação do CA, o fabricante/importador deve realizar ensaios periódicos em seu EPI.

Segundo a NR 6, é obrigação do empregador fornecer ao trabalhador somente EPI aprovado pelo extinto Ministério do Trabalho e Previdência Social - MTPS. Portanto, deve-se atentar para o fato de que, na aquisição do EPI, o CA respectivo deve estar válido.

Uma vez adquirido o EPI com CA válido, o empregador deve observar as informações de validade, manuseio e armazenamento do equipamento fornecidas pelo fabricante/importador (vide Nota Técnica 146 CGNOR/DSST/SIT/TEM).

Vale registrar que alguns EPIs têm a sua conformidade avaliada no âmbito do SINMETRO, conforme estabelecido na NR 6. Esses equipamentos encontram-se definidos no Anexo II da Portaria DSST/SIT nº 452/2014.

49. http://portalfat.mte.gov.br/programas-e-acoes-2/programa-de-protecao-do-emprego-ppe/perguntas-frequentes/equipamentos-de-protecao-individual/.

Para esses equipamentos, a validade do CA "Condicionada manutenção da certificação pelo INMETRO". Ou seja, para manter a validade do CA, a certificação junto ao INMETRO deve estar ativa.

Logo, constatado no CA esse tipo de certificação de EPI, a empresa deve verificar a manutenção da certificação do EPI junto ao INMETRO, no endereço eletrônico http://www.inmetro.gov.br/prodcert/certificados/busca.asp, utilizando-se como argumentos de pesquisa, por exemplo, o nome do Organismo Certificador (OCP), o CNPJ da empresa, a referência do equipamento ou o número do Certificado INMETRO.

Enquanto estiver válido no INMETRO o Certificado de Conformidade (indicado no campo "Marcação do Selo do INMETRO" do CA), o EPI pode ser fabricado e comercializado.

O campo 16 deve conter os dados do médico ou engenheiro do trabalho responsável pelo laudo técnico de condições ambientais que fundamentou o PPP.

16-RESPONSÁVEL PELOS REGISTROS AMBIENTAIS			
16.1-Período	16.2-IT	16.3-Registro Conselho de Classe	16.4-Nome do Profissional Legalmente Habilitado
__/__/__ a __/__/__			
__/__/__ a __/__/__			
__/__/__ a __/__/__			
__/__/__ a __/__/__			
__/__/__ a __/__/__			

Entendo que se o campo 16 estiver em branco, o PPP não deverá ser aceito, *a priori*. Isso porque será necessário consultar se existe LTCAT válido elaborado por médico ou engenheiro do trabalho, pressuposto de validade para qualquer formulário em relação ao tempo especial prestado a contar de 14/10/1996, exceto em relação ao ruído que sempre o exigiu.

O tema será julgado pela TNU (Tema 208):

Tema	**208**	**Situação do tema**	**Em Julgamento – eproc**		**Ramo do direito**	**DIREITO PREVIDENCIÁRIO**
Questão submetida a julgamento		Saber se é necessária a indicação, no PPP, do profissional habilitado para registro de condições ambientais e monitoração biológica, para fins de reconhecimento da atividade como especial.				
Tese firmada		-				
Processo		**Decisão de afetação**	**Relator (a)**	**Julgado em**	**Acórdão publicado em**	**Trânsito em julgado**
PEDILEF 0500940-26.2017.4.05.8312/PE		25/04/2019	Juiz Federal Atanair Nasser Ribeiro Lopes	-	-	-

O campo 17 traz os resultados da monitoração biológica, ao passo que o 18 deverá conter as informações do profissional que promoveu as monitorações por período.

RESULTADOS DE MONITORAÇÃO BIOLÓGICA				
17-EXAMES MÉDICOS CLÍNICOS E COMPLEMENTARES (Quadros I e II, da NR-07):				
17.1-Data	17.2-Tipo	17.3-Natureza	17.4-Exame (R/S)	17.5-Indicação de Resultados
__/__/___			( ) Normal	( ) Alterado ( ) Estável ( ) Agravamento ( ) Ocupacional ( ) Não Ocupacional
__/__/___			( ) Normal	( ) Alterado ( ) Estável ( ) Agravamento ( ) Ocupacional ( ) Não Ocupacional

18-RESPONSÁVEL PELA MONITORAÇÃO BIOLÓGICA:			
18.1-Período	18.2-NIT	18.3-Registro Conselho de Classe	18.4-Nome do Profissional Legalmente Habilitado
__/__/___			
__/__/___			
__/__/___			

É necessário que **o preenchimento dos resultados de monitorização biológica seja de responsabilidade do médico do trabalho**, por meio de avaliação clínica detalhada, abrangendo exames específicos, necessários para se chegar ao diagnóstico de saúde do trabalhador, nos termos da Norma Regulamentadora nº 7 do extinto Ministério do Trabalho.

De acordo com o INSS[50], "considerando que o Conselho Federal de Medicina, por meio da **Resolução CFM nº 1.715, de 8 de janeiro de 2004**, proibiu ao médico do trabalho a revelação dos dados de monitorização biológica no PPP, tendo em vista à questão do sigilo médico e os possíveis prejuízos à vida privada e à honra do trabalhador, além do prejuízo na relação de trabalho pela exposição dos resultados. E, ainda, que os benefícios previdenciários que necessitam da análise médico pericial, como é o caso da atividade especial, poderão ensejar pelo médico perito, se necessário, a solicitação de outros documentos para confirmar ou complementar as informações contidas no PPP. Orientamos que quando da análise do PPP pela Perícia Médica Previdenciária, seja observado que o campo de registro de responsável pela monitorização biológica deverá ser preenchido obrigatoriamente pelo médico do trabalho da empresa".

Finalmente, os campos 19 e 20 trazem a data de emissão do PPP e os dados do representante da empresa com poderes para assinar o *multi* referido formulário.

50. Memorando-Circular no 10-2018/DIRSAT/INSS.

<table>
<tr><td rowspan="3">19-Data emissão PPP

____/___/___</td><td colspan="2">20-REPRESENTANTE LEGAL DA EMPRESA:</td></tr>
<tr><td>20.1-NIT</td><td>20.2-Nome</td></tr>
<tr><td>(Carimbo)</td><td>_______________
(Assinatura)</td></tr>
</table>

São objetivos do PPP[51]:

I – comprovar as condições para obtenção do direito aos benefícios e serviços previdenciários;

II – fornecer ao trabalhador meios de prova produzidos pelo empregador perante a Previdência Social, a outros órgãos públicos e aos sindicatos, de forma a garantir todo direito decorrente da relação de trabalho, seja ele individual, ou difuso e coletivo;

III – fornecer à empresa meios de prova produzidos em tempo real, de modo a organizar e a individualizar as informações contidas em seus diversos setores ao longo dos anos, possibilitando que a empresa evite ações judiciais indevidas relativas a seus trabalhadores; e

IV – possibilitar aos administradores públicos e privados acessos a bases de informações fidedignas, como fonte primária de informação estatística, para desenvolvimento de vigilância sanitária e epidemiológica, bem como definição de políticas em saúde coletiva.

Eis boas instruções para o preenchimento do PPP que constavam da IN INSS 118/2005, mas que continuam válidas:

INSTRUÇÕES DE PREENCHIMENTO – PPP		
CAMPO	**DESCRIÇÃO**	**INSTRUÇÃO DE PREENCHIMENTO**
	SEÇÃO I	**SEÇÃO DE DADOS ADMINISTRATIVOS**
1	CNPJ do Domicílio Tributário/CEI	CNPJ relativo ao estabelecimento escolhido como domicílio tributário, nos termos do art. 127 do CTN, no formato XXXXXXXX/XXXX-XX; ou Matrícula no Cadastro Específico do INSS (Matrícula CEI) relativa à obra realizada por Contribuinte Individual ou ao estabelecimento escolhido como domicílio tributário que não possua CNPJ, no formato XX.XXX.XXXXX/XX, ambos compostos por caracteres numéricos.
2	Nome Empresarial	Até 40 (quarenta) caracteres alfanuméricos.

51. Artigo 265, da Instrução Normativa INSS 77/2015.

3	CNAE	Classificação Nacional de Atividades Econômicas da empresa, completo, com 7 (sete) caracteres numéricos, no formato XXXXXX-X, instituído pelo IBGE através da Resolução CONCLA nº 07, de 16/12/2002. A tabela de códigos CNAE-Fiscal pode ser consultada na Internet, no site www.cnae.ibge.gov.br.
4	Nome do Trabalhador	Até 40 (quarenta) caracteres alfabéticos. BR – Beneficiário Reabilitado; PDH – Portador de Deficiência Habilitado; NA – Não Aplicável. Preencher com base no art. 93, da Lei nº 8.213, de 1991, que estabelece a obrigatoriedade do preenchimento dos cargos de empresas com 100 (cem) ou mais empregados com beneficiários reabilitados ou pessoas portadoras de deficiência, habilitadas, na seguinte proporção:
5	BR/PDH	empregados com beneficiários reabilitados ou pessoas portadoras de deficiência, habilitadas, na seguinte proporção: I – até 200 empregados(...)2%; II – de 201 a 500(...)3%; III – de 501 a 1.000(...)4%; IV – de 1.001 em diante. (...)5%.
6	NIT	Número de Identificação do Trabalhador com 11 (onze) caracteres numéricos, no formato XXX.XXXXX.XX-X. O NIT corresponde ao número do PIS/PASEP/CI sendo que, no caso de Contribuinte Individual (CI), pode ser utilizado o número de inscrição no Sistema Único de Saúde (SUS) ou na Previdência Social.
7	Data do Nascimento	No formato DD/MM/AAAA.
8	Sexo (F/M)	F – Feminino; M – Masculino.
9	CTPS (Nº, Série e UF)	Número, com 7 (sete) caracteres numéricos, Série, com 5 (cinco) caracteres numéricos e UF, com 2 (dois) caracteres alfabéticos, da Carteira de Trabalho e Previdência Social.
10	Data de Admissão	No formato DD/MM/AAAA.
11	Regime de Revezamento	Regime de Revezamento de trabalho, para trabalhos em turnos ou escala, especificando tempo trabalhado e tempo de descanso, com até 15 (quinze) caracteres alfanuméricos. Exemplo: 24 x 72 horas; 14 x 21 dias; 2 x 1 meses. Se inexistente, preencher com NA – Não Aplicável.
12	CAT REGISTRADA	Informações sobre as Comunicações de Acidente do Trabalho registradas pela empresa na Previdência Social, nos termos do art. 22 da Lei nº 8.213, de 1991, do art. 169 da CLT, do art. 336 do RPS, aprovado pelo Dec. nº 3.048, de 1999, do item 7.4.8, alínea "a" da NR-07 do MTE e dos itens 4.3.1 e 6.1.2 do Anexo 13-A da NR-15 do MTE, disciplinado pela Portaria MPAS nº 5.051, de 1999, que aprova o Manual de Instruções para Preenchimento da CAT.

	SEÇÃO I	SEÇÃO DE DADOS ADMINISTRATIVOS
12.1	Data do Registro	No formato DD/MM/AAAA.
12.2	Número da CAT	Com 13 (treze) caracteres numéricos, com formato XXXXXXXXXX-X/XX. Os dois últimos caracteres correspondem a um número seqüencial relativo ao mesmo acidente, identificado por NIT, CNPJ e data do acidente.
13	LOTAÇÃO E ATRIBUIÇÃO	Informações sobre o histórico de lotação e atribuições do trabalhador, por período. A alteração de qualquer um dos campos – 13.2 a 13.7 – implica, obrigatoriamente, a criação de nova linha, com discriminação do período, repetindo as informações que não foram alteradas.
13.1	Período	Data de início e data de fim do período, ambas no formato DD/MM/AAAA. No caso de trabalhador ativo, a data de fim do último período não deverá ser preenchida.
13.2	CNPJ/CEI	Local onde efetivamente o trabalhador exerce suas atividades. Deverá ser informado o CNPJ do estabelecimento de lotação do trabalhador ou da empresa tomadora de serviços, no formato XXXXXXXX/XXXX-XX; ou Matrícula CEI da obra ou do estabelecimento que não possua CNPJ, no formato XX.XXX.XXXXX/XX, ambos compostos por caracteres numéricos.
13.3	Setor	Lugar administrativo na estrutura organizacional da empresa, onde o trabalhador exerce suas atividades laborais, com até 15 (quinze) caracteres alfanuméricos.
13.4	Cargo	Cargo do trabalhador, constante na CTPS, se empregado ou trabalhador avulso, ou constante no Recibo de Produção e Livro de Matrícula, se cooperado, com até 30 (trinta) caracteres alfanuméricos.
13.5	Função	Lugar administrativo na estrutura organizacional da empresa, onde o trabalhador tenha atribuição de comando, chefia, coordenação, supervisão ou gerência. Quando inexistente a função, preencher com NA – Não Aplicável, com até 30 (trinta) caracteres alfanuméricos.
13.6	CBO	Classificação Brasileira de Ocupação vigente à época, com seis caracteres numéricos: 1 – No caso de utilização da tabela CBO relativa a 1994, utilizar a CBO completa com cinco caracteres, completando com "0" (zero) a primeira posição; 2 – No caso de utilização da tabela CBO relativa a 2002, utilizar a CBO completa com seis caracteres.

	SEÇÃO I	SEÇÃO DE DADOS ADMINISTRATIVOS
		Alternativamente, pode ser utilizada a CBO, com 5 (cinco) caracteres numéricos, conforme Manual da GFIP para usuários do SEFIP, publicado por Instrução Normativa da Diretoria Colegiada do INSS: 1- No caso de utilização da tabela CBO relativa a 1994, utilizar a CBO completa com cinco caracteres; 2- No caso de utilização da tabela CBO relativa a 2002, utilizar a família do CBO com quatro caracteres, completando com "0" (zero) a primeira posição. A tabela de CBO pode ser consultada na Internet, no site www.mtecbo.gov.br. OBS: Após a alteração da GFIP, somente será aceita a CBO completa, com seis caracteres numéricos, conforme a nova tabela CBO relativa a 2002.
13.7	Código Ocorrência da GFIP	Código Ocorrência da GFIP para o trabalhador, com dois caracteres numéricos, conforme Manual da GFIP para usuários do SEFIP, publicado por Instrução Normativa da Diretoria Colegiada do INSS.
14	PROFISSIOGRAFIA	Informações sobre a profissiografia do trabalhador, por período. A alteração do campo 14.2 implica, obrigatoriamente, a criação de nova linha, com discriminação do período.
14.1	Período	Data de início e data de fim do período, ambas no formato DD/MM/AAAA. No caso de trabalhador ativo, a data de fim do último período não deverá ser preenchida.
14.2	Descrição das Atividades	Descrição das atividades, físicas ou mentais, realizadas pelo trabalhador, por força do poder de comando a que se submete, com até 400 (quatrocentos) caracteres alfanuméricos. As atividades deverão ser descritas com exatidão, e de forma sucinta, com a utilização de verbos no infinitivo impessoal.
	SEÇÃO II	**SEÇÃO DE REGISTROS AMBIENTAIS**
		Informações sobre a exposição do trabalhador a fatores de riscos ambientais, por período, ainda que estejam neutralizados, atenuados ou exista proteção eficaz.
15	EXPOSIÇÃO A FATORES DE RISCOS	Facultativamente, também poderão ser indicados os fatores de riscos ergonômicos e mecânicos. A alteração de qualquer um dos campos – 15.2 a 15.8 – implica, obrigatoriamente, a criação de nova linha, com discriminação do período, repetindo as informações que não foram alteradas. OBS.: Após a implantação da migração dos dados do PPP em meio magnético pela Previdência Social, as informações relativas aos fatores de riscos ergonômicos e mecânicos passarão a ser obrigatórias.

	SEÇÃO II	SEÇÃO DE REGISTROS AMBIENTAIS
15.1	Período	Data de início e data de fim do período, ambas no formato DD/MM/AAAA. No caso de trabalhador ativo, a data de fim do último período não deverá ser preenchida.
15.2	Tipo	F – Físico; Q – Químico; B – Biológico; E – Ergonômico/Psicossocial, M – Mecânico/de Acidente, conforme classificação adotada pelo Ministério da Saúde, em "Doenças Relacionadas ao Trabalho: Manual de Procedimentos para os Serviços de Saúde", de 2001. A indicação do Tipo "E" e "M" é facultativa. O que determina a associação de agentes é a superposição de períodos com fatores de risco diferentes.
15.3	Fator de Risco	Descrição do fator de risco, com até 40 (quarenta) caracteres alfanuméricos. Em se tratando do Tipo "Q", deverá ser informado o nome da substância ativa, não sendo aceitas citações de nomes comerciais.
15.4	Intensidade / Concentração	Intensidade ou Concentração, dependendo do tipo de agente, com até 15 (quinze) caracteres alfanuméricos. Caso o fator de risco não seja passível de mensuração, preencher com NA – Não Aplicável.
15.5	Técnica Utilizada	Técnica utilizada para apuração do item 15.4, com até 40 (quarenta) caracteres alfanuméricos. Caso o fator de risco não seja passível de mensuração, preencher com NA – Não Aplicável.
15.6	EPC Eficaz (S/N)	S – Sim; N – Não, considerando se houve ou não a eliminação ou a neutralização, com base no informado nos itens 15.2 a 15.5, assegurada as condições de funcionamento do EPC ao longo do tempo, conforme especificação técnica do fabricante e respectivo plano de manutenção.
15.7	EPI Eficaz (S/N)	S – Sim; N – Não, considerando se houve ou não a atenuação, com base no informado nos itens 15.2 a 15.5, observado o disposto na NR-06 do MTE, assegurada a observância: 1- da hierarquia estabelecida no item 9.3.5.4 da NR-09 do MTE (medidas de proteção coletiva, medidas de caráter administrativo ou de organização do trabalho e utilização de EPI, nesta ordem, admitindo-se a utilização de EPI somente em situações de inviabilidade técnica, insuficiência ou interinidade à implementação do EPC, ou ainda em caráter complementar ou emergencial); 2- das condições de funcionamento do EPI ao longo do tempo, conforme especificação técnica do fabricante ajustada às condições de campo; 3- do prazo de validade, conforme Certificado de Aprovação do MTE; 4- da periodicidade de troca definida pelos programas ambientais, devendo esta ser comprovada mediante recibo; e 5- dos meios de higienização.

	SEÇÃO II	SEÇÃO DE REGISTROS AMBIENTAIS
15.8	C.A. EPI	Número do Certificado de Aprovação do MTE para o Equipamento de Proteção Individual referido no campo 154.7, com 5 (cinco) caracteres numéricos. Caso não seja utilizado EPI, preencher com NA – Não Aplicável.
16	RESPONSÁVEL PELOS REGISTROS AMBIENTAIS	Informações sobre os responsáveis pelos registros ambientais, por período.
16.1	Período	Data de início e data de fim do período, ambas no formato DD/MM/AAAA. No caso de trabalhador ativo sem alteração do responsável, a data de fim do último período não deverá ser preenchida.
16.2	NIT	Número de Identificação do Trabalhador com 11 (onze) caracteres numéricos, no formato XXX.XXXXX.XX-X. O NIT corresponde ao número do PIS/PASEP/CI sendo que, no caso de Contribuinte Individual (CI), pode ser utilizado o número de inscrição no Sistema Único de Saúde (SUS) ou na Previdência Social.
16.3	Registro Conselho de Classe	Número do registro profissional no Conselho de Classe, com 9 (nove) caracteres alfanuméricos, no formato XXXXXX-X/XX ou XXXXXXX/XX. A parte "-X" corresponde à D – Definitivo ou P – Provisório. A parte "/XX" deve ser preenchida com a UF, com 2 (dois) caracteres alfabéticos. A parte numérica deverá ser completada com zeros à esquerda.
16.4	Nome do Profissional Legalmente Habilitado	Até 40 (quarenta) caracteres alfabéticos.
	SEÇÃO III	SEÇÃO DE RESULTADOS DE MONITORAÇÃO BIOLÓGICA
17	EXAMES MÉDICOS CLÍNICOS E COMPLEMENTARES	Informações sobre os exames médicos obrigatórios, clínicos e complementares, realizados para o trabalhador, constantes nos Quadros I e II, da NR-07 do MTE.
17.1	Data	No formato DD/MM/AAAA.
17.2	Tipo	A – Admissional; P – Periódico; R – Retorno ao Trabalho; M – Mudança de Função; D – Demissional.
17.3	Natureza	Natureza do exame realizado, com até 50 (cinqüenta) caracteres alfanuméricos. No caso dos exames relacionados no Quadro I da NR-07, do MTE, deverá ser especificada a análise realizada, além do material biológico coletado.

	SEÇÃO III	SEÇÃO DE RESULTADOS DE MONITORAÇÃO BIOLÓGICA
17.4	Exame (R/S)	R – Referencial; S – Seqüencial.
17.5	Indicação de Resultados	Preencher Normal ou Alterado. Só deve ser preenchido Estável ou Agravamento no caso de Alterado em exame Seqüencial. Só deve ser preenchido Ocupacional ou Não Ocupacional no caso de Agravamento. OBS: No caso de Natureza do Exame "Audiometria", a alteração unilateral poderá ser classificada como ocupacional, apesar de a maioria das alterações ocupacionais serem constatadas bilateralmente.
18	RESPONSÁVEL PELA MONITORAÇÃO BIOLÓGICA	Informações sobre os responsáveis pela monitoração biológica, por período.
18.1	Período	Data de início e data de fim do período, ambas no formato DD/MM/AAAA. No caso de trabalhador ativo sem alteração do responsável, a data de fim do último período não deverá ser preenchida.
18.2	NIT	Número de Identificação do Trabalhador com 11 (onze) caracteres numéricos, no formato XXX.XXXXX.XX-X. O NIT corresponde ao número do PIS/PASEP/CI sendo que, no caso de Contribuinte Individual (CI), pode ser utilizado o número de inscrição no Sistema Único de Saúde (SUS) ou na Previdência Social.
18.3	Registro Conselho de Classe	Número do registro profissional no Conselho de Classe, com 9 (nove) caracteres alfanuméricos, no formato XXXXXX-X/XX ou XXXXXXX/XX. A parte "-X" corresponde à D – Definitivo ou P – Provisório. A parte "/XX" deve ser preenchida com a UF, com 2 (dois) caracteres alfabéticos. A parte numérica deverá ser completada com zeros à esquerda.
18.4	Nome do Profissional Legalmente Habilitado	Até 40 (quarenta) caracteres alfabéticos.
	SEÇÃO IV	**RESPONSÁVEIS PELAS INFORMAÇÕES**
19	Data de Emissão do PPP	Data em que o PPP é impresso e assinado pelos responsáveis, no formato DD/MM/AAAA.
20	REPRESENTANTE LEGAL DA EMPRESA	Informações sobre o Representante Legal da empresa.

	SEÇÃO IV	RESPONSÁVEIS PELAS INFORMAÇÕES
20.1	NIT	Número de Identificação do Trabalhador com 11 (onze) caracteres numéricos, no formato XXX.XXXXX.XX-X. O NIT corresponde ao número do PIS/PASEP/CI sendo que, no caso de contribuinte individual (CI), pode ser utilizado o número de inscrição no Sistema Único de Saúde (SUS) ou na Previdência Social.
20.2	Nome	Até 40 caracteres alfabéticos.
	Carimbo e Assinatura	Carimbo da Empresa e Assinatura do Representante Legal.
		OBSERVAÇÕES
		Devem ser incluídas neste campo, informações necessárias à análise do PPP, bem como facilitadoras do requerimento do benefício, como por exemplo, esclarecimento sobre alteração de razão social da empresa, no caso de sucessora ou indicador de empresa pertencente a grupo econômico.
É facultada a inclusão de informações complementares ou adicionais ao PPP		

O **campo 13.7** vai indicar o **Código GFIP**, o que permitirá verificar se a empresa tomadora do serviço está recolhendo a contribuição adicional da aposentadoria especial ou não.

Vale registrar que o não recolhimento pela empresa da contribuição específica adicional não é causa legal para o não enquadramento do tempo especial, considerando a presunção absoluta de recolhimento em favor do segurado, cabendo ao INSS oficiar a Receita Federal para a cobrança, se confirmada a sonegação do tributo e ainda não operada a decadência quinquenal para a cobrança.

Por outro lado, o recolhimento não vinculará o INSS, tendo em vista a possibilidade de erro da empresa em perpetrar o enquadramento do tempo especial de modo equivocado, o que permitirá, em tese, a restituição do tributo, observada a prescrição quinquenal.

Mas é evidente que, uma vez declarada em GFIP o tempo especial, a análise administrativa da Perícia Médica será feita com outros olhos, presumindo-se relativamente o tempo especial, que somente não poderá ser enquadrado em situação de manifesto equívoco.

MANUAL DA GFIP/SEFIP

Capítulo II – INFORMAÇÕES CADASTRAIS

4.8 – OCORRÊNCIA

No campo Ocorrência o empregador/contribuinte presta, ao mesmo tempo, duas informações:

- a exposição ou não do trabalhador, de modo permanente, a agentes nocivos prejudiciais à sua saúde ou à sua integridade física, e que enseje a concessão de aposentadoria especial;

- se o trabalhador tem um ou mais vínculos empregatícios (ou fontes pagadoras), ou ainda, se o trabalhador consta de mais de uma GFIP/SEFIP do mesmo empregador/contribuinte, geradas em movimentos diferentes, com a remuneração desmembrada em cada uma delas (GFIP/SEFIP de chaves diferentes).

Para classificação da ocorrência, deve ser consultada a tabela de Classificação dos Agentes Nocivos (Anexo IV do Regulamento da Previdência Social, aprovado pelo Decreto nº 3.048/99 e alterações posteriores). Para a comprovação de que o trabalhador está exposto a agentes nocivos é necessário que a empresa mantenha perfil profissiográfico previdenciário, conforme disposto no art. 58, § 1º, da Lei nº 8.213/91.

Para os trabalhadores com **apenas um vínculo empregatício** (ou uma fonte pagadora), informar os códigos a seguir, conforme o caso: (em branco)– Sem exposição a agente nocivo. Trabalhador nunca esteve exposto.

01 – Não exposição a agente nocivo. Trabalhador já esteve exposto.

02 – Exposição a agente nocivo (aposentadoria especial aos 15 anos de trabalho);

03 – Exposição a agente nocivo (aposentadoria especial aos 20 anos de trabalho);

04 – Exposição a agente nocivo (aposentadoria especial aos 25 anos de trabalho).

Atenção:

Não devem preencher informações neste campo as empresas cujas atividades não exponham seus trabalhadores a agentes nocivos. O código 01 somente é utilizado para o trabalhador que esteve e deixou de estar exposto a agente nocivo, como ocorre nos casos de transferência do trabalhador de um departamento (com exposição) para outro (sem exposição).

Para os trabalhadores com mais de um vínculo empregatício (ou mais de uma fonte pagadora), informar os códigos a seguir:

05 – Não exposto a agente nocivo;

06 – Exposição a agente nocivo (aposentadoria especial aos 15 anos de trabalho);

07 – Exposição a agente nocivo (aposentadoria especial aos 20 anos de trabalho);

08 – Exposição a agente nocivo (aposentadoria especial aos 25 anos de trabalho).

2.12 ENUNCIADO 12 (EPI NA APOSENTADORIA ESPECIAL POR AGENTES NOCIVOS)

ENUNCIADO 12

O fornecimento de equipamento de proteção individual (EPI) não descaracteriza a atividade exercida em condições especiais que prejudiquem a saúde ou a integridade física, devendo ser considerado todo o ambiente de trabalho.

I – Se o EPI for realmente capaz de neutralizar a nocividade, não há direito à aposentadoria especial

II – A utilização de Equipamentos de Proteção Coletiva-EPC e/ou EPI não elide a exposição aos agentes reconhecidamente cancerígenos, a ruído acima dos limites de tolerância, ainda que considerados eficazes;

III – A eficácia do EPI não obsta o reconhecimento de atividade especial exercida antes de 3/12/1998, data de início da vigência da MP 1.729/98, convertida na Lei n. 9.732/98, para qualquer agente nocivo.

COMENTÁRIOS:

O Enunciado 12 do CRPS está alinhado à jurisprudência do STF e TNU, bem como à atual posição do INSS.

De acordo com o Manual da Aposentadoria Especial do INSS, no que concerne ao agente ruído, deve-se observar se consta informação sobre EPC a partir de 14.10.1996 e sobre EPI a partir de 3.12.1998, não devendo ser considerada a informação sobre EPI para os períodos laborados anteriores a 3.12.1998 (data da publicação da MP nº 1.729/1998 convertida da Lei nº 9.732/1998).

Também nesse sentido o artigo 268 da Instrução Normativa INSS 77/2015:

> "Art. 268. Quando apresentado o PPP, deverão ser observadas, quanto ao preenchimento, para fins de comprovação de enquadramento de atividade exercida em condições especiais por exposição agentes nocivos, o seguinte:
>
> I – para atividade exercida até 13 de outubro de 1996, véspera da publicação da MP 1.523, de 1996, quando não se tratar de ruído, fica dispensado o preenchimento do campo referente ao responsável pelos Registros Ambientais;
>
> II – para atividade exercida até 13 de outubro de 1996, véspera da publicação da MP 1.523, de 1996, fica dispensado o preenchimento dos campos referentes às informações de EPC eficaz;
>
> III – **para atividade exercida até 03 de dezembro de 1998**, data da publicação da MP nº 1.729, de 02 de dezembro de 1998, convertida na Lei. 9.732, de 11 de dezembro de 1998, **fica dispensado o preenchimento dos campos referentes às informações de EPI eficaz**;
>
> IV – para atividade exercida até 31 de dezembro de 1998, fica dispensado o preenchimento do campo código de ocorrência GFIP; e
>
> V – por força da Resolução do Conselho Federal de Medicina – CFM nº 1.715, de -8 de janeiro de 2004, não deve ser exigido o preenchimento dos campos de Resultados de Monitoração Biológica para qualquer período".

TNU

Súmula 87 – A eficácia do EPI não obsta o reconhecimento de atividade especial exercida antes de 03/12/1998, data de início da vigência da MP 1.729/98, convertida na Lei n. 9.732/98.

Nos casos de suposto EPI ou EPC eficazes em que haja o reconhecimento do tempo especial, notadamente por ordem judicial, a Receita Federal deve ser notificada para cobrar a contribuição previdenciária devida (adicional para custeio do benefício), respeitando, por óbvio, a decadência quinquenal para a constituição do crédito tributário:

> **ATO DECLARATÓRIO INTERPRETATIVO RFB Nº 2, DE 18 DE SETEMBRO DE 2019**
>
> (Publicado(a) no DOU de 23/09/2019, seção 1, página 47)
>
> Dispõe sobre a contribuição adicional para o custeio da aposentadoria especial de que trata o art. 292 da Instrução Normativa RFB nº 971, de 13 de novembro de 2009.

O SUBSECRETÁRIO-GERAL DA RECEITA FEDERAL DO BRASIL, no uso da atribuição que lhe confere o Anexo I da Portaria RFB nº 1.098, de 8 de agosto de 2013, e tendo em vista o disposto no art. 292 da Instrução Normativa RFB nº 971, de 13 de novembro de 2009, declara:

*Art. 1º **Ainda que haja adoção de medidas de proteção coletiva ou individual que neutralizem ou reduzam o grau de exposição do trabalhador a níveis legais de tolerância**, a contribuição social adicional para o custeio da aposentadoria especial de que trata o art. 292 da Instrução Normativa RFB nº 971, de 13 de novembro de 2009, é devida pela empresa, ou a ela equiparado, em relação à remuneração paga, devida ou creditada ao segurado empregado, trabalhador avulso ou cooperado de cooperativa de produção, sujeito a condições especiais, **nos casos em que não puder ser afastada a concessão da aposentadoria especial**, conforme dispõe o § 2º do art. 293 da referida Instrução Normativa.*

Art. 2º Ficam modificadas as conclusões em contrário constantes em Soluções de Consulta ou em Soluções de Divergência, emitidas antes da publicação deste ato, independentemente de comunicação aos consulentes.

Art. 3º Publique-se no Diário Oficial da União.

JOSÉ DE ASSIS FERRAZ NETO

Questão polêmica é saber se o fornecimento de equipamento de proteção individual ou mesmo coletivo pela empresa ao segurado exclui ou não o enquadramento da atividade especial.

No que concerne aos agentes nocivos qualitativos, não se há de falar da existência de EPI eficaz em determinadas situações, sendo este o posicionamento do INSS, inclusive.

Já no que tange aos agentes nocivos quantitativos, é necessária uma avaliação caso a caso para se atestar a eficácia do EPI. Em tese, se eficaz, inexiste especialidade no tempo de contribuição.

De acordo com o *Manual de Aposentadoria Especial do INSS*, edição 2017, os agentes químicos relacionados no Anexo 13 da NR-15 continuarão sendo analisados de forma qualitativa e, caso não constem no Grupo 1 da LINACH, a utilização de EPC e/ou EPI poderá ser considerada para atenuação/eliminação da exposição.

Isso porque a própria autarquia federal entende que os agentes Grupo 1 da LINACH não podem ter a nocividade atenuada por EPI ou EPC, sendo estes ineficazes (página 22):

"Ainda, com relação aos agentes nocivos reconhecidamente cancerígenos do Grupo 1 da lista da Lista Nacional de Agentes Cancerígenos para Humanos – LINACH que possuam o Chemical Abstracts Service – CAS e que constem no Anexo IV do Decreto nº 3.048, de 1999, a utilização de EPC e/ou EPI não elide a exposição aos agentes comprovadamente cancerígenos, mesmo que

considerados eficazes. Tal entendimento será considerado para período trabalhado a partir de 8 de outubro de 2014, data da publicação da Portaria Interministerial MTE/MS/MPS nº 9, de 2014, com base na Nota Técnica nº 00001/2015/GAB/PRFE/INSS/SAO/PGF/AGU".

Outrossim, o Manual de Aposentadoria Especial do INSS considera ineficaz o EPI para os seguintes agentes: a) Vibração (página 97); b) Associação de Agentes (página 116).

O INSS não considerava a existência de EPI eficaz para agentes biológicos. No entanto, o Manual de Aposentadoria Especial (página 112) foi modificado em 2018 pelo Despacho Decisório nº 479/DIRSAT/INSS, de 25 de setembro de 2018, com modificação de posicionamento:

> "No caso dos agentes nocivos biológicos, considerando tratar-se do Risco Biológico, **o EPI deverá eliminar totalmente a probabilidade de exposição,** evitando a contaminação dos trabalhadores por meio do estabelecimento de uma barreira entre o agente infectocontagioso e a via de absorção (respiratória, digestiva, mucosas, olhos, dermal).
>
> Caso o EPI não desempenhe adequadamente esta função, permitindo que haja, ainda que atenuadamente, a absorção de microorganismos pelo trabalhador, a exposição estará efetivada, podendo-se desencadear a doença infecto-contagiosa. Neste caso, o EPI não deverá ser considerado eficaz pela perícia médica.
>
> Assim, em se tratando de agentes nocivos biológicos, caberá ao perito médico previdenciário a constatação da eficácia do EPI, por meio da análise da profissiografia e demais documentos acostados ao processo, podendo se necessário solicitar mais informações ao empregador ou realizar inspeção ao local de trabalho".

No entanto, esta aferição se refere apenas para os períodos laborados posteriores à 3.12.1998 (data da publicação da MP nº 1.729/1998 convertida da Lei nº 9.732/1998), quando a legislação passou a exigir essa mensuração.

A jurisprudência da TNU segue a posição do INSS:

> **Informativo 24/2018** – Afirmada a tese de que as atividades exercidas até 02/12/1998 sejam tidas como especiais, independentemente de constar no PPP a informação acerca do uso de EPI eficaz (PUIL n. 0501309-27.2015.4.05.8300/PE).

Entende a TNU que a partir de 03/12/1998 o contribuinte individual não poderá se locupletar da própria torpeza, ou seja, não pode se beneficiar por não ter utilizado o EPI, exceto o ruído, pois o STF decidiu inexistir proteção individual eficaz ou cancerígenos do Grupo 1 LINACH, assim como demonstração em concreto de inexistência de EPI eficaz:

REPRESENTATIVO DE CONTROVÉRSIA – DEFINIÇÃO DE TESE TEMA N. 188 – PUIL n. 5000075-62.2017.4.04.7128/RS REPRESENTATIVO DE CONTROVÉRSIA – DEFINIÇÃO DE TESE TEMA N. 198 – PUIL n. 0502252-37.2017.4.05.8312/PE: Apreciando o pedido sob o regime dos representativos de controvérsia, a TNU fixou a seguinte tese: Após 03/12/1998, para o segurado contribuinte individual, não é possível o reconhecimento de atividade especial em virtude da falta de utilização de equipamento de proteção individual (EPI) eficaz, salvo nas hipóteses de: (a) exposição ao agente físico ruído acima dos limites legais; (b) exposição a agentes nocivos reconhecidamente cancerígenos, constantes do Grupo 1 da lista da LINACH; ou (c) demonstração com fundamento técnico de inexistência, no caso concreto, de EPI apto a elidir a nocividade da exposição ao agente agressivo a que se submeteu o segurado.

De acordo com o Manual da Aposentadoria Especial do INSS, considera-se **equipamento de proteção individual** todo dispositivo ou produto, de uso individual utilizado pelo trabalhador, destinado à proteção de riscos suscetíveis de ameaçar a segurança e a saúde no trabalho, ao passo que os **equipamentos de proteção coletiva** dizem respeito ao coletivo, devendo proteger todos os trabalhadores expostos a determinado risco. Como exemplo pode-se citar o enclausuramento acústico de fontes de ruído, a ventilação dos locais de trabalho, a proteção de partes móveis de máquinas e equipamentos, a sinalização de segurança, a cabine de segurança biológica, capelas químicas, cabine para manipulação de radioisótopos, extintores de incêndio, dentre outros.

A regulamentação do EPI é dada pela **NR 6**. Considera-se Equipamento de Proteção Individual – EPI, todo dispositivo ou produto, de uso individual utilizado pelo trabalhador, destinado à proteção de riscos suscetíveis de ameaçar a segurança e a saúde no trabalho.

Eis as principais regras da NR 6:

a) O equipamento de proteção individual, de fabricação nacional ou importado, só poderá ser posto à venda ou utilizado com a indicação do Certificado de Aprovação – CA, expedido pelo órgão nacional competente em matéria de segurança e saúde no trabalho do Ministério do Trabalho e Emprego.

b) A empresa é obrigada a fornecer aos empregados, gratuitamente, EPI adequado ao risco, em perfeito estado de conservação e funcionamento, nas seguintes circunstâncias: sempre que as medidas de ordem geral não ofereçam completa proteção contra os riscos de acidentes do trabalho ou de doenças profissionais e do trabalho; enquanto as medidas de proteção coletiva estiverem sendo implantadas; e, atendidas as peculiaridades de cada atividade profissional, o empregador deve fornecer aos trabalhadores os EPI adequados, de acordo com o disposto no ANEXO da NR 6.

Cabe ao **empregador** quanto ao EPI: a) adquirir o adequado ao risco de cada atividade; b) exigir seu uso; c) fornecer ao trabalhador somente o aprovado pelo órgão nacional competente em matéria de segurança e saúde no trabalho; d) orientar e treinar o trabalhador sobre o uso adequado, guarda e conservação; e) substituir imediatamente, quando danificado ou extraviado; f) responsabilizar-se pela higienização e manutenção periódica; e, g) comunicar ao MTE qualquer irregularidade observada. h) registrar o seu fornecimento ao trabalhador, podendo ser adotados livros, fichas ou sistema eletrônico.

Cabe ao **empregado** quanto ao EPI: a) usar, utilizando-o apenas para a finalidade a que se destina; b) responsabilizar-se pela guarda e conservação; c) comunicar ao empregador qualquer alteração que o torne impróprio para uso; e, d) cumprir as determinações do empregador sobre o uso adequado.

O **fabricante nacional ou o importador** deverá: a) cadastrar-se junto ao órgão nacional competente em matéria de segurança e saúde no trabalho; (Alterado pela Portaria SIT n.º 194, de 07 de dezembro de 2010) b) solicitar a emissão do CA; (Alterado pela Portaria SIT n.º 194, de 07 de dezembro de 2010) c) solicitar a renovação do CA quando vencido o prazo de validade estipulado pelo órgão nacional competente em matéria de segurança e saúde do trabalho; (Alterado pela Portaria SIT n.º 194, de 07 de dezembro de 2010) d) requerer novo CA quando houver alteração das especificações do equipamento aprovado; (Alterado pela Portaria SIT n.º 194, de 07 de dezembro de 2010) e) responsabilizar-se pela manutenção da qualidade do EPI que deu origem ao Certificado de Aprovação – CA; f) comercializar ou colocar à venda somente o EPI, portador de CA; g) comunicar ao órgão nacional competente em matéria de segurança e saúde no trabalho quaisquer alterações dos dados cadastrais fornecidos; h) comercializar o EPI com instruções técnicas no idioma nacional, orientando sua utilização, manutenção, restrição e demais referências ao seu uso; i) fazer constar do EPI o número do lote de fabricação; e, j) providenciar a avaliação da conformidade do EPI no âmbito do SINMETRO, quando for o caso; k) fornecer as informações referentes aos processos de limpeza e higienização de seus EPI, indicando quando for o caso, o número de higienizações acima do qual é necessário proceder à revisão ou à substituição do equipamento, a fim de garantir que os mesmos mantenham as características de proteção original. (Inserido pela Portaria SIT n.º 194, de 07 de dezembro de 2010) l) promover adaptação do EPI detentor de Certificado de Aprovação para pessoas com deficiência. (Inserida pela Portaria MTb n.º 877, de 24 de outubro de 2018).

Para fins de comercialização o CERTIFICADO DE APROVAÇÃO (CA) concedido aos EPI terá validade:

a) de 5 (cinco) anos, para aqueles equipamentos com laudos de ensaio que não tenham sua conformidade avaliada no âmbito do SINMETRO;

b) do prazo vinculado à avaliação da conformidade no âmbito do SINMETRO, quando for o caso.

O STJ já se pronunciou no sentido de que "o fato de a empresa fornecer ao empregado o Equipamento de Proteção Individual – EPI, ainda que tal equipamento seja devidamente utilizado, não afasta, de per se, o direito ao benefício da aposentadoria com a contagem de tempo especial, devendo cada caso ser apreciado em suas particularidades"[52].

No mesmo caminho pontifica a Súmula 09, da TNU, prevendo que "o uso de Equipamento de Proteção Individual (EPI), ainda que elimine a insalubridade, no caso de exposição a ruído, não descaracteriza o tempo de serviço especial prestado".

Logo, nota-se que é preciso a análise de cada situação concreta a fim de verificar se a utilização do EPI reduziu ou não a exposição do segurado aos agentes nocivos para níveis abaixo dos padrões de tolerância, pois uma atividade apenas se enquadrará como especial se houver lesividade à saúde ou integridade física do trabalhador, a fim de justificar a concessão antecipada da proteção previdenciária.

A questão foi julgada pelo STF no Recurso Extraordinário com Agravo (ARE 664.335) interposto pelo INSS, que teve repercussão geral admitida pelo Ministro Luiz Fux em junho de 2012. O julgamento foi iniciado em 03 de setembro de 2014 e concluído em 04 de dezembro de 2014.

Decidiu a Suprema Corte que "o direito à aposentadoria especial pressupõe a efetiva exposição do trabalhador a agente nocivo a sua saúde, de modo que se o Equipamento de Proteção Individual (EPI) for realmente capaz de neutralizar a nocividade, não haverá respaldo à concessão constitucional de aposentadoria especial". Esta foi a **primeira tese aprovada**.

No entanto, **no caso do agente nocivo ruído**, na hipótese de exposição do trabalhador a ruído acima dos limites legais de tolerância, a declaração do empregador no âmbito do Perfil Profissiográfico Previdenciário (PPP), no sentido da eficácia do Equipamento de Proteção Individual (EPI), **não descaracteriza o tempo de serviço especial para a aposentadoria**. Esta foi a **segunda tese aprovada**.

Assim sendo, o STF admitiu em abstrato a tese de que o EPI realmente eficaz afastará a concessão da aposentadoria especial. No entanto, no caso do ruído, por não admitir a eficácia real do EPI (tema cientificamente controverso), o seu uso não irá descaracterizar o tempo especial prestado, adotando-se o mesmo entendimento da Súmula 09 da TNU. Trata-se, portanto, de decisão intermediária entre as teses do INSS e dos segurados que desenvolvem atividades nocivas à saúde.

52. REsp 720.082, de 15.12.2005.

O acórdão foi publicado pelo STF em 12 de fevereiro de 2015:

"RECURSO EXTRAORDINÁRIO COM AGRAVO. DIREITO CONSTITUCIONAL PREVIDENCIÁRIO. APOSENTADORIA ESPECIAL. ART. 201, § 1º, DA CONSTITUIÇÃO DA REPÚBLICA. REQUISITOS DE CARACTERIZAÇÃO. TEMPO DE SERVIÇO PRESTADO SOB CONDIÇÕES NOCIVAS. FORNECIMENTO DE EQUIPAMENTO DE PROTEÇÃO INDIVIDUAL – EPI. TEMA COM REPERCUSSÃO GERAL RECONHECIDA PELO PLENÁRIO VIRTUAL. EFETIVA EXPOSIÇÃO A AGENTES NOCIVOS À SAÚDE. NEUTRALIZAÇÃO DA RELAÇÃO NOCIVA ENTRE O AGENTE INSALUBRE E O TRABALHADOR. COMPROVAÇÃO NO PERFIL PROFISSIOGRÁFICO PREVIDENCIÁRIO PPP OU SIMILAR. NÃO CARACTERIZAÇÃO DOS PRESSUPOSTOS HÁBEIS À CONCESSÃO DE APOSENTADORIA ESPECIAL. CASO CONCRETO. AGENTE NOCIVO RUÍDO. UTILIZAÇÃO DE EPI. EFICÁCIA. REDUÇÃO DA NOCIVIDADE. CENÁRIO ATUAL. IMPOSSIBILIDADE DE NEUTRALIZAÇÃO. NÃO DESCARACTERIZAÇÃO DAS CONDIÇÕES PREJUDICIAIS. BENEFÍCIO PREVIDENCIÁRIO DEVIDO. AGRAVO CONHECIDO PARA NEGAR PROVIMENTO AO RECURSO EXTRAORDINÁRIO. 1. Conduz à admissibilidade do Recurso Extraordinário a densidade constitucional, no aresto recorrido, do direito fundamental à previdência social (art. 201, CRFB/88), com reflexos mediatos nos cânones constitucionais do direito à vida (art. 5º, caput, CRFB/88), à saúde (arts. 3º, 5º e 196, CRFB/88), à dignidade da pessoa humana (art. 1º, III, CRFB/88) e ao meio ambiente de trabalho equilibrado (arts. 193 e 225, CRFB/88). 2. A eliminação das atividades laborais nocivas deve ser a meta maior da Sociedade – Estado, empresariado, trabalhadores e representantes sindicais -, que devem voltar-se incessantemente para com a defesa da saúde dos trabalhadores, como enuncia a Constituição da República, ao erigir como pilares do Estado Democrático de Direito a dignidade humana (art. 1º, III, CRFB/88), a valorização social do trabalho, a preservação da vida e da saúde (art. 3º, 5º, e 196, CRFB/88), e o meio ambiente de trabalho equilibrado (art. 193, e 225, CRFB/88). 3. A aposentadoria especial prevista no artigo 201, § 1º, da Constituição da República, significa que poderão ser adotados, para concessão de aposentadorias aos beneficiários do regime geral de previdência social, requisitos e critérios diferenciados nos "casos de atividades exercidas sob condições especiais que prejudiquem a saúde ou a integridade física, e quando se tratar de segurados portadores de deficiência, nos termos definidos em lei complementar". 4. A aposentadoria especial possui nítido caráter preventivo e impõe-se para aqueles trabalhadores que laboram expostos a agentes prejudiciais à saúde e a fortiori possuem um desgaste naturalmente maior, por que não se lhes pode exigir o cumprimento do mesmo tempo de contribuição que aqueles empregados que não se encontram expostos a nenhum agente nocivo. 5. A norma inscrita no art. 195, § 5º, CRFB/88, veda a criação, majoração ou extensão de benefício sem a correspondente fonte de custeio, disposição dirigida ao legislador ordinário, sendo inexigível quando se tratar de benefício criado diretamente pela Constituição. Deveras, o direito à aposentadoria especial foi outorgado aos seus destinatários por norma constitucional (em sua origem o art. 202, e atualmente o art. 201, § 1º, CRFB/88). Precedentes: RE 151.106 AgR/SP, Rel. Min. Celso de Mello, julgamento em 28/09/1993, Primeira Turma, DJ de 26/11/93; RE 220.742, Rel. Min. Néri da Silveira, julgamento em 03/03/98, Segunda Turma, DJ de 04/09/1998. 6. Existência de fonte de custeio para o direito à aposentadoria especial antes, através dos instrumentos tradicionais de financiamento da previdência social mencionados no art. 195, da CRFB/88, e depois da Medida Provisória nº 1.729/98, posteriormente convertida na Lei nº 9.732, de 11 de dezembro de 1998. Legislação que, ao reformular o seu modelo de financiamento, inseriu os §§ 6º e 7º no art. 57 da Lei n.º 8.213/91, e estabeleceu que este benefício será financiado com recursos provenientes da contribuição de que trata o inciso II do art. 22 da Lei nº 8.212/91, cujas alíquotas serão acrescidas de doze, nove ou seis pontos percentuais, conforme a atividade exercida pelo segurado a serviço da empresa permita a concessão de aposentadoria especial após quinze, vinte ou vinte e cinco anos de contribuição, respectivamente. 7. Por outro lado, o art. 10 da Lei nº 10.666/2003, ao criar o Fator Acidentário de Prevenção-FAP, concedeu redução de até 50% do valor desta contribuição em favor das empresas que disponibilizem aos seus empregados equipamentos de proteção declarados eficazes nos formulários previstos na legislação, o qual funciona como incentivo para que as empresas continuem a cumprir a sua função social, proporcionando um ambiente de trabalho hígido a seus trabalhadores. 8. O risco social aplicável ao benefício previdenciário da aposentadoria especial é o exercício de atividade em condições prejudiciais à saúde ou à integridade física (CRFB/88, art. 201, § 1º), de forma que torna indispensável que o indivíduo trabalhe exposto a uma nocividade notadamente capaz de ensejar o referido dano, porquanto a tutela legal considera a exposição do segurado pelo risco presumido presente na relação entre agente nocivo e o trabalhador. 9. A interpretação do instituto da aposentadoria especial mais consentânea com o texto constitucional é aquela que conduz a uma proteção efetiva do trabalhador, considerando o benefício da aposentadoria especial excepcional, destinado ao segurado que efetivamente exerceu suas atividades laborativas em "condições especiais que prejudiquem a saúde ou a integridade física". **10. Consectariamente, a primeira tese objetiva que se firma é: o direito à aposentadoria especial pressupõe a efetiva exposição do trabalhador a agente nocivo à sua saúde, de modo que, se o EPI for realmente capaz de neutralizar a nocividade não haverá respaldo constitucional à aposentadoria especial. 11. A Administração poderá, no exercício da fiscalização, aferir as informações prestadas pela empresa, sem prejuízo do inafastável judicial review. Em caso de divergência ou dúvida sobre a real eficácia do Equipamento de Proteção Individual, a premissa a nortear a Administração e o Judiciário é pelo reconhecimento do direito ao benefício da aposentadoria especial.** Isto porque o uso de EPI, no caso concreto, pode não se afigurar suficiente para descaracterizar completamente a relação nociva a que o empregado se submete. **12. In casu, tratando-se especificamente do agente nocivo ruído, desde que em limites acima do limite legal, constata-se que, apesar do uso de Equipamento de Proteção Individual (protetor auricular) reduzir a agressividade do ruído**

a um nível tolerável, até no mesmo patamar da normalidade, a potência do som em tais ambientes causa danos ao organismo que vão muito além daqueles relacionados à perda das funções auditivas. O benefício previsto neste artigo será financiado com os recursos provenientes da contribuição de que trata o inciso II do art. 22 da Lei no 8.212, de 24 de julho de 1991, cujas alíquotas serão acrescidas de doze, nove ou seis pontos percentuais, conforme a atividade exercida pelo segurado a serviço da empresa permita a concessão de aposentadoria especial após quinze, vinte ou vinte e cinco anos de contribuição, respectivamente. O benefício previsto neste artigo será financiado com os recursos provenientes da contribuição de que trata o inciso II do art. 22 da Lei no 8.212, de 24 de julho de 1991, cujas alíquotas serão acrescidas de doze, nove ou seis pontos percentuais, conforme a atividade exercida pelo segurado a serviço da empresa permita a concessão de aposentadoria especial após quinze, vinte ou vinte e cinco anos de contribuição, respectivamente. **13. Ainda que se pudesse aceitar que o problema causado pela exposição ao ruído relacionasse apenas à perda das funções auditivas, o que indubitavelmente não é o caso, é certo que não se pode garantir uma eficácia real na eliminação dos efeitos do agente nocivo ruído com a simples utilização de EPI, pois são inúmeros os fatores que influenciam na sua efetividade, dentro dos quais muitos são impassíveis de um controle efetivo, tanto pelas empresas, quanto pelos trabalhadores. 14. Desse modo, a segunda tese fixada neste Recurso Extraordinário é a seguinte: na hipótese de exposição do trabalhador a ruído acima dos limites legais de tolerância, a declaração do empregador, no âmbito do Perfil Profissiográfico Previdenciário (PPP), no sentido da eficácia do Equipamento de Proteção Individual - EPI, não descaracteriza o tempo de serviço especial para aposentadoria.** 15. Agravo conhecido para negar provimento ao Recurso Extraordinário". **ARE 664335/SC, rel. Min. Luiz Fux, 4.12.2014. (ARE-664335)".**

Por tudo isto, podemos fixar os **principais pontos do julgado**:

a) Se o EPI for realmente capaz de neutralizar a nocividade, não haverá respaldo constitucional à aposentadoria especial;

b) No caso do agente nocivo ruído, o STF acolheu a tese da inexistência de EPI totalmente eficaz, reconhecendo o direito à aposentadoria especial mesmo com a sua utilização;

c) Para os demais agentes nocivos quantitativos, a questão está em aberto, devendo ser mensurado se existe EPI que neutralize a nocividade caso a caso;

d) Em caso de divergência ou dúvida sobre a real eficácia do Equipamento de Proteção Individual, a premissa a nortear a Administração e o Judiciário é pelo reconhecimento do direito ao benefício da aposentadoria especial (*in dubio pro misero*).

Posteriormente, o INSS passou a adotar na via administrativa a decisão do STF a respeito do ruído, conforme divulgado no **Memorando-Circular Conjunto nº 2/DIRSAT/DIRBEN/INSS, de 23 de julho de 2015**:

"Observada a decisão do Supremo Tribunal Federal (STF) no Recurso Extraordinário com Agravo (ARE) nº 664.335, a qual apresentou novo entendimento para a análise do tempo especial de segurados expostos ao agente nocivo ruído e a Nota nº 00006/2015/CGPL/PFE/AGU (Anexo II), solicitamos que sejam observadas as orientações a seguir:

a) os casos de exposição do segurado ao agente nocivo ruído, acima dos limites legais de tolerância, a declaração do empregador no âmbito do Perfil Profissiográfico Previdenciário (PPP), sobre a eficácia do Equipamento de Proteção Individual (EPI), não descaracteriza o enquadramento como atividade especial para fins de aposentadoria;

b) a decisão passa a ter obrigatoriedade para o INSS a contar de 12/02/2015, data da publicação na Ata de Julgamento no Diário da Justiça;

c) **aplica-se o novo entendimento aos processos pendentes de decisão em 12/02/2015 e requerimentos posteriores, inclusive para o período de atividade laboral anterior a essa data;**

d) relativamente aos processos indeferidos e em fase de recurso às Juntas de Recursos ou às Câmaras de Julgamento do Conselho de Recurso da Previdência Social, ainda pendentes de julgamento, aplicam-se as orientações contidas acima, considerando que não ocorreu o ato conclusivo da administração e não foi exaurida a esfera administrativa;

e) devem ser preservados os atos administrativos já consolidados em última instância. Entretanto, caso haja novo requerimento apresentado pelo segurado, após esse novo entendimento, será analisado à luz da orientação atual contida na IN/INSS/PRES nº 77/15; e

f) nos pedidos de revisões administrativas o INSS poderá utilizar os novos critérios de análise, porém não terá efeitos retroativos, devendo os efeitos financeiros ser fixados na data do pedido de revisão-DPR".

2.13 ENUNCIADO 13 (APOSENTADORIA ESPECIAL POR EXPOSIÇÃO AO RUÍDO)

ENUNCIADO 13

Atendidas as demais condições legais, considera-se especial, no âmbito do RGPS, a atividade exercida com exposição a ruído superior a 80 decibéis até 05/03/97, superior a 90 decibéis desta data até 18/11/2003, e superior a 85 decibéis a partir de então.

I – Os níveis de ruído devem ser medidos, observado o disposto na Norma Regulamentadora nº 15 (NR-15), anexos 1 e 2, com aparelho medidor de nível de pressão sonora, operando nos circuitos de compensação – dB (A) para ruído contínuo ou intermitente ou dB (C) para ruído de impacto.

II – Até 31 de dezembro de 2003, para a aferição de ruído contínuo ou intermitente, é obrigatória a utilização das metodologias contidas na NR-15, devendo ser aceitos ou o nível de pressão sonora pontual ou a média de ruído, podendo ser informado decibelímetro, dosímetro ou medição pontual no campo "Técnica Utilizada" do Perfil Profissiográfico Previdenciário (PPP).

III – A partir de 1º de janeiro de 2004, para a aferição de ruído contínuo ou intermitente, é obrigatória a utilização das metodologias contidas na Norma de Higiene Ocupacional 01 (NHO-01) da FUNDACENTRO ou na NR-15, que reflitam a medição de exposição durante toda a jornada de trabalho, vedada a medição pontual, devendo constar do PPP a técnica utilizada e a respectiva norma.

IV – Em caso de omissão ou dúvida quanto à indicação da metodologia ou técnica utilizadas para aferição da exposição nociva ao agente ruído, o PPP não deve ser admitido como prova da especialidade, devendo ser apresentado o respectivo Laudo Técnico de Condições Ambientais do Trabalho (LTCAT) ou solicitada inspeção no ambiente de trabalho, para fins de verificar a técnica utilizada na medição, bem como a respectiva norma.

COMENTÁRIOS:

O Enunciado 13 está alinhado ao INSS, à TNU e ao STJ no que tange aos limites de tolerância ao ruído.

No que tange à metodologia de aferição a partir de 2004, está alinhado à TNU e contrário ao posicionamento do INSS, que somente admite a NHO 1 da FUNDACENTRO a partir de 1/1/2004.

De acordo com o artigo 280, inciso IV, da Instrução Normativa INSS 77/2015, a partir de 01 de janeiro de 2004, será efetuado o enquadramento quando o Nível de Exposição Normalizado – NEN se situar acima de 85 (oitenta e cinco) dB (A) **ou for ultrapassada a dose unitária, conforme NHO 1 da FUNDACENTRO**, sendo facultado à empresa a sua utilização a partir de 19 de novembro de 2003, data da publicação do Decreto nº 4.882, de 2003, **aplicando os limites de tolerância definidos no Quadro do Anexo I da NR-15 do extinto Ministério do Trabalho e as metodologias e os procedimentos definidos nas NHO-01 da FUNDACENTRO.**

De acordo com a TNU, "para fins de atribuição de caráter especial às atividades desenvolvidas com exposição ao agente físico ruído, inexistindo indicação da média ponderada, a técnica da média aritmética simples deve ser aplicada inclusive para períodos trabalhados antes da vigência da Lei n. 9.032/95, desconsiderando-se, neste caso, qualquer discussão acerca da permanência ou intermitência da exposição. Este entendimento se aplica para períodos trabalhados até 19/11/2003, a partir de quando devem ser considerados os parâmetros da NHO-01 e da NR-15" (PUIL n. 5003492-83.2017.4.04.7205/SC).

Nos termos da **Norma de Higiene Ocupacional (NHO) 1**, da FUNDACENTRO, que estabelece os critérios de avaliação da exposição ocupacional ao ruído, adota-se como critério de referência que a embasa os limites de exposição diária adotados para ruído contínuo ou intermitente corresponde a uma dose de 100% para exposição de 8 horas ao nível de 85 dB(A).

A avaliação da exposição ocupacional ao ruído contínuo ou intermitente deverá ser feita por meio da determinação da dose diária de ruído ou do nível de exposição, parâmetros representativos da exposição diária do trabalhador. Esses parâmetros são totalmente equivalentes, sendo possível, a partir de um obter-se o outro, mediante as expressões matemáticas que seguem:

$$NE = 10 \times \log\left(\frac{480}{T_E} \times \frac{D}{100}\right) + 85\ [dB]$$

$$D = \frac{T_E}{480} \times 100 \times 2^{\left(\frac{NE-85}{3}\right)}\ [\%]$$

onde:
NE = nível de exposição
D = dose diária de ruído em porcentagem
$\mathbf{T_E}$ = tempo de duração, em minutos, da jornada diária de trabalho

A avaliação deve ser realizada utilizando-se medidores integradores de uso pessoal, fixados no trabalhador.

Na indisponibilidade destes equipamentos, a Norma oferece procedimentos alternativos para outros tipos de medidores integradores ou medidores de leitura instantânea, não fixados no trabalhador, que poderão ser utilizados na avaliação de determinadas situações de exposição ocupacional. Em cada caso deverão ser seguidos os procedimentos de medição específicos estabelecidos na presente Norma.

No entanto, as condições de trabalho que apresentem dinâmica operacional complexa, como, por exemplo, a condução de empilhadeiras, atividades de manutenção, entre outras, ou que envolvam movimentação constante do trabalhador, não deverão ser avaliadas por esses métodos alternativos.

O limite de exposição ocupacional diária ao ruído corresponde a NEN igual a 85 dB(A), e o limite de exposição valor teto para ruído contínuo ou intermitente é de 115 dB(A). Para este critério considera-se como nível de ação o valor NEN igual a 82 dB(A).

Veja-se a seguinte tabela que considera o tempo máximo diário de exposição permissível em função do nível de ruído (em minutos) e o nível máximo diário permissível (em dB):

80	1523,90
81	1209,52
82	960,00
83	761,95
84	604,76
85	480,00
86	380,97

87	302,38
88	240,00
89	190,48
90	151,19
91	120,00
92	95,24
93	75,59
94	60,00
95	47,62
96	37,79
97	30,00
98	23,81
99	**18,89**
100	**15,00**
101	11,90
102	9,44
103	7,50
104	5,95
105	4,72
106	3,75
107	2,97
108	2,36
109	1,87
110	1,48
111	1,18
112	0,93
113	0,74
114	0,59
115	0,46

Por exemplo, note-se que o limite máximo sem gerar especialidade corresponde a 85 dB se considerada a exposição diária em 480 minutos, que equivale a uma jornada diária de trabalho de 8 horas.

Caso o trabalhador faça horas extras e tenha trabalho diário equivalente a 604,76 minutos (o que equivale a 10,07 horas de trabalho), a exposição acima de 84 dB já gera o tempo de contribuição especial.

Em tese repetitiva (Informativo 31/2018), **a TNU INICIALMENTE havia acolhido a normatização do INSS sobre a obrigatoriedade da observância da NHO 1 na aferição do ruído a partir de 1/1/2004**, pois esta norma observa o Nível de Exposição Normalizado – NEN, atendendo à exigência da exposição permanente ao agente nocivo ruído:

> **"REPRESENTATIVO DE CONTROVÉRSIA – DEFINIÇÃO DE TESE – TEMA N. 174 – PUIL n. 0505614-83.2017.4.05.8300/PE**
>
> **Apreciando o pedido sob o regime dos representativos de controvérsia, a TNU fixou as seguintes teses:**
>
> **(a) a partir de 01 de janeiro de 2004, é obrigatória utilização da NHO-01 da FUNDACENTRO como metodologia de aferição do agente nocivo ruído no ambiente de trabalho, devendo tal técnica ser informada no PPP, com a respectiva indicação do Nível de Exposição Normalizado (NEN);**
>
> (b) em caso de omissão, no período supracitado, na indicação da metodologia empregada para aferição do agente nocivo ruído, no Perfil Profissiográfico Profissional, esse documento não deve ser admitido como prova da especialidade do trabalho para o agente nocivo em apreço, devendo ser apresentado o respectivo laudo técnico (LTCAT), para fins de demonstrar a técnica utilizada na respectiva medição".

No entanto, em sede de embargos de declaração, **a Turma Nacional reviu o seu posicionamento para admitir a sistemática de medição da NR 15 em paralelo com a NHO 1 mesmo após 1/1/2004:**

Tema	**174**	**Situação do tema**	**Julgado – alteração no julgamento dos Eds**	**Ramo do direito**	**Direito Previdenciário**
Questão submetida a julgamento	Saber se, para fins de reconhecimento de período laborado em condições especiais, é necessário a comprovação de que foram observados os limites/metodologias/procedimentos definidos pelo INSS para aferição dos níveis de exposição ocupacional ao ruído (art. 58, §1º, da Lei n. 8.213/91 e art. 280 – IN/INSS/PRES – n. 77/2015)				
Tese firmada	**A partir de 19 de novembro de 2003, para a aferição de ruído contínuo ou intermitente, é obrigatória a utilização das metodologias contidas na NHO-01 da FUNDACENTRO ou na NR-15, que reflitam a medição de exposição durante toda a jornada de trabalho, vedada a medição pontual, devendo constar do Perfil Profissiográfico Previdenciário (PPP) a técnica utilizada e a respectiva norma";** "Em caso de omissão ou dúvida quanto à indicação da metodologia empregada para aferição da exposição nociva ao agente ruído, o PPP não deve ser admitido como prova da especialidade, devendo ser apresentado o respectivo laudo técnico (LTCAT), para fins de demonstrar a técnica utilizada na medição, bem como a respectiva norma".				

<table>
<tr><td>Entendimento anterior</td><td colspan="5">A partir de 01 de janeiro de 2004, é obrigatória utilização da NHO-01 da FUNDACENTRO como metodologia de aferição do agente nocivo ruído no ambiente de trabalho, devendo tal técnica ser informada no PPP, com a respectiva indicação do Nível de Exposição Normalizado (NEN)"; (b) "em caso de omissão, no período supracitado, na indicação da metodologia empregada para aferição do agente nocivo ruído, no Perfil Profissiográfico Profissional, esse documento não deve ser admitido como prova da especialidade do trabalho para o agente nocivo em apreço, devendo ser apresentado o respectivo laudo técnico (LTCAT), para fins de demonstrar a técnica utilizada na respectiva medição.</td></tr>
<tr><th>Processo</th><th>Decisão de afetação</th><th>Relator (a)</th><th>Julgado em</th><th>Acórdão publicado em</th><th>Trânsito em julgado</th></tr>
<tr><td>PEDILEF 0505614-83.2017.4.05.8300/PE</td><td>29/05/2018</td><td>Juiz Federal Fábio Cesar dos Santos Oliveira – Para acórdão: Juiz Federal Sérgio de Abreu Brito</td><td>21/11/2018</td><td>21/03/2019</td><td>08/05/2019</td></tr>
</table>

Dessa forma, restou fixada **tese repetitiva** no seguinte sentido "a partir de 19 de novembro de 2003, para a aferição de ruído contínuo ou intermitente, é obrigatória a utilização das metodologias contidas na NHO-01 da FUNDACENTRO **ou na NR-15**, que reflitam a medição de exposição durante toda a jornada de trabalho, vedada a medição pontual, devendo constar do Perfil Profissiográfico Previdenciário (PPP) a técnica utilizada e a respectiva norma".

Sobre o Tema TNU 174, foi editado o Parecer Referencial 0009/2019/DEPCONT/PGF/AGU:

> "1) Autorizar os Procuradores Federais **com atuação perante os Juizados Especiais Federais**, com fundamento no artigo 3°, inciso IX, da Portaria AGU n° 488/2016, ressalvados os casos insculpidos no artigo 12, e observado o contido no art. 13 desta norma, a:
>
> * reconhecerem a procedência do pedido, absterem-se de recorrer e desistirem de recurso já interposto, quando a alegação da parte autora ou a decisão judicial estiver de acordo com o que decidido na Turma Nacional de Uniformização dos Juizados Especiais Federais no PEDILEF n° 0505614-83.2017.4.05.8300, Tema n° 174 da TNU, onde se fixou a seguinte tese:
>
> (a) "A partir de 19 de novembro de 2003, para a aferição de ruído contínuo ou intermitente, é obrigatória a utilização das metodologias contidas na NHO-01 da FUNDACENTRO ou na NR-15, que reflitam a medição de exposição durante toda a jornada de trabalho, vedada a medição pontual, devendo constar do Perfil Profissiográfico Previdenciário (PPP) a técnica utilizada e a respectiva norma";

(b) "Em caso de omissão ou dúvida quanto à indicação da metodologia empregada para aferição da exposição nociva ao agente ruído, o PPP não deve ser admitido como prova da especialidade, devendo ser apresentado o respectivo laudo técnico (LTCAT), para fins de demonstrar a técnica utilizada na medição, bem como a respectiva norma".

* persistirem na defesa da Autarquia Previdenciária caso a pretensão deduzida ou a decisão judicial seja contrária ao entendimento favorável fixado no precedente acima, no sentido de que:

a) a partir de 19 de novembro de 2003, será admitido o PPP como prova da especialidade apenas quando nele constar a técnica de medição, segundo as metodologias NHO-01 da FUNDACENTRO ou a NR-15;

b) caso contrário, ou na hipótese de dúvida, necessária a apresentação de laudo técnico para o fim de demonstrar a técnica e respectiva norma utilizadas na medição, que deve seguir as metodologias indicadas, devendo ocorrer impugnação específica por parte da Procuradoria;

c) seja qual for o meio de comprovação, a TNU expressamente vedou a medição pontual ou por picos, na medida em que reconheceu a exigibilidade de medição que reflita toda a jornada de trabalho.

2) Orientar os Procuradores Federais **com atuação perante a Justiça comum**, considerando que o tema específico não foi analisado pelo Superior Tribunal de Justiça, a:

a) manterem a linha de argumentação de que a metodologia de aferição do ruído exigida para reconhecimento de tempo especial no âmbito do Regime Geral de Previdência Social é aquela apontada na NHO-01;

b) utilizarem-se dos elementos de argumentação colacionados no NUP 00695.000853/2018-16 até que sobrevenha orientação em sentido contrário".

2.14 ENUNCIADO 14 (APOSENTADORIA ESPECIAL POR CATEGORIA PROFISSIONAL)

ENUNCIADO 14

A atividade especial efetivamente desempenhada pelo segurado, permite o enquadramento por categoria profissional até 28/04/1995 nos anexos dos Decretos nº 53.831/64 e 83.080/79, ainda que divergente do registro em Carteira de Trabalho e Previdência Social (CTPS), Ficha ou Livro de Registro de Empregados, desde que comprovado o exercício nas mesmas condições de insalubridade, periculosidade ou penosidade.

I – É dispensável a apresentação de PPP ou outro formulário para enquadramento de atividade especial por categoria profissional, desde que a profissão ou atividade comprovadamente exercida pelo segurado conste nos anexos dos Decretos nº 53.831/64 e 83.080/79.

II – O enquadramento do guarda, vigia ou vigilante no código 2.5.7 do Decreto nº 53.831/64 independe do uso, porte ou posse de arma de fogo.

COMENTÁRIOS:

Ao contrário do que acontecia antes da promulgação da Lei 9.032/95, **o enquadramento de uma atividade como especial não mais é feito presumidamente por categoria profissional**, exigindo-se a efetiva demonstração em concreto da exposição do segurado aos agentes nocivos à saúde.

No regime anterior, bastava para algumas categorias profissionais estarem listadas em regulamento (Decretos 53.831/64 e 83.080/79) para que o seu trabalho fosse considerado como especial, com presunção absoluta de exposição.

O INSS entende que, em regra, é necessário o formulário preenchido pela empresa mesmo no caso de presunção por categoria profissional até a Lei 9.032/95.

No entanto, no caso de empresa legalmente extinta, a não apresentação do formulário de reconhecimento de períodos laborados em condições especiais ou PPP não será óbice ao enquadramento do período como atividade especial por categoria profissional para o segurado empregado, desde que conste a função ou cargo, expresso e literal, devendo ser observada, nas anotações profissionais, as alterações de função ou cargo em todo o período a ser enquadrado[53], podendo, neste caso, ser utilizado o processo de justificação administrativa para complementar a prova através da oitiva de testemunhas.

Vale frisar que a jurisprudência dispensa o formulário para os períodos de especialidades anteriores à vigência da Lei 9.032/95 por presunção por categoria profissional:

> "PREVIDENCIÁRIO. REVISÃO. APOSENTADORIA POR TEMPO DE CONTRIBUIÇÃO. RECONHECIMENTO DE LABOR EM CONDIÇÕES ESPECIAIS. PERÍODO ANTERIOR À LEI 9.032 /95. INEXIGIBILIDADE DE COMPROVAÇÃO DE EXPOSIÇÃO PERMANENTE A AGENTE NOCIVO. DECRETOS 53.831/64 E 83.080/79. CATEGORIA PROFISSIONAL. ENQUADRAMENTO. PROVIMENTO DO INCIDENTE. – Trata-se de incidente de uniformização movido pela parte autora em face de Acórdão de Turma Recursal de São Paulo, que deixou de reconhecer como especiais os períodos em que laborou como oficial impressor e impressor, vez que apenas a CTPS foi juntada a autos para comprovar o exercício das referidas atividades, não tendo sido juntado aos autos qualquer formulário de informações sobre o exercício de atividades especiais (formulário SB-40, DSS-8030 ou equivalente) ou laudo pericial técnico, a fim de demonstrar que o exercício das referidas atividades ocorria nos termos especificados pelo item 2.5.5 do Anexo do Decreto nº 53.831/64. – O recorrente alega que a forma de comprovação do caráter especial da atividade, até a entrada em vigor da Lei nº 9.032/95, independia da demonstração de efetiva exposição do risco, sendo a mera identificação da atividade ou exposição

53. Artigo 270, §1º, da In INSS 77/2015.

a determinados agentes suficiente para levar a presunção da nocividade. – **O entendimento desta Corte é no sentido de que para a comprovação da exposição ao agente insalubre, tratando-se de período anterior à vigência da Lei n. 9.032/95, de 28/04/95, que deu nova redação ao art. 57 da Lei nº 8.213/91, basta que a atividade seja enquadrada nas relações dos Decretos 53.831/64 ou 83.080/79 (presunção legal)**. A partir da Lei nº 9.032/95, a comprovação da efetiva exposição do segurado a agentes nocivos passou a ser realizada por intermédio dos formulários SB-40 e DSS-8030, expedidos pelo INSS e preenchidos pelo empregador. PRECEDENTES: TNU – IUJ: 200672950176317 SC, Relator: JUIZ FEDERAL JOÃO CARLOS COSTA MAYER SOARES, Data de Julgamento: 27/03/2009, Turma Nacional de Uniformização, Data de Publicação: DJ 22/05/2009 e PEDILEF: 00000269820134900000, Relator: JUIZ FEDERAL PAULO ERNANE MOREIRA BARROS, Data de Julgamento: 09/04/2014, Data de Publicação: 25/04/2014. – Considerando que o acórdão proferido pela Turma de origem não está em consonância com a jurisprudência posta, devem os autos ser devolvidos para que seja promovida a adequação do julgado ao entendimento há muito pacificado nesta Corte. – Por conseguinte, CONHEÇO do incidente de uniformização e DOU-LHE PROVIMENTO para reafirmar a tese de que para a comprovação da exposição ao agente insalubre, tratando-se de período anterior à vigência da Lei n. 9.032/95, de 28/04/95, basta que a atividade seja enquadrada nas relações dos Decretos 53.831/64 ou 83.080/79, conforme conste na CTPS, e somente a partir da Lei nº 9.032/95, a comprovação da efetiva exposição do segurado a agentes nocivos passou a ser exigida" **(TNU, PEDILEF 00052362820074036317, de 14/4/2016)**.

Nesse sentido, o Anexo II do Decreto 83.080/79 listava as seguintes categorias profissionais:

Código	Atividade profissional	Tempo mínimo de trabalho
2.0.0	**GRUPOS PROFISSIONAIS**	
2.1.0	Profissionais liberas e técnicas	
2.1.1	ENGENHARIA Engenheiros-químicos. Engenheiros-metalúrgicos. Engenheiros de minas.	25 anos
2.1.2	QUÍMICA-RADIOATIVIDADE Químicos-industriais. Químicos-toxicologistas. Técnicos em laboratórios de análises. Técnicos em laboratórios químicos Técnicos em radioatividade.	25 anos

Código	Atividade profissional	Tempo mínimo de trabalho
2.1.3	MEDICINA-ODONTOLOGIA-FARMÁCIA E BIOQUÍMICA-ENFERMAGEM-VETERINÁRIA Médicos (expostos aos agentes nocivos- Código 1.3.0 do Anexo I). Médicos-anatomopatologistas ou histopatologistas. Médicos-toxicologistas. Médicos-laboratoristas (patologistas). Médicos-radiologistas ou radioterapeutas. Técnicos de raio x. Técnicos de laboratório de anatomopatologia ou histopatologia. Farmacêuticos-toxicologistas e bioquímicos. Técnicos de laboratório de gabinete de necropsia. Técnicos de anatomia. Dentistas (expostos aos agentes nocivos – código 1.3.0 do Anexo I). Enfermeiros (expostos aos agentes nocivos – código 1.3.0 do Anexo I). Médicos-veterinários (expostos aos agentes nocivos – código 1.3.0 do Anexo I).	25 anos
2.2.0	PESCA	
2.2.1	Pescadores	25 anos
2.3.0	**Extração de minérios**	
2.3.1	MINEIROS DE SUBSOLO (Operações de corte, furação e desmonte e atividades de manobras nos pontos de transferências de cargas e viradores e outras atividades exercidas na frente de trabalho) Perfuradores de rochas, cortadores de rochas, carregadores, britadores, cavouqueiros e choqueiros.	15 anos
2.3.2	TRABALHADORES PERMANENTES EM LOCAIS DE SUBSOLO, AFASTADOS DAS FRENTES DE TRABALHO (GALERIAS, RAMPAS, POÇOS, DEPÓSITOS) Motoristas, carregadores, condutores de vagonetas, carregadores de explosivos, encarregados do fogo (blasters), eletricistas, engatores, bombeiros, madeireiros e outros profissionais com atribuições permanentes em minas de subsolo.	20 anos
2.3.3	MINEIROS DE SUPERFÍCIE Trabalhadores no exercício de atividades de extração em minas ou depósitos minerais na superfície. Perfuradores de rochas, cortadores de rochas, carregadores, operadores de escavadeiras, motoreiros, condutores de vagonetas, britadores, carregadores de explosivos, encarregados do fogo (blastera) e outros profissionais com atribuições permanentes de extração em minas ou depósitos minerais na superfície.	25 anos

Código	Atividade profissional	Tempo mínimo de trabalho
2.3.4	TRABALHADORES EM PEDREIRAS, TÚNEIS, GALERIAS Perfuradores, covouqueiros, canteiros, encarregados do fogo (blasters) e operadores de pás mecânicas.	25 anos
2.3.5	TRABALHADORES EM EXTRAÇÃO DE PETRÓLEO Trabalhadores ocupados em caráter permanente na perfuração de poços petrolíferos e na extração de petróleo.	25 anos
2.4.0	**Transportes**	
2.4.1	TRANSPORTE FERROVIÁRIO Maquinista de máquinas acionadas a lenha ou a carvão. Foguista:	25 anos
2.4.2	TRANSPORTE URBANO E RODOVIÁRIO Motorista de ônibus e de caminhões de cargas (ocupados em caráter permanente).	**25 anos**
2.4.3	TRANSPORTE AÉREO Aeronautas	25 anos
2.4.4	TRANSPORTE MARÍTIMO Foguistas. Trabalhadores em casa de máquinas.	25 anos
2.4.5	TRANSPORTE MANUAL DE CARGA NA ÁREA PORTUÁRIA. Estivadores (trabalhadores ocupados em caráter permanente, em embarcações, no carregamento e descarregamento de carga.) Arrumadores e ensacadores. Operadores de carga e descarga nos portos.	25 anos
2.5.0	**Artífices, trabalhadores ocupados em diversos processos de produção e outros**	
2.5.1	INDÚSTRIAS METALÚRGICAS E MECÂNICAS (Aciarias, fundições de ferro e metais não ferrosos, laminações, forneiros, mãos de forno, reservas de forno, fundidores, soldadores, lingoteiros, tenazeiros, caçambeiros, amarradores, dobradores e desbastadores. Rebarbadores, esmerilhadores, marteleteiros de rebarbação. Operadores de tambores rotativos e outras máquinas de rebarbação. Operadores de máquinas para fabricação de tubos por centrifugação. Operadores de pontes rolantes ou de equipamentos para transporte de peças e caçambas com metal liquefeito, nos recintos de aciarias, fundições e laminações. Operadores nos fornos de recozimento ou de têmpera-recozedores, temperadores.	25 anos

Código	Atividade profissional	Tempo mínimo de trabalho
2.5.2	FERRARIAS, ESTAMPARIAS DE METAL À QUENTE E CALDEIRARIA. Ferreiros, marteleiros, forjadores, estampadores, caldeireiros e prensadores. Operadores de forno de recozimento, de têmpera, de cementação, forneiros, recozedores, temperadores, cementadores. Operadores de pontes rolantes ou talha elétrica.	25 anos
2.5.3	OPERAÇÕES DIVERSAS Operadores de máquinas pneumáticas. Rebitadores com marteletes pneumáticos. Cortadores de chapa a oxiacetileno. Esmerilhadores. Soldadores (solda elétrica e a oxiacetileno). Operadores de jatos de areia com exposição direta à poeira. Pintores a pistola (com solventes hidrocarbonados e tintas tóxicas). Foguistas.	25 anos
2.5.4	APLICAÇÃO DE REVESTIMENTOS METÁLICOS E ELETROPLASTIA Galvanizadores, niqueladores, cromadores, cobreadores, estanhadores, douradores e profissionais em trabalhos de exposição permanente nos locais.	25 anos
2.5.5	FABRICAÇÃO DE VIDROS E CRISTAIS Vidreiros, operadores de forno, forneiros, sopradores de vidros e cristais. Operadores de máquinas de fabricação de vidro plano, sacadores de vidros e cristais, operadores de máquinas de soprar vidros e outros profissionais em trabalhos permanentes nos recintos de fabricação de vidros e cristais.	25 anos
2.5.6	FABRICAÇÃO DE TINTAS, ESMALTES E VERNIZES Trituradores, moedores, operadores de máquinas moedoras, misturadores, preparadores, envasilhadores e outros profissionais em trabalhos de exposição permanente nos recintos de fabricação.	25 anos
2.5.7	PREPARAÇÃO DE COUROS Caleadores de couros. Curtidores de couros. Trabalhadores em tanagem de couros.	25 anos
2.5.8	INDÚSTRIA GRÁFICA E EDITORIAL Monotipistas, linotipistas, fundidores de monotipo, fundidores de linotipo, fundidores de estereotipia, eletrotipistas, estereotipistas, galvanotipistas, titulistas, compositores, biqueiros, chapistas, tipógrafos, caixistas, distribuidores, paginadores, emendadores, impressores, minervistas, prelistas, ludistas, litógrafos e fotogravadores.	25 anos

Portanto, por exemplo, no que concerne ao tempo de contribuição prestado até o advento da Lei 9.032/95, bastava ser motorista de ônibus ou caminhão em transporte urbano e rodoviário para ter direito à aposentadoria especial aos 25 anos de contribuição, conforme item 2.4.2 da tabela acima colacionada, sendo direito dos segurados esse cômputo, em aplicação ao Princípio do *Tempus Regit Actum*.

De acordo com a **Súmula 70, da TNU**, "a atividade de tratorista pode ser equiparada à de motorista de caminhão para fins de reconhecimento de atividade especial mediante enquadramento por categoria profissional".

Outrossim, entende a TNU que "no período anterior à vigência da Lei n. 9.032/95, a atividade de **operador de retroescavadeira** pode ser equiparada à de motorista de caminhão para fins de reconhecimento de atividade especial mediante enquadramento por categoria profissional" (processo n. 0008126.16.2006.4.03.630, Informativo 16/2017).

Por sua vez, reafirmada pela TNU a "tese de que a atividade de **operador de empilhadeira** pode ser equiparada à de motorista de caminhão para fins de reconhecimento de atividade especial, mediante enquadramento por categoria profissional" (Informativo 28/2018 – PUIL n. 5062790-44.2014.4.04.7000/PR).

No entanto, **essa equiparação foi negada ao motorista de ambulância**. De acordo com a TNU, restou "fixada a tese de que é indevida a equiparação da atividade de motorista de ambulância à atividade de motorista de ônibus ou caminhão, para fins de reconhecimento da especialidade por enquadramento em categoria profissional" (Processo n. 0010493-34.2016.4.90.0000, Informativo 22/2017).

De acordo com o **tema 56 da TNU**, "o tempo de serviço laborado pelo segurado na condição de **engenheiro mecânico** até a edição da Lei n. 9.032/95 deve ser enquadrado como especial, conforme descrito no **código 2.1.1** do Anexo II do Decreto n. 83.080/79".

A TNU decidiu que, até a edição da Lei n. 9.032/95, admite-se como especial a função de **ferramenteiro**, por enquadramento ao código **2.5.2**, bem como ao código 2.5.3 do decreto n. 83.080/79, conforme inclusive menciona a circular n. 15/94 do INSS (PUIL n. 5007231-58.2017.4.04.7110/RS).

Outrossim, a TNU reconheceu o direito à contagem do tempo de serviço como especial, em se cuidando de **engenheiro civil**, mediante enquadramento profissional no anexo do Decreto nº. 53.831/64, até o início da vigência da Medida Provisória nº. 1.523/96, exclusive (PUIL n. 5033479-76.2012.4.04.7000/PR).

A jurisprudência costuma elastecer as categorias profissionais que possuíam direito à aposentadoria especial até a Lei 9.032/95. Tome-se como exemplo o código 1.3.2 do Decreto 53.831/64:

1.3.2	GERMES INFECCIOSOS OU PARASITÁRIOS HUMANOS – ANIMAIS Serviços de Assistência Médica, Odontológica e Hospitalar em que haja contato obrigatório com organismos doentes ou com materiais infecto-contagiantes.	Trabalhos permanentes expostos ao contato com doentes ou materiais infecto-contagiantes – assistência médico, odontológica, hospitalar e outras atividades afins	Insalubre	25 anos	Jornada normal ou especial fixada em Lei. Lei nº 3.999, de 15-12-61. Art. 187 CLT. Portaria Ministerial 262, de 6-8-62.

Neste caso, além de beneficiar profissionais da área de saúde, existe forte jurisprudência para alcançar profissionais correlatos, que trabalhavam nos serviços gerais de hospitais. Veja-se a Súmula 82 da TNU:

> "**Súmula 82**- O código 1.3.2 do quadro anexo ao Decreto n.º 53.831/64, além dos profissionais da área da saúde, contempla os trabalhadores que exercem atividades de serviços gerais em limpeza e higienização de ambientes hospitalares".

Nos termos do Boletim 41 TNU, "a Turma Nacional de Uniformização decidiu afetar o tema como representativo da controvérsia, com a seguinte questão controvertida: Decidir se, para o reconhecimento de tempo de serviço especial dos trabalhadores que exercem atividades de serviços gerais em limpeza e higienização de ambientes hospitalares por exposição aos agentes biológicos elencados sob o código 1.3.2 do quadro do anexo ao Decreto n. 53.831/64, exigisse a efetiva demonstração da exposição habitual àqueles agentes nocivos ou se, ao contrário, o enquadramento decorre de simples presunção de insalubridade por categoria profissional" (REPRESENTATIVO DE CONTROVÉRSIA – AFETAÇÃO TEMA N. 238 – PUIL n. 0000861-27.2015.4.01.3805/MG.

A TNU **equiparou o torneiro mecânico ao item 2.5.3. do Decreto 83.080/79**, desde que haja exposição a agente de risco, ratificando "a tese de que somente é possível o reconhecimento das condições especiais do labor do torneiro mecânico por enquadramento a categoria profissional quando apresentados elementos que autorizem a conclusão de que a insalubridade, a penosidade ou a periculosidade, que se entende presente por presunção na categoria paradigma, se faz também presente na categoria que se pretende a ela igualar" (PEDILEF 05017389120154058300, de 20/10/2016).

Caso o segurado não trabalhasse em uma profissão em que o Regulamento de 1979 **presumia absolutamente** o direito à aposentadoria especial, poderia ainda ter direito ao benefício caso laborasse exposto a algum agente nocivo elencado no anexo I do Decreto 53.831/64 ou no anexo II do Decreto 83.808/79, a saber:

QUADRO A QUE SE REFERE O ART. 2º DO DECRETO Nº 53.831[54], DE 25 DE MARÇO DE 1964

REGULAMENTO GERAL DA PREVIDÊNCIA SOCIAL

54. Art. 2º Para os efeitos da concessão da Aposentadoria Especial, serão considerados serviços insalubres, perigosos ou penosos, os constantes do Quadro anexo em que se estabelece também a correspondência com os prazos referidos no art. 31 da citada Lei.

Código	Campo de aplicação	Serviços e atividades profissionais	Classificação	Tempo de trabalho mínimo	Observações
1.0.0	**AGENTES**				
1.1.0	FÍSICOS				
1.1.1	CALOR Operações em locais com temperatura excessivamente alta, capaz de ser nociva à saúde e proveniente de fontes artificiais.		Insalubre	25 anos	Jornada normal em locais com TE acima de 28º. Artigos 165, 187 e 234, da CLT. Portaria Ministerial 30 de 7-2-58 e 262, de 6-8-62.
1.1.2	FRIO Operações em locais com temperatura excessivamente baixa, capaz de ser nociva à saúde e proveniente de fontes artificiais.	Trabalhos na indústria do frio – operadores de câmaras frigoríficas e outros.	Insalubre	25 anos	Jornada normal em locais com temperatura inferior a 12º centígrados. Art. 165 e 187, da CLT e Portaria Ministerial 262, de 6-8-62.
1.1.3	UMIDADE Operações em locais com umidade excessiva, capaz de ser nociva à saúde e proveniente de fontes artificiais.	Trabalhos em contato direto e permanente com água – lavadores, tintureiros, operários nas salinas e outros.	Insalubre	25 anos	Jornada normal em locais com umidade excessiva. Art. 187 da CLT e Portaria Ministerial 262, de 6-8-62.
1.1.4	RADIAÇÃO Operações em locais com radiações capazes de serem nocivas à saúde – infra-vermelho, ultra-violeta, raios X, rádium e substâncias radiativas.	Trabalhos expostos a radiações para fins industriais, diagnósticos e terapêuticos – Operadores de raio X, de rádium e substâncias radiativas, soldadores com arco elétrico e com oxiacetilênio, aeroviários de manutenção de aeronaves e motores, turbo-hélices e outros.	Insalubre	25 anos	Jornada normal ou especial fixada em lei – Lei 1.234 (*) de 14 de novembro de 1950; Lei 3.999 (*) de 15-12-61; Art. 187, da CLT; Decreto nº 1.232, de 22 de junho de 1962 e Portaria Ministerial 262, de 6 de agosto de 1962.
1.1.5	TREPIDAÇÃO Operações em trepidações capazes de serem nocivas a saúde.	Trepidações e vibrações industriais – Operadores de perfuratrizes e marteletes pneumáticos, e outros.	Insalubre	25 anos	Jornada normal com máquinas acionadas por ar comprimido e velocidade acima de 120 golpes por minutos. Art. 187 CLT. Portaria Ministerial 262, de 6-8-62.

Código	Campo de aplicação	Serviços e atividades profissionais	Classificação	Tempo de trabalho mínimo	Observações
1.1.6	RUÍDO Operações em locais com ruído excessivo capas de ser nocivo à saúde.	Trepidações sujeitos aos efeitos de ruídos industriais excessivos – caldereiros, operadores de máquinas pneumáticas, de motores – turbinas e outros.	Insalubre	25 anos	Jornada normal ou especial fixada em lei em locais com ruídos acima de 80 decibéis. Decreto número 1.232, de 22 de junho de 1962. Portaria Ministerial 262, de 6-8-62 e Art. 187 da CLT.
1.1.7	PRESSÃO Operações em locais com pressão atmosférica anormal capaz de ser nociva à saúde.	Trabalhos em ambientes com alta ou baixa pressão – escafandristas, mergulhadores, operadores em caixões ou tubulações pneumáticos e outros.	Insalubre	25 anos	Jornada normal ou especial fixada em lei – Artigos 187 e 219 CLT. Portaria Ministerial 73, de 2 de janeiro de 1960 e 262, de 6-8-62.
1.1.8	ELETRICIDADE Operações em locais com eletricidade em condições de perigo de vida.	Trabalhos permanentes em instalações ou equipamentos elétricos com riscos de acidentes – Eletricistas, cabistas, montadores e outros.	Perigoso	25 anos	Jornada normal ou especial fixada em lei em serviços expostos a tensão superior a 250 volts. Arts. 187, 195 e 196 da CLT. Portaria Ministerial 34, de 8-4-54.
1.2.0	QUÍMICOS				
1.2.1	ARSÊNICO Operações com arsênico e seus compostos.	I – Extração.	Insalubre	20 anos	Jornada normal. Art. 187 CLT. Portaria Ministerial 262, de 6-8-62.
		II – Fabricação de seus compostos e derivados – Tintas, parasiticidas e inseticidas etc.	Insalubre	20 anos	
		III – Emprego de derivados arsenicais – Pintura, galvanotécnica, depilação, empalhamento, etc.	Insalubre	25 anos	
1.2.2	BERÍLIO Operações com berílio e seus compostos.	Trabalhos permanentes expostos a poeiras e fumos – Fundição de ligas metálicas.	Insalubre	25 anos	Jornada normal. Art. 187 CLT. Portaria Ministerial 262, de 6-8-62.

Código	Campo de aplicação	Serviços e atividades profissionais	Classificação	Tempo de trabalho mínimo	Observações
1.2.3	CÁDMIO Operações com cádmio e seus compostos.	Trabalhos permanentes expostos a poeiras e fumos – Fundição de ligas metálicas.	Insalubre	25 anos	Jornada normal. Art. 187 CLT. Portaria Ministerial 262, de 6-8-62.
1.2.4	CHUMBO Operações com chumbo, seus sais e ligas.	I – Fundição, refino, moldagens, trefilização e laminação.	Insalubre	20 anos	Jornada normal. Art. 187 CLT. Portaria Ministerial 262, de 6-8-62.
		II – Fabricação de artefatos e de produtos de chumbo – baterias, acumuladores, tintas e etc.		25 anos	
		III – Limpeza, raspagens e demais trabalhos em tanques de gasolina contendo chumbo, tetra etil, polimento e acabamento de ligas de chumbo etc.		25 anos	
		IV – Soldagem e dessoldagem com ligas à base de chumbo, vulcanização da borracha, tinturaria, estamparia, pintura e outros.		25 anos	
1.2.5	CROMO Operações com cromo e seus sais.	Trabalhos permanentes expostos ao tóxico – Fabricação, tanagem de couros, cromagem eletrolítica de metais e outras.	Insalubre	25 anos	Jornada normal. Art. 187 CLT. Portaria Ministerial 262, de 6-8-62.
1.2.6	FÓSFORO Operações com fósforo e seus compostos.	I – Extração e depuração do fósforo branco e seus compostos.	Insalubre	20 anos	Jornada normal. Art. 187 CLT. Portaria Ministerial 262, de 6-8-62.
		II – Fabricação de produtos fosforados asfixiantes, tóxicos, incendiários ou explosivos.	Insalubre Perigoso		
		III – Emprego de líquidos, pastas, pós e gases à base de fósforo branco para destruição de ratos e parasitas.	Insalubre	25 anos	

Código	Campo de aplicação	Serviços e atividades profissionais	Classificação	Tempo de trabalho mínimo	Observações
1.2.7	MANGANÊS Operações com o manganês.	Trabalhos permanentes expostos à poeiras ou fumos do manganês e seus compostos (bióxido) – Metalurgia, cerâmica, indústria de vidros e outras.	Insalubre	25 anos	Jornada normal. Art. 187 CLT. Portaria Ministerial 262, de 6-8-62.
1.2.8	MERCÚRIO Operações com mercúrio, seus sais e amálgamas.	I – Extração e tratamento de amálgamas e compostos – Cloreto e fulminato de Hg.	Insalubre Perigoso	20 anos	Jornada normal. Art. 187 CLT. Portaria Ministerial 262, de 6-8-62.
		II – Emprego de amálgama e derivados, galvanoplastia, estanhagem e outros.	Insalubre	25 anos	
1.2.9	OUTROS TÓXICOS INORGÂNICOS Operações com outros tóxicos inogârnicos capazes de fazerem mal à saúde.	Trabalhos permanentes expostos às poeiras, gazes, vapores, neblina e fumos de outros metais, metalóide halogenos e seus eletrólitos tóxicos – ácidos, base e sais – Relação das substâncias nocivas publicadas no Regulamento Tipo de Segurança da O.I.T.	Insalubre	25 anos	Jornada normal. Art. 187 CLT. Portaria Ministerial 262, de 6-8-62.
1.2.10	POEIRAS MINERAIS NOCIVAS Operações industriais com desprendimento de poeiras capazes de fazerem mal à saúde – Sílica, carvão, cimento, asbesto e talco.	I – Trabalhos permanentes no subsolo em operações de corte, furação, desmonte e carregamento nas frentes de trabalho.	Insalubre Perigoso Penoso	15 anos	Jornada normal especial fixada em Lei. Arts. 187 e 293 da Portaria Ministerial 262, de 5-1-60: 49 e 31, de 25-3-60: e 6-8-62.
		II – Trabalhos permanentes em locais de subsolo afastados das frentes de trabalho, galerias, rampas, poços, depósitos, etc ...	Insalubre Penoso	20 anos	

Código	Campo de aplicação	Serviços e atividades profissionais	Classificação	Tempo de trabalho mínimo	Observações
		III – Trabalhos permanentes a céu aberto. Corte, furação, desmonte, carregamento, britagem, classificação, carga e descarga de silos, transportadores de correias e teleférreos, moagem, calcinação, ensacamento e outras.	Insalubre	25 anos	
1.2.11	TÓXICOS ORGÂNICOS Operações executadas com derivados tóxicos do carbono – Nomenclatura Internacional. I – Hidrocarbonetos (ano, eno, ino) II – Ácidos carboxílicos (oico) III – Alcoois (ol) IV – Aldehydos (al) V – Cetona (ona) VI – Esteres (com sais em ato – ilia) VII – Éteres (óxidos – oxi) VIII – Amidas – amidos IX – Aminas – aminas X – Nitrilas e isonitrilas (nitrilas e carbilaminas) XI – Compostos organo – metálicos halogenados, metalódicos halogenados, metalóidicos e nitrados.	Trabalhos permanentes expostos às poeiras: gases, vapores, neblinas e fumos de derivados do carbono constantes da Relação Internacional das Substâncias Nocivas publicada no Regulamento Tipo de Segurança da O.I.T – Tais como: cloreto de metila, tetracloreto de carbono, tricloroetileno, clorofórmio, bromureto de netila, nitrobenzeno, gasolina, alcoois, acetona, acetatos, pentano, metano, hexano, sulfureto de carbono, etc.	Insalubre	25 anos	Jornada normal. Art. 187 CLT. Portaria Ministerial 262, de 6-8-62.
1.3.0	BIOLÓGICOS				

Código	Campo de aplicação	Serviços e atividades profissionais	Classificação	Tempo de trabalho mínimo	Observações
1.3.1	CARBÚNCULO, BRUCELA MORNO E TÉTANO Operações industriais com animais ou produtos oriundos de animais infectados.	Trabalhos permanentes expostos ao contato direto com germes infecciosos – Assistência Veterinária, serviços em matadouros, cavalariças e outros.	Insalubre	25 anos	Jornada normal. Art. 187 CLT. Portaria Ministerial 262, de 6-8-62.
1.3.2	GERMES INFECCIOSOS OU PARASITÁRIOS HUMANOS – ANIMAIS Serviços de Assistência Médica, Odontológica e Hospitalar em que haja contato obrigatório com organismos doentes ou com materiais infecto-contagiantes.	Trabalhos permanentes expostos ao contato com doentes ou materiais infecto-contagiantes – assistência médico, odontológica, hospitalar e outras atividades afins.	Insalubre	25 anos	Jornada normal ou especial fixada em Lei. Lei nº 3.999, de 15-12-61. Art. 187 CLT. Portaria Ministerial 262, de 6-8-62.
2.0.0	**OCUPAÇÕES**				
2.1.0	LIBERAIS, TÉCNICOS, ASSEMELHADAS				
2.1.1	ENGENHARIA	Engenheiros de Construção Civil, de minas, de metalurgia, Eletricistas.	Insalubre	25 anos	Jornada normal ou especial fixada em Lei. Decreto nº 46.131 (*), de 3-6-59.
2.1.2	QUÍMICA	Químicos, Toxicologistas, Podologistas.	Insalubre	25 anos	Jornada normal ou especial fixada em Lei. Decreto nº 48.285 (*), de 1960.
2.1.3	MEDICINA, ODONTOLOGIA, ENFERMAGEM	Médicos, Dentistas, Enfermeiros.	Insalubre	25 anos	Jornada normal ou especial fixada em Lei. Decreto nº 43.185 (*), de 6-2-58.
2.1.4	MAGISTÉRIO	Professores.	Penoso	25 anos	Jornada normal ou especial fixada em Lei Estadual, GB, 286; RJ, 1.870, de 25-4. Art. 318, da Consolidação das Leis do Trabalho.
2.2.0	AGRÍCOLAS, FLORESTAIS, AQUÁTICAS				

Código	Campo de aplicação	Serviços e atividades profissionais	Classificação	Tempo de trabalho mínimo	Observações
2.2.1	AGRICULTURA	Trabalhadores na agropecuária.	Insalubre	25 anos	Jornada normal.
2.2.2	CAÇA	Trabalhadores florestais, caçadores.	Perigoso	25 anos	Jornada normal.
2.2.3	PESCA	Pescadores	Perigoso	25 anos	Jornada normal.
2.3.0	PERFURAÇÃO, CONSTRUÇÃO CIVIL. ASSEMELHADOS				
2.3.1	ESCAVAÇÕES DE SUPERFÍCIE – POÇOS	Trabalhadores em túneis e galerias.	Insalubre Perigoso	20 anos	Jornada normal ou especial, fixada em Lei. Artigo 295. CLT
2.3.2	ESCAVAÇÕES DE SUBSOLO – TÚNEIS	Trabalhadores em escavações à céu aberto.	Insalubre	25 anos	Jornada normal.
2.3.3	EDIFÍCIOS, BARRAGENS, PONTES	Trabalhadores em edifícios, barragens, pontes, torres.	Perigoso	25 anos	Jornada normal.
2.4.0	TRANSPORTES E COMUNICAÇÕES				
2.4.1	TRANSPORTES AÉREO	Aeronautas, Aeroviários de serviços de pista e de oficinas, de manutenção, de conservação, de carga e descarga, de recepção e de despacho de aeronaves.	Perigoso	25 anos	Jornada normal ou especial, fixada em Lei. Lei nº 3.501, (*) de 21-12-58; Lei nº 2.573, (*) de 15-8-55; Decretos nºs 50.660 (*), de 26-6-61 e 1.232, de 22-6-62.
2.4.2	TRANSPORTES MARÍTIMO, FLUVIAL E LACUSTRE	Marítimos de convés de máquinas, de câmara e de saúde – Operários de construção e reparos navais.	Insalubre	25 anos	Jornada normal ou especial fixada em Lei. Art. 243 CLT. Decretos nº 52.475 (*). de 13-9-63; 52.700 (*) de 18-10-63 e 53.514 (*), de 30-1-64.
2.4.3	TRANSPORTES FERROVIÁRIO	Maquinistas, Guarda-freios, trabalhadores da via permanente.	Insalubre	25 anos	Jornada normal ou especial fixada em Lei. Artigo 238, CLT.
2.4.4	TRANSPORTES RODOVIÁRIO	Motorneiros e condutores de bondes. Motoristas e cobradores de ônibus. Motoristas e ajudantes de caminhão.	Penoso	25 anos	Jornada normal.

Código	Campo de aplicação	Serviços e atividades profissionais	Classificação	Tempo de trabalho mínimo	Observações
2.4.5	TELEGRAFIA, TELEFONIA, RÁDIO COMUNICAÇÃO.	Telegrafista, telefonista, rádio operadores de telecomunicações.	Insalubre	25 anos	Jornada normal ou especial, fixada em Lei. Artigo 227 da CLT. Portaria Ministerial 20, de 6-8-62.
2.5.0	ARTESANATO E OUTRAS OCUPAÇÕES QUALIFICADAS				
2.5.1	LAVANDERIA E TINTURARIA	Lavadores, passadores, calandristas, tintureiros.	Insalubre	25 anos	Jornada normal.
2.5.2	FUNDIÇÃO, COZIMENTO, LAMINAÇÃO, TREFILAÇÃO, MOLDAGEM	Trabalhadores nas indústrias metalúrgicas, de vidro, de cerâmica e de plásticos-fundidores, laminadores, moldadores, trefiladores, forjadores.	Insalubre	25 anos	Jornada normal.
2.5.3	SOLDAGEM, GALVANIZAÇÃO, CALDERARIA	Trabalhadores nas indústrias metalúrgicas, de vidro, de cerâmica e de plásticos – soldadores, galvanizadores, chapeadores, caldeireiros.	Insalubre	25 anos	Jornada normal.
2.5.4	PINTURA	Pintores de Pistola.	Insalubre	25 anos	Jornada normal.
2.5.5	COMPOSIÇÃO TIPOGRÁFICA E MECÂNICA, LINOTIPIA, ESTEREOTIPIA, ELETROTIPIA, LITOGRAFIA E OFF-SETT, FOTOGRAVURA, ROTOGRAVURA E GRAVURA, ENCADERNAÇÃO E IMPRESSÃO EM GERAL.	Trabalhadores permanentes nas indústrias poligráficas: Linotipistas, monotipistas, tipográficas, impressores, margeadores, montadores, compositores, pautadores, gravadores, granitadores, galvanotipistas, frezadores, titulistas.	Insalubre	25 anos	Jornada normal.
2.5.6	ESTIVA E ARMAZENAMENTO.	Estivadores, Arrumadores, Trabalhadores de capatazia, Consertadores, Conferentes.	Perigoso	25 anos	Jornada normal ou especial, fixada em Lei. Art. 278, CLT; item VII quadro II, do Art. 65 do Decreto 48.959-A (*), de 29-9-60.
2.5.7	**EXTINÇÃO DE FOGO, GUARDA.**	**Bombeiros, Investigadores, Guardas**	**Perigoso**	**25 anos**	**Jornada normal.**

2.15 ENUNCIADO 15 (APOSENTADORIA ESPECIAL POR AGENTES NOCIVOS NO LABOR RURAL)

ENUNCIADO 15

Para os efeitos de reconhecimento de tempo especial, o enquadramento do tempo de atividade do trabalhador rural, segurado empregado, sob o código 2.2.1 do Quadro anexo ao Decreto nº 53.831/64, é possível quando o regime de vinculação for o da Previdência Social Urbana, e não o da Previdência Rural (PRORURAL), para os períodos anteriores à unificação de ambos os regimes pela Lei nº 8.213/91, e aplica-se ao tempo de atividade rural exercido até 28/04/95, independentemente de ter sido prestado exclusivamente na lavoura ou na pecuária.

I – Até a edição da Lei nº 8.213, de 24/07/91, é possível o enquadramento como especial do labor prestado na agricultura (cód 2.2.1 do Decreto nº 53.831/64) desde que o trabalhador estivesse vinculado ao setor rural da agroindústria e a respectiva empresa necessariamente inscrita no extinto Instituto de Aposentadoria e Pensões dos Industriários – IAPI.

II – Após a Lei nº 8.213/91 e até a Lei 9.032/95, admite-se o reconhecimento como especial o trabalho exercido pelo empregado rural na agropecuária, agricultura ou pecuária.

COMENTÁRIOS:

De acordo com a autarquia previdenciária[55], deverão ser observados os seguintes critérios para o enquadramento do tempo de serviço como especial nas categorias profissionais ou nas atividades abaixo relacionadas:

> ...
>
> IV – **agropecuária**:
>
> **a) o período de atividade rural do trabalhador rural amparado pela Lei nº 11, de 25 de maio de 1971 (FUNRURAL) exercido até 24 de julho de 1991, não será computado como especial, por inexistência de recolhimentos previdenciários e consequente fonte de custeio à Previdência Social; e**
>
> b) somente a atividade desempenhada na agropecuária (prática de agricultura e da pecuária nas suas relações mútuas), exercida por trabalhadores amparados pelo RGPS, permite o enquadramento no item 2.2.1 do quadro anexo ao Decreto nº 53.831, de 1964, não se enquadrando como tal a exercida apenas na lavoura.

No mesmo sentido deste Enunciado 15, vale registrar que vários códigos de exposição possuem interpretação ampliativa dada pela jurisprudência, a exemplo do 2.2.1. Nesse sentido, no julgamento do no Pedilef 0509377-10.2008.4.05.8300, no dia 12/11/2014, em "revisão da interpretação adotada por esta Turma Nacional de Uniformização, fixando entendimento de que a expressão 'trabalhadores na agropecuária', contida no item 2.2.1 do anexo do Decreto 53.831/64, também se aplica aos trabalhadores que exercem atividades exclusivamente na agricultura como empregados em empresas **agroindustriais e agrocomerciais**, fazendo jus

55. Artigo 273, da Instrução Normativa INSS 77/2015.

os empregados de tais empresas ao cômputo de suas atividades como tempo de serviço especial".

Por outro lado, **de acordo com o STJ,** "o empregado rural, trabalhador da lavoura da cana-de-açúcar, não pode ser enquadrado na categoria profissional de trabalhador da agropecuária constante no item 2.2.1 do Decreto n. 53.831/1964 vigente à época da prestação dos serviços" (PUIL 452-PE, Rel. Min. Herman Benjamin, Primeira Seção, por maioria, julgado em 08/05/2019, DJe 14/06/2019):

INFORMAÇÕES DO INTEIRO TEOR
Está pacificado, no âmbito desta Corte, o entendimento de que a lei que rege o tempo de serviço é aquela vigente no momento da prestação do labor (Tema 694 – REsp 1.398.260/PR, Rel. Ministro Herman Benjamin, Primeira Seção, DJe 5/12/2014). Além disso, o STJ possui precedentes no sentido de que o trabalhador rural (seja empregado rural ou segurado especial) que não demonstre o exercício de seu labor na agropecuária, nos termos do enquadramento por categoria profissional vigente até a edição da Lei n. 9.032/1995, não possui o direito subjetivo à conversão ou contagem como tempo especial para fins de aposentadoria por tempo de serviço/contribuição ou aposentadoria especial, respectivamente. Ressalta-se que, "os segurados especiais (rurícolas) já são contemplados com regras específicas que buscam protegê-los das vicissitudes próprias das estafantes atividades que desempenham, assegurando-lhes, de forma compensatória, a aposentadoria por idade com redução de cinco anos em relação aos trabalhadores urbanos; a dispensa do recolhimento de contribuições até o advento da Lei n. 8.213/91; e um menor rigor quanto ao conteúdo dos documentos aceitos como início de prova material" (REsp 1.309.245/RS, Rel. Ministro Sérgio Kukina, Primeira Turma, julgado em 6/10/2015, DJe 22/10/2015). Assim, o Decreto n. 53.831/1964, no seu item 2.2.1, considera como insalubre somente os serviços e atividades profissionais desempenhados na agropecuária, não se enquadrando como tal a atividade laboral exercida apenas na lavoura (REsp n. 291.404/SP, Ministro Hamilton Carvalhido, Sexta Turma, DJ 2/8/2004).

2.16 ENUNCIADO 16 (PROCESSO ADMINISTRATIVO PARA APURAÇÃO DE IRREGULARIDADES)

ENUNCIADO 16

A suspeita de fraude na concessão de benefício previdenciário ou assistencial não enseja, de plano, a sua suspensão ou cancelamento, mas dependerá de apuração em procedimento administrativo, observados os princípios do contraditório e da ampla defesa e as disposições do art. 69 da Lei nº 8.212/91.

COMENTÁRIOS:

Coube à Lei 13.846/2019 instituir um **programa permanente** de revisão da concessão e da manutenção dos benefícios geridos pelo INSS, a fim de apurar **irregularidades ou erros materiais**, em decorrência do dever-poder de autotutela, modificando o artigo 69 da Lei 8.212/91.

O objetivo é identificar erros e fraudes passíveis de revisão administrativa em respeito ao Princípio da Legalidade, respeitado o prazo decadencial de 10 anos (art. 103-A da Lei 8.213/91), salvo comprovada má-fé do beneficiário.

Eis os procedimentos a serem observados pelos agentes do INSS:

a) Na hipótese de haver indícios de irregularidade ou erros materiais na concessão, na manutenção ou na revisão do benefício, o INSS notificará o beneficiário, o seu representante legal ou o seu procurador para, no prazo de **30 dias se for trabalhador urbano ou 60 de dias se for trabalhador rural**, apresentar defesa, provas ou documentos dos quais dispuser, preferencialmente por rede bancária ou notificação por meio eletrônico ou por via postal, por carta simples, considerado o endereço constante do cadastro do benefício, hipótese em que o aviso de recebimento será considerado prova suficiente da notificação;
b) A defesa poderá ser apresentada por canais de atendimento eletrônico definidos pelo INSS, podendo o benefício ser suspenso na hipótese de não apresentação da defesa nos prazos acima citados;
c) O benefício será suspenso na hipótese de a defesa ser considerada insuficiente ou improcedente pelo INSS, que deverá notificar o beneficiário quanto à suspensão do benefício e lhe conceder prazo de trinta dias para interposição de recurso ordinário perante a Junta do CRPS, que não terá efeito suspensivo;
d) Decorrido o prazo de trinta dias após a suspensão do benefício sem que o beneficiário, o seu representante legal ou o seu procurador apresente recurso administrativo junto aos canais de atendimento do INSS ou a outros canais autorizados, o benefício será cessado.

Excepcionalmente, por força do artigo 179 do RPS, introduzido pelo Decreto 10.410/2020, os benefícios administrados pelo INSS que forem objeto de apuração de irregularidade ou fraude pela **Coordenação-Geral de Inteligência Previdenciária e Trabalhista da Secretaria Especial de Previdência e Trabalho do Ministério da Economia** poderão ter o respectivo **valor bloqueado cautelarmente pelo INSS**, por meio de decisão fundamentada, quando houver risco iminente de prejuízo ao erário e restarem evidenciados elementos suficientes que indiquem a existência de irregularidade ou fraude na sua concessão ou manutenção, hipótese em que será facultado ao titular a apresentação de defesa, nos termos do disposto neste Regulamento.

Neste caso, a tramitação do processo deverá ser concluída no prazo de trinta dias, contado da data de apresentação da defesa pelo titular do benefício.

Cuida-se se situação excepcional de bloqueio cautelar do benefício não contemplada no artigo 69 da Lei 8.212/91, que somente prevê a suspensão do pagamento após decorrido o prazo de apresentação de defesa administrativa, razão pela qual a sua validade é deveras discutível, devendo ser restrita à situações gravíssimas de fraude oriundas da Coordenação-Geral de Inteligência Previdenciária e Trabalhista da Secretaria Especial de Previdência e Trabalho do Ministério da Economia.

Capítulo 3

RESOLUÇÕES DO PLENÁRIO DO CRPS ANOTADAS

Neste Capítulo 3 vamos apresentar as **72 Resoluções** editadas pelo Plenário do CRPS no ano de **2020** a fim de demonstrar a uniformização das teses jurídicas pelo órgão colegiado máximo do CRPS diante da divergência de entendimentos entre as Câmaras de Julgamentos ou entre Juntas nas matérias de alçada exclusiva em casos concretos.

Ademais, as Reclamações também são julgadas em sede de Resolução, sendo cabível quando a decisão da Câmara de Julgamento ou Junta de Recursos em Matéria de Alçada Exclusiva contrariam atos vinculantes, a exemplos dos enunciados do CRPS e pareceres ministeriais homologados pelo Ministro da Economia ou demais ministérios que o CRPS já esteve vinculado e de súmulas ou pareceres homologados pelo Advogado-Geral da União.

Em relação às Resoluções editadas em 2019 pelo Plenário do CRPS, iremos apresentar o **Ementário publicado oficialmente** no seguinte portal: http://www.antigo.previdencia.gov.br/wp-content/uploads/2020/03/EMENTARIO-RESOLUCOES-CRPS-2019.pdf.

Faremos o mesmo em relação às **Resoluções editadas no ano de 2018:** http://www.antigo.previdencia.gov.br/wp-content/uploads/2019/12/EMENTARIO_RESOLUCOES_CRPS_2018_.pdf.

3.1. RESOLUÇÕES 2020

3.1.1 Resolução 1/2020 (salário-maternidade/competência/pagamento-segurada desempregada)

Objeto: Trata-se de Resolução que julgou Reclamação interposta pelo INSS alegando que a decisão da Câmara de Julgamento violou a Questão 8 do Parecer Vinculante CONJUR MPS 616/2010.

Decisão: Provida.

Tese jurídica: Cabe ao empregador o pagamento do salário-maternidade da empregada despedida ilegalmente, quando o fato gerador do benefício é anterior a 27/09/2017, data a partir da qual se aplica a decisão de ACP determinando o pagamento do benefício.

MINISTÉRIO DA ECONOMIA-ME
SECRETARIA ESPECIAL DE PREVIDÊNCIA E TRABALHO
SECRETARIA DE PREVIDÊNCIA
CONSELHO DE RECURSOS DA PREVIDÊNCIA SOCIAL-CRPS
CONSELHO PLENO

Nº de Protocolo do Recurso: 44232.730204/2016-96
Documento/Benefício: 80/175.236.775-5
Unidade de origem: Agência da Previdência Social Joinville-Centro
Tipo do Processo: Reclamação ao Conselho Pleno
Recorrente: Instituto Nacional do Seguro Social/INSS
Recorrido: Wanderleia Morbis Bueno
Benefício: Salário Maternidade
Relator: Rodolfo Espinel Donadon

(Processo Eletrônico)

Relatório

O processo em análise tem por objeto o Pedido de Reclamação ao Conselho Pleno, formulado pelo INSS, em matéria acerca da responsabilidade do pagamento do salário maternidade no caso de demissão sem justa causa da segurada grávida.

No caso, o salário maternidade foi postulado em 29/03/2016. A filha da segurada nasceu em 23/03/2016 e seu último vínculo empregatício foi de 22/05/2006 a 29/09/2015. O Termo de Rescisão do Contrato de Trabalho informa demissão sem justa causa, pelo empregador. Não há nos autos nenhum documento da empresa indicando o pagamento dos valores decorrentes da licença maternidade.

A 01ª Composição Adjunta – CA da 01ª Câmara de Julgamento (CAJ) negou provimento ao recurso especial o INSS e fundamentou no sentido:

> *"(...) muito embora a responsabilidade direta seja da empresa, ao final o pagamento sempre cabe à Autarquia, e assim é porque a empresa, em regra, se compensa, não se podendo então admitir, com todo respeito, o argumento de que mesmo em caso de não pagamento pela empresa (em desrespeito à estabilidade provisória) a Autarquia não possui responsabilidade.*
> *Entendemos que o INSS tem a obrigação de suprir a ausência de pagamento pela empresa, independente do direito da segurada a eventual recebimento de verbas rescisórias, já que o benefício possui natureza previdenciária."*

O INSS formulou Pedido de Reclamação ao Conselho Pleno e também Pedido de Uniformização de Jurisprudência fundamentando que o Acórdão acima citado infringiu Parecer da Consultoria Jurídica do MPS, aprovado pelo Ministro de Estado da Previdência

MINISTÉRIO DA ECONOMIA-ME
SECRETARIA ESPECIAL DE PREVIDÊNCIA E TRABALHO
SECRETARIA DE PREVIDÊNCIA
CONSELHO DE RECURSOS DA PREVIDÊNCIA SOCIAL-CRPS
CONSELHO PLENO

Social, Parecer Conjur/MPS nº 616/2010 em sua Questão 08. "Empregada demitida sem justa causa durante a estabilidade gestacional: o salário-maternidade deve ser pago por intermédio da empresa ou diretamente pelo INSS?"

A Presidência do CRPS emitiu despacho admitindo o procedimento de Reclamação ao Conselho Pleno "mediante a indicação de Parecer vinculante emitido pela Consultoria Jurídica do então MPS, o qual teria sido afrontado pela decisão proferida no acórdão recorrido"

Processo distribuído a este Conselheiro.

É o relatório.

SALÁRIO MATERNIDADE. RECLAMAÇÃO AO CONSELHO PLENO. Infringência de Órgão Julgador ao Parecer CONJUR/MPS nº 616/2010, Questão 08. Competência para análise deste Conselho Pleno na forma do art. 3º inc. III do Regimento Interno do CRPS aprovado pela Portaria MDAS nº 116/2017. Pressupostos de Admissibilidade do pedido alcançados na forma do art. 64 do mesmo Regimento. Impossibilidade do CRPS afastar tese jurídica contida em Parecer normativo ministerial aprovado pelo Ministro de Estado. Art. 68 do Regimento Interno da Casa c/c Parecer nº 05/2014/CGU/AGU. Reclamação conhecida e provida. Necessidade da Unidade Julgadora do CRPS adequar o julgamento ao decidido pelo Pleno. Inteligência do § 4º do art. 64 do Regimento Interno.

Trata-se de Reclamação ao Conselho Pleno em matéria incidindo na infringência por parte da 01ª Composição Adjunta da 01ª Câmara de Julgamento (CAJ), de Parecer da Consultoria Jurídica do MPS, aprovado pelo Ministro de Estado da Previdência Social - Parecer/CONJUR/MPS nº 616/2010, Questão 08.

Preliminarmente, cumpre informar que é da competência deste Conselho Pleno decidir, no caso concreto, as Reclamações ao Conselho Pleno mediante a emissão de resolução, conforme disciplinado no inc. III do art. 3º, do Regimento Interno do CRPS, aprovado pela Portaria MDAS nº 116/2017.

Passo a analisar, ainda na fase de admissibilidade do pedido, os pressupostos do seu requerimento com a citação do art. 64 do mesmo Regimento Interno:

> **Art. 64.** A Reclamação ao Conselho Pleno poderá ocorrer, no caso concreto, por requerimento das partes do processo, dirigido ao Presidente do CRSS, somente

MINISTÉRIO DA ECONOMIA-ME
SECRETARIA ESPECIAL DE PREVIDÊNCIA E TRABALHO
SECRETARIA DE PREVIDÊNCIA
CONSELHO DE RECURSOS DA PREVIDÊNCIA SOCIAL-CRPS
CONSELHO PLENO

> quando os acórdãos das Juntas de Recursos do CRSS, em matéria de alçada, ou os acórdãos de Câmaras de Julgamento do CRSS, em sede de Recurso Especial, infringirem:
> **I** - Pareceres da Consultoria Jurídica do MDSA, aprovados pelo Ministro de Estado do Desenvolvimento Social e Agrário, bem como, Súmulas e Pareceres do Advogado-Geral da União, na forma da Lei Complementar nº 73, de 10 de fevereiro de 1993;
> **II** - Pareceres da Consultoria Jurídica dos extintos MPS e MTPS, vigentes e aprovados pelos então Ministros de Estado da Previdência Social e do Trabalho e Previdência Social;
> **III** - Enunciados editados pelo Conselho Pleno.
> **§ 1º** O prazo para o requerimento da Reclamação ao Conselho Pleno é de 30 (trinta) dias contados da data da ciência da decisão infringente e suspende o prazo para o seu cumprimento.
> (...)

É tempestivo o pedido e o juízo de admissibilidade foi efetuado pela Presidência do Conselho. Portanto, está apto a ir para análise.

O ponto de partida é correlacionar o caso julgado pela 01ª Composição Adjunta da 01ª CAJ, ao Parecer da Consultoria Jurídica do MPS, aprovado pelo Ministro de Estado da Previdência Social - Parecer/CONJUR/MPS nº 616/2010[1], Questão 08, que traz a estrita aplicação do art. 97 do Regulamento da Previdência Social – RPS, aprovado pelo Decreto nº 3.048/99[2], ou seja, pagamento do benefício a demitida no curso da gravidez a pedido ou por justa causa. Eis a redação da Questão:

> **Questão 8. Empregada demitida sem justa causa durante a estabilidade gestacional: o salário-maternidade deve ser pago por intermédio da empresa ou diretamente pelo INSS?**

[1] Publicado no Diário Oficial da União – DOU de 24/12/2010.

[2] RPS aprovado pelo Decreto nº 3.048/99, art. 97. O salário-maternidade da segurada empregada será devido pela previdência social enquanto existir relação de emprego, observadas as regras quanto ao pagamento desse benefício pela empresa. (Redação dada pelo Decreto nº 6.122, de 2007). Parágrafo único. Durante o período de graça a que se refere o art. 13, a segurada desempregada fará jus ao recebimento do salário-maternidade nos casos de demissão antes da gravidez, ou, durante a gestação, nas hipóteses de dispensa por justa causa ou a pedido, situações em que o benefício será pago diretamente pela previdência social.

80/175.236.775-5

3

MINISTÉRIO DA ECONOMIA-ME
SECRETARIA ESPECIAL DE PREVIDÊNCIA E TRABALHO
SECRETARIA DE PREVIDÊNCIA
CONSELHO DE RECURSOS DA PREVIDÊNCIA SOCIAL-CRPS
CONSELHO PLENO

> 54. Extrai-se do parágrafo único do art. 97 do RPS que, nessa situação, a responsabilidade pelo pagamento do benefício é da empresa. Tal dispositivo prevê expressamente as situações em que a segurada no período de graça fará jus ao benefício pago pela Previdência Social, quais sejam: demissão antes da gravidez ou, durante a gestação, por justa causa ou a pedido. Percebe-se que foi excluída a hipótese de demissão sem justa causa, justamente por conta da responsabilidade da empresa.
>
> 55. A razão da omissão é que o INSS deve evitar o risco de pagar o benefício em duplicidade, ao efetuar o pagamento direto à segurada e a empresa requerer ulterior compensação, mediante prova de que também efetuou o pagamento à segurada, ao reintegrá-la ou ao indenizá-la.
>
> 56. Nesse sentido, cumpre enfatizar que a empregada faz jus à reintegração no emprego por força da estabilidade, ou à indenização dos salários e demais direitos, se ultrapassado o período respectivo.
>
> Lembre-se ainda que o art. 71 da LBPS orienta no sentido de que, para fins do salário-maternidade, deverão ser observadas as situações e condições previstas na legislação no que concerne à proteção à maternidade.

O art. 68 do Regimento Interno do Conselho de Recursos da Previdência Social (CRPS) é claro quando indica que o julgamento do Conselho está vinculado aos Pareceres aprovados pela Consultoria Jurídica do MDSA, das Consultorias Jurídicas dos extintos MPS e MTPS, vigentes e aprovados pelos então Ministros de Estado da Previdência Social e do Trabalho e Previdência Social, enquanto não revistos pela atual Consultoria Jurídica do MDSA:

> **Art. 68.** Os Pareceres da Consultoria Jurídica do MDSA, quando aprovados pelo Ministro de Estado, nos termos da Lei Complementar nº 73, de 10 de fevereiro de 1993, vinculam os órgãos julgadores do CRSS, à tese jurídica que fixarem, sob pena de responsabilidade administrativa quando da sua não observância.
> **Parágrafo Único**: A vinculação normativa a que se refere o caput aplica-se também aos pareceres da Consultoria Jurídica dos extintos MPS e MTPS, vigentes e aprovados pelos então Ministros de Estado da Previdência Social e do Trabalho e Previdência Social, enquanto não revistos pela atual Consultoria Jurídica do MDSA.

MINISTÉRIO DA ECONOMIA-ME
SECRETARIA ESPECIAL DE PREVIDÊNCIA E TRABALHO
SECRETARIA DE PREVIDÊNCIA
CONSELHO DE RECURSOS DA PREVIDÊNCIA SOCIAL-CRPS
CONSELHO PLENO

Até a data deste julgamento nenhum ato oficial revogou a Questão nº 08 do Parecer Conjur/MPS nº 616/2010, aprovado pelo Ministro da Previdência Social. Portanto, permanece vinculando o julgamento administrativo do Conselho.[3]

A decisão da Câmara de Julgamento (CAJ) ora reclamada não está fundamentada em nenhum ato contrário ao Parecer, nem mesmo no até então vigente Enunciado nº 31 do CRPS, publicado no DOU de 01/06/07 com a seguinte regra:

> **Nos períodos de que trata o artigo 15 da Lei 8.213/91, é devido o salário maternidade à segurada desempregada que não tenha recebido indenização por demissão sem justa causa durante a estabilidade gestacional, vedando-se, em qualquer caso, o pagamento em duplicidade.**

Se a Câmara de Julgamento (CAJ) tivesse fundamentado no Enunciado acima, teríamos uma situação de "choque" de atos vinculativos antagônicos e ambos previstos como causa de Reclamação, ou seja, um Enunciado do Conselho favorável ao decidido pela CAJ e um Parecer Normativo desfavorável à tese defendida. Nesse caso, qual prevaleceria?

A resposta da indagação acima requer o retorno ao Regimento Interno do Conselho. Observando a cronologia dos atos, o Enunciado foi publicado em Diário Oficial em 01/06/2007. Já o Parecer Conjur/MPS nº 616, em 24/12/2010, portanto, posterior ao Enunciado.

Nesse sentido, após a publicação do Parecer, regimentalmente, esse Enunciado foi tacitamente revogado conforme 2º do art. 62 que indica:

> **Art. 62.(...)**
>
> **§ 2º** O **enunciado poderá ser revogado** ou ter sua redação alterada, por maioria simples, mediante provocação das autoridades de que trata o § 1º do art. 61, sempre precedido de estudo fundamentado, **nos casos em que** esteja desatualizado em relação à legislação previdenciária; houver equívoca interpretação da norma; ou quando **sobrevier parecer normativo ministerial,**

---

[3] Igualmente, Parecer nº 05/2014/CGU/AGU, aprovado pelo Consultor Geral da União em 30/04/2014, que de forma expressa cita a: "Inafastabilidade da vinculação do CRPS às teses jurídicas encampadas nos pareceres do Advogado-Geral da União aprovados pelo Presidente da República ou da unidade consultiva da AGU quando aprovada pelo Ministro de Estado da Previdência Social, por força do disposto nos artigos 40 a 42, da Lei Complementar nº 73, de 1993"

MINISTÉRIO DA ECONOMIA-ME
SECRETARIA ESPECIAL DE PREVIDÊNCIA E TRABALHO
SECRETARIA DE PREVIDÊNCIA
CONSELHO DE RECURSOS DA PREVIDÊNCIA SOCIAL-CRPS
CONSELHO PLENO

aprovado pelo Ministro de Estado, nos termos da Lei Complementar nº 73, de 1993, que lhe prejudique ou retire a validade ou eficácia. (grifo nosso)

Nenhum ato expresso revogou o Enunciado, contudo, esse não foi aplicado para casos subsequentes, tanto que a tese ora defendida pelo INSS era compatível com o entendimento do Conselho Pleno considerando a data do fato gerador do benefício – nascimento do filho. Nesse sentido, **Resolução nº 05/2018** de 27/02/2018:

> PEDIDO DE UNIFORMIZAÇÃO DE JURISPRUDÊNCIA. INCISO III DO ARTIGO 3º E INCISO I DO ARTIGO 63, AMBOS DO REGIMENTO INTERNO DO CRSS, APROVADO PELA PORTARIA MDAS Nº 116/2017. SALÁRIO-MATERNIDADE. DISPENSA SEM JUSTA CAUSA. ESTABILIDADE GESTACIONAL. RESPONSABILIDADE DO EMPREGADOR PELO PAGAMENTO. PARECER CONJUR/MPS Nº 616/2010 DE OBSERVÂNCIA OBRIGATÓRIA PELOS ÓRGÃOS DO CRSS. PARECER Nº 005/2014/CONJUR/CGU/AGU. PARÁGRAFO ÚNICO DO ARTIGO 68 DO REGIMENTO INTERNO DO CRSS,APROVADO PELA PORTARIA MDSA Nº 116/2017.PEDIDO DE UNIFORMIZAÇÃO DE JURISPRUDÊNCIA CONHECIDO E PROVIDO. (Cons. Rel. Maria Ligia Soria)

Importante salientar que o judiciário tem entendimento diverso do INSS e do contido no Parecer, contudo, não aplicáveis ao CRPS conforme art. 69 do mesmo Regimento Interno, fato fundamentado na Resolução nº 5/2018 acima citada.[4]

Por outro lado, tem-se a existência de diversas Ações Civis Públicas – ACPs em relação ao tema, inclusive, já acatada pelo INSS conforme Memorando-Circular Conjunto nº 44/DIRBEN/PFE/INSS, de 30/11/17[5] dando cumprimento a ACP nº 5041315-27.2017.4.04.7000/PR, com abrangência nacional, indicando a responsabilidade do pagamento do INSS mesmo no caso de demissão sem justa causa no curso da gravidez para todos os requerimentos de salário-maternidade postulados a partir de 27/09/2017.

---

[4] De acordo com a Relatora, "Estando plenamente em vigor e tenho sido chancelado pelo Ministro de Estado, nos termos da Lei Complementar n° 73, de 10.02.1993, o Parecer CONJUR/MPS N° 616/2010, vincula os órgãos julgadores deste Colendo Conselho de Recursos à tese fixada na Questão n° 8, conforme disposto no artigo 68 do Regimento Interno do CRSS, aprovado pela Portaria MDSA n° 116/2017 e no Parecer n° 005/2014/CONJUR/CGU/AGU. Nesse ínterim, não há alternativa senão responder à questão nos termos do que dispõe o item 54 da Questão n° 8 do Parecer/CONJUR/MPS n° 616/2010 porquanto, tratando-se de empregada demitida sem justa causa durante a estabilidade gestacional, a responsabilidade pelo pagamento do beneficio é da empresa."

[5] Com alterações do Memorando-Circular Conjunto nº 14/DIRBEN/PFE/INSS, de 12/04/2018 e englobando os efeitos do Memorando-Circular Conjunto nº 39/DIRBEN/PFE/INSS, de 09/11/2017 que até então dava abrangência de cumprimento da ACP apenas para o Estado do Paraná.

MINISTÉRIO DA ECONOMIA-ME
SECRETARIA ESPECIAL DE PREVIDÊNCIA E TRABALHO
SECRETARIA DE PREVIDÊNCIA
CONSELHO DE RECURSOS DA PREVIDÊNCIA SOCIAL-CRPS
CONSELHO PLENO

A pacificação do tema via ACP'S, isso porque o INSS não pode descumpri-las no âmbito administrativo, até o momento vigente, possibilitou ao Conselho reeditar o enunciado nº 31, mas agora como **Enunciado nº 6** aprovado pelo Despacho nº 37/2019, DOU nº 219, de 12/11/2019, Seção: 1, p. 320, a saber:

> **Cabe ao INSS conceder o salário-maternidade à gestante demitida sem justa causa no curso da gravidez, preenchidos os demais requisitos legais, pagando-o diretamente.**
>
> **I** - É vedado, em qualquer caso, o pagamento do salário-maternidade em duplicidade, caso a segurada tenha sido indenizada pelo empregador.
> **II** - Poderá ser solicitada diligência a fim de comprovar se houve pagamento do valor correspondente ao salário-maternidade pelo ex-empregador, enquanto não transcorrer o prazo prescricional para pretensão de créditos trabalhistas.

Nesse sentido, mesmo a Questão nº 8 do Parecer Conjur/MPS nº 616/2010 em vigor, tanto o INSS ou mesmo o Conselho, não pode aplica-la em detrimento da expressa determinação judicial com força executória contida em Ação Civil Pública. Então, até que decisão judicial altere a decisão, a Questão nº 8 do Parecer Conjur está suspensa de sua aplicação o que viabiliza ao Conselho aplicar aos processos o Enunciado nº 6 sem descumprir com nenhum regramento do Regimento Interno da Casa.

Porém e finalizando o voto, é preciso identificar o fato gerador do benefício e no caso do salário-maternidade é o nascimento do filho. O entendimento legal a ser aplicado é aquele vigente na data do fato gerador e no caso dos autos, 23/03/2016.

Na data informada no parágrafo anterior não tínhamos ACP em vigor dando respaldo ao pedido da segurada e igualmente não se aplica o Enunciado nº 6 do Conselho que não pode retroagir para alcançar casos já julgados, conforme § 1º do art. 62 do Regimento[6].

Por todo o contexto acima citado, na data do nascimento do filho estava em vigor e com plena eficácia a Questão nº 8 do Parecer Conjur/MPS nº 616/2010. Assim, procede o pedido formulado pelo INSS devendo a Reclamação ao Conselho Pleno ser conhecida e provida.

---

[6] Art. 62. (...) § 1º A interpretação dada pelo enunciado não se aplica aos casos definitivamente julgados no âmbito administrativo, não servindo como fundamento para a revisão destes.

MINISTÉRIO DA ECONOMIA-ME
SECRETARIA ESPECIAL DE PREVIDÊNCIA E TRABALHO
SECRETARIA DE PREVIDÊNCIA
CONSELHO DE RECURSOS DA PREVIDÊNCIA SOCIAL-CRPS
CONSELHO PLENO

Na forma do **§ 4º do art. 64** do RI/CRPS, cabe à notificação do órgão julgador que prolatou o acórdão infringente, "**para fins de adequação do julgado à tese fixada pelo Pleno, por meio da Revisão de Ofício**". Em vistas da Portaria GP/CRSS, nº 17 de 07/04/17 (Mudança de atuação das Composições Adjuntas das Câmaras de Julgamento para as Juntas de Recursos/CRSS), caberá à **01ª Câmara de Julgamento (CAJ)** o cumprimento do aqui exposto.

Ante todo ao exposto, **VOTO** no sentido de, preliminarmente, **CONHECER DO PEDIDO DE RECLAMAÇÃO AO CONSELHO PLENO** para, no mérito, **DAR-LHE PROVIMENTO.**

Brasília - DF, 29 de maio de 2020

RODOLFO ESPINEL DONADON
Relator

MINISTÉRIO DA ECONOMIA-ME
SECRETARIA ESPECIAL DE PREVIDÊNCIA E TRABALHO
SECRETARIA DE PREVIDÊNCIA
CONSELHO DE RECURSOS DA PREVIDÊNCIA SOCIAL-CRPS
CONSELHO PLENO

DECISÓRIO

RESOLUÇÃO Nº 01/2020

Vistos e relatados os presentes autos, em sessão realizada hoje, **ACORDAM** os membros do Conselho Pleno, por **UNANIMIDADE**, no sentido de, **CONHECER DO PEDIDO DE RECLAMAÇÃO AO CONSELHO PLENO**, para, no mérito, **DAR-LHE PROVIMENTO.** de acordo com o Voto do Relator e sua fundamentação.

Participaram, ainda, do presente julgamento os (as) Conselheiros (as): Vânia Pontes Santos, Gustavo Beirão Araújo, Paulo Sérgio de Carvalho Costa Ribeiro, Maria Madalena Silva Lima, Renato Agostinho das Chagas, Moisés Oliveira Moreira, Maria José de Paula Moraes, Bruna Danuey de Souza Santos, Sulamita Cristina Dias, Guilherme Lustosa Pires, Valter Sérgio Pinheiro Coelho, Alexandra Álvares de Alcântara, Tarsila Otaviano da Costa e Adriene Cândida Borges.

Brasília-DF, 29 de maio de 2020

RODOLFO ESPINEL DONADON
Relator

MARCELO FERNANDO BORSIO
Presidente

3.1.2 Resolução 2/2020 (não conhecimento/intempestividade)

Objeto: Trata-se de Resolução que julgou Reclamação interposta pelo INSS alegando que a decisão da Câmara de Julgamento violou o Parecer Vinculante CONJUR MPS 22/2014.

Decisão: Desconhecida.

Tese jurídica: Reclamação julgada intempestiva e não conhecida no mérito.

MINISTÉRIO DA ECONOMIA-ME
SECRETARIA ESPECIAL DE PREVIDÊNCIA E TRABALHO
SECRETARIA DE PREVIDÊNCIA
CONSELHO DE RECURSOS DA PREVIDÊNCIA SOCIAL-CRPS
CONSELHO PLENO

Nº de Protocolo do Recurso: 44232.649192/2016-74
Documento/Benefício: 175.109.652-9
Unidade de origem: Agência da Previdência Social Salvador-Periperi
Tipo do Processo: Reclamação ao Conselho Pleno
Recorrente: Instituto Nacional do Seguro Social – INSS
Recorrido: Marilene Paiva Barbosa
Benefício: Salário Maternidade
Relatora: Alexandra Álvares de Alcântara

(Processo Eletrônico)

Relatório

Trata-se de RECLAMAÇÃO AO CONSELHO PLENO proposta pelo Instituto Nacional do Seguro Social – INSS contra os termos do ACÓRDÃO nº 4.218/2016, prolatado pela 1ª Composição Adjunta da 1ª Câmara de Julgamento que deu provimento ao recurso especial da segurada, por entender que as condições para a concessão do Salário-Maternidade foram atendidas, pois validadas as contribuições recolhidas entre 2013/2015 como contribuinte facultativa baixa renda, em vista dos princípios da razoabilidade e da proporcionalidade.

O benefício foi requerido em 19.09.2015, por MARILENE PAIVA BARBOSA, na condição de facultativo baixa renda, com o fato gerador a partir de 10.09.2015 (afastamento da atividade), considerado o nascimento do filho PAULO MIGUEL BARBOSA SANTOS, nascido em 18.09.2015.

Foram apresentados os seguintes elementos (Evento 04):

- Atestado da Secretaria de Medicina Social com a informação do afastamento das atividades por período de 120 (cento e vinte) dias, a partir de 10.09.2015;
- Consulta de Recolhimento do filiado ao INSS para as competências de 05.2014 a 03.2015 sob o código 1929 (Facultativo Baixa Renda - Recolhimento Mensal);
- Consulta extrato previdenciário CNIS (Cadastro Nacional de Informações Sociais);
- Certidão de nascimento de PAULO MIGUEL BARBOSA SANTOS, nascido em 18.09.2015;

MINISTÉRIO DA ECONOMIA-ME
SECRETARIA ESPECIAL DE PREVIDÊNCIA E TRABALHO
SECRETARIA DE PREVIDÊNCIA
CONSELHO DE RECURSOS DA PREVIDÊNCIA SOCIAL-CRPS
CONSELHO PLENO

- Análise da validação do recolhimento do contribuinte facultativo de baixa renda, não validado o intervalo de 05.2013 a 12.2015, por existência de renda pessoal.

O pedido foi indeferido sob o fundamento de que o "parto ou guarda para fins de adoção após o prazo de manutenção da qualidade de segurado".

Inconformada, a requerente interpôs Recurso Ordinário aduzindo, em suma, que detém os requisitos para o Benefício, possuindo mais de 03 (três) anos de pagamento de contribuições na condição facultativa baixa renda (Evento 01).

Em Diligência Preliminar, a egrégia 05ª Junta de Recursos solicitou nova contagem, com a emissão de esclarecimentos acerca dos recolhimentos feitos pela requerente informando o motivo que levou à não validação dos períodos recolhidos na categoria de baixa renda (Evento 11).

Em atendimento ao solicitado, o INSS afirma que os recolhimentos a partir de 05.2013 até a data de nascimento da criança foram efetuados na categoria de facultativo baixa renda, entretanto, não houve validação das contribuições ante existência de renda pessoal informada no CADÚNICO (Evento 13).

A egrégia 05ª Junta de Recursos, por meio do ACÓRDÃO nº 2.021/2016 (Evento 19), negou provimento ao recurso ordinário, tendo considerado a impossibilidade de validar os recolhimentos a partir de 05.2013 até a data de nascimento do filho, pois efetuados na categoria de facultativo baixa renda com a existência de renda pessoal.

Não consta ciência da decisão anterior.

Em recurso especial, a requerente busca a reforma da decisão anterior aduzindo que promoveu o recolhimento previdenciário. Possui os requisitos para o Benefício (Evento 23).

Nas contrarrazões, o INSS refuta os argumentos da interessada e sustenta não ser possível validar os recolhimentos a partir de 05.2013 até 2015. Em virtude disso, não há direito ao benefício previsto no artigo 71 da Lei 8.213/91, por falta de período de carência em período imediatamente anterior ao nascimento da criança (Evento 26).

175.109.652-9 2

MINISTÉRIO DA ECONOMIA-ME
SECRETARIA ESPECIAL DE PREVIDÊNCIA E TRABALHO
SECRETARIA DE PREVIDÊNCIA
CONSELHO DE RECURSOS DA PREVIDÊNCIA SOCIAL-CRPS
CONSELHO PLENO

A egrégia 1ª Composição Adjunta da 1ª Câmara de Julgamento, por meio do ACÓRDÃO nº 4.218/2016 (Evento 33), deu provimento ao recurso especial da interessada, tendo considerado que, embora não se pudesse caracterizar a condição de segurada facultativa baixa renda, é injusto negar a concessão do Benefício por ferir os princípios da razoabilidade e da proporcionalidade, pois a *"Previdência Social estabelece um sistema de arrecadação que recebe os pagamentos indistintamente e, depois, quando o segurado solicita o devido amparo, acreditando ter cumprido com a obrigação de pagar as contribuições, lhe é negado o benefício sob a alegação de que os recolhimentos por ele (o Órgão) aceitos não servem para nada. A Autarquia não pode se beneficiar da ineficiência do sistema de arrecadação e da deficiência de orientação ao segurado"*. Com essas considerações, são validados os recolhimentos efetuados a partir de 05.2013.

Ciência da decisão especial em 02.09.2016 (Evento 34) e apresentado pedido revisional em 19.09.2016 (Evento 38).

Foi anexado Detalhes de Pessoa da DATAPREV referente ao CADÚNICO, constando valor da renda pessoal mensal na importância de R$ 37,5 reais com o cadastro realizado em 22.06.2012 e última atualização em 01.08.2012 (Eventos 36 e 37).

O INSS apresentou PEDIDO DE REVISÃO, aduzindo que as contribuições recolhidas no período de 05.2013 até o nascimento do filho da requerente foram efetuadas na alíquota de 5% não validadas, posto que a informação constante do CADÚNICO possui renda própria, o qual não é proveniente do Programa Bolsa Família. Não são atendidos os termos do artigo 21 da Lei nº 8.212/91. Sem a validação das contribuições a requerente não detém a qualidade de segurada do RGPS (Evento 38).

A revisão de acórdão foi rejeitada e mantido os fundamentos do acórdão questionado. Destacou que a renda consignada no CADÚNICO não é oriunda do Bolsa Família e não é especificado o tipo de renda (Eventos 44 a 45).

Ciência do despacho do indeferimento da revisão em 12.01.2017 (Evento 47) e proposta a Reclamação em 03.02.2017 (Evento 48).

O INSS apresenta RECLAMAÇÃO ao Conselho Pleno referente ao acórdão nº 4.218/2016, proferido pela 1ª Composição Adjunta da 1ª Câmara de Julgamento

MINISTÉRIO DA ECONOMIA-ME
SECRETARIA ESPECIAL DE PREVIDÊNCIA E TRABALHO
SECRETARIA DE PREVIDÊNCIA
CONSELHO DE RECURSOS DA PREVIDÊNCIA SOCIAL-CRPS
CONSELHO PLENO

aduzindo que contraria frontalmente o item 13 do PARECER/CONJUR/MPS nº 22/2014, bem como o Memorando Circular GP/CRPS/nº 006/2013 e a alínea "a", do inciso II, §2º do artigo 21 da Lei nº 8.212/91 (Evento 48).

Despacho do Presidente do Conselho de Recursos da Previdência Social admitindo a Reclamação ao Conselho Pleno, na forma do artigo 64 do Regimento interno do CRPS (Evento 52).

O processo foi distribuído a Relatora ENEIDA DA COSTA ALVIM (Representante das Empresas na 2ª Câmara de Julgamento) e redistribuído a essa Conselheira (Evento 58).

É o relatório.

Voto

EMENTA: SALÁRIO-MATERNIDADE. PEDIDO DE RECLAMAÇÃO AO CONSELHO PLENO. INFRINGÊNCIA A DISPOSITIVOS LEGAIS E A PARECER DA CONSULTORIA JURÍDICA DO MPS. INTEMPESTIVIDADE. O pedido formulado após o 30º dia da ciência do acórdão infringente não passa pelo crivo da tempestividade. A apresentação de pedido de revisão de acórdão não suspende e não interrompe o prazo para interpor a Reclamação ao Conselho Pleno. A intempestividade não pode ser relevada face a ausência de previsão regimental. Pedido de Reclamação que não atende ao disposto no §1º, do artigo 64 do Regimento Interno do CRPS – Portaria Ministerial MDSA nº 116/2017. Pedido de Reclamação ao Pleno requerido pelo INSS não conhecido.

Trata-se de Reclamação ao Conselho Pleno requerido pelo Instituto Nacional do Seguro Social – INSS, sob a alegação de infringência ao item 13 do PARECER/CONJUR/MPS nº 22/2014, bem como o Memorando Circular GP/CRPS/nº 006/2013 e a alínea "a", do inciso II, §2º do artigo 21 da Lei nº 8.212/91, por parte da 1ª Composição Adjunta da 1ª Câmara de Julgamento ao prolatar o ACÓRDÃO nº 4.218/2016, pois validou as contribuições recolhidas na condição de segurada facultativa baixa renda para o interstício de 2013/2015 e, por consequência autorizou a concessão de Salário Maternidade.

MINISTÉRIO DA ECONOMIA-ME
SECRETARIA ESPECIAL DE PREVIDÊNCIA E TRABALHO
SECRETARIA DE PREVIDÊNCIA
CONSELHO DE RECURSOS DA PREVIDÊNCIA SOCIAL-CRPS
CONSELHO PLENO

A Reclamação ao Conselho Pleno está disciplinada pelo artigo 64, do Regimento Interno do CRPS, aprovado pela Portaria Ministerial MDSA nº 116/2017, confira-se:

> *Art. 64. A Reclamação ao Conselho Pleno poderá ocorrer, no caso concreto, por requerimento das partes do processo, dirigido ao Presidente do CRSS, somente quando os acórdãos das Juntas de Recursos do CRSS, em matéria de alçada, ou os acórdãos de Câmaras de Julgamento do CRSS, em sede de Recurso Especial, infringirem:*
>
> I - *Pareceres da Consultoria Jurídica do MDSA, aprovados pelo Ministro de Estado do Desenvolvimento Social e Agrário, bem como, Súmulas e Pareceres do Advogado-Geral da União, na forma da Lei Complementar nº 73, de 10 de fevereiro de 1993;*
>
> II - *Pareceres da Consultoria Jurídica dos extintos MPS e MTPS, vigentes e aprovados pelos então Ministros de Estado da Previdência Social e do Trabalho e Previdência Social;*
>
> III - *Enunciados editados pelo Conselho Pleno.*
>
> *§ 1º O prazo para o requerimento da Reclamação ao Conselho Pleno é de 30 (trinta) dias contados da data da ciência da decisão infringente e suspende o prazo para o seu cumprimento.*
>
> *§ 2º Caberá ao Presidente do CRSS fazer o juízo de admissibilidade da Reclamação ao Conselho Pleno verificando se estão presentes os pressupostos previstos no caput, podendo:*
>
> I - *indeferir por decisão monocrática irrecorrível, quando verificar que não foram demonstrados os pressupostos de admissibilidade previstos no caput;*
>
> II - *distribuir o processo ao Conselheiro relator da matéria no Conselho Pleno quando verificar presentes os pressupostos de admissibilidade previstos no caput.*
>
> *§ 3º Os processos poderão ser preliminarmente submetidos pelo Presidente do CRSS ao órgão julgador que prolatou o acórdão infringente, para facultar-lhe a Revisão de Ofício nos termos do art. 59 deste regimento.*

MINISTÉRIO DA ECONOMIA-ME
SECRETARIA ESPECIAL DE PREVIDÊNCIA E TRABALHO
SECRETARIA DE PREVIDÊNCIA
CONSELHO DE RECURSOS DA PREVIDÊNCIA SOCIAL-CRPS
CONSELHO PLENO

> *§ 4º O resultado do julgamento da Reclamação pelo Conselho Pleno será objeto de notificação ao órgão julgador que prolatou o acórdão infringente, para fins de adequação do julgado à tese fixada pelo Pleno, por meio da Revisão de Ofício.*

A admissibilidade da Reclamação foi acatada pelo Presidente do Conselho de Recursos da Previdência Social, nos seguintes termos:

> *"Trata-se de Reclamação ao Conselho Pleno interposta com fundamento no art. 64 do Regimento Interno do CRPS. Preenchidos os requisitos de admissibilidade, mediante a indicação de Parecer vinculante emitido pela Consultoria Jurídica do então MPS, o qual teria sido afrontado pela decisão proferida no acórdão recorrido".*

Em que pese a admissibilidade acima, verifica-se que a Reclamação foi proposta sem atender ao requisito da tempestividade.

Vejamos:

É necessário propor a Reclamação dentro do prazo de 30 (trinta) dias a contar da data da ciência da **decisão infringente**, ou seja, da ciência do acórdão questionado.

No caso em tela, o INSS teve ciência do ACÓRDÃO nº 4.218/2016 em 02.09.2016 (Evento 34) e somente propôs a Reclamação 03.02.2017 (Evento 48).

Dentro do lapso temporal acima, foi apresentado pedido de REVISÃO de acórdão pelo INSS, ora indeferido pela i. Câmara de Julgamento.

O pedido de revisão está disciplinado no artigo 59 do Regimento Interno do CRPS:

> *"Art. 59. Os órgãos julgadores deverão rever suas próprias decisões, de ofício, ou a pedido, enquanto não ocorrer a decadência de que trata o art. 103-A da Lei nº 8.213, de 24 de julho de 1991, quando:*
>
> I *- violarem literal disposição de lei ou decreto;*

MINISTÉRIO DA ECONOMIA-ME
SECRETARIA ESPECIAL DE PREVIDÊNCIA E TRABALHO
SECRETARIA DE PREVIDÊNCIA
CONSELHO DE RECURSOS DA PREVIDÊNCIA SOCIAL-CRPS
CONSELHO PLENO

II - *divergirem dos Pareceres da Consultoria Jurídica do MDSA, aprovados pelo Ministro de Estado do Desenvolvimento Social e Agrário, bem como, Súmulas e Pareceres do Advogado-Geral da União, na forma da Lei Complementar nº 73, de 10 de fevereiro de 1993;*

III - *divergirem dos Pareceres da Consultoria Jurídica dos extintos MPS e MTPS, vigentes e aprovados pelos então Ministros de Estado da Previdência Social e do Trabalho e Previdência Social;*

IV - *divergirem de enunciado editado pelo Conselho Pleno; e*

V - for constatado vício insanável".

Como se nota, o pedido de revisão não tem o condão de interromper e/ou suspender o prazo para a propositura do Pedido de Reclamação ao Pleno.

Somente é possível falar em interrupção do prazo quando se trata de oposição tempestiva de EMBARGOS DECLARATÓRIOS, conforme dispõe o artigo 58 da Portaria Ministerial MDSA nº 116/2017:

Art. 58. Caberão embargos de Declaração em face de acórdão dos órgãos julgadores do CRSS:

I - quando houver obscuridade, ambiguidade ou contradição entre a decisão e os seus fundamentos, ou, quando for omitido ponto sobre o qual deveriam pronunciar- se,

II - para corrigir erro material, entendendo-se como tal, os decorrentes de erros de grafia, numéricos, de cálculos ou, ainda, de outros equívocos semelhantes, que não afetem o mérito do pedido, o fundamento ou a conclusão do voto, bem como não digam respeito às interpretações jurídicas dos fatos relacionados nos autos, o acolhimento de opiniões técnicas de profissionais especializados ou o exercício de valoração de provas.

...

§ 2° **A oposição tempestiva dos embargos interrompe o prazo para o cumprimento do acórdão, para a interposição de Recurso Especial, a apresentação de Reclamação ao Conselho Pleno e do Pedido de Uniformização de Jurisprudência**. A interrupção cessa a

MINISTÉRIO DA ECONOMIA-ME
SECRETARIA ESPECIAL DE PREVIDÊNCIA E TRABALHO
SECRETARIA DE PREVIDÊNCIA
CONSELHO DE RECURSOS DA PREVIDÊNCIA SOCIAL-CRPS
CONSELHO PLENO

> partir da intimação das partes acerca da decisão dos declaratórios, quando passa a fluir o lapso temporal de 30 (trinta) dias.
> (Grifos nossos).

A suspensão prevista na parte final do §1º, do artigo 64 do RI/CRPS se refere a paralisação do prazo para o INSS cumprir o acórdão. Esta paralisação somente poderá ser considerada se a Reclamação for proposta dentro do prazo regimental. Não há autorização aqui de se suspender o prazo para o requerimento da Reclamação em virtude da apresentação de pedido de Revisão.

Aliás, o Pedido de Reclamação ao Pleno independe de apresentação do incidente de Revisão. Isso fica evidenciado no §3º, do artigo 64 do RI/CRPS ao prever que o Presidente do CRPS poderá de forma preliminar encaminhar os autos ao órgão julgador que prolatou o acórdão infringente para facultar a Revisão de Ofício.

No mais, não há previsão regimental para relevar intempestividade no caso de Reclamação ao Pleno, pois está limitada tal possibilidade à hipótese de interposição de RECURSO (considerado recurso àquele previsto no artigo 305 do Decreto nº 3.048/99) e ainda assim, necessariamente, o direito inequívoco da parte recorrente deve estar configurado, consoante leitura do inciso II, do artigo 16, da Portaria Ministerial MDSA nº 116/2017:

> *"Art. 16. Ao Conselheiro relator das Câmaras e Juntas incumbe:*
>
> I ...
>
> II - *propor à composição julgadora* ***relevar a intempestividade de recursos****, no corpo do próprio voto, quando fundamentadamente entender que, no mérito, restou demonstrada de forma inequívoca a liquidez e a certeza do direito da parte;"*

É importante destacar que o próprio Regulamento da Previdência Social – Decreto nº 3.048/99, não inclui o pedido de revisão de acórdão na categoria de Recursos:

> *"Art. 308. Os recursos tempestivos contra decisões das Juntas de Recursos do Conselho de Recursos da Previdência Social têm efeito suspensivo e devolutivo.*

MINISTÉRIO DA ECONOMIA-ME
SECRETARIA ESPECIAL DE PREVIDÊNCIA E TRABALHO
SECRETARIA DE PREVIDÊNCIA
CONSELHO DE RECURSOS DA PREVIDÊNCIA SOCIAL-CRPS
CONSELHO PLENO

> *§ 1º **Para fins do disposto neste artigo, não se considera recurso o pedido de revisão de acórdão endereçado às Juntas de Recursos e Câmaras de Julgamento**". (Grifos Nossos).*

De igual modo, peço vênia e colaciono o trecho do voto do i. Conselheiro Dr. RODOLFO ESPINEL DONADON, acerca da intempestividade em pedido de Reclamação ao Conselho Pleno precedido de pedido de revisão, na Resolução nº 27/2015, que assim delineia:

> *"(...)*
> *A tempestividade do Pedido é incumbência do Relator, devendo verificar se a Reclamação foi interposta no prazo de trinta dias contados da data da ciência da decisão infringente, quando suspenderá o prazo para o seu cumprimento.*
>
> *Acontece que o Conselho Pleno já firmou o entendimento de que as petições dirigidas pelo INSS as Unidades de Origem para fins de revisão de acórdão não interrompem o prazo para interposição do Pedido de Reclamação".*

Por tudo que foi demonstrado, o pedido de Reclamação ao Pleno somente foi proposto após o prazo regimental de 30 (trinta) dias, caracterizada a sua intempestividade.

Nesse sentido, o pedido formulado pelo INSS não deve seguir em razão da intempestividade.

Conclusão: Diante do exposto, VOTO no sentido de, preliminarmente, **NÃO CONHECER DO PEDIDO DE RECLAMAÇÃO AO CONSELHO PLENO.**

Brasília-DF, 29 de maio de 2020

Alexandra A. de Alcântara
ALEXANDRA ÁLVARES DE ALCÂNTARA
RELATORA

MINISTÉRIO DA ECONOMIA-ME
SECRETARIA ESPECIAL DE PREVIDÊNCIA E TRABALHO
SECRETARIA DE PREVIDÊNCIA
CONSELHO DE RECURSOS DA PREVIDÊNCIA SOCIAL-CRPS
CONSELHO PLENO

DECISÓRIO

RESOLUÇÃO Nº 02/2020

Vistos e relatados os presentes autos, em sessão realizada hoje, **ACORDAM** os membros do Conselho Pleno, por **UNANIMIDADE**, no sentido de **NÃO CONHECER DO PEDIDO DE RECLAMAÇÃO AO CONSELHO PLENO,** de acordo com o Voto da Relatora e sua fundamentação.

Participaram, ainda, do presente julgamento os (as) Conselheiros (as): Vânia Pontes Santos, Gustavo Beirão Araújo, Paulo Sérgio de Carvalho Costa Ribeiro, Maria Madalena Silva Lima, Renato Agostinho das Chagas, Moisés Oliveira Moreira, Maria José de Paula Moraes, Bruna Danuey de Souza Santos, Sulamita Cristina Dias, Guilherme Lustosa Pires, Valter Sérgio Pinheiro Coelho, Rodolfo Espinel Donadon, Tarsila Otaviano da Costa e Adriene Cândida Borges.

Brasília-DF, 29 de maio de 2020

Alexandra A. de Alcântara
ALEXANDRA ÁLVARES DE ALCÂNTARA
Relatora

MARCELO FERNANDO BORSIO
Presidente

175.109.652-9 10

3.1.3 Resolução 3/2020 (tempo especial/ NHO 1 FUNDACENTRO/NR 15)

Objeto: Trata-se de Pedido de Uniformização de Jurisprudência interposto pelo INSS por suposta divergência de posicionamento entre Câmaras de Julgamento.

Decisão: Desprovida.

Tese jurídica: Afastada a exigência de aferição do ruído obrigatoriamente pelo NEN a contar de 19/11/2003 (adesão ao posicionamento do Tema TNU 174 pela aplicação alternativa entre NR 15 e NHO 1).

MINISTÉRIO DA ECONOMIA-ME
SECRETARIA ESPECIAL DE PREVIDÊNCIA E TRABALHO
SECRETARIA DE PREVIDÊNCIA
CONSELHO DE RECURSOS DA PREVIDÊNCIA SOCIAL-CRPS
CONSELHO PLENO

Nº de Protocolo do Recurso: 44233.137570/2017-42
Documento/Benefício: 181.725.529-8
Unidade de origem: Agência da Previdência Social/São Paulo – Cidade Ademar
Tipo do Processo: Pedido de Uniformização de Jurisprudência do INSS
Recorrente: Instituto Nacional do Seguro Social/INSS
Recorrido: Alberico de Souza Xavier
Benefício: Aposentadoria por Tempo de Contribuição
Relator: Rodolfo Espinel Donadon

Relatório

Processo digital. ESISREC

O processo em análise tem por objeto Pedido de Uniformização de Jurisprudência ao Conselho Pleno, formulado pelo INSS, em matéria que trata da conversão de tempo de atividade especial por exposição ao agente nocivo ruído com a observância da técnica de apuração pela NHO-01 da Fundacentro.

Em uma síntese do caso, a 03ª Câmara de Julgamento (CAJ), por meio do Acórdão nº 8232/2018, por unanimidade, não conheceu o apelo do INSS por intempestividade sem sua relevação indicando a conversão regular do período de 01/06/04 a 16/01/17 da empresa CPTM, por ruído, afastando exigência da metodologia ser informada em NEN da NHO-01 (PPP com ruído de 88,5 dB(A) por audiodosimetria).

De forma tempestiva, o INSS formulou Pedido de Uniformização de Jurisprudência fundamentando que o Acórdão da 03ª CAJ divergiu de entendimento de outras Câmaras de Julgamento: Acórdão da 04ª CAJ (3184/2018); 01ª CAJ (8304/2016), da 02ª CAJ (3159/2016), entre outros, com entendimento no sentido de que o ruído tem que ser informado em NEN da NHO-01 a partir de 19/11/03.

Em contrarrazões, o segurado solicitou o não acolhimento do pretendido pelo INSS.

Reconhecida a divergência e o Procedimento de Uniformização de Jurisprudência admitido pelo Órgão Julgador foi instaurado pela Presidência do CRPS com distribuição dos autos a este Conselheiro.

1

42/181.725.529-8

MINISTÉRIO DA ECONOMIA-ME
SECRETARIA ESPECIAL DE PREVIDÊNCIA E TRABALHO
SECRETARIA DE PREVIDÊNCIA
CONSELHO DE RECURSOS DA PREVIDÊNCIA SOCIAL-CRPS
CONSELHO PLENO

Interposto Mandado de Segurança para fins de agilização do julgamento do pedido.

O segurado apresentou Alegações Finais em forma de Memoriais pugnando pelo não acolhimento do recurso do INSS.

É o relatório.

APOSENTADORIA POR TEMPO DE CONTRIBUIÇÃO. PEDIDO DE UNIFORMIZAÇÃO DE JURISPRUDENCIA. Divergência jurisprudencial entre as Câmaras de Julgamento no que tange conversão de tempo de atividade especial. Exposição ao agente nocivo ruído com a observância da técnica de apuração pela NHO-01 da Fundacentro. Competência para análise deste Conselho Pleno na forma do art. 3º inc. II do Regimento Interno do CRPS aprovado pela Portaria MDAS nº 116/2017. Pressupostos de Admissibilidade do pedido alcançados na forma do art. 63 do mesmo Regimento. A exigência do ruído em NEN, a partir de 01/01/2004, não é estritamente obrigatória podendo ser aceitas outras metodologias válidas que atestem o ruído por meio de dosimetria. Precedentes do Conselho Pleno consolidados no Enunciado nº 13 aprovado pelo Despacho nº 37/2019, DOU nº 219, de 12/11/2019, Seção: 1, p. 320. Pedido de Uniformização conhecido e improvido.

Trata-se de análise de divergência de entendimento, no caso concreto, entre Câmaras de Julgamento envolvendo a conversão de tempo de atividade especial por exposição ao agente nocivo ruído com a observância da técnica de apuração pela NHO-01 da FUNDACENTRO.

Preliminarmente, cumpre informar que é da competência deste Conselho Pleno uniformizar a jurisprudência administrativa demonstrada por divergências jurisprudenciais entre as Câmaras de Julgamento em sede de recurso especial, conforme disciplinado no art. 3º, inc. II, do Regimento Interno do CRPS, aprovado pela Portaria MDAS nº 116/2017, a saber:

> **Art. 3º** Ao Conselho Pleno compete:
> (...)
> **II** - uniformizar, no caso concreto, as divergências jurisprudenciais entre as Juntas de Recursos nas matérias de sua alçada ou entre as Câmaras de julgamento em sede de Recurso Especial, mediante a emissão de Resolução; (...)

MINISTÉRIO DA ECONOMIA-ME
SECRETARIA ESPECIAL DE PREVIDÊNCIA E TRABALHO
SECRETARIA DE PREVIDÊNCIA
CONSELHO DE RECURSOS DA PREVIDÊNCIA SOCIAL-CRPS
CONSELHO PLENO

Passo a analisar, ainda na fase de admissibilidade do pedido de Uniformização de Jurisprudência, os pressupostos do seu requerimento com a citação do art. 63, inc. I, §§ 1º e 6º do mesmo Regimento Interno:

> **Art. 63.** O Pedido de Uniformização de Jurisprudência poderá ser requerido em casos concretos, pelas partes do processo, dirigido ao Presidente do respectivo órgão julgador, nas seguintes hipóteses:
>
> **I** - quando houver divergência na interpretação em matéria de direito entre acórdãos de Câmaras de Julgamento do CRSS, em sede de Recurso Especial, ou entre estes e resoluções do Conselho Pleno;
> (...)
> § 1º A divergência deverá ser demonstrada mediante a indicação do acórdão divergente, proferido nos últimos cinco anos, por outro órgão julgador, composição de julgamento, ou, ainda, por resolução do Conselho Pleno.
> **§ 2º** É de 30 (trinta) dias o prazo para o requerimento do Pedido de Uniformização de Jurisprudência e para o oferecimento de contrarrazões, contados da data da ciência da decisão e da data da intimação do pedido, respectivamente, hipótese em que suspende o prazo para o seu cumprimento.

É tempestivo o pedido. A parte interessada comprovou a divergência de entendimentos entre composições de julgamento. A 03ª Câmara de Julgamento (CAJ), quando não acatou o pedido do INSS e manteve a conversão efetuada pela Junta de Recursos divergiu de entendimentos contrários conforme Acórdão da 04ª CAJ (3184/2018); 01ª CAJ (8304/2016), da 02ª CAJ (3159/2016), entre outros, com entendimento no sentido de que o ruído tem que ser informado em NEN da NHO-01 a partir de 19/11/03.

Portanto, **o pedido formulado é admissível e passo a apreciar a matéria ora discutida.**

A matéria ora apreciada não é nova no Conselho Pleno e já foi pacificada. Em julgamento realizado em 26/08/2018 foi aprovada por maioria a **<u>Resolução nº 26/2018</u> que afastou a exigência da aferição do ruído ser obrigatoriamente em NEN a partir de 19/11/2003**. Destaco trecho do voto com as razões do Conselheiro Relator:

> "(...)
> Sobre este ponto, entendo que independentemente se a técnica foi feita conforme NR-15 e não conforme NHO-01, estando o ruído acima do limite, podemos concluir que se feito conforme a NR-15 e não NHO-01, a intensidade seria também superior, uma vez que a NHO-01 é uma técnica mais moderna e conservadora, sendo mais protetiva ao trabalhador, já que

MINISTÉRIO DA ECONOMIA-ME
SECRETARIA ESPECIAL DE PREVIDÊNCIA E TRABALHO
SECRETARIA DE PREVIDÊNCIA
CONSELHO DE RECURSOS DA PREVIDÊNCIA SOCIAL-CRPS
CONSELHO PLENO

> utiliza um fator de dobra (q=3) enquanto a NR-15 utiliza um fator de dobra (q=5). Desta forma, suponhamos que tivéssemos encontrado um NEN de 90 db(a), logo o valor da dose seria 318,2% (NHO-01) e 200% (NR-15)." (Cons. Rel. Victor Machado Marini)

Saliento que o voto vencedor não foi unanime. A divergência se deu por meio do voto do Conselheiro Daniel Áureo Ramos, que expôs seus motivos para a manutenção do acolhimento da exigência da técnica em NEN a partir de 19/11/03. Em um brevíssimo resumo, justifica:

- o Decreto nº 4.882/03 alterou o código 2.0.1 do Anexo IV do Decreto nº 3.048/99 e "passou a exigir não apenas uma simples exposição a níveis de ruído (como na NR-15), mas exposição a Níveis de Exposição Normalizado (NEN) superior a 85 dBs."

- traz a formula de cálculo do ruído pela técnica da NHO-01em NEN, nível esse convertido para uma jornada padrão de 8 horas diárias para fins de comparação com o limite de exposição;

- diferencia a menção como técnica "dosímetro" sendo esse aparelho para medição do nível sonoro e a própria NHO-01 que é norma e não técnica;

- reafirma que o legislador previu a técnica em NEN – Nível de Exposição Normalizado, sendo que a NHO-01 também traz a técnica em NE – Nível de Exposição, "portanto, há necessidade de indicação de qual dos dois foi utilizado";

- Ainda, "é descabida a interpretação subjetiva no sentido de afastar a legislação previdenciária, para enquadrar períodos em que a técnica utilizada não se encontra em acordo com as determinações e procedimentos da NHO-01."

Ainda sem um consenso administrativo, a matéria retornou para a pauta do Conselho Pleno e, de minha Relatoria, geraram-se as **Resoluções nº 72 e 73/2018, ambas de 28/11/2018**, onde se pretendeu buscar na legislação mecanismos legais que viabilizavam a análise do agente ruído a partir de 19/11/2003, sem ferir a NHO-01 em caso de aferição por técnica distinta do "NEN". Eis a Ementa da referida Resolução:

Resolução nº 72/2018:

> **APOSENTADORIA ESPECIAL. PEDIDO DE UNIFORMIZAÇÃO DE JURISPRUDENCIA. Divergência jurisprudencial entre as Câmaras de Julgamento no que tange conversão de tempo de atividade especial. Exposição ao agente nocivo ruído com a observância da técnica de apuração pela NHO-01 da Fundacentro.** Competência para análise deste Conselho Pleno na forma do art. 3º inc. II do Regimento

MINISTÉRIO DA ECONOMIA-ME
SECRETARIA ESPECIAL DE PREVIDÊNCIA E TRABALHO
SECRETARIA DE PREVIDÊNCIA
CONSELHO DE RECURSOS DA PREVIDÊNCIA SOCIAL-CRPS
CONSELHO PLENO

Interno do CRSS aprovado pela Portaria MDAS nº 116/2017. Pressupostos de Admissibilidade do pedido alcançados na forma do art. 63 do mesmo Regimento. A exigência do ruído em NEN, a partir de 18/11/2003, não é estritamente obrigatória podendo ser aceitas outras metodologias válidas que atestem o ruído por meio de dosimetria. Precedente do Conselho Pleno. Pedido de Uniformização conhecido e provido. Necessidade de revisão de ofício do acórdão impugnado na forma do § 12 do art. 63 do Regimento Interno do CRSS.

Resolução nº 73/2018:

APOSENTADORIA ESPECIAL. PEDIDO DE UNIFORMIZAÇÃO DE JURISPRUDENCIA. Divergência jurisprudencial entre as Câmaras de Julgamento no que tange conversão de tempo de atividade especial. Exigência de histograma e/ou memória de cálculo. Exposição ao agente nocivo ruído com a observância da técnica de apuração pela NHO-01 da Fundacentro. Competência para análise deste Conselho Pleno na forma do art. 3º inc. II do Regimento Interno do CRSS aprovado pela Portaria MDAS nº 116/2017. Pressupostos de Admissibilidade do pedido alcançados na forma do art. 63 do mesmo Regimento. Não é exigível o fornecimento de histograma e/ou memória de cálculo para o período de 11/10/2001 até 18/11/2003, por falta de previsão legal em lei, decreto e ato normativo ministerial vinculativo ao CRSS, bem como a inexigibilidade dada ao inc. III do art. 280 da IN/INSS nº 77/2015, pela DIRSAT/INSS, ante o reconhecimento da indisponibilidade de aparelhos de medição no período indicado. A exigência do ruído em NEN, a partir de 18/11/2003, não é estritamente obrigatória podendo ser aceitas outras metodologias válidas que atestem o ruído por meio de dosimetria. Precedente do Conselho Pleno. Pedido de Uniformização conhecido e provido. Necessidade de revisão de ofício do acórdão impugnado na forma do § 12 do art. 63 do Regimento Interno do CRSS.

Peço vênia aos Colegas para transcrever a Conclusão, em comum, de ambas as Resoluções acima ementadas:

Diante de todo o exposto, condenso os fundamentos trabalhados no voto que me levam a concluir que a exigência do ruído em NEN, a partir de 01/01/2004, não é estritamente obrigatória podendo ser aceitas outras metodologias válidas que atestem o ruído por meio de dosimetria. Eis as razões de tal assertiva:

- a partir de 19/11/2003, o INSS também passou a ser responsável pela edição de atos normativos regulamentando a emissão do laudo técnico (§ 7º do art. 68 do RPS aprovado pelo Decreto nº 3.048/99 com redação dada pelo Decreto nº 4.882/2003);

MINISTÉRIO DA ECONOMIA-ME
SECRETARIA ESPECIAL DE PREVIDÊNCIA E TRABALHO
SECRETARIA DE PREVIDÊNCIA
CONSELHO DE RECURSOS DA PREVIDÊNCIA SOCIAL-CRPS
CONSELHO PLENO

- inexistência de previsão legal por parte do INSS determinando exclusivamente a confecção do PPRA com procedimentos de avaliação do ruído pelas normas da NHO-01 da FUNDACENTRO. Foi devidamente demonstrado que o INSS normatizou o tema permitindo a utilização de PPRA produzido nos termos da NR-09 do MTE que, por sua vez, remeteu a NR-15 do MTE justamente em seu Anexo 15 que versa a respeito da metodologia de avaliação do ruído (art. 404 e § 3º do art. 408 da IN/INSS nº 100/2003 e art. 178, § 1º da IN/INSS nº 118/2005);

- aceitação do INSS, em substituição do LTCAT, de diversos outros laudos, entre os quais, os emitidos pelo MTE, pela FUNDACENTRO, laudos periciais emitidos por ordem da justiça do trabalho, PPRA, entre outros (§ 2º do art. 161 da IN/INSS nº 118/2005 e art. 261 da IN/INSS nº 77/2015);

- inexistência de previsão legal quanto a não aceitação de laudo técnico produzido com metodologia diversa da contida na NHO-01 da FUNDACENTRO (§ 3º do art. 161 da IN/INSS nº 118/2005 e art. 261 da IN/INSS nº 77/2015);

- permissão expressa à empresa utilizar outra metodologia diversa daquela contida na NHO-01, desde que devidamente indicada qual metodologia em suas demonstrações ambientais (§ 2º do art. 179 da IN/INSS nº 11/2006 e § 2º do art. 238 da IN/INSS nº 45/2010);

- alteração de redação de texto legal somente em 21/01/2015 com IN/INSS nº 77/2015, afastando da empresa a prerrogativa do item anterior, porém, contemplando ao Ministério a definição das instituições que estabeleceriam os procedimentos de avaliação não contempladas pela NHO-01 (§ 2º do art. 279 da IN/INSS nº 77/2015). Por esse aspecto, a NR-15 estabelecida pela Portaria MTB nº 3.214 de 08/06/78 traz os procedimentos de avaliação para análise do agente ruído e permaneceu gerando tais avaliações no campo previdenciário pelo menos até 31/12/2003. Não se encontra revogada;

- inexistência de regra de transição por se tratar de mudança que exige adaptação das empresas em seus levantamentos ambientais. Não se trata de mudança de aspecto legal que afeta apenas a análise administrativa dos documentos já confeccionados;

- apesar de contido na norma (art. 280 inc. III da IN/INSS nº 77/2015) não se exige a apresentação de histograma e memória de cálculo para o período de 11/11/2001 a 18/11/2003 por reconhecimento do executor da norma, no caso o próprio INSS, da falta de disponibilidade de equipamentos de medição para todas as empresas. É medida que gera impacto financeiro na empresa, o mesmo entendimento para se exigir novos laudos confeccionados com metodologia da NHO-01;

MINISTÉRIO DA ECONOMIA-ME
SECRETARIA ESPECIAL DE PREVIDÊNCIA E TRABALHO
SECRETARIA DE PREVIDÊNCIA
CONSELHO DE RECURSOS DA PREVIDÊNCIA SOCIAL-CRPS
CONSELHO PLENO

- o resultado da medição do ruído aferido por técnica com uso de dosímetro assemelha ao pretendido pelo Decreto nº 4.882/2003 quando estabeleceu o ruído medido em NEN. É possível presumir que o Executivo buscou o encontro da média de ruído considerando a jornada de trabalho e não apenas o ruído instantâneo obtido por meio de um decibelímetro, o que era permitido até 31/12/2003;

- o formulário atual PPP devidamente preenchido por Responsável Ambiental e com informações amparadas por laudo técnico pericial, com indicativo de metodologia de aferição do ruído válida – dosimetria pela NR-15 ou NHO-01 –, é documento fidedigno e competente para produzir efeitos para fins de análise da aposentadoria especial, conforme legislação previdenciária atual vigente;

- o INSS, ao entender que o PPP traz indicativos de existência de Responsável Ambiental, mas não fornece elementos suficientes para verificar a metodologia de aferição do ruído, tem a incumbência legal de auditar a regularidade da documentação fornecida pela empresa e tem a obrigação de solicitar a complementação da documentação antes de proferir sua análise, para fins de cumprir com o art. 50 da Lei nº 9.784/99 e § 1º do art. 678 da IN/INSS nº 77/2015, considerando o dever de motivar suas decisões;

- a TNU alterou seu entendimento inicial e também permite a utilização de técnica de aferição do ruído que contemple a mediação da jornada de trabalho, vedada a medição pontual (Tema 174).

A tese acima defendida se consolidou nos demais julgamentos do Conselho. Cito as seguintes ementas:

Resolução nº 32/2019, de 24/09/2019:

Pedido de Uniformização de Jurisprudência. Art. 63 do Regimento Interno do CRPS. Aposentadoria por tempo de contribuição. Reconhecimento de atividade especial por exposição a agente nocivo ruído. Monitoração ambiental diversa na NHO-01. Possibilidade. Aplicação da Resolução nº 72/2018 do Conselho Pleno do CRPS. Divergência demonstrada – envio dos autos à Câmara de Julgamento de origem para adequação ao entendimento deste Conselho. (Con. Rel. Guilherme Lustosa Pires).

Resolução nº 31/2019, de 24/09/2019:

EMENTA: PEDIDO DE UNIFORMIZAÇÃO DE JURISPRUDÊNCIA. APOSENTADORIA POR TEMPO DE CONTRIBUIÇÃO. ATIVIDADE ESPECIAL EM RAZÃO DE EXPOSIÇÃO AO AGENTE NOCIVO

MINISTÉRIO DA ECONOMIA-ME
SECRETARIA ESPECIAL DE PREVIDÊNCIA E TRABALHO
SECRETARIA DE PREVIDÊNCIA
CONSELHO DE RECURSOS DA PREVIDÊNCIA SOCIAL-CRPS
CONSELHO PLENO

RUÍDO. A EXIGÊNCIA DO RUÍDO EM NEN A PARTIR DE 18/11/2003 NÃO É ESTRITAMENTE OBRIGATÓRIA, PODENDO SER ACEITAS OUTRAS METODOLOGIAS VALIDAS. PEDIDO DE UNIFORMIZAÇÃO DE JURISPRUDÊNCIA CONHECIDO E PROVIDO. (Cons. Rel. Maria Madalena Silva Lima)

Em continuidade, após longos debates e analise da legislação envolvida, o Conselho Pleno pacificou a questão envolvendo a metodologia de avaliação do ruído no **Enunciado nº 13**, aprovado pelo Despacho nº 37/2019, DOU nº 219, de 12/11/2019, Seção: 1, p. 320, a saber:

> **Atendidas as demais condições legais, considera-se especial, no âmbito do RGPS, a atividade exercida com exposição a ruído superior a 80 decibéis até 05/03/97, superior a 90 decibéis desta data até 18/11/2003, e superior a 85 decibéis a partir de então.**
>
> I - Os níveis de ruído devem ser medidos, observado o disposto na Norma Regulamentadora nº 15 (NR-15), anexos 1 e 2, com aparelho medidor de nível de pressão sonora, operando nos circuitos de compensação - dB (A) para ruído contínuo ou intermitente ou dB (C) para ruído de impacto.
> II - Até 31 de dezembro de 2003, para a aferição de ruído contínuo ou intermitente, é obrigatória a utilização das metodologias contidas na NR-15, devendo ser aceitos ou o nível de pressão sonora pontual ou a média de ruído, podendo ser informado decibelímetro, dosímetro ou medição pontual no campo "Técnica Utilizada" do Perfil Profissiográfico Previdenciário (PPP).
> III - A partir de 1º de janeiro de 2004, para a aferição de ruído contínuo ou intermitente, é obrigatória a utilização das metodologias contidas na Norma de Higiene Ocupacional 01 (NHO-01) da FUNDACENTRO ou na NR-15, que reflitam a medição de exposição durante toda a jornada de trabalho, vedada a medição pontual, devendo constar do PPP a técnica utilizada e a respectiva norma.
> IV - Em caso de omissão ou dúvida quanto à indicação da metodologia ou técnica utilizadas para aferição da exposição nociva ao agente ruído, o PPP não deve ser admitido como prova da especialidade, devendo ser apresentado o respectivo Laudo Técnico de Condições Ambientais do Trabalho (LTCAT) ou solicitada inspeção no ambiente de trabalho, para fins de verificar a técnica utilizada na medição, bem como a respectiva norma.

Ressalta-se que o conteúdo do Enunciado nº 13 vincula todos os Conselheiros do CRPS conforme art. 62 do Regimento Interno do CRPS: "A emissão de enunciados dependerá da aprovação da maioria absoluta dos membros do Conselho Pleno e **vincula, quanto à interpretação do direito, todos os Conselheiros do CRSS**". (grifo nosso)

42/181.725.529-8 8

MINISTÉRIO DA ECONOMIA-ME
SECRETARIA ESPECIAL DE PREVIDÊNCIA E TRABALHO
SECRETARIA DE PREVIDÊNCIA
CONSELHO DE RECURSOS DA PREVIDÊNCIA SOCIAL-CRPS
CONSELHO PLENO

Portanto, quanto à técnica de aferição do ruído, até 31/12/2003, as técnicas de mensuração do nível de intensidade da exposição ao agente ruído poderiam ser medições pontuais, nível equivalente, média ou dose. A partir de 01/01/2004, dosimetria, independente se realizada conforme NR-15 ou NHO-01.

O formulário indicado no caso concreto informa ruído obtido por dosimetria após 01/01/2004 fato que permite indicar que a decisão ora questionada está em consonância com a jurisprudência deste Conselho Pleno.

Nestes termos, **conheço do pedido de Uniformização de Jurisprudência e no mérito, nego-lhe provimento com fulcro nas Resoluções nº 26/2018, 72/2018 e 73/2018, entre outras, todas consolidadas no Enunciado nº 13 do CRPS.**

Ante todo ao exposto, **VOTO** no sentido de, preliminarmente, **CONHECER DO PEDIDO DE UNIFORMIZAÇÃO DE JURISPRUDÊNCIA formulado pelo INSS** para, no mérito, **NEGAR-LHE PROVIMENTO.**

Brasília - DF, 29 de maio de 2020.

RODOLFO ESPINEL DONADON
Relator

MINISTÉRIO DA ECONOMIA-ME
SECRETARIA ESPECIAL DE PREVIDÊNCIA E TRABALHO
SECRETARIA DE PREVIDÊNCIA
CONSELHO DE RECURSOS DA PREVIDÊNCIA SOCIAL-CRPS
CONSELHO PLENO

Ref.: NB 181.725.529-8

Tipo de procedimento: UNIFORMIZAÇÃO DE JURISPRUDÊNCIA

Suscitante: ALBERICO DE SOUZA XAVIER

Suscitado: INSTITUTO NACIONAL DO SEGURO SOCIAL (INSS)

VOTO DIVERGENTE

Divirjo integralmente do Relator.

O atento exame das peças deste dossiê eletrônico revela que o Recurso Especial interposto pelo segurado **não foi conhecido pela 3ª Câmara de Julgamento** em razão de ter sido apresentado **intempestivamente** - fora do prazo (vide evento 44).

Ora, se o Especial **não** foi conhecido pela unidade julgadora de 2ª instância do CRPS, isso significa, nem mais nem menos, **que o mérito recursal deixou de ser apreciado**

De sua vez, o instituto de Uniformização de Jurisprudência **não se presta à análise de situação fática ou ao reexame de provas**, sendo sua função uniformizar a jurisprudência administrativa **unicamente em matéria de**

MINISTÉRIO DA ECONOMIA-ME
SECRETARIA ESPECIAL DE PREVIDÊNCIA E TRABALHO
SECRETARIA DE PREVIDÊNCIA
CONSELHO DE RECURSOS DA PREVIDÊNCIA SOCIAL-CRPS
CONSELHO PLENO

direito, conforme previsão contida no art. 63, inc. **I**, do Regimento do Conselho de Recursos, aprovado pela Portaria MDSA nº 116, de 20.03.2017, nesses termos:

> "Art. 63. O Pedido de Uniformização de Jurisprudência poderá ser requerido em casos concretos, pelas partes do processo, dirigido ao Presidente do respectivo órgão julgador, nas seguintes hipóteses:
>
> I - **quando houver divergência na interpretação em matéria de direito** entre acórdãos de Câmaras de Julgamento do CRSS, em sede de Recurso Especial, ou entre estes e resoluções do Conselho Pleno; ou
>
> ....".

Nessa linha, a uniformização de jurisprudência é "*um expediente cujo objeto é evitar a **desarmonia** de interpretação de **teses jurídicas**...*" (cf. WAMBIER, Luiz Rodrigues; ALMEIDA, Flávio Renato Correia de e TALAMINI, Eduardo. Curso Avançado de Processo Civil. 2ª edição. São Paulo: Revista dos Tribunais, 1999, p. 742).

Ora, se a 3ª CaJ **deixou** de enfrentar o **mérito** da controvérsia em razão da intempestividade do apelo do segurado, fica evidente que o requisito de admissibilidade - **matéria de direito (tese jurídica)** - que permitiria a tramitação do Incidente **não foi atendido**, razão pela qual e com fundamento no art. 53, **II** c/c o art. 54, inc. **I, ambos** do

MINISTÉRIO DA ECONOMIA-ME
SECRETARIA ESPECIAL DE PREVIDÊNCIA E TRABALHO
SECRETARIA DE PREVIDÊNCIA
CONSELHO DE RECURSOS DA PREVIDÊNCIA SOCIAL-CRPS
CONSELHO PLENO

Regimento do CRPS, **VOTO por não conhecer do presente pedido de Uniformização de Jurisprudência**.

PAULO SÉRGIO DE C. COSTA RIBEIRO

Conselheiro - 4ª CaJ

MINISTÉRIO DA ECONOMIA-ME
SECRETARIA ESPECIAL DE PREVIDÊNCIA E TRABALHO
SECRETARIA DE PREVIDÊNCIA
CONSELHO DE RECURSOS DA PREVIDÊNCIA SOCIAL-CRPS
CONSELHO PLENO

DECISÓRIO

RESOLUÇÃO Nº 03 /2020

Vistos e relatados os presentes autos, em sessão realizada hoje, **ACORDAM** os membros do Conselho Pleno, por **MAIORIA,** no sentido de **CONHECER DO PEDIDO DE UNIFORMIZAÇÃO DE JURISPRUDÊNCIA formulado pelo INSS** para, no mérito, **NEGAR-LHE PROVIMENTO,** de acordo com o Voto do Relator e sua fundamentação. Vencido Voto Divergente do Conselheiro Paulo Sérgio de Carvalho Costa Ribeiro. Vencidos ainda os Conselheiros (a) Maria José de Paula Moraes, Guilherme Lustosa Pires, Valter Sérgio Pinheiro Coelho e Adriene Cândida Borges.

Participaram, ainda, do presente julgamento os (as) Conselheiros (as): Vânia Pontes Santos, Gustavo Beirão Araújo, Maria Madalena Silva Lima, Renato Agostinho das Chagas, Moisés Oliveira Moreira, Bruna Danuey de Souza Santos, Sulamita Cristina Dias, Alexandra Álvares de Alcântara e Tarsila Otaviano da Costa.

Brasília-DF, 29 de maio de 2020

RODOLFO ESPINEL DONADON
Relator

MARCELO FERNANDO BORSIO
Presidente

3.1.4 Resolução 4/2020 (aposentadoria especial/eletricidade/não enquadramento a partir de 6/3/97)

Objeto: Trata-se de Pedido de Uniformização de Jurisprudência interposto pelo INSS por suposta divergência de posicionamento entre Câmaras de Julgamento.

Decisão: Provida.

Tese jurídica: Impossibilidade de reconhecimento da exposição à eletricidade como tempo especial a partir de 6/3/1997.

MINISTÉRIO DA ECONOMIA-ME
SECRETARIA ESPECIAL DE PREVIDÊNCIA E TRABALHO
SECRETARIA DE PREVIDÊNCIA
CONSELHO DE RECURSOS DA PREVIDÊNCIA SOCIAL-CRPS

Nº de Protocolo do Recurso: 44232.441283/2015-82
Documento/Benefício: 42/172.254.554-0
Unidade de origem: Agência da Previdência Social Biritiba-Mirim
Tipo do Processo: Uniformização de Jurisprudência ao Conselho Pleno
Recorrente: Lucas Moura da Fonseca
Recorrido: Instituto Nacional do Seguro Social/INSS
Benefício: Aposentadoria por Tempo de Contribuição
Relator: Rodolfo Espinel Donadon

(Processo Eletrônico)

Relatório

O processo em análise tem por objeto Pedido de Uniformização de Jurisprudência ao Conselho Pleno, formulado pelo INSS, em matéria acerca da conversão de tempo de atividade especial, exposto ao agente nocivo eletricidade, após 05/03/1997.

Dá análise do recurso especial do INSS, a 01ª Composição Adjunta – CA da 01ª Câmara de Julgamento (CAJ) - acórdão nº 5737/2016 - deu-lhe parcial provimento ao apelo reformando parte dos períodos especiais reconhecidos pela Junta de Recursos, contudo, manteve a conversão de 06/03/97 a 26/03/04 pelo agente nocivo eletricidade acima de 250 volts. Justificou o enquadramento por agente eletricidade após 05/03/1997 com o entendimento de que o quadro de agentes nocivos era exemplificativo apenas e com base em jurisprudência do Superior Tribunal de Justiça indicando a periculosidade.

O INSS, tempestivamente, formulou Pedido de Uniformização de Jurisprudência ao Conselho Pleno do Conselho de Recursos da Previdência Social – CRPS, fundamentando que o Acórdão da 01ª CA da 01ª CAJ divergiu de entendimento de outras Câmaras de Julgamento do Conselho, sobre a mesma matéria, com negativa de conversão do período posterior a 06/03/97, por eletricidade. Fez a juntada de Acórdãos Paradigmas: 7797/2016 da 01ª CAJ; 3707/2016 da 02ª CAJ; 701/2016 da 03ª CAJ.

A presidência da 01ª CA da 01ª CAJ emitiu despacho admitindo o procedimento de Uniformização de Jurisprudência.

1

172.254.554-0

MINISTÉRIO DA ECONOMIA-ME
SECRETARIA ESPECIAL DE PREVIDÊNCIA E TRABALHO
SECRETARIA DE PREVIDÊNCIA
CONSELHO DE RECURSOS DA PREVIDÊNCIA SOCIAL-CRPS

O Procedimento de Uniformização de Jurisprudência foi instaurado pela Presidência do CRPS com distribuição dos autos a este Conselheiro.

É o relatório.

Voto

APOSENTADORIA POR TEMPO DE CONTRIBUIÇÃO. PEDIDO DE UNIFORMIZAÇÃO DE JURISPRUDENCIA. Divergência jurisprudencial entre as Câmaras de Julgamento no que tange a conversão do agente eletricidade a partir de 06/03/97, com advento do Decreto nº 2.172/97. Competência para análise deste Conselho Pleno na forma do art. 3º inc. II do Regimento Interno do CRSS aprovado pela Portaria MDAS nº 116/2017. Pressupostos de Admissibilidade do pedido alcançados na forma do art. 63 do mesmo Regimento. Impossibilidade de conversão do agente eletricidade a partir de 06/03/97 por inexistência de previsão legal, não sendo possível o Conselho julgar em desacordo com o previsto em lei, decreto e ato normativo ministerial, na forma do art. 69 do Regimento Interno do CRSS. Precedentes do Conselho Pleno. Pedido de Uniformização conhecido e provido. Necessidade de revisão de ofício do acórdão impugnado na forma do § 12 do art. 63 do Regimento Interno do CRPS.

Trata-se de análise de divergência de entendimento, no caso concreto, entre Câmaras de Julgamento envolvendo a conversão de tempo de atividade especial exposto ao agente nocivo eletricidade, após 05/03/1997.

Preliminarmente, cumpre informar que é da competência deste Conselho Pleno uniformizar a jurisprudência administrativa demonstrada por divergências jurisprudenciais entre as Câmaras de Julgamento em sede de recurso especial, conforme disciplinado no art. 3º, inc. II, do Regimento Interno do CRPS, aprovado pela Portaria MDAS nº 116/2017, a saber:

> **Art. 3º** Ao Conselho Pleno compete:
> (...)
> **II** - uniformizar, no caso concreto, as divergências jurisprudenciais entre as Juntas de Recursos nas matérias de sua alçada ou entre as Câmaras de julgamento em sede de Recurso Especial, mediante a emissão de Resolução; (...)

MINISTÉRIO DA ECONOMIA-ME
SECRETARIA ESPECIAL DE PREVIDÊNCIA E TRABALHO
SECRETARIA DE PREVIDÊNCIA
CONSELHO DE RECURSOS DA PREVIDÊNCIA SOCIAL-CRPS

Passo a analisar, ainda na fase de admissibilidade do pedido de Uniformização de Jurisprudência, os pressupostos do seu requerimento com a citação do art. 63, inc. I, §§ 1º e 6º do mesmo Regimento Interno:

> **Art. 63.** O Pedido de Uniformização de Jurisprudência poderá ser requerido em casos concretos, pelas partes do processo, dirigido ao Presidente do respectivo órgão julgador, nas seguintes hipóteses:
>
> **I** - quando houver divergência na interpretação em matéria de direito entre acórdãos de Câmaras de Julgamento do CRSS, em sede de Recurso Especial, ou entre estes e resoluções do Conselho Pleno;
> (...)
> § 1º A divergência deverá ser demonstrada mediante a indicação do acórdão divergente, proferido nos últimos cinco anos, por outro órgão julgador, composição de julgamento, ou, ainda, por resolução do Conselho Pleno.
> **§ 2º** É de 30 (trinta) dias o prazo para o requerimento do Pedido de Uniformização de Jurisprudência e para o oferecimento de contrarrazões, contados da data da ciência da decisão e da data da intimação do pedido, respectivamente, hipótese em que suspende o prazo para o seu cumprimento.

É tempestivo o pedido. A parte interessada comprovou a divergência de entendimentos entre Câmaras de Julgamento acerca da referida matéria. O Acórdão nº 5737/2016 da 01ª Composição Adjunta – CA da 01ª Câmara de Julgamento (CAJ), ao converter por eletricidade o período posterior a 05/03/1997, divergiu de entendimento de outras Câmaras de Julgamento do Conselho com negativa de conversão para o mesmo período conforme Acórdãos Paradigmas: 7797/2016 da 01ª CAJ; 3707/2016 da 02ª CAJ; 701/2016 da 03ª CAJ.

Portanto, **o pedido formulado é admissível e passo a apreciar a matéria ora discutida.**

Saliento que a matéria ora pretendida não é nova no Conselho Pleno. Já foram proferidos diversos julgamentos, por maioria de votos, com o entendimento de que o agente eletricidade somente poderia ser alvo de análise administrativa até 05/03/1997. Nesse sentido e entre outras, emento as seguintes Resoluções, a saber:

> **Resolução nº 44/2019, de 25/10/2019**, assim ementada:
>
> **EMENTA: APOSENTADORIA POR TEMPO DE CONTRIBUIÇÃO. PEDIDO DE UNIFORMIZAÇÃO DE JURISPRUDÊNCIA. ATIVIADE INSALUBRE. ELETRICIDADE. IMPOSSIBILIDADE DE ENQUADRAMENTO APÓS 05/03/1997. DECRETO Nº 53.831/64.**

MINISTÉRIO DA ECONOMIA-ME
SECRETARIA ESPECIAL DE PREVIDÊNCIA E TRABALHO
SECRETARIA DE PREVIDÊNCIA
CONSELHO DE RECURSOS DA PREVIDÊNCIA SOCIAL-CRPS

DEVIDA UNIFORMIZAÇÃO DE JURISPRUDÊNCIA. (Cons. Rel. Eneida da Costa Alvim)

Resolução nº 39/2019, de 25/10/2019, assim ementada:

APOSENTADORIA POR TEMPO DE CONTRIBUIÇÃO. PEDIDO DE UNIFORMIZAÇÃO DE JURISPRUDENCIA. Divergência jurisprudencial entre as Câmaras de Julgamento no que tange a conversão do agente eletricidade a partir de 06/03/97, com advento do Decreto nº 2.172/97. Competência para análise deste Conselho Pleno na forma do art. 3º inc. II do Regimento Interno do CRPS aprovado pela Portaria MDAS nº 116/2017. Pressupostos de Admissibilidade do pedido alcançados na forma do art. 63 do mesmo Regimento. Impossibilidade de conversão do agente eletricidade a partir de 06/03/97 por inexistência de previsão legal, não sendo possível o Conselho julgar em desacordo com o previsto em lei, decreto e ato normativo ministerial, na forma do art. 69 do Regimento Interno do CRSS. Precedentes do Conselho Pleno. Pedido de Uniformização conhecido e improvido. (Cons. Rel. Rodolfo Espinel Donadon)

Resolução nº 35/2019, de 24/09/2019, assim ementada:

EMENTA: PEDIDO DE UNIFORMIZAÇÃO DE JURISPRUDÊNCIA. APOSENTADORIA POR TEMPO DE CONTRIBUIÇÃO. PRESSUPOSTOS DE ADMISSIBILIDADE DO PEDIDO ALCANÇADOS (PORTARIA MDSA Nº 116/2017). ATIVIDADE ESPECIAL. AGENTE NOCIVO. ELETRICIDADE. NÃO ENQUADRAMENTO APÓS 06/03/97. FALTA DE PREVISÃO LEGAL. MATÉRIA JÁ CONSOLIDADA EM RESOLUÇÃO DO CRPS. PEDIDO CONHECIDO E PROVIDO.

1. A falta de previsão legal para o enquadramento do agente nocivo eletricidade é matéria de direito sedimentada no Conselho Pleno conforme resoluções e aplicação da legislação previdenciária, sendo acolhida a uniformização de jurisprudência.
2. Não há previsão regimental que possibilite a aplicação da jurisprudência judicial consolidada sobre o assunto, sob pena de responsabilidade civil e administrativa prevista em lei.
3. Pedido de Uniformização de Jurisprudência provido. (Cons. Rel. Tarsila Otaviano da Costa)

Resoluções nº 22/2019 e 23/2019, ambas de 28/06/2019, assim ementadas (mesma ementa):

APOSENTADORIA POR TEMPO DE CONTRIBUIÇÃO. PEDIDO DE UNIFORMIZAÇÃO DE JURISPRUDENCIA. Divergência jurisprudencial entre as Câmaras de Julgamento no que tange a

MINISTÉRIO DA ECONOMIA-ME
SECRETARIA ESPECIAL DE PREVIDÊNCIA E TRABALHO
SECRETARIA DE PREVIDÊNCIA
CONSELHO DE RECURSOS DA PREVIDÊNCIA SOCIAL-CRPS

> **conversão do agente eletricidade a partir de 06/03/97, com advento do Decreto nº 2.172/97. Competência para análise deste Conselho Pleno na forma do art. 3º inc. II do Regimento Interno do CRSS aprovado pela Portaria MDAS nº 116/2017. Pressupostos de Admissibilidade do pedido alcançados na forma do art. 63 do mesmo Regimento.** Impossibilidade de conversão do agente eletricidade a partir de 06/03/97 por inexistência de previsão legal, não sendo possível o Conselho julgar em desacordo com o previsto em lei, decreto e ato normativo ministerial, na forma do art. 69 do Regimento Interno do CRSS. Precedentes do Conselho Pleno. Pedido de Uniformização conhecido e provido. Necessidade de revisão de ofício do acórdão impugnado na forma do § 12 do art. 63 do Regimento Interno do CRSS. (Cons. Rel. Rodolfo Espinel Donadon)

Resoluções nº 53/2018 e 52/2018, ambas de 28/08/2018, assim ementadas (mesma Ementa):

> **APOSENTADORIA ESPECIAL. PEDIDO DE UNIFORMIZAÇÃO DE JURISPRUDENCIA.** Divergência jurisprudencial entre as Câmaras de Julgamento no que tange a conversão do agente eletricidade a partir de 06/03/97, com advento do Decreto nº 2.172/97. Competência para análise deste Conselho Pleno na forma do art. 3º inc. II do Regimento Interno do CRSS aprovado pela Portaria MDAS nº 116/2017. Pressupostos de Admissibilidade do pedido alcançados na forma do art. 63 do mesmo Regimento. Impossibilidade de conversão do agente eletricidade a partir de 06/03/97 por inexistência de previsão legal, não sendo possível o Conselho julgar em desacordo com o previsto em lei, decreto e ato normativo ministerial, na forma do art. 69 do Regimento Interno do CRSS. Precedente do Conselho Pleno. Pedido de Uniformização conhecido e improvido. (Cons. Rel. Rodolfo Donadon)

Resolução nº 08/2016, de 23/03/2016:

> **PEDIDO DE UNIFORMIZAÇÃO DE JURISPRUDÊNCIA. APOSENTADORIA POR TEMPO DE CONTRIBUIÇÃO. ATIVIDADE ESPECIAL. ELETRICIDADE. INVIABILIDADE DE ENQUADRAMENTO DE PERÍODOS A PARTIR DE 06/03/97.**
> 1. O agente nocivo eletricidade, a partir de 06/03/97, foi excluído do rol de agentes que propicia a concessão da aposentadoria especial, não podendo ser considerada para fins de reconhecimento da especialidade das atividades exercidas pelo segurado.
> 2. Pedido de Uniformização de Jurisprudência conhecido e provido. (Cons. Rel. Geraldo Almir Arruda)

Tomando por base o voto precursor avaliado pelo Pleno, Resolução acima citada nº 08/2016, no entendimento do Colega que proferiu o voto vencedor, as razões

MINISTÉRIO DA ECONOMIA-ME
SECRETARIA ESPECIAL DE PREVIDÊNCIA E TRABALHO
SECRETARIA DE PREVIDÊNCIA
CONSELHO DE RECURSOS DA PREVIDÊNCIA SOCIAL-CRPS

para não se reconhecer, administrativamente, o agente eletricidade a partir de 06/03/1997 podem ser assim resumidas:

a) inexistência de suporte jurídico como fator impeditivo para análise;

b) princípio da legalidade a que se submete o Conselho somente permite praticar atos que a lei autoriza, não lhe sendo facultado "praticar atos em contrariedade a norma jurídica que o vincule". No caso, o art. 70 do Regimento Interno do então CRPS, aprovado pela Portaria MPS nº 548/2011;

c) "inexiste lacuna ou omissão na legislação previdenciária a propiciar, por analogia, o enquadramento de períodos posteriores a 05/03/1997." O art. 58 da Lei nº 8.213/91 atribuiu ao Poder Executivo a exclusiva prerrogativa de definir a relação dos agentes nocivos ensejadores da aposentadoria especial;

d) o Anexo IV do Decreto nº 3.048/99, em seu texto inicial, trata o rol dos agentes nocivos como exaustivo, mitigado, apenas, pelo Decreto nº 8.123/13 que ao dar nova redação ao § 4º do art. 68 do Decreto nº 3.048/99, também deu conotação especial de agentes nocivos reconhecidamente cancerígenos em humanos, listados pelo Ministério do Trabalho e Emprego. Em atendimento a tal dispositivo legal, o agente eletricidade não foi incluído em nenhum dos três grupos da Lista Nacional de Agentes Cancerígenos instituída pela Portaria Interministerial MTE/MPS nº 9, de 07/10/2014;

e) A lista de agentes nocivos contidos no Anexo IV do Decreto nº 2.172/97 foi precedida de estudo aprofundado, com participação técnica do então Ministério do Trabalho e Emprego, analisados, um por um, cada agente nocivo contido nos normativos;

f) O Poder Judiciário, ao converter o agente eletricidade após 05/03/97, por analogia, detém o poder de controle da constitucionalidade das leis e demais atos normativos, poder esse que o Conselho não o detém;

g) Por fim, não se questiona a nocividade do agente, mas sua ausência do rol do Anexo IV do Decreto nº 2.172/97 não possibilita sua conversão.

Na condição de Relator dos Pedidos de Uniformização de Jurisprudência que geraram as Resoluções acima citadas nº 39/2019, 22 e 23/2019, 52 e 53/2018, a construção do voto partiu do princípio da veemente incidência do princípio da legalidade ao Conselho. Para constar, o Regimento Interno do CRSS, aprovado pela Portaria MDAS nº 116/2017, manteve o mesmo conteúdo do art. 70 do então Regimento Interno do CRPS utilizado como embasamento legal pelo Colega, alterando-se, apenas, a numeração do dispositivo legal, art. 69, a saber:

MINISTÉRIO DA ECONOMIA-ME
SECRETARIA ESPECIAL DE PREVIDÊNCIA E TRABALHO
SECRETARIA DE PREVIDÊNCIA
CONSELHO DE RECURSOS DA PREVIDÊNCIA SOCIAL-CRPS

> **Art. 69**. É vedado aos órgãos julgadores do CRSS afastar a aplicação, por inconstitucionalidade ou ilegalidade, de tratado, acordo internacional, lei, decreto ou ato normativo ministerial em vigor, ressalvados os casos em que:
> I - já tenha sido declarada a inconstitucionalidade da norma pelo Supremo Tribunal Federal, em ação direta, após a publicação da decisão, ou pela via incidental, após a publicação da resolução do Senado Federal que suspender a sua execução; e
> II - haja decisão judicial, proferida em caso concreto, afastando a aplicação da norma, por ilegalidade ou inconstitucionalidade, cuja extensão dos efeitos jurídicos tenha sido autorizada pelo Presidente da República.

Vejamos a incidência do princípio da legalidade perante o Conselho, exclusivamente, a respeito da matéria em discussão.

Nos termos do Código 1.1.8 do Anexo III, do Decreto n.º 53.831, de 25/03/64, eletricidade situa-se no campo de Agente, para "Trabalhos permanentes em instalações ou equipamentos elétricos com riscos de acidentes - Eletricistas, cabistas, montadores e outros", e exposto a tensões superiores a 250 volts. Tratava-se de exposição por periculosidade e não foi incluído no rol dos agentes nocivos do Anexo IV do Decreto nº 2.172/97.

Em um primeiro aspecto, o § 1º do art. 201 da CF/88 dispõe ser "vedada a adoção de requisitos e critérios diferenciados para a concessão de aposentadoria (...), ressalvados os casos de atividades exercidas sob condições especiais que prejudiquem a saúde ou a integridade física (...)". Ao se analisar o entendimento doutrinário[1] e jurisprudencial[2], menciona-se que o prejuízo à integridade física se correlaciona ao agente periculosidade. No mesmo entendimento, o caput do art. 57 da Lei nº 8.213/91 também faz referência à integridade física do trabalhador, em consequência, da periculosidade. Portanto, a exclusão do agente periculosidade não poderia ser feita por Decreto, além da taxatividade do rol dos agentes nocivos.

Os fundamentos acima são totalmente aceitáveis e, indo mais além, a Norma Regulamentadora – NR-10 da FUNDACENTRO, com redação publicada em 08/12/04, portanto, após a edição do Decreto nº 2.172, estabeleceu os requisitos e condições para proteção da saúde e segurança do trabalhador que atue ou interaja, direta ou indiretamente, em instalações elétricas e serviços com eletricidade. O agente não deixou de ser perigoso.

---

[1] LANDENTHIN, Adriana Bramante de Castro. Aposentadoria especial: teoria e prática. Curitiba: Juruá, 2013, pags.74/76 e 80.

[2] STJ. REsp 1602919/PR Recurso Especial. Rel. Excl. Sr. Min. Herman Benamin, 2ª Turma, Julgamento em 14/06/16. Publicado em 05/09/16.

MINISTÉRIO DA ECONOMIA-ME
SECRETARIA ESPECIAL DE PREVIDÊNCIA E TRABALHO
SECRETARIA DE PREVIDÊNCIA
CONSELHO DE RECURSOS DA PREVIDÊNCIA SOCIAL-CRPS

A Constituição Federal expressamente determinou a regulamentação do art. 201 por meio de Lei. No caso, instituída a Lei nº 8.213/91 que, por sua vez, foi regulamentada pelo Decreto nº 3.048/99. Portanto, no campo administrativo, a simples alegação de ilegalidade ou mesmo inconstitucionalidade de aplicação do Decreto não tem guarida. Incidência clara do referido art. 69 do Regimento Interno da Casa.

A partir de 06/03/97, o Poder Executivo não designou a possibilidade de conversão deste agente nocivo. Administrativamente, o rol dos agentes nocivos a partir do Decreto 2.172/97 não é meramente exemplificativo. O art. 58 da Lei nº 8.213/91 menciona que a relação dos agentes nocivos químicos, físicos e biológicos ou associação de agentes prejudiciais à saúde ou à integridade física será definida pelo Poder Executivo.

Retomo a análise do Decreto nº 3.048/99 e destaco os seguintes dispositivos legais:

> **Art. 64.** (....)
>
> § 2º **Consideram-se condições especiais** que prejudiquem a saúde e a integridade física aquelas nas quais a exposição ao agente nocivo ou associação de agentes presentes no ambiente de trabalho esteja acima dos limites de tolerância estabelecidos **segundo critérios quantitativos ou** esteja caracterizada segundo os critérios da **avaliação qualitativa** dispostos no § 2º do art. 68. (Redação dada pelo Decreto nº 8.123, de 2013)
>
> **Art. 68.** A **relação dos agentes nocivos químicos, físicos, biológicos** ou associação de agentes prejudiciais à saúde ou à integridade física, considerados para fins de concessão de aposentadoria especial, **consta do Anexo IV**.
>
> **§ 1º As dúvidas sobre o enquadramento dos agentes de que trata o caput,** para efeito do disposto nesta Subseção, **serão resolvidas pelo Ministério do Trabalho e Emprego e pelo Ministério da Previdência e Assistência Social.**
>
> (...)

O que se percebe pela análise dos dispositivos legais acima citados, principalmente as partes em destaque, é que o Poder Executivo regulamentou os critérios de análise dos agentes nocivos, conforme previsto no art. 58 da Lei nº 8.213/91. Estão definidos critérios quantitativos e qualitativos, contidos no Anexo IV do Decreto nº 3.048/99. Dúvidas sobre enquadramentos seriam revolvidas pelo então Ministério do Trabalho e da Previdência Social.

MINISTÉRIO DA ECONOMIA-ME
SECRETARIA ESPECIAL DE PREVIDÊNCIA E TRABALHO
SECRETARIA DE PREVIDÊNCIA
CONSELHO DE RECURSOS DA PREVIDÊNCIA SOCIAL-CRPS

Neste contexto, do ponto de vista administrativo, a inexistência de critério de análise – revestido pelo Poder Executivo na figura de um código de conversão – não é meramente um detalhe. Por traz desse critério há todo um estudo feito por quem de competência. Tal permite distinguir se uma atividade depende de 15, 20 ou 25 anos de tempo especial, se o agente é químico, físico ou biológico. No mais, limita o poder de atuação da administração. Se não tem código que embasa a conversão, poderia ser utilizado qualquer critério de análise, inclusive, entender que aquela atividade do segurado exposta ao agente eletricidade seria passível de conversão por fator de tempo – 15 anos – por exemplo. O Poder Executivo não "esqueceu" do agente eletricidade, assim como outros agentes deixaram de existir na análise da aposentadoria especial, como frio e umidade por exemplo. Teve alguma razão técnica por traz da sua exclusão.

Mantenho essa linha de raciocínio se o Poder Executivo aboliu a análise do agente eletricidade a partir de 06/03/97, em respeito ao princípio da legalidade, não pode o Conselho de Recursos do Seguro Social (CRSS) julgar em sentido contrário, unicamente com base em entendimento jurisprudencial ou doutrinário, sob pena de ferir a Lei nº 8.213/91 e demais artigos do Decreto nº 3.048/99 que a regulamentou. No mais, o Conselho estaria legislando, competência que não lhe cabe atualmente.

Não venho aqui questionar a nocividade do agente eletricidade, apenas a legalidade da ação do Conselho em julgar em desacordo com o previsto na lei.

Levantando outra questão, ainda sob a ótica da incidência do princípio da legalidade, este não pode ser aplicado caso a caso. Ou seja, ao se converter por eletricidade a partir de 06/03/1997, outras questões devem ser resolvidas também e, no meu entender, novamente feririam o art. 69 do Regimento Interno do Conselho. Vejamos:

A norma exposta no parágrafo único do art. 69 do Decreto nº 3.048/99 menciona:

> **Art. 69.** A data de início da aposentadoria especial será fixada: (Redação dada pelo Decreto nº 8.123, de 2013)
> (...)
> **Parágrafo único**. O segurado que retornar ao exercício de atividade ou operação que o sujeite aos riscos e agentes nocivos **constantes do Anexo IV**, ou nele permanecer, na mesma ou em outra empresa, qualquer que seja a forma de prestação do serviço ou categoria de segurado, **será imediatamente notificado da cessação do pagamento de sua aposentadoria especial,** no prazo de sessenta dias contado da data de emissão da notificação, salvo comprovação, nesse prazo, de que o exercício dessa atividade ou operação foi encerrado. (Redação dada pelo Decreto nº 8.123, de 2013)

MINISTÉRIO DA ECONOMIA-ME
SECRETARIA ESPECIAL DE PREVIDÊNCIA E TRABALHO
SECRETARIA DE PREVIDÊNCIA
CONSELHO DE RECURSOS DA PREVIDÊNCIA SOCIAL-CRPS

O parágrafo único do art. 69, ao remeter ao Anexo IV do Decreto, estabeleceu que para aquelas atividades ai descritas o segurado aposentado de forma especial não poderia continuar na atividade tida como ensejadora da aposentadoria. Em tese, se não existe conversão de agente eletricidade a partir de 06/03/97, justamente por não constar no Anexo IV, a regra acima não se aplicaria ao período supostamente convertido. Logo, se ao administrador cabe fazer o que a lei determina, estaríamos diante de uma situação onde o segurado exposto ao agente eletricidade por 25 anos, considerando período após 06/03/1997, ao ter concedida uma aposentadoria especial não necessitaria afastar da atividade insalubre. Para aquelas atividades previstas no Anexo IV, o afastamento é obrigatório, porém, para agente nocivo não previsto no Anexo IV, não haveria necessidade de afastamento.

Bom, se o Conselho admite a possibilidade de converter o agente nocivo eletricidade a partir de 06/03/97 e também resolve determinar que tal atividade necessita de afastamento a partir do momento da concessão da aposentadoria especial, o princípio da legalidade, no meu entendimento, teria sido violado duas vezes. Primeiro, por legislar e incluir agente não previsto; em segundo lugar, por aplicar norma que não faz referência a agente nocivo não contido no Anexo IV. É importante frisar que o reconhecimento administrativo do agente como nocivo, por si só, não dá nenhuma competência ao Conselho para incluí-lo no ordenamento jurídico.

Para fins previdenciários, o agente eletricidade foi considerado nocivo até 05/03/1997 como agente detentor de periculosidade. Igualmente, a categoria do vigilante, porém, a esta última também não é possível avaliar tal agente a partir do Decreto nº 2.172/97. Inclusive, entendimento deste Conselho Pleno, a saber:

Resolução nº 17/2018 de 27/02/18

> **APOSENTADORIA ESPECIAL. PEDIDO DE UNIFORMIZAÇÃO DE JURISPRUDENCIA. Divergência jurisprudencial entre as Câmaras de Julgamento no que tange ao enquadramento da atividade de vigilante a partir de 29/04/95. (...).** A Lei nº 9.032/95 aboliu a modalidade de enquadramento por categoria profissional não sendo permitido ao Conselho enquadrar a atividade de vigilante a partir de 29/04/95, por inexistência de previsão legal. Estrita observância do julgamento ao previsto em lei, decreto e ato normativo ministerial, na forma do art. 69 do Regimento Interno do CRSS. Pedido de Uniformização conhecido e improvido. (Cons. Rel. Rodolfo Espinel Donadon)

Com mesmo entendimento, **Resolução nº 13 de 24/05/17**, também de minha relatoria.

MINISTÉRIO DA ECONOMIA-ME
SECRETARIA ESPECIAL DE PREVIDÊNCIA E TRABALHO
SECRETARIA DE PREVIDÊNCIA
CONSELHO DE RECURSOS DA PREVIDÊNCIA SOCIAL-CRPS

O que se assemelha na análise do eletricista e do vigilante é justamente o fato de ambos estarem exposto ao agente periculosidade, contudo, o entendimento firmado pelo Conselho Pleno é que, no âmbito administrativo previdenciário, é possível o reconhecimento do agente como nocivo somente até 05/03/1997 como passível de conversão para fins de reconhecimento de tempo especial.

Em resumo, essas são as minhas razões que entendo não ser possível a conversão de período sem o seu correlacionado código (exigência legal) e o 1.1.8 do Anexo III do Decreto 53.831/64, como visto, fora revogado. De igual modo, o Decreto nº 2.172/97 também revogou o agente periculosidade do rol dos agentes nocivos, outro fator impeditivo para se reconhecer a insalubridade do período, sem violar, no campo administrativo, o princípio da legalidade. Portanto, o pedido formulado pelo INSS merece prosperar no mérito.

Nestes termos, **conheço do pedido de Uniformização de Jurisprudência e no mérito, dou-lhe provimento**, para:

1) Reconhecer a existência de diversos precedente neste Conselho a respeito da matéria com entendimento favorável ao pretendido pelo INSS;

2) Reconhecer a impossibilidade de conversão do agente eletricidade a partir de 06/03/97 por inexistência de previsão legal, não sendo possível o Conselho julgar em desacordo com o previsto em lei, decreto e ato normativo ministerial, na forma do art. 69 do Regimento Interno do CRSS.

Com a decisão acima, o acórdão impugnado da 01ª CA da 01ª Câmara de Julgamento **deve ser revisto de ofício na forma do § 12 do art. 63 do Regimento Interno do CRPS.**

Ante todo ao exposto, **VOTO** no sentido de, preliminarmente, **CONHECER DO PEDIDO DE UNIFORMIZAÇÃO DE JURISPRUDÊNCIA** para, no mérito, **DAR-LHE PROVIMENTO.**

Brasília - DF, 29 de maio de 2020.

RODOLFO ESPINEL DONADON
Relator

MINISTÉRIO DA ECONOMIA-ME
SECRETARIA ESPECIAL DE PREVIDÊNCIA E TRABALHO
SECRETARIA DE PREVIDÊNCIA
CONSELHO DE RECURSOS DA PREVIDÊNCIA SOCIAL-CRPS

Ref.: NB 172.254.554-0

Tipo de procedimento: UNIFORMIZAÇÃO DE JURISPRUDÊNCIA

Suscitante: INSTITUTO NACIONAL DO SEGURO SOCIAL (INSS)

Suscitado: LUCAS MOURA DA FONSECA

VOTO DIVERGENTE

Meu posicionamento a respeito do tema já é por demais conhecido pelos julgadores que integram a composição plenária deste Conselho de Recursos da Previdência Social.

Se o Superior Tribunal de Justiça (STJ), a quem a Constituição Federal cometeu a responsabilidade de interpretar a legislação federal e estadual de nível ordinário, ao apreciar o Recurso Especial nº 1.306.113/SC, entendeu ser possível o enquadramento da atividade exercida sob tensão elétrica superior a 250 volts, isso significa que **inexiste** óbice a que este Conselho de Recursos possa acolher tal posicionamento, valendo ressaltar que o tema foi objeto de **repercussão geral**, o que confere à tese encampada por aquele Tribunal uma **amplitude que transborda o Poder Judiciário**, cabendo à Administração Federal curvar-se a tal posicionamento, de modo a evitar a continuidade desse pingue-pongue jurisprudencial que leva o Poder Judiciário e algumas unidades julgadores deste Conselho de Recursos a posicionarem-se pela **possibilidade de enquadramento**, com outros órgãos judicantes do mesmo CRPS trilhando caminho oposto, tudo a vulnerar o princípio da **segurança jurídica**, que existe e está catalogado na Lei nº 9.784, de 29.01.1999 (art. 2º).

MINISTÉRIO DA ECONOMIA-ME
SECRETARIA ESPECIAL DE PREVIDÊNCIA E TRABALHO
SECRETARIA DE PREVIDÊNCIA
CONSELHO DE RECURSOS DA PREVIDÊNCIA SOCIAL-CRPS

Aliás, bem por isso cabe lembrar a precisa observação do Ministro Rogério Schietti Cruz, do mesmo STJ, para quem "[é] injustificável que, depois de firmadas teses em recurso representativo de controvérsia, bem como em enunciado de súmula,

se persista na adoção de um entendimento incompatível com a interpretação dada por este superior tribunal" (Brasil. Superior Tribunal de Justiça. Reclamação nº 33.862. Relator: Ministro Rogério Schietti Cruz. Acórdão **in** DJe de 16.08.2017).

A bem da verdade, a insistência em se discutir ou **negar** reconhecimento a uma **tese** já pacificada pelo Superior Tribunal de Justiça viola - insista-se - o princípio da segurança jurídica, além de vulnerar igualmente os princípios da celeridade processual e do **interesse público** (art. 2º da Lei nº 9.9784/99), pois qual a vantagem de se levar ao Poder Judiciário uma demanda cujo desfecho já sabe-se que será favorável ao segurado?

Com essas considerações, voto por **NEGAR PROVIMENTO** ao Incidente de Uniformização apresentado pelo INSS.

Brasília - DF, 29 de maio de 2020.

PAULO SÉRGIO DE C. COSTA RIBEIRO

Conselheiro - 4ª CaJ

13

172.254.554-0

MINISTÉRIO DA ECONOMIA-ME
SECRETARIA ESPECIAL DE PREVIDÊNCIA E TRABALHO
SECRETARIA DE PREVIDÊNCIA
CONSELHO DE RECURSOS DA PREVIDÊNCIA SOCIAL-CRPS

DECISÓRIO

RESOLUÇÃO Nº 04 /2020

Vistos e relatados os presentes autos, em sessão realizada hoje, **ACORDAM** os membros do Conselho Pleno, por **MAIORIA**, no sentido de **CONHECER DO PEDIDO DE UNIFORMIZAÇÃO DE JURISPRUDÊNCIA,** para, no mérito, **DAR-LHE PROVIMENTO,** de acordo com o Voto do Relator e sua fundamentação. Vencido Voto Divergente do Conselheiro Paulo Sérgio de Carvalho Costa Ribeiro. Vencidos ainda os Conselheiros (a) Vânia Pontes Santos, Gustavo Beirão Araújo, Moisés Oliveira Moreira, Maria José de Paula Moraes e Valter Sérgio Pinheiro Coelho .

Participaram, ainda, do presente julgamento os (as) Conselheiros (as): Maria Madalena Silva Lima, Renato Agostinho das Chagas, Bruna Danuey de Souza Santos, Sulamita Cristina Dias, Guilherme Lustosa Pires, Alexandra Álvares de Alcântara, Tarsila Otaviano da Costa e Adriene Cândida Borges.

Brasília-DF, 29 de maio de 2020

RODOLFO ESPINEL DONADON
Relator

MARCELO FERNANDO BORSIO
Presidente

172.254.554-0

3.1.5 Resolução 5/2020 (benefício por incapacidade/carência/intempestividade)

Objeto: Trata-se de Resolução que julgou Reclamação interposta pelo INSS alegando que a decisão da Câmara de Julgamento violou a Questão 14 do Parecer Vinculante CONJUR MPS 616/2010.

Decisão: Não conhecida.

Tese jurídica: Reclamação julgada intempestiva e não conhecida no mérito.

MINISTÉRIO DA ECONOMIA-ME
SECRETARIA ESPECIAL DE PREVIDÊNCIA E TRABALHO
SECRETARIA DE PREVIDÊNCIA
CONSELHO DE RECURSOS DA PREVIDÊNCIA SOCIAL-CRPS
CONSELHO PLENO

Nº de Protocolo do Recurso: 44232.717023/2016-74
Documento/Benefício: 173.085.973.6
Recorrente: Arlete Praxedes Rodrigues
Unidade de origem: Agência da Previdência Social Bastos-SP
Tipo do Processo: Reclamação ao Conselho Pleno
Recorrente: Instituto Nacional do Seguro Social – INSS
Recorrido: Arlete Praxedes Rodrigues
Benefício: Aposentadoria Por Idade Urbana
Relatora: Alexandra Álvares de Alcântara

(Processo Eletrônico)

Relatório

Trata-se de RECLAMAÇÃO AO CONSELHO PLENO proposta pelo Instituto Nacional do Seguro Social – INSS contra os termos do ACÓRDÃO nº 5.666/2016, prolatado pela 1ª Composição Adjunta da 1ª Câmara de Julgamento que deu provimento ao recurso apresentado pela segurada, por entender que, estando os intervalos de gozo de auxílio-doença previdenciário intercalados com períodos contributivos, estes são aproveitados para fins de carência, de forma que os requisitos para a concessão de APOSENTADORIA POR IDADE URBANA foram implementados.

O benefício foi requerido em 15.04.2016, por ARLETE PRAXEDES RODRIGUES, nascida em 15.04.1956, na condição contribuinte individual.

Constam nos autos (Evento 01):

- CTPS;
- CNIS – Cadastro Nacional de Informações Sociais constando recolhimentos intercalados entre 1988 a 2016;
- INFBEN – Informações do Benefício com a indicação da concessão de Auxílio Doença Previdenciário para os intervalos de 21.06.2004 a 19.09.2004 (NB 31/502.224.808-1), de 13.05.2010 a 13.06.2010 (NB 31/540.961.243-0), de 27.07.2011 a 20.09.2011 (NB 31/547.284.610-9) e de 26.10.2012 a 30.04.2013 (NB 31/601.339.309-9).

MINISTÉRIO DA ECONOMIA-ME
SECRETARIA ESPECIAL DE PREVIDÊNCIA E TRABALHO
SECRETARIA DE PREVIDÊNCIA
CONSELHO DE RECURSOS DA PREVIDÊNCIA SOCIAL-CRPS
CONSELHO PLENO

Foi apurado 15 anos 06 meses e 12 dias de contribuição até 31.03.2016, considerada o total de 155 (cento e cinquenta e cinco) meses de carência (Evento 01).

O pedido foi indeferido por falta de período de carência – início de atividade antes de 24.07.1991, sem a perda da qualidade de segurado, mas sem atingir a tabela progressiva.

Em recurso ordinário, a Interessada requer que seja considerado para a carência os períodos em que esteve em auxílio-doença previdenciário, uma vez que estão entre períodos contributivos. Sustenta que atende a carência exigida à aposentadoria, sendo devida a concessão do Benefício (Evento 01).

A egrégia 21ª Junta de Recursos, por meio do ACÓRDÃO nº 2.483/2016 (Evento 12), negou provimento ao recurso ordinário, sob o fundamento de que o período de gozo de auxílio-doença é computado para fins de tempo de contribuição, mas não para a carência.

Não consta ciência da decisão anterior.

Foram juntados aos autos as razões de recurso especial pertencente à beneficiária sra. ALZIRA MARIA DE MORAES, no qual é abordado o pedido de Pensão por Morte Previdenciária e devolução de valores (Evento 16).

O INSS oferece contrarrazões, no qual sustenta que o indeferimento deve ser mantido, sem a apresentação de novos elementos (Evento 18).

A egrégia 1ª Composição Adjunta da 1ª Câmara de Julgamento, por meio do ACÓRDÃO nº 5.666/2016 (Evento 23), concluiu que deve ser somado para fins de carência os períodos em que a segurada gozou de auxílio-doença previdenciário, por estar entre períodos contributivos, tendo justificado que, apesar da restrição da eficácia da Ação Civil Pública nº 2009.71.00.004103-4/RS aos Estado do Sul (PARANÁ, SANTA CATARINA e RIO GRANDE DO SUL), a jurisprudência dominante é no sentido da possibilidade de aproveitamento dos períodos de afastamento por incapacidade para efeito de carência, desde que intercalados com períodos de atividade. Com isso, deu provimento ao recurso especial da interessada.

Ciência da decisão especial em 29.11.2016 (Evento 24) e apresentado pedido de revisão de ofício em 29.12.2016 (Evento 25).

Em pedido de Revisão, o INSS afirma que o acórdão prolatado pela i. Câmara descumpre o disposto no artigo 55, inciso II, da Lei nº 8.213/91, pois não é

9

MINISTÉRIO DA ECONOMIA-ME
SECRETARIA ESPECIAL DE PREVIDÊNCIA E TRABALHO
SECRETARIA DE PREVIDÊNCIA
CONSELHO DE RECURSOS DA PREVIDÊNCIA SOCIAL-CRPS
CONSELHO PLENO

possível somar para a carência o período de gozo de auxílio doença previdenciário, com exceção aos segurados residentes da região Sul, uma vez que estão amparados na Ação Civil Pública nº 2009.71.00.004103-4/RS – (Evento 25).

A 1ª Composição Adjunta da 1ª Câmara não acolheu os argumentos do INSS e rejeitou o pedido revisional (Eventos 28 a 29).

Reclamação ao Conselho Pleno requerida em 27.04.2017 (Evento 31).

O INSS apresenta RECLAMAÇÃO ao Conselho Pleno referente ao acórdão nº 5.666/2016, proferido pela 1ª Composição Adjunta da 1ª Câmara de Julgamento aduzindo que extrapola a abrangência delimitada na ACP nº 2009.71.00.004103-4/RS (que somente se aplica aos benefícios requeridos nos Estados do Sul do Brasil, exceto no período de 19.09.2011 a 03.11.2014 quando teve abrangência nacional), também contraria o disposto na questão 14 do Parecer CONJUR/MDS nº 616 de 23/12/2010 ainda em vigor (Evento 31).

Em pronunciamento, a Divisão de Assuntos Jurídicos considerou a Reclamação proposta como tempestiva, pois "o prazo prescricional foi suspenso em razão do pedido de revisão de acórdão" e, no mérito, o Acórdão nº 5.666/2016, da 1ª Composição Adjunta da 1ª Câmara de Julgamento está na contramão do PARECER CONJUR/MPS nº 616/2010. Desse modo, estão presentes os pressupostos autorizadores ao prosseguimento da Reclamação ao Pleno, na forma postulada pelo INSS (Evento 33).

Despacho do Presidente do Conselho de Recursos da Previdência Social admitindo a Reclamação ao Conselho Pleno, na forma do artigo 64 do Regimento interno do CRPS (Evento 37).

O processo foi distribuído a Relatora ENEIDA DA COSTA ALVIM (Representante das Empresas na 2ª Câmara de Julgamento) e redistribuído a essa Conselheira (Evento 44).

É o relatório.

MINISTÉRIO DA ECONOMIA-ME
SECRETARIA ESPECIAL DE PREVIDÊNCIA E TRABALHO
SECRETARIA DE PREVIDÊNCIA
CONSELHO DE RECURSOS DA PREVIDÊNCIA SOCIAL-CRPS
CONSELHO PLENO

VOTO

EMENTA: APOSENTADORIA POR IDADE URBANA. PEDIDO DE RECLAMAÇÃO AO CONSELHO PLENO. INFRINGÊNCIA A DISPOSITIVOS LEGAIS E A PARECER DA CONSULTORIA JURÍDICA DO MPS. INTEMPESTIVIDADE. O pedido formulado após o 30º dia da ciência do acórdão infringente não passa pelo crivo da tempestividade. A apresentação de pedido de revisão de acórdão não suspende e não interrompe o prazo para interpor a Reclamação ao Conselho Pleno. A intempestividade não pode ser relevada face a ausência de previsão regimental. Pedido de Reclamação que não atende ao disposto no §1º, do artigo 64 do Regimento Interno do CRPS – Portaria Ministerial MDSA nº 116/2017. Constatação de vício insanável no acórdão prolatada pela Unidade Julgadora com a ANULAÇÃO DO ACÓRDÃO DA CÂMARA. Pedido de Reclamação ao Pleno requerido pelo INSS não conhecido.

Trata-se de Reclamação ao Conselho Pleno requerido pelo Instituto Nacional do Seguro Social – INSS, sob a alegação de infringência por parte da 1ª Composição Adjunta da 1ª Câmara de Julgamento ao exarar o ACÓRDÃO nº 5.666/2016, eis que, extrapola a abrangência delimitada na Ação Civil Pública nº 2009.71.00.004103-4/RS e afronta a questão 14 do Parecer CONJUR/MDS nº 616 de 23/12/2010, quando permite serem aproveitados para a carência os intervalos em que a segurada gozou de benefícios por incapacidade que se encontram intercalados entre períodos contributivos para a Previdência Social e, por consequência, autorizada a concessão de Aposentadoria por Idade Urbana.

A Reclamação ao Conselho Pleno está disciplinada pelo artigo 64, do Regimento Interno do CRPS, aprovado pela Portaria Ministerial MDSA nº 116/2017, confira-se:

Art. 64. A Reclamação ao Conselho Pleno poderá ocorrer, no caso concreto, por requerimento das partes do processo, dirigido ao Presidente do CRSS, somente quando os acórdãos das Juntas de Recursos do CRSS, em matéria de alçada, ou os acórdãos de Câmaras de Julgamento do CRSS, em sede de Recurso Especial, infringirem:

MINISTÉRIO DA ECONOMIA-ME
SECRETARIA ESPECIAL DE PREVIDÊNCIA E TRABALHO
SECRETARIA DE PREVIDÊNCIA
CONSELHO DE RECURSOS DA PREVIDÊNCIA SOCIAL-CRPS
CONSELHO PLENO

I - Pareceres da Consultoria Jurídica do MDSA, aprovados pelo Ministro de Estado do Desenvolvimento Social e Agrário, bem como, Súmulas e Pareceres do Advogado-Geral da União, na forma da Lei Complementar nº 73, de 10 de fevereiro de 1993;

II - Pareceres da Consultoria Jurídica dos extintos MPS e MTPS, vigentes e aprovados pelos então Ministros de Estado da Previdência Social e do Trabalho e Previdência Social;

III - Enunciados editados pelo Conselho Pleno.

§ 1º O prazo para o requerimento da Reclamação ao Conselho Pleno é de 30 (trinta) dias contados da data da ciência da decisão infringente e suspende o prazo para o seu cumprimento.

§ 2º Caberá ao Presidente do CRSS fazer o juízo de admissibilidade da Reclamação ao Conselho Pleno verificando se estão presentes os pressupostos previstos no caput, podendo:

I - indeferir por decisão monocrática irrecorrível, quando verificar que não foram demonstrados os pressupostos de admissibilidade previstos no caput;

II - distribuir o processo ao Conselheiro relator da matéria no Conselho Pleno quando verificar presentes os pressupostos de admissibilidade previstos no caput.

§ 3º Os processos poderão ser preliminarmente submetidos pelo Presidente do CRSS ao órgão julgador que prolatou o acórdão infringente, para facultar-lhe a Revisão de Ofício nos termos do art. 59 deste regimento.

§ 4º O resultado do julgamento da Reclamação pelo Conselho Pleno será objeto de notificação ao órgão julgador que prolatou o acórdão infringente, para fins de adequação do julgado à tese fixada pelo Pleno, por meio da Revisão de Ofício.

A admissibilidade da Reclamação foi acatada pelo Presidente do Conselho de Recursos da Previdência Social.

MINISTÉRIO DA ECONOMIA-ME
SECRETARIA ESPECIAL DE PREVIDÊNCIA E TRABALHO
SECRETARIA DE PREVIDÊNCIA
CONSELHO DE RECURSOS DA PREVIDÊNCIA SOCIAL-CRPS
CONSELHO PLENO

E a Divisão de Assuntos Jurídicos – DAJ considerou que estão presentes os pressupostos de admissibilidade, tendo considerado que a Reclamação foi proposta tempestivamente, eis que o "prazo prescricional foi suspenso em razão do pedido de revisão de acórdão".

Em que pese a admissibilidade acima, verifica-se que a Reclamação foi proposta sem atender ao requisito da tempestividade.

Vejamos:

É necessário propor a Reclamação dentro do prazo de 30 (trinta) dias a contar da data da ciência da **decisão infringente**, ou seja, da ciência do acórdão questionado.

No caso em tela, o INSS teve ciência do ACÓRDÃO nº 5.666/2016 em 29.11.2016 e somente propôs a Reclamação em 27.04.2017.

Dentro do lapso temporal acima, foi apresentado pedido de REVISÃO de acórdão pelo INSS, ora indeferido pela i. Câmara de Julgamento.

O pedido de revisão está disciplinado no artigo 59 do Regimento Interno do CRPS:

> *"Art. 59. Os órgãos julgadores deverão rever suas próprias decisões, de ofício, ou a pedido, enquanto não ocorrer a decadência de que trata o art. 103-A da Lei nº 8.213, de 24 de julho de 1991, quando:*
>
> I *- violarem literal disposição de lei ou decreto;*
>
> II *- divergirem dos Pareceres da Consultoria Jurídica do MDSA, aprovados pelo Ministro de Estado do Desenvolvimento Social e Agrário, bem como, Súmulas e Pareceres do Advogado-Geral da União, na forma da Lei Complementar nº 73, de 10 de fevereiro de 1993;*
>
> III *- divergirem dos Pareceres da Consultoria Jurídica dos extintos MPS e MTPS, vigentes e aprovados pelos então Ministros de Estado da Previdência Social e do Trabalho e Previdência Social;*
>
> IV *- divergirem de enunciado editado pelo Conselho Pleno; e*

173.085.973.6

9.

MINISTÉRIO DA ECONOMIA-ME
SECRETARIA ESPECIAL DE PREVIDÊNCIA E TRABALHO
SECRETARIA DE PREVIDÊNCIA
CONSELHO DE RECURSOS DA PREVIDÊNCIA SOCIAL-CRPS
CONSELHO PLENO

> *V - for constatado vício insanável".*

Como se nota, o pedido de revisão não tem o condão de interromper e/ou suspender o prazo para a propositura do Pedido de Reclamação ao Pleno.

Somente é possível falar em interrupção do prazo quando se trata de oposição tempestiva de EMBARGOS DECLARATÓRIOS, conforme dispõe o artigo 58 da Portaria Ministerial MDSA nº 116/2017:

> *Art. 58. Caberão embargos de Declaração em face de acórdão dos órgãos julgadores do CRSS:*
> *I - quando houver obscuridade, ambiguidade ou contradição entre a decisão e os seus fundamentos, ou, quando for omitido ponto sobre o qual deveriam pronunciar- se;*
> *II- para corrigir erro material, entendendo-se como tal, os decorrentes de erros de grafia, numéricos, de cálculos ou, ainda, de outros equívocos semelhantes, que não afetem o mérito do pedido, o fundamento ou a conclusão do voto, bem como não digam respeito às interpretações jurídicas dos fatos relacionados nos autos, o acolhimento de opiniões técnicas de profissionais especializados ou o exercício de valoração de provas.*
> ...
>
> *§ 2°* ***A oposição tempestiva dos embargos interrompe o prazo para o cumprimento do acórdão, para a interposição de Recurso Especial, a apresentação de Reclamação ao Conselho Pleno e do Pedido de Uniformização de Jurisprudência****. A interrupção cessa a partir da intimação das partes acerca da decisão dos declaratórios, quando passa a fluir o lapso temporal de 30 (trinta) dias.*
> *(Grifos nossos).*

A suspensão prevista na parte final do §1º, do artigo 64 do RI/CRPS se refere a paralisação do prazo para o INSS cumprir o acórdão. Esta paralisação somente poderá ser considerada se a Reclamação for proposta dentro do prazo regimental. Não há autorização aqui de se suspender o prazo para o requerimento da Reclamação em virtude da apresentação de pedido de Revisão.

Aliás, o Pedido de Reclamação ao Pleno independe de apresentação do incidente de Revisão. Isso fica evidenciado no §3º, do artigo 64 do RI/CRPS ao prever

MINISTÉRIO DA ECONOMIA-ME
SECRETARIA ESPECIAL DE PREVIDÊNCIA E TRABALHO
SECRETARIA DE PREVIDÊNCIA
CONSELHO DE RECURSOS DA PREVIDÊNCIA SOCIAL-CRPS
CONSELHO PLENO

que o Presidente do CRPS poderá de forma preliminar encaminhar os autos ao órgão julgador que prolatou o acórdão infringente para facultar a Revisão de Ofício.

No mais, não há previsão regimental para relevar intempestividade no caso de Reclamação ao Pleno, pois está limitada tal possibilidade à hipótese de interposição de RECURSO (considerado recurso àquele previsto no artigo 305 do Decreto nº 3.048/99) e ainda assim, necessariamente, o direito inequívoco da parte recorrente deve estar configurado, consoante leitura do inciso II, do artigo 16, da Portaria Ministerial MDSA nº 116/2017:

> *"Art. 16. Ao Conselheiro relator das Câmaras e Juntas incumbe:*
>
> I ...
>
> II *- propor à composição julgadora* ***relevar a intempestividade de recursos****, no corpo do próprio voto, quando fundamentadamente entender que, no mérito, restou demonstrada de forma inequívoca a liquidez e a certeza do direito da parte;"*

É importante destacar que o próprio Regulamento da Previdência Social – Decreto nº 3.048/99, não inclui o pedido de revisão de acórdão na categoria de Recursos:

> *"Art. 308. Os recursos tempestivos contra decisões das Juntas de Recursos do Conselho de Recursos da Previdência Social têm efeito suspensivo e devolutivo.*
>
> *§ 1º* ***Para fins do disposto neste artigo, não se considera recurso o pedido de revisão de acórdão endereçado às Juntas de Recursos e Câmaras de Julgamento****". (Grifos Nossos).*

Peço vênia e colaciono o trecho do voto do i. Conselheiro Dr. RODOLFO ESPINEL DONADON, acerca da intempestividade em pedido de Reclamação ao Conselho Pleno precedido de pedido de revisão, na Resolução nº 27/2015, que assim delineia:

> *"(...)*
> *A tempestividade do Pedido é incumbência do Relator, devendo verificar se a Reclamação foi interposta no prazo de trinta dias*

MINISTÉRIO DA ECONOMIA-ME
SECRETARIA ESPECIAL DE PREVIDÊNCIA E TRABALHO
SECRETARIA DE PREVIDÊNCIA
CONSELHO DE RECURSOS DA PREVIDÊNCIA SOCIAL-CRPS
CONSELHO PLENO

> *contados da data da ciência da decisão infringente, quando suspenderá o prazo para o seu cumprimento.*
>
> *Acontece que o Conselho Pleno já firmou o entendimento de que as petições dirigidas pelo INSS as Unidades de Origem para fins de revisão de acórdão não interrompem o prazo para interposição do Pedido de Reclamação".*

Por tudo que foi demonstrado, o pedido de Reclamação ao Pleno somente foi proposto após o prazo regimental de 30 (trinta) dias, caracterizada a sua intempestividade.

A par disso, essa Relatora chama atenção para a existência de situação peculiar na decisão prolatada pela i. Câmara, eis que embora haja correspondência entre os fatos narrados no processo e a análise jurídica procedida, o recurso especial conhecido e provido é estranho aos autos, pois pertence a sra. ALZIRA MARIA DE MORAES e a matéria abordada se refere à pensão por morte e devolução de valores (vide Evento 16). A princípio, não é possível afirmar nem se houve efetiva interposição de recurso especial pela segurada.

Resta configurado o vício insanável prevista no §1º, inciso V, do artigo 59 da Portaria Ministerial MDSA nº 116/2017, de modo que cabe a anulação do ACÓRDÃO nº 5.666/2016, da 1ªCA da 1ªCAJ para os devidos ajustes.

Nesse sentido, o pedido formulado pelo INSS não deve seguir por intempestividade.

MINISTÉRIO DA ECONOMIA-ME
SECRETARIA ESPECIAL DE PREVIDÊNCIA E TRABALHO
SECRETARIA DE PREVIDÊNCIA
CONSELHO DE RECURSOS DA PREVIDÊNCIA SOCIAL-CRPS
CONSELHO PLENO

Conclusão: Diante do exposto, VOTO no sentido de, preliminarmente, **NÃO CONHECER DO PEDIDO DE RECLAMAÇÃO AO CONSELHO PLENO** ante a intempestividade e, **ANULA-SE o ACÓRDÃO nº 5.666/2016**, prolatado pela 1ª Composição Adjunta da 1ª Câmara de Julgamento ante a constatação de vício insanável, devendo ser notificada a 1ª Câmara de Julgamento nos termos do §4º do artigo 64 da Portaria Ministerial MDSA nº 116/2017.

Brasília-DF, 29 de maio de 2020

Alexandra A. de Alcântara
ALEXANDRA ÁLVARES DE ALCÂNTARA
Relatora

MINISTÉRIO DA ECONOMIA-ME
SECRETARIA ESPECIAL DE PREVIDÊNCIA E TRABALHO
SECRETARIA DE PREVIDÊNCIA
CONSELHO DE RECURSOS DA PREVIDÊNCIA SOCIAL-CRPS
CONSELHO PLENO

DECISÓRIO

RESOLUÇÃO Nº 05/2020

Vistos e relatados os presentes autos, em sessão realizada hoje, **ACORDAM** os membros do Conselho Pleno, por **UNANIMIDADE**, no sentido de **NÃO CONHECER DO PEDIDO DE RECLAMAÇÃO AO CONSELHO PLENO**, para, no mérito, **ANULA-SE o ACÓRDÃO nº 5.666/2016,** de acordo com o Voto da Relatora e sua fundamentação.

Participaram, ainda, do presente julgamento os (as) Conselheiros (as): Vânia Pontes Santos, Gustavo Beirão Araújo, Paulo Sérgio de Carvalho Costa Ribeiro, Maria Madalena Silva Lima, Renato Agostinho das Chagas, Moisés Oliveira Moreira, Maria José de Paula Moraes, Bruna Danuey de Souza Santos, Sulamita Cristina Dias, Guilherme Lustosa Pires, Valter Sérgio Pinheiro Coelho, Rodolfo Espinel Donadon, Tarsila Otaviano da Costa e Adriene Cândida Borges.

Brasília-DF, 29 de maio de 2020

ALEXANDRA ÁLVARES DE ALCÂNTARA
Relatora

MARCELO FERNANDO BORSIO
Presidente

3.1.6 Resolução 6/2020 (devolução/valores/segurado/cabimento/erro/INSS/ interpretação/norma)

Objeto: Trata-se de Resolução que julgou Reclamação interposta pelo INSS alegando que a decisão da Câmara de Julgamento violou a Questão 15 do Parecer Vinculante CONJUR MPS 616/2010.

Decisão: Provida.

Tese jurídica: O erro administrativo gera a necessidade de reposição ao Erário mesmo na situação de boa-fé do segurado, na hipótese de erro do INSS na interpretação da norma previdenciária.

MINISTÉRIO DA ECONOMIA-ME
SECRETARIA ESPECIAL DE PREVIDÊNCIA E TRABALHO
SECRETARIA DE PREVIDÊNCIA
CONSELHO DE RECURSOS DA PREVIDÊNCIA SOCIAL-CRPS
CONSELHO PLENO

Nº de Protocolo do Recurso: 44232.481852/2015-22
Documento/Benefício: 120.097.693-0
Unidade de origem: Agência da Previdência Social Salvador – Periperi
Tipo do Processo: Reclamação ao Conselho Pleno
Recorrente: Instituto Nacional do Seguro Social – INSS
Recorrido:Yolanda Sampaio Lima
Benefício: Pensão Por Morte Previdência
Relatora: Alexandra Álvares de Alcântara

(Processo Eletrônico)

Relatório

Trata-se de RECLAMAÇÃO AO CONSELHO PLENO proposta pelo Instituto Nacional do Seguro Social – INSS contra os termos do ACÓRDÃO nº 437/2017, prolatado pela 1ª Composição Adjunta da 4ª Câmara de Julgamento que deu parcial provimento ao recurso especial da interessada, por entender que apesar de concedido PENSÃO POR MORTE PREVIDENCIÁRIA com irregularidade dada a apuração de renda mensal sem limitação do teto previdenciário, ora constatada em procedimento revisional, não cabe a devolução dos valores recebidos a esse título considerada a natureza alimentar e a boa-fé.

O benefício foi concedido à sra. YOLANDA SAMPAIO LIMA, com a DER (Data de Entrada do Requerimento) em 04.01.2002 e a DIB (Data de Início do Benefício) em 09.12.2001, conforme INFBEN – Informação do Benefício (fl. 08).

No despacho DIRBEN / Monitoramento Operacional de Benefícios indica o recebimento de renda mensal inicial da pensão acima do teto previdenciário (fl. 01).

Consta AR - Aviso de Recebimento pela interessada em 17.09.2010 (fl. 07), ocasião em que foi comunicada da revisão procedida pelo INSS, oriunda do Memorando-Circular nº 25/INSS/DIRBEN, de 10.09.2010, no qual consta que o benefício foi concedido com valor superior ao limite máximo do salário-de-contribuição e revisto via sistema pela DATAPREV, mediante definição e acompanhamento da Divisão de Revisão de Direitos. A revisão foi processada automaticamente e consistiu em alterar o valor da RMI do benefício, limitando-o ao teto previdenciário, que

120.097.693-0 1

MINISTÉRIO DA ECONOMIA-ME
SECRETARIA ESPECIAL DE PREVIDÊNCIA E TRABALHO
SECRETARIA DE PREVIDÊNCIA
CONSELHO DE RECURSOS DA PREVIDÊNCIA SOCIAL-CRPS
CONSELHO PLENO

corresponde ao limite máximo do salário-de-benefício, de acordo com os valores e DIB correspondente. Após a apuração da nova RMI foram aplicados os índices de reajustes posteriores e identificada uma nova Mensalidade Reajustada – MR (fls. 02/04).

Nos extratos do SUB (Sistema Único de Benefícios) consta a revisão do benefício com a alteração da Renda Mensal Inicial – RMI de R$ 1.782,27 para RMI de R$ 1.430,00 – fls. 08/11.

Extrato do REVINF – Discriminativo de Diferença de Revisão de Benefício - referente ao intervalo de 11.2005 a 10.2010, apurado o valor de R$ 41.917,08 em 06.11.2010 e R$ 56,481,86 atualizado em 30.05.2015 – fls. 14.

Em recurso ordinário, a Interessada sustenta que o Benefício não apresenta nenhuma irregularidade ou ilegalidade. Ao conceder a pensão, o INSS apresentou carta de concessão e memória de cálculo, onde consta o valor de R$ 1.789,06, valor este que passou a ser pago. Sustenta que, não se aplica no caso em tela o artigo 33 da Lei nº 8.213/91, vez que a aposentadoria concedida ao segurado FLORISVALDO DIAS LIMA (instituidor) - NB 43/40.454.436-3, tinha caráter especial, visto que era ex-combatente. Nessa linha, o Judiciário reconhece o direito dos beneficiários de ex-combatentes marítimos à equivalência com o valor integral dos proventos a que faria jus o instituidor do benefício, se vivo estivesse. Requer o reconhecimento da legalidade da pensão com os valores iniciais apurados – fls. 19/21.

INFBEN da pensão com os valores já revistos – fl. 25.

A egrégia 04ª Junta de Recursos, por meio do ACÓRDÃO nº 1.167/2016 (fls. 38/41), negou provimento ao recurso ordinário, tendo considerado que a pensão concedida a beneficiário de ex-combatente também se sujeita ao limite máximo do salário-de-contribuição, de acordo com o Parecer CJ nº 3.052/2003. Também, permite a cobrança com base na autorização dada pelo artigo 154 do Decreto nº 3.048/99, observada a prescrição quinquenal.

Não consta ciência da decisão anterior.

Em recurso especial, a Interessada pleiteia a reforma da decisão anterior, aduzindo que não há irregularidade ou ilegalidade na concessão do Benefício. Assevera que, possui o direito de receber 100% do valor da aposentadoria do esposo, como se

MINISTÉRIO DA ECONOMIA-ME
SECRETARIA ESPECIAL DE PREVIDÊNCIA E TRABALHO
SECRETARIA DE PREVIDÊNCIA
CONSELHO DE RECURSOS DA PREVIDÊNCIA SOCIAL-CRPS
CONSELHO PLENO

vivi ele estivesse. Novamente, não se aplica ao caso o artigo 33 da Lei nº 8.213/91, pois o instituidor era ex-combatente. O egrégio STJ reconhece o direito dos beneficiários de ex-combatentes marítimos à equivalência com o valor integral dos proventos a que faria jus o instituidor do benefício, se vivo estivesse. Sustenta que, na remota possibilidade de erro administrativo, recebeu os valores de boa-fé e não cabe a devolução dado o caráter alimentar das prestações previdenciárias – fls. 45/49.

Nas contrarrazões apresentada, o INSS refuta os argumentos da interessada, devendo ser observado o contido o inciso XI, do artigo 37 da Constituição Federal de 1988 e artigo 17 do Ato das Disposições Constitucionais Transitórias. Que não merece reforma a decisão da Junta de Recursos, pois estão corretos os cálculos efetuados na revisão do benefício – fls. 53/55.

A egrégia 1ª Composição Adjunta da 4ª Câmara de Julgamento, por meio do ACÓRDÃO nº 437/2017 (fls. 57/60), deu parcial provimento ao recurso especial da interessada, tendo considerado que o valor apurado na concessão do Benefício não respeitou o limite máximo do salário-de-contribuição previsto na legislação vigente à época dos fato. Por outro lado, não autoriza a devolução dos valores, pois o erro administrativo não gera direito adquirido e a legislação apenas possibilita a cobrança, sem impor a obrigatoriedade da restituição dos valores ao erário. Na atuação do Direito, a jurisprudência tem-se sedimentado na análise da boa-fé objetiva por parte do titular do benefício, além da irrepetibilidade em razão da natureza alimentar, devendo ser considerado ainda os princípios constitucionais da dignidade da pessoa humana, da razoabilidade e da proporcionalidade.

Ciência da decisão especial em 19.01.2017 (fl. 61) e proposta a Reclamação em 08.02.2017 (fl. 63).

O INSS apresenta RECLAMAÇÃO ao Conselho Pleno referente ao acórdão nº 437/2017, proferido pela 1ª Composição Adjunta da 4ª Câmara de Julgamento aduzindo que contraria frontalmente a questão 15 do PARECER/CONJUR/MPS nº 616/2010, no qual não é permitido o perdão da dívida ao segurado recebedor de benefício indevido, mesmo se ficar caracterizada a sua boa-fé – fls. 63/64.

À fl. 67 consta Despacho do Presidente do Conselho de Recursos da Previdência Social admitindo a Reclamação ao Conselho Pleno, na forma do artigo 64 do Regimento interno do CRPS.

O processo foi distribuído a Relatora ENEIDA DA COSTA ALVIM (Representante das Empresas na 2ª Câmara de Julgamento) e redistribuído a essa Conselheira.

MINISTÉRIO DA ECONOMIA-ME
SECRETARIA ESPECIAL DE PREVIDÊNCIA E TRABALHO
SECRETARIA DE PREVIDÊNCIA
CONSELHO DE RECURSOS DA PREVIDÊNCIA SOCIAL-CRPS
CONSELHO PLENO

É o relatório.

VOTO

> EMENTA: PENSÃO POR MORTE PREVIDÊNCIA. REVISÃO. PEDIDO DE RECLAMAÇÃO AO CONSELHO PLENO. ATENDIDO OS PRESSUPOSTOS LEGAIS DO ARTIGO 64 DA PORTARIA MINISTERIAL MDSA Nº 116/2017. INFRINGÊNCIA AO PARECER DA CONSULTORIA JURÍDICA DO MPS. RECEBIMENTO INDEVIDO DE VALORES APURADO A MAIOR NA RENDA MENSAL DO BENEFÍCIO. DEVOLUÇÃO DE IMPORTÂNCIA RECEBIDA DE BOA-FÉ.
>
> 1 – Tese firmada no PARECER CONJUR MPS Nº 616/2010, questão 15, no qual determina a devolução de valores indevidamente recebidos ainda que oriundo de erro da Administração Pública e mesmo quando presente a boa-fé do segurado, no caso de interpretação errônea da norma.
>
> 2 - Vinculação obrigatória aos órgãos julgadores do CRPS da tese fixada no PARECER CONJUR MPS Nº 616/2010, pois emitido pela Consultoria Jurídica com a aprovação ministerial.
>
> 3 - Pedido de Reclamação que atende ao disposto no inciso II, do artigo 64 do Regimento Interno do CRPS – Portaria Ministerial MDSA nº 116/2017.
>
> 4 - Pedido de Reclamação ao Pleno requerido pelo INSS conhecido e provido.

A Reclamação ao Conselho Pleno está disciplinada pelo artigo 64, do Regimento Interno do CRPS, aprovado pela Portaria Ministerial MDSA nº 116/2017, confira-se:

> *Art. 64. A Reclamação ao Conselho Pleno poderá ocorrer, no caso concreto, por requerimento das partes do processo, dirigido ao Presidente do CRSS, somente quando os acórdãos das Juntas de Recursos do CRSS, em matéria de alçada, ou os acórdãos de Câmaras de Julgamento do CRSS, em sede de Recurso Especial, infringirem:*

120.097.693-0 4

MINISTÉRIO DA ECONOMIA-ME
SECRETARIA ESPECIAL DE PREVIDÊNCIA E TRABALHO
SECRETARIA DE PREVIDÊNCIA
CONSELHO DE RECURSOS DA PREVIDÊNCIA SOCIAL-CRPS
CONSELHO PLENO

I - *Pareceres da Consultoria Jurídica do MDSA, aprovados pelo Ministro de Estado do Desenvolvimento Social e Agrário, bem como, Súmulas e Pareceres do Advogado-Geral da União, na forma da Lei Complementar nº 73, de 10 de fevereiro de 1993;*

II - *Pareceres da Consultoria Jurídica dos extintos MPS e MTPS, vigentes e aprovados pelos então Ministros de Estado da Previdência Social e do Trabalho e Previdência Social;*

III - *Enunciados editados pelo Conselho Pleno.*

§ 1º O prazo para o requerimento da Reclamação ao Conselho Pleno é de 30 (trinta) dias contados da data da ciência da decisão infringente e suspende o prazo para o seu cumprimento.

§ 2º Caberá ao Presidente do CRSS fazer o juízo de admissibilidade da Reclamação ao Conselho Pleno verificando se estão presentes os pressupostos previstos no caput, podendo:

I - *indeferir por decisão monocrática irrecorrível, quando verificar que não foram demonstrados os pressupostos de admissibilidade previstos no caput;*

II - *distribuir o processo ao Conselheiro relator da matéria no Conselho Pleno quando verificar presentes os pressupostos de admissibilidade previstos no caput.*

§ 3º Os processos poderão ser preliminarmente submetidos pelo Presidente do CRSS ao órgão julgador que prolatou o acórdão infringente, para facultar-lhe a Revisão de Ofício nos termos do art. 59 deste regimento.

§ 4º O resultado do julgamento da Reclamação pelo Conselho Pleno será objeto de notificação ao órgão julgador que prolatou o acórdão infringente, para fins de adequação do julgado à tese fixada pelo Pleno, por meio da Revisão de Ofício.

O pedido incidental está tempestivo, levando-se em conta que o INSS teve ciência da decisão recorrida em 19.01.2017 (fl. 61) e proposta a Reclamação em 08.02.2017.

MINISTÉRIO DA ECONOMIA-ME
SECRETARIA ESPECIAL DE PREVIDÊNCIA E TRABALHO
SECRETARIA DE PREVIDÊNCIA
CONSELHO DE RECURSOS DA PREVIDÊNCIA SOCIAL-CRPS
CONSELHO PLENO

No presente, o INSS sustenta que o acórdão lavrado pela 1ª Composição Adjunta da 4ª Câmara de Julgamento afronta os termos da questão número 15 do PARECER/CONJUR/MPS nº 616/2010.

Conforme elementos dos autos, a Pensão por Morte Previdenciária foi revista para apuração de novos cálculos de renda mensal inicial, a fim de ser respeitado o limite máximo do salário-de-contribuição, o qual anteriormente não havia sido observado.

Desta revisão, foi apurado valores recebidos indevidamente dentro do prazo prescricional e cobrados pela Autarquia.

A egrégia 1ª Composição Adjunta da 4ª Câmara de Julgamento não autorizou a cobrança administrativa, por entender que o erro administrativo não gera direito adquirido e a legislação apenas possibilita a cobrança, sem impor a obrigatoriedade da restituição dos valores ao erário. E, na atuação do Direito, a jurisprudência tem-se sedimentado na análise da boa-fé objetiva por parte do titular do benefício, além da irrepetibilidade em razão da natureza alimentar, devendo ser considerado ainda os princípios constitucionais da dignidade da pessoa humana, da razoabilidade e da proporcionalidade.

O ponto a ser discutido em relação ao pedido de Reclamação ao Pleno é se a fundamentação acima infringe o Inciso II, do artigo 64, da Portaria Ministerial nº 116/2017.

Dispõe o PARECER CONJUR MPS nº 616/2010, na questão 15:

> *"Questão 15. A boa-fé do segurado e fator impeditivo para a restituição de valores de benefícios equivocadamente concedidos ou majorados administrativamente, **por força de errônea interpretação da norma**?*
>
> *88. No âmbito do RGPS, para que fique delineada a situação de pagamento de benefício indevido, no todo ou em parte, e necessário que o fato fique comprovado em sede de processo administrativo no qual deve ser assegurada ampla defesa e contraditório ao beneficiário, por força da garantia constitucional ao devido processo legal (art. 5°, inciso LIV, da Constituição).*

MINISTÉRIO DA ECONOMIA-ME
SECRETARIA ESPECIAL DE PREVIDÊNCIA E TRABALHO
SECRETARIA DE PREVIDÊNCIA
CONSELHO DE RECURSOS DA PREVIDÊNCIA SOCIAL-CRPS
CONSELHO PLENO

> *89. Por outro lado, **a legislação em vigor não permite o perdão da dívida ao segurado recebedor de benefício indevido, mesmo se ficar caracterizada sua boa-fé**. Permite-se apenas o parcelamento do débito ou a sua consignação, quando o beneficiário for recebedor de outro benefício do INSS. E o que se extrai da leitura do art. 115, inciso II e § 1°, da LBPS.*
> *90. O Regulamento da Previdência Social, no seu art. 154, contém alguns parâmetros mais detalhados sobre como proceder ao ressarcimento do erário".*
> (Grifos Nossos).

De acordo com o acima previsto, não é possível a remissão do débito oriundo de concessão / majoração indevida de benefício, ainda que o fato tenha ocorrido por erro da Administração Pública ou mesmo nos casos em que esteja presente a boa-fé do segurado (beneficiário), em razão do dever de se cumprir a norma legal, estando configurada a situação da errônea interpretação da norma.

O PARECER em questão não é aplicado de forma irrestrita e absoluta, pois, s.m.j, deve ser observada se a revisão que enseja na devolução dos valores indevidamente recebidos está motiva no erro de interpretação da norma.

Não está noticiado nos autos de que a revisão administrativa foi motiva por erro / falha de sistema.

Vislumbra-se que, o benefício foi revisto por força de errônea interpretação da norma, pois quando da concessão da pensão por morte (de segurado ex-combatente), não foi respeitado o limite máximo do salário-de-contribuição.

Sendo assim, o entendimento exarado na decisão questionada colide com a tese fixada no PARECER CONJUR MPS nº 616/2010.

É importante registrar que, o PARECER mencionado foi publicado em 24.12.2010, com a aprovação ministerial. Nessa toada, ressalta-se o contido no artigo 68, do Regimento Interno do CRSS, atual CRPS:

> "Art. 68. Os Pareceres da Consultoria Jurídica do MDSA, quando aprovados pelo Ministro de Estado, nos termos da Lei Complementar nº 73, de 10 de fevereiro de 1993, vinculam os órgãos julgadores do CRSS, à tese jurídica que fixarem, sob pena de responsabilidade administrativa quando da sua não observância.

MINISTÉRIO DA ECONOMIA-ME
SECRETARIA ESPECIAL DE PREVIDÊNCIA E TRABALHO
SECRETARIA DE PREVIDÊNCIA
CONSELHO DE RECURSOS DA PREVIDÊNCIA SOCIAL-CRPS
CONSELHO PLENO

> Parágrafo Único: A vinculação normativa a que se refere o caput aplica-se também aos pareceres da Consultoria Jurídica dos extintos MPS e MTPS, vigentes e aprovados pelos então Ministros de Estado da Previdência Social e do Trabalho e Previdência Social, enquanto não revistos pela atual Consultoria Jurídica do MDSA".

Ainda, dispõe a Lei Complementar nº 73, de 10 de fevereiro de 1993:

> Art. 42. Os pareceres das Consultorias Jurídicas, aprovados pelo Ministro de Estado, pelo Secretário-Geral e pelos titulares das demais Secretarias da Presidência da República ou pelo Chefe do Estado-Maior das Forças Armadas, obrigam, também, os respectivos órgãos autônomos e entidades vinculadas.

Em que pese o posicionamento da i. 1ª Composição Adjunta da 4ª CAJ encontrar respaldo em decisões judiciais, os órgãos julgadores do CRPS devem aplicar a tese firmada em parecer emitido pela Consultoria Jurídica com o selo da aprovação ministerial enquanto vigente, face a sua vinculação obrigatória, sob pena de responsabilidade administrativa quando da sua não observância.

Por isso, cabe a análise do processo com base no disposto no PARECER CONJUR MPS nº 616/2010.

Destarte, houve violação por parte da 1ª Composição Adjunta da 4ª Câmara de Julgamento, por não analisar a situação do processo embasada no PARECER CONJUR MPS nº 616/2010. Nesse sentido, procede a reclamação do INSS.

Conclusão: Diante do exposto, VOTO no sentido de, preliminarmente, **CONHECER DO PEDIDO DE RECLAMAÇÃO AO CONSELHO PLENO** proposta pelo **INSS** e **DAR PROVIMENTO**, devendo ser notificada a 4ª Câmara de Julgamento, nos termos do §4º do artigo 64 da Portaria Ministerial MDSA nº 116/2017.

Brasília-DF, 29 de maio de 2020

Alexandra A. de Alcântara
ALEXANDRA ÁLVARES DE ALCÂNTARA
RELATORA

MINISTÉRIO DA ECONOMIA-ME
SECRETARIA ESPECIAL DE PREVIDÊNCIA E TRABALHO
SECRETARIA DE PREVIDÊNCIA
CONSELHO DE RECURSOS DA PREVIDÊNCIA SOCIAL-CRPS
CONSELHO PLENO

DECISÓRIO

RESOLUÇÃO Nº 06/2020

Vistos e relatados os presentes autos, em sessão realizada hoje, **ACORDAM** os membros do Conselho Pleno, por **UNANIMIDADE**, no sentido de **CONHECER DO PEDIDO DE RECLAMAÇÃO AO CONSELHO PLENO** proposta pelo **INSS**, para, no mérito, **DAR PROVIMENTO**, de acordo com o Voto da Relatora e sua fundamentação.

Participaram, ainda, do presente julgamento os (as) Conselheiros (as): Vânia Pontes Santos, Gustavo Beirão Araújo, Paulo Sérgio de Carvalho Costa Ribeiro, Maria Madalena Silva Lima, Renato Agostinho das Chagas, Moisés Oliveira Moreira, Maria José de Paula Moraes, Bruna Danuey de Souza Santos, Sulamita Cristina Dias, Guilherme Lustosa Pires, Valter Sérgio Pinheiro Coelho, Rodolfo Espinel Donadon, Tarsila Otaviano da Costa e Adriene Cândida Borges.

Brasília-DF, 29 de maio de 2020

Alexandra A. de Alcântara
ALEXANDRA ÁLVARES DE ALCÂNTARA
Relatora

MARCELO FERNANDO BORSIO
Presidente

3.1.7 Resolução 7/2020 (salário-maternidade/competência/pagamento-segurada desempregada/intempestividade)

Objeto: Trata-se de Pedido de Uniformização de Jurisprudência interposto pelo INSS por suposta divergência de posicionamento entre Câmaras de Julgamento.

Decisão: Desprovida.

Tese jurídica: Reclamação julgada intempestiva e não conhecida no mérito.

MINISTÉRIO DA ECONOMIA-ME
SECRETARIA ESPECIAL DE PREVIDÊNCIA E TRABALHO
SECRETARIA DE PREVIDÊNCIA
CONSELHO DE RECURSOS DA PREVIDÊNCIA SOCIAL-CRPS
CONSELHO PLENO

Nº de Protocolo do Recurso: 44232.573714/2015-79
Documento/Benefício: 173.666.490.2
Unidade de origem: Agência da Previdência Social Joinville-Centro
Tipo do Processo: Reclamação ao Conselho Pleno
Recorrente: Instituto Nacional do Seguro Social - INSS
Recorrido: Raquel Senger da Silva
Benefício: Salário-Maternidade
Relatora: Alexandra Álvares de Alcântara

(Processo Eletrônico)

Relatório

Trata-se de RECLAMAÇÃO AO CONSELHO PLENO e, subsidiariamente, de PEDIDO DE UNIFORMIZAÇÃO EM TESE DA JURISPRUDÊNCIA proposta pelo Instituto Nacional do Seguro Social – INSS, contra os termos do ACÓRDÃO nº 2.758/2016, prolatado pela 1ª Composição Adjunta da 3ª Câmara de Julgamento, que deu provimento ao Recurso Especial interposto pela segurada, por entender que as condições para a concessão do Salário-Maternidade foram atendidas, pois embora desempregada, manteve a qualidade de segurada, sem desvinculação previdenciária e sem a constatação de recebimento indenização derivada da estabilidade gestacional pelo empregador.

O benefício foi requerido em 27.10.2015, por RAQUEL SENGER DA SILVA, na condição de segurada desempregada, com o fato gerador ocorrido em 26.08.2015 face o nascimento do filho HEITOR SENGER DA SILVA DE LIMA SOUZA.

Foram apresentados os seguintes elementos (Evento 02):

- Certidão de nascimento do filho HEITOR SENGER DA SILVA DE LIMA SOUZA;
- Carteira de Trabalho nº 1774629 série 002-0 RS, emitida em 14.03.2007, com último vínculo empregatício estabelecido com a empresa MAURO BRUM & CIA. LTDA, no cargo de recepcionista, com admissão em 02.06.2014 e desligamento em 31.12.2014;
- Termo de Rescisão do Contrato de Trabalho com a empresa MAURO BRUM & CIA LTDA indicando a admissão em

MINISTÉRIO DA ECONOMIA-ME
SECRETARIA ESPECIAL DE PREVIDÊNCIA E TRABALHO
SECRETARIA DE PREVIDÊNCIA
CONSELHO DE RECURSOS DA PREVIDÊNCIA SOCIAL-CRPS
CONSELHO PLENO

02.06.2014, aviso prévio a partir de 01.12.2014 e o desligamento em 31.12.2014. No documento também consta o tipo de contrato (por prazo indeterminado), a despedida sem justa causa pelo empregador e discriminado o pagamento de salário, salário família e férias proporcionais acrescido de 1/3;

- CNIS – Cadastro Nacional de Informações Sociais com o detalhamento da relação previdenciária.

O pedido foi indeferido sob o fundamento de que a responsabilidade do pagamento do benefício é da empresa, considerando a dispensa arbitrária ou sem justa causa da empresa gestante.

Inconformada, a requerente interpôs Recurso Ordinário no qual alega, em suma, que não tinha conhecimento da gravidez à época da rescisão do contrato de trabalho, pois do contrário teria comunicado a empresa. Requer a concessão do Benefício (Evento 02).

Com o recurso ordinário foi anexado Relatório Situação do Requerimento Formal do Ministério do Trabalho e Emprego (Evento 02).

Declaração assinada pela segurada onde consta "Rescisão contratual antes do início da gravidez", com a informação "Não sabia que estava grávida neste período" (Evento 02).

A egrégia 2ª Composição Adjunta da 27ª Junta de Recursos, por meio do ACÓRDÃO nº 92/2016 (Evento 12), conheceu do recurso ordinário e negou provimento, tendo considerado que a responsabilidade do pagamento do benefício é do empregador, pois a segurada se encontrava empregada quando engravidou.

Em recurso especial, a requerente busca a reforma da decisão anterior e reafirma que não tinha conhecimento da gravidez à época da rescisão do contrato de trabalho, pois do contrário teria comunicado a empresa (Evento 17).

MINISTÉRIO DA ECONOMIA-ME
SECRETARIA ESPECIAL DE PREVIDÊNCIA E TRABALHO
SECRETARIA DE PREVIDÊNCIA
CONSELHO DE RECURSOS DA PREVIDÊNCIA SOCIAL-CRPS
CONSELHO PLENO

Nas contrarrazões, o INSS refuta os argumentos da interessada e sustenta que a responsabilidade pelo pagamento do Benefício é da empresa, pois o desconhecimento do estado gravídico pelo empregador não afasta o direito à estabilidade provisória, aplicando-se os termos do Parecer nº 179/2015/CONJUR-MPS/CGU/AGU e o contido na Súmula nº 244 do Tribunal Superior do Trabalho (Evento 19).

A egrégia 1ª Composição Adjunta da 3ª Câmara de Julgamento, por meio do ACÓRDÃO nº 2.758/2016 (Evento 26), deu provimento ao recurso especial da interessada, tendo considerado que restou comprovada a qualidade de segurada na data do fato gerador, de modo que não configurou a desvinculação previdenciária. Ainda, não houve recebimento de indenização derivada da estabilidade gestacional pelo empregador e não está caracterizado o risco em incorrer em recebimento em duplicidade.

Ciência da decisão especial em 16.06.2016 (Evento 27) e apresentado pedido revisional em 17.06.2016 (Evento 28).

O INSS apresentou Pedido de Revisão, aduzindo que a gravidez da requerente ocorreu dentro da data de rescisão do contrato de trabalho, considerada a data de nascimento do filho em 26.08.2015 e a manutenção do vínculo no intervalo de 02.06.2014 a 31.12.2014. Sustenta que, deve ser observada a orientação contida no Parecer nº 179/2015/CONJUR-MPS/CGU/AGU e o contido na Súmula nº 244 do Tribunal Superior do Trabalho, por isso, independe o fato da segurado ter ou não conhecimento da gravidez antes do encerramento da contratualidade. Ainda, o risco do pagamento em duplicidade permanece, levando-se em conta que não transcorreu o prazo de 02 (dois) anos, previsto na CLT para reclamatória trabalhista (Evento 28).

A revisão de acórdão foi rejeitada mantendo-se os fundamentos do acórdão questionado (Eventos 31 a 32).

Ciência do despacho do indeferimento da revisão em 04.08.2016 (Evento 33) e novo pedido revisional em 05.08.2016 (Evento 34).

O INSS reitera o pedido de revisão para que seja reconsiderada a concessão de salário maternidade indevida (Evento 34).

MINISTÉRIO DA ECONOMIA-ME
SECRETARIA ESPECIAL DE PREVIDÊNCIA E TRABALHO
SECRETARIA DE PREVIDÊNCIA
CONSELHO DE RECURSOS DA PREVIDÊNCIA SOCIAL-CRPS
CONSELHO PLENO

A Presidente a 1ª Composição Adjunta da 3ª Câmara de Julgamento solicita previamente diligências visando (Evento 37):

- Realização de pesquisa na empresa para verificar se houve pagamento de indenização por demissão sem justa causa durante a estabilidade gestacional, bem como se houve pagamento de salário maternidade;
- Verificação do contrato de trabalho, ou seja, se foi em caráter provisório / temporário ou não, juntando-se cópias do contrato;
- Emissão de parecer fundamento da matéria.

A Pesquisa Externa realizada teve resultado positivo, confirmado o contrato de trabalho com início em 02.06.2014 e rescindido em 31.12.2014, conforme TRCT (Termo de Rescisão do Contrato de Trabalho) – Evento 40.

A 1ª Composição Adjunta da 3ª Câmara de Julgamento, mantém a decisão questionada, consignado que atendida a proposta de diligência, o INSS realizou pesquisa externa na Contabilidade da empregadora, tendo verificado que não houve pagamento do salário maternidade pela empresa (Evento 44).

No despacho acostado ao Evento 45, não admite os Embargos.

Ciência do indeferimento do incidente processual em 27.01.2017 (Evento 46) e proposta a Reclamação em 03.02.2017 (Evento 48).

Em 03.02.2017, o INSS apresenta RECLAMAÇÃO ao Conselho Pleno referente ao acórdão nº 2758/2016, proferido pela 1ª CA da 3ª CAJ aduzindo a existência de decisões divergentes prolatadas por outras Câmaras de Julgamento, utilizando como paradigmas os acórdãos nº 3.478/2016 da 2ª Composição Adjunta da 2ª Câmara de Julgamento; nº 3.404/2016 da 2ª Composição Adjunta da 2ª Câmara de Julgamento; nº 5.309/2016 da 1ª Composição Adjunta da 4ª Câmara de Julgamento e nº 9.094/2016 da 3ª Câmara de Julgamento. Tais decisões atribuem ao empregador a responsabilidade pelo pagamento do salário maternidade à segurada demitida sem justa causa. Suscita a infringência aos termos do §1º, do artigo 72 da Lei nº 8.213/91; parágrafo único do artigo 97 do Decreto nº 3.048/99 e o Parecer/CONJUR/MPS/Nº 616,

MINISTÉRIO DA ECONOMIA-ME
SECRETARIA ESPECIAL DE PREVIDÊNCIA E TRABALHO
SECRETARIA DE PREVIDÊNCIA
CONSELHO DE RECURSOS DA PREVIDÊNCIA SOCIAL-CRPS
CONSELHO PLENO

de 23/12/2010, na questão número 8. Requer que o pedido seja provido, uma vez que o acórdão infringiu o PARECER DA CONSULTORIA JURÍDICA aprovado pelo MPS, com a finalidade de confirmar a legalidade do posicionamento adotado pelo INSS, ou seja, o indeferimento do benefício. E, não sendo recebido o pedido de Reclamação, requer subsidiariamente que seja aceito como Pedido de Uniformização em tese da Jurisprudência (Evento 48).

Despacho do Presidente do Conselho de Recursos da Previdência Social admitindo a Reclamação ao Conselho Pleno, na forma do artigo 64 do Regimento interno do CRPS – Evento 50.

O processo foi distribuído a Relatora ENEIDA DA COSTA ALVIM (Representante das Empresas na 2ª Câmara de Julgamento) e redistribuído a essa Conselheira – Evento 56.

É o relatório.

VOTO

EMENTA: SALÁRIO-MATERNIDADE. PEDIDO DE RECLAMAÇÃO AO CONSELHO PLENO E PEDIDO DE UNIFORMIZAÇÃO EM TESE DA JURISPRUDÊNCIA. ALEGAÇÃO DE INFRINGÊNCIA A DISPOSITIVOS LEGAIS E A PARECER DA CONSULTORIA JURÍDICA DO MPS. INTEMPESTIVIDADE. NÃO ATENDIDOS OS PRESSUPOSTOS LEGAIS PREVISTOS NOS ARTIGOS 61 E 64 DA PORTARIA MINISTERIAL MDSA nº 116/2017.

1. A Reclamação foi formulado após o 30º dia da ciência do acórdão infringente não passa pelo crivo da tempestividade.
2. A apresentação de pedido de revisão de acórdão não suspende e não interrompe o prazo para interpor a Reclamação ao Conselho Pleno. A intempestividade não pode ser relevada face a ausência de previsão regimental.
3. Pedido de Reclamação que não atende ao disposto no §1º, do artigo 64 do Regimento Interno do CRSS, atual CRPS.

MINISTÉRIO DA ECONOMIA-ME
SECRETARIA ESPECIAL DE PREVIDÊNCIA E TRABALHO
SECRETARIA DE PREVIDÊNCIA
CONSELHO DE RECURSOS DA PREVIDÊNCIA SOCIAL-CRPS
CONSELHO PLENO

4. Pedido de Uniformização em tese da Jurisprudência sem a observância do artigo 61 do Regimento Interno do CRSS, atual CRPS.
5. Incidentes processuais propostos pelo INSS não conhecidos.

DO PEDIDO DE RECLAMAÇÃO

Trata-se de Reclamação ao Conselho Pleno requerido pelo Instituto Nacional do Seguro Social – INSS, sob a alegação de infringência por parte da 1ª Composição Adjunta da 3ª Câmara de Julgamento aos termos do §1º, do artigo 72 da Lei nº 8.213/91, do parágrafo único do artigo 97 do Decreto nº 3.048/99 e do Parecer/CONJUR/MPS/Nº 616, de 23/12/2010, na questão número 8, ao prolatar o ACÓRDÃO nº 2.758/2016.

A Reclamação ao Conselho Pleno está disciplinada pelo artigo 64, do Regimento Interno do CRSS, atual CRPS, aprovado pela Portaria Ministerial MDSA nº 116/2017, confira-se:

> *Art. 64. A Reclamação ao Conselho Pleno poderá ocorrer, no caso concreto, por requerimento das partes do processo, dirigido ao Presidente do CRSS, somente quando os acórdãos das Juntas de Recursos do CRSS, em matéria de alçada, ou os acórdãos de Câmaras de Julgamento do CRSS, em sede de Recurso Especial, infringirem:*
>
> I - *Pareceres da Consultoria Jurídica do MDSA, aprovados pelo Ministro de Estado do Desenvolvimento Social e Agrário, bem como, Súmulas e Pareceres do Advogado-Geral da União, na forma da Lei Complementar nº 73, de 10 de fevereiro de 1993;*
>
> II - *Pareceres da Consultoria Jurídica dos extintos MPS e MTPS, vigentes e aprovados pelos então Ministros de Estado da Previdência Social e do Trabalho e Previdência Social;*
>
> III - *Enunciados editados pelo Conselho Pleno.*
>
> *§ 1º O prazo para o requerimento da Reclamação ao Conselho Pleno é de 30 (trinta) dias contados da data da ciência da decisão infringente e suspende o prazo para o seu cumprimento.*

MINISTÉRIO DA ECONOMIA-ME
SECRETARIA ESPECIAL DE PREVIDÊNCIA E TRABALHO
SECRETARIA DE PREVIDÊNCIA
CONSELHO DE RECURSOS DA PREVIDÊNCIA SOCIAL-CRPS
CONSELHO PLENO

> *§ 2º Caberá ao Presidente do CRSS fazer o juízo de admissibilidade da Reclamação ao Conselho Pleno verificando se estão presentes os pressupostos previstos no caput, podendo:*
>
> I *- indeferir por decisão monocrática irrecorrível, quando verificar que não foram demonstrados os pressupostos de admissibilidade previstos no caput;*
>
> II *- distribuir o processo ao Conselheiro relator da matéria no Conselho Pleno quando verificar presentes os pressupostos de admissibilidade previstos no caput.*
>
> *§ 3º Os processos poderão ser preliminarmente submetidos pelo Presidente do CRSS ao órgão julgador que prolatou o acórdão infringente, para facultar-lhe a Revisão de Ofício nos termos do art. 59 deste regimento.*
>
> *§ 4º O resultado do julgamento da Reclamação pelo Conselho Pleno será objeto de notificação ao órgão julgador que prolatou o acórdão infringente, para fins de adequação do julgado à tese fixada pelo Pleno, por meio da Revisão de Ofício.*

A admissibilidade da Reclamação foi acatada pelo Presidente do Conselho de Recursos da Previdência Social, nos seguintes termos:

> *"Trata-se de Reclamação ao Conselho Pleno interposta com fundamento no art. 64 do Regimento Interno do CRPS. Preenchidos os requisitos de admissibilidade, mediante a indicação de Parecer vinculante emitido pela Consultoria Jurídica do então MPS, o qual teria sido afrontado pela decisão proferida no acórdão recorrido".*

Em que pese a admissibilidade acima, verifica-se que a Reclamação foi proposta sem atender ao requisito da tempestividade.

Vejamos:

É necessário propor a Reclamação dentro do prazo de 30 (trinta) dias a contar da data da ciência da **decisão infringente**, ou seja, da ciência do acórdão questionado.

173.666.490.2 7

MINISTÉRIO DA ECONOMIA-ME
SECRETARIA ESPECIAL DE PREVIDÊNCIA E TRABALHO
SECRETARIA DE PREVIDÊNCIA
CONSELHO DE RECURSOS DA PREVIDÊNCIA SOCIAL-CRPS
CONSELHO PLENO

No caso em tela, o INSS teve ciência do ACÓRDÃO nº 2.758/2016 em 16.06.2016 (Evento 27) e somente propôs a Reclamação em 03.02.2017 (Evento 48).

Dentro do lapso temporal de 16.06.2016 e 03.02.2017, foram apresentados dois pedidos de REVISÃO de acórdão pelo INSS. No primeiro, requerido em 16.06.2016, o INSS insiste na tese de que a responsabilidade pelo pagamento do benefício à segurada é da empresa, pois a dispensa do contrato de trabalho ocorreu dentro do prazo de estabilidade temporária.

O pedido revisional foi indeferido em 04.08.2016, tendo o INSS solicitado reconsideração do indeferimento com novo pedido de revisão na data de 05.08.2016, reportando-se aos mesmos argumentos do pedido anterior para uma nova análise.

Após diligências, a ilustre Câmara de Julgamento mantém o indeferimento do pedido revisional, tendo a Presidente da Câmara considerado em despacho "embargos de declaração não admitidos" (vide Evento 45). Há aqui um equívoco, s.m.j., pois não houve oposição de Embargos Declaratórios e, nem poderiam ser acolhidas as petições da AUTARQUIA nesse sentido, pois claramente suscita infringência a dispositivos legais e a Parecer Ministerial, hipótese que não se coaduna com o previsto no artigo 58 da Portaria Ministerial MDSA nº 116/2017.

O pedido de revisão está disciplinado no artigo 59 do Regimento Interno do CRPS:

> *"Art. 59. Os órgãos julgadores deverão rever suas próprias decisões, de ofício, ou a pedido, enquanto não ocorrer a decadência de que trata o art. 103-A da Lei nº 8.213, de 24 de julho de 1991, quando:*
>
> I *- violarem literal disposição de lei ou decreto;*
>
> II *- divergirem dos Pareceres da Consultoria Jurídica do MDSA, aprovados pelo Ministro de Estado do Desenvolvimento Social e Agrário, bem como, Súmulas e Pareceres do Advogado-Geral da União, na forma da Lei Complementar nº 73, de 10 de fevereiro de 1993;*

MINISTÉRIO DA ECONOMIA-ME
SECRETARIA ESPECIAL DE PREVIDÊNCIA E TRABALHO
SECRETARIA DE PREVIDÊNCIA
CONSELHO DE RECURSOS DA PREVIDÊNCIA SOCIAL-CRPS
CONSELHO PLENO

> III - *divergirem dos Pareceres da Consultoria Jurídica dos extintos MPS e MTPS, vigentes e aprovados pelos então Ministros de Estado da Previdência Social e do Trabalho e Previdência Social;*
>
> IV - *divergirem de enunciado editado pelo Conselho Pleno; e*
>
> *V - for constatado vício insanável".*

Como se nota, o pedido de revisão não tem o condão de interromper e/ou suspender o prazo para a propositura do Pedido de Reclamação ao Pleno.

Somente é possível falar em interrupção do prazo quando se trata de oposição tempestiva de EMBARGOS DECLARATÓRIOS, conforme dispõe o artigo 58 da Portaria Ministerial MDSA nº 116/2017:

> Art. 58. Caberão embargos de Declaração em face de acórdão dos órgãos julgadores do CRSS:
>
> I - quando houver obscuridade, ambiguidade ou contradição entre a decisão e os seus fundamentos, ou, quando for omitido ponto sobre o qual deveriam pronunciar- se,
>
> II - para corrigir erro material, entendendo-se como tal, os decorrentes de erros de grafia, numéricos, de cálculos ou, ainda, de outros equívocos semelhantes, que não afetem o mérito do pedido, o fundamento ou a conclusão do voto, bem como não digam respeito às interpretações jurídicas dos fatos relacionados nos autos, o acolhimento de opiniões técnicas de profissionais especializados ou o exercício de valoração de provas.
>
> ...
>
> § 2° **A oposição tempestiva dos embargos interrompe o prazo para o cumprimento do acórdão, para a interposição de Recurso Especial, a apresentação de Reclamação ao Conselho Pleno e do Pedido de Uniformização de Jurisprudência**. A interrupção cessa a partir da intimação das partes acerca da decisão dos declaratórios, quando passa a fluir o lapso temporal de 30 (trinta) dias. (Grifos nossos).

173.666.490.2

MINISTÉRIO DA ECONOMIA-ME
SECRETARIA ESPECIAL DE PREVIDÊNCIA E TRABALHO
SECRETARIA DE PREVIDÊNCIA
CONSELHO DE RECURSOS DA PREVIDÊNCIA SOCIAL-CRPS
CONSELHO PLENO

A suspensão prevista na parte final do §1º, do artigo 64 do RI/CRPS se refere a paralisação do prazo para o INSS cumprir o acórdão. Esta paralisação somente poderá ser considerada se a Reclamação for proposta dentro do prazo regimental. Não há autorização aqui de se suspender o prazo para o requerimento da Reclamação em virtude da apresentação de pedido de Revisão.

Aliás, o Pedido de Reclamação ao Pleno independe de apresentação do incidente de Revisão. Isso fica evidenciado no §3º, do artigo 64 do RI/CRPS ao prever que o Presidente do CRPS poderá de forma preliminar encaminhar os autos ao órgão julgador que prolatou o acórdão infringente para facultar a Revisão de Ofício.

No mais, não há previsão regimental para relevar intempestividade no caso de Reclamação ao Pleno, pois está limitada tal possibilidade à hipótese de interposição de RECURSO (considerado recurso àquele previsto no artigo 305 do Decreto nº 3.048/99) e ainda assim, necessariamente, o direito inequívoco da parte recorrente deve estar configurado, consoante leitura do inciso II, do artigo 16, da Portaria Ministerial MDSA nº 116/2017:

> *"Art. 16. Ao Conselheiro relator das Câmaras e Juntas incumbe:*
>
> I ...
>
> II - *propor à composição julgadora* ***relevar a intempestividade de recursos****, no corpo do próprio voto, quando fundamentadamente entender que, no mérito, restou demonstrada de forma inequívoca a liquidez e a certeza do direito da parte;"*

É importante destacar que o próprio Regulamento da Previdência Social – Decreto nº 3.048/99, não inclui o pedido de revisão de acórdão na categoria de Recursos:

> *"Art. 308. Os recursos tempestivos contra decisões das Juntas de Recursos do Conselho de Recursos da Previdência Social têm efeito suspensivo e devolutivo.*
>
> *§ 1º* ***Para fins do disposto neste artigo, não se considera recurso o pedido de revisão de acórdão endereçado às Juntas de Recursos e Câmaras de Julgamento****". (Grifos Nossos).*

173.666.490.2 10

MINISTÉRIO DA ECONOMIA-ME
SECRETARIA ESPECIAL DE PREVIDÊNCIA E TRABALHO
SECRETARIA DE PREVIDÊNCIA
CONSELHO DE RECURSOS DA PREVIDÊNCIA SOCIAL-CRPS
CONSELHO PLENO

De igual modo, peço vênia e colaciono o trecho do voto do i. Conselheiro Dr. RODOLFO ESPINEL DONADON, acerca da intempestividade em pedido de Reclamação ao Conselho Pleno precedido de pedido de revisão, na Resolução nº 27/2015, que assim delineia:

> *"(...)*
> *A tempestividade do Pedido é incumbência do Relator, devendo verificar se a Reclamação foi interposta no prazo de trinta dias contados da data da ciência da decisão infringente, quando suspenderá o prazo para o seu cumprimento.*
>
> *Acontece que o Conselho Pleno já firmou o entendimento de que as petições dirigidas pelo INSS as Unidades de Origem para fins de revisão de acórdão não interrompem o prazo para interposição do Pedido de Reclamação".*

Por tudo que foi demonstrado, o pedido de Reclamação ao Pleno somente foi proposto após o prazo regimental de 30 (trinta) dias, caracterizada a sua intempestividade.

Nesse sentido, o pedido formulado pelo INSS não deve seguir em razão da intempestividade.

DO PEDIDO DE UNIFORMIZAÇÃO EM TESE DE JURISPRUDÊNCIA

No pedido anexado ao Evento 48, o INSS requer de forma subsidiária o acolhimento de Pedido de Uniformização em tese de jurisprudência.

Tal procedimento está disciplinado no artigo 61 do Regimento Interno do CRSS, atual CRPS, aprovado pela Portaria MDSA nº 116/2.017:

> Art. 61. A uniformização, em tese, da jurisprudência administrativa previdenciária poderá ser suscitada para encerrar divergência

MINISTÉRIO DA ECONOMIA-ME
SECRETARIA ESPECIAL DE PREVIDÊNCIA E TRABALHO
SECRETARIA DE PREVIDÊNCIA
CONSELHO DE RECURSOS DA PREVIDÊNCIA SOCIAL-CRPS
CONSELHO PLENO

> jurisprudencial administrativa ou para consolidar jurisprudência reiterada no âmbito do CRSS, mediante a edição de enunciados.
>
> § 1º A uniformização em tese poderá ser provocada pelo Presidente do CRSS, pela Coordenação de Gestão Técnica, pela Divisão de Assuntos Jurídicos, pelos Presidentes das Câmaras de Julgamento ou, exclusivamente em matéria de alçada, por solicitação de Presidente de Juntas de Recursos, ou pela Diretoria de Benefícios do INSS, mediante a prévia apresentação de estudo fundamentado sobre a matéria a ser uniformizada, no qual deverá ser demonstrada a existência de relevante divergência jurisprudencial ou de jurisprudência convergente reiterada.

No presente, não há análise do pedido de uniformização, em tese, de jurisprudência pela Presidência do Conselho.

Considerado o rol das pessoas elencadas no §1º, do artigo 61 do Regimento Interno do CRPS, a SEÇÃO DE RECONHECIMENTO DO DIREITO e não possui a legitimidade para propor a uniformização em tese de jurisprudência, visto que deve ser provocada pela DIRETORIA DE BENEFÍCIOS DO INSS acompanhada de estudo fundamentado da matéria que pretende ver uniformizada.

Ao que parece, a intenção do INSS era de provocar a uniformização de jurisprudência no caso em concreto, na forma prevista no artigo 63 da Portaria Ministerial MDSA nº 116/2017. Todavia, não seria possível o seu acolhimento face o lapso temporal superior a 30 dias entre a ciência da decisão questionada e a proposta do incidente, o que permitiria caracterizar a intempestividade.

No mais, a matéria ventilada no inconformismo do INSS foi recentemente submetida ao Conselho Pleno que uniformizou, em tese, a jurisprudência administrativa com a revisão / atualização do antigo Enunciado nº 31 do CRPS, mediante a emissão do ENUNCIADO nº 06, com a seguinte orientação:

"ENUNCIADO 6

> Cabe ao INSS conceder o salário-maternidade à gestante demitida sem justa causa no curso da gravidez, preenchidos os demais requisitos legais, pagando-o diretamente.
> I - É vedado, em qualquer caso, o pagamento do salário-maternidade em duplicidade, caso a segurada tenha sido indenizada pelo empregador.

MINISTÉRIO DA ECONOMIA-ME
SECRETARIA ESPECIAL DE PREVIDÊNCIA E TRABALHO
SECRETARIA DE PREVIDÊNCIA
CONSELHO DE RECURSOS DA PREVIDÊNCIA SOCIAL-CRPS
CONSELHO PLENO

> II - Poderá ser solicitada diligência a fim de comprovar se houve pagamento do valor correspondente ao salário-maternidade pelo ex-empregador, enquanto não transcorrer o prazo prescricional para pretensão de créditos trabalhistas".

O pedido feito pelo INSS foi esvaziado com a emissão do ENUNCIADO n.º 06/2019, do CRPS.

Desse modo, não foram cumpridos os requisitos de admissibilidade também desse instrumento processual.

Portanto, os Incidentes não atendem os pressupostos legais previstos na Portaria Ministerial MDSA nº 116/2017.

Conclusão: Diante do exposto, VOTO no sentido de, preliminarmente, **NÃO CONHECER DO PEDIDO DE RECLAMAÇÃO AO CONSELHO PLENO E DO PEDIDO DE UNIFORMIZAÇÃO EM TESE DA JURISPRUDÊNCIA** propostos pelo INSS.

Brasília-DF, 29 de maio de 2020

Alexandra A. de Alcântara

ALEXANDRA ÁLVARES DE ALCÂNTARA
RELATORA

MINISTÉRIO DA ECONOMIA-ME
SECRETARIA ESPECIAL DE PREVIDÊNCIA E TRABALHO
SECRETARIA DE PREVIDÊNCIA
CONSELHO DE RECURSOS DA PREVIDÊNCIA SOCIAL-CRPS
CONSELHO PLENO

DECISÓRIO

RESOLUÇÃO Nº 07/2020

Vistos e relatados os presentes autos, em sessão realizada hoje, **ACORDAM** os membros do Conselho Pleno, por **UNANIMIDADE**, no sentido de **NÃO CONHECER DO PEDIDO DE RECLAMAÇÃO AO CONSELHO PLENO E DO PEDIDO DE UNIFORMIZAÇÃO EM TESE DA JURISPRUDÊNCIA propostos pelo INSS**, de acordo com o Voto da Relatora e sua fundamentação.

Participaram, ainda, do presente julgamento os (as) Conselheiros (as): Vânia Pontes Santos, Gustavo Beirão Araújo, Paulo Sérgio de Carvalho Costa Ribeiro, Maria Madalena Silva Lima, Renato Agostinho das Chagas, Moisés Oliveira Moreira, Maria José de Paula Moraes, Bruna Danuey de Souza Santos, Sulamita Cristina Dias, Guilherme Lustosa Pires, Valter Sérgio Pinheiro Coelho, Rodolfo Espinel Donadon, Tarsila Otaviano da Costa e Adriene Cândida Borges.

Brasília-DF, 29 de maio de 2020

Alexandra A. de Alcântara
ALEXANDRA ÁLVARES DE ALCÂNTARA
Relatora

MARCELO FERNANDO BORSIO
Presidente

3.1.8 Resolução 8/2020 (carência/empregado doméstico)

Objeto: Trata-se de Resolução que julgou Reclamação interposta pelo INSS alegando que a decisão da Câmara de Julgamento violou a Questão 19 do Parecer Vinculante CONJUR MPS 616/2010.

Decisão: Desprovida.

Tese jurídica: Mesmo antes da LC 150/2015, a carência para o empregado doméstico não exige o recolhimento efetivo da primeira contribuição previdenciária em dia pelo empregador.

MINISTÉRIO DA ECONOMIA-ME
SECRETARIA ESPECIAL DE PREVIDÊNCIA E TRABALHO
SECRETARIA DE PREVIDÊNCIA
CONSELHO DE RECURSOS DA PREVIDÊNCIA SOCIAL-CRPS
CONSELHO PLENO

Número do Processo: 44232.936943/2017-71
Unidade de Origem: Agência da Previdência Social Porto Alegre -Azenha
Benefício: 41/174.941.172-2
Espécie: Aposentadoria por Idade
Recorrente: Instituto Nacional do Seguro Social - INSS
Recorrido: Sandra Mara Correia Estrazulas - Titular Capaz
Assunto: Reclamação ao Conselho Pleno
Relator: Renato Agostinho das Chagas

(Processo Eletrônico)

Relatório

As páginas informadas referem-se ao processo completo (Árvore Documental-form.PDF).

Trata-se de RECLAMAÇÃO AO CONSELHO PLENO, datada de **24/08/2017**, apresentada pelo INSS (fls. 66), em oposição à decisão proferida, em **14/06/2017**, pela 1ª Câmara de Julgamento, por meio do Acórdão 4.053/2017 (fls. 52), que reconheceu os vínculos de empregada doméstica sem contribuição e o direito à concessão da aposentadoria por idade requerida, em 25/02/2016, pela senhora Sandra Mara Correia Estrazulas, data em que contava com 60 anos de idade. A Reclamação interposta está fundamentada no art. 64 do Regimento Interno do CRPS, mediante alegação que o Colegiado infringiu os Pareceres da Consultoria Jurídica do MPS (CONJUR/MPS/Nº 616/2010 e CONJUR-MPS/CGU/AGU nº 672/2012).

A Autarquia Previdenciária emitiu, em 03/06/2016, a Comunicação de Decisão do indeferimento da aposentadoria por idade, pelo fato de a interessada não ter atingido o número de 180 contribuições exigidas para a carência. O INSS computou 102 contribuições (fls. 31).

Inconformada, a interessada interpôs Recurso Ordinário requerendo a reforma da decisão do INSS, em função de ter comprovado por meio da CTPS o somatório de 18 anos, 01 mês e 19 dias (fls. 1).

Mediante contrarrazões, a Autarquia Previdenciária alegou que a interessada não possui o mínimo de carência para a concessão do benefício, e que possui vínculos de empregada doméstica, porém, sem contribuição, não sendo considerados para a carência do benefício pleiteado (fls. 34).

174.941.172-2 1

MINISTÉRIO DA ECONOMIA-ME
SECRETARIA ESPECIAL DE PREVIDÊNCIA E TRABALHO
SECRETARIA DE PREVIDÊNCIA
CONSELHO DE RECURSOS DA PREVIDÊNCIA SOCIAL-CRPS
CONSELHO PLENO

Em 14/03/2017, a 18ª Junta de Recursos, por meio do Acórdão nº 2.291/2017, conheceu e deu provimento ao Recurso Ordinário da interessada, entendendo que é devida a concessão da aposentadoria por idade (fls. 35).

Mediante Recurso Especial, datado de 16/03/2017, interposto pelo INSS (fls. 39), a interessada apresentou contrarrazões requerendo a manutenção da decisão da 18ª Junta de Recursos e solicita que seja concedido o benefício com o pagamento dos valores atrasados desde a DER (fls. 48).

Em 14/06/2017, por meio do Acórdão nº 4.053/2017, a 1ª Câmara de Julgamento conheceu e negou provimento ao Recurso Especial do INSS, reconhecendo que a interessada tem direito à aposentadoria por idade, pelo fato de ter implementado a idade mínima e carência exigida (52).

O INSS apresentou, em 06/07/2017, pedido de Revisão de Ofício com base no inciso II do art. 59 do Regimento Interno do CRPS, alegando divergência em relação ao Parecer CONJUR/MPS/Nº 616/2010 (fls. 59).

Em 25/07/2017, o Presidente da 1ª Câmara de Julgamento não acatou a Revisão de Ofício por entender que não houve incidência de situações previstas no art. 59 do Regimento Interno do CRPS (fls. 64).

Em 24/08/2017, a Autarquia Previdenciária apresentou Reclamação do Conselho Pleno, em aposição à decisão proferida pela 1ª Câmara de Julgamento, por meio do Acórdão nº 4.053/2017, alegando ter contrariado a Questão 19 do PARECER/CONJUR/MPS/Nº 616/2010 e o PARECER/CONJUR-MPS/CGU/AGU nº 672/2012 (fls. 66).

Em 05/11/2019, o Vice-Presidente do CRPS reconheceu que foram preenchidos os requisitos de admissibilidade da presente Reclamação, com fundamento no art. 64 do Regimento Interno do CRPS (fls. 70).

De ordem do Presidente do CRPS, o processo foi encaminhado a este conselheiro, para relatoria e submissão da matéria ao Conselho Pleno (fls. 71).

MINISTÉRIO DA ECONOMIA-ME
SECRETARIA ESPECIAL DE PREVIDÊNCIA E TRABALHO
SECRETARIA DE PREVIDÊNCIA
CONSELHO DE RECURSOS DA PREVIDÊNCIA SOCIAL-CRPS
CONSELHO PLENO

EMENTA:

APOSENTADORIA POR IDADE. INDEFERIMENTO POR FALTA DE CARÊNCIA. RECLAMAÇÃO AO CONSELHO PLENO. FUNDAMENTADA NO ART. 64 DO REGIMENTO INTERNO DO CRPS (PORTARIA MDSA Nº 116/2017). Análise de competência deste Conselho Pleno. Não configurada infringência aos Pareceres da Consultoria Jurídica do MPS (CONJUR/MPS/Nº 616/2010 e CONJUR/IVIPS/CGU/AGU nº 672/2012). Possibilidade de filiação diferente de doméstico na data da entrada do requerimento do benefício. Admitido computo, para carência, de período laborado como doméstico, sem comprovação do primeiro recolhimento em dia. Precedentes do Conselho Pleno. Fundamentação: arts. 3º, 64, 69 do Regimento Interno do CRPS; Resoluções nºs 06/2017, 68, 69 e 70/2018, 20 e 42/2019 do Conselho Pleno; Enunciado nº 2/2019 do CRPS. RECLAMAÇÃO IMPROCEDENTE.

VOTO

Reclamação ao Conselho Pleno do CRPS requerida, tempestivamente, pelo INSS, nos termos do § 1º do art. 64 do Regimento Interno do CRPS.

De acordo com o art. 64 do Regimento Interno do CRPS, a Reclamação ao Conselho Pleno poderá ocorrer no caso concreto, por requerimento das partes do processo, dirigido ao Presidente do CRPS, somente quando os acórdãos das Juntas de Recursos do CRPS, em matéria de alçada, ou os acórdãos de Câmaras de Julgamento do CRPS, em sede de Recurso Especial, infringirem:

> *"I - Pareceres da Consultoria Jurídica do MDSA, aprovados pelo Ministro de Estado do Desenvolvimento Social e Agrário, bem como, Súmulas e Pareceres do Advogado-Geral da União, na forma da Lei Complementar nº 73, de 10 de fevereiro de 1993;*
>
> *II - Pareceres da Consultoria Jurídica dos extintos MPS e MTPS, vigentes e aprovados pelos então Ministros de Estado da Previdência Social e do Trabalho e Previdência Social;*
>
> *III - Enunciados editados pelo Conselho Pleno."*

MINISTÉRIO DA ECONOMIA-ME
SECRETARIA ESPECIAL DE PREVIDÊNCIA E TRABALHO
SECRETARIA DE PREVIDÊNCIA
CONSELHO DE RECURSOS DA PREVIDÊNCIA SOCIAL-CRPS
CONSELHO PLENO

Compete a este colegiado, nos termos do inciso III do art. 3° do Regimento Interno, decidir, no caso concreto, as Reclamações ao Conselho Pleno, mediante a emissão de Resolução.

É importante mencionar que, conforme o art. 69 do Regimento Interno do CRPS, é vedado aos órgãos julgadores do CRPS afastar a aplicação, por inconstitucionalidade ou ilegalidade, de tratado, acordo internacional, lei, decreto ou ato normativo ministerial em vigor, ressalvados os casos previstos no referido artigo.

A Autarquia Previdenciária interpôs a presente Reclamação (fls.66), com fundamento no art. 64 do Regimento Interno do CRPS, aduzindo que a 1ª Câmara de Julgamento, por meio do Acórdão n° 4.053/2017 contrariou a Questão 19 do PARECER/CONJUR/MPS/N° 616/2010 e o PARECER/CONJUR-MPS/CGU/AGU n° 672/2012, conforme descrito abaixo.

PARECER/CONJUR/MPS/N° 616/2010:

*"**Questão 19**. Para efeito de carência, considerando que é do empregador a responsabilidade pelo recolhimento das contribuições do segurado empregado doméstico, o período do trabalho doméstico pode ser computado independentemente do efetivo recolhimento das contribuições?*
107. Há uma regra específica na Lei nº 8.213, de 1991, quanto à contagem do período de carência do segurado empregado doméstico (art. 27, inciso II da LBPS). Vamos a ela: "Art. 27. Para cômputo do período de carência, serão consideradas as contribuições: (...) II - realizadas a contar da data do efetivo pagamento da primeira contribuição sem atraso, não sendo consideradas para este fim as contribuições recolhidas com atraso referentes a competências anteriores, no caso dos segurados empregado doméstico, contribuinte individual, especial e facultativo, referidos, respectivamente, nos incisos II, V e VII do art. 11 e no art. 13" - grifos acrescidos.

108. A norma supra transcrita estabelece que o período de carência é computado a partir da comprovação do efetivo pagamento da primeira contribuição em dia, para os segurados empregado doméstico, contribuinte individual, especial e facultativo.

109. Por outro lado, é fato que a responsabilidade pelo recolhimento da contribuição retida da remuneração do empregado doméstico cabe ao seu respectivo empregador, por força do art. 30, inciso V, da Lei nº 8.212, de 1991.

MINISTÉRIO DA ECONOMIA-ME
SECRETARIA ESPECIAL DE PREVIDÊNCIA E TRABALHO
SECRETARIA DE PREVIDÊNCIA
CONSELHO DE RECURSOS DA PREVIDÊNCIA SOCIAL-CRPS
CONSELHO PLENO

110. Para compatibilização entre os sistemas de benefício e de arrecadação, deve-se entender que a legislação impôs um ônus aos empregados domésticos, no tocante à deflagração da contagem do período de carência, que é o dever de fiscalizar o recolhimento da primeira contribuição em dia, sob pena de não ver computado o período de atividade para fins de carência, senão após o recolhimento dessa primeira contribuição.

111. Assim, para efetivo resguardo de todos os direitos previdenciários (sobretudo para fins de início do cômputo do período de carência), o empregado doméstico deve certificar-se de que o empregador recolheu, pelo menos, a primeira contribuição previdenciária em dia.

112. Por exemplo, caso o vínculo empregatício do trabalhador doméstico se inicie no decorrer do mês de janeiro de um determinado ano e o empregador efetue o recolhimento das contribuições acumuladas de janeiro a maio apenas em junho, antes do término do prazo para arrecadação, o período de carência passará a ser computado, pelo INSS, apenas a partir de maio em diante."

PARECER/CONJUR-MPS/CGU/AGU nº 672/2012:

"Empregado Doméstico. Artigo 27, II, da Lei nº 8.213. Exigência do primeiro recolhimento em dia para o início da carência da empregada doméstica para fins de benefício superior ao salário-mínimo. Decidiu-se que:
(a) o empregado doméstico deve comprovar o efetivo recolhimento das contribuições relativas ao período de carência, inclusive a primeira sem atraso (artigo 27, II, da Lei nº 8.213);".

Do contido na Reclamação apresentada pelo INSS, cabe destacar os trechos:

"O objeto da lide consiste no reconhecimento, para fins de carência, dos períodos trabahados na categoria doméstica sem recolhimentos tendo a segurada na DER filiação diferente de doméstica, não podendo no caso concreto ser aplicado o disposto do Art 36 da Lei 8213/1991."

(...)

"Dessa forma, ao computar como carência períodos de doméstica sem apresentação ao menos do primeiro recolhimento em dia, entendemos

MINISTÉRIO DA ECONOMIA-ME
SECRETARIA ESPECIAL DE PREVIDÊNCIA E TRABALHO
SECRETARIA DE PREVIDÊNCIA
CONSELHO DE RECURSOS DA PREVIDÊNCIA SOCIAL-CRPS
CONSELHO PLENO

que a colenda 1ª Câmara de Julgamento infringiu parecer da Consultoria Jurídica do MPS, aprovados pelo Ministro de Estado da Previdência Social, na forma da LC 73, de 10/02/1993."

Isto posto, a matéria controversa está relacionada ao **direito de computar, para a carência, períodos laborados como doméstico, sem comprovação do primeiro recolhimento em dia, bem como, ter filiação diferente de doméstico na data da entrada do requerimento do benefício.**

Cabe registrar que a matéria controversa supracitada já foi amplamente discutida por este Conselho Pleno, conforme pode constatar por meio de algumas Resoluções mencionadas abaixo.

RESOLUÇÃO 42/2019, datada de 25/10/2019.

"EMENTA: APOSENTADORIA POR IDADE. PEDIDO DE UNIFORMIZAÇÃO DE JURISPRUDÊNCIA APRESENTADO PELO INSS. VÍNCULO EMPREGATÍCIO EMPREGADA DOMÉSTICA. COMPROVADA ATIVIDADE, INDEPENDENTE DE RECOLHIMENTOS JUNTO AO CNIS OU CONDIÇÃO DE DOMÉSTICA NA DER. DECRETO 3.048/99, ART. 9º, II. LEI 8.213/91, ART. 36. ENUNCIADO 18/CRPS." (Conselheira Relatora: Eneida da Costa Alvim, Processo nº 44232.924731/2016-60, NB 174.654.539-9).

RESOLUÇÃO 20/2019, datada de 28/06/2019.

"EMENTA: APOSENTADORIA POR IDADE. RECLAMAÇÃO AO CONSELHO PLENO. Competência para análise deste Conselho Pleno na forma do art. 3° inc. III do Regimento Interno do CRSS aprovado pela Portaria MDAS n° 116/2017. Pressupostos de Admissibilidade do pedido não alcançados na forma do art. 64 do mesmo Regimento. Infringência de Órgão Julgador ao Parecer CONJUR/IVIPS/CGU/AGU n° 672/2012 não demonstrada. Precedentes do Conselho Pleno. Reclamação improcedente." (Conselheiro Relator: Rodolfo Espinel Donadon, Processo nº 44232.959322/2017-65, NB 175.901.265-0).

RESOLUÇÃO 70/2018, datada de 27/11/2018.

"EMENTA: Reclamação ao Conselho Pleno. Art. 64 do Regimento Interno do CRSS. Aposentadoria por Idade. Art. 201, § 7°, II da Constituição Federal — 65 anos para homem e 60 para mulher. Carência de 180 contribuições mensais. Art. 25, II da Lei 8.213 de 1991. Necessidade de

MINISTÉRIO DA ECONOMIA-ME
SECRETARIA ESPECIAL DE PREVIDÊNCIA E TRABALHO
SECRETARIA DE PREVIDÊNCIA
CONSELHO DE RECURSOS DA PREVIDÊNCIA SOCIAL-CRPS
CONSELHO PLENO

comprovar a condição de empregada doméstica na DER - desnecessidade. Aplicação conjunta do art. 36 da Lei 8.213 de 1991 com o Enunciado nº 18 do CRPS além da Resolução nº 06 de 2017 do Conselho Pleno do CRSS." (Conselheiro Relator: Guilherme Lustosa Pires, Processo nº 44232.690836/2016-18, NB 174.252.071-2).

RESOLUÇÃO 69/2018, datada de 27/11/2018.

"EMENTA: APOSENTADORIA POR IDADE. PEDIDO DE UNIFORMIZAÇÃO DE JURISPRUDÊNCIA. Divergência jurisprudencial entre as Câmaras de Julgamento no que tange à exigência de filiação da segurada como empregada doméstica para fins de requerimento de aposentadoria sem contribuições previdenciárias. Pressupostos de Admissibilidade do pedido alcançados na forma do art. 63 do mesmo Regimento. Suposta infringência de Órgão Julgador ao Parecer CONJUR/MPS/CGU/AGU nº 672/2012 não confirmada. O empregado doméstico goza da presunção de recolhimentos quando estes são devidos por seu empregador. Precedentes do Conselho Pleno. Pedido de Uniformização conhecido e improvido." (Conselheiro Relator: Rodolfo Espinel Donadon, Processo nº 44232.785398/2016-67, NB 165.645.227-5)

RESOLUÇÃO 68/2018, datada de 27/11/2018.

"EMENTA: APOSENTADORIA POR IDADE. PEDIDO DE UNIFORMIZAÇÃO DE JURISPRUDÊNCIA. Divergência jurisprudencial entre as Câmaras de Julgamento no que tange à exigência de filiação da segurada como empregada doméstica para fins de requerimento de aposentadoria sem contribuições previdenciárias. Pressupostos de Admissibilidade do pedido alcançados na forma do art. 63 do mesmo Regimento. Suposta infringência de Órgão Julgador ao Parecer CONJUR/MPS/CGU/AGU nº 672/2012 não confirmada. O empregado doméstico goza da presunção de recolhimentos quando estes são devidos por seu empregador. Precedentes do Conselho Pleno. Pedido de Uniformização conhecido e improvido." (Conselheiro Relator: Rodolfo Espinel Donadon, Processo nº 44232.923186/2016-94, NB 165.645.291-7)

RESOLUÇÃO 06/2017, datada de 24/05/2017.

"EMENTA: RECLAMAÇÃO À COMPOSIÇÃO PLENARIA DO CONSELHO DE RECURSOS DA PREVIDENCIA SOCIAL (ART. 64 DO REGIMENTO INTERNO DO CRSS, APROVADO PELA PORTARIA MDSA Nº 116, DE 20 DE MARÇO DE 2017). NÃO INFRIGÊNCIA DA NORMA

MINISTÉRIO DA ECONOMIA-ME
SECRETARIA ESPECIAL DE PREVIDÊNCIA E TRABALHO
SECRETARIA DE PREVIDÊNCIA
CONSELHO DE RECURSOS DA PREVIDÊNCIA SOCIAL-CRPS
CONSELHO PLENO

NOS TERMOS DO ARTIGO 64 DO REGIMENTO INTERNO DO CONSELHO DE RECURSOS DO SEGURO SOCIAL, APROVADO PELA PORTARIA MDSA Nº 116 DE 20 DE MARÇO DE 2017. RECLAMAÇÃO JULGADA IMPROCEDENTE." (Conselheira Relatora: Maria Madalena Silva Lima, Processo nº 37322.004652/2014-02, NB 167.602.031-1).

Para melhor entendimento da matéria, peço vênia ao nobre relator Guilherme Lustosa Pires para transcrever trechos de seu voto que deu origem à Resolução 70/2018 (Processo nº 44232.690836/2016-18, NB 174.252.071-2).

"O Parecer Conjur/MPS nº 672 de 2012 trata sobre possível conflito entre pareceres normativos que tratam sobre a prova do efetivo recolhimento da primeira contribuição previdenciária paga em dia na condição de segurada empregada doméstica para o início do cômputo de carência, conforme ementa:

"DIREITO PREVIDENCIÁRIO. REGIME GERAL DE PREVIDÊNCIA SOCIAL - RGPS. SEGURADA EMPREGADA DOMÉSTICA. SUPOSTO CONFLITO ENTRE OS PARECERES NORMATIVOS Nº 2585/2001 E Nº 616/2010. Para o início da contagem do período de carência, relativamente ao segurado empregado doméstico, é necessária a comprovação do recolhimento da primeira contribuição sem atraso, conforme exigência contida no art. 27, II, da Lei nº 8.213/1991. Para a concessão de benefícios no valor mínimo, entretanto, à luz do disposto no art. 36 da Lei nº 8.213/1991, pode ser dispensada a prova do recolhimento das contribuições, inclusive -a primeira sem atraso, desde que atendidos os demais requisitos legais exigidos para a concessão do benefício. Ausência de conflito entre os pareceres normativos nº 2585/2001 e nº 616/2010".

A legislação previdenciária estabelece como obrigação do empregador doméstico o recolhimento da contribuição do segurado a seu serviço, assim como a parcela a seu cargo, vide art. 216, inciso VIII do Decreto 3.048 de 1999.

Desta forma, a situação dos autos afigura-se num aparente conflito de normas, no qual é cediço que o art. 27 da Lei 8.213 de 1991 estipula as hipóteses de cômputo do período de carência para a Previdência Social.

O atual inciso I do referido artigo com nova redação dada pela Lei Complementar nº 150 de 2015 trata sobre o cômputo da carência para

MINISTÉRIO DA ECONOMIA-ME
SECRETARIA ESPECIAL DE PREVIDÊNCIA E TRABALHO
SECRETARIA DE PREVIDÊNCIA
CONSELHO DE RECURSOS DA PREVIDÊNCIA SOCIAL-CRPS
CONSELHO PLENO

os segurados empregados, inclusive domésticos, e dos trabalhadores avulsos, devendo ser considerada para esses segurados, as contribuições no período a partir da data de filiação ao RGPS.

No entanto, a redação antiga do inciso II do art. 27 da Lei 8.213, isso é, antes da alteração legislativa trazida pela Lei Complementar n° 150 de 2015, determinava que o cômputo da carência para a categoria de empregada doméstica iniciasse com o efetivo pagamento em dia da primeira contribuição.

Em razão disso, a aplicação da antiga redação do inciso II do art. 27 da Lei 8.213 de 1991 é injusta e desproporcional ao segurado doméstico, pois a legislação previdenciária não incumbiu a ele a obrigação de recolher a contribuição previdenciária, mas sim ao empregador doméstico.

Desta forma, caberia ao INSS o ônus de fiscalizar o devido cumprimento da obrigatoriedade da legislação e não repassar o ônus ao segurado."

(...)

"Contudo, existe uma solução legal prevista na própria Lei 8213 de 1991 presente no art. 36 da referida lei que permite o cômputo do período de atividade laborativa como emprega doméstica sem a devida contribuição quando o segurado doméstico comprovar na DER o preenchimento dos demais requisitos — carência e idade, conforme redação abaixo:

> *Art. 36. Para o segurado empregado doméstico que, tendo satisfeito as condições exigidas para a concessão do benefício requerido, não comprovar o efetivo recolhimento das contribuições devidas, será concedido o benefício de valor mínimo, devendo sua renda ser recalculada quando da apresentação da prova do recolhimento das contribuições.*

Desta forma, a lei em nenhum momento estabelece que o segurado doméstico deve estar filiado ao RGPS nesta categoria na data de entrada do requerimento para fazer jus a essa benesse, conquanto o benefício seja concedido com um salário mínimo, tratando-se de inovação jurídica promovida pelo INSS pelos seus atos normativos internos.

MINISTÉRIO DA ECONOMIA-ME
SECRETARIA ESPECIAL DE PREVIDÊNCIA E TRABALHO
SECRETARIA DE PREVIDÊNCIA
CONSELHO DE RECURSOS DA PREVIDÊNCIA SOCIAL-CRPS
CONSELHO PLENO

> *Sendo assim, a razão de ser da lei e do parecer normativo é que mesmo não sendo possível comprovar o efetivo recolhimento das contribuições previdenciárias, mas restar comprovado a filiação da segurada como empregada doméstica em razão do vínculo empregatício e durante sua duração na forma do art. 55, § 3° da Lei 8.213 de 1991."*

No tocante à presente matéria controversa, este Conselho Pleno também pacificou o entendimento por meio do Enunciado 2 (antigo Enunciado 18), mediante o Despacho CRPS nº 37/2019, publicado no DOU de 12/11/2019, passando ter a seguinte redação:

> *"Não se indefere benefício sob fundamento de falta de recolhimento de contribuição previdenciária quando a responsabilidade tributária não competir ao segurado.*
>
> *(...)*
>
> *IV - O vínculo do segurado como empregado doméstico será computado para fins de carência, ainda que esteja filiado ao Regime Geral de Previdência Social (RGPS) em categoria diversa na Data de Entrada do Requerimento (DER)"*

Em face do exposto, no caso concreto, constata-se que a decisão da 1ª Câmara de Julgamento, proferida por meio do Acórdão nº 4.053/2017, **não** contraria Pareceres da Consultoria Jurídica do MPS, estando, também, perfeitamente alinhada com o entendimento deste Conselho Pleno.

CONCLUSÃO:

Desta feita, VOTO no sentido de, preliminarmente, **ACOLHER O PEDIDO DE RECLAMAÇÃO DO INSS**, para, no mérito, **NEGAR-LHE PROVIMENTO.**

Brasília-DF, 29 de maio de 2020.

RENATO AGOSTINHO DAS CHAGAS
Relator

MINISTÉRIO DA ECONOMIA-ME
SECRETARIA ESPECIAL DE PREVIDÊNCIA E TRABALHO
SECRETARIA DE PREVIDÊNCIA
CONSELHO DE RECURSOS DA PREVIDÊNCIA SOCIAL-CRPS
CONSELHO PLENO

DECISÓRIO

RESOLUÇÃO Nº 08/2020

Vistos e relatados os presentes autos, em sessão realizada hoje, **ACORDAM** os membros do Conselho Pleno, por **UNANIMIDADE**, no sentido de **ACOLHER O PEDIDO DE RECLAMAÇÃO DO INSS,** para, no mérito, **NEGAR-LHE PROVIMENTO**, de acordo com o Voto do Relator e sua fundamentação.

Participaram, ainda, do presente julgamento os (as) Conselheiros (as): Vânia Pontes Santos, Gustavo Beirão Araújo, Paulo Sérgio de Carvalho Costa Ribeiro, Maria Madalena Silva Lima, Moisés Oliveira Moreira, Maria José de Paula Moraes, Bruna Danuey de Souza Santos, Sulamita Cristina Dias, Guilherme Lustosa Pires, Valter Sérgio Pinheiro Coelho, Rodolfo Espinel Donadon, Alexandra Álvares de Alcântara, Tarsila Otaviano da Costa e Adriene Cândida Borges.

Brasília-DF, 29 de maio de 2020

RENATO AGOSTINHO DAS CHAGAS
Relator

MARCELO FERNANDO BORSIO
Presidente

174.941.172-2 11

3.1.9 Resolução 9/2020 (tempo especial/NHO 1 FUNDACENTRO/NR 15)

Objeto: Trata-se de Pedido de Uniformização de Jurisprudência interposto pelo INSS por suposta divergência de posicionamento entre Câmaras de Julgamento.

Decisão: Desprovida.

Tese jurídica: Afastada a exigência de aferição do ruído obrigatoriamente pelo NEN a contar de 19/11/2003 (adesão ao posicionamento do Tema TNU 174 pela aplicação alternativa entre NR 15 e NHO 1).

MINISTÉRIO DA ECONOMIA-ME
SECRETARIA ESPECIAL DE PREVIDÊNCIA E TRABALHO
SECRETARIA DE PREVIDÊNCIA
CONSELHO DE RECURSOS DA PREVIDÊNCIA SOCIAL-CRPS
CONSELHO PLENO

Número do Processo: 44232.600905/2016-00
Unidade de Origem: Agência da Previdência Social – Itapecerica da Serra - SP
Benefício: 42/172.338.672-0
Espécie: Aposentadoria por Tempo de Contribuição
Tipo de Processo: Pedido de Uniformização de Jurisprudência
Recorrente: Instituto Nacional do Seguro Social - INSS
Recorrido: Ana Paula Pavanelli dos Santos - Procurador
Recorrido: Joserito Barreto da Costa - Titular Capaz
Relator: Renato Agostinho das Chagas

(Processo Eletrônico)

Relatório

As páginas informadas referem-se ao processo completo (Árvore Documental-form.PDF).

Trata-se de pedido de UNIFORMIZAÇÃO DE JURISPRUDÊNCIA, apresentado, em 08/06/2017, pelo Instituto Nacional de Seguro Social – INSS (fls. 592).

O presente pedido foi interposto em face da decisão proferida, em 10/05/2017, pela 1ª Câmara de Julgamento, por do meio do Acórdão nº 2.945/2017 (fls. 589), que negou provimento ao Recurso Especial do INSS, e reconheceu como tempo de atividade especial o período de 01/01/2004 a 31/05/2005 exercido pelo interessado, por exposição ao ruído acima dos limites toleráveis, enquadrando no código 2.0.1 do Anexo IV do Decreto nº 3.048/99, na redação dada pelo Decreto nº 4.882/2003. O Colegiado concluiu que o tempo de contribuição do interessado, até a Data da Entrada do Requerimento-DER (12/01/2015), é insuficiente para o direito ao benefício pleiteado, no entanto, com a reafirmação da DER, ele atende aos requisitos necessários para a concessão da aposentadoria por tempo de contribuição.

Para o enquadramento do tempo de atividade especial, a 1ª Câmara de Julgamento discordou do parecer do médico do INSS, entendendo que a NR-15 não foi revogada pelo Decreto nº 4.882/2003, reconhecendo como válidas as informações prestadas pela empresa e mantendo o parâmetro de avaliação do ruído calculado, quando da elaboração do laudo, independentemente de serem ou não pela técnica "NEN" (Níveis de Exposição Normalizados).

A 13ª Junta de Recursos, por meio do Acórdão nº 4.485/2016 exarado em 16/08/2016, deu provimento parcial ao interessado, enquadrando como especial o

MINISTÉRIO DA ECONOMIA-ME
SECRETARIA ESPECIAL DE PREVIDÊNCIA E TRABALHO
SECRETARIA DE PREVIDÊNCIA
CONSELHO DE RECURSOS DA PREVIDÊNCIA SOCIAL-CRPS
CONSELHO PLENO

período de 01/01/2004 a 31/05/2005, sem gerar direito ao benefício nos termos do artigo 56 do Decreto nº 3.048/1999 (fls. 559).

Em 24/08/2016, a Autarquia opôs Embargos (fls. 564), em face do Acórdão nº 4.485/2016 emitido pela 13ª Junta de Recursos, aduzindo que este não deve prosperar, pois o colegiado limitou-se a análise do período especial ao nível de ruído informado, esquecendo-se da metodologia empregada na aferição desse nível. Alegou que, após 18/11/2003, o PPP não indica exposição a ruídos em Níveis de Exposição Normalizados (NEN), como exigido pelo Decreto 4.882/2003, que tornou obrigatória a observância da metodologia e dos procedimentos de avaliação estabelecidos pela Fundacentro.

Após reavaliação, a Presidente da 13ª Junta de Recursos ratificou os termos do Acórdão nº 4.485/2016, não conhecendo dos Embargos opostos pelo INSS (fls. 571).

O INSS interpôs Recurso Especial (fls. 572), alegado que o PPP apresentado informa a técnica utilizada para aferição do nível de ruído, no entanto, o método utilizado está em desacordo com a NHO 01 da Fundacentro e com o disposto no Decreto nº 4.882/2003.

Conforme supramencionado, a 1ª Câmara de Julgamento, em 10/05/2017, por do meio do Acórdão nº 2.945/2017 (fls. 589), negou provimento ao Recurso Especial do INSS.

Em 08/06/2017, a Autarquia Previdenciária apresentou o pedido de Uniformização de Jurisprudência destinado à 1ª Câmara de Julgamento (fls. 592), trazendo aos autos as seguintes divergências no âmbito do CRPS, como paradigmas para o caso em questão:

1) Acórdão nº 8.304/2016 proferido pela 1ª Câmara de Julgamento, em 14/10/2016, no julgamento do Processo nº 44232.350076/2015-10 – O Colegiado conheceu do Recurso Especial e, no mérito, deu provido ao INSS, indeferindo o enquadramento como atividade especial exercida nos períodos de 04/06/2001 a 30/07/2006, 01/01/2008 a 31/12/2008 e 01/11/2011 a 05/07/2013, fundamentando que a metodologia de medição do ruído utilizada está em desacordo com as normas, pois, a partir de 19/11/2003, a metodologia passou a ser definida pelas Normas de Higiene Ocupacional - NHO 01 da FUNDACENTRO, art. 58 da Lei nº 8.213/1991 e art. 279 da IN 77/2015.

2) Acórdão nº 3159/2016 proferido pela 2ª Câmara de Julgamento, em 16/06/2016, no julgamento do Processo nº 44232.292641/2014-36 – O Colegiado conheceu do Recurso Especial e, no mérito, deu provimento parcial ao interessado, deixando de enquadrar o período de 01/06/2004 a 04/01/2014, com o argumento

172.338.672-0

MINISTÉRIO DA ECONOMIA-ME
SECRETARIA ESPECIAL DE PREVIDÊNCIA E TRABALHO
SECRETARIA DE PREVIDÊNCIA
CONSELHO DE RECURSOS DA PREVIDÊNCIA SOCIAL-CRPS
CONSELHO PLENO

de que o PPP não está preenchido em conformidade com os parâmetros estabelecidos pela NHO 01 da FUNDACENTRO.

O Processo retornou ao INSS, para ciência do interessado em relação ao Uniformização de Jurisprudência requerido. A Autarquia Previdenciária devolveu os autos ao CRPS informando que o recorrido não foi cientificado, pelo fato de não ter sido localizado no endereço registrado. Alegou que cumpre aos interessados atualizar o respectivo endereço, sempre que houver modificação temporária ou definitiva, nos termos do § 3° do art. 28 da Portaria/MPS n° 548/2011.

Com o entendimento de que foram preenchidos os pressupostos para o Pedido de Uniformização de Jurisprudência (fls. 606), a 1ª Câmara de Julgamento encaminhou o processo ao Presidente do CRPS, em obediência ao disposto no art. 63 do Regimento Interno do CRPS.

Após análise da Divisão de Assuntos Jurídicos, o Presidente do CRPS encaminhou o processo a este relator, para análise, relatoria e submissão da matéria ao Conselho Pleno (fls. 618).

EMENTA:

PEDIDO DE UNIFORMIZAÇÃO DE JURISPRUDÊNCIA DO INSS. APOSENTADORIA POR TEMPO DE CONTRIBUIÇÃO. Divergência demonstrada no enquadramento de tempo especial por exposição ao agente nocivo ruído, a partir de 19/11/2003. INSS alegou exigência da NHO-01 da Fundacentro para aferição do ruído. Monitoração ambiental diversa da NHO-01. Possibilidade. Fundamentação: arts. 3°, 63 do Regimento Interno do CRPS (Portaria MDSA n° 116/2017); Resoluções n°s 72/2018 e 32/2019 do Conselho Pleno do CRPS; Enunciado n° 13/2019 do Conselho Pleno do CRPS. Pedido de Uniformização de Jurisprudência conhecido e negado provimento ao INSS.

VOTO

O presente Pedido de Uniformização de Jurisprudência apresentado pelo INSS é tempestivo e atende aos requisitos para sua admissibilidade, em conformidade com o art. 63 do Regimento Interno do CRPS, aprovado pela Portaria MDSA n° 116/2017, cabendo destacar:

> *"Art. 63. O Pedido de Uniformização de Jurisprudência poderá ser requerido em casos*

MINISTÉRIO DA ECONOMIA-ME
SECRETARIA ESPECIAL DE PREVIDÊNCIA E TRABALHO
SECRETARIA DE PREVIDÊNCIA
CONSELHO DE RECURSOS DA PREVIDÊNCIA SOCIAL-CRPS
CONSELHO PLENO

concretos, pelas partes do processo, dirigido ao Presidente do respectivo órgão julgador, nas seguintes hipóteses:

I - quando houver divergência na interpretação em matéria de direito entre acórdãos de Câmaras de Julgamento do CRSS, em sede de Recurso Especial, ou entre estes e resoluções do Conselho Pleno; ou
(...)

§ 1º A divergência deverá ser demonstrada mediante a indicação do acórdão divergente, proferido nos últimos cinco anos, por outro órgão julgador, composição de julgamento, ou, ainda, por resolução do Conselho Pleno.
(...)

§ 5º O pedido de uniformização poderá ser formulado pela parte uma única vez, tratando-se do mesmo caso concreto ou da mesma matéria examinada em tese, à luz do mesmo acórdão ou resolução indicados como paradigma."

Conforme o inc. II do art. 3º do Regimento supracitado, compete ao Conselho Pleno: "*uniformizar, no caso concreto, as divergências jurisprudenciais entre as Juntas de Recursos nas matérias de sua alçada ou entre as Câmaras de julgamento em sede de Recurso Especial, mediante a emissão de Resolução*".

A Autarquia Previdenciária alegou divergência dos órgãos julgadores do CRPS em relação à exigência na utilização da técnica NHO 01 da Fundacentro para aferição do nível de ruído, a partir de 19/11/2003.

Divergências demonstradas pelo INSS:

1. Acórdão nº 2.945/2017 proferido pela 1ª Câmara de Julgamento, em 10/05/2017, que negou provimento ao Recurso Especial do INSS, **mantendo o enquadramento** por atividade especial do período de 01/01/2004 a 31/05/2005, laborado com exposição a ruído acima dos limites toleráveis, **independentemente de a aferição ser ou não pela técnica "NEN".**

2. Acórdãos paradigmas de órgãos julgadores que **não reconheceram o enquadramento de atividade especial por não comprovação da**

MINISTÉRIO DA ECONOMIA-ME
SECRETARIA ESPECIAL DE PREVIDÊNCIA E TRABALHO
SECRETARIA DE PREVIDÊNCIA
CONSELHO DE RECURSOS DA PREVIDÊNCIA SOCIAL-CRPS
CONSELHO PLENO

utilização da NHO-01 da Fundacentro, para a monitoração ambiental de agente nocivo ruído:

a) Acórdão nº 8.304/2016 proferido pela 1ª Câmara de Julgamento, em 14/10/2016, no julgamento do Processo nº 44232.350076/2015-10, que conheceu do Recurso Especial e, no mérito, deu provido ao INSS, indeferindo o enquadramento como atividade especial exercida nos períodos de 04/06/2001 a 30/07/2006, 01/01/2008 a 31/12/2008 e 01/11/2011 a 05/07/2013, fundamentando que a metodologia de medição do ruído utilizada está em desacordo com as normas, pois, a partir de 19/11/2003, a metodologia passou a ser definida pelas Normas de Higiene Ocupacional - NHO 01 da FUNDACENTRO, art. 58 da Lei nº 8.213/91 e art. 279 da IN 77/2015.

b) Acórdão nº 3159/2016 proferido pela 2ª Câmara de Julgamento, em 16/06/2016, no julgamento do Processo nº 44232.292641/2014-36, que conheceu do Recurso Especial e, no mérito, deu provimento parcial ao interessado, deixando de enquadrar o período de 01/06/2004 a 04/01/2014, com o argumento de que o PPP não está preenchido em conformidade com os parâmetros estabelecidos pela NHO-01 da FUNDACENTRO.

De fato, os Acórdãos apresentados possuem divergências em matéria análoga, o que reforça o acolhimento do presente pedido de Uniformização de Jurisprudência, nos termos do inciso I do art. 63 do Regimento Interno do CRPS: quando houver divergência na interpretação em matéria de direito entre acórdãos de Câmaras de Julgamento do CRPS, em sede de Recurso Especial, ou entre estes e resoluções do Conselho Pleno.

Diante do exposto, a matéria de direito controversa deverá ser restrita à possibilidade de reconhecimento de atividade especial por exposição ao ruído sem a utilização da metodologia prevista pela NHO-01 da Fundacentro, a partir de 19/11/2003.

Tendo em vista que a matéria de direito em questão já foi amplamente discutida por este Conselho Pleno, peço vênia ao nobre Conselheiro Guilherme Lustosa Pires, para trazer aos autos seus fundamentos e argumentos constantes do Voto que deu origem à Resolução nº 32/2019, emitida por este Colegiado em 24/09/2019.

"A observância da metodologia NHO-01 da Fundacentro para a monitoração ambiental do ruído foi introduzida pelo Decreto 4.882 de 18/11/2003 que acrescentou

MINISTÉRIO DA ECONOMIA-ME
SECRETARIA ESPECIAL DE PREVIDÊNCIA E TRABALHO
SECRETARIA DE PREVIDÊNCIA
CONSELHO DE RECURSOS DA PREVIDÊNCIA SOCIAL-CRPS
CONSELHO PLENO

o § 11º ao art. 68 do Decreto 3.048 de 1999[1]*, mas atualmente tal previsão legal está disposta no art. 68, § 12º do Decreto 3.048 de 1999, alterado pelo Decreto 8.213 de 16/10/2013*[2].

A diferença da monitoração ambiental do ruído pela NR-15 de 1978 da NHO-01 da Fundacentro se centra no fator de dobra, ou seja, um valor previamente estabelecido que somado ao nível de pressão sonora base escolhido pela legislação brasileira fará o limite máximo de exposição em horas/minutos ser reduzido pela metade, conforme tabela abaixo:

NR-15		*NHO-01*	
Nível de Ruído dB(A)	*Máxima Exposição Diária Permissível*	*Nível de Ruído dB(A)*	*Máxima Exposição Diária Permissível*
85	*08 horas*	*85*	*08 horas*
90	*04 horas*	*88*	*04 horas*
95	*02 horas*	*91*	*02 horas*
100	*01 hora*	*94*	*1 hora*
105	*30 minutos*	*97*	*30 minutos*
110	*15 minutos*	*100*	*15 minutos*
115	*07 minutos*	*103*	*07 minutos*

[1] Art. 68. A relação dos agentes nocivos químicos, físicos, biológicos ou associação de agentes prejudiciais à saúde ou à integridade física, considerados para fins de concessão de aposentadoria especial, consta do Anexo IV.
§ 11. As avaliações ambientais deverão considerar a classificação dos agentes nocivos e os limites de tolerância estabelecidos pela legislação trabalhista, bem como a metodologia e os procedimentos de avaliação estabelecidos pela Fundação Jorge Duprat Figueiredo de Segurança e Medicina do Trabalho - FUNDACENTRO. (Incluído pelo Decreto nº 4.882. de 2003)

[2] § 12. Nas avaliações ambientais deverão ser considerados, além do disposto no Anexo IV, a metodologia e os procedimentos de avaliação estabelecidos pela Fundação Jorge Duprat Figueiredo de Segurança e Medicina do Trabalho - FUNDACENTRO. (Incluído pelo Decreto nº 8.123, de 2013)

172.338.672-0

MINISTÉRIO DA ECONOMIA-ME
SECRETARIA ESPECIAL DE PREVIDÊNCIA E TRABALHO
SECRETARIA DE PREVIDÊNCIA
CONSELHO DE RECURSOS DA PREVIDÊNCIA SOCIAL-CRPS
CONSELHO PLENO

Em razão disso, foi sustentado que o nível de pressão sonora apurado pela NHO-01 será inferior ao nível de pressão sonora apurado pela NR 15, pois se ultrapassado o limite de tolerância com a utilização da NR-15, seguramente o nível de pressão sonora apurado pela NHO-OI também ultrapassará.

De qualquer forma, todos estes argumentos foram superados após a edição da Resolução nº 72 de 2018 de relatoria do Conselheiro Rodolfo Donadon, o qual a emenda colaciono abaixo:

> *APOSENTADORIA ESPECIAL. PEDIDO DE UNIFORMIZAÇÃO DE JURISPRUDENCIA. Divergência jurisprudencial entre as Câmaras de Julgamento no que tange conversão de tempo de atividade especial. Exposição ao agente nocivo ruído com a observância da técnica de apuração pela NHO-01 da Fundacentro. Competência para análise deste Conselho Pleno na forma do art. 3º inc. II do Regimento Interno do CRSS aprovado pela Portaria MDAS nº 116/2017. Pressupostos de Admissibilidade do pedido alcançados na forma do art. 63 do mesmo Regimento. A exigência do ruído em NEN, a partir de 18/11/2003, não é estritamente obrigatória podendo ser aceitas outras metodologias válidas que atestem o ruído por meio de dosimetria. Precedente do Conselho Pleno. Pedido de Uniformização conhecido e provido. Necessidade de revisão de ofício do acórdão impugnado na forma do § 12 do art. 63 do Regimento Interno do CRSS.*

Consequentemente, até 31/12/2003, a medição do ruído era regida pela NR-15, a qual previa vários métodos de monitoração ambiental do nível de pressão sonora, não somente a dosimetria, fato inclusive reconhecido pela própria perícia médica do INSS no item 2.6.4.4 do Novo Manual de Aposentadoria Especial, que estipula a possibilidade de monitoração ambiental por medição pontual até 11/1 1/2001 como metodologia apta a comprovar a exposição a ruído.

Por outro lado, a partir de 01/01/2004 é necessário demonstrar a monitoração ambiental por ***dosimetria de ruído ou pela NHO-01 da Fundacentro****."*

Cabe também registrar que o Enunciado 13/2019, emitido por este Conselho Pleno, estabelece que, atendidas as demais condições legais, considera-se especial, no âmbito do RGPS, a atividade exercida com exposição a ruído superior a 80 decibéis até 05/03/97, superior a 90 decibéis desta data até 18/11/2003, e superior a 85 decibéis a partir de então. Conforme o item III do mesmo Enunciado, a partir de 1º de janeiro de

MINISTÉRIO DA ECONOMIA-ME
SECRETARIA ESPECIAL DE PREVIDÊNCIA E TRABALHO
SECRETARIA DE PREVIDÊNCIA
CONSELHO DE RECURSOS DA PREVIDÊNCIA SOCIAL-CRPS
CONSELHO PLENO

2004, para a aferição de ruído contínuo ou intermitente, é obrigatória a utilização das metodologias contidas na Norma de Higiene Ocupacional 01 (NHO-01) da FUNDACENTRO **ou na NR-15**, que reflitam a medição de exposição durante toda a jornada de trabalho, vedada a medição pontual, devendo constar do PPP a técnica utilizada e a respectiva norma.

Portanto, não há impedimento na utilização de técnica diferente da NHO-01 da Fundacentro, para aferição do nível do ruído, a partir de 19/11/2003.

No caso concreto, para a elaboração do LTCAT foi observada a NR-15, com utilização do dosímetro para medir a exposição ao ruído (fls. 86 a 88 do processo completo). O PPP, emitido pela Companha Ultragaz S/A (fls. 51), informa que a exposição ao ruído foi de 93,9 dB (A), para o período de 03/06/2003 a 31/05/2005.

Finalizando, o acórdão hostilizado **está** em conformidade com o entendimento deste Conselho Pleno. Assim, deverá ser mantido o enquadramento, por atividade especial, do período de 01/01/2004 a 31/05/2005, laborado com exposição a ruído acima dos limites toleráveis, **independentemente da aferição ser ou não pela NHO-01 da Fundacentro**, ratificando, dessa forma, a decisão da 1ª Câmara de Julgamento, proferida por meio do Acórdão nº 2.945/2017.

Conclusão:

Pelo exposto, VOTO no sentido de, preliminarmente, **conhecer do pedido de Uniformização de Jurisprudência apresentado pelo INSS, e, no mérito, negar-lhe provimento**.

Brasília-DF, 29 de maio de 2020.

RENATO AGOSTINHO DAS CHAGAS
Relator

172.338.672-0

MINISTÉRIO DA ECONOMIA-ME
SECRETARIA ESPECIAL DE PREVIDÊNCIA E TRABALHO
SECRETARIA DE PREVIDÊNCIA
CONSELHO DE RECURSOS DA PREVIDÊNCIA SOCIAL-CRPS
CONSELHO PLENO

DECISÓRIO

RESOLUÇÃO Nº 09/2020

Vistos e relatados os presentes autos, em sessão realizada hoje, **ACORDAM** os membros do Conselho Pleno, por **UNANIMIDADE**, no sentido de **CONHECER DO PEDIDO DE UNIFORMIZAÇÃO DE JURISPRUDÊNCIA APRESENTADO PELO INSS**, para, no mérito, **NEGAR-LHE PROVIMENTO**, de acordo com o Voto do Relator e sua fundamentação.

Participaram, ainda, do presente julgamento os (as) Conselheiros (as): Vânia Pontes Santos, Gustavo Beirão Araújo, Paulo Sérgio de Carvalho Costa Ribeiro, Maria Madalena Silva Lima, Moisés Oliveira Moreira, Maria José de Paula Moraes, Bruna Danuey de Souza Santos, Sulamita Cristina Dias, Guilherme Lustosa Pires, Valter Sérgio Pinheiro Coelho, Rodolfo Espinel Donadon, Alexandra Álvares de Alcântara, Tarsila Otaviano da Costa e Adriene Cândida Borges.

Brasília-DF, 29 de maio de 2020

RENATO AGOSTINHO DAS CHAGAS
Relator

MARCELO FERNANDO BORSIO
Presidente

3.1.10 Resolução 10/2020 (vigilante/arma de fogo/tempo especial/limitação/ 28.04.95)

Objeto: Trata-se de Pedido de Uniformização de Jurisprudência interposto pelo segurado por suposta divergência de posicionamento entre Câmaras de Julgamento.

Decisão: Desprovida.

Tese jurídica: O enquadramento do vigilante como tempo especial com uso de arma de fogo somente poderá ocorrer até 28/04/1995.

MINISTÉRIO DA ECONOMIA-ME
SECRETARIA ESPECIAL DE PREVIDÊNCIA E TRABALHO
SECRETARIA DE PREVIDÊNCIA
CONSELHO DE RECURSOS DA PREVIDÊNCIA SOCIAL-CRPS
CONSELHO PLENO

Número do Processo: 44232.870043/2016-72
Unidade de Origem: Agência da Previdência Social Barbacena
Benefício: 42/176.712.817-4
Espécie: Aposentadoria por Tempo de Contribuição
Recorrente: Ronaldo Fernandes de Oliveira
Recorrido: Instituto Nacional do Seguro Social - INSS
Assunto: Pedido de Uniformização de Jurisprudência
Relator: Renato Agostinho das Chagas

(Processo Eletrônico)

Relatório

As páginas informadas referem-se ao processo completo (Árvore Documental-form.PDF).

Trata-se de pedido de UNIFORMIZAÇÃO DE JURISPRUDÊNCIA, apresentado, em 08/08/2017, pelo senhor Ronaldo Fernandes de Oliveira, por intermédio de seu representante legal (fls. 128).

O presente pedido foi interposto em decorrência da decisão proferida, em 01/06/2017, pela 3ª Câmara de Julgamento, por do meio do Acórdão nº 4.099/2017 (fls. 123), que negou provimento ao Recurso Especial do interessado, não reconhecendo, como tempo de atividade especial, os períodos entre 29/04/1995 a 24/06/2016 exercidos na função de vigilante, com porte de arma de fogo. O Colegiado entendeu ser possível promover o enquadramento por categoria profissional até 28/04/1995, data de vigência da Lei 9.032/95, independentemente do uso de arma de fogo. Não consta dos autos, a ciência do interessado, ou de seu representante, da decisão supracitada.

O interessado, com base no art. 63 do Regimento Interno do CRPS, alegou divergência na interpretação de matéria de direito entre Câmaras de Julgamentos, no tocante à aposentadoria especial do trabalhador na função de vigilante armado. Para materializar sua alegação, trouxe aos autos os seguintes Acórdãos como paradigmas:

1) Acórdão nº 3.458/2014 proferido pela extinta 1ª Composição Adjunta da 4ª Câmara de Julgamento no julgamento do Processo nº 44232.105778/2013-89, NB 42/161.778.410-6 – O Colegiado deu provimento ao recurso do interessado, reconhecendo o enquadramento, como tempo de atividade especial, do período

MINISTÉRIO DA ECONOMIA-ME
SECRETARIA ESPECIAL DE PREVIDÊNCIA E TRABALHO
SECRETARIA DE PREVIDÊNCIA
CONSELHO DE RECURSOS DA PREVIDÊNCIA SOCIAL-CRPS
CONSELHO PLENO

laborado como vigilante após 28/04/1995, do lapso de 21/10/1997 a 21/06/2013. O pedido de Revisão de Ofício apresentado pelo INSS foi rejeitado.

2) Acórdão nº 1.605/2014 proferido pela extinta 1ª Composição Adjunta da 4ª Câmara de Julgamento, no julgamento do Processo nº 44232.131354/2013-70, NB 42/156.235.058-2 – O Colegiado deu provimento parcial ao recurso do interessado, reconhecendo o enquadramento, como tempo de atividade especial, dos períodos laborados como vigilante após 28/04/1995, dos lapsos de 01/04/2008 a 03/04/2009; 20/02/2008 a 17/12/2012 e de 11/05/2010 a 17/12/2001.

Com o entendimento de que foram preenchidos os pressupostos para o Pedido de Uniformização de Jurisprudência (fls. 158), a 3ª Câmara de Julgamento encaminhou o processo ao Presidente do Conselho Pleno para providências do § 3º do art. 63 do Regimento Interno do CRPS.

O Vice-Presidente do CRPS reconheceu que foram preenchidos os requisitos de admissibilidade do presente Pedido, com fundamento no art. 63 do Regimento Interno do CRPS (fls. 159).

De ordem do Presidente do CRPS, o processo foi encaminhado a este conselheiro, para relatoria e submissão da matéria ao Conselho Pleno (fls. 160).

EMENTA:

APOSENTADORIA POR TEMPO DE CONTRIBUIÇÃO. PEDIDO DE UNIFORMIZAÇÃO DE JURISPRUDENCIA. Divergência jurisprudencial entre as Câmaras de Julgamento em relação ao enquadramento da atividade de vigilante após 28/04/1995. Pressupostos de Admissibilidade do pedido alcançados na forma do art. 63 do Regimento Interno do CRPS (Portaria MDSA 116/2017). A Lei nº 9.032/1995 aboliu a modalidade de enquadramento por categoria profissional não sendo permitido ao Conselho enquadrar a atividade de vigilante a partir de 29/04/1995, por inexistência de previsão legal. Estrita observância do julgamento ao previsto em lei, decreto e ato normativo ministerial, na forma do art. 69 do Regimento Interno do CRPS. Fundamentação: Lei nº 9.032/1995; arts. 57, 58 da Lei nº 8.213/1991; arts. 63 e 68 do Decreto nº 3.048/199; arts. 3º, 63, 69 do Regimento Interno do CRPS; Resoluções nºs 08/2016 e 13/2017 do Conselho Pleno do CRPS. Pedido de Uniformização conhecido e improvido.

MINISTÉRIO DA ECONOMIA-ME
SECRETARIA ESPECIAL DE PREVIDÊNCIA E TRABALHO
SECRETARIA DE PREVIDÊNCIA
CONSELHO DE RECURSOS DA PREVIDÊNCIA SOCIAL-CRPS
CONSELHO PLENO

VOTO

Tendo em vista que não foi juntado aos autos a ciência da decisão da 3ª Câmara de Julgamento pelo interessado, considero tempestivo o presente Pedido de Uniformização de Jurisprudência, reconhecendo que atende aos requisitos para sua admissibilidade, em conformidade com o art. 63 do Regimento Interno do CRPS, aprovado pela Portaria MDSA nº 116/2017, cabendo destacar:

> *"Art. 63. O Pedido de Uniformização de Jurisprudência poderá ser requerido em casos concretos, pelas partes do processo, dirigido ao Presidente do respectivo órgão julgador, nas seguintes hipóteses:*
>
> *I - quando houver divergência na interpretação em matéria de direito entre acórdãos de Câmaras de Julgamento do CRSS, em sede de Recurso Especial, ou entre estes e resoluções do Conselho Pleno; ou*
> *(...)*
>
> *§ 1º A divergência deverá ser demonstrada mediante a indicação do acórdão divergente, proferido nos últimos cinco anos, por outro órgão julgador, composição de julgamento, ou, ainda, por resolução do Conselho Pleno.*
> *(...)*
> *§ 5º O pedido de uniformização poderá ser formulado pela parte uma única vez, tratando-se do mesmo caso concreto ou da mesma matéria examinada em tese, à luz do mesmo acórdão ou resolução indicados como paradigma."*

Conforme o inc. II do art. 3º do Regimento supracitado, compete ao Conselho Pleno: "*uniformizar, no caso concreto, as divergências jurisprudenciais entre as Juntas de Recursos nas matérias de sua alçada ou entre as Câmaras de julgamento em sede de Recurso Especial, mediante a emissão de Resolução*".

No presente pedido, o interessado alegou divergência na interpretação de matéria de direito entre a 3ª Câmara de Julgamento, que, por meio do Acórdão nº 4.099/2017 (fls. 123), negou provimento ao seu Recurso Especial, não reconhecendo, como tempo de atividade especial, os períodos trabalhados como vigilante, com porte de arma de

176.712.817-4 3

MINISTÉRIO DA ECONOMIA-ME
SECRETARIA ESPECIAL DE PREVIDÊNCIA E TRABALHO
SECRETARIA DE PREVIDÊNCIA
CONSELHO DE RECURSOS DA PREVIDÊNCIA SOCIAL-CRPS
CONSELHO PLENO

fogo, e a extinta 1ª Composição Adjunta da 4ª Câmara de Julgamento, conforme os Acórdãos paradigmas relacionados abaixo.

1) Acórdão nº 3.458/2014 proferido pela 1ª Composição Adjunta da 4ª Câmara de Julgamento, que deliberou pelo enquadramento de períodos laborados como vigilante, com porte de arma de fogo, após 28/04/1995 (Processo nº 44232.105778/2013-89, NB 42/161.778.410-6).

2) Acórdão nº 1.605/2014 proferido pela 1ª Composição Adjunta da 4ª Câmara de Julgamento, que deliberou pelo enquadramento de períodos laborados como vigilante, com porte de arma de fogo, após 28/04/1995 (Processo nº 44232.131354/2013-70, NB 42/156.235.028-2).

De fato, os Acórdãos apresentados possuem divergências em matéria análoga, o que reforça o acolhimento do presente pedido de Uniformização de Jurisprudência, nos termos do inciso I do art. 63 do Regimento Interno do CRPS: quando houver divergência na interpretação em matéria de direito entre acórdãos de Câmaras de Julgamento do CRPS, em sede de Recurso Especial, ou entre estes e resoluções do Conselho Pleno.

Diante do exposto, a matéria de direito controversa restringirá à possibilidade de enquadramento, como tempo de atividade especial, de períodos laborados como vigilante após 28/04/1995.

É importante mencionar que, conforme o art. 69 do Regimento Interno do CRPS, é vedado aos órgãos julgadores do CRPS afastar a aplicação, por inconstitucionalidade ou ilegalidade, de tratado, acordo internacional, lei, decreto ou ato normativo ministerial em vigor, ressalvados os casos previstos no referido artigo.

Tendo em vista que a matéria em questão já foi amplamente discutida por este Conselho Pleno, peço vênia ao nobre Conselheiro Rodolfo Espinel Donadon, para trazer aos autos seus fundamentos e argumentos constantes do Voto que deu origem à Resolução nº 13/2017, emitida por este Colegiado em 24/05/2016.

> *"Nos termos do Código 2.5.7 do Anexo III do Decreto nº 53.831/64, enquadra-se por atividade a função de "bombeiros, investigadores, guardas." O vigilante foi equiparado à guarda para fins de enquadramento por atividade, fato verificado na própria conceituação definida na Instrução Normativa — IN/INSS, nº 77 de 21/01/15, em seu art. 273, inc. II, a saber:*

MINISTÉRIO DA ECONOMIA-ME
SECRETARIA ESPECIAL DE PREVIDÊNCIA E TRABALHO
SECRETARIA DE PREVIDÊNCIA
CONSELHO DE RECURSOS DA PREVIDÊNCIA SOCIAL-CRPS
CONSELHO PLENO

> *Art. 273. Deverão ser observados os seguintes critérios para o enquadramento do tempo de serviço como especial nas categorias profissionais ou nas atividades abaixo relacionadas:*
> *II - guarda, vigia ou vigilante até 28 de abril de 1995:*
> *a) entende-se por guarda, vigia ou vigilante o empregado que tenha sido contratado para garantir a segurança patrimonial, com uso de arma de fogo, impedindo ou inibindo a ação criminosa em patrimônio das instituições financeiras e de outros estabelecimentos públicos ou privados, comerciais, industriais ou entidades sem fins lucrativos, bem como pessoa contratada por empresa especializada em prestação de serviços de segurança, vigilância e transporte de valores, para prestar serviço relativo atividade de segurança privada de pessoa e residências; e*
> *b) a atividade do guarda, vigia ou vigilante na condição de contribuinte individual não será considerada como especial; (grifo nosso)*

Em um breve histórico legal da divergência acima apontada, a redação original do art. 57 da Lei nº 8.213/91 estabelecia os requisitos da aposentadoria especial ao segurado que cumprisse o tempo mínimo de trabalho conforme atividade profissional, sujeito a condições especiais que prejudicassem a saúde ou a integridade física. Expressamente, nos §§ 3º e 4º do referido artigo se trata de análise do trabalhador integrante de categoria profissional enquadrado, a saber:

> *Art. 57. A aposentadoria especial será devida, uma vez cumprida a carência exigida nesta lei, ao segurado que tiver trabalhado durante 15 (quinze), 20 (vinte) ou 25 (vinte e cinco) anos, conforme a atividade profissional, sujeito a condições especiais que prejudiquem a saúde ou a integridade física. (redação original)*
>
> *(...)*
>
> *§ 3º O tempo de serviço exercido alternadamente em atividade comum e em atividade profissional sob condições especiais que sejam ou venham a ser consideradas prejudiciais à saúde ou à integridade física será somado, após a respectiva conversão, segundo critérios de equivalência estabelecidos pelo Ministério do Trabalho e da Previdência Social, para efeito de qualquer benefício.*

MINISTÉRIO DA ECONOMIA-ME
SECRETARIA ESPECIAL DE PREVIDÊNCIA E TRABALHO
SECRETARIA DE PREVIDÊNCIA
CONSELHO DE RECURSOS DA PREVIDÊNCIA SOCIAL-CRPS
CONSELHO PLENO

> *§ 4º 0 período em que o trabalhador integrante de categoria profissional enquadrada neste artigo permanecer licenciado do emprego, para exercer cargo de administração ou de representação sindical, será contado para aposentadoria especial.*

Por sua vez, com o advento da Lei nº 9.032 de 28/04/1995, o caput do artigo e os §§ 3º e 4º foram alterados, excluído a análise da atividade profissional e exigindo a prova de trabalho sujeito a condições especiais, com tempo de exposição permanente, não ocasional nem intermitente. Caberia ao segurado comprovar, além do trabalho, a exposição ao agente nocivo químico, físico, biológico ou em associação de agentes, a saber:

> *Art. 57. A aposentadoria especial será devida, uma vez cumprida a carência exigida nesta Lei, ao segurado que tiver trabalhado sujeito a condições especiais que prejudiquem a saúde ou a integridade física, durante 15 (quinze), 20 (vinte) ou 25 (vinte e cinco) anos, conforme dispuser a lei. (Redação dada pela Lei no 9.032 de 1995)*
>
> *(...)*
>
> *§ 3º A concessão da aposentadoria especial dependerá de comprovação pelo segurado, perante o Instituto Nacional do Seguro Social—INSS, do tempo de trabalho permanente, não ocasional nem intermitente, em condições especiais que prejudiquem a saúde ou a integridade física, durante o período mínimo fixado.*
>
> *§ 4º 0 segurado deverá comprovar, além do tempo de trabalho, exposição aos agentes nocivos químicos, físicos, biológicos ou associação de agentes prejudiciais à saúde ou à integridade física, pelo período equivalente ao exigido para a concessão do benefício.*

Desta forma, em termos legais, a partir de 29/04/95, não mais se enquadra por atividade nenhuma atividade, sendo necessária a prova da atividade especial por parte do segurado entre os rol dos agentes nocivos arrolados nos Anexos dos Decretos nº 53.831/64 e 83.080/81: Físico: Calor, Frio, Umidade, Radiação, Trepidação, Ruído, Pressão, Eletricidade; Químico: Arsênio, Berílio, Cádmio, Chumbo, e outros; Biológicos: germes infecciosos ou parasitários humanos, animais, e outros.

MINISTÉRIO DA ECONOMIA-ME
SECRETARIA ESPECIAL DE PREVIDÊNCIA E TRABALHO
SECRETARIA DE PREVIDÊNCIA
CONSELHO DE RECURSOS DA PREVIDÊNCIA SOCIAL-CRPS
CONSELHO PLENO

O § 1º do art. 201 da CF/88 dispõe ser "vedada a adoção de requisitos e critérios diferenciados para a concessão de aposentadoria (...), ressalvados os casos de atividades exercidas sob condições especiais que prejudiquem a saúde ou a integridade física (...)". Ao se analisar o entendimento doutrinário[1] e jurisprudencial[2], menciona-se que o prejuízo à integridade física se correlaciona ao agente periculosidade. No mesmo entendimento, o caput do art. 57 da Lei nº 8.213/91 também faz referência à integridade física do trabalhador, em consequência, da periculosidade. Portanto, a exclusão do agente periculosidade não poderia ser feita por Decreto, além da taxatividade do rol dos agentes nocivos.

Fábio Zambitti, ao analisar a aposentadoria especial, especificamente quanto ao enquadramento por atividade, menciona:

> *"A regra antecedente deste benefício possibilitava a aposentação para . seguradas pertencentes a determinadas categorias e aos que laboravam com agentes nocivos. A modificação da Lei nº 9.032/95 restringiu este benefício aos últimos. A modificação foi correta, pois excluiu a possibilidade de alguns se aposentarem se comprovação da nocividade de sua atividade, em prejuízo dos sistema previdenciário, somente por pertencerem a determinadas categorias profissionais.[3]"*

Mais além, o Autor reconhece que, decorrente do princípio do tempus regis actum (lei vigente à época do fato gerador),

> *"(...) até os dias de hoje, o enquadramento por categoria profissional é válido, para fins de conversão de períodos pretéritos à Lei nº 9.032/05 (sic) e ao Decreto nº 2.172/97. Pessoalmente, acredito que a conversão por categoria profissional seria somente possível até o advento da Lei nº 9.032/05 (sic), até pelo fato da legislação pretérita já prever enquadramento, também, por agente nocivo, muito embora os Tribunais, na maioria, tenham uma preferência pelo enquadramento, ainda por categoria profissional, até a completa*

[1] LANDENTHIN, Adriana Bramante de Castro. Aposentadoria especial: teoria e prática. Curitiba: Juruá, 2013, pags.74/76 e 80.

[2] STJ. RESP 1602919/PR Recurso Especial. Rel. Excl. Sr. Min. Herman Benamin, 2ª Turma, Julgamento em 14/06/16. Publicado em 05/09/16.

[3] Ibrahim, Fábio Zambitte, Curso de Direito Previdenciário, 17. ed. Rio de Janeiro, Impetus, 2012, pág.622.

MINISTÉRIO DA ECONOMIA-ME
SECRETARIA ESPECIAL DE PREVIDÊNCIA E TRABALHO
SECRETARIA DE PREVIDÊNCIA
CONSELHO DE RECURSOS DA PREVIDÊNCIA SOCIAL-CRPS
CONSELHO PLENO

> *regulamentação da matéria, pelo Decreto nº 2.172/97, que aprovou o antigo Regulamento de Benefícios da Previdência Social.[4]"*

Quando o Autor correlaciona o enquadramento por atividade e por agente nocivo, entende-se como nos casos de médico: enquadranvento por atividade – código 2.1.3 e por agente nocivo - código 1.3.2; operador de perfuratriz na construção civil: enquadramento por atividade – código 2.3.3 e por agente nocivo – código 1.1.5 (trepidação), entre outros.

Ou seja, se a atividade desempenhada pelo segurado deixou de ser enquadrada, caberia ao segurado, a partir de 29/04/95, comprovar perante o INSS que trabalhou exposto a algum agente nocivo, seja físico, químico ou biológico.

Por outro lado, Adriane Bramante, discorrendo sobre o tema, faz referências, inclusive, a jurisprudência do STJ limitando a análise do enquadramento por atividade até 28/04/95 (AR 2.745/PR Rel. Ministro Sebastião Reis Junior, 3 ª Seção, Dje 08/05/13; REsp 421.062/RS, Rel. Min. Arnaldo Esteves Lima, 5 ª Turma, Dj 07/11/05). Conforme a Autora, "A partir da Lei 9.032/95, só ficaram em vigor os agentes nocivos dessas relações, considerando que o enquadramento por ocupação foi revogado pela referida lei. [5]"

Destarte, outras profissões não possuem o duplo código de conversão. Neste rol, temos justamente a categoria do processo ora analisado vigilante com enquadramento por atividade somente no referido código 2.5.7, classificado como perigoso. Não se encaixa textualmente em nenhum agente nocivo físico, químico ou biológico, porém, caberia ao segurado comprovar que na sua atividade esteve exposto a algum agente nocivo, como por exemplo, exposição a poeira mineral em trabalho em mina de exploração de minério, ou ruído, com posto de trabalho próximo a setor de produção de indústria têxtil, enfim, algum agente nocivo.

A Constituição Federal expressamente determinou a regulamentação do art. 201 por meio de Lei. No caso, instituída a Lei nº 8.213/91 e suas alterações, por sua vez, foi regulamentada pelo Decreto nº 3.048/99.

[4] Idem, pág. 633.

[5] Ladenthin, Adriane Bramante de Castro, idem, pág. 133.

MINISTÉRIO DA ECONOMIA-ME
SECRETARIA ESPECIAL DE PREVIDÊNCIA E TRABALHO
SECRETARIA DE PREVIDÊNCIA
CONSELHO DE RECURSOS DA PREVIDÊNCIA SOCIAL-CRPS
CONSELHO PLENO

Portanto, no campo administrativo, a simples alegação de ilegalidade ou mesmo inconstitucionalidade de aplicação do Decreto não tem guarida. Incidência clara do referido art. 69 do Regimento Interno da Casa.

Não significa que somente o fato de ser vigilante impede a análise do período posterior a 29/04/95. Pode até vir a ser convertido, mas administrativamente, não pelo código 2.5.7. Retomando ao já referido art. 69 do RI/CRSS, ao CRSS cumpre aplicar o exposto em lei, decreto e ato normativo ministerial. Se a Lei nº 9.032/95 aboliu a espécie enquadramento por atividade, não penso que o Conselho tenha o aval legal para enquadrar essa atividade até 05/03/97 ou mesmo após 06/03/97, no código 2.5.7, por falta de previsão legal, respeitando o entendimento jurisprudencial e doutrinário a respeito.

Abro um parêntese para indicar que já foi proferido neste Pleno um julgamento, por maioria de votos, a respeito de análise do agente nocivo eletricidade após 06/03/97, com entendimento no sentido de conversão somente até 05/03/97 por falta de previsão legal a partir do advento do Decreto 2.172/97. Nesse sentido, a Resolução nº 08/2016, de 23/03/2016, com a seguinte ementa:

> *PEDIDO DE UNIFORMIZAÇÃO DE JURISPRUDÊNCIA. APOSENTADORIA POR TEMPO DE CONTRIBUIÇÃO. ATIVIDADE ESPECIAL. ELETRICIDADE. INVIABILIDADE DE ENQUADRAMENTO DE PERÍODOS A PARTIR DE 06/03/97.*
> *1. O agente nocivo eletricidade, a partir de 06/03/97, foi excluído do rol de agentes que propicia a concessão da aposentadoria especial, não podendo ser considerada para fins de reconhecimento da especialidade das atividades exercidas pelo segurado.*
> *2. Pedido de Uniformização de Jurisprudência conhecido e provido. (Cons. Rel. Geraldo Almir Arruda)*

É importante salientar que no caso de eletricidade existe um código 1.1.8 do Anexo III do Decreto nº 53.831/64 que estabelece a nocividade quando exposto a tensões elétricas superiores a 250 volts. Ou seja, há um norte a ser seguido. A discussão posta no julgamento acima se dava sobre a aplicação do referido código 1.1.8 em data posterior a sua extinção pelo Poder Executivo.

Vejo uma similaridade dos casos, ambos voltados para uma análise legal conforme art. 69 do RI/CRSS, com observância do princípio da

MINISTÉRIO DA ECONOMIA-ME
SECRETARIA ESPECIAL DE PREVIDÊNCIA E TRABALHO
SECRETARIA DE PREVIDÊNCIA
CONSELHO DE RECURSOS DA PREVIDÊNCIA SOCIAL-CRPS
CONSELHO PLENO

legalidade; intenção real do Poder Executivo quando retirou o agente eletricidade do rol dos agentes contidos no Anexo IV do Decreto 2.172/97 que, por sua vez, foi revista após estudo técnico e sofreu alteração com inclusão da Lista Nacional de Agentes Cancerígenos instituída pela Portaria Interministerial MTE/MPS nº 9, de 07/10/2014 sem qualquer menção ao agente eletricidade; a conversão é autorizada pelo Poder Judiciário que detém o poder de controle da constitucionalidade das leis e demais atos normativos, poder esse que o Conselho não o detém.

Outros argumentos que podem ser realçados:

Retomo a análise do Decreto nº 3.048/99 e destaco os seguintes dispositivos legais:

> *Art. 64. (....)*
>
> *§ 2º Consideram-se condições especiais que prejudiquem a saúde e a integridade física aquelas nas quais a exposição ao agente nocivo ou associação de agentes presentes no ambiente de trabalho esteja acima dos limites de tolerância estabelecidos segundo critérios quantitativos ou esteja caracterizada segundo os critérios da avaliação qualitativa dispostos no § 2º do art. 68. (Redação dada pelo Decreto nº 8.123, de 2013)*
>
> *Art. 68. A relação dos agentes nocivos químicos, físicos, biológicos ou associação de agentes prejudiciais à saúde ou à integridade física, considerados para fins de concessão de aposentadoria especial, consta do Anexo IV.*
>
> *§ 1º As dúvidas sobre o enquadramento dos agentes de que trata o caput, para efeito do disposto nesta Subseção, serão resolvidas pelo Ministério do Trabalho e Emprego e pelo Ministério da Previdência e Assistência Social.*
>
> *(...)*

O que se percebe pela análise dos dispositivos legais acima citados, principalmente as partes em destaque, é que o Poder Executivo regulamentou os critérios de análise dos agentes nocivos, conforme previsto no art. 58 da Lei nº 8.213/91. Estão definidos critérios quantitativos e qualitativos, contidos no Anexo IV do Decreto nº 3.048/99.

MINISTÉRIO DA ECONOMIA-ME
SECRETARIA ESPECIAL DE PREVIDÊNCIA E TRABALHO
SECRETARIA DE PREVIDÊNCIA
CONSELHO DE RECURSOS DA PREVIDÊNCIA SOCIAL-CRPS
CONSELHO PLENO

Dúvidas sobre enquadramentos seriam revolvidas pelo então Ministério do Trabalho e da Previdência Social.

Neste contexto, do ponto de vista administrativo, a inexistência de um código não é meramente um detalhe. Por traz desse código há todo um estudo feito por quem de competência. E pelo código que se sabe se uma atividade depende de 15, 20 ou 25 anos de tempo especial, se o agente é químico, físico ou biológico, se análise é quantitativa ou qualitativa. No mais, limita o poder de atuação da administração. Se não tem código que embasa a conversão, poderia ser utilizado qualquer critério de análise estabelecido pelo Poder Judiciário, Estudo Técnico independente, inclusive, entender que aquela atividade do segurado exposta ao agente seria passível de conversão por fator de tempo — 15 anos — por exemplo. Não existiria qualquer vedação legal nesse sentido considerando que estaria amparado por algum Estudo Técnico independente, mesmo sem a chancela do Poder Executivo."

Diante de todo o exposto, é possível afirmar que, em decorrência da Lei nº 9.032/95, o enquadramento, como tempo de atividade especial, por categoria profissional, do vigilante somente pode ocorrer até 28/04/1995. A partir de 29/04/1995, o enquadramento poderá ocorrer, desde que comprovado que o vigilante esteve exposto a algum agente nocivo legalmente instituído, seja ele químico, físico ou biológico, levando em conta a avaliação quantitativa e qualitativa de tal exposição.

Dito isto, o Acórdão hostilizado emitido pela 3ª Câmara de Julgamento, de nº 4.099/2017, está em conformidade com a legislação e com o entendimento deste Conselho Pleno. Assim, deverá ser mantida a decisão de não enquadrar como especial os períodos entre 29/04/1995 a 24/06/2016, exercidos na função de vigilante, com porte de arma de fogo.

Conclusão:

Pelo exposto, voto no sentido de, preliminarmente, **conhecer do pedido de Uniformização de Jurisprudência apresentado pelo interessado, e, no mérito, negar-lhe provimento.**

Brasília-DF, 29 de maio de 2020.

RENATO AGOSTINHO DAS CHAGAS
Relator

MINISTÉRIO DA ECONOMIA-ME
SECRETARIA ESPECIAL DE PREVIDÊNCIA E TRABALHO
SECRETARIA DE PREVIDÊNCIA
CONSELHO DE RECURSOS DA PREVIDÊNCIA SOCIAL-CRPS
CONSELHO PLENO

DECISÓRIO

RESOLUÇÃO Nº 10/2020

Vistos e relatados os presentes autos, em sessão realizada hoje, **ACORDAM** os membros do Conselho Pleno, por **UNANIMIDADE**, no sentido de **CONHECER DO PEDIDO DE UNIFORMIZAÇÃO DE JURISPRUDÊNCIA APRESENTADO PELO INTERESSADO**, para, no mérito, **NEGAR-LHE PROVIMENTO**, de acordo com o Voto do Relator e sua fundamentação.

Participaram, ainda, do presente julgamento os (as) Conselheiros (as): Vânia Pontes Santos, Gustavo Beirão Araújo, Paulo Sérgio de Carvalho Costa Ribeiro, Maria Madalena Silva Lima, Moisés Oliveira Moreira, Maria José de Paula Moraes, Bruna Danuey de Souza Santos, Sulamita Cristina Dias, Guilherme Lustosa Pires, Valter Sérgio Pinheiro Coelho, Rodolfo Espinel Donadon, Alexandra Álvares de Alcântara, Tarsila Otaviano da Costa e Adriene Cândida Borges.

Brasília-DF, 29 de maio de 2020

RENATO AGOSTINHO DAS CHAGAS
Relator

MARCELO FERNANDO BORSIO
Presidente

3.1.11 Resolução 11/2020 (BPC/LOAS/MISERABILIDADE/CRITÉRIO/LEGAL)

Objeto: Trata-se de Resolução que julgou Reclamação interposta pelo INSS alegando que a decisão da Câmara de Julgamento violou a Questão 16 do Parecer Vinculante CONJUR MPS 616/2010.

Decisão: Provida.

Tese jurídica: Deve ser adotado o critério de miserabilidade da renda *per capita* familiar do artigo 20, §3º, da Lei 8.742/93, permitindo o §11 que outros aspectos sejam analisados.

MINISTÉRIO DA ECONOMIA-ME
SECRETARIA ESPECIAL DE PREVIDÊNCIA E TRABALHO
SECRETARIA DE PREVIDÊNCIA
CONSELHO DE RECURSOS DA PREVIDÊNCIA SOCIAL-CRPS
CONSELHO PLENO

Número do Processo: 44232.097303/2013-10
Benefício: 88/700.048.702-0
Unidade de Origem: Agência da Previdência Social Salvador- Periperi
Espécie: Benefício de Prestação Continuada da Assistência Social ao Idoso.
Tipo de Processo: Reclamação ao Conselho Pleno
Recorrente: Instituto Social do Seguro Social - INSS
Recorrido: Nilza Souza Machado
Relator: Renato Agostinho das Chagas

(Processo Eletrônico)

Relatório

As páginas informadas referem-se ao processo completo (Árvore Documental-form.PDF).

Trata-se de RECLAMAÇÃO AO CONSELHO PLENO, datada de **03/04/2017**, apresentada pelo INSS, em oposição à decisão proferida pela extinta 1ª Composição Adjunta da 3ª Câmara de Julgamento, por meio do Acórdão 1.763/2016 (Evento 54), que reconheceu o direito à concessão do primeiro benefício assistencial ao idoso requerido em 27/11/2012 (NB 88/700.048.702-0), e solicitou ao Instituto que tornasse insubsistente o benefício concedido posteriormente, com início em 20/01/2014 (NB 88/700.720.610-8), bem como, que procedesse os devidos acertos financeiros. A Reclamação interposta está fundamentada no art. 64 do Regimento Interno do CRPS, mediante alegação que o Colegiado contrariou frontalmente o PARECER/CONJUR/MPS/Nº 616/2010.

O primeiro benefício requerido foi indeferido em razão da renda familiar per capitar ter sido superior a ¼ do salário mínimo. O Instituto alegou que, no momento da 1ª DER, a interessada declarou que morava com uma filha, a qual possuía renda (R$ 632,00), o que acabou motivando o indeferimento do benefício (fls. 2). O Recibo de Pagamento do Salário Mensal da filha foi anexado aos autos (fls. 9).

A Autarquia Previdenciária informou que posteriormente foi concedido um benefício da mesma espécie para a interessada, com início a partir de 20/01/2014, mediante constatação de que ela era a única do grupo familiar. O INSS aduz que a composição do grupo familiar se modifica bastante.

Quando do Recurso Ordinário, em 24/05/2013, a interessada informou que sua filha havia mudado e que morava só (fls. 27). Conforme Pesquisa Externa realizada

700.048.702-0 1

MINISTÉRIO DA ECONOMIA-ME
SECRETARIA ESPECIAL DE PREVIDÊNCIA E TRABALHO
SECRETARIA DE PREVIDÊNCIA
CONSELHO DE RECURSOS DA PREVIDÊNCIA SOCIAL-CRPS
CONSELHO PLENO

em 01/08/2014, por diligência da Junta de Recursos, constatou-se que a requerente morava com um filho maior, mas que não tinha renda (fls. 39 a 40).

Em 03/06/2015, a 3ª Junta de Recursos, por meio do Acórdão nº 2.879/2015, conheceu e deu provimento ao Recurso Ordinário da interessada, reconhecendo o direito à concessão do benefício desde a 1ª DER, por entender que a renda per capita não era igual ou superior a ¼ do salário mínimo vigente na DER. O Colegiado considerou que, após diligência, foi constatado que a interessada morava somente com um filho, que não tinha rendimentos (fls. 46).

Mediante Recurso Especial, datado de 09/06/2015, o INSS requereu a reforma do Acórdão nº 2.879/2015, aduzindo que, na DER, a renda per capita era superior a ¼ do salário mínimo vigente, não atendendo assim o disposto no § 3º do art. 20 da Lei 8.742/93 (fls. 55). A interessada não apresentou contrarrazões.

Em 19/04/2016, por meio do Acórdão nº 1.763/2016, a extinta 1ª Composição Adjunta da 3ª Câmara de Julgamento conheceu e negou provimento ao Recurso Especial ao INSS, reconhecendo o direito ao primeiro benefício requerido, em 27/11/2012, e solicitou que a Autarquia Previdenciária tornasse insubsistente o benefício concedido posteriormente, com início em 20/01/2014 (NB 88/700.720.610-8), bem como, que procedesse os devidos acertos financeiros (fls. 65).

O INSS interpôs Embargos Declaratórios contra a decisão da extinta 1ª Composição Adjunta da 3ª Câmara de Julgamento (fls. 71). Os Embargos não foram conhecidos por intempestividade, conforme Despacho da Presidente do Colegiado, datado de 24/03/2017 (fls. 85).

Em 03/04/2017, o INSS apresentou, tempestivamente, a presente Reclamação alegando que a decisão da extinta 1ª Composição Adjunta da 3ª Câmara de Julgamento contraria frontalmente o PARECER/CONJUR/MPS/Nº 616/2010. A Autarquia Previdenciária aduz que o amparo social não pode ser concedido em razão da renda familiar per capita ser SUPERIOR a ¼ do salário mínimo **na data de entrada do requerimento** (fls.86).

Em 09/10/2019, o Vice-Presidente do CRPS reconheceu que foram preenchidos os requisitos de admissibilidade da presente Reclamação, com fundamento no inciso II do art. 64 do Regimento Interno do CRPS (fls. 92).

De ordem do Presidente do CRPS, o processo foi encaminhado a este conselheiro, para relatoria e submissão da matéria ao Conselho Pleno (fls. 95).

MINISTÉRIO DA ECONOMIA-ME
SECRETARIA ESPECIAL DE PREVIDÊNCIA E TRABALHO
SECRETARIA DE PREVIDÊNCIA
CONSELHO DE RECURSOS DA PREVIDÊNCIA SOCIAL-CRPS
CONSELHO PLENO

EMENTA:

BENEFÍCIO DE PRESTAÇÃO CONTINUADA. AMPARO SOCIAL AO IDOSO. LOAS. RECLAMAÇÃO DO INSS AO CONSELHO PLENO. FUNDAMENTADA NO ART. 63 DO REGIMENTO INTERNO DO CRPS (PORTARIA MDSA Nº 116/2017). Análise de competência deste Conselho Pleno. A Autarquia Previdenciária alegou afronta a Parecer Ministerial. Reconhecimento de direito ao benefício com renda familiar per capita superior a ¼ do salário-mínimo na DER. Sem Parecer Social ou outros elementos probatórios da condição de miserabilidade do grupo familiar e da situação de vulnerabilidade na DER (27/11/2012). Prevalência do § 3° do art. 20 da Lei nº 8.742/93. Exigência de renda per capita menor que ¼ do salário-mínimo. Reconhecimento de direito em data posterior, quando do preenchimento de todos os requisitos. Precedentes do Conselho Pleno. Fundamentação: art. 20 E 37 Lei nº 8.742/1993; arts. 3º, 64, 69 do Regimento Interno do CRPS; Resoluções nºs 01 e 19/2019 do Conselho Pleno do CRPS. RECLAMAÇÃO ACOLHIDA E JULGADA PARCIALMENTE PROCEDENTE.

VOTO

Reclamação ao Conselho Pleno do CRPS requerida, tempestivamente, pelo INSS, nos termos do § 1º do art. 64 do Regimento Interno do CRPS.

De acordo com o art. 64 do Regimento Interno do CRPS, a Reclamação ao Conselho Pleno poderá ocorrer no caso concreto, por requerimento das partes do processo, dirigido ao Presidente do CRPS, somente quando os acórdãos das Juntas de Recursos do CRPS, em matéria de alçada, ou os acórdãos de Câmaras de Julgamento do CRPS, em sede de Recurso Especial, infringirem:

"I - Pareceres da Consultoria Jurídica do MDSA, aprovados pelo Ministro de Estado do Desenvolvimento Social e Agrário, bem como, Súmulas e Pareceres do Advogado-Geral da União, na forma da Lei Complementar nº 73, de 10 de fevereiro de 1993;

II - Pareceres da Consultoria Jurídica dos extintos MPS e MTPS, vigentes e aprovados pelos então Ministros de Estado da Previdência Social e do Trabalho e Previdência Social;

MINISTÉRIO DA ECONOMIA-ME
SECRETARIA ESPECIAL DE PREVIDÊNCIA E TRABALHO
SECRETARIA DE PREVIDÊNCIA
CONSELHO DE RECURSOS DA PREVIDÊNCIA SOCIAL-CRPS
CONSELHO PLENO

III - Enunciados editados pelo Conselho Pleno."

Compete a este colegiado, nos termos do inciso III do art. 3° do Regimento Interno, decidir, no caso concreto, as Reclamações ao Conselho Pleno, mediante a emissão de Resolução.

A Autarquia Previdenciária interpôs a presente Reclamação (fls.86), com fundamento no inciso II do art. 64 supracitado, aduzindo que a extinta 1ª Composição Adjunta da 3ª Câmara de Julgamento contrariou o PARECER/CONJUR/MPS/N° 616/2010, aprovado pelo Ministro da Previdência Social e publicado no DOU de 24/12/2010, citando, especificamente, as respostas da CONJUR em relação à Questão 16, conforme descrito abaixo.

> *"**Questão 16**. O limite de meio salário mínimo estabelecido pelas Leis n°s 9.533/97 e 10.689/2003 deve ser considerado para fins de aferição de miserabilidade em substituição ao previsto na Lei n° 8.742/93 (1/4 SM)?*
>
> *91. Os requisitos para a concessão do benefício de prestação continuada da Assistência Social- BPC, sob operacionalização do INSS, encontram--se delineados no art. 20 da Lei n° 8.742, de 7 de dezembro de 1993, a Lei Orgânica da Assistência Social - LOAS.*
>
> *92. Entre os requisitos do benefício, é necessário comprovar o estado de hipossuficiência econômica da família da pessoa com deficiência ou idosa, que consiste numa renda familiar mensal inferior a um quarto do salário mínimo per capita, por força do § 3° do art. 20 da LOAS.*
>
> *93. Em 2007 foi editado pelo Poder Executivo o novo Regulamento do BPC/LOAS, aprovado pelo Decreto n° 6.214, de 2007, por meio do qual se reafirmou a exigência da comprovação do requisito previsto no § 3° do art. 20 da LOAS, nada dispondo sobre a elevação do limite para o patamar de meio salário mínimo per capita.*
>
> *94. A propósito, o art. 4°, inciso IV, do Regulamento anexo ao Decreto n° 6.214, de 2007, estabelece: "Para os fins do reconhecimento do direito ao benefício, considera-se: IV - família incapaz de prover a manutenção da pessoa com deficiência ou do idoso: aquela cuja renda mensal bruta familiar dividida pelo número de seus integrantes seja inferior a um quarto do salário mínimo; (...)".*

MINISTÉRIO DA ECONOMIA-ME
SECRETARIA ESPECIAL DE PREVIDÊNCIA E TRABALHO
SECRETARIA DE PREVIDÊNCIA
CONSELHO DE RECURSOS DA PREVIDÊNCIA SOCIAL-CRPS
CONSELHO PLENO

Vale mencionar que, conforme o art. 69 do Regimento Interno do CRPS, é vedado aos órgãos julgadores do CRPS afastar a aplicação, por inconstitucionalidade ou ilegalidade, de tratado, acordo internacional, lei, decreto ou ato normativo ministerial em vigor, ressalvados os casos previstos no referido artigo.

A Autarquia Previdenciária alegou que não pode ser concedido o primeiro benefício assistencial, com DER de 27/11/2012, em razão de a renda familiar per capita ser superior a ¼ do salário mínimo, na data do requerimento desse benefício. Não consta Parecer Social ou outros elementos probatórios da condição de miserabilidade do grupo familiar e da situação de vulnerabilidade.

De fato, a interessada, na DER, declarou que morava com uma filha, a qual possuía renda de R$ 632,00 (fls. 9). Foi apresentado o Recibo de Pagamento do Salário Mensal da filha, da competência 09/2012, com valor de salário de contribuição de R$ 760,40. Assim, a renda familiar per capita na DER era de R$ 380,20 (R$ 760,40/2), superior a ¼ do salário mínimo.

Isto posto, a matéria controversa está relacionada ao direito à concessão do amparo social ao idoso, mesmo com a renda per capita de o grupo familiar ser superior a ¼ do salário mínimo, na data da entrada do requerimento.

Em que pese a pergunta da Questão 16 do PARECER/CONJUR/MPS/Nº 616/2010 não corresponder diretamente a controversa supracitada, as respostas ali descritas pela CONJUR podem ser aplicadas no presente caso.

Conforme a resposta 91, a Consultoria Jurídica expõe que os requisitos para a concessão do benefício de prestação continuada da Assistência Social- BPC encontram-se delineados no art. 20 da Lei nº 8.742, de 7 de dezembro de 1993, a Lei Orgânica da Assistência Social - LOAS. De acordo com esse artigo, transcrevo abaixo os pontos relevantes para o caso em questão.

> "Art. 20. O benefício de prestação continuada é a garantia de um salário-mínimo mensal à pessoa com deficiência e ao idoso com 65 (sessenta e cinco) anos ou mais que comprovem não possuir meios de prover a própria manutenção nem de tê-la provida por sua família.
>
> § 1º Para os efeitos do disposto no caput, a família é composta pelo requerente, o cônjuge ou companheiro, os pais e, na ausência de um deles, a madrasta ou o padrasto, os irmãos solteiros, os filhos e enteados solteiros e os menores tutelados, desde que vivam sob o mesmo teto.
>
> (...).

MINISTÉRIO DA ECONOMIA-ME
SECRETARIA ESPECIAL DE PREVIDÊNCIA E TRABALHO
SECRETARIA DE PREVIDÊNCIA
CONSELHO DE RECURSOS DA PREVIDÊNCIA SOCIAL-CRPS
CONSELHO PLENO

§ 3º Considera-se incapaz de prover a manutenção da pessoa com deficiência ou idosa a família cuja renda mensal per capita seja inferior a ¼ (um quarto) do salário-mínimo.

(...).

§ 8º A renda familiar mensal a que se refere o § 3º deverá ser declarada pelo requerente ou seu representante legal, sujeitando-se aos demais procedimentos previstos no regulamento para o deferimento do pedido.

(...).

§ 11. Para concessão do benefício de que trata o caput deste artigo, poderão ser utilizados outros elementos probatórios da condição de miserabilidade do grupo familiar e da situação de vulnerabilidade, conforme regulamento.

(...)."

As demais respostas da Questão 16 reforçam a aplicação do § 3º do art. 20 da Lei nº 8.742/93, disciplinando que, para o reconhecimento do direito ao benefício assistencial, a renda bruta familiar dividida pelo número de seus integrantes tem que ser inferior a ¼ (um quarto) do salário mínimo.

Em relação à presente matéria controversa, cabe mencionar abaixo os últimos entendimentos deste Conselho Pleno, do ano de 2019, sobre o **requisito da renda mensal per capita inferior a ¼ (um quarto) do salário mínimo**, para concessão dos benefícios de prestação continuada LOAS

RESOLUÇÃO 01/2019, datada de 26/03/2019.

"PEDIDO DE UNIFORMIZAÇÃO DE JURISPRUDÊNCIA. BENEFÍCIO DE PRESTAÇÃO CONTINUADA. DECISÃO DO STF NA RECLAMAÇÃO 4374/PE. ALTERAÇÃO DO CONTEÚDO DA ADI 1.232/DF. CRITÉRIO DE RENDA EM ¼ DE SALÁRIO MÍNIMO INCONSTITUCIONAL. ARTIGO 20 § 11 DA LEI 8.742/93. POSSIBILIDADE DE UTILIZAÇÃO DE OUTROS ELEMENTOS PROBATÓRIOS DA CONDIÇÃO DE MISERABILIDADE DO GRUPO FAMILIAR E DA SITUAÇÃO DE VULNERABILIDADE. PARECER SOCIAL. POSSIBILIDADE. PEDIDO CONHECIDO E NEGADO." (Conselheira Relatora: Raquel Lúcia de Freitas, Processo nº 44232.436463/2015-42, NB 701.536.697-6).

RESOLUÇÃO 19/2019, datada de 28/06/2019.

MINISTÉRIO DA ECONOMIA-ME
SECRETARIA ESPECIAL DE PREVIDÊNCIA E TRABALHO
SECRETARIA DE PREVIDÊNCIA
CONSELHO DE RECURSOS DA PREVIDÊNCIA SOCIAL-CRPS
CONSELHO PLENO

"BENEFÍCIO DE PRESTAÇÃO CONTINUADA. LOAS. PEDIDO DE UNIFORMIZAÇÃO DE JURISPRUDÊNCIA. Divergência jurisprudencial entre as Câmaras de Julgamento no que tange aos critérios de fixação da renda per capita familiar. Competência para análise deste Conselho Pleno na forma do art. 3° inc. II do Regimento Interno do CRSS aprovado pela Portaria MDAS n° 116/2017. Pressupostos de Admissibilidade do pedido alcançados na forma do art. 63 do mesmo Regimento. Para a fixação dos critérios da renda familiar tem-se que o Supremo Tribunal Federal julgou inconstitucional a regra de ¼ do salário mínimo. Aplicação limitada ao Conselho. Falta de ato legal declarando a norma inconstitucional. Prevalência do § 3° do art. 20, contudo, a avaliação da situação de miserabilidade familiar deve ser realizada concomitantemente com aspectos além da renda conforme § 11 do art. 20 da LOAS. Precedente do Conselho Pleno. Pedido de Uniformização conhecido e improvido." (Conselheiro Relator: Rodolfo Espinel Donadon, Processo nº 44232.837369/2016-98, NB 702.236.332-4)

Até 2018, este Colegiado tinha outro entendimento, como pode ser constatado por meio da última Resolução do ano que tratou dessa matéria:

RESOLUÇÃO 78/2018, datada de 28/11/2018.

"Reclamação ao Conselho Pleno. Art. 64 do Regimento Interno do CRSS. Benefício de Prestação Continuada à Pessoa com Deficiência. Requisitos do art. 20, §§ 1° e 3° da Lei 8.742/93. Renda per capita superior a 1/4 do salário mínimo. Violação ao Parecer Conjur/MPS n° 616 de 2010 — valores de benefícios previdenciários recebidos por integrantes do grupo familiar da pessoa portadora de deficiência integra o cálculo da renda per capita." (Conselheiro Relator: Guilherme Lustosa Pires, Processo nº 44232.398573/2015-07, NB 701.380.200-0).

Em resumo, de acordo com o último posicionamento deste Conselho Pleno, a avaliação da miserabilidade não está restrita à renda familiar, devendo ser utilizados, concomitantemente, outros elementos probatórios dessa condição e da situação de vulnerabilidade, por exemplo, o Parecer Social. Assim, conclui-se que o § 3° do art. 20 da Lei nº 8.742/1993 deve ser avaliado associadamente com o § 11 do mesmo artigo.

No caso concreto, não consta dos autos nenhum elemento relacionado ao § 11 do art. 20 da Lei nº 8.742/1993, motivo pelo qual será analisado em conformidade com o § 3° do referido artigo, levando em conta a renda bruta auferia pelo grupo familiar da interessada.

MINISTÉRIO DA ECONOMIA-ME
SECRETARIA ESPECIAL DE PREVIDÊNCIA E TRABALHO
SECRETARIA DE PREVIDÊNCIA
CONSELHO DE RECURSOS DA PREVIDÊNCIA SOCIAL-CRPS
CONSELHO PLENO

A 3ª Câmara de Julgamento, por meio do Acórdão 1.763/2016, conheceu e negou provimento ao Recurso do INSS, reconhecendo o direito ao primeiro benefício requerido, em 27/11/2012, mesmo com a renda per capita superior a ¼ do salário mínimo, e solicitou que a Autarquia Previdenciária tornasse insubsistente o benefício concedido posteriormente, com início em 20/01/2014 (NB 88/700.720.610-8), bem como, que procedesse os devidos acertos financeiros (fls. 65).

Para melhor julgamento, cabe mencionar o disciplinado no art. 37 da Lei nº 8.742/1993:

> *"Art. 37. O benefício de prestação continuada será devido após o cumprimento, pelo requerente, de todos os requisitos legais e regulamentares exigidos para a sua concessão, inclusive apresentação da documentação necessária, devendo o seu pagamento ser efetuado em até quarenta e cinco dias após cumpridas as exigências de que trata este artigo.*
>
> *Parágrafo único. No caso de o primeiro pagamento ser feito após o prazo previsto no caput, aplicar-se-á na sua atualização o mesmo critério adotado pelo INSS na atualização do primeiro pagamento de benefício previdenciário em atraso."*

Diante do exposto, a interessada **não cumpriu todos** os requisitos legais na DER do NB 88/700.048.702-0 (**27/11/2012**), conforme disciplinado do art. 37 supramencionado, tendo em vista que a renda per capita do grupo familiar era **superior** a ¼ do salário mínimo da época. Assim, o INSS assiste razão mediante alegação de que a decisão da 3ª Câmara de Julgamento, por meio do Acórdão 1.763/2016, está em desacordo com a Questão 16 do PARECER/CONJUR/MPS/Nº 616/2010.

Por outro lado, a interessada mediante interposição do Recurso Ordinário, em **24/05/2013**, **declarou** que sua filha havia mudado e que morava sozinha (fls. 27), **cumprindo nesta data todos os requisitos legais para ter direito ao benefício assistencial.**

Vale mencionar que, quando da interposição do Recurso Ordinário, a comprovação da renda familiar era feita mediante declaração do requerente ou de seu representante legal, conforme previsto no art. 13 do Decreto nº 6.214/2007, que regulamentou o benefício de prestação continuada da assistência social devido à pessoa com deficiência e ao idoso de que trata a Lei nº 8.742/1993.

MINISTÉRIO DA ECONOMIA-ME
SECRETARIA ESPECIAL DE PREVIDÊNCIA E TRABALHO
SECRETARIA DE PREVIDÊNCIA
CONSELHO DE RECURSOS DA PREVIDÊNCIA SOCIAL-CRPS
CONSELHO PLENO

Tendo em vista o Enunciado 1/2019 deste Conselho Pleno, que garante a concessão do melhor benefício a que o beneficiário fizer jus, o **INSS deverá conceder** o NB 88/700.048.702-0, **com DIB a partir de 24/05/2013**, e realizar os devidos acertos financeiros decorrentes desta decisão.

Desta feita, acolho o Pedido de Reclamação do INSS, dando-lhe parcial procedência.

Em obediência ao § 4º do art. 64 do Regimento Interno do CRPS, os autos deverão ser encaminhados à 3ª Câmara de Julgamento para fins de adequação do julgado de acordo com os fundamentos supramencionados.

CONCLUSÃO:

Pelo exposto, VOTO no sentido de **ACOLHER A RECLAMAÇÃO DO INSS, E JULGAR PARCIALMENTE PROCEDENTE.**

Brasília-DF, 29 de maio de 2020.

RENATO AGOSTINHO DAS CHAGAS
Relator

MINISTÉRIO DA ECONOMIA-ME
SECRETARIA ESPECIAL DE PREVIDÊNCIA E TRABALHO
SECRETARIA DE PREVIDÊNCIA
CONSELHO DE RECURSOS DA PREVIDÊNCIA SOCIAL-CRPS
CONSELHO PLENO

DECISÓRIO

RESOLUÇÃO Nº 11/2020

Vistos e relatados os presentes autos, em sessão realizada hoje, **ACORDAM** os membros do Conselho Pleno, por **UNANIMIDADE**, no sentido de **ACOLHER A RECLAMAÇÃO DO INSS, E JULGAR PARCIALMENTE PROCEDENTE**, de acordo com o Voto do Relator e sua fundamentação.

Participaram, ainda, do presente julgamento os (as) Conselheiros (as): Vânia Pontes Santos, Gustavo Beirão Araújo, Paulo Sérgio de Carvalho Costa Ribeiro, Maria Madalena Silva Lima, Moisés Oliveira Moreira, Maria José de Paula Moraes, Bruna Danuey de Souza Santos, Sulamita Cristina Dias, Guilherme Lustosa Pires, Valter Sérgio Pinheiro Coelho, Rodolfo Espinel Donadon, Alexandra Álvares de Alcântara, Tarsila Otaviano da Costa e Adriene Cândida Borges.

Brasília-DF, 29 de maio de 2020

RENATO AGOSTINHO DAS CHAGAS
Relator

MARCELO FERNANDO BORSIO
Presidente

3.1.12 Resolução 12/2020 (devolução/valores/segurado/cabimento/erro/INSS/interpretação/norma/erro/sistema)

Objeto: Trata-se de Resolução que julgou Reclamação interposta pelo INSS alegando que a decisão da Câmara de Julgamento violou a Questão 15 do Parecer Vinculante CONJUR MPS 616/2010.

Decisão: Desprovida.

Tese jurídica: O erro administrativo gera a necessidade de reposição ao Erário mesmo na situação de boa-fé do segurado, na hipótese de erro do INSS na interpretação da norma previdenciária. O caso julgado foi percepção indevida por erro do sistema, e não de interpretação jurídica, não se aplicando a Questão 15 do Parecer Vinculante CONJUR MPS 616/2010.

MINISTÉRIO DA ECONOMIA-ME
SECRETARIA ESPECIAL DE PREVIDÊNCIA E TRABALHO
SECRETARIA DE PREVIDÊNCIA
CONSELHO DE RECURSOS DA PREVIDÊNCIA SOCIAL-CRPS
CONSELHO PLENO

Número do Processo: 44232.739166/2016-37
Unidade de Origem: Agência da Previdência Social Salvador-BA
Benefício: 95/001.182.918-4
Tipo de processo: Reclamação ao Conselho Pleno - CRPS
Espécie: Auxílio-Suplementar Por Acidente do Trabalho
Recorrente: Instituto Nacional do Seguro Social - INSS
Recorrido: João José Ferreira
Relator: Renato Agostinho das Chagas

(Processo Eletrônico)

Relatório

As páginas informadas referem-se ao processo completo (Árvore Documental-form.PDF).

Trata-se de RECLAMAÇÃO AO CONSELHO PLENO apresentada pelo INSS, em oposição à decisão da extinta 1ª Composição Adjunta da 4ª Câmara de Julgamento, proferida por meio do Acórdão 1.317/2017 (Evento 31), que ratificou o entendimento da 26ª Junta de Recursos, mantendo o cancelamento da cobrança dos valores recebidos indevidamente pelo interessado, referente ao auxílio-suplementar (NB 95/001.182.918-2) auferido concomitantemente com a aposentadoria por tempo de contribuição (NB 42/123.007.206-0). A Reclamação interposta está fundamentada no art. 64 do Regimento Interno do CRPS (Portaria MDSA nº 116/2017), mediante alegação que o Colegiado contrariou frontalmente o PARECER/CONJUR/MPS/Nº 616/2010.

O interessado começou a receber o auxílio-suplementar em decorrência de acidente de trabalho a partir 24/01/1979, e a aposentadoria por tempo de contribuição em 01/03/2002.

O INSS, em 01/06/2015, emitiu o Ofício Defesa para o interessado informando sobre a acumulação indevida do auxílio-suplementar com a aposentadoria, em desacordo com o art. 241, § 2º, do Decreto nº 83.080/79. O interessado tomou ciência do Ofício Defesa em 26/11/2015.

Decorrido o prazo para defesa, sem que o interessado tenha se manifestado, o INSS emitiu correspondência ao senhor João José Ferreira informando da cessação do

001.182.918-4 1

MINISTÉRIO DA ECONOMIA-ME
SECRETARIA ESPECIAL DE PREVIDÊNCIA E TRABALHO
SECRETARIA DE PREVIDÊNCIA
CONSELHO DE RECURSOS DA PREVIDÊNCIA SOCIAL-CRPS
CONSELHO PLENO

auxílio-suplementar, e facultando-lhe a apresentação de recurso no prazo de 30 dias. Conforme cálculo realizado pela Autarquia, em 19/01/16, o valor recebido indevidamente corresponde a R$ 9.905,09, referente ao período de 01/11/2010 a 31/12/2015. O interessado tomou ciência em 12/02/2016 (Evento 5).

Inconformado com a cessação do auxílio-suplementar, o interessado, em 04/03/2016, interpôs Recurso Ordinário requerendo sua manutenção, por entender que o benefício é vitalício, conforme lei 6.367/76, art. 6º, §§ 1º, 2º e 3º (Evento 1).

Em contrarrazões, o INSS alegou que a acumulação do auxílio-suplementar com a aposentadoria contraria o disposto no art. 241, § 2º do Decreto nº 83.080/79. Argumentou que a Lei nº 6.367/76, que regulou o seguro de acidentes de trabalho, aprovado pelo Decreto 79.037/76, estabeleceu o percentual de 20% sobre o salário de contribuição para a concessão de um auxílio mensal, mas tarde denominado auxílio-suplementar, tratado no art. 9º, § único, da Lei 6.367/76, e os artigos 240 e 241, § 2º, do Decreto nº 83.080/79. O § único do art.9º da Lei 6.367/76 estabelece que o auxílio mensal cessará com a aposentadoria do acidentado. Quanto à cobrança dos valores recebidos indevidamente, o INSS se fundamenta no § 3º do art. 154 do Decreto 3.048/1999 (Evento 8).

Por meio do Acórdão nº 5.588/2016, a 26ª Junta de Recursos conheceu e deu provimento parcial ao Recurso Ordinário do interessado, deliberando pela cessação do auxílio-suplementar sem que ocorra a devolução dos valores recebidos indevidamente, uma vez que não ficou comprovada a má-fé do recorrente (Evento 17).

O INSS interpôs Recurso Especial contra a decisão proferida pela 26ª Junta de Recursos, aduzindo que está em desacordo com o entendimento da Consultoria Jurídica do MPS, conforme a questão 15 do PARECER/CONJUR/MPS/Nº 616/2010. A Autarquia Previdenciária requereu que a decisão da Junta de Recursos seja reformada, de modo que os valores sejam restituídos ao erário (Evento 20).

Em contrarrazões, o interessado requereu a manutenção do auxílio-suplementar, tendo em vista tratar-se de direito adquirido, uma vez que o benefício iniciou em 1979, sob a Lei 6.367/76, que faz parte da renda familiar e com sua exclusão houve uma redução significativa. Diante da impossibilidade de recebimento dos dois benefícios, conforme alegação do INSS, o interessado solicitou que o auxílio-suplementar seja incorporado a sua aposentadoria por tempo de contribuição (Evento 24).

Por meio do Acórdão 1.317/2017, em **17/03/2017**, a extinta 1ª Composição Adjunta da 4ª Câmara de Julgamento deliberou pela ratificação do entendimento da 26ª Junta de Recursos, não reconhecendo o direito na acumulação do auxílio-suplementar

MINISTÉRIO DA ECONOMIA-ME
SECRETARIA ESPECIAL DE PREVIDÊNCIA E TRABALHO
SECRETARIA DE PREVIDÊNCIA
CONSELHO DE RECURSOS DA PREVIDÊNCIA SOCIAL-CRPS
CONSELHO PLENO

com a aposentadoria e mantendo o cancelamento da cobrança dos valores recebidos indevidamente pelo interessado (Evento 31).

Em **03/04/2017**, o INSS interpôs a presente RECLAMAÇÃO AO CONSELHO PLENO, em oposição à decisão da extinta 1ª Composição Adjunta da 4ª Câmara de Julgamento, proferida por meio do Acórdão 1.317/2017, alegando que o Colegiado contrariou frontalmente a questão 15 do PARECER/CONJUR/MPS/Nº 616/2010 (Evento 34).

Em 09/10/2019, o Vice-Presidente do CRPS reconheceu que foram preenchidos os requisitos de admissibilidade da presente Reclamação, com fundamento no inciso II do art. 64 do Regimento Interno do CRPS (Evento 38).

De ordem do Presidente do CRPS, o processo foi encaminhado a este conselheiro, para relatoria e submissão da matéria ao Conselho Pleno (Evento 44).

EMENTA:

ACUMULAÇÃO DE AUXÍLIO-SUPLEMENTAR COM APOSENTADORIA. RECLAMAÇÃO DO INSS AO CONSELHO PLENO. ALEGAÇÃO DE INFRIGÊNCIA DA QUESTÃO 15 CONSTANTE DO PARECER/CONJUR/MPS/Nº 616/2010. NÃO SE TRATA DE ERRO DE INTERPRETAÇÃO DE NORMA. ERRO DE SISTEMA. NÃO DEVOLUÇÃO DOS VALORES RECEBIDOS DE BOA-FÉ. ATO NULO. APLICAÇÃO DA DECADÊNCIA DO DIREITO DE REVISÃO PELO INSS. FUNDAMENTAÇÃO: ARTS. 103, 103-A E 154 DO DECRETO 3.048/99, SÚMULA Nº 72 DA AGU, PARECER CONJUR/MPS/Nº 32/2011, ENUNCIADO Nº 10/2019 E RESOLUÇÃO Nº 29/2019 DO CONSELHO PLENO DO CRPS. RECLAMAÇÃO IMPROCEDENTE.

VOTO

Reclamação ao Conselho Pleno do CRPS requerida, tempestivamente, pelo INSS, nos termos do § 1º do art. 64 do Regimento Interno do CRPS.

A Autarquia Previdenciária interpôs a presente Reclamação (Evento 34), com fundamento no inciso II do art. 64 supracitado, aduzindo que a 4ª Câmara de

MINISTÉRIO DA ECONOMIA-ME
SECRETARIA ESPECIAL DE PREVIDÊNCIA E TRABALHO
SECRETARIA DE PREVIDÊNCIA
CONSELHO DE RECURSOS DA PREVIDÊNCIA SOCIAL-CRPS
CONSELHO PLENO

Julgamento contrariou o PARECER/CONJUR/MPS/Nº 616/2010, aprovado pelo Ministro da Previdência Social e publicado no DOU de 24/12/2010.

O Vice-Presidente do CRPS reconheceu que foram preenchidos os requisitos de admissibilidade da presente Reclamação, com fundamento no inciso II do art. 64 do Regimento Interno do CRPS (Evento 38).

Compete a este colegiado, nos termos do inciso III do art. 3º do Regimento Interno, decidir, no caso concreto, as Reclamações ao Conselho Pleno, mediante a emissão de Resolução.

De acordo com o art. 64 do Regimento Interno do CRPS, a Reclamação ao Conselho Pleno poderá ocorrer no caso concreto, por requerimento das partes do processo, dirigido ao Presidente do CRSS, somente quando os acórdãos das Juntas de Recursos do CRSS, em matéria de alçada, ou os acórdãos de Câmaras de Julgamento do CRSS, em sede de Recurso Especial, infringirem:

> *"I - Pareceres da Consultoria Jurídica do MDSA, aprovados pelo Ministro de Estado do Desenvolvimento Social e Agrário, bem como, Súmulas e Pareceres do Advogado-Geral da União, na forma da Lei Complementar nº 73, de 10 de fevereiro de 1993;*
>
> *II - Pareceres da Consultoria Jurídica dos extintos MPS e MTPS, vigentes e aprovados pelos então Ministros de Estado da Previdência Social e do Trabalho e Previdência Social;*
>
> *III - Enunciados editados pelo Conselho Pleno."*

No caso em questão, a extinta 1ª Composição Adjunta da 4ª Câmara de Julgamento, por meio do Acórdão 1.317/2017 (Evento 31), ratificou o entendimento da 26ª Junta de Recursos, **não reconhecendo o direito à acumulação dos benefícios**, auxílio-suplementar (NB 95/001.182.918-2, DIB 24/01/1979) auferido concomitantemente com a aposentadoria por tempo de contribuição (NB 42/123.007.206-0, DIB **01/03/2002**), e **manteve o cancelamento da cobrança dos valores recebidos indevidamente** pelo interessado, alegando que trata-se de verba alimentar e que os valores foram recebidos em consequência de ato jurídico perfeito, aplicando-se o princípio da boa-fé objetiva. O Colegiado **estabeleceu que os valores recebidos a título de auxílio-suplementar**, até a data da concessão da aposentadoria, **deverão ser incluídos no salário-de-contribuição** para novo cálculo da RMI da

MINISTÉRIO DA ECONOMIA-ME
SECRETARIA ESPECIAL DE PREVIDÊNCIA E TRABALHO
SECRETARIA DE PREVIDÊNCIA
CONSELHO DE RECURSOS DA PREVIDÊNCIA SOCIAL-CRPS
CONSELHO PLENO

aposentadoria por tempo de contribuição. Cabe registrar que o Ofício Defesa destinado ao interessado, informando sobre a acumulação indevida do auxílio-suplementar com a aposentadoria, foi emitido em **01/06/2015**. O interessado tomou ciência desse Ofício em **26/11/2015**.

O INSS, na presente Reclamação, alegou que a 4ª Câmara de Julgamento contrariou frontalmente a questão 15 do PARECER/CONJUR/MPS/Nº 616/2010, transcrita abaixo.

> *"**Questão 15**. A boa-fé do segurado é fator impeditivo para a restituição de valores de benefícios equivocadamente concedidos ou majorados administrativamente, por força de errônea interpretação da norma?*
>
> *88. No âmbito do RGPS, para que fique delineada a situação de pagamento de benefício indevido, no todo ou em parte, é necessário que o fato fique comprovado em sede de processo administrativo no qual deve ser assegurada ampla defesa e contraditório ao beneficiário, por força da garantia constitucional ao devido processo legal (art. 5º, inciso LIV,da Constituição).*
>
> *89. Por outro lado, a legislação em vigor não permite o perdão da dívida ao segurado recebedor de benefício indevido, mesmo se ficar caracterizada sua boa-fé. Permite-se apenas o parcelamento do débito ou a sua consignação, quando o beneficiário for recebedor de outro benefício do INSS. É o que se extrai da leitura do art. 115, inciso II e § 1º, da LBPS.*
>
> *90. O Regulamento da Previdência Social, no seu art. 154, contém alguns parâmetros mais detalhados sobre como proceder ao ressarcimento do erário. "*

Cabe mencionar o contido no inciso II e nos §§ 3º e 4º do art. 154 do Decreto 3.048/99, que trata de desconto que pode ser realizado na renda mensal do benefício:

> " *II -* pagamentos de benefícios além do devido, observado o disposto nos §§ 2º ao 5º;
>
> *§ 3º Caso o débito seja originário de erro da previdência social, o segurado, usufruindo de benefício regularmente concedido, poderá devolver o valor de forma parcelada, atualizado nos moldes do art. 175,*

MINISTÉRIO DA ECONOMIA-ME
SECRETARIA ESPECIAL DE PREVIDÊNCIA E TRABALHO
SECRETARIA DE PREVIDÊNCIA
CONSELHO DE RECURSOS DA PREVIDÊNCIA SOCIAL-CRPS
CONSELHO PLENO

devendo cada parcela corresponder, no máximo, a trinta por cento do valor do benefício em manutenção, e ser descontado em número de meses necessários à liquidação do débito.

§ 4º Se o débito for originário de erro da previdência social e o segurado não usufruir de benefício, o valor deverá ser devolvido, com a correção (...)."

Tendo em vista que a matéria de direito relacionada à decisão proferida pela extinta 1ª Composição Adjunta da 4ª Câmara de Julgamento já foi amplamente discutida por este Conselho Pleno, peço vênia ao nobre Conselheiro Rodolfo Espinel Donadon, para trazer aos autos os fundamentos e argumentos constantes do seu Voto Divergente vencedor, que deu origem à Resolução nº 29/2019, emitida por este Colegiado em 24/09/2019, referente ao Pedido de Uniformização de Jurisprudência (Processo nº 44232.887178/2016-77 - Benefício nº 070.612.280-1).

"O art. 69 do Regimento Interno desta Casa vincula a informação contida na citada Questão nº 15 do Parecer CONJUR/MPS. Todavia, aplica-se sua literalidade e nesse ponto cabe verificar se correlaciona ao caso em análise. Para tanto, compartilho do entendimento empossado na Resolução nº 10/2013 do Conselho Pleno do CRPS que, por unanimidade, negou pedido de uniformização de jurisprudência formulado pelo INSS, NB 31/516.594.279-8 — Seg. Maria Gomes de Mello, em sessão de 19/11/2013.

Do processo acima, editou-se o Enunciado nº 38 com a seguinte redação:

"A revisão dos parâmetros médicos efetuada em sede de benefício por incapacidade não rende ensejo à devolução dos valores recebidos, se presente boa-fé objetiva."

Evidente que tal Enunciado não se aplica literalmente ao caso, visto que não estamos analisando revisão médica de benefício. Por outro lado, gostaria de enfatizar o entendimento que levou à construção do Enunciado.

Em um breve resumo, o Enunciado foi construído a partir da tese de que não se aplicaria a Questão nº 15 nos casos em que a Autarquia concedeu benefício ao segurado e após revisão, considerou-o irregular por mudança de entendimento médico. Tal revisão se deu por alteração de data de início da incapacidade para quando não havia implementado algum requisito do benefício — qualidade de segurado ou carência.

MINISTÉRIO DA ECONOMIA-ME
SECRETARIA ESPECIAL DE PREVIDÊNCIA E TRABALHO
SECRETARIA DE PREVIDÊNCIA
CONSELHO DE RECURSOS DA PREVIDÊNCIA SOCIAL-CRPS
CONSELHO PLENO

Não há que se falar em concessão fraudulenta, ou por erro da administração em virtude da inadequada interpretação da lei, termo expressamente contido na pergunta nº 15 do citado Parecer CONJUR/MPS 616/2010.

Seguindo o raciocínio, é cediço que, de igual modo que se aplica ao CRPS, o princípio da legalidade também vincula o INSS. Portanto, a Autarquia não tem o poder de interpretar e estender os efeitos de um Parecer ou um artigo de lei a todo e qualquer caso, devendo manter estrita semelhança de sua ação com o conteúdo do ato normativo.

De igual modo, não está expresso no art. 154 do RPS o conceito de erro. Como a já tão falada Questão 15 do Parecer CONJUR/MPS 616/2010 remete ao citado artigo, entende-se que o legislador previu o erro por forca de errônea interpretação da norma.

Não pretendo tratar aqui o entendimento jurisprudencial acerca da matéria mesmo porque é sabido que na esfera judicial vigora o princípio da irrepetibilidade ou não devolução dos valores recebidos em virtude do caráter alimentar do benefício, nos casos de recebimento de boa-fé.

A própria Advocacia Geral da União — AGU, por meio da Súmula nº 72 de 26/09/13, publicada no DOU de 27/09/13, restabeleceu a Súmula nº 34, direcionando o seu entendimento a respeito da desnecessidade de devolução de valores percebidos de boa-fé, a saber:

> *"Não estão sujeitos à repetição os valores recebidos de boa-fé pelo servidor público, em decorrência de errônea ou inadequada interpretação da lei por parte da Administração Pública".*

Ainda, vejam que a Consultoria Jurídica do MPS, por meio do Parecer/CONJUR/MPS nº 321/2011, desobrigou os segurados de devolverem valores recebidos a maior por erro do sistema de cálculo da administração. No caso, tem-se o mesmo entendimento de que a Questão 15 do Parecer CONJUR/MPS nº 616/2010 não se aplica posto que não houve erro de interpretação da norma, mas erro do Sistema, de acordo com ementa da qual destaco:

> *"(...). Considerando a excepcionalidade do caso e o universo dos benefícios, entende-se impossível a restituição das quantias percebidas enquanto perdurou o lapso. 4. Situação especial que não se enquadra no Parecer MPS/CJ nº 2.467/2001, tampouco no Parecer CONJUR/MPS nº 616/2010"*

MINISTÉRIO DA ECONOMIA-ME
SECRETARIA ESPECIAL DE PREVIDÊNCIA E TRABALHO
SECRETARIA DE PREVIDÊNCIA
CONSELHO DE RECURSOS DA PREVIDÊNCIA SOCIAL-CRPS
CONSELHO PLENO

Se o benefício de aposentadoria por invalidez do segurado foi concedido já no ano de 2012, não se pode invocar que tal aposentadoria foi concedida por interpretação errônea da norma. Não se tinha qualquer dúvida administrativa da impossibilidade de cumulação.

O que houve sim foi um erro de Sistema que não constatou a concessão pretérita de benefício não acumulável, no caso, auxílio-suplementar. Reforço que o art. 154 do RPS não traz o conceito do "erro da Previdência Social" devendo ser entendido como sendo "erro por errônea interpretação da norma" como o fez a Consultoria Jurídica do MPS. Muito mais coerente, visto que a errônea interpretação da norma também subsidiou a edição da Súmula nº 72 da AGU. "

Quanto ao direito na acumulação do auxílio-suplementar com a aposentadoria por tempo de contribuição no caso do presente processo, cabe assinalar:

a) quando da concessão do auxílio-suplementar ao Senhor João José Ferreira, com DIB em 24/01/1979, estava em vigência o Decreto nº 83.080/79, que estabelecia no §2 do art. 241: "O auxílio-suplementar cessa com a concessão de aposentadoria de qualquer espécie e o seu valor não é incluído no cálculo da pensão por morte, acidentária ou previdenciária."

b) com o advento da Lei nº 9.528/97, passou a ser permitida a inclusão, no salário-de-contribuição, do valor recebido a título de auxílio-suplementar quando da concessão da aposentadoria.

c) a legislação atual não contempla o auxílio-suplementar, e de acordo com o art. 167 do Decreto 3.048/99, salvo o direito adquirido, não é permitido o recebimento conjunto de benefícios decorrentes de acidente do trabalho com qualquer aposentadoria.

Diante disso, tendo em vista que a aposentadoria por tempo de contribuição do Senhor João José Ferreira, NB 42/123.007.206-0, com DIB em **01/03/2002**, foi regularmente concedida e a **cessação** do auxílio-suplementar **não ocorreu devido a erro de sistema**, ocasionando recebimento concomitante desses benefícios, entendo que a **decisão da extinta 1ª Composição Adjunta da 4ª Câmara de Julgamento deverá ser ratificada, mantendo assim o cancelamento da cobrança dos valores recebidos indevidamente** pelo interessado.

Em que pese a legislação não permitir o acumulo do auxílio-suplementar com aposentadoria, o INSS somente emitiu o Ofício Defesa ao interessado,

MINISTÉRIO DA ECONOMIA-ME
SECRETARIA ESPECIAL DE PREVIDÊNCIA E TRABALHO
SECRETARIA DE PREVIDÊNCIA
CONSELHO DE RECURSOS DA PREVIDÊNCIA SOCIAL-CRPS
CONSELHO PLENO

informando sobre a acumulação indevida, em **01/06/2015**, mais de **13 anos após** o início da aposentadoria por tempo de contribuição (DIB 01/03/2002).

Conforme entendimento pacificado por este Conselho Pleno, por meio do Enunciado 10/2019, item II, "a decadência prevista no art. 103-A da Lei nº 8.213/91 **incide na revisão de acúmulo de auxílio-suplementar com aposentadoria de qualquer natureza e na manutenção de benefícios, ainda que irregular**, salvo se comprovada a má-fé do beneficiário, a contar da percepção do primeiro pagamento indevido.". O item III do mesmo Enunciado disciplina que a má-fé deve ser comprovada em procedimento próprio, no caso concreto, assegurado o contraditório e a ampla defesa.

A decadência é disciplinada nos arts. 103, caput, e 103-A, da Lei n° 8.213, de 1991, conforme transcrição abaixo.

"*Art. 103. É de dez anos o prazo de decadência de todo e qualquer direito ou ação do segurado ou beneficiário para a revisão do ato de concessão de benefício, a contar do dia primeiro do mês seguinte ao do recebimento da primeira prestação ou, quando for o caso, do dia em que tomar conhecimento da decisão indeferitória definitiva no âmbito administrativo.*

Art. 103-A. O direito da Previdência Social de anular os atos administrativos de que decorram efeitos favoráveis para os seus beneficiários decai em dez anos, contados da data em que foram praticados, salvo comprovada má-fé.".

Para o presente caso, a Autarquia Previdenciária somente constatou o erro na acumulação indevida dos benefícios recebidos **após o prazo decadencial, sem a comprovação da má-fé por parte do interessado.**

Desta forma, o INSS deverá **restabelecer o auxílio-suplementar**, a partir de sua suspensão, **e realizar o devido acerto financeiro** decorrente desse procedimento.

MINISTÉRIO DA ECONOMIA-ME
SECRETARIA ESPECIAL DE PREVIDÊNCIA E TRABALHO
SECRETARIA DE PREVIDÊNCIA
CONSELHO DE RECURSOS DA PREVIDÊNCIA SOCIAL-CRPS
CONSELHO PLENO

CONCLUSÃO:

Frente ao exposto, VOTO no sentido de **JULGAR IMPROCEDENTE a presente Reclamação ao Conselho Pleno.**

Brasília-DF, 29 de maio de 2020.

RENATO AGOSTINHO DAS CHAGAS
Relator

MINISTÉRIO DA ECONOMIA-ME
SECRETARIA ESPECIAL DE PREVIDÊNCIA E TRABALHO
SECRETARIA DE PREVIDÊNCIA
CONSELHO DE RECURSOS DA PREVIDÊNCIA SOCIAL-CRPS
CONSELHO PLENO

DECISÓRIO

RESOLUÇÃO Nº 12/2020

Vistos e relatados os presentes autos, em sessão realizada hoje, **ACORDAM** os membros do Conselho Pleno, por **UNANIMIDADE**, no sentido de **JULGAR IMPROCEDENTE a presente Reclamação ao Conselho Pleno**, de acordo com o Voto do Relator e sua fundamentação.

Participaram, ainda, do presente julgamento os (as) Conselheiros (as): Vânia Pontes Santos, Gustavo Beirão Araújo, Paulo Sérgio de Carvalho Costa Ribeiro, Maria Madalena Silva Lima, Moisés Oliveira Moreira, Maria José de Paula Moraes, Bruna Danuey de Souza Santos, Sulamita Cristina Dias, Guilherme Lustosa Pires, Valter Sérgio Pinheiro Coelho, Rodolfo Espinel Donadon, Alexandra Álvares de Alcântara, Tarsila Otaviano da Costa e Adriene Cândida Borges.

Brasília-DF, 29 de maio de 2020

RENATO AGOSTINHO DAS CHAGAS
Relator

MARCELO FERNANDO BORSIO
Presidente

001.182.918-4

3.1.13 Resolução 13/2020 (decadência/decenal/autotutela/aposentadoria/acumulação/auxílio/suplementar)

Objeto: Trata-se de Resolução que julgou Reclamação interposta pelo INSS alegando que a decisão da Câmara de Julgamento violou a Questão 26 do Parecer Vinculante CONJUR MPS 616/2010.

Decisão: Desprovida.

Tese jurídica: O dever poder de autotutela há havia decaído após 10 anos, nos termos do artigo 103-A da Lei 8.213/91, de modo que restou conservada a acumulação indevida de aposentadoria com auxílio suplementar.

MINISTÉRIO DA ECONOMIA-ME
SECRETARIA ESPECIAL DE PREVIDÊNCIA E TRABALHO
SECRETARIA DE PREVIDÊNCIA
CONSELHO DE RECURSOS DA PREVIDÊNCIA SOCIAL-CRPS
CONSELHO PLENO

Número do Processo: 44232.988453/2017-50
Unidade de Origem: Agência da Previdência Social Salvador - BA
Benefício: 95/040.159.346-0
Tipo de Processo: Reclamação ao Conselho Pleno - CRPS
Espécie: Auxílio-Suplementar Por Acidente do Trabalho
Recorrente: Instituto Nacional do Seguro Social - INSS
Recorrido: Nicanor José dos Passos Filho
Relator: Renato Agostinho das Chagas

(Processo Eletrônico)

Relatório

As páginas informadas referem-se ao processo completo (Árvore Documental-form.PDF).

Trata-se de RECLAMAÇÃO AO CONSELHO PLENO apresentada, em 24/07/2017, pelo INSS em oposição à decisão da 1ª Câmara de Julgamento, proferida por meio do Acórdão nº 4.733/2017, datado de 18/07/2017 (fls. 52), que conheceu e negou provimento ao Recurso da Autarquia, entendendo que cabe o restabelecimento do auxílio-suplementar cessado (NB 040.159.346) e a manutenção da acumulação com a aposentadoria por invalidez previdenciária concedida (NB 127.824.615-8), tendo em vista que o ato revisional foi atingido pelo prazo decadencial de dez anos, previsto no artigo 103-A da Lei 8.213/91. A Reclamação interposta está fundamentada no art. 64 do Regimento Interno do CRPS, mediante alegação de que o Colegiado contrariou frontalmente a Questão 26 do PARECER/CONJUR/MPS/Nº 616/2010.

O interessado começou a receber o auxílio-suplementar em decorrência de acidente de trabalho a partir 10/07/1978, e a aposentadoria por invalidez previdenciária em 31/05/2003 (fls. 8 e 9).

O INSS, em 01/06/2015, emitiu o Ofício Defesa para o interessado informando sobre a acumulação indevida do auxílio-suplementar com a aposentadoria, em desacordo com o art. 241, § 2º, do Decreto nº 83.080/79. O interessado tomou ciência do Ofício Defesa em 01/12/2015 (fls. 13).

O interessado apresentou a defesa administrativa, tempestivamente, alegando que recebeu o auxílio-suplementar de boa-fé e que ocorreu a decadência para o INSS revisar seus atos. Requer que seja reconhecida a decadência ou a prescrição

040.159.346-0 1

MINISTÉRIO DA ECONOMIA-ME
SECRETARIA ESPECIAL DE PREVIDÊNCIA E TRABALHO
SECRETARIA DE PREVIDÊNCIA
CONSELHO DE RECURSOS DA PREVIDÊNCIA SOCIAL-CRPS
CONSELHO PLENO

parcial do débito, bem como, que seja julgado improcedente o pedido de devolução dos valores recebidos de boa-fé (fls. 16).

O INSS emitiu correspondência ao interessado informando da suspensão do auxílio-suplementar, e facultando-lhe a apresentação de recurso no prazo de 30 dias. Conforme cálculo realizado pela Autarquia, o valor recebido indevidamente corresponde a R$ 13.186,74, referente ao período de 01/11/2010 a 31/01/2016 (fls. 29). O interessado tomou ciência em 28/11/2016 (fls. 30).

Inconformado com a suspensão do auxílio-suplementar, o interessado, em 20/12/2016, interpôs Recurso Ordinário requerendo que seja julgado improcedente o pedido de devolução dos valores recebidos de boa-fé (fls. 1).

Em contrarrazões, o INSS alegou que se trata de acumulação indevida de benefício, do auxílio-suplementar com a aposentadoria por invalidez (fls. 34).

Por meio do Acórdão nº 577/2017, a 1ª Junta de Recursos conheceu e deu provimento ao Recurso Ordinário do interessado, deliberando pela cessação do auxílio-suplementar sem que ocorra a devolução dos valores recebidos indevidamente, haja vista o recebimento de boa-fé. O Colegiado também decidiu pela revisão da RMI da aposentadoria por invalidez previdenciária do interessado, tento em vista a cessação do auxílio-suplementar (fls. 36).

O INSS interpôs Recurso Especial contra a decisão proferida pela 1ª Junta de Recursos, aduzindo que o auxílio-suplementar foi suspenso dentro do que determina o § 2º do art. 104 do Decreto 3.048/99, e que a decisão da 1ª Junta de Recursos não procede, conforme entendimento da Consultoria Jurídica do MPS, por meio da questão 15 do PARECER/CONJUR/MPS/Nº 616/2010. A Autarquia Previdenciária requereu que a decisão da Junta de Recursos seja reformada, de modo que os valores sejam restituídos ao erário (fls. 41).

O interessado não apresentou contrarrazões ao Recurso Especial (fls. 51).

Por meio do Acórdão nº 4.733/2017, em **18/07/2017**, a 1ª Câmara de Julgamento conheceu e negou provimento ao Recurso da Autarquia, entendendo que cabe o restabelecimento do auxílio-suplementar cessado e a manutenção da acumulação com a aposentadoria concedida, tendo em vista que o ato revisional foi atingido pelo prazo decadencial de dez anos, previsto no artigo 103-A da Lei 8.213/91 (fls. 52).

Em **24/07/2017**, o INSS interpôs a presente RECLAMAÇÃO AO CONSELHO PLENO, em oposição à decisão da 1ª Câmara de Julgamento, proferida por meio do Acórdão nº 4.733/2017, alegando que o Colegiado contrariou frontalmente

MINISTÉRIO DA ECONOMIA-ME
SECRETARIA ESPECIAL DE PREVIDÊNCIA E TRABALHO
SECRETARIA DE PREVIDÊNCIA
CONSELHO DE RECURSOS DA PREVIDÊNCIA SOCIAL-CRPS
CONSELHO PLENO

a Questão 26 do PARECER/CONJUR/MPS/Nº 616/2010. A Autarquia entende que não existe amparo na legislação para acatar a decisão da 1ª Câmara de Julgamento (fls. 57).

Em 04/11/2019, o Vice-Presidente do CRPS reconheceu que foram preenchidos os requisitos de admissibilidade da presente Reclamação, com fundamento no art. 64 do Regimento Interno do CRPS (fls. 64).

De ordem do Presidente do CRPS, o processo foi encaminhado a este conselheiro, para relatoria e submissão da matéria ao Conselho Pleno (fls. 65).

EMENTA:

ACUMULAÇÃO DO AUXÍLIO-SUPLEMENTAR POR ACIDENTE DE TRABALHO COM APOSENTADORIA POR INVALIDEZ PREVIDENCIÁRIA. RECLAMAÇÃO DO INSS AO CONSELHO PLENO. ALEGAÇÃO DE INFRIGÊNCIA DA QUESTÃO 26 DO PARECER/CONJUR/MPS/Nº 616/2010. ATO REVISIONAL DO INSS PARA CESSAÇÃO DA APOSENTADORIA POR INVALIDEZ PREVIDENCIÁRIA. ATO NULO. APLICAÇÃO DA DECADÊNCIA DO DIREITO DE REVISÃO. RESOLUÇÃO Nº 28/2019 E ENUNCIADO Nº 10 DO CRPS. INFRIGÊNCIA NÃO CONFIGURADA. O instituto da decadência abarca os atos administrativos considerados nulos ou anuláveis nos termos do artigo 54 da Lei nº 9.784/1999. A notificação ao segurado sobre a constatação da irregularidade de benefício após o prazo decadencial afasta o direito do INSS de revisar seus atos, quando não comprovação a má-fé, conforme o artigo 103-A da Lei nº 8.213/91. RECLAMAÇÃO DO INSS IMPROCEDENTE.

VOTO

Reclamação ao Conselho Pleno do CRPS requerida, tempestivamente, pelo INSS, nos termos do § 1º do art. 64 do Regimento Interno do CRPS.

A Autarquia Previdenciária interpôs a presente Reclamação (fls. 57), com fundamento no inciso II do art. 64 supracitado, aduzindo que a 1ª Câmara de Julgamento contrariou a Questão 26 do PARECER/CONJUR/MPS/Nº 616/2010, aprovado pelo Ministro da Previdência Social e publicado no DOU de 24/12/2010.

MINISTÉRIO DA ECONOMIA-ME
SECRETARIA ESPECIAL DE PREVIDÊNCIA E TRABALHO
SECRETARIA DE PREVIDÊNCIA
CONSELHO DE RECURSOS DA PREVIDÊNCIA SOCIAL-CRPS
CONSELHO PLENO

O Vice-Presidente do CRPS reconheceu que foram preenchidos os requisitos de admissibilidade da presente Reclamação, com fundamento no inciso II do art. 64 do Regimento Interno do CRPS (fls. 64).

Compete a este colegiado, nos termos do inciso III do art. 3º do Regimento Interno, decidir, no caso concreto, as Reclamações ao Conselho Pleno, mediante a emissão de Resolução.

De acordo com o art. 64 do Regimento Interno do CRPS, a Reclamação ao Conselho Pleno poderá ocorrer no caso concreto, por requerimento das partes do processo, dirigido ao Presidente do CRPS, somente quando os acórdãos das Juntas de Recursos do CRPS, em matéria de alçada, ou os acórdãos de Câmaras de Julgamento do CRPS, em sede de Recurso Especial, infringirem:

> *"I - Pareceres da Consultoria Jurídica do MDSA, aprovados pelo Ministro de Estado do Desenvolvimento Social e Agrário, bem como, Súmulas e Pareceres do Advogado-Geral da União, na forma da Lei Complementar nº 73, de 10 de fevereiro de 1993;*
>
> *II - Pareceres da Consultoria Jurídica dos extintos MPS e MTPS, vigentes e aprovados pelos então Ministros de Estado da Previdência Social e do Trabalho e Previdência Social;*
>
> *III - Enunciados editados pelo Conselho Pleno."*

No caso em questão, o auxílio-suplementar (NB 040.159.346) foi concedido com início em 10/07/1978, e a aposentadoria por invalidez previdenciária (NB 127.824.615-8) em 31/05/2003 (fls. 8 e 9).

Após identificação da irregularidade, o INSS emitiu, em 01/06/2015, o Ofício Defesa para o interessado informando sobre a acumulação indevida do auxílio-suplementar com a aposentadoria, em desacordo com o art. 241, § 2º, do Decreto nº 83.080/79. O interessado tomou ciência do Ofício Defesa em 01/12/2015 (fls. 13), 12 anos após o início da aposentadoria por invalidez previdenciária.

Não acatando a defesa apresentada pelo interessado, a Autarquia o comunicou da suspensão do pagamento do auxílio-suplementar e do valor de R$ 13.186,74 recebido indevidamente, referente ao período de 01/11/2010 a 31/01/2016 (fls. 29).

MINISTÉRIO DA ECONOMIA-ME
SECRETARIA ESPECIAL DE PREVIDÊNCIA E TRABALHO
SECRETARIA DE PREVIDÊNCIA
CONSELHO DE RECURSOS DA PREVIDÊNCIA SOCIAL-CRPS
CONSELHO PLENO

O interessado interpôs Recurso Ordinário requerendo que seja julgado improcedente o pedido de devolução dos valores recebidos de boa-fé (fls. 1).

Por meio do Acórdão nº 577/2017, a 1ª Junta de Recursos conheceu do Recurso Ordinário e deliberou pela cessação do auxílio-suplementar, sem que ocorra a devolução dos valores recebidos indevidamente, e pela revisão da RMI da aposentadoria (fls. 36).

O INSS interpôs Recurso Especial contra a decisão proferida pela 1ª Junta de Recursos (fls. 41). A 1ª Câmara de Julgamento, por meio do Acórdão nº 4.733/2017 (fls. 52), deliberou por negar provimento à Autarquia, entendendo **que cabe o restabelecimento do auxílio-suplementar cessado e a manutenção da acumulação com a aposentadoria concedida, considerando o prazo decadencial para o INSS rever seus atos**, previsto no artigo 103-A da Lei 8.213/91 (fls. 52).

Inconformada, a Autarquia Previdenciária, na presente Reclamação, alegou que o Colegiado contrariou frontalmente a Questão 26 do PARECER/CONJUR/MPS/Nº 616/2010, transcrita abaixo, e reforça que "*não é permitido a acumulação de auxílio acidente suplementar ou auxílio acidente, com aposentadoria concedida a qualquer título*".

> " *Questão 26. Os benefícios do auxílio-acidente e do auxílio suplementar, previstos nos arts. 6º e 9º da Lei nº 6.367, de 10 de outubro de 1976, foram unificados sob um único benefício, denominado auxílio-acidente, previsto no art. 86 da Lei nº 8.213, de 24 de julho de 1991?*
>
> *154. O benefício de auxílio suplementar, atualmente extinto, não foi absorvido pelo benefício de auxílio-acidente, previsto na redação original da Lei nº 8.213, de 1991. Não houve, pois, a cogitada unificação.*
>
> *155. O extinto auxílio suplementar estava previsto no art. 9º da Lei nº 6.367, de 10 de outubro de 1976, que dispunha:*
> *"Art. 9º O acidentado do trabalho que, após a consolidação das lesões resultantes do acidente, apresentar, como seqüelas definitivas, perdas anatômicas ou redução da capacidade funcional, constantes de relação previamente elaborada pelo Ministério da Previdência e Assistência Social (MPAS), as quais, embora não impedindo o desempenho da mesma atividade, demandem, permanentemente, maior esforço na realização do trabalho, fará jus, a partir da cessação do auxílio-doença, a um auxílio mensal que corresponderá a 20% (vinte por cento) do valor*

MINISTÉRIO DA ECONOMIA-ME
SECRETARIA ESPECIAL DE PREVIDÊNCIA E TRABALHO
SECRETARIA DE PREVIDÊNCIA
CONSELHO DE RECURSOS DA PREVIDÊNCIA SOCIAL-CRPS
CONSELHO PLENO

de que trata o inciso II do Artigo 5º desta lei, observando o disposto no § 4º do mesmo artigo. Parágrafo único. Esse benefício cessará com a aposentadoria do acidentado e seu valor não será incluído no cálculo de pensão".

156. Já o auxílio-acidente, previsto no art. 86 da Lei nº 8.213, de 1991, foi instituído pela Lei nº 8.213, de 1991,na sua redação original, com as seguintes características: "Art. 86. O auxílio-acidente será concedido ao segurado quando, após a consolidação das lesões decorrentes do acidente do trabalho, resultar seqüela que implique: I redução da capacidade laborativa que exija maior esforço ou necessidade de adaptação para exercer a mesma atividade, independentemente de reabilitação profissional; II redução da capacidade laborativa que impeça, por si só, o desempenho da atividade que exercia à época do acidente, porém, não o de outra, do mesmo nível de complexidade, após reabilitação profissional; ou III redução da capacidade laborativa que impeça, por si só, o desempenho da atividade que exercia à época do acidente, porém não o de outra, de nível inferior de complexidade, após reabilitação profissional. § 1º O auxílio-acidente, mensal e vitalício, corresponderá, respectivamente às situações previstas nos incisos I, II e III deste artigo, a 30% (trinta por cento), 40% (quarenta por cento) ou 60% (sessenta por cento) do salário-de-contribuição do segurado vigente no dia do acidente, não podendo ser inferior a esse percentual do seu salário-de-benefício. § 2º O auxílio-acidente será devido a partir do dia seguinte ao da cessação do auxílio-doença, independentemente de qualquer remuneração ou rendimento auferido pelo acidentado. § 3º O recebimento de salário ou concessão de outro benefício não prejudicará a continuidade do recebimento do auxílio-acidente".

157. Comparando as normas acima transcritas, percebe-se que há evidentes diferenças entre os fatos geradores de uma e outra modalidade de benefício, bem como no cálculo do valor da renda mensal inicial. Ademais, de acordo com o parágrafo único do art. 9º da Lei nº 6.367, de 1976, o auxílio suplementar cessava com a aposentadoria do acidentado e seu valor não era incluído no cálculo de eventual pensão decorrente, ao passo que, quanto ao auxílio-acidente, na redação original do art. 86 da LBPS, o recebimento de salário ou concessão de outro benefício não prejudicava sua continuidade."

MINISTÉRIO DA ECONOMIA-ME
SECRETARIA ESPECIAL DE PREVIDÊNCIA E TRABALHO
SECRETARIA DE PREVIDÊNCIA
CONSELHO DE RECURSOS DA PREVIDÊNCIA SOCIAL-CRPS
CONSELHO PLENO

Isto posto, de imediato, percebe-se a ausência de infringência alegada pela Autarquia Previdência. De um lado, a 1ª Câmara de Julgamento aplicou o instituto da decadência para o INSS revisar seu ato que resultou na cessação do auxílio-suplementar. De outro lado, a Autarquia alegou que a 1ª Câmara de Julgamento afrontou a Questão 26 do PARECER/CONJUR/MPS/Nº 616/2010, que indaga se os benefícios do auxílio-acidente e do auxílio suplementar, previstos nos arts. 6º e 9º da Lei nº 6.367, de 10 de outubro de 1976, foram unificados sob um único benefício, denominado auxílio-acidente. Nota-se que não há simetria entre uma coisa e outra.

No entanto, para que não resta dúvida em relação à decisão proferida pela 1ª Câmara de Julgamento, a matéria de direito aqui tratada se restringirá à aplicação da decadência para o caso em questão, conforme com o art. 103-A da Lei 8.213/91.

Tendo em vista que a matéria de direito relacionada à decisão proferida pela 1ª Câmara de Julgamento já foi amplamente discutida por este Conselho Pleno, peço vênia à nobre Conselheira Tarsila Otaviano da Costa, para trazer aos autos seus fundamentos e argumentos constantes do Voto que deu origem à Resolução nº 28/2019, emitida por este Colegiado em 28/06/2019.

> *"O art. 103 em comento é dirigido, especificamente, a ato de iniciativa do segurado — direito de o beneficiário pleitear a revisão do ato concessório de seu benefício. Já o art. 103-A regula a conduta do INSS — direito de a Previdência Social anular os atos de que decorram efeitos favoráveis para os seus beneficiários.*
>
> *Diante de tais comandos, percebe-se ser impróprio falar-se em decadência do direito de o INSS reaver os valores indevidamente pagos a seus beneficiários. O que decai é o direito de a Autarquia Previdenciária revisar os atos dos quais resultam efeitos favoráveis aos seus beneficiários, consoante é a hipótese de benefício concedido com acumulação indevida prevista em lei. Se o direito de revisão não decaiu, o ressarcimento se impõe, observada a prescrição quinquenal.*
>
> *(...)*

MINISTÉRIO DA ECONOMIA-ME
SECRETARIA ESPECIAL DE PREVIDÊNCIA E TRABALHO
SECRETARIA DE PREVIDÊNCIA
CONSELHO DE RECURSOS DA PREVIDÊNCIA SOCIAL-CRPS
CONSELHO PLENO

Cabe ressaltar que somente os pareceres da Consultoria Jurídica do MPS, quando aprovados pelo Ministro de Estado, vinculam os órgãos julgadores do CRSS, à tese jurídica que fixarem, sob pena de responsabilidade administrativa quando da sua não observância, conforme redação do art. 68 do Regimento Interno do CRSS.

(...)

O direito positivo brasileiro consagrou a dicotomia entre atos nulos e anuláveis, prevendo a possibilidade de atos administrativos sanáveis e insanáveis, consoante os arts. 53 e 55 da Lei n° 9.784, de 1999 (Lei do Processo Administrativo):

Art. 53. A Administração deve anular seus próprios atos, quando eivados de vício de legalidade, e pode revogá-los por motivo de conveniência ou oportunidade, respeitados os direitos adquiridos.

Art. 55. Em decisão na qual se evidencie não acarretarem lesão ao interesse público nem prejuízo a terceiros, os atos que apresentarem defeitos sanáveis poderão ser convalidados pela própria Administração.

A decadência abarca tanto o direito de revisão dos atos nulos quanto dos anuláveis. De se ver que a Lei n° 9.784, de 1999, inobstante ter expressamente feito diferenciação entre atos nulos e anuláveis, consoante os artigos acima, ao instituir prazo decadencial para o direito de a Administração anular os seus atos administrativos, não fez nenhuma diferenciação entre os vícios que podem acometer o ato administrativo. Confira-se a redação do art. 54 da mencionada lei:

Art. 54. O direito da Administração de anular os atos administrativos de que decorram efeitos favoráveis para os destinatários decai em cinco anos, contados da data em que foram praticados, salvo comprovada má-fé.

Assim, o legislador não faz qualquer reparo ou distinção na aplicação do prazo decadencial aos atos praticados pelo INSS, sejam eles nulos ou

MINISTÉRIO DA ECONOMIA-ME
SECRETARIA ESPECIAL DE PREVIDÊNCIA E TRABALHO
SECRETARIA DE PREVIDÊNCIA
CONSELHO DE RECURSOS DA PREVIDÊNCIA SOCIAL-CRPS
CONSELHO PLENO

> anuláveis. Mesmo porque, a se entender que a decadência somente se aplica ao direito de revisão dos atos anuláveis, ficaria ela, na prática, letra morta, vez que, via de regra, os atos praticados pela Autarquia Previdenciária que resultam em efeitos patrimoniais favoráveis aos seus beneficiários (benefícios concedidos a maior ou de forma indevida, não cessação de benefício em face de fato superveniente à concessão, acumulação indevida etc.) enquadram-se na modalidade de atos nulos.
>
> Portanto, o prazo decadencial a que se refere o art. 103-A da Lei n° 8.213, de 1991, aplica-se ao direito de revisão de todos os atos praticados pelo INSS, sejam eles nulos ou anuláveis."

O entendimento da nobre relatora foi reiterado por este Colegiado, conforme o item II do Enunciado nº 10, descrito abaixo.

> *" II - A decadência prevista no art. 103-A da Lei nº 8.213/91 incide na revisão de acúmulo de auxílio-suplementar com aposentadoria de qualquer natureza e na manutenção de benefícios, ainda que irregular, salvo se comprovada a má-fé do beneficiário, a contar da percepção do primeiro pagamento indevido."*

Desta forma, tendo em vista a não comprovação da má-fé do interessado, o acórdão hostilizado está em conformidade com o entendimento deste Conselho Pleno. Assim, deverá ser mantida a decisão da 1ª Câmara de Julgamento, exarada por meio do Acórdão nº 4.733/2017, aplicando a decadência para o ato revisional do INSS, devendo a Autarquia restabelecer o auxílio-suplementar em questão (NB 040.159.346), a partir de sua suspensão, e realizar o devido acerto financeiro decorrente desse procedimento.

MINISTÉRIO DA ECONOMIA-ME
SECRETARIA ESPECIAL DE PREVIDÊNCIA E TRABALHO
SECRETARIA DE PREVIDÊNCIA
CONSELHO DE RECURSOS DA PREVIDÊNCIA SOCIAL-CRPS
CONSELHO PLENO

Conclusão:

Frente ao exposto, voto no sentido de **JULGAR IMPROCEDENTE** a presente Reclamação ao Conselho Pleno.

Brasília-DF, 29 de maio de 2020.

RENATO AGOSTINHO DAS CHAGAS
Relator

MINISTÉRIO DA ECONOMIA-ME
SECRETARIA ESPECIAL DE PREVIDÊNCIA E TRABALHO
SECRETARIA DE PREVIDÊNCIA
CONSELHO DE RECURSOS DA PREVIDÊNCIA SOCIAL-CRPS
CONSELHO PLENO

DECISÓRIO

RESOLUÇÃO Nº 13/2020

Vistos e relatados os presentes autos, em sessão realizada hoje, **ACORDAM** os membros do Conselho Pleno, por **UNANIMIDADE**, no sentido de **JULGAR IMPROCEDENTE** a presente **RECLAMAÇÃO AO CONSELHO PLENO**, de acordo com o Voto do Relator e sua fundamentação.

Participaram, ainda, do presente julgamento os (as) Conselheiros (as): Vânia Pontes Santos, Gustavo Beirão Araújo, Paulo Sérgio de Carvalho Costa Ribeiro, Maria Madalena Silva Lima, Moisés Oliveira Moreira, Maria José de Paula Moraes, Bruna Danuey de Souza Santos, Sulamita Cristina Dias, Guilherme Lustosa Pires, Valter Sérgio Pinheiro Coelho, Rodolfo Espinel Donadon, Alexandra Álvares de Alcântara, Tarsila Otaviano da Costa e Adriene Cândida Borges.

Brasília-DF, 29 de maio de 2020

RENATO AGOSTINHO DAS CHAGAS
Relator

MARCELO FERNANDO BORSIO
Presidente

040.159.346-0

11

3.1.14 Resolução 14/2020 (decadência/decenal/autotutela/aposentadoria/acumulação/auxílio/suplementar)

Objeto: Trata-se de Pedido de Uniformização de Jurisprudência interposto pelo INSS por suposta divergência de posicionamento entre Câmaras de Julgamento.

Decisão: Desprovida.

Tese jurídica: O dever poder de autotutela há havia decaído após 10 anos, nos termos do artigo 103-A da Lei 8.213/91, de modo que restou conservada a acumulação indevida de aposentadoria com auxílio suplementar.

MINISTÉRIO DA ECONOMIA-ME
SECRETARIA ESPECIAL DE PREVIDÊNCIA E TRABALHO
SECRETARIA DE PREVIDÊNCIA
CONSELHO DE RECURSOS DA PREVIDÊNCIA SOCIAL-CRPS
CONSELHO PLENO

Número do Processo: 44232.803763/2016-22
Unidade de Origem: Agência da Previdência Social - Álvares Machado-SP
Benefício: 95/071.436.743-5
Tipo de Processo: Pedido de Uniformização de Jurisprudência
Espécie: Auxílio-suplementar por Acidente do Trabalho
Recorrente: Instituto Nacional do Seguro Social-INSS
Recorrido: Antônio Sebastião Fabro
Relator: Renato Agostinho das Chagas

(Processo Eletrônico)

Relatório

As páginas informadas referem-se ao processo completo (Árvore Documental-form.PDF).

Trata-se de Pedido de UNIFORMIZAÇÃO DE JURISPRUDÊNCIA, apresentado, em 01/09/2017, pelo Instituto Nacional de Seguro Social – INSS (fls. 146).

O presente pedido foi interposto em face da decisão proferida, em 09/08/2017, pela 3ª Câmara de Julgamento, por do meio do Acórdão nº 6.670/2017 (fls. 135), que conheceu e deu provimento ao Recurso Especial do interessado, reconhecendo a aplicação da decadência para o ato do INSS no tocante à revisão do auxílio-suplementar em decorrência da concessão da aposentadoria por tempo de contribuição. Em consequência da decadência, o Colegiado determinou o restabelecimento do auxílio-suplementar.

O benefício em análise (NB 95) foi concedido com início em 17/02/1982 (fls.8), e a aposentadoria por tempo de contribuição (NB 42/135.310.430-0) em 14/09/2005 (fls. 9). Nesta data, o acúmulo passou a ser indevido entre os benefícios.

Em 20/06/2016, foi expedido Ofício de Defesa ao interessado informando a acumulação indevida do auxílio-suplementar com a aposentadoria (fls. 104). O interessado tomou ciência em 23/06/2016.

A 15ª Junta de Recursos, por meio do Acórdão nº 4.776/2016 exarado em 12/09/2016 (fls. 111), negou provimento ao Recurso Ordinário do interessado, mantendo a decisão do INSS relacionada à devolução dos valores recebidos, mediante alegação de impossibilidade de acumulação nos termos da lei.

071.436.743-5 1

MINISTÉRIO DA ECONOMIA-ME
SECRETARIA ESPECIAL DE PREVIDÊNCIA E TRABALHO
SECRETARIA DE PREVIDÊNCIA
CONSELHO DE RECURSOS DA PREVIDÊNCIA SOCIAL-CRPS
CONSELHO PLENO

Em 05/05/2017, o interessado interpôs Recurso Especial em oposição à decisão da 15ª Junta de Recursos, alegando que recebeu o benefício mediante boa-fé.

Mediante contrarrazões, o INSS reforçou que o benefício deveria ter sido cessado quando da concessão da aposentadoria, estando seu recebimento concomitante em desacordo com as normas legais. Aduziu que, apesar do longo tempo de recebimento indevido, não caberia aplicação da decadência sobre a manutenção de benefícios, cuja ilegalidade não reside no ato concessório e sim na acumulação. Requereu a manutenção do ato indeferitório, com a cessão do auxílio-suplementar e devolução dos valores recebidos indevidamente nos últimos 5 anos, conforme determina o Parecer/CONJUR/nº 616/2010.

Por meio do Acórdão nº 6.670/2017 (fls. 135), de 09/08/2017, a 3ª Câmara de Julgamento, deliberou por reconhecer a aplicação da decadência para o ato revisional do INSS, determinando o restabelecimento do auxílio-suplementar.

A Autarquia Previdenciária apresentou, em 01/09/2017, o Pedido de Uniformização de Jurisprudência (fls. 146), com fundamento no art. 63 do Regimento Interno do CRPS.

A 3ª Câmara de Julgamento acatou, como paradigma, o Acórdão nº 465/2017 por conter parâmetro de divergência, recebendo assim o Pedido de Uniformização de Jurisprudência (fls. 155).

O Vice-Presidente do CRPS reconheceu que foram preenchidos os requisitos de admissibilidade do presente Pedido, com fundamento no art. 63 do Regimento Interno do CRPS (fls. 156).

De ordem do Presidente do CRPS, o processo foi encaminhado a este conselheiro, para relatoria e submissão da matéria ao Conselho Pleno (fls. 157).

EMENTA:

AUXÍLIO SUPLEMENTAR POR ACIDENTE DE TRABALHO. PEDIDO DE UNIFORMIZAÇÃO DE JURISPRUDÊNCIA. IRREGULARIDADE NA MANUTENÇÃO DE BENEFÍCIOS. ATO NULO. APLICAÇÃO DA LEI NA FORMA ESTRITA. DECADÊNCIA DO DIREITO DE REVISÃO. RESOLUÇÃO Nº 28/2019 E ENUNCIADO Nº 10 DO CRPS. PEDIDO DE UNIFORMIZAÇÃO CONHECIDO E NEGADO PROVIMENTO AO INSS. O instituto da decadência abarca os atos administrativos considerados nulos ou anuláveis nos termos do artigo 54 da Lei nº 9.784/1999. A notificação ao segurado sobre a constatação da irregularidade

MINISTÉRIO DA ECONOMIA-ME
SECRETARIA ESPECIAL DE PREVIDÊNCIA E TRABALHO
SECRETARIA DE PREVIDÊNCIA
CONSELHO DE RECURSOS DA PREVIDÊNCIA SOCIAL-CRPS
CONSELHO PLENO

de benefício após o prazo decadencial afasta a devolução de valores por não comprovação da má-fé, conforme o artigo 103-A da Lei nº 8.213/91. Pedido de Uniformização de Jurisprudência conhecido e negado provimento ao INSS.

VOTO

O presente Pedido de Uniformização de Jurisprudência apresentado pelo INSS é tempestivo e atende aos requisitos para sua admissibilidade, em conformidade com o art. 63 do Regimento Interno do CRPS, aprovado pela Portaria MDSA nº 116/2017, cabendo destacar:

> *"Art. 63. O Pedido de Uniformização de Jurisprudência poderá ser requerido em casos concretos, pelas partes do processo, dirigido ao Presidente do respectivo órgão julgador, nas seguintes hipóteses:*
>
> *I - quando houver divergência na interpretação em matéria de direito entre acórdãos de Câmaras de Julgamento do CRSS, em sede de Recurso Especial, ou entre estes e resoluções do Conselho Pleno; ou*
> *(...)*
>
> *§ 1º A divergência deverá ser demonstrada mediante a indicação do acórdão divergente, proferido nos últimos cinco anos, por outro órgão julgador, composição de julgamento, ou, ainda, por resolução do Conselho Pleno.*
> *(...)*
>
> *§ 5º O pedido de uniformização poderá ser formulado pela parte uma única vez, tratando-se do mesmo caso concreto ou da mesma matéria examinada em tese, à luz do mesmo acórdão ou resolução indicados como paradigma."*

Conforme o inc. II do art. 3º do Regimento supracitado, compete ao Conselho Pleno: "*uniformizar, no caso concreto, as divergências jurisprudenciais entre as Juntas de Recursos nas matérias de sua alçada ou entre as Câmaras de julgamento em sede de Recurso Especial, mediante a emissão de Resolução*".

MINISTÉRIO DA ECONOMIA-ME
SECRETARIA ESPECIAL DE PREVIDÊNCIA E TRABALHO
SECRETARIA DE PREVIDÊNCIA
CONSELHO DE RECURSOS DA PREVIDÊNCIA SOCIAL-CRPS
CONSELHO PLENO

Dos Acórdãos paradigmas apresentados pela Autarquia Previdenciária, acato somente o de nº 465/2017 exarado pela extinta 1ª Composição Adjunta da 1ª Câmara de Julgamento (fls. 142), por ter sido demonstrada a divergência em relação à decisão contida no Acórdão nº 6.670/2017 proferido pela 3ª Câmara de Julgamento, ora em análise.

A matéria de direito controversa está relacionada à aplicação da decadência nos atos de manutenção de benefício. No caso concreto, se ocorre ou não a decadência para o INSS revisar o auxílio-suplementar recebido indevidamente pelo interessado mediante boa-fé, sendo este notificado após 10 anos do erro ocorrido. A decadência é tratada nos artigos 103 e 103-A da Lei 8.213/91, transcritos abaixo.

> *"Art. 103. O prazo de decadência do direito ou da ação do segurado ou beneficiário para a revisão do ato de concessão, indeferimento, cancelamento ou cessação de benefício e do ato de deferimento, indeferimento ou não concessão de revisão de benefício é de 10 (dez) anos, contado:*
>
> *I - do dia primeiro do mês subsequente ao do recebimento da primeira prestação ou da data em que a prestação deveria ter sido paga com o valor revisto; ou*
>
> *II - do dia em que o segurado tomar conhecimento da decisão de indeferimento, cancelamento ou cessação do seu pedido de benefício ou da decisão de deferimento ou indeferimento de revisão de benefício, no âmbito administrativo.*
>
> *Parágrafo único. Prescreve em cinco anos, a contar da data em que deveriam ter sido pagas, toda e qualquer ação para haver prestações vencidas ou quaisquer restituições ou diferenças devidas pela Previdência Social, salvo o direito dos menores, incapazes e ausentes, na forma do Código Civil.*
>
> *Art. 103-A. O direito da Previdência Social de anular os atos administrativos de que decorram efeitos favoráveis para os seus beneficiários decai em dez anos, contados da data em que foram praticados, salvo comprovada má-fé."*

Tendo em vista que a matéria de direito em questão já foi amplamente discutida por este Conselho Pleno, peço vênia à nobre Conselheira Tarsila Otaviano da Costa,

MINISTÉRIO DA ECONOMIA-ME
SECRETARIA ESPECIAL DE PREVIDÊNCIA E TRABALHO
SECRETARIA DE PREVIDÊNCIA
CONSELHO DE RECURSOS DA PREVIDÊNCIA SOCIAL-CRPS
CONSELHO PLENO

para trazer aos autos seus fundamentos e argumentos constantes do Voto que deu origem à Resolução nº 28/2019, emitida por este Colegiado em 28/06/2019.

> *"O art. 103 em comento é dirigido, especificamente, a ato de iniciativa do segurado — direito de o beneficiário pleitear a revisão do ato concessório de seu benefício. Já o art. 103-A regula a conduta do INSS — direito de a Previdência Social anular os atos de que decorram efeitos favoráveis para os seus beneficiários.*
>
> *Diante de tais comandos, percebe-se ser impróprio falar-se em decadência do direito de o INSS reaver os valores indevidamente pagos a seus beneficiários. O que decai é o direito de a Autarquia Previdenciária revisar os atos dos quais resultam efeitos favoráveis aos seus beneficiários, consoante é a hipótese de benefício concedido com acumulação indevida prevista em lei. Se o direito de revisão não decaiu, o ressarcimento se impõe, observada a prescrição quinquenal.*
>
> *(...)*
>
> *Cabe ressaltar que somente os pareceres da Consultoria Jurídica do MPS, quando aprovados pelo Ministro de Estado, vinculam os órgãos julgadores do CRSS, à tese jurídica que fixarem, sob pena de responsabilidade administrativa quando da sua não observância, conforme redação do art. 68 do Regimento Interno do CRSS.*
>
> *(...)*
>
> *O direito positivo brasileiro consagrou a dicotomia entre atos nulos e anuláveis, prevendo a possibilidade de atos administrativos sanáveis e insanáveis, consoante os arts. 53 e 55 da Lei n° 9.784, de 1999 (Lei do Processo Administrativo):*

MINISTÉRIO DA ECONOMIA-ME
SECRETARIA ESPECIAL DE PREVIDÊNCIA E TRABALHO
SECRETARIA DE PREVIDÊNCIA
CONSELHO DE RECURSOS DA PREVIDÊNCIA SOCIAL-CRPS
CONSELHO PLENO

Art. 53. A Administração deve anular seus próprios atos, quando eivados de vício de legalidade, e pode revogá-los por motivo de conveniência ou oportunidade, respeitados os direitos adquiridos.

Art. 55. Em decisão na qual se evidencie não acarretarem lesão ao interesse público nem prejuízo a terceiros, os atos que apresentarem defeitos sanáveis poderão ser convalidados pela própria Administração.

A decadência abarca tanto o direito de revisão dos atos nulos quanto dos anuláveis. De se ver que a Lei n° 9.784, de 1999, inobstante ter expressamente feito diferenciação entre atos nulos e anuláveis, consoante os artigos acima, ao instituir prazo decadencial para o direito de a Administração anular os seus atos administrativos, não fez nenhuma diferenciação entre os vícios que podem acometer o ato administrativo. Confira-se a redação do art. 54 da mencionada lei:

Art. 54. O direito da Administração de anular os atos administrativos de que decorram efeitos favoráveis para os destinatários decai em cinco anos, contados da data em que foram praticados, salvo comprovada má-fé.

Assim, o legislador não faz qualquer reparo ou distinção na aplicação do prazo decadencial aos atos praticados pelo INSS, sejam eles nulos ou anuláveis. Mesmo porque, a se entender que a decadência somente se aplica ao direito de revisão dos atos anuláveis, ficaria ela, na prática, letra morta, vez que, via de regra, os atos praticados pela Autarquia Previdenciária que resultam em efeitos patrimoniais favoráveis aos seus beneficiários (benefícios concedidos a maior ou de forma indevida, não cessação de benefício em face de fato superveniente à concessão, acumulação indevida etc.) enquadram-se na modalidade de atos nulos.

Portanto, o prazo decadencial a que se refere o art. 103-A da Lei n° 8.213, de 1991, aplica-se ao direito de revisão de todos os atos praticados pelo

MINISTÉRIO DA ECONOMIA-ME
SECRETARIA ESPECIAL DE PREVIDÊNCIA E TRABALHO
SECRETARIA DE PREVIDÊNCIA
CONSELHO DE RECURSOS DA PREVIDÊNCIA SOCIAL-CRPS
CONSELHO PLENO

> *INSS, sejam eles nulos ou anuláveis."*

O entendimento da nobre relatora foi reiterado por este Colegiado, conforme o item II do Enunciado nº 10, descrito abaixo.

> *" II - A decadência prevista no art. 103-A da Lei nº 8.213/91 incide na revisão de acúmulo de auxílio-suplementar com aposentadoria de qualquer natureza e na manutenção de benefícios, ainda que irregular, salvo se comprovada a má-fé do beneficiário, a contar da percepção do primeiro pagamento indevido."*

O benefício em análise (NB 95) foi concedido com início em 17/02/1982 (fls.8), e a aposentadoria por tempo de contribuição (NB 42/135.310.430-0) em 14/09/2005 (fls. 9). Em 20/06/2016, foi expedido Ofício de Defesa ao interessado informando a acumulação indevida do auxílio-suplementar com a aposentadoria (fls. 104). O interessado tomou ciência em 23/06/2016, mais de 10 anos após a concessão da aposentadoria.

Diante de todo exposto, tendo em vista a não comprovação da má-fé do interessado, o acórdão hostilizado está em conformidade com o entendimento deste Conselho Pleno. Assim, deverá ser mantida a decisão da 3ª Câmara de Julgamento exarada por meio do Acórdão nº 6.670/2017, aplicando a decadência para o ato revisional do INSS, devendo a Autarquia restabelecer o auxílio-suplementar (NB 071.436.743-5), a partir de sua suspensão, e realizar o devido acerto financeiro decorrente desse procedimento.

Conclusão:

Pelo exposto, VOTO no sentido de, preliminarmente, **conhecer do Pedido de Uniformização de Jurisprudência apresentado pelo INSS**, e, no mérito, **negar-lhe provimento.**

Brasília-DF, 29 de maio de 2020.

RENATO AGOSTINHO DAS CHAGAS
Relator

MINISTÉRIO DA ECONOMIA-ME
SECRETARIA ESPECIAL DE PREVIDÊNCIA E TRABALHO
SECRETARIA DE PREVIDÊNCIA
CONSELHO DE RECURSOS DA PREVIDÊNCIA SOCIAL-CRPS
CONSELHO PLENO

DECISÓRIO

RESOLUÇÃO Nº 14/2020

Vistos e relatados os presentes autos, em sessão realizada hoje, **ACORDAM** os membros do Conselho Pleno, por **UNANIMIDADE**, no sentido de **CONHECER DO PEDIDO DE UNIFORMIZAÇÃO DE JURISPRUDÊNCIA APRESENTADO PELO INSS**, para, no mérito, **NEGAR-LHER PROVIMENTO**, de acordo com o Voto do Relator e sua fundamentação.

Participaram, ainda, do presente julgamento os (as) Conselheiros (as): Vânia Pontes Santos, Gustavo Beirão Araújo, Paulo Sérgio de Carvalho Costa Ribeiro, Maria Madalena Silva Lima, Moisés Oliveira Moreira, Maria José de Paula Moraes, Bruna Danuey de Souza Santos, Sulamita Cristina Dias, Guilherme Lustosa Pires, Valter Sérgio Pinheiro Coelho, Rodolfo Espinel Donadon, Alexandra Álvares de Alcântara, Tarsila Otaviano da Costa e Adriene Cândida Borges.

Brasília-DF, 29 de maio de 2020

RENATO AGOSTINHO DAS CHAGAS
Relator

MARCELO FERNANDO BORSIO
Presidente

3.1.15 Resolução 15/2020 (BPC/LOAS/miserabilidade/critério/legal)

Objeto: Trata-se de Pedido de Uniformização de Jurisprudência interposto pelo INSS por suposta divergência de posicionamento entre Câmaras de Julgamento.

Decisão: Provida.

Tese jurídica: Deve ser adotado o critério de miserabilidade da renda *per capita* familiar do artigo 20, §3º, da Lei 8.742/93, permitindo o §11 que outros aspectos sejam analisados.

MINISTÉRIO DA ECONOMIA-ME
SECRETARIA ESPECIAL DE PREVIDÊNCIA E TRABALHO
SECRETARIA DE PREVIDÊNCIA
CONSELHO DE RECURSOS DA PREVIDÊNCIA SOCIAL-CRPS
CONSELHO PLENO

Nº de Protocolo do Recurso: 44232.713137/2016-45
Documento/Benefício: 118.121.812-5
Unidade de origem: Agência da Previdência Social/ Itatinga - SP
Tipo do Processo: Pedido de Uniformização de Jurisprudência do INSS
Recorrente: Instituto Nacional do Seguro Social/INSS
Recorrido: Erick Henrique Silva Mariano
Benefício: Benefício de Prestação Continuada - BPC
Relatora: Tarsila Otaviano da Costa

(Processo Eletrônico)

Relatório

Trata-se de Pedido de Uniformização de Jurisprudência (evento55) suscitado pelo Instituto Nacional do Seguro Social - INSS em face da decisão da 04ª CAJ/CRPS no Acórdão nº 2117/2017 (evento53) que negou provimento ao recurso especial autárquico ao considerar a composição familiar tendo 05 membros, concedendo o benefício Amparo Social a Pessoa com Deficiência por renda inferior a ¼ do salário mínimo.

Indaga afronta a norma assistencial por superação da renda familiar, pois o requerente é detentor de renda decorrente do recebimento de pensão alimentícia, não fazendo seu irmão (e curador) parte do conceito de família definido na legislação assistencial.

Apresenta como paradigma os processos sob o nº 44232.379143/2015-88 julgado pela 3ª CaJ; nº 44232.180217/2014-40 e nº 44232.217814/2014-37 julgados pela 02ª CaJ; nº 44232.309279/2015-21 julgado pela 01ª CaJ; e nº 44232.561685/2015-01 02ªCA-02ªCaJ.

O interessado foi notificado e apresentou contrarrazões ao incidente processual (evento58) requerendo a manutenção do feito.

A 4ª CaJ, por meio de despacho de seu Presidente conheceu do incidente processual, encaminhando os autos à Presidência do CRPS (evento63).

Não há pronunciamento da Divisão de Assuntos Jurídicos do CRPS.

118.121.812-5 1

MINISTÉRIO DA ECONOMIA-ME
SECRETARIA ESPECIAL DE PREVIDÊNCIA E TRABALHO
SECRETARIA DE PREVIDÊNCIA
CONSELHO DE RECURSOS DA PREVIDÊNCIA SOCIAL-CRPS
CONSELHO PLENO

O procedimento de Uniformização de Jurisprudência foi instaurado pela Presidência do CRPS com redistribuição dos presentes autos a essa Conselheira (evento65).

É o Relatório.

EMENTA: PEDIDO DE UNIFORMIZAÇÃO DE JURISPRUDÊNCIA. AMPARO SOCIAL A PESSOA PORTADORA DE DEFICIÊNCIA. PRESSUPOSTOS DE ADMISSIBILIDADE DO PEDIDO ALCANÇADOS NA FORMA DO ART. 63 DO REGIMENTO INTERNO (PORTARIA MDSA Nº 116/2017). EXCLUSÃO DA RENDA DO TITULAR DO BENEFÍCIO ASSISTENCIAL DECORRENTE DE PENSÃO ALIMENTÍCIA. PARECER SOCIAL ATESTANDO A VULNERABILIDADE SOCIAL COM A INCLUSÃO DE MEMBROS NÃO PARTICIPANTES DA COMPOSIÇÃO FAMILIAR. CONCEITO LEGAL. CURADOR. AFRONTA A NORMA LEGAL CONTIDA NO ART. 20 DA LEI Nº 8742/1993 E ART. 04 DO DECRETO Nº 6.214/2007. PEDIDO DE UNIFORMIZAÇÃO CONHECIDO E PROVIDO.

VOTO

Em análise aos pressupostos de admissibilidade do presente Pedido de Uniformização de Jurisprudência, importa a transcrição dos arts. 03 e 63 do Regimento Interno do CRPS, aprovado pela Portaria MDSA nº 116/2017, a saber:

> Art. 3º - Ao Conselho Pleno compete:
> (...)
> II - uniformizar, no caso concreto, as divergências jurisprudenciais entre as Juntas de Recursos nas matérias de sua alçada ou entre as Câmaras de julgamento em sede de Recurso Especial, mediante a emissão de Resolução; e
>
> Art. 63 - O Pedido de Uniformização de Jurisprudência poderá ser requerido em casos concretos, pelas partes do processo, dirigido ao Presidente do respectivo órgão julgador, nas seguintes hipóteses:
>
> I - quando houver divergência na interpretação em matéria de direito entre acórdãos de Câmaras de Julgamento do CRSS, em sede de Recurso Especial, ou entre estes e resoluções do Conselho Pleno; ou

MINISTÉRIO DA ECONOMIA-ME
SECRETARIA ESPECIAL DE PREVIDÊNCIA E TRABALHO
SECRETARIA DE PREVIDÊNCIA
CONSELHO DE RECURSOS DA PREVIDÊNCIA SOCIAL-CRPS
CONSELHO PLENO

> II - quando houver divergência na interpretação em matéria de direito entre acórdãos de Juntas de Recursos do CRSS, nas hipóteses de alçada exclusiva previstas no art. 30, § 2º, deste Regimento, ou entre estes e Resoluções do Conselho Pleno.

O requerimento do pedido de uniformização cumpriu o prazo regimental estabelecido no § 2º do citado artigo 63:

> Art. 63 – (...)
> § 2º É de 30 (trinta) dias o prazo para o requerimento do Pedido de Uniformização de Jurisprudência e para o oferecimento de contrarrazões, contados da data da ciência da decisão e da data da intimação do pedido, respectivamente, hipótese em que suspende o prazo para o seu cumprimento.

O Instituto apresentou pedido incidental de forma tempestiva, conforme interposição realizada em 08/08/2017 (evento55), tendo a ciência ocorrida em 02/08/2017 (evento54).

É imperioso asseverar, de plano, que o pressuposto para a admissibilidade do pedido de uniformização de jurisprudência é a existência de divergência **em matéria de direito.** Não se presta, pois, tal incidente a reapreciar matéria fática ou solucionar divergência em matéria de provas.

Na hipótese dos autos, observo que no Acórdão nº 2117/2017 admitiu a possibilidade de reconhecimento do benefício por critério subjetivo, após a constatação de vulnerabilidade social contido no parecer social, afastando o critério objetivo e determinou o restabelecimento do benefício (evento53).

De outra feita, apresenta como paradigmas os processos sob o nº 44232.379143/2015-88 (julgado pela 3ª CaJ); nº 44232.180217/2014-40 e nº 44232.217814/2014-37 (julgados pela 02ª CaJ); nº 44232.309279/2015-21 (julgado pela 01ª CaJ); e nº 44232.561685/2015-01 (julgado pela 02ªCA-02ªCaJ) onde foram aplicados o critério objetivo da renda conforme legislação.

A Autarquia Previdenciária alega afronta aos artigos 20 da Lei nº 8742/1993 e 4º do Decreto nº 6.214/07.

A Lei nº 8742/1993 dispõe sobre os critérios objetivos e subjetivos para a concessão do benefício assistencial:

> Art. 20. O benefício de prestação continuada é a garantia de um salário-mínimo mensal à pessoa com deficiência e ao idoso com 65 (sessenta e cinco) anos ou mais

MINISTÉRIO DA ECONOMIA-ME
SECRETARIA ESPECIAL DE PREVIDÊNCIA E TRABALHO
SECRETARIA DE PREVIDÊNCIA
CONSELHO DE RECURSOS DA PREVIDÊNCIA SOCIAL-CRPS
CONSELHO PLENO

> que comprovem não possuir meios de prover a própria manutenção nem de tê-la provida por sua família. (Redação dada pela Lei nº 12.435, de 2011) (Vide Medida Provisória nº 871, de 2019) (Vigência)
>
> § 1º Para os efeitos do disposto no caput, a família é composta pelo requerente, o cônjuge ou companheiro, os pais e, na ausência de um deles, a madrasta ou o padrasto, os irmãos solteiros, os filhos e enteados solteiros e os menores tutelados, desde que vivam sob o mesmo teto. (Redação dada pela Lei nº 12.435, de 2011)
>
> § 2º Para efeito de concessão do benefício de prestação continuada, considera-se pessoa com deficiência aquela que tem impedimento de longo prazo de natureza física, mental, intelectual ou sensorial, o qual, em interação com uma ou mais barreiras, pode obstruir sua participação plena e efetiva na sociedade em igualdade de condições com as demais pessoas. (Redação dada pela Lei nº 13.146, de 2015) (Vigência)
>
> § 3º Considera-se incapaz de prover a manutenção da pessoa com deficiência ou idosa a família cuja renda mensal per capita seja inferior a 1/4 (um quarto) do salário-mínimo. (Redação dada pela Lei nº 12.435, de 2011)

E o artigo 4º do Decreto nº 6214/2007, que regulamenta o benefício de prestação continuada define:

> Art. 4 Para os fins do reconhecimento do direito ao benefício, considera-se:
> (...)
> VI - renda mensal bruta familiar: a soma dos rendimentos brutos auferidos pelos membros da família composta por salários, proventos, **pensões alimentícias**, benefícios de previdência pública ou privada, comissões, pró-labore, outros rendimentos do trabalho não assalariado, rendimentos do mercado informal ou autônomo, rendimentos auferidos do patrimônio, Renda Mensal Vitalícia e Benefício de Prestação Continuada, ressalvado o disposto no parágrafo único do art. 19. (grifo nosso)

O acórdão objeto de incidente regimental afronta o artigo 4º acima citado ao afastar do requerente decorrente de pensão alimentícia e contabilizar seu irmão (curador) como composição familiar.

Ora, o acórdão afronta a norma legal por entender ser possível afastar o critério objetivo em face do reconhecimento da vulnerabilidade social, sendo suficiente para acolher o pedido da autarquia previdenciária.

Desta feita, no caso em estudo, restou comprovado que no requerimento inicial (ano de 2001) a genitora do requerente não detinha qualquer renda, que motivou

MINISTÉRIO DA ECONOMIA-ME
SECRETARIA ESPECIAL DE PREVIDÊNCIA E TRABALHO
SECRETARIA DE PREVIDÊNCIA
CONSELHO DE RECURSOS DA PREVIDÊNCIA SOCIAL-CRPS
CONSELHO PLENO

a concessão administrativa. Contudo, a partir do ano de 2009, o requerente começou a perceber pensão alimentícia, referente a meio salário mínimo pago pelo seu genitor.

Assim, há infração a norma legal por ter renda pessoal decorrente da pensão alimentícia, superando o critério objetivo de ¼ do salário mínimo, pois a composição familiar é formada somente pelo requerente.

Não há como convalidar que a situação de miserabilidade social restou comprovada em face do parecer social não retratar a realidade do requerente (fls. 524/527 proc.completo), ao contabilizar a família do irmão e curador como "composição familiar", contrariando a norma legal (§ 1° do art. 20 da Lei nº 8.742/1993) e o atual entendimento colegiado conforme decisões abaixo:

> PEDIDO DE UNIFORMIZAÇÃO DE JURISPRUDÊNCIA. BENEFÍCIO DE PRESTAÇÃO CONTINUADA. DECISÃO DO STF NA RECLAMAÇÃO 4374/PE. ALTERAÇÃO DO CONTEÚDO DA ADI 1.232/DF. CRITÉRIO DE RENDA EM 1/4 DE SALÁRIO MÍNIMO INCONSTITUCIONAL. ARTIGO 20 §11 DA LEI 8.742/93. POSSIBILIDADE DE UTILIZAÇÃO DE OUTROS ELEMENTOS PROBATÓRIOS DA CONDIÇÃO DE MISERABILIDADE DO GRUPO FAMILIAR E DA SITUAÇÃO DE VULNERABILIDADE. PARECER SOCIAL. POSSIBILIDADE. PEDIDO CONHECIDO E NEGADO. (Processo 44232.436463/2015-42, NB 701.536.697-6, Relatora: Raquel Lúcia de Freitas, Conselho Pleno, julgado em 26/03/2019) (Resolução CRPS Nº 1/2019)

> BENEFÍCIO DE PRESTAÇÃO CONTINUADA. LOAS. PEDIDO DE UNIFORMIZAÇÃO DE JURISPRUDÊNCIA. Divergência jurisprudencial entre as Câmaras de Julgamento no que tange aos critérios de fixação da renda per capita familiar. Competência para análise deste Conselho Pleno na forma do art. 3° inc. II do Regimento Interno do CRSS aprovado pela Portaria MDAS nº 116/2017. Pressupostos de Admissibilidade do pedido alcançados na forma do art. 63 do mesmo Regimento. Para a fixação dos critérios da renda familiar tem-se que o Supremo Tribunal Federal julgou inconstitucional a regra de 1/4 do salário mínimo. Aplicação limitada ao Conselho. Falta de ato legal declarando a norma inconstitucional. **Prevalência do § 3° do art. 20, contudo, a avaliação da situação de miserabilidade familiar deve ser realizada concomitantemente com aspectos além da renda conforme § 11 do art. 20 da LOAS**. Precedente do Conselho Pleno. Pedido de Uniformização conhecido e improvido. (Processo 44232.837369/2016-98, NB 702.236.332-4, Relator: Rodolfo Espinel Donadon, Conselho Pleno, julgado em 28/06/2019) (Resolução CRPS Nº 19/2019)

Diante do exposto, deve ser mantida a tese jurídica fixada no conceito de composição familiar e critério objetivo da renda, no sentido de que não há como afastar a existência de renda pessoal, a superação do critério objetivo sem prova robusta da

118.121.812-5 5

MINISTÉRIO DA ECONOMIA-ME
SECRETARIA ESPECIAL DE PREVIDÊNCIA E TRABALHO
SECRETARIA DE PREVIDÊNCIA
CONSELHO DE RECURSOS DA PREVIDÊNCIA SOCIAL-CRPS
CONSELHO PLENO

vulnerabilidade e miserabilidade social da composição familiar (formada somente pelo requerente), o que não aconteceu no caso em epígrafe.

Feita essa digressão, percebe-se que a tese delineada no Acórdão nº 2117/2017 não encontra amparo jurídico, razão pela qual se deve dar provimento ao pedido de uniformização de jurisprudência em debate.

Isso posto, torno insubsistente o Acórdão nº 2117/2017 e determino a remessa dos autos à 4ª Câmara de Julgamento para que proceda a novo julgamento da matéria, com a emissão de outro acórdão, observando os ditames do presente voto.

CONCLUSÃO: Pelo exposto, voto no sentido de, preliminarmente, **CONHECER DO PEDIDO DE UNIFORMIZAÇÃO DE JURISPRUDÊNCIA**, para, no mérito, **DAR PROVIMENTO AO INSS.**

Brasília-DF, 29 de maio de 2020

TARSILA OTAVIANO DA COSTA
Relatora

MINISTÉRIO DA ECONOMIA-ME
SECRETARIA ESPECIAL DE PREVIDÊNCIA E TRABALHO
SECRETARIA DE PREVIDÊNCIA
CONSELHO DE RECURSOS DA PREVIDÊNCIA SOCIAL-CRPS
CONSELHO PLENO

DECISÓRIO

RESOLUÇÃO Nº 15/2020

Vistos e relatados os presentes autos, em sessão realizada hoje, **ACORDAM** os membros do Conselho Pleno, por **UNANIMIDADE**, no sentido de **CONHECER DO PEDIDO DE UNIFORMIZAÇÃO DE JURISPRUDÊNCIA**, para, no mérito, **DAR PROVIMENTO AO INSS**, de acordo com o Voto da Relatora e sua fundamentação.

Participaram, ainda, do presente julgamento os (as) Conselheiros (as): Vânia Pontes Santos, Gustavo Beirão Araújo, Paulo Sérgio de Carvalho Costa Ribeiro, Maria Madalena Silva Lima, Renato Agostinho das Chagas, Moisés Oliveira Moreira, Maria José de Paula Moraes, Bruna Danuey de Souza Santos, Sulamita Cristina Dias, Guilherme Lustosa Pires, Valter Sérgio Pinheiro Coelho, Rodolfo Espinel Donadon, Alexandra Álvares de Alcântara e Adriene Cândida Borges.

Brasília-DF, 29 de maio de 2020

TARSILA OTAVIANO DA COSTA
Relatora

MARCELO FERNANDO BORSIO
Presidente

3.1.16 Resolução 16/2020 (benefício por incapacidade/carência)

Objeto: Trata-se de Pedido de Uniformização de Jurisprudência interposto pelo INSS por suposta divergência de posicionamento entre Câmaras de Julgamento.

Decisão: Provida.

Tese jurídica: A decisão da Câmara de Julgamento violou a Questão 14 do Parecer Vinculante CONJUR MPS 616/2010, que impede o cômputo de benefício por incapacidade para fins de período de carência.

MINISTÉRIO DA ECONOMIA-ME
SECRETARIA ESPECIAL DE PREVIDÊNCIA E TRABALHO
SECRETARIA DE PREVIDÊNCIA
CONSELHO DE RECURSOS DA PREVIDÊNCIA SOCIAL-CRPS
CONSELHO PLENO

Nº de Protocolo do Recurso: 44232.681006/2016-91
Documento/Benefício: 174.873.323-8
Unidade de origem: Agência da Previdência Social/ Ribeirão Preto - SP
Tipo do Processo: Pedido de Uniformização de Jurisprudência do INSS
Recorrente: Instituto Nacional do Seguro Social/INSS
Recorrido: Esmeralda Davis
Benefício: Aposentadoria por Idade
Relatora: Tarsila Otaviano da Costa

(Processo Eletrônico)

Relatório

Trata-se de Pedido de Uniformização de Jurisprudência (evento21) suscitado pelo Instituto Nacional do Seguro Social - INSS em face da decisão da 1ª CA da 1ª CAJ/CRPS no Acórdão nº 4154/2016 (evento19) que negou provimento ao recurso especial autárquico ao computar períodos em que a segurada esteve em gozo de benefício previdenciário como carência, concedendo o benefício Aposentadoria por Idade.

Indaga afronta a norma previdenciária por computar períodos em gozo de benefício por incapacidade como carência.

Apresenta como paradigma os processos sob o nº º 44232.387081/2015-88 julgado pela 1ª CA da 3ª Câmara de Julgamento e nº 44232.577901/2015-21 julgado pela 4ª Câmara de Julgamento.

A interessada foi notificada, mas não apresentou contrarrazões ao incidente processual (evento35/36).

A Divisão de Assuntos Jurídicos do CRPS se manifestou quanto à matéria, conforme Despacho CRSS/DAJ/ASC nº 085/2018, no qual opinou que houve o preenchimento dos requisitos do art. 63 da Portaria MDSA nº 116/2017, e encaminha os autos para a Presidência (evento39).

O procedimento de Uniformização de Jurisprudência foi instaurado pela Presidência do CRPS com redistribuição dos presentes autos a essa Conselheira (evento44).

É o Relatório.

174.873.323-8 1

MINISTÉRIO DA ECONOMIA-ME
SECRETARIA ESPECIAL DE PREVIDÊNCIA E TRABALHO
SECRETARIA DE PREVIDÊNCIA
CONSELHO DE RECURSOS DA PREVIDÊNCIA SOCIAL-CRPS
CONSELHO PLENO

EMENTA: PEDIDO DE UNIFORMIZAÇÃO DE JURISPRUDÊNCIA. APOSENTADORIA POR IDADE. PRESSUPOSTOS DE ADMISSIBILIDADE DO PEDIDO ALCANÇADOS NA FORMA DO ART. 63 DO REGIMENTO INTERNO (PORTARIA MDSA Nº 116/2017). CÔMPUTO DE PERÍODO EM GOZO DE BENEFICIO POR INCAPACIDADAE PARA FINS DE CARÊNCIA. INEXISTÊNCIA DE PREVISÃO LEGAL E AFRONTA AO PARECER CONJUR-MPS Nº 616/2010. PEDIDO DE UNIFORMIZAÇÃO CONHECIDO E PROVIDO.

1. Não é possível o cômputo de períodos em gozo de benefício por incapacidade como carência por falta de previsão legal e vedação ministerial.
2. Afronta as disposições do Parecer CONJUR-MPS nº 616/2010, vinculativo a este Conselho de Recursos conforme artigo 30, inciso II e artigo 68 e 69 do Regimento Interno do CRPS.
3. Pedido de Uniformização conhecido e provido.

VOTO

Em análise aos pressupostos de admissibilidade do presente Pedido de Uniformização de Jurisprudência, importa a transcrição dos arts. 03 e 63 do Regimento Interno do CRPS, aprovado pela Portaria MDSA nº 116/2017, a saber:

> Art. 3º - Ao Conselho Pleno compete:
> (...)
> II - uniformizar, no caso concreto, as divergências jurisprudenciais entre as Juntas de Recursos nas matérias de sua alçada ou entre as Câmaras de julgamento em sede de Recurso Especial, mediante a emissão de Resolução; e
>
> Art. 63 - O Pedido de Uniformização de Jurisprudência poderá ser requerido em casos concretos, pelas partes do processo, dirigido ao Presidente do respectivo órgão julgador, nas seguintes hipóteses:
>
> I - quando houver divergência na interpretação em matéria de direito entre acórdãos de Câmaras de Julgamento do CRSS, em sede de Recurso Especial, ou entre estes e resoluções do Conselho Pleno; ou
> II - quando houver divergência na interpretação em matéria de direito entre acórdãos de Juntas de Recursos do CRSS, nas hipóteses de alçada exclusiva previstas no art. 30, § 2º, deste Regimento, ou entre estes e Resoluções do Conselho Pleno.

MINISTÉRIO DA ECONOMIA-ME
SECRETARIA ESPECIAL DE PREVIDÊNCIA E TRABALHO
SECRETARIA DE PREVIDÊNCIA
CONSELHO DE RECURSOS DA PREVIDÊNCIA SOCIAL-CRPS
CONSELHO PLENO

O requerimento do pedido de uniformização cumpriu o prazo regimental estabelecido no § 2º do citado artigo 63:

> Art. 63 – (...)
> § 2º É de 30 (trinta) dias o prazo para o requerimento do Pedido de Uniformização de Jurisprudência e para o oferecimento de contrarrazões, contados da data da ciência da decisão e da data da intimação do pedido, respectivamente, hipótese em que suspende o prazo para o seu cumprimento.

O Instituto apresentou pedido incidental de forma tempestiva, conforme interposição realizada em 02/09/2016 (evento21), tendo a ciência ocorrida em 01/09/2016 (evento20).

É imperioso asseverar, de plano, que o pressuposto para a admissibilidade do pedido de uniformização de jurisprudência é a existência de divergência **em matéria de direito.** Não se presta, pois, tal incidente a reapreciar matéria fática ou solucionar divergência em matéria de provas.

Na hipótese dos autos, observo que no Acórdão nº 4154/2016 houve a inclusão de períodos em gozo de benefício auxílio-doença para fins de carência (evento27).

De outra feita, apresenta como paradigmas os Acórdãos nº 4763/2015 da 1ª CA da 3ª CaJ e nº 2344/2016 da 4ª CaJ, onde não houve a inclusão dos períodos por falta de previsão legal.

A decisão colegiada prolatada pela 1ª CA da 1º Câmara de Julgamento aplicou entendimento jurisprudencial decorrente do RE 583.834/PR-RG ao considerar que os períodos de 01.11.2007 a18.01.2008 e de 22.07.2011 a 16.03.2012 percebidos em benefícios por incapacidade fossem contabilizados como carência, concedendo o benefício.

A Autarquia Previdenciária alega afronta ao parecer ministerial nº 616/2010/CONJUR/MPS, aprovado pelo Ministro de Estado e Previdência Social, e vinculativo a este Conselho Administrativo.

A controvérsia, portanto, reside no aproveitamento dos períodos em gozo de benefício por incapacidade para fins de carência.

A segurada também detinha vários vínculos no meio urbano, atingindo 159 contribuições.

MINISTÉRIO DA ECONOMIA-ME
SECRETARIA ESPECIAL DE PREVIDÊNCIA E TRABALHO
SECRETARIA DE PREVIDÊNCIA
CONSELHO DE RECURSOS DA PREVIDÊNCIA SOCIAL-CRPS
CONSELHO PLENO

O conceito de carência é previsto no artigo 24 da Lei de Benefícios da Previdência Social, aprovado pela Lei nº 8.213/91:

> Art. 24. Período de carência é o número mínimo de contribuições mensais indispensáveis para que o beneficiário faça jus ao benefício, consideradas a partir do transcurso do primeiro dia dos meses de suas competências.

A carência é um requisito para aferir direito securitário, no qual exige-se um mínimo de contribuição previdenciária ao regime geral de previdência social durante um período exigido para tal fim.

No Regulamento da Previdência Social, aprovado pelo Decreto nº 3.048/99, determina em seu artigo 60:

> Art. 60. Até que lei específica discipline a matéria, são contados como tempo de contribuição, entre outros:
> (...)
> III - o período em que o segurado esteve recebendo auxílio-doença ou aposentadoria por invalidez, entre períodos de atividade;

Ora, a carência prescinde de contribuição, seja direta (prestação pecuniária) ou indireta (exercício de atividade rural no caso do segurado especial), inexistindo qualquer previsão legal para o cômputo de período em gozo de benefício por incapacidade como carência.

A norma previdenciária permitiu seu cômputo como tempo de contribuição, relacionando sua previsão no inciso 3 do citado artigo 60.

Como se pode notar, a decisão afronta literalmente a lei previdenciária, por falta de previsão legal para tal finalidade. Corroborado a esse entendimento, o Parecer Ministerial CONJUR/MPS nº 616/2010 tratou sobre o tema, em sua questão 14:

> Questão 14. Computa-se para efeito de carência o período em que o segurado usufruiu benefício do auxílio-doença? O fato de ter o segurado voltado a contribuir no momento imediatamente posterior à cessação do auxílio-doença permite seja computado para fins de carência o período do gozo do benefício, como tem decidido o CRPS?
>
> 80. No regime da LBPS, o período de carência equivale ao número de meses de contribuição necessários para o segurado se tornar elegível a um benefício (art. 24 da LBPS). Nem todas as prestações do RGPS dependem de carência. Os casos de dispensa estão elencados no art. 26 da Lei nº 8.213, de 1991. Assim, computam-se

MINISTÉRIO DA ECONOMIA-ME
SECRETARIA ESPECIAL DE PREVIDÊNCIA E TRABALHO
SECRETARIA DE PREVIDÊNCIA
CONSELHO DE RECURSOS DA PREVIDÊNCIA SOCIAL-CRPS
CONSELHO PLENO

> para efeito de carência os meses de efetiva contribuição ao RGPS. Em situações determinadas presume-se o recolhimento para efeito de benefícios. (...)
> 82. Em resposta à primeira indagação, entendemos que não poderá ser computado período de recebimento de benefício para fins de carência, por não se tratar de período de contribuição em uma das diversas categorias de segurado, como exige a lei para essa finalidade. Ademais, o fato de o segurado ter voltado a contribuir no momento imediatamente posterior à cessação do auxílio-doença não permite seja computado para fins de carência o período de gozo do benefício.
> 83. A carência é medida em meses de contribuição, o que não se confunde com meses de recebimento de benefício. É contraditório e ilógico que se cumpra determinada carência, necessária ao benefício, justamente computando-se o de tempo de recebimento de outro benefício. Há benefícios, contudo, como o auxílio-acidente, em que não há sequer afastamento do trabalho, mas o que deve ser computado não é o tempo de benefício, mas o tempo de contribuição.
> 84. Na Lei nº 8.213, de 1991, há um dispositivo na subseção destinada à aposentadoria por tempo de contribuição que gera bastante controvérsia sobre o tema, que é o inciso II do art. 55. Diz ele que será computado, como tempo de contribuição, o período intercalado em que o segurado esteve em gozo de auxílio-doença ou aposentadoria por invalidez.
> 85. O que ocorre é que, para fins do benefício de aposentadoria por tempo de contribuição, a Lei buscou, excepcionalmente, minimizar os efeitos dos afastamentos do trabalho por motivo de incapacidade, determinando que tais períodos, quando intercalados entre períodos de atividade, sejam efetivamente inseridos no cálculo de tempo de contribuição, para não causar prejuízo graves aos segurados. (...)
> 87. Ademais, lembre-se que o período de carência da aposentadoria por tempo de contribuição é, em regra, de cento e oitenta meses de contribuição, equivalente a quinze anos (art. 25 da LBPS). Assim, por exemplo, para efeito da aposentadoria por tempo de contribuição integral, o segurado do sexo masculino, dos trinta e cinco anos necessários, poderá contar com até vinte anos de tempo intercalado de recebimento de auxílio-doença ou aposentadoria por invalidez.

Além disso, a interpretação dada pelo parecer ministerial é vinculativa a este Conselho de Recursos, conforme preceitua o art. 68 do Regimento Interno:

> Art. 68. Os Pareceres da Consultoria Jurídica do MDSA, quando aprovados pelo Ministro de Estado, nos termos da Lei Complementar nº 73, de 10 de fevereiro de 1993, vinculam os órgãos julgadores do CRSS, à tese jurídica que fixarem, sob pena de responsabilidade administrativa quando da sua não observância.
>
> Parágrafo Único: A vinculação normativa a que se refere o caput aplica-se também aos pareceres da Consultoria Jurídica dos extintos MPS e MTPS, vigentes e aprovados pelos então Ministros de Estado da Previdência Social e do Trabalho e Previdência Social, enquanto não revistos pela atual Consultoria Jurídica do MDSA.

MINISTÉRIO DA ECONOMIA-ME
SECRETARIA ESPECIAL DE PREVIDÊNCIA E TRABALHO
SECRETARIA DE PREVIDÊNCIA
CONSELHO DE RECURSOS DA PREVIDÊNCIA SOCIAL-CRPS
CONSELHO PLENO

A decisão afrontada fez interpretação diversa do parecer ministerial sem qualquer fundamento legal que o subsidiasse, afinal, este Conselho não está adstrito a jurisprudência do Supremo Tribunal Federal nos termos do art. 69[1] do Regimento Interno, no qual poderia responder civil e administrativamente.

Diante do exposto, deve ser mantida a tese jurídica fixada no parecer ministerial em comento, no sentido de que não há previsão legal para o cômputo de períodos em gozo de benefício por incapacidade como carência.

Feita essa digressão, percebe-se que a tese delineada no Acórdão nº 4154/2016 não encontra amparo jurídico, razão pela qual se deve dar provimento ao pedido de uniformização de jurisprudência em debate.

Isso posto, torno insubsistente o Acórdão nº 4154/2016 e determino a remessa dos autos à 1ª Câmara de Julgamento, que julgará os pedidos revisionais da 1ª Adjunta para que proceda a novo julgamento da matéria, com a emissão de outro acórdão, observando os ditames do presente voto.

CONCLUSÃO: Pelo exposto, voto no sentido de, preliminarmente, **CONHECER DO PEDIDO DE UNIFORMIZAÇÃO DE JURISPRUDÊNCIA**, para, no mérito, **DAR PROVIMENTO AO INSS.**

Brasília-DF 29 de maio de 2020

TARSILA OTAVIANO DA COSTA
Relatora

[1] Art. 69. É vedado aos órgãos julgadores do CRSS afastar a aplicação, por inconstitucionalidade ou ilegalidade, de tratado, acordo internacional, lei, decreto ou ato normativo ministerial em vigor, ressalvados os casos em que:
I - já tenha sido declarada a inconstitucionalidade da norma pelo Supremo Tribunal Federal, em ação direta, após a publicação da decisão, ou pela via incidental, após a publicação da resolução do Senado Federal que suspender a sua execução; e
II - haja decisão judicial, proferida em caso concreto, afastando a aplicação da norma, por ilegalidade ou inconstitucionalidade, cuja extensão dos efeitos jurídicos tenha sido autorizada pelo Presidente da República.

MINISTÉRIO DA ECONOMIA-ME
SECRETARIA ESPECIAL DE PREVIDÊNCIA E TRABALHO
SECRETARIA DE PREVIDÊNCIA
CONSELHO DE RECURSOS DA PREVIDÊNCIA SOCIAL-CRPS
CONSELHO PLENO

DECISÓRIO

RESOLUÇÃO Nº 16/2020

Vistos e relatados os presentes autos, em sessão realizada hoje, **ACORDAM** os membros do Conselho Pleno, por **UNANIMIDADE**, no sentido de **CONHECER DO PEDIDO DE UNIFORMIZAÇÃO DE JURISPRUDÊNCIA**, para, no mérito, **DAR PROVIMENTO AO INSS**, de acordo com o Voto da Relatora e sua fundamentação.

Participaram, ainda, do presente julgamento os (as) Conselheiros (as): Vânia Pontes Santos, Gustavo Beirão Araújo, Paulo Sérgio de Carvalho Costa Ribeiro, Maria Madalena Silva Lima, Renato Agostinho das Chagas, Moisés Oliveira Moreira, Maria José de Paula Moraes, Bruna Danuey de Souza Santos, Sulamita Cristina Dias, Guilherme Lustosa Pires, Valter Sérgio Pinheiro Coelho, Rodolfo Espinel Donadon, Alexandra Álvares de Alcântara e Adriene Cândida Borges.

Brasília-DF, 29 de maio de 2020

TARSILA OTAVIANO DA COSTA
Relatora

MARCELO FERNANDO BORSIO
Presidente

3.1.17 Resolução 17/2020 (BPC/LOAS/miserabilidade/critério/legal)

Objeto: Trata-se de Pedido de Uniformização de Jurisprudência interposto pelo INSS por suposta divergência de posicionamento entre Câmaras de Julgamento.

Decisão: Provida.

Tese jurídica: Deve ser adotado o critério de miserabilidade da renda *per capita* familiar do artigo 20, §3º, da Lei 8.742/93, permitindo o §11 que outros aspectos sejam analisados.

MINISTÉRIO DA ECONOMIA-ME
SECRETARIA ESPECIAL DE PREVIDÊNCIA E TRABALHO
SECRETARIA DE PREVIDÊNCIA
CONSELHO DE RECURSOS DA PREVIDÊNCIA SOCIAL-CRPS
CONSELHO PLENO

Nº de Protocolo do Recurso: 44232.194905/2014-97
Documento/Benefício: 560.289.065-0
Unidade de origem: Agência da Previdência Social/ Itatinga - SP
Tipo do Processo: Pedido de Uniformização de Jurisprudência do INSS
Recorrente: Instituto Nacional do Seguro Social/INSS
Recorrido: Nilton Maciel Júnior
Benefício: Benefício de Prestação Continuada - BPC
Relatora: Tarsila Otaviano da Costa

(Processo Eletrônico)

Relatório

Trata-se de Pedido de Uniformização de Jurisprudência (evento39) suscitado pelo Instituto Nacional do Seguro Social - INSS em face da decisão da 1ª CA da 1ª CAJ/CRPS no Acórdão nº 2518/2015 (evento37) que negou provimento ao recurso especial autárquico ao afastar a renda de membro da composição familiar com base em entendimento jurisprudencial, determinando o restabelecimento do benefício Amparo Social a Pessoa com Deficiência que foi objeto de revisão por irregularidade.

Indaga afronta a norma assistencial por superação da renda familiar.

Apresenta como paradigma os processos sob o nº 44232.093227/2014-46 e nº 44232.106485/2013-19, julgados pela 1ª Câmara de Julgamento.

O interessado foi notificado e apresentou contrarrazões ao incidente processual (evento43) requerendo a manutenção do feito.

A 1ª CA da 1ª CaJ, por meio de despacho de seu Presidente não conheceu do incidente processual.

Assim, o Instituto interpôs recurso à Presidência do CRPS (evento50), no qual foi encaminhado à Presidente do CRPS (evento71), que determinou a manifestação da Divisão de Assuntos Jurídicos (evento73). O Setor devolveu os autos a Presidência da 1ª CaJ por extinção da Adjunta (evento83), que encaminhou os autos novamente a DAJ para a manifestação.

A Divisão de Assuntos Jurídicos do CRSS se manifestou quanto à matéria, conforme Despacho CRSS/DAJ/ASC nº 049/2018, no qual opinou que houve o

560.289.065-0 1

MINISTÉRIO DA ECONOMIA-ME
SECRETARIA ESPECIAL DE PREVIDÊNCIA E TRABALHO
SECRETARIA DE PREVIDÊNCIA
CONSELHO DE RECURSOS DA PREVIDÊNCIA SOCIAL-CRPS
CONSELHO PLENO

preenchimento dos requisitos do art. 63 da Portaria MDSA nº 116/2017, e encaminha os autos para a Presidência (evento85).

O procedimento de Uniformização de Jurisprudência foi instaurado pela Presidência do CRPS com redistribuição dos presentes autos a essa Conselheira (evento88).

É o Relatório.

EMENTA: PEDIDO DE UNIFORMIZAÇÃO DE JURISPRUDÊNCIA. AMPARO SOCIAL A PESSOA PORTADORA DE DEFICIÊNCIA. PRESSUPOSTOS DE ADMISSIBILIDADE DO PEDIDO ALCANÇADOS NA FORMA DO ART. 63 DO REGIMENTO INTERNO (PORTARIA MDSA Nº 116/2017). EXCLUSÃO DA RENDA DE MEMBRO DO GRUPO FAMILIAR EM FACE DA CONSTATAÇÃO DE VULNERABILIDADE SOCIAL ATESTADA POR SERVIDOR AUTÁRQUICO EM PARECER SOCIAL. INEXISTÊNCIA DE PREVISÃO LEGAL E AFRONTA AO PARECER CONJUR-MPS Nº 616/2010. PEDIDO DE UNIFORMIZAÇÃO CONHECIDO E PROVIDO.

VOTO

Em análise aos pressupostos de admissibilidade do presente Pedido de Uniformização de Jurisprudência, importa a transcrição dos arts. 03 e 63 do Regimento Interno do CRPS, aprovado pela Portaria MDSA nº 116/2017, a saber:

> Art. 3º - Ao Conselho Pleno compete:
> (...)
> II - uniformizar, no caso concreto, as divergências jurisprudenciais entre as Juntas de Recursos nas matérias de sua alçada ou entre as Câmaras de julgamento em sede de Recurso Especial, mediante a emissão de Resolução; e
>
> Art. 63 - O Pedido de Uniformização de Jurisprudência poderá ser requerido em casos concretos, pelas partes do processo, dirigido ao Presidente do respectivo órgão julgador, nas seguintes hipóteses:
>
> I - quando houver divergência na interpretação em matéria de direito entre acórdãos de Câmaras de Julgamento do CRSS, em sede de Recurso Especial, ou entre estes e resoluções do Conselho Pleno; ou

MINISTÉRIO DA ECONOMIA-ME
SECRETARIA ESPECIAL DE PREVIDÊNCIA E TRABALHO
SECRETARIA DE PREVIDÊNCIA
CONSELHO DE RECURSOS DA PREVIDÊNCIA SOCIAL-CRPS
CONSELHO PLENO

> II - quando houver divergência na interpretação em matéria de direito entre acórdãos de Juntas de Recursos do CRSS, nas hipóteses de alçada exclusiva previstas no art. 30, § 2º, deste Regimento, ou entre estes e Resoluções do Conselho Pleno.

O requerimento do pedido de uniformização cumpriu o prazo regimental estabelecido no § 2º do citado artigo 63:

> Art. 63 – (...)
> § 2º É de 30 (trinta) dias o prazo para o requerimento do Pedido de Uniformização de Jurisprudência e para o oferecimento de contrarrazões, contados da data da ciência da decisão e da data da intimação do pedido, respectivamente, hipótese em que suspende o prazo para o seu cumprimento.

O Instituto apresentou pedido incidental de forma tempestiva, conforme interposição realizada em 17/12/2015 (evento39), tendo a ciência ocorrida em 18/11/2015 (evento38).

É imperioso asseverar, de plano, que o pressuposto para a admissibilidade do pedido de uniformização de jurisprudência é a existência de divergência **em matéria de direito.** Não se presta, pois, tal incidente a reapreciar matéria fática ou solucionar divergência em matéria de provas.

Na hipótese dos autos, observo que no Acórdão nº 2518/2015 afirmou que a decisão do Supremo Tribunal Federal admitiu a possibilidade de reconhecimento de vulnerabilidade social por critério subjetivo, afastando o critério objetivo e determinou o restabelecimento do benefício (evento27).

De outra feita, apresenta como paradigmas os Acórdãos nº 1029/2015 e nº 1028/2015 ambos da 1ª CaJ, onde foi aplicado o critério objetivo da renda conforme legislação.

A decisão colegiada prolatada pela 1ª CA da 1º Câmara de Julgamento aplicou entendimento jurisprudencial decorrente do Recurso Extraordinário nº 567985 (publicado no DJ-e, de 03/10/2013), onde entendeu que declarou a inconstitucionalidade parcial sem redução de texto do §3º do art. 20 da Lei 8742/93.

A Autarquia Previdenciária alega afronta ao parecer ministerial nº 616/2010/CONJUR/MPS, aprovado pelo Ministro de Estado e Previdência Social, e vinculativo a este Conselho Administrativo.

MINISTÉRIO DA ECONOMIA-ME
SECRETARIA ESPECIAL DE PREVIDÊNCIA E TRABALHO
SECRETARIA DE PREVIDÊNCIA
CONSELHO DE RECURSOS DA PREVIDÊNCIA SOCIAL-CRPS
CONSELHO PLENO

A Lei nº 8742/1993 dispõe sobre os critérios objetivos e subjetivos para a concessão do benefício assistencial:

> Art. 20. O benefício de prestação continuada é a garantia de um salário-mínimo mensal à pessoa com deficiência e ao idoso com 65 (sessenta e cinco) anos ou mais que comprovem não possuir meios de prover a própria manutenção nem de tê-la provida por sua família. (Redação dada pela Lei nº 12.435, de 2011) (Vide Medida Provisória nº 871, de 2019) (Vigência)
>
> § 1º Para os efeitos do disposto no caput, a família é composta pelo requerente, o cônjuge ou companheiro, os pais e, na ausência de um deles, a madrasta ou o padrasto, os irmãos solteiros, os filhos e enteados solteiros e os menores tutelados, desde que vivam sob o mesmo teto. (Redação dada pela Lei nº 12.435, de 2011)
>
> § 2º Para efeito de concessão do benefício de prestação continuada, considera-se pessoa com deficiência aquela que tem impedimento de longo prazo de natureza física, mental, intelectual ou sensorial, o qual, em interação com uma ou mais barreiras, pode obstruir sua participação plena e efetiva na sociedade em igualdade de condições com as demais pessoas. (Redação dada pela Lei nº 13.146, de 2015) (Vigência)
>
> § 3º Considera-se incapaz de prover a manutenção da pessoa com deficiência ou idosa a família cuja renda mensal per capita seja inferior a 1/4 (um quarto) do salário-mínimo. (Redação dada pela Lei nº 12.435, de 2011)

E o artigo 4º do Decreto nº 6214/2007, que regulamenta o benefício de prestação continuada define:

> Art. 4 Para os fins do reconhecimento do direito ao benefício, considera-se:
> (...)
> VI - renda mensal bruta familiar: a soma dos rendimentos brutos auferidos pelos membros da família composta por salários, proventos, pensões, alimentícias, benefícios de previdência pública ou privada, comissões, pró-labore, outros rendimentos do trabalho não assalariado, rendimentos do mercado informal ou autônomo, rendimentos auferidos do patrimônio, Renda Mensal Vitalícia e Benefício de Prestação Continuada, ressalvado o disposto no parágrafo único do art. 19.

O acórdão objeto de incidente regimental afronta o artigo 4º acima citado ao afastar da renda familiar o benefício concedido a genitora do requerente, e também afronta a questão 11 do parecer ministerial nº 616/2010:

MINISTÉRIO DA ECONOMIA-ME
SECRETARIA ESPECIAL DE PREVIDÊNCIA E TRABALHO
SECRETARIA DE PREVIDÊNCIA
CONSELHO DE RECURSOS DA PREVIDÊNCIA SOCIAL-CRPS
CONSELHO PLENO

> Questão 11. Valor da renda familiar para concessão de BPC da LOAS: o benefício previdenciário de valor mínimo, recebido por familiar idoso, integra ou não o montante da renda?
>
> 67. A resposta é afirmativa, à luz do art. 6º, inciso IV, do Regulamento do Benefício de Prestação Continuada BPC, aprovado pelo Decreto nº 6.214, de 26 de setembro de 2007. 68. De acordo com citada norma, para os fins do reconhecimento do direito ao benefício, considera-se renda mensal bruta familiar a soma dos rendimentos brutos auferidos mensalmente pelos membros da família composta por salários, proventos, pensões, pensões alimentícias, "benefícios de previdência pública ou privada", comissões, pró-labore, outros rendimentos do trabalho não assalariado, rendimentos do mercado informal ou autônomo, rendimentos auferidos do patrimônio, Renda Mensal Vitalícia e Benefício de Prestação Continuada, ressalvado o disposto no parágrafo único do art. 19, disposição que remete à exceção do art. 34, parágrafo único, da Lei nº 10.741, de 1º de outubro de 2003 (o Estatuto do Idoso). 69. Nesse raciocínio, entre os "benefícios de previdência pública" encontram-se os citados benefícios previdenciários no valor igual a um salário mínimo, tais como aposentadoria, pensão, auxílio-doença etc. 70. Apenas a título de esclarecimento, convém referir que o parágrafo único do art. 34 do Estatuto do Idoso exclui da renda mensal bruta familiar, para fins de reconhecimento do direito ao BPC ao Idoso, o benefício já concedido a qualquer membro da família. Nesse sentido, dispõe expressamente o parágrafo único do art. 19 do Regulamento do BPC.

Além disso, tem o Parecer PARECER/MPAS/CJ Nº 2.160/2000, também vinculativo a este Conselho de Recursos, no qual cito a ementa:

> Direito Assistencial. Benefício. Conceito de família incapaz de prover a manutenção da pessoa portadora de deficiência ou idosa. Inteligência do § 3º do art. 20 da Lei nº 8.742 de 07 de dezembro de 1993. Ultrapassados os parâmetros legais que fixam o valor da renda familiar, deve ser indeferido o benefício assistencial da Lei Orgânica da Assistência Social - LOAS. APROVADO pelo Ministro dia 06/06/2000. Publicado na íntegra no DOU de 09/06/2000.

Ora, o acórdão afronta os pareceres ministeriais por entender ser possível a aplicação da tese jurisprudencial sobre afastar o critério objetivo em face do reconhecimento da vulnerabilidade social, sendo suficiente para acolher o pedido da autarquia previdenciária.

Assim, é necessário um breve histórico sobre a (in) constitucionalidade do § 3º do art. 20 da LOAS.

MINISTÉRIO DA ECONOMIA-ME
SECRETARIA ESPECIAL DE PREVIDÊNCIA E TRABALHO
SECRETARIA DE PREVIDÊNCIA
CONSELHO DE RECURSOS DA PREVIDÊNCIA SOCIAL-CRPS
CONSELHO PLENO

A "presunção de constitucionalidade da lei", cujo princípio é oriundo da ideia de separação dos poderes, onde se impõe que os poderes respeitem reciprocamente a função constitucional de cada um. No caso, a presunção de validade da lei resulta do respeito à função do poder legiferante, donde se parte da premissa que o processo legislativo foi devidamente observado, inclusive no tocante à análise prévia de conformidade do projeto de lei à Constituição Federal, papel esse desempenhado pelas Comissões de Constituição e Justiça (CCJ).

Mas essa presunção é 'relativa', pois se assim não fosse, seria impossível a declaração de inconstitucionalidade da lei. Em razão disso, dissensos jurisprudenciais resultaram na propositura da Ação Direita de Inconstitucionalidade n.º 1.232/DF, onde se questionou a constitucionalidade do critério objetivo fixado no art. 20, §3º, da Lei nº 8.742/93.

Sob esta ótica, a aplicação do requisito miserabilidade ensejou inúmeras lides judiciais, resultando, inclusive na ADI 1.232-1/DF, na qual o Supremo Tribunal Federal declarou a constitucionalidade do art. 20, § 3º da LOAS, que exigia a observância do critério objetivo de ¼ da renda per capita para concessão do benefício.

Mas a matéria não se tornou menos polêmica após a decisão do STF nessa ADI, resultando mais adiante na aplicação pelo STF do instituto da "repercussão geral" ao RE 567985/MT, que culminou, no ano de 2013, na mudança de posicionamento da Corte Maior, entendendo-se pela declaração incidenter tantum da inconstitucionalidade do disposto no art. 20, § 3º da LOAS, o qual já havia sido declarado constitucional na ADI 1.232-1/DF.

Ocorre que a citada declaração de inconstitucionalidade parcial ocorreu sem pronúncia de nulidade, o que equivale a dizer que seus efeitos são ex nunc, ou seja, não retroagirão. Inclusive, resta pendente a manifestação do STF quanto à modulação dos efeitos dessa decisão, sendo esse o grande "imbróglio" vivenciado cotidianamente pelos aplicadores do direito quanto a esse tema.

Portanto, em razão do princípio da presunção de constitucionalidade das leis, mormente para esse dispositivo em específico que já teve sua constitucionalidade afirmada outrora pelo STF, pode-se afirmar que permanece ainda hígida a exigência de observância ao critério objetivo renda per capita para concessão do benefício amparo assistencial, até que o STF module os efeitos da decisão no tempo.

MINISTÉRIO DA ECONOMIA-ME
SECRETARIA ESPECIAL DE PREVIDÊNCIA E TRABALHO
SECRETARIA DE PREVIDÊNCIA
CONSELHO DE RECURSOS DA PREVIDÊNCIA SOCIAL-CRPS
CONSELHO PLENO

Não cabe a este Colegiado Administrativo definir os parâmetros desta decisão, por respeito ao Princípio Constitucional de Separação dos Poderes, sedimentado no artigo 69[1] do Regimento Interno.

Além disso, a interpretação dada pelos pareceres ministeriais é vinculativa a este Conselho de Recursos, conforme preceitua o art. 68[2] do Regimento Interno.

Oportuno se torna dizer que a atuação do Instituto Nacional do Seguro Social – INSS no âmbito administrativo e judicial são antagônicas, fato este representado a título de esclarecimento na edição da Instrução Normativa nº 02 da AGU, de 9 de julho de 2014 (que trata sobre a desistência de recursos em benefícios assistenciais conferindo interpretação extensiva ao parágrafo único do art. 34 da Lei nº 10.741/2003). Todavia, no âmbito administrativo, essas incongruências devem ser resolvidas através da revisão de pareceres administrativos que tratam do vinculados a este Conselho de Recursos, que se encontram desatualizados e sem aplicação fática, condicionando a demandas judiciais e prorrogando a concessão do direito ao benefício.

Assim, a jurisprudência administrativa desta Colenda Corte seguia o entendimento de acatar puramente a norma legal e ministerial:

> RECLAMAÇÃO. BENEFÍCIO DE PRESTAÇÃO CONTINUADA. CRITÉRIO DE AFERIÇÃO DE MISERABILIDADE DO REQUERENTE. INFRINGÊNCIA DA DECISÃO ATACADA AO PARECER CONJUR/MPS Nº 616, DE 2010. PROCEDÊNCIA. A decisão atacada infringiu as disposições do Parecer CONJUR/MPS nº 616, de 2010, segundo o qual a hipossuficiência econômica da família da pessoa com deficiência ou idosa deve ser aferida, exclusivamente, pelo critério objetivo de 1/4 do salário, consoante o § 3º do art. 20 da Lei nº 8.742, de 1993, não podendo, para tanto, excluir-se da renda familiar o benefício previdenciário recebido por membro do grupo familiar do requerente, mesmo que no valor de 1 (um) salário mínimo. Reclamação procedente. (Processo: 35543.000197/2009-71, NB 87/535.369.128-4, Relator: Geraldo Almir Arruda, julgado em 23/03/2016) (Resolução nº 13/2016)

---

[1] Art. 69 – É vedado aos órgãos julgadores do CRSS afastar a aplicação, por inconstitucionalidade ou ilegalidade, de tratado, acordo internacional, lei, decreto ou ato normativo ministerial em vigor, ressalvados os casos em que:
I - já tenha sido declarada a inconstitucionalidade da norma pelo Supremo Tribunal Federal, em ação direta, após a publicação da decisão, ou pela via incidental, após a publicação da resolução do Senado Federal que suspender a sua execução; e
II - haja decisão judicial, proferida em caso concreto, afastando a aplicação da norma, por ilegalidade ou inconstitucionalidade, cuja extensão dos efeitos jurídicos tenha sido autorizada pelo Presidente da República.

[2] Art. 68. Os Pareceres da Consultoria Jurídica do MDSA, quando aprovados pelo Ministro de Estado, nos termos da Lei Complementar nº 73, de 10 de fevereiro de 1993, vinculam os órgãos julgadores do CRSS, à tese jurídica que fixarem, sob pena de responsabilidade administrativa quando da sua não observância.
Parágrafo Único: A vinculação normativa a que se refere o caput aplica-se também aos pareceres da Consultoria Jurídica dos extintos MPS e MTPS, vigentes e aprovados pelos então Ministros de Estado da Previdência Social e do Trabalho e Previdência Social, enquanto não revistos pela atual Consultoria Jurídica do MDSA.

MINISTÉRIO DA ECONOMIA-ME
SECRETARIA ESPECIAL DE PREVIDÊNCIA E TRABALHO
SECRETARIA DE PREVIDÊNCIA
CONSELHO DE RECURSOS DA PREVIDÊNCIA SOCIAL-CRPS
CONSELHO PLENO

> BENEFÍCIO DE PRESTAÇÃO CONTINUADA. LOAS. PEDIDO DE UNIFORMIZAÇÃO DE JURISPRUDÊNCIA. Divergência jurisprudencial entre as Câmaras de Julgamento no que tange aos critérios de fixação da renda per capita familiar. Competência para análise deste Conselho Pleno na forma do art. 3° inc. II do Regimento Interno do CRSS aprovado pela Portaria MDAS n° 116/2017. Pressupostos de Admissibilidade do pedido alcançados na forma do art. 63 do mesmo Regimento. Para a fixação dos critérios da renda familiar aplicam-se àqueles definidos na Lei n° 8.742/93, regulamentada pelo Decreto n° 6.214/97. Necessário cumprimento do exposto em lei, decreto e ato normativo ministerial, conforme o previsto no art. 69 do RI/CRSS. Precedentes do Conselho Pleno. Pedido de Uniformização conhecido e provido. Necessidade de revisão de ofício do acórdão impugnado na forma do § 12 do art. 63 do Regimento Interno do CRSS. (Processo 44232.571045/2015-09, NB 533.305.878-0, Relator: RODOLFO ESPINEL DONADON, Conselho Pleno, julgado em 28/11/2018) (Resolução n° 75/2018)

Contudo, no corrente ano (2019), após exaustivo debate colegiado, restou alterado o entendimento decorrente da alteração legislativa disposta no §11 do artigo 20 da Lei nº 8742/1993 que prevê:

> Art. 20 - (...)
> § 11. Para concessão do benefício de que trata o caput deste artigo, poderão ser utilizados outros elementos probatórios da condição de miserabilidade do grupo familiar e da situação de vulnerabilidade, conforme regulamento. (Incluído pela Lei nº 13.146, de 2015) (Vigência)

No caso em estudo não é possível aplicar a alteração legislativa ocorrida no ano de 2015 pois a revisão administrativa suspendeu o benefício em 07/08/2014 (fls. 124 proc.completo), cabendo a análise do critério objetivo de forma restrita.

Desta feita, restou comprovado que houve a alteração da renda do grupo familiar desde o ato concessório (DIB 13/10/2006) com a concessão do benefício aposentadoria por idade no valor de um salário mínimo (NB 152.429.442-7 concedido em 29/03/2010) após determinação do Acórdão nº 668/2009 do Tribunal de Contas da União.

Além disso, não há como convalidar que a situação de miserabilidade social restou comprovada em face do parecer social não retratar a realidade do requerente (fls. 113 proc.completo), reiterando que o afastamento do critério objetivo em face de outros elementos somente é possível para requerimentos/revisões após 06 de julho de 2015.

Diante do exposto, deve ser mantida a tese jurídica fixada nos pareceres ministeriais em comento, bem como o critério objetivo da renda, no sentido de que não

MINISTÉRIO DA ECONOMIA-ME
SECRETARIA ESPECIAL DE PREVIDÊNCIA E TRABALHO
SECRETARIA DE PREVIDÊNCIA
CONSELHO DE RECURSOS DA PREVIDÊNCIA SOCIAL-CRPS
CONSELHO PLENO

há como afastar o critério objetivo pela existência de parecer social, o que não aconteceu no caso em epígrafe.

Feita essa digressão, percebe-se que a tese delineada no Acórdão nº 2518/2015 não encontra amparo jurídico, razão pela qual se deve dar provimento ao pedido de uniformização de jurisprudência em debate.

Isso posto, torno insubsistente o Acórdão nº 2518/2015 e determino a remessa dos autos à 1ª Câmara de Julgamento, que julgará os pedidos revisionais da 1ª Adjunta para que proceda a novo julgamento da matéria, com a emissão de outro acórdão, observando os ditames do presente voto.

CONCLUSÃO: Pelo exposto, voto no sentido de, preliminarmente, **CONHECER DO PEDIDO DE UNIFORMIZAÇÃO DE JURISPRUDÊNCIA**, para, no mérito, **DAR PROVIMENTO AO INSS.**

Brasília-DF, 29 de maio de 2020

TARSILA OTAVIANO DA COSTA
Relatora

MINISTÉRIO DA ECONOMIA-ME
SECRETARIA ESPECIAL DE PREVIDÊNCIA E TRABALHO
SECRETARIA DE PREVIDÊNCIA
CONSELHO DE RECURSOS DA PREVIDÊNCIA SOCIAL-CRPS
CONSELHO PLENO

DECISÓRIO

RESOLUÇÃO Nº 17/2020

Vistos e relatados os presentes autos, em sessão realizada hoje, **ACORDAM** os membros do Conselho Pleno, por **UNANIMIDADE**, no sentido de **CONHECER DO PEDIDO DE UNIFORMIZAÇÃO DE JURISPRUDÊNCIA**, para, no mérito, **DAR PROVIMENTO AO INSS**, de acordo com o Voto da Relatora e sua fundamentação.

Participaram, ainda, do presente julgamento os (as) Conselheiros (as): Vânia Pontes Santos, Gustavo Beirão Araújo, Paulo Sérgio de Carvalho Costa Ribeiro, Maria Madalena Silva Lima, Renato Agostinho das Chagas, Moisés Oliveira Moreira, Maria José de Paula Moraes, Bruna Danuey de Souza Santos, Sulamita Cristina Dias, Guilherme Lustosa Pires, Valter Sérgio Pinheiro Coelho, Rodolfo Espinel Donadon, Alexandra Álvares de Alcântara e Adriene Cândida Borges.

Brasília-DF, 29 de maio de 2020

TARSILA OTAVIANO DA COSTA
Relatora

MARCELO FERNANDO BORSIO
Presidente

3.1.18 Resolução 18/2020 (salário-maternidade/parecer sem homologação ministerial/não vinculação/CRPS)

Objeto: Trata-se de Resolução que julgou Reclamação interposta pelo INSS alegando que a decisão da Câmara de Julgamento violou a Questão A do Parecer CONJUR MPS 179/2015.

Decisão: Desprovida.

Tese jurídica: Parecer CONJUR MPS 179/2015 não obteve homologação ministerial, de modo que não vincula o CRPS.

MINISTÉRIO DA ECONOMIA-ME
SECRETARIA ESPECIAL DE PREVIDÊNCIA E TRABALHO
SECRETARIA DE PREVIDÊNCIA
CONSELHO DE RECURSOS DA PREVIDÊNCIA SOCIAL-CRPS
CONSELHO PLENO

N° de Protocolo do Recurso: 44232.573440/2015-18
Documento/Benefício: Salario Maternidade
Origem do processo: Agência da Previdência Social – Ponta Grossa - PR
Tipo de Processo: Reclamação ao Conselho Pleno/CRPS
Recorrente: Instituto Nacional do Seguro Social – INSS
Recorrido: Cristina Gadonski Filipak Vasco
Benefício: 80/171.808.039-2
Relatora: Maria Madalena Silva Lima

(Processo Eletrônico)

Relatório

Trata-se de recurso Reclamação ao Conselho Pleno formulada pelo Instituto Nacional do Seguro Social – INSS, em matéria envolvendo a aplicação do Parecer Conjur n° 179/2015.

Requerido o benefício de salario maternidade pela Senhora Cristina Gadonski Filipak Vasco em 06/10/2015, indeferido pelo INSS sobre o argumento de que não é devido o pagamento do benefício para requerimentos efetivados a partir de 01/09/2003 (contribuinte individual), além do fato de que a requerente contribuiu nos 4 meses após o nascimento da criança, e que se houve contribuição previdenciária comprova que não houve afastamento da atividade laborativa.

Recurso Ordinário interposto pela interessada provido pela 25ª Junta de Recursos. Interposição de Recurso Especial pelo INSS somente alegando que não houve afastamento da interessada das atividades laborativas após fato gerador do benefício, sendo negado provimento pela 1ª Composição Adjunta da 4ª Câmara de Julgamento, fundamentando que o fato de ter havido contribuições previdenciárias por si só não comprova exercício de atividade laborativa não podendo ser aplicado o que dispõe o Art. 71-C da Lei n° 8213/1991.

O INSS apresentou Reclamação ao Conselho Pleno, em tempo hábil, argumentando que não houve afastamento das atividades laborativas pela interessada no período em que devia receber o benefícios nos termos do artigo 71-C da Lei n° 8213/1991. Alega ainda que a questão A do Parecer Conjur

MINISTÉRIO DA ECONOMIA-ME
SECRETARIA ESPECIAL DE PREVIDÊNCIA E TRABALHO
SECRETARIA DE PREVIDÊNCIA
CONSELHO DE RECURSOS DA PREVIDÊNCIA SOCIAL-CRPS
CONSELHO PLENO

179/2015 confirma este entendimento, sendo que Pareceres da Conjur possuem efeito vinculante perante os órgãos julgadores do CRPS, os quais não podem afastar a sua aplicabilidade, sob pena de responsabilização administrativa, nos termos do artigo 69 da Portaria 548/2011. Assim, requer que o presente pedido de reclamação ao Conselho Pleno seja conhecido e provido, concluindo que a interessada não faz jus a concessão do benefício pleiteado pelo fato de não ter se afastado da atividade laborativa.

Enviado comunicação a interessada para manifestação sobre a Reclamação ao Conselho Pleno, sem manifestação da interessada.

Encaminhado os autos ao Presidente do CRSS para conhecimento e manifestação. Designado a esta Conselheira a análise do caso.

É o relatório.

VOTO

EMENTA: RECLAMAÇÃO À COMPOSIÇÃO PLENARIA DO CONSELHO DE RECURSO DO SEGURO SOCIAL (ART. 64 DO REGIMENTO INTERNO DO CRSS, APROVADO PELA PORTARIA MDSA N° 116, DE 20 DE MARÇO DE 2017). AUSÊNCIA DOS PRESSUPOSTOS LEGAIS NOS TERMOS DO ARTIGO 64 DO RI/CRSS. INCIDENTE PROCESSUAL NÃO CONHECIDO.

Trata-se de Reclamação ao Conselho Pleno tempestiva, portanto dentro do prazo de 30 dias, conforme disciplinado pelo §1° do art. 64 da Portaria MDSA 116, de 20 de março de 2017, que aprovou o Regimento Interno do Conselho de Recurso do Seguro Social – CRSS.

A Reclamação dirigida ao Conselho Pleno encontra-se disciplinada no art. 64 do Regimento Interno do CRSS aprovado pela Portaria MDSA 116/2017, in verbis:

> *"Art. 64. A Reclamação ao Conselho Pleno poderá ocorrer, no caso concreto, por requerimento das partes do processo, dirigido ao Presidente do CRSS, somente quando os acórdãos das Juntas de Recursos do CRSS, em matéria de alçada, ou os acórdãos de Câmaras de Julgamento do CRSS, em sede de Recurso Especial, infringirem:*
>
> *I - Pareceres da Consultoria Jurídica do MDSA, aprovados pelo Ministro de Estado do Desenvolvimento Social e Agrário, bem como, Súmulas e Pareceres do Advogado-Geral da União, na forma da Lei Complementar nº 73, de 10 de fevereiro de 1993;*

MINISTÉRIO DA ECONOMIA-ME
SECRETARIA ESPECIAL DE PREVIDÊNCIA E TRABALHO
SECRETARIA DE PREVIDÊNCIA
CONSELHO DE RECURSOS DA PREVIDÊNCIA SOCIAL-CRPS
CONSELHO PLENO

II - Pareceres da Consultoria Jurídica dos extintos MPS e MTPS, vigentes e aprovados pelos então Ministros de Estado da Previdência Social e do Trabalho e Previdência Social;

III - Enunciados editados pelo Conselho Pleno.

§ 1º O prazo para o requerimento da Reclamação ao Conselho Pleno é de 30 (trinta) dias contados da data da ciência da decisão infringente e suspende o prazo para o seu cumprimento.

§ 2º Caberá ao Presidente do CRSS fazer o juízo de admissibilidade da Reclamação ao Conselho Pleno verificando se estão presentes os pressupostos previstos no caput, podendo:

I - indeferir por decisão monocrática irrecorrível, quando verificar que não foram demonstrados os pressupostos de admissibilidade previstos no caput;

II - distribuir o processo ao Conselheiro relator da matéria no Conselho Pleno quando verificar presentes os pressupostos de admissibilidade previstos no caput.

§ 3º Os processos poderão ser preliminarmente submetidos pelo Presidente do CRSS ao órgão julgador que prolatou o acórdão infringente, para facultar-lhe a Revisão de Ofício nos termos do art. 59 deste regimento.

§ 4º O resultado do julgamento da Reclamação pelo Conselho Pleno será objeto de notificação ao órgão julgador que prolatou o acórdão infringente, para fins de adequação do julgado à tese fixada pelo Pleno, por meio da Revisão de Ofício."

A Autarquia alega que o Acordão proferido pela 1ª Composição Adjunta da 4ª Câmara de Julgamento, que reconheceu o direito a concessão do benefício de salário-maternidade, mesmo constando recolhimentos previdenciários, na condição de contribuinte individual, no período que deveria ter se afastado da atividade laborativa, não observou o que dispõe a Questão A do Parecer Conjur 179/2015, transcrito abaixo:

a) Concessão do benefício de salário-maternidade para o segurado que não se afastou de suas atividades imediatamente após o fato gerador, mas o fez em período posterior, antes do transcurso de 120 dias.

23. *Atualmente, não subsistem mais dúvidas quanto ao caráter substitutivo do salário-maternidade. Seu pagamento é expressamente condicionado ao afastamento do segurado em relação à atividade laboral. O art. 71-C da Lei nº 8213/1991, porém, não faz qualquer menção quanto à extensão desse afastamento. Vale dizer, não restou explícito na legislação se o afastamento parcial, contemplando apenas parte dos 120 dias do salário-maternidade, inibiria o pagamento de todo o benefício ou apenas das parcelas correspondentes ao período de desempenho da atividade.*
24. *Ocorre que, nos termos do citado art. 71-C, o exercício da atividade laboral durante o período do salário-maternidade suspenderá o benefício, o que, por si só, denota*

MINISTÉRIO DA ECONOMIA-ME
SECRETARIA ESPECIAL DE PREVIDÊNCIA E TRABALHO
SECRETARIA DE PREVIDÊNCIA
CONSELHO DE RECURSOS DA PREVIDÊNCIA SOCIAL-CRPS
CONSELHO PLENO

> *a manutenção do direito previdenciário, que terá apenas os seus efeitos sobrestados. Não se trata de um cancelamento definitivo do salário-maternidade, porque mantidos hígidos os seus requisitos legais. O benefício suspenso, uma vez superado o motivo da suspensão, pode ser reativado.*
>
> 25. *A ausência de afastamento, assim, configura um fato suspensivo da fruição salário- maternidade, que pode ser retomada tão logo e enquanto verificado o afastamento da atividade.*
> 26. *Em outras palavras, como bem observado no item 15 da Nota n. 01058/2014/DIVCONS/PFE-INSS/AGU, "o termo 'suspensão', tal qual contido no art. 71-C, não deve ser entendido como uma negativa ao próprio direito ao benefício, em sua integralidade, senão que às (sic) percepção das parcelas cumulativamente à remuneração"; "explicita a transitoriedade imanente às situações de incompatibilidade – na espécie, as caracterizadas pela acumulação entre remuneração e benefício".*
> 27. *Relacionando-se o afastamento à eficácia do direito previdenciário, e não à própria caracterização deste direito, o momento de ocorrência da causa suspensiva (não afastamento da atividade) é irrelevante para a aquisição do direito em si. Presentes os requisitos legais, notadamente a cobertura previdenciária (superada a carência, se houver) e o fato gerador (parto, adoção ou guarda), terá a segurada direito ao salário-maternidade, que, todavia, ficará suspenso nos períodos em que se verificar o simultâneo exercício da atividade laboral, pouco importando se tais períodos coincidem ou não com o início do prazo de vigência do benefício (120 dias, contados do fato gerador)*

Alega ainda, que o Parecer da Conjur possui efeito vinculativo aos órgãos do Conselho de Recurso, não podendo ser afastada a sua aplicabilidade, sob pena de responsabilização administrativa, nos termos do artigo 69 do Regimento Interno do CPS, aprovado pela Portaria 548/2011 (a época da Reclamação).

O art. 69 do RI/CRPS, aprovado pela Portaria 548/2011 dispunha que:

> *"Art. 69 Os pareceres da Consultoria Jurídica do MPS, quando aprovados pelo Ministro de Estado, nos termos da Lei Complementar nº 73, de 10 de fevereiro de 1993, vinculam os órgãos julgadores do CRPS, à tese jurídica que fixarem, sob pena de responsabilidade administrativa quando da sua não observância."*

Atualmente está em vigor o art. 68 do Regimento Interno do Conselho de Recurso do Seguro Social – CRSS, aprovado pela Portaria 116/2017, com o mesmo teor do artigo transcrito acima:

> *"Art. 68. Os Pareceres da Consultoria Jurídica do MDSA, quando aprovados pelo Ministro de Estado, nos termos da Lei Complementar nº 73, de 10 de fevereiro de 1993, vinculam os órgãos julgadores do CRSS, à tese jurídica que fixarem, sob pena de responsabilidade administrativa quando da sua não observância."*

MINISTÉRIO DA ECONOMIA-ME
SECRETARIA ESPECIAL DE PREVIDÊNCIA E TRABALHO
SECRETARIA DE PREVIDÊNCIA
CONSELHO DE RECURSOS DA PREVIDÊNCIA SOCIAL-CRPS
CONSELHO PLENO

Nas duas situações verificamos que os Pareceres da Conjur, vinculam os órgãos julgadores do CRSS a tese jurídica que fixarem, quando aprovados pelo Ministro de Estado.

Contudo, o Parecer n° 179/2015/CONJUR-MPS/CGU/AGU tem a aprovação do Procurador Federal, mas não tem a aprovação do Ministro de Estado e nesta situação, não obriga os órgãos do CRSS a aplicar a tese jurídica deste Parecer.

Assim sendo, o Acordão proferido pela 1ª Composição Adjunta da 4ª Câmara de Julgamento, não infringiu o Parecer n° 179/2015/CONJUR-MPS/CGU/AGU, não cabendo a nos, na condição de Conselheiro, aplica-lo sem lei que autorize.

CONCLUSÃO: Pelo exposto, VOTO no sentido de NÃO CONHECER DO PEDIDO DE RECLAMAÇÃO AO CONSELHO PLENO.

Brasília - DF, 29 de maio de 2020.

MARIA MADALENA SILVA LIMA
Relatora

MINISTÉRIO DA ECONOMIA-ME
SECRETARIA ESPECIAL DE PREVIDÊNCIA E TRABALHO
SECRETARIA DE PREVIDÊNCIA
CONSELHO DE RECURSOS DA PREVIDÊNCIA SOCIAL-CRPS
CONSELHO PLENO

DECISÓRIO

RESOLUÇÃO Nº 18/2020

Vistos e relatados os presentes autos, em sessão realizada hoje, **ACORDAM** os membros do Conselho Pleno, por **UNANIMIDADE**, no sentido de **NÃO CONHECER DO PEDIDO DE RECLAMAÇÃO AO CONSELHO PLENO,** de acordo com o Voto da Relatora e sua fundamentação.

Participaram, ainda, do presente julgamento os (as) Conselheiros (as): Vânia Pontes Santos, Gustavo Beirão Araújo, Paulo Sérgio de Carvalho Costa Ribeiro, Renato Agostinho das Chagas, Moisés Oliveira Moreira, Maria José de Paula Moraes, Bruna Danuey de Souza Santos, Sulamita Cristina Dias, Guilherme Lustosa Pires, Valter Sérgio Pinheiro Coelho, Rodolfo Espinel Donadon, Alexandra Álvares de Alcântara, Tarsila Otaviano da Costa e Adriene Cândida Borges.

Brasília-DF, 29 de maio de 2020

MARIA MADALENA SILVA LIMA
Relatora

MARCELO FERNANDO BORSIO
Presidente

3.1.19 Resolução 19/2020 (salário-maternidade/parecer sem homologação ministerial/não vinculação/CRPS)

Objeto: Trata-se de Resolução que julgou Reclamação interposta pelo INSS alegando que a decisão da Câmara de Julgamento violou a Questão A do Parecer CONJUR MPS 179/2015.

Decisão: Desprovida.

Tese jurídica: Parecer CONJUR MPS 179/2015 não obteve homologação ministerial, de modo que não vincula o CRPS.

MINISTÉRIO DA ECONOMIA-ME
SECRETARIA ESPECIAL DE PREVIDÊNCIA E TRABALHO
SECRETARIA DE PREVIDÊNCIA
CONSELHO DE RECURSOS DA PREVIDÊNCIA SOCIAL-CRPS
CONSELHO PLENO

N° de Protocolo do Recurso: 44232.586587/2016-59
Documento/Benefício: Salario Maternidade
Origem do processo: Agência da Previdência Social – Ponta Grossa - PR
Tipo de Processo: Reclamação ao Conselho Pleno/CRPS
Recorrente: Instituto Nacional do Seguro Social – INSS
Recorrido: Maristela Princival da Silva
Benefício: 80/171.808.053-8
Relatora: Maria Madalena Silva Lima

(Processo Eletrônico)

Relatório

Trata-se de recurso Reclamação ao Conselho Pleno formulada pelo Instituto Nacional do Seguro Social – INSS, em matéria envolvendo a aplicação do Parecer Conjur n° 179/2015.

Requerido o benefício de salario maternidade pela Senhora Maristela Princival da Silva em 07/10/2015, indeferido pelo INSS sobre o argumento de não afastamento do trabalho ou da atividade desempenhada (contribuinte individual), pois houve contribuição para o RGPS após o fato gerador – nascimento da criança - contrariando o que dispõe o art. 71-C da Lei n° 8.213/1991.

Recurso Ordinário interposto pela interessada provido pela 16ª Junta de Recursos. Interposição de Recurso Especial pelo INSS, sendo negado provimento pela 1ª Composição Adjunta da 2ª Câmara de Julgamento, fundamentando sua decisão no sentido de que a interessada comprova o afastamento das atividades laborativas com a apresentação da Certidão de Nascimento de seu filho (internação em instituição hospitalar) e declaração de interrupção das atividades exercidas (artigo 59 §2° do Decreto n° 3.048/1999).

O INSS apresentou Reclamação ao Conselho Pleno, em tempo hábil, argumentando que não houve afastamento das atividades laborativas pela interessada no período em que devia receber o benefício nos termos do artigo 71-C da Lei n° 8213/1991. Alega ainda que a questão A do Parecer Conjur 179/2015 confirma este entendimento, sendo que Pareceres da Conjur possuem efeito vinculante perante os órgãos julgadores do CRPS, os quais não podem afastar a sua aplicabilidade, sob pena de responsabilização administrativa, nos termos do artigo 69 da Portaria 548/2011. Assim, requer

171.808.053-8 1

MINISTÉRIO DA ECONOMIA-ME
SECRETARIA ESPECIAL DE PREVIDÊNCIA E TRABALHO
SECRETARIA DE PREVIDÊNCIA
CONSELHO DE RECURSOS DA PREVIDÊNCIA SOCIAL-CRPS
CONSELHO PLENO

que o presente pedido de reclamação ao Conselho Pleno seja conhecido e provido, concluindo que a interessada não faz jus a concessão do benefício pleiteado pelo fato de não ter se afastado da atividade laborativa.

Enviado comunicação a interessada para manifestação sobre a Reclamação ao Conselho Pleno, sem retorno da interessada.

Encaminhado os autos ao Presidente do CRSS para conhecimento e manifestação. Designado a esta Conselheira a análise do caso.

É o relatório.

VOTO

EMENTA: RECLAMAÇÃO À COMPOSIÇÃO PLENARIA DO CONSELHO DE RECURSO DO SEGURO SOCIAL (ART. 64 DO REGIMENTO INTERNO DO CRSS, APROVADO PELA PORTARIA MDSA N° 116, DE 20 DE MARÇO DE 2017). AUSÊNCIA DOS PRESSUPOSTOS LEGAIS NOS TERMOS DO ARTIGO 64 DO RI/CRSS. INCIDENTE PROCESSUAL NÃO CONHECIDO.

Trata-se de Reclamação ao Conselho Pleno tempestiva, portanto dentro do prazo de 30 dias, conforme disciplinado pelo §1° do art. 64 da Portaria MDSA 116, de 20 de março de 2017, que aprovou o Regimento Interno do Conselho de Recurso do Seguro Social – CRSS.

A Reclamação dirigida ao Conselho Pleno encontra-se disciplinada no art. 64 do Regimento Interno do CRSS aprovado pela Portaria MDSA 116/2017, in verbis:

> *Art. 64. A Reclamação ao Conselho Pleno poderá ocorrer, no caso concreto, por requerimento das partes do processo, dirigido ao Presidente do CRSS, somente quando os acórdãos das Juntas de Recursos do CRSS, em matéria de alçada, ou os acórdãos de Câmaras de Julgamento do CRSS, em sede de Recurso Especial, infringirem:*
>
> *I - Pareceres da Consultoria Jurídica do MDSA, aprovados pelo Ministro de Estado do Desenvolvimento Social e Agrário, bem como, Súmulas e Pareceres do Advogado-Geral da União, na forma da Lei Complementar nº 73, de 10 de fevereiro de 1993;*
> *II - Pareceres da Consultoria Jurídica dos extintos MPS e MTPS, vigentes e aprovados pelos então Ministros de Estado da Previdência Social e do Trabalho e Previdência Social;*
>
> *III - Enunciados editados pelo Conselho Pleno.*

MINISTÉRIO DA ECONOMIA-ME
SECRETARIA ESPECIAL DE PREVIDÊNCIA E TRABALHO
SECRETARIA DE PREVIDÊNCIA
CONSELHO DE RECURSOS DA PREVIDÊNCIA SOCIAL-CRPS
CONSELHO PLENO

§ 1º O prazo para o requerimento da Reclamação ao Conselho Pleno é de 30 (trinta) dias contados da data da ciência da decisão infringente e suspende o prazo para o seu cumprimento.

§ 2º Caberá ao Presidente do CRSS fazer o juízo de admissibilidade da Reclamação ao Conselho Pleno verificando se estão presentes os pressupostos previstos no caput, podendo:

I - indeferir por decisão monocrática irrecorrível, quando verificar que não foram demonstrados os pressupostos de admissibilidade previstos no caput;

II - distribuir o processo ao Conselheiro relator da matéria no Conselho Pleno quando verificar presentes os pressupostos de admissibilidade previstos no caput.

§ 3º Os processos poderão ser preliminarmente submetidos pelo Presidente do CRSS ao órgão julgador que prolatou o acórdão infringente, para facultar-lhe a Revisão de Ofício nos termos do art. 59 deste regimento.

§ 4º O resultado do julgamento da Reclamação pelo Conselho Pleno será objeto de notificação ao órgão julgador que prolatou o acórdão infringente, para fins de adequação do julgado à tese fixada pelo Pleno, por meio da Revisão de Ofício."

A Autarquia alega que o Acordão proferido pela 1ª Composição Adjunta da 2ª Câmara de Julgamento, que reconheceu o direito a concessão do benefício de salario-maternidade, mesmo constando recolhimentos previdenciários, na condição de contribuinte individual, no período que deveria ter se afastado da atividade laborativa, não observou o que dispõe a Questão A do Parecer Conjur 179/2015, transcrito abaixo:

a) Concessão do benefício de salário-maternidade para o segurado que não se afastou de suas atividades imediatamente após o fato gerador, mas o fez em período posterior, antes do transcurso de 120 dias.

23. Atualmente, não subsistem mais dúvidas quanto ao caráter substitutivo do salário-maternidade. Seu pagamento é expressamente condicionado ao afastamento do segurado em relação à atividade laboral. O art. 71-C da Lei nº 8213/1991, porém, não faz qualquer menção quanto à extensão desse afastamento. Vale dizer, não restou explícito na legislação se o afastamento parcial, contemplando apenas parte dos 120 dias do salário-maternidade, inibiria o pagamento de todo o benefício ou apenas das parcelas correspondentes ao período de desempenho da atividade.

MINISTÉRIO DA ECONOMIA-ME
SECRETARIA ESPECIAL DE PREVIDÊNCIA E TRABALHO
SECRETARIA DE PREVIDÊNCIA
CONSELHO DE RECURSOS DA PREVIDÊNCIA SOCIAL-CRPS
CONSELHO PLENO

24. *Ocorre que, nos termos do citado art. 71-C, o exercício da atividade laboral durante o período do salário-maternidade suspenderá o benefício, o que, por si só, denota a manutenção do direito previdenciário, que terá apenas os seus efeitos sobrestados. Não se trata de um cancelamento definitivo do salário-maternidade, porque mantidos hígidos os seus requisitos legais. O benefício suspenso, uma vez superado o motivo da suspensão, pode ser reativado.*
25. *A ausência de afastamento, assim, configura um fato suspensivo da fruição salário- maternidade, que pode ser retomada tão logo e enquanto verificado o afastamento da atividade.*
26. *Em outras palavras, como bem observado no item 15 da Nota n. 01058/2014/DIVCONS/PFE-INSS/AGU, "o termo 'suspensão', tal qual contido no art. 71-C, não deve ser entendido como uma negativa ao próprio direito ao benefício, em sua integralidade, senão que às (sic) percepção das parcelas cumulativamente à remuneração"; "explicita a transitoriedade imanente às situações de incompatibilidade – na espécie, as caracterizadas pela acumulação entre remuneração e benefício".*
27. *Relacionando-se o afastamento à eficácia do direito previdenciário, e não à própria caracterização deste direito, o momento de ocorrência da causa suspensiva (não afastamento da atividade) é irrelevante para a aquisição do direito em si. Presentes os requisitos legais, notadamente a cobertura previdenciária (superada a carência, se houver) e o fato gerador (parto, adoção ou guarda), terá a segurada direito ao salário-maternidade, que, todavia, ficará suspenso nos períodos em que se verificar o simultâneo exercício da atividade laboral, pouco importando se tais períodos coincidem ou não com o início do prazo de vigência do benefício (120 dias, contados do fato gerador)*

Alega ainda, que o Parecer da Conjur possui efeito vinculativo aos órgãos do Conselho de Recurso, não podendo ser afastado a sua aplicabilidade, sob pena de responsabilização administrativa, nos termos do artigo 69 do Regimento Interno do CPS, aprovado pela Portaria 548/2011 (a época da Reclamação).

O art. 69 do RI/CRPS, aprovado pela Portaria 548/2011 dispunha que:

MINISTÉRIO DA ECONOMIA-ME
SECRETARIA ESPECIAL DE PREVIDÊNCIA E TRABALHO
SECRETARIA DE PREVIDÊNCIA
CONSELHO DE RECURSOS DA PREVIDÊNCIA SOCIAL-CRPS
CONSELHO PLENO

> *"Art. 69 Os pareceres da Consultoria Jurídica do MPS, quando aprovados pelo Ministro de Estado, nos termos da Lei Complementar nº 73, de 10 de fevereiro de 1993, vinculam os órgãos julgadores do CRPS, à tese jurídica que fixarem, sob pena de responsabilidade administrativa quando da sua não observância."*

Atualmente está em vigor o art. 68 do Regimento Interno do Conselho de Recurso do Seguro Social – CRSS, aprovado pela Portaria 116/2017, com o mesmo teor do artigo transcrito acima:

> *"Art. 68. Os Pareceres da Consultoria Jurídica do MDSA, quando aprovados pelo Ministro de Estado, nos termos da Lei Complementar nº 73, de 10 de fevereiro de 1993, vinculam os órgãos julgadores do CRSS, à tese jurídica que fixarem, sob pena de responsabilidade administrativa quando da sua não observância."*

Nas duas situações verificamos que os Pareceres da Conjur, vinculam os órgãos julgadores do CRSS a tese jurídica que fixarem, quando aprovados pelo Ministro de Estado.

Contudo, o Parecer n° 179/2015/CONJUR-MPS/CGU/AGU tem a aprovação do Procurador Federal, mas não tem a aprovação do Ministro de Estado e nesta situação, não obriga os órgãos do CRSS a aplicar a tese jurídica deste Parecer.

Assim sendo, o Acordão proferido pela 1ª Composição Adjunta da 2ª Câmara de Julgamento, não infringiu o Parecer n° 179/2015/CONJUR-MPS/CGU/AGU, não cabendo a nos, na condição de Conselheiro, aplica-lo sem lei que autorize.

CONCLUSÃO: Pelo exposto, VOTO no sentido de NÃO CONHECER DO PEDIDO DE RECLAMAÇÃO AO CONSELHO PLENO.

Brasília - DF, **29 de maio de 2020.**

MARIA MADALENA SILVA LIMA
Relatora

DECISÓRIO

MINISTÉRIO DA ECONOMIA-ME
SECRETARIA ESPECIAL DE PREVIDÊNCIA E TRABALHO
SECRETARIA DE PREVIDÊNCIA
CONSELHO DE RECURSOS DA PREVIDÊNCIA SOCIAL-CRPS
CONSELHO PLENO

DECISÓRIO

RESOLUÇÃO Nº 19/2020

Vistos e relatados os presentes autos, em sessão realizada hoje, **ACORDAM** os membros do Conselho Pleno, por **UNANIMIDADE**, no sentido de **NÃO CONHECER DO PEDIDO DE RECLAMAÇÃO AO CONSELHO PLENO,** de acordo com o Voto da Relatora e sua fundamentação.

Participaram, ainda, do presente julgamento os (as) Conselheiros (as): Vânia Pontes Santos, Gustavo Beirão Araújo, Paulo Sérgio de Carvalho Costa Ribeiro, Renato Agostinho das Chagas, Moisés Oliveira Moreira, Maria José de Paula Moraes, Bruna Danuey de Souza Santos, Sulamita Cristina Dias, Guilherme Lustosa Pires, Valter Sérgio Pinheiro Coelho, Rodolfo Espinel Donadon, Alexandra Álvares de Alcântara, Tarsila Otaviano da Costa e Adriene Cândida Borges.

Brasília-DF, 29 de maio de 2020

MARIA MADALENA SILVA LIMA
Relatora

MARCELO FERNANDO BORSIO
Presidente

171.808.053-8 6

3.1.20 Resolução 20/2020 (BPC/LOAS/não devolução/recebidos/boa-fé/Decreto 9.462/2018)

Objeto: Trata-se de Resolução que julgou Reclamação interposta pelo INSS alegando que a decisão da Câmara de Julgamento violou a Questão 15 do Parecer Vinculante CONJUR MPS 616/2010.

Decisão: Desprovida.

Tese jurídica: O erro administrativo gera a necessidade de reposição ao Erário mesmo na situação de boa-fé do segurado, na hipótese de erro do INSS na interpretação da norma previdenciária.

Como o caso versa sobre BPC/LOAS, o Decreto 9.462/2018 desonera a devolução dos valores recebidos de boa-fé, não incidindo o citado parecer em razão de regra diversa superveniente.

MINISTÉRIO DA ECONOMIA-ME
SECRETARIA ESPECIAL DE PREVIDÊNCIA E TRABALHO
SECRETARIA DE PREVIDÊNCIA
CONSELHO DE RECURSOS DA PREVIDÊNCIA SOCIAL-CRPS
CONSELHO PLENO

N° de Protocolo do Recurso: 44232.586587/2016-59
Documento/Beneficio: Salario Maternidade
Origem do processo: Agência da Previdência Social – Ponta Grossa - PR
Tipo de Processo: Reclamação ao Conselho Pleno/CRPS
Recorrente: Instituto Nacional do Seguro Social – INSS
Recorrido: Maristela Princival da Silva
Benefício: 80/171.808.053-8
Relatora: Maria Madalena Silva Lima

(Processo Eletrônico)

Relatório

Trata-se de recurso Reclamação ao Conselho Pleno formulada pelo Instituto Nacional do Seguro Social – INSS, em matéria envolvendo a aplicação do Parecer Conjur n° 179/2015.

Requerido o benefício de salario maternidade pela Senhora Maristela Princival da Silva em 07/10/2015, indeferido pelo INSS sobre o argumento de não afastamento do trabalho ou da atividade desempenhada (contribuinte individual), pois houve contribuição para o RGPS após o fato gerador – nascimento da criança - contrariando o que dispõe o art. 71-C da Lei n° 8.213/1991.

Recurso Ordinário interposto pela interessada provido pela 16ª Junta de Recursos. Interposição de Recurso Especial pelo INSS, sendo negado provimento pela 1ª Composição Adjunta da 2ª Câmara de Julgamento, fundamentando sua decisão no sentido de que a interessada comprova o afastamento das atividades laborativas com a apresentação da Certidão de Nascimento de seu filho (internação em instituição hospitalar) e declaração de interrupção das atividades exercidas (artigo 59 §2° do Decreto n° 3.048/1999).

O INSS apresentou Reclamação ao Conselho Pleno, em tempo hábil, argumentando que não houve afastamento das atividades laborativas pela interessada no período em que devia receber o benefício nos termos do artigo 71-C da Lei n° 8213/1991. Alega ainda que a questão A do Parecer Conjur 179/2015 confirma este entendimento, sendo que Pareceres da Conjur possuem efeito vinculante perante os órgãos julgadores do CRPS, os quais não podem afastar a sua aplicabilidade, sob pena de responsabilização administrativa, nos termos do artigo 69 da Portaria 548/2011. Assim, requer

171.808.053-8 1

MINISTÉRIO DA ECONOMIA-ME
SECRETARIA ESPECIAL DE PREVIDÊNCIA E TRABALHO
SECRETARIA DE PREVIDÊNCIA
CONSELHO DE RECURSOS DA PREVIDÊNCIA SOCIAL-CRPS
CONSELHO PLENO

que o presente pedido de reclamação ao Conselho Pleno seja conhecido e provido, concluindo que a interessada não faz jus a concessão do benefício pleiteado pelo fato de não ter se afastado da atividade laborativa.

Enviado comunicação a interessada para manifestação sobre a Reclamação ao Conselho Pleno, sem retorno da interessada.

Encaminhado os autos ao Presidente do CRSS para conhecimento e manifestação. Designado a esta Conselheira a análise do caso.

É o relatório.

VOTO

EMENTA: RECLAMAÇÃO À COMPOSIÇÃO PLENARIA DO CONSELHO DE RECURSO DO SEGURO SOCIAL (ART. 64 DO REGIMENTO INTERNO DO CRSS, APROVADO PELA PORTARIA MDSA N° 116, DE 20 DE MARÇO DE 2017). AUSÊNCIA DOS PRESSUPOSTOS LEGAIS NOS TERMOS DO ARTIGO 64 DO RI/CRSS. INCIDENTE PROCESSUAL NÃO CONHECIDO.

Trata-se de Reclamação ao Conselho Pleno tempestiva, portanto dentro do prazo de 30 dias, conforme disciplinado pelo §1° do art. 64 da Portaria MDSA 116, de 20 de março de 2017, que aprovou o Regimento Interno do Conselho de Recurso do Seguro Social – CRSS.

A Reclamação dirigida ao Conselho Pleno encontra-se disciplinada no art. 64 do Regimento Interno do CRSS aprovado pela Portaria MDSA 116/2017, in verbis:

> *Art. 64. A Reclamação ao Conselho Pleno poderá ocorrer, no caso concreto, por requerimento das partes do processo, dirigido ao Presidente do CRSS, somente quando os acórdãos das Juntas de Recursos do CRSS, em matéria de alçada, ou os acórdãos de Câmaras de Julgamento do CRSS, em sede de Recurso Especial, infringirem:*
>
> *I - Pareceres da Consultoria Jurídica do MDSA, aprovados pelo Ministro de Estado do Desenvolvimento Social e Agrário, bem como, Súmulas e Pareceres do Advogado-Geral da União, na forma da Lei Complementar nº 73, de 10 de fevereiro de 1993;*
> *II - Pareceres da Consultoria Jurídica dos extintos MPS e MTPS, vigentes e aprovados pelos então Ministros de Estado da Previdência Social e do Trabalho e Previdência Social;*
>
> *III - Enunciados editados pelo Conselho Pleno.*

MINISTÉRIO DA ECONOMIA-ME
SECRETARIA ESPECIAL DE PREVIDÊNCIA E TRABALHO
SECRETARIA DE PREVIDÊNCIA
CONSELHO DE RECURSOS DA PREVIDÊNCIA SOCIAL-CRPS
CONSELHO PLENO

§ 1º O prazo para o requerimento da Reclamação ao Conselho Pleno é de 30 (trinta) dias contados da data da ciência da decisão infringente e suspende o prazo para o seu cumprimento.

§ 2º Caberá ao Presidente do CRSS fazer o juízo de admissibilidade da Reclamação ao Conselho Pleno verificando se estão presentes os pressupostos previstos no caput, podendo:

I - indeferir por decisão monocrática irrecorrível, quando verificar que não foram demonstrados os pressupostos de admissibilidade previstos no caput;

II - distribuir o processo ao Conselheiro relator da matéria no Conselho Pleno quando verificar presentes os pressupostos de admissibilidade previstos no caput.

§ 3º Os processos poderão ser preliminarmente submetidos pelo Presidente do CRSS ao órgão julgador que prolatou o acórdão infringente, para facultar-lhe a Revisão de Ofício nos termos do art. 59 deste regimento.

§ 4º O resultado do julgamento da Reclamação pelo Conselho Pleno será objeto de notificação ao órgão julgador que prolatou o acórdão infringente, para fins de adequação do julgado à tese fixada pelo Pleno, por meio da Revisão de Ofício."

A Autarquia alega que o Acordão proferido pela 1ª Composição Adjunta da 2ª Câmara de Julgamento, que reconheceu o direito a concessão do benefício de salario-maternidade, mesmo constando recolhimentos previdenciários, na condição de contribuinte individual, no período que deveria ter se afastado da atividade laborativa, não observou o que dispõe a Questão A do Parecer Conjur 179/2015, transcrito abaixo:

a) Concessão do benefício de salário-maternidade para o segurado que não se afastou de suas atividades imediatamente após o fato gerador, mas o fez em período posterior, antes do transcurso de 120 dias.

23. Atualmente, não subsistem mais dúvidas quanto ao caráter substitutivo do salário-maternidade. Seu pagamento é expressamente condicionado ao afastamento do segurado em relação à atividade laboral. O art. 71-C da Lei nº 8213/1991, porém, não faz qualquer menção quanto à extensão desse afastamento. Vale dizer, não restou explícito na legislação se o afastamento parcial, contemplando apenas parte dos 120 dias do salário-maternidade, inibiria o pagamento de todo o benefício ou apenas das parcelas correspondentes ao período de desempenho da atividade.

MINISTÉRIO DA ECONOMIA-ME
SECRETARIA ESPECIAL DE PREVIDÊNCIA E TRABALHO
SECRETARIA DE PREVIDÊNCIA
CONSELHO DE RECURSOS DA PREVIDÊNCIA SOCIAL-CRPS
CONSELHO PLENO

24. *Ocorre que, nos termos do citado art. 71-C, o exercício da atividade laboral durante o período do salário-maternidade suspenderá o benefício, o que, por si só, denota a manutenção do direito previdenciário, que terá apenas os seus efeitos sobrestados. Não se trata de um cancelamento definitivo do salário-maternidade, porque mantidos hígidos os seus requisitos legais. O benefício suspenso, uma vez superado o motivo da suspensão, pode ser reativado.*
25. *A ausência de afastamento, assim, configura um fato suspensivo da fruição salário- maternidade, que pode ser retomada tão logo e enquanto verificado o afastamento da atividade.*
26. *Em outras palavras, como bem observado no item 15 da Nota n. 01058/2014/DIVCONS/PFE-INSS/AGU, "o termo 'suspensão', tal qual contido no art. 71-C, não deve ser entendido como uma negativa ao próprio direito ao benefício, em sua integralidade, senão que às (sic) percepção das parcelas cumulativamente à remuneração"; "explicita a transitoriedade imanente às situações de incompatibilidade – na espécie, as caracterizadas pela acumulação entre remuneração e benefício".*
27. *Relacionando-se o afastamento à eficácia do direito previdenciário, e não à própria caracterização deste direito, o momento de ocorrência da causa suspensiva (não afastamento da atividade) é irrelevante para a aquisição do direito em si. Presentes os requisitos legais, notadamente a cobertura previdenciária (superada a carência, se houver) e o fato gerador (parto, adoção ou guarda), terá a segurada direito ao salário-maternidade, que, todavia, ficará suspenso nos períodos em que se verificar o simultâneo exercício da atividade laboral, pouco importando se tais períodos coincidem ou não com o início do prazo de vigência do benefício (120 dias, contados do fato gerador)*

Alega ainda, que o Parecer da Conjur possui efeito vinculativo aos órgãos do Conselho de Recurso, não podendo ser afastado a sua aplicabilidade, sob pena de responsabilização administrativa, nos termos do artigo 69 do Regimento Interno do CPS, aprovado pela Portaria 548/2011 (a época da Reclamação).

O art. 69 do RI/CRPS, aprovado pela Portaria 548/2011 dispunha que:

MINISTÉRIO DA ECONOMIA-ME
SECRETARIA ESPECIAL DE PREVIDÊNCIA E TRABALHO
SECRETARIA DE PREVIDÊNCIA
CONSELHO DE RECURSOS DA PREVIDÊNCIA SOCIAL-CRPS
CONSELHO PLENO

"Art. 69 Os pareceres da Consultoria Jurídica do MPS, quando aprovados pelo Ministro de Estado, nos termos da Lei Complementar nº 73, de 10 de fevereiro de 1993, vinculam os órgãos julgadores do CRPS, à tese jurídica que fixarem, sob pena de responsabilidade administrativa quando da sua não observância."

Atualmente está em vigor o art. 68 do Regimento Interno do Conselho de Recurso do Seguro Social – CRSS, aprovado pela Portaria 116/2017, com o mesmo teor do artigo transcrito acima:

"Art. 68. Os Pareceres da Consultoria Jurídica do MDSA, quando aprovados pelo Ministro de Estado, nos termos da Lei Complementar nº 73, de 10 de fevereiro de 1993, vinculam os órgãos julgadores do CRSS, à tese jurídica que fixarem, sob pena de responsabilidade administrativa quando da sua não observância."

Nas duas situações verificamos que os Pareceres da Conjur, vinculam os órgãos julgadores do CRSS a tese jurídica que fixarem, quando aprovados pelo Ministro de Estado.

Contudo, o Parecer n° 179/2015/CONJUR-MPS/CGU/AGU tem a aprovação do Procurador Federal, mas não tem a aprovação do Ministro de Estado e nesta situação, não obriga os órgãos do CRSS a aplicar a tese jurídica deste Parecer.

Assim sendo, o Acordão proferido pela 1ª Composição Adjunta da 2ª Câmara de Julgamento, não infringiu o Parecer n° 179/2015/CONJUR-MPS/CGU/AGU, não cabendo a nos, na condição de Conselheiro, aplica-lo sem lei que autorize.

CONCLUSÃO: Pelo exposto, VOTO no sentido de NÃO CONHECER DO PEDIDO DE RECLAMAÇÃO AO CONSELHO PLENO.

Brasília - DF, **29 de maio de 2020.**

MARIA MADALENA SILVA LIMA
Relatora

DECISÓRIO

171.808.053-8 5

MINISTÉRIO DA ECONOMIA-ME
SECRETARIA ESPECIAL DE PREVIDÊNCIA E TRABALHO
SECRETARIA DE PREVIDÊNCIA
CONSELHO DE RECURSOS DA PREVIDÊNCIA SOCIAL-CRPS
CONSELHO PLENO

DECISÓRIO

RESOLUÇÃO Nº 19/2020

Vistos e relatados os presentes autos, em sessão realizada hoje, **ACORDAM** os membros do Conselho Pleno, por **UNANIMIDADE**, no sentido de **NÃO CONHECER DO PEDIDO DE RECLAMAÇÃO AO CONSELHO PLENO,** de acordo com o Voto da Relatora e sua fundamentação.

Participaram, ainda, do presente julgamento os (as) Conselheiros (as): Vânia Pontes Santos, Gustavo Beirão Araújo, Paulo Sérgio de Carvalho Costa Ribeiro, Renato Agostinho das Chagas, Moisés Oliveira Moreira, Maria José de Paula Moraes, Bruna Danuey de Souza Santos, Sulamita Cristina Dias, Guilherme Lustosa Pires, Valter Sérgio Pinheiro Coelho, Rodolfo Espinel Donadon, Alexandra Álvares de Alcântara, Tarsila Otaviano da Costa e Adriene Cândida Borges.

Brasília-DF, 29 de maio de 2020

MARIA MADALENA SILVA LIMA
Relatora

MARCELO FERNANDO BORSIO
Presidente

3.1.21 Resolução 21/2020 (aposentadoria/especial/ruído/não conhecimento/impossibilidade/reexame/matéria/fática)

Objeto: Trata-se de Pedido de Uniformização de Jurisprudência interposto pelo segurado por suposta divergência de posicionamento entre Câmaras de Julgamento.

Decisão: Não conhecido.

Tese jurídica: Não se conhece de pedido de uniformização que importe em necessidade de reapreciação fática.

MINISTÉRIO DA ECONOMIA-ME
SECRETARIA ESPECIAL DE PREVIDÊNCIA E TRABALHO
SECRETARIA DE PREVIDÊNCIA
CONSELHO DE RECURSOS DA PREVIDÊNCIA SOCIAL-CRPS
CONSELHO PLENO

Nº de Protocolo do Recurso: 44233.320619/2017-26
Documento/Benefício: 179.875.145-0
Tipo do Processo: Pedido de Uniformização de Jurisprudência
Recorrente: Roberto Wagner Amaro Leite
Recorrido: Instituto Nacional do Seguro Social-INSS
Benefício: Aposentadoria por Tempo de Contribuição
Relatora: Adriene Cândida Borges

(Processo Eletrônico)

Relatório

Trata-se de Pedido de Uniformização de Jurisprudência formulado pelo senhor ROBERTO WAGNER AMARO LEITE, em face da decisão prolatada pela 1ª Câmara de Julgamento no Acórdão de nº 2085/2019, que deu provimento ao recurso interposto pela autarquia.

O pedido de Aposentadoria por Tempo de Contribuição em questão foi formulado em 27/09/2016, com solicitação do reconhecimento de atividades sob condições especiais no período de 24/10/94 a 14/06/2016, laborado na empresa Owens Illinois do Brasil Indústria e Comércio Ltda., na função de inspetor de qualidade, com exposição a ruído superior a 90 dB (A), com exceção do período de 22/12/2014 a 31/12/2015, em que esteve exposto ao ruído de 89,5 dB (A) e agentes químicos.

A 24ª Junta de Recursos, por meio do Acórdão de nº 1307/2018, deu provimento ao recurso interposto reconhecendo o direito ao benefício na forma do artigo 56 do Regulamento da Previdência Social - RPS, aprovado pelo Decreto 3.048/99, mediante enquadramento do período pleiteado pela exposição a ruído.

A decisão foi reformada em sede de Recurso Especial, por decisão da 1ª Câmara de Julgamento, que, por maioria, entendeu não ter havido comprovação da habitualidade e permanência da exposição na forma do artigo 65 do RPS.

Desta feita, o interessado, por procurador constituído nos autos, suscitou Revisão de Acórdão e, simultaneamente, Uniformização de Jurisprudência colacionando jurisprudência e decisões proferidas em casos análogos de segurados que exerceram atividade na mesma empresa com conclusões favoráveis ao reconhecimento da especialidade.

179.875.145-0

1

MINISTÉRIO DA ECONOMIA-ME
SECRETARIA ESPECIAL DE PREVIDÊNCIA E TRABALHO
SECRETARIA DE PREVIDÊNCIA
CONSELHO DE RECURSOS DA PREVIDÊNCIA SOCIAL-CRPS
CONSELHO PLENO

No incidente proposto sustenta, em suma, que restou comprovada a efetiva exposição ao agente nocivo ruído no período discutido; que o indeferimento do pedido sob a justificativa de que a exposição ocorreu de forma intermitente contrariou a legislação vigente, artigo 57, § 3º da Lei 8.213/91 e artigo 65 do RPS, aprovado pelo 3.048/99 e jurisprudência; que a decisão exarada divergiu da Súmula de nº 29 da AGU, quando deixou de reconhecer a especialidade em virtude da exposição a ruído superior a 90 dB (A); que a permanência não pressupõe a exposição contínua ao agente nocivo durante toda a jornada de trabalho, guardando relação com a atividade desempenhada pelo trabalhador. Ao final, aduz que é dever da empresa emitir documento em conformidade com a legislação, cuja responsabilidade de fiscalizar é da autarquia.

Após apreciação prévia da Conselheira Relatora, os autos foram submetidos ao Presidente daquele órgão julgador que, em atendimento ao princípio da segurança jurídica e artigo 63 do Regimento Interno deste Conselho, aprovado pela Portaria de nº 116/2017, entendeu preenchidos os pressupostos de admissibilidade do Pedido de Uniformização de Jurisprudência.

Juntada de decisão liminar no Mandado de Segurança impetrado pela parte determinando a análise e decisão fundamentada no prazo máximo de noventa dias.

Os autos foram encaminhados ao Vice-Presidente deste Conselho, que considerou presentes os pressupostos de admissibilidade e determinou a distribuição dos autos a esta Relatora para fins de relatoria e submissão da matéria ao Conselho Pleno.

Não houve o oferecimento de contrarrazões pela autarquia.

É o Relatório.

VOTO:

EMENTA: APOSENTADORIA POR TEMPO DE CONTRIBUIÇÃO. PEDIDO DE UNIFORMIZAÇÃO DE JURISPRUDÊNCIA. Não evidenciada a existência de divergência jurisprudencial em matéria de direito entre as Câmaras de Julgamento em sede de Recurso Especial. Incidente proposto pretendendo mera rediscussão da matéria fática. Ausência dos pressupostos de admissibilidade previstos no inciso I do artigo 63 do Regimento Interno deste Conselho. Não Conhecimento do Pedido de Uniformização de Jurisprudência.

FUNDAMENTAÇÃO:

MINISTÉRIO DA ECONOMIA-ME
SECRETARIA ESPECIAL DE PREVIDÊNCIA E TRABALHO
SECRETARIA DE PREVIDÊNCIA
CONSELHO DE RECURSOS DA PREVIDÊNCIA SOCIAL-CRPS
CONSELHO PLENO

Versam os presentes autos sobre Pedido de Uniformização de Jurisprudência proposto com fulcro no artigo 63 do Regimento Interno deste Conselho, aprovado pela Portaria MDSA de nº 116, de 20 de março de 2017, cuja controvérsia reside no reconhecimento de atividades sob condições especiais.

O Regimento Interno deste Conselho, no inciso II do artigo 3º, confere ao Conselho Pleno a competência de uniformizar, no caso concreto, divergências jurisprudenciais entre as Câmaras de Julgamento, em sede de Recurso Especial, mediante a emissão de Resoluções:

> Art. 3º Ao Conselho Pleno compete:
>
> I - uniformizar, em tese, a jurisprudência administrativa previdenciária e assistencial, mediante emissão de Enunciados;
> II - uniformizar, no caso concreto, as divergências jurisprudenciais entre as Juntas de Recursos nas matérias de sua alçada ou entre as Câmaras de julgamento em sede de Recurso Especial, mediante a emissão de Resolução; e
> III - decidir, no caso concreto, as Reclamações ao Conselho Pleno, mediante a emissão de Resolução.

Os pressupostos para fins de requerimento do Pedido de Uniformização de Jurisprudência pelas partes estão previstos no artigo 63 do mesmo ato normativo, a saber:

> Art. 63. O Pedido de Uniformização de Jurisprudência poderá ser requerido em casos concretos, pelas partes do processo, dirigido ao Presidente do respectivo órgão julgador, nas seguintes hipóteses:
>
> I - quando houver divergência na interpretação em matéria de direito entre acórdãos de Câmaras de Julgamento do CRSS, em sede de Recurso Especial, ou entre estes e resoluções do Conselho Pleno; ou
>
> II - quando houver divergência na interpretação em matéria de direito entre acórdãos de Juntas de Recursos do CRSS, nas hipóteses de alçada exclusiva previstas no art. 30, § 2º, deste Regimento, ou entre estes e Resoluções do Conselho Pleno.

179.875.145-0

3

MINISTÉRIO DA ECONOMIA-ME
SECRETARIA ESPECIAL DE PREVIDÊNCIA E TRABALHO
SECRETARIA DE PREVIDÊNCIA
CONSELHO DE RECURSOS DA PREVIDÊNCIA SOCIAL-CRPS
CONSELHO PLENO

> § 1º A divergência deverá ser demonstrada mediante a indicação do acórdão divergente, proferido nos últimos cinco anos, por outro órgão julgador, composição de julgamento, ou, ainda, por resolução do Conselho Pleno.
>
> § 2º É de 30 (trinta) dias o prazo para o requerimento do Pedido de Uniformização de Jurisprudência e para o oferecimento de contrarrazões, contados da data da ciência da decisão e da data da intimação do pedido, respectivamente, hipótese em que suspende o prazo para o seu cumprimento.

Preliminarmente, cumpre destacar que a decisão no Recurso Especial foi proferida em 03/04/2019, com emissão de despacho pela autarquia em 22/05/2019, incidente proposto em 19/06/2019, que será considerado como tempestivo por não constar data de ciência da decisão pela parte.

A pretensão do interessado é provar a existência de divergência em matéria de direito entre Câmaras de Julgamento, na forma preconizada pelo inciso II do artigo 63 do Regimento Interno deste Conselho.

Para este fim, colacionou aos autos decisões proferidas pelas Câmaras de Julgamento nos seguintes Acórdãos:

- 4447/2018, 2ª Câmara de Julgamento, Ernan Dionizio Silva, NB: 42/173.955.907-7;
- 1290/2018, 3ª Câmara de Julgamento, Sergio Luiz Monsalli, NB: 42/178.699.892-8;
- 2288/2018, 4ª Câmara de Julgamento, Emerson Luiz Patrício, NB: 46/172.824.420-7;
- 5509/2016, 1ª Composição Adjunta da 4ª Câmara de Julgamento, NB: 42/163.982.411-9.

Nos Acórdão paradigmas, houve reconhecimento da especialidade pela exposição a ruído de trabalhadores que desempenharam atividade na empresa Owens Illinois do Brasil Indústria e Comércio Ltda., diferentemente do acórdão combatido em que se concluiu, por maioria, que a exposição ao agente nocivo ruído não ocorreu de modo habitual e permanente, não ocasional e intermitente na forma preconizada no artigo 65 do Regulamento da Previdência Social – RPS, aprovado pelo Decreto 3.048/99.

MINISTÉRIO DA ECONOMIA-ME
SECRETARIA ESPECIAL DE PREVIDÊNCIA E TRABALHO
SECRETARIA DE PREVIDÊNCIA
CONSELHO DE RECURSOS DA PREVIDÊNCIA SOCIAL-CRPS
CONSELHO PLENO

Com o advento da Lei 9.032, de 28/04/95 a legislação passou a exigir a comprovação da exposição de modo habitual e permanente, não ocasional e nem intermitente, mediante a apresentação do respectivo formulário, na forma estabelecida pelo Instituto Nacional do Seguro Social – INSS, emitido com base em laudo técnico das condições ambientais do trabalho expedido por médico do trabalhou ou engenheiro de segurança do trabalho nos termos da legislação trabalhista, consoante § 1º do artigo 58 da Lei 8.213/91.

Depreende-se que, nas decisões colacionadas aos autos, houve enquadramento pela exposição a ruído em diversas funções, dentre elas, a de selecionador, ajudante geral e operador de fabricação. Portanto, atividades diversas da desempenhada pelo interessado de inspetor de qualidade.

Ademais, o não reconhecimento da especialidade pela 1ª Câmara de Julgamento decorreu da não comprovação da habitualidade e permanência da exposição ao agente nocivo ruído com base na análise da documentação acostada na ocasião do requerimento, cujo trecho da decisão peço vênia para reproduzir:

"Dessa forma, para verificar se a exposição é permanente, deve-se ter a comprovação do exercício de sua atividade sob a exposição necessária e obrigatória ao agente nocivo, condição esta não demonstrada na descrição profissiográfica fornecida pela empresa, haja vista que o segurado realizava diversas atividades administrativas como verificar a máquina está refugando corretamente; verificar possíveis defeitos de embalagens; elaborar relatório de defeito; verificar amostras; efetuar rastreamento de estoque para avaliação de amostras e etc., descaracterizando a habitualidade e permanência de exposição ao agente nocivo citado."

Importa salientar que o incidente de uniformização tem o nítido escopo de dar uniformidade à interpretação do direito no âmbito de um mesmo tribunal, evitando o descrédito e ceticismo dos jurisdicionados quanto à seriedade da prestação jurisdicional, e impedindo que o destino dos litigantes repouse na estrita dependência da distribuição do feito a um ou outro órgão fracionário da corte (SOUZA, 2013, p. 240). [1]

O referido instituto visa resguardar a segurança jurídica, fixando tese jurídica em matéria de direito controvertidos, dando uniformidade às decisões proferida

[1] SOUZA, Marcelo Alves Dias de. **Do precedente judicial à súmula vinculante**. 1. Ed. (2006). 2. Reimpr. Curitiba: Juruá, 2013.

179.875.145-0

MINISTÉRIO DA ECONOMIA-ME
SECRETARIA ESPECIAL DE PREVIDÊNCIA E TRABALHO
SECRETARIA DE PREVIDÊNCIA
CONSELHO DE RECURSOS DA PREVIDÊNCIA SOCIAL-CRPS
CONSELHO PLENO

por órgãos julgadores de uma instância, em obediência do comando constitucional insculpido no inciso XXXVI do artigo 5° da Constituição Federal de 1988.

No caso concreto, restou evidenciado que o incidente foi proposto com o intuito de rediscutir matéria fática de decisão definitiva deste Conselho, não se tratando de divergência de interpretação em matéria de direito para fins de admissão, entendimento corroborado pelas Resoluções de nº 44/2018, de 28/08/2018 e 66/2018, de 27/11/2018, conforme assim ementado:

> **Resolução n° 44/2018 de 28 de agosto de 2018.**
>
> **EMENTA. APOSENTADORIA ESPECIAL. PEDIDO DE UNIFORMIZAÇÃO DE JURISPRUDENCIA.** Divergência jurisprudencial em matéria de direito entre Câmaras de Julgamento não demonstrada. Pretensão fundamentada em reexame de matéria fático-probatória. Ausência de pressupostos de admissibilidade contidos no inc. I do art. 63 do Regimento Interno do CRSS. Não conhecimento do pedido de Uniformização.
>
> **Resolução de n° 66/2018 de 27 de novembro de 2018.**
>
> **EMENTA. APOSENTADORIA ESPECIAL. PEDIDO DEUNIFORMIZAÇÃO DE JURISPRUDENCIA.** Divergência jurisprudencial em matéria de direito entre Câmaras de Julgamento não demonstrada. Pretensão fundamentada em reexame de matéria fático-probatória. Ausência de pressupostos de admissibilidade contidos no inc. I do art. 63 do Regimento Interno do CRSS. Não conhecimento do pedido de Uniformização.

No mesmo sentido se posicionou a Turma Nacional de Uniformização dos Juizados Especiais Federais, por meio da Súmula de n° 42, de 11/10/2001 – DJ 03/11/2011 da, *in verbis:*

"Não se conhece de incidente de uniformização que implique reexame de matéria de fato."

Portanto, por não restar evidenciada divergência na intepretação em matéria de direito, o incidente proposto não merece ser acolhido, por não atender aos

MINISTÉRIO DA ECONOMIA-ME
SECRETARIA ESPECIAL DE PREVIDÊNCIA E TRABALHO
SECRETARIA DE PREVIDÊNCIA
CONSELHO DE RECURSOS DA PREVIDÊNCIA SOCIAL-CRPS
CONSELHO PLENO

pressupostos de admissibilidade previstos no inciso I do artigo 63 do Regimento Interno deste Conselho, aprovado pela Portaria MDSA de nº 116/2017.

CONCLUSÃO: Pelo exposto, **VOTO** no sentido de **NÃO CONHECER DO PEDIDO DE UNIFORMIZAÇÃO DE JURISPRUDÊNCIA.**

ADRIENE CANDIDA BORGES
Relatora

179.875.145-0

MINISTÉRIO DA ECONOMIA-ME
SECRETARIA ESPECIAL DE PREVIDÊNCIA E TRABALHO
SECRETARIA DE PREVIDÊNCIA
CONSELHO DE RECURSOS DA PREVIDÊNCIA SOCIAL-CRPS
CONSELHO PLENO

DECISÓRIO

RESOLUÇÃO Nº 21 /2020

Vistos e relatados os presentes autos, em sessão realizada hoje, **ACORDAM** os membros do Conselho Pleno, por **UNANIMIDADE,** no sentido de **NÃO CONHECER DO PEDIDO DE UNIFORMIZAÇÃO DE JURISPRUDÊNCIA,** de acordo com o Voto da Relatora e sua fundamentação.

Participaram, ainda, do presente julgamento os (as) Conselheiros (as): Robson Ferreira Maranhão, Renato Agostinho das Chagas, Moisés Oliveira Moreira, Paulo Sérgio de Carvalho Costa Ribeiro, Maria Madalena Silva Lima, Márcia Aparecida Martins, Maria José de Paula Moraes, Imara Sodré Sousa Neto, Sulamita Cristina Dias, Guilherme Lustosa Pires, Valter Sérgio Pinheiro Coelho, Rodolfo Espinel Donadon, Alexandra Álvares de Alcântara e Tarsila Otaviano da Costa.

Brasília-DF, 28 de julho de 2020.

ADRIENE CÂNDIDA BORGES
Relatora

MARCELO FERNANDO BORSIO
Presidente

3.1.22 Resolução 22/2020 (devolução/valores/segurado/cabimento/erro/INSS/ interpretação/norma)

Objeto: Trata-se de Pedido de Uniformização de Jurisprudência interposto pelo segurado por suposta divergência de posicionamento entre Câmaras de Julgamento. Pedido de Uniformização de Jurisprudência apresentado pelo segurado (não consta ciência nos autos, sendo que o pedido foi requerido em 16/05/2017), alegando divergência na interpretação em matéria de direito entre acórdãos de Câmaras de Julgamento do CRPS em sede de Recurso Especial, tendo apresentado como paradigma a Resolução nº 10 de 2013, no qual decidiu pela desnecessidade de devolução de valores recebidos de boa-fé pelo segurado, uma vez que houve erro de interpretação da norma.

Decisão: Improvido.

Tese jurídica: O erro administrativo gera a necessidade de reposição ao Erário mesmo na situação de boa-fé do segurado, na hipótese de erro do INSS na interpretação da norma previdenciária.

MINISTÉRIO DA ECONOMIA-ME
SECRETARIA ESPECIAL DE PREVIDÊNCIA E TRABALHO
SECRETARIA DE PREVIDÊNCIA
CONSELHO DE RECURSOS DA PREVIDÊNCIA SOCIAL-CRPS
CONSELHO PLENO

Nº de Protocolo do Recurso: 44232.621010/2016-09
Documento/Benefício: 143.155.386-4
Unidade de origem: Agência da Previdência Social Divinópolis
Tipo do Processo: Pedido de Uniformização de Jurisprudência
Recorrente: José Vicente dos Santos Neto
Recorrido: Instituto Nacional do Seguro Social/INSS
Benefício: Aposentadoria por Idade
Relatora: Guilherme Lustosa Pires

(Processo Eletrônico)

Relatório

Ementa:

PEDIDO DE UNIFORMIZAÇÃO DE JURISPRUDÊNCIA. ART. 63 DO REGIMENTO INTERNO DO CRSS. APOSENTADORIA POR IDADE. ART. 201, § 7º, II DA CONSTITUIÇÃO FEDERAL – 65 ANOS PARA HOMEM E 60 PARA MULHER. CARÊNCIA DE 180 CONTRIBUIÇÕES MENSAIS. ART. 25, II DA LEI 8.213 DE 1991. CÔMPUTO DE AUXÍLIO ACIDENTE SEM O RESPECTIVO SALÁRIO DE CONTRIBUIÇÃO NO PERÍODO DE BASE DE CÁLCULO – PBC. RECEBIMENTO INDEVIDO DE VALORES. APURAÇÃO DE IRREGULARIDADE. COBRANÇA. IMPOSSIBILIDADE DE ISENÇÃO. PARECER CONJUR/MPS Nº 616 DE 2010.

Relatório:

Trata-se de pedido de uniformização de jurisprudência apresentado pelo segurado contra o acordão proferido pela 1ª Composição Adjunta da 1ª Câmara de Julgamento do CRPS em razão de divergência na interpretação em matéria de direito entre acórdãos de Câmaras de Julgamento do CRPS, em sede de Recurso Especial, ou entre estes e resoluções do Conselho Pleno.

MINISTÉRIO DA ECONOMIA-ME
SECRETARIA ESPECIAL DE PREVIDÊNCIA E TRABALHO
SECRETARIA DE PREVIDÊNCIA
CONSELHO DE RECURSOS DA PREVIDÊNCIA SOCIAL-CRPS
CONSELHO PLENO

José Vicente dos Santos Neto apresentou pedido de aposentadoria por idade no dia 05/03/2009, autuado sob o NB 41/143.155.386-4. Sendo assim, o benefício foi concedido pelo INSS, pois foi comprovada a carência prevista em lei.

De qualquer forma, o segurado apresentou pedido de revisão em 30/06/2014, alegando ter exercido atividade especial, pois com o reconhecimento dos períodos, completaria 100% do salário de benefício na forma do art. 50 da Lei 8.213 de 1991.

O INSS deferiu parcialmente o pedido de revisão para reconhecer os intervalos de 04/08/1983 até 28/11/1983, 05/03/1987 até 07/10/1987, 04/05/1990 até 07/10/1987, 04/05/1990 até 03/04/1991, 01/06/1993 até 31/03/1994, 28/08/1985 até 03/09/1996 e 18/09/1996 até 05/03/1997 como atividade especial, além de revisar o período de base de cálculo do benefício, uma vez que o auxílio acidente recebido pelo segurado não pode ser contabilizado para fins de salário de benefício sem a respectiva existência de salário de contribuição.

Desta forma, foi constatado indício de irregularidade na manutenção do benefício em razão do cômputo indevido dos valores de auxílio acidente como salário de contribuição. Sendo assim, restou caracterizado irregularidade uma vez que somente é possível a soma do auxílio acidente com o respectivo salário de contribuição, violando o disposto na forma do art. 32, § 8º do Decreto 3.048 de 1999.

Após o processo de apuração de irregularidade, no qual foram ofertadas as garantias constitucionais de ampla defesa e contraditório, respeitando o devido processo legal, o INSS decidiu cobrar os valores recebidos indevidamente.

Recurso ordinário interposto pelo segurado, requerendo o cômputo do período de recebimento exclusivo de auxílio acidente como carência e tempo de contribuição para fins de salário de contribuição, ocasionando a revisão no salário de benefício.

O acórdão nº 1761/2016 da 08ª Junta de Recursos do Conselho de Recursos da Previdência Social – CRPS negou provimento ao recurso ordinário, mantendo o

MINISTÉRIO DA ECONOMIA-ME
SECRETARIA ESPECIAL DE PREVIDÊNCIA E TRABALHO
SECRETARIA DE PREVIDÊNCIA
CONSELHO DE RECURSOS DA PREVIDÊNCIA SOCIAL-CRPS
CONSELHO PLENO

processo de apuração de irregularidade e a devolução dos valores recebidos indevidamente.

Inconformado com o acórdão de primeira instância desfavorável ao seu desígnio, José Vicente dos Santos Neto interpôs recurso especial, alegando que a jurisprudência pátria permite o cômputo do período de recebimento exclusivo de auxílio acidente como carência e tempo de contribuição para fins de salário de contribuição. Consequentemente, requer a revisão do salário de benefício.

Contrarrazões apresentadas pelo INSS, requerendo a manutenção do decisório da Junta de Recursos.

O acórdão nº 6240/2016 da 1ª Composição Adjunta da 1ª Câmara de Julgamento, julgado em 14/12/2016, negou provimento ao recurso especial do segurado, pois manteve o processo de apuração de irregularidade e a devolução dos valores recebidos indevidamente.

Pedido de Uniformização de Jurisprudência apresentado pelo segurado (não consta ciência nos autos, sendo que o pedido foi requerido em 16/05/2017), alegando divergência na interpretação em matéria de direito entre acórdãos de Câmaras de Julgamento do CRPS em sede de Recurso Especial, tendo apresentado como paradigma a Resolução nº 10 de 2013, no qual decidiu pela desnecessidade de devolução de valores recebidos de boa-fé pelo segurado, uma vez que houve erro de interpretação da norma.

Não foram apresentadas contrarrazões pelo INSS ao pedido de uniformização de jurisprudência.

Pronunciamento da Divisão de Assuntos Jurídicos no sentido de submeter a questão ao Conselho Pleno do CRPS, uma vez que houve divergência na interpretação em matéria de direito entre acórdão de Câmara de Julgamento e Resolução do Conselho Pleno do CRPS.

143.155.386-4

MINISTÉRIO DA ECONOMIA-ME
SECRETARIA ESPECIAL DE PREVIDÊNCIA E TRABALHO
SECRETARIA DE PREVIDÊNCIA
CONSELHO DE RECURSOS DA PREVIDÊNCIA SOCIAL-CRPS
CONSELHO PLENO

Distribuição do processo pela Presidente do Conselho de Recursos do Seguro Social para análise do pedido de uniformização de jurisprudência.

Voto:

O pedido de uniformização de jurisprudência versa sobre a divergência na interpretação em matéria de direito entre acórdãos de Câmaras de Julgamento, conforme previsão do art. 63 do Regimento Interno do CRPS, colacionado abaixo:

> Art. 63. O Pedido de Uniformização de Jurisprudência poderá ser requerido em casos concretos, pelas partes do processo, dirigido ao Presidente do respectivo órgão julgador, nas seguintes hipóteses:
>
> **I - quando houver divergência na interpretação em matéria de direito entre acórdãos de Câmaras de Julgamento do CRSS, em sede de Recurso Especial, ou entre estes e resoluções do Conselho Pleno**; ou
> II - quando houver divergência na interpretação em matéria de direito entre acórdãos de Juntas de Recursos do CRSS, nas hipóteses de alçada exclusiva previstas no art. 30, § 2º, deste Regimento, ou entre estes e Resoluções do Conselho Pleno.
>
> **§ 1º A divergência deverá ser demonstrada mediante a indicação do acórdão divergente, proferido nos últimos cinco anos, por outro órgão julgador, composição de julgamento, ou, ainda, por resolução do Conselho Pleno.**
> **§ 2º É de 30 (trinta) dias o prazo para o requerimento do Pedido de Uniformização de Jurisprudência e para o oferecimento de contrarrazões, contados da data da ciência da decisão e da data da intimação do pedido, respectivamente, hipótese em que suspende o prazo para o seu cumprimento.**
> § 3º Reconhecida em sede cognição sumária a existência da divergência pelo Presidente do órgão julgador, o processo será encaminhado ao Presidente do Conselho Pleno para que o pedido seja distribuído ao relator da matéria.
> § 4º Do não recebimento do pedido de uniformização pela Presidência do órgão julgador, caberá recurso ao Presidente do CRSS, no prazo de 30 (trinta) dias da ciência da decisão comprovada nos autos.

143.155.386-4

MINISTÉRIO DA ECONOMIA-ME
SECRETARIA ESPECIAL DE PREVIDÊNCIA E TRABALHO
SECRETARIA DE PREVIDÊNCIA
CONSELHO DE RECURSOS DA PREVIDÊNCIA SOCIAL-CRPS
CONSELHO PLENO

> § 5º O pedido de uniformização poderá ser formulado pela parte uma única vez, tratando-se do mesmo caso concreto ou da mesma matéria examinada em tese, à luz do mesmo acórdão ou resolução indicados como paradigma.
> **§ 6º O Conselho Pleno poderá pronunciar-se pelo não conhecimento do pedido de uniformização**, ou pelo seu conhecimento e seguintes conclusões:
> I - edição de Enunciado, com força normativa vinculante, quando houver aprovação da maioria absoluta de seus membros e havendo deliberação do colegiado para sua emissão;
> II - edição de Resolução para o caso concreto, quando houver aprovação da maioria simples de seus membros.
> § 7º Proferido o julgamento, caso haja deliberação para edição de enunciado, o Conselheiro responsável pelo voto vencedor deverá redigir o projeto de enunciado, a ser aprovado na mesma sessão ou na sessão ordinária seguinte.
> § 8º O pronunciamento do Conselho Pleno, nos casos de uniformização de jurisprudência, poderá ser adiado, uma única vez, para a sessão seguinte a pedido de, no mínimo, três membros presentes.
> § 9º O pedido de adiamento na forma do parágrafo anterior não impedirá que votem os Conselheiros que se julguem habilitados a fazê-lo.
> § 10. Os Conselheiros que tenham participado do julgamento na Câmara do CRSS não estão impedidos de julgar o pedido de uniformização no Conselho Pleno.
> § 11. Aplica-se ao pedido de uniformização de jurisprudência, no que couber, o disposto no Capítulo VII deste Regimento.
> § 12. No caso de provimento do Pedido de Uniformização de Jurisprudência, o Órgão Julgador do CRSS que proferiu o acórdão infringente deverá revê-lo de ofício, após ser notificado do resultado do julgamento, adequando o julgado à tese fixada pelo Pleno.

Pois bem, o segurado suscita divergência na interpretação em matéria de direito entre acórdãos de Câmara de Julgamento do CRPS em sede de Recurso Especial e resoluções do Conselho Pleno.

MINISTÉRIO DA ECONOMIA-ME
SECRETARIA ESPECIAL DE PREVIDÊNCIA E TRABALHO
SECRETARIA DE PREVIDÊNCIA
CONSELHO DE RECURSOS DA PREVIDÊNCIA SOCIAL-CRPS
CONSELHO PLENO

Sendo assim, o acórdão hostilizado nº 6240/2016 da 1ª Composição Adjunta da 1ª Câmara de Julgamento negou provimento ao recurso especial do segurado, pois manteve o processo de apuração de irregularidade e a devolução dos valores recebidos indevidamente.

Adiante, foi apresentado a Resolução nº 10 de 2013 como decisão paradigma da controvérsia, pois foi decidido pela desnecessidade de devolução de valores em benefício por incapacidade recebidos de boa-fé objetiva quando a revisão se dá por matéria exclusivamente médica:

> EMENTA: AUXÍLIO-DOENÇA. REVISÃO MÉDICA DO BENEFÍCIO COM ALTERAÇÃO DA DATA DE INÍCIO DA INCAPACIDADE. FALTA DA QUALIDADE DE SEGURADA. DEVOLUÇÃO DOS VALORES RECEBIDOS INDEVIDAMENTE. UNIFORMIZAÇÃO DE JURISPRUDÊNCIA. Pressupostos de admissibilidade alcançadas na forma dos arts. 15 e 64 do Regimento Interno do CRPS aprovado pela Portaria MPS nº 548/2011. Caso concreto. Impossibilidade de devolução ante o caráter alimentar do benefício recebido de boa-fé conforme jurisprudência e entendimento da AGU por meio da Súmula nº 72. **Inaplicabilidade do entendimento contido no Parecer Conjur/MPS nº 616, Questão 15, que trata de devolução nos casos de interpretação errônea da lei o que difere do presente processo cuja revisão se deu por alteração de entendimento médico.** Inexistência de expressa menção do conceito de erro contido no art. 154, inc. II §§ 3º e 4º do Regulamento da Previdência Social – RPS aprovado pelo Decreto nº 3.048/99. Vedação de interpretação extensiva prejudicial à segurada. Pedido de Uniformização de Jurisprudência conhecido e no mérito, improvido.

Por outro lado, a obrigatoriedade de devolução de valores recebidos indevidamente, mesmo quando presente a boa-fé do segurado, é prevista na questão nº 15 do Parecer Conjur/MPS nº 616 de 2010, conforme trecho abaixo:

> *"Questão 15. A boa-fé do segurado é fator impeditivo para a restituição de valores de benefícios equivocadamente*

MINISTÉRIO DA ECONOMIA-ME
SECRETARIA ESPECIAL DE PREVIDÊNCIA E TRABALHO
SECRETARIA DE PREVIDÊNCIA
CONSELHO DE RECURSOS DA PREVIDÊNCIA SOCIAL-CRPS
CONSELHO PLENO

> *concedidos ou majorados administrativamente, por força de errônea interpretação da norma?*
>
> *88. No âmbito do RGPS, para que fique delineada a situação de pagamento de benefício indevido, no todo ou em parte, e necessário que o fato fique comprovado em sede de processo administrativo no qual deve ser assegurada ampla defesa e contraditório ao beneficiário, por força da garantia constitucional ao devido processo legal (art. 5°, inciso LIV, da Constituição).*
>
> *89. Por outro lado, a legislação em vigor não permite o perdão da dívida ao segurado recebedor de benefício indevido, mesmo se ficar caracterizada sua boa-fé. Permite-se apenas o parcelamento do débito ou a sua consignação, quando o beneficiário for recebedor de outro benefício do INSS. E o que se extrai da leitura do art. 115, inciso II e § 1°, da LBPS.*
>
> *90. O Regulamento da Previdência Social, no seu art. 154, contém alguns parâmetros mais detalhados sobre como proceder ao ressarcimento do erário*".

Consequentemente, a divergência da matéria de direito deverá ser restrita a expressão "*errônea interpretação da norma*", uma vez que a Resolução nº 10/2013[1] afasta a aplicabilidade da questão nº 15 do Parecer Conjur/MPS nº 616 de 2010 por diferenciar o mister da perícia médica na análise de incapacidade laborativa para fins previdenciários com o preenchimento dos requisitos legais necessários à concessão do benefício por incapacidade.

[1] Trecho retirado do voto condutor da Resolução nº 10 de 2013 de Relatoria da Conselheira Lívia Maria Rodrigues Nazareth: "*Neste sentido, não me parece que a Questão 15 do Parecer Conjur/MPS 616/2010 se aplica ao caso, posto que trata, especificamente, da "restituição de valores de benefícios equivocadamente concedidos ou majorados administrativamente por força de errônea interpretação da norma" conforme texto da questão 15 formulada. Se a revisão se deu por mudança de entendimento médico, não há que se falar em errônea interpretação da norma, posto que não é da competência médica do perito informar o preenchimento dos requisitos na data da doença e da incapacidade fixada*".

143.155.386-4

MINISTÉRIO DA ECONOMIA-ME
SECRETARIA ESPECIAL DE PREVIDÊNCIA E TRABALHO
SECRETARIA DE PREVIDÊNCIA
CONSELHO DE RECURSOS DA PREVIDÊNCIA SOCIAL-CRPS
CONSELHO PLENO

Desta forma, a irregularidade dos autos foi identificada pelo INSS como a inclusão de auxílio acidente como salário de contribuição no período de base de cálculo.

Contudo, tal fato ocasiona a violação do § 8º do art. 32 do Decreto 3.048 de 1999[2], pois os valores auferidos pelo segurado à título de auxílio acidente somente serão computados no período de base de cálculo quando efetivamente houver salário de contribuição por exercício de atividade laborativa e o recolhimento de contribuição previdenciária.

Em razão disso, a controvérsia dos autos não versa sobre revisão de parâmetros restritos à perícia médica, mas sim de **errônea interpretação da norma** previdenciária, tendo em vista que foram computados valores não previstos no art. 214 do Decreto 3.048 de 1999 como salários de contribuições:

> Art. 214. Entende-se por salário-de-contribuição:
>
> I - para o empregado e o trabalhador avulso: a remuneração auferida em uma ou mais empresas, assim entendida a totalidade dos rendimentos pagos, devidos ou creditados a qualquer título, durante o mês, destinados a retribuir o trabalho, qualquer que seja a sua forma, inclusive as gorjetas, os ganhos habituais sob a forma de utilidades e os adiantamentos decorrentes de reajuste salarial, quer pelos serviços efetivamente prestados, quer pelo tempo à disposição do empregador ou tomador de serviços, nos termos da lei ou do contrato ou, ainda, de convenção ou acordo coletivo de trabalho ou sentença normativa;
> II - para o empregado doméstico: a remuneração registrada na Carteira Profissional e/ou na Carteira de Trabalho e Previdência

[2] Art. 32. O salário de benefício a ser utilizado para o cálculo dos benefícios de que trata este Regulamento, inclusive aqueles previstos em acordo internacional, consiste no resultado da média aritmética simples dos salários de contribuição e das remunerações adotadas como base para contribuições a regime próprio de previdência social ou como base para contribuições decorrentes das atividades militares de que tratam os art. 42 e art. 142 da Constituição, considerados para a concessão do benefício, atualizados monetariamente, correspondentes a cem por cento do período contributivo desde a competência julho de 1994 ou desde o início da contribuição, se posterior a essa competência. (Redação dada pelo Decreto nº 10.410, de 2020).

§ 8º Para fins de apuração do salário-de-benefício de qualquer aposentadoria precedida de auxílio-acidente, o valor mensal deste será somado ao salário-de-contribuição antes da aplicação da correção a que se refere o art. 33, não podendo o total apurado ser superior ao limite máximo do salário-de-contribuição.

143.155.386-4

MINISTÉRIO DA ECONOMIA-ME
SECRETARIA ESPECIAL DE PREVIDÊNCIA E TRABALHO
SECRETARIA DE PREVIDÊNCIA
CONSELHO DE RECURSOS DA PREVIDÊNCIA SOCIAL-CRPS
CONSELHO PLENO

> Social, observados os limites mínimo e máximo previstos nos §§ 3º e 5º;
> III - para o contribuinte individual: a remuneração auferida em uma ou mais empresas ou pelo exercício de sua atividade por conta própria, durante o mês, observados os limites a que se referem os §§ 3º e 5º; (Redação dada pelo Decreto nº 3.265, de 1999)
> IV - para o dirigente sindical na qualidade de empregado: a remuneração paga, devida ou creditada pela entidade sindical, pela empresa ou por ambas; e
> V - para o dirigente sindical na qualidade de trabalhador avulso: a remuneração paga, devida ou creditada pela entidade sindical.
> VI - para o segurado facultativo: o valor por ele declarado, observados os limites a que se referem os §§ 3º e 5º;

Portanto, apesar de ter sido demonstrada a divergência na interpretação em matéria de direito entre acórdãos de Câmaras de Julgamento, o acórdão hostilizado está de acordo com a questão nº 15 do Parecer Conjur/MPS nº 616 de 2010.

Por todo o exposto, VOTO no sentido de, preliminarmente, **CONHECER DO PEDIDO DE UNIFORMIZAÇÃO DE JURISPRUDÊNCIA APRESENTADO PELO SEGURADO** e, no mérito, **NEGAR-LHE PROVIMENTO.**

GUILHERME LUSTOSA PIRES

Relator

MINISTÉRIO DA ECONOMIA-ME
SECRETARIA ESPECIAL DE PREVIDÊNCIA E TRABALHO
SECRETARIA DE PREVIDÊNCIA
CONSELHO DE RECURSOS DA PREVIDÊNCIA SOCIAL-CRPS
CONSELHO PLENO

DECISÓRIO

RESOLUÇÃO Nº 22 /2020

Vistos e relatados os presentes autos, em sessão realizada hoje, **ACORDAM** os membros do Conselho Pleno, por **UNANIMIDADE**, no sentido de **CONHECER DO PEDIDO DE UNIFORMIZAÇÃO DE JURISPRUDÊNCIA APRESENTADO PELO SEGURADO** para, no mérito, **NEGAR-LHE PROVIMENTO**, de acordo com o Voto do Relator e sua fundamentação.

Participaram, ainda, do presente julgamento os (as) Conselheiros (as): Robson Ferreira Maranhão, Renato Agostinho das Chagas, Moisés Oliveira Moreira, Paulo Sérgio de Carvalho Costa Ribeiro, Maria Madalena Silva Lima, Márcia Aparecida Martins, Maria José de Paula Moraes, Imara Sodré Sousa Neto, Sulamita Cristina Dias, Valter Sérgio Pinheiro Coelho, Rodolfo Espinel Donadon, Alexandra Álvares de Alcântara e Tarsila Otaviano da Costa e Adriene Cândida Borges.

Brasília-DF, 28 de julho de 2020.

GUILHERME LUSTOSA PIRES
Relator

MARCELO FERNANDO BORSIO
Presidente

143.155.386-4

3.1.23. Resolução 23/2020 (benefício/incapacidade/carência/ação coletiva)

Objeto: Trata-se de Resolução que julgou Reclamação interposta pelo INSS alegando que a decisão da Câmara de Julgamento violou a Questão 14 do Parecer Vinculante CONJUR MPS 616/2010.

Decisão: Improvido.

Tese jurídica: Deve ser salientado que a abrangência nacional da ACP nº 2009.71.00.004103-4 somente vigorou entre 19/09/2011 até 03/11/2014, ou seja, somente é possível computar o interstício de gozo de auxílio doença/aposentadoria por invalidez quando o benefício tiver sido requerido durante o referido intervalo ou o segurado tiver residência nos Estados da região sul em razão da interpretação dada à época pelo STJ ao art. 16 da Lei 7.347 de 1985.

Destarte, o caso concreto se amolda nos parâmetros da referida ACP, pois a DER do benefício foi fincada no dia 13/02/2014, devendo os períodos de gozo de auxílio doença serem computados como carência em razão da abrangência nacional da ação civil pública ajuizada no Rio Grande do Sul.

Por conseguinte, apesar da infringência em abstrato da tese firmada no Parecer Conjur/MPS nº 616 de 2010, o acórdão hostilizado está amparado pela decisão proferida na ACP nº 2009.71.00.004103-4, o qual se configura uma exceção à regra da impossibilidade de cômputo de auxílio doença como carência por este Conselho de Recursos da Previdência Social.

MINISTÉRIO DA ECONOMIA-ME
SECRETARIA ESPECIAL DE PREVIDÊNCIA E TRABALHO
SECRETARIA DE PREVIDÊNCIA
CONSELHO DE RECURSOS DA PREVIDÊNCIA SOCIAL-CRPS
CONSELHO PLENO

Nº de Protocolo do Recurso: 44232.068685/2014-47
Documento/Benefício: 155.915.060-0
Unidade de origem: Agência da Previdência Social Itatinga
Tipo do Processo: Reclamação ao Conselho Pleno
Recorrente: Instituto Nacional do Seguro Social/INSS
Recorrido: Leonice Faria Galli
Benefício: Aposentadoria por Idade
Relatora: Guilherme Lustosa Pires

(Processo Eletrônico)

Relatório

Ementa:

RECLAMAÇÃO AO CONSELHO PLENO. ART. 64 DO REGIMENTO INTERNO DO CRPS. APOSENTADORIA POR IDADE. ART. 201, § 7º, II DA CONSTITUIÇÃO FEDERAL – 65 ANOS PARA HOMEM E 60 PARA MULHER. CARÊNCIA DE 180 CONTRIBUIÇÕES MENSAIS. ART. 25, II DA LEI 8.213 DE 1991. COMPUTAR AUXÍLIO DOENÇA COMO CARÊNCIA. IMPOSSIBILIDADE. PARECER CONJUR/MPS Nº 616 DE 2010. EXCEÇÃO – VIGÊNCIA NACIONAL DA ACP nº 2009.71.00.004103-4.

Relatório:

Trata-se de pedido de reclamação ao Conselho Pleno apresentado pelo INSS contra o acordão proferido pela 1ª Composição Adjunta da 1ª Câmara de Julgamento do CRPS em razão de violação a tese fixada no Parecer Conjur/MPS nº 616 de 2010.

Leonice Faria Galli apresentou pedido de aposentadoria por idade no dia 13/02/2014, autuado sob o NB 41/155.915.060-0. No entanto, o INSS indeferiu o benefício por falta de carência.

MINISTÉRIO DA ECONOMIA-ME
SECRETARIA ESPECIAL DE PREVIDÊNCIA E TRABALHO
SECRETARIA DE PREVIDÊNCIA
CONSELHO DE RECURSOS DA PREVIDÊNCIA SOCIAL-CRPS
CONSELHO PLENO

Recurso ordinário apresentado pela segurada, requerendo o cômputo de períodos de gozo de auxílio doença como carência.

O acórdão nº 4717/2014 da 15ª Junta de Recursos do Conselho de Recursos da Previdência Social – CRPS negou provimento ao recurso ordinário, mantendo o indeferimento do benefício.

Inconformada com o acórdão de primeira instância desfavorável ao seu desígnio, Leonice Faria Galli interpôs recurso especial, requerendo o cômputo dos intervalos de exercício de atividade rural antes de novembro de 1991 como carência.

Não foram apresentadas contrarrazões apresentadas pelo INSS.

O acórdão nº 3515/2016 da 1ª Composição Adjunta da 1ª Câmara de Julgamento, julgado em 18/07/2016, negou provimento ao recurso especial da segurada, mas reconheceu os períodos de gozo de auxílio doença como carência.

Pedido de Reclamação ao Conselho Pleno apresentado pelo INSS (datado de 26/07/2017), alegando violação a tese fixada no Parecer Conjur/MPS nº 616 de 2010 aprovada pelo Ministro da Previdência Social que estipula a impossibilidade de cômputo de gozo de auxílio doença como carência.

Não foram apresentadas contrarrazões ao pedido de reclamação ao Conselho Pleno.

Pronunciamento da Divisão de Assuntos Jurídicos no sentido de submeter a questão controversa ao Conselho Pleno do CRPS, uma vez que houve violação a tese vinculante na forma de Parecer aprovado pelo Ministro de Estado da Previdência Social.

Distribuição do processo pela Presidente do Conselho de Recursos da Previdência Social para ser analisada a reclamação ao Conselho Pleno.

Voto:

O pedido de reclamação ao Conselho Pleno versa sobre as hipóteses de acórdãos de Câmaras de Julgamento ou Juntas de Julgamento, em sua matéria de alçada, infringir pareceres da Consultoria Jurídica aprovados por Ministro de Estado, súmulas e

MINISTÉRIO DA ECONOMIA-ME
SECRETARIA ESPECIAL DE PREVIDÊNCIA E TRABALHO
SECRETARIA DE PREVIDÊNCIA
CONSELHO DE RECURSOS DA PREVIDÊNCIA SOCIAL-CRPS
CONSELHO PLENO

enunciados do Advogado Geral da União e enunciados editados pelo Conselho Pleno do CRPS, conforme previsão do art. 64 do Regimento Interno do CRPS, colacionado abaixo:

> Art. 64. A Reclamação ao Conselho Pleno poderá ocorrer, no caso concreto, por requerimento das partes do processo, dirigido ao Presidente do CRSS, somente quando os acórdãos das Juntas de Recursos do CRSS, em matéria de alçada, ou os acórdãos de Câmaras de Julgamento do CRSS, em sede de Recurso Especial, infringirem:
> I - Pareceres da Consultoria Jurídica do MDSA, aprovados pelo Ministro de Estado do Desenvolvimento Social e Agrário, bem como, Súmulas e Pareceres do Advogado Geral da União, na forma da Lei Complementar nº 73, de 10 de fevereiro de 1993;
> **II - Pareceres da Consultoria Jurídica dos extintos MPS e MTPS, vigentes e aprovados pelos então Ministros de Estado da Previdência Social e do Trabalho e Previdência Social;**
> III - Enunciados editados pelo Conselho Pleno.
> § 1º O prazo para o requerimento da Reclamação ao Conselho Pleno é de 30 (trinta) dias contados da data da ciência da decisão infringente e suspende o prazo para o seu cumprimento.
> § 2º Caberá ao Presidente do CRSS fazer o juízo de admissibilidade da Reclamação ao Conselho Pleno verificando se estão presentes os pressupostos previstos no caput, podendo:
> I - indeferir por decisão monocrática irrecorrível, quando verificar que não foram demonstrados os pressupostos de admissibilidade previstos no caput;
> II - distribuir o processo ao Conselheiro relator da matéria no Conselho Pleno quando verificar presentes os pressupostos de admissibilidade previstos no caput.
> § 3º Os processos poderão ser preliminarmente submetidos pelo Presidente do CRSS ao órgão julgador que prolatou o acórdão infringente, para facultar-lhe a Revisão de Ofício nos termos do art. 59 deste regimento.
> **§ 4º O resultado do julgamento da Reclamação pelo**

155.915.060-0

MINISTÉRIO DA ECONOMIA-ME
SECRETARIA ESPECIAL DE PREVIDÊNCIA E TRABALHO
SECRETARIA DE PREVIDÊNCIA
CONSELHO DE RECURSOS DA PREVIDÊNCIA SOCIAL-CRPS
CONSELHO PLENO

Conselho Pleno será objeto de notificação ao órgão julgador que prolatou o acórdão infringente, para fins de adequação do julgado à tese fixada pelo Pleno, por meio da Revisão de Ofício.

Pois bem, o INSS suscita infringência a tese fixada na questão nº 14 do Parecer Conjur/MPS nº 616 de 2010, aprovado pelo Ministro de Estado da Previdência Social, no qual estipula a impossibilidade de cômputo de gozo de auxílio doença como carência:

> "*Questão 14. Computa-se para efeito de carência o período em que o segurado usufruiu benefício do auxílio-doença? O fato de ter o segurado voltado a contribuir no momento imediatamente posterior a cessação do auxílio-doença permite seja computado para fins de carência o período do gozo do benefício, como tem decidido o CRPS?*
>
> *80. No regime da LBPS, o período de carência equivale ao número de meses de contribuição necessários para o segurado se tornar elegível a um benefício (art. 24 da LBPS). Nem todas as prestações do RGPS dependem de carência. Os casos de dispensa estão elencados no art. 26 da Lei n° 8.213, de 1991. Assim, computam-se para efeito de carência os meses de efetiva contribuição ao RGPS. Em situações determinadas presume-se o recolhimento para efeito de benefícios.*
>
> *81. Assim, há casos em que não e necessário que o segurado comprove a contribuição propriamente dita, mas o exercício da atividade, como e a situação clássica dos segurados empregados, por força do art. 30, inciso I, da Lei n° 8.212, de 1991. Os empregados comprovam perante o INSS que trabalharam para determinada empresa. Não pode o INSS exigir prova do recolhimento das contribuições sociais correspondentes ao período de emprego.*
>
> *82. Em resposta a primeira indagação, entendemos que não poderá ser computado período de recebimento de benefício para fins de*

MINISTÉRIO DA ECONOMIA-ME
SECRETARIA ESPECIAL DE PREVIDÊNCIA E TRABALHO
SECRETARIA DE PREVIDÊNCIA
CONSELHO DE RECURSOS DA PREVIDÊNCIA SOCIAL-CRPS
CONSELHO PLENO

carência, por não se tratar de período de contribuição em uma das diversas categorias de segurado, como exige a lei para essa finalidade. Ademais, o fato de o segurado ter voltado a contribuir no momento imediatamente posterior a cessação do auxílio-doença não permite seja computado para fins de carência o período de gozo do benefício.

83. A carência é medida em meses de contribuição, o que não se confunde com meses de recebimento de benefício. E contradit6rio e ilógico que se cumpra determinada carência, necessária ao benefício, justamente computando-se o de tempo de recebimento de outro benefício. Ha benefícios, contudo, como o auxílio-acidente, em que não há sequer afastamento do trabalho, mas o que deve ser computado não é o tempo de benefício, mas o tempo de contribuição.

84. Na Lei n° 8.213, de 1991, há um dispositivo na subseção destinada à aposentadoria por tempo de contribuição que gera bastante controvérsia sobre o tema, que o inciso II do art. 55. Diz ele que será computado, como tempo de contribuição, o período intercalado em que o segurado esteve em gozo de auxílio-doença ou aposentadoria por invalidez.

85. O que ocorre e que, para fins do benefício de aposentadoria por tempo de contribuição, a Lei buscou, excepcionalmente, minimizar os efeitos dos afastamentos do trabalho por motivo de incapacidade, determinando que tais períodos, quando intercalados entre períodos de atividade, sejam efetivamente inseridos no cálculo de tempo de contribuição, para não causar prejuízo graves aos segurados.

86. Repare que não foi mencionado o auxílio-acidente (art. 86 da LBPS), justamente porque não há que se falar em afastamento do trabalho, o que ocorre apenas quando e concedido auxílio-doença ou aposentadoria por invalidez.

87. Ademais, lembre-se que o período de carência da aposentadoria por tempo

155.915.060-0

MINISTÉRIO DA ECONOMIA-ME
SECRETARIA ESPECIAL DE PREVIDÊNCIA E TRABALHO
SECRETARIA DE PREVIDÊNCIA
CONSELHO DE RECURSOS DA PREVIDÊNCIA SOCIAL-CRPS
CONSELHO PLENO

> *de contribuição e, em regra, de cento e oitenta meses de contribuição, equivalente a quinze anos (art. 25 da LBPS). Assim, por exemplo, para efeito da aposentadoria por tempo de contribuição integral, o segurado do sexo masculino, dos trinta e cinco anos necessários, poderá contar com ate vinte anos de tempo intercalado de recebimento de auxílio-doença ou aposentadoria por invalidez*".

Sendo assim, o acórdão hostilizado nº 3515/2016 da 1ª Composição Adjunta da 1ª Câmara de Julgamento negou provimento ao recurso especial da segurada para reconhecer os períodos de gozo de auxílio doença entre 10/05/2005 até 15/10/2005, 04/01/2006 até 31/08/2006, 14/07/2009 até 15/10/2009, 06/01/2010 até 14/10/2013 como carência.

A controvérsia nos autos se revolve na possibilidade de cômputo de auxílio doença como carência.

Primeiramente, a eclosão dessa tese se formou com julgados proferidos pelo STJ, no qual decidiu pela aplicabilidade do § 5º do art. 29 da Lei 8.213 de 1991[1] para computar auxílio doença anterior à concessão de aposentadoria por invalidez como salário de contribuição, desde que intercalados com períodos de atividade laborativa, conforme ementa abaixo:

> PREVIDENCIÁRIO. AGRAVO REGIMENTAL NO RECURSO ESPECIAL. APOSENTADORIA POR INVALIDEZ PRECEDIDA DE AUXÍLIO-DOENÇA. RENDA MENSAL INICIAL.
> APLICAÇÃO DO ART. 36, § 7º, DO DECRETO N.º 3.048/99.
> 1. No caso do benefício da aposentadoria por invalidez ser precedida de auxílio-doença, a renda mensal será calculada a teor do art. 36, § 7º, do Decreto n.º 3.048/99, ou seja, o salário-de-benefício da aposentadoria por invalidez será de 100% (cem por cento) do valor do salário-de-benefício do auxílio-doença

[1] Art. 29. O salário-de-benefício consiste: (Redação dada pela Lei nº 9.876, de 26.11.99)
§ 5º Se, no período básico de cálculo, o segurado tiver recebido benefícios por incapacidade, sua duração será contada, considerando-se como salário-de-contribuição, no período, o salário-de-benefício que serviu de base para o cálculo da renda mensal, reajustado nas mesmas épocas e bases dos benefícios em geral, não podendo ser inferior ao valor de 1 (um) salário mínimo.

155.915.060-0

MINISTÉRIO DA ECONOMIA-ME
SECRETARIA ESPECIAL DE PREVIDÊNCIA E TRABALHO
SECRETARIA DE PREVIDÊNCIA
CONSELHO DE RECURSOS DA PREVIDÊNCIA SOCIAL-CRPS
CONSELHO PLENO

anteriormente recebido, reajustado pelos índices de correção dos benefícios previdenciários.
Precedentes.
2. Agravo regimental desprovido.
(AgRg no REsp 1098185/RS, Rel. Ministra LAURITA VAZ, QUINTA TURMA, julgado em 23/06/2009, DJe 03/08/2009)

PREVIDENCIÁRIO. REVISÃO DE BENEFÍCIO. AUXÍLIO-DOENÇA CONVERTIDO EM APOSENTADORIA POR INVALIDEZ. INEXISTÊNCIA DE SALÁRIOS-DE-CONTRIBUIÇÃO. APLICAÇÃO DOS ARTIGOS 28, § 9º, DA LEI N. 8.212/1991 E 36, § 7º, DO DECRETO Nº 3.048/1999.
1. A contagem do tempo de gozo de benefício por incapacidade só é admissível se entremeado com período de contribuição, a teor do artigo 55, inciso II, da Lei nº 8.213/1991. 2. O art. 28, § 9º, a, da Lei n. 8.212/1991, que disciplina o custeio da Previdência Social, veda a utilização de benefício como se fosse salário-de-contribuição, para fins de cálculo da renda mensal inicial.
3. O salário-de-benefício da aposentadoria por invalidez equivale a 100% do valor do salário-de-benefício do auxílio-doença antecedente, em conformidade com o artigo 36, § 7º, do Decreto nº 3.048/1999.
4. Recurso especial improvido.
(REsp 1091290/SC, Rel. Ministro JORGE MUSSI, QUINTA TURMA, julgado em 02/06/2009, DJe 03/08/2009)

AGRAVO REGIMENTAL NO RECURSO ESPECIAL. PREVIDENCIÁRIO. AUXÍLIO-DOENÇA SEGUIDO DE APOSENTADORIA POR INVALIDEZ. CÁLCULO DO BENEFÍCIO. APLICAÇÃO DO ART. 36 DO DECRETO N.º 3.048/99. PROVIDO.
- Sendo o benefício aposentadoria por invalidez precedido, imediatamente, de auxílio-doença, a Renda Mensal Inicial será calculada com base no salário-de-benefício do auxílio-doença, que, por sua vez, é calculado utilizando-se os salários-de-contribuição anteriores ao seu recebimento.
- Não há falar, portanto, em aplicação do art. 29, § 5.º, da Lei n.º 8.213/91, por ausência, no caso concreto, de períodos intercalados de gozo do auxílio-doença e período de atividade.
- Agravo regimental provido.

155.915.060-0

MINISTÉRIO DA ECONOMIA-ME
SECRETARIA ESPECIAL DE PREVIDÊNCIA E TRABALHO
SECRETARIA DE PREVIDÊNCIA
CONSELHO DE RECURSOS DA PREVIDÊNCIA SOCIAL-CRPS
CONSELHO PLENO

(STJ - AGRAVO REGIMENTAL NO RECURSO ESPECIAL - 1039572 - Processo: 200800562217 UF: MG - Órgão Julgador: SEXTA TURMA - Data da decisão: 05/03/2009 - Fonte DJE DATA: 30/03/2009 - Relator(a) OG FERNANDES - Decisão: unânime)

AGRAVO REGIMENTAL NA PETIÇÃO. PREVIDENCIÁRIO. CÁLCULO DA RENDA MENSAL INICIAL DE BENEFÍCIO DE APOSENTADORIA POR INVALIDEZ PRECEDIDO DE AUXÍLIO-DOENÇA. APLICAÇÃO DO § 7º DO ART. 36 DO DECRETO Nº 3.048/99.
I - Nos casos em que há mera transformação do auxílio-doença em aposentadoria por invalidez, não havendo, portanto, período contributivo entre a concessão de um benefício e outro, o cálculo da renda mensal inicial da aposentadoria por invalidez far-se-á levando-se em conta o mesmo salário-de-benefício utilizado no cálculo do auxílio-doença. Precedentes das ee. Quinta e Sexta Turmas.
II - Aplicação do disposto no artigo 36, § 7º, do Decreto nº 3.048/99, verbis: "A renda mensal inicial da aposentadoria por invalidez concedida por transformação de auxílio-doença será de cem por cento do salário-de-benefício que serviu de base para o cálculo da renda mensal inicial do auxílio-doença, reajustado pelos mesmos índices de correção dos benefícios em geral."
Agravo regimental desprovido.
(AgRg na Pet 7109/RJ, Rel. Ministro FELIX FISCHER, TERCEIRA SEÇÃO, julgado em 27/05/2009, DJe 24/06/2009)

Paralelamente, o Ministério Público Federal – MPF da 4ª Região ajuizou ação civil pública distribuída em 30/01/2009 para que o INSS "*passe a considerar os períodos em que o segurado percebeu auxílio-doença no cômputo do período de carência; passe a considerar os períodos em que o segurado percebeu aposentadoria por invalidez no cômputo do período de carência; altere a Instrução Normativa*

MINISTÉRIO DA ECONOMIA-ME
SECRETARIA ESPECIAL DE PREVIDÊNCIA E TRABALHO
SECRETARIA DE PREVIDÊNCIA
CONSELHO DE RECURSOS DA PREVIDÊNCIA SOCIAL-CRPS
CONSELHO PLENO

INSS/PRES nº 20, de 10 de outubro de 2007, ou o ato normativo que venha a substituí-lo, para adequá-lo aos termos da decisão judicial".

Contudo, o juiz de primeira instância da Justiça Federal do Rio Grande do Sul extinguiu o feito em razão da ilegitimidade ativa do MPF para demandar sobre direitos individuais disponíveis.

De qualquer forma, o TRF da 4ª Região reformou a sentença de primeiro grau, pois fundamentou que:

> **"Em face desses precedentes do Superior Tribunal de Justiça, no âmbito deste Tribunal Regional, a Sexta Turma passou a adotar tal orientação, consoante se extrai, dentre outros, dos seguintes precedentes: APELAÇÃO CÍVEL n. 2008.71.00.030282-2/RS, Relator Des. Federal João Batista Pinto Silveira, D.E. de 26-07-2010; APELAÇÃO/REEXAME NECESSÁRIO nº 0005344-37.2010.404.9999/RS, Relator Juiz Federal Loraci Flores de Lima, D.E. de 26-07-2010.**
>
> **Ora, se os salários-de-benefício do auxílio-doença e/ou da aposentadoria por invalidez percebidos no período básico de cálculo de outro benefício só podem ser considerados como salário de contribuição para a estipulação da renda mensal inicial da nova pretensão (aposentadoria por tempo de contribuição, v.g.,) se medearam períodos contributivos, de modo a serem intercalados, ou seja, entre a data de início do novo benefício e aquele por incapacidade deve existir período de contribuição, não vejo razão para dar tratamento diferenciado à questão posta nos presentes autos (cômputo, como período de carência, do tempo em que o segurado estiver em gozo de benefício por incapacidade), tanto mais quando a legislação previdenciária conceitua como período de carência "o número mínimo de contribuições mensais indispensáveis para que o beneficiário faça jus ao benefício", conforme antes transcrito.**
>
> **Assim, entendo possível a consideração dos períodos em que o segurado esteve em gozo de auxílio-doença ou de aposentadoria por invalidez, para fins de carência, desde**

155.915.060-0

MINISTÉRIO DA ECONOMIA-ME
SECRETARIA ESPECIAL DE PREVIDÊNCIA E TRABALHO
SECRETARIA DE PREVIDÊNCIA
CONSELHO DE RECURSOS DA PREVIDÊNCIA SOCIAL-CRPS
CONSELHO PLENO

> **que intercalados com períodos de trabalho efetivo, ou de efetiva contribuição.**
>
> **No sentido da possibilidade do cômputo de tais períodos como tempo de serviço (pressuposto para sua consideração como período de carência ao segurado obrigatório), o seguinte precedente desta Corte: REEXAME NECESSÁRIO N. 2003.72.01.005059-7/SC, , Sexta Turma, Rel. Des. Federal CELSO KIPPER, D.E. de 22-06-2010.**
>
> **Assim, deve a ação ser julgada parcialmente procedente para o fim de afastar as disposições contidas no inciso II do artigo 64 da Instrução Normativa INSS/PRES n. 20/2007, devendo prevalecer o disposto nos artigos 55, II, c/c com 29, § 5º, da Lei 8.213/91, bem como o artigo 60, III, do Decreto 3.048/99, possibilitando-se, conforme já salientado, o cômputo, para fins de carência, dos períodos de aposentadoria por invalidez e auxílio-doença, desde que intercalados com períodos de efetivo trabalho ou contribuição, nos termos do atual entendimento do STJ acima referido.**
>
> **Considerando a sucumbência mínima da parte autora, condeno o INSS ao pagamento de honorários advocatícios, fixados em 10% sobre o valor atribuído à causa.**
>
> **Tendo o feito tramitado perante a Justiça Federal, o INSS está isento do pagamento das custas judiciais, a teor do que preceitua o art. 4º da Lei n. 9.289/96.**
>
> **Ante o exposto, voto por dar provimento ao apelo para declarar a legitimidade ativa do Ministério Público Federal para a presente ação civil pública e, com base no disposto no § 3º do artigo 515 do CPC, julgar parcialmente procedente a ação, nos termos da fundamentação".**

Por outro lado, deve ser salientado que a abrangência nacional da ACP nº 2009.71.00.004103-4 somente vigorou entre 19/09/2011 até 03/11/2014, ou seja, somente é possível computar o interstício de gozo de auxílio doença/aposentadoria por

MINISTÉRIO DA ECONOMIA-ME
SECRETARIA ESPECIAL DE PREVIDÊNCIA E TRABALHO
SECRETARIA DE PREVIDÊNCIA
CONSELHO DE RECURSOS DA PREVIDÊNCIA SOCIAL-CRPS
CONSELHO PLENO

invalidez quando o benefício tiver sido requerido durante o referido intervalo ou o segurado tiver residência nos Estados da região sul em razão da interpretação dada à época pelo STJ ao art. 16 da Lei 7.347 de 1985.

Destarte, o caso concreto se amolda nos parâmetros da referida ACP, pois a DER do benefício foi fincada no dia 13/02/2014, devendo os períodos de gozo de auxílio doença serem computados como carência em razão da abrangência nacional da ação civil pública ajuizada no Rio Grande do Sul.

Por conseguinte, apesar da infringência em abstrato da tese firmada no Parecer Conjur/MPS nº 616 de 2010, o acórdão hostilizado está amparado pela decisão proferida na ACP nº 2009.71.00.004103-4, o qual se configura uma exceção à regra da impossibilidade de cômputo de auxílio doença como carência por este Conselho de Recursos da Previdência Social.

Por todo o exposto, VOTO no sentido de, preliminarmente, **CONHECER DO PEDIDO DE RECLAMAÇÃO AO CONSELHO PLENO, APRESENTADO PELO INSS** e, no mérito, **NEGAR-LHE PROVIMENTO.**

GUILHERME LUSTOSA PIRES

Relator

155.915.060-0

MINISTÉRIO DA ECONOMIA-ME
SECRETARIA ESPECIAL DE PREVIDÊNCIA E TRABALHO
SECRETARIA DE PREVIDÊNCIA
CONSELHO DE RECURSOS DA PREVIDÊNCIA SOCIAL-CRPS
CONSELHO PLENO

DECISÓRIO

RESOLUÇÃO Nº 23/2020

Vistos e relatados os presentes autos, em sessão realizada hoje, **ACORDAM** os membros do Conselho Pleno, por **UNANIMIDADE**, no sentido de **CONHECER DO PEDIDO DE RECLAMAÇÃO AO CONSELHO PLENO, APRESENTADO PELO INSS**, para, no mérito, **NEGAR-LHE PROVIMENTO**, de acordo com o Voto do Relator e sua fundamentação.

Participaram, ainda, do presente julgamento os (as) Conselheiros (as): Robson Ferreira Maranhão, Renato Agostinho das Chagas, Moisés Oliveira Moreira, Paulo Sérgio de Carvalho Costa Ribeiro, Maria Madalena Silva Lima, Márcia Aparecida Martins, Maria José de Paula Moraes, Imara Sodré Sousa Neto, Sulamita Cristina Dias, Valter Sérgio Pinheiro Coelho, Rodolfo Espinel Donadon, Alexandra Álvares de Alcântara e Tarsila Otaviano da Costa e Adriene Cândida Borges.

Brasília-DF, 28 de julho de 2020

GUILHERME LUSTOSA PIRES
Relator

MARCELO FERNANDO BORSIO
Presidente

155.915.060-0

3.1.24 Resolução 24/2020 (aposentadoria especial/eletricidade/não enquadramento a partir de 6/3/97)

Objeto: Trata-se de Pedido de Uniformização de Jurisprudência interposto pelo segurado por suposta divergência de posicionamento entre Câmaras de Julgamento.

Decisão: Improvido.

Tese jurídica: Impossibilidade de reconhecimento da exposição à eletricidade como tempo especial a partir de 6/3/1997.

MINISTÉRIO DA ECONOMIA-ME
SECRETARIA ESPECIAL DE PREVIDÊNCIA E TRABALHO
SECRETARIA DE PREVIDÊNCIA
CONSELHO DE RECURSOS DA PREVIDÊNCIA SOCIAL-CRPS
CONSELHO PLENO

Número do Processo: 44232.151890/2014-72
Unidade de Origem: AGÊNCIA DA PREVIDÊNCIA SOCIAL MACEIÓ-ARY PITOMBO
Benefício: 46/167.504.375-0
Espécie: APOSENTADORIA ESPECIAL
Tipo de Processo: PEDIDO DE UNIFORMIZAÇÃO DE JURISPRUDÊNCIA
Recorrente: JOSE MARIO DUARTE SOARES
Recorrido: INSTITUTO NACIONAL DO SEGURO SOCIAL - INSS
Relatora: DANIELA MILHOMEN SOUZA

RELATÓRIO

Trata o presente de Pedido de Uniformização de Jurisprudência apresentado pelo Sr. José Mário Duarte Soares (Evento 43), em face de decisão prolatada pela 1ª Composição Adjunta da 3ª Câmara de Julgamento e que deu provimento ao recurso do INSS entendendo que *cabe manter o enquadramento como especial de 05/03/85 a 05/03/97, com enquadramento no código 1.1.8 do Decreto 53.831/64, bem como que o período de 06/03/97 a 15/05/2013, deve manter de forma comum por falta de amparo legal.*

Alega o interessado que houve inobservância por parte da Relatora de vasta jurisprudência pertinente à matéria objeto da lide, ou seja, o enquadramento do período de atividade de eletricista com exposição a tensão superior a 250 volts após 05/03/1997.

O interessado anexou aos autos a decisão prolatada pela 1ª Composição Adjunta da 3ª Câmara de Julgamento, no caso em tela, bem como citando a decisão proferida pela 1ª Composição Adjunta da 1ª Câmara de Julgamento no NB 46/162.179.908-2 por meio do Acórdão nº 496/2014 de 12/03/2014 (Evento 43), sem, contudo, juntar o arquivo aos autos (Evento 43).

A 1ª Composição Adjunta da 3ª Câmara de Julgamento, por meio de despacho de sua Presidente, encaminhou os autos ao Presidente deste CRPS (Evento 60).

Em Despacho proferido pela assessoria da Presidência do CRPS consta que se mostra possível concluir pela existência de divergência em matéria de direito entre o acórdão proferido nestes autos e aqueles apontados como paradigmas, tendo sido reconhecida em sede de cognição sumária a existência de divergência e os pressupostos objetivos para o recebimento do Pedido de Uniformização de Jurisprudência (Evento 81).

MINISTÉRIO DA ECONOMIA-ME
SECRETARIA ESPECIAL DE PREVIDÊNCIA E TRABALHO
SECRETARIA DE PREVIDÊNCIA
CONSELHO DE RECURSOS DA PREVIDÊNCIA SOCIAL-CRPS
CONSELHO PLENO

A Presidente do CRPS, por meio do Despacho 022/GP/CRSS de 09 de março de 2017 encaminhou os autos à 04ª Câmara de Julgamento para distribuição (Evento 82).

O Presidente da 04ª Câmara de Julgamento devolveu os autos para indicação de novo relator da matéria, tendo em vista a saída da Conselheira Relatora (Evento 86).

O pedido de Uniformização de Jurisprudência foi devidamente instaurado pela Presidência deste CRPS com distribuição a esta Conselheira (Evento 93).

É o relatório.

EMENTA: PEDIDO DE UNIFORMIZAÇÃO DE JURISPRUDÊNCIA. APOSENTADORIA ESPECIAL. ATIVIDADE ESPECIAL. EXPOSIÇÃO A ELETRICIDADE. POSSIBILIDADE DE ENQUADRAMENTO DE PERÍODOS A PARTIR DE 06/03/1997. PEDIDO DE UNIFORMIZAÇÃO DE JURISPRUDÊNCIA CONHECIDO E PROVIDO.

Trata o presente de análise de divergência de entendimento, no caso concreto, entre câmaras de julgamento deste CRPS em que a questão central dos autos é o reconhecimento e conversão do período de atividade especial pela exposição ao agente nocivo eletricidade após 06/03/1997.

Inicialmente cumpre ressaltar e destacar a competência do Conselho Pleno:

Regimento Interno – Portaria MDSA Nº116/2017

Art. 3º Ao Conselho Pleno compete:

I - uniformizar, em tese, a jurisprudência administrativa previdenciária e assistencial, mediante emissão de Enunciados;

II - uniformizar, no caso concreto, as divergências jurisprudenciais entre as Juntas de Recursos nas matérias de sua alçada ou entre as Câmaras de julgamento em sede de Recurso Especial, mediante a emissão de Resolução; e

III - decidir, no caso concreto, as Reclamações ao Conselho Pleno, mediante a emissão de Resolução.

MINISTÉRIO DA ECONOMIA-ME
SECRETARIA ESPECIAL DE PREVIDÊNCIA E TRABALHO
SECRETARIA DE PREVIDÊNCIA
CONSELHO DE RECURSOS DA PREVIDÊNCIA SOCIAL-CRPS
CONSELHO PLENO

O Pedido de Uniformização de Jurisprudência esta previsto no Regimento Interno deste Conselho de Recursos da Previdência Social – CRPS, aprovado pela Portaria nº 116/2018, nos termos do art. 63 do aludido diploma regimental.

Regimento Interno – Portaria MDSA Nº116/2017

Art. 63. O Pedido de Uniformização de Jurisprudência poderá ser requerido em casos concretos, pelas partes do processo, dirigido ao Presidente do respectivo órgão julgador, nas seguintes hipóteses:

I - quando houver divergência na interpretação em matéria de direito entre acórdãos de Câmaras de Julgamento do CRSS, em sede de Recurso Especial, ou entre estes e resoluções do Conselho Pleno; ou

II - quando houver divergência na interpretação em matéria de direito entre acórdãos de Juntas de Recursos do CRSS, nas hipóteses de alçada exclusiva previstas no art. 30, § 2º, deste Regimento, ou entre estes e Resoluções do Conselho Pleno.

Dispõe, ainda, os §§ 1º e 2º do supracitado artigo que a divergência deverá ser demonstrada mediante indicação de acórdão paradigma proferido nos últimos 5 anos por outro órgão julgador ou por resolução do Conselho Pleno.

Regimento Interno – Portaria MDSA Nº116/2017

§ 1º A divergência deverá ser demonstrada mediante a indicação do acórdão divergente, proferido nos últimos cinco anos, por outro órgão julgador, composição de julgamento, ou, ainda, por resolução do Conselho Pleno.

§ 2º É de 30 (trinta) dias o prazo para o requerimento do Pedido de Uniformização de Jurisprudência e para o oferecimento de contrarrazões, contados da data da ciência da decisão e da data da intimação do pedido, respectivamente, hipótese em que suspende o prazo para o seu cumprimento.

Ainda, conforme consta do § 3º a existência da divergência será reconhecida pelo Presidente do órgão julgador e o processo será encaminhado ao Presidente do Conselho Pleno, quando será distribuído a relator da matéria.

MINISTÉRIO DA ECONOMIA-ME
SECRETARIA ESPECIAL DE PREVIDÊNCIA E TRABALHO
SECRETARIA DE PREVIDÊNCIA
CONSELHO DE RECURSOS DA PREVIDÊNCIA SOCIAL-CRPS
CONSELHO PLENO

Regimento Interno – Portaria MDSA Nº116/2017

> *§ 3º Reconhecida em sede cognição sumária a existência da divergência pelo Presidente do órgão julgador, o processo será encaminhado ao Presidente do Conselho Pleno para que o pedido seja distribuído ao relator da matéria.*

O requerimento é tempestivo tendo em vista que não consta dos autos a data em que o interessado tomou ciência da decisão proferida pela 1ª Composição Adjunta da 3ª Câmara de Julgamento.

Regimento Interno – Portaria MDSA Nº116/2017

> *§ 2º É de 30 (trinta) dias o prazo para o requerimento do Pedido de Uniformização de Jurisprudência e para o oferecimento de contrarrazões, contados da data da ciência da decisão e da data da intimação do pedido, respectivamente, hipótese em que suspende o prazo para o seu cumprimento.*

Além disso, restou demonstrada a divergência na interpretação em matéria de direito entre acórdãos prolatados por câmaras de julgamento do CRPS.

Com isso, atendido o disposto nos §§ 1º e 2º do artigo 63 do Regimento Interno deste CRPS, aprovado pela Portaria MDSA nº 116/2017, tendo em vista o reconhecimento de divergência pela Presidente do órgão julgador, deve o Pedido de Uniformização de Jurisprudência ser conhecido.

A partir do demonstrado acima, estão presentes os pressupostos de admissibilidade do presente pedido de uniformização de jurisprudência.

Conforme consignado no relatório a 1ª Composição Adjunta da 3ª Câmara de Julgamento, por unanimidade, deu provimento ao Recurso Especial interposto pelo INSS entendendo que cabe manter o enquadramento como especial de 05/03/1985 a 05/03/1997, com enquadramento no código 1.1.8 do Decreto 53.831/64 e que deve ser mantido como comum, por falta de amparo legal, o período de 06/03/1997 a 15/05/2013.

A ementa do acórdão supracitado é transcrita abaixo:

> EMENTA: APOSENTADORIA ESPECIAL. RECURSO ESPECIAL SOLICITADO PELO INSS. INCIDÊNCIA PARCIAL DE

MINISTÉRIO DA ECONOMIA-ME
SECRETARIA ESPECIAL DE PREVIDÊNCIA E TRABALHO
SECRETARIA DE PREVIDÊNCIA
CONSELHO DE RECURSOS DA PREVIDÊNCIA SOCIAL-CRPS
CONSELHO PLENO

RECONHECIMENTO DE TEMPO ESPECIAL. INATINGIDO O REQUISITO LEGAL DE TEMPO LABORADO. LEGISLAÇÃO APLICADA: DECRETO 3048/99, ARTIGO 70 E LEI 8213/91, ART.57. RECURSO CONHECIDO E PROVIDO AO INSS

Quanto à matéria de mérito, cumpre ressaltar que a controvérsia diz respeito ao reconhecimento e conversão do período de atividade especial pela exposição ao agente nocivo eletricidade após 06/03/1997.

Cumpre ressaltar que o enquadramento por categoria profissional somente é possível até 28 de abril de 1995, sendo que com o advento da Lei nº 9.032, de 28 de abril de 1995, somente é possível o enquadramento por exposição a agentes nocivos previstos nos anexos dos Decretos 53.831/64 e 83.080/81.

Ainda, com a edição do Decreto nº 2.172/97, a eletricidade deixou de constar na relação de agentes nocivos, não sendo possível o enquadramento como especial de atividades exercidas após 05/03/1997, por falta de previsão legal.

> *Art. 57. A aposentadoria especial será devida, uma vez cumprida a carência exigida nesta Lei, ao segurado que tiver trabalhado sujeito a condições especiais que prejudiquem a saúde ou a integridade física, durante 15 (quinze), 20 (vinte) ou 25 (vinte e cinco) anos, conforme dispuser a lei. (Redação dada pela Lei nº 9.032, de 1995)*
>
> *§ 3º A concessão da aposentadoria especial dependerá de comprovação pelo segurado, perante o Instituto Nacional do Seguro Social–INSS, do tempo de trabalho permanente, não ocasional nem intermitente, em condições especiais que prejudiquem a saúde ou a integridade física, durante o período mínimo fixado. (Redação dada pela Lei nº 9.032, de 1995)*
>
> *§ 4º O segurado deverá comprovar, além do tempo de trabalho, exposição aos agentes nocivos químicos, físicos, biológicos ou associação de agentes prejudiciais à saúde ou à integridade física, pelo período equivalente ao exigido para a concessão do benefício. (Redação dada pela Lei nº 9.032, de 1995)*

MINISTÉRIO DA ECONOMIA-ME
SECRETARIA ESPECIAL DE PREVIDÊNCIA E TRABALHO
SECRETARIA DE PREVIDÊNCIA
CONSELHO DE RECURSOS DA PREVIDÊNCIA SOCIAL-CRPS
CONSELHO PLENO

Ainda sobre a matéria, peço vênia para citar que a matéria já foi objeto de análise por parte deste Conselho Pleno que, por maioria, entendeu que, quanto ao agente nocivo eletricidade, somente é possível o enquadramento até 05/03/1997 e que com o advento do Decreto nº 2.172/97 não é mais possível o enquadramento por exposição a eletricidade, por falta de previsão legal.

Para tanto, cito a Resolução nº 08/2016 de 23/03/2016:

> ***EMENTA: PEDIDO DE UNIFORMIZAÇÃO DE JURISPRUDÊNCIA. APOSENTADORIA POR TEMPO DE CONTRIBUIÇÃO. ATIVIDADE ESPECIAL. ELETRICIDADE. INVIABILIDADE DE ENQUADRAMENTO DE PERÍODOS A PARTIR DE 06/03/1997.***
>
> *1. O agente nocivo eletricidade, a partir de 06/03/1997, foi excluído do rol de agentes que propicia a concessão da aposentadoria especial, não podendo ser considerado para fins do reconhecimento da especialidade das atividades exercidas pelo segurado.*
> *2. Pedido de Uniformização de Jurisprudência conhecido e provido.*

No entanto, após melhor análise da matéria, destaco o que se segue.

Cumpre transcrever a legislação que rege a matéria, dessa forma, observando o disposto no art. 57 e seus parágrafos da Lei 8.213/91, transcritos abaixo:

> *Art. 57. A aposentadoria especial será devida, uma vez cumprida a carência exigida nesta Lei, ao segurado que tiver trabalhado sujeito a condições especiais que prejudiquem a saúde ou a integridade física, durante 15 (quinze), 20 (vinte) ou 25 (vinte e cinco) anos, conforme dispuser a lei. (Redação dada pela Lei nº 9.032, de 1995)*
>
> *§ 1º A aposentadoria especial, observado o disposto no art. 33 desta Lei, consistirá numa renda mensal equivalente a 100% (cem por cento) do salário-de-benefício. (Redação dada pela Lei nº 9.032, de 1995)*
>
> *§ 2º A data de início do benefício será fixada da mesma forma que a da aposentadoria por idade, conforme o disposto no art. 49.*
>
> *§ 3º A concessão da aposentadoria especial dependerá de comprovação pelo segurado, perante o Instituto Nacional do Seguro Social–INSS, do tempo de*

MINISTÉRIO DA ECONOMIA-ME
SECRETARIA ESPECIAL DE PREVIDÊNCIA E TRABALHO
SECRETARIA DE PREVIDÊNCIA
CONSELHO DE RECURSOS DA PREVIDÊNCIA SOCIAL-CRPS
CONSELHO PLENO

> *trabalho permanente, não ocasional nem intermitente, em condições especiais que prejudiquem a saúde ou a integridade física, durante o período mínimo fixado.* (Redação dada pela Lei nº 9.032, de 1995)
>
> *§ 4º O segurado deverá comprovar, além do tempo de trabalho, exposição aos agentes nocivos químicos, físicos, biológicos ou associação de agentes prejudiciais à saúde ou à integridade física, pelo período equivalente ao exigido para a concessão do benefício. (Redação dada pela Lei nº 9.032, de 1995)*

O agente nocivo eletricidade estava previsto no Decreto nº 53.831 DE 25 DE MARÇO DE 1964 - DOU DE 10/04/1964, com enquadramento como especial no código 1.1.8 do anexo I, com classificação como perigoso e como comprovação de tempo de trabalho mínimo de 25 anos, não bastando a comprovação de exposição a eletricidade, mas devendo a exposição ser comprovada a tensão superior a 250 volts.

1.1.8	ELETRICIDADE Operações em locais com eletricidade em condições de perigo de vida.	Trabalhos permanentes em instalações ou equipamentos elétricos com riscos de acidentes - Eletricistas, cabistas, montadores e outros.	Perigoso	25 anos	Jornada normal ou especial fixada em lei em serviços expostos a tensão superior a 250 volts. Arts. 187, 195 e 196 da CLT. Portaria Ministerial 34, de 8-4-54.

No entanto, a jurisprudência e o STJ, em sede de recursos repetitivos, já entendem que há a possibilidade de configuração da exposição ao agente eletricidade, após 05/03/1997, sendo que *as normas regulamentadoras que estabelecem os casos de agentes e atividades nocivos à saúde do trabalhador são exemplificativas*, sendo possível o enquadramento por exposição ao agente eletricidade e concessão do benefício de aposentadoria especial nos termos do art. 57 da Lei nº 8.213/91, conforme entendimento prolatado pelo Superior Tribunal de Justiça no Recurso Especial nº 1.306.113/SC.

> *RECURSO ESPECIAL. MATÉRIA REPETITIVA. ART. 543-C DO CPC E RESOLUÇÃO STJ 8/2008. RECURSO REPRESENTATIVO DE CONTROVÉRSIA. ATIVIDADE ESPECIAL. AGENTE ELETRICIDADE. SUPRESSÃO PELO DECRETO 2.172/1997 (ANEXO IV). ARTS. 57 E 58 DA LEI 8.213/1991. ROL DE ATIVIDADES E AGENTES NOCIVOS. CARÁTER*

MINISTÉRIO DA ECONOMIA-ME
SECRETARIA ESPECIAL DE PREVIDÊNCIA E TRABALHO
SECRETARIA DE PREVIDÊNCIA
CONSELHO DE RECURSOS DA PREVIDÊNCIA SOCIAL-CRPS
CONSELHO PLENO

EXEMPLIFICATIVO. AGENTES PREJUDICIAIS NÃO PREVISTOS. REQUISITOS PARA CARACTERIZAÇÃO. SUPORTE TÉCNICO MÉDICO E JURÍDICO. EXPOSIÇÃO PERMANENTE, NÃO OCASIONAL NEM INTERMITENTE (ART. 57, § 3º, DA LEI 8.213/1991).

1. Trata-se de Recurso Especial interposto pela autarquia previdenciária com o escopo de prevalecer a tese de que a supressão do agente eletricidade do rol de agentes nocivos pelo Decreto 2.172/1997 (Anexo IV) culmina na impossibilidade de configuração como tempo especial (arts. 57 e 58 da Lei 8.213/1991) de tal hipótese a partir da vigência do citado ato normativo.
2. À luz da interpretação sistemática, as normas regulamentadoras que estabelecem os casos de agentes e atividades nocivos à saúde do trabalhador são exemplificativas, podendo ser tido como distinto o labor que a técnica médica e a legislação correlata considerarem como prejudiciais ao obreiro, desde que o trabalho seja permanente, não ocasional, nem intermitente, em condições especiais (art. 57, § 3º, da Lei 8.213/1991). Precedentes do STJ.
3. No caso concreto, o Tribunal de origem embasou-se em elementos técnicos (laudo pericial) e na legislação trabalhista para reputar como especial o trabalho exercido pelo recorrido, por consequência da exposição habitual à eletricidade, o que está de acordo com o entendimento fixado pelo STJ.
4. Recurso Especial não provido. Acórdão submetido ao regime do art. 543-C do CPC e da Resolução 8/2008 do STJ.

Com isso, entendendo esta Relatora que a exposição ao agente eletricidade é considerado perigoso, sendo que trabalho o permanente, não ocasional nem intermitente, com a comprovação da exposição a tensão superior a 250 volts prejudica a saúde ou a integridade física do trabalhador, ou seja, em condições especiais, é possível o enquadramento após 05/03/1997.

Conclusão: Pelo exposto, VOTO no sentido de **CONHECER DO PEDIDO DE UNIFORMIZAÇÃO DE JURISPRUDÊNCIA,** para, no mérito, **DAR-LHE PROVIMENTO.**

Brasília-DF, 28 de junho de 2019

DANIELA MILHOMEN SOUZA
Relatora – Representante dos Trabalhadores

MINISTÉRIO DA ECONOMIA-ME
SECRETARIA ESPECIAL DE PREVIDÊNCIA E TRABALHO
SECRETARIA DE PREVIDÊNCIA
CONSELHO DE RECURSOS DA PREVIDÊNCIA SOCIAL-CRPS
CONSELHO PLENO

Nº de Protocolo do Recurso: 44232.151890/2014-72
Documento: 46/167.504.375-0
Recorrente: José Mário Soares
Recorrido: INSS
Assunto/Espécie Benefício: Aposentadoria Especial
Relator: Rodolfo Espinel Donadon

Voto Divergente

APOSENTADORIA ESPECIAL. PEDIDO DE UNIFORMIZAÇÃO DE JURISPRUDENCIA. **Divergência jurisprudencial entre as Câmaras de Julgamento no que tange a conversão do agente eletricidade a partir de 06/03/97, com advento do Decreto nº 2.172/97. Competência para análise deste Conselho Pleno na forma do art. 3º inc. II do Regimento Interno do CRPS aprovado pela Portaria MDAS nº 116/2017. Pressupostos de Admissibilidade do pedido alcançados na forma do art. 63 do mesmo Regimento. Impossibilidade de conversão do agente eletricidade a partir de 06/03/97 por inexistência de previsão legal, não sendo possível o Conselho julgar em desacordo com o previsto em lei, decreto e ato normativo ministerial, na forma do art. 69 do Regimento Interno do CRPS. Precedentes do Conselho Pleno. Pedido de Uniformização conhecido e improvido.**

Superadas as questões de admissibilidade do pedido, já avaliadas pela Relatora, no mérito do pedido em si, peço vênia a Colega e apresento meu voto divergente no que tange à conversão de tempo de atividade especial, exposto ao agente nocivo eletricidade, após 05/03/1997.

Saliento que a matéria ora pretendida não é nova no Conselho Pleno. Já foram proferidos julgamentos, por maioria de votos, com o entendimento de que o agente eletricidade somente poderia ser alvo de análise administrativa até 05/03/1997. Nesse sentido e entre outras, emento as seguintes Resoluções, a saber:

> **Resoluções nº 53/2018 e 52/2018, ambas de 28/08/2018 (mesma Ementa):**
>
> APOSENTADORIA ESPECIAL. PEDIDO DE UNIFORMIZAÇÃO DE JURISPRUDENCIA. Divergência

MINISTÉRIO DA ECONOMIA-ME
SECRETARIA ESPECIAL DE PREVIDÊNCIA E TRABALHO
SECRETARIA DE PREVIDÊNCIA
CONSELHO DE RECURSOS DA PREVIDÊNCIA SOCIAL-CRPS
CONSELHO PLENO

jurisprudencial entre as Câmaras de Julgamento no que tange a conversão do agente eletricidade a partir de 06/03/97, com advento do Decreto nº 2.172/97. Competência para análise deste Conselho Pleno na forma do art. 3º inc. II do Regimento Interno do CRSS aprovado pela Portaria MDAS nº 116/2017. Pressupostos de Admissibilidade do pedido alcançados na forma do art. 63 do mesmo Regimento. Impossibilidade de conversão do agente eletricidade a partir de 06/03/97 por inexistência de previsão legal, não sendo possível o Conselho julgar em desacordo com o previsto em lei, decreto e ato normativo ministerial, na forma do art. 69 do Regimento Interno do CRSS. Precedente do Conselho Pleno. Pedido de Uniformização conhecido e improvido. (Cons. Rel. Rodolfo Donadon)

Resolução nº 08/2016, de 23/03/2016:

PEDIDO DE UNIFORMIZAÇÃO DE JURISPRUDÊNCIA. APOSENTADORIA POR TEMPO DE CONTRIBUIÇÃO. ATIVIDADE ESPECIAL. ELETRICIDADE. INVIABILIDADE DE ENQUADRAMENTO DE PERÍODOS A PARTIR DE 06/03/97.
1. O agente nocivo eletricidade, a partir de 06/03/97, foi excluído do rol de agentes que propicia a concessão da aposentadoria especial, não podendo ser considerada para fins de reconhecimento da especialidade das atividades exercidas pelo segurado.
2. Pedido de Uniformização de Jurisprudência conhecido e provido. (Cons. Rel. Geraldo Almir Arruda)

Tomando por base o voto precursor avaliado pelo Pleno, Resolução acima citada nº 08/2016, no entendimento do Colega que proferiu o voto vencedor, as razões para não se reconhecer, administrativamente, o agente eletricidade a partir de 06/03/1997 podem ser assim resumidas:

a) inexistência de suporte jurídico como fator impeditivo para análise;

b) princípio da legalidade a que se submete o Conselho somente permite praticar atos que a lei autoriza, não lhe sendo facultado "praticar atos em contrariedade a norma jurídica que o vincule". No caso, o art. 70 do Regimento Interno do então CRPS, aprovado pela Portaria MPS nº 548/2011;

c) "inexiste lacuna ou omissão na legislação previdenciária a propiciar, por analogia, o enquadramento de períodos posteriores a 05/03/1997." O art. 58 da Lei nº 8.213/91 atribuiu ao Poder Executivo a exclusiva prerrogativa de definir a relação dos agentes nocivos ensejadores da aposentadoria especial;

d) o Anexo IV do Decreto nº 3.048/99, em seu texto inicial, trata o rol dos agentes nocivos como exaustivo, mitigado, apenas, pelo Decreto nº 8.123/13 que ao dar

MINISTÉRIO DA ECONOMIA-ME
SECRETARIA ESPECIAL DE PREVIDÊNCIA E TRABALHO
SECRETARIA DE PREVIDÊNCIA
CONSELHO DE RECURSOS DA PREVIDÊNCIA SOCIAL-CRPS
CONSELHO PLENO

nova redação ao § 4º do art. 68 do Decreto nº 3.048/99, também deu conotação especial de agentes nocivos reconhecidamente cancerígenos em humanos, listados pelo Ministério do Trabalho e Emprego. Em atendimento a tal dispositivo legal, o agente eletricidade não foi incluído em nenhum dos três grupos da Lista Nacional de Agentes Cancerígenos instituída pela Portaria Interministerial MTE/MPS nº 9, de 07/10/2014;

e) A lista de agentes nocivos contidos no Anexo IV do Decreto nº 2.172/97 foi precedida de estudo aprofundado, com participação técnica do então Ministério do Trabalho e Emprego, analisados, um por um, cada agente nocivo contido nos normativos;

f) O Poder Judiciário, ao converter o agente eletricidade após 05/03/97, por analogia, detém o poder de controle da constitucionalidade das leis e demais atos normativos, poder esse que o Conselho não o detém;

g) Por fim, não se questiona a nocividade do agente, mas sua ausência do rol do Anexo IV do Decreto nº 2.172/97 não possibilita sua conversão.

Na condição de Relator dos Pedidos de Uniformização de Jurisprudência que geraram as Resoluções acima citadas nº 52 e 53/2018, a construção do voto partiu do princípio da veemente incidência do princípio da legalidade ao Conselho. Para constar, o Regimento Interno do CRPS, aprovado pela Portaria MDAS nº 116/2017, manteve o mesmo conteúdo do art. 70 do então Regimento Interno do CRPS utilizado como embasamento legal pelo Colega, alterando-se, apenas, a numeração do dispositivo legal, art. 69, a saber:

> **Art. 69**. É vedado aos órgãos julgadores do CRSS afastar a aplicação, por inconstitucionalidade ou ilegalidade, de tratado, acordo internacional, lei, decreto ou ato normativo ministerial em vigor, ressalvados os casos em que:
> I - já tenha sido declarada a inconstitucionalidade da norma pelo Supremo Tribunal Federal, em ação direta, após a publicação da decisão, ou pela via incidental, após a publicação da resolução do Senado Federal que suspender a sua execução; e
> II - haja decisão judicial, proferida em caso concreto, afastando a aplicação da norma, por ilegalidade ou inconstitucionalidade, cuja extensão dos efeitos jurídicos tenha sido autorizada pelo Presidente da República.

Vejamos a incidência do princípio da legalidade perante o Conselho, exclusivamente, a respeito da matéria em discussão.

Nos termos do Código 1.1.8 do Anexo III, do Decreto n.º 53.831, de 25/03/64, eletricidade situa-se no campo de Agente, para "Trabalhos permanentes em instalações ou equipamentos elétricos com riscos de acidentes - Eletricistas, cabistas,

MINISTÉRIO DA ECONOMIA-ME
SECRETARIA ESPECIAL DE PREVIDÊNCIA E TRABALHO
SECRETARIA DE PREVIDÊNCIA
CONSELHO DE RECURSOS DA PREVIDÊNCIA SOCIAL-CRPS
CONSELHO PLENO

montadores e outros", e exposto a tensões superiores a 250 volts. Tratava-se de exposição por periculosidade e não foi incluído no rol dos agentes nocivos do Anexo IV do Decreto nº 2.172/97.

Em um primeiro aspecto, o § 1º do art. 201 da CF/88 dispõe ser "vedada a adoção de requisitos e critérios diferenciados para a concessão de aposentadoria (...), ressalvados os casos de atividades exercidas sob condições especiais que prejudiquem a saúde ou a integridade física (...)". Ao se analisar o entendimento doutrinário[1] e jurisprudencial[2], menciona-se que o prejuízo à integridade física se correlaciona ao agente periculosidade. No mesmo entendimento, o caput do art. 57 da Lei nº 8.213/91 também faz referência à integridade física do trabalhador, em consequência, da periculosidade. Portanto, a exclusão do agente periculosidade não poderia ser feita por Decreto, além da taxatividade do rol dos agentes nocivos.

Os fundamentos acima são totalmente aceitáveis e, indo mais além, a Norma Regulamentadora – NR-10 da FUNDACENTRO, com redação publicada em 08/12/04, portanto, após a edição do Decreto nº 2.172, estabeleceu os requisitos e condições para proteção da saúde e segurança do trabalhador que atue ou interaja, direta ou indiretamente, em instalações elétricas e serviços com eletricidade. O agente não deixou de ser perigoso.

A Constituição Federal expressamente determinou a regulamentação do art. 201 por meio de Lei. No caso, instituída a Lei nº 8.213/91 que, por sua vez, foi regulamentada pelo Decreto nº 3.048/99. Portanto, no campo administrativo, a simples alegação de ilegalidade ou mesmo inconstitucionalidade de aplicação do Decreto não tem guarida. Incidência clara do referido art. 69 do Regimento Interno da Casa.

A partir de 06/03/97, o Poder Executivo não designou a possibilidade de conversão deste agente nocivo. Administrativamente, o rol dos agentes nocivos a partir do Decreto 2.172/97 não é meramente exemplificativo. O art. 58 da Lei nº 8.213/91 menciona que a relação dos agentes nocivos químicos, físicos e biológicos ou associação de agentes prejudiciais à saúde ou à integridade física será definida pelo Poder Executivo.

Retomo a análise do Decreto nº 3.048/99 e destaco os seguintes dispositivos legais:

[1] LANDENTHIN, Adriana Bramante de Castro. Aposentadoria especial: teoria e prática. Curitiba: Juruá, 2013, pags.74/76 e 80.
[2] STJ. REsp 1602919/PR Recurso Especial. Rel. Excl. Sr. Min. Herman Benamin, 2ª Turma, Julgamento em 14/06/16. Publicado em 05/09/16.

MINISTÉRIO DA ECONOMIA-ME
SECRETARIA ESPECIAL DE PREVIDÊNCIA E TRABALHO
SECRETARIA DE PREVIDÊNCIA
CONSELHO DE RECURSOS DA PREVIDÊNCIA SOCIAL-CRPS
CONSELHO PLENO

Art. 64. (....)

§ 2º Consideram-se condições especiais que prejudiquem a saúde e a integridade física aquelas nas quais a exposição ao agente nocivo ou associação de agentes presentes no ambiente de trabalho esteja acima dos limites de tolerância estabelecidos **segundo critérios quantitativos ou** esteja caracterizada segundo os critérios da **avaliação qualitativa** dispostos no § 2º do art. 68. (Redação dada pelo Decreto nº 8.123, de 2013)

Art. 68. A **relação dos agentes nocivos químicos, físicos, biológicos** ou associação de agentes prejudiciais à saúde ou à integridade física, considerados para fins de concessão de aposentadoria especial, **consta do Anexo IV**.

§ 1º As dúvidas sobre o enquadramento dos agentes de que trata o caput, para efeito do disposto nesta Subseção, **serão resolvidas pelo Ministério do Trabalho e Emprego e pelo Ministério da Previdência e Assistência Social.**

(...)

O que se percebe pela análise dos dispositivos legais acima citados, principalmente as partes em destaque, é que o Poder Executivo regulamentou os critérios de análise dos agentes nocivos, conforme previsto no art. 58 da Lei nº 8.213/91. Estão definidos critérios quantitativos e qualitativos, contidos no Anexo IV do Decreto nº 3.048/99. Dúvidas sobre enquadramentos seriam revolvidas pelo então Ministério do Trabalho e da Previdência Social.

Neste contexto, do ponto de vista administrativo, a inexistência de critério de análise – revestido pelo Poder Executivo na figura de um código de conversão – não é meramente um detalhe. Por traz desse critério há todo um estudo feito por quem de competência. Tal permite distinguir se uma atividade depende de 15, 20 ou 25 anos de tempo especial, se o agente é químico, físico ou biológico. No mais, limita o poder de atuação da administração. Se não tem código que embasa a conversão, poderia ser utilizado qualquer critério de análise, inclusive, entender que aquela atividade do segurado exposta ao agente eletricidade seria passível de conversão por fator de tempo – 15 anos – por exemplo. O Poder Executivo não "esqueceu" do agente eletricidade, assim como outros agentes deixaram de existir na análise da aposentadoria especial, como frio e umidade por exemplo. Teve alguma razão técnica por traz da sua exclusão.

Mantenho essa linha de raciocínio se o Poder Executivo aboliu a análise do agente eletricidade a partir de 06/03/97, em respeito ao princípio da legalidade, não pode o Conselho de Recursos do Seguro Social (CRSS) julgar em sentido contrário, unicamente com base em entendimento jurisprudencial ou doutrinário, sob pena de ferir

MINISTÉRIO DA ECONOMIA-ME
SECRETARIA ESPECIAL DE PREVIDÊNCIA E TRABALHO
SECRETARIA DE PREVIDÊNCIA
CONSELHO DE RECURSOS DA PREVIDÊNCIA SOCIAL-CRPS
CONSELHO PLENO

a Lei nº 8.213/91 e demais artigos do Decreto nº 3.048/99 que a regulamentou. No mais, o Conselho estaria legislando, competência que não lhe cabe atualmente.

Não venho aqui questionar a nocividade do agente eletricidade, apenas a legalidade da ação do Conselho em julgar em desacordo com o previsto na lei.

Levantando outra questão, ainda sob a ótica da incidência do princípio da legalidade, este não pode ser aplicado caso a caso. Ou seja, ao se converter por eletricidade a partir de 06/03/1997, outras questões devem ser resolvidas também e, no meu entender, novamente feririam o art. 69 do Regimento Interno do Conselho. Vejamos:

A norma exposta no parágrafo único do art. 69 do Decreto nº 3.048/99 menciona:

> **Art. 69.** A data de início da aposentadoria especial será fixada: (Redação dada pelo Decreto nº 8.123, de 2013)
> (...)
> **Parágrafo único**. O segurado que retornar ao exercício de atividade ou operação que o sujeite aos riscos e agentes nocivos **constantes do Anexo IV**, ou nele permanecer, na mesma ou em outra empresa, qualquer que seja a forma de prestação do serviço ou categoria de segurado, **será imediatamente notificado da cessação do pagamento de sua aposentadoria especial,** no prazo de sessenta dias contado da data de emissão da notificação, salvo comprovação, nesse prazo, de que o exercício dessa atividade ou operação foi encerrado. (Redação dada pelo Decreto nº 8.123, de 2013)

O parágrafo único do art. 69, ao remeter ao Anexo IV do Decreto, estabeleceu que para aquelas atividades ai descritas o segurado aposentado de forma especial não poderia continuar na atividade tida como ensejadora da aposentadoria. Em tese, se não existe conversão de agente eletricidade a partir de 06/03/97, justamente por não constar no Anexo IV, a regra acima não se aplicaria ao período supostamente convertido. Logo, se ao administrador cabe fazer o que a lei determina, estaríamos diante de uma situação onde o segurado exposto ao agente eletricidade por 25 anos, considerando período após 06/03/1997, ao ter concedida uma aposentadoria especial não necessitaria afastar da atividade insalubre. Para aquelas atividades previstas no Anexo IV, o afastamento é obrigatório, porém, para agente nocivo não previsto no Anexo IV, não haveria necessidade de afastamento.

Bom, se o Conselho admite a possibilidade de converter o agente nocivo eletricidade a partir de 06/03/97 e também resolve determinar que tal atividade necessita de afastamento a partir do momento da concessão da aposentadoria especial, o princípio da legalidade, no meu entendimento, teria sido violado duas vezes. Primeiro, por

MINISTÉRIO DA ECONOMIA-ME
SECRETARIA ESPECIAL DE PREVIDÊNCIA E TRABALHO
SECRETARIA DE PREVIDÊNCIA
CONSELHO DE RECURSOS DA PREVIDÊNCIA SOCIAL-CRPS
CONSELHO PLENO

legislar e incluir agente não previsto; em segundo lugar, por aplicar norma que não faz referência a agente nocivo não contido no Anexo IV. É importante frisar que o reconhecimento administrativo do agente como nocivo, por si só, não dá nenhuma competência ao Conselho para incluí-lo no ordenamento jurídico.

Para fins previdenciários, o agente eletricidade foi considerado nocivo até 05/03/1997 como agente detentor de periculosidade. Igualmente, a categoria do vigilante, porém, a este último também não é possível avaliar tal agente a partir do Decreto nº 2.172/97. Inclusive, entendimento deste Conselho Pleno, a saber:

Resolução nº 17/2018 de 27/02/18

APOSENTADORIA ESPECIAL. PEDIDO DE UNIFORMIZAÇÃO DE JURISPRUDENCIA. Divergência jurisprudencial entre as Câmaras de Julgamento no que tange ao enquadramento da atividade de vigilante a partir de 29/04/95. Competência para análise deste Conselho Pleno na forma do art. 3º inc. II do Regimento Interno do CRSS aprovado pela Portaria MDAS nº 116/2017. Pressupostos de Admissibilidade do pedido alcançados na forma do art. 63 do mesmo Regimento. A Lei nº 9.032/95 aboliu a modalidade de enquadramento por categoria profissional não sendo permitido ao Conselho enquadrar a atividade de vigilante a partir de 29/04/95, por inexistência de previsão legal. Estrita observância do julgamento ao previsto em lei, decreto e ato normativo ministerial, na forma do art. 69 do Regimento Interno do CRSS. Pedido de Uniformização conhecido e improvido.

- Resolução nº 13 de 24/05/17:

APOSENTADORIA ESPECIAL. PEDIDO DE UNIFORMIZAÇÃO DE JURISPRUDENCIA. Divergência jurisprudencial entre as Câmaras de Julgamento no que tange ao enquadramento da atividade de vigilante a partir de 06/03/97. Competência para análise deste Conselho Pleno na forma do art. 3º inc. II do Regimento Interno do CRSS aprovado pela Portaria MDAS nº 116/2017. Pressupostos de Admissibilidade do pedido alcançados na forma do art. 63 do mesmo Regimento. A Lei nº 9.032/95 aboliu a modalidade de enquadramento por categoria profissional não sendo permitido ao Conselho enquadrar a atividade de vigilante a partir de 29/04/95, por inexistência de previsão legal. Estrita observância do julgamento ao previsto em lei, decreto e ato normativo ministerial, na forma do art. 69 do Regimento Interno do CRSS. Pedido de Uniformização conhecido e improvido.

MINISTÉRIO DA ECONOMIA-ME
SECRETARIA ESPECIAL DE PREVIDÊNCIA E TRABALHO
SECRETARIA DE PREVIDÊNCIA
CONSELHO DE RECURSOS DA PREVIDÊNCIA SOCIAL-CRPS
CONSELHO PLENO

O que se assemelha na análise do eletricista e do vigilante é justamente o fato de ambos estarem exposto ao agente periculosidade, contudo, o entendimento firmado pelo Conselho Pleno é que, no âmbito administrativo previdenciário, é possível o reconhecimento do agente como nocivo somente até 05/03/1997 como passível de conversão para fins de reconhecimento de tempo especial.

Em resumo, essas são as minhas razões que entendo não ser possível a conversão de período sem o seu correlacionado código (exigência legal) e o 1.1.8 do Anexo III do Decreto 53.831/64, como visto, fora revogado. De igual modo, o Decreto nº 2.172/97 também revogou o agente periculosidade do rol dos agentes nocivos, outro fator impeditivo para se reconhecer a insalubridade do período, sem violar, no campo administrativo, o princípio da legalidade. Portanto, o pedido formulado pelo INSS merece prosperar no mérito.

Nestes termos, **meu voto divergente é no sentido de conhecer do pedido de Uniformização de Jurisprudência e no mérito, negar-lhe provimento**, para:

1) Reconhecer a existência de precedente neste Conselho a respeito da matéria – Uniformização de Jurisprudência: Resoluções nº 53/2018, 52/2018, 08/2016, entre outras com entendimento favorável ao julgado pela 01ª CA da 03ª Câmara de Julgamento (CAJ), em consequência, desfavorável ao pretendido pelo segurado.

2) Reconhecer a impossibilidade de conversão do agente eletricidade a partir de 06/03/97 por inexistência de previsão legal, não sendo possível o Conselho julgar em desacordo com o previsto em lei, decreto e ato normativo ministerial, na forma do art. 69 do Regimento Interno do CRPS.

Ante todo ao exposto, **VOTO** no sentido de, preliminarmente, **CONHECER DO PEDIDO DE UNIFORMIZAÇÃO DE JURISPRUDÊNCIA** para, no mérito, **NEGAR-LHE PROVIMENTO**.

Brasília - DF, 29 de maio de 2020.

RODOLFO ESPINEL DONADON
Relator para o Voto Divergente

MINISTÉRIO DA ECONOMIA-ME
SECRETARIA ESPECIAL DE PREVIDÊNCIA E TRABALHO
SECRETARIA DE PREVIDÊNCIA
CONSELHO DE RECURSOS DA PREVIDÊNCIA SOCIAL-CRPS
CONSELHO PLENO

DECISÓRIO

RESOLUÇÃO Nº 24/2019 (Retificação)

Vistos e relatados os presentes autos, em sessão realizada hoje, em julgamento da Revisão de Ofício realizada com fundamento no art. 59 do Regimento Interno do CRPS (Portaria MDSA nº 116/2017), instaurada pelo Presidente do CRPS a fim de corrigir o erro material ocorrido por ocasião da Sessão do Pleno de 28 de junho de 2019, em que constou no dispositivo da Resolução resultado divergente da votação efetivamente realizada, ACORDAM os membros do Conselho Pleno, por MAIORIA, no sentido de **CONHECER DO PEDIDO DE UNIFORMIZAÇÃO DE JURISPRUDÊNCIA** para, no mérito, **NEGAR PROVIMENTO,** de acordo com o Voto Divergente da lavra do Conselheiro Rodolfo Espinel Donadon, acompanhado dos(as) seguintes Conselheiros(as): Maria Madalena Silva Lima, Renato Agostinho das Chagas, Bruna Danuey de Sousa Santos, Guilherme Lustosa Pires, Alexandre Álvares de Alcântara, Tarsila Otaviano da Costa e Adriane Cândida Borges.

Participaram, ainda, do presente julgamento os (as) Conselheiros (as): Sulamita Cristina Dias/Substituta, Vânia Pontes Santos, Gustavo Beirão Araújo, Paulo Sérgio de Carvalho C. Ribeiro, Moisés Oliveira Moreira, Maria José de Paula Moraes e Valter Sérgio Pinheiro Coelho.

Brasília/DF, 29 de maio de 2020.

RODOLFO ESPINEL DONADON
Relator para o Voto Divergente

MARCELO FERNANDO BORSIO
Presidente do CRPS

9

46/167.504.375-0

3.1.25 Resolução 25/2020 (aposentadoria especial/ruído/intermitência)

Objeto: Trata-se de Pedido de Uniformização de Jurisprudência interposto pelo segurado por suposta divergência de posicionamento entre Câmaras de Julgamento. Alega divergência na interpretação em matéria de direito entre acórdãos de Câmaras de Julgamento do CRPS em sede de Recurso Especial, tendo apresentado como paradigma o acórdão nº 2234/2017 da 1ª Câmara de Julgamento, no qual reconheceram atividade especial mesmo sem a comprovação da monitoração ambiental pela NHO-01 da Fundacentro.

Decisão: Improvido.

Tese jurídica: O documento profissiográfico não comprovou a utilização da NHO-01 ou dosimetria, além disso, o LTCAT juntado nos autos demonstrou que a exposição ao agente nocivo ruído é intermitente.

MINISTÉRIO DA ECONOMIA-ME
SECRETARIA ESPECIAL DE PREVIDÊNCIA E TRABALHO
SECRETARIA DE PREVIDÊNCIA
CONSELHO DE RECURSOS DA PREVIDÊNCIA SOCIAL-CRPS
CONSELHO PLENO

Nº de Protocolo do Recurso: 44232.649422/2016-03
Documento/Benefício: 156.261.284-8
Unidade de origem: Agência da Previdência Social Itatinga
Tipo do Processo: Pedido de Uniformização de Jurisprudência
Recorrente: Valter Antônio Pereira
Recorrido: Instituto Nacional do Seguro Social/INSS
Benefício: Aposentadoria Especial. Exercício de Atividade Laborativa Com Exposição a Agente Nocivo Ruído
Relatora: Guilherme Lustosa Pires

(Processo Eletrônico)

Relatório

Ementa:

PEDIDO DE UNIFORMIZAÇÃO DE JURISPRUDÊNCIA. ART. 63 DO REGIMENTO INTERNO DO CRPS. APOSENTADORIA ESPECIAL. EXERCÍCIO DE ATIVIDADE LABORATIVA COM EXPOSIÇÃO A AGENTE NOCIVO RUÍDO. MONITORAÇÃO AMBIENTAL DIVERSA NA NHO-01. ENUNCIADO Nº 13 DO CRPS. DIVERGÊNCIA ENTRE PPP E DADOS DO LTCAT.

Relatório:

Trata-se de pedido de uniformização de jurisprudência apresentado pelo segurado contra o acordão proferido pela 2ª Câmara de Julgamento do CRPS em razão de divergência na interpretação em matéria de direito entre acórdãos de Câmaras de Julgamento do CRPS, em sede de Recurso Especial, ou entre estes e resoluções do Conselho Pleno.

Valter Antônio Pereira apresentou pedido de aposentadoria especial no dia 03/12/2015, autuado sob o NB 46/156.261.284-8. No entanto, o benefício foi negado pelo INSS por falta de tempo de contribuição.

MINISTÉRIO DA ECONOMIA-ME
SECRETARIA ESPECIAL DE PREVIDÊNCIA E TRABALHO
SECRETARIA DE PREVIDÊNCIA
CONSELHO DE RECURSOS DA PREVIDÊNCIA SOCIAL-CRPS
CONSELHO PLENO

Recurso ordinário apresentado pelo segurado, alegando que exerceu atividade laborativa exposto a agentes prejudiciais à saúde e a integridade física durante os intervalos de 22/09/1986 até 06/07/2007, 01/07/2008 até 12/03/2009 e 01/02/2010 até 15/07/2015.

O acórdão nº 6113/2016 da 15ª Junta de Recursos do Conselho de Recursos da Previdência Social – CRPS negou provimento ao recurso ordinário, mantendo o indeferimento do benefício.

Inconformado com o acórdão de primeira instância desfavorável ao seu desígnio, Valter Antônio Pereira interpôs recurso especial, alegando que exerceu atividade laborativa exposto a agentes prejudiciais à saúde e a integridade física durante os intervalos de 22/09/1986 até 06/07/2009, 01/07/2008 até 12/03/2009 e 01/02/2010 até 15/07/2015.

Contrarrazões apresentadas pelo INSS, requerendo a manutenção do decisório da Junta de Recursos.

O acórdão nº 617/2017 da 2ª Câmara de Julgamento, julgado em 16/03/2017, negou provimento ao recurso especial do segurado, mantendo o indeferimento do benefício.

Pedido de Uniformização de Jurisprudência apresentado pelo segurado (data do requerimento em 18/04/2017), alegando divergência na interpretação em matéria de direito entre acórdãos de Câmaras de Julgamento do CRPS em sede de Recurso Especial, tendo apresentado como paradigma o acórdão nº 2234/2017 da 1ª Câmara de Julgamento, no qual reconheceram atividade especial mesmo sem a comprovação da monitoração ambiental pela NHO-01 da Fundacentro.

Contrarrazões apresentadas pelo INSS ao pedido de uniformização de jurisprudência, requerendo a manutenção do acórdão da 2ª CaJ, pois não foi comprovada a utilização da NHO-01 da Fundacentro para realizar a monitoração ambiental do agente nocivo ruído.

156.261.284-8

MINISTÉRIO DA ECONOMIA-ME
SECRETARIA ESPECIAL DE PREVIDÊNCIA E TRABALHO
SECRETARIA DE PREVIDÊNCIA
CONSELHO DE RECURSOS DA PREVIDÊNCIA SOCIAL-CRPS
CONSELHO PLENO

Pronunciamento da Divisão de Assuntos Jurídicos no sentido de submeter a questão ao Conselho Pleno do CRPS, uma vez que houve divergência na interpretação em matéria de direito entre acórdãos de Câmaras de Julgamento do CRPS.

Distribuição do processo pela Presidente do Conselho de Recursos da Previdência Social para análise do pedido de uniformização de jurisprudência.

Voto:

O pedido de uniformização de jurisprudência versa sobre a divergência na interpretação em matéria de direito entre acórdãos de Câmaras de Julgamento, conforme previsão do art. 63 do Regimento Interno do CRPS[1].

---

1 Art. 63. O Pedido de Uniformização de Jurisprudência poderá ser requerido em casos concretos, pelas partes do processo, dirigido ao Presidente do respectivo órgão julgador, nas seguintes hipóteses:
I - quando houver divergência na interpretação em matéria de direito entre acórdãos de Câmaras de Julgamento do CRSS, em sede de Recurso Especial, ou entre estes e resoluções do Conselho Pleno; ou
II - quando houver divergência na interpretação em matéria de direito entre acórdãos de Juntas de Recursos do CRSS, nas hipóteses de alçada exclusiva previstas no art. 30, § 2º, deste Regimento, ou entre estes e Resoluções do Conselho Pleno.
§ 1º A divergência deverá ser demonstrada mediante a indicação do acórdão divergente, proferido nos últimos cinco anos, por outro órgão julgador, composição de julgamento, ou, ainda, por resolução do Conselho Pleno.
§ 2º É de 30 (trinta) dias o prazo para o requerimento do Pedido de Uniformização de Jurisprudência e para o oferecimento de contrarrazões, contados da data da ciência da decisão e da data da intimação do pedido, respectivamente, hipótese em que suspende o prazo para o seu cumprimento.
§ 3º Reconhecida em sede cognição sumária a existência da divergência pelo Presidente do órgão julgador, o processo será encaminhado ao Presidente do Conselho Pleno para que o pedido seja distribuído ao relator da matéria.
§ 4º Do não recebimento do pedido de uniformização pela Presidência do órgão julgador, caberá recurso ao Presidente do CRSS, no prazo de 30 (trinta) dias da ciência da decisão comprovada nos autos.
§ 5º O pedido de uniformização poderá ser formulado pela parte uma única vez, tratando-se do mesmo caso concreto ou da mesma matéria examinada em tese, à luz do mesmo acórdão ou resolução indicados como paradigma.
§ 6º O Conselho Pleno poderá pronunciar-se pelo não conhecimento do pedido de uniformização, ou pelo seu conhecimento e seguintes conclusões:
I - edição de Enunciado, com força normativa vinculante, quando houver aprovação da maioria absoluta de seus membros e havendo deliberação do colegiado para sua emissão;
II - edição de Resolução para o caso concreto, quando houver aprovação da maioria simples de seus membros.
§ 7º Proferido o julgamento, caso haja deliberação para edição de enunciado, o Conselheiro responsável pelo voto vencedor deverá redigir o projeto de enunciado, a ser aprovado na mesma sessão ou na sessão ordinária seguinte.
§ 8º O pronunciamento do Conselho Pleno, nos casos de uniformização de jurisprudência, poderá ser adiado, uma única vez, para a sessão seguinte a pedido de, no mínimo, três membros presentes.
§ 9º O pedido de adiamento na forma do parágrafo anterior não impedirá que votem os Conselheiros que se julguem habilitados a fazê-lo.
§ 10. Os Conselheiros que tenham participado do julgamento na Câmara do CRSS não estão impedidos de julgar o pedido de uniformização no Conselho Pleno.
§ 11. Aplica-se ao pedido de uniformização de jurisprudência, no que couber, o disposto no Capítulo VII deste Regimento.

156.261.284-8

MINISTÉRIO DA ECONOMIA-ME
SECRETARIA ESPECIAL DE PREVIDÊNCIA E TRABALHO
SECRETARIA DE PREVIDÊNCIA
CONSELHO DE RECURSOS DA PREVIDÊNCIA SOCIAL-CRPS
CONSELHO PLENO

Pois bem, o segurado suscita divergência na aplicação da obrigatoriedade de utilização da metodologia NHO-01 da Fundacentro para a monitoração ambiental do ruído.

Sendo assim, foram apresentados como acórdãos paradigma o decisório nº 2234/2017 da 1ª Câmara de Julgamento, no qual foram enquadrados períodos de atividade especial mesmo sem a comprovação da utilização da NHO-01 da Fundacentro para a monitoração ambiental do agente nocivo ruído.

Em razão disso, a matéria de direito controversa deverá ser restrita à possibilidade de reconhecimento de atividade especial por exposição a ruído sem a comprovação da utilização da metodologia prevista pela NHO-01 da Fundacentro.

A observância da metodologia NHO-01 da Fundacentro para a monitoração ambiental do ruído foi introduzida pelo Decreto 4.882 de 18/11/2003 que acrescentou o § 11º ao art. 68 do Decreto 3.048 de 1999[2], mas atualmente tal previsão legal está disposta no art. 68, § 12º do Decreto 3.048 de 1999, alterado pelo Decreto 8.213 de 16/10/2013[3].

A diferença da monitoração ambiental do ruído pela NR-15 de 1978 da NHO-01 da Fundacentro se centra no fator de dobra, ou seja, um valor previamente estabelecido que somado ao nível de pressão sonora base escolhido pela legislação brasileira fará o limite máximo de exposição em horas/minutos ser reduzido pela metade, conforme tabela abaixo:

---

§ 12. No caso de provimento do Pedido de Uniformização de Jurisprudência, o Órgão Julgador do CRSS que proferiu o acórdão infringente deverá revê-lo de ofício, após ser notificado do resultado do julgamento, adequando o julgado à tese fixada pelo Pleno.

[2] Art. 68. A relação dos agentes nocivos químicos, físicos, biológicos ou associação de agentes prejudiciais à saúde ou à integridade física, considerados para fins de concessão de aposentadoria especial, consta do Anexo IV.
§ 11. As avaliações ambientais deverão considerar a classificação dos agentes nocivos e os limites de tolerância estabelecidos pela legislação trabalhista, bem como a metodologia e os procedimentos de avaliação estabelecidos pela Fundação Jorge Duprat Figueiredo de Segurança e Medicina do Trabalho - FUNDACENTRO. (Incluído pelo Decreto nº 4.882, de 2003)

3 § 12. Nas avaliações ambientais deverão ser considerados, além do disposto no Anexo IV, a metodologia e os procedimentos de avaliação estabelecidos pela Fundação Jorge Duprat Figueiredo de Segurança e Medicina do Trabalho - FUNDACENTRO. (Incluído pelo Decreto nº 8.123, de 2013)

156.261.284-8

MINISTÉRIO DA ECONOMIA-ME
SECRETARIA ESPECIAL DE PREVIDÊNCIA E TRABALHO
SECRETARIA DE PREVIDÊNCIA
CONSELHO DE RECURSOS DA PREVIDÊNCIA SOCIAL-CRPS
CONSELHO PLENO

NR-15		**NHO-01**	
Nível de Ruído dB(A)	**Máxima Exposição Diária Permissível**	**Nível de Ruído dB(A)**	**Máxima Exposição Diária Permissível**
85	**08 horas**	**85**	**08 horas**
90	**04 horas**	**88**	**04 horas**
95	**02 horas**	**91**	**02 horas**
100	**01 hora**	**94**	**1 hora**
105	**30 minutos**	**97**	**30 minutos**
110	**15 minutos**	**100**	**15 minutos**
115	**07 minutos**	**103**	**07 minutos**

Em razão disso, foi sustentado que o nível de pressão sonora apurado pela NHO-01 será inferior ao nível de pressão sonora apurado pela NR 15, pois se ultrapassado o limite de tolerância com a utilização da NR-15, seguramente o nível de pressão sonora apurado pela NHO-01 também ultrapassará.

De qualquer forma, todos estes argumentos foram superados após a edição do Enunciado nº 13 do CRPS:

> Atendidas as demais condições legais, considera-se especial, no âmbito do RGPS, a atividade exercida com exposição a ruído superior a 80 decibéis até 05/03/97, superior a 90 decibéis desta data até 18/11/2003, e superior a 85 decibéis a partir de então.
> I - Os níveis de ruído devem ser medidos, observado o disposto na Norma Regulamentadora nº 15 (NR-15), anexos 1 e 2, com aparelho medidor de nível de pressão sonora, operando nos circuitos de compensação - dB (A) para ruído contínuo ou intermitente ou dB (C) para ruído de impacto.
> II - Até 31 de dezembro de 2003, para a aferição de ruído contínuo ou intermitente, é obrigatória a utilização das metodologias contidas na NR-15, devendo ser aceitos ou o nível de pressão sonora pontual ou a média de ruído, podendo ser

MINISTÉRIO DA ECONOMIA-ME
SECRETARIA ESPECIAL DE PREVIDÊNCIA E TRABALHO
SECRETARIA DE PREVIDÊNCIA
CONSELHO DE RECURSOS DA PREVIDÊNCIA SOCIAL-CRPS
CONSELHO PLENO

> informado decibelímetro, dosímetro ou medição pontual no campo "Técnica Utilizada" do Perfil Profissiográfico Previdenciário (PPP).
>
> III - A partir de 1º de janeiro de 2004, para a aferição de ruído contínuo ou intermitente, é obrigatória a utilização das metodologias contidas na Norma de Higiene Ocupacional 01 (NHO-01) da FUNDACENTRO ou na NR-15, que reflitam a medição de exposição durante toda a jornada de trabalho, vedada a medição pontual, devendo constar do PPP a técnica utilizada e a respectiva norma.
>
> IV - Em caso de omissão ou dúvida quanto à indicação da metodologia ou técnica utilizadas para aferição da exposição nociva ao agente ruído, o PPP não deve ser admitido como prova da especialidade, devendo ser apresentado o respectivo Laudo Técnico de Condições Ambientais do Trabalho (LTCAT) ou solicitada inspeção no ambiente de trabalho, para fins de verificar a técnica utilizada na medição, bem como a respectiva norma.

Consequentemente, até 31/12/2003, a medição do ruído era regida pela NR-15, a qual previa vários métodos de monitoração ambiental do nível de pressão sonora, não somente a dosimetria, fato inclusive reconhecido pela própria perícia médica do INSS no item 2.6.4.4 do Novo Manual de Aposentadoria Especial, que estipula a possibilidade de monitoração ambiental por medição pontual até 11/11/2001 como metodologia apta a comprovar a exposição a ruído.

Por outro lado, a partir de 01/01/2004 é necessário demonstrar a monitoração ambiental por **dosimetria de ruído ou pela NHO-01 da Fundacentro**.

No caso concreto, o PPP apresentado pelo segurado às fls. 86 a 91 do processo concessório, emitido pela empresa Maad Usinagem e Ferramentaria Ltda. - ME, informa exposição a ruído de 91,3 dB entre 22/09/1986 até 06/07/2007 e 91,8 dB durante 01/02/2010 até 15/07/2015, sendo utilizada a técnica "decibelímetro" e "quantitativa", respectivamente.

MINISTÉRIO DA ECONOMIA-ME
SECRETARIA ESPECIAL DE PREVIDÊNCIA E TRABALHO
SECRETARIA DE PREVIDÊNCIA
CONSELHO DE RECURSOS DA PREVIDÊNCIA SOCIAL-CRPS
CONSELHO PLENO

Desta forma, o documento profissiográfico não comprova a utilização da NHO-01 ou dosimetria, além disso, o LTCAT juntado nos autos demonstra que a exposição ao agente nocivo ruído é intermitente.

Ademais, não consta profissional legalmente habilitado para realizar a monitoração ambiental dos fatores de risco na forma do art. 58, § 1º da Lei 8.213 de 1991, pois apenas médico do trabalho e engenheiro de segurança do trabalho são legalmente habilitados para a elaboração de LTCAT.

Portanto, apesar de ter sido demonstrada a divergência na interpretação em matéria de direito entre acórdãos de Câmaras de Julgamento, o acórdão hostilizado está de acordo com o Enunciado nº 13 sobre a matéria.

Por todo o exposto, VOTO no sentido de, preliminarmente, **CONHECER DO PEDIDO DE UNIFORMIZAÇÃO DE JURISPRUDÊNCIA APRESENTADO PELO SEGURADO** e, no mérito, **NEGAR-LHE PROVIMENTO.**

GUILHERME LUSTOSA PIRES

Relator

156.261.284-8

MINISTÉRIO DA ECONOMIA-ME
SECRETARIA ESPECIAL DE PREVIDÊNCIA E TRABALHO
SECRETARIA DE PREVIDÊNCIA
CONSELHO DE RECURSOS DA PREVIDÊNCIA SOCIAL-CRPS
CONSELHO PLENO

DECISÓRIO

RESOLUÇÃO Nº 25/2020

Vistos e relatados os presentes autos, em sessão realizada hoje, **ACORDAM** os membros do Conselho Pleno, por **UNANIMIDADE**, no sentido de **CONHECER DO PEDIDO DE UNIFORMIZAÇÃO DE JURISPRUDÊNCIA APRESENTADO PELO SEGURADO**, para, no mérito, **NEGAR-LHE PROVIMENTO**, de acordo com o Voto do Relator e sua fundamentação.

Participaram, ainda, do presente julgamento os (as) Conselheiros (as): Robson Ferreira Maranhão, Renato Agostinho das Chagas, Moisés Oliveira Moreira, Paulo Sérgio de Carvalho Costa Ribeiro, Maria Madalena Silva Lima, Márcia Aparecida Martins, Maria José de Paula Moraes, Imara Sodré Sousa Neto, Sulamita Cristina Dias, Valter Sérgio Pinheiro Coelho, Rodolfo Espinel Donadon, Alexandra Álvares de Alcântara e Tarsila Otaviano da Costa e Adriene Cândida Borges.

Brasília-DF, 28 de julho de 2020.

GUILHERME LUSTOSA PIRES
Relator

MARCELO FERNANDO BORSIO
Presidente

156.261.284-8

3.1.26 Resolução 26/2020 (aposentadoria especial/eletricidade/não enquadramento a partir de 6/3/97)

Objeto: Trata-se de Pedido de Uniformização de Jurisprudência interposto pelo INSS por suposta divergência de posicionamento entre Câmaras de Julgamento.

Decisão: Provida.

Tese jurídica: Impossibilidade de reconhecimento da exposição à eletricidade como tempo especial a partir de 6/3/1997.

MINISTÉRIO DA ECONOMIA-ME
SECRETARIA ESPECIAL DE PREVIDÊNCIA E TRABALHO
SECRETARIA DE PREVIDÊNCIA
CONSELHO DE RECURSOS DA PREVIDÊNCIA SOCIAL-CRPS
CONSELHO PLENO

Nº de Protocolo do Recurso: 44232.387992/2015-13
Documento/Benefício: 165.803.685-6
Unidade de origem: Agência da Previdência Social em Varginha
Tipo do Processo: Pedido de Uniformização de Jurisprudência do INSS
Recorrente: Instituto Nacional do Seguro Social/INSS
Recorrido: Leandro Moreira Guimarães
Benefício: Aposentadoria Especial. Atividade Laborativa Com Exposição a Eletricidade.
Relatora: Guilherme Lustosa Pires

(Processo Eletrônico)

Relatório

Ementa:

PEDIDO DE UNIFORMIZAÇÃO DE JURISPRUDÊNCIA. ART. 63 DO REGIMENTO INTERNO DO CRPS. APOSENTADORIA ESPECIAL. ATIVIDADE LABORATIVA COM EXPOSIÇÃO A ELETRICIDADE. ART. 64 E 68 DO DECRETO 3.048 DE 1999. IMPOSSIBILIDADE. APLICAÇÃO DA RESOLUÇÃO Nº 08/2016 DO CONSELHO PLENO DO CRPS.

Relatório:

Trata-se de pedido de uniformização de jurisprudência apresentado pelo INSS contra o acordão proferido pela 1ª Composição Adjunta da 1ª Câmara de Julgamento do CRPS em razão de divergência na interpretação em matéria de direito entre acórdãos de Câmaras de Julgamento do CRPS, em sede de Recurso Especial, ou entre estes e resoluções do Conselho Pleno.

Leandro Moreira Guimarães apresentou pedido de aposentadoria especial no dia 22/05/2014, autuado sob o NB 46/165.803.685-6. No entanto, o benefício foi negado pelo INSS por falta de tempo de contribuição.

MINISTÉRIO DA ECONOMIA-ME
SECRETARIA ESPECIAL DE PREVIDÊNCIA E TRABALHO
SECRETARIA DE PREVIDÊNCIA
CONSELHO DE RECURSOS DA PREVIDÊNCIA SOCIAL-CRPS
CONSELHO PLENO

Recurso ordinário apresentado pelo segurado, alegando que exerceu atividade laborativa exposto a agentes prejudiciais à saúde e a integridade física durante os intervalos de 06/03/1997 até 22/05/2014.

O acórdão nº 5079/2015 da 08ª Junta de Recursos do Conselho de Recursos da Previdência Social – CRPS deu provimento ao recurso ordinário com a concessão do benefício, pois reconheceu o período de 06/03/1997 até 22/05/2014 como atividade especial.

Inconformado com o acórdão de primeira instância desfavorável ao seu desígnio, o INSS interpôs recurso especial, alegando violação do Decreto 2.172 de 1997, pois a eletricidade foi excluída do rol de agentes nocivos a partir de 06/03/1997.

Contrarrazões apresentadas pelo segurado, requerendo a manutenção do decisório da Junta de Recursos.

O acórdão nº 598/2016 da 1ª Composição Adjunta da 1ª Câmara de Julgamento, julgado em 04/02/2016, negou provimento ao recurso especial do INSS para manter o reconhecimento do período de 06/03/1997 até 22/05/2014 como atividade especial, além da concessão do benefício.

Pedido de Uniformização de Jurisprudência apresentado pelo INSS (data do requerimento em 22/02/2016), alegando divergência na interpretação em matéria de direito entre acórdãos de Câmaras de Julgamento do CRPS em sede de Recurso Especial, tendo apresentado como paradigma o acórdão da 2ª Câmara de Julgamento, no qual não reconheceu a atividade especial por eletricidade a partir de 06/03/1997.

Contrarrazões apresentadas pelo segurado ao pedido de uniformização de jurisprudência, requerendo a manutenção do acórdão da 1ªComposição Adjunta da 1ª CaJ, pois a jurisprudência dos tribunais superiores é pacífica quanto a possibilidade de enquadramento da eletricidade a partir de 06/03/1997.

Pronunciamento do Vice-Presidente do CRPS no sentido de submeter a questão ao Conselho Pleno do CRPS, uma vez que houve divergência na interpretação em matéria de direito entre acórdãos de Câmaras de Julgamento do CRPS.

MINISTÉRIO DA ECONOMIA-ME
SECRETARIA ESPECIAL DE PREVIDÊNCIA E TRABALHO
SECRETARIA DE PREVIDÊNCIA
CONSELHO DE RECURSOS DA PREVIDÊNCIA SOCIAL-CRPS
CONSELHO PLENO

Distribuição do processo pelo Presidente do Conselho de Recursos da Previdência Social para análise do pedido de uniformização de jurisprudência.

Voto:

O pedido de uniformização de jurisprudência versa sobre a divergência na interpretação em matéria de direito entre acórdãos de Câmaras de Julgamento, conforme previsão do art. 63 do Regimento Interno do CRPS, colacionado abaixo:

> Art. 63. O Pedido de Uniformização de Jurisprudência poderá ser requerido em casos concretos, pelas partes do processo, dirigido ao Presidente do respectivo órgão julgador, nas seguintes hipóteses:
>
> **I - quando houver divergência na interpretação em matéria de direito entre acórdãos de Câmaras de Julgamento do CRSS, em sede de Recurso Especial, ou entre estes e resoluções do Conselho Pleno**; ou
> II - quando houver divergência na interpretação em matéria de direito entre acórdãos de Juntas de Recursos do CRSS, nas hipóteses de alçada exclusiva previstas no art. 30, § 2º, deste Regimento, ou entre estes e Resoluções do Conselho Pleno.
>
> **§ 1º A divergência deverá ser demonstrada mediante a indicação do acórdão divergente, proferido nos últimos cinco anos, por outro órgão julgador, composição de julgamento, ou, ainda, por resolução do Conselho Pleno.**
> **§ 2º É de 30 (trinta) dias o prazo para o requerimento do Pedido de Uniformização de Jurisprudência e para o oferecimento de contrarrazões, contados da data da ciência da decisão e da data da intimação do pedido, respectivamente, hipótese em que suspende o prazo para o seu cumprimento.**
> § 3º Reconhecida em sede cognição sumária a existência da divergência pelo Presidente do órgão julgador, o processo será encaminhado ao Presidente do Conselho Pleno para que o pedido seja distribuído ao relator da matéria.
> § 4º Do não recebimento do pedido de uniformização pela Presidência do órgão julgador, caberá recurso ao Presidente do CRSS, no prazo de 30 (trinta) dias da ciência da decisão comprovada nos autos.

165.803.685-6

3

MINISTÉRIO DA ECONOMIA-ME
SECRETARIA ESPECIAL DE PREVIDÊNCIA E TRABALHO
SECRETARIA DE PREVIDÊNCIA
CONSELHO DE RECURSOS DA PREVIDÊNCIA SOCIAL-CRPS
CONSELHO PLENO

> § 5º O pedido de uniformização poderá ser formulado pela parte uma única vez, tratando-se do mesmo caso concreto ou da mesma matéria examinada em tese, à luz do mesmo acórdão ou resolução indicados como paradigma.
>
> **§ 6º O Conselho Pleno poderá pronunciar-se pelo não conhecimento do pedido de uniformização**, ou pelo seu conhecimento e seguintes conclusões:
>
> I - edição de Enunciado, com força normativa vinculante, quando houver aprovação da maioria absoluta de seus membros e havendo deliberação do colegiado para sua emissão;
>
> II - edição de Resolução para o caso concreto, quando houver aprovação da maioria simples de seus membros.
>
> § 7º Proferido o julgamento, caso haja deliberação para edição de enunciado, o Conselheiro responsável pelo voto vencedor deverá redigir o projeto de enunciado, a ser aprovado na mesma sessão ou na sessão ordinária seguinte.
>
> § 8º O pronunciamento do Conselho Pleno, nos casos de uniformização de jurisprudência, poderá ser adiado, uma única vez, para a sessão seguinte a pedido de, no mínimo, três membros presentes.
>
> § 9º O pedido de adiamento na forma do parágrafo anterior não impedirá que votem os Conselheiros que se julguem habilitados a fazê-lo.
>
> § 10. Os Conselheiros que tenham participado do julgamento na Câmara do CRSS não estão impedidos de julgar o pedido de uniformização no Conselho Pleno.
>
> § 11. Aplica-se ao pedido de uniformização de jurisprudência, no que couber, o disposto no Capítulo VII deste Regimento.
>
> § 12. No caso de provimento do Pedido de Uniformização de Jurisprudência, o Órgão Julgador do CRSS que proferiu o acórdão infringente deverá revê-lo de ofício, após ser notificado do resultado do julgamento, adequando o julgado à tese fixada pelo Pleno.

Pois bem, o INSS suscita divergência na aplicação de matéria de direito em relação ao reconhecimento da eletricidade como agente nocivo a partir de 06/03/1997.

Sendo assim, o acórdão hostilizado nº 598/2016 da 1ª Composição Adjunta da 1ª Câmara de Julgamento negou provimento ao recurso especial do INSS para manter o

MINISTÉRIO DA ECONOMIA-ME
SECRETARIA ESPECIAL DE PREVIDÊNCIA E TRABALHO
SECRETARIA DE PREVIDÊNCIA
CONSELHO DE RECURSOS DA PREVIDÊNCIA SOCIAL-CRPS
CONSELHO PLENO

reconhecimento do período de 06/03/1997 até 22/05/2014 como atividade especial por exposição a eletricidade, além da concessão do benefício.

Adiante, foi apresentado como acórdão paradigma, o decisório nº 1018/2015 da 1ª Câmara de Julgamento, no qual fundamenta a impossibilidade do reconhecimento da eletricidade como agente nocivo após sua exclusão pelo Decreto 2.172 de 1997.

Em razão disso, a matéria de direito controversa deverá ser restrita a natureza do rol de agentes nocivos previsto pelos Decretos 2.172 de 1997 e 3.048 de 1999, ou seja, se de natureza taxativa ou exemplificativa.

Primeiramente, cabe salientar que o Superior Tribunal de Justiça já analisou a matéria seguindo o rito de recursos repetitivos no Resp 1.306.113/SC, no qual decidiu pelo caráter exemplificativo do rol previsto pelo Anexo IV do Decreto 3.048 de 1999, conforma ementa colacionada abaixo:

> RECURSO ESPECIAL. MATÉRIA REPETITIVA. ART. 543-C DO CPC E RESOLUÇÃO STJ 8/2008. RECURSO REPRESENTATIVO DE CONTROVÉRSIA. ATIVIDADE ESPECIAL. AGENTE ELETRICIDADE. SUPRESSÃO PELO DECRETO 2.172/1997 (ANEXO IV). ARTS. 57 E 58 DA LEI 8.213/1991. ROL DE ATIVIDADES E AGENTES NOCIVOS. CARÁTER EXEMPLIFICATIVO. AGENTES PREJUDICIAIS NÃO PREVISTOS. REQUISITOS PARA CARACTERIZAÇÃO. SUPORTE TÉCNICO MÉDICO E JURÍDICO. EXPOSIÇÃO PERMANENTE, NÃO OCASIONAL NEM INTERMITENTE (ART. 57, § 3º, DA LEI 8.213/1991). 1. Trata-se de Recurso Especial interposto pela autarquia previdenciária com o escopo de prevalecer a tese de que a supressão do agente eletricidade do rol de agentes nocivos pelo Decreto 2.172/1997 (Anexo IV) culmina na impossibilidade de configuração como tempo especial (arts. 57 e 58 da Lei 8.213/1991) de tal hipótese a partir da vigência do citado ato normativo. 2. À luz da interpretação sistemática, as normas regulamentadoras que estabelecem os casos de agentes e atividades nocivos à saúde do trabalhador são exemplificativas, podendo ser tido como distinto o labor que a técnica médica e a legislação correlata considerarem como prejudiciais ao obreiro, desde que o trabalho seja permanente, não ocasional, nem

165.803.685-6

MINISTÉRIO DA ECONOMIA-ME
SECRETARIA ESPECIAL DE PREVIDÊNCIA E TRABALHO
SECRETARIA DE PREVIDÊNCIA
CONSELHO DE RECURSOS DA PREVIDÊNCIA SOCIAL-CRPS
CONSELHO PLENO

> intermitente, em condições especiais (art. 57, § 3º, da Lei 8.213/1991). Precedentes do STJ. 3. No caso concreto, o Tribunal de origem embasou-se em elementos técnicos (laudo pericial) e na legislação trabalhista para reputar como especial o trabalho exercido pelo recorrido, por consequência da exposição habitual à eletricidade, o que está de acordo com o entendimento fixado pelo STJ. 4. Recurso Especial não provido. Acórdão submetido ao regime do art. 543-C do CPC e da Resolução 8/2008 do STJ.

Sendo assim, o STJ analisa a exposição a fatores nocivos pela ótica trabalhista para estender a aplicação do Decreto 53.831 de 1964 em razão da periculosidade do exercício de atividade laborativa exposto a eletricidade.

Contudo, a Lei 9.032 de 1995 juntamente com o Decreto 2.172 de 1997 alterou a sistemática para o reconhecimento da atividade especial para agentes nocivos, pois foram excluídos alguns agentes do rol de nocividade, dentre eles a eletricidade, além de determinar a necessidade de Laudo Técnico de Condições Ambientais de Trabalho para comprovar a efetiva exposição aos agentes nocivos.

Consequentemente, a edição do Decreto 2.172 inaugura uma nova forma de análise da atividade especial a partir de 06/03/1997, tendo em vista a cisão dos conceitos de direito trabalhista (insalubre e/ou penoso) e direito previdenciário (nocivo e permanente).

A nocividade é conceituada no direito previdenciário como a exposição a agentes nocivos prejudiciais à saúde e a integridade física, conforme art. 64, § 1º do Decreto 3.048 de 1999 com a redação dada pelo Decreto 8.213 de 2013[1], enquanto a

[1] Art. 64. A aposentadoria especial, uma vez cumprido o período de carência exigido, será devida ao segurado empregado, trabalhador avulso e contribuinte individual, este último somente quando cooperado filiado a cooperativa de trabalho ou de produção, que comprove o exercício de atividades com efetiva exposição a agentes químicos, físicos e biológicos prejudiciais à saúde, ou a associação desses agentes, de forma permanente, não ocasional nem intermitente, vedada a caracterização por categoria profissional ou ocupação, durante, no mínimo, quinze, vinte ou vinte e cinco anos, e que cumprir os seguintes requisitos: (Redação dada pelo Decreto nº 10.410, de 2020).
§ 1º A concessão da aposentadoria especial prevista neste artigo dependerá da comprovação, durante o período mínimo fixado no **caput**: (Redação dada pelo Decreto nº 8.123, de 2013)
I - do tempo de trabalho permanente, não ocasional nem intermitente; e (Incluído pelo Decreto nº 8.123, de 2013)

MINISTÉRIO DA ECONOMIA-ME
SECRETARIA ESPECIAL DE PREVIDÊNCIA E TRABALHO
SECRETARIA DE PREVIDÊNCIA
CONSELHO DE RECURSOS DA PREVIDÊNCIA SOCIAL-CRPS
CONSELHO PLENO

permanência é caracterizada pela indissociabilidade da produção do bem ou prestação do serviço na forma do art. 65, caput do mesmo Decreto[2].

Destarte, como ramo autônomo do direito, o Direito Previdenciário apresenta princípios, métodos, institutos e regras próprias a serem aplicadas na solução de controvérsias e conflitos sem se afastar do seu núcleo, não sendo possível a utilização de princípios e regras alheias que deturpam sua aplicação sistemática.

Neste sentido, o art. 58, caput da Lei 8.213 de 1991[3] delegou ao Poder Executivo a definição de agente nocivo e sua enumeração, no qual há previsão explicita do caráter exaustivo do rol de agentes nocivos previsto no Anexo IV do Decreto 3.048 de 1999, pois afirma: "*O rol de agentes nocivos é exaustivo, enquanto que as atividades listadas, nas quais pode haver a exposição, é exemplificativa. (Redação dada pelo Decreto, nº 3.265, de 1999)*".

Portanto, levando em consideração a natureza administrativa do Conselho de Recursos da Previdência Social, bem como a competência de edição de Decreto Regulamentar pelo Presidente da República, o CRPS não pode suplantar sua competência e as disposições previstas no Decreto 3.048 de 1999 para aplicar decisões judiciais sem a prévia autorização do Chefe do Poder Executivo na forma do art. 69 do Regimento Interno do CRPS:

> Art. 69. É vedado aos órgãos julgadores do CRSS afastar a aplicação, por inconstitucionalidade ou ilegalidade, de tratado, acordo internacional, lei, decreto ou ato normativo ministerial em vigor, ressalvados os casos em que:
> I - já tenha sido declarada a inconstitucionalidade da norma pelo

II - da exposição do segurado aos agentes nocivos químicos, físicos, biológicos ou a associação de agentes prejudiciais à saúde ou à integridade física. (Incluído pelo Decreto nº 8.123, de 2013)

[2] Art. 65. Considera-se tempo de trabalho permanente aquele que é exercido de forma não ocasional nem intermitente, no qual a exposição do empregado, do trabalhador avulso ou do cooperado ao agente nocivo seja indissociável da produção do bem ou da prestação do serviço.

[3] Art. 58. A relação dos agentes nocivos químicos, físicos e biológicos ou associação de agentes prejudiciais à saúde ou à integridade física considerados para fins de concessão da aposentadoria especial de que trata o artigo anterior será definida pelo Poder Executivo.

165.803.685-6

MINISTÉRIO DA ECONOMIA-ME
SECRETARIA ESPECIAL DE PREVIDÊNCIA E TRABALHO
SECRETARIA DE PREVIDÊNCIA
CONSELHO DE RECURSOS DA PREVIDÊNCIA SOCIAL-CRPS
CONSELHO PLENO

> Supremo
> Tribunal Federal, em ação direta, após a publicação da decisão, ou pela via incidental, após a publicação da resolução do Senado Federal que suspender a sua execução; e
> II - haja decisão judicial, proferida em caso concreto, afastando a aplicação da norma, por ilegalidade ou inconstitucionalidade, cuja extensão dos efeitos jurídicos tenha sido autorizada pelo Presidente da República.

Sem embargos, essa é a tese firmada nos julgados das Resoluções 08/2016, 46/2018, 48/2018, 49/2018, 50/2018, 51/2018, 52/2018, 53/2018, 22/2019, 23/2019[4], 35/2019, 39/2019 e 44/2019.

Desta forma, reafirma-se o caráter exaustivo do rol previsto pelos Decreto 2.172 de 1997 e 3.048 de 1999, não sendo possível o reconhecimento da eletricidade como agente nocivo a partir de 06/03/1997.

Por conseguinte, o INSS demonstrou a divergência na interpretação em matéria de direito entre acórdãos de Câmaras de Julgamento, sendo que o acórdão hostilizado não aplicou a jurisprudência deste Conselho na aplicação da legislação previdenciária, devendo ser revisto na forma do § 12° do art. 63 do Regimento Interno do Regimento Interno do CRPS.

[4] APOSENTADORIA POR TEMPO DE CONTRIBUIÇÃO. PEDIDO DE UNIFORMIZAÇÃO DE JURISPRUDENCIA. Divergência jurisprudencial entre as Câmaras de Julgamento no que tange a conversão do agente eletricidade a partir de 06/03/97, com advento do Decreto n° 2.172/97. Competência para análise deste Conselho Pleno na forma do art. 3° inc. II do Regimento Interno do CRSS aprovado pela Portaria MDAS n° 116/2017. Pressupostos de Admissibilidade do pedido alcançados na forma do art. 63 do mesmo Regimento. **Impossibilidade de conversão do agente eletricidade a partir de 06/03/97 por inexistência de previsão legal, não sendo possível o Conselho julgar em desacordo com o previsto em lei, decreto e ato normativo ministerial, na forma do art. 69 do Regimento Interno do CRSS. Precedentes do Conselho Pleno.** Pedido de Uniformização conhecido e provido. Necessidade de revisão de ofício do acórdão impugnado na forma do § 12 do art. 63 do Regimento Interno do CRSS. (Processo 44232.833284/2016-31, NB 174.704.417-0, Relator: Rodolfo Espinel Donadon, Conselho Pleno, julgado em 28/06/2019).

165.803.685-6

MINISTÉRIO DA ECONOMIA-ME
SECRETARIA ESPECIAL DE PREVIDÊNCIA E TRABALHO
SECRETARIA DE PREVIDÊNCIA
CONSELHO DE RECURSOS DA PREVIDÊNCIA SOCIAL-CRPS
CONSELHO PLENO

Por todo o exposto, Voto no sentido de, preliminarmente, **CONHECER DO PEDIDO DE UNIFORMIZAÇÃO DE JURISPRUDÊNCIA APRESENTADO PELO INSS** e, no mérito, **DAR-LHE PROVIMENTO.**

GUILHERME LUSTOSA PIRES
Relator

MINISTÉRIO DA ECONOMIA-ME
SECRETARIA ESPECIAL DE PREVIDÊNCIA E TRABALHO
SECRETARIA DE PREVIDÊNCIA
CONSELHO DE RECURSOS DA PREVIDÊNCIA SOCIAL-CRPS
CONSELHO PLENO

Ref.: NB 165.803.685-6
Espécie: APOSENTADORIA POR TEMPO DE CONTRIBUIÇÃO
Tipo de procedimento: UNIFORMIZAÇÃO DE JURISPRUDÊNCIA
Suscitante: INSTITUTO NACIONAL DO SEGURO SOCIAL (INSS)
Suscitado: LEANDRO MOREIRA GUIMARÃES

VOTO DIVERGENTE (VENCIDO)

I

O argumento central apresentado para que não se reconheça, como especial e passível de enquadramento, a atividade exercida sob tensão elétrica superior a 250 (duzentos e cinquenta) volts está na **premissa** de que sendo este Conselho de Recursos órgão do Poder Executivo, estaria submetido ao que se convencionou chamar de princípio da legalidade, estando limitado a fazer somente o que a lei lhe autoriza, sendo que a **suposta** ausência de autorização legislativa reconhecendo a especialidade daquela atividade atuaria, no entender dos adeptos de tal entendimento, como fator de inibição, impedindo o colegiado de promover a conversão dos períodos reclamados.

O que é preciso enfatizar, desde logo, é que tal **premissa** foi apresentada de maneira **simplista** e à custa da **omissão** de diversos elementos relevantes no campo jurídico (violação a normas legais e esquecimento de jurisprudência dos Tribunais Superiores), conforme restará demonstrado.

II

A denominada aposentadoria especial, que nada mais é do que "*uma espécie da aposentadoria por tempo de contribuição*", com redução do tempo necessário à inativação(1), mereceu, conforme

---

(1) Cf. LAZZARI, João Batista, KRAVCHYCHYN, Jefferson Luís, KRAVCHYCHYN, Gisele Lemos e CASTRO, Carlos Alberto Pereira de. Prática Processual Previdenciária. 10ª edição. São Paulo: Editora Forense/Grupo Editorial Nacional Participações S/A, 2018.

MINISTÉRIO DA ECONOMIA-ME
SECRETARIA ESPECIAL DE PREVIDÊNCIA E TRABALHO
SECRETARIA DE PREVIDÊNCIA
CONSELHO DE RECURSOS DA PREVIDÊNCIA SOCIAL-CRPS
CONSELHO PLENO

anotou Marcelo Leonardo Tavares, consideração do constituinte de 1988, "*que lhe dedicou a observação do § 1º do art. 201 da Carta*"(2) segundo a qual é "*vedada a adoção de requisitos e critérios diferenciados para a concessão de aposentadoria aos beneficiários do regime geral de previdência social, **ressalvados os casos de atividades exercidas sob condições especiais que prejudiquem a saúde ou a integridade física** e quando se tratar de segurados portadores de deficiência, nos termos definidos em **lei complementar***"(3).

Esta regra constitucional veio a ser complementada pelos arts. 57 e 58 da Lei nº 8.213, de 24.07.1991, que assim dispõem:

> **Art. 57.** A aposentadoria especial será devida, uma vez cumprida a carência exigida nesta Lei, ao segurado que tiver trabalhado sujeito a **condições especiais** que **prejudiquem a saúde ou a integridade física**, durante 15 (quinze), 20 (vinte) ou 25 (vinte e cinco) anos, conforme dispuser a lei (Redação dada pela Lei nº 9.032, de 1995).
>
> **Art. 58.** A relação dos agentes nocivos químicos, físicos e biológicos ou associação de **agentes prejudiciais à saúde ou à integridade física** considerados para fins de concessão da aposentadoria especial de que trata o artigo anterior será definida pelo **Poder Executivo** (Redação dada pela Lei nº 9.528, de 1997).

A normatização do art. 57 da Lei nº 8.213/91 consta igualmente do Regulamento da Previdência Social, aprovado pelo Decreto nº 3.048, de 06.05.1999, cujo art. 64 assim estipula:

> "Art. 64. A aposentadoria especial, uma vez cumprida a carência exigida, será devida ao segurado empregado, trabalhador avulso e contribuinte individual, este somente quando cooperado filiado a cooperativa de trabalho ou de produção, que tenha trabalhado durante quinze, vinte ou vinte e cinco anos, conforme o caso, **sujeito a condições especiais que prejudiquem a saúde ou a integridade física**" (Redação dada pelo Decreto nº 4.729, de 2003).

---

(2) Cf. Direito Previdenciário. 13ª edição. Niterói. Editora IMPETUS, 2011, p. 158.
(3) Cf. Direito Previdenciário. 13ª edição. Niterói. Editora IMPETUS, 2011, p. 158.

165.803.685-6

MINISTÉRIO DA ECONOMIA-ME
SECRETARIA ESPECIAL DE PREVIDÊNCIA E TRABALHO
SECRETARIA DE PREVIDÊNCIA
CONSELHO DE RECURSOS DA PREVIDÊNCIA SOCIAL-CRPS
CONSELHO PLENO

É de ver, portanto, que a Constituição Federal refere-se **apenas** e unicamente a trabalho executado em condições especiais, enquanto que a legislação previdenciária de nível ordinário biparte o tema em: **a**) labor realizado em condições especiais **e** **b**) atividades exercidas em contato com agentes prejudiciais à saúde ou à integridade física do trabalhador.

Logo, infere-se que os arts. 57 e 58 da Lei nº 8.213/91 tratam de situações **diversas**, com o primeiro dispondo sobre a aposentadoria especial nos casos envolvendo atividades exercidas em **condições especiais consideradas prejudiciais à saúde ou à integridade do trabalhador**, estando o art. 58 da norma a regrar os casos de labor executado em **contato com agentes** considerados nocivos.

Dessa forma, a concessão de aposentadoria especial, ao contrário do que é normalmente sustentado, **não** está vinculada **apenas** ao labor executado com submissão a **agentes** considerados nocivos, podendo igualmente ser deferida nos casos em que a **atividade** é exercida em condições especiais que possam ensejar prejuízo à saúde ou à integridade física do segurado, o que, aliás, é confirmado pelo regramento contido no § 3º do art. 57 da já citada Lei nº 8.213/91, onde se lê que "[*a*] *concessão da aposentadoria especial dependerá de comprovação pelo segurado, perante o Instituto Nacional do Seguro Social-INSS, do tempo de trabalho permanente, não ocasional nem intermitente, em* ***condições especiais*** *que prejudiquem a saúde ou a integridade física, durante o período mínimo fixado*".

É esta, Senhor Presidente, a **única** interpretação plausível para os comandos existentes nos transcritos textos legais, pois entender de modo diverso seria considerar como inócuos ou desprovidos de qualquer utilidade 4 (quatro) dispositivos legais - art. 201, § 1º, da Constituição Federal, art. 57 e respectivo § 3º da Lei nº 8.213/91 e o art. 64 do Regulamento da Previdência Social - , em total afronta ao princípio básico da hermenêutica jurídica segundo o qual "*as expressões do Direito interpretam-se de modo que* ***não*** *resultem frases sem significação real,* ***vocábulos supérfluos****, ociosos, inúteis*"(4).

(4) Cf. MAXIMILIANO, Carlos. Hermenêutica e Aplicação do Direito. 3ª edição. Rio de Janeiro: Livraria Editora Freitas Bastos, 1941, p. 300.

165.803.685-6

MINISTÉRIO DA ECONOMIA-ME
SECRETARIA ESPECIAL DE PREVIDÊNCIA E TRABALHO
SECRETARIA DE PREVIDÊNCIA
CONSELHO DE RECURSOS DA PREVIDÊNCIA SOCIAL-CRPS
CONSELHO PLENO

Reconheço que o posicionamento exposto pode, em tese, ser questionado com fundamento no Decreto nº 8.123, de 16.10.2013, que ao promover alterações no Regulamento da Previdência Social, o fez para **unir** as hipóteses anteriormente **separadas** pelos arts. 57 e 58 da **Lei** nº 8.213/81 e considerar como "*condições especiais que prejudiquem a saúde e a integridade física aquelas nas quais a exposição ao agente nocivo ou associação de agentes presentes no ambiente de trabalho esteja acima dos limites de tolerância estabelecidos segundo critérios quantitativos ou esteja caracterizada segundo os critérios da avaliação qualitativa dispostos no § 2º do art. 68*".

Embora impressione a uma primeira leitura, o argumento é juridicamente passível de **censura**.

Isso porque se a **Lei** nº 8.213/91, **votada e aprovada pelo Congresso Nacional**, deixou patente a **distinção** entre o trabalho exercido em condições especiais **daquele** operado sob efeito ou exposição a agentes nocivos, não poderia jamais um Decreto **inovar** e alterar a normatização ali contida, no que resultaria - e resulta - dar **preferência** ao texto da **Lei** em detrimento ao conteúdo do **Decreto**, que lhe é **inferior** segundo a ordem de gradação das normas previdenciárias descrita pela doutrina (5).

Demais a mais, é fato incontroverso que o Decreto nº 8.123 é de 2013, com efeitos somente a partir de sua publicação, ocorrida em 17.10.**2013**, enquanto que o período objeto de enquadramento inicia-se em 06.03.1997 e tem como data final o dia 19.03.**2014**, laborado pelo segurado na empresa CEMIG Distribuidora S/A, **o que impede a incidência do aludido Decreto a 95% (noventa e cinco por cento) da jornada de trabalho anterior à sua edição**, pois as normas são feitas para o futuro, **nunca** para o passado.

Nessa linha de pensamento, ainda que se reconheça a possibilidade de alteração dos termos da Lei por um Decreto, essa alteração, por não possuir retroeficácia, **não se aplica à parte da hipótese dos autos**, razão pela qual entre a Constituição Federal de 1988 e a nova redação conferida ao RPS pelo Decreto nº 8.123, de 16.10.2013 é viável cogitar-se em enquadramento por labor executado em condições especiais que prejudiquem a integridade e a saúde do trabalhador (art. 201, § 1º, da CF c/c o art. 57 da Lei nº 8.213/91).

(5) Nesse sentido, cf. GOES, Hugo Medeiros de. Manual de Direito Previdenciário. 13ª edição. Rio de Janeiro: Ferreira, p. 73.

165.803.685-6

MINISTÉRIO DA ECONOMIA-ME
SECRETARIA ESPECIAL DE PREVIDÊNCIA E TRABALHO
SECRETARIA DE PREVIDÊNCIA
CONSELHO DE RECURSOS DA PREVIDÊNCIA SOCIAL-CRPS
CONSELHO PLENO

A questão principal, pois, não é a possibilidade de enquadramento, mas pesquisar quais atividades estariam albergadas pela expressão "*condições especiais que prejudiquem a integridade física*", visto que o argumento daqueles que advogam a impossibilidade do enquadramento aqui discutido está no fato de inexistir atualmente a denominada periculosidade.

Consultando a doutrina, João Batista Lazzari e Carlos Alberto Pereira de Castro ponderam que "*o conceito de prejuízo à saúde e à integridade física (art. 201, § 1º, da CF) engloba* ***todos*** *os tipos de atividades que possam causar dano ao trabalhador*"(6).

A observação dos mencionados estudiosos, dado o seu caráter extremamente genérico, pouco ajuda para a questão em concreto, devendo-se buscar em textos legais o caminho para a solução do problema.

Nesse ponto, o Decreto nº 93.412, de 14.10.1986, é **taxativo** e esclarecedor ao estabelecer no art. 2º, § 2º, que:

> "Art. 2º -
>
> ....
>
> § 2º - São equipamentos ou instalações elétricas em situação de risco aqueles de cujo contato físico ou exposição aos efeitos da eletricidade possam resultar incapacitação, invalidez permanente ou morte".

Está aí, bem caracterizada, a condição especial capaz de ensejar prejuízo à saúde e à integridade física do trabalhador, de modo a permitir o enquadramento do labor executado sob tensão elétrica superior a 250 volts.

E nem se alegue com uma suposta impossibilidade de se aplicar em sede de Direito Previdenciário, preceitos de Direito Trabalho, visto que o aludido Decreto nº 93.412/1986 foi editado para regulamentar a Lei nº 7.369, de 20.09.1985, que dispôs sobre a concessão de um **salário adicional** para empregados no setor elétrico, matéria afeta ou típica de Direito do Trabalho.

(6) Cf. CASTRO, Carlos Alberto Pereira e LAZZARI, João Batista. Manual de Direito Previdenciário. 19ª edição. São Paulo: Editora Forense, 2016.

165.803.685-6

MINISTÉRIO DA ECONOMIA-ME
SECRETARIA ESPECIAL DE PREVIDÊNCIA E TRABALHO
SECRETARIA DE PREVIDÊNCIA
CONSELHO DE RECURSOS DA PREVIDÊNCIA SOCIAL-CRPS
CONSELHO PLENO

Nem se argumente assim porque, conforme é sabido, o Direito é um **todo** sistemático, que **não** pode ser **decomposto** em significados normativos independentes uns dos outros, valendo lembrar que a velha distinção entre direito público e direito privado é hoje **apenas** aceita para fins acadêmicos.

Lado outro, não se deve perder de vista que a Lei nº 9.784, de 29.01.1999, que regulou o processo administrativo no âmbito da **Administração Pública Federal**, estabeleceu, dentre outros, o seguinte parâmetro para atuação dos órgãos e entidades federais:

> "Art. 2º
>
> ....
>
> Parágrafo único. Nos processos administrativos serão observados, entre outros, os critérios de:
> I - atuação conforme a **lei e o Direito**".

A atuação conforme a lei está comprovada, pois o reconhecimento do labor em tensão elétrica superior a 250 volts como atividade exercida em condições especiais tem amparo na **Constituição Federal** (art. 201, § 1º), na **Lei nº 8.213/91** (art. 57) e no **Decreto nº 93.412/86**, não havendo espaço para se falar em ilegalidade.

No tocante ao segundo critério - atuação conforme o Direito - , se a **jurisprudência**, conforme anotou Hermes Lima, "*é o estado atual do **Direito** tal como é revelado pelo conjunto das soluções que sobre dada matéria se encontram consagradas pelas decisões judiciárias*"(7), infere-se ser possível o enquadramento, ainda que após 1997, do trabalho executado com eletricidade, pois o conjunto das decisões judiciárias aponta em tal direção, valendo como exemplo o **precedente** do Superior Tribunal de Justiça (STJ) adotado no Recurso Especial nº 1.306.113/SC, assim ementado (**in** DJ*e* de 07.03.2013):

> "RECURSO ESPECIAL. MATÉRIA REPETITIVA. ART. 543-C DO CPC E RESOLUÇÃO STJ 8/2008. RECURSO REPRESENTATIVO DE CONTROVÉRSIA. ATIVIDADE ESPECIAL. AGENTE ELETRICIDADE. SUPRESSÃO PELO DECRETO 2.172/1997 (ANEXO IV). ARTS. 57 E 58 DA LEI 8.213/1991. ROL DE ATIVIDADES E AGENTES NOCIVOS. CARÁTER EXEMPLIFICATIVO. AGENTES

(7) Cf. LIMA, Hermes. Introdução à Ciência do Direito. 29ª edição. Rio de Janeiro: Livraria Freitas Bastos S/A, 1989, p. 168.

165.803.685-6

MINISTÉRIO DA ECONOMIA-ME
SECRETARIA ESPECIAL DE PREVIDÊNCIA E TRABALHO
SECRETARIA DE PREVIDÊNCIA
CONSELHO DE RECURSOS DA PREVIDÊNCIA SOCIAL-CRPS
CONSELHO PLENO

> PREJUDICIAIS NÃO PREVISTOS. REQUISITOS PARA CARACTERIZAÇÃO. SUPORTE TÉCNICO MÉDICO E JURÍDICO. EXPOSIÇÃO PERMANENTE, NÃO OCASIONAL NEM INTERMITENTE (ART. 57, § 3º, DA LEI 8.213/1991).
> 1. Trata-se de Recurso Especial interposto pela autarquia previdenciária com o escopo de prevalecer a tese de que a supressão do agente eletricidade do rol de agentes nocivos pelo Decreto 2.172/1997 (Anexo IV) culmina na impossibilidade de configuração como tempo especial (arts. 57 e 58 da Lei 8.213/1991) de tal hipótese a partir da vigência do citado ato normativo.
> 2. À luz da interpretação sistemática, as normas regulamentadoras que estabelecem os casos de agentes e atividades nocivos à saúde do trabalhador são exemplificativas, podendo ser tido como distinto o labor que a técnica médica e a legislação correlata considerarem como prejudiciais ao obreiro, desde que o trabalho seja permanente, não ocasional, nem intermitente, em condições especiais (art. 57, § 3º, da Lei 8.213/1991). Precedentes do STJ.
> 3. No caso concreto, o Tribunal de origem embasou-se em elementos técnicos (laudo pericial) e na legislação trabalhista para reputar como especial o trabalho exercido pelo recorrido, por consequência da exposição habitual à eletricidade, o que está de acordo com o entendimento fixado pelo STJ.
> 4. Recurso Especial não provido. Acórdão submetido ao regime do art. 543-C do CPC e da Resolução 8/2008 do STJ".

A fixação, pelo STJ, da tese sobre o enquadramento do trabalho exercido sob tensão elétrica superior a 250 volts ganha especial relevo com a edição do novo Código de Processo Civil, que introduziu profundas alterações na legislação processual brasileira, com ênfase na valorização dos **precedentes**, conforme se observa da leitura do art. 927 do referido diploma:

> "Art. 927. Os juízes e os tribunais **observarão**:
> ....
> II - os enunciados de súmula vinculante;
> III - os acórdãos em incidente de assunção de competência ou de resolução de demandas repetitivas **e em julgamento de recursos** extraordinário **e especial repetitivos**;

MINISTÉRIO DA ECONOMIA-ME
SECRETARIA ESPECIAL DE PREVIDÊNCIA E TRABALHO
SECRETARIA DE PREVIDÊNCIA
CONSELHO DE RECURSOS DA PREVIDÊNCIA SOCIAL-CRPS
CONSELHO PLENO

> IV - os enunciados das súmulas do Supremo Tribunal Federal em matéria constitucional e do Superior Tribunal de Justiça em matéria infraconstitucional;
>
> ....".

Assim, se o Superior Tribunal de Justiça, a quem a Constituição Federal cometeu a responsabilidade de interpretar a legislação federal e estadual de nível ordinário, entende ser possível o enquadramento da atividade exercida sob tensão elétrica superior a 250 volts, isso significa que inexiste óbice a que este Conselho de Recursos possa encampar tal posicionamento, valendo ressaltar que o tema, conforme já enfatizado, foi objeto de repercussão geral, o que confere à tese encampada por aquele Tribunal uma amplitude que transborda o Poder Judiciário, cabendo à Administração Federal curvar-se a tal posicionamento, de modo a evitar a continuidade desse pingue-pongue jurisprudencial que leva o Poder Judiciário e algumas unidades julgadores deste Conselho de Recursos a posicionarem-se pela **possibilidade de enquadramento**, com outros órgãos judicantes do mesmo CRPS trilhando caminho oposto, tudo a vulnerar o princípio da **segurança jurídica**, que existe **e** está catalogado na já citada Lei nº 9.784/99 (art. 2º).

Aliás, bem por isso cabe lembrar a precisa observação do Ministro Rogério Schietti Cruz, do mesmo STJ, para quem "[é] injustificável que, depois de firmadas teses em recurso representativo de controvérsia, bem como em enunciado de súmula, se persista na adoção de um entendimento incompatível com a interpretação dada por este superior tribunal" (Brasil. Superior Tribunal de Justiça. Reclamação nº 33.862. Relator: Ministro Rogério Schietti Cruz. Acórdão (ementa) **in** DJe de 16.08.2017.

A bem da verdade, a insistência em se discutir ou negar reconhecimento a uma **tese** já pacificada pelo Superior Tribunal de Justiça (STJ) viola - insista-se - o princípio da segurança jurídica, além de vulnerar igualmente os princípios da celeridade processual e do **interesse público** (art. 2º da Lei nº 9.9784/91), pois qual a vantagem de se levar ao Poder Judiciário uma demanda cujo desfecho já sabe-se que será favorável ao segurado?

Por todas essas considerações, Senhor Presidente, entendo que o labor exercido sob tensão elétrica superior a 250 volts **está** inserido dentre aqueles compreendidos como exercidos em condições especiais prejudiciais à integridade física do trabalhador, cabendo o reconhecimento da especialidade e posterior

165.803.685-6

MINISTÉRIO DA ECONOMIA-ME
SECRETARIA ESPECIAL DE PREVIDÊNCIA E TRABALHO
SECRETARIA DE PREVIDÊNCIA
CONSELHO DE RECURSOS DA PREVIDÊNCIA SOCIAL-CRPS
CONSELHO PLENO

enquadramento, razão pela qual voto por **NEGAR** provimento ao Incidente de Uniformização de Jurisprudência suscitado pelo Instituto Nacional do Seguro Social (INSS).

PAULO SÉRGIO DE CARVALHO. COSTA RIBEIRO
Conselheiro - 4ª CaJ

MINISTÉRIO DA ECONOMIA -ME
SECRETARIA ESPECIAL DE PREVIDÊNCIA E TRABALHO
SECRETARIA DE PREVIDÊNCIA
CONSELHO DE RECURSOS DA PREVIDÊNCIA SOCIAL-CRPS
CONSELHO PLENO

DECISóRIO

RESOLUÇÃO Nº 26/2020

Vistos e relatados os presentes autos, em sessão realizada hoje, **ACORDAM** os membros do Conselho Pleno, por **MAIORIA** no sentido de **CONHECER DO PEDIDO DE UNIFORMIZA ÇÃO DE JURISPRUDÊNCIA APRESENTADO PELO INSS,** e no mérito, **DAR-LHE PROVIMENTO,** de acordo com o Voto do Relator Guilherme Lustosa Pires e sua fundamentação. Vencido Voto Divergente do Conselheiro Paulo Sérgio de Carvalho Costa Ribeiro. Vencido ainda o Conselheiro Valter Sérgio Pinheiro Coelho.

Participaram, ainda, do presente julgamento os (as) Conselheiros (as): Robson Ferreira Maranhão, Renato Agostinho das Chagas, Moisés Oliveira Moreira, Maria Madalena Silva Lima, Márcia Aparecida Martins, Maria José de Paula Moraes, Imara Sodré Sousa Neto, Sulamita Cristina Dias, Rodolfo Espinel Donadon, Alexandra Álvares de Alcântara, Tarsila Otaviano da Costa e Adriene Cândida Borges.

Brasília-DF, 28 de julho de 2020

GUILHERME LUSTOSA PIRES
Relator

MARCELO FERNANDO BORSIO
Presidente

165.803.685-6

3.1.27 Resolução 27/2020 (Trabalhador/rural/tempo/especial/filiação/PRO-RURAL/impossibilidade/Enunciado 33/CRPS)

Objeto: Trata-se de Resolução que julgou Reclamação interposta pelo INSS alegando que a decisão da Câmara de Julgamento violou o Enunciado 33 do CRPS: "Para os efeitos de reconhecimento de tempo especial, o enquadramento do tempo de atividade do trabalhador rural, segurado empregado, sob o código 2.2.1 do Quadro anexo ao Decreto n° 53.831, de 25 de março de 1964, é possível quando o regime de vinculação for o da Previdência Social Urbana, e não o da Previdência Rural (PRORURAL), para os períodos anteriores à unificação de ambos os regimes pela Lei n° 8.213, de 1991, e aplica-se ao tempo de atividade rural exercido até 28 de abril de 1995, independentemente de ter sido prestado exclusivamente na lavoura ou na pecuária."

Decisão: Provido.

Tese jurídica: O segurado não estava filiado à Previdência Urbana no período e sim ao Pro-Rural.

MINISTÉRIO DA ECONOMIA-ME
SECRETARIA ESPECIAL DE PREVIDÊNCIA E TRABALHO
SECRETARIA DE PREVIDÊNCIA
CONSELHO DE RECURSOS DA PREVIDÊNCIA SOCIAL-CRPS
CONSELHO PLENO

Nº de Protocolo do Recurso: 44233.080622/2017-00
Documento/Benefício: 178.918.926-5
Unidade de origem: Agência da Previdência Social em Itatinga
Tipo do Processo: Reclamação ao Conselho Pleno
Recorrente: Nivaldo Baristel
Recorrido: Instituto Nacional do Seguro Social/INSS
Benefício: Aposentadoria por Tempo de Contribuição
Relatora: Guilherme Lustosa Pires

(Processo Eletrônico)

Relatório

Ementa:

RECLAMAÇÃO AO CONSELHO PLENO. ART. 64 DO REGIMENTO INTERNO DO CRPS. APOSENTADORIA POR TEMPO DE CONTRIBUIÇÃO. ART. 52 DA LEI 8.213 DE 1991. NOVO ENUNCIADO Nº 15 – POSSIBILIDADE DE ENQUADRAMENTO POR CATEGORIA PROFISSIONAL DO TRABALHADOR RURAL APÓS A LEI 8.213 DE 24/07/1991 OU QUANDO COMPROVADA A FILIAÇÃO À PREVIDÊNCIA URBANA.

Relatório:

Trata-se de pedido de reclamação ao Conselho Pleno apresentado pelo INSS contra o acordão proferido pela 1ª Composição Adjunta da 1ª Câmara de Julgamento do CRPS em razão de violação a tese fixada no Enunciado nº 33 do CRPS.

Nilvaldo Baristel apresentou pedido de aposentadoria por tempo de contribuição no dia 31/10/2016, autuado sob o NB 42/178.918.926-5. No entanto, o benefício foi negado pelo INSS por falta de tempo de contribuição.

Recurso ordinário apresentado pelo segurado, alegando que exerceu atividade laborativa exposto a agentes prejudiciais à saúde e a integridade física durante os intervalos de 01/03/2010 até 15/07/2011 e 26/10/2011 até 06/12/2014.

MINISTÉRIO DA ECONOMIA-ME
SECRETARIA ESPECIAL DE PREVIDÊNCIA E TRABALHO
SECRETARIA DE PREVIDÊNCIA
CONSELHO DE RECURSOS DA PREVIDÊNCIA SOCIAL-CRPS
CONSELHO PLENO

O acórdão nº 3208/2017 da 03ª Junta de Recursos do Conselho de Recursos da Previdência Social – CRPS deu provimento ao recurso ordinário com a concessão do benefício, pois reconheceu os períodos de 07/09/1983 até 18/12/1983, 09/05/1984 até 31/10/1984, 18/04/1985 até 21/07/1987 como atividade especial.

Inconformado com o acórdão de primeira instância desfavorável ao seu desígnio, o INSS interpôs recurso especial, alegando violação do Parecer Conjur/MPS nº 32 de 2009, pois o interessado trabalhava em estabelecimento agrícola e não em empresa de agroindústria, não estando a atividade exercida por ele relacionada entre aquelas atividades existentes nos anexos dos Decretos nº 53.831/64 e os anexos I e II do Regulamento dos Benefícios da Previdência Social – RBPS, aprovado pelo Decreto nº 83.080/79, que estavam em vigor na época da prestação do serviço.

Não foram apresentadas contrarrazões pelo segurado.

O acórdão nº 1824/2018 da 1ª Composição Adjunta da 1ª Câmara de Julgamento, julgado em 01/03/2018, negou provimento ao recurso especial do INSS para manter o reconhecimento dos períodos de 07/09/1983 até 18/12/1983, 09/05/1984 até 31/10/1984, 18/04/1985 até 21/07/1987 como atividade especial, além da concessão do benefício.

Pedido de Reclamação ao Conselho Pleno apresentado pelo INSS (datado de 05/03/2018), alegando violação a tese fixada no Enunciado nº 33 do CRPS, pois não foi comprovada filiação a Previdência Social Urbana entre 07/09/1983 até 18/12/1983, 09/05/1984 até 31/10/1984, 18/04/1985 até 21/07/1987.

Não foram apresentadas contrarrazões pelo ao pedido de Reclamação ao Conselho Pleno.

Pronunciamento da Divisão de Assuntos Jurídicos no sentido de levar a questão para ser apreciada pelo Conselho Pleno do CRPS, uma vez que houve divergência na interpretação em matéria de direito entre acórdãos de Câmaras de Julgamento do CRSS.

MINISTÉRIO DA ECONOMIA-ME
SECRETARIA ESPECIAL DE PREVIDÊNCIA E TRABALHO
SECRETARIA DE PREVIDÊNCIA
CONSELHO DE RECURSOS DA PREVIDÊNCIA SOCIAL-CRPS
CONSELHO PLENO

Distribuição do processo pela Presidente do Conselho de Recursos da Previdência Social para análise do pedido de uniformização de jurisprudência.

Voto:

O pedido de reclamação ao Conselho Pleno versa sobre as hipóteses de acórdãos de Câmaras de Julgamento ou Juntas de Julgamento, em sua matéria de alçada, infringir pareceres da Consultoria Jurídica aprovados por Ministro de Estado, súmulas e enunciados do Advogado Geral da União e enunciados editados pelo Conselho Pleno do CRPS, conforme previsão do art. 64 do Regimento Interno do CRPS, colacionado abaixo:

> Art. 64. A Reclamação ao Conselho Pleno poderá ocorrer, no caso concreto, por requerimento das partes do processo, dirigido ao Presidente do CRSS, somente quando os acórdãos das Juntas de Recursos do CRSS, em matéria de alçada, ou os acórdãos de Câmaras de Julgamento do CRSS, em sede de Recurso Especial, infringirem:
> I - Pareceres da Consultoria Jurídica do MDSA, aprovados pelo Ministro de
> Estado do Desenvolvimento Social e Agrário, bem como, Súmulas e Pareceres do AdvogadoGeral da União, na forma da Lei Complementar nº 73, de 10 de fevereiro de 1993;
> **II - Pareceres da Consultoria Jurídica dos extintos MPS e MTPS, vigentes e**
> **aprovados pelos então Ministros de Estado da Previdência Social e do Trabalho e Previdência Social**;
> III - Enunciados editados pelo Conselho Pleno.
> § 1º O prazo para o requerimento da Reclamação ao Conselho Pleno é de 30
> (trinta) dias contados da data da ciência da decisão infringente e suspende o prazo para o seu cumprimento.
> § 2º Caberá ao Presidente do CRSS fazer o juízo de admissibilidade da
> Reclamação ao Conselho Pleno verificando se estão presentes os pressupostos previstos no caput, podendo:
> I - indeferir por decisão monocrática irrecorrível, quando verificar que não foram demonstrados os pressupostos de admissibilidade previstos no caput;
> II - distribuir o processo ao Conselheiro relator da matéria no Conselho Pleno
> quando verificar presentes os pressupostos de admissibilidade previstos no caput.

178.918.926-5

MINISTÉRIO DA ECONOMIA-ME
SECRETARIA ESPECIAL DE PREVIDÊNCIA E TRABALHO
SECRETARIA DE PREVIDÊNCIA
CONSELHO DE RECURSOS DA PREVIDÊNCIA SOCIAL-CRPS
CONSELHO PLENO

> § 3º Os processos poderão ser preliminarmente submetidos pelo Presidente do CRSS ao órgão julgador que prolatou o acórdão infringente, para facultar-lhe a Revisão de Ofício nos termos do art. 59 deste regimento.
> **§ 4º O resultado do julgamento da Reclamação pelo Conselho Pleno será objeto de notificação ao órgão julgador que prolatou o acórdão infringente, para fins de adequação do julgado à tese fixada pelo Pleno, por meio da Revisão de Ofício.**

Pois bem, o INSS suscita infringência a tese fixada no antigo Enunciado nº 33 do CRPS[1], que determina:

> *"Para os efeitos de reconhecimento de tempo especial, o enquadramento do tempo de atividade do trabalhador rural, segurado empregado, sob o código 2.2.1 do Quadro anexo ao Decreto nº 53.831, de 25 de março de 1964, é possível quando o regime de vinculação for o da Previdência Social Urbana, e não o da Previdência Rural (PRORURAL), para os períodos anteriores à unificação de ambos os regimes pela Lei nº 8.213, de 1991, e aplica-se ao tempo de atividade rural exercido até 28 de abril de 1995, independentemente de ter sido prestado exclusivamente na lavoura ou na pecuária."*

Sendo assim, o acórdão hostilizado nº 1824/2018 da 1ª Composição Adjunta da 1ª Câmara de Julgamento negou provimento ao recurso especial do INSS para manter o reconhecimento dos períodos de 07/09/1983 até 18/12/1983, 09/05/1984 até 31/10/1984, 18/04/1985 até 21/07/1987 como atividade especial, além da concessão do benefício.

A controvérsia nos autos se revolve no enquadramento por categoria profissional do trabalhador rural – código 2.2.1 do Quadro Anexo do Decreto 53.831 de 1964.

[1] Atualmente, o Enunciado 33 foi revogado pelo Despacho Nº 37/2019, DOU nº 219, de 12/11/2019, Seção: 1, p. 320, sendo substituído pelo Novo Enunciado nº 15.

178.918.926-5

MINISTÉRIO DA ECONOMIA-ME
SECRETARIA ESPECIAL DE PREVIDÊNCIA E TRABALHO
SECRETARIA DE PREVIDÊNCIA
CONSELHO DE RECURSOS DA PREVIDÊNCIA SOCIAL-CRPS
CONSELHO PLENO

O enquadramento por categoria profissional do trabalhador rural depende do regime de filiação do segurado, pois ele não tem acesso ao benefício de aposentadoria especial ou a conversão de 40% da atividade especial para comum, porquanto a Lei Complementar nº 11 de 1971 não prevê este tipo de benefício para os segurados filiados a este regime de previdência.

Em razão disso, se não houver prova da efetiva filiação do segurado no regime de Previdência Social Urbana da Lei 3.807 de 1960, é impossível o enquadramento por categoria profissional até 24/07/1991.

Na hipótese da natureza da atividade laborativa ser rural, essa situação implicaria na vedação prevista no art. 3º, inciso II da Lei 3.807 de 1960, determinando a exclusão do regime geral instituído por esta lei aos trabalhadores rurais, assim definidos em legislação própria.

O segurado exerceu a atividade de trabalhador rural nas empresas Empreiteira Potunduva S/C – Mão de Obra Rural - 07/09/1983 até 18/12/1983, C. Masseto S/C Ltda. – Empreiteiros de Mão de Obra Rural - 09/05/1984 até 31/10/1984 e Agroserve – Serviços Agrícolas Ltda. - 18/04/1985 até 21/07/1987.

Em razão disso, não é possível o enquadramento por categoria profissional na função de trabalhador rural nos referidos períodos, pois o segurado não comprovou filiação à Previdência Social Urbana, mas sim ao FUNRURAL na forma do art. 3º da Lei Complementar nº 11 de 1971[2].

---

[2] Art. 3º São beneficiários do Programa de Assistência instituído nesta Lei Complementar o trabalhador rural e seus dependentes.

§ 1º Considera-se trabalhador rural, para os efeitos desta Lei Complementar:

a) a pessoa física que presta serviços de natureza rural a empregador, mediante remuneração de qualquer espécie.

b) o produtor, proprietário ou não, que sem empregado, trabalhe na atividade rural, individualmente ou em regime de economia familiar, assim entendido o trabalho dos membros da família indispensável à própria subsistência e exercido em condições de mutua dependência e colaboração.

MINISTÉRIO DA ECONOMIA-ME
SECRETARIA ESPECIAL DE PREVIDÊNCIA E TRABALHO
SECRETARIA DE PREVIDÊNCIA
CONSELHO DE RECURSOS DA PREVIDÊNCIA SOCIAL-CRPS
CONSELHO PLENO

Portanto, o INSS demonstrou infringência ao Enunciado nº 33, devendo ser revisto na forma do § 4º do art. 64 do Regimento Interno do Regimento Interno do CRPS.

Por todo o exposto, voto no sentido de, preliminarmente, **CONHECER DO PEDIDO DE RECLAMAÇÃO AO CONSELHO PLENO APRESENTADO PELO INSS** e, no mérito, **DAR-LHE PROVIMENTO**.

GUILHERME LUSTOSA PIRES

Relator

178.918.926-5

MINISTÉRIO DA ECONOMIA-ME
SECRETARIA ESPECIAL DE PREVIDÊNCIA E TRABALHO
SECRETARIA DE PREVIDÊNCIA
CONSELHO DE RECURSOS DA PREVIDÊNCIA SOCIAL-CRPS
CONSELHO PLENO

DECISÓRIO

RESOLUÇÃO Nº 27/2020

Vistos e relatados os presentes autos, em sessão realizada hoje, **ACORDAM** os membros do Conselho Pleno, por **UNANIMIDADE**, no sentido de **CONHECER DO PEDIDO DE RECLAMAÇÃO AO CONSELHO PLENO APRESENTADO PELO INSS**, para, no mérito, **DAR-LHE PROVIMENTO**, de acordo com o Voto do Relator e sua fundamentação.

Participaram, ainda, do presente julgamento os (as) Conselheiros (as): Robson Ferreira Maranhão, Renato Agostinho das Chagas, Moisés Oliveira Moreira, Paulo Sérgio de Carvalho Costa Ribeiro, Maria Madalena Silva Lima, Márcia Aparecida Martins, Maria José de Paula Moraes, Imara Sodré Sousa Neto, Sulamita Cristina Dias, Valter Sérgio Pinheiro Coelho, Rodolfo Espinel Donadon, Alexandra Álvares de Alcântara e Tarsila Otaviano da Costa e Adriene Cândida Borges.

Brasília-DF, 28 de julho de 2020.

GUILHERME LUSTOSA PIRES
Relator

MARCELO FERNANDO BORSIO
Presidente

178.918.926-5

3.1.28 Resolução 28/2020 (ruído/não enquadramento/tempo especial/não indicação/metodologia/aferição)

Objeto: Trata-se de Pedido de Uniformização de Jurisprudência interposto pelo segurado por suposta divergência de posicionamento entre Câmaras de Julgamento.

Decisão: Não conhecido.

Tese jurídica: Não há divergência jurídica entre as CAJ's na metodologia de aferição do ruído, a teor do Enunciado 13 do CRPS. O não enquadramento se deu pela inexistência de metodologia de aferição do ruído.

MINISTÉRIO DA ECONOMIA-ME
SECRETARIA ESPECIAL DE PREVIDÊNCIA E TRABALHO
SECRETARIA DE PREVIDÊNCIA
CONSELHO DE RECURSOS DA PREVIDÊNCIA SOCIAL-CRPS
CONSELHO PLENO

Nº de Protocolo do Recurso: 44233.401446/2018-27
Documento/Benefício: 175.847.705-6
Unidade de origem: Agência da Previdência Social em Itatinga
Tipo do Processo: Pedido de Uniformização de Jurisprudência
Recorrente: Aguinaldo Martins dos Santos
Recorrido: Instituto Nacional do Seguro Social/INSS
Benefício: Aposentadoria por Tempo de Contribuição
Relatora: Tarsila Otaviano da Costa

(Processo Eletrônico)

Relatório

Trata-se de Pedido de Uniformização de Jurisprudência (evento 32) promovido pelo procurador do segurado Aguinaldo Martins dos Santos em face da decisão da 1ª CAJ/CRPS no Acórdão nº 7073/2018 que negou provimento ao recurso do segurado ao não reconhecer a exposição ao agente ruído sobre a questão da metodologia, indeferindo o benefício Aposentadoria por Tempo de Contribuição requerido em 25/10/2017 (evento 26).

O postulante defende a conversão dos períodos controversos por ter a informação de metodologia de aferição do agente nocivo. Cita no corpo da petição processos paradigmas que tratam da matéria.

O Instituto não apresentou contrarrazões ao incidente processual.

A 01ª CAJ, por meio de despacho de seu Presidente, encaminhou os autos para o Presidente do Conselho (evento 39).

A Divisão de Assuntos Jurídicos do CRPS se manifestou quanto à matéria e encaminha os autos para a Presidência (evento 47).

O procedimento de Uniformização de Jurisprudência foi instaurado pela Presidência do CRPS (evento 49) com distribuição dos presentes autos a essa Conselheira (evento 50).

É o Relatório.

175.847.705-6 1

MINISTÉRIO DA ECONOMIA-ME
SECRETARIA ESPECIAL DE PREVIDÊNCIA E TRABALHO
SECRETARIA DE PREVIDÊNCIA
CONSELHO DE RECURSOS DA PREVIDÊNCIA SOCIAL-CRPS
CONSELHO PLENO

EMENTA: APOSENTADORIA POR TEMPO DE CONTRIBUIÇÃO. PEDIDO DE UNIFORMIZAÇÃO DE JURISPRUDENCIA. PRESSUPOSTOS DE ADMISSIBILIDADE DO PEDIDO NÃO ALCANÇADOS NA FORMA DO ART. 63 DO MESMO REGIMENTO. INEXISTÊNCIA DE TESE JURÍDICA A SER COMBATIVA. TESE DEFENDIDA DIVERGENTE DOS ACORDÃOS PARADIGMAS. NÃO CONHECIMENTO.

1. Não há constatação de divergência sobre tese jurídica em matéria de direito sobre a definição da metodologia para a aferição do agente nocivo ruído, por constar referência ao aparelho de medição, e não ao método de aferição, divergindo do recente editado Enunciado nº 13 do CRPS, não sendo acatado o pedido de uniformização requerido pelo segurado.
2. A extemporaneidade do laudo técnico é matéria de direito sedimentada neste Conselho de Recursos conforme resoluções e recente Enunciado nº 11, não sendo acolhida a tese defendida por ter a decisão impugnada fundamentado em ponto diverso – inexistência de metodologia.
3. Pedido de Uniformização de Jurisprudência não conhecido.

Em análise aos pressupostos de admissibilidade do presente Pedido de Uniformização de Jurisprudência, importa a transcrição dos arts. 03 e 63 do Regimento Interno do CRPS, aprovado pela Portaria MDSA n.º 116/2017, a saber:

> Art. 3º Ao Conselho Pleno compete:
> I - uniformizar, em tese, a jurisprudência administrativa previdenciária e assistencial, mediante emissão de Enunciados;
> II - uniformizar, no caso concreto, as divergências jurisprudenciais entre as Juntas de Recursos nas matérias de sua alçada ou entre as Câmaras de julgamento em sede de Recurso Especial, mediante a emissão de Resolução; e
>
> Art. 63. O Pedido de Uniformização de Jurisprudência poderá ser requerido em casos concretos, pelas partes do processo, dirigido ao Presidente do respectivo órgão julgador, nas seguintes hipóteses:
> I - quando houver divergência na interpretação em matéria de direito entre acórdãos de Câmaras de Julgamento do CRSS, em sede de Recurso Especial, ou entre estes e resoluções do Conselho Pleno; ou
> II - quando houver divergência na interpretação em matéria de direito entre acórdãos de Juntas de Recursos do CRSS, nas hipóteses de

MINISTÉRIO DA ECONOMIA-ME
SECRETARIA ESPECIAL DE PREVIDÊNCIA E TRABALHO
SECRETARIA DE PREVIDÊNCIA
CONSELHO DE RECURSOS DA PREVIDÊNCIA SOCIAL-CRPS
CONSELHO PLENO

> alçada exclusiva previstas no art. 30, § 2º, deste Regimento, ou entre estes e Resoluções do Conselho Pleno.

O requerimento do pedido de uniformização cumpriu o prazo regimental estabelecido no § 2º do citado artigo 63:

> Art. 63 – (...)
> § 2º É de 30 (trinta) dias o prazo para o requerimento do Pedido de Uniformização de Jurisprudência e para o oferecimento de contrarrazões, contados da data da ciência da decisão e da data da intimação do pedido, respectivamente, hipótese em que suspende o prazo para o seu cumprimento.

Não consta a ciência do segurado, tendo apresentado pedido incidental em 12/11/2018 (evento32), considerado tempestivo.

É imperioso asseverar, de plano, que o pressuposto para a admissibilidade do pedido de uniformização de jurisprudência é a existência de divergência **em matéria de direito.** Não se presta, pois, tal incidente a reapreciar matéria fática ou solucionar divergência em matéria de provas.

Na hipótese dos autos, observo que o Acórdão nº 7073/2018 da 1ª CAJ tratou da temática de exposição a agente nocivo ruído, no qual alegou a falta de laudo técnico e a avaliação indevida por metodologia diversa do contido na legislação.

O objeto do pedido incidental insurge sob duas temáticas em períodos diversos:

a) 03/03/1997 a 07/11/2005 – exposição ao agente ruído no qual o laudo técnico é extemporâneo. Cita como paradigma o Acórdão nº 7651/2016 do processo NB nº 42/171.709.614-7 que "adotou o entendimento de que o laudo extemporâneo não afasta a possibilidade de enquadramento por ruído";

b) 02/05/2011 a 20/01/2017 – exposição ao agente ruído no qual a metodologia constante no PPP não foi a NHO-01. Cita como paradigmas: Acórdãos nº 2234/2017 (NB 42/165.645.371-9) e nº 3113/2017 (NB 42/168.748.835-2) da 1ª CaJ; Acórdão nº 3800/2016 (NB 42/141.432.188-8) da 2ª CaJ e Acórdãos nº 6522/2017 (NB 42/165.645.282-8), nº 4757/2017 (NB 42/165.645.294-1) e nº 10.915/2017 (NB 42/171.709.700-3) da 3ª CaJ.

Na oportunidade, acostou os acórdãos na íntegra, tendo verossimilhança na matéria de direito.

MINISTÉRIO DA ECONOMIA-ME
SECRETARIA ESPECIAL DE PREVIDÊNCIA E TRABALHO
SECRETARIA DE PREVIDÊNCIA
CONSELHO DE RECURSOS DA PREVIDÊNCIA SOCIAL-CRPS
CONSELHO PLENO

A controvérsia sugerida pelo postulante em pauta vincula-se em dois pontos: fixar a metodologia empregada para mensurar os níveis de ruído e o afastamento da extemporaneidade do laudo técnico.

DA METODOLOGIA

A respeito, em que pese o entendimento do segurado, sobre o ponto da metodologia, ao se comparar a tese acolhida nos presentes autos com a delineada nos acórdãos paradigmas, não se percebe decisões divergentes na interpretação em matéria de direito, hipótese que não se amolda à exigência preconizada no inciso I do art. 63 do Regimento Interno deste Conselho.

No acórdão objeto de pedido de uniformização, o Colegiado administrativo embasou sua decisão por inexistir qualquer referência a metodologia de aferição ao agente nocivo; posto que, no acórdão paradigma enfatiza a discussão administrativa sobre qual metodologia a ser aplicada - se a NHO-01 da Fundacentro ou NEN da NR-15.

Já no acórdão objeto de uniformização, o Colegiado defendeu que o termo "decibelímetro" não é metodologia de aferição ao agente nocivo, e sim, o aparelho de medição, inviabilizando a conversão por exposição a agente nocivo.

Inclusive, a decisão está em consonância com o recente enunciado deste Conselho de Recursos que trata da temática:

> ENUNCIADO 13
> Atendidas as demais condições legais, considera-se especial, no âmbito do RGPS, a atividade exercida com exposição a ruído superior a 80 decibéis até 05/03/97, superior a 90 decibéis desta data até 18/11/2003, e superior a 85 decibéis a partir de então.
> I - Os níveis de ruído devem ser medidos, observado o disposto na Norma Regulamentadora nº 15 (NR-15), anexos 1 e 2, com aparelho medidor de nível de pressão sonora, operando nos circuitos de compensação - dB (A) para ruído contínuo ou intermitente ou dB (C) para ruído de impacto.
> II - Até 31 de dezembro de 2003, para a aferição de ruído contínuo ou intermitente, é obrigatória a utilização das metodologias contidas na NR-15, devendo ser aceitos ou o nível de pressão sonora pontual ou a média de ruído, podendo ser informado decibelímetro, dosímetro ou medição pontual no campo "Técnica Utilizada" do Perfil Profissiográfico Previdenciário (PPP).

MINISTÉRIO DA ECONOMIA-ME
SECRETARIA ESPECIAL DE PREVIDÊNCIA E TRABALHO
SECRETARIA DE PREVIDÊNCIA
CONSELHO DE RECURSOS DA PREVIDÊNCIA SOCIAL-CRPS
CONSELHO PLENO

> III - A partir de 1° de janeiro de 2004, para a aferição de ruído contínuo ou intermitente, é obrigatória a utilização das metodologias contidas na Norma de Higiene Ocupacional 01 (NHO-01) da FUNDACENTRO ou na NR-15, que reflitam a medição de exposição durante toda a jornada de trabalho, vedada a medição pontual, devendo constar do PPP a técnica utilizada e a respectiva norma.
> IV - Em caso de omissão ou dúvida quanto à indicação da metodologia ou técnica utilizadas para aferição da exposição nociva ao agente ruído, o PPP não deve ser admitido como prova da especialidade, devendo ser apresentado o respectivo Laudo Técnico de Condições Ambientais do Trabalho (LTCAT) ou solicitada inspeção no ambiente de trabalho, para fins de verificar a técnica utilizada na medição, bem como a respectiva norma.

O período controverso é de 02/05/2011 a 20/01/2017, portanto, se enquadra no item III do Enunciado nº 13 do CRPS, que exigiria a informação da metodologia no formulário como NR-15 (dosimetria) ou NHO-01.

Desta forma, não há de se falar em uniformização nesse ponto, por se tratar de matérias de direito diversas suscitadas no Acórdão objeto de pedido incidental e seus paradigmas, não preenchendo o pedido de uniformização do segurado os pressupostos de admissibilidade exigidos para tanto.

LAUDO EXTEMPORÂNEO

Sobre o ponto do laudo extemporâneo, este Conselho de Recursos também editou enunciado sobre o tema:

> ENUNCIADO 11
> O Perfil Profissiográfico Previdenciário (PPP) é documento hábil à comprovação da efetiva exposição do segurado a todos os agentes nocivos, sendo dispensável o Laudo Técnico de Condições Ambientais de Trabalho (LTCAT) para requerimentos feitos a partir de 1°/1/2004, inclusive abrangendo períodos anteriores a esta data.
> I - Poderá ser solicitado o LTCAT em caso de dúvidas ou divergências em relação às informações contidas no PPP ou no processo administrativo.
> II - O LTCAT ou as demonstrações ambientais substitutas extemporâneos que informem quaisquer alterações no meio ambiente do trabalho ao longo do tempo são aptos a comprovar o exercício de atividade especial, desde que a empresa informe expressamente que, ainda assim, havia efetiva exposição ao agente nocivo.

MINISTÉRIO DA ECONOMIA-ME
SECRETARIA ESPECIAL DE PREVIDÊNCIA E TRABALHO
SECRETARIA DE PREVIDÊNCIA
CONSELHO DE RECURSOS DA PREVIDÊNCIA SOCIAL-CRPS
CONSELHO PLENO

> III - Não se exigirá o LTCAT para períodos de atividades anteriores 14/10/96, data da publicação da Medida Provisória nº 1.523/96, facultando-se ao segurado a comprovação da efetiva exposição a agentes nocivos por qualquer meio de prova em direito admitido, exceto em relação a ruído.

No caso em estudo, alega que o período de 03/03/1997 a 07/11/2005 foi indeferido sob a ótica de laudo extemporâneo. Destarte, o voto objeto de incidente de uniformização indeferiu na mesma linha da ausência de informação da metodologia apresentada.

Além disso, a análise da extemporaneidade do laudo técnico é baseada na comprovação da manutenção do lay out pela empresa, inexistente no caso concreto.

Como se nota, em ambos os pontos, o não enquadramento decorreu do olhar da composição julgadora sobre as condições fáticas presentes no ambiente de trabalho relatados nos documentos de labor especial.

Assim, não há divergência em matéria de direito a ser uniformizada no presente caso, não preenchendo o pedido de uniformização do interessado os pressupostos de admissibilidade exigidos para tanto.

Por tais razões, não conheço o pedido de uniformização de jurisprudência do segurado, devendo ser mantido o Acórdão nº 7073/2018 prolatado pela 1ª Câmara de Julgamento.

CONCLUSÃO: Pelo exposto, Voto no sentido de **NÃO CONHECER DO PEDIDO DE UNIFORMIZAÇÃO DE JURISPRUDÊNCIA DO SEGURADO.**

TARSILA OTAVIANO DA COSTA

Relatora

175.847.705-6 6

MINISTÉRIO DA ECONOMIA-ME
SECRETARIA ESPECIAL DE PREVIDÊNCIA E TRABALHO
SECRETARIA DE PREVIDÊNCIA
CONSELHO DE RECURSOS DA PREVIDÊNCIA SOCIAL-CRPS
CONSELHO PLENO

DECISÓRIO

RESOLUÇÃO Nº 28/2020

Vistos e relatados os presentes autos, em sessão realizada hoje, **ACORDAM** os membros do Conselho Pleno, por **UNANIMIDADE**, no sentido de **NÃO CONHECER DO PEDIDO DE UNIFORMIZAÇÃO DE JURISPRUDÊNCIA DO SEGURADO**, de acordo com o Voto da Relatora e sua fundamentação.

Participaram, ainda, do presente julgamento os (as) Conselheiros (as): Robson Ferreira Maranhão, Renato Agostinho das Chagas, Moisés Oliveira Moreira, Paulo Sérgio de Carvalho Costa Ribeiro, Maria Madalena Silva Lima, Márcia Aparecida Martins, Maria José de Paula Moraes, Imara Sodré Sousa Neto, Sulamita Cristina Dias, Guilherme Lustosa Pires, Valter Sérgio Pinheiro Coelho, Rodolfo Espinel Donadon, Alexandra Álvares de Alcântara e Adriene Cândida Borges.

Brasília-DF, 28 de julho de 2020.

TARSILA OTAVIANO DA COSTA
Relatora

MARCELO FERNANDO BORSIO
Presidente

3.1.29 Resolução 29/2020 (ruído/não enquadramento/tempo especial/não indicação/responsável/registro/ambiental)

Objeto: Trata-se de Pedido de Uniformização de Jurisprudência interposto pelo segurado por suposta divergência de posicionamento entre Câmaras de Julgamento.

Decisão: Não conhecido.

Tese jurídica: Não há divergência jurídica entre as CAJ's na metodologia de aferição do ruído, a teor do Enunciado 13 do CRPS. O não enquadramento se deu pela inexistência de responsável pelo registro ambiental.

MINISTÉRIO DA ECONOMIA-ME
SECRETARIA ESPECIAL DE PREVIDÊNCIA E TRABALHO
SECRETARIA DE PREVIDÊNCIA
CONSELHO DE RECURSOS DA PREVIDÊNCIA SOCIAL-CRPS
CONSELHO PLENO

Nº de Protocolo do Recurso: 44232.385428/2015-58
Documento/Benefício: 171.409.659-6
Unidade de origem: Agência da Previdência Social em Tatuapé
Tipo do Processo: Pedido de Uniformização de Jurisprudência
Recorrente: Cláudio Luís da Silva
Recorrido: Instituto Nacional do Seguro Social/INSS
Benefício: Aposentadoria por Tempo de Contribuição
Relatora: Tarsila Otaviano da Costa

(Processo Eletrônico)

Relatório

Trata-se de Pedido de Uniformização de Jurisprudência (evento 57) promovido pela procuradora do segurado **Claudio Luis da Silva** em face da decisão da 1ª CAJ/CRPS no Acórdão nº 6071/2016 que negou provimento ao não reconhecer a exposição ao agente ruído nos períodos controversos em face da divergência da metodologia e extemporaneidade do laudo, indeferindo o benefício Aposentadoria por Tempo de Contribuição requerido em 06/02/2015 (evento 42).

O postulante defende a conversão dos períodos por exposição ao agente ruído. Na oportunidade, cita decisões de outras unidades julgadoras divergentes sobre os temas e correlacionando votos das mesmas empresas.

A decisão combatida alegou que os formulários de atividade especial eram inábeis, ou seja, faltava informações para a análise técnica.

O Instituto não apresentou contrarrazões ao incidente processual.

A 01ª CAJ, por meio de despacho de seu Presidente, encaminhou os autos para o Presidente do Conselho (evento 79).

A Divisão de Assuntos Jurídicos do CRPS se manifestou quanto à matéria e encaminha os autos para a Presidência (evento 81).

O procedimento de Uniformização de Jurisprudência foi instaurado pela Presidência do CRPS com distribuição dos presentes autos a esta Conselheira (evento 89).

É o Relatório.

171.409.659-6 1

MINISTÉRIO DA ECONOMIA-ME
SECRETARIA ESPECIAL DE PREVIDÊNCIA E TRABALHO
SECRETARIA DE PREVIDÊNCIA
CONSELHO DE RECURSOS DA PREVIDÊNCIA SOCIAL-CRPS
CONSELHO PLENO

EMENTA: APOSENTADORIA POR TEMPO DE CONTRIBUIÇÃO. PEDIDO DE UNIFORMIZAÇÃO DE JURISPRUDENCIA. PRESSUPOSTOS DE ADMISSIBILIDADE DO PEDIDO NÃO ALCANÇADOS NA FORMA DO ART. 63 DO MESMO REGIMENTO. INEXISTÊNCIA DE TESE JURÍDICA A SER COMBATIVA. TESE DEFENDIDA DIVERGENTE DOS ACORDÃOS PARADIGMAS. NÃO CONHECIMENTO.

1. Não há constatação de divergência sobre tese jurídica em matéria de direito sobre a definição da metodologia para a aferição do agente nocivo ruído, por constar referência ao aparelho de medição, e não ao método de aferição, divergindo do recente editado Enunciado nº 13 do CRPS, não sendo acatado o pedido de uniformização requerido pelo segurado.
2. A extemporaneidade do laudo técnico é matéria de direito sedimentada neste Conselho de Recursos conforme resoluções e recente Enunciado nº 11, não sendo acolhida a tese defendida por ter a decisão impugnada fundamentado em ponto diverso – inexistência de metodologia.
3. Pedido de Uniformização de Jurisprudência não conhecido.

Em análise aos pressupostos de admissibilidade do presente Pedido de Uniformização de Jurisprudência, importa a transcrição dos arts. 03 e 63 do Regimento Interno do CRPS, aprovado pela Portaria MDSA n.º 116/2017, a saber:

> Art. 3º Ao Conselho Pleno compete:
> I - uniformizar, em tese, a jurisprudência administrativa previdenciária e assistencial, mediante emissão de Enunciados;
> II - uniformizar, no caso concreto, as divergências jurisprudenciais entre as Juntas de Recursos nas matérias de sua alçada ou entre as Câmaras de julgamento em sede de Recurso Especial, mediante a emissão de Resolução; e
>
> Art. 63. O Pedido de Uniformização de Jurisprudência poderá ser requerido em casos concretos, pelas partes do processo, dirigido ao Presidente do respectivo órgão julgador, nas seguintes hipóteses:
> I - quando houver divergência na interpretação em matéria de direito entre acórdãos de Câmaras de Julgamento do CRSS, em sede de Recurso Especial, ou entre estes e resoluções do Conselho Pleno; ou
> II - quando houver divergência na interpretação em matéria de direito entre acórdãos de Juntas de Recursos do CRSS, nas hipóteses de alçada exclusiva previstas no art. 30, § 2º, deste Regimento, ou entre estes e Resoluções do Conselho Pleno.

MINISTÉRIO DA ECONOMIA-ME
SECRETARIA ESPECIAL DE PREVIDÊNCIA E TRABALHO
SECRETARIA DE PREVIDÊNCIA
CONSELHO DE RECURSOS DA PREVIDÊNCIA SOCIAL-CRPS
CONSELHO PLENO

O requerimento do pedido de uniformização cumpriu o prazo regimental estabelecido no § 2º do citado artigo 63:

> Art. 63 – (...)
> § 2º É de 30 (trinta) dias o prazo para o requerimento do Pedido de Uniformização de Jurisprudência e para o oferecimento de contrarrazões, contados da data da ciência da decisão e da data da intimação do pedido, respectivamente, hipótese em que suspende o prazo para o seu cumprimento.

Não consta a ciência do segurado do indeferimento do pedido de revisão, tendo apresentado pedido incidental em 28/08/2017 (evento57), portanto, tempestivo.

É imperioso asseverar, de plano, que o pressuposto para a admissibilidade do pedido de uniformização de jurisprudência é a existência de divergência **em matéria de direito.** Não se presta, pois, tal incidente a reapreciar matéria fática ou solucionar divergência em matéria de provas.

Na hipótese dos autos, observo que o Acórdão nº 6071/2016 da 1ª CAJ tratou da temática de exposição a agente nocivo ruído, no qual alegou a formulários incompletos, laudo extemporâneo e a avaliação indevida por metodologia diversa do contido na legislação.

O objeto do pedido incidental insurge sob três temáticas em períodos diversos:

a) 05/07/1982 a 26/02/1989 – exposição ao agente ruído no qual foi indeferido por não constar a data de emissão do PPP e o responsável pelos registros ambientais;

b) 02/09/1991 a 09/03/1993 – exposição ao agente ruído no qual o laudo técnico é extemporâneo. Cita como paradigma o Acórdão nº 7651/2016 do processo NB nº 42/171.709.614-7 que "adotou o entendimento de que o laudo extemporâneo não afasta a possibilidade de enquadramento por ruído";

c) 06/11/1989 a 20/01/1991 – exposição ao agente nocivo ruído no qual não houve a apresentação de histograma. Não apresenta acórdão paradigma;

d) 06/03/1997 a 22/05/2014 – exposição ao agente ruído no qual a metodologia constante no PPP não foi a NHO-01 (medidor de pressão sonora). Cita como paradigmas: Acórdão nº 8476/2014 (NB 42/159.959.031-7) da 1ª CaJ; Acórdão nº 0056/2016 (NB 42/172.502.886-4) da 1ª CA da 1ª CaJ e Acórdão nº 1352/2017 (NB 42/172.563.280-0) da 01ª CA da 4ª CaJ.

MINISTÉRIO DA ECONOMIA-ME
SECRETARIA ESPECIAL DE PREVIDÊNCIA E TRABALHO
SECRETARIA DE PREVIDÊNCIA
CONSELHO DE RECURSOS DA PREVIDÊNCIA SOCIAL-CRPS
CONSELHO PLENO

Na oportunidade, acostou os acórdãos na íntegra, tendo verossimilhança parcial na matéria de direito.

A controvérsia sugerida pelo postulante em pauta vincula-se em três pontos: enquadramento por categoria profissional; fixar a metodologia empregada para mensurar os níveis de ruído e o afastamento da extemporaneidade do laudo técnico.

DO ENQUADRAMENTO POR CATEGORIA PROFISSIONAL – Indústria Têxtil

Para o enquadramento por categoria profissional não há obrigação legal de caracterização da permanência nem apresentação de formulário de atividade especial, pois a legislação garante a presunção *juris et jure* da exposição nociva pelo simples exercício laboral nas atividades profissionais elencadas pelos Anexos dos Decreto nº 53.831/64 e 83.080/79.

É de verificar que a decisão colegiada objeto de incidente de uniformização não analisou os períodos sob a ótica da exposição por categoria profissional, apesar de constar nas peças recursais, não cabendo a este Conselho a rediscussão de matéria fática.

Desta forma, não há de se falar em uniformização nesse ponto, por inexistir matéria de direito diversa suscitada no Acórdão objeto de pedido incidental e seus paradigmas, não preenchendo o pedido de uniformização do segurado os pressupostos de admissibilidade exigidos para tanto.

DA METODOLOGIA

A respeito, em que pese o entendimento do segurado, sobre o ponto da metodologia, ao se comparar a tese acolhida nos presentes autos com a delineada nos acórdãos paradigmas, não se percebe decisões divergentes na interpretação em matéria de direito, hipótese que não se amolda à exigência preconizada no inciso I do art. 63 do Regimento Interno deste Conselho.

No acórdão objeto de pedido de uniformização, o Colegiado administrativo embasou sua decisão por inexistir qualquer referência a metodologia de aferição ao agente nocivo; posto que, nos acórdãos paradigmas a análise dos períodos laborados na mesma empresa foram sob indeferimento diverso (eficácia do EPI, nocividade acima do limite legal).

Já no acórdão objeto de uniformização, o Colegiado defendeu que o termo "medidor pressão sonora" não é metodologia de aferição ao agente nocivo, e sim,

MINISTÉRIO DA ECONOMIA-ME
SECRETARIA ESPECIAL DE PREVIDÊNCIA E TRABALHO
SECRETARIA DE PREVIDÊNCIA
CONSELHO DE RECURSOS DA PREVIDÊNCIA SOCIAL-CRPS
CONSELHO PLENO

aparentemente o aparelho de medição, inviabilizando a conversão por exposição a agente nocivo.

Inclusive, a decisão está em consonância com o recente enunciado deste Conselho de Recursos que trata da temática:

> ENUNCIADO 13
> Atendidas as demais condições legais, considera-se especial, no âmbito do RGPS, a atividade exercida com exposição a ruído superior a 80 decibéis até 05/03/97, superior a 90 decibéis desta data até 18/11/2003, e superior a 85 decibéis a partir de então.
> I - Os níveis de ruído devem ser medidos, observado o disposto na Norma Regulamentadora nº 15 (NR-15), anexos 1 e 2, com aparelho medidor de nível de pressão sonora, operando nos circuitos de compensação - dB (A) para ruído contínuo ou intermitente ou dB (C) para ruído de impacto.
> II - Até 31 de dezembro de 2003, para a aferição de ruído contínuo ou intermitente, é obrigatória a utilização das metodologias contidas na NR-15, devendo ser aceitos ou o nível de pressão sonora pontual ou a média de ruído, podendo ser informado decibelímetro, dosímetro ou medição pontual no campo "Técnica Utilizada" do Perfil Profissiográfico Previdenciário (PPP).
> III - A partir de 1º de janeiro de 2004, para a aferição de ruído contínuo ou intermitente, é obrigatória a utilização das metodologias contidas na Norma de Higiene Ocupacional 01 (NHO-01) da FUNDACENTRO ou na NR-15, que reflitam a medição de exposição durante toda a jornada de trabalho, vedada a medição pontual, devendo constar do PPP a técnica utilizada e a respectiva norma.
> IV - Em caso de omissão ou dúvida quanto à indicação da metodologia ou técnica utilizadas para aferição da exposição nociva ao agente ruído, o PPP não deve ser admitido como prova da especialidade, devendo ser apresentado o respectivo Laudo Técnico de Condições Ambientais do Trabalho (LTCAT) ou solicitada inspeção no ambiente de trabalho, para fins de verificar a técnica utilizada na medição, bem como a respectiva norma.

O período controverso é de 06/03/1997 a 22/05/2014, portanto, se enquadra no item III do Enunciado nº 13 do CRPS, que exigiria a informação da metodologia no formulário como NR-15 (dosimetria) ou NHO-01.

Desta forma, não há de se falar em uniformização nesse ponto, por se tratar de matérias de direito diversas suscitadas no Acórdão objeto de pedido incidental e seus paradigmas, não preenchendo o pedido de uniformização do segurado os pressupostos de admissibilidade exigidos para tanto.

MINISTÉRIO DA ECONOMIA-ME
SECRETARIA ESPECIAL DE PREVIDÊNCIA E TRABALHO
SECRETARIA DE PREVIDÊNCIA
CONSELHO DE RECURSOS DA PREVIDÊNCIA SOCIAL-CRPS
CONSELHO PLENO

LAUDO EXTEMPORÂNEO

Sobre o ponto do laudo extemporâneo, este Conselho de Recursos também editou enunciado sobre o tema:

> ENUNCIADO 11
> O Perfil Profissiográfico Previdenciário (PPP) é documento hábil à comprovação da efetiva exposição do segurado a todos os agentes nocivos, sendo dispensável o Laudo Técnico de Condições Ambientais de Trabalho (LTCAT) para requerimentos feitos a partir de 1°/1/2004, inclusive abrangendo períodos anteriores a esta data.
> I - Poderá ser solicitado o LTCAT em caso de dúvidas ou divergências em relação às informações contidas no PPP ou no processo administrativo.
> II - O LTCAT ou as demonstrações ambientais substitutas extemporâneos que informem quaisquer alterações no meio ambiente do trabalho ao longo do tempo são aptos a comprovar o exercício de atividade especial, desde que a empresa informe expressamente que, ainda assim, havia efetiva exposição ao agente nocivo.
> III - Não se exigirá o LTCAT para períodos de atividades anteriores 14/10/96, data da publicação da Medida Provisória n° 1.523/96, facultando-se ao segurado a comprovação da efetiva exposição a agentes nocivos por qualquer meio de prova em direito admitido, exceto em relação a ruído.

No caso em estudo, alega que o período de 02/09/1991 a 09/03/1993 foi indeferido sob a ótica de laudo extemporâneo. Destarte, o voto objeto de incidente de uniformização indeferiu por ausência dos responsáveis pelos registros ambientais, constando a informação de alteração de lay out.

A análise da extemporaneidade do laudo técnico é baseada na comprovação da manutenção do lay out pela empresa, inexistente no caso concreto.

Não se pode perder de vista que o formulário apresentado era irregular, contrariando o disposto no artigo 58[1], § 1° da Lei n° 8.213/91, não trazendo as informações técnicas do período em que se busca a conversão, retificado somente após a decisão terminativa administrativa.

---

[1] Art. 58. A relação dos agentes nocivos químicos, físicos e biológicos ou associação de agentes prejudiciais à saúde ou à integridade física considerados para fins de concessão da aposentadoria especial de que trata o artigo anterior será definida pelo Poder Executivo. (Redação dada pela Lei nº 9.528, de 1997)
§ 1° A comprovação da efetiva exposição do segurado aos agentes nocivos será feita mediante formulário, na forma estabelecida pelo Instituto Nacional do Seguro Social - INSS, emitido pela empresa ou seu preposto, com base em laudo técnico de condições ambientais do trabalho expedido por médico do trabalho ou engenheiro de segurança do trabalho nos termos da legislação trabalhista. (Redação dada pela Lei nº 9.732, de 11.12.98)

MINISTÉRIO DA ECONOMIA-ME
SECRETARIA ESPECIAL DE PREVIDÊNCIA E TRABALHO
SECRETARIA DE PREVIDÊNCIA
CONSELHO DE RECURSOS DA PREVIDÊNCIA SOCIAL-CRPS
CONSELHO PLENO

Como se nota, em ambos os pontos, o não enquadramento decorreu do olhar da composição julgadora sobre as condições fáticas presentes no ambiente de trabalho relatados nos documentos de labor especial.

Assim, não há divergência em matéria de direito a ser uniformizada no presente caso, não preenchendo o pedido de uniformização do interessado os pressupostos de admissibilidade exigidos para tanto.

Por tais razões, não conheço o pedido de uniformização de jurisprudência do segurado, devendo ser mantido o Acórdão nº 6071/2016 prolatado pela 1ª Câmara de Julgamento.

CONCLUSÃO: Pelo exposto, Voto no sentido de **NÃO CONHECER DO PEDIDO DE UNIFORMIZAÇÃO DE JURISPRUDÊNCIA DO SEGURADO.**

TARSILA OTAVIANO DA COSTA
Relatora

MINISTÉRIO DA ECONOMIA-ME
SECRETARIA ESPECIAL DE PREVIDÊNCIA E TRABALHO
SECRETARIA DE PREVIDÊNCIA
CONSELHO DE RECURSOS DA PREVIDÊNCIA SOCIAL-CRPS
CONSELHO PLENO

DECISÓRIO

RESOLUÇÃO Nº 29/2020

Vistos e relatados os presentes autos, em sessão realizada hoje, **ACORDAM** os membros do Conselho Pleno, por **UNANIMIDADE**, no sentido de **NÃO CONHECER DO PEDIDO DE UNIFORMIZAÇÃO DE JURISPRUDÊNCIA DO SEGURADO**, de acordo com o Voto da Relatora e sua fundamentação.

Participaram, ainda, do presente julgamento os (as) Conselheiros (as): Robson Ferreira Maranhão, Renato Agostinho das Chagas, Moisés Oliveira Moreira, Paulo Sérgio de Carvalho Costa Ribeiro, Maria Madalena Silva Lima, Márcia Aparecida Martins, Maria José de Paula Moraes, Imara Sodré Sousa Neto, Sulamita Cristina Dias, Guilherme Lustosa Pires, Valter Sérgio Pinheiro Coelho, Rodolfo Espinel Donadon, Alexandra Álvares de Alcântara e Adriene Cândida Borges.

Brasília-DF, 28 de julho de 2020.

TARSILA OTAVIANO DA COSTA
Relatora

MARCELO FERNANDO BORSIO
Presidente

3.1.30 Resolução 30/2020 (tempo especial/ NHO 1 FUNDACENTRO/NR 15)

Objeto: Trata-se de Pedido de Uniformização de Jurisprudência interposto pelo segurado por suposta divergência de posicionamento entre Câmaras de Julgamento.

Decisão: Provimento parcial.

Tese jurídica: Afastada a exigência de aferição do ruído obrigatoriamente pelo NEN a contar de 19/11/2003 (adesão ao posicionamento do Tema TNU 174 pela aplicação alternativa entre NR 15 e NHO 1).

MINISTÉRIO DA ECONOMIA-ME
SECRETARIA ESPECIAL DE PREVIDÊNCIA E TRABALHO
SECRETARIA DE PREVIDÊNCIA
CONSELHO DE RECURSOS DA PREVIDÊNCIA SOCIAL-CRPS
CONSELHO PLENO

Nº de Protocolo do Recurso: 44232.751388/2016-28
Documento/Benefício: 173.901.186-1
Unidade de origem: Agência da Previdência Social Campinas
Tipo do Processo: Pedido de Uniformização de Jurisprudência
Recorrente: Gerson Paulo de Faria
Recorrido: Instituto Nacional do Seguro Social/INSS
Benefício: Aposentadoria Especial
Relatora: Tarsila Otaviano da Costa

(Processo Eletrônico)

Relatório

Trata-se de Pedido de Uniformização de Jurisprudência (evento 43) promovido pela procuradora do segurado **Gerson Paulo de Faria** em face da decisão da 4ª CAJ/CRPS no Acórdão nº 2756/2017 que negou provimento ao não reconhecer a exposição ao agente ruído em face da divergência da metodologia, indeferindo o benefício Aposentadoria Especial requerido em 02/07/2015 (evento 31).

O postulante defende a conversão do período controverso por ter a informação de metodologia de aferição do agente nocivo. Na oportunidade, apensa decisões de outras unidades julgadoras divergentes sobre o tema.

O Instituto não apresentou contrarrazões ao incidente processual.

A 04ª CAJ, por meio de despacho de seu Presidente, encaminhou os autos para o Presidente do Conselho (evento 50).

A Divisão de Assuntos Jurídicos do CRPS se manifestou quanto à matéria e encaminha os autos para a Presidência (evento 52).

O procedimento de Uniformização de Jurisprudência foi instaurado pela Presidência do CRPS (evento 55) com distribuição dos presentes autos a essa Conselheira (evento 56).

É o Relatório.

MINISTÉRIO DA ECONOMIA-ME
SECRETARIA ESPECIAL DE PREVIDÊNCIA E TRABALHO
SECRETARIA DE PREVIDÊNCIA
CONSELHO DE RECURSOS DA PREVIDÊNCIA SOCIAL-CRPS
CONSELHO PLENO

EMENTA: APOSENTADORIA ESPECIAL. PEDIDO DE UNIFORMIZAÇÃO DE JURISPRUDENCIA. PRESSUPOSTOS DE ADMISSIBILIDADE DO PEDIDO ALCANÇADOS NA FORMA DO ART. 63 DO MESMO REGIMENTO. EXISTÊNCIA PARCIAL DE TESE JURÍDICA A SER COMBATIVA. METODOLOGIA. DECISÃO CONTRÁRIA AO ENTENDIMENTO JURISPRUDENCIAL E CONSOLIDADO NO ENUNCIADO Nº 13 DO CRPS. PEDIDO DE UNIFORMIZAÇÃO CONHECIDO E PARCIALMENTE PROVIDO

1. Não há constatação de divergência sobre tese jurídica em matéria de direito sobre a definição de laudo extemporâneo, sendo a motivação da decisão colegiada em sentido diverso, inexistindo tese a ser uniformizada.
2. A metodologia para a aferição do agente nocivo ruído após 19/11/2003, pode constar referência ao aparelho de medição até 31/12/2003 e, após 01/01/2004 deve conter o método de aferição (NHO-01 ou NR-15), divergindo a decisão combatida do recente editado Enunciado nº 13 do CRPS, sendo acatado o pedido de uniformização requerido pelo segurado neste ponto.
3. Pedido de Uniformização de Jurisprudência conhecido e parcialmente provido.

Em análise aos pressupostos de admissibilidade do presente Pedido de Uniformização de Jurisprudência, importa a transcrição dos arts. 03 e 63 do Regimento Interno do CRPS, aprovado pela Portaria MDSA n.º 116/2017, a saber:

> Art. 3º Ao Conselho Pleno compete:
> I - uniformizar, em tese, a jurisprudência administrativa previdenciária e assistencial, mediante emissão de Enunciados;
> II - uniformizar, no caso concreto, as divergências jurisprudenciais entre as Juntas de Recursos nas matérias de sua alçada ou entre as Câmaras de julgamento em sede de Recurso Especial, mediante a emissão de Resolução; e
>
> Art. 63. O Pedido de Uniformização de Jurisprudência poderá ser requerido em casos concretos, pelas partes do processo, dirigido ao Presidente do respectivo órgão julgador, nas seguintes hipóteses:
> I - quando houver divergência na interpretação em matéria de direito entre acórdãos de Câmaras de Julgamento do CRSS, em sede de Recurso Especial, ou entre estes e resoluções do Conselho Pleno; ou

MINISTÉRIO DA ECONOMIA-ME
SECRETARIA ESPECIAL DE PREVIDÊNCIA E TRABALHO
SECRETARIA DE PREVIDÊNCIA
CONSELHO DE RECURSOS DA PREVIDÊNCIA SOCIAL-CRPS
CONSELHO PLENO

> II - quando houver divergência na interpretação em matéria de direito entre acórdãos de Juntas de Recursos do CRSS, nas hipóteses de alçada exclusiva previstas no art. 30, § 2º, deste Regimento, ou entre estes e Resoluções do Conselho Pleno.

O requerimento do pedido de uniformização cumpriu o prazo regimental estabelecido no § 2º do citado artigo 63:

> Art. 63 – (...)
> § 2º É de 30 (trinta) dias o prazo para o requerimento do Pedido de Uniformização de Jurisprudência e para o oferecimento de contrarrazões, contados da data da ciência da decisão e da data da intimação do pedido, respectivamente, hipótese em que suspende o prazo para o seu cumprimento.

Não consta a ciência do segurado, tendo apresentado pedido incidental em 10/04/2018 (evento43), considerado tempestivo.

É imperioso asseverar, de plano, que o pressuposto para a admissibilidade do pedido de uniformização de jurisprudência é a existência de divergência **em matéria de direito.** Não se presta, pois, tal incidente a reapreciar matéria fática ou solucionar divergência em matéria de provas.

Na hipótese dos autos, observo que o Acórdão nº 2756/2017 da 4ª CAJ tratou da temática de exposição a agente nocivo ruído, no qual alegou a ausência do nível de exposição e a avaliação indevida por metodologia diversa do contido na legislação.

O objeto do pedido incidental insurge sob duas temáticas em períodos diversos:

a) 01/10/1981 a 31/03/1987 e 01/03/1988 a 18/08/1989 – exposição ao agente ruído no qual não foi enquadrado por não constar os níveis de intensidade. Cita como paradigma o Acórdão nº 7651/2016 do processo NB nº 42/171.709.614-7 que "adotou o entendimento de que o laudo extemporâneo não afasta a possibilidade de enquadramento por ruído";

b) 19/11/2003 a 17/06/2015 – exposição ao agente ruído no qual a metodologia constante no PPP não foi a NHO-01. Cita como paradigmas: Acórdão nº 1463/2017 (NB 42/168.356.318-0) da 1ª CA da 1ª CaJ; Acórdão nº 3542/2016 (NB 46/166.765.495-8) da 3ª CaJ; Acórdão nº 2875/2016 (NB 46/170.257.803-5) da 1ª CA da 2ª CaJ; Acórdão nº 5271/2017 (NB 46/179.509.931-0) da 2ª CaJ.

Na oportunidade, acostou os acórdãos na íntegra, tendo verossimilhança na matéria de direito.

MINISTÉRIO DA ECONOMIA-ME
SECRETARIA ESPECIAL DE PREVIDÊNCIA E TRABALHO
SECRETARIA DE PREVIDÊNCIA
CONSELHO DE RECURSOS DA PREVIDÊNCIA SOCIAL-CRPS
CONSELHO PLENO

Observa-se que para o ponto "a" não há divergência a ser analisada por ter indeferimento por ausência de informações no formulário de labor especial.

A controvérsia sugerida pelo postulante em pauta vincula-se em: fixar a metodologia empregada para mensurar os níveis de ruído.

DA METODOLOGIA

A respeito, em que pese o entendimento do segurado, sobre o ponto da metodologia, ao se comparar a tese acolhida nos presentes autos com a delineada nos acórdãos paradigmas, se percebe decisões divergentes na interpretação em matéria de direito, hipótese que se amolda à exigência preconizada no inciso I do art. 63 do Regimento Interno deste Conselho.

No acórdão objeto de uniformização, o Colegiado defendeu que o termo "dosimetria" não é metodologia de aferição ao agente nocivo, contrariando o disposto no § 12 do artigo 68 do Decreto nº 3.048/99, inviabilizando a conversão por exposição a agente nocivo.

As decisões paradigmas acatam o enquadramento para formulários que contenham "NR-15" ou "DOSIMETRIA" por considerar que a metodologia anterior é mais agressiva e prejudicial ao segurado, estando sim exposto ao agente nocivo em níveis acima do limite de tolerância.

A Autarquia defende que o formulário apresentado deve informar metodologia utilizada para a avaliação do nível de ruído estabelecida pela FUNDACENTRO, e não os procedimentos de avaliação contidos no Anexo 1 da NR-15.

A metodologia prevista na NR 15 do MTE (até 18/11/03) é considerada mais gravosa que a metodologia da NHO-01 da FUNDACENTRO (a partir de 19/11/03), e, portanto, a nocividade apresentada no formulário sempre será mais prejudicial se analisado as condições de trabalho do segurado.

Essa matéria já restou amplamente discutida neste Tribunal Administrativo, tendo decisões favoráveis a aplicação da metodologia contida na NR-15, no qual cito como exemplos a Resolução nº 73/2019:

> APOSENTADORIA ESPECIAL. PEDIDO DE UNIFORMIZAÇÃO DE JURISPRUDENCIA. Divergência jurisprudencial entre as Câmaras de Julgamento no que tange conversão de tempo de atividade especial. Exigência de histograma e/ou memória de cálculo. Exposição ao agente nocivo ruído com a observância da técnica de apuração pela NHO-01 da

MINISTÉRIO DA ECONOMIA-ME
SECRETARIA ESPECIAL DE PREVIDÊNCIA E TRABALHO
SECRETARIA DE PREVIDÊNCIA
CONSELHO DE RECURSOS DA PREVIDÊNCIA SOCIAL-CRPS
CONSELHO PLENO

> Fundacentro. Competência para análise deste Conselho Pleno na forma do art. 3° inc. II do Regimento Interno do CRSS aprovado pela Portaria MDAS n° 116/2017. Pressupostos de Admissibilidade do pedido alcançados na forma do art. 63 do mesmo Regimento. Não é exigível o fornecimento de histograma e/ou memória de cálculo para o período de 11/10/2001 até 18/11/2003, por falta de previsão legal em lei, decreto e ato normativo ministerial vinculativo ao CRSS, bem como a inexigibilidade dada ao inc. III do art. 280 da IN/INSS n° 77/2015, pela DIRSAT/INSS, ante o reconhecimento da indisponibilidade de aparelhos de medição no período indicado. **A exigência do ruído em NEN, a partir de 18/11/2003, não é estritamente obrigatória podendo ser aceitas outras metodologias válidas que atestem o ruído por meio de dosimetria**. Precedente do Conselho Pleno. Pedido de Uniformização conhecido e provido. Necessidade de revisão de ofício do acórdão impugnado na forma do § 12 do art. 63 do Regimento Interno do CRSS. (Processo 44232.635710/2016-72, NB 172.767.666-9, Relator: RODOLFO ESPINEL DONADON, Conselho Pleno, julgado em 28/11/2018).(Resolução n° 73/2018) (grifo nosso)

Inclusive, o Conselho de Recursos editou novo enunciado sobre a temática para consolidar o entendimento administrativo:

> ENUNCIADO 13
>
> Atendidas as demais condições legais, considera-se especial, no âmbito do RGPS, a atividade exercida com exposição a ruído superior a 80 decibéis até 05/03/97, superior a 90 decibéis desta data até 18/11/2003, e superior a 85 decibéis a partir de então.
>
> I - Os níveis de ruído devem ser medidos, observado o disposto na Norma Regulamentadora n° 15 (NR-15), anexos 1 e 2, com aparelho medidor de nível de pressão sonora, operando nos circuitos de compensação - dB (A) para ruído contínuo ou intermitente ou dB (C) para ruído de impacto.
>
> II - Até 31 de dezembro de 2003, para a aferição de ruído contínuo ou intermitente, é obrigatória a utilização das metodologias contidas na NR-15, devendo ser aceitos ou o nível de pressão sonora pontual ou a média de ruído, podendo ser informado decibelímetro, dosímetro ou medição pontual no campo "Técnica Utilizada" do Perfil Profissiográfico Previdenciário (PPP).
>
> III - A partir de 1° de janeiro de 2004, para a aferição de ruído contínuo ou intermitente, é obrigatória a utilização das metodologias contidas na Norma de Higiene Ocupacional 01 (NHO-01) da FUNDACENTRO ou na NR-15, que reflitam a medição de exposição durante toda a jornada de trabalho, vedada a medição pontual, devendo constar do PPP a técnica utilizada e a respectiva norma.
>
> IV - Em caso de omissão ou dúvida quanto à indicação da metodologia ou técnica utilizadas para aferição da exposição nociva ao agente ruído, o PPP não deve ser admitido como prova da especialidade, devendo ser

MINISTÉRIO DA ECONOMIA-ME
SECRETARIA ESPECIAL DE PREVIDÊNCIA E TRABALHO
SECRETARIA DE PREVIDÊNCIA
CONSELHO DE RECURSOS DA PREVIDÊNCIA SOCIAL-CRPS
CONSELHO PLENO

> apresentado o respectivo Laudo Técnico de Condições Ambientais do Trabalho (LTCAT) ou solicitada inspeção no ambiente de trabalho, para fins de verificar a técnica utilizada na medição, bem como a respectiva norma.

O período controverso é de 19/11/2003 a 17/06/2015, portanto, se enquadra no item III do Enunciado nº 13 do CRPS, que exigiria a informação da metodologia no formulário como NR-15 (dosimetria) ou NHO-01.

Por fim, a jurisprudência da TNU – Turma Nacional de Uniformização dos Juizafos Especiais Federais também coaduna com o entendimento deste Tribunal Administrativo tendo recentemente fixado a Tese 174 decorrente do PEDILEF 0505614-83.2017.4.05.8300/PE publicado em 21 de março de 2019:

> "A partir de 19 de novembro de 2003, para a aferição de ruído contínuo ou intermitente, é obrigatória a utilização das metodologias contidas na NHO-01 da FUNDACENTRO ou na NR-15, que reflitam a medição de exposição durante toda a jornada de trabalho, vedada a medição pontual, devendo constar do Perfil Profissiográfico Previdenciário (PPP) a técnica utilizada e a respectiva norma"; (b) "Em caso de omissão ou dúvida quanto à indicação da metodologia empregada para aferição da exposição nociva ao agente ruído, o PPP não deve ser admitido como prova da especialidade, devendo ser apresentado o respectivo laudo técnico (LTCAT), para fins de demonstrar a técnica utilizada na medição, bem como a respectiva norma".

Diante do exposto, deve ser reformada a tese jurídica fixada com base no enunciado em comento, no sentido de que é possível a conversão de períodos por exposição ao agente ruído em que conste como metodologia NR-15 após 19/11/2003.

Feita essa digressão, percebe-se que a tese delineada no Acórdão nº 2756/2017 encontra amparo jurídico, razão pela qual se deve dar provimento parcial ao pedido de uniformização de jurisprudência em debate.

MINISTÉRIO DA ECONOMIA-ME
SECRETARIA ESPECIAL DE PREVIDÊNCIA E TRABALHO
SECRETARIA DE PREVIDÊNCIA
CONSELHO DE RECURSOS DA PREVIDÊNCIA SOCIAL-CRPS
CONSELHO PLENO

Isso posto, torno em parte insubsistente o Acórdão nº 2756/2017 e determino a remessa dos autos à 4ª Câmara de Julgamento, para que proceda a novo julgamento da matéria, com a emissão de outro acórdão, observando os ditames do presente voto.

CONCLUSÃO: Pelo exposto, voto no sentido de, preliminarmente, **CONHECER DO PEDIDO DE UNIFORMIZAÇÃO DE JURISPRUDÊNCIA**, para, no mérito, **DAR PROVIMENTO PARCIAL AO SEGURADO.**

TARSILA OTAVIANO DA COSTA
Relatora

MINISTÉRIO DA ECONOMIA-ME
SECRETARIA ESPECIAL DE PREVIDÊNCIA E TRABALHO
SECRETARIA DE PREVIDÊNCIA
CONSELHO DE RECURSOS DA PREVIDÊNCIA SOCIAL-CRPS
CONSELHO PLENO

DECISÓRIO

RESOLUÇÃO Nº 30/2020

Vistos e relatados os presentes autos, em sessão realizada hoje, **ACORDAM** os membros do Conselho Pleno, por **UNANIMIDADE**, no sentido de **CONHECER DO PEDIDO DE UNIFORMIZAÇÃO DE JURISPRUDÊNCIA**, para, no mérito, **DAR PROVIMENTO PARCIAL AO SEGURADO**, de acordo com o Voto da Relatora e sua fundamentação.

Participaram, ainda, do presente julgamento os (as) Conselheiros (as): Robson Ferreira Maranhão, Renato Agostinho das Chagas, Moisés Oliveira Moreira, Paulo Sérgio de Carvalho Costa Ribeiro, Maria Madalena Silva Lima, Márcia Aparecida Martins, Maria José de Paula Moraes, Imara Sodré Sousa Neto, Sulamita Cristina Dias, Guilherme Lustosa Pires, Valter Sérgio Pinheiro Coelho, Rodolfo Espinel Donadon, Alexandra Álvares de Alcântara e Adriene Cândida Borges.

Brasília-DF, 28 de julho de 2020.

TARSILA OTAVIANO DA COSTA
Relatora

MARCELO FERNANDO BORSIO
Presidente

3.1.31 Resolução 31/2020 (aposentadoria especial/ruído/intempestividade)

Objeto: Trata-se de Pedido de Uniformização de Jurisprudência interposto pelo segurado por suposta divergência de posicionamento entre Câmaras de Julgamento.

Decisão: Não conhecido.

Tese jurídica: Pedido de Uniformização intempestivo sem mérito apreciado.

MINISTÉRIO DA ECONOMIA-ME
SECRETARIA ESPECIAL DE PREVIDÊNCIA E TRABALHO
SECRETARIA DE PREVIDÊNCIA
CONSELHO DE RECURSOS DA PREVIDÊNCIA SOCIAL-CRPS
CONSELHO PLENO

Nº de Protocolo do Recurso: 44232.110282/2014-16
Documento/Benefício: 154.130.106-1
Unidade de origem: Agência da Previdência Social Barbacena
Tipo do Processo: Pedido de Uniformização de Jurisprudência
Recorrente: Jorge dos Santos Silva
Recorrido: Instituto Nacional do Seguro Social/INSS
Benefício: Aposentadoria Especial
Relatora: Tarsila Otaviano da Costa

(Processo Eletrônico)

Relatório

Trata-se de Pedido de Uniformização de Jurisprudência (evento 112) promovido pelo procurador do segurado **Jorge dos Santos Silva** em face da decisão da 1ª CAJ/CRPS no Acórdão nº 7662/2015 que negou provimento ao recurso do INSS ao reconhecer a especialidade dos períodos de 03/12/1998 a 19/05/1999 e de 11/10/2001 a 11/02/2015 exposição ao agente ruído, mas indeferiu o benefício Aposentadoria Especial requerido em 14/12/2013 (evento 69).

O postulante defende o cerceamento do direito de defesa em relação ao direito ao melhor benefício (aposentadoria especial), bem como o direito a conversão de período exercido em empresa tomadora de serviços, por exposição ao agente ruído.

O Instituto não apresentou contrarrazões ao incidente processual.

Apresenta no corpo do voto decisão de outra unidade julgadora que reconhecem a atividade especial em empresas prestadoras de serviços (NB 150.821.268-3 da 3ª CaJ).

A 01ª CAJ, por meio de despacho de seu Presidente, encaminhou os autos para o Presidente do Conselho (evento 117).

A Divisão de Assuntos Jurídicos do CRPS se manifestou quanto à matéria (evento 120).

O procedimento de Uniformização de Jurisprudência foi instaurado pela Presidência do CRPS (evento 131) com distribuição dos presentes autos a essa Conselheira (evento 132).

É o Relatório.

154.130.106-1 1

MINISTÉRIO DA ECONOMIA-ME
SECRETARIA ESPECIAL DE PREVIDÊNCIA E TRABALHO
SECRETARIA DE PREVIDÊNCIA
CONSELHO DE RECURSOS DA PREVIDÊNCIA SOCIAL-CRPS
CONSELHO PLENO

EMENTA: APOSENTADORIA ESPECIAL. PEDIDO DE UNIFORMIZAÇÃO DE JURISPRUDENCIA. INTEMPESTIVIDADE. NÃO CUMPRIMENTO DOS PRESSUPOSTOS DE ADMISSIBILIDADE. NÃO CONHECIMENTO. LEGISLAÇÃO: ART. 63, PARÁGRADO 2ª DO REGIMENTO INTERNO DO CONSELHO DE RECURSOS DA PREVIDÊNCIA SOCIAL

Em análise aos pressupostos de admissibilidade do presente Pedido de Uniformização de Jurisprudência, importa a transcrição dos arts. 03 e 63 do Regimento Interno do CRPS, aprovado pela Portaria MDSA nº 116/2017, a saber:

> Art. 3º Ao Conselho Pleno compete:
> (...)
> II - uniformizar, no caso concreto, as divergências jurisprudenciais entre as Juntas de Recursos nas matérias de sua alçada ou entre as Câmaras de julgamento em sede de Recurso Especial, mediante a emissão de Resolução; e
>
> Art. 63. O Pedido de Uniformização de Jurisprudência poderá ser requerido em casos concretos, pelas partes do processo, dirigido ao Presidente do respectivo órgão julgador, nas seguintes hipóteses:
>
> I - quando houver divergência na interpretação em matéria de direito entre acórdãos de Câmaras de Julgamento do CRSS, em sede de Recurso Especial, ou entre estes e resoluções do Conselho Pleno; ou
>
> § 2º É de 30 (trinta) dias o prazo para o requerimento do Pedido de Uniformização de Jurisprudência e para o oferecimento de contrarrazões, contados da data da ciência da decisão e da data da intimação do pedido, respectivamente, hipótese em que suspende o prazo para o seu cumprimento.

O pedido de uniformização é intempestivo, a contar da data do pedido de revisão de acórdão (evento 76 – 08/12/2015), tendo a rejeição do pleito em 08/09/2016.

O prazo regimental para a interposição do pedido de uniformização é comum ao pedido de revisão de acórdão, portanto, não há como admiti-lo como tempestivo.

Não há de se falar em relevação da intempestividade recursal, mesmo que comprovada a certeza e liquidez do direito, que seria imprescindível o reexame de

MINISTÉRIO DA ECONOMIA-ME
SECRETARIA ESPECIAL DE PREVIDÊNCIA E TRABALHO
SECRETARIA DE PREVIDÊNCIA
CONSELHO DE RECURSOS DA PREVIDÊNCIA SOCIAL-CRPS
CONSELHO PLENO

matéria fático-probatória, pois essa exceção não se admite nos Procedimentos aplicáveis ao Conselho Pleno, de discute a questão de direito de forma abstrata.

Portanto, esclareço que os incidentes de competência do Conselho Pleno não comportam a proposição de relevação da intempestividade prevista no inciso II do artigo 16 do Regimento Interno do CRPS.

Desta feita, não conheço do Pedido de Uniformização por intempestividade, nos termos do art. 63, § 2º do Regimento Interno do Conselho de Recursos da Previdência Social.

CONCLUSÃO: Pelo exposto, voto no sentido de **NÃO CONHECER DO PEDIDO DE UNIFORMIZAÇÃO DE JURISPRUDENCIA DO SEGURADO, em face da intempestividade.**

TARSILA OTAVIANO DA COSTA

Relatora

MINISTÉRIO DA ECONOMIA-ME
SECRETARIA ESPECIAL DE PREVIDÊNCIA E TRABALHO
SECRETARIA DE PREVIDÊNCIA
CONSELHO DE RECURSOS DA PREVIDÊNCIA SOCIAL-CRPS
CONSELHO PLENO

DECISÓRIO

RESOLUÇÃO Nº 31/2020

Vistos e relatados os presentes autos, em sessão realizada hoje, **ACORDAM** os membros do Conselho Pleno, por **UNANIMIDADE**, no sentido de **NÃO CONHECER DO PEDIDO DE UNIFORMIZAÇÃO DE JURISPRUDENCIA DO SEGURADO, em face da intempestividade**, de acordo com o Voto da Relatora e sua fundamentação.

Participaram, ainda, do presente julgamento os (as) Conselheiros (as): Robson Ferreira Maranhão, Renato Agostinho das Chagas, Moisés Oliveira Moreira, Paulo Sérgio de Carvalho Costa Ribeiro, Maria Madalena Silva Lima, Márcia Aparecida Martins, Maria José de Paula Moraes, Imara Sodré Sousa Neto, Sulamita Cristina Dias, Guilherme Lustosa Pires, Valter Sérgio Pinheiro Coelho, Rodolfo Espinel Donadon, Alexandra Álvares de Alcântara e Adriene Cândida Borges.

Brasília-DF, 28 de julho de 2020.

TARSILA OTAVIANO DA COSTA	**MARCELO FERNANDO BORSIO**
Relatora	Presidente

3.1.32 Resolução 32/2020 (tempo especial/ NHO 1 FUNDACENTRO/NR 15/ não enquadramento/metodologia/inválida)

Objeto: Trata-se de Pedido de Uniformização de Jurisprudência interposto pelo INSS por suposta divergência de posicionamento entre Câmaras de Julgamento.

Decisão: Provido.

Tese jurídica: Afastada a exigência de aferição do ruído obrigatoriamente pelo NEN a contar de 19/11/2003 (adesão ao posicionamento do Tema TNU 174 pela aplicação alternativa entre NR 15 e NHO 1). No entanto, o período especial não deve ser enquadrado, pois o PPP indicou como utilizada a metodologia "qualitativa", se tratando de agente quantitativo.

MINISTÉRIO DA ECONOMIA-ME
SECRETARIA ESPECIAL DE PREVIDÊNCIA E TRABALHO
SECRETARIA DE PREVIDÊNCIA
CONSELHO DE RECURSOS DA PREVIDÊNCIA SOCIAL-CRPS
CONSELHO PLENO

Nº de Protocolo do Recurso: 44232.880272/2016-03
Documento/Benefício: 176.771.019-1
Unidade de origem: Agência da Previdência Social Jundiaí - Digital
Tipo do Processo: Pedido de Uniformização de Jurisprudência do INSS
Recorrente: Instituto Nacional do Seguro Social/INSS
Recorrido: Claudio Mendes da Silva
Benefício: Aposentadoria por Tempo de Contribuição
Relatora: Tarsila Otaviano da Costa

(Processo Eletrônico)

Relatório

Trata-se de Pedido de Uniformização de Jurisprudência (evento 28) promovido pelo Instituto Nacional do Seguro Social - INSS em face da decisão da 4ª CAJ/CRPS no Acórdão nº 2000/2019 que negou provimento ao recurso autárquico e deu provimento ao segurado ao reconhecer a exposição ao agente ruído aplicando a metodologia do NR-15, concedendo o benefício Aposentadoria por Tempo de Contribuição requerido em 29/03/2016 (evento 26) com a devida reafirmação da DER.

O Instituto defende a conversão do período controverso por ter a informação de metodologia de aferição do agente nocivo. Não apensou acórdão paradigmas.

Alega que no caso concreto a técnica informada está em discordância com o consolidado na Resolução nº 26 do Conselho Pleno e no Tema 174 da TNUJEF (Turma Nacional de Uniformização dos Juizados Especiais Federais).

O postulante não apresentou contrarrazões ao incidente processual.

A 04ª CAJ, por meio de despacho de seu Presidente, encaminhou os autos para o Presidente do Conselho (evento 31).

Não há manifestação da Divisão de Assuntos Jurídicos do CRPS.

O procedimento de Uniformização de Jurisprudência foi instaurado pela Presidência do CRPS (evento 34) com distribuição dos presentes autos a essa Conselheira (evento 36).

É o Relatório.

176.771.019-1 1

MINISTÉRIO DA ECONOMIA-ME
SECRETARIA ESPECIAL DE PREVIDÊNCIA E TRABALHO
SECRETARIA DE PREVIDÊNCIA
CONSELHO DE RECURSOS DA PREVIDÊNCIA SOCIAL-CRPS
CONSELHO PLENO

EMENTA: APOSENTADORIA ESPECIAL. PEDIDO DE UNIFORMIZAÇÃO DE JURISPRUDENCIA. PRESSUPOSTOS DE ADMISSIBILIDADE DO PEDIDO ALCANÇADOS NA FORMA DO ART. 63 DO MESMO REGIMENTO. EXISTÊNCIA PARCIAL DE TESE JURÍDICA A SER COMBATIVA. METODOLOGIA. DECISÃO CONTRÁRIA AO ENTENDIMENTO JURISPRUDENCIAL E CONSOLIDADO NO ENUNCIADO Nº 13 DO CRPS. PEDIDO DE UNIFORMIZAÇÃO CONHECIDO E PARCIALMENTE PROVIDO

1. A metodologia para a aferição do agente nocivo ruído após 19/11/2003, pode constar referência ao aparelho de medição até 31/12/2003 e, após 01/01/2004 deve conter o método de aferição (NHO-01 ou NR-15), divergindo a decisão combatida do recente editado Enunciado nº 13 do CRPS, sendo acatado o pedido de uniformização requerido pelo segurado neste ponto.
2. Pedido de Uniformização de Jurisprudência conhecido e provido.

Em análise aos pressupostos de admissibilidade do presente Pedido de Uniformização de Jurisprudência, importa a transcrição dos arts. 03 e 63 do Regimento Interno do CRPS, aprovado pela Portaria MDSA n.º 116/2017, a saber:

> Art. 3º Ao Conselho Pleno compete:
> I - uniformizar, em tese, a jurisprudência administrativa previdenciária e assistencial, mediante emissão de Enunciados;
> II - uniformizar, no caso concreto, as divergências jurisprudenciais entre as Juntas de Recursos nas matérias de sua alçada ou entre as Câmaras de julgamento em sede de Recurso Especial, mediante a emissão de Resolução; e
>
> Art. 63. O Pedido de Uniformização de Jurisprudência poderá ser requerido em casos concretos, pelas partes do processo, dirigido ao Presidente do respectivo órgão julgador, nas seguintes hipóteses:
> I - quando houver divergência na interpretação em matéria de direito entre acórdãos de Câmaras de Julgamento do CRSS, em sede de Recurso Especial, ou entre estes e resoluções do Conselho Pleno; ou
> II - quando houver divergência na interpretação em matéria de direito entre acórdãos de Juntas de Recursos do CRSS, nas hipóteses de alçada exclusiva previstas no art. 30, § 2º, deste Regimento, ou entre estes e Resoluções do Conselho Pleno.

MINISTÉRIO DA ECONOMIA-ME
SECRETARIA ESPECIAL DE PREVIDÊNCIA E TRABALHO
SECRETARIA DE PREVIDÊNCIA
CONSELHO DE RECURSOS DA PREVIDÊNCIA SOCIAL-CRPS
CONSELHO PLENO

O requerimento do pedido de uniformização cumpriu o prazo regimental estabelecido no § 2º do citado artigo 63:

> Art. 63 – (...)
> § 2º É de 30 (trinta) dias o prazo para o requerimento do Pedido de Uniformização de Jurisprudência e para o oferecimento de contrarrazões, contados da data da ciência da decisão e da data da intimação do pedido, respectivamente, hipótese em que suspende o prazo para o seu cumprimento.

O pedido foi tempestivo tendo apresentado pedido incidental em 15/05/2018 (evento28), ou seja, dentro dos 30 dias previsto no regimento interno.

É imperioso asseverar, de plano, que o pressuposto para a admissibilidade do pedido de uniformização de jurisprudência é a existência de divergência **em matéria de direito.** Não se presta, pois, tal incidente a reapreciar matéria fática ou solucionar divergência em matéria de provas.

Na hipótese dos autos, observo que o Acórdão nº 2000/2019 da 4ª CAJ tratou da temática de exposição a agente nocivo ruído, no qual alegou a nocividade acima do limite de tolerância, reconhecendo como metodologia o termo "quantitativa".

O objeto do pedido incidental insurge sob a temática da metodologia nos seguintes períodos:

a) 25/08/2007 a 31/12/2007; 01/08/2008 a 30/06/2010 e 01/01/2012 a 05/02/2016 – exposição ao agente ruído no qual a metodologia constante no PPP não foi a NHO-01. Cita como paradigma: Resolução nº 26/2018 e Tema 174 da TNUJEF.

Ressalto que a jurisprudência da TNU não é vinculante a este Conselho de Recursos por força do art. 69 do Regimento Interno, tendo a divergência restrita a resolução deste Conselho de Recursos.

A controvérsia sugerida pelo recorrente em pauta vincula-se em: fixar a metodologia empregada para mensurar os níveis de ruído.

DA METODOLOGIA

A respeito, sobre o ponto da metodologia, ao se comparar a tese acolhida nos presentes autos com a delineada na resolução paradigma, se percebe decisões divergentes na interpretação em matéria de direito, hipótese que se amolda à exigência preconizada no inciso I do art. 63 do Regimento Interno deste Conselho.

176.771.019-1 3

MINISTÉRIO DA ECONOMIA-ME
SECRETARIA ESPECIAL DE PREVIDÊNCIA E TRABALHO
SECRETARIA DE PREVIDÊNCIA
CONSELHO DE RECURSOS DA PREVIDÊNCIA SOCIAL-CRPS
CONSELHO PLENO

No acórdão objeto de uniformização, o Colegiado defendeu que a Resolução nº 26/2018 do Conselho Pleno uniformizou que "a indicação de ruído acima do limite de tolerância é suficiente para comprovar a especialidade da atividade, cabendo ao INSS prova em contrário".

Contudo, a resolução supra define que há necessidade de indicação da técnica de aferição do agente nocivo ruído, acatando o enquadramento para formulários que contenham "NR-15" ou "dosimetria" por considerar que a intensidade da nocividade do ruído também seria acima do limite de tolerância:

> "Sobre este ponto, entendo que independentemente se a técnica foi feita conforme NR-15 e não conforme NHO-01, estando o ruído acima do limite, podemos concluir que se foi feito conforme a NR-15 e não NHO-01, a intensidade seria também superior, uma vez que a NHO-01 é uma técnica mais moderna e conservadora, sendo mais protetiva ao trabalhador, já que utiliza um fator de dobra (q=3) enquanto que a NR-15 utiliza um fator de dobra (q=5)."

Em nenhum momento a Resolução faz referência a desnecessidade da metodologia, e sim, considera um item obrigatório. É de se verificar que o termo "quantitativa" refere-se ao tipo de avaliação do agente – no caso o ruído precisa de informação do nível de nocividade em que houve a exposição.

Essa matéria já restou amplamente discutida neste Tribunal Administrativo, tendo decisões favoráveis a aplicação da metodologia contida na NR-15, no qual cito como exemplos a Resolução nº 73/2019:

> APOSENTADORIA ESPECIAL. PEDIDO DE UNIFORMIZAÇÃO DE JURISPRUDENCIA. Divergência jurisprudencial entre as Câmaras de Julgamento no que tange conversão de tempo de atividade especial. Exigência de histograma e/ou memória de cálculo. Exposição ao agente nocivo ruído com a observância da técnica de apuração pela NHO-01 da Fundacentro. Competência para análise deste Conselho Pleno na forma do art. 3° inc. II do Regimento Interno do CRSS aprovado pela Portaria MDAS n° 116/2017. Pressupostos de Admissibilidade do pedido alcançados na forma do art. 63 do mesmo Regimento. Não é exigível o fornecimento de histograma e/ou memória de cálculo para o período de 11/10/2001 até 18/11/2003, por falta de previsão legal em lei, decreto e ato normativo ministerial vinculativo ao CRSS, bem como a inexigibilidade dada ao inc. III do art. 280 da IN/INSS n° 77/2015, pela DIRSAT/INSS, ante o reconhecimento da indisponibilidade de aparelhos de medição no período indicado. **A exigência do ruído em NEN, a partir de 18/11/2003, não é estritamente obrigatória podendo ser aceitas outras metodologias válidas que atestem o ruído por meio de dosimetria**. Precedente do

MINISTÉRIO DA ECONOMIA-ME
SECRETARIA ESPECIAL DE PREVIDÊNCIA E TRABALHO
SECRETARIA DE PREVIDÊNCIA
CONSELHO DE RECURSOS DA PREVIDÊNCIA SOCIAL-CRPS
CONSELHO PLENO

> Conselho Pleno. Pedido de Uniformização conhecido e provido. Necessidade de revisão de ofício do acórdão impugnado na forma do § 12 do art. 63 do Regimento Interno do CRSS. (Processo 44232.635710/2016-72, NB 172.767.666-9, Relator: RODOLFO ESPINEL DONADON, Conselho Pleno, julgado em 28/11/2018). (Resolução nº 73/2018) (grifo nosso)

Inclusive, o Conselho de Recursos editou novo enunciado sobre a temática para consolidar o entendimento administrativo sobre quais termos podem ser utilizados para definição da metodologia em seus itens II e III:

> ENUNCIADO 13
> Atendidas as demais condições legais, considera-se especial, no âmbito do RGPS, a atividade exercida com exposição a ruído superior a 80 decibéis até 05/03/97, superior a 90 decibéis desta data até 18/11/2003, e superior a 85 decibéis a partir de então.
> I - Os níveis de ruído devem ser medidos, observado o disposto na Norma Regulamentadora nº 15 (NR-15), anexos 1 e 2, com aparelho medidor de nível de pressão sonora, operando nos circuitos de compensação - dB (A) para ruído contínuo ou intermitente ou dB (C) para ruído de impacto.
> II - Até 31 de dezembro de 2003, para a aferição de ruído contínuo ou intermitente, é obrigatória a utilização das metodologias contidas na NR-15, devendo ser aceitos ou o nível de pressão sonora pontual ou a média de ruído, podendo ser informado decibelímetro, dosímetro ou medição pontual no campo "Técnica Utilizada" do Perfil Profissiográfico Previdenciário (PPP).
> III - A partir de 1º de janeiro de 2004, para a aferição de ruído contínuo ou intermitente, é obrigatória a utilização das metodologias contidas na Norma de Higiene Ocupacional 01 (NHO-01) da FUNDACENTRO ou na NR-15, que reflitam a medição de exposição durante toda a jornada de trabalho, vedada a medição pontual, devendo constar do PPP a técnica utilizada e a respectiva norma.
> IV - Em caso de omissão ou dúvida quanto à indicação da metodologia ou técnica utilizadas para aferição da exposição nociva ao agente ruído, o PPP não deve ser admitido como prova da especialidade, devendo ser apresentado o respectivo Laudo Técnico de Condições Ambientais do Trabalho (LTCAT) ou solicitada inspeção no ambiente de trabalho, para fins de verificar a técnica utilizada na medição, bem como a respectiva norma.

No formulário não há menção a técnica utilizada, constando somente o tipo de avaliação (quantitativa), não se enquadrando nos itens II e III do Enunciado nº 13 do CRPS, que exigiria a informação da metodologia no formulário como NR-15 (dosimetria/decibelímetro/dosímetro/medição pontual) ou NHO-01.

Por fim, a jurisprudência da TNU – Turma Nacional de Uniformização dos Juizafos Especiais Federais também coaduna com o entendimento deste Tribunal

176.771.019-1 5

MINISTÉRIO DA ECONOMIA-ME
SECRETARIA ESPECIAL DE PREVIDÊNCIA E TRABALHO
SECRETARIA DE PREVIDÊNCIA
CONSELHO DE RECURSOS DA PREVIDÊNCIA SOCIAL-CRPS
CONSELHO PLENO

Administrativo tendo recentemente fixado a Tese 174 decorrente do PEDILEF 0505614-83.2017.4.05.8300/PE publicado em 21 de março de 2019:

> "A partir de 19 de novembro de 2003, para a aferição de ruído contínuo ou intermitente, é obrigatória a utilização das metodologias contidas na NHO-01 da FUNDACENTRO ou na NR-15, que reflitam a medição de exposição durante toda a jornada de trabalho, vedada a medição pontual, devendo constar do Perfil Profissiográfico Previdenciário (PPP) a técnica utilizada e a respectiva norma"; (b) "Em caso de omissão ou dúvida quanto à indicação da metodologia empregada para aferição da exposição nociva ao agente ruído, o PPP não deve ser admitido como prova da especialidade, devendo ser apresentado o respectivo laudo técnico (LTCAT), para fins de demonstrar a técnica utilizada na medição, bem como a respectiva norma".

Diante do exposto, deve ser reformada a tese jurídica fixada com base no enunciado em comento, no sentido de que não é possível a conversão de períodos por exposição ao agente ruído em que conste como metodologia "quantitativa", sem a apresentação de laudo técnico que esclareça nos termos do item IV por omissão contida no formulário.

Feita essa digressão, percebe-se que a tese delineada no Acórdão nº 2000/2019 encontra amparo jurídico, razão pela qual se deve dar provimento ao pedido de uniformização de jurisprudência em debate.

Isso posto, torno insubsistente o Acórdão nº 2000/2019 e determino a remessa dos autos à 4ª Câmara de Julgamento, para que proceda a novo julgamento da matéria, com a emissão de outro acórdão, observando os ditames do presente voto.

CONCLUSÃO: Pelo exposto, voto no sentido de, preliminarmente, **CONHECER DO PEDIDO DE UNIFORMIZAÇÃO DE JURISPRUDÊNCIA**, para, no mérito, **DAR PROVIMENTO AO INSS.**

TARSILA OTAVIANO DA COSTA
Relatora

MINISTÉRIO DA ECONOMIA-ME
SECRETARIA ESPECIAL DE PREVIDÊNCIA E TRABALHO
SECRETARIA DE PREVIDÊNCIA
CONSELHO DE RECURSOS DA PREVIDÊNCIA SOCIAL-CRPS
CONSELHO PLENO

DECISÓRIO

RESOLUÇÃO Nº 32/2020

Vistos e relatados os presentes autos, em sessão realizada hoje, **ACORDAM** os membros do Conselho Pleno, por **UNANIMIDADE**, no sentido de **CONHECER DO PEDIDO DE UNIFORMIZAÇÃO DE JURISPRUDÊNCIA**, para, no mérito, **DAR PROVIMENTO AO INSS**, de acordo com o Voto da Relatora e sua fundamentação.

Participaram, ainda, do presente julgamento os (as) Conselheiros (as): Robson Ferreira Maranhão, Renato Agostinho das Chagas, Moisés Oliveira Moreira, Paulo Sérgio de Carvalho Costa Ribeiro, Maria Madalena Silva Lima, Márcia Aparecida Martins, Maria José de Paula Moraes, Imara Sodré Sousa Neto, Sulamita Cristina Dias, Guilherme Lustosa Pires, Valter Sérgio Pinheiro Coelho, Rodolfo Espinel Donadon, Alexandra Álvares de Alcântara e Adriene Cândida Borges.

Brasília-DF, 28 de julho de 2020.

TARSILA OTAVIANO DA COSTA
Relatora

MARCELO FERNANDO BORSIO
Presidente

3.1.33 Resolução 33/2020 (tempo especial/ NHO 1 FUNDACENTRO/NR 15)

Objeto: Trata-se de Pedido de Uniformização de Jurisprudência interposto por segurado por suposta divergência de posicionamento entre Câmaras de Julgamento.

Decisão: Provido.

Tese jurídica: Afastada a exigência de aferição do ruído obrigatoriamente pelo NEN a contar de 19/11/2003 (adesão ao posicionamento do Tema TNU 174 pela aplicação alternativa entre NR 15 e NHO 1).

Ministério do Desenvolvimento Social e Agrário
Conselho de Recursos do Seguro Social-CRSS
Conselho Pleno

Nº de Protocolo do Recurso: 44232.721337/2016-71
Documento: 174.154.105-8
Unidade de origem: APS/Caçapava/SP
Benefício: Aposentadoria por Tempo de Contribuição
Recorrente: José Germires Cândido da Costa
Recorrido: INSS
Relator: Eneida da Costa Alvim

RELATÓRIO:

Trata-se de pedido de PEDIDO DE UNIFORMIZAÇÃO DE JURISPRUDÊNCIA, interposto pelo interessado – Evento 34.

O presente pedido foi interposto em vista do Acórdão (Acórdão 1900/2017) proferido pela 01ª Câmara de Julgamento, quando deu provimento ao Recurso Especial do INSS, alegando que "não cabe enquadramento em atividade especial, uma vez que a metodologia de aferição do agente nocivo ruído foi em desacordo com a legislação que rege a matéria. – evento 28.

O interessado apresentou o presente pedido de Uniformização de Jurispridência ao Conselho de Recursos do Seguro Social – CRSS, fundamentando que há divergência entre o Acórdão proferido pela 01ª Câmara de Julgamento e o Acórdão 1.039/2017 da 02ª CAJ e o Acórdão 271/2017 da 01ª Composição Adjunta da 01ª Câmara de Julgamento – evento 34.

José Germires Cândido da Costa solicitou o benefício de aposentadoria por tempo de contribuição e teve o seu pedido indeferido pela Autarquia.

Após análise dos autos a 14ª Junta de Recursos deu provimento ao recurso do interessado, conforme Acórdão nº 6017/2016, alegando que foi comprovada atividade especial do período trabalhado– evento 15.

Foi apresentado Recurso Especial pelo INSS – evento 17.

Após análise dos autos o Acórdão proferido pela 01ª CAJ (Acórdão 1900/2017) afirma que não é possível enquadramento por exposição ao agente nocivo ruído, quando o formulário não informa tecnologia utilizada com base na NHO 01 – evento 28.

174.154.105-8 1

Ministério do Desenvolvimento Social e Agrário
Conselho de Recursos do Seguro Social-CRSS
Conselho Pleno

Análise por parte de Divisão de Assuntos Jurídicos encaminha o processo ao Presidente do Conselho Pleno do Conselho de Recursos do Seguro Social, o qual determina a distribuição do processo a essa relatora – evento 40.

É o relatório.

VOTO

EMENTA: APOSENTADORIA POR TEMPO DE CONTRIBUIÇÃO. PEDIDO DE UNIFORMIZAÇÃO DE JURISPRUDÊNCIA. ATIVIDADE INSALUBRE. AGENTE NOCIVO RUÍDO APÓS 19/11/2003, DESNECESSIDADE DE REGISTRO DE ANÁLISE COM BASE NA NHO-01. INDISPENSÁVEL COMPROVAÇÃO DA EXPOSIÇÃO AO AGENTE NOCIVO RUÍDO ACIMA DOS LIMITES PERMITIDOS. LEI 8.213/91, ART. 58. IN 77, ART. 280.

Pedido formulado pelo interessado, **José Germires Cândido da Costa** em 27/06/2017. Não consta dos autos registro da data de ciência do Acórdão recorrido.

Recurso tempestivo.

O presente pedido de Uniformização de Jurisprudência tem por fundamento a divergência entre o acórdão 1900/2017 proferido pela 01ª CAJ/CRSS, quando deu provimento ao recurso do INSS, afirmando que não cabe enquadramento do período de 19/11/2003 à 04/02/2016, haja vista que a metodologia de aferição do agente nocivo ruído foi em desacordo com a legislação que rege a matéria e os Acórdãos 1039/2017 da 02ª CAJ e Acórdão 217/2017 da 01ª Composição Adjunta da 01ª CAJ que afirmam que, quando da medição do agente nocivo com base nas normas previstas para preenchimento do PPP, resta claro que a NHO-01 tem o condão de proteger o trabalhador, no entanto os valores informados na NR 15 já se encontram acima dos limites de tolerância.

Conforme legislação em vigor, a Uniformização de Jurisprudência tem previsão na Portaria 116/2017, conforme abaixo transcrito:

Art. 3º - Ao Conselho Pleno compete:

I - uniformizar, em tese, a jurisprudência administrativa previdenciária e assistencial, mediante emissão de Enunciados;

174.154.105-8 2

Ministério do Desenvolvimento Social e Agrário
Conselho de Recursos do Seguro Social-CRSS
Conselho Pleno

II - uniformizar, no caso concreto, as divergências jurisprudenciais entre as Juntas de Recursos nas matérias de sua alçada ou entre as Câmaras de julgamento em sede de Recurso Especial, mediante a emissão de Resolução; e

III - decidir, no caso concreto, as Reclamações ao Conselho Pleno, mediante a emissão de Resolução.

Art. 61. A uniformização, em tese, da jurisprudência administrativa previdenciária poderá ser suscitada para encerrar divergência jurisprudencial administrativa ou para consolidar jurisprudência reiterada no âmbito do CRSS, mediante a edição de enunciados.

§ 1º A uniformização em tese poderá ser provocada pelo Presidente do CRSS, pela Coordenação de Gestão Técnica, pela Divisão de Assuntos Jurídicos, pelos Presidentes das Câmaras de Julgamento ou, exclusivamente em matéria de alçada, por solicitação de Presidente de Juntas de Recursos, ou pela Diretoria de Benefícios do INSS, mediante a prévia apresentação de estudo fundamentado sobre a matéria a ser uniformizada, no qual deverá ser demonstrada a existência de relevante divergência jurisprudencial ou de jurisprudência convergente reiterada.

§ 2º A divergência ou convergência de entendimentos deverá ser demonstrada mediante a elaboração de estudo fundamentado com a indicação de decisórios divergentes ou convergentes, conforme o caso, proferidos nos últimos cinco anos, por outro órgão julgador, composição de julgamento, ou, ainda, por resolução do Conselho Pleno.

§ 3º Elaborado o estudo na forma prevista no § 2º a autoridade competente encaminhará a proposta de uniformização em tese da jurisprudência previdenciária ao Presidente do CRSS que a distribuirá ao relator da matéria no Conselho Pleno.

§ 4º Aplica-se à uniformização em tese da jurisprudência administrativa previdenciária e assistencial, no que couber, o procedimento previsto no artigo 63 deste Regimento.

Art. 63. O Pedido de Uniformização de Jurisprudência poderá ser requerido em casos concretos, pelas partes do processo, dirigido ao Presidente do respectivo órgão julgador, nas seguintes hipóteses:

I - quando houver divergência na interpretação em matéria de direito entre acórdãos de Câmaras de Julgamento do CRSS, em sede de Recurso Especial, ou entre estes e resoluções do Conselho Pleno; ou

Ministério do Desenvolvimento Social e Agrário
Conselho de Recursos do Seguro Social-CRSS
Conselho Pleno

De fato, os acórdãos apresentados possuem divergências em matéria análoga, sendo portanto devido o acolhimento do presente pedido.

No caso concreto, o interessado requer enquadramento em atividade especial do período de 19/11/2003 à 04/02/2016, quando foi apresentado PPP – Perfil Profissiográfico Previdenciário, informando que o interessado esteve exposto ao agente nocivo ruído em índices sempre superiores à 85 dB(A). O referido formulário informa que a medição foi realizada usando medidor dosímetro.

Quanto à análise do agente nocivo ruído devemos respeitar as exigências legais, sempre observando os requisitos previstos, sendo indispensável a comprovação da efetiva exposição ao agente nocivo ruído em índices acima dos limites previstos, desde que a análise técnica tenha obedecido requisitos legais para tal.

Entendendo que a exigência com base na NHO-01 se deu no intuito de proteger o trabalhador, quando analisa o nível de exposição normalizado, verificamos que a medição realizada com base na NR 15 também atende o requisito indispensável, qual seja, comprovar efetiva exposição acima dos limites permitidos.

É possível a medição com base na NHO 01 ou NR 15, uma vez que, a medição baseada na NHO-01 é mais benéfica que a prevista na NR 15.

Conforme instrução da própria Autarquia, na IN 77 INSS/PRES 201:

Art. 280. A exposição ocupacional a ruído dará ensejo a caracterização de atividade exercida em condições especiais quando os níveis de pressão sonora estiverem acima de oitenta dB (A), noventa dB (A) ou 85 (oitenta e cinco) dB (A), conforme o caso, observado o seguinte:

I - até 5 de março de 1997, véspera da publicação do Decreto nº 2.172, de 1997, será efetuado o enquadramento quando a exposição for superior a oitenta dB (A), devendo ser informados os valores medidos;

II - de 6 de março de 1997, data da publicação do Decreto nº 2.172, de 1997, até 10 de outubro de 2001, véspera da publicação da Instrução Normativa INSS/DC nº 57, de 10 de outubro de 2001, será efetuado o enquadramento quando a exposição for superior a noventa dB (A), devendo ser informados os valores medidos;

III - de 11 de outubro de 2001, data da publicação da Instrução Normativa nº 57, de 2001, até 18 de novembro de 2003, véspera da publicação do Decreto nº 4.882, de 18 de

174.154.105-8 4

Ministério do Desenvolvimento Social e Agrário
Conselho de Recursos do Seguro Social-CRSS
Conselho Pleno

novembro de 2003, será efetuado o enquadramento quando a exposição for superior a noventa dB (A), devendo ser anexado o histograma ou memória de cálculos; e

IV - a partir de 01 de janeiro de 2004, será efetuado o enquadramento quando o Nível de Exposição Normalizado - NEN se situar acima de 85 (oitenta e cinco) dB (A) ou for ultrapassada a dose unitária, conforme NHO 1 da FUNDACENTRO, sendo facultado à empresa a sua utilização a partir de 19 de novembro de 2003, data da publicação do Decreto nº 4.882, de 2003, aplicando:

a) os limites de tolerância definidos no Quadro do Anexo I da NR-15 do MTE; e

b) as metodologias e os procedimentos definidos nas NHO-01 da FUNDACENTRO.

Em que pese o documento apresentado não apresentar a técnica utilizada de acordo com a norma NHO-01 da FUNDACENTRO, a empresa utilizou a dosimetria, técnica esta também aplicada pela NHO-01 a qual é mais favorável ao segurado, do que a dosimetria aplicada pela NR 15.

Vale ainda salientar que, a própria Autarquia faculta à empresa a medição com base na NHO-01 a partir de 19/11/2003, no entanto a com exigência a partir de 01/01/2004, sendo certo que a alteração da técnica utilizada não altera o nível do ruído a que o segurado esteve exposto, ratificando aqui que, a exigência legal se dá no sentido de que é indispensável a comprovação da efetiva exposição ao agente nocivo ruído acima de 85 dB(A).

Conforme Lei 8.213/91:

Art. 58. A relação dos agentes nocivos químicos, físicos e biológicos ou associação de agentes prejudiciais à saúde ou à integridade física considerados para fins de concessão da aposentadoria especial de que trata o artigo anterior será definida pelo Poder Executivo.

§ 1º A comprovação da efetiva exposição do segurado aos agentes nocivos será feita mediante formulário, na forma estabelecida pelo Instituto Nacional do Seguro Social - INSS, emitido pela empresa ou seu preposto, com base em laudo técnico de condições ambientais do trabalho expedido por médico do trabalho ou engenheiro de segurança do trabalho nos termos da legislação trabalhista

Assim, entendo que, se comprovada efetiva exposição ao agente nocivo acima dos limites permitidos, com apresentação de formulário PPP devidamente preenchido, não é a simples ausência de registro de análise realizada como base na NHO-01 motivo para indeferimento de enquadramento por exposição ao agente nocivo ruído acima de 85 dB(A).

Ministério do Desenvolvimento Social e Agrário
Conselho de Recursos do Seguro Social-CRSS
Conselho Pleno

Os autos devem retornar à 01ª CAJ/CRSS para que a mesma possa reformar seu entendimento.

Dessa forma, no presente caso, verifico ser devido o acolhimento do presente pedido de Uniformização de Jurisprudência, dando provimento ao Recurso do interessado.

CONCLUSÃO: Pelo exposto, VOTO no sentido de preliminarmente CONHECER DO PRESENTE PEDIDO DE UNIFORMIZAÇÃO DE JURISPRUDÊNCIA, PARA NO MÉRITO DAR PROVIMENTO AO INTERESSADO.

Brasília-DF, 27 de fevereiro de 2018

ENEIDA DA COSTA ALVIM
Relatora

MINISTÉRIO DA ECONOMIA-ME
SECRETARIA ESPECIAL DE PREVIDÊNCIA E TRABALHO
SECRETARIA DE PREVIDÊNCIA
CONSELHO DE RECURSOS DA PREVIDÊNCIA SOCIAL-CRPS
CONSELHO PLENO

Nº de Protocolo do Recurso: 44232.721337/2016-71
Documento/Benefício: 174.154.105-8
Unidade de origem: Agência da Previdência Social Aparecida
Tipo do Processo: Pedido de Uniformização de Jurisprudência
Recorrente: José Germires Cândido da Costa
Recorrido: Instituto Nacional do Seguro Social/INSS e 1ª Caj
Benefício: Aposentadoria por Tempo de Contribuição
Relatora: Adriene Cândida Borges

(Processo Eletrônico)

DECLARAÇÃO DE VOTO

Cuida-se de incidente proposto com fulcro no artigo 63 do Regimento Interno deste Conselho, aprovado pela Portaria MDSA de nº 116/2017.

Preliminarmente, cumpre ressaltar que se trata de pedido de vistas da Conselheira Vanda Maria Lacerda, cujos autos foram a mim redistribuídos por motivo de licença/afastamento.

O ponto controvertido se concentra na metodologia utilizada na aferição do ruído a partir de 19/11/2003, cujo enquadramento foi refutado pela 1ª Câmara de Julgamento, no Acórdão de nº 1900/2017, por constar no formulário "Dosimetria" como técnica utilizada.

O Regulamento da Previdência Social – RPS, aprovado pelo Decreto 3.048/99, no § 1º do artigo 70, dispõe que a caracterização e a comprovação do tempo de atividade sob condições especiais obedecerá ao disposto na legislação em vigor na época da prestação do serviço).

A legislação determina que a exposição ocorra de modo habitual e permanente, não ocasional e nem intermitente, cuja comprovação se faz mediante a apresentação do respectivo formulário, na forma estabelecida pelo Instituto Nacional do Seguro Social – INSS, emitido com base em laudo técnico das condições ambientais do trabalho expedido por médico do trabalhou ou engenheiro de segurança do trabalho nos termos da legislação trabalhista, consoante § 1º do artigo 58 da Lei 8.213/91.

Até 18/11/2003 a aferição do ruído era realizada em conformidade com a Norma Regulamentadora – NR-15, que estabeleceu limites de tolerância para ruído contínuo ou intermitente e ruído de impacto, a saber:

MINISTÉRIO DA ECONOMIA-ME
SECRETARIA ESPECIAL DE PREVIDÊNCIA E TRABALHO
SECRETARIA DE PREVIDÊNCIA
CONSELHO DE RECURSOS DA PREVIDÊNCIA SOCIAL-CRPS
CONSELHO PLENO

> 1. Entende-se por Ruído Contínuo ou Intermitente, para os fins de aplicação de Limites de Tolerância, o ruído que não seja ruído de impacto.
>
> 2. Os níveis de ruído contínuo ou intermitente devem ser medidos em decibéis (dB) com instrumento de nível de pressão sonora operando no circuito de compensação "A" e circuito de resposta lenta (SLOW). As leituras devem ser feitas próximas ao ouvido do trabalhador.
>
> (...)
>
> 1. Entende-se por ruído de impacto aquele que apresenta picos de energia acústica de duração inferior a 1 (um) segundo, a intervalos superiores a 1 (um) segundo.
>
> 2. Os níveis de impacto deverão ser avaliados em decibéis (dB), com medidor de nível de pressão sonora operando no circuito linear e circuito de resposta para impacto. As leituras devem ser feitas próximas ao ouvido do trabalhador. O limite de tolerância para ruído de impacto será de 130 dB (linear). Nos intervalos entre os picos, o ruído existente deverá ser avaliado como ruído contínuo.
>
> 3. Em caso de não se dispor de medidor do nível de pressão sonora com circuito de resposta para impacto, será válida a leitura feita no circuito de resposta rápida (FAST) e circuito de compensação "C". Neste caso, o limite de tolerância será de 120 dB (C).

Com o advento do Decreto 4.882, de 18/11/2003 passou-se a exigir observância das normas definidas pela FUNDACENTRO, nos termos do § 11 do artigo 68 do Regulamento da Previdência Social – RPS, aprovado pelo Decreto 3.048/99.

Posteriormente, a exigência passou a constar no § 12 do referido artigo, com redação incluída pelo Decreto 8.213, de 16 de outubro de 2013, *in verbis*:

"§ 12. Nas avaliações ambientais deverão ser considerados, além do disposto no Anexo IV, a metodologia e os procedimentos de avaliação estabelecidos pela Fundação Jorge Duprat Figueiredo de Segurança e Medicina do Trabalho – FUNDACENTRO."

A referida regra passou a ser efetivamente exigida a partir de 01/01/2004, nos termos do inciso IV do artigo 180 da Instrução Normativa de nº 77/2015:

MINISTÉRIO DA ECONOMIA-ME
SECRETARIA ESPECIAL DE PREVIDÊNCIA E TRABALHO
SECRETARIA DE PREVIDÊNCIA
CONSELHO DE RECURSOS DA PREVIDÊNCIA SOCIAL-CRPS
CONSELHO PLENO

> IV - a partir de 01 de janeiro de 2004, será efetuado o enquadramento quando o Nível de Exposição Normalizado - NEN se situar acima de 85 (oitenta e cinco) dB (A) ou for ultrapassada a dose unitária, conforme NHO 1 da FUNDACENTRO, sendo facultado à empresa a sua utilização a partir de 19 de novembro de 2003, data da publicação do Decreto nº 4.882, de 2003, aplicando:
>
> a) os limites de tolerância definidos no Quadro do Anexo Ida NR-15 do MTE; e
>
> b) as metodologias e os procedimentos definidos nas NHO-01da FUNDACENTRO.

Como se vê, a partir de 01/01/2004 o enquadramento passou a ser admitido quando o NEN se situar acima de 85 dB (A) ou quando for ultrapassada a dose unitária, observados os limites de tolerância definidos no Quadro Anexo I da NR-15 e metodologias e procedimentos definidos na NHO-01 da Fundacentro.

Convém destacar que a questão acerca da metodologia foi amplamente debatida por este Conselho, que resultou na edição das Resoluções de nº 72/2018 e 73/2018, onde se fixou o entendimento majoritário pela possibilidade de admissão de outras metodologias válidas que atestem o ruído por meio de dosimetria, conforme assim ementado:

> **Resolução nº 72/2018:**
>
> **APOSENTADORIA ESPECIAL. PEDIDO DE UNIFORMIZAÇÃO DE JURISPRUDENCIA.** Divergência jurisprudencial entre as Câmaras de Julgamento no que tange conversão de tempo de atividade especial. Exposição ao agente nocivo ruído com a observância da técnica de apuração pela NHO-01 da Fundacentro. Competência para análise deste Conselho Pleno na forma do art. 3º inc. II do Regimento Interno do CRSS aprovado pela Portaria MDAS nº 116/2017. Pressupostos de Admissibilidade do pedido alcançados na forma do art. 63 do mesmo Regimento. A exigência do ruído em NEN, a partir de 18/11/2003, não é estritamente obrigatória podendo

MINISTÉRIO DA ECONOMIA-ME
SECRETARIA ESPECIAL DE PREVIDÊNCIA E TRABALHO
SECRETARIA DE PREVIDÊNCIA
CONSELHO DE RECURSOS DA PREVIDÊNCIA SOCIAL-CRPS
CONSELHO PLENO

ser aceitas outras metodologias válidas que atestem o ruído por meio de dosimetria. Precedente do Conselho Pleno. Pedido de Uniformização conhecido e provido. Necessidade de revisão de ofício do acórdão impugnado na forma do § 12 do art. 63 do Regimento Interno do CRSS.

Resolução nº 73/2018:

APOSENTADORIA ESPECIAL. PEDIDO DE UNIFORMIZAÇÃO DE JURISPRUDENCIA. Divergência jurisprudencial entre as Câmaras de Julgamento no que tange conversão de tempo de atividade especial. Exigência de histograma e/ou memória de cálculo. Exposição ao agente nocivo ruído com a observância da técnica de apuração pela NHO-01 . da Fundacentro. Competência para análise deste Conselho Pleno na forma do art. 3º inc. II do Regimento Interno do CRSS aprovado pela Portaria MDAS nº 116/2017. Pressupostos de Admissibilidade do pedido alcançados na forma do art. 63 do mesmo Regimento. Não é exigível o fornecimento de histograma e/ou memória de cálculo para o período de 11/10/2001 até 18/11/2003, por falta de previsão legal em lei, decreto e ato normativo ministerial vinculativo ao CRSS, bem como a inexigibilidade dada ao inc. III do art. 280 da IN/INSS nº 77/2015, pela DIRSAT/INSS, ante o reconhecimento da indisponibilidade de aparelhos de medição no período indicado. A exigência do ruído em NEN, a partir de 18/11/2003, não é estritamente obrigatória podendo ser aceitas outras metodologias válidas que atestem o ruído por meio de dosimetria. Precedente do Conselho Pleno. Pedido de Uniformização conhecido e provido. Necessidade de revisão de ofício do acórdão impugnado na forma do § 12 do art. 63 do Regimento Interno do CRSS.

Dentre os fundamentos que embasaram as decisões das Resoluções mencionadas, o ilustre Conselheiro Rodolfo Espinel Donadon firmou entendimento no sentido de que não houve expressa proibição da utilização de outra metodologia de aferição do ruído.

174.154.105-8 4

MINISTÉRIO DA ECONOMIA-ME
SECRETARIA ESPECIAL DE PREVIDÊNCIA E TRABALHO
SECRETARIA DE PREVIDÊNCIA
CONSELHO DE RECURSOS DA PREVIDÊNCIA SOCIAL-CRPS
CONSELHO PLENO

Concluiu, ainda, que "pelos parâmetros da NR-15, a mensuração do nível de intensidade da exposição poderia ser obtida por medições pontuais, nível equivalente, média ou dose. Tais medidas eram encontradas por meio de **Decibelímetro**, aquele que mede o nível de intensidade da pressão sonora no exato momento em que ela ocorre – momentâneo, ou por **Dosímetro** – que mede uma dose de ruído ao qual uma pessoa tenha sido exposta por um determinado período de tempo".

O referido entendimento foi mantido nas resoluções de nº 31 e 32 de 2019, de 24/09/2019.

A matéria também se encontra pacificada por meio do Enunciado de nº 13, aprovado pelo Despacho nº 37/2019, DOU nº 219, de 12/11/2019:

> Atendidas as demais condições legais, considera-se especial, no âmbito do RGPS, a atividade exercida com exposição a ruído superior a 80 decibéis até 05/03/97, superior a 90 decibéis desta data até 18/11/2003, e superior a 85 decibéis a partir de então.
>
> I - Os níveis de ruído devem ser medidos, observado o disposto na Norma Regulamentadora nº 15 (NR-15), anexos 1 e 2, com aparelho medidor de nível de pressão sonora, operando nos circuitos de compensação - dB (A) para ruído contínuo ou intermitente ou dB (C) para ruído de impacto.
>
> II - Até 31 de dezembro de 2003, para a aferição de ruído contínuo ou intermitente, é obrigatória a utilização das metodologias contidas na NR-15, devendo ser aceitos ou o nível de pressão sonora pontual ou a média de ruído, podendo ser informado decibelímetro, dosímetro ou medição pontual no campo "Técnica Utilizada" do Perfil Profissiográfico Previdenciário (PPP).
>
> III - A partir de 1º de janeiro de 2004, para a aferição de ruído contínuo ou intermitente, é obrigatória a utilização das metodologias contidas na Norma de Higiene Ocupacional 01 (NHO-01) da FUNDACENTRO ou na NR-15, que reflitam a medição de exposição durante toda a jornada de trabalho,

MINISTÉRIO DA ECONOMIA-ME
SECRETARIA ESPECIAL DE PREVIDÊNCIA E TRABALHO
SECRETARIA DE PREVIDÊNCIA
CONSELHO DE RECURSOS DA PREVIDÊNCIA SOCIAL-CRPS
CONSELHO PLENO

vedada a medição pontual, devendo constar do PPP a técnica utilizada e a respectiva norma.

IV - Em caso de omissão ou dúvida quanto à indicação da metodologia ou técnica utilizadas para aferição da exposição nociva ao agente ruído, o PPP não deve ser admitido como prova da especialidade, devendo ser apresentado o respectivo Laudo Técnico de Condições Ambientais do Trabalho (LTCAT) ou solicitada inspeção no ambiente de trabalho, para fins de verificar a técnica utilizada na medição, bem como a respectiva norma.

É de se destacar que "a emissão de enunciados dependerá da aprovação da maioria absoluta dos membros do Conselho Pleno e vincula, quanto à interpretação do direito, todos os Conselheiros do CRSS", conforme artigo 62 do Regimento Interno.

Portanto, diante das considerações efetuadas e entendimento firmado no referido Enunciado, é possível concluir que a NR-15 não foi revogada, o que permite a aferição do ruído por técnica diversa da prevista na NHO-01 da Fundacentro, que retrate o nível de exposição durante a jornada de trabalho por meio de dosimetria, vedada a medição pontual, motivo pelo qual acompanho o entendimento da ilustre Relatora, que acolheu o Pedido de Uniformização de Jurisprudência do interessado.

Brasília, 28 de julho de 2020.

ADRIENE CÂNDIDA BORGES
Relatora

174.154.105-8 6

MINISTÉRIO DA ECONOMIA-ME
SECRETARIA ESPECIAL DE PREVIDÊNCIA E TRABALHO
SECRETARIA DE PREVIDÊNCIA
CONSELHO DE RECURSOS DA PREVIDÊNCIA SOCIAL-CRPS
CONSELHO PLENO

DECISÓRIO

RESOLUÇÃO Nº 33 /2020

Vistos e relatados os presentes autos, em sessão realizada hoje, **ACORDAM** os membros do Conselho Pleno, por **UNANIMIDADE**, no sentido de **CONHECER DO PRESENTE PEDIDO DE UNIFORMIZAÇÃO DE JURISPRUDÊNCIA, PARA NO MÉRITO DAR PROVIMENTO AO INTERESSADO**, de acordo com o Voto da Relatora e sua fundamentação.

Participaram, ainda, do presente julgamento os (as) Conselheiros (as): Robson Ferreira Maranhão, Renato Agostinho das Chagas, Moisés Oliveira Moreira, Paulo Sérgio de Carvalho Costa Ribeiro, Maria Madalena Silva Lima, Márcia Aparecida Martins, Maria José de Paula Moraes, Imara Sodré Sousa Neto, Sulamita Cristina Dias, Guilherme Lustosa Pires, Valter Sérgio Pinheiro Coelho, Rodolfo Espinel Donadon, Alexandra Álvares de Alcântara, Tarsila Otaviano da Costa e Adriene Cândida Borges.

Brasília-DF, 28 de julho de 2020

ENEIDA DA COSTA ALVIM	**MARCELO FERNANDO BORSIO**
Relatora	Presidente

3.1.34 Resolução 34/2020 (BPC/LOAS/miserabilidade/critério/legal)

Objeto: Trata-se de Resolução que julgou Reclamação interposta pelo INSS alegando que a decisão da Câmara de Julgamento violou a Questão 11 e 15 do Parecer Vinculante CONJUR MPS 616/2010.

Decisão: Provida.

Tese jurídica: Deve ser adotado o critério de miserabilidade da renda *per capita* familiar do artigo 20, §3º, da Lei 8.742/93, permitindo o §11 que outros aspectos sejam analisados.

MINISTÉRIO DA ECONOMIA-ME
SECRETARIA ESPECIAL DE PREVIDÊNCIA E TRABALHO
SECRETARIA DE PREVIDÊNCIA
CONSELHO DE RECURSOS DA PREVIDÊNCIA SOCIAL-CRPS
CONSELHO PLENO

Número do Processo: 44232.531926/2015-89
Benefício: 87/701.603.815-8
Unidade de Origem: Agência da Previdência Social Pojuca
Espécie: Benefício de Prestação Continuada da Assistência Social à Pessoa com Deficiência
Recorrente: Instituto Social do Seguro Social - INSS
Recorrido: Andiel dos Santos Silva - Titular Incapaz (Menor 18 anos)
Assunto: Reclamação ao Conselho Pleno
Relator: Renato Agostinho das Chagas

(Processo Eletrônico)

Relatório

As páginas informadas referem-se ao processo completo (Árvore Documental-form.PDF).

Trata-se de RECLAMAÇÃO AO CONSELHO PLENO, datada de **31/08/2017**, apresentada pelo INSS (fls. 132 e 138), em oposição à decisão proferida pela 1ª Câmara de Julgamento, por meio do Acórdão 5.588/2017 (fls. 114), que reconheceu o direito à concessão do benefício assistencial ao portador de deficiência requerido em 20/05/2015 (NB 87/701.603.815). A Reclamação interposta está fundamentada no art. 64 do Regimento Interno do CRPS (Portaria MDSA nº 116/2017), mediante alegação que o Colegiado afrontou o contido nas Questões 11 e 16 do PARECER/CONJUR/MPS/Nº 616/2010 (fls. 132 e 138).

A Autarquia Previdenciária indeferiu o benefício assistencial ao portador de deficiência do Andiel dos Santos Silva alegando que não havia incapacidade para vida e para o trabalho, bem como, que a renda per capita familiar era igual ou superior a ¼ do salário mínimo vigente na data do requerimento (fls. 37). Em fase recursal, mediante nova avaliação social e médica, o INSS reconheceu que o avaliado preencheu os requisitos estabelecidos pelo Art. 20, §§ 2º e 10, da Lei nº 8742/1993, que define pessoa com deficiência para fins de acesso ao Benefício de Prestação Continuada da Assistência Social –BPC (fls. 59). No entanto, a Autarquia manteve o indeferimento do benefício pelo fato de a renda per capita do grupo familiar ser maior que 1/4 do salário mínimo vigente na DER, 20/05/2015 (fls. 65).

701.603.815-8 1

MINISTÉRIO DA ECONOMIA-ME
SECRETARIA ESPECIAL DE PREVIDÊNCIA E TRABALHO
SECRETARIA DE PREVIDÊNCIA
CONSELHO DE RECURSOS DA PREVIDÊNCIA SOCIAL-CRPS
CONSELHO PLENO

A 4ª Junta de Recursos, por meio do Acórdão 5.316/2016 (fls. 66), manteve o ato de indeferimento do benefício, entendendo que a renda mensal do grupo familiar era superior a ¼ do salário mínimo vigente na DER.

Inconformada, a representante do interessado, sua mãe, interpôs Recurso Especial requerendo a reforma da decisão da 4ª Junta de Recursos, alegando: dificuldades financeiras; desemprego dela e do marido; que o filho deficiente faz uso de fraldas geriátricas; que precisa de remédios para combater as doenças crônicas de seu filho, inclusive problema de visão; e que não tem como pagar a escola dele. Anexou ao Recurso Especial: contrato de locação de imóvel, no valor de R$ 550,00; recibo de compra de fralda; comprovantes de pagamento da mensalidade escolar do filho e de ótica (fls. 70). Mediante contrarrazões, o INSS rogou pela manutenção da decisão da 4ª Junta de Recursos e reforçou o indeferimento do benefício pelo fato de a renda do grupo familiar ser superior a ¼ do salário mínimo na DER (fls. 97).

A extinta 1ª Composição Adjunta da 1ª Câmara de Julgamento converteu o julgamento em diligência solicitando que o INSS elaborasse um parecer socioeconômico detalhado da família do interessado, fornecendo elementos que demonstrassem as reais condições de vida do grupo familiar (fls. 103).

O Parecer do Serviço Social emitido pelo INSS foi juntado aos autos com a seguinte conclusão (fls. 109):

> *"Considerando o compromisso constitucional que preconiza dignidade humana, especialmente no que se refere a garantia de condições digna de vida ao indivíduo. Considerando também o Art. 7º do Estatuto da Criança e do Adolescente ao dizer que: "a criança e o adolescente têm direito a proteção à vida e à saúde, mediante a efetivação de políticas sociais públicas que permitam o nascimento e o desenvolvimento sadio e harmonioso, em condições dignas de existência. Percebe-se que a família tem dificuldades para promover qualidade de vida ao requerente, haja vista que os desafios impostos a pessoa com deficiência por si só já é uma tarefa complexa. Desse modo, quando se leva em consideração a condição vulnerável do requerente, depreende-se que a concessão do benefício deve ser visto de modo a contribuir para que o mesmo possa acessar elementos que lhe fomente possíveis potencialidades e vise reduzir dificuldades demarcadas pelo contexto socioeconômico em que está inserido."*

Em 16/08/2017, a 1ª Câmara de Julgamento deu provimento ao Recurso Especial do interessado, reconhecendo o direito ao benefício requerido em 20/05/2015.

701.603.815-8

MINISTÉRIO DA ECONOMIA-ME
SECRETARIA ESPECIAL DE PREVIDÊNCIA E TRABALHO
SECRETARIA DE PREVIDÊNCIA
CONSELHO DE RECURSOS DA PREVIDÊNCIA SOCIAL-CRPS
CONSELHO PLENO

por entender que a renda familiar era de R$ 816,21, e esta dividida por 5 pessoas do grupo familiar resultaria em R$ 163,24, valor inferior a ¼ do salário mínimo vigente na DER (fls. 114).

Inconformado, o INSS apresentou, tempestivamente, a presente Reclamação alegando que a decisão da 1ª Câmara de Julgamento, proferida por meio do Acordão 5.588/2017, contraria o contido no PARECER/CONJUR/MPS/Nº 616/2010 (fls. 132). A Autarquia Previdenciária demonstrou que o Colegiado deu provimento ao Recurso Especial do interessado, considerando que a renda do grupo familiar era de R$ 816,21 (declarada pela mãe do interessado), no entanto, conforme consta do CNIS, a última remuneração recebida pelo pai do interessado, no mês da DER, foi de R$ 1.452,28 (fls. 119), que dividida por 5 pessoas do grupo familiar resulta em R$ 290,45, superior a ¼ do salário mínimo vigente. O INSS também apontou que a rescisão do último contrato ocorreu em 18/05/2016, sendo que após esta data o pai do interessado obteve 4 parcelas de seguro-desemprego. A Autarquia apontou que a 1ª Câmara de Julgamento afrontou o contido nas Questões 11 e 16 do PARECER/CONJUR/MPS/Nº 616/2010 de 23 de dezembro de 2010, no entanto, entende que a DER do benefício assistencial pleiteado poderá ser reafirmada para o dia 23/11/2016, data imediatamente posterior ao recebimento da última parcela do seguro-desemprego, *"para que haja cumprimento do requisito estabelecido pelo §3º do Art.20 da Lei nº 8.742/1993."* (Trecho transcrito)

O Vice-Presidente do CRPS reconheceu que foram preenchidos os requisitos de admissibilidade da presente Reclamação, com fundamento no art. 64 do Regimento Interno do CRPS (fls. 139).

De ordem do Presidente do CRPS, o processo foi encaminhado a este conselheiro, para relatoria e submissão da matéria ao Conselho Pleno (fls. 140).

EMENTA:

BENEFÍCIO DE PRESTAÇÃO CONTINUADA. AMPARO SOCIAL À PESSOA COM DEFICIÊNCIA. LOAS. RECLAMAÇÃO AO CONSELHO PLENO. FUNDAMENTADA NO ART. 64 DO REGIMENTO INTERNO DO CRPS (PORTARIA MDSA Nº 116/2017). Análise de competência deste Conselho Pleno. Alegação de que não é devido o amparo social pelo fato de a renda per capita de o grupo familiar ser superior a ¼ do salário-mínimo. Não configurada infringência ao Parecer CONJUR/MPS/Nº 616/2010. Reconhecimento de direito ao benefício com renda familiar per capita superior a ¼ do salário-mínimo. Utilização de outros elementos probatórios da condição de miserabilidade do grupo familiar e da situação

701.603.815-8

MINISTÉRIO DA ECONOMIA-ME
SECRETARIA ESPECIAL DE PREVIDÊNCIA E TRABALHO
SECRETARIA DE PREVIDÊNCIA
CONSELHO DE RECURSOS DA PREVIDÊNCIA SOCIAL-CRPS
CONSELHO PLENO

de vulnerabilidade. Parecer Social. Possibilidade. Precedentes do Conselho Pleno. Fundamentação: arts. 3º, 64, 69 do Regimento Interno do CRPS; Resoluções nºs 01 e 19/2019 do Conselho Pleno do CRPS. RECLAMAÇÃO IMPROCEDENTE.

VOTO

Reclamação ao Conselho Pleno do CRPS requerida, tempestivamente, pelo INSS, nos termos do § 1º do art. 64 do Regimento Interno do CRPS.

De acordo com o art. 64 do Regimento Interno do CRPS, a Reclamação ao Conselho Pleno poderá ocorrer no caso concreto, por requerimento das partes do processo, dirigido ao Presidente do CRPS, somente quando os acórdãos das Juntas de Recursos do CRPS, em matéria de alçada, ou os acórdãos de Câmaras de Julgamento do CRPS, em sede de Recurso Especial, infringirem:

"I - Pareceres da Consultoria Jurídica do MDSA, aprovados pelo Ministro de Estado do Desenvolvimento Social e Agrário, bem como, Súmulas e Pareceres do Advogado-Geral da União, na forma da Lei Complementar nº 73, de 10 de fevereiro de 1993;

II - Pareceres da Consultoria Jurídica dos extintos MPS e MTPS, vigentes e aprovados pelos então Ministros de Estado da Previdência Social e do Trabalho e Previdência Social;

III - Enunciados editados pelo Conselho Pleno."

Compete a este colegiado, nos termos do inciso III do art. 3º do Regimento Interno, decidir, no caso concreto, as Reclamações ao Conselho Pleno, mediante a emissão de Resolução.

A Autarquia Previdenciária interpôs a presente Reclamação (fls. 132), com fundamento no art. 64 supracitado, aduzindo que a 1ª Câmara de Julgamento contrariou as Questões 11 e 16 do PARECER/CONJUR/MPS/Nº 616/2010, aprovado pelo Ministro da Previdência Social e publicado no DOU de 24/12/2010, conforme descrito abaixo.

MINISTÉRIO DA ECONOMIA-ME
SECRETARIA ESPECIAL DE PREVIDÊNCIA E TRABALHO
SECRETARIA DE PREVIDÊNCIA
CONSELHO DE RECURSOS DA PREVIDÊNCIA SOCIAL-CRPS
CONSELHO PLENO

*"**Questão 11.** Valor da renda familiar para concessão de BPC da LOAS: o benefício previdenciário de valor mínimo, recebido por familiar idoso, integra ou não o montante da renda?*

67. A resposta é afirmativa, à luz do art. 6º, inciso IV, do Regulamento do Benefício de Prestação Continuada - BPC, aprovado pelo Decreto nº 6.214, de 26 de setembro de 2007.

68. De acordo com citada norma, para os fins do reconhecimento do direito ao benefício, considera-se renda mensal bruta familiar a soma dos rendimentos brutos auferidos mensalmente pelos membros da família composta por salários, proventos, pensões, pensões alimentícias, "benefícios de previdência pública ou privada", comissões, pró-labore, outros rendimentos do trabalho não assalariado, rendimentos do mercado informal ou autônomo, rendimentos auferidos do patrimônio, Renda Mensal Vitalícia e Benefício de Prestação Continuada, ressalvado o disposto no parágrafo único do art. 19, disposição que remete à exceção do art. 34, parágrafo único, da Lei nº 10.741, de 1º de outubro de 2003 (o Estatuto do Idoso).
(...)

__Questão 16.__ O limite de meio salário mínimo estabelecido pelas Leis nºs. 9.533/97 e 10.689/2003 deve ser considerado para fins de aferição de miserabilidade em substituição ao previsto na Lei nº 8.742/93 (1/4 SM)?

91. Os requisitos para a concessão do benefício de prestação continuada da Assistência Social - BPC, sob operacionalização do INSS, encontram-se delineados no art. 20 da Lei nº 8.742, de 7 de dezembro de 1993, a Lei Orgânica da Assistência Social - LOAS.
(...)

93. Em 2007 foi editado pelo Poder Executivo o novo Regulamento do BPC/LOAS, aprovado pelo Decreto nº 6.214, de 2007, por meio do qual se reafirmou a exigência

701.603.815-8

MINISTÉRIO DA ECONOMIA-ME
SECRETARIA ESPECIAL DE PREVIDÊNCIA E TRABALHO
SECRETARIA DE PREVIDÊNCIA
CONSELHO DE RECURSOS DA PREVIDÊNCIA SOCIAL-CRPS
CONSELHO PLENO

da comprovação do requisito previsto no § 3º do art. 20 da LOAS, nada dispondo sobre a elevação do limite para o patamar de meio salário mínimo per capita. (...)"

É importante mencionar que, conforme o art. 69 do Regimento Interno do CRPS, é vedado aos órgãos julgadores do CRPS afastar a aplicação, por inconstitucionalidade ou ilegalidade, de tratado, acordo internacional, lei, decreto ou ato normativo ministerial em vigor, ressalvados os casos previstos no referido artigo.

Diante da alegação do INSS de que a 1ª Câmara de Julgamento contrariou as Questões 11 e 16 do PARECER/CONJUR/MPS/Nº 616/2010, constata-se que a **matéria de direito em controversa está relacionada à concessão do amparo social à pessoa com deficiência, mesmo com a renda per capita do grupo familiar ser superior a ¼ do salário mínimo.**

Em relação à presente matéria controversa, cabe mencionar abaixo os últimos entendimentos deste Conselho Pleno, do ano de 2019, sobre o **requisito da renda mensal per capita inferior a ¼ (um quarto) do salário mínimo**, para concessão dos benefícios de prestação continuada LOAS.

RESOLUÇÃO 01/2019, datada de 26/03/2019.

"PEDIDO DE UNIFORMIZAÇÃO DE JURISPRUDÊNCIA. BENEFÍCIO DE PRESTAÇÃO CONTINUADA. DECISÃO DO STF NA RECLAMAÇÃO 4374/PE. ALTERAÇÃO DO CONTEÚDO DA ADI 1.232/DF. CRITÉRIO DE RENDA EM ¼ DE SALÁRIO MÍNIMO INCONSTITUCIONAL. ARTIGO 20 § 11 DA LEI 8.742/93. POSSIBILIDADE DE UTILIZAÇÃO DE OUTROS ELEMENTOS PROBATÓRIOS DA CONDIÇÃO DE MISERABILIDADE DO GRUPO FAMILIAR E DA SITUAÇÃO DE VULNERABILIDADE. PARECER SOCIAL. POSSIBILIDADE. PEDIDO CONHECIDO E NEGADO." (Conselheira Relatora: Raquel Lúcia de Freitas, Processo nº 44232.436463/2015-42, NB 701.536.697-6).

RESOLUÇÃO 19/2019, datada de 28/06/2019.

"BENEFÍCIO DE PRESTAÇÃO CONTINUADA. LOAS. PEDIDO DE UNIFORMIZAÇÃO DE JURISPRUDÊNCIA. Divergência jurisprudencial entre as Câmaras de Julgamento no que tange aos critérios de fixação da renda per capita familiar. Competência para análise deste Conselho Pleno na forma do art. 3° inc. II do Regimento Interno do CRSS aprovado pela

MINISTÉRIO DA ECONOMIA-ME
SECRETARIA ESPECIAL DE PREVIDÊNCIA E TRABALHO
SECRETARIA DE PREVIDÊNCIA
CONSELHO DE RECURSOS DA PREVIDÊNCIA SOCIAL-CRPS
CONSELHO PLENO

> *Portaria MDAS nº 116/2017. Pressupostos de Admissibilidade do pedido alcançados na forma do art. 63 do mesmo Regimento. Para a fixação dos critérios da renda familiar tem-se que o Supremo Tribunal Federal julgou inconstitucional a regra de ¼ do salário mínimo. Aplicação limitada ao Conselho. Falta de ato legal declarando a norma inconstitucional. Prevalência do § 3º do art. 20, contudo, a avaliação da situação de miserabilidade familiar deve ser realizada concomitantemente com aspectos além da renda conforme § 11 do art. 20 da LOAS. Precedente do Conselho Pleno. Pedido de Uniformização conhecido e improvido."* (Conselheiro Relator: Rodolfo Espinel Donadon, Processo nº 44232.837369/2016-98, NB 702.236.332-4).

Até 2018, este Colegiado tinha outro entendimento, como pode ser constatado por meio da última Resolução do ano que tratou dessa matéria:

> **RESOLUÇÃO 78/2018**, datada de 28/11/2018.
>
> *"Reclamação ao Conselho Pleno. Art. 64 do Regimento Interno do CRSS. Benefício de Prestação Continuada à Pessoa com Deficiência. Requisitos do art. 20, §§ 1º e 3º da Lei 8.742/93. Renda per capita superior a 1/4 do salário mínimo. Violação ao Parecer Conjur/MPS nº 616 de 2010 — valores de benefícios previdenciários recebidos por integrantes do grupo familiar da pessoa portadora de deficiência integra o cálculo da renda per capita."* (Conselheiro Relator: Guilherme Lustosa Pires, Processo nº 44232.398573/2015-07, NB 701.380.200-0).

Em resumo, de acordo com o último posicionamento deste Conselho Pleno, a avaliação da miserabilidade não está restrita à renda familiar, devendo ser utilizados, concomitantemente, outros elementos probatórios dessa condição e da situação de vulnerabilidade, por exemplo, o Parecer Social. Assim, conclui-se que o § 3º do art. 20 da Lei nº 8.742/1993 deve ser avaliado associadamente com o § 11 do mesmo artigo.

Para melhor entendimento da matéria, peço vênia ao nobre relator Rodolfo Espinel Donadon para transcrever trechos de seu voto que deu origem à Resolução 19/2019 (Processo nº 44232.837369/2016-98, NB 702.236.332-4).

> *"O voto acima conduzido pela Relatora Raquel Lúcia de Freitas trouxe como apontamento principal o fato do STF, no julgamento da Reclamação nº 4374/PE, ter revisto a decisão da ADI anterior 1.232/DF. Conforme Relatora,*

MINISTÉRIO DA ECONOMIA-ME
SECRETARIA ESPECIAL DE PREVIDÊNCIA E TRABALHO
SECRETARIA DE PREVIDÊNCIA
CONSELHO DE RECURSOS DA PREVIDÊNCIA SOCIAL-CRPS
CONSELHO PLENO

"o STF ***alterou o conteúdo da decisão da ADI 1232/DF*** *passando a considerar o artigo 20 §3° da lei 8.742/93 como INCONSTITUCIONAL, ou seja, houve uma mudança da própria ADI, que agora, retira do mundo jurídico a fixação objetiva do critério de renda, conforme manifestação expressa nesse sentido:*

De toda forma, isso não é fator impeditivo para que esta Corte, ante todos os fundamentos já delineados, constate a inconstitucionalidade (originária e superveniente) do § 3° do art. 20 da LOAS.E ressalte-se, mais uma vez, que a recente Lei 12.435/2011 não alterou aredação original do § 3o do art. 20 da Lei n o 8.742/1993, não impedindo, portanto, que o Tribunal declare a inconstitucionalidade desse dispositivo. Uma vez declarada essa inconstitucionalidade, ante todas as convincentes razões até aqui apresentadas, poderão os Poderes Executivo e Legislativo atuar no sentido da criação de novos critérios econômicos e sociaispara a implementação do benefício assistencial previsto no art. 203, V, da Constituição. Assim, será necessário que esta Corte defina um prazo razoável dentro do qual o § 3° do art. 20 da LOAS poderá continuar plenamente em vigor. O prazo de dois exercícios financeiros, a vigorar até o dia 31 de dezembro de 2014, apresenta-se como um parâmetro razoável para a atuação dos órgãos técnicos e legislativos na implementação de novos critérios para a concessão do benefício assistencial. Proponho, dessa forma, que o Supremo Tribunal Federal, no bojo da presente reclamação, revise a decisão anteriormente proferida na ADI 1.232 e declare a inconstitucionalidade do § 3° do art. 20 da Lei 8.742/93 (LOAS), sem pronúncia da nulidade, de forma a manter-se a sua vigência até o dia 31 de dezembro de 2014. Nesse ponto, ressalte-se, novamente, que a recente Lei 12.435/2011 não alterou a redação original do § 3 o do art.20 da Lei 8.742/1993"

Continuando a Relatora,

"Assim, não estaríamos mais a discutir a necessidade ou não de Resolução do Senado Federal sustar os efeitos da norma e sim a sua própria inconstitucionalidade.

Nesse sentido, também não adentraríamos no debate de respeito ou não ao Parecer/CONJUR/MPS n. 616/2010, questão 11, pois estaria fundado em artigo extirpado do ordenamento jurídico por declaração de inconstitucionalidade em data posterior.

MINISTÉRIO DA ECONOMIA-ME
SECRETARIA ESPECIAL DE PREVIDÊNCIA E TRABALHO
SECRETARIA DE PREVIDÊNCIA
CONSELHO DE RECURSOS DA PREVIDÊNCIA SOCIAL-CRPS
CONSELHO PLENO

Tanto é verdade que o parágrafo 3° do artigo 20 da Lei 8.742/93 deixou de existir que, ao introduzir o § 11 no art. 20 da LOAS (pela Lei n. 13.146/2015), passou a admitir, para a concessão do benefício de Prestação continuada, a utilização de outros elementos probatórios da condição de miserabilidade do grupo familiar e da situação de vulnerabilidade (...)"

Por fim, conclui o voto fixando o critério da renda familiar conforme § 11 do art. 20 da LOAS, ou seja, por outros meios entre os quais o Parecer Social que "passará a ser de análise e valoração probatória, sujeita a recurso à Câmara, como todas as matérias probatórias o são."

O § 11 do art. 20 da LOAS indica:

Art. 20. (...)

§ 11. Para concessão do benefício de que trata o caput deste artigo, poderão ser utilizados outros elementos probatórios da condição de miserabilidade do grupo familiar e da situação de vulnerabilidade, conforme regulamento. (Incluído pela Lei n° 13.146, de 2015) (Vigência)

Reportadas as razões geradoras da mudança de entendimento do Conselho Pleno, os fundamentos indicados no voto acima devem ser mantidos nessa análise, com algumas ressalvas.

Não se tem dúvidas quanto ao aspecto material que houve análise por parte do STF que declarou inconstitucional o critério de renda fixado pelo § 3° do art. 20 da LOAS.

Contudo, tal aspecto não se materializou em seu aspecto formal. Não houve expressamente a declaração da inconstitucionalidade do texto legal por meio de ato do Senado Federal, tanto que o § 3° do art. 20 da Loas permanece em vigência. Se inconstitucional o fosse, certamente já teria sido extirpado do ordenamento jurídico.

Por outro lado, acredito que a análise do caso vai além da simples negativa pelo critério da renda em 1/4 do salário mínimo. Nesse sentido, basta analisar as diversas Ações Civis Pública a respeito do tema. Além das diversas ações de abrangência limitada a algumas cidades de determinado Estado da Federação, destaco a Ação Civil Pública n° 2009.38.00.0059452/MG. Sua

701.603.815-8

9

MINISTÉRIO DA ECONOMIA-ME
SECRETARIA ESPECIAL DE PREVIDÊNCIA E TRABALHO
SECRETARIA DE PREVIDÊNCIA
CONSELHO DE RECURSOS DA PREVIDÊNCIA SOCIAL-CRPS
CONSELHO PLENO

decisão foi no sentido de desconsiderar a análise de benefício assistencial para fins de renda do grupo, porém, limitada ao Estado de Minas Gerais, conforme decisão que julgou parcialmente procedente o pedido de embargos de declaração do INSS em 06/2012:

> *III — DISPOSITIVO*
>
> *ANTE O EXPOSTO, JULGO PARCIALMENTE PROCEDENTE o pedido, para determinar ao INSS que: 1. na análise dos requerimentos de benefício assistencial apresentados no território de jurisdição desta Seção Judiciária de Minas Gerais, não compute, no cálculo da renda familiar per capita, o benefício previdenciário ou assistencial, no valor de um salário mínimo, recebido por pessoa idosa ou deficiente integrante do grupo familiar. 2. (...)*

Ou seja, o princípio da isonomia constitucionalmente previsto estaria sendo aplicado de forma distorcida. Em outras palavras, os desiguais aqui não seriam avaliados pela renda familiar mas pelo Estado de moradia. Exemplificando, a situação indicada no processo — requisitante de LOAS casada com aposentado por idade com salário mínimo — em Minas Gerais estaria apta para a concessão do benefício assistencial, contudo, no Distrito Federal, não atenderia aos critérios de miserabilidade definido em lei, muito embora a LOAS tenha abrangência nacional sem qualquer limitação de conteúdo estadual.

Continuando, a mais recente ACP nº 0004265-82.2016.403.6105, foi sentenciada com abrangência nacional, determinando ao INSS que "na análise do requerimento de benefício assistencial de prestação continuada, não seja computado na renda per capta do grupo familiar o benefício de um salário mínimo concedido a outro ente familiar idoso ou deficiente."

A sentença acima foi publicada em 18/10/2017 quando expressamente passou a ter abrangência nacional. Tal foi alvo de embargos de declaração por parte do INSS, contudo, rejeitados e já se encontra em fase de Execução de Sentença com baixa definitiva em 28/09/2018, ou seja, confirmada a sentença.

Ao tomarmos por base a determinação da ACP acima, não podendo o Conselho ou INSS ir de encontro com a determinação judicial, já a partir de

MINISTÉRIO DA ECONOMIA-ME
SECRETARIA ESPECIAL DE PREVIDÊNCIA E TRABALHO
SECRETARIA DE PREVIDÊNCIA
CONSELHO DE RECURSOS DA PREVIDÊNCIA SOCIAL-CRPS
CONSELHO PLENO

18/10/2017 se excluiria da análise da renda familiar o valor de benefício de salário mínimo auferido por integrante do grupo familiar.

Por fim, o INSS já está sob os efeitos de regra judicial que lhe obriga afastar o requisito legal de aferição de renda se consideramos os efeitos da ACP n° 504487422.2013.404.7100/RS — Exclusão do cálculo da renda per capita familiar das despesas do requerente de benefício assistencial que decorram diretamente da deficiência, incapacidade ou idade avançada, com medicamentos, alimentação especial, fraldas descartáveis e consultas na área de saúde, requeridas e negados pelo Estado". Essa tem abrangência nacional com vigência a partir de 04/05/2016.

A comprovação acima foi normatizada pelo INSS por meio do Memorando-Circular Conjunto n° 58/2016, DIRBEN/DIRAT/DIRSAT/PFE/INSS, com a apresentação de documentos demonstrando as despesas em razão da deficiência/incapacidade ou idade avança, além de fornecer comprovante no sentido de que teve negada a prestação pelo Estado, juntando:

> *4.(...)*
>
> *a) medicamentos: comprovação de prescrição médica e comprovação do valor mensal gasto;*
> *b) alimentação especial: comprovação de prescrição médica e comprovação de valor mensal gasto;*
> *c) fraldas descartáveis: comprovação do valor mensal gasto;*
> *d) consultas na área de saúde (com profissionais de toda área de saúde): comprovação do valor mensal gasto.*
>
> *4.1. Além da comprovação das despesas o requerente deverá demonstrar, documentalmente, que requereu e teve a prestação negada por órgão da rede pública de saúde com atribuição para fornecimento dos medicamentos, da alimentação especial, das fraldas descartáveis e das consultas na área de saúde, do seu domicílio.*

A situação acima permite a seguinte conclusão: o critério de 1/4 do salário mínimo foi declarado inconstitucional pelo Supremo Tribunal Federal, porém, não se materializou a inconstitucionalidade propriamente do texto legal ainda vigente e, consequentemente, de análise obrigatória pelo Conselho.

701.603.815-8

MINISTÉRIO DA ECONOMIA-ME
SECRETARIA ESPECIAL DE PREVIDÊNCIA E TRABALHO
SECRETARIA DE PREVIDÊNCIA
CONSELHO DE RECURSOS DA PREVIDÊNCIA SOCIAL-CRPS
CONSELHO PLENO

Por outro lado, o legislador já sinalizou na própria norma que o 1/4 do salário mínimo não é obrigatoriamente o exclusivo critério a ser utilizado para avaliação do postulante do benefício. Nesse ponto, permito-me aliar a corrente já indicada no voto precursor desde quando informou o § 11 do art. 20 da Loas incluído pela Lei n° 13.146/2015 — "Para concessão do benefício de que trata o caput deste artigo, poderão ser utilizados outros elementos probatórios da condição de miserabilidade do grupo familiar e da situação de vulnerabilidade, conforme regulamento."

Desta feita, é possível concluir que o § 3° do art. 20 da LOAS deve ser avaliado em conjunto com o § 11 do mesmo artigo, ou seja, deve ser levada em consideração outros meios além da renda em si para comprovação da condição de miserabilidade do grupo familiar e da situação de vulnerabilidade. Outro sentido não teria essa assertiva, caso contrário, o referido parágrafo incluído após a decisão do STF, seria "letra morta" no texto legal.

Acontece que o Regulamento da LOAS, Decreto n° 6.214/2007, não regulamentou quais outros elementos probatórios devem ser avaliados para análise da miserabilidade do grupo familiar. Por esse aspecto, em uma análise ampla da matéria, é possível concluir que a elaboração de Parecer Social por servidor competente para tanto do INSS supre tal lacuna e se materializa como o melhor critério a ser adotado até que o Decreto venha a regulamentar o tema.

O Parecer Social supre a análise objetiva e subjetiva previstas no art. 20 da Loas. Ao avaliar a renda per capita familiar — análise objetiva contida no § 3° - indica se tal é suficiente para a subsistência familiar — critério subjetivo do § 11."

No presente caso, conforme documentos que demonstram as despesas necessárias ao cuidado com o interessado, inerentes da própria condição de sua deficiência, e o contido nos Pareceres do Serviço Social emitidos pelo próprio INSS (fls. 57 e 109), demonstrando que ele vive em situação de pobreza e vulnerabilidade social, entendo que o benefício assistencial pleiteado deverá ser concedido a partir da DER, 20/05/2015, mesmo com a renda per capita do grupo familiar ter sido superior a ¼ do salário mínimo.

Desta forma, a decisão da 1ª Câmara de Julgamento, por meio do Acórdão nº 5.588/2017, está de acordo com o entendimento deste Conselho Pleno, fato que torna improcedente a presente Reclamação.

701.603.815-8

MINISTÉRIO DA ECONOMIA-ME
SECRETARIA ESPECIAL DE PREVIDÊNCIA E TRABALHO
SECRETARIA DE PREVIDÊNCIA
CONSELHO DE RECURSOS DA PREVIDÊNCIA SOCIAL-CRPS
CONSELHO PLENO

CONCLUSÃO:

Frente ao exposto, Voto no sentido de **JULGAR IMPROCEDENTE** a presente **RECLAMACÃO** ao **CONSELHO PLENO**.

Brasília-DF, 28 de julho de 2020.

RENATO AGOSTINHO DAS CHAGAS

Relator

701.603.815-8

MINISTÉRIO DA ECONOMIA-ME
SECRETARIA ESPECIAL DE PREVIDÊNCIA E TRABALHO
SECRETARIA DE PREVIDÊNCIA
CONSELHO DE RECURSOS DA PREVIDÊNCIA SOCIAL-CRPS
CONSELHO PLENO

Número do Processo: 44232.531926/2015-89
Benefício: 87/701.603.815-8
Unidade de Origem: Agência da Previdência Social Pojuca
Espécie: Benefício de Prestação Continuada da Assistência Social à Pessoa com Deficiência
Recorrente: Instituto Social do Seguro Social - INSS
Recorrido: Andiel dos Santos Silva - Titular Incapaz (Menor 18 anos)
Assunto: Reclamação ao Conselho Pleno
Relator: Renato Agostinho das Chagas
Voto Divergente: Tarsila Otaviano da Costa

VOTO DIVERGENTE

EMENTA: RECLAMAÇÃO. AMPARO SOCIAL À PESSOA COM DEFICIÊNCIA. ART. 64 DA PORTARIA MDSA Nº 116/2017. MISERABILIDADE E VULNERABILIDADE. FLEXIBILIZAÇÃO DO CRITÉRIO OBJETIVO. RENDA PER CAPITA SUPERIOR A ¼ DO SALÁRIO MÍNIMO. IMPOSSIBILIDADE. DER ANTERIOR À PUBLICAÇÃO DA LEI 13.146/15, QUE INCLUIU O §11, NO ART. 20 DA LEI 8.742/93. AFRONTA AO PARECER MINISTERIAL VINCULANTE POR FORÇA DO ART. 30 DO REGIMENTO INTERNO DO CRPS. RECLAMAÇÃO DO INSS PROCEDENTE.
A decisão atacada infringiu as disposições contidas nas questões 11 e 16 do Parecer CONJUR/MPS nº 616/2010, segundo o qual o benefício controvertido requer o cumprimento do critério objetivo da renda familiar, para benefícios requeridos antes da publicação da Lei nº 13.416/2015 que incluiu a flexibilização do critério em face da miserabilidade e vulnerabilidade social

Peço vênia para divergir:

Conforme já registrado, a divergência em matéria de direito refere-se à concessão do amparo social à pessoa com deficiência, mesmo com a renda per capita do grupo familiar superior a ¼ do salário mínimo.

A 1ª Câmara de Julgamento negou provimento ao Recurso Especial do INSS, reconhecendo o direito à concessão do benefício, sob o fundamento de que a renda per capita do grupo familiar era menor que ¼ do salário mínimo (Evento 55). Já o INSS alega que tal renda era superior conforme consulta ao Cadastro Nacional de Informações Sociais – CNIS, afrontando as questões 11 e 16 do Parecer Ministerial nº 616/2010 (Evento 59).

MINISTÉRIO DA ECONOMIA-ME
SECRETARIA ESPECIAL DE PREVIDÊNCIA E TRABALHO
SECRETARIA DE PREVIDÊNCIA
CONSELHO DE RECURSOS DA PREVIDÊNCIA SOCIAL-CRPS
CONSELHO PLENO

A Data de Entrada do Requerimento (DER) do benefício objeto do presente Pedido de Uniformização de Jurisprudência foi em 20/05/2015, portanto, anterior à publicação da Lei 13.146, de 6 de julho de 2015, que introduziu o parágrafo 11 no art. 20 da Lei 8.742/93[1], possibilitando, para a concessão do BPC/LOAS, a utilização de outros elementos probatórios da condição de miserabilidade do grupo familiar e da situação de vulnerabilidade. Dessa forma, na data de entrada do requerimento não existia previsão legal para flexibilização do critério objetivo para caracterização da miserabilidade, qual seja, a renda mensal per capita superior a 1/4 do salário-mínimo.

Ressalta-se a possibilidade da flexibilização do critério objetivo de renda per capita em requerimentos realizados após 07/07/2015, data da publicação da Lei 13.146/15, inclusive sendo esse o entendimento deste Conselho Pleno, conforme se observa:

> PEDIDO DE UNIFORMIZAÇÃO DE JURISPRUDÊNCIA. BENEFÍCIO DE PRESTAÇÃO CONTINUADA. DECISÃO DO STF NA RECLAMAÇÃO 4374/PE. ALTERAÇÃO DO CONTEÚDO DA ADI 1.232/DF. CRITÉRIO DE RENDA EM 1/4 DE SALÁRIO MÍNIMO INCONSTITUCIONAL. **ARTIGO 20 §11 DA LEI 8.742/93. POSSIBILIDADE DE UTILIZAÇÃO DE OUTROS ELEMENTOS PROBATÓRIOS DA CONDIÇÃO DE MISERABILIDADE DO GRUPO FAMILIAR E DA SITUAÇÃO DE VULNERABILIDADE**. PARECER SOCIAL. POSSIBILIDADE. PEDIDO CONHECIDO E NEGADO. (Processo 44232.436463/2015-42, NB 701.536.697-6, Relatora: Raquel Lúcia de Freitas, Conselho Pleno, julgado em 26/03/2019) (Resolução CRPS Nº 1/2019) (grifo nosso)
>
> BENEFÍCIO DE PRESTAÇÃO CONTINUADA. LOAS. PEDIDO DE UNIFORMIZAÇÃO DE JURISPRUDÊNCIA. Divergência jurisprudencial entre as Câmaras de Julgamento no que tange aos critérios de fixação da renda per capita familiar. Competência para análise deste Conselho Pleno na forma do art. 3° inc. II do Regimento Interno do CRSS aprovado pela Portaria MDAS n° 116/2017. Pressupostos de Admissibilidade do pedido alcançados na forma do art. 63 do mesmo Regimento. Para a fixação dos critérios da renda familiar tem-se que o Supremo Tribunal Federal julgou inconstitucional a regra de 1/4 do salário mínimo. Aplicação limitada ao Conselho. Falta de ato legal declarando a norma inconstitucional. **Prevalência do § 3° do art. 20, contudo, a avaliação da situação de miserabilidade familiar deve ser realizada concomitantemente com aspectos além da renda conforme § 11 do art. 20 da LOAS**. Precedente

[1] § 11. Para concessão do benefício de que trata o **caput** deste artigo, poderão ser utilizados outros elementos probatórios da condição de miserabilidade do grupo familiar e da situação de vulnerabilidade, conforme regulamento." (NR)

701.603.815-8

MINISTÉRIO DA ECONOMIA-ME
SECRETARIA ESPECIAL DE PREVIDÊNCIA E TRABALHO
SECRETARIA DE PREVIDÊNCIA
CONSELHO DE RECURSOS DA PREVIDÊNCIA SOCIAL-CRPS
CONSELHO PLENO

> do Conselho Pleno. Pedido de Uniformização conhecido e improvido. (Processo 44232.837369/2016-98, NB 702.236.332-4, Relator: Rodolfo Espinel Donadon, Conselho Pleno, julgado em 28/06/2019) (Resolução CRPS N° 19/2019) (grifo nosso)

Entretanto, a fundamentação do entendimento do Conselho Pleno para a flexibilização do critério objetivo para a concessão do BPC veio somente com a introdução do parágrafo 11 no art. 20 da Lei 8.742/93. A avaliação da miserabilidade para requerimento feitos até 6/7/2015 está vinculada ao critério objetivo do § 3° do art. 20 da Lei 8.742/93, não contemplando outros elementos probatórios dessa condição e da situação de vulnerabilidade.

Portanto, há afronta a norma ministerial por não ser cabível o afastamento do critério objetivo com base nas despesas necessárias pessoais para o cuidado do deficiente e no parecer do Serviço Social emitido pelo INSS por vinculação disposta no artigo 30 do regimento interno deste Conselho de Recursos.

Desta feita, acolho o Pedido de Reclamação por afronta a parecer ministerial, e dou procedência, devendo ser devolvido os autos à 1ª Câmara de Julgamento para emissão de novo acórdão.

CONCLUSÃO: Pelo exposto, voto no sentido de **ACOLHER A RECLAMAÇÃO DO INSS, E JULGAR PROCEDENTE.**

TARSILA OTAVIANO DA COSTA
Relatora

MINISTÉRIO DA ECONOMIA-ME
SECRETARIA ESPECIAL DE PREVIDÊNCIA E TRABALHO
SECRETARIA DE PREVIDÊNCIA
CONSELHO DE RECURSOS DA PREVIDÊNCIA SOCIAL-CRPS
CONSELHO PLENO

DECISÓRIO

RESOLUÇÃO Nº 34/2020

Vistos e relatados os presentes autos, em sessão realizada hoje, **ACORDAM** os membros do Conselho Pleno, por **MAIORIA** no sentido de **ACOLHER A RECLAMAÇÃO DO INSS, E JULGAR PROCEDENTE,** de acordo com o **VOTO DIVERGENTE** da Relatora Tarsila Otaviano da Costa e sua fundamentação. Vencido Voto do Relator inicial Renato Agostinho das Chagas. Vencidos ainda os Conselheiros Paulo Sérgio de Carvalho Costa Ribeiro, Márcia Aparecida Martins. Maria José de Paula Moraes e Sulamita Cristina Dias.

Participaram, ainda, do presente julgamento os (as) Conselheiros (as): Robson Ferreira Maranhão, Moisés Oliveira Moreira, Maria Madalena Silva Lima, Imara Sodré Sousa Neto, Guilherme Lustosa Pires, Valter Sérgio Pinheiro Coelho, Rodolfo Espinel Donadon, Alexandra Álvares de Alcântara e Adriene Cândida Borges.

Brasília-DF, 28 de julho de 2020.

TARSILA OTAVIANO DA COSTA
Relatora/Voto Divergente

MARCELO FERNANDO BORSIO
Presidente

701.603.815-8

3.1.35 Resolução 35/2020 (BPC/LOAS/miserabilidade/critério/legal)

Objeto: Trata-se de Pedido de Uniformização de Jurisprudência interposto pelo INSS por suposta divergência de posicionamento entre Câmaras de Julgamento.

Decisão: Provida.

Tese jurídica: Deve ser adotado o critério de miserabilidade da renda *per capita* familiar do artigo 20, §3º, da Lei 8.742/93, permitindo o §11 que outros aspectos sejam analisados.

MINISTÉRIO DA ECONOMIA-ME
SECRETARIA ESPECIAL DE PREVIDÊNCIA E TRABALHO
SECRETARIA DE PREVIDÊNCIA
CONSELHO DE RECURSOS DA PREVIDÊNCIA SOCIAL-CRPS
CONSELHO PLENO

Número do Processo: 44232.518342/2015-18
Unidade de Origem: Agência da Previdência Social Barra da Choça
Benefício: 87/701.444.808-1
Espécie: Benefício de Prestação Continuada da Assistência Social à Pessoa com Deficiência
Recorrente: Instituto Nacional do Seguro Social - INSS
Recorrido: Edson Eustáquio Nascimento
Assunto: Pedido de Uniformização de Jurisprudência
Relator: Renato Agostinho das Chagas

(Processo Eletrônico)

Relatório

Trata-se de Pedido de UNIFORMIZAÇÃO DE JURISPRUDÊNCIA, apresentado, em 09/05/2016, pelo Instituto Nacional de Seguro Social – INSS (Evento 33).

O presente pedido foi requerido em face da decisão proferida, em 20/04/2016, pela extinta 1ª Composição Adjunta da 4ª Câmara de Julgamento, por do meio do Acórdão nº 2.332/2016 (Evento 31), que negou provimento ao Recurso Especial do INSS, reconhecendo o direito do interessado à concessão do benefício de amparo social à pessoa com deficiência, mesmo com a renda per capitar de o grupo familiar ser superior a ¼ do salário mínimo.

O benefício em análise foi requerido em 04/03/2015 e indeferido em 09/03/2015 (data do processamento), pelo fato de a renda per capita familiar ter sido superior a ¼ do salário mínimo vigente da DER (Evento 14).

Inconformado, o interessado interpôs Recurso Ordinário, não concordando com o indeferimento do benefício e solicitou nova avaliação (Evento 14 – fls. 30).

Em 18/02/2016, a 4ª Junta de Recursos, por meio do Acórdão nº 1.005/2016, conheceu e deu provimento ao Recurso do recorrente, reconhecendo o direito ao benefício pleiteado, por entender que foi comprovada a deficiência e a única renda recebida pelo grupo familiar é o amparo ao idoso recebido pela mãe do interessado (Evento 17).

MINISTÉRIO DA ECONOMIA-ME
SECRETARIA ESPECIAL DE PREVIDÊNCIA E TRABALHO
SECRETARIA DE PREVIDÊNCIA
CONSELHO DE RECURSOS DA PREVIDÊNCIA SOCIAL-CRPS
CONSELHO PLENO

O INSS interpôs Recurso Especial, em 22/02/2016, requerendo a reforma da decisão da 4ª Junta de Recursos, alegando que contraria a legislação previdenciária (Evento 19).

Em contrarrazões, foi apresentado Relatório Social do sr. Edson Eustáquio Nascimento, elaborado pela Secretaria Municipal de Assistência Social, da Prefeitura Municipal de Poções-BA. Para elaboração do Relatório, foi utilizado o instrumento técnico-social, por meio dos seguintes analíticos: visita domiciliar, entrevista individual e observações técnicas. No documento, a assistente social descreveu: " Foi perceptível na visita que o Srº Edson passa por situações difíceis, é uma pessoa com deficiência, não pode trabalhar, para arcar com as despesas mensais, é sustentando pela genitora." (Evento 24).

Em 20/04/2016, a extinta 1ª Composição Adjunta da 4ª Câmara de Julgamento, por meio do Acórdão nº 2.332/2016, negou provimento ao Recurso Especial do INSS, reconhecendo que o amparo assistencial por deficiência deve ser concedido ao interessado, entendendo que não deve ser considerado o amparo social ao idoso recebido por sua genitora na renda per capita do grupo familiar (Evento 31).

Inconformada, a Autarquia Previdenciária apresentou, em 09/05/2016, o presente Pedido de UNIFORMIZAÇÃO DE JURISPRUDÊNCIA, aduzindo que a renda do amparo social ao idoso (B/88), recebida pela genitora do interessado, deve ser considerada na renda per capita do grupo familiar, conforme art. 7º, inciso III da Portaria Conjunta nº 2, de 19/09/2014. O INSS apresentou números de processos em que o benefício foi negado ao interessado, em razão de a renda per capita ser superior ao permitido no art. 20, §3º da Lei 8.742/1993, alegando que a extinta 1ª Composição Adjunta da 4ª Câmara de Julgamento proferiu decisão em sentido contrário à outras Câmaras de Julgamento, e requer a reforma do Acórdão nº 2.332/2016 (Evento 33).

Em cumprimento à diligência baixada pela extinta 1ª Composição Adjunta da 4ª Câmara de julgamento, a assistente social do INSS emitiu Parecer do Serviço Social em relação ao sr. Edson Eustáquio Nascimento, concluindo "que as barreiras identificadas, no estudo realizado, comprometem a qualidade de vida do usuário, limitando sua autonomia financeira e social. O usuário vive em situação de pobreza e vulnerabilidade social, constatando assim, dificuldades de subsistência econômica em razão da renda, o que requer efetividade das Políticas de Seguridade Social para alteração da realidade apresentada." (Evento 39).

A extinta 1ª Composição Adjunta da 4ª Câmara de Julgamento, em virtude do cumprimento dos requisitos de admissibilidade, encaminhou os autos ao Presidente do Conselho Pleno (Evento 44).

MINISTÉRIO DA ECONOMIA-ME
SECRETARIA ESPECIAL DE PREVIDÊNCIA E TRABALHO
SECRETARIA DE PREVIDÊNCIA
CONSELHO DE RECURSOS DA PREVIDÊNCIA SOCIAL-CRPS
CONSELHO PLENO

Em 23/09/2016, a Divisão de Assuntos Jurídicos do CRPS encaminhou os autos ao INSS, tendo em vista que o interessado não foi intimado do pleito autárquico para fins de contrarrazões (Evento 46).

Mediante contrarrazões, a curadora do interessado alegou que a miserabilidade não se verifica somente através da renda per capita; e que a renda do benefício da genitora do interessado não deve ser computada. Requer o não provimento do pedido do INSS (Evento 52).

O Vice-Presidente do CRPS, concordando com a admissibilidade do pedido de Uniformização de Jurisprudência reconhecida pelo presidente da 4ª Câmara de julgamento, encaminhou os autos para distribuição (Evento 63).

De ordem do Presidente do CRPS, o processo foi encaminhado a este conselheiro, para relatoria e submissão da matéria ao Conselho Pleno (Evento 64).

EMENTA:

BENEFÍCIO DE PRESTAÇÃO CONTINUADA. AMPARO SOCIAL À PESSOA COM DEFICIÊNCIA. LOAS. PEDIDO DE UNIFORMIZAÇÃO DE JURISPRUDÊNCIA AO CONSELHO PLENO. FUNDAMENTADO NO ART. 63 DO REGIMENTO INTERNO DO CRPS (PORTARIA MDSA Nº 116/2017). Análise de competência deste Conselho Pleno. O INSS alegou que não é devido o amparo social pelo fato de a renda per capita de o grupo familiar ser superior a ¼ do salário-mínimo. Reconhecimento de direito ao benefício com renda familiar per capita superior a ¼ do salário-mínimo. Utilização de outros elementos probatórios da condição de miserabilidade do grupo familiar e da situação de vulnerabilidade. Parecer Social. Possibilidade. Precedentes do Conselho Pleno. Fundamentação: arts. 3º, 63, 69 do Regimento Interno do CRPS; Resoluções nºs 01 e 19/2019 do Conselho Pleno do CRPS. Pedido de Uniformização de Jurisprudência conhecido e negado provimento.

VOTO

O presente Pedido de Uniformização de Jurisprudência apresentado pelo INSS é tempestivo, em conformidade com o § 2 do art. 63 do Regimento Interno do CRPS, aprovado pela Portaria MDSA nº 116/2017, cabendo destacar:

MINISTÉRIO DA ECONOMIA-ME
SECRETARIA ESPECIAL DE PREVIDÊNCIA E TRABALHO
SECRETARIA DE PREVIDÊNCIA
CONSELHO DE RECURSOS DA PREVIDÊNCIA SOCIAL-CRPS
CONSELHO PLENO

> *"Art. 63. O Pedido de Uniformização de Jurisprudência poderá ser requerido em casos concretos, pelas partes do processo, dirigido ao Presidente do respectivo órgão julgador, nas seguintes hipóteses:*
>
> *I - quando houver divergência na interpretação em matéria de direito entre acórdãos de Câmaras de Julgamento do CRSS, em sede de Recurso Especial, ou entre estes e resoluções do Conselho Pleno; ou*
> *(...)*
>
> *§ 1º A divergência deverá ser demonstrada mediante a indicação do acórdão divergente, proferido nos últimos cinco anos, por outro órgão julgador, composição de julgamento, ou, ainda, por resolução do Conselho Pleno.*
> *(...)*
>
> *§ 2º É de 30 (trinta) dias o prazo para o requerimento do Pedido de Uniformização de Jurisprudência e para o oferecimento de contrarrazões, contados da data da ciência da decisão e da data da intimação do pedido, respectivamente, hipótese em que suspende o prazo para o seu cumprimento.*
> *(...)*
>
> *§ 5º O pedido de uniformização poderá ser formulado pela parte uma única vez, tratando-se do mesmo caso concreto ou da mesma matéria examinada em tese, à luz do mesmo acórdão ou resolução indicados como paradigma."*

Em que pese a Autarquia Previdenciária não ter indicado o número do Acórdão, conforme estabelecido no § 1° do art. 63 do Regimento Interno do CRPS, mas identificou o número de processo, em função da economia processual, entendo pela admissibilidade do presente Pedido. (Evento 33),

Conforme o inc. II do art. 3° do Regimento do CRPS, compete ao Conselho Pleno: "*uniformizar, no caso concreto, as divergências jurisprudenciais entre as Juntas de Recursos nas matérias de sua alçada ou entre as Câmaras de julgamento em sede de Recurso Especial, mediante a emissão de Resolução*".

MINISTÉRIO DA ECONOMIA-ME
SECRETARIA ESPECIAL DE PREVIDÊNCIA E TRABALHO
SECRETARIA DE PREVIDÊNCIA
CONSELHO DE RECURSOS DA PREVIDÊNCIA SOCIAL-CRPS
CONSELHO PLENO

Mediante análise realizada nos Acórdãos proferidos pelas Câmaras de Julgamento, constantes dos processos indicados pelo INSS no Pedido de Uniformização de Jurisprudência (Evento 33), e no Acórdão nº 2.332/2016 proferido pela 4ª Câmara de Julgamento em relação ao presente processo, constata-se que a **matéria de direito divergente de interpretação está relacionada à concessão do amparo social à pessoa com deficiência, mesmo com a renda per capita do grupo familiar ser superior a ¼ do salário mínimo.**

No caso concreto, a extinta 1ª Composição Adjunta da 4ª Câmara de Julgamento, por meio do Acórdão nº 2.332/2016, negou provimento ao Recurso Especial do INSS, reconhecendo o direito à concessão do amparo assistencial por deficiência ao interessado, entendendo que não deve ser considerado o amparo social ao idoso recebido por sua genitora na renda per capita do grupo familiar (Evento 31).

A Autarquia Previdenciária, no presente Pedido de UNIFORMIZAÇÃO DE JURISPRUDÊNCIA, alegou que a renda do amparo social ao idoso (B/88), recebida pela genitora do interessado, deve ser considerada na renda per capita do grupo familiar (Evento 33).

Em relação à presente matéria controversa, cabe mencionar abaixo os últimos entendimentos deste Conselho Pleno, do ano de 2019, sobre o **requisito da renda mensal per capita inferior a ¼ (um quarto) do salário mínimo**, para concessão dos benefícios de prestação continuada LOAS.

RESOLUÇÃO 01/2019, datada de 26/03/2019.

"PEDIDO DE UNIFORMIZAÇÃO DE JURISPRUDÊNCIA. BENEFÍCIO DE PRESTAÇÃO CONTINUADA. **DECISÃO DO STF NA RECLAMAÇÃO 4374/PE. ALTERAÇÃO DO CONTEÚDO DA ADI 1.232/DF. CRITÉRIO DE RENDA EM ¼ DE SALÁRIO MÍNIMO INCONSTITUCIONAL. ARTIGO 20 § 11 DA LEI 8.742/93. POSSIBILIDADE DE UTILIZAÇÃO DE OUTROS ELEMENTOS PROBATÓRIOS DA CONDIÇÃO DE MISERABILIDADE DO GRUPO FAMILIAR E DA SITUAÇÃO DE VULNERABILIDADE. PARECER SOCIAL. POSSIBILIDADE. PEDIDO CONHECIDO E NEGADO."** ***(Conselheira Relatora: Raquel Lúcia de Freitas, Processo nº*** 44232.436463/2015-42, ***NB 701.536.697-6).***

RESOLUÇÃO 19/2019, datada de 28/06/2019.

MINISTÉRIO DA ECONOMIA-ME
SECRETARIA ESPECIAL DE PREVIDÊNCIA E TRABALHO
SECRETARIA DE PREVIDÊNCIA
CONSELHO DE RECURSOS DA PREVIDÊNCIA SOCIAL-CRPS
CONSELHO PLENO

> *"BENEFÍCIO DE PRESTAÇÃO CONTINUADA. LOAS. PEDIDO DE UNIFORMIZAÇÃO DE JURISPRUDÊNCIA. Divergência jurisprudencial entre as Câmaras de Julgamento no que tange aos critérios de fixação da renda per capita familiar. Competência para análise deste Conselho Pleno na forma do art. 3° inc. II do Regimento Interno do CRSS aprovado pela Portaria MDAS n° 116/2017. Pressupostos de Admissibilidade do pedido alcançados na forma do art. 63 do mesmo Regimento. Para a fixação dos critérios da renda familiar tem-se que o Supremo Tribunal Federal julgou inconstitucional a regra de ¼ do salário mínimo. Aplicação limitada ao Conselho. Falta de ato legal declarando a norma inconstitucional. Prevalência do § 3° do art. 20, contudo, a avaliação da situação de miserabilidade familiar deve ser realizada concomitantemente com aspectos além da renda conforme § 11 do art. 20 da LOAS. Precedente do Conselho Pleno. Pedido de Uniformização conhecido e improvido."* (Conselheiro Relator: Rodolfo Espinel Donadon, Processo nº 44232.837369/2016-98, NB 702.236.332-4)

Até 2018, este Colegiado tinha outro entendimento, como pode ser constatado por meio da última Resolução do ano que tratou dessa matéria:

> **RESOLUÇÃO 78/2018**, datada de 28/11/2018.
>
> *"Reclamação ao Conselho Pleno. Art. 64 do Regimento Interno do CRSS. Benefício de Prestação Continuada à Pessoa com Deficiência. Requisitos do art. 20, §§ 1° e 3° da Lei 8.742/93. Renda per capita superior a* ***1/4*** *do salário mínimo. Violação ao Parecer Conjur/MPS n° 616 de 2010 — valores de benefícios previdenciários recebidos por integrantes do grupo familiar da pessoa portadora de deficiência integra o cálculo da renda per capita."* (Conselheiro Relator: Guilherme Lustosa Pires, Processo nº 44232.398573/2015-07, NB 701.380.200-0).

Em resumo, de acordo com o último posicionamento deste Conselho Pleno, a avaliação da miserabilidade não está restrita à renda familiar, devendo ser utilizados, concomitantemente, outros elementos probatórios dessa condição e da situação de vulnerabilidade, por exemplo, o Parecer Social. Assim, conclui-se que o § 3° do art. 20 da Lei nº 8.742/1993 deve ser avaliado associadamente com o § 11 do mesmo artigo.

Para melhor entendimento da matéria, peço vênia ao nobre relator Rodolfo Espinel Donadon ***para transcrever trechos de seu voto que deu origem à Resolução 19/2019*** (Processo nº 44232.837369/2016-98, NB 702.236.332-4).

MINISTÉRIO DA ECONOMIA-ME
SECRETARIA ESPECIAL DE PREVIDÊNCIA E TRABALHO
SECRETARIA DE PREVIDÊNCIA
CONSELHO DE RECURSOS DA PREVIDÊNCIA SOCIAL-CRPS
CONSELHO PLENO

"O voto acima conduzido pela Relatora Raquel Lúcia de Freitas trouxe como apontamento principal o fato do STF, no julgamento da Reclamação n° 4374/PE, ter revisto a decisão da ADI anterior 1.232/DF. Conforme Relatora,

> "o STF alterou o conteúdo da decisão da ADI 1232/DF passando a considerar o artigo 20 §3° da lei 8.742/93 como INCONSTITUCIONAL, ou seja, houve uma mudança da própria ADI, que agora, retira do mundo jurídico a fixação objetiva do critério de renda, conforme manifestação expressa nesse sentido:
>
> De toda forma, isso não é fator impeditivo para que esta Corte, ante todos os fundamentos já delineados, constate a inconstitucionalidade (originária e superveniente) do § 3° do art. 20 da LOAS.E ressalte-se, mais uma vez, que a recente Lei 12.435/2011 não alterou a redação original do § 3o do art. 20 da Lei n o 8.742/1993, não impedindo, portanto, que o Tribunal declare a inconstitucionalidade desse dispositivo. Uma vez declarada essa inconstitucionalidade, ante todas as convincentes razões até aqui apresentadas, poderão os Poderes Executivo e Legislativo atuar no sentido da criação de novos critérios econômicos e sociais para a implementação do benefício assistencial previsto no art. 203, V, da Constituição. Assim, será necessário que esta Corte defina um prazo razoável dentro do qual o § 3° do art. 20 da LOAS poderá continuar plenamente em vigor. O prazo de dois exercícios financeiros, a vigorar até o dia 31 de dezembro de 2014, apresenta-se como um parâmetro razoável para a atuação dos órgãos técnicos e legislativos na implementação de novos critérios para a concessão do benefício assistencial. Proponho, dessa forma, que o Supremo Tribunal Federal, no bojo da presente reclamação, revise a decisão anteriormente proferida na ADI 1.232 e declare a inconstitucionalidade do § 3° do art. 20 da Lei 8.742/93 (LOAS), sem pronúncia da nulidade, de forma a manter-se a sua vigência até o dia 31 de dezembro de 2014. Nesse ponto, ressalte-se, novamente, que a recente Lei 12.435/2011 não alterou a redação original do § 3 o do art.20 da Lei 8.742/1993"

Continuando a Relatora,

"Assim, não estaríamos mais a discutir a necessidade ou não de Resolução do Senado Federal sustar os efeitos da norma e sim a sua própria inconstitucionalidade.

MINISTÉRIO DA ECONOMIA-ME
SECRETARIA ESPECIAL DE PREVIDÊNCIA E TRABALHO
SECRETARIA DE PREVIDÊNCIA
CONSELHO DE RECURSOS DA PREVIDÊNCIA SOCIAL-CRPS
CONSELHO PLENO

Nesse sentido, também não adentraríamos no debate de respeito ou não ao Parecer/CONJUR/MPS n. 616/2010, questão 11, pois estaria fundado em artigo extirpado do ordenamento jurídico por declaração de inconstitucionalidade em data posterior.

Tanto é verdade que o parágrafo 3° do artigo 20 da Lei 8.742/93 deixou de existir que, ao introduzir o § 11 no art. 20 da LOAS (pela Lei n. 13.146/2015), passou a admitir, para a concessão do benefício de Prestação continuada, a utilização de outros elementos probatórios da condição de miserabilidade do grupo familiar e da situação de vulnerabilidade (...)"

Por fim, conclui o voto fixando o critério da renda familiar conforme § 11 do art. 20 da LOAS, ou seja, por outros meios entre os quais o Parecer Social que "passará a ser de análise e valoração probatória, sujeita a recurso à Câmara, como todas as matérias probatórias o são."

O § 11 do art. 20 da LOAS indica:

Art. 20. (...)

§ 11. Para concessão do benefício de que trata o caput deste artigo, poderão ser utilizados outros elementos probatórios da condição de miserabilidade do grupo familiar e da situação de vulnerabilidade, conforme regulamento. (Incluído pela Lei n° 13.146, de 2015) (Vigência)

Reportadas as razões geradoras da mudança de entendimento do Conselho Pleno, os fundamentos indicados no voto acima devem ser mantidos nessa análise, com algumas ressalvas.

Não se tem dúvidas quanto ao aspecto material que houve análise por parte do STF que declarou inconstitucional o critério de renda fixado pelo § 3° do art. 20 da LOAS.

Contudo, tal aspecto não se materializou em seu aspecto formal. Não houve expressamente a declaração da inconstitucionalidade do texto legal por meio de ato do Senado Federal, tanto que o § 3° do art. 20 da Loas permanece em vigência. Se inconstitucional o fosse, certamente já teria sido extirpado do ordenamento jurídico.

Por outro lado, acredito que a análise do caso vai além da simples negativa pelo critério da renda em 1/4 do salário mínimo. Nesse sentido, basta

MINISTÉRIO DA ECONOMIA-ME
SECRETARIA ESPECIAL DE PREVIDÊNCIA E TRABALHO
SECRETARIA DE PREVIDÊNCIA
CONSELHO DE RECURSOS DA PREVIDÊNCIA SOCIAL-CRPS
CONSELHO PLENO

analisar as diversas Ações Civis Pública a respeito do tema. Além das diversas ações de abrangência limitada a algumas cidades de determinado Estado da Federação, destaco a Ação Civil Pública n° 2009.38.00.0059452/MG. Sua decisão foi no sentido de desconsiderar a análise de benefício assistencial para fins de renda do grupo, porém, limitada ao Estado de Minas Gerais, conforme decisão que julgou parcialmente procedente o pedido de embargos de declaração do INSS em 06/2012:

> III — DISPOSITIVO
>
> ANTE O EXPOSTO, JULGO PARCIALMENTE PROCEDENTE o pedido, para determinar ao INSS que: I. na análise dos requerimentos de benefício assistencial apresentados no território de jurisdição desta Seção Judiciária de Minas Gerais, não compute, no cálculo da renda familiar per capita, o benefício previdenciário ou assistencial, no valor de um salário mínimo, recebido por pessoa idosa ou deficiente integrante do grupo familiar. 2. (...)

Ou seja, o princípio da isonomia constitucionalmente previsto estaria sendo aplicado de forma distorcida. Em outras palavras, os desiguais aqui não seriam avaliados pela renda familiar mas pelo Estado de moradia. Exemplificando, a situação indicada no processo — requisitante de LOAS casada com aposentado por idade com salário mínimo — em Minas Gerais estaria apta para a concessão do benefício assistencial, contudo, no Distrito Federal, não atenderia aos critérios de miserabilidade definido em lei, muito embora a LOAS tenha abrangência nacional sem qualquer limitação de conteúdo estadual.

Continuando, a mais recente ACP n° 0004265-82.2016.403.6105, foi sentenciada com abrangência nacional, determinando ao INSS que "na análise do requerimento de benefício assistencial de prestação continuada, não seja computado na renda per capta do grupo familiar o benefício de um salário mínimo concedido a outro ente familiar idoso ou deficiente."

A sentença acima foi publicada em 18/10/2017 quando expressamente passou a ter abrangência nacional. Tal foi alvo de embargos de declaração por parte do INSS, contudo, rejeitados e já se encontra em fase de Execução de Sentença com baixa definitiva em 28/09/2018, ou seja, confirmada a sentença.

MINISTÉRIO DA ECONOMIA-ME
SECRETARIA ESPECIAL DE PREVIDÊNCIA E TRABALHO
SECRETARIA DE PREVIDÊNCIA
CONSELHO DE RECURSOS DA PREVIDÊNCIA SOCIAL-CRPS
CONSELHO PLENO

Ao tomarmos por base a determinação da ACP acima, não podendo o Conselho ou INSS ir de encontro com a determinação judicial, já a partir de 18/10/2017 se excluiria da análise da renda familiar o valor de benefício de salário mínimo auferido por integrante do grupo familiar.

Por fim, o INSS já está sob os efeitos de regra judicial que lhe obriga afastar o requisito legal de aferição de renda se consideramos os efeitos da ACP nº 504487422.2013.404.7100/RS — Exclusão do cálculo da renda per capita familiar das despesas do requerente de benefício assistencial que decorram diretamente da deficiência, incapacidade ou idade avançada, com medicamentos, alimentação especial, fraldas descartáveis e consultas na área de saúde, requeridas e negados pelo Estado". Essa tem abrangência nacional com vigência a partir de 04/05/2016.

A comprovação acima foi normatizada pelo INSS por meio do Memorando-Circular Conjunto nº 58/2016, DIRBEN/DIRAT/DIRSAT/PFE/INSS, com a apresentação de documentos demonstrando as despesas em razão da deficiência/incapacidade ou idade avança, além de fornecer comprovante no sentido de que teve negada a prestação pelo Estado, juntando:

> *4.(...)*
>
> *a) medicamentos: comprovação de prescrição médica e comprovação do valor mensal gasto;*
> *b) alimentação especial: comprovação de prescrição médica e comprovação de valor mensal gasto;*
> *c) fraldas descartáveis: comprovação do valor mensal gasto;*
> *d) consultas na área de saúde (com profissionais de toda área de saúde): comprovação do valor mensal gasto.*
>
> *4.1. Além da comprovação das despesas o requerente deverá demonstrar, documentalmente, que requereu e teve a prestação negada por órgão da rede pública de saúde com atribuição para fornecimento dos medicamentos, da alimentação especial, das fraldas descartáveis e das consultas na área de saúde, do seu domicílio.*

A situação acima permite a seguinte conclusão: o critério de 1/4 do salário mínimo foi declarado inconstitucional pelo Supremo Tribunal Federal, porém, não se materializou a inconstitucionalidade propriamente do texto legal ainda vigente e, consequentemente, de análise obrigatória pelo Conselho.

MINISTÉRIO DA ECONOMIA-ME
SECRETARIA ESPECIAL DE PREVIDÊNCIA E TRABALHO
SECRETARIA DE PREVIDÊNCIA
CONSELHO DE RECURSOS DA PREVIDÊNCIA SOCIAL-CRPS
CONSELHO PLENO

Por outro lado, o legislador já sinalizou na própria norma que o 1/4 do salário mínimo não é obrigatoriamente o exclusivo critério a ser utilizado para avaliação do postulante do benefício. Nesse ponto, permito-me aliar a corrente já indicada no voto precursor desde quando informou o § 11 do art. 20 da Loas incluído pela Lei n° 13.146/2015 — "Para concessão do benefício de que trata o caput deste artigo, poderão ser utilizados outros elementos probatórios da condição de miserabilidade do grupo familiar e da situação de vulnerabilidade, conforme regulamento."

Desta feita, é possível concluir que o § 3° do art. 20 da LOAS deve ser avaliado em conjunto com o § 11 do mesmo artigo, ou seja, deve ser levada em consideração outros meios além da renda em si para comprovação da condição de miserabilidade do grupo familiar e da situação de vulnerabilidade. Outro sentido não teria essa assertiva, caso contrário, o referido parágrafo incluído após a decisão do STF, seria "letra morta" no texto legal.

Acontece que o Regulamento da LOAS, Decreto n° 6.214/2007, não regulamentou quais outros elementos probatórios devem ser avaliados para análise da miserabilidade do grupo familiar. Por esse aspecto, em uma análise ampla da matéria, é possível concluir que a elaboração de Parecer Social por servidor competente para tanto do INSS supre tal lacuna e se materializa como o melhor critério a ser adotado até que o Decreto venha a regulamentar o tema.

O Parecer Social supre a análise objetiva e subjetiva previstas no art. 20 da Loas. Ao avaliar a renda per capita familiar — análise objetiva contida no § 3° - indica se tal é suficiente para a subsistência familiar — critério subjetivo do § 11."

No presente caso, levando em conta que constam dos autos um Relatório Social elaborado pela Secretaria Municipal de Assistência Social, da Prefeitura Municipal de Poções-BA (Evento 24), e um Parecer do Serviço Social emitido pelo próprio INSS, que demonstram que o sr. Edson Eustáquio Nascimento vive em situação de pobreza e vulnerabilidade social (Evento 39), deverá ser concedido o amparo social por deficiência ao interessado.

Desta forma, entendo que a decisão da extinta 1ª Composição Adjunta da 4ª Câmara de Julgamento, por meio do Acórdão n° 2.332/2016, está de acordo com o entendimento deste Conselho Pleno, fato que torna improcedente o presente Pedido de Uniformização de Jurisprudência.

MINISTÉRIO DA ECONOMIA-ME
SECRETARIA ESPECIAL DE PREVIDÊNCIA E TRABALHO
SECRETARIA DE PREVIDÊNCIA
CONSELHO DE RECURSOS DA PREVIDÊNCIA SOCIAL-CRPS
CONSELHO PLENO

CONCLUSÃO:

Diante do exposto, Voto no sentido de conhecer do **PEDIDO DE UNIFORMIZAÇÃO DE JURISPRUDÊNCIA** do **INSS**, para, no mérito, **NEGAR-LHE PROVIMENTO.**

Brasília-DF, 28 de julho de 2020.

RENATO AGOSTINHO DAS CHAGAS
Relator

MINISTÉRIO DA ECONOMIA-ME
SECRETARIA ESPECIAL DE PREVIDÊNCIA E TRABALHO
SECRETARIA DE PREVIDÊNCIA
CONSELHO DE RECURSOS DA PREVIDÊNCIA SOCIAL-CRPS
CONSELHO PLENO

Número do Processo: 44232.518342/2015-18
Unidade de Origem: AGÊNCIA DA PREVIDÊNCIA SOCIAL POÇÕES
Benefício: 87/701.444.808-1
Espécie: BENEFÍCIO DE PRESTAÇÃO CONTINUADA DA ASSISTÊNCIA SOCIAL À PESSOA COM DEFICIÊNCIA
Recorrente: Instituto Nacional do Seguro Social - INSS
Recorrido: Edson Eustáquio Nascimento
Assunto: Pedido de Uniformização de Jurisprudência
Relator: Renato Agostinho das Chagas
Voto Divergente: Tarsila Otaviano da Costa

VOTO DIVERGENTE

> **EMENTA: PEDIDO DE UNIFORMIZAÇÃO DE JURISPRUDÊNCIA. AMPARO SOCIAL À PESSOA COM DEFICIÊNCIA. ART. 63 DA PORTARIA MDSA Nº 116/2017. MISERABILIDADE E VULNERABILIDADE. FLEXIBILIZAÇÃO DO CRITÉRIO OBJETIVO. RENDA PER CAPITA SUPERIOR A ¼ DO SALÁRIO MÍNIMO. IMPOSSIBILIDADE. DER ANTERIOR À PUBLICAÇÃO DA LEI 13.146/15, QUE INCLUIU O §11, NO ART. 20 DA LEI 8.742/93. PEDIDO DE UNIFORMIZAÇÃO DO INSS CONHECIDO E PROVIDO.**

Peço vênia para divergir:

Conforme já registrado, a divergência em matéria de direito refere-se à concessão do amparo social à pessoa com deficiência, mesmo com a renda per capita do grupo familiar superior a ¼ do salário mínimo.

A 1ª Composição Adjunta da 4ª Câmara de Julgamento negou provimento ao Recurso Especial do INSS, reconhecendo o direito à concessão do benefício, sob o fundamento de que não deve ser considerado o amparo social ao idoso recebido por sua genitora na renda per capita do grupo familiar (Evento 31). Já o INSS alega que tal renda deve ser considerada na renda per capita do grupo familiar (Evento 33).

A Data de Entrada do Requerimento (DER) do benefício objeto do presente Pedido de Uniformização de Jurisprudência foi em 04/03/2015, portanto, anterior à publicação da Lei 13.146, de 6 de julho de 2015, que introduziu o parágrafo 11 no art.

MINISTÉRIO DA ECONOMIA-ME
SECRETARIA ESPECIAL DE PREVIDÊNCIA E TRABALHO
SECRETARIA DE PREVIDÊNCIA
CONSELHO DE RECURSOS DA PREVIDÊNCIA SOCIAL-CRPS
CONSELHO PLENO

20 da Lei 8.742/93[1], possibilitando, para a concessão do BPC/LOAS, a utilização de outros elementos probatórios da condição de miserabilidade do grupo familiar e da situação de vulnerabilidade. Dessa forma, na DER não existia previsão legal para flexibilização do critério objetivo para caracterização da miserabilidade, qual seja, a renda mensal per capita inferior a 1/4 do salário-mínimo.

Ressalta-se a possibilidade da flexibilização do critério objetivo de renda per capita em requerimentos realizados após 07/07/2015, data da publicação da Lei 13.146/15, inclusive sendo esse o entendimento deste Conselho Pleno, conforme se observa:

> PEDIDO DE UNIFORMIZAÇÃO DE JURISPRUDÊNCIA. BENEFÍCIO DE PRESTAÇÃO CONTINUADA. DECISÃO DO STF NA RECLAMAÇÃO 4374/PE. ALTERAÇÃO DO CONTEÚDO DA ADI 1.232/DF. CRITÉRIO DE RENDA EM 1/4 DE SALÁRIO MÍNIMO INCONSTITUCIONAL. **ARTIGO 20 §11 DA LEI 8.742/93. POSSIBILIDADE DE UTILIZAÇÃO DE OUTROS ELEMENTOS PROBATÓRIOS DA CONDIÇÃO DE MISERABILIDADE DO GRUPO FAMILIAR E DA SITUAÇÃO DE VULNERABILIDADE.** PARECER SOCIAL. POSSIBILIDADE. PEDIDO CONHECIDO E NEGADO. (Processo 44232.436463/2015-42, NB 701.536.697-6, Relatora: Raquel Lúcia de Freitas, Conselho Pleno, julgado em 26/03/2019) (Resolução CRPS Nº 1/2019) (grifo nosso)
>
> BENEFÍCIO DE PRESTAÇÃO CONTINUADA. LOAS. PEDIDO DE UNIFORMIZAÇÃO DE JURISPRUDÊNCIA. Divergência jurisprudencial entre as Câmaras de Julgamento no que tange aos critérios de fixação da renda per capita familiar. Competência para análise deste Conselho Pleno na forma do art. 3° inc. II do Regimento Interno do CRSS aprovado pela Portaria MDAS nº 116/2017. Pressupostos de Admissibilidade do pedido alcançados na forma do art. 63 do mesmo Regimento. Para a fixação dos critérios da renda familiar tem-se que o Supremo Tribunal Federal julgou inconstitucional a regra de 1/4 do salário mínimo. Aplicação limitada ao Conselho. Falta de ato legal declarando a norma inconstitucional. **Prevalência do § 3° do art. 20, contudo, a avaliação da situação de miserabilidade familiar deve ser realizada concomitantemente com aspectos além da renda conforme § 11 do art. 20 da LOAS.** Precedente do Conselho Pleno. Pedido de Uniformização conhecido e improvido. (Processo 44232.837369/2016-98, NB 702.236.332-4, Relator: Rodolfo Espinel Donadon, Conselho Pleno, julgado em 28/06/2019) (Resolução CRPS Nº 19/2019) (grifo nosso)

[1] § 11. Para concessão do benefício de que trata o **caput** deste artigo, poderão ser utilizados outros elementos probatórios da condição de miserabilidade do grupo familiar e da situação de vulnerabilidade, conforme regulamento." (NR)

MINISTÉRIO DA ECONOMIA-ME
SECRETARIA ESPECIAL DE PREVIDÊNCIA E TRABALHO
SECRETARIA DE PREVIDÊNCIA
CONSELHO DE RECURSOS DA PREVIDÊNCIA SOCIAL-CRPS
CONSELHO PLENO

Entretanto, a fundamentação do entendimento do Conselho Pleno para a flexibilização do critério objetivo para a concessão do BPC veio somente com a introdução do parágrafo 11 no art. 20 da Lei 8.742/93. A avaliação da miserabilidade para requerimento feitos até 6/7/2015 está vinculada ao critério objetivo do § 3º do art. 20 da Lei 8.742/93, não contemplando outros elementos probatórios dessa condição e da situação de vulnerabilidade.

Assim sendo, o Relatório Social elaborado pela Secretaria Municipal de Assistência Social, da Prefeitura Municipal de Poções-BA (Evento 24), e o Parecer do Serviço Social emitido pelo INSS não podem ser considerados para a concessão do benefício assistencial.

Isso posto, torno insubsistente o Acórdão nº 2.332/2016 e determino a remessa dos autos à 4ª Câmara de Julgamento, por não existir mais as adjuntas de câmaras, para que proceda a novo julgamento da matéria, com a emissão de outro acórdão, observando os ditames do presente voto.

CONCLUSÃO: Pelo exposto, voto no sentido de, preliminarmente, **CONHECER DO PEDIDO DE UNIFORMIZAÇÃO DE JURISPRUDÊNCIA**, para, no mérito, **DAR PROVIMENTO AO INSS.**

TARSILA OTAVIANO DA COSTA

Relatora

MINISTÉRIO DA ECONOMIA-ME
SECRETARIA ESPECIAL DE PREVIDÊNCIA E TRABALHO
SECRETARIA DE PREVIDÊNCIA
CONSELHO DE RECURSOS DA PREVIDÊNCIA SOCIAL-CRPS
CONSELHO PLENO

DECISÓRIO

RESOLUÇÃO Nº 35/2020

Vistos e relatados os presentes autos, em sessão realizada hoje, **ACORDAM** os membros do Conselho Pleno, por **MAIORIA** no sentido de **CONHECER DO PEDIDO DE UNIFORMIZAÇÃO DE JURISPRUDÊNCIA**, para, no mérito, **DAR PROVIMENTO AO INSS,** de acordo com o **VOTO DIVERGENTE** Relatora Tarsila Otaviano da Costa e sua fundamentação. Vencido Voto do Relator inicial Renato Agostinho das Chagas. Vencidos ainda os Conselheiros Paulo Sérgio de Carvalho Costa Ribeiro, Márcia Aparecida Martins. Maria José de Paula Moraes e Sulamita Cristina Dias.

Participaram, ainda, do presente julgamento os (as) Conselheiros (as): Robson Ferreira Maranhão, Moisés Oliveira Moreira, Maria Madalena Silva Lima, Imara Sodré Sousa Neto, Guilherme Lustosa Pires, Valter Sérgio Pinheiro Coelho, Rodolfo Espinel Donadon, Alexandra Álvares de Alcântara e Adriene Cândida Borges.

Brasília-DF, 28 de julho de 2020

TARSILA OTAVIANO DA COSTA
Relatora/Voto Divergente

MARCELO FERNANDO BORSIO
Presidente

3.1.36 Resolução 36/2020 (benefício por incapacidade/carência)

Objeto: Trata-se de Pedido de Uniformização de Jurisprudência interposto por segurado por suposta divergência de posicionamento entre Câmaras de Julgamento.

Decisão: Improvido.

Tese jurídica: A decisão da Câmara de Julgamento violou a Questão 14 do Parecer Vinculante CONJUR MPS 616/2010, que impede o cômputo de benefício por incapacidade para fins de período de carência.

MINISTÉRIO DA ECONOMIA-ME
SECRETARIA ESPECIAL DE PREVIDÊNCIA E TRABALHO
SECRETARIA DE PREVIDÊNCIA
CONSELHO DE RECURSOS DA PREVIDÊNCIA SOCIAL-CRPS
CONSELHO PLENO

Nº de Protocolo do Recurso: 44233.373589/2017-51
Documento: 41/182.146.431-9
Recorrente: Celia Maria Gomes
Recorrido: INSS
Assunto/Espécie Benefício: Aposentadoria por idade
Relator: Rodolfo Espinel Donadon

Relatório

Processo oriundo do E-RECURSOS.

O processo em análise tem por objeto Pedido de Uniformização de Jurisprudência ao Conselho Pleno, formulado pela segurada **Célia Maria Gomes**, em matéria acerca do computo de período em gozo de auxílio-doença para fins de carência e concessão de aposentadoria por idade requerida em 10/11/2017.

Em uma síntese do processo, a 01ª Composição Adjunta – CA da 11ª Junta de Recursos negou provimento ao recurso ordinário não computando para fins de carência o período em auxílio-doença previdenciário de 19/03/2012 a 05/07/2013.

Dá análise do recurso especial da segurada, a 03ª Câmara de Julgamento (CAJ) (acórdão nº 8.938/2018), negou provimento ao apelo com a seguinte justificativa:

> *"Sendo assim, a segurada gozou auxílio doença entre 22/05/2008 até 28/12/2008 e 19/03/2012 até 05/07/2013.*
>
> *Por conseguinte, requer o computo do período de 19/03/2012 até 05/07/2013 como carência em razão dos efeitos da decisão judicial proferida na ACP nº 2009.71.00.004103-4, que teriam abrangência nacional.*
>
> *Contudo, o cômputo dos benefícios por incapacidade enquanto a referida ACP teria abrangência nacional se restringe aos benefícios requeridos no intervalo de 19/09/2011 até 03/11/2014.*
>
> *Sendo assim, apenas os residentes dos estados de Santa Catarina, Paraná e Rio Grande do Sul poderão computar os períodos de gozo de auxílio doença em razão da decisão judicial proferida na ACP nº*

MINISTÉRIO DA ECONOMIA-ME
SECRETARIA ESPECIAL DE PREVIDÊNCIA E TRABALHO
SECRETARIA DE PREVIDÊNCIA
CONSELHO DE RECURSOS DA PREVIDÊNCIA SOCIAL-CRPS
CONSELHO PLENO

2009.71.00.004103-4, vide art. 153, § 1º da Instrução Normativa INSS-PRES nº 77 de 2015.

Portanto, como a segurada reside no estado do São Paulo, não é possível reconhecer o interstício de 19/03/2012 até 05/07/2013 como carência. Ademais, ainda temos a vedação expressa pela questão nº 14 do Parecer Conjur/MPS nº 616 de 2010, o qual vincula as decisões deste Conselho de Recursos."

A Segurada formulou Pedido de Uniformização de Jurisprudência ao Conselho Pleno do Conselho de Recursos da Previdência Social – CRPS, fundamentando que o Acórdão da 03ª CAJ divergiu de entendimento de outra Câmara de Julgamento do Conselho, sobre a mesma matéria, que acolheu o computo do tempo de auxílio-doença considerando a abrangência nacional da ACP nº 2009.71.00.004103-4 no período em gozo do benefício por incapacidade. Acórdãos paradigmas da 01ª CAJ nº 7497/2017 e 3270/2018.

O Presidente da 03ª CAJ emitiu despacho admitindo o procedimento de Uniformização de Jurisprudência.

O Procedimento de Uniformização de Jurisprudência foi instaurado pela Presidência do CRPS com distribuição dos autos a este Conselheiro.

Foi realizada defesa oral pela Douta Procuradora da segurada, oportunidade em que solicitou o acolhimento e reiterou as razões apresentadas no Pedido de Uniformização formulado.

É o relatório.

APOSENTADORIA POR IDADE. PEDIDO DE UNIFORMIZAÇÃO DE JURISPRUDENCIA. DIVERGÊNCIA ENTRE CÂMARAS DE JULGAMENTO NO QUE TANGE AO CÔMPUTO DE AUXÍLIO-DOENÇA PARA FINS DE CARÊNCIA. Competência para análise deste Conselho Pleno na forma do art. 3º inc. II do Regimento Interno do CRPS aprovado pela Portaria MDAS nº 116/2017. Pressupostos de Admissibilidade do pedido alcançados na forma do art. 63 do mesmo Regimento. Período em gozo de benefício por incapacidade não conta para a carência do benefício. Questão nº 14 do Parecer Conjur/MPS nº 616/2010. Vinculação ao julgamento administrativo. Art. 69 do

MINISTÉRIO DA ECONOMIA-ME
SECRETARIA ESPECIAL DE PREVIDÊNCIA E TRABALHO
SECRETARIA DE PREVIDÊNCIA
CONSELHO DE RECURSOS DA PREVIDÊNCIA SOCIAL-CRPS
CONSELHO PLENO

Regimento Interno do CRPS. Precedente do Conselho Pleno. Pedido de Uniformização conhecido e improvido.

Trata-se de análise de divergência de entendimento, no caso concreto, entre Câmaras de Julgamento envolvendo o computo de período em gozo de auxílio-doença para fins de carência.

Preliminarmente, cumpre informar que é da competência deste Conselho Pleno uniformizar a jurisprudência administrativa demonstrada por divergências jurisprudenciais entre as Câmaras de Julgamento em sede de recurso especial, conforme disciplinado no art. 3º, inc. II, do Regimento Interno do CRPS, aprovado pela Portaria MDAS nº 116/2017, a saber:

> **Art. 3º** Ao Conselho Pleno compete:
> (...)
> **II** - uniformizar, no caso concreto, as divergências jurisprudenciais entre as Juntas de Recursos nas matérias de sua alçada ou entre as Câmaras de julgamento em sede de Recurso Especial, mediante a emissão de Resolução; (...)

Passo a analisar, ainda na fase de admissibilidade do pedido de Uniformização de Jurisprudência, os pressupostos do seu requerimento com a citação do art. 63, inc. I, §§ 1º e 6º do mesmo Regimento Interno:

> **Art. 63.** O Pedido de Uniformização de Jurisprudência poderá ser requerido em casos concretos, pelas partes do processo, dirigido ao Presidente do respectivo órgão julgador, nas seguintes hipóteses:
>
> **I** - quando houver divergência na interpretação em matéria de direito entre acórdãos de Câmaras de Julgamento do CRSS, em sede de Recurso Especial, ou entre estes e resoluções do Conselho Pleno;
> (...)
> § 1º A divergência deverá ser demonstrada mediante a indicação do acórdão divergente, proferido nos últimos cinco anos, por outro órgão julgador, composição de julgamento, ou, ainda, por resolução do Conselho Pleno.
> **§ 2º** É de 30 (trinta) dias o prazo para o requerimento do Pedido de Uniformização de Jurisprudência e para o oferecimento de contrarrazões, contados da data da ciência da decisão e da data da intimação do pedido, respectivamente, hipótese em que suspende o prazo para o seu cumprimento.

MINISTÉRIO DA ECONOMIA-ME
SECRETARIA ESPECIAL DE PREVIDÊNCIA E TRABALHO
SECRETARIA DE PREVIDÊNCIA
CONSELHO DE RECURSOS DA PREVIDÊNCIA SOCIAL-CRPS
CONSELHO PLENO

É tempestivo o pedido. A parte interessada comprovou a divergência de entendimentos entre composições de julgamento. O Acórdão da 03ª CAJ divergiu de entendimento de outra Câmara de Julgamento do Conselho, sobre a mesma matéria, que acolheu o computo do tempo de auxílio-doença considerando a abrangência nacional da ACP nº 2009.71.00.004103-4 no período em gozo do benefício por incapacidade. Acórdãos paradigmas da 01ª CAJ nº 7497/2017 e 3270/2018.

Portanto, **o pedido formulado é admissível e passo a apreciar a matéria ora discutida.**

O benefício em questão é a aposentadoria por idade e o seu fato gerador é o implemento da idade mínima atrelada ao cumprimento da carência de 180 contribuições. Apenas com o cumprimento desse duplo requisito é que se tem o direito adquirido ao benefício. Em caso contrário, tem-se a mera expectativa de direito o que não gera o "congelamento" de normas previdenciárias não vigentes à época da postulação do benefício.

Nesse sentido, como parâmetro a Súmula nº 340/2007 do STJ ("A lei aplicável à concessão de pensão previdenciária por morte é aquela vigente na data do óbito do segurado"). Em julgados do Supremo Tribunal Federal, destaco parte da Ementa da ADI 3104/DF, Rel. Min. Carmem Lúcia, Tribunal Pleno, DJe 08/11/07, onde menciona:

> **(...) A aposentadoria é direito constitucional que se adquire e se introduz no patrimônio jurídico do interessado no momento de sua formalização pela entidade competente. 2. Em questões previdenciárias, aplicam-se as normas vigentes ao tempo da reunião dos requisitos de passagem para a inatividade (...).** (grifo nosso)

Estabelecida a premissa acima, o primeiro ponto a ser avaliado é a Ação Civil Pública – ACP 2009.71.00.004103-4/RS, que indica ser possível o computo de auxílio-doença para fins de carência do benefício. Todavia, em virtude de Recurso Especial n.º 1.414.439-RS interposto pelo INSS, o Superior Tribunal de Justiça – STJ acatou recurso e Parecer da AGU e firmou entendimento de que a abrangência territorial de tal ACP é limitada aos estados do Paraná, Santa Catarina e Rio Grande do Sul. É o que está valendo para os dias atuais.

O presente processo é oriundo do estado de São Paulo não vinculado a abrangência da ACP. Portanto, a ACP não pode ser utilizada em favor da requerente.

MINISTÉRIO DA ECONOMIA-ME
SECRETARIA ESPECIAL DE PREVIDÊNCIA E TRABALHO
SECRETARIA DE PREVIDÊNCIA
CONSELHO DE RECURSOS DA PREVIDÊNCIA SOCIAL-CRPS
CONSELHO PLENO

O segundo ponto pretendido pela segurada envolve a análise do § 1º do art. 153 da IN/INSS nº 77/2015 quanto ao tempo em que a ACP acima teve abrangência nacional:

> **Art. 153**. Considera-se para efeito de carência:
> (...)
>
> **§ 1º** Por força de decisão judicial proferida na Ação Civil Pública - ACP nº 2009.71.00.004103-4, para benefícios requeridos a partir de 19 de setembro de 2011, fica garantido o cômputo, para fins de carência, do período em gozo de benefício por incapacidade, inclusive os decorrentes de acidente do trabalho, desde que intercalado com períodos de contribuição ou atividade:
>
> **I** - no período compreendido entre 19 de setembro de 2011 a 3 de novembro de 2014 a decisão judicial teve abrangência nacional; e
>
> **II** - a partir de 4 de novembro de 2014 a decisão passou a ter abrangência restrita aos residentes nos Estados dos Rio Grande do Sul, Santa Catarina e Paraná, observada a decisão proferida pelo Superior Tribunal de Justiça no Recurso Especial nº 1.414.439-RS.

Em que pese o entendimento da segurada, artigo de Instrução Normativa não vincula o julgamento administrativo do CRPS conforme art. 69 do Regimento Interno desta Casa.

No mais, como estabelecemos acima, a segurada cumpriu com o requisito etário de 60 anos em 10/07/2014, quando a ACP estava com abrangência nacional, contudo, considerando o tempo de carência apurado e já computados os períodos de auxílio-doença de 22/05/2008 a 28/12/2008 e 19/03/2012 a 05/07/2013, até 03/11/2014, não implementaria a carência mínima necessária. Nesse sentido, a regra da ACP com abrangência nacional seria aplicável ao pedido se requerido até 03/11/2014 e com o computo dos períodos implementasse a carência mínima. Não é o caso dos autos, logo, mera expectativa de direito.

A partir de 04/11/2014, já com abrangência limitada, não há que se falar administrativamente em computo de tempo de auxílio-doença para fins de carência. Conta para tempo de contribuição apenas o que não se confunde com tempo de carência.

MINISTÉRIO DA ECONOMIA-ME
SECRETARIA ESPECIAL DE PREVIDÊNCIA E TRABALHO
SECRETARIA DE PREVIDÊNCIA
CONSELHO DE RECURSOS DA PREVIDÊNCIA SOCIAL-CRPS
CONSELHO PLENO

Corroborando com o entendimento empossado na Legislação, temos o Parecer CONJUR/MPS/N.º 616/2010, de 23/12/10, tratando sobre a solução de diversas questões jurídicas relativas à aplicação da legislação e no presente caso, a questão 14, aqui resumida, a saber:

> Parecer CONJUR/MPS/N.º 616/2010
> (...)
>
> **Questão 14. Computa-se para efeito de carência o período em que o segurado usufruiu benefício do auxílio-doença? O fato de ter o segurado voltado a contribuir no momento imediatamente posterior à cessação do auxílio-doença permite seja computado para fins de carência o período do gozo do benefício, como tem decidido o CRPS?**
>
> 80. No regime da LBPS, o período de carência equivale ao número de meses de contribuição necessários para o segurado se tornar elegível a um benefício (art. 24 da LBPS). Nem todas as prestações do RGPS dependem de carência. Os casos de dispensa estão elencados no art. 26 da Lei nº 8.213, de 1991. Assim, computam-se para efeito de carência os meses de efetiva contribuição ao RGPS. Em situações determinadas presume-se o recolhimento para efeito de benefícios.
>
> (...)
>
> 82. Em resposta à primeira indagação, entendemos que não poderá ser computado período de recebimento de benefício para fins de carência, por não se tratar de período de contribuição em uma das diversas categorias de segurado, como exige a lei para essa finalidade.
>
> Ademais, o fato de o segurado ter voltado a contribuir no momento imediatamente posterior à cessação do auxílio-doença não permite seja computado para fins de carência o período de gozo do benefício.
>
> (...)
>
> 85. O que ocorre é que, para fins do benefício de aposentadoria por tempo de contribuição, a Lei buscou, excepcionalmente, minimizar os efeitos dos afastamentos do trabalho por motivo de incapacidade, determinando que tais períodos, quando intercalados entre períodos

MINISTÉRIO DA ECONOMIA-ME
SECRETARIA ESPECIAL DE PREVIDÊNCIA E TRABALHO
SECRETARIA DE PREVIDÊNCIA
CONSELHO DE RECURSOS DA PREVIDÊNCIA SOCIAL-CRPS
CONSELHO PLENO

de atividade, sejam efetivamente inseridos no cálculo de tempo de contribuição, para não causar prejuízo graves aos segurados.

Convém ressaltar que ao CRPS cabe a aplicação do disposto em lei, decreto e ato normativo ministerial e que os Pareceres Ministeriais vinculam sua tese aos julgamentos administrativos nos termos dos art. 68 e 69 do Regimento Interno do CRPS, Portaria MDAS nº 116/2017.

Esse Conselho Pleno já se posicionou recentemente com o entendimento de não ser possível o computo de auxílio-doença para fins de carência e a inviabilidade do Conselho julgar em desacordo com a referida Questão nº 14 do Parecer Conjur MPS nº 616. Transcrevo as Ementas:

-Resolução nº 16/2020 de 29/05/2020:

EMENTA: PEDIDO DE UNIFORMIZAÇÃO DE JURISPRUDÊNCIA. APOSENTADORIA POR IDADE. PRESSUPOSTOS DE ADMISSIBILIDADE DO PEDIDO ALCANÇADOS NA FORMA DO ART. 63 DO REGIMENTO INTERNO (PORTARIA MDSA Nº 116/2017). COMPUTO DE PERÍODO EM GOZO DE BENEFÍCIO POR INCAPACIDADE PARA FINS DE CARÊNCIA. INEXISTÊNCIA DE PREVISÃO LEGAL E AFRONTA AO PARECER CONJUR-MPS Nº 616/2010. PEDIDO DE UNIFORMIZAÇÃO CONHEICDO E PROVIDO.
1. Não é possível o cômputo de períodos em gozo de benefício por incapacidade como carência por falta de previsão legal e vedação ministerial.
2. Afronta as disposições do Parecer CONJUR-MPS nº 616/2010, vinculativo a este Conselho de Recursos conforme artigo 30, inciso II e artigo 68 e 69 do Regimento Interno do CRPS.
3. Pedido de Uniformização conhecido e provido. (Cons. Rel. Tarsila Otaviano da Costa)

- Resolução nº 23/2020 de 28/07/2020:

RECLAMAÇÃO AO CONSELHO PLENO. ART. 64 DO REGIMENTO INTERNO DO CRPS. APOSENTADORIA POR IDADE. ART. 201, § 7º, II DA CONSTITUIÇÃO FEDERAL –65 ANOS PARA HOMEM E 60 PARA MULHER. CARÊNCIA DE 180 CONTRIBUIÇÕES MENSAIS. ART. 25, II DA LEI 8.213

182.146.431-9

7

MINISTÉRIO DA ECONOMIA-ME
SECRETARIA ESPECIAL DE PREVIDÊNCIA E TRABALHO
SECRETARIA DE PREVIDÊNCIA
CONSELHO DE RECURSOS DA PREVIDÊNCIA SOCIAL-CRPS
CONSELHO PLENO

DE 1991. COMPUTAR AUXÍLIO DOENÇA COMO CARÊNCIA. IMPOSSIBILIDADE. PARECER CONJUR/MPS Nº 616 DE 2010. EXCEÇÃO –VIGÊNCIA NACIONAL DA ACP nº 2009.71.00.004103-4. (Cons. Rel. Guilherme Lustosa Pires)

Por todo o acima exposto, o pedido formulado pela segurada não encontra autorização legal vinculativa ao Conselho para ser provido.

Destarte, embora não seja alvo do pedido, convém indicar a Ação Civil Pública - ACP 0216249-77.2017.4.02.5101/RJ que está em vigor e envolve a matéria em discussão.

Essa ACP tem por escopo possibilitar o computo do auxílio-doença para fins de carência. Estava com efeito suspensivo conferido pelo TRF da 2ª Região até a análise final do recurso de agravo de instrumento interposto pela Autarquia nos autos da ação. Porém, no final do ano de 2019, o Agravo de instrumento do INSS foi tido como prejudicado em virtude da realização do julgamento do recurso de apelação e com resultado negativo para o INSS. Eis a ementa do julgado:

> PREVIDENCIÁRIO. AÇÃO CIVIL PÚBLICA. CARÊNCIA. PERÍODO EM GOZO DE BENEFÍCIO POR INCAPACIDADE. POSSIBILIDADE. INEXISTÊNCIA DE LITISPENDÊNCIA OU COISA JULGADA. ILEGALIDADE DE RESTRIÇÃO REGIONAL. EFEITOS NACIONAIS DA DECISÃO. DIREITOS INDIVIDUAIS HOMOGÊNEOS. POSSIBILIDADE E NECESSIDADE. APELAÇÃO CONHECIDA E DESPROVIDA. REEXAME NECESSÁRIO CONHECIDO E PARCIALMENTE PROVIDO.
> 1. Nos termos do art. 55, II da Lei 8.213/91 e do art. 4º, § 1º da CLT, devem ser contados como tempo de contribuição: (a) o período intercalado em gozo de benefício por incapacidade não acidentário; e (b) o período em gozo de benefic io por inc apac idade ac identário, interc alado ou não.
> 2. O entendimento consolidado no âmbito do Superior Tribunal de Justiça e da Turma Nacional de Uniformização é no sentido de que esses períodos devem ser computados, também, como carência.
> 3. Apesar de se referirem à mesma questão jurídica, os pedidos no presente caso e nas ações civis públicas ajuizadas da 1ª e na 4ª Regiões guardam peculiaridades, que impedem a caracterização de coisa julgada ou litispendência.
> 4. Como assentado na jurisprudência do Superior Tribunal de Justiça, nas ações coletivas que tratem de direitos individuais

MINISTÉRIO DA ECONOMIA-ME
SECRETARIA ESPECIAL DE PREVIDÊNCIA E TRABALHO
SECRETARIA DE PREVIDÊNCIA
CONSELHO DE RECURSOS DA PREVIDÊNCIA SOCIAL-CRPS
CONSELHO PLENO

> homogêneos, fica autorizada a abrangência nacional dos efeitos da decisão.
> 5. No presente caso, a restrição dos efeitos da decisão ao âmbito regional gera resultado absolutamente incoerente e desprovido de razoabilidade. Afinal, a jurisprudência nacional está consolidada no sentido do reconhecimento do direito em questão, mas a resistência da Administração gera a necessidade de ampla judicialização do tema, com consequências negativas para a gestão do Judiciário, elevação de custos da defesa judicial da Administração e, sobretudo, grande prejuízo aos segurados.
> 6. A relevância do direito e o impacto extremamente prejudicial à subsistência de segurados, em sua maioria, idosos, exige que esta decisão produza efeitos imediatos.
> 7. Condenação do INSS a editar ato normativo que garanta a todos os segurados do Regime Geral de Previdência o direito ao cômputo, para fins de carência, (a) do período intercalado em gozo de benefício por incapacidade não acidentário; e (b) do período em gozo de benefício por incapacidade acidentário, intercalado ou não. (TRF -2ª R, Relator Juiz Federal convocado Fábio Souza, julg. 14/11/2019. DJ de 09/12/2019).

A decisão, em sede de liminar concedida, está sendo cumprida pelo INSS que já regulamentou o tema conforme Portaria Conjunta nº 12, de 19/05/2020 com aplicação para benefícios postulados a partir de 20/12/2019 com alcance em todo território nacional.

O fato narrado acima torna impossível a requerente se valer de tal regra para o presente benefício. O acórdão da 03ª Câmara de Julgamento (CAJ) foi gerado em 02/10/2018 e a reafirmação da DER do processo teria essa data como limite. Após, implicaria no contido no § 2º do art. 347 do Decreto 3.048/99: "não é considerado pedido de revisão de decisão indeferitória definitiva, mas de novo pedido de benefício, o que vier acompanhado de outros documentos além dos já existentes no processo."

Igualmente o § 1º do art. 37 do Regimento Interno do Conselho de Recursos da Previdência Social (CRPS) que expressamente estabelece o marco final para juntada de documentos e alegações o início da sessão de julgamento do recurso especial, a saber:

> **Art. 37.** (...)
>
> **§ 1º** O interessado poderá juntar documentos, atestados, exames complementares e pareceres médicos, requerer diligências e perícias

182.146.431-9

MINISTÉRIO DA ECONOMIA-ME
SECRETARIA ESPECIAL DE PREVIDÊNCIA E TRABALHO
SECRETARIA DE PREVIDÊNCIA
CONSELHO DE RECURSOS DA PREVIDÊNCIA SOCIAL-CRPS
CONSELHO PLENO

e aduzir alegações referentes à matéria objeto do processo até antes do início da sessão de julgamento, hipótese em que será avaliada a necessidade de conferir direito de vista à parte contrária para ciência e manifestação.

Concluída toda a análise do caso, a pretensão da segurada encontra o óbice da Questão nº 14 do Parecer Conjur/MPS nº 616/2010 conforme jurisprudência desta Casa.

Nestes termos, **conheço do pedido de Uniformização de Jurisprudência e no mérito, nego-lhe provimento.**

Ante todo ao exposto, **VOTO** no sentido de, preliminarmente, **CONHECER DO PEDIDO DE UNIFORMIZAÇÃO DE JURISPRUDÊNCIA formulado pela segurada** para, no mérito, **NEGAR-LHE PROVIMENTO.**

Brasília - DF, 25 de setembro de 2020.

Rodolfo Espinel Donadon
Relator

MINISTÉRIO DA ECONOMIA-ME
SECRETARIA ESPECIAL DE PREVIDÊNCIA E TRABALHO
SECRETARIA DE PREVIDÊNCIA
CONSELHO DE RECURSOS DA PREVIDÊNCIA SOCIAL-CRPS
CONSELHO PLENO

DECISÓRIO

RESOLUÇÃO Nº 36 /2020

Vistos e relatados os presentes autos, em sessão realizada hoje, **ACORDAM** os membros do Conselho Pleno, por **UNANIMIDADE**, no sentido de **CONHECER DO PEDIDO DE UNIFORMIZAÇÃO DE JURISPRUDÊNCIA formulado pela segurada**, para, no mérito, **NEGAR-LHE PROVIMENTO**, de acordo com o Voto do Relator e sua fundamentação.

Participaram, ainda, do presente julgamento os (as) Conselheiros (as): Robson Ferreira Maranhão, Vânia Pontes Santos, Gustavo Beirão Araújo, Paulo Sérgio de Carvalho Costa Ribeiro, Maria Madalena Silva Lima, Renato Agostinho das Chagas, Moisés Oliveira Moreira, Maria José de Paula Moraes, Imara Sodré Sousa Neto, Sulamita Cristina Dias, Guilherme Lustosa Pires, Valter Sérgio Pinheiro Coelho, Alexandra Álvares de Alcântara, Tarsila Otaviano da Costa e Adriene Cândida Borges

Brasília-DF, 25 de setembro de 2020

RODOLFO ESPINEL DONADON
Relator

MARCELO FERNANDO BORSIO
Presidente

3.1.37 Resolução 37/2020 (devolução/valores/segurado/cabimento/erro/INSS/interpretação/norma/erro/sistema)

Objeto: Trata-se de Resolução que julgou Reclamação interposta pelo INSS alegando que a decisão da Câmara de Julgamento violou a Questão 15 do Parecer Vinculante CONJUR MPS 616/2010.

Decisão: Provido.

Tese jurídica: O erro administrativo gera a necessidade de reposição ao Erário mesmo na situação de boa-fé do segurado, na hipótese de erro do INSS na interpretação da norma previdenciária.

MINISTÉRIO DA ECONOMIA-ME
SECRETARIA ESPECIAL DE PREVIDÊNCIA E TRABALHO
SECRETARIA DE PREVIDÊNCIA
CONSELHO DE RECURSOS DA PREVIDÊNCIA SOCIAL-CRPS
CONSELHO PLENO

Nº de Protocolo do Recurso: 44232.252140/2014-17
Documento/Benefício: 21/148.685.894-2
Unidade de origem: Agência da Previdência Social/Guararapes
Tipo do Processo: Reclamação ao Conselho Pleno
Recorrente: Instituto Nacional do Seguro Social/INSS
Recorrido: Irene Batista
Assunto: Pensão por Morte Previdenciária
Relatora: Sulamita Cristina Dias

(Processo Eletrônico)

Relatório

Cuidam os autos de pedido de RECLAMAÇÃO AO CONSELHO PLENO, formulado pelo **Instituto Nacional do Seguro Social - INSS**, em face de o v. Acórdão nº 3647/2015, proferido pela extinta 1ª Composição Adjunta da d. 2ª Câmara de Julgamento, que por unanimidade, negou provimento ao recurso especial do INSS.

No acórdão regional, a extinta 2ª Composição Adjunta da 2ª Câmara de Julgamento, afastou a cobranças dos valores percebidos com base no Princípio da Irrepetibilidade dos Alimentos, mantendo incólume a decisão da Junta de Recursos (fls.185/186).

Insta registrar, que a interessada formulou o pedido de concessão do benefício – Pensão por Morte – em **27/02/2009** (fl.43), na qualidade de cônjuge, sendo os autos objeto de apuração de indício de irregularidade, em atendimento a decisão proferida no Acórdão nº 666/2013, proferida pelo Tribunal de Contas da União - TCU.

Consoante se depreende da documentação colacionada aos autos, o benefício foi revisado, uma vez que restou constatado que à data do óbito do instituidor – Cláudio dos Santos – ocorrido em 07/12/2008, a interessada se encontrava separada judicialmente do instituidor, não havendo comprovação nos autos de que houve reate da relação matrimonial.

Constatada a irregularidade na concessão do benefício a Autarquia instaurou os procedimentos de apuração de irregularidade elaborando planilha de débito para devolução de valores percebidos no período de 01/08/2009 a 31/08/2014, oficiando a interessada para apresentação de defesa administrativa e, posteriormente interposição de recurso ordinário (fls.26/33).

MINISTÉRIO DA ECONOMIA-ME
SECRETARIA ESPECIAL DE PREVIDÊNCIA E TRABALHO
SECRETARIA DE PREVIDÊNCIA
CONSELHO DE RECURSOS DA PREVIDÊNCIA SOCIAL-CRPS
CONSELHO PLENO

A d. 21ª Junta de Recursos deu provimento parcial ao pedido formulado, determinando a cessação do benefício, uma vez que não restou comprovada a união estável da interessada com o instituidor do benefício à época do óbito, noticiando que, quando do requerimento do benefício, os autos foram instruídos com a documentação colacionada aos autos, inclusive a certidão de óbito, com averbação da separação judicial, assim, considerando que não houve má-fé da interessada na percepção do benefício, foi afastada a cobrança dos valores percebidos (fls.170/173).

Recurso especial interposto pelo INSS, no qual apresenta seu inconformismo, tendo em vista que a legislação previdenciária não admite o perdão de dívida, por violação dos termos do artigo 115, da Lei 8.213/91, do artigo 154, do Decreto 3.048/99, e do Parecer/CONJUR/MPS nº 616/2010, na Questão 15, itens 88 a 90, cuja aplicação não se justifica afastar a cobrança dos valores (fls.175/176).

Contrarrazões da interessada pugnando pela mantença da decisão da Junta de Recursos (fls.179/181).

A extinta 2ª Composição Adjunta da d. 2ª Câmara de Julgamento exarou a decisão no acórdão nº 2149/2015, negando provimento ao recurso especial interposto pelo INSS (fls.184/186).

Diante da decisão alhures, o INSS apresentou Reclamação ao Conselho Pleno, uma vez que conforme o art. 11, da Lei 10.666/2003, cabe ao INSS promover a revisão de benefício outrora concedidos, haja vista o deve de autotutela administrativa devendo a decisão guarda obediência ao Princípio da Legalidade Estrita, assim o ressarcimento do erário não pode ser afastado, tendo em vista as disposições legais e normativas vigentes: art. 11 da Lei 10.666/2003, art. 53 da Lei 9.784/99; art. 115 da Lei 8.213/91; artigos. 154 e 179 do Decreto 3.048/99, e, uma vez demonstrada a violação aos itens 88 a 90 da Questão 15 do Parecer CONJUR/MPS nº 616/2010, pertinente o incidente manejado, para que, após analisado e processado, seja reformada a referida decisão, dando provimento integral ao recurso especial interposto pelo INSS (fls.187/195).

O incidente foi admitido que por cognição sumária, visto que evidenciou a divergência na matéria submetida no julgado *a quo*, aquela prolatada no pedido vindicado na reclamação, vindo conclusos os autos para análise e decisão.

É o relatório.

VOTO

MINISTÉRIO DA ECONOMIA-ME
SECRETARIA ESPECIAL DE PREVIDÊNCIA E TRABALHO
SECRETARIA DE PREVIDÊNCIA
CONSELHO DE RECURSOS DA PREVIDÊNCIA SOCIAL-CRPS
CONSELHO PLENO

EMENTA: PEDIDO DE RECLAMAÇÃO AO CONSELHO PLENO. PENSÃO POR MORTE. BENEFÍCIO PREVIDENCIÁRIO PERCEBIDOS INDEVIDAMENTE. APURAÇÃO DE INDÍCIO DE IRREGULARIDADE. IMPOSSIBILIDADE DE AFASTAR A COBRANÇA DOS VALORES PERCEBIDOS, INAPLICABILIDADE DO PRINCÍPIO DA IRREPETIBILIDADE DOS ALIMENTOS E DA BOA-FÉ. INTELIGÊNCIA DO ART. 74 DA LEI Nº 8.213/1991, QUESTÃO 15 DO PARECER CONJUR/MPS Nº 616/2010. RESOLUÇÃO 12/2019 DO CONSELHO PLENO DO CRPS. PEDIDO RECLAMAÇÃO CONHECIDO E PROVIDO.

Incidente de Uniformização de Jurisprudência interposto pelo **Instituto Nacional do Seguro Social – INSS** – tempestivo nos termos do §3° do artigo 64, da Portaria/MDS nº 116, de 20 de março de 2017, que regulamenta o Regimento Interno deste c. Conselho de Recurso da Previdência Social – CRPS.

1. Da insurgência quanto ao incidente proposto

O pedido de Reclamação ao Conselho Pleno se encontra disciplinado pelos artigos 3° e 64, do Regimento Interno do CRPS, confira-se:

"Art. 3º Ao Conselho Pleno compete:
I - uniformizar, em tese, a jurisprudência administrativa previdenciária e assistencial, mediante emissão de Enunciados;
II - uniformizar, no caso concreto, as divergências jurisprudenciais entre as Juntas de Recursos nas matérias de sua alçada ou entre as Câmaras de julgamento em sede de Recurso Especial, mediante a emissão de Resolução; e
III - decidir, no caso concreto, as Reclamações ao Conselho Pleno, mediante a emissão de Resolução."

"Art. 64. A Reclamação ao Conselho Pleno poderá ocorrer, no caso concreto, por requerimento das partes do processo, dirigido ao Presidente do CRSS, somente quando os acórdãos das Juntas de Recursos do CRSS, em matéria de alçada, ou os acórdãos de Câmaras de Julgamento do CRSS, em sede de Recurso Especial, infringirem:
I - Pareceres da Consultoria Jurídica do MDSA, aprovados pelo Ministro de Estado do Desenvolvimento Social e Agrário, bem como, Súmulas e Pareceres do Advogado-Geral da União, na forma da Lei Complementar nº 73, de 10 de fevereiro de 1993;
II - Pareceres da Consultoria Jurídica dos extintos MPS e MTPS, vigentes e aprovados pelos então Ministros de Estado da Previdência Social e do Trabalho e Previdência Social;
III - Enunciados editados pelo Conselho Pleno."

148.685.894-2 3

MINISTÉRIO DA ECONOMIA-ME
SECRETARIA ESPECIAL DE PREVIDÊNCIA E TRABALHO
SECRETARIA DE PREVIDÊNCIA
CONSELHO DE RECURSOS DA PREVIDÊNCIA SOCIAL-CRPS
CONSELHO PLENO

No caso em comento, o INSS insurge quanto ao Acórdão proferido pela extinta 1ª Composição Adjunta da d. 2ª Câmara de Julgamento, que afastou a cobranças dos valores percebidos irregularmente, com base no Princípio da Irrepetibilidade dos Alimentos, mantendo incólume a decisão da Junta de Recursos.

Aduz que ao afastar a cobrança dos valores percebidos irregularmente pela reclamada no período de 01/08/2009 a 31/08/2014, atrai a incidência do disposto no art. 11, da Lei 10.666/2003 violando o art. 53 da Lei 9.784/99; art. 115 da Lei 8.213/91; artigos. 154 e 179 do Decreto 3.048/99, além dos itens 88 a 90 da Questão 15 do Parecer CONJUR/MPS nº 616/2010.

Analisando a questão trazida nos autos se verifica que razão assiste a Autarquia.

A reclamada requereu o benefício – pensão por morte – em 27/02/2009, na condição de cônjuge, do instituidor, Claudemir dos Santos, falecido em 07/12/2008.

Posteriormente, o benefício foi revisto em atendimento a decisão proferida no Acórdão nº 666/2013, proferida pelo Tribunal de Contas da União - TCU, onde restou constatado que a interessada se encontrava separada judicialmente, ao verificar a averbação contida na certidão de casamento e comprovantes de domicílios divergentes.

Constatada a alegada irregularidade, a reclamada foi notificada no dia **25/07/2014**, para apresentar defesa quanto aos valores percebidos no período de 01/08/2009 a 31/08/2014.

Nesse sentido, assevera-se que o expediente apresentado deve se ater a matéria de direito, não se prestando a reapreciar a matéria fático probatória ou solucionar divergência em matéria de provas, principalmente no que tange a comprovação ou não na relação marital, mas tão somente quanto a devolução de valores ao erário.

Pois bem.

Não há nos autos comprovação de má-fé, uma vez que esta **deve ser comprovada**, e, embora a lei permita o reconhecimento da má-fé de ofício e nos próprios autos, impõe-se a carrear nos autos provas conclusivas da má-fé para a imposição da sanção, em autos apartados, sob pena de ofensa aos Princípios Constitucionais da Ampla Defesa e do Contraditório.

Por outro, para que a Administração Pública mantenha suas atividades em plena consonância com o direito, é de se concluir pela necessidade de dispor de

MINISTÉRIO DA ECONOMIA-ME
SECRETARIA ESPECIAL DE PREVIDÊNCIA E TRABALHO
SECRETARIA DE PREVIDÊNCIA
CONSELHO DE RECURSOS DA PREVIDÊNCIA SOCIAL-CRPS
CONSELHO PLENO

instrumentos legítimos e eficazes a propiciar o zelo pela legalidade de seus atos. Inspirado nesse contexto, o legislador constituinte contemplou o que doutrinariamente se denomina poder/dever de autotutela.

Detalhe que, o INSS, nesse caso, pode lançar mão do poder/dever de autotutela que possui, pois existe expressa previsão legal a fim de viabilizar a devolução ao INSS dos valores percebidos indevidamente pelo segurado. Trata-se do artigo 115, da Lei Federal nº 8.213/91 – conhecida como Lei de Benefícios da Previdência Social.

Ressalte-se, que no vertente caso, não se operou o prazo decadencial previsto no art. 103-A da Lei nº 8.213/1991, para que se afaste a cobrança dos valores, assim como se observa pelo período cobrado pela Autarquia, o prazo prescricional foi respeitado.

Quando constatada a irregularidade no pagamento de determinados benefícios previdenciários, por intermédio de um processo de apuração devidamente respeitado o contraditório e a ampla defesa, os valores recebidos para aquele intervalo apurado devem ser ressarcido ao erário, independente da boa-fé quando da sua percepção.

A matéria sobre a legitimidade da cobrança de valores indevidamente recebidos está vinculada ao Parecer CONJUR/MPS nº 616/2010, de aplicação obrigatória a todo o CRPS, prever que:

"Questão 15. A boa-fé do segurado é fator impeditivo para a restituição de valores de benefícios equivocadamente concedidos ou majorados administrativamente, por força de errônea interpretação da norma?
88. No âmbito do RGPS, para que fique delineada a situação de pagamento de benefício indevido, no todo ou em parte, é necessário que o fato fique comprovado em sede de Processo Administrativo no qual deve ser assegurada ampla defesa e contraditório ao beneficiário, por força da garantia constitucional ao devido processo legal (art. 5º, inciso LIV, da Constituição).
89. Por outro lado, a legislação em vigor não permite o perdão da dívida ao segurado recebedor de benefício indevido, mesmo se ficar caracterizada sua boa-fé. Permite-se apenas o parcelamento do débito ou a sua consignação, quando o beneficiário for recebedor de outro benefício do INSS. É o que se extrai da leitura do art. 115, inciso II e § 1º, da LBPS.
90. O Regulamento da Previdência Social, no seu art. 154, contém alguns parâmetros mais detalhados sobre como proceder ao ressarcimento do erário".

No mesmo sentido discorre a ementa delineada na Resolução nº 12, de 28/06/2019:

MINISTÉRIO DA ECONOMIA-ME
SECRETARIA ESPECIAL DE PREVIDÊNCIA E TRABALHO
SECRETARIA DE PREVIDÊNCIA
CONSELHO DE RECURSOS DA PREVIDÊNCIA SOCIAL-CRPS
CONSELHO PLENO

"EMENTA: RECLAMAÇÃO AO CONSELHO PLENO. PENSÃO POR MORTE. DEVOLUÇÃO DE VALORES RECEBIDOS INDEVIDAMENTE. IMPOSSIBILIDADE DE PERDÃO DA DÍVIDA MESMO COMPROVADA A BOAFÉ. PARECER 616/2010 QUESTÃO 15. APLICAÇÃO DO INSTITUTO DA DECADÊNCIA. RECLAMAÇÃO PROCEDENTE."

Como se vê, a pretensão do INSS encontra suporte na própria norma exarada pela legislação previdenciária e na jurisprudência administrativa, razão pela qual deve dar provimento ao pedido formulado na reclamação, para que seja revista decisão que afastou a cobrança dos valores percebidos pela reclamada.

Diante do exposto, **DOU PROVIMENTO AO PEDIDO DE RECLAMACÃO formulado pelo INSS**, portanto o Acórdão nº 3647/2015 merece a devida reforma, devendo os autos serem remetidos a 2ª Câmara de Julgamento, considerando que as Câmaras Adjuntas foram extintas, para que sejam submetidos a novo julgamento da matéria, e, emissão de novo Acórdão, observado o entendimento disposto no presente voto.

Brasília, 25 de setembro de 2020.

SULAMITA CRISTINA DIAS
Relatora

MINISTÉRIO DA ECONOMIA-ME
SECRETARIA ESPECIAL DE PREVIDÊNCIA E TRABALHO
SECRETARIA DE PREVIDÊNCIA
CONSELHO DE RECURSOS DA PREVIDÊNCIA SOCIAL-CRPS
CONSELHO PLENO

DECISÓRIO

RESOLUÇÃO Nº 37 /2020

Vistos e relatados os presentes autos, em sessão realizada hoje, **ACORDAM** os membros do Conselho Pleno, por **UNANIMIDADE**, no sentido de **DAR PROVIMENTO AO PEDIDO DE RECLAMACÃO formulado pelo INSS**, de acordo com o Voto da Relatora e sua fundamentação.

Participaram, ainda, do presente julgamento os (as) Conselheiros (as): Robson Ferreira Maranhão, Vânia Pontes Santos, Gustavo Beirão Araújo, Paulo Sérgio de Carvalho Costa Ribeiro, Maria Madalena Silva Lima, Renato Agostinho das Chagas, Moisés Oliveira Moreira, Maria José de Paula Moraes, Imara Sodré Sousa Neto, Guilherme Lustosa Pires, Valter Sérgio Pinheiro Coelho, Rodolfo Espinel Donadon, Alexandra Álvares de Alcântara, Tarsila Otaviano da Costa e Adriene Cândida Borges.

Brasília-DF, 25 de setembro de 2020.

SULAMITA CRISTINA DIAS
Relatora

MARCELO FERNANDO BORSIO
Presidente

3.1.38 Resolução 38/2020 (caracterização/acidente/trabalho/cabimento/recurso/especial)

Objeto: Trata-se de Pedido de Uniformização de Jurisprudência interposto pelo INSS por suposta divergência de posicionamento entre Câmaras de Julgamento.

Decisão: Provido.

Tese jurídica: O estabelecimento do Nexo Técnico Previdenciário é matéria passível de apreciação via Recurso Especial, sendo além da questão da incapacidade laboral estrita, que é matéria de alçada das Juntas de Recursos.

MINISTÉRIO DA ECONOMIA-ME
SECRETARIA ESPECIAL DE PREVIDÊNCIA E TRABALHO
SECRETARIA DE PREVIDÊNCIA
CONSELHO DE RECURSOS DA PREVIDÊNCIA SOCIAL-CRPS
CONSELHO PLENO

Nº de Protocolo do Recurso: 36216.019256/2105-05
Documento/Benefício: 31/609.036.568-1
Unidade de origem: Agência da Previdência Social/São Bernardo do Campo-SP
Tipo do Processo: Pedido de Uniformização de Jurisprudência
Recorrente: Instituto Nacional do Seguro Social/INSS
Recorrido: Vilma Lining
Benefício: Auxílio-doença Previdenciário
Relatora: Sulamita Cristina Dias

(Processo Eletrônico)

Relatório

Cuidam os autos de pedido de UNIFORMIZAÇÃO DE JURISPRUDÊNCIA, formulado pelo **Instituto Nacional do Seguro Social - INSS**, em face de o v. Acórdão nº 3424/2018, proferido pela d. 3ª Câmara de Julgamento.

No acórdão regional, a 3ª Câmara de Julgamento, não conheceu do recurso especial do INSS, porquanto a questão posta em debate nos autos constitui matéria de alçada da Junta de Recursos, conforme o disposto no art. 30, parágrafo 2º, inciso I, da Portaria/MDS nº 116 de 20 de março de 2017.

Insta registrar, que a empregada formulou o pedido de concessão do benefício – Auxílio-Doença Previdenciário – em **06/08/2014**.

O benefício foi concedido a empregada Vilma Lining na espécie – auxílio-doença por acidente previdenciário no período de26/12/2014 a 14/03/2015 (fls.45).

A interessada, Associação Paulista para o Desenvolvimento da Medicina – Hospital Estadual de Diadema – SPMD – contestou a alteração da espécie do benefício, visto que a atividade exercida pela empregada não tem nexo de causalidade com as atividades desempenhadas na entidade (fls.03/04).

A decisão foi revista e a espécie do benefício foi alterada de auxílio-doença por acidente do trabalho, para auxílio-doença previdenciário (fls.48).

A empregada recorreu da decisão, e, em suma, aduz equívoco na decisão, pois lhe foi concedido no Processo nº 4003119.04.2013.8.26.0564, que tramita na 6ª Vara Cível da comarca de São Bernardo do Campo, o benefício auxílio-acidente de 50%

609.036.568-1 1

MINISTÉRIO DA ECONOMIA-ME
SECRETARIA ESPECIAL DE PREVIDÊNCIA E TRABALHO
SECRETARIA DE PREVIDÊNCIA
CONSELHO DE RECURSOS DA PREVIDÊNCIA SOCIAL-CRPS
CONSELHO PLENO

(cinquenta por cento), foi concedido por sentença, a partir de 09/03/2012, portanto deve ser mantido o benefício na espécie B91 (fls.51/55).

A entidade apresentou contrarrazões pugnando pela mantença da decisão recorrida (fls.64/67).

Os autos foram encaminhados à perícia médica que manteve o parecer desfavorável para alteração da espécie (fls.69).

Contrarrazões do INSS (fls.70).

A Junta de Recursos converteu o julgamento em diligência para que tanto a empregada/interessada quanto a entidade apresentassem documentos para reanálise do aduzido pelas partes (fls.71/74).

Em atendimento a diligência foram colacionados os documentos médicos e pessoais da interessada, por parte da entidade às fls.77/171.

A empregada devidamente intimada não apresentou os documentos requisitados na diligência.

Em análise ao recurso ordinário ora interposto pela empregada, a d. 21ª Junta de Recursos, negou provimento ao pedido formulado, afastando o enquadramento dos períodos pugnados, não alcançando tempo de atividade especial suficiente para a concessão do benefício, ora vindicado no requerimento inicial (fls.99/102).

O pleito requerido pela empregada foi deferido pela Junta de Recursos (fls.177/180).

Os autos foram encaminhados a Seção de Saúde do Trabalhador – SST – que manteve o parecer desfavorável para a alteração da espécie acidentária (fls.182/183).

Recurso especial interposto pelo INSS, no qual apresenta seu inconformismo, pugnando pela reforma da decisão considerando os pareceres médicos autárquicos colacionados que não houve nexo causal entre o trabalho e a incapacidade laboral apresentada (fls.184/185).

Contrarrazões da empregada às fls.190/193.

Conclusos os autos d. 3ª Câmara de Julgamento, esta exarou a decisão não conhecendo do recurso especial do INSS, por constituir matéria de alçada (fls.195/197).

MINISTÉRIO DA ECONOMIA-ME
SECRETARIA ESPECIAL DE PREVIDÊNCIA E TRABALHO
SECRETARIA DE PREVIDÊNCIA
CONSELHO DE RECURSOS DA PREVIDÊNCIA SOCIAL-CRPS
CONSELHO PLENO

Maneja adiante, o pedido **uniformização de jurisprudência**, alegando que a matéria não constituiu de alçada exclusiva das Juntas de Recursos, colacionando acórdãos paradigmas proferidos pelas 2ª Câmara de Julgamento, sob o NB 91/604.326.823-3 e NB 91/533.418.901-3, que tratou do mesmo caso, julgando a matéria posta em debate (fls.198/202).

Contrarrazões da empregada às fls.208/209.

O incidente foi admitido que por cognição sumária, visto que evidenciou a divergência na matéria submetida no julgado *a quo*, aquela prolatada no paradigma, vindo conclusos os autos para análise e decisão.

É o relatório.

VOTO

EMENTA: PEDIDO DE UNIFORMIZAÇÃO DE JURISPRUDÊNCIA. AUXÍLIO-DOENÇA PREVIDENCIÁRIO. CONVERSÃO DA ESPÉCIE PARA AUXÍLIO-DOENÇA POR ACIDENTE DO TRABALHO (B91). IMPOSSIBILIDADE. NEXO ENTRE O TRABALHO E O AGRAVO DA DOENÇA NÃO COMPROVADO POR PERÍCIAS EM FASE RECURSAL. AFASTADA A TESE DE MATÉRIA DE ALÇADA EXCLUSIVA DAS JUNTAS DE RECURSO. INTELIGÊNCIA DO ART. 170 E ART. 337 DO DECRETO Nº 3.048/99. PEDIDO DE UNIFORMIZAÇÃO DE JURISPRUDÊNCIA CONHECIDO.

Incidente de Uniformização de Jurisprudência interposto pelo INSS tempestivamente nos termos do §3° do artigo 63, da Portaria/MDS nº 116, de 20 de março de 2017, que regulamento o Regimento Interno deste c. Conselho de Recurso da Previdência Social – CRPS.

1. Da insurgência quanto ao incidente proposto

O pedido de uniformização de jurisprudência se encontra disciplinado pelos artigos 3°, inciso II e 63, do Regimento Interno do CRPS, confira-se:

"Art. 3° Ao Conselho Pleno compete:
I - uniformizar, em tese, a jurisprudência administrativa previdenciária e assistencial, mediante emissão de Enunciados;

MINISTÉRIO DA ECONOMIA-ME
SECRETARIA ESPECIAL DE PREVIDÊNCIA E TRABALHO
SECRETARIA DE PREVIDÊNCIA
CONSELHO DE RECURSOS DA PREVIDÊNCIA SOCIAL-CRPS
CONSELHO PLENO

II - uniformizar, no caso concreto, as divergências jurisprudenciais entre as Juntas de Recursos nas matérias de sua alçada ou entre as Câmaras de julgamento em sede de Recurso Especial, mediante a emissão de Resolução; e
III - decidir, no caso concreto, as Reclamações ao Conselho Pleno, mediante a emissão de Resolução."

"Art. 63. O Pedido de Uniformização de Jurisprudência poderá ser requerido em casos concretos, pelas partes do processo, dirigido ao Presidente do respectivo órgão julgador, nas seguintes hipóteses:
I - quando houver divergência na interpretação em matéria de direito entre acórdãos de Câmaras de Julgamento do CRSS, em sede de Recurso Especial, ou entre estes e resoluções do Conselho Pleno; ou
II - quando houver divergência na interpretação em matéria de direito entre acórdãos de Juntas de Recursos do CRSS, nas hipóteses de alçada exclusiva previstas no art. 30, § 2º, deste Regimento, ou entre estes e Resoluções do Conselho Pleno."

Nesse sentido, assevera-se que o expediente apresentado deve se ater a matéria de direito, não se prestando a reapreciar a matéria fático probatória ou solucionar divergência em matéria de provas.

No caso em comento, o INSS insurge no pedido de uniformização quanto a ausência de análise de mérito, tendo em vista que as questões postas em debate, não é de alçada das Juntas de Recursos.

Por outro lado, se verifica que os acórdãos paradigmas a mesma questão foi matéria de julgamento pela 2ª Instância Administrativa.

Analisando os acórdãos em comento (o vergastado e aqueles trazidos como paradigma), vislumbro a tese jurídica a ser contraposta aquela divergente, senão vejamos.

O benefício auxílio doença por acidente do trabalho é concedido ao trabalhador que durante às suas atividades venha a sofrer acidente.

Assim considera-se o acidente do trabalho:

"Art. 19. Acidente do trabalho é o que ocorre pelo exercício do trabalho a serviço de empresa ou de empregador doméstico ou pelo exercício do trabalho dos segurados referidos no inciso VII do art. 11 desta Lei, provocando lesão corporal ou perturbação funcional que cause a morte ou a perda ou redução, permanente ou temporária, da capacidade para o trabalho. (Redação dada pela Lei Complementar nº 150, de 2015)"
– Lei nº 8.213/1991.

609.036.568-1 4

MINISTÉRIO DA ECONOMIA-ME
SECRETARIA ESPECIAL DE PREVIDÊNCIA E TRABALHO
SECRETARIA DE PREVIDÊNCIA
CONSELHO DE RECURSOS DA PREVIDÊNCIA SOCIAL-CRPS
CONSELHO PLENO

Considera acidente do trabalho quando *"(...) o nexo entre o trabalho e o agravo quando se verificar nexo técnico epidemiológico entre a atividade da empresa e a entidade mórbida motivadora da incapacidade, elencada na Classificação Internacional de Doenças - CID em conformidade com o disposto na Lista C do Anexo II deste Regulamento"* (§3°, do art. 337, do Decreto n° 3.048/1999)..

No que tange a comprovação de incapacidade laborativa, compete a perícia médica da Autarquia determinar a espécie, confira-se:

"Art. 337. O acidente do trabalho será caracterizado tecnicamente pela perícia médica do INSS, ***mediante a identificação do nexo entre o trabalho e o agravo****".*

Também compete a perícia médica da Previdência Social, atestar a capacidade ou incapacidade laborativa dos segurados, a teor do artigo 2°, da Lei n° 10.876/2004:

"Art. 2° - Compete privativamente aos ocupantes do cargo de Perito Médico da Previdência Social e, supletivamente, aos ocupantes do cargo de Supervisor Médico-Pericial da carreira de que trata a Lei no 9.620, de 2 de abril de 1998, no âmbito do Instituto Nacional do Seguro Social - INSS e do Ministério da Previdência Social - MPS, o exercício das atividades médico-periciais inerentes ao Regime Geral da Previdência Social de que tratam as Leis nos 8.212, de 24 de julho de 1991, e 8.213, de 24 de julho de 1991, à Lei no 8.742, de 7 de dezembro de 1993 – Lei Orgânica da Assistência Social, e à aplicação da Lei no 8.112, de 11 de dezembro de 1990, e, em especial:
I - emissão de parecer conclusivo quanto à capacidade laboral para fins previdenciários;
II - inspeção de ambientes de trabalho para fins previdenciários;
III - caracterização da invalidez para benefícios previdenciários e assistenciais; e
IV - execução das demais atividades definidas em regulamento".

No mesmo sentido é o art. 170 do Decreto n° 3.048/99, senão vejamos:

"Art. 170. Compete privativamente aos servidores de que trata o art. 2o da Lei no 10.876, de 2 de junho de 2004, a realização de exames médico-periciais para concessão e manutenção de benefícios e outras atividades médico-periciais inerentes ao regime de que trata este Regulamento, sem prejuízo do disposto no mencionado artigo."

MINISTÉRIO DA ECONOMIA-ME
SECRETARIA ESPECIAL DE PREVIDÊNCIA E TRABALHO
SECRETARIA DE PREVIDÊNCIA
CONSELHO DE RECURSOS DA PREVIDÊNCIA SOCIAL-CRPS
CONSELHO PLENO

No que tange a fundamentação trazida pela 3ª Câmara de Julgamento de que a questão posta em debate trata de matéria de alçada da Junta de Recursos, ouso discordar.

Assim dispõe o art. 30, §2º, inciso II da Portaria/MDS nº 112 de 20 de março de 2020:

"Art. 30. Das decisões proferidas no julgamento do Recurso Ordinário caberá Recurso.
(...)
§ 2º Constituem alçada exclusiva das Juntas de Recursos, não comportando recurso às Câmaras de Julgamento, as seguintes decisões:
I - fundamentada exclusivamente em matéria médica, relativa aos benefícios de auxílio-doença; (Retificação publicada no DOU nº 96, de 22/5/2017, Seção 1 pag. 57)"

Apesar de a redação obscura do inciso I, uma vez que pode causar confusão quando menciona apenas a nomenclatura "auxílio-doença", sem considerar que a legislação traz duas espécies de auxílio-doença previdenciário e o auxílio-doença por acidente do trabalho, não é matéria exclusivamente médica, portanto não é somente de alçada de julgamento das Juntas de Recursos.

Os nexos técnicos previdenciários se caracterizam pelas as associações entre doenças e exposições constantes das listas A e B do anexo II do Decreto nº 3.048/99; por acidentes de trabalho típicos ou de trajeto, bem como de condições especiais em que o trabalho é realizado e com ele relacionado diretamente, nos termos do § 2º do art. 20 da Lei nº 8.213/1991; e, pelo cruzamento entre os códigos da Classificação Internacional de Doenças (CID-10) e os da Classificação Nacional de Atividade Econômica (CNAE), baseados em estudos científicos sobre estatística e epidemiologia.

Nessa esteira, se verifica que não se trata de matéria exclusivamente médica, porquanto há outras análises além daquelas do perito médico, para a caracterização do acidente de trabalho, que porventura, configura a espécie auxílio-doença por acidente de trabalho, que em muito, o difere do auxílio-doença previdenciário, que evidentemente é matéria exclusivamente médico, apesar de ambos serem submetidos a perícia médica autárquica.

Como se vê, a pretensão do INSS encontra suporte na própria norma exarada pela legislação previdenciária.

Feitas tais considerações, a tese suscitada pela Autarquia em seu incidente merece acolhida, razão pela qual deve dar provimento ao pedido de uniformização de jurisprudência em debate, uma vez que para a análise de agentes biológicos, há de se vislumbrar a simples constatação no ambiente laboral.

MINISTÉRIO DA ECONOMIA-ME
SECRETARIA ESPECIAL DE PREVIDÊNCIA E TRABALHO
SECRETARIA DE PREVIDÊNCIA
CONSELHO DE RECURSOS DA PREVIDÊNCIA SOCIAL-CRPS
CONSELHO PLENO

Diante do exposto, o Acórdão nº 3424/2018 merece a devida reforma, devendo os autos serem remetidos a 3ª Câmara de Julgamento, para que sejam submetidos a novo julgamento, e, emissão de novo Acórdão com a análise do mérito.

CONCLUSÃO: PELO EXPOSTO, VOTO NO SENTIDO DE CONHECER DO PEDIDO DE UNIFORMIZAÇÃO DE JURISPRUDÊNCIA E DAR-LHE PROVIMENTO.

Brasília-DF, 25 de setembro de 2020

SULAMITA CRISTINA DIAS
Relatora

MINISTÉRIO DA ECONOMIA-ME
SECRETARIA ESPECIAL DE PREVIDÊNCIA E TRABALHO
SECRETARIA DE PREVIDÊNCIA
CONSELHO DE RECURSOS DA PREVIDÊNCIA SOCIAL-CRPS
CONSELHO PLENO

Nº de Protocolo do Recurso: 36216.019256/2105-05
Documento/Benefício: 31/609.036.568-1
Unidade de origem: Agência da Previdência Social/São Bernardo do Campo-SP
Tipo do Processo: Pedido de Uniformização de Jurisprudência
Recorrente: Instituto Nacional do Seguro Social/INSS
Recorrido: Vilma Lining
Benefício: Auxílio-doença Previdenciário
Relatora: Sulamita Cristina Dias
Voto Divergente: Gustavo Beirão Araújo

Voto Divergente:

EMENTA: PEDIDO DE UNIFORMIZAÇÃO DE JURISPRUDÊNCIA. AUXÍLIO-DOENÇA PREVIDENCIÁRIO. CONVERSÃO PARA ESPÉCIE ACIDENTÁRIA (B-91). IMPOSSIBILIDADE. PERÍCIA RECURSAL. NTEP NÃO ESTABELECIDO. MATÉRIA DE ALÇADA EXCLUSIVA DAS JUNTAS DE RECURSO. ART. 21-A da LEI 8.213/91 E ART. 337 DO RPS. ARTS. 29 E 30, §2º DO RICRPS. PEDIDO DE UNIFORMIZAÇÃO DE JURISPRUDÊNCIA CONHECIDO E NEGADO PROVIMENTO AO INSS.

Em que pese o entendimento da nobre relatora, peço vênia para discordar. Conforme dicção da Lei 8.213/91:

> Art. 21-A. **A perícia médica do Instituto Nacional do Seguro Social (INSS)** considerará caracterizada a natureza acidentária da incapacidade quando constatar ocorrência de nexo técnico epidemiológico entre o trabalho e o agravo, decorrente da relação entre a atividade da empresa ou do empregado doméstico e a entidade mórbida motivadora da incapacidade elencada na Classificação Internacional de Doenças (CID), em conformidade com o que dispuser o regulamento. (Redação dada pela Lei Complementar nº 150, de 2015)
>
> § 1º **A perícia médica do INSS** deixará de aplicar o disposto neste artigo quando demonstrada a inexistência do nexo de que trata o caput deste artigo. (Incluído pela Lei nº 11.430, de 2006) (grifo nosso)

Na mesma toada o Regulamento da Previdência Social, reza:

> Art. 337. O acidente do trabalho será caracterizado tecnicamente pela **Perícia Médica Federal, por meio da identificação do nexo entre o trabalho e o agravo.** (Redação dada pelo Decreto nº 10.491, de 2020)

MINISTÉRIO DA ECONOMIA-ME
SECRETARIA ESPECIAL DE PREVIDÊNCIA E TRABALHO
SECRETARIA DE PREVIDÊNCIA
CONSELHO DE RECURSOS DA PREVIDÊNCIA SOCIAL-CRPS
CONSELHO PLENO

> (...)
>
> § 3o Considera-se estabelecido o nexo entre o trabalho e o agravo quando se verificar nexo técnico epidemiológico entre a atividade da empresa e a entidade mórbida motivadora da incapacidade, elencada na Classificação Internacional de Doenças - CID em conformidade com o disposto na Lista C do Anexo II deste Regulamento. (Redação dada pelo Decreto nº 6.957, de 2009)
>
> (...)
>
> § 5º Reconhecidos pela **Perícia Médica Federal** a incapacidade para o trabalho e o nexo entre o trabalho e o agravo, na forma prevista no § 3º, serão devidas as prestações acidentárias a que o beneficiário tiver direito. (Redação dada pelo Decreto nº 10.491, de 2020)
>
> § 6º **A Perícia Médica Federal** deixará de aplicar o disposto no § 3º quando demonstrada a inexistência de nexo entre o trabalho e o agravo, sem prejuízo do disposto no § 7º e no § 12. (Redação dada pelo Decreto nº 10.491, de 2020) (grifo nosso)

Conforme observado, não restam dúvidas de que a competência para a identificação e estabelecimento do Nexo Técnico Epidemiológico – NTEP é da Perícia Médica Federal estabelecida tanto por Lei como pelo Regulamento da Previdência Social.
Destarte, não se vislumbra qualquer outro agente público que não sejam os Peritos Médicos Federais, os responsáveis pela identificação do nexo entre o trabalho e o agravo, por meio da verificação do NTEP entre a atividade da empresa e a entidade mórbida motivadora da incapacidade, elencada na Classificação Internacional de Doenças - CID em conformidade com o disposto na Lista C do Anexo II do RPS.

O NTEP definirá a natureza do benefício por incapacidade a ser concedido ao segurado, previdenciária ou acidentária, logo evidente tratar-se de matéria exclusivamente médica, não podendo Conselheiro do CRPS indicar a sua (in) existência sem a chancela pericial.
Em que pese a atividade em si ser de batimento entre a CID e o CANE da empresa, achou por bem o legislador estabelecer os profissionais habilitados para fazer essa "simples" tarefa, não cabendo a este Conselho Pleno deixar de aplicar a Lei 8.213/91, bem como o Decreto 3.048/99, uma vez que vinculado a essas normas ele está.

Dito isso, nos termos do art. 29, parágrafo único e do 30, §2º, I da Portaria MDSA nº 116/2020, as decisões fundamentadas exclusivamente em matéria médicas serão julgadas em única instância, não cabendo dessas, Recurso Especial, senão vejamos:

> Art. 29. Denomina-se Recurso Ordinário aquele interposto pelo interessado, segurado ou beneficiário da Seguridade Social, em face de decisão proferida

MINISTÉRIO DA ECONOMIA-ME
SECRETARIA ESPECIAL DE PREVIDÊNCIA E TRABALHO
SECRETARIA DE PREVIDÊNCIA
CONSELHO DE RECURSOS DA PREVIDÊNCIA SOCIAL-CRPS
CONSELHO PLENO

pelo INSS, dirigido às Juntas de Recursos do CRSS, observada a competência regimental.

Parágrafo único. Considera-se decisão de primeira instância recursal os acórdãos proferidos pelas Juntas de Recursos, **exceto em matéria de alçada, na forma definida neste Regimento, hipótese em que a decisão será de única instância**.

Art. 30. Das decisões proferidas no julgamento do Recurso Ordinário caberá Recurso Especial dirigido às Câmaras de Julgamento.

(...)

§ 2º Constituem alçada exclusiva das Juntas de Recursos, não comportando recurso às Câmaras de Julgamento, as seguintes decisões:

I - fundamentada exclusivamente em matéria médica, relativa aos benefícios de auxílio-doença; (grifo nosso)

Em que pese não haver uma definição legal do que venha a ser matéria exclusivamente médica, da simples leitura dos dispositivos legais e regulamentares, observa-se que é Perícia Médica Federal quem detém a competência para estabelecer o NTEP, para fins de definir a natureza acidentária dos benefícios por incapacidade, como no presente caso, do auxílio-doença requerido.

Se as normas deram competência apenas à perícia médica para estabelecer o NTEP, s.m.j, trata-se de matéria exclusivamente médica, passível de alçada da Juntas de recursos não cabendo reanálise na 2ª instância recursal administrativa.

CONCLUSÃO: PELO EXPOSTO, VOTO NO SENTIDO DE CONHECER DO PEDIDO DE UNIFORMIZAÇÃO DE JURISPRUDÊNCIA E NEGAR-LHE PROVIMENTO.

Brasília, 25 de setembro de 2020.

GUSTAVO BEIRÃO ARAUJO
Conselheiro representante do Governo

609.036.568-1 10

MINISTÉRIO DA ECONOMIA-ME
SECRETARIA ESPECIAL DE PREVIDÊNCIA E TRABALHO
SECRETARIA DE PREVIDÊNCIA
CONSELHO DE RECURSOS DA PREVIDÊNCIA SOCIAL-CRPS
CONSELHO PLENO

DECISÓRIO

RESOLUÇÃO Nº 38 /2020

Vistos e relatados os presentes autos, em sessão realizada hoje, **ACORDAM** os membros do Conselho Pleno, por **MAIORIA**, no sentido de **CONHECER DO PEDIDO DE UNIFORMIZAÇÃO DE JURISPRUDÊNCIA**, para, no mérito **DAR-LHE PROVIMENTO**, de acordo com o Voto da Relatora e sua fundamentação. Vencido **VOTO DIVERGENTE** do Conselheiro Gustavo Beirão Araújo. Vencido ainda os Conselheiros (a) Moisés Oliveira Moreira, Imara Sodré Neto, Valter Sérgio Pinheiro Coelho e Rodolfo Espinel Donadon.

Participaram, ainda, do presente julgamento os (as) Conselheiros (as): Robson Ferreira Maranhão, Vânia Pontes Santos, Paulo Sérgio de Carvalho Costa Ribeiro, Maria Madalena Silva Lima, Renato Agostinho das Chagas, Maria José de Paula Moraes, Guilherme Lustosa Pires, Alexandra Álvares de Alcântara, Tarsila Otaviano da Costa e Adriene Cândida Borges.

Brasília-DF, 25 de setembro de 2020

SULAMITA CRISTINA DIAS
Relatora

MARCELO FERNANDO BORSIO
Presidente

3.1.39 Resolução 39/2020 (tempo especial/habitualidade/permanência/indissociabilidade/produto/serviço)

Objeto: Trata-se de Pedido de Uniformização de Jurisprudência interposto por segurado por suposta divergência de posicionamento entre Câmaras de Julgamento.

Decisão: Provido.

Tese jurídica: A habitualidade e permanência para o tempo especial devem ser aferidas pela exposição ao agente nocivo de modo indissociável à produção do bem ou prestação do serviço.

MINISTÉRIO DA ECONOMIA-ME
SECRETARIA ESPECIAL DE PREVIDÊNCIA E TRABALHO
SECRETARIA DE PREVIDÊNCIA
CONSELHO DE RECURSOS DA PREVIDÊNCIA SOCIAL-CRPS
CONSELHO PLENO

Nº de Protocolo do Recurso: 44232.018286/2014-35
Documento/Benefício: 42/161.997.794-7
Unidade de origem: Agência da Previdência Social/ Andradas
Tipo do Processo: Pedido de Uniformização de Jurisprudência
Recorrente: Fernando Antônio Pinheiro Alves
Recorrido: Instituto Nacional do Seguro Social/INSS
Benefício: Aposentadoria por Tempo de Contribuição
Relatora: Sulamita Cristina Dias

(Processo Eletrônico)

Relatório

Cuidam os autos de pedido de UNIFORMIZAÇÃO DE JURISPRUDÊNCIA, formulado por **Fernando Antônio Pinheiro Alves**, em face de o v. Acórdão nº 2149/2015, proferido pela extinta 1ª Composição Adjunta da d. 4ª Câmara de Julgamento, que por unanimidade, deu provimento parcial ao recurso especial interposto pelo interessado.

No acórdão regional, a extinta 1ª Composição Adjunta da 4ª Câmara de Julgamento, promoveu o enquadramento do período de 19/11/2003 a 31/05/2006, visto que a exposição a ruido se deu acima do permissivo legal; de 01/06/2006 a 09/09/2013, não foi promovido o enquadramento, pois após a vistoria técnica da Autarquia no local de trabalho, não restou evidenciada a permanência na exposição a agentes nocivos físicos, calor ou ruído, afastando a concessão do benefício por falta de tempo de contribuição (fls.123/128).

Insta registrar, que o interessado formulou o pedido de concessão do benefício – Aposentadoria por Tempo de Contribuição – em **30/10/2013**, nascido em 01/06/1964, aos 49 anos na DER – Data de Entrada do Requerimento.

Consoante se depreende da documentação colacionada aos autos, o benefício foi indeferido inicialmente pela Autarquia, porquanto não foi apurado tempo de contribuição suficiente para a concessão do benefício, ainda que a perícia médica autárquica tenha enquadrado o período de 03/05/1988 a 02/12/1998, por exposição a agente nocivo ruído, conforme a Análise e Decisão Técnica de Atividade Especial às fls.32/33.

MINISTÉRIO DA ECONOMIA-ME
SECRETARIA ESPECIAL DE PREVIDÊNCIA E TRABALHO
SECRETARIA DE PREVIDÊNCIA
CONSELHO DE RECURSOS DA PREVIDÊNCIA SOCIAL-CRPS
CONSELHO PLENO

A d. 18ª Junta de Recursos converteu o julgamento em diligência prévia para que fosse efetivada a perícia no local de trabalho do segurado, onde, conforme o Relatório de Visita Técnica (fls.57/59).

Os autos retornaram à Seção de Saúde do Trabalhador – SST – que exarou parecer desfavorável quanto ao enquadramento do período de 03/12/1998 a 09/09/2013, aduzindo que a atividade de técnico eletrônico desempenhada pelo interessado foi exercida de modo eventual, pois *"...pois as bancadas de reparos para equipamentos eletrônicos são separadas da área produtiva, faltando a permanente exposição exigida pela legislação previdenciária descrita no artigo 64 do decreto 3.048/99..."*, considerando que *"...na análise técnica após 02/12/1998 o uso de EPI e há menção ao uso do EPI eficaz com CA do MTE no PPP (item 15.7 e 15.8 fls. 27 verso). É consenso pericial médico que havendo a neutralização da nocividade com o uso de EPI, mantendo a saúde e a integridade física, inexistirá o enquadramento requerido no período após 02/12/1998 e os procedimentos técnicos aos requisitos das normas técnicas como definido no disposto na NR-06 e NR-09 do MTE e as exigências dos itens I a V foram satisfeitas no PPP (item 15.9 fls. 27 verso). (IN/INSS PRES 45 de 06/08/2010 artigos 234, 236, 238, 239, 256; OI/INNS/DIRBEN 187 de 19/03/2008 artigos 5, 10; decreto 3.048/99)."* (fls.61/62).

Em análise ao recurso ordinário ora interposto pela interessada, a d. 18ª Junta de Recursos, negou provimento ao pedido formulado, afastando o enquadramento dos períodos de 03/12/1998 a 09/09/2013, não alcançando tempo de contribuição suficiente para a concessão do benefício, ora vindicado no requerimento inicial (fls.64/66).

Recurso especial interposto pela interessada, no qual apresenta seu inconformismo, pugnando pelo enquadramento dos períodos de 03/12/1998 a 09/09/2013, por exposição a agente nocivo acima do permissivo legal, fazendo jus a concessão da aposentadoria especial (fls.68/71).

Conclusos os autos à extinta 1ª Composição Adjunta da d. 4ª Câmara de Julgamento, em duas oportunidade converteu p julgamento em diligência, para que a empresa apresentasse *"...PPRA, LTCAT ou Laudos/Documentos que possuam medições e análises das informações sobre o meio ambiente de trabalho, contendo em especial a informação se, de fato, o segurado esteve exposto a agente nocivo ruído (contendo período, medição e posto de trabalho), e atividades com eletricidade (informando a intensidade/voltagem), concernente aos períodos em que o segurado prestou suas atividades laborais, junto a empresa."*, e, posteriormente, para apresentação de PPP legível (fls.76/82, 103/110)

161.997.794-7 2

MINISTÉRIO DA ECONOMIA-ME
SECRETARIA ESPECIAL DE PREVIDÊNCIA E TRABALHO
SECRETARIA DE PREVIDÊNCIA
CONSELHO DE RECURSOS DA PREVIDÊNCIA SOCIAL-CRPS
CONSELHO PLENO

O interessado se manifesta nos autos apresentando laudo técnico e Programa de Prevenção de Riscos Ambientais - PPRA, e requer nova vistoria técnica, caso entenda pelo não enquadramento dos períodos pugnados, e, adiante, colaciona PPP atualizado (fls.88/101, 117/119).

Os autos foram encaminhados a SST que ratificou o parecer desfavorável para o enquadramento do período de 03/12/1998 a 09/09/2013, com os mesmos fundamentos do parecer anterior (fls.121/122).

A extinta 1ª Composição Adjunta da d. 4ª Câmara de Julgamento exarou a decisão no acórdão nº 2149/2015, dando provimento ao recurso especial interposto pelo interessado (fls.123/128).

Diante da decisão alhures, a interessada opôs embargos de declaração colacionando laudo técnico, e, suscitando omissão quanto a ausência de enquadramento por exposição a calor no período de 03/12/1998 a 18/11/2003, acima do permissivo legal (fls.133/135, 137/138).

Rejeitados os embargos de declaração às fls.142.

Maneja adiante, o pedido **uniformização de jurisprudência**, repisando no mérito o pedido de enquadramento do período de01/06/2006 a 09/09/2013, por exposição a agente nocivo ruído, embasado no Enunciado nº 29 da AGU, art. 280 da IN 77/2015 e Anexo IV do Decreto nº 3.048/1999, pugnando seja afastada a tese fundamentada na decisão, em observância a Resolução nº 21/2014 e da 3ª Câmara de Julgamento que firmou o entendimento quanto a habitualidade e permanência (fls.146/168).

Requesta quanto ao indeferimento do pedido de enquadramento dos períodos controvertidos, colacionando acórdãos paradigmas proferidos pelas 1ª Composição Adjunto da 3ª Câmara de Julgamento, sob o NB 42/161.997.794-7, para uniformização em conformidade como a Resolução nº 21/2014 e Acórdão nº 1552/2015 da lavra da 3ª Câmara de Julgamento.

O incidente foi admitido que por cognição sumária, visto que evidenciou a divergência na matéria submetida no julgado *a quo*, aquela prolatada no paradigma, vindo conclusos os autos para análise e decisão.

É o relatório.

VOTO

161.997.794-7 3

MINISTÉRIO DA ECONOMIA-ME
SECRETARIA ESPECIAL DE PREVIDÊNCIA E TRABALHO
SECRETARIA DE PREVIDÊNCIA
CONSELHO DE RECURSOS DA PREVIDÊNCIA SOCIAL-CRPS
CONSELHO PLENO

EMENTA: PEDIDO DE UNIFORMIZAÇÃO DE JURSIPRUDÊNCIA. APOSENTADORIA POR TEMPO DE CONTRIBUIÇÃO. POSSIBILIDADE. HABITUALIDADE E PERMANÊNCIA CARACTERIZADA NAS ATIVIDADES. EXPOSIÇÃO A AGENTE NOCIVO RUÍDO EM AMBIENTE DE FUNDIÇÃO. INTELIGÊNCIA DO ART. 56 E 70 DO DECRETO Nº 3.048/99 E ART. 57 DA LEI Nº 8.213/1991. PEDIDO DE UNIFORMIZAÇÃO DE JURISPRUDÊNCIA CONHECIDO E PROVIDO.

Incidente de Uniformização de Jurisprudência interposto por **Fernando Antônio Pinheiro Alves** tempestivo nos termos do §3° do artigo 63, da Portaria/MDS n° 116, de 20 de março de 2017, que regulamento o Regimento Interno deste c. Conselho de Recurso da Previdência Social – CRPS.

1. Da insurgência quanto ao incidente proposto

O pedido de uniformização de jurisprudência se encontra disciplinado pelos artigos 3°, inciso II e 63, do Regimento Interno do CRPS, confira-se:

> *"Art. 3º Ao Conselho Pleno compete:*
> *I - uniformizar, em tese, a jurisprudência administrativa previdenciária e assistencial, mediante emissão de Emunciados;*
> *II - uniformizar, no caso concreto, as divergências jurisprudenciais entre as Juntas de Recursos nas matérias de sua alçada ou entre as Câmaras de julgamento em sede de Recurso Especial, mediante a emissão de Resolução; e*
> *III - decidir, no caso concreto, as Reclamações ao Conselho Pleno, mediante a emissão de Resolução."*

> *"Art. 63. O Pedido de Uniformização de Jurisprudência poderá ser requerido em casos concretos, pelas partes do processo, dirigido ao Presidente do respectivo órgão julgador, nas seguintes hipóteses:*
> *I - quando houver divergência na interpretação em matéria de direito entre acórdãos de Câmaras de Julgamento do CRSS, em sede de Recurso Especial, ou entre estes e resoluções do Conselho Pleno; ou*
> *II - quando houver divergência na interpretação em matéria de direito entre acórdãos de Juntas de Recursos do CRSS, nas hipóteses de alçada exclusiva previstas no art. 30, § 2º, deste Regimento, ou entre estes e Resoluções do Conselho Pleno."*

Nesse sentido, se assevera que o expediente apresentado deve se ater a matéria de direito, não se prestando a reapreciar a matéria fático probatória ou solucionar divergência em matéria de provas.

MINISTÉRIO DA ECONOMIA-ME
SECRETARIA ESPECIAL DE PREVIDÊNCIA E TRABALHO
SECRETARIA DE PREVIDÊNCIA
CONSELHO DE RECURSOS DA PREVIDÊNCIA SOCIAL-CRPS
CONSELHO PLENO

No caso em comento, a interessada insurge quanto ao não enquadramento das atividades exercidas nos períodos de 01/06/2006 a 09/09/2013, em ambiente de "chão de metalúrgica", exposto a agentes nocivos acima do permissivo legal.

Por outro lado, se verifica que os acórdãos paradigmas mantiveram a especialidade, aplicando o entendimento delineado na Resolução nº 21/2014.

Assim, analisando os acórdãos em comento (o vergastado e aqueles trazidos como paradigma), vislumbro a tese jurídica a ser contraposta aquela divergente, senão vejamos.

Para o período controverso o interessado laborou para a Fagor Ederlan Brasileira Auto Peças Ltda., empresa de fundição especializada na produção de peças para indústrias automobilísticas, na função de técnico eletrônico, no Setor de Manutenção MF1/MF2, exposto a ruído de 95dB(A) (fls.27/28).

No decorrer dos autos a Autarquia promoveu visita técnica junto a empresa onde se verificou a presença de sílica em pequena concentração e ruído de 90 a 92dB(A), na área de acabamento e mini fábrica 2MF2 (fls.57/).

Pois bem.

Conforme a análise da perícia técnica contida às fls.61/62,o enquadramento por atividade especial foi afastado por ausência de habitualidade e permanência, visto que "*...para as atividades de técnico eletrônico, com exigências técnicas de reparos e consertos com máquinas desligadas e eventualmente ligadas para testes e ainda com exposição limitada ao setor de produção, aonde poderá ir de modo eventual, pois as bancadas de reparos para equipamentos eletrônicos são separadas da área produtiva, faltando a permanente exposição exigida pela legislação previdenciária descrita no artigo 64 do decreto 3.048/99*", e, pelo uso "eficaz" do EPI.

No caso entendo que o conceito de habitualidade e permanência previsto no art. 65 do Decreto nº 3.048/1999 deve ser entendido como *"a exposição do empregado, do trabalhador avulso ou do cooperado ao agente nocivo seja indissociável da produção do bem ou da prestação do serviço"*.

Tal entendimento é delineado na Instrução Normativa nº 77/2015, confira-se:

"Art. 278. Para fins da análise de caracterização da atividade exercida em condições especiais por exposição à agente nocivo, consideram-se:

MINISTÉRIO DA ECONOMIA-ME
SECRETARIA ESPECIAL DE PREVIDÊNCIA E TRABALHO
SECRETARIA DE PREVIDÊNCIA
CONSELHO DE RECURSOS DA PREVIDÊNCIA SOCIAL-CRPS
CONSELHO PLENO

I- nocividade: situação combinada ou não de substâncias, energias e demais fatores de riscos reconhecidos, presentes no ambiente de trabalho, capazes de trazer ou ocasionar danos à saúde ou à integridade física do trabalhador; e

II - permanência: trabalho não ocasional nem intermitente no qual a exposição do empregado, do trabalhador avulso ou do contribuinte individual cooperado ao agente nocivo seja indissociável da produção do bem ou da prestação do serviço, em decorrência da subordinação jurídica a qual se submete."

De mesmo modo o tema é abalizado pelas Resoluções deste c. Conselho Pleno:

Resolução 21/2014:

"EMENTA: PEDIDO DE UNIFORMIZAÇÃO DE JURISPRUDÊNCIA. APOSENTADORIA ESPECIAL. ATIVIDADE ESPECIAL. REQUISITOS. 1. O RECONHECIMENTO DA NATUREZA ESPECIAL DAS ATIVIDADES EXERCIDAS EXIGE DOIS REQUISITOS: NOCIVIDADE E PERMANÊNCIA. 2. A PERMANÊNCIA CARACTERIZA-SE PELA INDISSOCIABILIDADE ENTRE A EXPOSIÇÃO AO AGENTE NOCIVO E O PROCESSO DE PRODUÇÃO DO BEM OU DE PRESTAÇÃO DO SERVIÇO, INDEPENDENTEMENTE DO TEMPO DE EXPOSIÇÃO AO AGENTE NOCIVO. 3. O RECORRENTE, NOS PERÍODOS CONTROVERSOS, FAZ JUS AO RECONHECIMENTO DA ESPECIALIDADE DAS ATIVIDADES EXERCIDAS, IMPLEMENTANDO TEMPO DE CONTRIBUIÇÃO SUFICIENTE PARA A APOSENTADORIA ESPECIAL. RECURSO CONHECIDO E PROVIDO."

Resolução 39/2018:

"EMENTA: EMENTA: APOSENTADORIA POR TEMPO DE CONTRIBUIÇÃO. PEDIDO DE UNIFORMIZAÇÃO DE JURISPRUDÊNCIA. HABITUALIDADE E PERMANÊNCIA. PERMANÊNCIA CARACTERIZADA PELA IN0DISSOCIABILIDADE ENTRE A EXPOSIÇÃO AO AGENTE NOCIVO E O PROCESSO DE PRODUÇÃO DO BEM OU DE PRESTAÇÃO DO SERVIÇO. NÃO COMPROVADA EXPOSIÇÃO A AGENTE NOCIVO. DECRETO 3.048/99."

MINISTÉRIO DA ECONOMIA-ME
SECRETARIA ESPECIAL DE PREVIDÊNCIA E TRABALHO
SECRETARIA DE PREVIDÊNCIA
CONSELHO DE RECURSOS DA PREVIDÊNCIA SOCIAL-CRPS
CONSELHO PLENO

Dessa forma, o entendimento no sentido de que o segurado não pode se afastar em momento algum da fonte nociva não expressa o contido na legislação.

Levando-se em consideração a visita técnica efetivada pela Autarquia no local de trabalho do interessado, vê-se que no setor de trabalho houve exposição a ruído acima do permissivo legal, ainda que os empregados estivessem em uso do EPI.

Como se vê, a pretensão do interessado encontra suporte na própria norma exarada pela legislação previdenciária e na jurisprudência deste c. Conselho, razão pela qual deve dar provimento ao pedido de uniformização de jurisprudência em debate, uma vez que para a análise do agente nocivo o qual esteve exposto, há de se vislumbrar a simples constatação no ambiente laboral.

Diante do exposto, o Acórdão nº 2149/2015 merece a devida reforma, devendo os autos serem remetidos a 4ª Câmara de Julgamento, considerando que as Câmara Adjuntas foram extintas, para que sejam submetidos a novo julgamento da matéria, e, emissão de novo Acórdão, observado o entendimento disposto no presente voto.

CONCLUSÃO: PELO EXPOSTO VOTO NO SENTIDO DE CONHECER DO INCIDENTE DE UNIFORMIZAÇÃO DE JURISPRUDÊNCIA PARA NO MÉRITO DAR-LHE PROVIMENTO.

Brasília, 25 de setembro de 2020.

SULAMITA CRISTINA DIAS
Relatora

MINISTÉRIO DA ECONOMIA-ME
SECRETARIA ESPECIAL DE PREVIDÊNCIA E TRABALHO
SECRETARIA DE PREVIDÊNCIA
CONSELHO DE RECURSOS DA PREVIDÊNCIA SOCIAL-CRPS
CONSELHO PLENO

Nº de Protocolo do Recurso: 44232.018286/2014-35
Documento/Benefício: 42/161.997.794-7
Unidade de origem: Agência da Previdência Social/ Andradas
Tipo do Processo: Pedido de Uniformização de Jurisprudência
Recorrente: Fernando Antônio Pinheiro Alves
Recorrido: Instituto Nacional do Seguro Social/INSS
Benefício: Aposentadoria por Tempo de Contribuição
Relatora: Sulamita Cristina Dias
Voto Divergente: Gustavo Beirão Araújo

Voto Divergente

EMENTA: PEDIDO DE UNIFORMIZAÇÃO DE JURSIPRUDÊNCIA. APOSENTADORIA POR TEMPO DE CONTRIBUIÇÃO. PRESSUPOSTOS DE ADMISSIBILIDADE NÃO ALCANÇADOS. ANÁLISE DE MATÉRIA FÁTICO PROBATÓRIA. VEDAÇÃO. ART. 63 DO RICRPS. PEDIDO DE UNIFORMIZAÇÃO DE JURISPRUDÊNCIA NÃO CONHECIDO.

Em que pese o entendimento da nobre relatora, peço vênia para discordar. Depreende-se do relatório e voto da relatora que a divergência trazida no presente caso trata-se de matéria fático probatória, vedada a sua análise em sede Pedido de Uniformização de Jurisprudência, nos termos do art.63, I do RICRPS:

> I - quando houver divergência na interpretação em **matéria de direito** entre acórdãos de Câmaras de Julgamento do CRSS, em sede de Recurso Especial, ou entre estes e resoluções do Conselho Pleno; (grifo nosso)

O deslinde da questão necessita de exame de formulários a fim de se reconhecer se há a habitualidade e permanência na exposição ao agente nocivo ruído, conforme se observa no relatório:

> O interessado se manifesta nos autos apresentando laudo técnico e Programa de Prevenção de Riscos Ambientais - PPRA, e requer nova vistoria técnica, caso entenda pelo não enquadramento dos períodos pugnados, e, adiante, colaciona PPP atualizado (fls.88/101, 117/119)
>
> (...)
>
> Diante da decisão alhures, a interessada opôs embargos de declaração colacionando laudo técnico, e, suscitando omissão quanto a ausência de enquadramento por exposição a calor no período de 03/12/1998 a 18/11/2003, acima do permissivo legal (fls.133/135, 137/138).

MINISTÉRIO DA ECONOMIA-ME
SECRETARIA ESPECIAL DE PREVIDÊNCIA E TRABALHO
SECRETARIA DE PREVIDÊNCIA
CONSELHO DE RECURSOS DA PREVIDÊNCIA SOCIAL-CRPS
CONSELHO PLENO

Em nenhum momento há qualquer tese jurídica a ser acata ou rechaçada. É pacífica a tese de que se houver exposição a ruído acima dos limites de tolerância de forma habitual e permanente é devido o reconhecimento da atividade como especial, nos termos do Enunciado 13 do CRPS.

Não constam negativas à tese jurídica em si nos acórdãos paradigma e paradigmados. A questão envolve tão somente se os formulários apresentados servem para comprovar a efetiva exposição ao agente nocivo.

CONCLUSÃO: PELO EXPOSTO VOTO NO SENTIDO DE NÃO CONHECER DO INCIDENTE DE UNIFORMIZAÇÃO DE JURSIPEUDÊNCIA POR AUSÊNCIA DOS REQUISITOS DE ADMISSIBILIDADE.

Brasília, 25 de setembro de 2020.

GUSTAVO BEIRÃO ARAUJO
Conselheiro representante do Governo

161.997.794-7 9

MINISTÉRIO DA ECONOMIA-ME
SECRETARIA ESPECIAL DE PREVIDÊNCIA E TRABALHO
SECRETARIA DE PREVIDÊNCIA
CONSELHO DE RECURSOS DA PREVIDÊNCIA SOCIAL-CRPS
CONSELHO PLENO

DECISÓRIO

RESOLUÇÃO Nº 39 /2020

Vistos e relatados os presentes autos, em sessão realizada hoje, **ACORDAM** os membros do Conselho Pleno, por **MAIORIA**, no sentido de **CONHECER DO INCIDENTE DE UNIFORMIZAÇÃO DE JURISPRUDÊNCIA**, para, no mérito **DAR-LHE PROVIMENTO**, de acordo com o Voto da Relatora e sua fundamentação. Vencido **VOTO DIVERGENTE** do Conselheiro Gustavo Beirão Araújo. Vencido ainda os Conselheiros (a) Paulo Sérgio de Carvalho Costa Ribeiro, Moisés Oliveira Moreira, Guilherme Lustosa Pires, Valter Sérgio Pinheiro Coelho, Rodolfo Espinel Donadon e Tarsila Otaviano da Costa.

Participaram, ainda, do presente julgamento os (as) Conselheiros (as): Robson Ferreira Maranhão, Vânia Pontes Santos, Maria Madalena Silva Lima, Renato Agostinho das Chagas, Maria José de Paula Moraes, Imara Sodré Neto, Alexandra Álvares de Alcântara, e Adriene Cândida Borges.

Brasília-DF, 25 de setembro de 2020.

SULAMITA CRISTINA DIAS
Relatora

MARCELO FERNANDO BORSIO
Presidente

3.1.40 Resolução 40/2020 (aposentadoria especial/eletricidade/não enquadramento a partir de 6/3/97)

Objeto: Trata-se de Pedido de Uniformização de Jurisprudência interposto pelo INSS por suposta divergência de posicionamento entre Câmaras de Julgamento.

Decisão: Provido.

Tese jurídica: Impossibilidade de reconhecimento da exposição à eletricidade como tempo especial a partir de 6/3/1997.

MINISTÉRIO DA ECONOMIA-ME
SECRETARIA ESPECIAL DE PREVIDÊNCIA E TRABALHO
SECRETARIA DE PREVIDÊNCIA
CONSELHO DE RECURSOS DA PREVIDÊNCIA SOCIAL-CRPS
CONSELHO PLENO

Nº de Protocolo do Recurso: 44232.328591/2015-13
Documento/Benefício: 42/168.906.238-7
Unidade de origem: Agência da Previdência Social/ Varginha
Tipo do Processo: Pedido de Uniformização de Jurisprudência
Recorrente: Instituto Nacional do Seguro Social/INSS
Recorrido: Luís Gustavo Candido Rosa
Benefício: Aposentadoria por Tempo de Contribuição
Relatora: Sulamita Cristina Dias

(Processo Eletrônico)

Relatório

Cuidam os autos de pedido de UNIFORMIZAÇÃO DE JURISPRUDÊNCIA, formulado pelo **Instituto Nacional do Seguro Social - INSS**, em face de o v. Acórdão nº 121/2016, proferido pela extinta 2ª Composição Adjunta da d. 2ª Câmara de Julgamento, que por unanimidade, deu provimento ao recurso especial interposto por **Luís Gustavo Cândido Rosa**.

No acórdão regional, a extinta 2ª Composição Adjunta da 2ª Câmara de Julgamento, promoveu o enquadramento do período posterior a 05/03/1997, visto que a exposição a eletricidade se deu acima de 250 Volts, fundamentada a decisão na jurisprudência do Superior Tribunal de Justiça – STJ (fls.105/107).

Insta registrar, que o interessado formulou o pedido de concessão do benefício – Aposentadoria Especial – em **14/11/2014**, nascido em 08/03/1970, aos 44 anos na DER – Data de Entrada do Requerimento.

Consoante se depreende da documentação colacionada aos autos, o benefício foi indeferido inicialmente pela Autarquia, porquanto não foi apurado tempo em atividade especial suficiente para a concessão do benefício, ainda que a perícia médica autárquica tenha enquadrado o período de 08/12/1988 a 05/03/1997, por exposição a agente nocivo eletricidade acima de 250 volts, conforme a Análise e Decisão Técnica de Atividade Especial às fls.33.

A d. 7ª Junta de Recursos negou provimento ao pedido formulado, afastando o enquadramento do período de 06/03/1997 a 20/01/2014, tendo em vista que a exposição ao agente nocivo eletricidade, tendo em vista de que após a publicação Decreto nº 2172, em 06/03/1997, foi extinto o enquadramento em razão da exposição ao

MINISTÉRIO DA ECONOMIA-ME
SECRETARIA ESPECIAL DE PREVIDÊNCIA E TRABALHO
SECRETARIA DE PREVIDÊNCIA
CONSELHO DE RECURSOS DA PREVIDÊNCIA SOCIAL-CRPS
CONSELHO PLENO

agente nocivo eletricidade, não alcançando tempo de atividade especial suficiente para a concessão do benefício ora vindicado no requerimento inicial (fls.93).

Recurso especial interposto pelo interessado, no qual apresenta seu inconformismo, pugnando pelo enquadramento do período de 06/03/1997 a 20/01/2014, por exposição a eletricidade acima do permissivo legal, pois muito embora o agente nocivo não esteja elencado no rol do Decreto nº 2.172/1997, a exposição deve ser considerada, porquanto o risco, fazendo jus a concessão da aposentadoria especial (fls.96/101).

Conclusos os autos à extinta 2ª Composição Adjunta da d. 2ª Câmara de Julgamento, exarou a decisão no acórdão nº 121/2016, dando provimento ao recurso especial interposto pelo interessado (fls.105/107).

Diante da decisão proferida, o INSS maneja adiante, o pedido **uniformização de jurisprudência**, requestando quanto ao deferimento do benefício, pois o enquadramento efetivado pelo c. Colegiado viola o disposto no art. 68 do Decreto nº 3.048/1999, uma vez que o agente nocivo não foi recepcionado pela legislação após 05/03/1997. (fls.109/111).

Requesta quanto ao deferimento do pedido de enquadramento do período controvertidos, colacionando acórdãos paradigmas proferidos pelas 44232.135452/2014-67 – 2ª CAJ. 44232.113524/2014-15 – 1ª CA da 3ª CAJ, 44232.001319/2014-16 – 1ª CA, dentre outros.

Contrarrazões do interessado pugnando pela mantença da decisão recorrida (fls.116/119)

O incidente foi admitido que por cognição sumária, visto que evidenciou a divergência na matéria submetida no julgado *a quo*, aquela prolatada no paradigma, vindo conclusos os autos para análise e decisão.

É o relatório.

Voto

EMENTA: PEDIDO DE UNIFORMIZAÇÃO DE JURSIPRUDÊNCIA. APOSENTADORIA ESPECIAL. EXPOSIÇÃO A AGENTE FÍSICO ELETRICIDADE. INVIABILIDADE DE ENQUADRAMENTO POR ELETRICIDADE A PARTIR DE 05.03.1997. INTELIGÊNCIA DO ART. 56 E 70 DO DECRETO Nº 3.048/99. PRESENÇA DE DESCRIÇÃO NOS DECRETOS Nº 53.831/1964 E 83080/1979. RESOLUÇÃO Nº 08/2016/CRPS. INTELIGÊNCIA DO

MINISTÉRIO DA ECONOMIA-ME
SECRETARIA ESPECIAL DE PREVIDÊNCIA E TRABALHO
SECRETARIA DE PREVIDÊNCIA
CONSELHO DE RECURSOS DA PREVIDÊNCIA SOCIAL-CRPS
CONSELHO PLENO

ART. 56 E 70 DO DECRETO Nº 3.048/99 E ART. 57 DA LEI Nº 8.213/1991. PEDIDO DE UNIFORMIZAÇÃO DE JURISPRUDÊNCIA CONHECIDO E PROVIDO.

Incidente de Uniformização de Jurisprudência interposto pelo **Instituto Nacional do Seguro Social - INSS** tempestivo nos termos do §3º do artigo 63, da Portaria/MDS nº 116, de 20 de março de 2017, que regulamento o Regimento Interno deste c. Conselho de Recurso da Previdência Social – CRPS.

1. Da insurgência quanto ao incidente proposto

O pedido de uniformização de jurisprudência se encontra disciplinado pelos artigos 3º, inciso II e 63, do Regimento Interno do CRPS, confira-se:

"Art. 3º Ao Conselho Pleno compete:
I - uniformizar, em tese, a jurisprudência administrativa previdenciária e assistencial, mediante emissão de Enunciados;
II - uniformizar, no caso concreto, as divergências jurisprudenciais entre as Juntas de Recursos nas matérias de sua alçada ou entre as Câmaras de julgamento em sede de Recurso Especial, mediante a emissão de Resolução; e
III - decidir, no caso concreto, as Reclamações ao Conselho Pleno, mediante a emissão de Resolução."

"Art. 63. O Pedido de Uniformização de Jurisprudência poderá ser requerido em casos concretos, pelas partes do processo, dirigido ao Presidente do respectivo órgão julgador, nas seguintes hipóteses:
I - quando houver divergência na interpretação em matéria de direito entre acórdãos de Câmaras de Julgamento do CRSS, em sede de Recurso Especial, ou entre estes e resoluções do Conselho Pleno; ou
II - quando houver divergência na interpretação em matéria de direito entre acórdãos de Juntas de Recursos do CRSS, nas hipóteses de alçada exclusiva previstas no art. 30, § 2º, deste Regimento, ou entre estes e Resoluções do Conselho Pleno."

Nesse sentido, assevera-se que o expediente apresentado deve se ater a matéria de direito, não se prestando a reapreciar a matéria fático probatória ou solucionar divergência em matéria de provas.

No caso em comento, o INSS insurge no bojo do incidente proposto suscitando divergência na decisão com a legislação vigente e as decisões relativa a matéria em questão.

MINISTÉRIO DA ECONOMIA-ME
SECRETARIA ESPECIAL DE PREVIDÊNCIA E TRABALHO
SECRETARIA DE PREVIDÊNCIA
CONSELHO DE RECURSOS DA PREVIDÊNCIA SOCIAL-CRPS
CONSELHO PLENO

Por outro lado, se verifica que os acórdãos paradigmas que afastou a especialidade, tendo em vista que para o agente nocivo eletricidade a legislação não recepcionou o enquadramento a partir de 05/03/1997.

Analisando os acórdãos em comento (o vergastado e aqueles trazidos como paradigma), vislumbro a tese jurídica a ser contraposta aquela divergente, senão vejamos.

Pois bem.

No tocante a análise de períodos com exposição ao agente eletricidade em tensão elétrica superior a 250V a legislação descreve as atividades expressamente previstas como de natureza especial. **Elas estão reunidas sob os códigos 1.0.0, do quadro anexo do Decreto nº 53.831/64**, sob o título de Serviços e Atividades Profissionais segundo o agente de exposição e os grupos profissionais.

O enquadramento pela exposição ao agente nocivo eletricidade é permitido na via administrativa **até a data de 05/03/1997**, porque a partir dessa data foi editada a Lei nº 2.172/1997 que foi revogada pelo Decreto nº 3.048/99 que extinguiu a possibilidade de reconhecer especialidade para tal agente nociva.

No que tange a decisões proferidas junto aos demais colegiados e a decisões Tribunais Regionais Federais, não são aplicáveis ao caso em comento, excetuando alguns casos previstos no Regimento Interno do CRPS.

Registre-se, por oportuno, que os efeitos trazidos nessas decisões não possuem efeito *"erga omnes"*, mas apenas para os processos que tramitam na esfera judicial, uma vez que a Portaria/MDS nº 116 de 20 de março de 2017, traz em seu bojo que a aplicação de determinada decisão à norma no caso em concreto deve ter o aval do Presidente da República, se não, torna inócua sua aplicação, confira-se:

"Art. 69. É vedado aos órgãos julgadores do CRPS afastar a aplicação, por inconstitucionalidade ou ilegalidade, de tratado, acordo internacional, lei, decreto ou ato normativo ministerial em vigor, ressalvados os casos em que:
I - já tenha sido ***declarada a inconstitucionalidade da norma pelo Supremo Tribunal Federal, em ação direta, após a publicação da decisão****, ou pela via incidental, após a publicação da resolução do Senado Federal que suspender a sua execução; e*
II - haja decisão judicial, proferida em caso concreto, afastando a aplicação da norma, por ilegalidade ou inconstitucionalidade, cuja extensão dos efeitos jurídicos tenha sido autorizada pelo Presidente da República" (Portaria/MPS nº 548/2011).

MINISTÉRIO DA ECONOMIA-ME
SECRETARIA ESPECIAL DE PREVIDÊNCIA E TRABALHO
SECRETARIA DE PREVIDÊNCIA
CONSELHO DE RECURSOS DA PREVIDÊNCIA SOCIAL-CRPS
CONSELHO PLENO

Realça-se, deve-se prosperar o Princípio da Hierarquia das Normas. É pressuposto válido que tal princípio deve ser obedecido para evitar que o ordenamento entre em colapso, ou ainda, entre em contradição.

Porém, no que se referem à finalidade das normas, estas estão situadas em patamares distintos, com o objetivo - regular as condutas sociais, estipulando direitos e deveres aos membros da sociedade.

Desse modo, as decisões dos Tribunais judiciais possuem vinculação extensiva a processos e decisões judiciais, mas não podem prevalecer sobre as Leis Infraconstitucionais que regem o Processo Administrativo Previdenciário, que assim mantido violará frontalmente o Princípio da Hierarquia das Normas.

E, nesse sentido, o Conselho Pleno deste Conselho de Recursos Da Previdência Social já ementou na Resolução nº 08/2016/CRPS, Resolução nº 53/2018, Resolução nº 44/2019, os quais transcrevo:

"EMENTA: PEDIDO DE UNIFORMIZAÇÃO DE JURISPRUDÊNCIA. APOSENTADORIA POR TEMPO DE CONTRIBUIÇÃO. ATIVIDADE ESPECIAL. ELETRICIDADE. INVIABILIDADE DE ENQUADRAMENTO DE PERÍODOS A PARTIR DE 06/03/1997.
1. O agente nocivo eletricidade, a partir de 06/03/1997, foi excluído do rol de agentes que propicia a concessão de aposentadoria especial, não podendo ser considerado para fins do reconhecimento da especialidade das atividades exercidas pelo segurado.
2. Pedido de Uniformização de Jurisprudência conhecido e provido"

"EMENTA: APOSENTADORIA ESPECIAL. PEDIDO DE UNIFORMIZAÇÃO DE JURISPRUDENCIA. Divergência jurisprudencial entre as Câmaras de Julgamento no que tange a conversão do agente eletricidade a partir de 06/03/97, com advento do Decreto nº 2.172/97. Competência para análise deste Conselho Pleno na forma do art. 3º inc. II do Regimento Interno do CRSS aprovado pela Portaria MDAS nº 116/2017. Pressupostos de Admissibilidade do pedido alcançados na forma do art. 63 do mesmo Regimento. Impossibilidade de conversão do agente eletricidade a partir de 06/03/97 por inexistência de previsão legal, não sendo possível o Conselho julgar em desacordo com o previsto em lei, decreto e ato normativo ministerial, na forma do art. 69 do Regimento Interno do CRSS. Precedente do Conselho Pleno. Pedido de Uniformização conhecido e improvido."

"EMENTA: APOSENTADORIA POR TEMPO DE CONTRIBUIÇÃO. PEDIDO DE UNIFORMIZAÇÃO DE JURISPRUDÊNCIA. ATIVIDADE INSALUBRE. ELETRICIDADE. IMPOSSIBILIDADE DE ENQUADRAMENTO APÓS 05/03/1997. DECRETO 53.831/64. DEVIDA UNIFORMIZAÇÃO DE JURISPRUDÊNCIA"

MINISTÉRIO DA ECONOMIA-ME
SECRETARIA ESPECIAL DE PREVIDÊNCIA E TRABALHO
SECRETARIA DE PREVIDÊNCIA
CONSELHO DE RECURSOS DA PREVIDÊNCIA SOCIAL-CRPS
CONSELHO PLENO

Portanto, o período posterior a **05/03/1997**, não deve ser enquadrado, visto que a legislação não recepcionou o enquadramento por exposição ao agente nocivo eletricidade.

Como se vê, a pretensão do INSS encontra suporte na própria norma exarada pela legislação previdenciária e na jurisprudência deste c. Conselho Pleno, razão pela qual deve dar provimento ao pedido de uniformização de jurisprudência em debate, uma vez que para a análise de agente eletricidade, não há substrato legal que abarque a tese suscitada pela extinta 2ª Composição Adjunta da d. 2ª Câmara de Julgamento.

Diante do exposto, o Acórdão n° 121/2016 merece a devida reforma, devendo os autos serem remetidos a 2ª Câmara de Julgamento, considerando que as Câmara Adjuntas foram extintas, para que sejam submetidos a novo julgamento da matéria, e, emissão de novo Acórdão, observado o entendimento disposto no presente voto.

CONCLUSÃO: VOTO NO SENTIDO PARA CONHECER DO INCIDENTE DE UNIFORMIZAÇÃO DE JURISPRUDÊNCIA, PARA NO MÉRITO DAR-LHE PROVIMENTO.

Brasília, 25 de setembro de 2020.

SULAMITA CRISTINA DIAS
Relatora

MINISTÉRIO DA ECONOMIA-ME
SECRETARIA ESPECIAL DE PREVIDÊNCIA E TRABALHO
SECRETARIA DE PREVIDÊNCIA
CONSELHO DE RECURSOS DA PREVIDÊNCIA SOCIAL-CRPS
CONSELHO PLENO

Nº de Protocolo do Recurso: 44232.328591/2015-13
Documento/Benefício: 42/168.906.238-7
Unidade de origem: Agência da Previdência Social/ Varginha
Tipo do Processo: Pedido de Uniformização de Jurisprudência
Recorrente: Instituto Nacional do Seguro Social/INSS
Recorrido: Luís Gustavo Candido Rosa
Benefício: Aposentadoria por Tempo de Contribuição
Relatora: Sulamita Cristina Dias
Relator Voto Divergente: Gustavo Beirão Araújo

VOTO DIVERGENTE

PEDIDO DE UNIFORMIZAÇÃO DE JURSIPRUDÊNCIA. APOSENTADORIA ESPECIAL. ELETRICIDADE. ENQUADRAMENTO APÓS 05.03.1997. POSSIBILIDADE. TESE PACÍFICA NOS TRIBUNAIS SUPERIORES. DESJUDICIALIZAÇÃO. PRINCÍPIO DA JURIDICIDADE. PEDIDO DE CONHECIDO E NEGADO AO INSS.

Em 26 de setembro de 2018, foi realizada uma audiência pública promovida pelo Tribunal de Contas da União (TCU) com o tema: Judicialização dos benefícios concedidos pelo INSS. A Corte de Contas, por meio do ACÓRDÃO 2894/2018 ATA 48/2018 – PLENÁRIO – 05.12.2018[1], realizou um levantamento de auditoria[2] que verificou que em 2017 foram pagos em torno de R$ 92 bilhões em benefícios do INSS por decisão judicial, o equivalente a 15,1% da despesa total com benefícios previdenciários e assistenciais. Só em dezembro daquele ano R$ 3,8 bilhões eram referentes a benefícios judiciais (11,1%) da folha de pagamento da autarquia.

Outro dado apontado no levantamento foi o gasto de R$ 4,6 bilhões em 2016 com todo o aparelho estatal envolvido na análise dos benefícios (Justiça Federal, Procuradoria Geral Federal, INSS, Defensoria Pública da União), sendo a maior parte alocada na Justiça Federal – R$ 3,3 bilhões. A realização dessa tarefa envolveu 1.197 magistrados e 14.706 servidores desses órgãos que atuam no assunto, mesmo que não exclusivamente.

O relatório revela, também, que em 2016 o custo médio estimado do julgamento de um processo judicial previdenciário na 1ª instância da Justiça Federal foi de R$ 3.734,00, enquanto que o de um requerimento administrativo de benefício previdenciário foi de R$ 894,00. O custo médio de uma perícia administrativa, no mesmo ano, foi estimado em R$ 158,55, o que representa 60% do valor médio pago na Justiça Federal e 40% do valor médio pago na Justiça Estadual. E ainda, as multas aplicadas ao INSS em razão da demora no

[1] Disponível em: <https://contas.tcu.gov.br/pesquisaJurisprudencia/#/detalhamento/11/2235420174.PROC%2520/%2520/DTRELEVANCIA%2520desc%252C%2520NUMACORDAOINT%2520desc/false/1/false>. Acesso em: 28 dez. 2018.

[2] Disponível em: <https://contas.tcu.gov.br/sagas/SvlVisualizarRelVotoAcRtf?codFiltro=SAGAS-SESSAO-ENCERRADA&seOcultaPagina=S&item0=650574>. Acesso em: 28 dez. 2018.

MINISTÉRIO DA ECONOMIA-ME
SECRETARIA ESPECIAL DE PREVIDÊNCIA E TRABALHO
SECRETARIA DE PREVIDÊNCIA
CONSELHO DE RECURSOS DA PREVIDÊNCIA SOCIAL-CRPS
CONSELHO PLENO

cumprimento da obrigação judicial somaram mais de R$ 9.000.000,00, referentes a 1.342 precatórios ou RPV autuados, e sobre as quais os gestores não detêm informações gerenciais.

Ainda segundo o TCU, a grande maioria dos processos judiciais tramita na Justiça Federal, principalmente nos Juizados Especiais Federais. De 2014 a 2017, a maior parte dos processos na 1ª instância da Justiça Federal versou sobre benefícios por incapacidade (42%), aposentadoria por idade (11%), BPC (11%), aposentadoria por tempo de contribuição (8%), Revisões (6%) e Pensões por morte (6%).

De acordo com procuradores e magistrados que responderam a pesquisas realizadas durante a execução da auditoria, os fatores que mais contribuem para a ocorrência do fenômeno da judicialização dos benefícios do INSS são os incentivos processuais à litigância e a divergência de entendimento entre INSS e Poder Judiciário em matéria de fato ou na interpretação de normas legais ou constitucionais.

Os principais incentivos processuais mencionados são o benefício da assistência judiciária gratuita e a ausência de riscos ou ônus ao segurado no caso desse ser a parte vencida no processo.

As divergências entre o INSS e o Poder Judiciário são em relação a uma condição particular do segurado ou quanto a própria regra utilizada pelo INSS para o reconhecimento do direito. O motivo dessa divergência foi apontado por vários respondentes da pesquisa como decorrente de entendimentos mais favoráveis ao segurado por parte de membros do Poder Judiciário. A demora do INSS em internalizar entendimentos jurisprudenciais foi outro motivo apontado para as divergências.

Os critérios para comprovação de períodos de atividade especiais e de vínculos reconhecidos pela Justiça do Trabalho, entre outros, são as principais causas de divergência de interpretação nas ações providas quanto a aposentadorias por tempo de contribuição.

A possibilidade de recebimento de honorários advocatícios sobre parcelas atrasadas, inexistente na esfera administrativa, também é mencionada como um incentivo à judicialização. Foram pagos R$ 14,3 bilhões em RPV (previdenciários e assistenciais) em 2017, gerando significativo potencial em honorários.

Possíveis erros do INSS na análise administrativa também foram apontados como fator que contribui para a judicialização, embora com menor importância. Foram apontadas falhas como: não realização de pesquisas externas, entrevistas e justificações administrativas; ausência de motivação clara nos indeferimentos de benefícios; e deficiência na orientação ao segurado.

A atuação da Justiça Estadual também foi mencionada como fator que contribui para a judicialização, tendo sido associada a características como: pior qualidade dos laudos periciais; menor uniformidade de procedimentos; maior ocorrência de divergências jurisprudenciais; pouca familiaridade com o tema "direito previdenciário"; ocorrência de litispendência; maior frequência de antecipações de tutela; e alto custo das perícias judiciais.

Com base no que foi apresentado pelo TCU, é possível concluir que a judicialização das concessões de benefícios previdenciários e assistenciais custa caro ao país e que existem formas de reduzir esses números.

Acredita-se que é possível imprimir efetividade no Processo Administrativo Previdenciário (PAP), reduzindo o tempo de análise dos requerimentos, diminuindo-

MINISTÉRIO DA ECONOMIA-ME
SECRETARIA ESPECIAL DE PREVIDÊNCIA E TRABALHO
SECRETARIA DE PREVIDÊNCIA
CONSELHO DE RECURSOS DA PREVIDÊNCIA SOCIAL-CRPS
CONSELHO PLENO

se a judicialização, economizando-se recursos humanos, materiais e financeiros, trazendo credibilidade para o INSS e para o CRPS. Para isso, se faz necessário a adoção de algumas ações que demandam uma mudança de paradigma na Administração Pública, vontade política, cooperação entre os órgãos envolvidos, investimentos na estrutura e nos servidores públicos e tempo.

Para dar efetividade ao processo administrativo previdenciário é essencial uma mudança de paradigmas a fim de se concretizar o direito fundamental à proteção social. Imperioso reinterpretar e aplicar o princípio da legalidade de forma compatível com a atual configuração do Estado Democrático de Direito e com o novo cenário jurídico estabelecido pela Carta Magna, a partir da ótica pós-positivista conforme o atual cenário de constitucionalização do Direito.

A proposta é adotar o princípio da legalidade ampla, ou da juridicidade, no sentido de que a Administração continuará obrigada a seguir a lei, porém, conforme a compreensão dada pelo seu intérprete último, o Poder Judiciário. O PAP só caminhará na direção da efetividade se os órgãos administrativos que o conduzem tomarem decisões no mesmo sentido do que vem decidindo os tribunais superiores.

Com a transmutação da legalidade estrita para a legalidade em sentido amplo (juridicidade) os próprios atos normativos da Administração Pública internalizarão a interpretação judicial da lei. Será possível também aplicar o entendimento pacífico do Judiciário nas decisões administrativas, trazendo rapidez no reconhecimento de direitos, diminuição de demandas judiciais, economia de tempo e recursos, além de proporcionar segurança jurídica e uma sintonia entre as funções do Estado.

No que tange à possibilidade de enquadramento como especial da atividade exercida com exposição à eletricidade após a vigência do Decreto 2.172, de 5 de março de 1997, assim se posicionou o STJ em sede de Recurso Repetitivo:

> **Recurso especial. Matéria repetitiva. Art. 543-C do CPC e resolução STJ 8/2008. Recurso "representativo de controvérsia. Atividade especial". Agente eletricidade. Supressão pelo Decreto 2.172/1997 (anexo IV). Arts. 57 e 58 da Lei 8.213/1991. "Rol de atividades e agentes nocivos. Caráter exemplificativo. Agentes prejudiciais não previstos. Requisitos para caracterização. Suporte técnico médico e jurídico". Exposição permanente, não ocasional nem intermitente (art. 57, § 3º, da Lei 8.213/1991).** 1. Trata-se de Recurso Especial interposto pela autarquia previdenciária com o escopo de prevalecer a tese de que a supressão do agente eletricidade do rol de agentes nocivos pelo Decreto 2.172/1997 (Anexo IV) culmina na impossibilidade de configuração como tempo especial (arts. 57 e 58 da Lei 8.213/1991) de tal hipótese a partir da vigência do citado ato normativo. **2. À luz da interpretação sistemática, as normas regulamentadoras que estabelecem os casos de agentes e atividades nocivos à saúde do trabalhador são exemplificativas,** podendo ser tido como distinto o labor que a técnica médica e a legislação correlata considerarem como prejudiciais ao obreiro, desde que o trabalho seja permanente, não ocasional, nem intermitente, em condições especiais (art. 57, § 3º, da Lei 8.213/1991). Precedentes do STJ. **3. No caso concreto, o Tribunal de origem embasou-se em elementos técnicos (laudo pericial) e na legislação trabalhista para reputar como especial o trabalho exercido pelo recorrido, por consequência da exposição habitual à eletricidade, o que está de acordo com o entendimento fixado pelo STJ.** 4. Recurso Especial não provido. Acórdão submetido ao regime do art. 543-C do CPC e da Resolução 8/2008 do STJ. **(STJ – REsp: 1306113 SC 2012/0035798-8, Rel. Min. Herman Benjamin, Data de Julgamento: 14.11.2012, S1 – Primeira seção, Data de Publicação: DJe 07.03.2013).**

MINISTÉRIO DA ECONOMIA-ME
SECRETARIA ESPECIAL DE PREVIDÊNCIA E TRABALHO
SECRETARIA DE PREVIDÊNCIA
CONSELHO DE RECURSOS DA PREVIDÊNCIA SOCIAL-CRPS
CONSELHO PLENO

O entendimento restou pacificado no STJ[3], em decorrência de outros julgamentos no mesmo sentido de que comprovada a exposição à eletricidade, ainda que tal agente não conste do rol de atividades do Decreto 2.172/1997, é de ser reconhecida a especialidade do labor, na medida em que referida lista é meramente exemplificativa.

Observa-se que, até mesmo em matérias nas quais o Judiciário tem entendimentos pacificados em sede de Recursos Especiais Repetitivos e Recursos Extraordinários com Repercussão Geral reconhecida, a Administração insiste em não aplicar o princípio da juridicidade, em detrimento da legalidade estrita, fazendo com que o PAP careça de efetividade.

Toda a ordem jurídica deve ser lida e apreendida sob a lente da Constituição, de modo a realizar os valores nela consagrados, inclusive com a reinterpretação de institutos sob o prisma constitucional[4]. É nesse contexto que atualmente a doutrina vem construindo a ideia não mais de legalidade, mas sim de uma "juridicidade administrativa"[5], como se observa:

> A preferência que se confere à expressão deste princípio da juridicidade, e não apenas ao da legalidade como antes era afirmado, é que, ainda que se entenda este em sua generalidade (e não na especificidade da lei formal), não se tem a inteireza do Direito e a grandeza da Democracia em seu conteúdo como se tem naquele. [...] A transformação não é apenas de nome do princípio, mas do seu significado e, em especial, do seu conteúdo[6].

Tal acepção da legalidade administrativa de forma ampla vem crescendo na doutrina pátria, podendo-se citar Lucia Valle Figueiredo: "o princípio da legalidade é bem mais amplo do que a mera sujeição do administrador à lei, pois aquele, necessariamente, deve estar submetido também ao Direito, ao ordenamento jurídico, às normas e princípios constitucionais"[7].

Também, Carlos Ari Sundfeld:

> Administração não age apenas de acordo com a lei; subordina-se ao que se pode chamar de bloco de legalidade. Não basta a autorização legal: necessário atentar à moralidade administrativa, à boa fé, à igualdade, à boa administração, à razoabilidade, à proporcionalidade – enfim, aos princípios que adensam o conteúdo das imposições legais[8].

---

[3] **AgRg no REsp 1178994/PR, Rel. Min. Nefi Cordeiro, sexta turma, julgado em 24.03.2015, DJe 06.04.2015; REsp 1369269/PR, Rel. Min. Mauro Campbell Marques, segunda turma, julgado em 17.03.2015, DJe 23.03.2015; AgRg no REsp 1162041/GO, Rel. Min. Rogerio Schietti Cruz, sexta turma, julgado em 02.10.2014, DJe 13.10.2014; AgRg no AREsp 8440/PR, Rel. Ministra Alderita Ramos de Oliveira (Desembargadora Convocada do TJ/PE), sexta turma, julgado em 27.08.2013, DJe 09.09.2013; AgRg no AREsp 339415/SE, Rel. Min. Humberto Martins, segunda turma, julgado em 15.08.2013, DJe 26.08.2013; AgRg no REsp 1348411/RS, Rel. Min. Castro Meira, segunda turma, julgado em 04.04.2013, DJe 11.04.2013; AgRg no REsp 1267323/SC, Rel. Min. Og Fernandes, sexta turma, julgado em 02.08.2012, DJe 27.08.2012; AgRg no REsp 1168455/RS, Rel. Min. Marco Aurélio Bellizze, quinta turma, julgado em 12.06.2012, DJe 28.06.2012; AgRg no AREsp 35249/PR, Rel. Min. Vasco Della Giustina (Desembargador Convocado do TJ/RS), sexta turma, julgado em 24.04.2012, DJe 07.05.2012.**

[4] BARROSO, Luís Roberto. **Curso de direito constitucional contemporâneo**: os conceitos fundamentais e a construção do novo modelo. 5. ed. São Paulo: Saraiva, 2015. p. 402.

[5] MERKL, Adolf. **Teoria general del derecho administrativo**. México: Nacional, 1980. *passim*.

[6] ROCHA, Carmen Lúcia Antunes. **Princípios constitucionais da administração pública**. Belo Horizonte: Del Rey, 1994. p. 69-70.

[7] FIGUEIREDO, Lúcia Valle. **Curso de direito administrativo**. 5. ed. São Paulo: Malheiros, 2001. p. 42.

[8] SUNDFELD, Carlos Ari. **Direito administrativo ordenador**. São Paulo: Malheiros, 1997. p. 32.

MINISTÉRIO DA ECONOMIA-ME
SECRETARIA ESPECIAL DE PREVIDÊNCIA E TRABALHO
SECRETARIA DE PREVIDÊNCIA
CONSELHO DE RECURSOS DA PREVIDÊNCIA SOCIAL-CRPS
CONSELHO PLENO

E ainda Vladimir da Rocha França: "A juridicidade cuida da compatibilidade formal e substancial da atividade administrativa com o ordenamento jurídico instituído pela lei, que concede o ponto de partida do processo de concretização da função administrativa"[9].

Nesse sentido, ao se adotar o princípio da legalidade ampla, ou da juridicidade, a Administração fica obrigada a seguir a lei, conforme a compreensão dada pelo Poder Judiciário. "Assim, a conclusão administrativa contrária à jurisprudência dominante importa, ao final, na violação do conteúdo da lei e, conseguintemente, do princípio da legalidade"[10]. Portanto, será um passo em direção a uma maior credibilidade e efetividade do processo administrativo previdenciário, se na sua condução for aplicada a lei, em conformidade com a interpretação estabelecida pela jurisprudência dos tribunais.

Ao aplicar o Direito conforme valores e princípios constitucionais na condução do PAP, a Administração Pública terá a possibilidade de adequar – e até mesmo não aplicar – certos dispositivos da legislação desconexos com o texto constitucional. Será possível, inclusive, afastar norma já declarada inconstitucional pelo Judiciário, e aplicar em âmbito administrativo as teses já decididas em demandas repetitivas pelos tribunais superiores.

Não se trata aqui de ignorar o princípio da legalidade, mas sim de reinterpretá-lo sob o prisma do neoconstitucionalismo, do pós-positivismo e pelos princípios da eficiência e da efetividade do processo[11].

Obviamente, o controle de constitucionalidade de leis não pode ser realizado pela Administração, posto que lhe carece competência para tal. Não se pode olvidar que é o Poder Judiciário quem tem a competência para controlar a constitucionalidade de normas, conforme art. 97[12] da Lei Fundamental.

O que se propõe é adotar o princípio da legalidade ampla, ou da juridicidade, no sentido de que a Administração continuará obrigada a seguir a lei, porém, conforme a compreensão dada pelo seu intérprete máximo e derradeiro, o Poder Judiciário, nos termos dos inc. I, "a" e III do art. 102 e do inc. III do art. 105, todos da Constituição Federal:

> **Art. 102.** Compete ao Supremo Tribunal Federal, precipuamente, a guarda da Constituição, cabendo-lhe:
>
> I – processar e julgar, originariamente:

---

9 FRANÇA, Vladimir da Rocha. **Invalidação judicial da discricionariedade administrativa no regime jurídico-administrativo brasileiro**. Rio de Janeiro: Forense, 2001. p. 83.

10 ARRUDA PINTO, Sabrina Bonfim de. Súmula vinculante e sua efetividade no processo previdenciário. *In*: GONÇALVES, Ionas Deda (Coord.). **Olhar atual sobre temas previdenciários**. São Paulo: Claris, 2017. p. 140.

11 José Carlos Barbosa Moreira no seu Notas sobre o problema da efetividade. **Temas de Direito Processual**. 3ª série. São Paulo: Saraiva, 1984, ensina que o processo efetivo consubstancia-se da seguinte forma: i) necessidade do processo dispor, essencialmente, de mecanismos de tutela adequados a todos os direitos ou a outras posições jurídicas de benefício; ii) que os referidos mecanismos possam ser faticamente utilizáveis pelos titulares dos direitos ou em favor deles iii) que os meios probantes reconhecidos sejam capazes de assegurar condições propícias à precisa e completa reconstituição dos fatos proeminentes, em correspondência com a realidade; iv) que o resultado do processo seja tal que assegure à parte vencedora o gozo pleno do bem jurídico a que faz jus; v) que o jurisdicionado possa atingir semelhante resultado dentro do menor tempo e com o menor gasto possível.

12 ***Art. 97****. Somente pelo voto da maioria absoluta de seus membros ou dos membros do respectivo órgão especial poderão* ***os tribunais declarar a inconstitucionalidade de lei ou ato normativo do Poder Público****.*

MINISTÉRIO DA ECONOMIA-ME
SECRETARIA ESPECIAL DE PREVIDÊNCIA E TRABALHO
SECRETARIA DE PREVIDÊNCIA
CONSELHO DE RECURSOS DA PREVIDÊNCIA SOCIAL-CRPS
CONSELHO PLENO

a) a ação direta de inconstitucionalidade de lei ou ato normativo federal ou estadual e a ação declaratória de constitucionalidade de lei ou ato normativo federal; (Redação dada pela Emenda Constitucional 3, de 1993)

(...)

III – julgar, mediante recurso extraordinário, as causas decididas em única ou última instância, quando a decisão recorrida:

a) contrariar dispositivo desta Constituição;

b) declarar a inconstitucionalidade de tratado ou lei federal;

c) julgar válida lei ou ato de governo local contestado em face desta Constituição.

d) julgar válida lei local contestada em face de lei federal. (Incluída pela Emenda Constitucional 45, de 2004)

Art. 105. Compete ao Superior Tribunal de Justiça:

(...)

III – julgar, em recurso especial, as causas decididas, em única ou última instância, pelos Tribunais Regionais Federais ou pelos tribunais dos Estados, do Distrito Federal e Territórios, quando a decisão recorrida:

a) contrariar tratado ou lei federal, ou negar-lhes vigência;

b) julgar válido ato de governo local contestado em face de lei federal; (Redação dada pela Emenda Constitucional 45, de 2004)

c) der a lei federal interpretação divergente da que lhe haja atribuído outro tribunal.

A jurisprudência dos tribunais superiores pode contribuir para a efetividade do PAP, conforme foi estabelecido pelo Código de Processo Civil de 2015:

Art. 927. Os juízes e os tribunais observarão:

I – as decisões do Supremo Tribunal Federal em controle concentrado de constitucionalidade;

II – os enunciados de súmula vinculante;

III – os acórdãos em incidente de assunção de competência ou de resolução de demandas repetitivas e em julgamento de recursos extraordinário e especial repetitivos;

IV – os enunciados das súmulas do Supremo Tribunal Federal em matéria constitucional e do Superior Tribunal de Justiça em matéria infraconstitucional;

V – a orientação do plenário ou do órgão especial aos quais estiverem vinculados.

Art. 928. Para os fins deste Código, considera-se julgamento de casos repetitivos a decisão proferida em:

I – incidente de resolução de demandas repetitivas;

II – recursos especial e extraordinário repetitivos.

Parágrafo único. O julgamento de casos repetitivos tem por objeto questão de direito material ou processual.

O CPC não deixou margem discricionária para que juízes e tribunais deixassem de aplicar o entendimento firmado:

a) nas decisões do STF em controle concentrado de constitucionalidade;

MINISTÉRIO DA ECONOMIA-ME
SECRETARIA ESPECIAL DE PREVIDÊNCIA E TRABALHO
SECRETARIA DE PREVIDÊNCIA
CONSELHO DE RECURSOS DA PREVIDÊNCIA SOCIAL-CRPS
CONSELHO PLENO

b) nas súmulas vinculantes, nas súmulas do STF em matéria constitucional e nas súmulas do STJ em matéria infraconstitucional;

c) nos incidentes de assunção de competência (IAC), incidentes de resolução de demandas repetitivas (IRDR), recursos especiais repetitivos e recursos extraordinários com repercussão geral reconhecida;

As decisões e teses proferidas nos instrumentos acima obrigam o próprio Poder Judiciário a aplicá-las. Portanto, é despropositado que a Administração, tendo conhecimento do teor das decisões e teses já firmadas, e até mesmo pacificadas nos moldes acima mencionados, aplicar entendimento diverso, sabendo que o Judiciário vai reformar tal decisão administrativa.

Portanto, tornar-se-á o processo administrativo previdenciário mais efetivo se as leis forem aplicadas conforme interpretação estabelecida:

1) Pelo STF:

a) nas decisões em controle concentrado de constitucionalidade (ADI, ADC, ADPF);

b) nos recursos extraordinários com repercussão geral reconhecida;

c) nos incidentes de assunção de competência (IAC) e incidentes de resolução de demandas repetitivas (IRDR);

d) nas súmulas vinculantes e nas súmulas em matéria constitucional.

2) Pelo STJ:

a) nos recursos especiais repetitivos;

b) nos incidentes de assunção de competência (IAC) e incidentes de resolução de demandas repetitivas (IRDR);

c) nas súmulas em matéria infraconstitucional.

Em que pese a possibilidade de Recurso Extraordinário para o STF mesmo em recursos repetitivos, acredita-se que quando as interpretações da lei forem consubstanciadas nas decisões emanadas do STJ, na forma do art. 927 do CPC, a Administração deve sim aplicar a interpretação do Tribunal da Cidadania, pois ele é o tribunal competente para interpretar lei federal, nos termos do art. 105, III da Carta Magna. Até porque, se a matéria não envolver ofensa direta à Constituição o STF não conhecerá do recurso.

O caminho da efetividade do PAP aponta para a internalização da interpretação da lei conferida pelos tribunais superiores, nos termos acima apresentados, na própria normatização interna da Administração (Instruções Normativas, Portarias, Resoluções, Pareceres, Notas Técnicas etc.). Este fato possibilitará maior rapidez no reconhecimento de direitos, diminuindo a quantidade de demandas judiciais, economizando tempo e recursos, além de proporcionar segurança jurídica.

Oportuna é a lição da professora Di Pietro[13]:

> No direito positivo brasileiro, esse postulado, além de referido no artigo 37, está contido no artigo 5º, inc. II, da Constituição Federal que, repetindo preceito de Constituições anteriores, estabelece que "ninguém será obrigado a fazer ou deixar de fazer alguma coisa senão em

[13] DI PIETRO, Maria Sylvia Zanella. **Direito administrativo**. 27. ed. São Paulo: Atlas, 2014. p. 65.

MINISTÉRIO DA ECONOMIA-ME
SECRETARIA ESPECIAL DE PREVIDÊNCIA E TRABALHO
SECRETARIA DE PREVIDÊNCIA
CONSELHO DE RECURSOS DA PREVIDÊNCIA SOCIAL-CRPS
CONSELHO PLENO

virtude de lei". **Em decorrência disso, a Administração Pública não pode, por simples ato administrativo, conceder direitos de qualquer espécie, criar obrigações ou impor vedações aos administrados; para tanto, ela depende de lei.** (grifo nosso)

Enquanto prevalecer a lógica da legalidade estrita e sua vinculação exacerbada, fechando-se os olhos aos ditames constitucionais, o processo administrativo previdenciário estará longe de alcançar a efetividade.

Ademais, estão à frente novos tempos em que as demandas da sociedade no que se refere a direitos fundamentais, como no caso dos direitos sociais, não podem ficar sem resposta eficaz, eficiente, efetiva, célere e adequada. Nesse cenário, aderimos ao ensinamento de Barroso:

> Por fim, mais decisivo que tudo para a constitucionalização do direito administrativo, foi a incidência no seu domínio dos princípios constitucionais – não apenas os específicos, mas sobretudo os de caráter geral, que se irradiam por todo o sistema jurídico. Também aqui, a **partir da centralidade da dignidade humana e da preservação dos direitos fundamentais, alterou-se a qualidade das relações entre Administração e administrado, com a superação ou reformulação de paradigmas tradicionais**. Dentre eles é possível destacar:
>
> [...]
>
> b) a vinculação do administrador à Constituição e não apenas à lei ordinária
>
> **Supera-se, aqui, a ideia restrita da vinculação positiva do administrador à lei, na leitura convencional do princípio da legalidade, pela qual sua atuação estava pautada por aquilo que o legislador determinasse ou autorizasse. O administrador pode e deve atuar tendo por fundamento direto a Constituição e independentemente, em muitos casos, de qualquer manifestação do legislador ordinário. O princípio da legalidade transmuda-se, assim, em princípio da constitucionalidade ou, talvez mais propriamente, em princípio da juridicidade, compreendendo sua subordinação à Constituição e à lei, nessa ordem**[14]. (grifo nosso)

Uma vez prevalecendo a "teimosia" da Administração em não adotar entendimentos já pacíficos no Judiciário, vinculando-se cegamente ao princípio da legalidade estrita em relação a atos administrativos que se contrapõem aos valores e princípios constitucionais, bem como à pacífica jurisprudência dos tribunais superiores, o processo administrativo previdenciário, como um todo, nunca será plenamente efetivo.

Portanto, a legalidade em sentido amplo (ou a juridicidade) nos parece ser a única das acepções possíveis do princípio da legalidade que se encaixa no Estado Democrático de Direito e numa era de constitucionalização do Direito. Não se vislumbra, por exemplo, a Administração aplicar uma lei já considerada inconstitucional pelo Judiciário, simplesmente porque é uma lei.

Dar sentido diverso do que foi dado pelos tribunais superiores, inclusive em recursos repetitivos ou com repercussão geral reconhecida, obrigando o beneficiário a

---

[14] BARROSO, Luís Roberto. **Curso de direito constitucional contemporâneo**: os conceitos fundamentais e a construção do novo modelo. 5. ed. São Paulo: Saraiva, 2015. p. 413-414.

MINISTÉRIO DA ECONOMIA-ME
SECRETARIA ESPECIAL DE PREVIDÊNCIA E TRABALHO
SECRETARIA DE PREVIDÊNCIA
CONSELHO DE RECURSOS DA PREVIDÊNCIA SOCIAL-CRPS
CONSELHO PLENO

ter negado o seu direito na via administrativa para só depois conseguir efetivá-lo na via judicial, não se coaduna com os valores de bem-estar e justiça sociais.

CONCLUSÃO: VOTO NO SENTIDO PARA CONHECER DO INCIDENTE DE UNIFORMIZAÇÃO DE JURISPRUDÊNCIA, PARA NO MÉRITO NEGAR-LHE PROVIMENTO.

Brasília, 25 de setembro de 2020.

GUSTAVO BEIRÃO ARAUJO
Conselheiro representante do Governo

MINISTÉRIO DA ECONOMIA-ME
SECRETARIA ESPECIAL DE PREVIDÊNCIA E TRABALHO
SECRETARIA DE PREVIDÊNCIA
CONSELHO DE RECURSOS DA PREVIDÊNCIA SOCIAL-CRPS
CONSELHO PLENO

DECISÓRIO

RESOLUÇÃO Nº 40 /2020

Vistos e relatados os presentes autos, em sessão realizada hoje, **ACORDAM** os membros do Conselho Pleno, por **MAIORIA**, no sentido de **CONHECER DO INCIDENTE DE UNIFORMIZAÇÃO DE JURISPRUDÊNCIA**, para, no mérito **DAR-LHE PROVIMENTO**, de acordo com o Voto da Relatora e sua fundamentação. Vencido **VOTO DIVERGENTE** do Conselheiro Gustavo Beirão Araújo. Vencido ainda os Conselheiros (a) Paulo Sérgio de Carvalho Costa Ribeiro, Moisés Oliveira Moreira, Valter Sérgio Pinheiro Coelho.

Participaram, ainda, do presente julgamento os (as) Conselheiros (as): Robson Ferreira Maranhão, Vânia Pontes Santos, Maria Madalena Silva Lima, Renato Agostinho das Chagas, Maria José de Paula Moraes, Imara Sodré Neto, Guilherme Lustosa Pires, Rodolfo Espinel Donadon, Alexandra Álvares de Alcântara, Tarsila Otaviano da Costa e Adriene Cândida Borges.

Brasília-DF, 25 de setembro de 2020

SULAMITA CRISTINA DIAS
Relatora

MARCELO FERNANDO BORSIO
Presidente

168.906.238-7 16

3.1.41 Resolução 41/2020 (empregado/doméstico/benefício/mínimo/período/anterior/ LC 150/2015/artigo 36/Lei 8.213)

Objeto: Trata-se de Resolução que julgou Reclamação interposta pelo INSS alegando que a decisão da Câmara de Julgamento violou o Parecer Vinculante CONJUR MPS 672/2012.

Decisão: Improvida.

Tese jurídica: Anteriormente à LC 150/2015, o empregado doméstico faz jus ao benefício mínimo (art. 36, Lei 8.213/91) na hipótese de não recolhimento da contribuição previdenciária pelo empregador doméstico.

MINISTÉRIO DA ECONOMIA-ME
SECRETARIA ESPECIAL DE PREVIDÊNCIA E TRABALHO
SECRETARIA DE PREVIDÊNCIA
CONSELHO DE RECURSOS DA PREVIDÊNCIA SOCIAL-CRPS
CONSELHO PLENO

N° de Protocolo do Recurso: 44232.504443/2015-10
Documento/Benefício: 41/172.253.725-3
Unidade de origem: Agência da Previdência Social/ Itatinga
Tipo do Processo: Reclamação ao Conselho Pleno
Recorrente: Instituto Nacional do Seguro Social/INSS
Recorrido: Dircy Canhete Velho – Titular Capaz
Benefício: Aposentadoria por Idade
Relatora: Sulamita Cristina Dias

(Processo Eletrônico)

Relatório

Cuidam os autos de pedido de RECLAMAÇÃO AO CONSELHO PLENO, formulado pelo **Instituto Nacional do Seguro Social - INSS**, em face de o v. Acórdão n° 365/2016, proferido pela d. 2ª Câmara de Julgamento, que por unanimidade, negou provimento ao recurso especial interposto pelo INSS.

No acórdão regional, a 2ª Câmara de Julgamento, promoveu o cômputo do vínculo laborado como empregada doméstica, anotado na carteira de trabalho, para o período de 29/07/1991 a 10/09/1992, visto que em se tratando de benefício de um salário mínimo deve ser aplicado o item III, da conclusão do Parecer/CONJUR/MPS n° 672/2012, sendo verificada rasura somente no dia da data de desligamento, e, comprovada a data correta através de declaração da empregadora., gerando a concessão do benefício aposentadoria por idade, conforme requerido por **Dircy Canhete Velho** (fls.57/60).

Insta registrar, que a interessada formulou o pedido de concessão do benefício – Aposentadoria por Idade – em **10/06/2015**, nascido em 27/09/1933, aos 81 anos na DER – Data de Entrada do Requerimento.

Consoante se depreende da documentação colacionada aos autos, o benefício foi indeferido inicialmente pela Autarquia, porquanto não foi apurada carência necessária, conforme a tabela progressiva contida no art. 142 da Lei n° 8.213/1991, excluído da contagem **29/07/1991 a 10/09/1992**, laborado como empregada doméstica, para a empregadora Célia Aparecida Pinto, não fazendo jus a concessão da aposentadoria por idade urbana (fls.38).

MINISTÉRIO DA ECONOMIA-ME
SECRETARIA ESPECIAL DE PREVIDÊNCIA E TRABALHO
SECRETARIA DE PREVIDÊNCIA
CONSELHO DE RECURSOS DA PREVIDÊNCIA SOCIAL-CRPS
CONSELHO PLENO

A d. 15ª Junta de Recursos deu provimento ao pedido formulado, promovendo o cômputo do período de 29/07/1991 a 10/09/1992, fundamentado no artigo 36 da Lei nº 8.213/91, alcançando carência suficiente para a concessão do benefício, ora vindicado no requerimento inicial (fls.47/49).

Recurso especial interposto pelo INSS, no qual apresenta seu inconformismo, impugnando o cômputo do vínculo de empregada doméstica, tendo em vista o disposto na Questão 19 do o Parecer /CONJUR/MPS/Nº 616, de 17/12/2010 e o art. 146 da Instrução Normativa nº 77/2015 (fls.51/52).

A d. 2ª Câmara de Julgamento exarou a decisão no acórdão nº 1628/2016, negando provimento ao recurso especial interposto pelo INSS (fls.57/60).

Diante da decisão alhures, o INSS maneja adiante, o pedido **Reclamação ao Conselho Pleno,** tendo em vista que a interessada não está amparada pela interessada não está amparada pelo que prevê o Parecer/CJ-MPS/CGU/AGU nº672/2012, tendo em vista que na DER a interessada estava vinculada ao RGPS na qualidade de contribuinte individual, ou seja, não exercia a atividade de doméstica quando veio requerer o benefício, portanto não se enquadra na exceção do benefício do artigo 36 da Lei 8.213/91, não fazendo jus a concessão do benefício (fls.61/62).

Devidamente intimada a interessada não apresentou contrarrazões ao incidente proposto.

Os autos foram encaminhados a Divisão de Assuntos Jurídicos – DAJ que exarou o Despacho CRSS/DIJUR/ASC nº 181/2017 (fls.78/80).

Manifestação da interessada solicitando a tramitação preferencial, tendo em vista a idade superior a 80 anos.

O incidente foi admitido que por cognição sumária, visto que evidenciou a divergência na matéria submetida no julgado *a quo*, aquela prolatada no paradigma, vindo conclusos os autos para análise e decisão.

É o relatório.

VOTO

EMENTA: PEDIDO DE RECLAMAÇÃO AO CONSELHO PLENO. APOSENTADORIA POR IDADE. EMPREGADA DOMÉSTICA. PERÍODO ANOTADO NA CTPS COMPUTADO. DESNECESSIDADE DE A ATIVIDADE DE DOMÉSTICA NA DER. INTELIGÊNCIA DOS ARTIGOS 36, 48, §1º E 142

MINISTÉRIO DA ECONOMIA-ME
SECRETARIA ESPECIAL DE PREVIDÊNCIA E TRABALHO
SECRETARIA DE PREVIDÊNCIA
CONSELHO DE RECURSOS DA PREVIDÊNCIA SOCIAL-CRPS
CONSELHO PLENO

DA LEI Nº 8.213/91 E ARTIGOS 20, §1, 62, §1º DO DECRETO Nº 3.048/99, LEI Nº 3.807/1960, LEI COMPLEMENTAR 150/2015. NO SEU ART. 3º. PEDIDO DE RECLAMAÇÃO AO INSS CONHECIDO E IMPROVIDO.

Pedido de Reclamação ao Conselho Pleno proposto tempestivamente pelo **Instituto Nacional do Seguro Social - INSS** tempestivo nos termos do §3º do artigo 64, da Portaria/MDS nº 116, de 20 de março de 2017, que regulamento o Regimento Interno deste c. Conselho de Recurso da Previdência Social – CRPS.

1. Da insurgência quanto ao incidente proposto

O pedido de Reclamação se encontra disciplinado pelos artigos 3º, inciso II e 64, do Regimento Interno do CRPS, confira-se:

"Art. 3º Ao Conselho Pleno compete:
I - uniformizar, em tese, a jurisprudência administrativa previdenciária e assistencial, mediante emissão de Enunciados;
II - uniformizar, no caso concreto, as divergências jurisprudenciais entre as Juntas de Recursos nas matérias de sua alçada ou entre as Câmaras de julgamento em sede de Recurso Especial, mediante a emissão de Resolução; e
III - decidir, no caso concreto, as Reclamações ao Conselho Pleno, mediante a emissão de Resolução."

"Art. 64. A Reclamação ao Conselho Pleno poderá ocorrer, no caso concreto, por requerimento das partes do processo, dirigido ao Presidente do CRSS, somente quando os acórdãos das Juntas de Recursos do CRSS, em matéria de alçada, ou os acórdãos de Câmaras de Julgamento do CRSS, em sede de Recurso Especial, infringirem:
I - Pareceres da Consultoria Jurídica do MDSA, aprovados pelo Ministro de Estado do Desenvolvimento Social e Agrário, bem como, Súmulas e Pareceres do Advogado-Geral da União, na forma da Lei Complementar nº 73, de 10 de fevereiro de 1993;
II - Pareceres da Consultoria Jurídica dos extintos MPS e MTPS, vigentes e aprovados pelos então Ministros de Estado da Previdência Social e do Trabalho e Previdência Social;
III - Enunciados editados pelo Conselho Pleno."

Nesse sentido, assevera-se que o expediente apresentado deve se ater a matéria de direito, não se prestando a reapreciar a matéria fático probatória ou solucionar divergência em matéria de provas.

No caso em comento, o INSS insurge no bojo do incidente aduzindo que o período de 29/07/1991 a 10/09/1992, não pode ser computado para fins de carência, visto que não houve recolhimentos, requerendo a reforma do Acórdão.

MINISTÉRIO DA ECONOMIA-ME
SECRETARIA ESPECIAL DE PREVIDÊNCIA E TRABALHO
SECRETARIA DE PREVIDÊNCIA
CONSELHO DE RECURSOS DA PREVIDÊNCIA SOCIAL-CRPS
CONSELHO PLENO

Alega ainda que os dispositivos legais que embasaram a decisão Colegiada (Parecer CONJUR/MPS nº 672/2012 / Art. 36 da Lei nº 8.213/91), somente se aplicam à empregada doméstica "em gozo de suas funções".

Aduz que, na DER a interessada estava vinculada ao RGPS na qualidade de contribuinte individual, ou seja, não exercia a atividade de doméstica quando veio requerer o benefício, portanto não se enquadra na exceção do benefício do artigo 36 da Lei 8.213/91. Para cômputo do período de carência da interessada, deve ser aplicado o disposto no artigo 28, inciso II, do Regulamento da Previdência Social, aprovado pelo Decreto 3048/99:

Quanto a irresignação da Autarquia, melhor sorte não a assiste.

A Lei nº 3.807/1960, no seu art. 3º não excluiu o empregado doméstico da filiação obrigatória. Posteriormente, incluiu com a modificação introduzida pelo seu art. 5º, I, a, expressamente inclui essa categoria na filiação obrigatória. Atualmente, o empregado doméstico mantém essa qualidade por força do art. 11, I, "j", da Lei 8.213/91.

Ademais a LC 150/2015 prevê o parcelamento de débitos previdenciários pelo empregador, para débitos com vencimento até 2013, portanto, caso haja débitos a ser recebidos dos empregadores, cabe a Autarquia efetivar a cobrança do respectivo empregador doméstico.

Confira-se:

"Art. 39. É instituído o Programa de Recuperação Previdenciária dos Empregadores Domésticos (Redom), nos termos desta Lei.

Art. 40. Será concedido ao empregador doméstico o parcelamento dos débitos com o Instituto Nacional do Seguro Social (INSS) relativos à contribuição de que tratam os arts. 20 e 24 da Lei no 8.212, de 24 de julho de 1991, com vencimento até 30 de abril de 2013."

Assim, comprovada a prestação do serviço no período questionado, e, sendo o empregado doméstico filiado obrigatório da previdência, com o simples registro em carteira conforme preconiza o art. 20, §1º do Decreto nº 3.048/99, a interessada tem direito à contagem e averbação do tempo de serviço prestado naquela condição.

MINISTÉRIO DA ECONOMIA-ME
SECRETARIA ESPECIAL DE PREVIDÊNCIA E TRABALHO
SECRETARIA DE PREVIDÊNCIA
CONSELHO DE RECURSOS DA PREVIDÊNCIA SOCIAL-CRPS
CONSELHO PLENO

O não recolhimento ou recolhimentos em atraso de contribuições previdenciárias, não impede o exercício do direito, até porque essa obrigação é do empregador (art. 79, da Lei 3.807/60 e 30, I, da Lei 8.213/91).

Sobre o tema os seguintes precedentes:

"PREVIDENCIÁRIO - APOSENTADORIA POR TEMPO DE SERVIÇO – EMPREGADA DOMÉSTICA - - CÔMPUTO DO PERÍODO ANTERIOR À INCLUSÃO DA PROFISSÃO NO REGIME GERAL DE PREVIDÊNCIA SOCIAL - POSSIBILIDADE.

1. A eventual falta de recolhimento das contribuições, pelo empregador, não impede a concessão de benefício previdenciário ao empregado (art. 30, I, a, da Lei n° 8.213/91).

2. Computa-se, para fins de concessão de benefício previdenciário, o período laborativo anterior à data da inclusão da profissão no Regime Geral da Previdência Social. (art. 60, I, Dec. 3.448/99).

3. Comprovado o exercício da profissão de doméstica no período compreendido entre 09/01/1962 a 31/12/1973, por meio de anotações na CTPS, faz jus a autora ao reconhecimento e à averbação do tempo de serviço anterior ao da inserção da profissão de empregado doméstico no Regime Geral de Previdência Social.

4. Apelação do INSS improvida e remessa oficial prejudicada.

5. Sentença confirmada.(AC 1998.01.00.000124-9/MG, Rel Juiz Derivaldo De Figueiredo Bezerra Filho (conv.), Primeira Turma Suplementar (inativa),DJ p.553 de 21/01/2002) PREVIDENCIÁRIO - APOSENTADORIA POR TEMPO DE SERVIÇO – EMPREGADA

E, esse é o entendimento do Enunciado n° 2, inciso I, do CRPS, confira-se:

"Não se indefere benefício sob fundamento de falta de recolhimento de contribuição previdenciária quando a responsabilidade tributária não competir ao segurado.

I - Considera-se presumido o recolhimento das contribuições do segurado empregado, inclusive o doméstico, do trabalhador avulso e, a partir da competência abril de 2003, do contribuinte individual prestador de serviço."

Reforça-se, os fundamentos acima mencionados o art. 36 da Lei n° 8.213/91.

Como se vê, a pretensão do INSS não encontra guarida na própria norma exarada pela legislação previdenciária e na jurisprudência do CRPS, razão pela qual deve ser negado provimento ao pedido de reclamação, pelos fundamentos acima delineados.

Diante do exposto, o Acórdão n° 1628/2016 não carece de reparos, observado o entendimento disposto no presente voto.

MINISTÉRIO DA ECONOMIA-ME
SECRETARIA ESPECIAL DE PREVIDÊNCIA E TRABALHO
SECRETARIA DE PREVIDÊNCIA
CONSELHO DE RECURSOS DA PREVIDÊNCIA SOCIAL-CRPS
CONSELHO PLENO

CONCLUSÃO: VOTO NO SENTIDO DE CONHECER DO PEDIDO DE RECLAMAÇÃO AO CONSELHO PLENO, PARA NO MÉRITO NEGAR-LHE PROVIMENTO.

Brasília-DF, 25 de setembro de 2020

SULAMITA CRISTINA DIAS
Relatora

MINISTÉRIO DA ECONOMIA-ME
SECRETARIA ESPECIAL DE PREVIDÊNCIA E TRABALHO
SECRETARIA DE PREVIDÊNCIA
CONSELHO DE RECURSOS DA PREVIDÊNCIA SOCIAL-CRPS
CONSELHO PLENO

DECISÓRIO

RESOLUÇÃO Nº 41/2020

Vistos e relatados os presentes autos, em sessão realizada hoje, **ACORDAM** os membros do Conselho Pleno, por **UNANIMIDADE**, no sentido de **CONHECER DO PEDIDO DE RECLAMAÇÃO AO CONSELHO PLENO**, para, no mérito, **NEGAR-LHE PROVIMENTO**, de acordo com o Voto da Relatora e sua fundamentação.

Participaram, ainda, do presente julgamento os (as) Conselheiros (as): Robson Ferreira Maranhão, Vânia Pontes Santos, Gustavo Beirão Araújo, Paulo Sérgio de Carvalho Costa Ribeiro, Maria Madalena Silva Lima, Renato Agostinho das Chagas, Moisés Oliveira Moreira, Maria José de Paula Moraes, Imara Sodré Sousa Neto, Guilherme Lustosa Pires, Valter Sérgio Pinheiro Coelho, Rodolfo Espinel Donadon, Alexandra Álvares de Alcântara e Tarsila Otaviano da Costa e Adriene Cândida Borges.

Brasília-DF, 25 de setembro de 2020

SULAMITA CRISTINA DIAS
Relatora

MARCELO FERNANDO BORSIO
Presidente

3.1.42 Resolução 42/2020 (LOAS/vínculos/CNIS/omissão/má-fé)

Objeto: Trata-se de Pedido de Uniformização de Jurisprudência interposto por segurado por suposta divergência de posicionamento entre Câmaras de Julgamento.

Decisão: Improvido.

Tese jurídica: Determinação de revisão de BPC/LOAS por ato do TCU em razão de registro de vínculos de emprego no CNIS. Caracterização de má-fé do titular do benefício por omissão.

MINISTÉRIO DA ECONOMIA-ME
SECRETARIA ESPECIAL DE PREVIDÊNCIA E TRABALHO
SECRETARIA DE PREVIDÊNCIA
CONSELHO DE RECURSOS DA PREVIDÊNCIA SOCIAL-CRPS
CONSELHO PLENO

Nº de Protocolo do Recurso: 36034.004168/2014-58
Documento/Benefício: 87/100.490.936-2
Unidade de origem: Agência da Previdência Social/Cuiabá-Coxipó-MT
Tipo do Processo: Pedido de Uniformização de Jurisprudência
Recorrente: Edson Rocha das Neves
Recorrido: Instituto Nacional do Seguro Social/INSS
Benefício: Benefício de Prestação Continuada da Assistência Social à Pessoa com Deficiência.
Relatora: Sulamita Cristina Dias

(Processo Eletrônico)

Relatório

Cuidam os autos de pedido de **UNIFORMIZAÇÃO DE JURISPRUDÊNCIA**, formulado por **Edson Rocha das Neves**, em face de o v. Acórdão nº 1896/2016, proferido pela d. 1ª Câmara de Julgamento.

No acórdão proferido pela 1ª Câmara de Julgamento negou provimento ao recurso especial interposto por Edson Rocha das Neves afastando o restabelecimento do benefício, bem como ratificando o entendimento da Junta de Recursos, quanto a devolução integral dos valores, conforme o disposto nos artigos 75 e 76 da Portaria Conjunta SPS/INSS/SNAS nº 2 de 19/09/2014 (fls.83/86).

Insta registrar, que o Benefício Assistencial de Amparo ao Deficiente, concedido ao interessado em 22/07/1996 foi objeto de apuração de indício de irregularidade, instaurado por determinação contida no Acórdão nº 668/2009, pelo Tribunal de Contas da União – TCU (fls.01/03).

Consoante se depreende da documentação colacionada aos autos, o benefício foi revisado em decorrência de vínculos empregatícios constatados no Cadastro Nacional de Informações Sociais – CNIS – nos períodos de 30/04/2002 no Regime Estatutário em aberto, de 01/09/2006 a 01/02/2007 e 02/07/2007 a 28/03/2008 (fls.05/07).

No decorrer do processo, o recorrente foi submetido a perícia revisional, onde restou constatada e mantida a incapacidade a longo prazo, consoante se depreende do art. 20, parágrafo 2º, da Lei nº 8.213/1991 (fls.15).

100.490.936-2 1

MINISTÉRIO DA ECONOMIA-ME
SECRETARIA ESPECIAL DE PREVIDÊNCIA E TRABALHO
SECRETARIA DE PREVIDÊNCIA
CONSELHO DE RECURSOS DA PREVIDÊNCIA SOCIAL-CRPS
CONSELHO PLENO

Planilha de débitos para o período de 30/04/2002 a 30/09/2014, colacionadas às fls.15/24.

Em análise ao recurso ordinário ora interposto pelo interessado, a d. 23ª Junta de Recursos, no Acórdão nº 2539/2015, por unanimidade, deu provimento parcial ao pedido formulado, afastando a tese do Princípio da Irrepetibilidade dos Alimentos e da Boa-Fé, em atenção ao art. 48 do Decreto nº 6.214/2007 e contido no Parecer/CONJUR nº 616/2010, determinando a devolução dos valores percebidos indevidamente, contudo respeitada prescrição quinquenal, na forma do disposto do art.103, parágrafo Único, da Lei nº 8.213/1991 (fls.45/47).

Recurso especial interposto pelo interessado, repisando os fundamentos delineados no recurso ordinário, de que deve ser afastada a cobrança dos valores percebidos, conquanto os Princípios basilares que regem a matéria, e, se caso este não seja o entendimento, requer seja mantido o *"**reconhecimento da prescrição quinquenal**"* (fls.53/76).

Conclusos os autos d. 1ª Câmara de Julgamento, esta exarou a decisão no acórdão nº 1896/2016, negando provimento ao recurso especial do interessado.

O interessado maneja adiante, o pedido **uniformização de jurisprudência**, suscitando divergência com o Acórdão nº 6311/2013, proferido pela 4ª Câmara de Julgamento, que afasta a cobrança dos valores conforme o disposto no Parecer nº 50/2010/DIVCONS/CGMBEN/PFE-INSS, que dispõe que em via de regra, a cobrança dos valores percebidos nos benefícios assistenciais, deve ser afastada, considerando a boa-fé, o caráter alimentar das parcelar recebidas, dentre outros aspectos (fls.91/94).

O incidente foi admitido que por cognição sumária, visto que evidenciou a divergência na matéria submetida no julgado *a quo*, aquela prolatada no paradigma, vindo conclusos os autos para análise e decisão.

É o relatório.

VOTO

EMENTA: PEDIDO DE UNIFORMIZAÇÃO DE JURSIPRUDÊNCIA. BENEFÍCIO ASSISTENCIAL DE AMPARO AO DEFICIENTE. MANUTENÇÃO/RESTABELECIMENTO DO BENEFÍCIO. CARACTERIZAÇÃO DE RENDA PROVENIENTE DE TRABALHO ASSALARIADO CONSIDERADO PARA EFEITO DE RENDA PER CAPITA. DEVOLUÇÃO DOS VALORES AFASTADA. ENTENDIMENTO DO ART. 20

MINISTÉRIO DA ECONOMIA-ME
SECRETARIA ESPECIAL DE PREVIDÊNCIA E TRABALHO
SECRETARIA DE PREVIDÊNCIA
CONSELHO DE RECURSOS DA PREVIDÊNCIA SOCIAL-CRPS
CONSELHO PLENO

§2° E 3° DA LEI N° 8.742/93 E ART. 49 DO DECRETO N° 6.214/2007. ACP 0005906-07.2012.4.03.6183. APLICAÇÃO DOS ARTIGOS 3° E 63 DA PORTARIA/MDS N° 116/2017. PEDIDO DE UNIFORMIZAÇÃO DE JURISPRUDÊNCIA CONHECIDO E PROVIDO.

Incidente de Uniformização de Jurisprudência interposto por **Edson Rocha das Neves** tempestivo nos termos do §3° do artigo 63, da Portaria/MDS n° 116, de 20 de março de 2017, que regulamento o Regimento Interno deste c. Conselho de Recurso da Previdência Social – CRPS.

1. Da insurgência quanto ao incidente proposto

O pedido de uniformização de jurisprudência se encontra disciplinado pelos artigos 3°, inciso II e 63, do Regimento Interno do CRPS, confira-se:

"Art. 3° Ao Conselho Pleno compete:
I - uniformizar, em tese, a jurisprudência administrativa previdenciária e assistencial, mediante emissão de Enunciados;
II - uniformizar, no caso concreto, as divergências jurisprudenciais entre as Juntas de Recursos nas matérias de sua alçada ou entre as Câmaras de julgamento em sede de Recurso Especial, mediante a emissão de Resolução; e
III - decidir, no caso concreto, as Reclamações ao Conselho Pleno, mediante a emissão de Resolução."

"Art. 63. O Pedido de Uniformização de Jurisprudência poderá ser requerido em casos concretos, pelas partes do processo, dirigido ao Presidente do respectivo órgão julgador, nas seguintes hipóteses:
I - quando houver divergência na interpretação em matéria de direito entre acórdãos de Câmaras de Julgamento do CRSS, em sede de Recurso Especial, ou entre estes e resoluções do Conselho Pleno; ou
II - quando houver divergência na interpretação em matéria de direito entre acórdãos de Juntas de Recursos do CRSS, nas hipóteses de alçada exclusiva previstas no art. 30, § 2°, deste Regimento, ou entre estes e Resoluções do Conselho Pleno."

Nesse sentido, assevera-se que o expediente apresentado deve se ater a matéria de direito, não se prestando a reapreciar a matéria fático probatória ou solucionar divergência em matéria de provas.

Destarte, o benefício assistencial corresponde à garantia de um salário mínimo, na forma de benefício de prestação continuada, devido à pessoa portadora de

MINISTÉRIO DA ECONOMIA-ME
SECRETARIA ESPECIAL DE PREVIDÊNCIA E TRABALHO
SECRETARIA DE PREVIDÊNCIA
CONSELHO DE RECURSOS DA PREVIDÊNCIA SOCIAL-CRPS
CONSELHO PLENO

deficiência e ao idoso, que comprovem não possuir meios de prover a própria manutenção ou de tê-la provida pela sua família, como previsto no art. 20 da Lei nº 8.742/93.

O benefício requerido pelo recorrente em **22/07/1996** foi revisado por determinação contida no Acórdão nº 668/2009, pelo Tribunal de Contas da União – TCU.

O interessado insurge no incidente proposto, quanto a inaplicabilidade do Princípio da Boa-Fé com intuito de remissão da dívida proveniente dos valores percebidos do benefício assistencial, em concomitância com remuneração advinda de vínculo estatutário junto a prefeitura de Várzea Grande, desde 30/04/2002, trazendo aos autos a decisão contida no Acórdão nº 6311/2013, proferido pela 4ª Câmara de Julgamento, como acórdão paradigma

Nessa esteira, razão assiste ao interessado.

A cobrança dos valores pagos nos períodos de 30/04/2002 a 30/09/2014, os quais a Autarquia requer a devolução, deve ser afastada, uma vez que não há comprovação da má-fé na percepção do benefício.

Nesse sentido, deve ser aplicado nesses casos a decisão vazada nos embargos de declaração com efeitos infringentes, na **ACP 0005906-07.2012.4.03.6183**, julgado em 02/08/2018:

"EMBARGOS DE DECLARAÇÃO. APELAÇÃO CÍVEL. AÇÃO CIVIL PÚBLICA. VERIFICAÇÃO PARCIAL DAS HIPÓTESES PREVISTAS NO ARTIGO 1.022 DO CPC/15. PROPÓSITO MERAMENTE MODIFICATIVO. PREQUESTIONAMENTO. BENEFÍCIO ASSISTENCIAL. DEVOLUÇÃO. MEDIDAS JUDICIAIS ANTECIPATÓRIAS. MÁ-FÉ. RECURSO DO INSS ACOLHIDO EM PARTE. EFEITOS INFRINGENTES. LIMITAÇÃO TERRITORIAL. NÃO APLICAÇÃO DA RESTRIÇÃO PREVISTA NO ARTIGO 16 DA LEI Nº 7.347/85. RECURSO DO MPF ACOLHIDO. EFEITOS INFRINGENTES.

1. De acordo com o art. 1.022 do Código de Processo Civil, os embargos de declaração possuem função processual específica, que consiste em integrar, retificar ou complementar a decisão embargada.

2. O INSS logrou demonstrar a existência de omissão apenas quanto a um dos pontos abordados no recurso, não logrando êxito quanto aos demais.

3. A insatisfação da parte com o resultado da decisão embargada não enseja a oposição de embargos de declaração.

MINISTÉRIO DA ECONOMIA-ME
SECRETARIA ESPECIAL DE PREVIDÊNCIA E TRABALHO
SECRETARIA DE PREVIDÊNCIA
CONSELHO DE RECURSOS DA PREVIDÊNCIA SOCIAL-CRPS
CONSELHO PLENO

4. Os embargos para fim de prequestionamento têm como pressuposto de admissibilidade a demonstração da ocorrência de qualquer das hipóteses previstas nos incisos do art. 1.022 do CPC/15, não se fazendo necessária, para interposição de recursos aos Tribunais Superiores, alusão expressa a todos os dispositivos legais mencionados pelas partes.
5. É inviável a cobrança de valores quando se tratar de ação que verse sobre benefício assistencial, ressalvados os casos em que comprovada a prática de atos que configurem a má-fé do recebedor do benefício, hipótese em que tal constatação e eventual cobrança de valores deverão ser realizadas nos próprios autos do processo em que prolatadas as decisões de concessão e posterior revogação da tutela ou liminar, estando vedada a apuração e a cobrança pela via administrativa ou por nova ação judicial. Embargos de declaração do INSS acolhidos em parte.
6. Ante a alteração da Jurisprudência do Superior Tribunal de Justiça, que viabiliza a interpretação alcançada nesta decisão, e tendo em vista os limites objetivos e subjetivos do acórdão embargado, tem-se que seus efeitos e eficácia alcançam o território nacional, sendo indevida a restrição aos lindes geográficos decorrentes da competência territorial do órgão prolator, não incidindo o artigo 16 da Lei n° 7.347/85. Julgados do Superior Tribunal de Justiça: Embargos de Divergência em REsp n° 1.134.957/SP e REsp Repetitivo n° 1.243.887/PR (representativo de controvérsia). Embargos de declaração do MPF acolhidos.
7. Embargos de declaração do INSS acolhidos, em parte, com efeitos infringentes. Embargos de declaração do MPF acolhidos com efeitos infringentes."

Além da decisão retro, a legislação sofreu alterações trazidas pelo Decreto n° 9.462, de 08/08/2018, quando da apuração de irregularidade na percepção de benefício assistencial, quando não configurada a má-fé, como é o caso em comento.

"Art. 49. Cabe ao INSS, sem prejuízo da aplicação de outras medidas legais, adotar as providências necessárias à restituição do valor do benefício pago indevidamente, ***ressalvados os casos de recebimento de boa-fé****" (NR).*

Como se vê, a pretensão do interessado encontra suporte na própria norma exarada pela legislação previdenciária e na jurisprudência do Tribunais Judiciais, razão pela qual deve dar provimento ao pedido de uniformização de jurisprudência em debate, afastando a cobrança dos valores percebidos.

MINISTÉRIO DA ECONOMIA-ME
SECRETARIA ESPECIAL DE PREVIDÊNCIA E TRABALHO
SECRETARIA DE PREVIDÊNCIA
CONSELHO DE RECURSOS DA PREVIDÊNCIA SOCIAL-CRPS
CONSELHO PLENO

Diante do exposto, o Acórdão nº 1896/2016 merece a devida reforma, devendo os autos serem remetidos a 1ª Câmara de Julgamento, para que sejam submetidos a novo julgamento da matéria, e, emissão de novo Acórdão, observado o entendimento disposto no presente voto.

Brasília, 25 de setembro de 2020.

SULAMITA CRISTINA DIAS
Relatora

MINISTÉRIO DA ECONOMIA-ME
SECRETARIA ESPECIAL DE PREVIDÊNCIA E TRABALHO
SECRETARIA DE PREVIDÊNCIA
CONSELHO DE RECURSOS DA PREVIDÊNCIA SOCIAL-CRPS
CONSELHO PLENO

Nº de Protocolo do Recurso: 36034.004168/2014-58
Documento/Benefício: 87/100.490.936-2
Unidade de origem: Agência da Previdência Social/ Cuiabá-Coxipó-MT
Tipo do Processo: Pedido de Uniformização de Jurisprudência
Recorrente: Edson Rocha das Neves
Recorrido: Instituto Nacional do Seguro Social/INSS
Benefício: Benefício de Prestação Continuada da Assistência Social à Pessoa com Deficiência.
Relatora: Sulamita Cristina Dias
Voto Divergente: Gustavo Beirão Araújo

VOTO DIVERGENTE

EMENTA: PEDIDO DE UNIFORMIZAÇÃO DE JURSIPRUDÊNCIA. BPC/LOAS. RENDA DO TRABALHO. APURAÇÃO PELO TCU. DEVOLUÇÃO DOS VALORES. NECESSIDADE. LEI 8.443/1992. ARTS 4º, IV E 35-A DO DECRETO 6.214/2007. PEDIDO DE UNIFORMIZAÇÃO DE JURISPRUDÊNCIA CONHECIDO E NEGADO AO SEGURADO.

Conforme consta no voto do relator, "O benefício requerido pelo recorrente em 22/07/1996 foi revisado por determinação contida no Acórdão nº 668/2009, pelo Tribunal de Contas da União – TCU", em decorrência de vínculos empregatícios constatados no CNIS – nos períodos de 30/04/2002 no Regime Estatutário em aberto, de 01/09/2006 a 01/02/2007 e 02/07/2007 a 28/03/2008 (fls.05/07).

Ao TCU compete julgar as contas dos administradores e demais responsáveis por dinheiros, bens e valores públicos das entidades da administração indireta e as contas daqueles que derem causa a perda, extravio ou outra irregularidade de que resulte dano ao Erário, nos termos da Lei Nº 8.443, DE 16 DE JULHO DE 1992. Sua jurisdição abrange:

> Art. 5° A jurisdição do Tribunal abrange:
>
> I - qualquer pessoa física, órgão ou entidade a que se refere o inciso I do art. 1° desta Lei, que utilize, arrecade, guarde, gerencie ou administre dinheiros, bens e valores públicos ou pelos quais a União responda, ou que, em nome desta, assuma obrigações de natureza pecuniária;
>
> **II - aqueles que derem causa a perda, extravio ou outra irregularidade de que resulte dano ao Erário;** (grifo nosso)

Não há que se falar em boa-fé do segurado uma vez que é seu dever informar qualquer aferição de renda que altere a renda per capita familiar, bem como o fato de

MINISTÉRIO DA ECONOMIA-ME
SECRETARIA ESPECIAL DE PREVIDÊNCIA E TRABALHO
SECRETARIA DE PREVIDÊNCIA
CONSELHO DE RECURSOS DA PREVIDÊNCIA SOCIAL-CRPS
CONSELHO PLENO

haver apuração pelo órgão de controle responsável pela preservação do erário, já retiraria qualquer margem ou impedimento para a não devolução baseada em boa-fé. Assim reza o Decreto 6.214/97:

> Art. 4o Para os fins do reconhecimento do direito ao benefício, considera-se:
>
> (...)
>
> VI - renda mensal bruta familiar: a soma dos rendimentos brutos auferidos mensalmente pelos membros da família **composta por salários**, proventos, pensões, pensões alimentícias, benefícios de previdência pública ou privada, seguro-desemprego, comissões, pro-labore, **outros rendimentos do trabalho não assalariado, rendimentos do mercado informal ou autônomo, rendimentos auferidos do patrimônio**, Renda Mensal Vitalícia e Benefício de Prestação Continuada, ressalvado o disposto no parágrafo único do art. 19. (Redação dada pelo Decreto nº 7.617, de 2011)
>
> Art. 35-A. O beneficiário, ou seu representante legal, **deve informar ao INSS alterações dos dados cadastrais correspondentes** à mudança de nome, endereço e estado civil, a fruição de qualquer benefício no âmbito da Seguridade Social ou de outro regime, **a sua admissão em emprego ou a percepção de renda de qualquer natureza elencada no inciso VI do caput do art. 4o**. (Incluído pelo Decreto nº 7.617, de 2011)
>
> Parágrafo único. O INSS deverá ser informado pelo representante legal ou pelo procurador sobre a propositura de ação judicial relativa à ausência ou à morte presumida do beneficiário. (Incluído pelo Decreto nº 9.462, de 2018) (grifo nosso)

Ademais "Ninguém se escusa de cumprir a lei, alegando que não a conhece[1]", principalmente em situação de apuração de irregularidade pelos órgãos de controle, o que pode acarretar responsabilização deste Colegiado.

A cobrança dos valores pagos nos períodos questionado deve ser efetivada, observada a prescrição quinquenal. Diante do exposto, o Acórdão nº 1896/2016 não merece reforma.

[1] Art. 3º do DECRETO-LEI Nº 4.657, DE 4 DE SETEMBRO DE 1942

MINISTÉRIO DA ECONOMIA-ME
SECRETARIA ESPECIAL DE PREVIDÊNCIA E TRABALHO
SECRETARIA DE PREVIDÊNCIA
CONSELHO DE RECURSOS DA PREVIDÊNCIA SOCIAL-CRPS
CONSELHO PLENO

CONCLUSÃO: PELO EXPOSTO, VOTO NO SENTIDO DE CONHECER DO PEDIDO DE UNIFORMIZAÇÃO DE JURISPRUDÊNCIA DO SEGURADO E, NO MÉRITO, NEGAR-LHE PROVIMENTO.

Brasília, 25 de setembro de 2020.

GUSTAVO BEIRÃO ARAUJO
Conselheiro representante do Governo

MINISTÉRIO DA ECONOMIA-ME
SECRETARIA ESPECIAL DE PREVIDÊNCIA E TRABALHO
SECRETARIA DE PREVIDÊNCIA
CONSELHO DE RECURSOS DA PREVIDÊNCIA SOCIAL-CRPS
CONSELHO PLENO

DECISÓRIO

RESOLUÇÃO Nº 42/2020

Vistos e relatados os presentes autos, em sessão realizada hoje, **ACORDAM** os membros do Conselho Pleno, por **MAIORIA** no sentido de **CONHECER DO PEDIDO DE UNIFORMIZAÇÃO DE JURISPRUDÊNCIA DO SEGURADO,** e no mérito **NEGAR-LHE PROVIMENTO** de acordo com o **VOTO DIVERGENTE** do Relator Gustavo Beirão Araújo e sua fundamentação. Vencido Voto da Relatora Sulamita Cristina Dias. Vencidos ainda os Conselheiros Robson Ferreira Maranhão, Vania Pontes Santos, Maria Madalena Silva Lima, Renato Agostinho das Chagas, Maria José de Paula Moraes e Rodolfo Espinel Donadon.

Participaram, ainda, do presente julgamento os (as) Conselheiros (as): Paulo Sérgio de Carvalho Costa Ribeiro, Moisés Oliveira Moreira, Imara Sodré Sousa Neto, Guilherme Lustosa Pires, Valter Sérgio Pinheiro Coelho, Alexandra Álvares de Alcântara, Tarsila Otaviano da Costa e Adriene Cândida Borges.

Brasília-DF, 25 de setembro de 2020

GUSTAVO BEIRÃO ARAÚJO
Conselheiro do Governo

MARCELO FERNANDO BORSIO
Presidente

3.1.43 Resolução 43/2020 (Trabalhador/rural/tempo/especial/filiação/PRO-RURAL/impossibilidade/Enunciado 33/CRPS)

Objeto: Trata-se de Resolução que julgou Reclamação interposta pelo INSS alegando que a decisão da Câmara de Julgamento violou o Enunciado 33 do CRPS: "Para os efeitos de reconhecimento de tempo especial, o enquadramento do tempo de atividade do trabalhador rural, segurado empregado, sob o código 2.2.1 do Quadro anexo ao Decreto nº 53.831, de 25 de março de 1964, é possível quando o regime de vinculação for o da Previdência Social Urbana, e não o da Previdência Rural (PRORURAL), para os períodos anteriores à unificação de ambos os regimes pela Lei nº 8.213, de 1991, e aplica-se ao tempo de atividade rural exercido até 28 de abril de 1995, independentemente de ter sido prestado exclusivamente na lavoura ou na pecuária."

Decisão: Provido.

Tese jurídica: O segurado não estava filiado à Previdência Urbana no período e sim ao Pro-Rural.

MINISTÉRIO DA ECONOMIA-ME
SECRETARIA ESPECIAL DE PREVIDÊNCIA E TRABALHO
SECRETARIA DE PREVIDÊNCIA
CONSELHO DE RECURSOS DA PREVIDÊNCIA SOCIAL-CRPS
CONSELHO PLENO

Nº de Protocolo do Recurso: 36034.004168/2014-58
Documento/Benefício: 87/100.490.936-2
Unidade de origem: Agência da Previdência Social/Cuiabá-Coxipó-MT
Tipo do Processo: Pedido de Uniformização de Jurisprudência
Recorrente: Edson Rocha das Neves
Recorrido: Instituto Nacional do Seguro Social/INSS
Benefício: Benefício de Prestação Continuada da Assistência Social à Pessoa com Deficiência.
Relatora: Sulamita Cristina Dias

(Processo Eletrônico)

Relatório

Cuidam os autos de pedido de **UNIFORMIZAÇÃO DE JURISPRUDÊNCIA**, formulado por **Edson Rocha das Neves**, em face de o v. Acórdão nº 1896/2016, proferido pela d. 1ª Câmara de Julgamento.

No acórdão proferido pela 1ª Câmara de Julgamento negou provimento ao recurso especial interposto por Edson Rocha das Neves afastando o restabelecimento do benefício, bem como ratificando o entendimento da Junta de Recursos, quanto a devolução integral dos valores, conforme o disposto nos artigos 75 e 76 da Portaria Conjunta SPS/INSS/SNAS nº 2 de 19/09/2014 (fls.83/86).

Insta registrar, que o Benefício Assistencial de Amparo ao Deficiente, concedido ao interessado em 22/07/1996 foi objeto de apuração de indício de irregularidade, instaurado por determinação contida no Acórdão nº 668/2009, pelo Tribunal de Contas da União – TCU (fls.01/03).

Consoante se depreende da documentação colacionada aos autos, o benefício foi revisado em decorrência de vínculos empregatícios constatados no Cadastro Nacional de Informações Sociais – CNIS – nos períodos de 30/04/2002 no Regime Estatutário em aberto, de 01/09/2006 a 01/02/2007 e 02/07/2007 a 28/03/2008 (fls.05/07).

No decorrer do processo, o recorrente foi submetido a perícia revisional, onde restou constatada e mantida a incapacidade a longo prazo, consoante se depreende do art. 20, parágrafo 2º, da Lei nº 8.213/1991 (fls.15).

MINISTÉRIO DA ECONOMIA-ME
SECRETARIA ESPECIAL DE PREVIDÊNCIA E TRABALHO
SECRETARIA DE PREVIDÊNCIA
CONSELHO DE RECURSOS DA PREVIDÊNCIA SOCIAL-CRPS
CONSELHO PLENO

Planilha de débitos para o período de 30/04/2002 a 30/09/2014, colacionadas às fls.15/24.

Em análise ao recurso ordinário ora interposto pelo interessado, a d. 23ª Junta de Recursos, no Acórdão nº 2539/2015, por unanimidade, deu provimento parcial ao pedido formulado, afastando a tese do Princípio da Irrepetibilidade dos Alimentos e da Boa-Fé, em atenção ao art. 48 do Decreto nº 6.214/2007 e contido no Parecer/CONJUR nº 616/2010, determinando a devolução dos valores percebidos indevidamente, contudo respeitada prescrição quinquenal, na forma do disposto do art.103, parágrafo Único, da Lei nº 8.213/1991 (fls.45/47).

Recurso especial interposto pelo interessado, repisando os fundamentos delineados no recurso ordinário, de que deve ser afastada a cobrança dos valores percebidos, conquanto os Princípios basilares que regem a matéria, e, se caso este não seja o entendimento, requer seja mantido o *"reconhecimento da prescrição quinquenal"* (fls.53/76).

Conclusos os autos d. 1ª Câmara de Julgamento, esta exarou a decisão no acórdão nº 1896/2016, negando provimento ao recurso especial do interessado.

O interessado maneja adiante, o pedido **uniformização de jurisprudência**, suscitando divergência com o Acórdão nº 6311/2013, proferido pela 4ª Câmara de Julgamento, que afasta a cobrança dos valores conforme o disposto no Parecer nº 50/2010/DIVCONS/CGMBEN/PFE-INSS, que dispõe que em via de regra, a cobrança dos valores percebidos nos benefícios assistenciais, deve ser afastada, considerando a boa-fé, o caráter alimentar das parcelar recebidas, dentre outros aspectos (fls.91/94).

O incidente foi admitido que por cognição sumária, visto que evidenciou a divergência na matéria submetida no julgado *a quo*, aquela prolatada no paradigma, vindo conclusos os autos para análise e decisão.

É o relatório.

VOTO

EMENTA: PEDIDO DE UNIFORMIZAÇÃO DE JURSIPRUDÊNCIA. BENEFÍCIO ASSISTENCIAL DE AMPARO AO DEFICIENTE. MANUTENÇÃO/RESTABELECIMENTO DO BENEFÍCIO. CARACTERIZAÇÃO DE RENDA PROVENIENTE DE TRABALHO ASSALARIADO CONSIDERADO PARA EFEITO DE RENDA PER CAPITA. DEVOLUÇÃO DOS VALORES AFASTADA. ENTENDIMENTO DO ART. 20

MINISTÉRIO DA ECONOMIA-ME
SECRETARIA ESPECIAL DE PREVIDÊNCIA E TRABALHO
SECRETARIA DE PREVIDÊNCIA
CONSELHO DE RECURSOS DA PREVIDÊNCIA SOCIAL-CRPS
CONSELHO PLENO

§2º E 3º DA LEI Nº 8.742/93 E ART. 49 DO DECRETO Nº 6.214/2007. ACP 0005906-07.2012.4.03.6183. APLICAÇÃO DOS ARTIGOS 3º E 63 DA PORTARIA/MDS Nº 116/2017. PEDIDO DE UNIFORMIZAÇÃO DE JURISPRUDÊNCIA CONHECIDO E PROVIDO.

Incidente de Uniformização de Jurisprudência interposto por **Edson Rocha das Neves** tempestivo nos termos do §3º do artigo 63, da Portaria/MDS nº 116, de 20 de março de 2017, que regulamento o Regimento Interno deste c. Conselho de Recurso da Previdência Social – CRPS.

1. Da insurgência quanto ao incidente proposto

O pedido de uniformização de jurisprudência se encontra disciplinado pelos artigos 3º, inciso II e 63, do Regimento Interno do CRPS, confira-se:

"Art. 3º Ao Conselho Pleno compete:
I - uniformizar, em tese, a jurisprudência administrativa previdenciária e assistencial, mediante emissão de Enunciados;
II - uniformizar, no caso concreto, as divergências jurisprudenciais entre as Juntas de Recursos nas matérias de sua alçada ou entre as Câmaras de julgamento em sede de Recurso Especial, mediante a emissão de Resolução; e
III - decidir, no caso concreto, as Reclamações ao Conselho Pleno, mediante a emissão de Resolução."

"Art. 63. O Pedido de Uniformização de Jurisprudência poderá ser requerido em casos concretos, pelas partes do processo, dirigido ao Presidente do respectivo órgão julgador, nas seguintes hipóteses:
I - quando houver divergência na interpretação em matéria de direito entre acórdãos de Câmaras de Julgamento do CRSS, em sede de Recurso Especial, ou entre estes e resoluções do Conselho Pleno; ou
II - quando houver divergência na interpretação em matéria de direito entre acórdãos de Juntas de Recursos do CRSS, nas hipóteses de alçada exclusiva previstas no art. 30, § 2º, deste Regimento, ou entre estes e Resoluções do Conselho Pleno."

Nesse sentido, assevera-se que o expediente apresentado deve se ater a matéria de direito, não se prestando a reapreciar a matéria fático probatória ou solucionar divergência em matéria de provas.

Destarte, o benefício assistencial corresponde à garantia de um salário mínimo, na forma de benefício de prestação continuada, devido à pessoa portadora de

MINISTÉRIO DA ECONOMIA-ME
SECRETARIA ESPECIAL DE PREVIDÊNCIA E TRABALHO
SECRETARIA DE PREVIDÊNCIA
CONSELHO DE RECURSOS DA PREVIDÊNCIA SOCIAL-CRPS
CONSELHO PLENO

deficiência e ao idoso, que comprovem não possuir meios de prover a própria manutenção ou de tê-la provida pela sua família, como previsto no art. 20 da Lei nº 8.742/93.

O benefício requerido pelo recorrente em **22/07/1996** foi revisado por determinação contida no Acórdão nº 668/2009, pelo Tribunal de Contas da União – TCU.

O interessado insurge no incidente proposto, quanto a inaplicabilidade do Princípio da Boa-Fé com intuito de remissão da dívida proveniente dos valores percebidos do benefício assistencial, em concomitância com remuneração advinda de vínculo estatutário junto a prefeitura de Várzea Grande, desde 30/04/2002, trazendo aos autos a decisão contida no Acórdão nº 6311/2013, proferido pela 4ª Câmara de Julgamento, como acórdão paradigma

Nessa esteira, razão assiste ao interessado.

A cobrança dos valores pagos nos períodos de 30/04/2002 a 30/09/2014, os quais a Autarquia requer a devolução, deve ser afastada, uma vez que não há comprovação da má-fé na percepção do benefício.

Nesse sentido, deve ser aplicado nesses casos a decisão vazada nos embargos de declaração com efeitos infringentes, na **ACP 0005906-07.2012.4.03.6183**, julgado em 02/08/2018:

"EMBARGOS DE DECLARAÇÃO. APELAÇÃO CÍVEL. AÇÃO CIVIL PÚBLICA. VERIFICAÇÃO PARCIAL DAS HIPÓTESES PREVISTAS NO ARTIGO 1.022 DO CPC/15. PROPÓSITO MERAMENTE MODIFICATIVO. PREQUESTIONAMENTO. BENEFÍCIO ASSISTENCIAL. DEVOLUÇÃO. MEDIDAS JUDICIAIS ANTECIPATÓRIAS. MÁ-FÉ. RECURSO DO INSS ACOLHIDO EM PARTE. EFEITOS INFRINGENTES. LIMITAÇÃO TERRITORIAL. NÃO APLICAÇÃO DA RESTRIÇÃO PREVISTA NO ARTIGO 16 DA LEI Nº 7.347/85. RECURSO DO MPF ACOLHIDO. EFEITOS INFRINGENTES.

1. De acordo com o art. 1.022 do Código de Processo Civil, os embargos de declaração possuem função processual específica, que consiste em integrar, retificar ou complementar a decisão embargada.

2. O INSS logrou demonstrar a existência de omissão apenas quanto a um dos pontos abordados no recurso, não logrando êxito quanto aos demais.

3. A insatisfação da parte com o resultado da decisão embargada não enseja a oposição de embargos de declaração.

MINISTÉRIO DA ECONOMIA-ME
SECRETARIA ESPECIAL DE PREVIDÊNCIA E TRABALHO
SECRETARIA DE PREVIDÊNCIA
CONSELHO DE RECURSOS DA PREVIDÊNCIA SOCIAL-CRPS
CONSELHO PLENO

"EMENTA: APOSENTADORIA POR TEMPO DE CONTRIBUIÇÃO. PEDIDO DE UNMIFORMIZAÇÃO DE JURISPRUDÊNCIA. ATIVIDADE INSALUBRE.TRABALHADOR RURAL.NÃO RECONHECIMENTO DE ATIVIDADE ESPECIAL POR CATEGORIA PROFISSIONAL.INDISPENSÁVEL COMPROVAÇÃO DE DEVIDA FONTE DE CUSTEIO DEVIDA UNIFORMIZAÇÃO DE JURISPRUDENCIA. RECURSO PROVIDO."

Resolução 26/2019:

"EMENTA: RECLAMAÇÃO. APOSENTADORIA POR TEMPO DE CONTRIBUIÇÃO. CONVERSÃO DE PERÍODO TRABALHADO COMO LAVRADOR EM EMPRESA DE AGROINDÚSTRIA. INFRIGÊNCIA DA DECISÃO ATACADA AO ENUNCIADO N° 33 DO CRPS. VINCULAÇÃO AO PRORURAL. CONCEITO LEGAL VIGENTE À ÉPOCA DO LABOR. 1. A decisão atacada infringiu a interpretação contida no Enunciado n° 33 do CRPS acerca da natureza do vínculo empregatício. 2. A existência de recolhimento previdenciário não configura a vinculação ao Regime da Previdência Social Urbana, nos termos da definição contida no art. 4° da Lei Complementar n° 16/1973, que esclarece sobre a Previdência Rural (PRORURAL)"

Resolução 27/2020:

"RECLAMAÇÃO AO CONSELHO PLENO. ART. 64 DO REGIMENTO INTERNO DO CRPS. APOSENTADORIA POR TEMPO DE CONTRIBUIÇÃO. ART. 52 DA LEI 8.213 DE 1991. NOVO ENUNCIADO Nº 15 – POSSIBILIDADE DE ENQUADRAMENTO POR CATEGORIA PROFISSIONAL DO TRABALHADOR RURAL APÓS A LEI 8.213 DE 24/07/1991 OU QUANDO COMPROVADA A FILIAÇÃO À PREVIDÊNCIA URBANA."

Feitas tais considerações, a tese suscitada pelo INSS em seu incidente merece acolhida, razão pela qual deve dar provimento ao pedido de uniformização de jurisprudência em debate, porquanto o período anterior a 25/07/1991, ensejará o devido enquadramento, se caso for comprovada a vinculação a Previdência Social, se não, o enquadramento deve ser afastado e computado os períodos como tempo comum.

Diante do exposto, o Acórdão nº 365/2016, proferido pela extinta 2ª Composição Adjunta da d. 2ª Câmara de Julgamento merece a devida reforma, devendo os autos serem remetidos a 2ª Câmara de Julgamento, considerando que as Câmaras Adjuntas foram extintas, para que sejam submetidos a novo julgamento da matéria, e, emissão de novo Acórdão, observado o entendimento disposto no presente voto.

171.238.137-4 5

MINISTÉRIO DA ECONOMIA-ME
SECRETARIA ESPECIAL DE PREVIDÊNCIA E TRABALHO
SECRETARIA DE PREVIDÊNCIA
CONSELHO DE RECURSOS DA PREVIDÊNCIA SOCIAL-CRPS
CONSELHO PLENO

CONCLUSÃO: VOTO NO SENTIDO DE CONHECER DO PEDIDO DE RECLAMAÇÃO AO CONSELHO PLENO, PARA NO MÉRITO DAR-LHE PROVIMENTO.

Brasília, 25 de setembro de 2020.

SULAMITA CRISTINA DIAS
Relatora

MINISTÉRIO DA ECONOMIA-ME
SECRETARIA ESPECIAL DE PREVIDÊNCIA E TRABALHO
SECRETARIA DE PREVIDÊNCIA
CONSELHO DE RECURSOS DA PREVIDÊNCIA SOCIAL-CRPS
CONSELHO PLENO

DECISÓRIO

RESOLUÇÃO Nº 43 /2020

Vistos e relatados os presentes autos, em sessão realizada hoje, **ACORDAM** os membros do Conselho Pleno, por **UNANIMIDADE**, no sentido de **CONHECER DO PEDIDO DE RECLAMAÇÃO AO CONSELHO PLENO**, para, no mérito, **DAR-LHE PROVIMENTO**, de acordo com o Voto da Relatora e sua fundamentação.

Participaram, ainda, do presente julgamento os (as) Conselheiros (as): Robson Ferreira Maranhão, Vânia Pontes Santos, Gustavo Beirão Araújo, Paulo Sérgio de Carvalho Costa Ribeiro, Maria Madalena Silva Lima, Renato Agostinho das Chagas, Moisés Oliveira Moreira, Maria José de Paula Moraes, Imara Sodré Sousa Neto, Guilherme Lustosa Pires, Valter Sérgio Pinheiro Coelho, Rodolfo Espinel Donadon, Alexandra Álvares de Alcântara, Tarsila Otaviano da Costa e Adriene Cândida Borges.

Brasília-DF, 25 de setembro de 2020

SULAMITA CRISTINA DIAS
Relatora

MARCELO FERNANDO BORSIO
Presidente

3.1.44 Resolução 44/2020 (vínculo/emprego/cônjuges/inexistência/nulidade)

Objeto: Trata-se de Pedido de Uniformização de Jurisprudência interposto pelo INSS por suposta divergência de posicionamento entre Câmaras de Julgamento.

Decisão: Improvido.

Tese jurídica: Admitiu a validade de vínculo de emprego entre cônjuges para fins previdenciários, inclusive para pensão por morte diante da inexistência de lei proibitiva ou ato vinculante ao CRPS.

MINISTÉRIO DA ECONOMIA-ME
SECRETARIA ESPECIAL DE PREVIDÊNCIA E TRABALHO
SECRETARIA DE PREVIDÊNCIA
CONSELHO DE RECURSOS DA PREVIDÊNCIA SOCIAL-CRPS
CONSELHO PLENO

Nº de Protocolo do Recurso: 44232.845387/2016-43
Documento/Benefício: 21/175.615.295-8
Unidade de origem: Agência da Previdência Social/Varginha-MG
Tipo do Processo: Pedido de Uniformização de Jurisprudência
Recorrente: Instituto Nacional do Seguro Social/INSS
Recorrido: Maria Angélica Flore
Benefício: Pensão por Morte Previdenciária
Relatora: Tarsila Otaviano da Costa

(Processo Eletrônico)

Relatório

Trata-se de Pedido de Uniformização de Jurisprudência (evento50) suscitado pelo Instituto Nacional do Seguro Social - INSS em face da decisão da 01ª CA da 2ª CAJ no Acórdão nº 0160/2017 (evento31) que negou provimento ao recurso especial autárquico ao computar vínculo empregatício do cônjuge como carência, mantendo a qualidade de segurado do instituidor do benefício, e concedeu o benefício Pensão por Morte Previdenciária requerido por **Maria Angélica Flore.**

Indaga afronta a portaria ministerial e orientação normativa sobre o tema. Cita para fins de vinculação deste Colegiado a Portaria MPS nº 02/1979 e Orientação Normativa MPSA nº 08/1997, e, seu item 5.1.

A matéria de direito insurge na regularidade (ou não) de vínculo empregatício entre cônjuges, no qual o ente autárquico defende a expressa vedação contida nos atos normativos.

Apresenta como paradigma os processos:

– processo 44232.044162/2013-24 (NB 41/162.268.570-6): julgado pela 01ª CA da 1ª Câmara de Julgamento;
– processo 44232.103835/2014-76 (NB 21/165.450.236-4): julgado pela 1ª CA da 3ª Câmara de Julgamento e;
– 44232.811451/2016-92 (NB 21/175.615.216-8): julgado pela 3ª Câmara de Julgamento.

Não consta notificação da interessada sobre a investidura do incidente processual.

175.615.295-8

1

MINISTÉRIO DA ECONOMIA-ME
SECRETARIA ESPECIAL DE PREVIDÊNCIA E TRABALHO
SECRETARIA DE PREVIDÊNCIA
CONSELHO DE RECURSOS DA PREVIDÊNCIA SOCIAL-CRPS
CONSELHO PLENO

O procedimento de Uniformização de Jurisprudência foi instaurado pela Presidência do CRPS (evento 52) com redistribuição dos presentes autos a essa Conselheira (evento53).

É o Relatório.

EMENTA: PEDIDO DE UNIFORMIZAÇÃO DE JURISPRUDÊNCIA. PENSÃO POR MORTE PREVIDENCIÁRIA. ADMISSIBILIDADE. ART. 63 DA PORTARIA MDSA Nº 116/2017. VÍNCULO EMPREGATÍCIO COM CÔNJUGE. EMPREGADOR MEI. TEMPO DE CONTRIBUIÇÃO E CARÊNCIA. POSSIBILIDADE. NÃO VINCULAÇÃO A ATO NORMATIVO. PEDIDO DE UNIFORMIZAÇÃO DO INSS CONHECIDO E NÃO PROVIDO.

1. É possível considerar vínculo entre cônjuges por inexistir vedação legal e regimental, desde que seja contemporâneo e/ou com prova documental sobre o exercício da atividade.
2. A Lei Complementar nº 123/2006 (Estatuto da Microempresa e da Empresa de Pequeno Porte) também não veda o vínculo entre cônjuges, ressaltando que a percepção salarial esteja no valor de um salário mínimo.
3. Inexistência de afronta a Orientação Normativa MPAS/SPS nº 08/1997 por não ser vinculativo a este Conselho de Recursos conforme artigo 30, 68 e 69 do Regimento Interno do CRPS.
3. Previsão regulamentar sobre o tema prevista na alteração do Decreto nº 3.048/99 pelo Decreto nº 10.410/2020.
4. Pedido de Uniformização conhecido e não provido.

VOTO

Em análise aos pressupostos de admissibilidade do presente Pedido de Uniformização de Jurisprudência, importa a transcrição dos arts. 03 e 63 do Regimento Interno do CRPS, aprovado pela Portaria MDSA nº 116/2017, a saber:

> Art. 3º - Ao Conselho Pleno compete:
> (...)
> II - uniformizar, no caso concreto, as divergências jurisprudenciais entre as Juntas de Recursos nas matérias de sua alçada ou entre as Câmaras de julgamento em sede de Recurso Especial, mediante a emissão de Resolução; e

175.615.295-8

2

MINISTÉRIO DA ECONOMIA-ME
SECRETARIA ESPECIAL DE PREVIDÊNCIA E TRABALHO
SECRETARIA DE PREVIDÊNCIA
CONSELHO DE RECURSOS DA PREVIDÊNCIA SOCIAL-CRPS
CONSELHO PLENO

> Art. 63 - O Pedido de Uniformização de Jurisprudência poderá ser requerido em casos concretos, pelas partes do processo, dirigido ao Presidente do respectivo órgão julgador, nas seguintes hipóteses:
>
> I - quando houver divergência na interpretação em matéria de direito entre acórdãos de Câmaras de Julgamento do CRSS, em sede de Recurso Especial, ou entre estes e resoluções do Conselho Pleno; ou
> II - quando houver divergência na interpretação em matéria de direito entre acórdãos de Juntas de Recursos do CRSS, nas hipóteses de alçada exclusiva previstas no art. 30, § 2º, deste Regimento, ou entre estes e Resoluções do Conselho Pleno.

O requerimento do pedido de uniformização cumpriu o prazo regimental estabelecido no § 2º do citado artigo 63:

> Art. 63 – (...)
> § 2º É de 30 (trinta) dias o prazo para o requerimento do Pedido de Uniformização de Jurisprudência e para o oferecimento de contrarrazões, contados da data da ciência da decisão e da data da intimação do pedido, respectivamente, hipótese em que suspende o prazo para o seu cumprimento.

O Instituto apresentou pedido incidental de forma tempestiva, conforme interposição realizada em 15/02/2017 (evento33), tendo a ciência ocorrida em 19/01/2017 (evento32).

É imperioso asseverar, de plano, que o pressuposto para a admissibilidade do pedido de uniformização de jurisprudência é a existência de divergência **em matéria de direito.** Não se presta, pois, tal incidente a reapreciar matéria fática ou solucionar divergência em matéria de provas.

Na hipótese dos autos, observo que no Acórdão nº 0160/2017 (evento31) restou convalidado o vínculo empregatício do instituidor do benefício (falecido) com a sua esposa, que detinha inscrição MEI (evento31).

De outra feita, apresenta como paradigmas os Acórdãos nº 1138/2014 da 1ª CA da 1ª CaJ e nº 1889/2015 da 1ª CA da 3ª CaJ que acataram a aplicação de orientação normativa ao não computar o vínculo entre cônjuges para fins de carência e tempo contributivo.

A Autarquia Previdenciária alega afronta a Orientação Normativa MPAS/SPS nº 08/1997, em seu item 5.1:

MINISTÉRIO DA ECONOMIA-ME
SECRETARIA ESPECIAL DE PREVIDÊNCIA E TRABALHO
SECRETARIA DE PREVIDÊNCIA
CONSELHO DE RECURSOS DA PREVIDÊNCIA SOCIAL-CRPS
CONSELHO PLENO

> 5.1. É considerado empregado: (...)
> s) o cônjuge ou companheiro empregado de firma coletiva de cuja sociedade participe o outro cônjuge ou companheiro, desde que comprovado o efetivo exercício de atividade remunerada, mediante pesquisa ou diligência administrativa.

O artigo 11 da Lei nº 8.213/91 e artigo 9º do Decreto nº 3.048/99 definem o empregado como segurado obrigatório:

> Lei nº 8.213/91
> Art. 11. São segurados obrigatórios da Previdência Social as seguintes pessoas físicas: (Redação dada pela Lei nº 8.647, de 1993)
> I - como empregado: (Redação dada pela Lei nº 8.647, de 1993)
> a) aquele que presta serviço de natureza urbana ou rural à empresa, em caráter não eventual, sob sua subordinação e mediante remuneração, inclusive como diretor empregado;
>
> Decreto nº 3.048/99
> Art. 9º São segurados obrigatórios da previdência social as seguintes pessoas físicas:
> I - como empregado:
> a) aquele que presta serviço de natureza urbana ou rural a empresa, em caráter não eventual, sob sua subordinação e mediante remuneração, inclusive como diretor empregado;

Os artigos 2º e 3º da Consolidação das Leis do Trabalho (Decreto-Lei nº 5.452/1943) definem o conceito de empregador e empregado:

> Art. 2º - Considera-se empregador a empresa, individual ou coletiva, que, assumindo os riscos da atividade econômica, admite, assalaria e dirige a prestação pessoal de serviço.
>
> Art. 3º - Considera-se empregado toda pessoa física que prestar serviços de natureza não eventual a empregador, sob a dependência deste e mediante salário.

As normas citadas não fazem qualquer distinção para o empregador/empregado com vínculo afetivo (cônjuge/companheiro), bastando a demonstração da relação de emprego com prestação de serviços e mediante remuneração.

Também replico o artigo 18-A da Lei Complementar nº 123/2006 que institui o Estatuto da Microempresa e da Empresa de Pequeno Porte:

175.615.295-8

MINISTÉRIO DA ECONOMIA-ME
SECRETARIA ESPECIAL DE PREVIDÊNCIA E TRABALHO
SECRETARIA DE PREVIDÊNCIA
CONSELHO DE RECURSOS DA PREVIDÊNCIA SOCIAL-CRPS
CONSELHO PLENO

> Art. 18-A. O Microempreendedor Individual - MEI poderá optar pelo recolhimento dos impostos e contribuições abrangidos pelo Simples Nacional em valores fixos mensais, independentemente da receita bruta por ele auferida no mês, na forma prevista neste artigo.
> (...)
> § 4° Não poderá optar pela sistemática de recolhimento prevista no caput deste artigo o MEI:
> (...)
> IV - que contrate empregado. (Revogado pela Lei Complementar n° 155, de 2016)

A legislação que criou o sistema MEI (Lei n° 123/2006) não veda a possibilidade de contratação de empregado, nos termos do art. 18-A, no qual restou revogado o citado inciso que determinada tal vedação. Além disso, o valor da remuneração é de um salário mínimo, exigência também determinada em lei específica sobre a microempresa:

> Art. 18-C. Observado o disposto no caput e nos §§ 1° a 25 do art. 18-A desta Lei Complementar, poderá enquadrar-se como MEI o empresário individual ou o empreendedor que exerça as atividades de industrialização, comercialização e prestação de serviços no âmbito rural que possua um único empregado que receba exclusivamente um salário mínimo ou o piso salarial da categoria profissional. (Redação dada pela Lei Complementar n° 155, de 2016) Produção de efeito

Dessa forma, é possível computar como tempo contributivo e carência vínculos entre cônjuges vinculados ao MEI como empregados por inexistir vedação legal na legislação previdenciária e por norma específica (Estatuto do MEI), sem restrição sobre a contratação de familiar.

A Orientação Normativa MPSA/SPS n° 08/1997 não é norma vinculante a este Conselho de Recursos, por não constar expresso nos artigos 30 e 68 do Regimento Interno:

> Art. 30. Das decisões proferidas no julgamento do Recurso Ordinário caberá Recurso Especial dirigido às Câmaras de Julgamento.
> § 1° O INSS recorrerá das decisões das Juntas de Recurso quando:
> I - violarem disposição de lei, de decreto ou de portaria ministerial;
> II - divergirem de Súmula ou de Parecer do Advogado Geral da União, editado na forma da Lei Complementar n° 73, de 10 de fevereiro de 1993;
> III - divergirem de pareceres da Consultoria Jurídica do MDSA, dos extintos MTPS e MPS ou da Procuradoria Federal Especializada - INSS, aprovado pelo ProcuradorChefe;

175.615.295-8

MINISTÉRIO DA ECONOMIA-ME
SECRETARIA ESPECIAL DE PREVIDÊNCIA E TRABALHO
SECRETARIA DE PREVIDÊNCIA
CONSELHO DE RECURSOS DA PREVIDÊNCIA SOCIAL-CRPS
CONSELHO PLENO

> IV - divergirem de enunciados editados pelo Conselho Pleno do CRSS e do antigo CRPS;
> V - tiverem sido fundamentadas em laudos ou pareceres médicos divergentes emitidos pela Assessoria Técnico-Médica no âmbito do CRSS e pelos médicos peritos do INSS, ressalvados os benefícios de auxílio-doença, nos termos do inciso I do § 2º deste artigo; e
> VI - contiverem vício insanável.
>
> Art. 68. Os Pareceres da Consultoria Jurídica do MDSA, quando aprovados pelo Ministro de Estado, nos termos da Lei Complementar nº 73, de 10 de fevereiro de 1993, vinculam os órgãos julgadores do CRSS, à tese jurídica que fixarem, sob pena de responsabilidade administrativa quando da sua não observância.
>
> Parágrafo Único: A vinculação normativa a que se refere o caput aplica-se também aos pareceres da Consultoria Jurídica dos extintos MPS e MTPS, vigentes e aprovados pelos então Ministros de Estado da Previdência Social e do Trabalho e Previdência Social, enquanto não revistos pela atual Consultoria Jurídica do MDSA.

Portanto, não há de se falar de declaração de inconstitucionalidade nos termos do atual art. 69[1] do Regimento Interno (por constar citação do art. 70 de portaria revogada), no qual o Conselheiro poderia responder civil e administrativamente.

Inclusive, tal matéria possui decisões favoráveis a nível de 2ª instância, e também no Conselho Pleno deste Conselho de Recursos, no qual cito a jurisprudência administrativa:

> RECURSO ESPECIAL. APOSENTADORIA POR TEMPO DE CONTRIBUIÇÃO. NECESSIDADE DE COMPROVAÇÃO DO TEMPO MÍNIMO PARA A CONCESSÃO DO BENEFÍCIO. VÍNCULO EMPREGATÍCIO EXERCIDO COM O CONJUGE. CONTRIBUINTE MEI. INCLUSÃO. TEMPO INSUFICIENTE. LEGISLAÇÃO: ART. 56 DO DECRETO Nº 3048/99 RECURSO CONHECIDO E PROVIDO AO SEGURADO (Acórdão nº 6586/2018; NB 42/179.215.299-7; Conselheira Relatora: Tarsila Otaviano da Costa; 3ª Câmara de Julgamento).
>
> EMENTA: SEGURADA COMPROVA VÍNCULO EMPREGATÍCIO NA FIRMA INDIVIDUAL, TENDO SEU CÔNJUGE COMO TITULAR.

[1] Art. 69. É vedado aos órgãos julgadores do CRSS afastar a aplicação, por inconstitucionalidade ou ilegalidade, de tratado, acordo internacional, lei, decreto ou ato normativo ministerial em vigor, ressalvados os casos em que:
I - já tenha sido declarada a inconstitucionalidade da norma pelo Supremo Tribunal Federal, em ação direta, após a publicação da decisão, ou pela via incidental, após a publicação da resolução do Senado Federal que suspender a sua execução; e
II - haja decisão judicial, proferida em caso concreto, afastando a aplicação da norma, por ilegalidade ou inconstitucionalidade, cuja extensão dos efeitos jurídicos tenha sido autorizada pelo Presidente da República.

175.615.295-8

6

MINISTÉRIO DA ECONOMIA-ME
SECRETARIA ESPECIAL DE PREVIDÊNCIA E TRABALHO
SECRETARIA DE PREVIDÊNCIA
CONSELHO DE RECURSOS DA PREVIDÊNCIA SOCIAL-CRPS
CONSELHO PLENO

> VÍNCULO REGISTRADO REGULARMENTE NA CTPS E NO CNIS. ARTIGO 11 DA LEI 8.213/91 E ART. 69 DA PORTARIA MPS 548/2011. O ORIENTAÇÃO NORMATIVA MPSA/SPS Nº 8, DE 21 DE MARÇO DE 1997 NÃO VEDA VÍNCULO ENTRE CÔNJUGES EM FIRMA INDIVIDUAL, MAS APENAS RECONHECE COMO EMPREGADO O CÔNJUGE EM FIRMA COLETIVA A QUAL O OUTRO CÔNJUGE É SÓCIO. (Resolução nº 15/2017; NB 42/172.212.298-3, Conselheiro Relator: Victor Machado Marini, Conselho Pleno, julgado em 24/05/2017)
>
> EMENTA: APOSENTADORIA POR IDADE. PEDIDO DE UNIFORMIZAÇÃO DE JURISPRUDÊNCIA. RECONHECIDO VÍNCULO LABORAL EMPREGADO X EMPREGADOR, NA CONDIÇÃO DE CÔNJUGE. EMRPEGADOR TITULAR DA EMPRESA INDIVIDUAL. REQUERENTE ESPOSA DO EMPREGADOR. LEI 8.213/91, ART. 11 E 14 LEI 10.406/2002, ART. 1.022. ART. 2º E 3º. (Resolução nº 43/2019; NB 41/179.069.704-0, Conselheiro Relator: Eneida da Costa Alvim, Conselho Pleno, julgado em 25/10/2019)

Inclusive, em recente alteração legislativa do Decreto nº 3.048/99 prevista no Decreto nº 10.410, de 2020, consta expressa a validade do vínculo entre cônjuges, consolidando o entendimento colegiado sobre a matéria:

> Art. 9º - (...)
> § 27. O vínculo empregatício mantido entre cônjuges ou companheiros não impede o reconhecimento da qualidade de segurado do empregado, excluído o doméstico, observado o disposto no art. 19-B. (Incluído pelo Decreto nº 10.410, de 2020)

Diante do exposto, deve ser mantida a tese jurídica fixada no acórdão em comento, no sentido de que não há vedação legal para reconhecimento de vínculo entre cônjuges para fins de carência e tempo de contribuição, inexistindo vinculação a ato normativo informado pelo Instituto.

Isto posto, mantenho o Acórdão nº 0160/2017 (evento31) prolatado pela 2º CAJ pelos seus próprios fundamentos, e nego provimento ao pedido de uniformização proposto pelo INSS.

MINISTÉRIO DA ECONOMIA-ME
SECRETARIA ESPECIAL DE PREVIDÊNCIA E TRABALHO
SECRETARIA DE PREVIDÊNCIA
CONSELHO DE RECURSOS DA PREVIDÊNCIA SOCIAL-CRPS
CONSELHO PLENO

CONCLUSÃO: Pelo exposto, voto no sentido de, preliminarmente, **CONHECER DO PEDIDO DE UNIFORMIZAÇÃO DE JURISPRUDÊNCIA**, para, no mérito, **NEGAR PROVIMENTO AO INSS.**

Brasília-DF 25 de setembro de 2020.

TARSILA OTAVIANO DA COSTA
Relatora

MINISTÉRIO DA ECONOMIA-ME
SECRETARIA ESPECIAL DE PREVIDÊNCIA E TRABALHO
SECRETARIA DE PREVIDÊNCIA
CONSELHO DE RECURSOS DA PREVIDÊNCIA SOCIAL-CRPS
CONSELHO PLENO

DECISÓRIO

RESOLUÇÃO Nº 44/2020

Vistos e relatados os presentes autos, em sessão realizada hoje, **ACORDAM** os membros do Conselho Pleno, por **UNANIMIDADE**, no sentido de **CONHECER DO PEDIDO DE UNIFORMIZAÇÃO DE JURISPRUDÊNCIA**, para, no mérito, **NEGAR PROVIMENTO AO INSS**, de acordo com o Voto da Relatora e sua fundamentação.

Participaram, ainda, do presente julgamento os (as) Conselheiros (as): Robson Ferreira Maranhão, Vânia Pontes Santos, Gustavo Beirão Araújo, Paulo Sérgio de Carvalho Costa Ribeiro, Maria Madalena Silva Lima, Renato Agostinho das Chagas, Moisés Oliveira Moreira, Maria José de Paula Moraes, Imara Sodré Sousa Neto, Sulamita Cristina Dias, Guilherme Lustosa Pires, Valter Sérgio Pinheiro Coelho, Rodolfo Espinel Donadon, Alexandra Álvares de Alcântara e Adriene Cândida Borges.

Brasília-DF, 25 de setembro de 2020

TARSILA OTAVIANO DA COSTA
Relatora

MARCELO FERNANDO BORSIO
Presidente

175.615.295-8

3.1.45 Resolução 45/2020 (salário-maternidade/Parecer/CONJUR/675/2012)

Objeto: Trata-se de Resolução que julgou Reclamação interposta pelo INSS alegando que a decisão da Câmara de Julgamento violou o Parecer Vinculante CONJUR MPS 675/2012.

Decisão: Improvida.

Tese jurídica: O Parecer Vinculante CONJUR MPS 675/2012 não determina o pagamento pela empresa do salário-maternidade da empegada gestante demitida, mas apenas rege o fracionamento do pagamento no caso de trabalho temporário.

MINISTÉRIO DA ECONOMIA-ME
SECRETARIA ESPECIAL DE PREVIDÊNCIA E TRABALHO
SECRETARIA DE PREVIDÊNCIA
CONSELHO DE RECURSOS DA PREVIDÊNCIA SOCIAL-CRPS
CONSELHO PLENO

Nº de Protocolo do Recurso: 44232.945678/2017-11
Documento/Benefício: 80/168.723.588-8
Unidade de origem: Agência da Previdência Social/Salvador-Periperi-BA
Tipo do Processo: Reclamação ao Conselho Pleno
Recorrente: Instituto Nacional do Seguro Social/INSS
Recorrido: Laine Silva Souza
Benefício: Salário-Maternidade
Relatora: Tarsila Otaviano da Costa

(Processo Eletrônico)

Relatório

Trata-se de Pedido de Reclamação (evento33) promovido pelo Instituto Nacional do Seguro Social - INSS em face da decisão da 2ª CAJ/CRPS no Acórdão nº 4378/2017 (evento31) que negou provimento ao recurso autárquico ao manter a obrigatoriedade do pagamento ao ente autárquico por ser contrato de trabalho com tempo determinado, concedendo o benefício Salário Maternidade requerido pela segurada **Laine Silva Souza**.

O Instituto indaga que a decisão infringe entendimento contido no Parecer CONJUR-MPS nº 675/2012. O citado parecer trata da responsabilidade da empresa em pagar o benefício previdenciário.

A requerente não apresentou contrarrazões ao pedido autárquico.

Destaca-se que a questão dos autos reside sobre a definição da obrigatoriedade do pagamento do benefício no caso de contrato com prazo determinado sem justa causa (por iniciativa do empregador).

O procedimento de Reclamação foi admitido pela Presidência do CRPS (evento 37) conforme despacho com redistribuição dos presentes autos para Conselheira (evento 38).

É o Relatório.

EMENTA: RECLAMAÇÃO. SALÁRIO MATERNIDADE. SEGURADA DESEMPREGADA. CONTRATO TEMPORÁRIO. AFRONTA A PARECER MINISTERIAL Nº 675/2012/CONJUR-

168.723.588-8 1

MINISTÉRIO DA ECONOMIA-ME
SECRETARIA ESPECIAL DE PREVIDÊNCIA E TRABALHO
SECRETARIA DE PREVIDÊNCIA
CONSELHO DE RECURSOS DA PREVIDÊNCIA SOCIAL-CRPS
CONSELHO PLENO

MPS/CGU/AGU. INEXISTÊNCIA. RESPONSABILIDADE DO INSS. PROCEDÊNCIA.

1. A decisão atacada não infringiu as disposições do Parecer nº 675/2012/CONJUR-MPS/CGU/AGU, segundo o qual somente esclareceu a possibilidade de fracionamento do pagamento do benefício quando o empregador o iniciar durante o prazo do contrato temporário.
2. Inclusive, o parecer faz referência a outro parecer ministerial, Parecer nº 616/2010, que determina no item 45 a responsabilidade da Autarquia para o pagamento nos casos de contrato temporário.
3. Pedido julgado improcedente.

VOTO

Em primeiro plano, para análise dos pressupostos de admissibilidade da presente Reclamação, importa a transcrição dos arts. 3 e 64 do Regimento Interno do CRPS, aprovado pela Portaria MDSA nº 116/2017, a saber:

> Art. 3º Compete ao Conselho Pleno:
> (...)
> III - decidir, no caso concreto, as Reclamações ao Conselho Pleno, mediante a emissão de Resolução.
> (...)
> Art. 64. A Reclamação ao Conselho Pleno poderá ocorrer, no caso concreto, por requerimento das partes do processo, dirigido ao Presidente do CRSS, somente quando os acórdãos das Juntas de Recursos do CRSS, em matéria de alçada, ou os acórdãos de Câmaras de Julgamento do CRSS, em sede de Recurso Especial, infringirem:
>
> I - Pareceres da Consultoria Jurídica do MDSA, aprovados pelo Ministro de Estado do Desenvolvimento Social e Agrário, bem como, Súmulas e Pareceres do Advogado Geral da União, na forma da Lei Complementar nº 73, de 10 de fevereiro de 1993;
> II - Pareceres da Consultoria Jurídica dos extintos MPS e MTPS, vigentes e aprovados pelos então Ministros de Estado da Previdência Social e do Trabalho e Previdência Social;
> III - Enunciados editados pelo Conselho Pleno.

A Reclamação foi apresentada no prazo legal, tendo ciência em 18/10/2017 (evento 32) e propositura do incidente processual em 17/11/2017 (evento 33).

MINISTÉRIO DA ECONOMIA-ME
SECRETARIA ESPECIAL DE PREVIDÊNCIA E TRABALHO
SECRETARIA DE PREVIDÊNCIA
CONSELHO DE RECURSOS DA PREVIDÊNCIA SOCIAL-CRPS
CONSELHO PLENO

A decisão colegiada prolatada pela 2º Câmara de Julgamento aplicou o Parecer nº 675/2012/CONJUR-MPS/CGU-AGU ao alegar que no caso de contrato de trabalho por tempo determinado a obrigação do pagamento é do INSS, desde que seja mantida a qualidade de segurada.

A Autarquia Previdenciária alega afronta ao parecer ministerial nº 675/2012/CONJURMPS/CGU/AGU, pois a demissão ocorreu sem justa causa, a pedido do empregador (por termo), cabendo ao mesmo o pagamento. As proteções contidas no parecer são nos casos da dispensa ocorrer antes da confirmação da gravidez ou, após a gravidez, se for por justa causa ou a pedido da empregada.

No caso concreto, o fato gerador (nascimento da criança) ocorreu em 31/08/2016 (fls. 09 proc.completo), tendo informado no requerimento administrativo (DER:05/09/2016) que o motivo do pedido seria o encerramento do contrato por prazo determinado (fls. 12 proc.completo).

Em consulta ao Cadastro Nacional de Informações Sociais – CNIS o último vínculo ocorreu junto ao Município de Mata de São João no período de 07/12/2015 a 07/01/2016, fls. 13 proc.completo.

O voto reclamado invocou os itens 20 a 22 do citado parecer ministerial para concessão do benefício:

> 20. é certo que, quando o segurado encontra-se sob o período de graça, os benefícios previdenciários são pagos diretamente pelo próprio INSS e não mais pelo antigo empregador. Aliás, não haveria sentido em impor uma obrigação a quem já não mantém mais qualquer vínculo com o trabalhador, agora seu ex-empregado.
>
> 21. A hipótese do salário-maternidade não é diferente até mesmo porque o pagamento do benefício, a rigor, já é devido pela Previdência Social, sendo apenas adiantado pelo empregador, na hipótese exclusiva de ser a segurada empregada.
>
> 22. Desta forma, quando a beneficiária for empregada, incidirá a regra disposta no §1º, do Art. 72, da Lei nº 8.213/91, é dizer, o salário-maternidade deverá ser pago pelo empregador. Extinto o contrato e mantida a qualidade de segurada, o pagamento do benefício ficará a cargo da Previdência Social.

Contudo, a hipótese elencada no caso em comento encontra amparo nos itens 25 a 38 do parecer ministerial:

168.723.588-8

MINISTÉRIO DA ECONOMIA-ME
SECRETARIA ESPECIAL DE PREVIDÊNCIA E TRABALHO
SECRETARIA DE PREVIDÊNCIA
CONSELHO DE RECURSOS DA PREVIDÊNCIA SOCIAL-CRPS
CONSELHO PLENO

> 25. A divergência surge, no entanto, quando aquela manifestação defende ser do empregador a responsabilidade pelo pagamento do benefício após a extinção do contrato temporário de trabalho.
> (...)
> 28. Note-se que a própria Lei nº 8.213/91, em seu Art. 71, §1º, asseverou ser dever da empresa pagar o salário-maternidade para a segurada **empregada** gestante. Ou seja, enquanto empregada daquela empresa, é do empregador o dever de pagar (adiantar) o benefício previdenciário.
> 29. Quanto às demais seguradas, diz o Art. 72 daquela mesma norma, que o pagamento deve ser dar diretamente pela Previdência Social.
> (...)
> 38. Por fim, não havendo expressa determinação legal obrigando o empregador ao pagamento de todas as parcelas do salário-maternidade da sua ex-empregada, contratada temporariamente, mesmo após o término do vínculo empregatício, e sendo o benefício um direito garantido à segurada, caberá à Previdência Social pagar o restante das parcelas do salário-maternidade devido à segurada, ainda que o empregador tenha iniciado o pagamento do benefício.

Tal entendimento foi replicado na conclusão, no item 19 do parecer ministerial:

> 19. Agora, se a extinção do vínculo empregatício ocorrer ainda durante a gestação, antes do parto, esse caso não é de "fracionamento", mas sim de pagamento diretamente pela Previdência Social, conforme o art. 97, parágrafo único, do RPS, reforçando-se aqui que a lei somente dispensou a carência da segurada gestante nas hipóteses do art. 26, inciso VI, da Lei nº 8.213/91, e que o preenchimento da carência deve ter sido atendido na data do parto.

No caso em estudo, a segurada foi contratada e dispensada estando grávida, decorrente de um contrato de trabalho com data determinada, sendo assim, responsabilidade do INSS para o pagamento do benefício. Assim define o artigo 72 da Lei nº 8.213/91:

> Art. 72. O salário-maternidade para a segurada empregada ou trabalhadora avulsa consistirá numa renda mensal igual a sua remuneração integral. (Redação Dada pela Lei nº 9.876, de 26.11.99)
> § 1º Cabe à empresa pagar o salário-maternidade devido à respectiva empregada gestante, efetivando-se a compensação, observado o disposto no art. 248 da Constituição Federal, quando do recolhimento das contribuições incidentes sobre a folha de salários e demais rendimentos pagos ou creditados, a qualquer título, à pessoa física que lhe preste serviço. (Incluído pela Lei nº 10.710, de 2003)

O parecer ministerial não determina que a responsabilidade do pagamento do INSS ocorre quando for dispensa por justa causa ou a pedido do empregado, e sim,

MINISTÉRIO DA ECONOMIA-ME
SECRETARIA ESPECIAL DE PREVIDÊNCIA E TRABALHO
SECRETARIA DE PREVIDÊNCIA
CONSELHO DE RECURSOS DA PREVIDÊNCIA SOCIAL-CRPS
CONSELHO PLENO

esclarece ser possível o "fracionamento" da percepção do salário-maternidade há hipótese em que o benefício foi pago pelo empregador durante o prazo de duração do contrato temporário, situação que era impedida na questão nº 06 do Parecer nº 616/2010.

Por fim, o Parecer CONJUR/MPS nº 616, de 23 de dezembro de 2010, no item 45 esclarece sobre a obrigação de pagamento pela Autarquia:

> 45. Deve-se ressalvar os casos em que a extinção do contrato de trabalho temporário se opera regularmente antes da data de início do benefício. Nessas situações, **o benefício será devido diretamente pela previdência social, pois, na realidade, a segurada estará no período de graça**, na forma do art. 15 da LBPS. (grifo nosso)

Além disso, a interpretação dada pelo parecer ministerial é vinculativa a este Conselho de Recursos, conforme preceitua o art. 68 do Regimento Interno:

> Art. 68. Os Pareceres da Consultoria Jurídica do MDSA, quando aprovados pelo Ministro de Estado, nos termos da Lei Complementar nº 73, de 10 de fevereiro de 1993, vinculam os órgãos julgadores do CRSS, à tese jurídica que fixarem, sob pena de responsabilidade administrativa quando da sua não observância.
>
> Parágrafo Único: A vinculação normativa a que se refere o caput aplica-se também aos pareceres da Consultoria Jurídica dos extintos MPS e MTPS, vigentes e aprovados pelos então Ministros de Estado da Previdência Social e do Trabalho e Previdência Social, enquanto não revistos pela atual Consultoria Jurídica do MDSA.

Desta feita, acolho o Pedido de Reclamação e julgo-a improcedente por inexistir afronta ao Parecer nº 675/2012/CONJUR-MPS/CGU/AGU, devendo ser devolvido os autos a APS para o cumprimento do acórdão reclamado.

CONCLUSÃO: Pelo exposto, voto no sentido de ACOLHER A RECLAMAÇÃO DO INSS, E JULGAR IMPROCEDENTE.

Brasília-DF, 25 de setembro de 2020.

TARSILA OTAVIANO DA COSTA
Relatora

168.723.588-8

5

MINISTÉRIO DA ECONOMIA-ME
SECRETARIA ESPECIAL DE PREVIDÊNCIA E TRABALHO
SECRETARIA DE PREVIDÊNCIA
CONSELHO DE RECURSOS DA PREVIDÊNCIA SOCIAL-CRPS
CONSELHO PLENO

DECISÓRIO

RESOLUÇÃO Nº 45/2020

Vistos e relatados os presentes autos, em sessão realizada hoje, **ACORDAM** os membros do Conselho Pleno, por **UNANIMIDADE**, no sentido de **ACOLHER A RECLAMAÇÃO DO INSS**, e **JULGAR IMPROCEDENTE,** de acordo com o Voto da Relatora e sua fundamentação.

Participaram, ainda, do presente julgamento os (as) Conselheiros (as): Robson Ferreira Maranhão, Vânia Pontes Santos, Gustavo Beirão Araújo, Paulo Sérgio de Carvalho Costa Ribeiro, Maria Madalena Silva Lima, Renato Agostinho das Chagas, Moisés Oliveira Moreira, Maria José de Paula Moraes, Imara Sodré Sousa Neto, Sulamita Cristina Dias, Guilherme Lustosa Pires, Valter Sérgio Pinheiro Coelho, Rodolfo Espinel Donadon, Alexandra Álvares de Alcântara e Adriene Cândida Borges.

Brasília-DF, 25 de setembro de 2020.

TARSILA OTAVIANO DA COSTA
Relatora

MARCELO FERNANDO BORSIO
Presidente

168.723.588-8

3.1.46 Resolução 46/2020 (BPC/LOAS/miserabilidade/critério/legal)

Objeto: Trata-se de Pedido de Uniformização de Jurisprudência interposto pelo INSS por suposta divergência de posicionamento entre Câmaras de Julgamento.

Decisão: Improvido.

Tese jurídica: Deve ser adotado o critério de miserabilidade da renda *per capita* familiar do artigo 20, §3º, da Lei 8.742/93, permitindo o §11 que outros aspectos sejam analisados.

MINISTÉRIO DA ECONOMIA-ME
SECRETARIA ESPECIAL DE PREVIDÊNCIA E TRABALHO
SECRETARIA DE PREVIDÊNCIA
CONSELHO DE RECURSOS DA PREVIDÊNCIA SOCIAL-CRPS
CONSELHO PLENO

Nº de Protocolo do Recurso: 44232.582587/2016-80
Documento/Benefício: 87/701.818.205-1
Unidade de origem: Agência da Previdência Social/ Varginha-MG
Tipo do Processo: Pedido de Uniformização de Jurisprudência
Recorrente: Instituto Nacional do Seguro Social/INSS
Recorrido: Ana Izabel da Silva Delfino
Benefício: Amparo Social a Pessoa com Deficiência
Relatora: Tarsila Otaviano da Costa

(Processo Eletrônico)

Relatório

Trata-se de Pedido de Uniformização de Jurisprudência (evento45) suscitado pelo Instituto Nacional do Seguro Social - INSS em face da decisão da 1ª CA da 1ª CAJ/CRPS no Acórdão nº 4374/2016 (evento41) que negou provimento ao recurso especial autárquico ao afastar a renda de membro da composição familiar com base em entendimento jurisprudencial, concedendo o benefício Amparo Social a Pessoa com Deficiência.

Indaga afronta a norma assistencial por superação da renda familiar.

Apresenta como paradigma os processos:

a) 44232.403291/2015-21 julgado pela 3ª Câmara de Julgamento;
b) 44232.327395/2015-21 julgado pela 2ª Câmara de Julgamento;
c) 44232.014979/2014-59 julgado pela 2ª CA da 2ª Câmara de Julgamento;
d) 44232.144570/2013-85 julgado pela 1ª CA da 4ª Câmara de Julgamento (voto divergente vencedor).

A interessada foi notificada e apresentou contrarrazões ao incidente processual (evento47) requerendo a manutenção do feito.

A 1ª CA da 1ª CaJ, por meio de despacho de seu Presidente admitiu o incidente processual (evento51).

O procedimento de Uniformização de Jurisprudência foi instaurado pela Presidência do CRPS (evento 53) com redistribuição dos presentes autos a essa Conselheira (evento54).

701.818.205-1 1

MINISTÉRIO DA ECONOMIA-ME
SECRETARIA ESPECIAL DE PREVIDÊNCIA E TRABALHO
SECRETARIA DE PREVIDÊNCIA
CONSELHO DE RECURSOS DA PREVIDÊNCIA SOCIAL-CRPS
CONSELHO PLENO

É o Relatório.

EMENTA: PEDIDO DE UNIFORMIZAÇÃO DE JURISPRUDÊNCIA. AMPARO SOCIAL A PESSOA PORTADORA DE DEFICIÊNCIA. ADMISSIBILIDADE. ART. 63 DA PORTARIA MDSA Nº 116/2017. EXCLUSÃO DA RENDA DO TITULAR DO ESPOSO. DECLARAÇÃO DE INCONSTITUCIONALIDADE DE LEI. MITIGAÇÃO DO CRITÉRIO OBJETIVO EM FACE DA ALTERAÇÃO LEGISLATIVA. POSSIBILIDADE. ART. 20, § 11 DA LEI Nº 8742/1993; ART. 04 DO DECRETO Nº 6.214/2007. PEDIDO DE UNIFORMIZAÇÃO DO INSS CONHECIDO E NÃO PROVIDO.

VOTO

Em análise aos pressupostos de admissibilidade do presente Pedido de Uniformização de Jurisprudência, importa a transcrição dos arts. 03 e 63 do Regimento Interno do CRPS, aprovado pela Portaria MDSA nº 116/2017, a saber:

> Art. 3º - Ao Conselho Pleno compete:
> (...)
> II - uniformizar, no caso concreto, as divergências jurisprudenciais entre as Juntas de Recursos nas matérias de sua alçada ou entre as Câmaras de julgamento em sede de Recurso Especial, mediante a emissão de Resolução; e
>
> Art. 63 - O Pedido de Uniformização de Jurisprudência poderá ser requerido em casos concretos, pelas partes do processo, dirigido ao Presidente do respectivo órgão julgador, nas seguintes hipóteses:
>
> I - quando houver divergência na interpretação em matéria de direito entre acórdãos de Câmaras de Julgamento do CRSS, em sede de Recurso Especial, ou entre estes e resoluções do Conselho Pleno; ou
> II - quando houver divergência na interpretação em matéria de direito entre acórdãos de Juntas de Recursos do CRSS, nas hipóteses de alçada exclusiva previstas no art. 30, § 2º, deste Regimento, ou entre estes e Resoluções do Conselho Pleno.

O requerimento do pedido de uniformização cumpriu o prazo regimental estabelecido no § 2º do citado artigo 63:

> Art. 63 – (...)

MINISTÉRIO DA ECONOMIA-ME
SECRETARIA ESPECIAL DE PREVIDÊNCIA E TRABALHO
SECRETARIA DE PREVIDÊNCIA
CONSELHO DE RECURSOS DA PREVIDÊNCIA SOCIAL-CRPS
CONSELHO PLENO

> § 2º É de 30 (trinta) dias o prazo para o requerimento do Pedido de Uniformização de Jurisprudência e para o oferecimento de contrarrazões, contados da data da ciência da decisão e da data da intimação do pedido, respectivamente, hipótese em que suspende o prazo para o seu cumprimento.

O Instituto apresentou pedido incidental de forma tempestiva, conforme interposição realizada em 11/10/2016 (evento45), tendo a ciência ocorrida em 14/09/2016 (evento42).

É imperioso asseverar, de plano, que o pressuposto para a admissibilidade do pedido de uniformização de jurisprudência é a existência de divergência **em matéria de direito.** Não se presta, pois, tal incidente a reapreciar matéria fática ou solucionar divergência em matéria de provas.

Na hipótese dos autos, observo que no Acórdão nº 4374/2016 admitiu a inconstitucionalidade do § 3º pelo STF, e também considerou que a renda de R$ 300,00 decorrente de bicos atende a lei, determinando a concessão do benefício (evento41).

De outra feita, apresenta como paradigmas os processos julgados por outras unidades julgadoras (ex: 44232.403291/2015-21 julgado pela 3ª CAJ) onde foram aplicados o critério objetivo da renda conforme legislação.

A Autarquia Previdenciária alega afronta aos artigos 20 da Lei nº 8742/1993 e arts. 4º e 8º do Decreto nº 6.214/07. Também defende afronta a norma regimental ao afastar norma que não foi declarada expressamente como inconstitucional.

A Lei nº 8742/1993 dispõe sobre os critérios objetivos e subjetivos para a concessão do benefício assistencial:

> Art. 20. O benefício de prestação continuada é a garantia de um salário-mínimo mensal à pessoa com deficiência e ao idoso com 65 (sessenta e cinco) anos ou mais que comprovem não possuir meios de prover a própria manutenção nem de tê-la provida por sua família. (Redação dada pela Lei nº 12.435, de 2011) (Vide Medida Provisória nº 871, de 2019) (Vigência)
>
> § 1º Para os efeitos do disposto no caput, a família é composta pelo requerente, o cônjuge ou companheiro, os pais e, na ausência de um deles, a madrasta ou o padrasto, os irmãos solteiros, os filhos e enteados solteiros e os menores tutelados, desde que vivam sob o mesmo teto. (Redação dada pela Lei nº 12.435, de 2011)
>
> § 2º Para efeito de concessão do benefício de prestação continuada, considera-se pessoa com deficiência aquela que tem impedimento de longo prazo de natureza física, mental, intelectual ou sensorial, o qual, em interação com uma ou mais

MINISTÉRIO DA ECONOMIA-ME
SECRETARIA ESPECIAL DE PREVIDÊNCIA E TRABALHO
SECRETARIA DE PREVIDÊNCIA
CONSELHO DE RECURSOS DA PREVIDÊNCIA SOCIAL-CRPS
CONSELHO PLENO

> barreiras, pode obstruir sua participação plena e efetiva na sociedade em igualdade de condições com as demais pessoas. (Redação dada pela Lei nº 13.146, de 2015) (Vigência)
>
> § 3º Considera-se incapaz de prover a manutenção da pessoa com deficiência ou idosa a família cuja renda mensal per capita seja inferior a 1/4 (um quarto) do salário-mínimo. (Redação dada pela Lei nº 12.435, de 2011)

E o artigo 4º[1] do Decreto nº 6214/2007, que regulamenta o benefício de prestação continuada também define que a renda informal é considerada renda familiar, passível de avaliação no critério objetivo.

O Instituto defende que o acórdão afronta o artigo 4º ao afastar renda decorrente de atividade informal no valor de R$ 600,00 (na época do pedido) constatado no ato do requerimento administrativo (DER: 28/07/2015).

A Data de Entrada do Requerimento (DER) do benefício objeto do presente Pedido de Uniformização de Jurisprudência foi em 28/07/2015, portanto, posterior à publicação da Lei 13.146, de 6 de julho de 2015, que introduziu o parágrafo 11 no art. 20 da Lei 8.742/93[2], possibilitando, para a concessão do BPC/LOAS, a utilização de outros elementos probatórios da condição de miserabilidade do grupo familiar e da situação de vulnerabilidade.

Dessa forma, na data de entrada do requerimento existia a previsão legal para flexibilização do critério objetivo para caracterização da miserabilidade, qual seja, a renda mensal per capita superior a 1/4 do salário-mínimo.

Ressalvado o entendimento pessoal desta Relatora, o Colegiado Pleno deste Tribunal Administrativo já consolidou no sentido de que há a mitigação do critério objetivo em face de outros elementos probatórios, conforme se observa:

> PEDIDO DE UNIFORMIZAÇÃO DE JURISPRUDÊNCIA. BENEFÍCIO DE PRESTAÇÃO CONTINUADA. DECISÃO DO STF NA RECLAMAÇÃO 4374/PE. ALTERAÇÃO DO CONTEÚDO DA ADI 1.232/DF. CRITÉRIO DE RENDA EM 1/4 DE SALÁRIO MÍNIMO INCONSTITUCIONAL. **ARTIGO 20 §11 DA LEI 8.742/93. POSSIBILIDADE DE UTILIZAÇÃO DE OUTROS ELEMENTOS**

[1] Art. 4 - Para os fins do reconhecimento do direito ao benefício, considera-se:(...)
VI - renda mensal bruta familiar: a soma dos rendimentos brutos auferidos pelos membros da família composta por salários, proventos, pensões alimentícias, benefícios de previdência pública ou privada, comissões, pró-labore, outros rendimentos do trabalho não assalariado, **rendimentos do mercado informal ou autônomo**, rendimentos auferidos do patrimônio, Renda Mensal Vitalícia e Benefício de Prestação Continuada, ressalvado o disposto no parágrafo único do art. 19. (grifo nosso)

[2] § 11.Para concessão do benefício de que trata o **caput** deste artigo, poderão ser utilizados outros elementos probatórios da condição de miserabilidade do grupo familiar e da situação de vulnerabilidade, conforme regulamento." (NR)

MINISTÉRIO DA ECONOMIA-ME
SECRETARIA ESPECIAL DE PREVIDÊNCIA E TRABALHO
SECRETARIA DE PREVIDÊNCIA
CONSELHO DE RECURSOS DA PREVIDÊNCIA SOCIAL-CRPS
CONSELHO PLENO

> **PROBATÓRIOS DA CONDIÇÃO DE MISERABILIDADE DO GRUPO FAMILIAR E DA SITUAÇÃO DE VULNERABILIDADE.** PARECER SOCIAL. POSSIBILIDADE. PEDIDO CONHECIDO E NEGADO. (Processo 44232.436463/2015-42, NB 701.536.697-6, Relatora: Raquel Lúcia de Freitas, Conselho Pleno, julgado em 26/03/2019) (Resolução CRPS Nº 1/2019) (grifo nosso)

> BENEFÍCIO DE PRESTAÇÃO CONTINUADA. LOAS. PEDIDO DE UNIFORMIZAÇÃO DE JURISPRUDÊNCIA. Divergência jurisprudencial entre as Câmaras de Julgamento no que tange aos critérios de fixação da renda per capita familiar. Competência para análise deste Conselho Pleno na forma do art. 3° inc. II do Regimento Interno do CRSS aprovado pela Portaria MDAS n° 116/2017. Pressupostos de Admissibilidade do pedido alcançados na forma do art. 63 do mesmo Regimento. Para a fixação dos critérios da renda familiar tem-se que o Supremo Tribunal Federal julgou inconstitucional a regra de 1/4 do salário mínimo. Aplicação limitada ao Conselho. Falta de ato legal declarando a norma inconstitucional. **Prevalência do § 3° do art. 20, contudo, a avaliação da situação de miserabilidade familiar deve ser realizada concomitantemente com aspectos além da renda conforme § 11 do art. 20 da LOAS.** Precedente do Conselho Pleno. Pedido de Uniformização conhecido e improvido. (Processo 44232.837369/2016-98, NB 702.236.332-4, Relator: Rodolfo Espinel Donadon, Conselho Pleno, julgado em 28/06/2019) (Resolução CRPS Nº 19/2019) (grifo nosso)

Diante do exposto, deve ser mantida a tese jurídica fixada no conceito de mitigação do critério objetivo da renda em face da comprovação da vulnerabilidade e miserabilidade social da composição familiar, nos termos do parecer social realizado pelo ente autárquico.

Feita essa digressão, percebe-se que a tese delineada no Acórdão nº 4374/2016 encontra amparo jurídico, razão pela qual se deve negar provimento ao pedido de uniformização de jurisprudência em debate.

Isto posto, mantenho o Acórdão nº 4374/2016 prolatado pela 1ª CA da 1º CAJ pelos seus próprios fundamentos.

MINISTÉRIO DA ECONOMIA-ME
SECRETARIA ESPECIAL DE PREVIDÊNCIA E TRABALHO
SECRETARIA DE PREVIDÊNCIA
CONSELHO DE RECURSOS DA PREVIDÊNCIA SOCIAL-CRPS
CONSELHO PLENO

CONCLUSÃO: Pelo exposto, voto no sentido de, preliminarmente, **CONHECER DO PEDIDO DE UNIFORMIZAÇÃO DE JURISPRUDÊNCIA**, para, no mérito, **NEGAR PROVIMENTO AO INSS.**

Brasília-DF, 25 de setembro de 2020

TARSILA OTAVIANO DA COSTA
Relatora

MINISTÉRIO DA ECONOMIA-ME
SECRETARIA ESPECIAL DE PREVIDÊNCIA E TRABALHO
SECRETARIA DE PREVIDÊNCIA
CONSELHO DE RECURSOS DA PREVIDÊNCIA SOCIAL-CRPS
CONSELHO PLENO

DECISÓRIO

RESOLUÇÃO Nº 46/2020

Vistos e relatados os presentes autos, em sessão realizada hoje, **ACORDAM** os membros do Conselho Pleno, por **UNANIMIDADE**, no sentido de **CONHECER DO PEDIDO DE UNIFORMIZAÇÃO DE JURISPRUDÊNCIA**, para, no mérito, **NEGAR PROVIMENTO AO INSS**, de acordo com o Voto da Relatora e sua fundamentação.

Participaram, ainda, do presente julgamento os (as) Conselheiros (as): Robson Ferreira Maranhão, Vânia Pontes Santos, Gustavo Beirão Araújo, Paulo Sérgio de Carvalho Costa Ribeiro, Maria Madalena Silva Lima, Renato Agostinho das Chagas, Moisés Oliveira Moreira, Maria José de Paula Moraes, Imara Sodré Sousa Neto, Sulamita Cristina Dias, Guilherme Lustosa Pires, Valter Sérgio Pinheiro Coelho, Rodolfo Espinel Donadon, Alexandra Álvares de Alcântara e Adriene Cândida Borges.

Brasília-DF, 25 de setembro de 2020.

TARSILA OTAVIANO DA COSTA
Relatora

MARCELO FERNANDO BORSIO
Presidente

701.818.205-1 7

3.1.47 Resolução 47/2020 (BPC/LOAS/miserabilidade/critério/legal)

Objeto: Trata-se de Pedido de Uniformização de Jurisprudência interposto pelo INSS por suposta divergência de posicionamento entre Câmaras de Julgamento.

Decisão: Improvido.

Tese jurídica: Deve ser adotado o critério de miserabilidade da renda *per capita* familiar do artigo 20, §3º, da Lei 8.742/93, permitindo o §11 que outros aspectos sejam analisados.

MINISTÉRIO DA ECONOMIA-ME
SECRETARIA ESPECIAL DE PREVIDÊNCIA E TRABALHO
SECRETARIA DE PREVIDÊNCIA
CONSELHO DE RECURSOS DA PREVIDÊNCIA SOCIAL-CRPS
CONSELHO PLENO

Nº de Protocolo do Recurso: 44233.048932/2017-21
Documento/Benefício: 88/702.708.097-5
Unidade de origem: Agência da Previdência Social/ Itatinga
Tipo do Processo: Pedido de Uniformização de Jurisprudência
Recorrente: Instituto Nacional do Seguro Social/INSS
Recorrido: Teresa Alice Morillo
Benefício: Amparo Social a Pessoa Idosa
Relatora: Tarsila Otaviano da Costa

(Processo Eletrônico)

Relatório

Trata-se de Pedido de Uniformização de Jurisprudência (evento39) suscitado pelo Instituto Nacional do Seguro Social - INSS em face da decisão da 4ª CAJ/CRPS no Acórdão nº 3811/2017 (evento37) que negou provimento ao recurso especial autárquico ao afastar a renda de membro da composição familiar com base no parecer socioeconômico, concedendo o benefício Amparo Social a Pessoa Idosa requerido por **Teresa Alice Morillo.**

Indaga afronta a norma assistencial por superação da renda familiar.

Apresenta como paradigma os processos:

ESPÉCIE/NB	PT	CAJ/ACÓRDÃO
88/701.410.355-6	44232.379143/2015-88	03ªCAJ/1633
88/505.815.297-1	44232.180217/2014-40	02ªCAJ/875
87/701.098.191-5	44232.309279/2015-21	01ªCAJ/2444
87/701.658.139-0	44232.561685/2015-01	02ªCA-02ªCAJ/2698
87/700.715.100-1	44232.217814/2014-37	02ªCAJ/3819
87/702.522.268-3	44232.917207/2016-32	03ªCAJ/3439
87/702.376.969-3	44232.842082/2016-80	02ªCAJ/3365
87/702.202.628-0	44232.806180/2016-53	02ªCAJ/2784

A interessada foi notificada e apresentou contrarrazões ao incidente processual (evento48) requerendo a manutenção do feito.

A 4ª CaJ, por meio de despacho de seu Presidente admitiu o incidente processual (evento51/52).

702.708.097-5 1

MINISTÉRIO DA ECONOMIA-ME
SECRETARIA ESPECIAL DE PREVIDÊNCIA E TRABALHO
SECRETARIA DE PREVIDÊNCIA
CONSELHO DE RECURSOS DA PREVIDÊNCIA SOCIAL-CRPS
CONSELHO PLENO

O procedimento de Uniformização de Jurisprudência foi instaurado pela Presidência do CRPS (evento 54) com redistribuição dos presentes autos a essa Conselheira (evento55).

É o Relatório.

EMENTA: PEDIDO DE UNIFORMIZAÇÃO DE JURISPRUDÊNCIA. AMPARO SOCIAL AO IDOSO. ADMISSIBILIDADE. ART. 63 DA PORTARIA MDSA Nº 116/2017. RENDA PER CAPITA. BENEFÍCIO PREVIDENCIÁRIO SUPERIOR AO SALÁRIO MÍNIMO. PARECER SOCIAL ATESTANDO A VULNERABILIDADE SOCIAL. MITIGAÇÃO DO CRITÉRIO OBJETIVO EM FACE DA ALTERAÇÃO LEGISLATIVA. POSSIBILIDADE. ART. 20, § 11 DA LEI Nº 8742/1993; ART. 04 DO DECRETO Nº 6.214/2007. PEDIDO DE UNIFORMIZAÇÃO DO INSS CONHECIDO E NÃO PROVIDO.

VOTO

Em análise aos pressupostos de admissibilidade do presente Pedido de Uniformização de Jurisprudência, importa a transcrição dos arts. 03 e 63 do Regimento Interno do CRPS, aprovado pela Portaria MDSA nº 116/2017, a saber:

> Art. 3º - Ao Conselho Pleno compete:
> (...)
> II - uniformizar, no caso concreto, as divergências jurisprudenciais entre as Juntas de Recursos nas matérias de sua alçada ou entre as Câmaras de julgamento em sede de Recurso Especial, mediante a emissão de Resolução; e
>
> Art. 63 - O Pedido de Uniformização de Jurisprudência poderá ser requerido em casos concretos, pelas partes do processo, dirigido ao Presidente do respectivo órgão julgador, nas seguintes hipóteses:
>
> I - quando houver divergência na interpretação em matéria de direito entre acórdãos de Câmaras de Julgamento do CRSS, em sede de Recurso Especial, ou entre estes e resoluções do Conselho Pleno; ou
> II - quando houver divergência na interpretação em matéria de direito entre acórdãos de Juntas de Recursos do CRSS, nas hipóteses de alçada exclusiva previstas no art. 30, § 2º, deste Regimento, ou entre estes e Resoluções do Conselho Pleno.

MINISTÉRIO DA ECONOMIA-ME
SECRETARIA ESPECIAL DE PREVIDÊNCIA E TRABALHO
SECRETARIA DE PREVIDÊNCIA
CONSELHO DE RECURSOS DA PREVIDÊNCIA SOCIAL-CRPS
CONSELHO PLENO

O requerimento do pedido de uniformização cumpriu o prazo regimental estabelecido no § 2º do citado artigo 63:

> Art. 63 – (...)
> § 2º É de 30 (trinta) dias o prazo para o requerimento do Pedido de Uniformização de Jurisprudência e para o oferecimento de contrarrazões, contados da data da ciência da decisão e da data da intimação do pedido, respectivamente, hipótese em que suspende o prazo para o seu cumprimento.

O Instituto apresentou pedido incidental de forma tempestiva, conforme interposição realizada em 26/12/2017 (evento39), tendo a ciência ocorrida em 16/12/2017 (evento38).

É imperioso asseverar, de plano, que o pressuposto para a admissibilidade do pedido de uniformização de jurisprudência é a existência de divergência **em matéria de direito.** Não se presta, pois, tal incidente a reapreciar matéria fática ou solucionar divergência em matéria de provas.

Na hipótese dos autos, observo que no Acórdão nº 3811/2017 admitiu a possibilidade de reconhecimento do benefício por critério subjetivo, após a constatação de vulnerabilidade social contido no parecer social, afastando o critério objetivo e determinou a concessão do benefício (evento37).

De outra feita, apresenta como paradigmas os processos julgados por outras unidades julgadoras (ex: 88/701.410.355-6 da 3ª CAJ) onde foram aplicados o critério objetivo da renda conforme legislação.

A Autarquia Previdenciária alega afronta aos artigos 20 da Lei nº 8742/1993 e arts. 4º e 8º do Decreto nº 6.214/07.

A Lei nº 8742/1993 dispõe sobre os critérios objetivos e subjetivos para a concessão do benefício assistencial:

> Art. 20. O benefício de prestação continuada é a garantia de um salário-mínimo mensal à pessoa com deficiência e ao idoso com 65 (sessenta e cinco) anos ou mais que comprovem não possuir meios de prover a própria manutenção nem de tê-la provida por sua família. (Redação dada pela Lei nº 12.435, de 2011) (Vide Medida Provisória nº 871, de 2019) (Vigência)
>
> § 1º Para os efeitos do disposto no caput, a família é composta pelo requerente, o cônjuge ou companheiro, os pais e, na ausência de um deles, a madrasta ou o

MINISTÉRIO DA ECONOMIA-ME
SECRETARIA ESPECIAL DE PREVIDÊNCIA E TRABALHO
SECRETARIA DE PREVIDÊNCIA
CONSELHO DE RECURSOS DA PREVIDÊNCIA SOCIAL-CRPS
CONSELHO PLENO

padrasto, os irmãos solteiros, os filhos e enteados solteiros e os menores tutelados, desde que vivam sob o mesmo teto. (Redação dada pela Lei nº 12.435, de 2011)

§ 2º Para efeito de concessão do benefício de prestação continuada, considera-se pessoa com deficiência aquela que tem impedimento de longo prazo de natureza física, mental, intelectual ou sensorial, o qual, em interação com uma ou mais barreiras, pode obstruir sua participação plena e efetiva na sociedade em igualdade de condições com as demais pessoas. (Redação dada pela Lei nº 13.146, de 2015) (Vigência)

§ 3º Considera-se incapaz de prover a manutenção da pessoa com deficiência ou idosa a família cuja renda mensal per capita seja inferior a 1/4 (um quarto) do salário-mínimo. (Redação dada pela Lei nº 12.435, de 2011)

E o artigo 4º[1] do Decreto nº 6214/2007, que regulamenta o benefício de prestação continuada também define que a renda informal é considerada renda familiar, passível de avaliação no critério objetivo.

O acórdão objeto de incidente regimental afronta o artigo 4º acima citado ao afastar a renda de componente familiar decorrente de benefício previdenciário no valor de R$ 1.046,78 (na época do pedido) constatado no ato do requerimento administrativo (DER: 14/10/2016).

A Data de Entrada do Requerimento (DER) do benefício objeto do presente Pedido de Uniformização de Jurisprudência foi em 14/10/2016, portanto, posterior à publicação da Lei 13.146, de 6 de julho de 2015, que introduziu o parágrafo 11 no art. 20 da Lei 8.742/93[2], possibilitando, para a concessão do BPC/LOAS, a utilização de outros elementos probatórios da condição de miserabilidade do grupo familiar e da situação de vulnerabilidade.

Dessa forma, na data de entrada do requerimento existia a previsão legal para flexibilização do critério objetivo para caracterização da miserabilidade, qual seja, a renda mensal per capita superior a 1/4 do salário-mínimo.

Ressalvado o entendimento pessoal desta Relatora, o Colegiado Pleno deste Tribunal Administrativo já consolidou no sentido de que há a mitigação do critério objetivo em face de outros elementos probatórios, conforme se observa:

---

[1] Art. 4 - Para os fins do reconhecimento do direito ao benefício, considera-se:(...)
VI - renda mensal bruta familiar: a soma dos rendimentos brutos auferidos pelos membros da família composta por salários, proventos, pensões alimentícias, benefícios de previdência pública ou privada, comissões, pró-labore, outros rendimentos do trabalho não assalariado, **rendimentos do mercado informal ou autônomo**, rendimentos auferidos do patrimônio, Renda Mensal Vitalícia e Benefício de Prestação Continuada, ressalvado o disposto no parágrafo único do art. 19. (grifo nosso)

[2] § 11 - Para concessão do benefício de que trata o **caput** deste artigo, poderão ser utilizados outros elementos probatórios da condição de miserabilidade do grupo familiar e da situação de vulnerabilidade, conforme regulamento." (NR)

MINISTÉRIO DA ECONOMIA-ME
SECRETARIA ESPECIAL DE PREVIDÊNCIA E TRABALHO
SECRETARIA DE PREVIDÊNCIA
CONSELHO DE RECURSOS DA PREVIDÊNCIA SOCIAL-CRPS
CONSELHO PLENO

> PEDIDO DE UNIFORMIZAÇÃO DE JURISPRUDÊNCIA. BENEFÍCIO DE PRESTAÇÃO CONTINUADA. DECISÃO DO STF NA RECLAMAÇÃO 4374/PE. ALTERAÇÃO DO CONTEÚDO DA ADI 1.232/DF. CRITÉRIO DE RENDA EM 1/4 DE SALÁRIO MÍNIMO INCONSTITUCIONAL. **ARTIGO 20 §11 DA LEI 8.742/93. POSSIBILIDADE DE UTILIZAÇÃO DE OUTROS ELEMENTOS PROBATÓRIOS DA CONDIÇÃO DE MISERABILIDADE DO GRUPO FAMILIAR E DA SITUAÇÃO DE VULNERABILIDADE**. PARECER SOCIAL. POSSIBILIDADE. PEDIDO CONHECIDO E NEGADO. (Processo 44232.436463/2015-42, NB 701.536.697-6, Relatora: Raquel Lúcia de Freitas, Conselho Pleno, julgado em 26/03/2019) (Resolução CRPS Nº 1/2019) (grifo nosso)

> BENEFÍCIO DE PRESTAÇÃO CONTINUADA. LOAS. PEDIDO DE UNIFORMIZAÇÃO DE JURISPRUDÊNCIA. Divergência jurisprudencial entre as Câmaras de Julgamento no que tange aos critérios de fixação da renda per capita familiar. Competência para análise deste Conselho Pleno na forma do art. 3° inc. II do Regimento Interno do CRSS aprovado pela Portaria MDAS nº 116/2017. Pressupostos de Admissibilidade do pedido alcançados na forma do art. 63 do mesmo Regimento. Para a fixação dos critérios da renda familiar tem-se que o Supremo Tribunal Federal julgou inconstitucional a regra de 1/4 do salário mínimo. Aplicação limitada ao Conselho. Falta de ato legal declarando a norma inconstitucional. **Prevalência do § 3° do art. 20, contudo, a avaliação da situação de miserabilidade familiar deve ser realizada concomitantemente com aspectos além da renda conforme § 11 do art. 20 da LOAS.** Precedente do Conselho Pleno. Pedido de Uniformização conhecido e improvido. (Processo 44232.837369/2016-98, NB 702.236.332-4, Relator: Rodolfo Espinel Donadon, Conselho Pleno, julgado em 28/06/2019) (Resolução CRPS Nº 19/2019) (grifo nosso)

Diante do exposto, deve ser mantida a tese jurídica fixada no conceito de mitigação do critério objetivo da renda em face da comprovação da vulnerabilidade e miserabilidade social da composição familiar, nos termos do parecer social realizado pelo ente autárquico.

Feita essa digressão, percebe-se que a tese delineada no Acórdão nº 3811/2017 encontra amparo jurídico, razão pela qual se deve negar provimento ao pedido de uniformização de jurisprudência em debate.

Isto posto, mantenho o Acórdão nº 3811/2017 prolatado pela 4º CAJ pelos seus próprios fundamentos.

MINISTÉRIO DA ECONOMIA-ME
SECRETARIA ESPECIAL DE PREVIDÊNCIA E TRABALHO
SECRETARIA DE PREVIDÊNCIA
CONSELHO DE RECURSOS DA PREVIDÊNCIA SOCIAL-CRPS
CONSELHO PLENO

CONCLUSÃO: Pelo exposto, voto no sentido de, preliminarmente, **CONHECER DO PEDIDO DE UNIFORMIZAÇÃO DE JURISPRUDÊNCIA**, para, no mérito, **NEGAR PROVIMENTO AO INSS.**

Brasília-DF, 25 de setembro de 2020.

TARSILA OTAVIANO DA COSTA
Relatora

MINISTÉRIO DA ECONOMIA-ME
SECRETARIA ESPECIAL DE PREVIDÊNCIA E TRABALHO
SECRETARIA DE PREVIDÊNCIA
CONSELHO DE RECURSOS DA PREVIDÊNCIA SOCIAL-CRPS
CONSELHO PLENO

DECISÓRIO

RESOLUÇÃO Nº 47/2020

Vistos e relatados os presentes autos, em sessão realizada hoje, **ACORDAM** os membros do Conselho Pleno, por **UNANIMIDADE**, no sentido de **CONHECER DO PEDIDO DE UNIFORMIZAÇÃO DE JURISPRUDÊNCIA**, para, no mérito, **NEGAR PROVIMENTO AO INSS**, de acordo com o Voto da Relatora e sua fundamentação.

Participaram, ainda, do presente julgamento os (as) Conselheiros (as): Robson Ferreira Maranhão, Vânia Pontes Santos, Gustavo Beirão Araújo, Paulo Sérgio de Carvalho Costa Ribeiro, Maria Madalena Silva Lima, Renato Agostinho das Chagas, Moisés Oliveira Moreira, Maria José de Paula Moraes, Imara Sodré Sousa Neto, Sulamita Cristina Dias, Guilherme Lustosa Pires, Valter Sérgio Pinheiro Coelho, Rodolfo Espinel Donadon, Alexandra Álvares de Alcântara e Adriene Cândida Borges.

Brasília-DF, 25 de setembro de 2020.

TARSILA OTAVIANO DA COSTA
Relatora

MARCELO FERNANDO BORSIO
Presidente

702.708.097-5 7

3.1.48 Resolução 48/2020 (tempo/especial/benzeno/análise/qualitativa)

Objeto: Trata-se de Pedido de Uniformização de Jurisprudência interposto por segurado por suposta divergência de posicionamento entre Câmaras de Julgamento.

Decisão: Provido.

Tese jurídica: Deve ser feita a análise qualitativa do agente nocivo benzeno com aplicação retroativa desse posicionamento firmado pelo Memorando Circular 2 DIRSAT/INSS/2015.

MINISTÉRIO DA ECONOMIA-ME
SECRETARIA ESPECIAL DE PREVIDÊNCIA E TRABALHO
SECRETARIA DE PREVIDÊNCIA
CONSELHO DE RECURSOS DA PREVIDÊNCIA SOCIAL-CRPS
CONSELHO PLENO

Nº de Protocolo do Recurso: 44232.679112/2016-13
Documento/Benefício: 175.227.452-8
Unidade de origem: Agência da Previdência Social/ Duque de Caxias
Tipo do Processo: Pedido de Uniformização de Jurisprudência
Recorrente: Sérgio de Oliveira Alves
Recorrido: Instituto Nacional do Seguro Social/INSS
Benefício: Aposentadoria Especial
Relatora: Adriene Cândida Borges

(Processo Eletrônico)

Relatório

Trata-se de Pedido de Uniformização de Jurisprudência formulado pelo senhor SÉRGIO DE OLIVEIRA ALVES, em face da decisão prolatada pela 1ª Câmara de Julgamento no Acórdão de nº 1974/2019, que negou provimento a seu recurso.

O pedido de Aposentadoria Especial em questão foi formulado em 11/12/2015.

Para fins de reconhecimento de atividades sob condições especiais, o interessado anexou aos autos Perfil Profissiográfico Previdenciário – PPP emitido pela empresa Lanxess Elastômeros do Brasil S/A (Nova denominação social Arlanxeo Brasil S/A), para o período de 04/09/89 a 06/10/2015, laborado nas funções de Operador de Unidade Industrial Estagiário, Operador de Unidade Industrial, Técnico de Sistemas Industriais Sênior e Operador Técnico, constando como fatores de risco agentes químicos, tais como Aminas Aromáticas, Dodecil Mercaptanas, Amônia, 1,3 Butadieno, Vinil Ciclohexeno, com suas respectivas quantificações, exceto para Aminas Aromáticas e Dodecil Mercaptanas, em que foi informada análise qualitativa. O documento também informa exposição a ruído superior a 85 decibéis a partir de 01/01/98.

Em sede de exigência foi feito a juntada de novo PPP informando exposição a Benzeno, Estireno, Tolueno, Acrilonitrila e Xileno, além dos demais agentes químicos já mencionados.

A 1ª Composição Adjunta da 10ª Junta de Recursos, por meio do Acórdão de nº 5292/2017, negou provimento ao recurso interposto admitindo como especial o período de 01/01/2002 a 31/12/2005 em virtude da exposição a ruído. Quanto à

175.227.452-8 1

MINISTÉRIO DA ECONOMIA-ME
SECRETARIA ESPECIAL DE PREVIDÊNCIA E TRABALHO
SECRETARIA DE PREVIDÊNCIA
CONSELHO DE RECURSOS DA PREVIDÊNCIA SOCIAL-CRPS
CONSELHO PLENO

exposição a agentes químicos, ratificou a análise técnica por não restar evidenciado pelos documentos anexados aos autos a forma de contato com as substâncias informadas (Evento de nº 33).

Após a juntada de Programa de Prevenção de Riscos Ambientais - PPRA da empresa, em atendimento à diligência requisitada pela 1ª Câmara de Julgamento, nova análise técnica foi realizada, onde se concluiu pela ratificação do não enquadramento do período de pretendido, cuja decisão foi pelo improvimento do recurso interposto. A Douta 1ª Câmara de Julgamento, em sua decisão, consignou que a descrição genérica das atividades em setores distintos ocasiona latente dúvida acerca da habitualidade e permanência da exposição, o que afasta sustento ao enquadramento (Evento de nº 70).

Desta feita, o interessado, por procurador constituído nos autos, apresentou Pedido de Uniformização de Jurisprudência colacionando decisões prolatadas pelas Câmaras de Julgamento deste Conselho relativas a enquadramento por exposição a agentes químicos de trabalhadores que laboraram na mesma empresa com exposição a Aminas Aromáticas, Dodecil Mercaptanas, Benzeno e 1:3 Butadieno, a fim de ter a pretensão atendida em virtude de divergência jurisprudencial em matéria de direito, onde se concluiu que a análise da exposição a agentes químicos deve ser realizada de forma qualitativa, uma vez que a simples presença no ambiente de trabalho enseja o reconhecimento da especialidade.

Os autos foram submetidos ao Presidente daquele órgão julgador que, em atendimento ao princípio da segurança jurídica e artigo 63 do Regimento Interno deste Conselho, aprovado pela Portaria de nº 116/2017, entendeu preenchidos os pressupostos de admissibilidade do Pedido de Uniformização de Jurisprudência.

Manifestação da Divisão de Assuntos Jurídicos - DAJ no sentido de que como paradigma o pedido foi divido em dois grupos, sendo o primeiro grupo exposto a Aminas, Dodecil Mercaptanas, e o segundo grupo Benzeno e Butadieno – 1:3, de maneira que o procedimento previsto no art. 63 do Regimento Interno do CRPS refere-se à uniformização de caso concreto, no mesmo processo administrativo, não se estendendo aos demais quando decidido com base no § 6º, II, do artigo 63, do Regimento Interno (Evento de nº 88).

Pedido admitido pelo Vice-Presidente deste Conselho, por restar evidenciada divergência jurisprudencial em matéria de direito, que determinou a distribuição dos autos a esta Conselheira para fins de relatoria e submissão da matéria ao Conselho Pleno.

Não houve o oferecimento de contrarrazões pela Autarquia.

MINISTÉRIO DA ECONOMIA-ME
SECRETARIA ESPECIAL DE PREVIDÊNCIA E TRABALHO
SECRETARIA DE PREVIDÊNCIA
CONSELHO DE RECURSOS DA PREVIDÊNCIA SOCIAL-CRPS
CONSELHO PLENO

É o Relatório.

VOTO:

EMENTA: APOSENTADORIA ESPECIAL. PEDIDO DE UNIFORMIZAÇÃO DE JURISPRUDÊNCIA. Existência de divergência jurisprudencial em matéria de direito entre acórdãos das Câmaras de Julgamento em sede de Recurso Especial. A análise da exposição aos agentes reconhecidamente cancerígenos é realizada de forma qualitativa. A simples presença do agente nocivo no ambiente de trabalho caracteriza a especialidade sob inteligência do § 4º do artigo 68 do Regulamento da Previdência Social – RPS, aprovado pelo Decreto 3.048/99. Permanência caracterizada pela indissociabilidade entre a exposição e o processo de produção do bem ou da prestação do serviço. Presentes os pressupostos de admissibilidade previstos no inciso I do artigo 63 do Regimento Interno deste Conselho. Pedido de Uniformização de Jurisprudência Conhecido e Provido.

FUNDAMENTAÇÃO:

Versam os presentes autos sobre Pedido de Uniformização de Jurisprudência proposto com fulcro no artigo 63 do Regimento Interno deste Conselho, aprovado pela Portaria MDSA de nº 116, de 20 de março de 2017, cuja controvérsia reside no reconhecimento de atividades sob condições especiais.

O Regimento Interno deste Conselho, no inciso II do artigo 3º, confere ao Conselho Pleno a competência de uniformizar, no caso concreto, divergências jurisprudenciais entre as Câmaras de Julgamento, em sede de Recurso Especial, mediante a emissão de Resoluções:

> Art. 3º Ao Conselho Pleno compete:
>
> I - uniformizar, em tese, a jurisprudência administrativa previdenciária e assistencial, mediante emissão de Enunciados;
> II - uniformizar, no caso concreto, as divergências jurisprudenciais entre as Juntas de Recursos nas matérias de sua alçada ou entre as Câmaras de julgamento em sede de Recurso Especial, mediante a emissão de Resolução; e
> III - decidir, no caso concreto, as Reclamações ao Conselho Pleno, mediante a emissão de Resolução.

175.227.452-8

MINISTÉRIO DA ECONOMIA-ME
SECRETARIA ESPECIAL DE PREVIDÊNCIA E TRABALHO
SECRETARIA DE PREVIDÊNCIA
CONSELHO DE RECURSOS DA PREVIDÊNCIA SOCIAL-CRPS
CONSELHO PLENO

O artigo 63 do mesmo ato normativo prevê os pressupostos para fins de requerimento do Pedido de Uniformização de Jurisprudência pelas partes, a saber:

> Art. 63. O Pedido de Uniformização de Jurisprudência poderá ser requerido em casos concretos, pelas partes do processo, dirigido ao Presidente do respectivo órgão julgador, nas seguintes hipóteses:
>
> I - quando houver divergência na interpretação em matéria de direito entre acórdãos de Câmaras de Julgamento do CRSS, em sede de Recurso Especial, ou entre estes e resoluções do Conselho Pleno; ou
>
> II - quando houver divergência na interpretação em matéria de direito entre acórdãos de Juntas de Recursos do CRSS, nas hipóteses de alçada exclusiva previstas no art. 30, § 2º, deste Regimento, ou entre estes e Resoluções do Conselho Pleno.
>
> § 1º A divergência deverá ser demonstrada mediante a indicação do acórdão divergente, proferido nos últimos cinco anos, por outro órgão julgador, composição de julgamento, ou, ainda, por resolução do Conselho Pleno.
>
> § 2º É de 30 (trinta) dias o prazo para o requerimento do Pedido de Uniformização de Jurisprudência e para o oferecimento de contrarrazões, contados da data da ciência da decisão e da data da intimação do pedido, respectivamente, hipótese em que suspende o prazo para o seu cumprimento.

O incidente será considerado tempestivo, por não constar registro da data da ciência da parte. Consta que a emissão de comunicação da decisão prolatada pela 1ª Câmara de Julgamento ocorreu em 20/03/2019 (Evento de nº 74), com incidente proposto em 30/04/2019.

A pretensão do interessado é provar a existência de divergência em matéria de direito entre Câmaras de Julgamento na forma preconizada pelo inciso II do artigo 63 do Regimento Interno deste Conselho.

Para este fim, colacionou aos autos decisões proferidas pelas Câmaras de Julgamento nos seguintes Acórdãos:

MINISTÉRIO DA ECONOMIA-ME
SECRETARIA ESPECIAL DE PREVIDÊNCIA E TRABALHO
SECRETARIA DE PREVIDÊNCIA
CONSELHO DE RECURSOS DA PREVIDÊNCIA SOCIAL-CRPS
CONSELHO PLENO

1 – Da jurisprudência sobre reconhecimento dos agentes nocivos Aminas Aromáticas e Dodecil Mercaptanas:

- Acórdão nº 2261/2019 1ª CAJ - NB – 172.647.930-4;
- Acórdão nº 1174/2014 3ª CAJ - NB – 152.540.965-1;
- Acórdão nº 5017/2013 3ª CAJ - NB – 155.625.354-8;
- Acórdão nº 4026/2013 3ª CAJ - NB – 153.256.593-0;

1 – Da jurisprudência sobre reconhecimento dos agentes nocivos Benzeno e 1:3 Butadieno:

- Acórdão nº 2261/2019 1ª CAJ - NB – 172.647.930-4;
- Acórdão nº 5408/2018 2ª CAJ - NB – 158.399.677-7;
- Acórdão nº 4934/2018 2ª CAJ - NB – 175.918.678-0;
- Acórdão nº 1506/2017 2ª CAJ - NB – 164.560.000-6;
- Acórdão nº 2273/2017 3ª CAJ - NB – 172.323.356-8;
- Acórdão nº 0339/2015 1ª CAJ - NB – 155.762.563-5.

Preliminarmente, importa destacar que a análise do pedido se restringirá à matéria objeto de análise nos acórdãos apresentados como paradigma, uma vez que o incidente proposto não se presta ao reexame de matéria fática.

Depreende-se que nos acórdãos colacionados aos autos, houve reconhecimento da especialidade pela exposição a agentes químicos de trabalhadores que desempenharam atividades idênticas e na mesma empresa, nos códigos 1.0.3 e 1.0.19 do Anexo IV do Decreto 3.048/99, onde se levou em conta a análise qualitativa da exposição por se tratar de agente cancerígeno.

Por outro lado, no Acórdão prolatado pela Douta 1ª Câmara de Julgamento, o Colegiado entendeu que a inexistência de quantificação dos agentes químicos, implica em prejuízo à análise qualitativa que depende de valores e modo de exposição, aliada ao fato da existência de substâncias químicas que não se encontram dentre as prescritas como nocivas, o que impediu o enquadramento administrativo.

Destarte, que os acórdãos apresentados como paradigma foram prolatados nos últimos cinco anos, atendendo, portanto, ao disposto no § 1º do artigo 63 do Regimento Interno deste Conselho.

Presentes os pressupostos de admissibilidade do incidente proposto, tais como tempestividade e demonstração de divergência jurisprudencial em matéria de direito, passo à análise de mérito.

175.227.452-8

5

MINISTÉRIO DA ECONOMIA-ME
SECRETARIA ESPECIAL DE PREVIDÊNCIA E TRABALHO
SECRETARIA DE PREVIDÊNCIA
CONSELHO DE RECURSOS DA PREVIDÊNCIA SOCIAL-CRPS
CONSELHO PLENO

Em matéria previdenciária, aplica-se o princípio *tempus regit actum*, de maneira que a caracterização e a comprovação do desempenho de atividades sob condições especiais obedecerá ao disposto na legislação em vigor à época da prestação do serviço [1].

Para atividades desempenhadas até 28/04/95, admitia-se o enquadramento por categoria profissional conforme anexos dos decretos regulamentadores, cujos trabalhadores não integrantes das categorias profissionais poderiam comprovar o exercício de atividade especial mediante a apresentação de formulário nos moldes do § 1° do artigo 58 da Lei 8.213/91.

O cerne da questão reside no reconhecimento da especialidade do período de 04/09/89 a 06/10/2015, laborado na empresa Lanxess Eslatômeros do Brasil S/A (Nova denominação social Arlanxeo Brasil S/A), com exposição a agentes químicos, entre eles Benzeno, Aminas Aromáticas, Dodecil Mercaptanas, 1:3 Butadieno, entre outros agentes químicos, para cuja comprovação foi feito a juntada de PPP e PPRA, com exceção do período de 01/01/2002 a 31/12/2005, em que foi reconhecida a especialidade em virtude da exposição a ruído.

Nos termos do parágrafo 3° do artigo 57 da Lei 8.213/91, "a aposentadoria especial dependerá de comprovação pelo segurado, perante o Instituto Nacional do Seguro Social-INSS, **do tempo de trabalho permanente, não ocasional nem intermitente, em condições especiais que prejudiquem a saúde ou a integridade física, durante o período mínimo fixado**." (grifo nosso)

À luz da legislação acima transcrita, o reconhecimento da especialidade exige a comprovação da nocividade e permanência do trabalho em condições prejudiciais à saúde e integridade física.

O conceito de permanência encontra-se assim definido no artigo 65 do Regulamento da Previdência Social - RPS, aprovado pelo Decreto 3.048/99, com redação dada pelo Decreto 4882, 18 de novembro de 2003 - DOU 19/11/2003:

"Art. 65. Considera-se trabalho permanente, para efeito desta Subseção, aquele que é exercido de forma não ocasional nem intermitente, no qual a exposição do empregado, do trabalhador avulso ou do cooperado ao agente nocivo seja indissociável da produção do bem ou da prestação do serviço." (grifo nosso)

[1] Parágrafo 1° do artigo 70 do Regulamento da Previdência Social - RPS, aprovado pelo Decreto 3.048/99.

175.227.452-8

MINISTÉRIO DA ECONOMIA-ME
SECRETARIA ESPECIAL DE PREVIDÊNCIA E TRABALHO
SECRETARIA DE PREVIDÊNCIA
CONSELHO DE RECURSOS DA PREVIDÊNCIA SOCIAL-CRPS
CONSELHO PLENO

Nesse sentido, o requisito essencial para fins de caracterização da permanência da exposição seria a indissociabilidade entre a exposição ao agente e o processo de produção do bem ou da prestação do serviço.

A questão acerca do conceito de nocividade e permanência foi amplamente debatida na Resolução de nº 21/2014, onde se concluiu que a nocividade diz respeito aos agentes nocivos capazes de causar danos à saúde ou integridade física do trabalhador, em concentração ou intensidade que ultrapasse os limites de tolerância ou que, dependendo do agente, torne a simples exposição prejudicial à saúde ou à integridade física.

O Nobre Relator consignou que o aspecto essencial para a caracterização da permanência seria a indissociabilidade entre a exposição ao agente nocivo e o processo de produção do bem ou de prestação do serviço, pouco importando o tempo de exposição, bastando para tanto, verificar se a exposição ocorreu de modo permanente pelo fato de a exposição ser inerente ao serviço prestado.

O referido entendimento foi corroborado pela própria Autarquia Previdenciária, no artigo 278 da Instrução Normativa de nº 77, de 2015, senão vejamos:

> "Art. 278. Para fins da análise de caracterização da atividade exercida em condições especiais por exposição à agente nocivo, consideram-se:
> I- nocividade: situação combinada ou não de substâncias, energias e demais fatores de riscos reconhecidos, presentes no ambiente de trabalho, capazes de trazer ou ocasionar danos à saúde ou à integridade física do trabalhador; e
>
> II - permanência: trabalho não ocasional nem intermitente no qual a exposição do empregado, do trabalhador avulso ou do contribuinte individual cooperado ao agente nocivo seja indissociável da produção do bem ou da prestação do serviço, em decorrência da subordinação jurídica a qual se submete."

Destarte, que a comprovação da exposição da exposição a agentes nocivos é realizada de forma quantitativa e qualitativa em conformidade com os decretos e normas regulamentadoras.

O Decreto 8.213, de 16 de outubro de 2013, deu nova redação ao § 4º do artigo 68 do RPS estabelecendo que a simples presença no ambiente de trabalho, com

175.227.452-8

MINISTÉRIO DA ECONOMIA-ME
SECRETARIA ESPECIAL DE PREVIDÊNCIA E TRABALHO
SECRETARIA DE PREVIDÊNCIA
CONSELHO DE RECURSOS DA PREVIDÊNCIA SOCIAL-CRPS
CONSELHO PLENO

possibilidade de exposição a agentes nocivos reconhecidamente cancerígenos em humanos, listados pelo Ministério do Trabalho e Emprego, será suficiente para a comprovação da efetiva exposição do trabalhador.

Com base nas alterações introduzidas, a Autarquia editou o Memorando-Circular de nº 02/DIRSAT/INSS/2015, no sentido de que a simples presença do agente nocivo cancerígeno no ambiente de trabalho, é suficiente para comprovação da efetiva exposição do trabalhador, cuja apuração será realizada de forma qualitativa, em se tratando de agentes reconhecidamente cancerígenos listados no Grupo 1da Lista Nacional de Agentes Cancerígenos para Humanos – LINACH e constante no Anexo IV do Decreto 3.048/99, além de ressaltar que a utilização de EPI e EPC não elide a exposição aos referidos agentes, ainda que considerados eficazes.

Convém destacar que o agente nocivo benzeno encontra-se previsto no Anexo 13-A da Norma Regulamentadora 15 como produto comprovadamente cancerígeno.

No caso concreto, o desempenho do labor se deu com exposição aos agentes químicos 1,3 Butadieno e Benzeno, listados no Grupo 1 da LINACH como reconhecidamente cancerígenos, entre outros agentes químicos derivados do carbono, tais como Aminas Aromáticas e Mercaptanos, de maneira que a análise da exposição deve ser realizada de forma qualitativa com observância da simples presença do agente nocivo no ambiente de trabalho, que, por si só, faz presumir a nocividade.

Tais agentes encontram-se previstos nos códigos 1.0.3 e 1.0.19 do Anexo IV do Decreto 3.048/99. Portanto, a situação se amolda perfeitamente aos acórdãos apresentados como paradigmas, por restar evidenciado que se trata de labor na mesma empresa, atividades análogas e com exposição aos mesmos agentes, não havendo justificativas para tratamento diverso.

Portanto, evidenciada a presença de tais agentes no ambiente de trabalho, há que se reconhecer a especialidade dos períodos de trabalho, uma vez que a análise da exposição deve ser realizada de forma qualitativa por se tratar de exposição indissociável da produção do bem ou prestação do serviço.

No mesmo sentido se posicionou o Tribunal Regional Federal da 4ª Região, na Apelação Cível 5005508-70.2014.4.04.7122, assim ementada:

> EMENTA: PREVIDENCIÁRIO. ATIVIDADE ESPECIAL. AGENTES QUÍMICOS. AVALIAÇÃO QUALITATIVA. PERMANÊNCIA NA ATIVIDADE ESPECIAL APÓS A IMPLANTAÇÃO DO BENEFÍCIO. JUROS DE MORA.

MINISTÉRIO DA ECONOMIA-ME
SECRETARIA ESPECIAL DE PREVIDÊNCIA E TRABALHO
SECRETARIA DE PREVIDÊNCIA
CONSELHO DE RECURSOS DA PREVIDÊNCIA SOCIAL-CRPS
CONSELHO PLENO

TUTELA ESPECÍFICA.
1. Apresentada a prova necessária a demonstrar o exercício de atividade sujeita a condições especiais, conforme a legislação vigente na data da prestação do trabalho, o respectivo tempo de serviço especial deve ser reconhecido.
2. Quanto aos agentes nocivos químicos, os riscos ocupacionais gerados independem da análise quantitativa de sua concentração ou da intensidade máxima e mínima no ambiente de trabalho, dado que são caracterizados pela avaliação qualitativa. Ao contrário do que ocorre com alguns agentes agressivos, como, v.g., o ruído, calor, frio ou eletricidade, que exigem sujeição a determinados patamares para ser configurada a nocividade do labor, no caso dos tóxicos orgânicos e inorgânicos, os Decretos que regem a matéria não trazem a mesma exigência para fins previdenciários, pois a exposição habitual, rotineira, a tais fatores insalutíferos é suficiente para tornar o trabalhador vulnerável a doenças ou acidentes.
3. Cumprida a carência e demonstrado o tempo de serviço especial por 15, 20 ou 25 anos, conforme a atividade exercida pelo segurado, é devida à parte autora a concessão de aposentadoria especial.
4. A Corte Especial deste Tribunal reconheceu a inconstitucionalidade do § 8.º do art. 57 da LBPS (IAC 5001401-77.2012.404.0000), sendo assegurada à parte autora a possibilidade de continuar exercendo atividades laborais sujeitas a condições nocivas após a implantação do benefício.
5. Os juros de mora, a contar da citação, devem incidir à taxa de 1% ao mês, até 29-06-2009. A partir de então, incidem uma única vez, até o efetivo pagamento do débito, segundo o percentual aplicado à caderneta de poupança.
6. Determina-se o cumprimento imediato do acórdão naquilo que se refere à obrigação de implementar o benefício, por se tratar de decisão de eficácia mandamental que deverá ser efetivada mediante as atividades de cumprimento da sentença stricto sensu previstas no art. 497 do CPC/15, sem a necessidade de um processo executivo autônomo (sine intervallo).

(TRF4, AC 5005508-70.2014.4.04.7122, SEXTA TURMA, Relator JOÃO BATISTA PINTO SILVEIRA, juntado aos autos em 08/11/2018)

175.227.452-8

9

MINISTÉRIO DA ECONOMIA-ME
SECRETARIA ESPECIAL DE PREVIDÊNCIA E TRABALHO
SECRETARIA DE PREVIDÊNCIA
CONSELHO DE RECURSOS DA PREVIDÊNCIA SOCIAL-CRPS
CONSELHO PLENO

Nesses termos, a pretensão do interessado merece acolhimento no que concerne ao direito à análise qualitativa da exposição, por se tratar de agente reconhecidamente cancerígeno, cuja simples presença no ambiente de trabalho é suficiente para caracterização da especialidade.

Diante do exposto, o incidente proposto merece ser admitido, por atender aos pressupostos de admissibilidade previstos no inciso I do artigo 63 do Regimento Interno deste Conselho, aprovado pela Portaria MDSA de nº 116/2017, cujos autos devem ser remetidos ao órgão prolator da decisão impugnada, para fins de reexame da matéria e adequação ao entendimento firmado, por meio de Revisão de Ofício, na forma preconizada pelo § 12 do mesmo ato normativo.

CONCLUSÃO: Pelo exposto, **VOTO** no sentido de **CONHECER DO PEDIDO DE UNIFORMIZAÇÃO DE JURISPRUDÊNCIA,** para, no mérito, **DAR-LHE PROVIMENTO.**

Brasília, 25 de setembro de 2020.

ADRIENE CÂNDIDA BORGES
Relatora

MINISTÉRIO DA ECONOMIA-ME
SECRETARIA ESPECIAL DE PREVIDÊNCIA E TRABALHO
SECRETARIA DE PREVIDÊNCIA
CONSELHO DE RECURSOS DA PREVIDÊNCIA SOCIAL-CRPS
CONSELHO PLENO

DECISÓRIO

RESOLUÇÃO Nº 48/2020

Vistos e relatados os presentes autos, em sessão realizada hoje, **ACORDAM** os membros do Conselho Pleno, por **UNANIMIDADE**, no sentido de **CONHECER DO PEDIDO DE UNIFORMIZAÇÃO DE JURISPRUDÊNCIA**, para, no mérito, **DAR-LHE PROVIMENTO**, de acordo com o Voto da Relatora e sua fundamentação.

Participaram, ainda, do presente julgamento os (as) Conselheiros (as): Robson Ferreira Maranhão, Vânia Pontes Santos, Gustavo Beirão Araújo, Paulo Sérgio de Carvalho Costa Ribeiro, Maria Madalena Silva Lima, Renato Agostinho das Chagas, Moisés Oliveira Moreira, Maria José de Paula Moraes, Imara Sodré Sousa Neto, Sulamita Cristina Dias, Guilherme Lustosa Pires, Valter Sérgio Pinheiro Coelho, Rodolfo Espinel Donadon, Alexandra Álvares de Alcântara e Tarsila Otaviano da Costa.

Brasília-DF, 25 de setembro de 2020

ADRIENE CÂNDIDA BORGES
Relatora

MARCELO FERNANDO BORSIO
Presidente

175.227.452-8

11

3.1.49 Resolução 49/2020 (pedido/uniformização/paradigmas/temas/diversos/desconhecimento)

Objeto: Trata-se de Pedido de Uniformização de Jurisprudência interposto pelo INSS por suposta divergência de posicionamento entre Câmaras de Julgamento.

Decisão: Não conhecido.

Tese jurídica: As decisões paradigmas não tratavam do mesmo tema jurídico, inexistindo tese jurídica a uniformizar.

MINISTÉRIO DA ECONOMIA-ME
SECRETARIA ESPECIAL DE PREVIDÊNCIA E TRABALHO
SECRETARIA DE PREVIDÊNCIA
CONSELHO DE RECURSOS DA PREVIDÊNCIA SOCIAL-CRPS
CONSELHO PLENO

Nº de Protocolo do Recurso: 44232.728366/2016-64
Documento/Benefício: 31/614.034.396-1
Unidade de origem: Agência da Previdência Social/Juiz de Fora-Largo do Riachuelo
Tipo do Processo: Pedido de Uniformização de Jurisprudência
Recorrente: Rute Dornelas Vieira Leal
Recorrido: Seção de Reconhecimento de Direitos – SRD/INSS
Benefício: Recurso especial. Auxílio-doença
Relatora: Imara Sodré Sousa Neto

(Processo Eletrônico)

Relatório

Trata o presente de Pedido de Uniformização ao Conselho Pleno interposta pela Seção de Reconhecimento de Direitos – SRD em face ao acórdão nº 4360/2018 proferido pela 4ª Câmara de Julgamento, por entender que o referido acórdão contraria o que dispõe o Parecer Nº 57/2010 DIVCONT/CGMBEN/PFE-INSS, do Despacho Nº 063/2010 PFE-INSS/CGMBEN e em especial do Parecer nº 219/2011 CONJUR/MPS, acerca de recolhimento em atraso para fins de carência.

O acórdão proferido pela segunda instância negou provimento ao recurso especial do INSS, mantendo a decisão da Junta de Recursos que reconheceu a carência referente às contribuições de 01/2016 a 05/2016, mesmo pagas em 18/04/2016 e assim, concedendo o benefício (evento nº 25).

Cabe ressaltar que a perícia médica do INSS fixou as seguintes datas técnicas:

- Data do Início da Doença – DID: 15/09/2015
- Data de Início da Incapacidade – DII: 12/04/2016
- Doença **não** isenta de carência.

MINISTÉRIO DA ECONOMIA-ME
SECRETARIA ESPECIAL DE PREVIDÊNCIA E TRABALHO
SECRETARIA DE PREVIDÊNCIA
CONSELHO DE RECURSOS DA PREVIDÊNCIA SOCIAL-CRPS
CONSELHO PLENO

Em consulta ao Cadastro Nacional de Informações Sociais – CNIS da segurada verifica-se que consta vínculo como empregada encerrado em 01/06/2001 e posteriormente, os seguintes registros como Micro Empreendedor Individual – MEI: 10/2014 a 12/2015 pagos em atraso; **01/2016 pago em dia**; 02/2016 a 04/2016 pagos em atraso (18/04/2016 e 19/05/2016).

Em seu Recurso Especial o INSS argumentou que as competências 02/2016 a 04//2016 não podem ser utilizadas para carência, pois foram contribuídas após o fato gerador e em atraso, momento em que a regra vigente era no sentido de que havendo perda da qualidade de segurado, as contribuições anteriores a essa data só serão computadas para efeito de carência depois que o segurado contar, a partir da nova filiação com, no mínimo, 1/3 (um terço) do número de contribuições exigidas para o cumprimento da carência definida, portanto, a segurada não tinha o número mínimo de carência e não faz jus à concessão do benefício (evento nº 27).

O processo foi julgado pela 04ª Câmara de Julgamento, em sede de recurso especial, negando provimento ao recurso especial do INSS, concluindo que a requerente efetuou os recolhimentos devidos, razão pela qual as competências pagas em atraso são computadas para fins de carência, nos termos do art. 24, parágrafo único da Lei nº 8.213/91 combinado com o art. 18-A, § 15 da LC 123/2006 (evento nº 39).

O SRD apresentou o presente Pedido de Uniformização de Jurisprudência citando como parâmetros os acórdãos nº 4783/2016, 9382/2016, 9377/2016, 6316/2017, 3901/2017 e 1485/2017, todos com o mesmo entendimento de que os recolhimentos como contribuinte individual realizados em atraso e após o fato gerador não devem ser considerados para efeito de carência, com fulcro no Parecer Nº 57/2010 DIVCONT/CGMBEN/PFE-INSS, do Despacho Nº 063/2010 PFE-INSS/CGMBEN e

MINISTÉRIO DA ECONOMIA-ME
SECRETARIA ESPECIAL DE PREVIDÊNCIA E TRABALHO
SECRETARIA DE PREVIDÊNCIA
CONSELHO DE RECURSOS DA PREVIDÊNCIA SOCIAL-CRPS
CONSELHO PLENO

em especial do Parecer nº 219/2011 CONJUR/MPS "onde o primeiro recolhimento efetivado pelo contribuinte individual após ter perdido a qualidade de segurado, caracterizará o seu reingresso ao sistema previdenciário, não sendo computados para efeito de carência os recolhimentos intempestivos referentes a período anterior ao seu reingresso, sendo computadas tão somente como tempo de contribuição, bem como não serão computadas para efeito de carência as contribuições recolhidas após o fato gerador do benefício".

O SRD argumenta que o recolhimento como autônoma/contribuinte individual é uma obrigação tributária de responsabilidade da requerente para que não perca a condição de segurada e que o pagamento em atraso cessa com o Fisco o débito existente, porém na relação securitária deve ser analisado se os períodos pagos estavam sob a qualidade de segurado ou não, bem como se foram pagos após o fato gerador do benefício, concluindo que cabe o cômputo dos recolhimentos como tempo de contribuição, porém, tais contribuições não podem ser consideradas para fins de carência, sendo essa vedação de extrema importância para a administração atuarial do sistema previdenciário, caso contrário, conforme exposto no Parecer Nº 57/2010 DIVCONT/CGMBEN/PFE-INSS, "*caso prevaleça esse entender, **a porta para burla ao sistema contributivo ficará escancarada***" (evento nº 41).

Os acórdãos paradigmas apresentado pelo SRD (3901/2017 – 4ª CAJ; 9382/2016, 9377/2016 – 1ª CAJ; 6316/2017 – 3ª CAJ; 4783/2016 e 1485/2017 – 1ª CA da 3ª CAJ) estão com base no art. 27, II da Lei nº 8.231/91 e art. 28, II do Decreto nº 3.048/99.

O Pedido de Uniformização de Jurisprudência foi recebido pelo sr. Presidente da referida Câmara de Julgamento, encaminhado ao Presidente do Conselho

MINISTÉRIO DA ECONOMIA-ME
SECRETARIA ESPECIAL DE PREVIDÊNCIA E TRABALHO
SECRETARIA DE PREVIDÊNCIA
CONSELHO DE RECURSOS DA PREVIDÊNCIA SOCIAL-CRPS
CONSELHO PLENO

Pleno que redistribuiu para esta relatora, nos termos do art. 63, I do Regimento Interno do CRPS, aprovado pela Portaria nº 116/2017.

Ementa:

Pedido de Uniformização de Jurisprudência ao Conselho Pleno. Art. 63 do Regimento Interno do Conselho de Recursos da Previdência Social – CRPS aprovado pela Portaria nº 116/2017. Recurso especial. Auxílio-doença. Art. 25, I e 59 e art. 27, II da Lei 8.213/91. Contribuições em atraso com a primeira em dia. Acórdãos paradigmas apresentados com matéria diversa.

Voto:

Preliminarmente, não se conhece do Pedido de Uniformização, mesmo apresentado tempestivamente, obedecendo o prazo estabelecido no § 2º do art. 63 do Regimento Interno do Conselho de Recursos da Previdência Social - CRPS aprovado pela Portaria nº 116/2017, pois o acórdão foi publicado em 21/09/2018 e o Pedido de Uniformização apresentado em 09/10/2018, pelas razões abaixo.

Com relação a previsão legal do Pedido de Uniformização de Jurisprudência, o art. 63 da referida Portaria nº 116/2017 diz que:

> *Art. 63. O Pedido de Uniformização de Jurisprudência poderá ser requerido em casos concretos, pelas partes do processo, dirigido ao Presidente do respectivo órgão julgador, nas seguintes hipóteses:*
>
> ***I - quando houver divergência na interpretação em matéria de direito entre acórdãos de Câmaras de Julgamento do CRSS, em sede de Recurso Especial****, ou entre estes e resoluções do Conselho Pleno; ou (grifo nosso)*

MINISTÉRIO DA ECONOMIA-ME
SECRETARIA ESPECIAL DE PREVIDÊNCIA E TRABALHO
SECRETARIA DE PREVIDÊNCIA
CONSELHO DE RECURSOS DA PREVIDÊNCIA SOCIAL-CRPS
CONSELHO PLENO

II - quando houver divergência na interpretação em matéria de direito entre acórdãos de Juntas de Recursos do CRSS, nas hipóteses de alçada exclusiva previstas no art. 30, § 2º, deste Regimento, ou entre estes e Resoluções do Conselho Pleno.

A lide do processo versa sobre o cômputo de recolhimentos na condição de contribuinte individual autônomo como Micro Empreendedor Individual – MEI, pagos em atraso e considerados, pela Junta de Recursos e ratificado pela Câmara de Julgamento, para efeito de carência na concessão do benefício de auxílio-doença previdenciário.

O auxílio-doença é previsto no art. 59 da Lei 8.213/1991 que dispõe:

Art. 59. O auxílio-doença será devido ao segurado que, havendo cumprido, quando for o caso, o período de carência exigido nesta Lei, ficar incapacitado para o seu trabalho ou para a sua atividade habitual por mais de 15 (quinze) dias consecutivos.

Já a carência é trata no art. 25, I da mesma Lei, com a seguinte redação:

Art. 25. A concessão das prestações pecuniárias do Regime Geral de Previdência Social depende dos seguintes períodos de carência, ressalvado o disposto no art. 26:

*I - auxílio-doença e aposentadoria por invalidez: **12 (doze) contribuições mensais**; (grifo nosso)*

MINISTÉRIO DA ECONOMIA-ME
SECRETARIA ESPECIAL DE PREVIDÊNCIA E TRABALHO
SECRETARIA DE PREVIDÊNCIA
CONSELHO DE RECURSOS DA PREVIDÊNCIA SOCIAL-CRPS
CONSELHO PLENO

O conceito de carência se estabelece como o número mínimo de contribuições mensais que o segurado deve ter para fazer jus à concessão dos benefícios previdenciários previstos na legislação, sendo regulamentado pelo Decreto nº 3.048/99 em seu art. 28 que dispõe acerca de quais os períodos podem ser considerados para efeito de carência nos benefícios, sendo relevante sua citação:

> *Art. 28. O período de carência é contado:*
>
> *I - para o segurado empregado e trabalhador avulso, da data de filiação ao Regime Geral de Previdência Social; e*
>
> *II - para o segurado empregado doméstico, contribuinte individual, observado o disposto no § 4o do art. 26, e facultativo, inclusive o segurado especial que contribui na forma do § 2o do art. 200, da data do efetivo recolhimento da primeira contribuição sem atraso, **não sendo consideradas para esse fim as contribuições recolhidas com atraso referentes a competências anteriores**, observado, quanto ao segurado facultativo, o disposto nos §§ 3o e 4o do art. 11. (Redação dada pelo Decreto nº 6.042, de 2007).(grifo nosso).*

No presente caso, a perícia médica do INSS fixou as seguintes datas técnicas: - Data do Início da Doença – DID: 15/09/2015; - **Data de Início da Incapacidade – DII: 12/04/2016**; Doença **não** isenta de carência e a requerente possui os seguintes registros no CNIS: vínculo como empregada encerrado em 01/06/2001 e posteriormente, os seguintes registros como Micro Empreendedor Individual – MEI: 10/2014 a 12/2015 pagos em atraso; **01/2016 pago em dia**; 02/2016 a 04/2016 pagos em atraso (18/04/2016 e 19/05/2016).

MINISTÉRIO DA ECONOMIA-ME
SECRETARIA ESPECIAL DE PREVIDÊNCIA E TRABALHO
SECRETARIA DE PREVIDÊNCIA
CONSELHO DE RECURSOS DA PREVIDÊNCIA SOCIAL-CRPS
CONSELHO PLENO

Em sede de recurso especial, o pedido do INSS foi julgado improcedente, concluindo-se que a requerente efetuou os recolhimentos devidos, razão pela qual as competências pagas em atraso são computadas para fins de carência, nos termos do art. 24, parágrafo único da Lei nº 8.213/91 combinado com o art. 18-A, § 15 da LC 123/2006.

O SRD apresentou o presente Pedido de Uniformização de Jurisprudência citando como parâmetros os acórdãos nº 4783/2016, 9382/2016, 9377/2016, 6316/2017, 3901/2017 e 1485/2017, todos com o mesmo entendimento de que os recolhimentos como contribuinte individual realizados em atraso e após o fato gerador não devem ser considerados para efeito de carência, com fulcro no Parecer Nº 57/2010 DIVCONT/CGMBEN/PFE-INSS, do Despacho Nº 063/2010 PFE-INSS/CGMBEN e em especial do Parecer nº 219/2011 CONJUR/MPS "**onde o primeiro recolhimento efetivado pelo contribuinte individual após ter perdido a qualidade de segurado, caracterizará o seu reingresso ao sistema previdenciário, não sendo computados para efeito de carência os recolhimentos intempestivos referentes a período anterior ao seu reingresso, sendo computadas tão somente como tempo de contribuição, bem como não serão computadas para efeito de carência as contribuições recolhidas após o fato gerador do benefício**".

O SRD argumenta que o recolhimento como autônoma/contribuinte individual é uma obrigação tributária de responsabilidade da requerente para que não perca a condição de segurada e que o pagamento em atraso cessa com o Fisco o débito existente, porém na relação securitária deve ser analisado se os períodos pagos estavam sob a qualidade de segurado ou não, bem como se foram pagos após o fato gerador do benefício, concluindo que cabe o cômputo dos recolhimentos como tempo de contribuição, porém, tais contribuições não podem ser consideradas para fins de carência, sendo essa vedação de extrema importância para a administração atuarial do

MINISTÉRIO DA ECONOMIA-ME
SECRETARIA ESPECIAL DE PREVIDÊNCIA E TRABALHO
SECRETARIA DE PREVIDÊNCIA
CONSELHO DE RECURSOS DA PREVIDÊNCIA SOCIAL-CRPS
CONSELHO PLENO

sistema previdenciário, caso contrário, conforme exposto no Parecer Nº 57/2010 DIVCONT/CGMBEN/PFE-INSS, "*caso prevaleça esse entender, **a porta para burla ao sistema contributivo ficará escancarada***" (evento nº 41).

Os acórdãos paradigmas apresentado pelo SRD (3901/2017 – 4ª CAJ; 9382/2016, 9377/2016 – 1ª CAJ; 6316/2017 – 3ª CAJ; 4783/2016 e 1485/2017 – 1ª CA da 3ª CAJ) estão no mesmo sentido de que as contribuições em atraso não podem ser computadas para efeito de carência, com base no art. 27, II da Lei nº 8.231/91 e art. 28, II do Decreto nº 3.048/99. Porém, nos acórdãos paradigmas apresentados não consta nenhum recolhimento em dia, todos estão em atraso.

Ocorre que, no presente processo o INSS argumenta a divergência no sentido de pagamento em atraso e após o fato gerador, não constando essa situação em nenhum dos acórdãos paradigmas apresentados.

Cabe ressaltar que o Parecer 219/2011 CONJURMPS citado pelo INSS em seu Pedido de Uniformização informa que "*Note-se que, no caso do contribuinte individual, diferentemente do segurado empregado e trabalhador avulso, **o computo do período de carência dá-se da data do efetivo pagamento da primeira contribuição sem atraso**. Implica dizer que não serão consideradas para este fim as contribuições recolhidas com atraso referentes a competências **anteriores***", portanto, também não se vislumbra afronta ao Parecer.

MINISTÉRIO DA ECONOMIA-ME
SECRETARIA ESPECIAL DE PREVIDÊNCIA E TRABALHO
SECRETARIA DE PREVIDÊNCIA
CONSELHO DE RECURSOS DA PREVIDÊNCIA SOCIAL-CRPS
CONSELHO PLENO

Por todo o exposto, conclui-se por não conhecer do Pedido de Uniformização de Jurisprudência apresentado pelo INSS, tendo em vista que os acórdãos apresentados como paradigma tratam de matéria diversa.

Voto, preliminarmente, para **NÃO CONHECER DO PEDIDO DE UNIFORMIZAÇÃO DE JURISPRUDÊNCIA** apresentado pelo INSS.

Brasília-DF, 25 de setembro de 2020.

Imara Sodré Sousa Neto
IMARA SODRÉ SOUSA NETO
Relatora

MINISTÉRIO DA ECONOMIA-ME
SECRETARIA ESPECIAL DE PREVIDÊNCIA E TRABALHO
SECRETARIA DE PREVIDÊNCIA
CONSELHO DE RECURSOS DA PREVIDÊNCIA SOCIAL-CRPS
CONSELHO PLENO

DECISÓRIO

RESOLUÇÃO Nº 49/2020

Vistos e relatados os presentes autos, em sessão realizada hoje, **ACORDAM** os membros do Conselho Pleno, por **UNANIMIDADE**, no sentido de **NÃO CONHECER DO PEDIDO DE UNIFORMIZAÇÃO DE JURISPRUDÊNCIA apresentado pelo INSS**, de acordo com o Voto da Relatora e sua fundamentação.

Participaram, ainda, do presente julgamento os (as) Conselheiros (as): Robson Ferreira Maranhão, Vânia Pontes Santos, Gustavo Beirão Araújo, Paulo Sérgio de Carvalho Costa Ribeiro, Maria Madalena Silva Lima, Renato Agostinho das Chagas, Moisés Oliveira Moreira, Maria José de Paula Moraes, Sulamita Cristina Dias, Guilherme Lustosa Pires, Valter Sérgio Pinheiro Coelho, Rodolfo Espinel Donadon, Alexandra Álvares de Alcântara, Tarsila Otaviano da Costa e Adriene Cândida Borges.

Brasília-DF, 25 de setembro de 2020.

IMARA SODRÉ SOUSA NETO
Relatora

MARCELO FERNANDO BORSIO
Presidente

614.034.396-1

3.1.50 Resolução 50/2020 (decadência/decenal/autotutela/aposentadoria/acumulação/auxílio/suplementar)

Objeto: Trata-se de Pedido de Uniformização de Jurisprudência interposto pelo INSS por suposta divergência de posicionamento entre Câmaras de Julgamento.

Decisão: Desprovido.

Tese jurídica: O dever poder de autotutela há havia decaído após 10 anos, nos termos do artigo 103-A da Lei 8.213/91, de modo que restou conservada a acumulação indevida de aposentadoria com auxílio suplementar.

MINISTÉRIO DA ECONOMIA-ME
SECRETARIA ESPECIAL DE PREVIDÊNCIA E TRABALHO
SECRETARIA DE PREVIDÊNCIA
CONSELHO DE RECURSOS DA PREVIDÊNCIA SOCIAL-CRPS
CONSELHO PLENO

Nº de Protocolo do Recurso: 44232.799352/2016-25
Documento/Benefício: 95/070.289.788-4
Unidade de origem: Agência da Previdência Social/Rio de Janeiro-São Cristovão
Tipo do Processo: Pedido de Uniformização de Jurisprudência
Recorrente: Cesar Carlos de Aragão
Recorrido: Seção de Reconhecimento de Direitos – SRD/INSS
Benefício: Recurso especial. Auxílio-suplementar por acidente de trabalho
Relatora: Imara Sodré Sousa Neto

(Processo Eletrônico)

Relatório

Trata o presente de Pedido de Uniformização ao Conselho Pleno interposta pelo Serviço de Reconhecimento de Direitos – SRD em face ao acórdão nº 3208/2017 proferido pela 3ª Câmara de Julgamento, por entender que o referido acórdão contraria o que dispõe a Nota Técnica CGMBEN/DIVCONS Nº 24/2009 expedida pela Advocacia-Geral da União e o PARECER /MPS/CJ Nº 3.509/2005 da AGU.

O segurado **Cesar Carlos de Aragão** recebe o presente benefício de Auxílio Suplementar por Acidente de Trabalho desde **17/07/1982** e acumulava com Aposentadoria por Tempo de Contribuição (NB 42/106.016.055-0) **concedida em 21/10/1998**.

O processo de apuração de irregularidade teve início em 2016, onde o INSS constatou indício de irregularidade por acumulação indevida de benefícios, cessando o Auxílio-Suplementar em 30/09/2016 e ainda cobrando os valores recebidos indevidamente.

MINISTÉRIO DA ECONOMIA-ME
SECRETARIA ESPECIAL DE PREVIDÊNCIA E TRABALHO
SECRETARIA DE PREVIDÊNCIA
CONSELHO DE RECURSOS DA PREVIDÊNCIA SOCIAL-CRPS
CONSELHO PLENO

A decisão de primeira instância que proferiu o acórdão nº 564/2017, julgado pela 11ª Junta de Recursos, deu provimento ao recurso ordinário do segurado, aplicando a decadência, por inexistência de provas de que tenha ocorrido má-fé (evento nº 12).

Em seu Recurso Especial o INSS argumentou que o entendimento consubstanciado no Parecer Conjur nº 616/2010 é de que a legislação vigente não permite o perdão da dívida ao segurado recebedor de benefício indevido, mesmo se ficar caracterizada sua boa-fé, permitindo apenas o parcelamento do débito ou sua consignação, quando o beneficiário for recebedor de outro benefício pelo INSS, portanto, pede a reforma total da decisão (evento nº 15).

O processo foi julgado pela 03ª Câmara de Julgamento, sendo proferido o acórdão nº 3208/2017 que negou provimento ao recurso especial do INSS, fundamentando a decisão na Resolução nº 23/2016 do Conselho Pleno, pois a matéria de direito tratada na citada Resolução é a mesma proposta pelo INSS, no qual resta refutado o argumento acerca da não aplicação da decadência nos atos de manutenção de benefício, concluindo pelo restabelecimento do benefício (evento nº 25).

O SRD apresentou o presente Pedido de Uniformização de Jurisprudência citando o acórdão nº 2086/2017 proferido pela 01ª Composição Adjunta da 01ª Câmara de Julgamento, que entendeu pela suspensão e posterior cessação do benefício quando detectada a acumulação indevida de auxílio suplementar e aposentadoria de qualquer espécie não existindo a figura do direito adquirido à acumulação e nem, tampouco, aplicação de decadência, por fim, solicitando a Uniformização, "*uma vez que já houve decisão de última e definitiva instância proferida nos últimos cinco anos por outra composição de julgamento de outra Câmara, com entendimento de que por não se verificar direito adquirido à acumulação e, nos casos em que a cessação dos benefícios tiver previsão em Lei, a tutela do prazo decadencial não se aplica, ou*

MINISTÉRIO DA ECONOMIA-ME
SECRETARIA ESPECIAL DE PREVIDÊNCIA E TRABALHO
SECRETARIA DE PREVIDÊNCIA
CONSELHO DE RECURSOS DA PREVIDÊNCIA SOCIAL-CRPS
CONSELHO PLENO

seja, se consta na Lei a proibição de acumulação, não há que se falar em decadência para impedir a cessação do benefício inacumulável" (evento nº 27).

O acórdão paradigma apresentado pelo SRD foi proferido pela 01ª Composição Adjunta da 01ª Câmara no processo nº 44232.810366/2015-15 que conheceu e deu provimento ao recurso especial do INSS, reformando a decisão da Junta de Recursos, pela impossibilidade de acumulação do benefício de auxílio suplementar concedido em 07/11/1951 e da aposentadoria por invalidez que o segurado recebia desde 14/11/1994, sendo aberto processo de irregularidade em 2016.

O Pedido de Uniformização de Jurisprudência foi recebido pelo sr. Presidente da referida Câmara de Julgamento, encaminhado ao Presidente do Conselho Pleno que redistribuiu para esta relatora, nos termos do § 3º do art. 63 do Regimento Interno do CRPS, aprovado pela Portaria nº 116/2017.

Ementa:

Pedido de Uniformização de Jurisprudência ao Conselho Pleno. Art. 63 do Regimento Interno do Conselho de Recursos da Previdência Social – CRPS aprovado pela Portaria nº 116/2017. Recurso especial. Auxílio-suplementar por acidente de trabalho. Arts. 240 a 243 do Decreto 83.080/79. Cobrança de valores. Recebimento indevido – acumulação com aposentadoria por tempo de contribuição. Impossibilidade – Aplicação de decadência. Enunciado nº 10 do Conselho Pleno do CRPS após revisão realizada em 2019.

Voto:

Preliminarmente, se conhece do Pedido de Uniformização por ter sido apresentado tempestivamente, obedecendo o prazo estabelecido no § 2º do art. 63 do Regimento Interno do Conselho de Recursos da Previdência Social - CRPS aprovado

MINISTÉRIO DA ECONOMIA-ME
SECRETARIA ESPECIAL DE PREVIDÊNCIA E TRABALHO
SECRETARIA DE PREVIDÊNCIA
CONSELHO DE RECURSOS DA PREVIDÊNCIA SOCIAL-CRPS
CONSELHO PLENO

pela Portaria nº 116/2017, pois a ciência da decisão ocorreu em 10/05/2017 e o Pedido de Uniformização apresentado em 08/06/2017.

Com relação a previsão legal do Pedido de Uniformização de Jurisprudência, o art. 63 da referida Portaria nº 116/2017 diz que:

Art. 63. O Pedido de Uniformização de Jurisprudência poderá ser requerido em casos concretos, pelas partes do processo, dirigido ao Presidente do respectivo órgão julgador, nas seguintes hipóteses:

*I - **quando houver divergência na interpretação em matéria de direito entre acórdãos de Câmaras de Julgamento do CRSS, em sede de Recurso Especial**, ou entre estes e resoluções do Conselho Pleno; ou (grifo nosso)*

II - quando houver divergência na interpretação em matéria de direito entre acórdãos de Juntas de Recursos do CRSS, nas hipóteses de alçada exclusiva previstas no art. 30, § 2º, deste Regimento, ou entre estes e Resoluções do Conselho Pleno.

A lide do processo versa sobre a suspensão e devolução de valores provenientes de acumulação do auxílio-suplementar com aposentadoria por tempo de contribuição que a Junta de Recursos aplicou a decadência para suspensão e, consequente devolução de valores.

Já em sede de recurso especial do INSS, o processo foi julgado improcedente, mantendo-se a aplicação da decadência, com respaldo na Resolução nº 23/2016 do Conselho Pleno, portanto, sem qualquer devolução de valores, pois não restou comprovada a má-fé.

MINISTÉRIO DA ECONOMIA-ME
SECRETARIA ESPECIAL DE PREVIDÊNCIA E TRABALHO
SECRETARIA DE PREVIDÊNCIA
CONSELHO DE RECURSOS DA PREVIDÊNCIA SOCIAL-CRPS
CONSELHO PLENO

O auxílio-suplementar foi criado pela Lei 6.367/76, estipulando no seu art. 9º os requisitos do benefício:

> *Art. 9º O acidentado do trabalho que, após a consolidação das lesões resultantes do acidente, apresentar, como seqüelas definitivas, perdas anatômicas ou redução da capacidade funcional, constantes de relação previamente elaborada pelo Ministério da Previdência e Assistência Social (MPAS), as quais, embora não impedindo o desempenho da mesma atividade, demandem, permanentemente, maior esforço na realização do trabalho, fará jus, a partir da cessação do auxílio-doença, a um auxílio mensal que corresponderá a 20% (vinte por cento) do valor de que trata o inciso II do Artigo 5º desta lei, observando o disposto no § 4º do mesmo artigo.*
>
> *Parágrafo único. **Esse benefício cessará com a aposentadoria do acidentado** e seu valor não será incluído no cálculo de pensão.(grifo nosso).*

A regulamentação do auxílio-suplementar está presente nos artigos 241 a 243 do Decreto 83.080/79, e ainda no art. 241, § 2º que dispõe:

> *Art. 241. O auxílio-suplementar corresponde a 20% (vinte por cento) do salário-de-contribuição do segurado vigente no dia do acidente, observado o disposto nos artigos 256 e 257, não podendo ser inferior a esse percentual do seu salário-de-benefício.*
>
> *§ 2º O auxílio-suplementar cessa com a concessão de aposentadoria de qualquer espécie e o seu valor não é incluído no cálculo da pensão por morte, acidentária ou previdenciária.*

MINISTÉRIO DA ECONOMIA-ME
SECRETARIA ESPECIAL DE PREVIDÊNCIA E TRABALHO
SECRETARIA DE PREVIDÊNCIA
CONSELHO DE RECURSOS DA PREVIDÊNCIA SOCIAL-CRPS
CONSELHO PLENO

Houve uma revogação tácita da Lei 6.367/76 e do Decreto 83.080/79 pela Lei 8.213/91, tendo em vista que criou um novo regime jurídico para a Previdência Social brasileira e o auxílio suplementar não foi incorporado pelo seu sucessor, o auxílio acidente, portanto, ainda é vedado a acumulação com aposentadoria de qualquer espécie, sendo essa a inteligência da questão nº 26 do Parecer Conjur/MPS nº 616 de 2010, o qual é de vinculação obrigatória a este Conselho.

O segurado recebeu benefício de Auxílio Suplementar por Acidente de Trabalho **com início em 17/07/1982** e acumulava com Aposentadoria por Tempo de Contribuição (NB 42/106.016.055-0) **concedida em 21/10/1998**, benefício suspenso.

O INSS constatou indício de irregularidade por acumulação indevida de benefícios apenas em 2016, suspendendo o Auxílio-Suplementar em 30/09/2016 e ainda cobrando os valores recebidos indevidamente.

O processo foi julgado pela 03ª Câmara de Julgamento, em sede de recurso especial, sendo proferido o acórdão nº 3208/2017 que negou provimento ao recurso especial do INSS, fundamentando a decisão na Resolução nº 23/2016 do Conselho Pleno, pois a matéria de direito tratada na citada Resolução é a mesma proposta pelo INSS, no qual resta refutado o argumento acerca da não aplicação da decadência nos atos de manutenção de benefício, concluindo pelo restabelecimento do benefício.

O SRD apresentou o presente Pedido de Uniformização de Jurisprudência citando o acórdão nº 2086/2017 proferido pela 01ª Composição Adjunta da 01ª Câmara de Julgamento, que entendeu pela suspensão e posterior cessação do benefício quando detectada a acumulação indevida de auxílio suplementar e aposentadoria de qualquer espécie não existindo a figura do direito adquirido à acumulação e nem, tampouco,

MINISTÉRIO DA ECONOMIA-ME
SECRETARIA ESPECIAL DE PREVIDÊNCIA E TRABALHO
SECRETARIA DE PREVIDÊNCIA
CONSELHO DE RECURSOS DA PREVIDÊNCIA SOCIAL-CRPS
CONSELHO PLENO

aplicação de decadência, por fim, solicitando a Uniformização, "*uma vez que já houve decisão de última e definitiva instância proferida nos últimos cinco anos por outra composição de julgamento de outra Câmara, com entendimento de que por não se verificar direito adquirido à acumulação e, nos casos em que a cessação dos benefícios tiver previsão em Lei, a tutela do prazo decadencial não se aplica, ou seja, se consta na Lei a proibição de acumulação, não há que se falar em decadência para impedir a cessação do benefício inacumulável*".

O acórdão paradigma apresentado pelo SRD foi proferido pela 01ª Composição Adjunta da 01ª Câmara no processo nº 44232.810366/2015-15 que conheceu e deu provimento ao recurso especial do INSS, reformando a decisão da Junta de Recursos, pela impossibilidade de acumulação do benefício de auxílio suplementar concedido em 07/11/1951 e da aposentadoria por invalidez que o segurado recebia desde 14/11/1994, sendo aberto processo de irregularidade em 2016.

Verifica-se, portanto, o transcuro do prazo de 10 anos após o recebimento da primeira parcela da aposentadoria em **21/10/1998** e o início da instauração do processo de apuração pelo INSS na data de 2016.

Acerca do decurso de prazo, cabe destacar que a decadência foi criada pela Lei 9.784/99, que passou a prevê no ordenamento jurídico a decadência, traduzida no direito da Administração Pública de rever atos eivados de ilegalidade no prazo de 10 anos, salvo má-fé, portanto, vigente desde 01/02/1999.

Assim, forçoso concluir que a pretensão do INSS foi derrubada pela decadência, conforme previsão do art. 103-A da Lei 8.213/91 que diz:

MINISTÉRIO DA ECONOMIA-ME
SECRETARIA ESPECIAL DE PREVIDÊNCIA E TRABALHO
SECRETARIA DE PREVIDÊNCIA
CONSELHO DE RECURSOS DA PREVIDÊNCIA SOCIAL-CRPS
CONSELHO PLENO

> *Art. 103-A. O direito da Previdência Social de anular os atos administrativos de que decorram efeitos favoráveis para os seus beneficiários decai em dez anos, contados da data em que foram praticados, salvo comprovada má-fé. (Incluído pela Lei nº 10.839, de 2004)*

Sobre o tema, o Enunciado 10, item II e III do Conselho de Recursos da Previdência Social, 2019, após a revisão e atualização dos Enunciados do Conselho Pleno do CRPS, publicado no Diário Oficial da União em 12/11/2019 temos que:

> *O prazo decadencial previsto no art. 103-A da Lei 8.213/91, para revisão dos atos praticados pela Previdência Social antes da Lei nº 9.784/99, só começa a correr a partir de 1º/02/99.*
>
> *II - A decadência prevista no art. 103-A da Lei nº 8.213/91 incide na revisão de acúmulo de auxílio-suplementar com aposentadoria de qualquer natureza e na manutenção de benefícios, ainda que irregular, salvo se comprovada a má-fé do beneficiário, a contar da percepção do primeiro pagamento indevido.*
>
> *III - A má-fé afasta a decadência, mas não a prescrição, e deve ser comprovada em procedimento próprio, no caso concreto, assegurado o contraditório e a ampla defesa.*

Por todo o exposto, conclui-se que não cabe provimento ao Pedido de Uniformização de Jurisprudência apresentado pelo INSS, devendo ser mantida a decisão da segunda instância.

MINISTÉRIO DA ECONOMIA-ME
SECRETARIA ESPECIAL DE PREVIDÊNCIA E TRABALHO
SECRETARIA DE PREVIDÊNCIA
CONSELHO DE RECURSOS DA PREVIDÊNCIA SOCIAL-CRPS
CONSELHO PLENO

Voto, preliminarmente, para **CONHECER DO PEDIDO DE UNIFORMIZAÇÃO DE JURISPRUDÊNCIA apresentado pelo INSS**, e, no mérito, **NEGAR-LHE PROVIMENTO**.

Brasília-DF, 25 de setembro de 2020.

IMARA SODRÉ SOUSA NETO
Relatora

MINISTÉRIO DA ECONOMIA-ME
SECRETARIA ESPECIAL DE PREVIDÊNCIA E TRABALHO
SECRETARIA DE PREVIDÊNCIA
CONSELHO DE RECURSOS DA PREVIDÊNCIA SOCIAL-CRPS
CONSELHO PLENO

DECISÓRIO

RESOLUÇÃO Nº 50/2020

Vistos e relatados os presentes autos, em sessão realizada hoje, **ACORDAM** os membros do Conselho Pleno, por **UNANIMIDADE**, no sentido de **CONHECER DO PEDIDO DE UNIFORMIZAÇÃO DE JURISPRUDÊNCIA apresentado pelo INSS**, para no mérito, **NEGAR-LHE PROVIMENTO,** de acordo com o Voto da Relatora e sua fundamentação.

Participaram, ainda, do presente julgamento os (as) Conselheiros (as): Robson Ferreira Maranhão, Vânia Pontes Santos, Gustavo Beirão Araújo, Paulo Sérgio de Carvalho Costa Ribeiro, Maria Madalena Silva Lima, Renato Agostinho das Chagas, Moisés Oliveira Moreira, Maria José de Paula Moraes, Sulamita Cristina Dias, Guilherme Lustosa Pires, Valter Sérgio Pinheiro Coelho, Rodolfo Espinel Donadon, Alexandra Álvares de Alcântara, Tarsila Otaviano da Costa e Adriene Cândida Borges.

Brasília-DF, 25 de setembro de 2020.

IMARA SODRÉ SOUSA NETO	**MARCELO FERNANDO BORSIO**
Relatora	Presidente

3.1.51 Resolução 51/2020 (decadência/decenal/autotutela/aposentadoria/acumulação/auxílio/suplementar)

Objeto: Trata-se de Resolução que julgou Reclamação interposta pelo INSS alegando que a decisão da Câmara de Julgamento violou o Parecer Vinculante CONJUR MPS 616/2010.

Decisão: Desprovido.

Tese jurídica: O dever poder de autotutela há havia decaído após 10 anos, nos termos do artigo 103-A da Lei 8.213/91, de modo que restou conservada a acumulação indevida de aposentadoria com auxílio suplementar.

MINISTÉRIO DA ECONOMIA-ME
SECRETARIA ESPECIAL DE PREVIDÊNCIA E TRABALHO
SECRETARIA DE PREVIDÊNCIA
CONSELHO DE RECURSOS DA PREVIDÊNCIA SOCIAL-CRPS
CONSELHO PLENO

Nº de Protocolo do Recurso: 44232.717129/2016-78
Documento/Benefício: 95/079.862.042-0
Unidade de origem: Agência da Previdência Social/Salvador-Periperi-BA
Tipo do Processo: Reclamação ao Conselho Pleno
Recorrente: Pedro da Conceição Ferreira
Recorrido: Seção de Reconhecimento de Direitos – SRD/INSS
Benefício: Auxílio-Suplementar por Acidente de Trabalho
Relatora: Imara Sodré Sousa Neto

(Processo Eletrônico)

Relatório:

Trata o presente de Reclamação ao Conselho Pleno interposta pelo Serviço de Reconhecimento de Direitos – SRD em face ao acórdão nº 6897/2017 proferido pela 3ª Câmara de Julgamento, por entender que o referido acórdão contraria o que dispõe a Nota Técnica CGMBEN/DIVCONS Nº 24/2009 expedida pela Advocacia-Geral da União e o PARECER/CONJUR/MPS/Nº 616/2010 de 23 de dezembro de 2010.

O segurado **Pedro da Conceição Ferreira** recebe o presente benefício de Auxílio Suplementar por Acidente de Trabalho desde **29/08/1987** e acumulava com Aposentadoria por Tempo de Contribuição (NB 42/053.948.168-8) **concedida em 01/11/1993.**

O processo de apuração de irregularidade teve início em 01/06/2015, onde o INSS constatou indício de irregularidade por acumulação indevida de benefícios, cessando o Auxílio-Suplementar em 12/01/2016 e ainda cobrando os valores recebidos indevidamente.

MINISTÉRIO DA ECONOMIA-ME
SECRETARIA ESPECIAL DE PREVIDÊNCIA E TRABALHO
SECRETARIA DE PREVIDÊNCIA
CONSELHO DE RECURSOS DA PREVIDÊNCIA SOCIAL-CRPS
CONSELHO PLENO

A decisão de primeira instância que proferiu o acórdão nº 2585/2017, julgado pela 26ª Junta de Recursos, deu provimento ao recurso ordinário do segurado, constatando que a aposentadoria foi concedida anteriormente à Lei nº 9.528/97, portanto deve ser mantida a acumulação dos dois benefício (evento nº 16).

Em seu Recurso Especial o INSS argumentou que ocorreu manutenção indevida do benefício de auxílio suplementar e que assim não há que se falar em decadência administrativa pois o INSS pode a qualquer tempo corrigir falhas e reaver valores indevidamente pagos observando a prescrição, citando o Parecer Conjur nº 616/2010 (evento nº 20).

O processo foi julgado pela 03ª Câmara de Julgamento, em sede de recurso especial, sendo proferido o acórdão nº 6897/2017 que deu provimento parcial ao recurso especial do INSS, fundamentando a decisão na Resolução nº 23/2015 do Conselho Pleno, concluindo que o INSS deve restabelecer o benefício por incidência da decadência, sendo provimento parcialmente, uma vez que alterou a fundamentação legal que condiciona o restabelecimento do benefício (evento nº 35).

O SRD interpôs a presente Reclamação ao Conselho Pleno argumentando que a administração pode anular seus próprios atos, quando eivados de vícios que os tornem ilegais, pois deles não se originam direitos, citando como base legal a Nota Técnica CGMBEN/DIVCONS Nº 24/2009 expedida pela Advocacia-Geral da União "*para os casos em que a manutenção de um benefício passou a ser indevida não há que se falar em aplicação da decadência administrativa, podendo o INSS, a qualquer tempo, corrigir a falha, apenas sendo devido a observação ao atendimento aos princípios do devido processo legal, contraditório e ampla defesa administrativos, podendo a Previdência Social reaver valores indevidamente pagos nos últimos 5 anos*", considerando ainda que a boa-fé não é fator impeditivo para a

MINISTÉRIO DA ECONOMIA-ME
SECRETARIA ESPECIAL DE PREVIDÊNCIA E TRABALHO
SECRETARIA DE PREVIDÊNCIA
CONSELHO DE RECURSOS DA PREVIDÊNCIA SOCIAL-CRPS
CONSELHO PLENO

restituição de valores de benefícios, conforme dispõe a Questão 15 do PARECER/CONJUR/MPS/Nº 616/2010 (evento nº 38).

Ementa:

Reclamação ao Conselho Pleno. Art. 64 do Regimento Interno do Conselho de Recursos da Previdência Social – CRPS aprovado pela Portaria nº 116/2017. Recurso especial. Auxílio-suplementar por acidente de trabalho. Arts. 240 a 243 do Decreto 83.080/79. Cobrança de valores. Recebimento indevido – acumulação com aposentadoria por tempo de contribuição. Impossibilidade – Aplicação de decadência. Enunciado nº 10 do Conselho Pleno do CRPS após revisão realizada em 2019.

Voto:

Preliminarmente, se conhece da Reclamação por ter sido interposta tempestivamente, obedecendo o prazo estabelecido no § 1º do art. 64 do Regimento Interno do Conselho de Recursos da Previdência Social - CRPS aprovado pela Portaria nº 116/2017, pois a ciência da decisão ocorreu em 14/08/2017 e a Reclamação interposta em 23/08/2017.

Com relação a previsão legal da Reclamação, o art. 64 da referida Portaria nº 116/2017 diz que:

> *Art. 64. A Reclamação ao Conselho Pleno poderá ocorrer, no caso concreto, por requerimento das partes do processo, dirigido ao Presidente do CRSS, somente quando os acórdãos das Juntas de Recursos do CRSS, em matéria de alçada, ou os acórdãos de Câmaras de Julgamento do CRSS, em sede de Recurso Especial, infringirem:*

MINISTÉRIO DA ECONOMIA-ME
SECRETARIA ESPECIAL DE PREVIDÊNCIA E TRABALHO
SECRETARIA DE PREVIDÊNCIA
CONSELHO DE RECURSOS DA PREVIDÊNCIA SOCIAL-CRPS
CONSELHO PLENO

I - Pareceres da Consultoria Jurídica do MDSA, aprovados pelo Ministro de Estado do Desenvolvimento Social e Agrário, bem como, Súmulas e Pareceres do Advogado-Geral da União, na forma da Lei Complementar nº 73, de 10 de fevereiro de 1993;

II - Pareceres da Consultoria Jurídica dos extintos MPS e MTPS, vigentes e aprovados pelos então Ministros de Estado da Previdência Social e do Trabalho e da Previdência Social;

III - enunciados editados pelo Conselho Pleno.

A lide do processo versa sobre a suspensão e devolução de valores provenientes de acumulação do auxílio-suplementar com aposentadoria por tempo de contribuição que a Junta de Recursos constatou que a aposentadoria foi concedida anteriormente à Lei nº 9.528/97, portanto deve ser mantida a acumulação dos dois benefícios.

Já em sede de recurso especial, houve provimento parcial ao recurso do INSS apenas para alterar a fundamentação da manutenção dos dois benefícios, aplicando-se a decadência, com respaldo na Resolução nº 23/2015 do Conselho Pleno, portanto, sem qualquer devolução de valores, pois não restou comprovada a má-fé.

O auxílio-suplementar foi inicialmente criado pela Lei 6.367/76, estipulando no seu art. 9º os requisitos do benefício:

Art. 9º O acidentado do trabalho que, após a consolidação das lesões resultantes do acidente, apresentar, como seqüelas definitivas, perdas anatômicas ou redução da capacidade funcional, constantes de relação

MINISTÉRIO DA ECONOMIA-ME
SECRETARIA ESPECIAL DE PREVIDÊNCIA E TRABALHO
SECRETARIA DE PREVIDÊNCIA
CONSELHO DE RECURSOS DA PREVIDÊNCIA SOCIAL-CRPS
CONSELHO PLENO

> *previamente elaborada pelo Ministério da Previdência e Assistência Social (MPAS), as quais, embora não impedindo o desempenho da mesma atividade, demandem, permanentemente, maior esforço na realização do trabalho, fará jus, a partir da cessação do auxílio-doença, a um auxílio mensal que corresponderá a 20% (vinte por cento) do valor de que trata o inciso II do Artigo 5º desta lei, observando o disposto no § 4º do mesmo artigo.*
>
> *Parágrafo único.* ***Esse benefício cessará com a aposentadoria do acidentado*** *e seu valor não será incluído no cálculo de pensão.(grifo nosso).*

A regulamentação do auxílio-suplementar está presente nos artigos 241 a 243 do Decreto 83.080/79, e ainda no art. 241, § 2º que dispõe:

> *Art. 241. O auxílio-suplementar corresponde a 20% (vinte por cento) do salário-de-contribuição do segurado vigente no dia do acidente, observado o disposto nos artigos 256 e 257, não podendo ser inferior a esse percentual do seu salário-de-benefício.*
>
> *§ 2º O auxílio-suplementar cessa com a concessão de aposentadoria de qualquer espécie e o seu valor não é incluído no cálculo da pensão por morte, acidentária ou previdenciária.*

Houve uma revogação tácita da Lei 6.367/76 e do Decreto 83.080/79 pela Lei 8.213/91, tendo em vista que criou um novo regime jurídico para a Previdência Social brasileira e o auxílio suplementar não foi incorporado pelo seu sucessor, o auxílio acidente, portanto, ainda é vedado a acumulação com aposentadoria de qualquer espécie, sendo essa a inteligência da questão nº 26 do Parecer Conjur/MPS nº 616 de 2010, o qual é de vinculação obrigatória a este Conselho.

MINISTÉRIO DA ECONOMIA-ME
SECRETARIA ESPECIAL DE PREVIDÊNCIA E TRABALHO
SECRETARIA DE PREVIDÊNCIA
CONSELHO DE RECURSOS DA PREVIDÊNCIA SOCIAL-CRPS
CONSELHO PLENO

O segurado recebeu benefício de Auxílio Suplementar por Acidente de Trabalho **com início em 29/08/1987** e acumulava com Aposentadoria por Tempo de Contribuição (NB 42/053.948.168-8) **concedida em 01/11/1993**, benefício suspenso.

O INSS constatou indício de irregularidade por acumulação indevida de benefícios apenas em 01/06/2015, suspendendo o Auxílio-Suplementar em 12/01/2016 e ainda cobrando os valores recebidos indevidamente.

O processo foi julgado pela 03ª Câmara de Julgamento, em sede de recurso especial, sendo proferido o acórdão nº 6897/2017 que deu provimento parcial ao recurso especial do INSS, fundamentando a decisão na Resolução nº 23/2015 do Conselho Pleno, concluindo que o INSS deve restabelecer o benefício por incidência da decadência, sendo provimento parcialmente, uma vez que alterou a fundamentação legal que condiciona o restabelecimento do benefício.

O SRD interpôs a presente Reclamação ao Conselho Pleno argumentando que a administração pode anular seus próprios atos, quando eivados de vícios que os tornem ilegais, pois deles não se originam direitos, citando como base legal a Nota Técnica CGMBEN/DIVCONS Nº 24/2009 expedida pela Advocacia-Geral da União "*para os casos em que a manutenção de um benefício passou a ser indevida não há que se falar em aplicação da decadência administrativa, podendo o INSS, a qualquer tempo, corrigir a falha, apenas sendo devido a observação ao atendimento aos princípios do devido processo legal, contraditório e ampla defesa administrativos, podendo a Previdência Social reaver valores indevidamente pagos nos últimos 5 anos*", considerando ainda que a boa-fé não é fator impeditivo para a restituição de valores de benefícios, conforme dispõe a Questão 15 do PARECER/CONJUR/MPS/Nº 616/2010.

MINISTÉRIO DA ECONOMIA-ME
SECRETARIA ESPECIAL DE PREVIDÊNCIA E TRABALHO
SECRETARIA DE PREVIDÊNCIA
CONSELHO DE RECURSOS DA PREVIDÊNCIA SOCIAL-CRPS
CONSELHO PLENO

Verifica-se, portanto, o transcuro do prazo de 10 anos após o recebimento da primeira parcela da aposentadoria em **01/11/1993** e o início da instauração do processo de apuração pelo INSS na data de 01/06/2015.

Acerca do decurso de prazo, cabe destacar que a decadência foi criada pela Lei 9.784/99, que passou a prevê no ordenamento jurídico a decadência, traduzida no direito da Administração Pública de rever atos eivados de ilegalidade no prazo de 10 anos, salvo má-fé, portanto, vigente desde 01/02/1999.

Assim, forçoso concluir que a pretensão do INSS foi derrubada pela decadência, conforme previsão do art. 103-A da Lei 8.213/91 que diz:

Art. 103-A. O direito da Previdência Social de anular os atos administrativos de que decorram efeitos favoráveis para os seus beneficiários decai em dez anos, contados da data em que foram praticados, salvo comprovada má-fé. (Incluído pela Lei nº 10.839, de 2004)

Sobre o tema, o Enunciado 10, item II e III do Conselho de Recursos da Previdência Social, 2019, após a revisão e atualização dos Enunciados do Conselho Pleno do CRPS, publicado no Diário Oficial da União em 12/11/2019 temos que:

O prazo decadencial previsto no art. 103-A da Lei 8.213/91, para revisão dos atos praticados pela Previdência Social antes da Lei nº 9.784/99, só começa a correr a partir de 1º/02/99.

II - A decadência prevista no art. 103-A da Lei nº 8.213/91 incide na revisão de acúmulo de auxílio-suplementar com aposentadoria de qualquer

MINISTÉRIO DA ECONOMIA-ME
SECRETARIA ESPECIAL DE PREVIDÊNCIA E TRABALHO
SECRETARIA DE PREVIDÊNCIA
CONSELHO DE RECURSOS DA PREVIDÊNCIA SOCIAL-CRPS
CONSELHO PLENO

natureza e na manutenção de benefícios, ainda que irregular, salvo se comprovada a má-fé do beneficiário, a contar da percepção do primeiro pagamento indevido.

III - A má-fé afasta a decadência, mas não a prescrição, e deve ser comprovada em procedimento próprio, no caso concreto, assegurado o contraditório e a ampla defesa.

Por todo o exposto, conclui-se que não cabe provimento à Reclamação apresentada pelo INSS, devendo ser mantida a decisão da segunda instância.

Voto, preliminarmente, para **CONHECER DA RECLAMAÇÃO AO CONSELHO PLENO interposto pelo INSS**, e, no mérito, **NEGAR-LHE PROVIMENTO.**

Brasília-DF, 25 de setembro de 2020.

ÍMARA SODRÉ SOUSA NETO
Relatora

MINISTÉRIO DA ECONOMIA-ME
SECRETARIA ESPECIAL DE PREVIDÊNCIA E TRABALHO
SECRETARIA DE PREVIDÊNCIA
CONSELHO DE RECURSOS DA PREVIDÊNCIA SOCIAL-CRPS
CONSELHO PLENO

DECISÓRIO

RESOLUÇÃO Nº 51/2020

Vistos e relatados os presentes autos, em sessão realizada hoje, **ACORDAM** os membros do Conselho Pleno, por **UNANIMIDADE**, no sentido de **CONHECER DA RECLAMAÇÃO AO CONSELHO PLENO interposto pelo INSS**, para no mérito, **NEGAR-LHE PROVIMENTO,** de acordo com o Voto da Relatora e sua fundamentação.

Participaram, ainda, do presente julgamento os (as) Conselheiros (as): Robson Ferreira Maranhão, Vânia Pontes Santos, Gustavo Beirão Araújo, Paulo Sérgio de Carvalho Costa Ribeiro, Maria Madalena Silva Lima, Renato Agostinho das Chagas, Moisés Oliveira Moreira, Maria José de Paula Moraes, Sulamita Cristina Dias, Guilherme Lustosa Pires, Valter Sérgio Pinheiro Coelho, Rodolfo Espinel Donadon, Alexandra Álvares de Alcântara, Tarsila Otaviano da Costa e Adriene Cândida Borges.

Brasília-DF, 25 de setembro de 2020.

IMARA SODRÉ SOUSA NETO
Relatora

MARCELO FERNANDO BORSIO
Presidente

3.1.52 Resolução 52/2020 (BPC/LOAS/miserabilidade/critério/legal)

Objeto: Trata-se de Resolução que julgou Reclamação interposta pelo INSS alegando que a decisão da Câmara de Julgamento violou a Questão 11 e 15 do Parecer Vinculante CONJUR MPS 616/2010.

Decisão: Provida.

Tese jurídica: Deve ser adotado o critério de miserabilidade da renda *per capita* familiar do artigo 20, §3º, da Lei 8.742/93. Não pode ser aplicado ao caso concreto o critério inserido no §º §11, que permite que outros aspectos sejam analisados, pois se trata de DER anterior à vigência da Lei 13.146/2015.

MINISTÉRIO DA ECONOMIA-ME
SECRETARIA ESPECIAL DE PREVIDÊNCIA E TRABALHO
SECRETARIA DE PREVIDÊNCIA
CONSELHO DE RECURSOS DA PREVIDÊNCIA SOCIAL-CRPS
CONSELHO PLENO

Nº de Protocolo do Recurso: 44232.214058/2014-94
Documento/Benefício: 131.757.969-8
Unidade de origem: Agência da Previdência Social/Natal Sul
Tipo do Processo: Reclamação ao Conselho Pleno
Recorrente: Instituto Nacional do Seguro Social-INSS
Recorrido: Francisco Rodrigues da Silva
Assunto: Espécie Benefício: AMPARO SOCIAL AO DEFICIENTE
Relatora: Rodolfo Espinel Donadon

(Processo Eletrônico)

Relatório

O processo em análise tem por objeto Pedido de Reclamação ao Conselho Pleno, formulado pelo INSS, em matéria envolvendo a flexibilização dos critérios de renda per capita familiar como forma de excluir renda de integrante do grupo familiar.

O benefício foi concedido ao interessado em 18/12/2003 e revisto pelo INSS em 08/2014 após a constatação de renda familiar acima de ¼ do salário mínimo.

Provido o recurso ordinário pela 27ª Junta de Recursos, o recurso especial do INSS foi negado provimento pela 01ª CA da 04ª Câmara de Julgamento (CAJ), que fundamentou seu entendimento na Ação Civil Pública nº 2009.38.00.9959452 e entendimento jurisprudencial para desconsiderar a renda do benefício de aposentadoria por invalidez, salário mínimo, recebido pela companheira do interessado.

O INSS formulou Pedido de Reclamação ao Conselho Pleno do Conselho de Recursos da Previdência Social – CRPS, fundamentando que o Acórdão acima citado infringiu Parecer da Consultoria Jurídica do MPS, aprovado pelo Ministro de Estado da Previdência Social - Parecer/CONJUR/MPS nº 616/2010 (Questões 11 e 16), também o § 3º do art. 20 da Lei nº 8.742/93.

O Pedido do INSS foi admitido no mérito em juízo de admissibilidade da presidência do Conselho de Recursos do Seguro Social. Designado a esse Conselheiro a análise do caso.

É o relatório.

MINISTÉRIO DA ECONOMIA-ME
SECRETARIA ESPECIAL DE PREVIDÊNCIA E TRABALHO
SECRETARIA DE PREVIDÊNCIA
CONSELHO DE RECURSOS DA PREVIDÊNCIA SOCIAL-CRPS
CONSELHO PLENO

VOTO

BENEFÍCIO DE PRESTAÇÃO CONTINUADA. LOAS. RECLAMAÇÃO AO CONSELHO PLENO. Infringência de Órgão Julgador ao Parecer CONJUR/MPS nº 616/2010, Questão 11. Competência para análise deste Conselho Pleno na forma do art. 3º inc. III do Regimento Interno do CRPS aprovado pela Portaria MDAS nº 116/2017. Pressupostos de Admissibilidade do pedido alcançados na forma do art. 64 do mesmo Regimento. Acórdão reclamado publicado em data anterior ao advento da Lei nº 13.146/2015. Impossibilidade do Conselho afastar tese jurídica contida em Parecer normativo ministerial aprovado pelo Ministro de Estado. Art. 68 do Regimento Interno da Casa. Reclamação conhecida e provida. Necessidade da Unidade Julgadora do CRPS adequar o julgamento ao decidido pelo Pleno. Inteligência do § 4º do art. 64 do Regimento Interno.

Trata-se de Reclamação ao Conselho Pleno, acatada pelo Presidente do Conselho, em matéria que incide na infringência por parte da 01ª Composição Adjunta da 04ª CAJ, de Parecer da Consultoria Jurídica do MPS, aprovado pelo Ministro de Estado da Previdência Social - Parecer/CONJUR/MPS nº 616/2010, Questão 11.

Preliminarmente, cumpre informar que é da competência deste Conselho Pleno decidir, no caso concreto, as Reclamações ao Conselho Pleno mediante a emissão de resolução, conforme disciplinado no inc. III do art. 3º, do Regimento Interno do CRPS, aprovado pela Portaria MDAS nº 116/2017.

Passo a analisar, ainda na fase de admissibilidade do pedido, os pressupostos do seu requerimento com a citação do art. 64 do mesmo Regimento Interno:

> **Art. 64.** A Reclamação ao Conselho Pleno poderá ocorrer, no caso concreto, por requerimento das partes do processo, dirigido ao Presidente do CRSS, somente quando os acórdãos das Juntas de Recursos do CRSS, em matéria de alçada, ou os acórdãos de Câmaras de Julgamento do CRSS, em sede de Recurso Especial, infringirem:
> **I** - Pareceres da Consultoria Jurídica do MDSA, aprovados pelo Ministro de Estado do Desenvolvimento Social e Agrário, bem como, Súmulas e Pareceres do Advogado-Geral da União, na forma da Lei Complementar nº 73, de 10 de fevereiro de 1993;
> **II** - Pareceres da Consultoria Jurídica dos extintos MPS e MTPS, vigentes e aprovados pelos então Ministros de Estado da Previdência Social e do Trabalho e Previdência Social;

MINISTÉRIO DA ECONOMIA-ME
SECRETARIA ESPECIAL DE PREVIDÊNCIA E TRABALHO
SECRETARIA DE PREVIDÊNCIA
CONSELHO DE RECURSOS DA PREVIDÊNCIA SOCIAL-CRPS
CONSELHO PLENO

III - Enunciados editados pelo Conselho Pleno.

§ 1º O prazo para o requerimento da Reclamação ao Conselho Pleno é de 30 (trinta) dias contados da data da ciência da decisão infringente e suspende o prazo para o seu cumprimento.

§ 2º Caberá ao Presidente do CRSS fazer o juízo de admissibilidade da Reclamação ao Conselho Pleno verificando se estão presentes os pressupostos previstos no caput, podendo:

I - indeferir por decisão monocrática irrecorrível, quando verificar que não foram demonstrados os pressupostos de admissibilidade previstos no caput;

II - distribuir o processo ao Conselheiro relator da matéria no Conselho Pleno quando verificar presentes os pressupostos de admissibilidade previstos no caput.

É tempestivo o pedido. O INSS tomou ciência da decisão da CAJ em 08/04/2015 e interpôs o pedido de Reclamação em 20/04/2015. O juízo de admissibilidade foi efetuado pela Presidência do Conselho. Portanto, está apto a ir para análise.

O ponto de partida é correlacionar o caso julgado pela 01ª Composição Adjunta da 04ª CAJ ao Parecer da Consultoria Jurídica do MPS, aprovado pelo Ministro de Estado da Previdência Social - Parecer/CONJUR/MPS nº 616/2010, Questão 11.

Abro um primeiro parêntese ao caso uma vez que o Órgão Julgador se valeu de texto de Ação Civil Pública que, sendo de cumprimento obrigatório, tornaria sem efeitos ato administrativo em sentido contrário.

O Órgão Julgador desconsiderou a renda de salário mínimo do benefício de aposentadoria por invalidez recebido pela companheira do interessado, com fulcro na Ação Civil Pública nº 2009.38.00.9959452 e entendimento jurisprudencial.

No que tange aos efeitos da Ação Civil Pública nº 2009.38.00.0059452/MG, a decisão que solicita a desconsideração da análise de benefício assistencial para fins de renda do grupo tem abrangência apenas para o Estado de Minas Gerais. O processo em análise é do estado do Rio Grande do Norte. Eis a conclusão da ACP nesse sentido:

III – DISPOSITIVO

ANTE O EXPOSTO, JULGO PARCIALMENTE PROCEDENTE o pedido, para determinar ao INSS que:

MINISTÉRIO DA ECONOMIA-ME
SECRETARIA ESPECIAL DE PREVIDÊNCIA E TRABALHO
SECRETARIA DE PREVIDÊNCIA
CONSELHO DE RECURSOS DA PREVIDÊNCIA SOCIAL-CRPS
CONSELHO PLENO

1. na análise dos requerimentos de benefício assistencial apresentados no território de jurisdição desta Seção Judiciária de Minas Gerais, não compute, no cálculo da renda familiar per capita, o benefício previdenciário ou assistencial, no valor de um salário mínimo, recebido por pessoa idosa ou deficiente integrante do grupo familiar.
2. (...)

Ao Conselho não é facultado julgar em desacordo com lei, decreto e ato normativo ministerial ou declarar ilegal ou inconstitucional o texto legal. Nesse sentido, art. 69 do Regimento Interno do CRPS.

Assim, o primeiro argumento do voto da Câmara de Julgamento (CAJ) está superado. Não se aplica a Ação Civil Pública nº 2009.38.00.0059452/MG ao caso em análise.

Fechado esse parêntese, retomo a analise do pedido formulado pelo INSS e a Questão nº 11 do Parecer Conjur/MPS nº 616/2010, aprovado pelo Ministro da Previdência Social, tem a seguinte redação:

Questão 11. Valor da renda familiar para concessão de BPC da LOAS: o benefício previdenciário de valor mínimo, recebido por familiar idoso, integra ou não o montante da renda?

67. A resposta é afirmativa, à luz do art. 6º, inciso IV, do Regulamento do Benefício de Prestação Continuada - BPC, aprovado pelo Decreto nº 6.214, de 26 de setembro de 2007.

68. De acordo com citada norma, para os fins do reconhecimento do direito ao benefício, considera-se renda mensal bruta familiar a soma dos rendimentos brutos auferidos mensalmente pelos membros da família composta por salários, proventos, pensões, pensões alimentícias, "benefícios de previdência pública ou privada", comissões, pró-labore, outros rendimentos do trabalho não assalariado, rendimentos do mercado informal ou autônomo, rendimentos auferidos do patrimônio, Renda Mensal Vitalícia e Benefício de Prestação Continuada, ressalvado o disposto no parágrafo único do art. 19, disposição que remete à exceção do art. 34, parágrafo único, da Lei nº 10.741, de 1º de outubro de 2003 (o Estatuto do Idoso).

MINISTÉRIO DA ECONOMIA-ME
SECRETARIA ESPECIAL DE PREVIDÊNCIA E TRABALHO
SECRETARIA DE PREVIDÊNCIA
CONSELHO DE RECURSOS DA PREVIDÊNCIA SOCIAL-CRPS
CONSELHO PLENO

> 69. Nesse raciocínio, entre os "benefícios de previdência pública" encontram-se os citados benefícios previdenciários no valor igual a um salário mínimo, tais como aposentadoria, pensão, auxíliodoença etc.
>
> 70. Apenas a título de esclarecimento, convém referir que o parágrafo único do art. 34 do Estatuto do Idoso exclui da renda mensal bruta familiar, para fins de reconhecimento do direito ao BPC ao Idoso, o benefício já concedido a qualquer membro da família.
>
> Nesse sentido, dispõe expressamente o parágrafo único do art. 19 do Regulamento do BPC.

Saliento que a matéria ora pretendida não é nova no Conselho Pleno. Já foram proferidos julgamentos com o entendimento de que não é possível ao Conselho afastar a tese jurídica de Parecer da Consultoria Jurídica Ministerial aprovado pelo Ministro de Estado. Com esse entendimento, eis a ementa de uma recente Resolução deste Pleno:

> **Resolução nº 17/2020 de 29/05/2020**
>
> **PEDIDO DE UNIFORMIZAÇÃO DE JURISPRUDÊNCIA. AMPARO SOCIAL A PESSOA PORTADORA DE DEFICIÊNCIA. PRESSUPOSTOS DE ADMISSIBILIDADE DO PEDIDO ALCANÇADOS NA FORMA DO ART. 63 DO REGIMENTO INTERNO (PORTARIA MDAS Nº 116/2017.) EXCLUSÃO DA RENDA DE MEMBRO DO GRUPO FAMILIAR EM FACE DA CONSTATAÇÃO DE VULNERABILIDADE SOCIAL ATESTADA POR SERVIDOR AUTÁRQUICO EM PARECER SOCIAL. INEXISTÊNCIA DE PREVISÃO LEGAL E AFRONTA AO PARECER CONJUR-MPS Nº 616/2010. PEDIDO DE UNIFORMIZAÇÃO CONHECIDO E PROVIDO.** (Cons. Rel. Tarsila Otaviano da Costa)

Entre diversas outras: Resolução nº 11/2020 de 29/05/2020 (Cons. Rel. Renato Agostinho das Chagas)

Tem-se a obrigatoriedade do Conselho na análise do Parecer Ministerial quando aprovado pelo Ministro de Estado conforme art. 68 do Regimento Interno do CRPS:

MINISTÉRIO DA ECONOMIA-ME
SECRETARIA ESPECIAL DE PREVIDÊNCIA E TRABALHO
SECRETARIA DE PREVIDÊNCIA
CONSELHO DE RECURSOS DA PREVIDÊNCIA SOCIAL-CRPS
CONSELHO PLENO

> **Art. 68.** Os Pareceres da Consultoria Jurídica do MDSA, quando aprovados pelo Ministro de Estado, nos termos da Lei Complementar nº 73, de 10 de fevereiro de 1993, vinculam os órgãos julgadores do CRSS, à tese jurídica que fixarem, sob pena de responsabilidade administrativa quando da sua não observância.
> **Parágrafo Único**: A vinculação normativa a que se refere o caput aplica-se também aos pareceres da Consultoria Jurídica dos extintos MPS e MTPS, vigentes e aprovados pelos então Ministros de Estado da Previdência Social e do Trabalho e Previdência Social, enquanto não revistos pela atual Consultoria Jurídica do MDSA.

Até a data deste julgamento, a Consultoria Jurídica do ME não emitiu nenhum ato revogando a Questão nº 11 do Parecer Conjur/MPS nº 616/2010, aprovado pelo Ministro da Previdência Social. Portanto, permanece vinculando o julgamento administrativo do Conselho.

Nesse sentido e mesmo ciente do entendimento diverso do Poder Judiciário quando a flexibilização do critério de miserabilidade da renda do grupo familiar, o fato é que a Questão nº 11 do Parecer Conjur/MPS nº 616/2010, vinculativa ao Conselho, é clara ao declarar não ser possível a concessão dentro do mesmo grupo familiar de amparo social quando um integrante já goza de benefício de um salário mínimo. Exceção feita a dois amparos sociais a idosos pela regra contida no parágrafo único do art. 34 do Estado do Idoso, o que não é o caso dos autos.

Abro um segundo parêntese nesse voto para tratar do entendimento atual do Conselho Pleno conferido aos casos julgados pelas Câmaras de Julgamento após o advento da Lei nº 13.146/2015, de 06/07/2015. Explico.

A Lei nº 13.146/2015 incluiu o § 11 ao art. 20 da LOAS com a seguinte redação:

> **Art. 20.** (...)
>
> **§ 11.** Para concessão do benefício de que trata o caput deste artigo, poderão ser utilizados outros elementos probatórios da condição de miserabilidade do grupo familiar e da situação de vulnerabilidade, conforme regulamento. (Incluído pela Lei nº 13.146, de 2015) (Vigência)

MINISTÉRIO DA ECONOMIA-ME
SECRETARIA ESPECIAL DE PREVIDÊNCIA E TRABALHO
SECRETARIA DE PREVIDÊNCIA
CONSELHO DE RECURSOS DA PREVIDÊNCIA SOCIAL-CRPS
CONSELHO PLENO

Desta forma, entende-se que o § 11 permitiu uma análise não mais exclusiva no critério renda do § 3º, devendo ser avaliado ambos para configuração do previsto no caput do art. 20.

Como até o presente momento não houve a regulamentação do § 11 pelo Decreto nº 6.214/2007, firmou-se no Conselho Pleno do CRPS o entendimento de que o melhor meio de dar legitimidade ao parágrafo é a realização de Parecer Social realizado pelo Serviço Social do INSS. Nesse sentido, Resoluções 01/2019 e 19/2019, a saber:

> **PEDIDO DE UNIFORMIZAÇÃO DE JURISPRUDÊNCIA. BENEFÍCIO DE PRESTAÇÃO CONTINUADA.** DECISÃO DO STF NA RECLAMAÇÃO 4374/PE. ALTERAÇÃO DO CONTEÚDO DA ADI 1.232/DF. CRITÉRIO DE RENDA EM 1/4 DE SALÁRIO MÍNIMO INCONSTITUCIONAL. ARTIGO 20 §11 DA LEI 8.742/93. POSSIBILIDADE DE UTILIZAÇÃO DE OUTROS ELEMENTOS PROBATÓRIOS DA CONDIÇÃO DE MISERABILIDADE DO GRUPO FAMILIAR E DA SITUAÇÃO DE VULNERABILIDADE. PARECER SOCIAL. POSSIBILIDADE. PEDIDO CONHECIDO E NEGADO. (Processo 44232.436463/2015-42, NB 701.536.697-6, Relatora: Raquel Lúcia de Freitas, Conselho Pleno, julgado em 26/03/2019) (Resolução CRPS Nº 1/2019)

> **BENEFÍCIO DE PRESTAÇÃO CONTINUADA. LOAS. PEDIDO DE UNIFORMIZAÇÃO DE JURISPRUDÊNCIA.** Divergência jurisprudencial entre as Câmaras de Julgamento no que tange aos critérios de fixação da renda per capita familiar. Competência para análise deste Conselho Pleno na forma do art. 3° inc. II do Regimento Interno do CRSS aprovado pela Portaria MDAS nº 116/2017. Pressupostos de Admissibilidade do pedido alcançados na forma do art. 63 do mesmo Regimento. Para a fixação dos critérios da renda familiar tem-se que o Supremo Tribunal Federal julgou inconstitucional a regra de 1/4 do salário mínimo. Aplicação limitada ao Conselho. Falta de ato legal declarando a norma inconstitucional. Prevalência do § 3° do art. 20, contudo, a avaliação da situação de miserabilidade familiar deve ser realizada concomitantemente com aspectos além da renda conforme § 11 do art. 20 da LOAS. Precedente do Conselho Pleno. Pedido de Uniformização conhecido e improvido. (Processo 44232.837369/2016-98, NB 702.236.332-4, Relator: Rodolfo Espinel Donadon, Conselho Pleno, julgado em 28/06/2019) (Resolução CRPS Nº 19/2019)

MINISTÉRIO DA ECONOMIA-ME
SECRETARIA ESPECIAL DE PREVIDÊNCIA E TRABALHO
SECRETARIA DE PREVIDÊNCIA
CONSELHO DE RECURSOS DA PREVIDÊNCIA SOCIAL-CRPS
CONSELHO PLENO

Fechando esse segundo parêntese, podemos concluir da seguinte forma: até a véspera da publicação da Lei nº 13.146/2015, de 06/07/2015, o critério de renda do ¼ do salário mínimo era feito exclusivamente por meio da análise do § 3º do art. 20 da LOAS. A partir de 06/07/2015, além do § 3º, também o § 11 do art. 20, ou seja, passou a ser possível flexibilizar a renda por meio de prova material obtida por Parecer Social da situação de vulnerabilidade e miserabilidade familiar.

No caso dos autos, a decisão da 01ª CA da 04ª Câmara de Julgamento (CAJ) foi proferida em 08/04/2015, ou seja, em data anterior a referida Lei nº 13.146/2015, inexistindo a possibilidade administrativa do Órgão Julgador avaliar o recurso especial sem o estrito cumprimento ao § 3º do art. 20 da LOAS e Questão nº 11 do Parecer Conjur/MPS nº 616/2010.

Tão pouco o caso poderia ser alvo de reafirmação da DER para alcançar os efeitos do novo regramento legal o que implicaria no § 2º do art. 347 do Decreto 3.048/99: "não é considerado pedido de revisão de decisão indeferitória definitiva, mas de novo pedido de benefício, o que vier acompanhado de outros documentos além dos já existentes no processo."

Igualmente o § 1º do art. 37 do Regimento Interno do Conselho de Recursos da Previdência Social (CRPS) que expressamente estabelece o marco final para juntada de documentos e alegações o início da sessão de julgamento do recurso especial, a saber:

> **Art. 37.** (...)
>
> **§ 1º** O interessado poderá juntar documentos, atestados, exames complementares e pareceres médicos, requerer diligências e perícias e aduzir alegações referentes à matéria objeto do processo até antes do início da sessão de julgamento, hipótese em que será avaliada a necessidade de conferir direito de vista à parte contrária para ciência e manifestação.

Portanto, considerando a data do acórdão ora reclamado, para análise da renda familiar o Conselho não pode afastar o previsto no Parecer Conjur/MPS nº 616/2010, em sua Questão 11. Em consequência, deve analisar fielmente o contido na Lei nº 8.742/1993 regulamentada pelo Decreto nº 6.214/2007.

Em consequência do entendimento acima proferido, o pedido formulado pelo INSS procede, devendo a Reclamação ao Conselho Pleno ser conhecida e provida.

MINISTÉRIO DA ECONOMIA-ME
SECRETARIA ESPECIAL DE PREVIDÊNCIA E TRABALHO
SECRETARIA DE PREVIDÊNCIA
CONSELHO DE RECURSOS DA PREVIDÊNCIA SOCIAL-CRPS
CONSELHO PLENO

Na forma do **§ 4º do art. 64** do RI/CRPS, cabe à notificação do órgão julgador que prolatou o acórdão infringente, "**para fins de adequação do julgado à tese fixada pelo Pleno, por meio da Revisão de Ofício**". Em vistas da Portaria GP/CRSS, nº 17 de 07/04/17 (Mudança de atuação das Composições Adjuntas das Câmaras de Julgamento para as Juntas de Recursos), caberá à **04ª Câmara de Julgamento (CAJ)** o cumprimento do aqui exposto.

Ante todo ao exposto, **VOTO** no sentido de, preliminarmente, **CONHECER DO PEDIDO DE RECLAMAÇÃO AO CONSELHO PLENO** para, no mérito, **DAR-LHE PROVIMENTO.**

Brasília - DF, 25 de setembro de 2020.

RODOLFO ESPINEL DONADON
Relator

MINISTÉRIO DA ECONOMIA-ME
SECRETARIA ESPECIAL DE PREVIDÊNCIA E TRABALHO
SECRETARIA DE PREVIDÊNCIA
CONSELHO DE RECURSOS DA PREVIDÊNCIA SOCIAL-CRPS
CONSELHO PLENO

DECISÓRIO

RESOLUÇÃO Nº 52/2020

Vistos e relatados os presentes autos, em sessão realizada hoje, **ACORDAM** os membros do Conselho Pleno, por **UNANIMIDADE**, no sentido de **CONHECER DO PEDIDO DE RECLAMAÇÃO AO CONSELHO PLENO**, para no mérito, **DAR-LHE PROVIMENTO,** de acordo com o Voto do Relator e sua fundamentação.

Participaram, ainda, do presente julgamento os (as) Conselheiros (as): Robson Ferreira Maranhão, Vânia Pontes Santos, Gustavo Beirão Araújo, Paulo Sérgio de Carvalho Costa Ribeiro, Maria Madalena Silva Lima, Renato Agostinho das Chagas, Moisés Oliveira Moreira, Maria José de Paula Moraes, Imara Sodré Sousa Neto, Sulamita Cristina Dias, Guilherme Lustosa Pires, Valter Sérgio Pinheiro Coelho, Alexandra Álvares de Alcântara, Tarsila Otaviano da Costa e Adriene Cândida Borges.

Brasília-DF, 25 de setembro de 2020.

RODOLFO ESPINEL DONADON
Relator

MARCELO FERNANDO BORSIO
Presidente

3.1.53 Resolução 53/2020 (tempo especial/ NHO 1 FUNDACENTRO/NR 15)

Objeto: Trata-se de Pedido de Uniformização de Jurisprudência interposto por segurado por suposta divergência de posicionamento entre Câmaras de Julgamento.

Decisão: Provido.

Tese jurídica: A decisão foi pela aplicação do Enunciado 13 do CRPS: "II – Até 31 de dezembro de 2003, para a aferição de ruído contínuo ou intermitente, é obrigatória a utilização das metodologias contidas na NR-15, devendo ser aceitos ou o nível de pressão sonora pontual ou a média de ruído, podendo ser informado decibelímetro, dosímetro ou medição pontual no campo "Técnica Utilizada" do Perfil Profissiográfico Previdenciário (PPP). III – A partir de 1º de janeiro de 2004, para a aferição de ruído contínuo ou intermitente, é obrigatória a utilização das metodologias contidas na Norma de Higiene Ocupacional 01 (NHO-01) da FUNDACENTRO ou na NR-15, que reflitam a medição de exposição durante toda a jornada de trabalho, vedada a medição pontual, devendo constar do PPP a técnica utilizada e a respectiva norma".

MINISTÉRIO DA ECONOMIA-ME
SECRETARIA ESPECIAL DE PREVIDÊNCIA E TRABALHO
SECRETARIA DE PREVIDÊNCIA
CONSELHO DE RECURSOS DA PREVIDÊNCIA SOCIAL-CRPS
CONSELHO PLENO

Nº de Protocolo do Recurso: 44232.761605/2016-98
Documento/Benefício: 174.216.014-7
Unidade de origem: Agência da Previdência Social/São Paulo-Tatuapé
Tipo do Processo: Pedido de Uniformização de Jurisprudência
Recorrente: Jair Nunes da Silva
Recorrido: Instituto Nacional do Seguro Social-INSS
Assunto: Aposentadoria por tempo de contribuição
Relatora: Rodolfo Espinel Donadon

(Processo Eletrônico)

Relatório

Processo oriundo do E-RECURSOS.

O processo em análise tem por objeto Pedido de Uniformização de Jurisprudência ao Conselho Pleno, formulado pelo segurado **Jair Nunes da Silva**, em matéria que trata da conversão de tempo de atividade especial por exposição ao agente nocivo ruído com a observância da técnica de apuração pela NHO-01 da FUNDACENTRO.

Em uma síntese do caso, a 04ª Câmara de Julgamento (CAJ), por meio do Acórdão nº 3.312/2018, por maior de votos, deu parcial provimento ao recurso do INSS não convertendo o período posterior a 01/01/04 por metodologia de avaliação do ruído em desconformidade com a NHO-01 da FUNDACENTRO.

Decisão embargada pelo segurado, contudo, com acórdão não acolhendo o pedido.

De forma tempestiva, o Segurado formulou Pedido de Uniformização de Jurisprudência ao Conselho Pleno do CRPS, fundamentando que o Acórdão da 04ª CAJ divergiu de entendimento de outras Câmaras de Julgamento que afastaram a necessidade de expressa indicação de metodologia em NEN da NHO-01 a partir de 01/01/2004: Acórdão da 02ª CAJ nº 4.447/2018; Acórdão da 03ª CAJ nº 1.290/2018; Acórdão da 04ª CAJ nº 2.288/2018; Acórdão da 01ª CAJ nº 3.072/2018.

Em contrarrazões, o INSS solicitou o não acolhimento do pretendido pelo segurado.

MINISTÉRIO DA ECONOMIA-ME
SECRETARIA ESPECIAL DE PREVIDÊNCIA E TRABALHO
SECRETARIA DE PREVIDÊNCIA
CONSELHO DE RECURSOS DA PREVIDÊNCIA SOCIAL-CRPS
CONSELHO PLENO

Devolvidos os autos à 04ª CAJ, o Relator não admitiu a revisão do acórdão e o Presidente do Órgão Julgador reconheceu a divergência. O Procedimento de Uniformização de Jurisprudência admitido pelo Órgão Julgador foi instaurado pela Presidência do CRPS com distribuição dos autos a este Conselheiro.

O segurado juntou cópia de PPP da empresa com indicativo da continuidade do exercício até 26/07/2019.

Para constar, o Perfil Profissiográfico Previdenciário – PPP, empresa Owens Illinois do Brasil Ltda, informa 01/01/2004 a 07/07/2015 (DER), ruído acima de 85 dB(A) por dosimetria. Traz no campo "Observações" todos os laudos técnicos que embasaram o preenchimento do PPP referentes ao setor de Estamparia e informa exposição habitual e permanente ao fator de risco informado.

É o relatório.

APOSENTADORIA POR TEMPO DE CONTRIBUIÇÃO. PEDIDO DE UNIFORMIZAÇÃO DE JURISPRUDENCIA. Divergência jurisprudencial entre as Câmaras de Julgamento no que tange conversão de tempo de atividade especial. Exposição ao agente nocivo ruído com a observância da técnica de apuração pela NHO-01 da Fundacentro. Competência para análise deste Conselho Pleno na forma do art. 3º inc. II do Regimento Interno do CRPS aprovado pela Portaria MDAS nº 116/2017. Pressupostos de Admissibilidade do pedido alcançados na forma do art. 63 do mesmo Regimento. A exigência do ruído em NEN, a partir de 01/01/2004, não é estritamente obrigatória podendo ser aceitas outras metodologias válidas que atestem o ruído por meio de dosimetria. Precedentes do Conselho Pleno consolidados no Enunciado nº 13 aprovado pelo Despacho nº 37/2019, DOU nº 219, de 12/11/2019, Seção: 1, p. 320. Pedido de Uniformização conhecido e provido. Necessidade de revisão de ofício do acórdão impugnado na forma do § 12 do art. 63 do Regimento Interno do CRPS.

Trata-se de análise de divergência de entendimento, no caso concreto, entre Câmaras de Julgamento envolvendo a conversão de tempo de atividade especial por exposição ao agente nocivo ruído com a observância da técnica de apuração pela NHO-01 da FUNDACENTRO.

Preliminarmente, cumpre informar que é da competência deste Conselho Pleno uniformizar a jurisprudência administrativa demonstrada por divergências jurisprudenciais entre as Câmaras de Julgamento em sede de recurso especial, conforme disciplinado no art. 3º, inc. II, do Regimento Interno do CRPS, aprovado pela Portaria MDAS nº 116/2017, a saber:

MINISTÉRIO DA ECONOMIA-ME
SECRETARIA ESPECIAL DE PREVIDÊNCIA E TRABALHO
SECRETARIA DE PREVIDÊNCIA
CONSELHO DE RECURSOS DA PREVIDÊNCIA SOCIAL-CRPS
CONSELHO PLENO

> **Art. 3º** Ao Conselho Pleno compete:
> (...)
> **II** - uniformizar, no caso concreto, as divergências jurisprudenciais entre as Juntas de Recursos nas matérias de sua alçada ou entre as Câmaras de julgamento em sede de Recurso Especial, mediante a emissão de Resolução; (...)

Passo a analisar, ainda na fase de admissibilidade do pedido de Uniformização de Jurisprudência, os pressupostos do seu requerimento com a citação do art. 63, inc. I, §§ 1º e 6º do mesmo Regimento Interno:

> **Art. 63.** O Pedido de Uniformização de Jurisprudência poderá ser requerido em casos concretos, pelas partes do processo, dirigido ao Presidente do respectivo órgão julgador, nas seguintes hipóteses:
>
> **I** - quando houver divergência na interpretação em matéria de direito entre acórdãos de Câmaras de Julgamento do CRSS, em sede de Recurso Especial, ou entre estes e resoluções do Conselho Pleno;
> (...)
> § 1º A divergência deverá ser demonstrada mediante a indicação do acórdão divergente, proferido nos últimos cinco anos, por outro órgão julgador, composição de julgamento, ou, ainda, por resolução do Conselho Pleno.
> **§ 2º** É de 30 (trinta) dias o prazo para o requerimento do Pedido de Uniformização de Jurisprudência e para o oferecimento de contrarrazões, contados da data da ciência da decisão e da data da intimação do pedido, respectivamente, hipótese em que suspende o prazo para o seu cumprimento.

É tempestivo o pedido. A parte interessada comprovou a divergência de entendimentos entre composições de julgamento. A 04ª CAJ divergiu de entendimento de outras Câmaras de Julgamento que afastaram a necessidade de expressa indicação de metodologia em NEN da NHO-01 a partir de 01/01/2004: Acórdão da 02ª CAJ nº 4.447/2018; Acórdão da 03ª CAJ nº 1.290/2018; Acórdão da 04ª CAJ nº 2.288/2018; Acórdão da 01ª CAJ nº 3.072/2018.

Portanto, **o pedido formulado é admissível e passo a apreciar a matéria ora discutida.**

A matéria ora apreciada não é nova no Conselho Pleno e já foi pacificada. Em julgamento realizado em 26/08/2018 foi aprovada por maioria a **Resolução nº**

MINISTÉRIO DA ECONOMIA-ME
SECRETARIA ESPECIAL DE PREVIDÊNCIA E TRABALHO
SECRETARIA DE PREVIDÊNCIA
CONSELHO DE RECURSOS DA PREVIDÊNCIA SOCIAL-CRPS
CONSELHO PLENO

26/2018 que afastou a exigência da aferição do ruído ser obrigatoriamente em NEN a partir de 19/11/2003. Destaco trecho do voto com as razões do Conselheiro Relator:

> "(...)
> Sobre este ponto, entendo que independentemente se a técnica foi feita conforme NR-15 e não conforme NHO-01, estando o ruído acima do limite, podemos concluir que se feito conforme a NR-15 e não NHO-01, a intensidade seria também superior, uma vez que a NHO-01 é uma técnica mais moderna e conservadora, sendo mais protetiva ao trabalhador, já que utiliza um fator de dobra (q=3) enquanto a NR-15 utiliza um fator de dobra (q=5). Desta forma, suponhamos que tivéssemos encontrado um NEN de 90 db(a), logo o valor da dose seria 318,2% (NHO-01) e 200% (NR-15)." (Cons. Rel. Victor Machado Marini)

Saliento que o voto vencedor não foi unanime. A divergência se deu por meio do voto do Conselheiro Daniel Áureo Ramos, que expôs seus motivos para a manutenção do acolhimento da exigência da técnica em NEN a partir de 19/11/03. Em um brevíssimo resumo, justifica:

- o Decreto nº 4.882/03 alterou o código 2.0.1 do Anexo IV do Decreto nº 3.048/99 e "passou a exigir não apenas uma simples exposição a níveis de ruído (como na NR-15), mas exposição a Níveis de Exposição Normalizado (NEN) superior a 85 dBs."

- traz a formula de cálculo do ruído pela técnica da NHO-01em NEN, nível esse convertido para uma jornada padrão de 8 horas diárias para fins de comparação com o limite de exposição;

- diferencia a menção como técnica "dosímetro" sendo esse aparelho para medição do nível sonoro e a própria NHO-01 que é norma e não técnica;

- reafirma que o legislador previu a técnica em NEN – Nível de Exposição Normalizado, sendo que a NHO-01 também traz a técnica em NE – Nível de Exposição, "portanto, há necessidade de indicação de qual dos dois foi utilizado";

- Ainda, "é descabida a interpretação subjetiva no sentido de afastar a legislação previdenciária, para enquadrar períodos em que a técnica utilizada não se encontra em acordo com as determinações e procedimentos da NHO-01."

Ainda sem um consenso administrativo, a matéria retornou para a pauta do Conselho Pleno e, de minha Relatoria, geraram-se as **Resoluções nº 72 e 73/2018,**

MINISTÉRIO DA ECONOMIA-ME
SECRETARIA ESPECIAL DE PREVIDÊNCIA E TRABALHO
SECRETARIA DE PREVIDÊNCIA
CONSELHO DE RECURSOS DA PREVIDÊNCIA SOCIAL-CRPS
CONSELHO PLENO

ambas de 28/11/2018, onde se pretendeu buscar na legislação mecanismos legais que viabilizavam a análise do agente ruído a partir de 19/11/2003, sem ferir a NHO-01 em caso de aferição por técnica distinta do "NEN". Eis a Ementa da referida Resolução:

> **Resolução nº 72/2018:**
>
> **APOSENTADORIA ESPECIAL. PEDIDO DE UNIFORMIZAÇÃO DE JURISPRUDENCIA. Divergência jurisprudencial entre as Câmaras de Julgamento no que tange conversão de tempo de atividade especial. Exposição ao agente nocivo ruído com a observância da técnica de apuração pela NHO-01 da Fundacentro.** Competência para análise deste Conselho Pleno na forma do art. 3º inc. II do Regimento Interno do CRSS aprovado pela Portaria MDAS nº 116/2017. Pressupostos de Admissibilidade do pedido alcançados na forma do art. 63 do mesmo Regimento. A exigência do ruído em NEN, a partir de 18/11/2003, não é estritamente obrigatória podendo ser aceitas outras metodologias válidas que atestem o ruído por meio de dosimetria. Precedente do Conselho Pleno. Pedido de Uniformização conhecido e provido. Necessidade de revisão de ofício do acórdão impugnado na forma do § 12 do art. 63 do Regimento Interno do CRSS.
>
> **Resolução nº 73/2018:**
>
> **APOSENTADORIA ESPECIAL. PEDIDO DE UNIFORMIZAÇÃO DE JURISPRUDENCIA. Divergência jurisprudencial entre as Câmaras de Julgamento no que tange conversão de tempo de atividade especial. Exigência de histograma e/ou memória de cálculo. Exposição ao agente nocivo ruído com a observância da técnica de apuração pela NHO-01 da Fundacentro.** Competência para análise deste Conselho Pleno na forma do art. 3º inc. II do Regimento Interno do CRSS aprovado pela Portaria MDAS nº 116/2017. Pressupostos de Admissibilidade do pedido alcançados na forma do art. 63 do mesmo Regimento. Não é exigível o fornecimento de histograma e/ou memória de cálculo para o período de 11/10/2001 até 18/11/2003, por falta de previsão legal em lei, decreto e ato normativo ministerial vinculativo ao CRSS, bem como a inexigibilidade dada ao inc. III do art. 280 da IN/INSS nº 77/2015, pela DIRSAT/INSS, ante o reconhecimento da indisponibilidade de aparelhos de medição no período indicado. A exigência do ruído em NEN, a partir de 18/11/2003, não é estritamente obrigatória podendo ser aceitas outras metodologias

MINISTÉRIO DA ECONOMIA-ME
SECRETARIA ESPECIAL DE PREVIDÊNCIA E TRABALHO
SECRETARIA DE PREVIDÊNCIA
CONSELHO DE RECURSOS DA PREVIDÊNCIA SOCIAL-CRPS
CONSELHO PLENO

válidas que atestem o ruído por meio de dosimetria. Precedente do Conselho Pleno. Pedido de Uniformização conhecido e provido. Necessidade de revisão de ofício do acórdão impugnado na forma do § 12 do art. 63 do Regimento Interno do CRSS.

Peço vênia aos Colegas para transcrever a Conclusão, em comum, de ambas as Resoluções acima ementadas:

Diante de todo o exposto, condenso os fundamentos trabalhados no voto que me levam a concluir que a exigência do ruído em NEN, a partir de 01/01/2004, não é estritamente obrigatória podendo ser aceitas outras metodologias válidas que atestem o ruído por meio de dosimetria. Eis as razões de tal assertiva:

- a partir de 19/11/2003, o INSS também passou a ser responsável pela edição de atos normativos regulamentando a emissão do laudo técnico (§ 7º do art. 68 do RPS aprovado pelo Decreto nº 3.048/99 com redação dada pelo Decreto nº 4.882/2003);

- inexistência de previsão legal por parte do INSS determinando exclusivamente a confecção do PPRA com procedimentos de avaliação do ruído pelas normas da NHO-01 da FUNDACENTRO. Foi devidamente demonstrado que o INSS normatizou o tema permitindo a utilização de PPRA produzido nos termos da NR-09 do MTE que, por sua vez, remeteu a NR-15 do MTE justamente em seu Anexo 15 que versa a respeito da metodologia de avaliação do ruído (art. 404 e § 3º do art. 408 da IN/INSS nº 100/2003 e art. 178, § 1º da IN/INSS nº 118/2005);

- aceitação do INSS, em substituição do LTCAT, de diversos outros laudos, entre os quais, os emitidos pelo MTE, pela FUNDACENTRO, laudos periciais emitidos por ordem da justiça do trabalho, PPRA, entre outros (§ 2º do art. 161 da IN/INSS nº 118/2005 e art. 261 da IN/INSS nº 77/2015);

- inexistência de previsão legal quanto a não aceitação de laudo técnico produzido com metodologia diversa da contida na NHO-01 da FUNDACENTRO (§ 3º do art. 161 da IN/INSS nº 118/2005 e art. 261 da IN/INSS nº 77/2015);

- permissão expressa à empresa utilizar outra metodologia diversa daquela contida na NHO-01, desde que devidamente indicada qual

MINISTÉRIO DA ECONOMIA-ME
SECRETARIA ESPECIAL DE PREVIDÊNCIA E TRABALHO
SECRETARIA DE PREVIDÊNCIA
CONSELHO DE RECURSOS DA PREVIDÊNCIA SOCIAL-CRPS
CONSELHO PLENO

metodologia em suas demonstrações ambientais (§ 2º do art. 179 da IN/INSS nº 11/2006 e § 2º do art. 238 da IN/INSS nº 45/2010);

- alteração de redação de texto legal somente em 21/01/2015 com IN/INSS nº 77/2015, afastando da empresa a prerrogativa do item anterior, porém, contemplando ao Ministério a definição das instituições que estabeleceriam os procedimentos de avaliação não contempladas pela NHO-01 (§ 2º do art. 279 da IN/INSS nº 77/2015). Por esse aspecto, a NR-15 estabelecida pela Portaria MTB nº 3.214 de 08/06/78 traz os procedimentos de avaliação para análise do agente ruído e permaneceu gerando tais avaliações no campo previdenciário pelo menos até 31/12/2003. Não se encontra revogada;

- inexistência de regra de transição por se tratar de mudança que exige adaptação das empresas em seus levantamentos ambientais. Não se trata de mudança de aspecto legal que afeta apenas a análise administrativa dos documentos já confeccionados;

- apesar de contido na norma (art. 280 inc. III da IN/INSS nº 77/2015) não se exige a apresentação de histograma e memória de cálculo para o período de 11/11/2001 a 18/11/2003 por reconhecimento do executor da norma, no caso o próprio INSS, da falta de disponibilidade de equipamentos de medição para todas as empresas. É medida que gera impacto financeiro na empresa, o mesmo entendimento para se exigir novos laudos confeccionados com metodologia da NHO-01;

- o resultado da medição do ruído aferido por técnica com uso de dosímetro assemelha ao pretendido pelo Decreto nº 4.882/2003 quando estabeleceu o ruído medido em NEN. É possível presumir que o Executivo buscou o encontro da média de ruído considerando a jornada de trabalho e não apenas o ruído instantâneo obtido por meio de um decibelímetro, o que era permitido até 31/12/2003;

- o formulário atual PPP devidamente preenchido por Responsável Ambiental e com informações amparadas por laudo técnico pericial, com indicativo de metodologia de aferição do ruído válida – dosimetria pela NR-15 ou NHO-01 –, é documento fidedigno e competente para produzir efeitos para fins de análise da aposentadoria especial, conforme legislação previdenciária atual vigente;

MINISTÉRIO DA ECONOMIA-ME
SECRETARIA ESPECIAL DE PREVIDÊNCIA E TRABALHO
SECRETARIA DE PREVIDÊNCIA
CONSELHO DE RECURSOS DA PREVIDÊNCIA SOCIAL-CRPS
CONSELHO PLENO

- o INSS, ao entender que o PPP traz indicativos de existência de Responsável Ambiental, mas não fornece elementos suficientes para verificar a metodologia de aferição do ruído, tem a incumbência legal de auditar a regularidade da documentação fornecida pela empresa e tem a obrigação de solicitar a complementação da documentação antes de proferir sua análise, para fins de cumprir com o art. 50 da Lei nº 9.784/99 e § 1º do art. 678 da IN/INSS nº 77/2015, considerando o dever de motivar suas decisões;

- a TNU alterou seu entendimento inicial e também permite a utilização de técnica de aferição do ruído que contemple a mediação da jornada de trabalho, vedada a medição pontual (Tema 174).

A tese acima defendida se consolidou nos demais julgamentos do Conselho. Cito as seguintes ementas:

Resolução nº 32/2019, de 24/09/2019:

Pedido de Uniformização de Jurisprudência. Art. 63 do Regimento Interno do CRPS. Aposentadoria por tempo de contribuição. Reconhecimento de atividade especial por exposição a agente nocivo ruído. Monitoração ambiental diversa na NHO-01. Possibilidade. Aplicação da Resolução nº 72/2018 do Conselho Pleno do CRPS. Divergência demonstrada – envio dos autos à Câmara de Julgamento de origem para adequação ao entendimento deste Conselho. (Con. Rel. Guilherme Lustosa Pires).

Resolução nº 31/2019, de 24/09/2019:

EMENTA: PEDIDO DE UNIFORMIZAÇÃO DE JURISPRUDÊNCIA. APOSENTADORIA POR TEMPO DE CONTRIBUIÇÃO. ATIVIDADE ESPECIAL EM RAZÃO DE EXPOSIÇÃO AO AGENTE NOCIVO RUÍDO. A EXIGÊNCIA DO RUÍDO EM NEN A PARTIR DE 18/11/2003 NÃO É ESTRITAMENTE OBRIGATÓRIA, PODENDO SER ACEITAS OUTRAS METODOLOGIAS VALIDAS. PEDIDO DE UNIFORMIZAÇÃO DE JURISPRUDÊNCIA CONHECIDO E PROVIDO. (Cons. Rel. Maria Madalena Silva Lima)

Em continuidade, após longos debates e analise da legislação envolvida, o Conselho Pleno pacificou a questão envolvendo a metodologia de avaliação do ruído no

174.216.014-7 8

MINISTÉRIO DA ECONOMIA-ME
SECRETARIA ESPECIAL DE PREVIDÊNCIA E TRABALHO
SECRETARIA DE PREVIDÊNCIA
CONSELHO DE RECURSOS DA PREVIDÊNCIA SOCIAL-CRPS
CONSELHO PLENO

Enunciado nº 13, aprovado pelo Despacho nº 37/2019, DOU nº 219, de 12/11/2019, Seção: 1, p. 320, a saber:

> **Atendidas as demais condições legais, considera-se especial, no âmbito do RGPS, a atividade exercida com exposição a ruído superior a 80 decibéis até 05/03/97, superior a 90 decibéis desta data até 18/11/2003, e superior a 85 decibéis a partir de então.**
>
> I - Os níveis de ruído devem ser medidos, observado o disposto na Norma Regulamentadora nº 15 (NR-15), anexos 1 e 2, com aparelho medidor de nível de pressão sonora, operando nos circuitos de compensação - dB (A) para ruído contínuo ou intermitente ou dB (C) para ruído de impacto.
> II - Até 31 de dezembro de 2003, para a aferição de ruído contínuo ou intermitente, é obrigatória a utilização das metodologias contidas na NR-15, devendo ser aceitos ou o nível de pressão sonora pontual ou a média de ruído, podendo ser informado decibelímetro, dosímetro ou medição pontual no campo "Técnica Utilizada" do Perfil Profissiográfico Previdenciário (PPP).
> III - A partir de 1º de janeiro de 2004, para a aferição de ruído contínuo ou intermitente, é obrigatória a utilização das metodologias contidas na Norma de Higiene Ocupacional 01 (NHO-01) da FUNDACENTRO ou na NR-15, que reflitam a medição de exposição durante toda a jornada de trabalho, vedada a medição pontual, devendo constar do PPP a técnica utilizada e a respectiva norma.
> IV - Em caso de omissão ou dúvida quanto à indicação da metodologia ou técnica utilizadas para aferição da exposição nociva ao agente ruído, o PPP não deve ser admitido como prova da especialidade, devendo ser apresentado o respectivo Laudo Técnico de Condições Ambientais do Trabalho (LTCAT) ou solicitada inspeção no ambiente de trabalho, para fins de verificar a técnica utilizada na medição, bem como a respectiva norma.

Ressalta-se que o conteúdo do Enunciado nº 13 vincula todos os Conselheiros do CRPS conforme art. 62 do Regimento Interno do CRPS: "A emissão de enunciados dependerá da aprovação da maioria absoluta dos membros do Conselho Pleno e **vincula**, **quanto à interpretação do direito, todos os Conselheiros do CRSS**". (grifo nosso)

Faço referência à decisão recente do Conselho Pleno, de minha relatoria, com a aplicação do entendimento acima:

MINISTÉRIO DA ECONOMIA-ME
SECRETARIA ESPECIAL DE PREVIDÊNCIA E TRABALHO
SECRETARIA DE PREVIDÊNCIA
CONSELHO DE RECURSOS DA PREVIDÊNCIA SOCIAL-CRPS
CONSELHO PLENO

> **APOSENTADORIA POR TEMPO DE CONTRIBUIÇÃO. PEDIDO DE UNIFORMIZAÇÃO DE JURISPRUDENCIA.** Divergência jurisprudencial entre as Câmaras de Julgamento no que tange conversão de tempo de atividade especial. Exposição ao agente nocivo ruído com a observância da técnica de apuração pela NHO-01 da Fundacentro. Competência para análise deste Conselho Pleno na forma do art. 3º inc. II do Regimento Interno do CRPS aprovado pela Portaria MDAS nº 116/2017. Pressupostos de Admissibilidade do pedido alcançados na forma do art. 63 do mesmo Regimento. A exigência do ruído em NEN, a partir de 01/01/2004, não é estritamente obrigatória podendo ser aceitas outras metodologias válidas que atestem o ruído por meio de dosimetria. Precedentes do Conselho Pleno consolidados no Enunciado nº 13 aprovado pelo Despacho nº 37/2019, DOU nº 219, de 12/11/2019, Seção: 1, p. 320. Pedido de Uniformização conhecido e improvido. (Resolução nº 03 de 29/05/2020)

Portanto, quanto à técnica de aferição do ruído, até 31/12/2003, as técnicas de mensuração do nível de intensidade da exposição ao agente ruído poderiam ser medições pontuais, nível equivalente, média ou dose. A partir de 01/01/2004, dosimetria, independente se realizada conforme NR-15 ou NHO-01.

O formulário indicado no caso concreto informa ruído obtido por dosimetria após 01/01/2004 fato que permite indicar que a decisão ora questionada não está em consonância com a jurisprudência deste Conselho Pleno que culminou na edição do Enunciado nº 13.

Nestes termos, **conheço do pedido de Uniformização de Jurisprudência e no mérito, dou-lhe provimento com fulcro nas Resoluções acima consolidadas no Enunciado nº 13 do CRPS.**

Com a decisão acima, o acórdão impugnado da 04ª Câmara de Julgamento **deve ser revisto de ofício na forma do § 12 do art. 63 do Regimento Interno do CRPS.**

MINISTÉRIO DA ECONOMIA-ME
SECRETARIA ESPECIAL DE PREVIDÊNCIA E TRABALHO
SECRETARIA DE PREVIDÊNCIA
CONSELHO DE RECURSOS DA PREVIDÊNCIA SOCIAL-CRPS
CONSELHO PLENO

Ante todo ao exposto, **VOTO** no sentido de, preliminarmente, **CONHECER DO PEDIDO DE UNIFORMIZAÇÃO DE JURISPRUDÊNCIA formulado pelo SEGURADO** para, no mérito, **DAR-LHE PROVIMENTO**.

Brasília - DF, 25 de setembro de 2020.

RODOLFO ESPINEL DONADON
Relator

MINISTÉRIO DA ECONOMIA-ME
SECRETARIA ESPECIAL DE PREVIDÊNCIA E TRABALHO
SECRETARIA DE PREVIDÊNCIA
CONSELHO DE RECURSOS DA PREVIDÊNCIA SOCIAL-CRPS
CONSELHO PLENO

DECISÓRIO

RESOLUÇÃO Nº 53/2020

Vistos e relatados os presentes autos, em sessão realizada hoje, **ACORDAM** os membros do Conselho Pleno, por **UNANIMIDADE**, no sentido de **CONHECER DO PEDIDO DE UNIFORMIZAÇÃO DE JURISPRUDÊNCIA formulado pelo SEGURADO,** para no mérito, **DAR-LHE PROVIMENTO,** de acordo com o Voto do Relator e sua fundamentação.

Participaram, ainda, do presente julgamento os (as) Conselheiros (as): Robson Ferreira Maranhão, Vânia Pontes Santos, Gustavo Beirão Araújo, Paulo Sérgio de Carvalho Costa Ribeiro, Maria Madalena Silva Lima, Renato Agostinho das Chagas, Moisés Oliveira Moreira, Maria José de Paula Moraes, Imara Sodré Sousa Neto, Sulamita Cristina Dias, Guilherme Lustosa Pires, Valter Sérgio Pinheiro Coelho, Alexandra Álvares de Alcântara, Tarsila Otaviano da Costa e Adriene Cândida Borges.

Brasília-DF, 25 de setembro de 2020.

RODOLFO ESPINEL DONADON
Relator

MARCELO FERNANDO BORSIO
Presidente

174.216.014-7 12

3.1.54 Resolução 54/2020 (aposentadoria/especial/ruído/não conhecimento/impossibilidade/reexame/matéria/fática)

Objeto: Trata-se de Pedido de Uniformização de Jurisprudência interposto pelo INSS por suposta divergência de posicionamento entre Câmaras de Julgamento.

Decisão: Não conhecimento.

Tese jurídica: Descabe reexame de matéria fática em sede de pedido de uniformização de jurisprudência.

MINISTÉRIO DA ECONOMIA-ME
SECRETARIA ESPECIAL DE PREVIDÊNCIA E TRABALHO
SECRETARIA DE PREVIDÊNCIA
CONSELHO DE RECURSOS DA PREVIDÊNCIA SOCIAL-CRPS
CONSELHO PLENO

Nº de Protocolo do Recurso: 44233.076780/2017-57
Documento/Benefício: 42/179.580.801-0
Unidade de origem: Agência da Previdência Social/São Paulo-Cidade Ademar
Tipo do Processo: Pedido de Uniformização de Jurisprudência
Recorrente: Instituto Nacional do Seguro Social-INSS
Recorrido: João Messias de Oliveira Neto
Assunto: Aposentadoria por tempo de contribuição
Relatora: Rodolfo Espinel Donadon

(Processo Eletrônico)

Relatório

Processo do E-RECURSOS.

O processo em análise tem por objeto Pedido de Uniformização de Jurisprudência ao Conselho Pleno, formulado pelo INSS, em matéria que trata da conversão de tempo de atividade especial por exposição ao agente nocivo eletricidade laborado junto a TELESP – Telecomunicações de São Paulo.

Em uma síntese do caso, a 03ª Câmara de Julgamento (CAJ), por meio do Acórdão nº 6.722/2018 e 9.256/2018 (acatando embargos do segurado por erro material no decisório), acatou a decisão da 01ª Composição Adjunta – CA da 10ª Junta de Recursos mantendo a conversão do período de 27/09/1983 a 28/02/1993 (função de IRLA – instalador e reparador de linhas e aparelhos - junto a empresa Telecomunicações São Paulo – TELESP). A Relatora entendeu que " O PPP indica exposição a tensão elétrica acima de 250 volts que comparando com a descrição das atividades, descrita as fls. 36, no entender desta relatora é possível enquadrar o período no código 1.1.8 do Decreto 53.831/1964.

De forma tempestiva, o INSS formulou Pedido de Uniformização de Jurisprudência fundamentando que o Acórdão da 03ª CAJ divergiu de entendimento de outras Câmaras de Julgamento: Acórdão da 01ª CA da 03ª CAJ (912/2017); 01ª CAJ (8.172/2017), 01ª CAJ (3.107/2018), com entendimento na falta de permanência da exposição ao agente eletricidade nas atividades de telefonia.

O segurado apresentou contrarrazões e solicitou a manutenção da decisão.

MINISTÉRIO DA ECONOMIA-ME
SECRETARIA ESPECIAL DE PREVIDÊNCIA E TRABALHO
SECRETARIA DE PREVIDÊNCIA
CONSELHO DE RECURSOS DA PREVIDÊNCIA SOCIAL-CRPS
CONSELHO PLENO

Em juízo prévio de admissibilidade do pedido, a Relatora da 03ª Câmara de Julgamento (CAJ) não entendeu pela revisão de ofício do julgado.

O Presidente da 03ª CAJ reconheceu a divergência. O Procedimento de Uniformização de Jurisprudência admitido pelo Órgão Julgador foi instaurado pela Presidência do CRPS com distribuição dos autos a este Conselheiro.

Para constar, a Perícia Médica do INSS já havia convertido o período de 27/09/1983 a 28/02/1993 por eletricidade, código 1.1.8 do Anexo III do Decreto nº 53.831/64. Análise e Decisão Técnica de Atividade Especial às fls. 44 do processo completo aberto em formato PDF no campo Árvore.

É o relatório.

EMENTA. APOSENTADORIA POR TEMPO DE CONTRIBUIÇÃO. PEDIDO DE UNIFORMIZAÇÃO DE JURISPRUDENCIA. Divergência jurisprudencial em matéria de direito entre Câmaras de Julgamento não demonstrada. Pretensão fundamentada em reexame de matéria fático-probatória. Ausência de pressupostos de admissibilidade contidos no inc. I do art. 63 do Regimento Interno do CRPS. Não conhecimento do pedido de Uniformização.

Trata-se de análise de divergência de entendimento, no caso concreto, entre Câmaras de Julgamento envolvendo a conversão de tempo especial.

Preliminarmente, cumpre informar que é da competência deste Conselho Pleno uniformizar a jurisprudência administrativa demonstrada por divergências jurisprudenciais entre as Câmaras de Julgamento em sede de recurso especial, conforme disciplinado no art. 3º, inc. II, do Regimento Interno do CRPS, aprovado pela Portaria MDAS nº 116/2017, a saber:

> **Art. 3º** Ao Conselho Pleno compete:
> (...)
> **II** - uniformizar, no caso concreto, as divergências jurisprudenciais entre as Juntas de Recursos nas matérias de sua alçada ou entre as Câmaras de julgamento em sede de Recurso Especial, mediante a emissão de Resolução; (...)

Passo a analisar, ainda na fase de admissibilidade do pedido de Uniformização de Jurisprudência, os pressupostos do seu requerimento com a citação do art. 63, inc. I, §§ 1º e 6º do mesmo Regimento Interno:

MINISTÉRIO DA ECONOMIA-ME
SECRETARIA ESPECIAL DE PREVIDÊNCIA E TRABALHO
SECRETARIA DE PREVIDÊNCIA
CONSELHO DE RECURSOS DA PREVIDÊNCIA SOCIAL-CRPS
CONSELHO PLENO

> **Art. 63.** O Pedido de Uniformização de Jurisprudência poderá ser requerido em casos concretos, pelas partes do processo, dirigido ao Presidente do respectivo órgão julgador, nas seguintes hipóteses:
>
> **I** - quando houver divergência na interpretação em matéria de direito entre acórdãos de Câmaras de Julgamento do CRSS, em sede de Recurso Especial, ou entre estes e resoluções do Conselho Pleno;
> (...)
> § 1º A divergência deverá ser demonstrada mediante a indicação do acórdão divergente, proferido nos últimos cinco anos, por outro órgão julgador, composição de julgamento, ou, ainda, por resolução do Conselho Pleno.
> **§ 2º** É de 30 (trinta) dias o prazo para o requerimento do Pedido de Uniformização de Jurisprudência e para o oferecimento de contrarrazões, contados da data da ciência da decisão e da data da intimação do pedido, respectivamente, hipótese em que suspende o prazo para o seu cumprimento.

É tempestivo o pedido.

O que o INSS pretende é uma Uniformização em Tese, contudo, o procedimento pretendido é Uniformização em caso concreto. O que houve foi um equívoco na condução do processo culminando no julgamento da CAJ.

Como informado em Relatório, a Perícia Médica do INSS já havia convertido o período de 27/09/1983 a 28/02/1993 por eletricidade, código 1.1.8 do Anexo III do Decreto nº 53.831/64 (Análise e Decisão Técnica de Atividade Especial às fls. 44 do processo completo aberto em formato PDF no campo Árvore).

O recurso especial do segurado foi no sentido de concessão do benefício proporcional somado ao período especial pretendido, contudo, na contagem de tempo que apurou o período de 33 anos, 04 meses e 05 dias, o período alvo do incidente já consta convertido. Já teria o tempo para a aposentadoria proporcional devida com 32 anos, 02 meses e 01 dia bem como sua idade supera os 53 anos exigidos no art. 188 do Regulamento da Previdência Social – RPS aprovado pelo Decreto nº 3.048/99.

Nesse sentido, o equívoco da decisão da 03ª Câmara de Julgamento (CAJ) que avaliou o período e o converteu para reconhecer o tempo mínimo para aposentadoria.

Equivocado, ainda, o INSS ao recorrer de conversão realizada pela própria Perícia sem um parecer subsequente que o retificasse contrariando sua própria Instrução Normativa nº 77/2015, art. 296 parágrafo único, , a saber:

MINISTÉRIO DA ECONOMIA-ME
SECRETARIA ESPECIAL DE PREVIDÊNCIA E TRABALHO
SECRETARIA DE PREVIDÊNCIA
CONSELHO DE RECURSOS DA PREVIDÊNCIA SOCIAL-CRPS
CONSELHO PLENO

> **Art. 296**. Caberá ao servidor administrativo a análise dos requerimentos de benefício, recurso e revisão para efeito de caracterização de atividade exercida em condições especiais, preenchimento do formulário denominado Despacho e Análise Administrativa da Atividade Especial - Anexo LI, com observação dos procedimentos a seguir: (...)
>
> **Parágrafo único**. **Nos períodos já reconhecidos como de atividade especial, deverão ser respeitadas as orientações vigentes à época, sendo que, neste caso, a análise pela perícia médica dar-se-á exclusivamente nas situações em que houver períodos com agentes nocivos ainda não analisados**. (grifo nosso)

No mais, esse período não foi alvo de análise da Junta de Recursos e nem de recurso especial, muito menos o INSS o contestou no curso do processo, apenas o fazendo em Pedido de Uniformização de caso concreto.

A situação acima se resolveria em Uniformização em Tese, que tem procedimento específico definido pelo art. 61 do Regimento Interno e provocada pelo Presidente do CRPS, pela Coordenação de Gestão Técnica, pela Divisão de Assuntos Jurídicos, pelos Presidentes das Câmaras de Julgamento ou, exclusivamente em matéria de alçada, por solicitação de Presidente de Juntas de Recursos, ou pela Diretoria de Benefícios do INSS, "mediante a prévia apresentação de estudo fundamentado sobre a matéria a ser uniformizada, no qual deverá ser demonstrada a existência de relevante divergência jurisprudencial ou de jurisprudência convergente reiterada." (parágrafo único do art. 61).

Não sendo o caso dos autos uma vez que o pedido do INSS não partiu da Diretoria de Benefícios, não há matéria em Uniformização de Jurisprudência a ser avaliada sendo que o INSS pretende rediscutir conversão realizada pela sua própria Perícia.

Portanto, a mera reanalise de matéria fática-probatória não permite o acolhimento de pedido de Uniformização de Jurisprudência. Esse é o entendimento deste Conselho Pleno demonstrado pelas ementas abaixo transcritas:

- Resolução nº 38/2018 de 29-05-2018:

> PEDIDO DE UNIFORMIZAÇÃO DE JURISPRUDENCIA. Não foi atendido o inciso I do artigo 63 da Portaria MDAS 116/2017.

MINISTÉRIO DA ECONOMIA-ME
SECRETARIA ESPECIAL DE PREVIDÊNCIA E TRABALHO
SECRETARIA DE PREVIDÊNCIA
CONSELHO DE RECURSOS DA PREVIDÊNCIA SOCIAL-CRPS
CONSELHO PLENO

Requisito de admissibilidade não atendido. Acórdãos paradigmas não divergem em interpretação de matéria de direito.

- Resolução nº 26/2017 de 21/11/2017:

EMENTA: APOSENTADORIA POR TEMPO DE CONTRIBUIÇÃO. ATIVIDADE ESPECIAL. REQUISITOS. AGENTE RUÍDO. AFERIÇÃO DE METODOLOGIA A SER UTILIZADA PARA A ANÁLISE DO AGENTE. DIVERGÊNCIA JURISPRUDENCIAL ENTRE CÂMARAS DE JULGAMENTO NÃO DEMONSTRADA. AUSÊNCIA DE PRESSUPOSTOS DE ADMISSIBILIDADE CONTIDOS NO § 1º DO ART. 63 DO REGIMENTO INTERNO DO CRSS. NÃO CONHECIMENTO DO PEDIDO DE UNIFORMIZAÇÃO.

- Resolução nº 06/2016 de 23/03/2016:

EMENTA. APOSENTADORIA POR TEMPO DE CONTRIBUIÇÃO. PEDIDO DE UNIFORMIZAÇÃO DE JURISPRUDENCIA. Divergência jurisprudencial entre Câmaras de Julgamento não demonstrada. Pretensão fundamentada em reexame de matéria fático-probatória. Ausência de pressupostos de admissibilidade contidos no § 1º do art. 64 do Regimento Interno do CRPS. Não conhecimento do pedido de Uniformização.

Com o mesmo entendimento, Resoluções nº 32/2018 de 29-05-2018; 04/2017 de 24/05/2017 e 23-2016 de 30/08/2016, entre outras.

Por essa razão, entendo que o pedido do INSS padece do requisito de admissibilidade não devendo ser conhecido quanto ao mérito.

Ante todo ao exposto, **VOTO** no sentido de, preliminarmente, **NÃO CONHECER DO PEDIDO DE UNIFORMIZAÇÃO DE JURISPRUDÊNCIA do INSS.**

Brasília - DF, 25 de setembro de 2020

RODOLFO ESPINEL DONADON
Relator

MINISTÉRIO DA ECONOMIA-ME
SECRETARIA ESPECIAL DE PREVIDÊNCIA E TRABALHO
SECRETARIA DE PREVIDÊNCIA
CONSELHO DE RECURSOS DA PREVIDÊNCIA SOCIAL-CRPS
CONSELHO PLENO

DECISÓRIO

RESOLUÇÃO Nº 54/2020

Vistos e relatados os presentes autos, em sessão realizada hoje, **ACORDAM** os membros do Conselho Pleno, por **UNANIMIDADE**, no sentido de **NÃO CONHECER DO PEDIDO DE UNIFORMIZAÇÃO DE JURISPRUDÊNCIA do INSS,** de acordo com o Voto do Relator e sua fundamentação.

Participaram, ainda, do presente julgamento os (as) Conselheiros (as): Robson Ferreira Maranhão, Vânia Pontes Santos, Gustavo Beirão Araújo, Paulo Sérgio de Carvalho Costa Ribeiro, Maria Madalena Silva Lima, Renato Agostinho das Chagas, Moisés Oliveira Moreira, Maria José de Paula Moraes, Imara Sodré Sousa Neto, Sulamita Cristina Dias, Guilherme Lustosa Pires, Valter Sérgio Pinheiro Coelho, Alexandra Álvares de Alcântara, Tarsila Otaviano da Costa e Adriene Cândida Borges.

Brasília-DF, 25 de setembro de 2020.

RODOLFO ESPINEL DONADON
Relator

MARCELO FERNANDO BORSIO
Presidente

179.580.801-0 6

3.1.55 Resolução 55/2020 (tempo especial/ NHO 1 FUNDACENTRO/NR 15)

Objeto: Trata-se de Pedido de Uniformização de Jurisprudência interposto pelo INSS por suposta divergência de posicionamento entre Câmaras de Julgamento.

Decisão: Provimento Parcial.

Tese jurídica: A decisão foi pela aplicação do Enunciado 13 do CRPS: "II – Até 31 de dezembro de 2003, para a aferição de ruído contínuo ou intermitente, é obrigatória a utilização das metodologias contidas na NR-15, devendo ser aceitos ou o nível de pressão sonora pontual ou a média de ruído, podendo ser informado decibelímetro, dosímetro ou medição pontual no campo "Técnica Utilizada" do Perfil Profissiográfico Previdenciário (PPP). III – A partir de 1º de janeiro de 2004, para a aferição de ruído contínuo ou intermitente, é obrigatória a utilização das metodologias contidas na Norma de Higiene Ocupacional 01 (NHO-01) da FUNDACENTRO ou na NR-15, que reflitam a medição de exposição durante toda a jornada de trabalho, vedada a medição pontual, devendo constar do PPP a técnica utilizada e a respectiva norma".

MINISTÉRIO DA ECONOMIA-ME
SECRETARIA ESPECIAL DE PREVIDÊNCIA E TRABALHO
SECRETARIA DE PREVIDÊNCIA
CONSELHO DE RECURSOS DA PREVIDÊNCIA SOCIAL-CRPS
CONSELHO PLENO

Nº de Protocolo do Recurso: 44232.882447/2016-17
Documento/Benefício: 46/177.173.676-0
Unidade de origem: Agência da Previdência Social/São Paulo-Cidade Ademar
Tipo do Processo: Pedido de Uniformização de Jurisprudência
Recorrente: Instituto Nacional do Seguro Social-INSS
Recorrido: José Carlos Sampaio
Assunto: Aposentadoria por Tempo de Contribuição
Relatora: Rodolfo Espinel Donadon

(Processo Eletrônico)

Relatório

Processo do E-RECURSOS.

O processo em análise tem por objeto Pedido de Uniformização de Jurisprudência ao Conselho Pleno, formulado pelo INSS, em matéria que trata da conversão de tempo de atividade especial por exposição ao agente nocivo ruído com a observância da técnica de apuração pela NHO-01 da Fundacentro.

Em uma síntese do caso, a 03ª Câmara de Julgamento (CAJ), por meio do Acórdão nº 7995/2018, negou provimento ao apelo do INSS e converteu o período de 01/01/2004 a 06/06/2016 afastando a exigência de técnica da NHO-01 da Fundacentro – NEN por entender que "o limite de tolerância apurado pela NHO-01 será sempre inferior ao limite de tolerância apurado pela NR 15, de forma a que, se o nível de pressão sonora apurado pela NR 15 ultrapassar o limite de tolerância, seguramente o nível de pressão sonora apurado pela NHO-01 também ultrapassará."

De forma tempestiva, o INSS formulou Pedido de Uniformização de Jurisprudência fundamentando que o Acórdão da 03ª CAJ divergiu de entendimento de outras Câmaras de Julgamento: Acórdão da 04ª CAJ (3.184/2018); 01ª CAJ (8.304/2016), 02ª CAJ (3.159/2016), entre outros, com entendimento no sentido de é necessária a técnica em NEN da NHO-01 a partir de 01/01/2004.

O segurado foi notificado para apresentar contrarrazões, mas não se manifestou.

MINISTÉRIO DA ECONOMIA-ME
SECRETARIA ESPECIAL DE PREVIDÊNCIA E TRABALHO
SECRETARIA DE PREVIDÊNCIA
CONSELHO DE RECURSOS DA PREVIDÊNCIA SOCIAL-CRPS
CONSELHO PLENO

Em juízo prévio de admissibilidade do pedido, o Relator da 03ª Câmara de Julgamento (CAJ) não entendeu pela revisão de ofício do julgado com amparo a Resolução nº 26/2018 do Conselho Pleno.

O Presidente da 03ª CAJ reconheceu a divergência. O Procedimento de Uniformização de Jurisprudência admitido pelo Órgão Julgador foi instaurado pela Presidência do CRPS com distribuição dos autos a este Conselheiro.

Para constar, o Perfil Profissiográfico Previdenciário – PPP, empresa Cia Metalúrgica Prada, informa 01/01/2004 a 08/06/2016, ruído variando entre 94,7 e 91 dB(A) com metodologia "Anexo 1 da NR-15" até 26/08/2008 e "Dosimetria" a partir de 27/08/2008. Traz no campo "Observações" todos os laudos técnicos que embasaram o preenchimento do PPP referentes ao setor de Estamparia e informa exposição habitual e permanente ao fator de risco informado.

É o relatório.

APOSENTADORIA POR TEMPO DE CONTRIBUIÇÃO. PEDIDO DE UNIFORMIZAÇÃO DE JURISPRUDENCIA. Divergência jurisprudencial entre as Câmaras de Julgamento no que tange conversão de tempo de atividade especial. Exposição ao agente nocivo ruído com a observância da técnica de apuração pela NHO-01 da Fundacentro. Competência para análise deste Conselho Pleno na forma do art. 3º inc. II do Regimento Interno do CRPS aprovado pela Portaria MDAS nº 116/2017. Pressupostos de Admissibilidade do pedido alcançados na forma do art. 63 do mesmo Regimento. A exigência do ruído em NEN, a partir de 01/01/2004, não é estritamente obrigatória podendo ser aceitas outras metodologias válidas que atestem o ruído por meio de dosimetria. Precedentes do Conselho Pleno consolidados no Enunciado nº 13 aprovado pelo Despacho nº 37/2019, DOU nº 219, de 12/11/2019, Seção: 1, p. 320. Pedido de Uniformização conhecido e parcialmente provido. Necessidade de revisão de ofício do acórdão impugnado na forma do § 12 do art. 63 do Regimento Interno do CRPS.

Trata-se de análise de divergência de entendimento, no caso concreto, entre Câmaras de Julgamento envolvendo a conversão de tempo de atividade especial por exposição ao agente nocivo ruído com a observância da técnica de apuração pela NHO-01 da FUNDACENTRO.

Preliminarmente, cumpre informar que é da competência deste Conselho Pleno uniformizar a jurisprudência administrativa demonstrada por divergências

MINISTÉRIO DA ECONOMIA-ME
SECRETARIA ESPECIAL DE PREVIDÊNCIA E TRABALHO
SECRETARIA DE PREVIDÊNCIA
CONSELHO DE RECURSOS DA PREVIDÊNCIA SOCIAL-CRPS
CONSELHO PLENO

jurisprudenciais entre as Câmaras de Julgamento em sede de recurso especial, conforme disciplinado no art. 3º, inc. II, do Regimento Interno do CRPS, aprovado pela Portaria MDAS nº 116/2017, a saber:

> **Art. 3º** Ao Conselho Pleno compete:
> (...)
> **II** - uniformizar, no caso concreto, as divergências jurisprudenciais entre as Juntas de Recursos nas matérias de sua alçada ou entre as Câmaras de julgamento em sede de Recurso Especial, mediante a emissão de Resolução; (...)

Passo a analisar, ainda na fase de admissibilidade do pedido de Uniformização de Jurisprudência, os pressupostos do seu requerimento com a citação do art. 63, inc. I, §§ 1º e 6º do mesmo Regimento Interno:

> **Art. 63.** O Pedido de Uniformização de Jurisprudência poderá ser requerido em casos concretos, pelas partes do processo, dirigido ao Presidente do respectivo órgão julgador, nas seguintes hipóteses:
>
> **I** - quando houver divergência na interpretação em matéria de direito entre acórdãos de Câmaras de Julgamento do CRSS, em sede de Recurso Especial, ou entre estes e resoluções do Conselho Pleno;
> (...)
> § 1º A divergência deverá ser demonstrada mediante a indicação do acórdão divergente, proferido nos últimos cinco anos, por outro órgão julgador, composição de julgamento, ou, ainda, por resolução do Conselho Pleno.
> **§ 2º** É de 30 (trinta) dias o prazo para o requerimento do Pedido de Uniformização de Jurisprudência e para o oferecimento de contrarrazões, contados da data da ciência da decisão e da data da intimação do pedido, respectivamente, hipótese em que suspende o prazo para o seu cumprimento.

É tempestivo o pedido. A parte interessada comprovou a divergência de entendimentos entre composições de julgamento. O Acórdão da 03ª CAJ divergiu de entendimento de outras Câmaras de Julgamento: Acórdão da 04ª CAJ (3.184/2018); 01ª CAJ (8.304/2016), 02ª CAJ (3.159/2016), entre outros, com entendimento no sentido de é necessária a técnica em NEN da NHO-01 a partir de 01/01/2004.

Portanto, **o pedido formulado é admissível e passo a apreciar a matéria ora discutida.**

177.173.676-0 3

MINISTÉRIO DA ECONOMIA-ME
SECRETARIA ESPECIAL DE PREVIDÊNCIA E TRABALHO
SECRETARIA DE PREVIDÊNCIA
CONSELHO DE RECURSOS DA PREVIDÊNCIA SOCIAL-CRPS
CONSELHO PLENO

A matéria ora apreciada não é nova no Conselho Pleno e já foi pacificada. Em julgamento realizado em 26/08/2018 foi aprovada por maioria a **Resolução nº 26/2018 que afastou a exigência da aferição do ruído ser obrigatoriamente em NEN a partir de 19/11/2003**. Destaco trecho do voto com as razões do Conselheiro Relator:

> "(...)
> Sobre este ponto, entendo que independentemente se a técnica foi feita conforme NR-15 e não conforme NHO-01, estando o ruído acima do limite, podemos concluir que se feito conforme a NR-15 e não NHO-01, a intensidade seria também superior, uma vez que a NHO-01 é uma técnica mais moderna e conservadora, sendo mais protetiva ao trabalhador, já que utiliza um fator de dobra (q=3) enquanto a NR-15 utiliza um fator de dobra (q=5). Desta forma, suponhamos que tivéssemos encontrado um NEN de 90 db(a), logo o valor da dose seria 318,2% (NHO-01) e 200% (NR-15)." (Cons. Rel. Victor Machado Marini)

Saliento que o voto vencedor não foi unanime. A divergência se deu por meio do voto do Conselheiro Daniel Áureo Ramos, que expôs seus motivos para a manutenção do acolhimento da exigência da técnica em NEN a partir de 19/11/03. Em um brevíssimo resumo, justifica:

- o Decreto nº 4.882/03 alterou o código 2.0.1 do Anexo IV do Decreto nº 3.048/99 e "passou a exigir não apenas uma simples exposição a níveis de ruído (como na NR-15), mas exposição a Níveis de Exposição Normalizado (NEN) superior a 85 dBs."

- traz a formula de cálculo do ruído pela técnica da NHO-01em NEN, nível esse convertido para uma jornada padrão de 8 horas diárias para fins de comparação com o limite de exposição;

- diferencia a menção como técnica "dosímetro" sendo esse aparelho para medição do nível sonoro e a própria NHO-01 que é norma e não técnica;

- reafirma que o legislador previu a técnica em NEN – Nível de Exposição Normalizado, sendo que a NHO-01 também traz a técnica em NE – Nível de Exposição, "portanto, há necessidade de indicação de qual dos dois foi utilizado";

- Ainda, "é descabida a interpretação subjetiva no sentido de afastar a legislação previdenciária, para enquadrar períodos em que a técnica utilizada não se encontra em acordo com as determinações e procedimentos da NHO-01."

MINISTÉRIO DA ECONOMIA-ME
SECRETARIA ESPECIAL DE PREVIDÊNCIA E TRABALHO
SECRETARIA DE PREVIDÊNCIA
CONSELHO DE RECURSOS DA PREVIDÊNCIA SOCIAL-CRPS
CONSELHO PLENO

Ainda sem um consenso administrativo, a matéria retornou para a pauta do Conselho Pleno e, de minha Relatoria, geraram-se as **Resoluções nº 72 e 73/2018, ambas de 28/11/2018**, onde se pretendeu buscar na legislação mecanismos legais que viabilizavam a análise do agente ruído a partir de 19/11/2003, sem ferir a NHO-01 em caso de aferição por técnica distinta do "NEN". Eis a Ementa da referida Resolução:

> **Resolução nº 72/2018:**
>
> **APOSENTADORIA ESPECIAL. PEDIDO DE UNIFORMIZAÇÃO DE JURISPRUDENCIA. Divergência jurisprudencial entre as Câmaras de Julgamento no que tange conversão de tempo de atividade especial. Exposição ao agente nocivo ruído com a observância da técnica de apuração pela NHO-01 da Fundacentro**. Competência para análise deste Conselho Pleno na forma do art. 3º inc. II do Regimento Interno do CRSS aprovado pela Portaria MDAS nº 116/2017. Pressupostos de Admissibilidade do pedido alcançados na forma do art. 63 do mesmo Regimento. A exigência do ruído em NEN, a partir de 18/11/2003, não é estritamente obrigatória podendo ser aceitas outras metodologias válidas que atestem o ruído por meio de dosimetria. Precedente do Conselho Pleno. Pedido de Uniformização conhecido e provido. Necessidade de revisão de ofício do acórdão impugnado na forma do § 12 do art. 63 do Regimento Interno do CRSS.
>
> **Resolução nº 73/2018:**
>
> **APOSENTADORIA ESPECIAL. PEDIDO DE UNIFORMIZAÇÃO DE JURISPRUDENCIA. Divergência jurisprudencial entre as Câmaras de Julgamento no que tange conversão de tempo de atividade especial. Exigência de histograma e/ou memória de cálculo. Exposição ao agente nocivo ruído com a observância da técnica de apuração pela NHO-01 da Fundacentro.** Competência para análise deste Conselho Pleno na forma do art. 3º inc. II do Regimento Interno do CRSS aprovado pela Portaria MDAS nº 116/2017. Pressupostos de Admissibilidade do pedido alcançados na forma do art. 63 do mesmo Regimento. Não é exigível o fornecimento de histograma e/ou memória de cálculo para o período de 11/10/2001 até 18/11/2003, por falta de previsão legal em lei, decreto e ato normativo ministerial vinculativo ao CRSS, bem como a inexigibilidade dada ao inc. III do art. 280 da IN/INSS nº 77/2015, pela DIRSAT/INSS, ante o reconhecimento da indisponibilidade de aparelhos de medição no período indicado. A

MINISTÉRIO DA ECONOMIA-ME
SECRETARIA ESPECIAL DE PREVIDÊNCIA E TRABALHO
SECRETARIA DE PREVIDÊNCIA
CONSELHO DE RECURSOS DA PREVIDÊNCIA SOCIAL-CRPS
CONSELHO PLENO

exigência do ruído em NEN, a partir de 18/11/2003, não é estritamente obrigatória podendo ser aceitas outras metodologias válidas que atestem o ruído por meio de dosimetria. Precedente do Conselho Pleno. Pedido de Uniformização conhecido e provido. Necessidade de revisão de ofício do acórdão impugnado na forma do § 12 do art. 63 do Regimento Interno do CRSS.

Peço vênia aos Colegas para transcrever a Conclusão, em comum, de ambas as Resoluções acima ementadas:

Diante de todo o exposto, condenso os fundamentos trabalhados no voto que me levam a concluir que a exigência do ruído em NEN, a partir de 01/01/2004, não é estritamente obrigatória podendo ser aceitas outras metodologias válidas que atestem o ruído por meio de dosimetria. Eis as razões de tal assertiva:

- a partir de 19/11/2003, o INSS também passou a ser responsável pela edição de atos normativos regulamentando a emissão do laudo técnico (§ 7° do art. 68 do RPS aprovado pelo Decreto n° 3.048/99 com redação dada pelo Decreto n° 4.882/2003);

- inexistência de previsão legal por parte do INSS determinando exclusivamente a confecção do PPRA com procedimentos de avaliação do ruído pelas normas da NHO-01 da FUNDACENTRO. Foi devidamente demonstrado que o INSS normatizou o tema permitindo a utilização de PPRA produzido nos termos da NR-09 do MTE que, por sua vez, remeteu a NR-15 do MTE justamente em seu Anexo 15 que versa a respeito da metodologia de avaliação do ruído (art. 404 e § 3° do art. 408 da IN/INSS n° 100/2003 e art. 178, § 1° da IN/INSS n° 118/2005);

- aceitação do INSS, em substituição do LTCAT, de diversos outros laudos, entre os quais, os emitidos pelo MTE, pela FUNDACENTRO, laudos periciais emitidos por ordem da justiça do trabalho, PPRA, entre outros (§ 2° do art. 161 da IN/INSS n° 118/2005 e art. 261 da IN/INSS n° 77/2015);

- inexistência de previsão legal quanto a não aceitação de laudo técnico produzido com metodologia diversa da contida na NHO-01 da FUNDACENTRO (§ 3° do art. 161 da IN/INSS n° 118/2005 e art. 261 da IN/INSS n° 77/2015);

MINISTÉRIO DA ECONOMIA-ME
SECRETARIA ESPECIAL DE PREVIDÊNCIA E TRABALHO
SECRETARIA DE PREVIDÊNCIA
CONSELHO DE RECURSOS DA PREVIDÊNCIA SOCIAL-CRPS
CONSELHO PLENO

- permissão expressa à empresa utilizar outra metodologia diversa daquela contida na NHO-01, desde que devidamente indicada qual metodologia em suas demonstrações ambientais (§ 2º do art. 179 da IN/INSS nº 11/2006 e § 2º do art. 238 da IN/INSS nº 45/2010);

- alteração de redação de texto legal somente em 21/01/2015 com IN/INSS nº 77/2015, afastando da empresa a prerrogativa do item anterior, porém, contemplando ao Ministério a definição das instituições que estabeleceriam os procedimentos de avaliação não contempladas pela NHO-01 (§ 2º do art. 279 da IN/INSS nº 77/2015). Por esse aspecto, a NR-15 estabelecida pela Portaria MTB nº 3.214 de 08/06/78 traz os procedimentos de avaliação para análise do agente ruído e permaneceu gerando tais avaliações no campo previdenciário pelo menos até 31/12/2003. Não se encontra revogada;

- inexistência de regra de transição por se tratar de mudança que exige adaptação das empresas em seus levantamentos ambientais. Não se trata de mudança de aspecto legal que afeta apenas a análise administrativa dos documentos já confeccionados;

- apesar de contido na norma (art. 280 inc. III da IN/INSS nº 77/2015) não se exige a apresentação de histograma e memória de cálculo para o período de 11/11/2001 a 18/11/2003 por reconhecimento do executor da norma, no caso o próprio INSS, da falta de disponibilidade de equipamentos de medição para todas as empresas. É medida que gera impacto financeiro na empresa, o mesmo entendimento para se exigir novos laudos confeccionados com metodologia da NHO-01;

- o resultado da medição do ruído aferido por técnica com uso de dosímetro assemelha ao pretendido pelo Decreto nº 4.882/2003 quando estabeleceu o ruído medido em NEN. É possível presumir que o Executivo buscou o encontro da média de ruído considerando a jornada de trabalho e não apenas o ruído instantâneo obtido por meio de um decibelímetro, o que era permitido até 31/12/2003;

- o formulário atual PPP devidamente preenchido por Responsável Ambiental e com informações amparadas por laudo técnico pericial, com indicativo de metodologia de aferição do ruído válida – dosimetria pela NR-15 ou NHO-01 –, é documento fidedigno e competente para produzir efeitos para fins de análise da

MINISTÉRIO DA ECONOMIA-ME
SECRETARIA ESPECIAL DE PREVIDÊNCIA E TRABALHO
SECRETARIA DE PREVIDÊNCIA
CONSELHO DE RECURSOS DA PREVIDÊNCIA SOCIAL-CRPS
CONSELHO PLENO

aposentadoria especial, conforme legislação previdenciária atual vigente;

- o INSS, ao entender que o PPP traz indicativos de existência de Responsável Ambiental, mas não fornece elementos suficientes para verificar a metodologia de aferição do ruído, tem a incumbência legal de auditar a regularidade da documentação fornecida pela empresa e tem a obrigação de solicitar a complementação da documentação antes de proferir sua análise, para fins de cumprir com o art. 50 da Lei nº 9.784/99 e § 1º do art. 678 da IN/INSS nº 77/2015, considerando o dever de motivar suas decisões;

- a TNU alterou seu entendimento inicial e também permite a utilização de técnica de aferição do ruído que contemple a mediação da jornada de trabalho, vedada a medição pontual (Tema 174).

A tese acima defendida se consolidou nos demais julgamentos do Conselho. Cito as seguintes ementas:

Resolução nº 32/2019, de 24/09/2019:

Pedido de Uniformização de Jurisprudência. Art. 63 do Regimento Interno do CRPS. Aposentadoria por tempo de contribuição. Reconhecimento de atividade especial por exposição a agente nocivo ruído. Monitoração ambiental diversa na NHO-01. Possibilidade. Aplicação da Resolução nº 72/2018 do Conselho Pleno do CRPS. Divergência demonstrada – envio dos autos à Câmara de Julgamento de origem para adequação ao entendimento deste Conselho. (Con. Rel. Guilherme Lustosa Pires).

Resolução nº 31/2019, de 24/09/2019:

EMENTA: PEDIDO DE UNIFORMIZAÇÃO DE JURISPRUDÊNCIA. APOSENTADORIA POR TEMPO DE CONTRIBUIÇÃO. ATIVIDADE ESPECIAL EM RAZÃO DE EXPOSIÇÃO AO AGENTE NOCIVO RUÍDO. A EXIGÊNCIA DO RUÍDO EM NEN A PARTIR DE 18/11/2003 NÃO É ESTRITAMENTE OBRIGATÓRIA, PODENDO SER ACEITAS OUTRAS METODOLOGIAS VALIDAS. PEDIDO DE UNIFORMIZAÇÃO DE JURISPRUDÊNCIA CONHECIDO E PROVIDO. (Cons. Rel. Maria Madalena Silva Lima)

MINISTÉRIO DA ECONOMIA-ME
SECRETARIA ESPECIAL DE PREVIDÊNCIA E TRABALHO
SECRETARIA DE PREVIDÊNCIA
CONSELHO DE RECURSOS DA PREVIDÊNCIA SOCIAL-CRPS
CONSELHO PLENO

Em continuidade, após longos debates e analise da legislação envolvida, o Conselho Pleno pacificou a questão envolvendo a metodologia de avaliação do ruído no **Enunciado nº 13**, aprovado pelo Despacho nº 37/2019, DOU nº 219, de 12/11/2019, Seção: 1, p. 320, a saber:

> **Atendidas as demais condições legais, considera-se especial, no âmbito do RGPS, a atividade exercida com exposição a ruído superior a 80 decibéis até 05/03/97, superior a 90 decibéis desta data até 18/11/2003, e superior a 85 decibéis a partir de então.**
>
> I - Os níveis de ruído devem ser medidos, observado o disposto na Norma Regulamentadora nº 15 (NR-15), anexos 1 e 2, com aparelho medidor de nível de pressão sonora, operando nos circuitos de compensação - dB (A) para ruído contínuo ou intermitente ou dB (C) para ruído de impacto.
>
> II - Até 31 de dezembro de 2003, para a aferição de ruído contínuo ou intermitente, é obrigatória a utilização das metodologias contidas na NR-15, devendo ser aceitos ou o nível de pressão sonora pontual ou a média de ruído, podendo ser informado decibelímetro, dosímetro ou medição pontual no campo "Técnica Utilizada" do Perfil Profissiográfico Previdenciário (PPP).
>
> III - A partir de 1º de janeiro de 2004, para a aferição de ruído contínuo ou intermitente, é obrigatória a utilização das metodologias contidas na Norma de Higiene Ocupacional 01 (NHO-01) da FUNDACENTRO ou na NR-15, que reflitam a medição de exposição durante toda a jornada de trabalho, vedada a medição pontual, devendo constar do PPP a técnica utilizada e a respectiva norma.
>
> IV - Em caso de omissão ou dúvida quanto à indicação da metodologia ou técnica utilizadas para aferição da exposição nociva ao agente ruído, o PPP não deve ser admitido como prova da especialidade, devendo ser apresentado o respectivo Laudo Técnico de Condições Ambientais do Trabalho (LTCAT) ou solicitada inspeção no ambiente de trabalho, para fins de verificar a técnica utilizada na medição, bem como a respectiva norma.

Ressalta-se que o conteúdo do Enunciado nº 13 vincula todos os Conselheiros do CRPS conforme art. 62 do Regimento Interno do CRPS: "A emissão de enunciados dependerá da aprovação da maioria absoluta dos membros do Conselho Pleno e **vincula**, **quanto à interpretação do direito, todos os Conselheiros do CRSS**". (grifo nosso)

MINISTÉRIO DA ECONOMIA-ME
SECRETARIA ESPECIAL DE PREVIDÊNCIA E TRABALHO
SECRETARIA DE PREVIDÊNCIA
CONSELHO DE RECURSOS DA PREVIDÊNCIA SOCIAL-CRPS
CONSELHO PLENO

Faço referência à decisão recente do Conselho Pleno, de minha relatoria, com a aplicação do entendimento acima:

> **APOSENTADORIA POR TEMPO DE CONTRIBUIÇÃO. PEDIDO DE UNIFORMIZAÇÃO DE JURISPRUDENCIA.** Divergência jurisprudencial entre as Câmaras de Julgamento no que tange conversão de tempo de atividade especial. Exposição ao agente nocivo ruído com a observância da técnica de apuração pela NHO-01 da Fundacentro. Competência para análise deste Conselho Pleno na forma do art. 3° inc. II do Regimento Interno do CRPS aprovado pela Portaria MDAS nº 116/2017. Pressupostos de Admissibilidade do pedido alcançados na forma do art. 63 do mesmo Regimento. A exigência do ruído em NEN, a partir de 01/01/2004, não é estritamente obrigatória podendo ser aceitas outras metodologias válidas que atestem o ruído por meio de dosimetria. Precedentes do Conselho Pleno consolidados no Enunciado nº 13 aprovado pelo Despacho nº 37/2019, DOU nº 219, de 12/11/2019, Seção: 1, p. 320. Pedido de Uniformização conhecido e improvido. (Resolução nº 03 de 29/05/2020)

Portanto, quanto à técnica de aferição do ruído, até 31/12/2003, as técnicas de mensuração do nível de intensidade da exposição ao agente ruído poderiam ser medições pontuais, nível equivalente, média ou dose. A partir de 01/01/2004, dosimetria, independente se realizada conforme NR-15 ou NHO-01.

O formulário indicado no caso concreto informa ruído obtido por dosimetria em parte do período pretendido – a partir de 27/08/2008 –, fato que permite indicar que a decisão ora questionada não está em total consonância com a jurisprudência deste Conselho Pleno que culminou na edição do Enunciado nº 13.

Contudo, questões acerca da regularidade do PPP devem ser resolvidas na Câmara de Julgamento (CAJ) e não no Conselho Pleno.

Nestes termos, **conheço do pedido de Uniformização de Jurisprudência e no mérito, dou-lhe parcial provimento com fulcro nas Resoluções acima consolidadas no Enunciado nº 13 do CRPS.**

MINISTÉRIO DA ECONOMIA-ME
SECRETARIA ESPECIAL DE PREVIDÊNCIA E TRABALHO
SECRETARIA DE PREVIDÊNCIA
CONSELHO DE RECURSOS DA PREVIDÊNCIA SOCIAL-CRPS
CONSELHO PLENO

Com a decisão acima, o acórdão impugnado da 03ª Câmara de Julgamento **deve ser revisto de ofício na forma do § 12 do art. 63 do Regimento Interno do CRPS considerando que apenas a partir de 27/08/2008 consta no documento a metodologia por dosimetria.**

Ante todo ao exposto, **VOTO** no sentido de, preliminarmente, **CONHECER DO PEDIDO DE UNIFORMIZAÇÃO DE JURISPRUDÊNCIA formulado pelo INSS** para, no mérito, **DAR-LHE PARCIAL PROVIMENTO**.

Brasília - DF, 25 de setembro de 2020

RODOLFO ESPINEL DONADON
Relator

MINISTÉRIO DA ECONOMIA-ME
SECRETARIA ESPECIAL DE PREVIDÊNCIA E TRABALHO
SECRETARIA DE PREVIDÊNCIA
CONSELHO DE RECURSOS DA PREVIDÊNCIA SOCIAL-CRPS
CONSELHO PLENO

DECISÓRIO

RESOLUÇÃO Nº 55/2020

Vistos e relatados os presentes autos, em sessão realizada hoje, **ACORDAM** os membros do Conselho Pleno, por **UNANIMIDADE**, no sentido de **CONHECER DO PEDIDO DE UNIFORMIZAÇÃO DE JURISPRUDÊNCIA formulado pelo INSS**, para, no mérito, **DAR-LHE PARCIAL PROVIMENTO** de acordo com o Voto do Relator e sua fundamentação.

Participaram, ainda, do presente julgamento os (as) Conselheiros (as): Robson Ferreira Maranhão, Vânia Pontes Santos, Gustavo Beirão Araújo, Paulo Sérgio de Carvalho Costa Ribeiro, Maria Madalena Silva Lima, Renato Agostinho das Chagas, Moisés Oliveira Moreira, Maria José de Paula Moraes, Imara Sodré Sousa Neto, Sulamita Cristina Dias, Guilherme Lustosa Pires, Valter Sérgio Pinheiro Coelho, Alexandra Álvares de Alcântara, Tarsila Otaviano da Costa e Adriene Cândida Borges.

Brasília-DF, 25 de setembro de 2020.

RODOLFO ESPINEL DONADON
Relator

MARCELO FERNANDO BORSIO
Presidente

3.1.56 Resolução 56/2020 (segurado especial/imóvel/rural/maior/4 módulos fiscais/não conhecimento/impossibilidade/reexame/matéria/fática)

Objeto: Trata-se de Pedido de Uniformização de Jurisprudência interposto pelo INSS por suposta divergência de posicionamento entre Câmaras de Julgamento.

Decisão: Não conhecimento.

Tese jurídica: Descabe reexame de matéria fática em sede de pedido de uniformização de jurisprudência.

MINISTÉRIO DA ECONOMIA-ME
SECRETARIA ESPECIAL DE PREVIDÊNCIA E TRABALHO
SECRETARIA DE PREVIDÊNCIA
CONSELHO DE RECURSOS DA PREVIDÊNCIA SOCIAL-CRPS
CONSELHO PLENO

Nº de Protocolo do Recurso: 44232.887834/2016-31
Documento/Benefício: 41/167.985.378-0
Unidade de origem: Agência da Previdência Social/Álvares Machado
Tipo do Processo: Pedido de Uniformização de Jurisprudência
Recorrente: Instituto Nacional do Seguro Social-INSS
Recorrido: Luiza Campos de Oliveira Vieira
Assunto: Aposentadoria por Idade
Relatora: Rodolfo Espinel Donadon
(Processo Eletrônico)

Relatório

Processo oriundo do E-RECURSOS.

O processo em análise tem por objeto Pedido de Uniformização de Jurisprudência ao Conselho Pleno, formulado pelo INSS, em matéria que trata do quantitativo de módulos fiscais para fins de descaracterização da qualidade de segurado especial.

Em uma síntese do caso, a 03ª Câmara de Julgamento (CAJ), por meio do Acórdão nº 6203/2019, deu provimento ao apelo da segurada Luiza Campos de Oliveira Vieira com a seguinte justificativa:

> *"O grupo familiar da interessada no período de 01/01/2000 a 09/06/2011 exerceu atividade rural em uma propriedade de 199,6 hectares, localizada no município de Sandovalina/SP. O módulo fiscal nesse município equivale a trinta hectares, assim a área total do imóvel rural corresponde a 6,6533 módulos fiscais.*
>
> *De fato, a propriedade rural onde a segurada exerce a atividade rural possui mais de 4 módulos fiscais, entretanto, o imóvel é em condomínio com o Sr. Sebastião Pereira Vieira, portanto, a segurada somente seria proprietária de 3,323 módulos fiscais, atendendo o requisito de tamanho exigido pelo art. 11, inciso IV, a, 1, da Lei nº 8.213/1991.*
>
> *Desta feita, os documentos acostados nos autos indicam que a requerente explora a atividade rural em área inferior a 4 (quatro)*

MINISTÉRIO DA ECONOMIA-ME
SECRETARIA ESPECIAL DE PREVIDÊNCIA E TRABALHO
SECRETARIA DE PREVIDÊNCIA
CONSELHO DE RECURSOS DA PREVIDÊNCIA SOCIAL-CRPS
CONSELHO PLENO

> *módulos fiscais, tornando-se viável o reconhecimento da atividade rural no intervalo de 01/01/2000 a 09/06/2011."*

De forma tempestiva, o INSS formulou Pedido de Uniformização de Jurisprudência fundamentando que o Acórdão da 03ª CAJ divergiu de entendimento de outras Câmaras de Julgamento e que se leva em consideração o tamanho da propriedade e não o número dos proprietários para fins de definição do número de módulos fiscais. Faz referência ao acórdão nº 138/2017 da 01ª CA da 04ª CAJ com o referido entendimento.

Em juízo prévio de admissibilidade do pedido, a Relatora da 03ª Câmara de Julgamento (CAJ) não entendeu pela revisão de ofício do julgado.

O Presidente da 03ª CAJ reconheceu a divergência. O Procedimento de Uniformização de Jurisprudência admitido pelo Órgão Julgador foi instaurado pela Presidência do CRPS com distribuição dos autos a este Conselheiro.

É o relatório.

EMENTA. APOSENTADORIA POR IDADE. PEDIDO DE UNIFORMIZAÇÃO DE JURISPRUDENCIA. Divergência jurisprudencial em matéria de direito entre Câmaras de Julgamento não demonstrada. Pretensão fundamentada em reexame de matéria fático-probatória. Ausência de pressupostos de admissibilidade contidos no inc. I do art. 63 do Regimento Interno do CRPS. Não conhecimento do pedido de Uniformização.

Trata-se de análise de divergência de entendimento, no caso concreto, entre Câmaras de Julgamento envolvendo a forma de cálculo da quantidade de módulos fiscais para fins de exclusão da qualidade de segurado especial.

Preliminarmente, cumpre informar que é da competência deste Conselho Pleno uniformizar a jurisprudência administrativa demonstrada por divergências jurisprudenciais entre as Câmaras de Julgamento em sede de recurso especial, conforme disciplinado no art. 3º, inc. II, do Regimento Interno do CRPS, aprovado pela Portaria MDAS nº 116/2017, a saber:

> **Art. 3º** Ao Conselho Pleno compete:
> (...)
> **II** - uniformizar, no caso concreto, as divergências jurisprudenciais entre as Juntas de Recursos nas matérias de sua alçada ou entre as

167.985.378-0 2

MINISTÉRIO DA ECONOMIA-ME
SECRETARIA ESPECIAL DE PREVIDÊNCIA E TRABALHO
SECRETARIA DE PREVIDÊNCIA
CONSELHO DE RECURSOS DA PREVIDÊNCIA SOCIAL-CRPS
CONSELHO PLENO

> Câmaras de julgamento em sede de Recurso Especial, mediante a emissão de Resolução; (...)

Passo a analisar, ainda na fase de admissibilidade do pedido de Uniformização de Jurisprudência, os pressupostos do seu requerimento com a citação do art. 63, inc. I, §§ 1º e 6º do mesmo Regimento Interno:

> **Art. 63.** O Pedido de Uniformização de Jurisprudência poderá ser requerido em casos concretos, pelas partes do processo, dirigido ao Presidente do respectivo órgão julgador, nas seguintes hipóteses:
>
> **I** - quando houver divergência na interpretação em matéria de direito entre acórdãos de Câmaras de Julgamento do CRSS, em sede de Recurso Especial, ou entre estes e resoluções do Conselho Pleno;
> (...)
> § 1º A divergência deverá ser demonstrada mediante a indicação do acórdão divergente, proferido nos últimos cinco anos, por outro órgão julgador, composição de julgamento, ou, ainda, por resolução do Conselho Pleno.
> **§ 2º** É de 30 (trinta) dias o prazo para o requerimento do Pedido de Uniformização de Jurisprudência e para o oferecimento de contrarrazões, contados da data da ciência da decisão e da data da intimação do pedido, respectivamente, hipótese em que suspende o prazo para o seu cumprimento.

É tempestivo o pedido.

O INSS sustenta que o acórdão da 03ª CAJ divergiu de entendimento de outras Câmaras de Julgamento e que se leva em consideração o tamanho da propriedade e não o número dos proprietários para fins de definição do número de módulos fiscais. Faz referência ao acórdão nº 138/2017 da 01ª CA da 04ª CAJ com o referido entendimento.

Contudo, a pretensão do INSS esbarra no entendimento já consolidado pelo Conselho Pleno por meio do inc. II do Enunciado nº 8, aprovado pelo Despacho nº 37/2019, DOU nº 219, de 12/11/2019, Seção: 1, p. 320:

> **O tempo de trabalho rural do segurado especial e do contribuinte individual, anterior à Lei nº 8.213/91, pode ser utilizado, independente do recolhimento das contribuições, para fins de benefícios no RGPS, exceto para carência.**

MINISTÉRIO DA ECONOMIA-ME
SECRETARIA ESPECIAL DE PREVIDÊNCIA E TRABALHO
SECRETARIA DE PREVIDÊNCIA
CONSELHO DE RECURSOS DA PREVIDÊNCIA SOCIAL-CRPS
CONSELHO PLENO

(...)

II - A atividade agropecuária efetivamente explorada em área de até 4 módulos fiscais, individualmente ou em regime de economia familiar na condição de produtor, devidamente comprovada nos autos do processo, não descaracteriza a condição de segurado especial, independente da área total do imóvel rural.

(...)

Pelo entendimento acima, ainda que a propriedade rural possua mais de 4 módulos fiscais, não descaracteriza a condição de segurado especial se a exploração ocorra em área de até 4 módulos fiscais.

Nesse sentido, o acórdão proferido pela 03ª Câmara de Julgamento (CAJ) não está em desacordo com o inc. II do Enunciado nº 8, uma vez que considerou a área efetivamente explorada inferior a 4 módulos fiscais mesmo a propriedade com área superior a esse número.

Por outro lado, a efetiva comprovação da área explorada implicaria em adentrar no caso concreto com reexame fático dos documentos apresentados o que não é possível em sede de Uniformização de Jurisprudência. Esse é o entendimento deste Conselho Pleno demonstrado pelas ementas abaixo transcritas:

- Resolução nº 38/2018 de 29-05-2018:

PEDIDO DE UNIFORMIZAÇÃO DE JURISPRUDENCIA. Não foi atendido o inciso I do artigo 63 da Portaria MDAS 116/2017. Requisito de admissibilidade não atendido. Acórdãos paradigmas não divergem em interpretação de matéria de direito.

- Resolução nº 26/2017 de 21/11/2017:

EMENTA: APOSENTADORIA POR TEMPO DE CONTRIBUIÇÃO. ATIVIDADE ESPECIAL. REQUISITOS. AGENTE RUÍDO. AFERIÇÃO DE METODOLOGIA A SER UTILIZADA PARA A ANÁLISE DO AGENTE. DIVERGÊNCIA JURISPRUDENCIAL ENTRE CÂMARAS DE JULGAMENTO NÃO DEMONSTRADA. AUSÊNCIA DE PRESSUPOSTOS DE ADMISSIBILIDADE CONTIDOS NO § 1º DO ART. 63 DO REGIMENTO INTERNO DO CRSS. NÃO CONHECIMENTO DO PEDIDO DE UNIFORMIZAÇÃO.

MINISTÉRIO DA ECONOMIA-ME
SECRETARIA ESPECIAL DE PREVIDÊNCIA E TRABALHO
SECRETARIA DE PREVIDÊNCIA
CONSELHO DE RECURSOS DA PREVIDÊNCIA SOCIAL-CRPS
CONSELHO PLENO

- Resolução nº 06/2016 de 23/03/2016:

EMENTA. APOSENTADORIA POR TEMPO DE CONTRIBUIÇÃO. PEDIDO DE UNIFORMIZAÇÃO DE JURISPRUDENCIA. Divergência jurisprudencial entre Câmaras de Julgamento não demonstrada. Pretensão fundamentada em reexame de matéria fático-probatória. Ausência de pressupostos de admissibilidade contidos no § 1° do art. 64 do Regimento Interno do CRPS. Não conhecimento do pedido de Uniformização.

Com o mesmo entendimento, Resoluções nº 32/2018 de 29-05-2018; 04/2017 de 24/05/2017 e 23-2016 de 30/08/2016, entre outras.

Por essa razão, entendo que o pedido do INSS padece do requisito de admissibilidade não devendo ser conhecido quanto ao mérito.

Ante todo ao exposto, **VOTO** no sentido de, preliminarmente, **NÃO CONHECER DO PEDIDO DE UNIFORMIZAÇÃO DE JURISPRUDÊNCIA do INSS.**

Brasília - DF, 25 de setembro de 2020

RODOLFO ESPINEL DONADON
Relator

MINISTÉRIO DA ECONOMIA-ME
SECRETARIA ESPECIAL DE PREVIDÊNCIA E TRABALHO
SECRETARIA DE PREVIDÊNCIA
CONSELHO DE RECURSOS DA PREVIDÊNCIA SOCIAL-CRPS
CONSELHO PLENO

DECISÓRIO

RESOLUÇÃO Nº 56/2020

Vistos e relatados os presentes autos, em sessão realizada hoje, **ACORDAM** os membros do Conselho Pleno, por **UNANIMIDADE**, no sentido de **NÃO CONHECER DO PEDIDO DE UNIFORMIZAÇÃO DE JURISPRUDÊNCIA do INSS,** de acordo com o Voto do Relator e sua fundamentação.

Participaram, ainda, do presente julgamento os (as) Conselheiros (as): Robson Ferreira Maranhão, Vânia Pontes Santos, Gustavo Beirão Araújo, Paulo Sérgio de Carvalho Costa Ribeiro, Maria Madalena Silva Lima, Renato Agostinho das Chagas, Moisés Oliveira Moreira, Maria José de Paula Moraes, Imara Sodré Sousa Neto, Sulamita Cristina Dias, Guilherme Lustosa Pires, Valter Sérgio Pinheiro Coelho, Alexandra Álvares de Alcântara, Tarsila Otaviano da Costa e Adriene Cândida Borges.

Brasília-DF, 25 de setembro de 2020.

RODOLFO ESPINEL DONADON
Relator

MARCELO FERNANDO BORSIO
Presidente

3.1.57 Resolução 57/2020 (marido/empregado/extensão/documentos/esposa/segurada/especial/impossibilidade)

Objeto: Trata-se de Resolução que julgou Reclamação interposta por segurado alegando que a decisão da Câmara de Julgamento violou o Enunciado 22 do CRPS.

Decisão: Desprovida.

Tese jurídica: Os documentos em nome do marido da esposa não se prestam à prova da qualidade de segurada especial, pois o esposo é segurado empregado.

MINISTÉRIO DA ECONOMIA-ME
SECRETARIA ESPECIAL DE PREVIDÊNCIA E TRABALHO
SECRETARIA DE PREVIDÊNCIA
CONSELHO DE RECURSOS DA PREVIDÊNCIA SOCIAL-CRPS
CONSELHO PLENO

Nº de Protocolo do Recurso: 44232.882753/2016-45
Documento/Benefício: 41/173.694.765-3
Unidade de origem: Agência da Previdência Social/ São João da Boa Vista
Tipo do Processo: Reclamação
Recorrente: Maria de Lourdes Mariano Batista
Recorrido: Instituto Nacional do Seguro Social-INSS
Assunto: Aposentadoria por Idade
Relatora: Rodolfo Espinel Donadon

(Processo Eletrônico)

Relatório

Processo oriundo do E-RECURSOS.

O processo em análise tem por objeto Pedido de Reclamação ao Conselho Pleno formulado pela segurada Maria de Lourdes Mariano Batista, em matéria envolvendo o reconhecimento de tempo de atividade rural.

Negado provimento ao recurso ordinário pela 01ª Composição Adjunta – CA da 13ª Junta de Recursos, a 03ª Câmara de Julgamento (CAJ), negou provimento ao recurso especial da segurada com a seguinte justificativa:

> *"A requerente apresentou documentos em nome do esposo, porém, o mesmo possui vinculo urbano e recolhimentos no período de 01 a 04/1994 e posterior, vários vínculos, sendo concedida aposentadoria por idade, como empregado rural.*
> *Importante registrar que os períodos em que o esposo da requerente era empregado rural, não caracteriza com os documentos do mesmo, a qualidade de segurada especial da requerente.*
> *Dessa forma, ratifico o entendimento da JR e do INSS, pois não restou comprovada a atividade rurícola no período de carência necessária de 180 meses, sendo comprovada apenas 123 meses, insuficientes para concessão do benefício pleiteado"*

A segurada formulou Pedido de Reclamação ao Conselho Pleno do Conselho de Recursos da Previdência Social – CRPS, fundamentando na violação ao Enunciado nº 22 do CRPS e Parecer Conjur/MPS nº 3.136/2003. Ainda, a analise seria "homologar ou não o lapso temporal em que o cônjuge exerceu suas funções no meio

MINISTÉRIO DA ECONOMIA-ME
SECRETARIA ESPECIAL DE PREVIDÊNCIA E TRABALHO
SECRETARIA DE PREVIDÊNCIA
CONSELHO DE RECURSOS DA PREVIDÊNCIA SOCIAL-CRPS
CONSELHO PLENO

rural com registro em Carteira e constante no CNIS o que fora devidamente comprovado através dos robustos inícios de provas contidos nos autos." Também solicitou a oitiva de testemunhas.

Em juízo prévio de admissibilidade do pedido, o Relator da 03ª Câmara de Julgamento (CAJ) não entendeu pela revisão do acórdão justificando que:

> *"se as provas apresentadas se referem ao esposo, como empregado rural, com vinculo empregatício, com carteira assinada, as mesmas não podem ser aproveitadas na forma do Enunciado 22 e § 1º acimas transcritos, pois se aplicaria no caso se o cônjuge estivesse na condição de segurado especial, não havendo ainda, infrigência ao Parecer/CJ nº 3.136, de 2003."*

O Pedido da segurada foi admitido no mérito em juízo de admissibilidade da presidência do Conselho de Recursos do Seguro Social. Designado a esse Conselheiro a análise do caso.

É o relatório.

EMENTA.

EMENTA. APOSENTADORIA POR IDADE. PEDIDO DE RECLAMAÇÃO AO CONSELHO PLENO. INADMISSIBILIDADE. Violação a Parecer Normativo ou Enunciado do Conselho Pleno. Não demonstração. Falta de atendimento ao exposto no art. 64 do Regimento Interno do Conselho de Recursos da Previdência Social (CRPS). Pedido não conhecido.

Trata-se de Reclamação ao Conselho Pleno, acatada pelo Presidente do Conselho, em matéria que incide na infringência por parte da 03ª CAJ, de Enunciado nº 22 do CRPS e Parecer Conjur/MPS nº 3.136/2003, quanto a utilização de documentos em nome do marido para fins de prova de atividade rural da segurada.

Preliminarmente, cumpre informar que é da competência deste Conselho Pleno decidir, no caso concreto, as Reclamações ao Conselho Pleno mediante a emissão de resolução, conforme disciplinado no inc. III do art. 3º, do Regimento Interno do CRPS, aprovado pela Portaria MDAS nº 116/2017.

Passo a analisar, ainda na fase de admissibilidade do pedido, os pressupostos do seu requerimento com a citação do art. 64 do mesmo Regimento Interno:

MINISTÉRIO DA ECONOMIA-ME
SECRETARIA ESPECIAL DE PREVIDÊNCIA E TRABALHO
SECRETARIA DE PREVIDÊNCIA
CONSELHO DE RECURSOS DA PREVIDÊNCIA SOCIAL-CRPS
CONSELHO PLENO

> **Art. 64.** A Reclamação ao Conselho Pleno poderá ocorrer, no caso concreto, por requerimento das partes do processo, dirigido ao Presidente do CRSS, somente quando os acórdãos das Juntas de Recursos do CRSS, em matéria de alçada, ou os acórdãos de Câmaras de Julgamento do CRSS, em sede de Recurso Especial, infringirem:
> **I** - Pareceres da Consultoria Jurídica do MDSA, aprovados pelo Ministro de Estado do Desenvolvimento Social e Agrário, bem como, Súmulas e Pareceres do Advogado-Geral da União, na forma da Lei Complementar nº 73, de 10 de fevereiro de 1993;
> **II** - Pareceres da Consultoria Jurídica dos extintos MPS e MTPS, vigentes e aprovados pelos então Ministros de Estado da Previdência Social e do Trabalho e Previdência Social;
> **III** - Enunciados editados pelo Conselho Pleno.
> **§ 1º** O prazo para o requerimento da Reclamação ao Conselho Pleno é de 30 (trinta) dias contados da data da ciência da decisão infringente e suspende o prazo para o seu cumprimento.
> **§ 2º** Caberá ao Presidente do CRSS fazer o juízo de admissibilidade da Reclamação ao Conselho Pleno verificando se estão presentes os pressupostos previstos no caput, podendo:
> **I** - indeferir por decisão monocrática irrecorrível, quando verificar que não foram demonstrados os pressupostos de admissibilidade previstos no caput;
> **II** - distribuir o processo ao Conselheiro relator da matéria no Conselho Pleno quando verificar presentes os pressupostos de admissibilidade previstos no caput.

Delimito a análise do caso ao Enunciado nº 22 supostamente violado pela 03ª Câmara de Julgamento (CAJ), a saber:

> **"Considera-se segurada especial a mulher que, além das tarefas domésticas, exerce atividades rurais com o grupo familiar respectivo, aproveitando-se-lhe as provas materiais apresentadas em nome de seu cônjuge ou companheiro, corroboradas por meio de pesquisa, entrevista ou Justificação Administrativa."**

Faço uma ressalva que este Enunciado foi incorporado ao Enunciado nº 8 do Conselho de Recursos da Previdência Social (CRPS), aprovado pelo Despacho nº 37/2019, DOU nº 219, de 12/11/2019, Seção: 1, p. 320, deliberou-se a respeito do reconhecimento do tempo rural para fins de aposentadoria da seguinte forma:

MINISTÉRIO DA ECONOMIA-ME
SECRETARIA ESPECIAL DE PREVIDÊNCIA E TRABALHO
SECRETARIA DE PREVIDÊNCIA
CONSELHO DE RECURSOS DA PREVIDÊNCIA SOCIAL-CRPS
CONSELHO PLENO

> **O tempo de trabalho rural do segurado especial e do contribuinte individual, anterior à Lei nº 8.213/91, pode ser utilizado, independente do recolhimento das contribuições, para fins de benefícios no RGPS, exceto para carência.**
>
> (...)
>
> II - A atividade agropecuária efetivamente explorada em área de até 4 módulos fiscais, individualmente ou em regime de economia familiar na condição de produtor, devidamente comprovada nos autos do processo, não descaracteriza a condição de segurado especial, independente da área total do imóvel rural.
>
> III - O exercício de atividade urbana por um dos integrantes do grupo familiar não implica, por si só, na descaracterização dos demais membros como segurado especial, condição que deve ser devidamente comprovada no caso concreto.
>
> IV - Quem exerce atividade rural em regime de economia familiar, além das tarefas domésticas em seu domicílio, é considerado segurado especial, aproveitando-se-lhe as provas em nome de seu cônjuge ou companheiro (a), corroboradas por outros meios de prova.
>
> V - O início de prova material - documento contemporâneo dotado de fé pública, sem rasuras ou retificações recentes, constando a qualificação do segurado ou de membros do seu grupo familiar como rurícola, lavrador ou agricultor - deverá ser corroborado por outros elementos, produzindo um conjunto probatório harmônico, robusto e convincente, capaz de comprovar os fatos alegados.
>
> VI - Não se exige que o início de prova material corresponda a todo o período equivalente à carência do benefício, porém deve ser contemporâneo à época dos fatos a provar, inclusive podendo servir de começo de prova documento anterior a este período.

Em que pese o entendimento da segurada, com a devida vênia, a leitura do acórdão da 03ª Câmara de Julgamento (CAJ) demonstra que o então Enunciado nº 22 foi avaliado e embasou o não aproveitamento dos documentos do marido que era empregado, logo, não era segurado especial e, em consequência, os documentos em seu nome não poderiam ser utilizados em favor da requerente.

Transcrevo novamente o trecho do voto nesse sentido:

MINISTÉRIO DA ECONOMIA-ME
SECRETARIA ESPECIAL DE PREVIDÊNCIA E TRABALHO
SECRETARIA DE PREVIDÊNCIA
CONSELHO DE RECURSOS DA PREVIDÊNCIA SOCIAL-CRPS
CONSELHO PLENO

> "Importante registrar que os períodos em que o esposo da requerente era empregado rural, não caracteriza com os documentos do mesmo, a qualidade de segurada especial da requerente."

A redação do Enunciado nº 22 era clara que o aproveitamento dos documentos do cônjuge dependeria da prova da atividade em regime familiar. Se o marido é empregado, por lógica, não era segurado especial e não exercia atividade em regime familiar. Assim, a prova dependeria de estar em nome da segurada fato que torna a decisão ora reclamada compatível com o entendimento consolidado do Conselho Pleno.

Ressalta-se que o Parecer 3.136/2003 também não foi violado. Como dito, a prova pode estar em nome de integrante de grupo e até mesmo para período anterior ao pretendido, desde que este na condição de segurado especial fato não verificado nos autos.

Em consequência do entendimento acima proferido, não houve descumprimento pela 03ª Câmara de Julgamento (CAJ) do Enunciado nº 22 e Parecer 3.136/2003, razão que o pedido ora proferido não será conhecido.

Ante todo ao exposto, **VOTO** no sentido de, preliminarmente, **NÃO CONHECER DO PEDIDO DE RECLAMAÇÃO AO CONSELHO PLENO formulado pela segurada.**

Brasília - DF, 25 de setembro de 2020.

RODOLFO ESPINEL DONADON
Relator

MINISTÉRIO DA ECONOMIA-ME
SECRETARIA ESPECIAL DE PREVIDÊNCIA E TRABALHO
SECRETARIA DE PREVIDÊNCIA
CONSELHO DE RECURSOS DA PREVIDÊNCIA SOCIAL-CRPS
CONSELHO PLENO

DECISÓRIO

RESOLUÇÃO Nº 57/2020

Vistos e relatados os presentes autos, em sessão realizada hoje, **ACORDAM** os membros do Conselho Pleno, por **UNANIMIDADE**, no sentido de **NÃO CONHECER DO PEDIDO DE RECLAMAÇÃO AO CONSELHO PLENO formulado pela segurada,** de acordo com o Voto do Relator e sua fundamentação.

Participaram, ainda, do presente julgamento os (as) Conselheiros (as): Robson Ferreira Maranhão, Vânia Pontes Santos, Gustavo Beirão Araújo, Paulo Sérgio de Carvalho Costa Ribeiro, Maria Madalena Silva Lima, Renato Agostinho das Chagas, Moisés Oliveira Moreira, Maria José de Paula Moraes, Imara Sodré Sousa Neto, Sulamita Cristina Dias, Guilherme Lustosa Pires, Valter Sérgio Pinheiro Coelho, Alexandra Álvares de Alcântara, Tarsila Otaviano da Costa e Adriene Cândida Borges.

Brasília-DF, 25 de setembro de 2020.

RODOLFO ESPINEL DONADON Relator	**MARCELO FERNANDO BORSIO** Presidente

173.694.765-3 6

3.1.58 Resolução 58/2020 (auxílio/reclusão/baixa/renda/desempregado/último/salário/contribuição)

Objeto: Trata-se de Pedido de Uniformização de Jurisprudência interposto pelo INSS por suposta divergência de posicionamento entre Câmaras de Julgamento.

Decisão: Provido.

Tese jurídica: De acordo com a Questão 24 do Parecer CONJUR MPS 616/2010, deve ser avaliado o último salário de contribuição do segurando desempregado para fins de aferição do critério de baixa renda para aferição do direito ao auxílio-reclusão.

MINISTÉRIO DA ECONOMIA-ME
SECRETARIA ESPECIAL DE PREVIDÊNCIA E TRABALHO
SECRETARIA DE PREVIDÊNCIA
CONSELHO DE RECURSOS DA PREVIDÊNCIA SOCIAL-CRPS
CONSELHO PLENO

Nº de Protocolo do Recurso: 44232.633943/2016-31
Documento/Benefício: 25/145.431.523-4
Unidade de origem: Agência da Previdência Social/Passo Fundo
Tipo do Processo: Pedido de Uniformização de Jurisprudência
Recorrente: Instituto Nacional do Seguro Social-INSS
Recorrido: Sonia Silva de Oliveira
Assunto: Auxílio-Reclusão
Relatora: Rodolfo Espinel Donadon

(Processo Eletrônico)

Relatório

Processo oriundo do E-RECURSOS.

O processo em análise tem por objeto Pedido de Uniformização de Jurisprudência, formulado pelo INSS, em matéria acerca da renda a ser considerada no caso de segurado desempregado no momento da sua reclusão.

Em uma síntese do processo, o benefício de auxílio-reclusão foi requerido em nome do filho menor de idade do ex-segurado recolhido em prisão desde 26/12/2015. Benefício indeferido pelo INSS em virtude do último salário de contribuição recebido pelo segurado ser superior ao previsto na legislação. Cadastro Nacional de Informações Sociais (CNIS) indica vínculo de 15/01/2015 a 13/02/2015 (valor de R$ 485,37 em 02/2015 – valor cheio de R$ 1.119,90 um mil cento e dezenove reais e noventa centavos).

Provido o recurso ordinário pela 18ª Junta de Recursos, o recurso especial do INSS foi improvido pela 01ª Composição Adjunta – CA da 04ª Câmara de Julgamento (CAJ), que fundamentou seu entendimento, na condição de desemprego do ex-segurado, portanto, sem renda, aplicável entendimento jurisprudencial.

O INSS formulou Pedido de Uniformização de Jurisprudência ao Conselho Pleno do CRPS, fundamentando que o Acórdão acima citado diverge de entendimento de outras Câmaras do Conselho. Faz referência a decisões da 01ª CA da 01ª CAJ, Acórdão nº 3021/2016; da 02ª CA da 02ª CAJ, Acórdão nº 6882/2016, entre outros, com entendimento no sentido de ser levada em consideração a renda do último salário-de-contribuição do segurado desempregado.

MINISTÉRIO DA ECONOMIA-ME
SECRETARIA ESPECIAL DE PREVIDÊNCIA E TRABALHO
SECRETARIA DE PREVIDÊNCIA
CONSELHO DE RECURSOS DA PREVIDÊNCIA SOCIAL-CRPS
CONSELHO PLENO

Diligência prévia para fins de notificação da parte para oferecimento de contrarrazões, contudo, sem sua manifestação.

O Pedido do INSS foi considerado tempestivo e foi admitido no mérito em juízo de admissibilidade. Designado a esse Conselheiro a análise do caso.

É o relatório.

AUXÍLIO-RECLUSÃO. PEDIDO DE UNIFORMIZAÇÃO DE JURISPRUDENCIA. Divergência jurisprudencial entre as Câmaras de Julgamento no que tange ao reconhecimento do último salário-de-contribuição do segurado desempregado recolhido à prisão. Competência para análise deste Conselho Pleno na forma do art. 3° inc. II do Regimento Interno do CRPS aprovado pela Portaria MDAS n° 116/2017. Pressupostos de Admissibilidade do pedido alcançados na forma do art. 63 do mesmo Regimento. Parecer CONJUR/MPS n° 616/2010, Questão 24. Vinculativo ao Conselho. Art. 68 do Regimento Interno da Casa c/c Parecer n° 05/2014/CGU/AGU. Reconhecimento do último salário-de-contribuição em seu valor mensal, independentemente da condição de desempregado e do número de dias trabalhados no mês de referência. Precedentes do Conselho Pleno. Pedido de Uniformização conhecido e provido. Necessidade de revisão de ofício do acórdão impugnado na forma do § 12 do art. 63 do Regimento Interno do CRPS.

Trata-se de pedido de Uniformização de Jurisprudência formulado pelo INSS em matéria acerca da renda a ser considerada no caso de segurado desempregado no momento da sua reclusão.

Preliminarmente, cumpre informar que é da competência deste Conselho Pleno uniformizar a jurisprudência administrativa demonstrada por divergências jurisprudenciais entre as Câmaras de Julgamento em sede de recurso especial, conforme disciplinado no art. 3°, inc. II, do Regimento Interno do CRPS, aprovado pela Portaria MDAS n° 116/2017, a saber:

> Art. 3° Ao Conselho Pleno compete:
> (...)
> II - uniformizar, no caso concreto, as divergências jurisprudenciais entre as Juntas de Recursos nas matérias de sua alçada ou entre as Câmaras de julgamento em sede de Recurso Especial, mediante a emissão de Resolução; (...)

MINISTÉRIO DA ECONOMIA-ME
SECRETARIA ESPECIAL DE PREVIDÊNCIA E TRABALHO
SECRETARIA DE PREVIDÊNCIA
CONSELHO DE RECURSOS DA PREVIDÊNCIA SOCIAL-CRPS
CONSELHO PLENO

Passo a analisar, ainda na fase de admissibilidade do pedido de Uniformização de Jurisprudência, os pressupostos do seu requerimento com a citação do art. 63, inc. I, §§ 1º e 6º do mesmo Regimento Interno:

> **Art. 63.** O Pedido de Uniformização de Jurisprudência poderá ser requerido em casos concretos, pelas partes do processo, dirigido ao Presidente do respectivo órgão julgador, nas seguintes hipóteses:
>
> **I** - quando houver divergência na interpretação em matéria de direito entre acórdãos de Câmaras de Julgamento do CRSS, em sede de Recurso Especial, ou entre estes e resoluções do Conselho Pleno;
> (...)
> § 1º A divergência deverá ser demonstrada mediante a indicação do acórdão divergente, proferido nos últimos cinco anos, por outro órgão julgador, composição de julgamento, ou, ainda, por resolução do Conselho Pleno.
> **§ 2º** É de 30 (trinta) dias o prazo para o requerimento do Pedido de Uniformização de Jurisprudência e para o oferecimento de contrarrazões, contados da data da ciência da decisão e da data da intimação do pedido, respectivamente, hipótese em que suspende o prazo para o seu cumprimento.

É tempestivo o pedido. O INSS tomou ciência do Acórdão ora questionado em 20/07/2016 e manejou o pedido de Uniformização de Jurisprudência em 18/08/2016.

Quanto à divergência de entendimentos entre Câmaras de Julgamento acerca da referida matéria, também foi devidamente comprovada. O Acórdão da 01ª CA da 04ª CAJ divergiu de entendimento de outras Câmaras do Conselho. Faz referência a decisões da 01ª CA da 01ª CAJ, Acórdão nº 3021/2016; da 02ª CA da 02ª CAJ, Acórdão nº 6882/2016, entre outros, com entendimento no sentido de ser levada em consideração a renda do último salário-de-contribuição do segurado desempregado.

Portanto, **o pedido formulado é admissível e passo a apreciar a matéria ora discutida.**

Para o Órgão Julgador que proferiu o Acordão questionado, a situação de desemprego do segurado na hora da sua reclusão impede que seja analisada a renda do último salário-de-contribuição.

O entendimento acima vai de encontro com a pacífica jurisprudência deste Conselho Pleno. Faço referência a Resolução nº 14/2018 de 27/02/2018:

MINISTÉRIO DA ECONOMIA-ME
SECRETARIA ESPECIAL DE PREVIDÊNCIA E TRABALHO
SECRETARIA DE PREVIDÊNCIA
CONSELHO DE RECURSOS DA PREVIDÊNCIA SOCIAL-CRPS
CONSELHO PLENO

AUXÍLIO-RECLUSÃO. RECLAMAÇÃO AO CONSELHO PLENO. Infringência de Órgão Julgador ao Parecer CONJURJMPS n° 616/2010, Questão 24. Competência para análise deste Conselho Pleno na forma do art. 3° inc. III do Regimento Interno do CRSS aprovado pela Portaria MDAS n° 116/2017. Pressupostos de Admissibilidade do pedido alcançados na forma do art. 64 do mesmo Regimento. Observância do último salário-de-contribuição do segurado; mesmo desempregado na data da reclusão. Impossibilidade do Conselho afastar tese jurídica contida em Parecer normativo ministerial aprovado pelo Ministro de Estado. Art. 68 do Regimento Interno da Casa c/c Parecer n° 05/2014/CGU/AGU. Reclamação conhecida e provida. Necessidade da Unidade Julgadora do CRSS adequar o julgamento ao decidido pelo Pleno. Inteligência do § 4° do art. 64 do Regimento Interno. (Cons. Rel. Rodolfo Donadon)

Igualmente, Resoluções nº 61/2018 de 27/11/2018 e 81/2018 de 28/11/2018.

Em comum nas Resoluções acima o estabelecido na Questão nº 24 do Parecer Conjur/MPS nº 616/2010, aprovado pelo Ministro da Previdência Social, a saber:

Questão 24. Questão: A Portaria Interministerial MPS/MF nº 333/2010 limita o alcance do disposto no § 1º do art. 116 do Regulamento da Previdência Social, que determina ser devido o auxílioreclusão aos segurados quando não houver salário-de-contribuição na data do recolhimento à prisão?

147. Dispõe o art. 5º da Portaria Interministerial nº 333, de 29 de junho de 2010: "Art. 5º O auxílio-reclusão, a partir de 1º de janeiro de 2010, será devido aos dependentes do segurado cujo salário-de-contribuição seja igual ou inferior a R$ 810,18 (oitocentos e dez reais e dezoito centavos), independentemente da quantidade de contratos e de atividades exercidas.

§ 1º Se o segurado, embora mantendo essa qualidade, não estiver em atividade no mês da reclusão, ou nos meses anteriores, será considerado como remuneração o seu último salário-de-contribuição.
§ 2º Para fins do disposto no § 1º, o limite máximo do valor da remuneração para verificação do direito ao benefício será o vigente

MINISTÉRIO DA ECONOMIA-ME
SECRETARIA ESPECIAL DE PREVIDÊNCIA E TRABALHO
SECRETARIA DE PREVIDÊNCIA
CONSELHO DE RECURSOS DA PREVIDÊNCIA SOCIAL-CRPS
CONSELHO PLENO

> no mês a que corresponder o salário-de-contribuição considerado". - grifos acrescidos.
>
> 148. Por sua vez, o § 1º do art. 116 do RPS tem a seguinte redação: "É devido auxílio-reclusão aos dependentes do segurado quando não houver salário-de-contribuição na data do seu efetivo recolhimento à prisão, desde que mantida a qualidade de segurado".
>
> 149. Lembre-se que o segurado, durante o período de graça (art. 15 da LBPS), conserva os seus direitos perante a previdência social.
>
> 150. Assim, o art. 5º da Portaria Interministerial nº 333, de 2010, da forma como redigido, não restringe o alcance do § 1º do art. 116 do RPS, na medida em que este último limita-se a assegurar a possibilidade de reconhecimento do direito durante o período de manutenção da qualidade de segurado.
>
> 151. Ademais, a renda mensal do segurado a ser considerada para efeito de verificação do enquadramento no limite constitucional de baixa renda deve levar em conta o parâmetro existente, que corresponde ao último salário-de-contribuição recebido.
>
> 152. Por outro lado, se considerarmos que todo segurado em gozo de período de graça faria jus ao benefício, poderiam ocorrer, em casos extremos, graves distorções quanto à aplicação da regra transitória, na medida em que muitos deles efetivamente não integrariam a faixa da população de baixa renda. (grifos nossos)

Inicialmente, é obrigatória ao Conselho a análise do Parecer Ministerial quando aprovado pelo Ministro de Estado conforme art. 68 do Regimento Interno do CRPS:

> **Art. 68.** Os Pareceres da Consultoria Jurídica do MDSA, quando aprovados pelo Ministro de Estado, nos termos da Lei Complementar nº 73, de 10 de fevereiro de 1993, vinculam os órgãos julgadores do CRSS, à tese jurídica que fixarem, sob pena de responsabilidade administrativa quando da sua não observância.
>
> **Parágrafo Único**: A vinculação normativa a que se refere o caput aplica-se também aos pareceres da Consultoria Jurídica dos extintos MPS e MTPS, vigentes e aprovados pelos então Ministros de Estado da Previdência Social e do Trabalho e Previdência Social, enquanto não revistos pela atual Consultoria Jurídica do MDSA.

MINISTÉRIO DA ECONOMIA-ME
SECRETARIA ESPECIAL DE PREVIDÊNCIA E TRABALHO
SECRETARIA DE PREVIDÊNCIA
CONSELHO DE RECURSOS DA PREVIDÊNCIA SOCIAL-CRPS
CONSELHO PLENO

Até a data deste julgamento, a Consultoria Jurídica do ME não emitiu nenhum ato revogando a Questão nº 24 do Parecer Conjur/MPS nº 616/2010, aprovado pelo Ministro da Previdência Social. Portanto, permanece vinculando o julgamento administrativo do Conselho.

Salienta-se o contido no Parecer nº 05/2014/CGU/AGU, aprovado pelo Consultor Geral da União em 30/04/2014, que de forma expressa cita a:

> **"Inafastabilidade da vinculação do CRPS às teses jurídicas encampadas nos pareceres do Advogado-Geral da União aprovados pelo Presidente da República ou da unidade consultiva da AGU quando aprovada pelo Ministro de Estado da Previdência Social, por força do disposto nos artigos 40 a 42, da Lei Complementar nº 73, de 1993"**

Retomando a análise da Questão nº 24 do Parecer Conjur/MPS nº 616/2010, fica claro que na visão do Ministério, o § 1º do art. 116 do Decreto nº 3.048/99, (Regulamento da Previdência Social) apenas possibilita a concessão do benefício ao desempregado, mantida a qualidade de segurado, porém, não afasta a observação do último salário-de-contribuição. Do Parecer acima transcrito destaco os trechos que demonstram esse entendimento:

> **Questão 24. Parecer Conjur/MPS nº 616/2010:**
>
> (...)
> § 1º **Se o segurado, embora mantendo essa qualidade, não estiver em atividade no mês da reclusão, ou nos meses anteriores, será considerado como remuneração o seu último salário-de-contribuição**. (...)
> 149. **Lembre-se que o segurado, durante o período de graça (art. 15 da LBPS), conserva os seus direitos perante a previdência social**.
> (...)
> 152. **Por outro lado, se considerarmos que todo segurado em gozo de período de graça faria jus ao benefício, poderiam ocorrer, em casos extremos, graves distorções quanto à aplicação da regra transitória, na medida em que muitos deles efetivamente não integrariam a faixa da população de baixa renda**. (grifos nossos)

MINISTÉRIO DA ECONOMIA-ME
SECRETARIA ESPECIAL DE PREVIDÊNCIA E TRABALHO
SECRETARIA DE PREVIDÊNCIA
CONSELHO DE RECURSOS DA PREVIDÊNCIA SOCIAL-CRPS
CONSELHO PLENO

Nesse sentido, o entendimento ministerial acima é vinculativo ao Conselho. É claro ao determinar a análise do último salário-de-contribuição do segurado recluso, ainda que desempregado, mantida, é claro, a qualidade de segurado.

Em suma, administrativamente, é necessária a análise do último salário-de-contribuição do segurado desempregado na data da reclusão conforme inteligência da Questão nº 24 do Parecer Conjur/MPS nº 616/2010, que está em vigor, foi aprovado pelo Ministro da Previdência Social, é vinculativa ao CRPS na forma do art. 68 do Regimento Interno da Casa c/c Parecer nº 05/2014/CGU/AGU.

Salienta-se, ainda, que igualmente pacífico o entendimento majoritário do Pleno no sentido de que, além de se observar o valor do último salário-de-contribuição do desempregado, o valor a ser considerado é aquele de seu valor mensal e não proporcional aos dias trabalhados. Entre diversas outras Resoluções, a nº 38/2019 de 25/10/2019:

> **AUXÍLIO-RECLUSÃO. PEDIDO DE UNIFORMIZAÇÃO DE JURISPRUDENCIA.** Divergência jurisprudencial entre as Câmaras de Julgamento no que tange ao reconhecimento do último salário-de-contribuição do segurado recolhido à prisão. Competência para análise deste Conselho Pleno na forma do art. 3º inc. II do Regimento Interno do CRPS aprovado pela Portaria MDAS nº 116/2017. Pressupostos de Admissibilidade do pedido alcançados na forma do art. 63 do mesmo Regimento. Reconhecimento do último salário-de-contribuição em seu valor mensal, independentemente do número de dias trabalhados no mês de referência. Precedentes do Conselho Pleno. Pedido de Uniformização conhecido e provido. Necessidade de revisão de ofício do acórdão impugnado na forma do § 12 do art. 63 do Regimento Interno do CRPS. (Cons. Rel. Rodolfo Donadon).

Nestes termos, **conheço do pedido de Uniformização de Jurisprudência e no mérito, dou-lhe provimento**, para que a decisão da 01ª CA da 04ª Câmara de Julgamento se alinhe ao entendimento majoritário do Conselho Pleno deste CRPS no sentido de se reconhecer, para fins de análise dos requisitos do auxílio-reclusão, o valor integral do último salário-de-contribuição do segurado desempregado.

Com a decisão acima, o acórdão ora impugnado da 01ª CA da 04ª Câmara de Julgamento **deve ser revisto de ofício, na forma do § 12 do art. 63 do Regimento Interno do CRPS, adequando-a ao entendimento firmado nessa Sessão.**

MINISTÉRIO DA ECONOMIA-ME
SECRETARIA ESPECIAL DE PREVIDÊNCIA E TRABALHO
SECRETARIA DE PREVIDÊNCIA
CONSELHO DE RECURSOS DA PREVIDÊNCIA SOCIAL-CRPS
CONSELHO PLENO

Ante todo ao exposto, **VOTO** no sentido de, preliminarmente, **CONHECER DO PEDIDO DE UNIFORMIZAÇÃO DE JURISPRUDÊNCIA formulado pelo INSS** para, no mérito, **DAR-LHE PROVIMENTO**.

Brasília - DF, 25 de setembro de 2020.

RODOLFO ESPINEL DONADON
Relator

MINISTÉRIO DA ECONOMIA-ME
SECRETARIA ESPECIAL DE PREVIDÊNCIA E TRABALHO
SECRETARIA DE PREVIDÊNCIA
CONSELHO DE RECURSOS DA PREVIDÊNCIA SOCIAL-CRPS
CONSELHO PLENO

DECISÓRIO

RESOLUÇÃO Nº 58/2020

Vistos e relatados os presentes autos, em sessão realizada hoje, **ACORDAM** os membros do Conselho Pleno, por **UNANIMIDADE**, no sentido de **CONHECER DO PEDIDO DE UNIFORMIZAÇÃO DE JURISPRUDÊNCIA formulado pelo INSS,** para, no mérito, **DAR-LHE PROVIMENTO,** de acordo com o Voto do Relator e sua fundamentação.

Participaram, ainda, do presente julgamento os (as) Conselheiros (as): Robson Ferreira Maranhão, Vânia Pontes Santos, Gustavo Beirão Araújo, Paulo Sérgio de Carvalho Costa Ribeiro, Maria Madalena Silva Lima, Renato Agostinho das Chagas, Moisés Oliveira Moreira, Maria José de Paula Moraes, Imara Sodré Sousa Neto, Sulamita Cristina Dias, Guilherme Lustosa Pires, Valter Sérgio Pinheiro Coelho, Alexandra Álvares de Alcântara, Tarsila Otaviano da Costa e Adriene Cândida Borges.

Brasília-DF, 25 de setembro de 2020.

RODOLFO ESPINEL DONADON	**MARCELO FERNANDO BORSIO**
Relator	Presidente

3.1.59 Resolução 59/2020 (não conhecimento/intempestividade)

Objeto: Trata-se de Pedido de Uniformização de Jurisprudência interposto pelo INSS por suposta divergência de posicionamento entre Câmaras de Julgamento.

Decisão: Desconhecida.

Tese jurídica: Reclamação julgada intempestiva e não conhecida no mérito.

MINISTÉRIO DA ECONOMIA-ME
SECRETARIA ESPECIAL DE PREVIDÊNCIA E TRABALHO
SECRETARIA DE PREVIDÊNCIA
CONSELHO DE RECURSOS DA PREVIDÊNCIA SOCIAL-CRPS
CONSELHO PLENO

Nº de Protocolo do Recurso: 36750.006125/2017-64
Documento/Benefício: 87/102.657.016-3
Unidade de origem: Agência da Previdência Social/Campo Grande-26 de Agosto
Tipo do Processo: Pedido de Uniformização de Jurisprudência
Recorrente: Instituto Nacional do Seguro Social-INSS
Recorrido: Wagner Aparecido dos Santos de Freitas
Assunto: Amparo Social ao Deficiente
Relatora: Rodolfo Espinel Donadon

(Processo Eletrônico)

Relatório

Processo oriundo do E-RECURSOS.

O processo em análise tem por objeto Pedido de Uniformização de Jurisprudência, formulado pelo INSS, em matéria acerca da revisão do LOAS em virtude de renda familiar.

Provido o recurso ordinário pela 06ª Junta de Recursos, o recurso especial do INSS foi conhecido e improvido pela 03ª Câmara de Julgamento (CAJ), que fundamentou seu entendimento na decadência do direito do INSS rever o benefício que foi concedido em 28/08/1996 com processo revisional em 29/10/2017.

O INSS interpôs pedido de revisão de acórdão em 22/06/2018, não acolhido pela 03ª Câmara de Julgamento (CAJ).

O INSS, intempestivamente, formulou Pedido de Uniformização de Jurisprudência ao Conselho Pleno do Conselho de Recursos da Previdência Social – CRPS, fundamentando que o Acórdão da 03ª CAJ divergiu de entendimento de outras Câmaras de Julgamento do Conselho, sobre a mesma matéria, com o reconhecimento do direito de rever o benefício, cessa-lo e indicar a devolução dos valores recebidos indevidamente. Acórdãos paradigmas da 01ª CAJ nº 1.096/2014 e 02ª CAJ nº 5.395/2018.

O Presidente da 03ª CAJ emitiu despacho não admitindo o procedimento de Uniformização de Jurisprudência por intempestividade com ciência do acórdão em 14/03/2018 e incidente protocolado em 30/08/2018.

MINISTÉRIO DA ECONOMIA-ME
SECRETARIA ESPECIAL DE PREVIDÊNCIA E TRABALHO
SECRETARIA DE PREVIDÊNCIA
CONSELHO DE RECURSOS DA PREVIDÊNCIA SOCIAL-CRPS
CONSELHO PLENO

O INSS interpôs recurso ao Presidente do Conselho Pleno ante a não admissão do pedido. Justificou a tempestividade do recurso por interposição antes do trigésimo dia da publicação do despacho que não acolheu o pedido de revisão.

O Procedimento de Uniformização de Jurisprudência foi admitido pela Presidência do CRPS ante a possibilidade de relevação da intempestividade (art. 16 inc. II do Regimento Interno) com distribuição dos autos a este Conselheiro.

É o relatório.

VOTO

BENEFÍCIO ASSISTENCIAL. PEDIDO DE UNIFORMIZAÇÃO DE JURISPRUDENCIA. INADMISSIBILIDADE. INTEMPESTIVIDADE. O Conselho Pleno já firmou o entendimento de que as petições dirigidas pelo INSS aos Órgãos Julgadores para fins de revisão de acórdão não interrompem o prazo para interposição do Pedido de Reclamação ou Uniformização de Jurisprudência. Precedentes. No caso dos autos, o pedido foi interposto de forma intempestiva não atendendo ao prazo estabelecido no § 2º do art. 63 do Regimento Interno do CRPS. Pedido não conhecido.

Trata-se de análise de divergência de entendimento, no caso concreto, entre Câmaras de Julgamento envolvendo a revisão do benefício assistencial previsto na LOAS em virtude de renda familiar.

Preliminarmente, cumpre informar que é da competência deste Conselho Pleno uniformizar a jurisprudência administrativa demonstrada por divergências jurisprudenciais entre as Câmaras de Julgamento em sede de recurso especial, conforme disciplinado no art. 3º, inc. II, do Regimento Interno do Conselho de Recursos da Previdência Social (CRPS), aprovado pela Portaria MDAS nº 116/2017, a saber:

> **Art. 3º** Ao Conselho Pleno compete:
> (...)
> **II** - uniformizar, no caso concreto, as divergências jurisprudenciais entre as Juntas de Recursos nas matérias de sua alçada ou entre as Câmaras de julgamento em sede de Recurso Especial, mediante a emissão de Resolução; (...)

Passo a analisar, ainda na fase de admissibilidade do pedido de Uniformização de Jurisprudência, os pressupostos do seu requerimento com a citação do art. 63, inc. I, §§ 1º e 6º do mesmo Regimento Interno:

102.657.016-3 2

MINISTÉRIO DA ECONOMIA-ME
SECRETARIA ESPECIAL DE PREVIDÊNCIA E TRABALHO
SECRETARIA DE PREVIDÊNCIA
CONSELHO DE RECURSOS DA PREVIDÊNCIA SOCIAL-CRPS
CONSELHO PLENO

> **Art. 63.** O Pedido de Uniformização de Jurisprudência poderá ser requerido em casos concretos, pelas partes do processo, dirigido ao Presidente do respectivo órgão julgador, nas seguintes hipóteses:
>
> **I** - quando houver divergência na interpretação em matéria de direito entre acórdãos de Câmaras de Julgamento do CRSS, em sede de Recurso Especial, ou entre estes e resoluções do Conselho Pleno;
> (...)
> § 1° A divergência deverá ser demonstrada mediante a indicação do acórdão divergente, proferido nos últimos cinco anos, por outro órgão julgador, composição de julgamento, ou, ainda, por resolução do Conselho Pleno.
> **§ 2°** É de 30 (trinta) dias o prazo para o requerimento do Pedido de Uniformização de Jurisprudência e para o oferecimento de contrarrazões, contados da data da ciência da decisão e da data da intimação do pedido, respectivamente, hipótese em que suspende o prazo para o seu cumprimento.

O Conselho Pleno deste CRPS já firmou o entendimento de que as petições dirigidas pelas partes aos Órgãos de Origem para fins de revisão de acórdão não interrompem o prazo para interposição de Pedido de Uniformização ou Reclamação ao Conselho Pleno. Isso porque o art. 59 do Regimento Interno do Conselho não conferiu o efeito suspensivo ao pedido de revisão de acórdão. Nesse sentido, as ementas das Resoluções n° 05/2020 de 29/05/2020 e n° 37/2019 de 25/10/2019:

> **EMENTA: APOSENTADORIA POR IDADE URBANA. PEDIDO DE RECLAMAÇÃO AO CONSELHO PLENO. INFRINGÊNCIA A DISPOSITIVO LEGAIS E A PARECER DA CONSULTORIA JURÍDICA DO MPS. INTEMPESTIVIDADE.** O pedido formulado após o 30° dia da ciência do acórdão infringente não passa pelo crivo da tempestividade. A apresentação de pedido de revisão de acordão não suspende e não interrompe o prazo para interpor a Reclamação ao Conselho Pleno. A intempestividade não pode ser relevada face a ausência de previsão legal. Pedido de Reclamação que não atende ao disposto no § 1°, do art. 64 do Regimento Interno do CRPS – Portaria Ministerial MDAS n° 116/2017. Constatação de vício insanável no acórdão prolatada pela Unidade Julgadora com a ANULAÇÃO DO ACÓRDÃO DA CÂMARA. Pedido de Reclamação ao Pleno requerido pelo INSS não conhecido (Cons. Rel. Alexandra Álvares de Alcântara)

MINISTÉRIO DA ECONOMIA-ME
SECRETARIA ESPECIAL DE PREVIDÊNCIA E TRABALHO
SECRETARIA DE PREVIDÊNCIA
CONSELHO DE RECURSOS DA PREVIDÊNCIA SOCIAL-CRPS
CONSELHO PLENO

EMENTA. BENEEFÍCIO ASSISTENCIAL. LOAS. PEDIDO DE RECLAMAÇÃO AO CONSELHO PLENO. Inadmissibilidade. INTEMPESTIVIDADE. O Conselho Pleno já firmou o entendimento de que as petições dirigidas pelo INSS as Unidades de Origem para fins de revisão de acórdão não interrompem o prazo para interposição do Pedido de Reclamação. Precedentes. No caso dos autos, o pedido foi interposto de forma intempestiva não atendendo ao prazo estabelecido no § 1º do art. 64 do Regimento Interno do CRPS. Pedido não conhecido. (Cons. Rel. Rodolfo Espinel Donadon)

Igualmente, entre outras, a Resolução nº 54/2018 de 28/08/2018 e Resolução nº 27/2015 de 26/10/2015:

APOSENTADORIA ESPECIAL. PEDIDO DE UNIFORMIZAÇÃO DE JURISPRUDENCIA. Pressupostos de Admissibilidade do pedido não alcançados na forma do § 2º do art. 63 do Regimento Interno do CRSS aprovado pela Portaria MDAS nº 116/2017. Intempestividade. O Conselho Pleno já firmou o entendimento de que as petições dirigidas pelas partes aos Órgãos de Origem para fins de revisão de acórdão não interrompem o prazo para interposição do Pedido de Uniformização de Jurisprudência. Precedentes. Pedido de Uniformização não conhecido.

EMENTA. APOSENTADORIA POR IDADE. PEDIDO DE RECLAMAÇÃO AO CONSELHO PLENO. INFRINGÊNCIA A PARECER DA CONSULTORIA JURÍDICA DO MPS. ART. 65 DO REGIMENTO INTERNO DO CRPS - RI/CRPS. ADMISSIBILIDADE DO PEDIDO. INTEMPESTIVIDADE. O Conselho Pleno já firmou o entendimento de que as petições dirigidas pelo INSS as Unidades de Origem para fins de revisão de acórdão não interrompem o prazo para interposição do Pedido de Reclamação. No caso dos autos, o pedido foi interposto de forma intempestiva não atendendo ao prazo estabelecido no § 1º do art. 65 do Regimento Interno do CRPS. Pedido não conhecido.

No caso em análise, o pedido formulado é intempestivo. O INSS tomou ciência da decisão da 03ª CAJ, que avaliou o recurso especial, em 14/03/2018. Somente

102.657.016-3 4

MINISTÉRIO DA ECONOMIA-ME
SECRETARIA ESPECIAL DE PREVIDÊNCIA E TRABALHO
SECRETARIA DE PREVIDÊNCIA
CONSELHO DE RECURSOS DA PREVIDÊNCIA SOCIAL-CRPS
CONSELHO PLENO

em 30/08/2018 apresentou o presente Pedido de Uniformização de Jurisprudência, fora do prazo legalmente estabelecido.

É importante destacar que a exceção prevista no inc. II do art. 16 do Regimento Interno – relevação da intempestividade – envolve avaliação de recurso. O pedido de Uniformização de Jurisprudência não é recurso, logo, não se aplica ao caso.

Em consequência do entendimento acima proferido, o pedido formulado pelo INSS não deve ser conhecido por intempestividade.

Ante todo ao exposto, **VOTO** no sentido de, preliminarmente, **NÃO CONHECER DO PEDIDO DE UNIFORMIZAÇÃO DE JURISPRUDÊNCIA.**

Brasília - DF, 25 de setembro de 2020.

RODOLFO ESPINEL DONADON
Relator

MINISTÉRIO DA ECONOMIA-ME
SECRETARIA ESPECIAL DE PREVIDÊNCIA E TRABALHO
SECRETARIA DE PREVIDÊNCIA
CONSELHO DE RECURSOS DA PREVIDÊNCIA SOCIAL-CRPS
CONSELHO PLENO

DECISÓRIO

RESOLUÇÃO Nº 59/2020

Vistos e relatados os presentes autos, em sessão realizada hoje, **ACORDAM** os membros do Conselho Pleno, por **UNANIMIDADE**, no sentido de **NÃO CONHECER DO PEDIDO DE UNIFORMIZAÇÃO DE JURISPRUDÊNCIA,** de acordo com o Voto do Relator e sua fundamentação.

Participaram, ainda, do presente julgamento os (as) Conselheiros (as): Robson Ferreira Maranhão, Vânia Pontes Santos, Gustavo Beirão Araújo, Paulo Sérgio de Carvalho Costa Ribeiro, Maria Madalena Silva Lima, Renato Agostinho das Chagas, Moisés Oliveira Moreira, Maria José de Paula Moraes, Imara Sodré Sousa Neto, Sulamita Cristina Dias, Guilherme Lustosa Pires, Valter Sérgio Pinheiro Coelho, Alexandra Álvares de Alcântara, Tarsila Otaviano da Costa e Adriene Cândida Borges.

Brasília-DF, 25 de setembro de 2020.

RODOLFO ESPINEL DONADON
Relator

MARCELO FERNANDO BORSIO
Presidente

102.657.016-3 6

3.1.60 Resolução 60/2020 (tempo especial/NHO 1 FUNDACENTRO/NR 15)

Objeto: Trata-se de Pedido de Uniformização de Jurisprudência interposto por segurado por suposta divergência de posicionamento entre Câmaras de Julgamento.

Decisão: Provimento.

Tese jurídica: A decisão foi pela aplicação do Enunciado 13 do CRPS: "II – Até 31 de dezembro de 2003, para a aferição de ruído contínuo ou intermitente, é obrigatória a utilização das metodologias contidas na NR-15, devendo ser aceitos ou o nível de pressão sonora pontual ou a média de ruído, podendo ser informado decibelímetro, dosímetro ou medição pontual no campo "Técnica Utilizada" do Perfil Profissiográfico Previdenciário (PPP). III – A partir de 1º de janeiro de 2004, para a aferição de ruído contínuo ou intermitente, é obrigatória a utilização das metodologias contidas na Norma de Higiene Ocupacional 01 (NHO-01) da FUNDACENTRO ou na NR-15, que reflitam a medição de exposição durante toda a jornada de trabalho, vedada a medição pontual, devendo constar do PPP a técnica utilizada e a respectiva norma".

Ministério do Desenvolvimento Social e Agrário
Conselho de Recursos do Seguro Social-CRSS
Conselho Pleno

Nº de Protocolo do Recurso: 44232.719964/2016-42
Documento: 174.154.083-3
Unidade de origem: APS – Caçapava/SP
Benefício: Aposentadoria por Tempo de Contribuição
Recorrente: Erasmo Oliveira de Lima Júnior
Recorrido: INSS
Relator: Eneida da Costa Alvim

RELATÓRIO:

Trata-se de pedido de PEDIDO DE UNIFORMIZAÇÃO DE JURISPRUDÊNCIA, interposto pelo interessado – Evento 33.

O presente pedido foi interposto em vista do Acórdão proferido pela 01ª Câmara de Julgamento, quando negou provimento ao Recurso Especial do interessado, alegando que *"não cabe enquadramento dos períodos de 19/11/03 a 31/07/05, 01/08/05 a 30/09/13 e de 01/10/13 a 27/01/16, haja vista que a metodologia de aferição do agente nocivo ruído foi em desacordo com a legislação que rege a matéria"*. – evento 29.

O interessado apresentou o presente pedido de Uniformização de Jurisprudência ao Conselho de Recursos do Seguro Social – CRSS, fundamentando que há divergência entre o Acórdão proferido pela 01ª Câmara de Julgamento e o Acórdão 1.039/2017 da 02ª CAJ e o Acórdão 799/2017 da 01ª Composição Adjunta da 03ª Câmara de Julgamento – evento 33.

Erasmo Oliveira de Lima Junior solicitou o benefício de aposentadoria por tempo de contribuição e teve o seu pedido indeferido pela Autarquia.

Após análise dos autos a 13ª Junta de Recursos deu provimento parcial ao recurso do interessado, conforme Acórdão nº 707/2017, alegando que foi comprovada atividade especial em parte do período trabalhado– evento 15.

Foi apresentado Recurso Especial pelo INSS e pelo interessado – evento 17 e 19.

Ministério do Desenvolvimento Social e Agrário
Conselho de Recursos do Seguro Social-CRSS
Conselho Pleno

Após análise dos autos o Acórdão proferido pela 01ª CAJ (Acórdão 3994/2017) afirma que não é possível enquadramento por exposição ao agente nocivo ruído, quando o formulário não informa tecnologia utilizada com base na NHO 01 – evento 29.

Análise por parte de Divisão de Assuntos Jurídicos encaminha o processo ao Presidente do Conselho Pleno do Conselho de Recursos do Seguro Social, o qual determina a distribuição do processo a essa relatora – evento 42.

É o relatório.

VOTO

EMENTA: APOSENTADORIA POR TEMPO DE CONTRIBUIÇÃO. PEDIDO DE UNIFORMIZAÇÃO DE JURISPRUDÊNCIA. ATIVIDADE INSALUBRE. AGENTE NOCIVO RUÍDO APÓS 19/11/2003, DESNECESSIDADE DE REGISTRO DE ANÁLISE COM BASE NA NHO-01. INDISPENSÁVEL COMPROVAÇÃO DA EXPOSIÇÃO AO AGENTE NOCIVO RUÍDO ACIMA DOS LIMITES PERMITIDOS. LEI 8.213/91, ART. 58. IN 77, ART. 280.

Pedido formulado pelo interessado **Erasmo Oliveira de Lima Junior** em 27/06/2017. Não consta dos autos registro da data de ciência do Acórdão recorrido.

Recurso tempestivo.

O presente pedido de Uniformização de Jurisprudência tem por fundamento a divergência entre o acórdão 3994/2017 proferido pela 01ª CAJ/CRSS, quando deu provimento ao recurso do INSS e negou provimento ao recurso do interessado, afirmando que não cabe enquadramento dos períodos de 19/11/03 a 31/07/05, 01/08/05 a 30/09/13 e de 01/10/13 a 27/01/16, haja vista que a metodologia de aferição do agente nocivo ruído foi em desacordo com a legislação que rege a matéria e os Acórdãos 1039/2017 da 02ª CAJ e Acórdão 217/2017 da 01ª Composição Adjunta da 01ª CAJ que afirmam que, quando da medição do agente nocivo com base nas normas previstas para preenchimento do PPP, resta claro que a NHO-01 tem o condão de proteger o trabalhador, no entanto os valores informados na NR 15 já se encontram acima dos limites de tolerância.

Conforme legislação em vigor, a Uniformização de Jurisprudência tem previsão na Portaria 116/2017, conforme abaixo transcrito:

Ministério do Desenvolvimento Social e Agrário
Conselho de Recursos do Seguro Social-CRSS
Conselho Pleno

Art. 3º - Ao Conselho Pleno compete:

I - uniformizar, em tese, a jurisprudência administrativa previdenciária e assistencial, mediante emissão de Enunciados;

II - uniformizar, no caso concreto, as divergências jurisprudenciais entre as Juntas de Recursos nas matérias de sua alçada ou entre as Câmaras de julgamento em sede de Recurso Especial, mediante a emissão de Resolução; e

III - decidir, no caso concreto, as Reclamações ao Conselho Pleno, mediante a emissão de Resolução.

Art. 61. A uniformização, em tese, da jurisprudência administrativa previdenciária poderá ser suscitada para encerrar divergência jurisprudencial administrativa ou para consolidar jurisprudência reiterada no âmbito do CRSS, mediante a edição de enunciados.

§ 1º A uniformização em tese poderá ser provocada pelo Presidente do CRSS, pela Coordenação de Gestão Técnica, pela Divisão de Assuntos Jurídicos, pelos Presidentes das Câmaras de Julgamento ou, exclusivamente em matéria de alçada, por solicitação de Presidente de Juntas de Recursos, ou pela Diretoria de Benefícios do INSS, mediante a prévia apresentação de estudo fundamentado sobre a matéria a ser uniformizada, no qual deverá ser demonstrada a existência de relevante divergência jurisprudencial ou de jurisprudência convergente reiterada.

§ 2º A divergência ou convergência de entendimentos deverá ser demonstrada mediante a elaboração de estudo fundamentado com a indicação de decisórios divergentes ou convergentes, conforme o caso, proferidos nos últimos cinco anos, por outro órgão julgador, composição de julgamento, ou, ainda, por resolução do Conselho Pleno.

§ 3º Elaborado o estudo na forma prevista no § 2º a autoridade competente encaminhará a proposta de uniformização em tese da jurisprudência previdenciária ao Presidente do CRSS que a distribuirá ao relator da matéria no Conselho Pleno.

§ 4º Aplica-se à uniformização em tese da jurisprudência administrativa previdenciária e assistencial, no que couber, o procedimento previsto no artigo 63 deste Regimento.

Ministério do Desenvolvimento Social e Agrário
Conselho de Recursos do Seguro Social-CRSS
Conselho Pleno

Art. 63. O Pedido de Uniformização de Jurisprudência poderá ser requerido em casos concretos, pelas partes do processo, dirigido ao Presidente do respectivo órgão julgador, nas seguintes hipóteses:

I - quando houver divergência na interpretação em matéria de direito entre acórdãos de Câmaras de Julgamento do CRSS, em sede de Recurso Especial, ou entre estes e resoluções do Conselho Pleno; ou

De fato, os acórdãos apresentados possuem divergências em matéria análoga, sendo portanto devido o acolhimento do presente pedido.

No caso concreto, o interessado requer enquadramento em atividade especial do período de 19/11/03 a 27/01/16, quando foi apresentado PPP – Perfil Profissiográfico Previdenciário, informando que o interessado esteve exposto ao agente nocivo ruído em índices sempre superiores à 85 dB(A). O referido formulário informa que a medição foi realizada usando medidor dosímetro.

Quanto à análise do agente nocivo ruído devemos respeitar as exigências legais, sempre observando os requisitos previstos, sendo indispensável a comprovação da efetiva exposição ao agente nocivo ruído em índices acima dos limites previstos, desde que a análise técnica tenha obedecido requisitos legais para tal.

Entendendo que a exigência com base na NHO-01 se deu no intuito de proteger o trabalhador, quando analisa o nível de exposição normalizado, verificamos que a medição realizada com base na NR 15 também atende o requisito indispensável, qual seja, comprovar efetiva exposição acima dos limites permitidos.

É possível a medição com base na NHO 01 ou NR 15, uma vez que, a medição baseada na NHO-01 é mais benéfica que a prevista na NR 15.

Conforme instrução da própria Autarquia, na IN 77 INSS/PRES 201:

Art. 280. A exposição ocupacional a ruído dará ensejo a caracterização de atividade exercida em condições especiais quando os níveis de pressão sonora estiverem acima de oitenta dB (A), noventa dB (A) ou 85 (oitenta e cinco) dB (A), conforme o caso, observado o seguinte:

I - até 5 de março de 1997, véspera da publicação do Decreto nº 2.172, de 1997, será efetuado o enquadramento quando a exposição for superior a oitenta dB (A), devendo ser informados os valores medidos;

Ministério do Desenvolvimento Social e Agrário
Conselho de Recursos do Seguro Social-CRSS
Conselho Pleno

II - de 6 de março de 1997, data da publicação do Decreto nº 2.172, de 1997, até 10 de outubro de 2001, véspera da publicação da Instrução Normativa INSS/DC nº 57, de 10 de outubro de 2001, será efetuado o enquadramento quando a exposição for superior a noventa dB (A), devendo ser informados os valores medidos;

III - de 11 de outubro de 2001, data da publicação da Instrução Normativa nº 57, de 2001, até 18 de novembro de 2003, véspera da publicação do Decreto nº 4.882, de 18 de novembro de 2003, será efetuado o enquadramento quando a exposição for superior a noventa dB (A), devendo ser anexado o histograma ou memória de cálculos; e

IV - a partir de 01 de janeiro de 2004, será efetuado o enquadramento quando o Nível de Exposição Normalizado - NEN se situar acima de 85 (oitenta e cinco) dB (A) ou for ultrapassada a dose unitária, conforme NHO 1 da FUNDACENTRO, sendo facultado à empresa a sua utilização a partir de 19 de novembro de 2003, data da publicação do Decreto nº 4.882, de 2003, aplicando:

a) os limites de tolerância definidos no Quadro do Anexo I da NR-15 do MTE; e

b) as metodologias e os procedimentos definidos nas NHO-01 da FUNDACENTRO.

Em que pese o documento apresentado não informar a técnica utilizada de acordo com a norma NHO-01 da FUNDACENTRO, a empresa utilizou a dosimetria, técnica esta também aplicada pela NHO1 a qual é mais favorável ao segurado, do que a dosimetria aplicada pela NR 15.

Vale ainda salientar que, a própria Autarquia faculta à empresa a medição com base na NHO-01 a partir de 19/11/2003, no entanto a com exigência a partir de 01/01/2004, sendo certo que a alteração da técnica utilizada não altera o nível do ruído a que o segurado esteve exposto, ratificando aqui que, a exigência legal se dá no sentido de que é indispensável a comprovação da efetiva exposição ao agente nocivo ruído acima de 85 dB(A).

Conforme Lei 8.213/91:

Art. 58. A relação dos agentes nocivos químicos, físicos e biológicos ou associação de agentes prejudiciais à saúde ou à integridade física considerados para fins de concessão da aposentadoria especial de que trata o artigo anterior será definida pelo Poder Executivo.

§ 1º A comprovação da efetiva exposição do segurado aos agentes nocivos será feita mediante formulário, na forma estabelecida pelo Instituto Nacional do Seguro Social - INSS,

Ministério do Desenvolvimento Social e Agrário
Conselho de Recursos do Seguro Social-CRSS
Conselho Pleno

emitido pela empresa ou seu preposto, com base em laudo técnico de condições ambientais do trabalho expedido por médico do trabalho ou engenheiro de segurança do trabalho nos termos da legislação trabalhista

Assim, entendo que, se comprovada efetiva exposição ao agente nocivo acima dos limites permitidos, com apresentação de formulário PPP devidamente preenchido, não é a simples ausência de registro de análise realizada como base na NHO-01 motivo para indeferimento de enquadramento por exposição ao agente nocivo ruído acima de 85 dB(A).

Os autos devem retornar à 01ª CAJ/CRSS para que a mesma possa reformar seu entendimento.

Dessa forma, no presente caso, verifico ser devido o acolhimento do presente pedido de Uniformização de Jurisprudência, dando provimento ao Recurso do interessado e negando provimento ao Recurso do INSS.

CONCLUSÃO: Pelo exposto, VOTO no sentido de preliminarmente CONHECER DO PRESENTE PEDIDO DE UNIFORMIZAÇÃO DE JURISPRUDÊNCIA, PARA NO MÉRITO DAR PROVIMENTO AO INTERESSADO, NEGANDO PROVIMENTO AO INSS.

Brasília-DF, 27 de fevereiro de 2018

ENEIDA DA COSTA ALVIM
Relatora

MINISTÉRIO DA ECONOMIA-ME
SECRETARIA ESPECIAL DE PREVIDÊNCIA E TRABALHO
SECRETARIA DE PREVIDÊNCIA
CONSELHO DE RECURSOS DA PREVIDÊNCIA SOCIAL-CRPS
CONSELHO PLENO

Nº de Protocolo do Recurso: 44232.719964/2016-42
Documento/Benefício: 42/174.154.083-3
Unidade de origem: Agência da Previdência Social/Aparecida
Tipo do Processo: Pedido de Uniformização de Jurisprudência
Recorrente: Erasmo Oliveira Lima Júnior
Recorrido: Instituto Nacional do Seguro Social-INSS
Assunto: Aposentadoria por Tempo de Contribuição
Relatora: Valter Sérgio Pinheiro Coelho

(Processo Eletrônico)

Relatório

Cuida-se de pedido de UNIFORMIZAÇÃO DE JURISPRUDÊNCIA suscitado por **ERASMO OLIVEIRA LIMA JUNIOR**, em face de o Acórdão nº 3994 / 2017 (evento 28), da lavra da colenda 1ª Câmara de Julgamento deste Conselho de Recursos, que negou provimento seu recurso especial e proveu ao autárquico, referente ao requerimento do benefício APOSENTADORIA POR TEMPO DE CONTRIBUIÇÃO em 18/06/2016 e prolatado nos seguintes termos:

> *EMENTA: RECURSO ESPECIAL. APOSENTADORIA ESPECIAL E/OU APOSENTADORIA POR TEMPO DE CONTRIBUIÇÃO, COM REAFIRMAÇÃO DA DER, SE FOR O CASO. REFORMA A DECISÃO DA JUNTA DE RECURSOS. NÂO CONFIGURADO O DIREITO A CONCESSÃO DO BENEFÍCIO REQUERIDO. PRESSUPOSTOS: ARTS. 56, 60, X, 64, §§1º E 2º, 68, § 11 DO REGULAMENTO DA PREVIDÊNCIA SOCIAL, APROVADO PELO DECRETO Nº 3.048/99. RECURSO PROVIDO AO INSS E NEGADO AO SEGURADO.*

No incidente processual proposto (evento 32), o segurado discordou da decisão proferida ao deixar de enquadrar os períodos exercidos sob condições especiais em função da metodologia de aferição do agente nocivo ruído.

O Instituto apresentou contrarrazões (evento 35).

O incidente proposto foi objeto de análise por parte da D. Conselheira Eneida da Costa Alvim que acolheu o pedido do segurado, conforme ementa a seguir:

MINISTÉRIO DA ECONOMIA-ME
SECRETARIA ESPECIAL DE PREVIDÊNCIA E TRABALHO
SECRETARIA DE PREVIDÊNCIA
CONSELHO DE RECURSOS DA PREVIDÊNCIA SOCIAL-CRPS
CONSELHO PLENO

EMENTA: APOSENTADORIA POR TEMPO DE CONTRIBUIÇÃO. PEDIDO DE UNIFORMIZAÇÃO DE JURISPRUDÊNCIA. ATIVIDADE INSALUBRE. AGENTE NOCIVO RUÍDO APÓS 19/11/2003, DESNECESSIDADE DE REGISTRO DE ANÁLISE COM BASE NA NHO-01. INDISPENSÁVEL COMPROVAÇÃO DA EXPOSIÇÃO AO AGENTE NOCIVO RUÍDO ACIMA DOS LIMITES PERMITIDOS. LEI 8.213/91, ART. 58. IN 77, ART. 280.

No momento do julgado, a D. Conselheira Vanda Maria Lacerda, da representação do Governo, em virtude de divergências com relação ao voto da relatora, solicitou vistas do processo, contudo, diante do seu afastamento, os autos foram distribuídos a este Relator para análise e ultimar o julgado.

É o relatório.

APOSENTADORIA POR TEMPO DE CONTRIBUIÇÃO. PEDIDO DE UNIFORMIZAÇÃO DE JURISPRUDÊNCIA. DEMONSTRADA A DIVERGÊNCIA JURISPRUDENCIAL ADMINISTRATIVA, POSSIBILITA O PROCESSAMENTO O INCIDENTE PREVISTO NAS DISPOSIÇÕES CONTIDAS NO ART. 63 DO REGIMENTO INTERNO DESTE CONSELHO DE RECURSOS. COMUNGA-SE COM O VOTO DA RELATORA PREVENTA, EM FUNÇÃO DO ENTENDIMENTO CONTIDO NO ENUNCIADO Nº 13 DESTE CONSELHO DE RECURSOS.

FUNDAMENTAÇÃO

Recurso tempestivo e preenche os pressupostos de admissibilidade contidos no inciso I do art. 63 do Regimento Interno deste Conselho de Recursos, aprovado pela Portaria MDSA nº 116/2017.

A controvérsia suscitada pelo segurado se refere à metodologia de aferição do agente nocivo ruído, para fins de enquadramento na legislação especial e o direito ao benefício previsto no art. 56 do Regulamento da Previdência Social, aprovado pelo Decreto nº 3.048/99.

MINISTÉRIO DA ECONOMIA-ME
SECRETARIA ESPECIAL DE PREVIDÊNCIA E TRABALHO
SECRETARIA DE PREVIDÊNCIA
CONSELHO DE RECURSOS DA PREVIDÊNCIA SOCIAL-CRPS
CONSELHO PLENO

Como relatado anteriormente, os autos foram analisados pela D. Conselheira Eneida da Costa Alvim que acolheu o pedido de uniformização suscitado pelo segurado, firmando o seu entendimento da desnecessidade do uso dos procedimentos e metodologia constante da NHO-01 da FUNDACENTRO, para fins de avaliação do agente nocivo ruído.

Com a publicação do Enunciado nº 13 deste Conselho de Recursos, onde inciso III firmou o entendimento que: *A partir de 1º de janeiro de 2004, para a aferição de ruído contínuo ou intermitente, é obrigatória a utilização das metodologias contidas na Norma de Higiene Ocupacional 01 (NHO-01) da FUNDACENTRO ou na NR-15, que reflitam a medição de exposição durante toda a jornada de trabalho, vedada a medição pontual, devendo constar do PPP a técnica utilizada e a respectiva norma,* comunga-se com o voto condutor e acolhe-se o pedido do segurado e os procedimentos para revisão do acórdão embargado.

CONCLUSÃO: Pelo exposto, **VOTO** no sentido de **CONHECER** do **incidente processual** proposto pelo **SEGURADO.**

Brasília - DF, 25 de setembro de 2020.

VALTER SÉRGIO PINHEIRO COELHO
Relator

MINISTÉRIO DA ECONOMIA-ME
SECRETARIA ESPECIAL DE PREVIDÊNCIA E TRABALHO
SECRETARIA DE PREVIDÊNCIA
CONSELHO DE RECURSOS DA PREVIDÊNCIA SOCIAL-CRPS
CONSELHO PLENO

DECISÓRIO

RESOLUÇÃO Nº 60/2020

Vistos e relatados os presentes autos, em sessão realizada hoje, **ACORDAM** os membros do Conselho Pleno, por **UNANIMIDADE**, no sentido de **CONHECER** do **incidente processual proposto pelo SEGURADO,** de acordo com o Voto do Relator e sua fundamentação.

Participaram, ainda, do presente julgamento os (as) Conselheiros (as): Robson Ferreira Maranhão, Vânia Pontes Santos, Gustavo Beirão Araújo, Paulo Sérgio de Carvalho Costa Ribeiro, Maria Madalena Silva Lima, Renato Agostinho das Chagas, Moisés Oliveira Moreira, Maria José de Paula Moraes, Imara Sodré Sousa Neto, Sulamita Cristina Dias, Guilherme Lustosa Pires, Rodolfo Espinel Donadon, Alexandra Álvares de Alcântara, Tarsila Otaviano da Costa e Adriene Cândida Borges.

Brasília-DF, 25 de setembro de 2020.

VALTER SÉRGIO PINHEIRO COELHO
Relator

MARCELO FERNANDO BORSIO
Presidente

3.1.61 Resolução 61/2020 (aposentadoria/especial/ruído/não conhecimento/impossibilidade/reexame/matéria/fática)

Objeto: Trata-se de Pedido de Uniformização de Jurisprudência interposto pelo segurado por suposta divergência de posicionamento entre Câmaras de Julgamento.

Decisão: Não conhecido.

Tese jurídica: Não se conhece de pedido de uniformização que importe em necessidade de reapreciação fática.

MINISTÉRIO DA ECONOMIA-ME
SECRETARIA ESPECIAL DE PREVIDÊNCIA E TRABALHO
SECRETARIA DE PREVIDÊNCIA
CONSELHO DE RECURSOS DA PREVIDÊNCIA SOCIAL-CRPS
CONSELHO PLENO

Nº de Protocolo do Recurso: 44232.956306/2017-11
Documento/Benefício: 42/177.576.879-9
Unidade de origem: Agência da Previdência Social/ Álvares Machado
Tipo do Processo: Pedido de Uniformização de Jurisprudência
Recorrente: José Eduardo de Luiggi
Recorrido: Instituto Nacional do Seguro Social-INSS
Assunto: Aposentadoria por Tempo de Contribuição
Relatora: Valter Sérgio Pinheiro Coelho

(Processo Eletrônico)

Relatório

Cuida-se de pedido de UNIFORMIZAÇÃO DE JURISPRUDÊNCIA suscitado por **JOSE EDUARDO DE LUIGGI**, em face de o Acórdão nº 3567 / 2017 (evento 24), da lavra da colenda 2ª Câmara de Julgamento deste Conselho de Recursos, que negou provimento seu recurso especial, referente ao requerimento do benefício APOSENTADORIA POR TEMPO DE CONTRIBUIÇÃO em 27/07/2016 e prolatado nos seguintes termos:

> *EMENTA: APOSENTADORIA ESPECIAL – NÃO COMPROVADO TEMPO ESPECIAL PARA OS INTERVALOS APÓS 29.04.1995 – NÃO COMPROVADA A EXPOSIÇÃO PERMANENTE A AGENTE QUÍMICO. EXPOSIÇÃO A RUÍDO ABAIXO DO LIMITE DE TOLERÂNCIA. INTELIGÊNCIA DO ARTIGO 57 DA LEI Nº 8.213/91. RECURSO CONHECIDO E NEGADO AO SEGURADO.*

No incidente processual proposto (evento 29), o segurado entende que os períodos que se encontrava exposto a hidrocarbonetos aromáticos e outros compostos de carbono são passíveis de enquadramento na legislação especial.

O Instituto apresentou contrarrazões (evento 31).

O pedido foi admitido pela D. Presidente da Colenda 2ª CAJ deste Conselho de Recursos (evento 38).

177.576.879-9 1

MINISTÉRIO DA ECONOMIA-ME
SECRETARIA ESPECIAL DE PREVIDÊNCIA E TRABALHO
SECRETARIA DE PREVIDÊNCIA
CONSELHO DE RECURSOS DA PREVIDÊNCIA SOCIAL-CRPS
CONSELHO PLENO

A Divisão de Assuntos Jurídicos/CRSS considerou a existência de divergência em matéria de direito, encaminhando os autos a Douta Presidência do CRPS (evento 41).

É o relatório.

EMENTA: APOSENTADORIA POR TEMPO DE CONTRIBUIÇÃO. UNIFORMIZAÇÃO DE JURISPRUDÊNCIA. EXPOSIÇÃO AO AGENTE NOCIVO HIDROCARBONETOS AROMÁTICOS. IMPOSSIBILIDADE DE ADMISSÃO DO PEDIDO SUSCITADO PELO SEGURADO, POR NÃO SE TRATAR DE DIVERGÊNCIA EM MATÉRIA DE DIREITO E SIM REEXAME DE MATÉRIA FATICO-PROBATÓRIA, NÃO SE ENQUADRANDO NA FORMA PREVISTA PELO INCISO I DO ART. 63 DO REGIMENTO INTERNO DESTE CONSELHO DE RECURSO.

FUNDAMENTAÇÃO

O recurso interposto deve ser considerado tempestivo.

A controvérsia suscitada gira em torno da possibilidade de considerar como exercido sob condições especiais e efetuar o respectivo enquadramento do período laborado pelo segurado como Motorista de caminhão de combustíveis, por exposição ao agente nocivo hidrocarbonetos aromáticos, para fins de concessão do benefício previsto no art. 56 do Regulamento da Previdência Social, aprovado pelo Decreto nº 3.048/99.

Ao analisar o recurso especial autárquico, o colegiado da C. 2ª Câmara de Julgamento deste Conselho de Recursos fundamentou assim sua decisão:

> ***É imperioso frisar que, o mero manuseio não caracteriza a exposição de forma prejudicial à saúde e a integridade física, de acordo com o disposto na legislação previdenciária, eis que no Anexo IV o enquadramento é devido quando demonstrado o labor em produção, beneficiamento, utilização e fabricação de benzeno e compostos.***

MINISTÉRIO DA ECONOMIA-ME
SECRETARIA ESPECIAL DE PREVIDÊNCIA E TRABALHO
SECRETARIA DE PREVIDÊNCIA
CONSELHO DE RECURSOS DA PREVIDÊNCIA SOCIAL-CRPS
CONSELHO PLENO

Não resta comprovada a exposição a hidrocarboneto de forma permanente. A descrição da atividade não demonstra como a exposição ao hidrocarboneto se deu de maneira indissociável à produção do bem / prestação de serviço.

Além disso, somente há indicação de responsáveis pelos registros ambientais a partir de 19.01.2007, ou seja, de forma extemporânea ao intervalo a comprovar.

É remansoso o entendimento, não só na jurisprudência deste Conselho de Recursos, como na Turma Nacional de Unificação de Jurisprudência, que o pedido de uniformização de jurisprudência somente deverá ser admitido no caso de análise com relação à matéria de direito, como bem retratado no inciso I do art. 63 do Regimento Interno deste Conselho de Recursos, aprovado pela Portaria MDSA nº 116/2017.

A Súmula nº 42, de 2011, da Turma Nacional de Uniformização dos Juizados Especiais Federais firmou o entendimento que: *Não se conhece de incidente de uniformização que implique reexame de matéria de fato.*

Assim, não há como admitir o incidente processual proposto pelo segurado, uma vez que se pretendeu apenas a rediscussão objeto do seu recurso especial, não cabendo o caso reexame da matéria fático-probatória.

CONCLUSÃO: Pelo exposto, **VOTO** no sentido de **NÃO CONHECER do PEDIDO DE UNIFORMIZAÇÃO suscitado pelo SEGURADO.**

Brasília - DF, 25 de setembro de 2020.

VALTER SÉRGIO PINHEIRO COELHO
Relator

177.576.879-9

MINISTÉRIO DA ECONOMIA-ME
SECRETARIA ESPECIAL DE PREVIDÊNCIA E TRABALHO
SECRETARIA DE PREVIDÊNCIA
CONSELHO DE RECURSOS DA PREVIDÊNCIA SOCIAL-CRPS
CONSELHO PLENO

DECISÓRIO

RESOLUÇÃO Nº 61/2020

Vistos e relatados os presentes autos, em sessão realizada hoje, **ACORDAM** os membros do Conselho Pleno, por **UNANIMIDADE**, no sentido de **NÃO CONHECER do PEDIDO DE UNIFORMIZAÇÃO suscitado pelo SEGURADO,** de acordo com o Voto do Relator e sua fundamentação.

Participaram, ainda, do presente julgamento os (as) Conselheiros (as): Robson Ferreira Maranhão, Vânia Pontes Santos, Gustavo Beirão Araújo, Paulo Sérgio de Carvalho Costa Ribeiro, Maria Madalena Silva Lima, Renato Agostinho das Chagas, Moisés Oliveira Moreira, Maria José de Paula Moraes, Imara Sodré Sousa Neto, Sulamita Cristina Dias, Guilherme Lustosa Pires, Rodolfo Espinel Donadon, Alexandra Álvares de Alcântara, Tarsila Otaviano da Costa e Adriene Cândida Borges.

Brasília-DF, 25 de setembro de 2020.

VALTER SÉRGIO PINHEIRO COELHO
Relator

MARCELO FERNANDO BORSIO
Presidente

177.576.879-9

3.1.62 Resolução 62/2020 (aposentadoria especial/eletricidade/não enquadramento a partir de 6/3/97)

Objeto: Trata-se de Pedido de Uniformização de Jurisprudência interposto por segurado por suposta divergência de posicionamento entre Câmaras de Julgamento.

Decisão: Improvido.

Tese jurídica: Impossibilidade de reconhecimento da exposição à eletricidade como tempo especial a partir de 6/3/1997.

MINISTÉRIO DA ECONOMIA-ME
SECRETARIA ESPECIAL DE PREVIDÊNCIA E TRABALHO
SECRETARIA DE PREVIDÊNCIA
CONSELHO DE RECURSOS DA PREVIDÊNCIA SOCIAL-CRPS
CONSELHO PLENO

Nº de Protocolo do Recurso: 44233.095803/2017-22
Documento/Benefício: 46/178.844.956-5
Unidade de origem: Agência da Previdência Social/ Álvares Machado
Tipo do Processo: Pedido de Uniformização de Jurisprudência
Recorrente: José Luiz André
Recorrido: Instituto Nacional do Seguro Social-INSS
Assunto: Aposentadoria Especial
Relator: Valter Sérgio Pinheiro Coelho

(Processo Eletrônico)

Relatório

Cuida-se de pedido de UNIFORMIZAÇÃO DE JURISPRUDÊNCIA suscitado por **JOSE LUIZ ANDRE**, em face de o Acórdão nº 4656 / 2018 (evento 28), da lavra da colenda 1ª Câmara de Julgamento deste Conselho de Recursos que negou provimento aos recursos especiais interpostos, referente ao requerimento do benefício APOSENTADORIA ESPECIAL formulado em 23/11/2016 e prolatado nos seguintes termos:

> *EMENTA: RECURSO ESPECIAL. APOSENTADORIA POR TEMPO DE CONTRIBUIÇÃO. ATIVIDADE ESPECIAL EXERCÍCIO LABORAL EM CONDIÇÕES NOCIVAS PARCIALMENTE COMPROVADO. ARTIGO 56, DO DECRETO 3.048/99. RECURSOS NÃO PROVIDOS. RECURSOS CONHECIDOS E NEGADOS AO INSS E AO SEGURADO.*

No incidente processual proposto (evento 34), o segurado solicitou revisão do acórdão embargado que deixou de efetuar o enquadramento do período de 06/03/97 a 23/11/2016, quando esteve exposto ao agente nocivo eletricidade.

O Instituto apresentou contrarrazões (evento 37).

O pedido foi admitido pela D. Presidente da Colenda 1ª CAJ deste Conselho de Recursos (evento 41).

A Divisão de Assuntos Jurídicos/CRSS considerou a existência de divergência em matéria de direito, encaminhando os autos a Douta Presidência do

MINISTÉRIO DA ECONOMIA-ME
SECRETARIA ESPECIAL DE PREVIDÊNCIA E TRABALHO
SECRETARIA DE PREVIDÊNCIA
CONSELHO DE RECURSOS DA PREVIDÊNCIA SOCIAL-CRPS
CONSELHO PLENO

CRPS, com sugestão de acolhimento do pedido do INSS e distribuição ao relator da matéria no Conselho Pleno, na forma do § 3º, do Artigo 61, da PT MDSA nº 116/17 (evento 45).

É o relatório.

APOSENTADORIA ESPECIAL. PEDIDO DE UNIFORMIZAÇÃO DE JURISPRUDÊNCIA. EXPOSIÇÃO AO AGENTE NOCIVO ELETRICIDADE. DEMONSTRADA A DIVERGÊNCIA JURISPRUDENCIAL ADMINISTRATIVA SE ADMITE O INCIDENTE PREVISTO NAS DISPOSIÇÕES CONTIDAS NO ART. 63 DO REGIMENTO INTERNO DESTE CONSELHO DE RECURSOS. ACOLHE-SE O APELO DO SEGURADO, DIANTE DA POSSIBILIADE DE ENQUADRAMENTO DO PERÍODO LABORADO SOB CONDIÇÕES ESPECIAIS QUANDO EXPOSTO AO AGENTE NOCIVO ELETRICIDADE EM TENSÕES SUPERIORES A 250 VOLTS, POR ENCONTRAR AMPARO NO § 3º DO ART. 57 DA LEI Nº 8.213/91 E PACÍFICA JURISPRUDÊNCIA DOS NOSSOS TRIBUNAIS.

FUNDAMENTAÇÃO

O incidente processual é tempestivo e preenche os pressupostos de admissibilidade contidos no art. 63 do Regimento Interno desde Conselho de Recursos, aprovado pela Portaria MDSA nº 116/2017.

O Segurado discordou da decisão proferida pelo Colegiado da C. 1ª Câmara de Julgamento deste Conselho, objetivando a revisão do referido acórdão, por entender que caberia enquadramento do período laborado sob condições especial, quando exposto ao agente nocivo eletricidade após o advento do Decreto nº 2.172, de 05 de março de 1997, para fim de concessão do benefício previsto no art. 57 da Lei nº 8.21/91.

O acórdão recorrido demonstrou a impossibilidade de enquadramento do período de 06/03/97 a 23/11/2016, conforme transcrição a seguir:

MINISTÉRIO DA ECONOMIA-ME
SECRETARIA ESPECIAL DE PREVIDÊNCIA E TRABALHO
SECRETARIA DE PREVIDÊNCIA
CONSELHO DE RECURSOS DA PREVIDÊNCIA SOCIAL-CRPS
CONSELHO PLENO

> *O Decreto 53.831/64, em seu código 1.1.8, contemplou as atividades que envolviam eletricidade, com possibilidade de enquadramento até 5 de março de 1997, quando na superveniência do Decreto 2.172/97 que passou exigir comprovação dos fatores de risco, não mais incluindo eletricidade, prevista no código 1.1.8. Cabível a extensão do enquadramento até 05/03/1997.*

Lembra-se que os segurados que se encontravam exposto ao agente agressivo eletricidade eram contemplados com o enquadramento no código 1.1.8 do anexo ao Decreto nº 53.831/64, quando exposto à tensão elétrica superior a 250 volts, contudo, a partir da edição do Decreto nº 2.172, de 05 de março de 1997, quando o agente eletricidade deixou de fazer parte do anexo IV que constava a relação dos agentes passíveis de enquadramento na legislação especial, o que motivava o Instituto a indeferir os pedidos dos segurados com relação à matéria.

Diante da controvérsia entre os órgãos julgadores deste Conselho de Recursos com relação à matéria, o Instituto suscitou uniformização da jurisprudência e que culminou com a Resolução nº 08, de 23/03/2016, conforme ementa a seguir:

> *EMENTA: PEDIDO DE UNIFORMIZAÇÃO DE JURISPRUDÊNCIA. APOSENTADORIA POR TEMPO DE CONTRIBUIÇÃO. ATIVIDADE ESPECIAL. ELETRICIDADE. INVIABILIDADE DE ENQUADRAMENTO DE PERÍODOS A PARTIR DE 06/03/97.*
>
> 1. *O agente nocivo eletricidade, a partir de 06/03/97, foi excluído do rol de agentes que propicia a concessão da aposentadoria especial, não podendo ser considerado para fins do reconhecimento da especialidade das atividades exercidas pelo segurado.*
> 2. *Pedido de Uniformização de Jurisprudência conhecido e provido.*

Na via judicial, os segurados que se encontravam expostos ao citado agente perigoso encontrou agasalho por parte da magistratura federal, onde a matéria em questão foi afetada no Tema 159 da Turma Nacional de Uniformização, firmando a tese que seria possível o reconhecimento como especial de período laborado com exposição ao agente energia elétrica, após o advento do Decreto 2.172/97, para fins de concessão de aposentadoria especial, conforme acórdão a seguir:

178.844.956-5 3

MINISTÉRIO DA ECONOMIA-ME
SECRETARIA ESPECIAL DE PREVIDÊNCIA E TRABALHO
SECRETARIA DE PREVIDÊNCIA
CONSELHO DE RECURSOS DA PREVIDÊNCIA SOCIAL-CRPS
CONSELHO PLENO

DIREITO PREVIDENCIÁRIO. APOSENTADORIA POR TEMPO ESPECIAL. ELETRICIDADE ACIMA DE 250 VOLTS. AGENTE NOCIVO NÃO MENCIONADO NO DECRETO Nº 2.172/97. CARÁTER MERAMENTE EXEMPLIFICATIVO DOS REGULAMENTOS DA PREVIDÊNCIA SOCIAL. COMPROVAÇÃO DE EFETIVA E PERMANENTE EXPOSIÇÃO NA FORMA DO ART. 57, § 3º DA LEI Nº 8.213/91. POSIÇÃO ADOTADA PELO TRIBUNAL SUPERIOR DE JUSTIÇA NO RESP 1.306.113/SC SUBMETIDO AO REGIME REPETIVO. PROVIMENTO NO INCIDENTE UNIFORMIZADOR.

É evidente que a matéria continua controvertida neste Conselho de Recursos, onde a maioria entendeu que não caberia o respectivo enquadramento por falta de amparo legal, entendimento esse dissonante da jurisprudência pacífica do Superior Tribunal de Justiça, conforme demonstrado a seguir:

Julgado da 2ª Turma do STJ – AREsp 1594430/RN AGRAVO EM RECURSO ESPECIAL 2019/0294379-2 – JULGADO EM 20/03/2020:

PROCESSUAL CIVIL. ATIVIDADE ESPECIAL. AGENTE ELETRICIDADE.
EXPOSIÇÃO PERMANENTE, NÃO OCASIONAL NEM INTERMITENTE, A AGENTES NOCIVOS RECONHECIDA (ART. 57, § 3º, DA LEI 8.213/1991). MATÉRIA REPETITIVA. ART. 543-C DO CPC E RESOLUÇÃO STJ 8/2008. RECURSO REPRESENTATIVO DE CONTROVÉRSIA 1.306.113/SC.
1. Na hipótese dos autos, o Tribunal de origem, ao decidir a vexata quaestio, consignou: "(...) Quanto ao agente nocivo eletricidade, o PPP e laudo técnico são claros em afirmar que as atividades do segurado, no período de 1997 a 2009 (Id. 4058400.1599244, 4058400.1599243, 4058400.1599242) foram exercidas em equipamentos ou instalação elétrica conectada a fontes de tensão superior a 250 Volts, desenergizados para a realização de atividade e sujeito à energização acidental. (...) A informação de que a atividade ocorria em equipamentos e instalações desernegizados e/ou sujeitos à energização acidental enfraquece a possibilidade de reconhecimento

MINISTÉRIO DA ECONOMIA-ME
SECRETARIA ESPECIAL DE PREVIDÊNCIA E TRABALHO
SECRETARIA DE PREVIDÊNCIA
CONSELHO DE RECURSOS DA PREVIDÊNCIA SOCIAL-CRPS
CONSELHO PLENO

do tempo de serviço em condições especiais para fins de ***aposentadoria.*** *Por este entender, dou provimento aos embargos de declaração para suprir a omissão quanto à exposição ao agente nocivo* ***eletricidade,*** *mas sem alterar a conclusão do julgado porque não é devida a contagem qualificada para o tempo de serviço exercido após março de 1997, logo, não pode ser deferida a aposentadoria especial. (...)." 2. In casu, ao contrário do disposto no acórdão vergastado, a informação de que as atividades desenvolvidas foram exercidas em equipamentos ou instalação elétrica conectada a fontes de tensão superior a 250 volts, sujeita à energização acidental, robustece o pleito de reconhecimento do tempo de serviço em condições especiais, haja vista o evidente risco a que estava sujeita a parte recorrente.*
3. Dessarte, o entendimento do Tribunal de origem não está em conformidade com a orientação firmada no REsp. 1.306.113/SC, julgado sob o rito dos recursos repetitivos, segundo a qual, à luz da interpretação sistemática, as normas regulamentadoras que estabelecem os casos de agentes e atividades nocivos à saúde do trabalhador são exemplificativas*, podendo ser tido como distinto o labor que a técnica médica e a legislação correlata considerarem como prejudiciais ao obreiro, desde que o trabalho seja permanente, não ocasional nem intermitente, em condições especiais (art. 57, § 3º, da Lei 8.213/1991), como é o caso dos autos. 4. Agravo conhecido para se dar provimento ao Recurso Especial.*

MINISTÉRIO DA ECONOMIA-ME
SECRETARIA ESPECIAL DE PREVIDÊNCIA E TRABALHO
SECRETARIA DE PREVIDÊNCIA
CONSELHO DE RECURSOS DA PREVIDÊNCIA SOCIAL-CRPS
CONSELHO PLENO

S1-PRIMEIRA SEÇÃO - Pet 10679/RN PETIÇÃO 2014/0233212-2 – JULGADO EM 25/05/2019:

PREVIDENCIÁRIO. PEDIDO DE UNIFORMIZAÇÃO DE INTERPRETAÇÃO DE LEIFEDERAL. ATIVIDADE ESPECIAL. VIGILANTE, COM OU SEM USO DE ARMA DE FOGO. SUPRESSÃO PELO DECRETO 2.172/1997. ARTS. 57 E 58 DA LEI 8.213/1991. ROL DE ATIVIDADES E AGENTES NOCIVOS. CARÁTER EXEMPLIFICATIVO. AGENTES PREJUDICIAIS NÃO PREVISTOS. REQUISITOS PARA CARACTERIZAÇÃO. EXPOSIÇÃO PERMANENTE, NÃO OCASIONAL NEM INTERMITENTE (ART. 57, § 3º, DA LEI 8.213/1991). INCIDENTE DE UNIFORMIZAÇÃO INTERPOSTO PELO SEGURADO PROVIDO.

1. Não se desconhece que a periculosidade não está expressamente prevista nos Decretos 2.172/1997 e 3.048/1999, o que à primeira vista, levaria ao entendimento de que está excluída da legislação a ***aposentadoria*** *especial pela via da periculosidade.*

2. Contudo, o art. 57 da Lei 8.213/1991 assegura expressamente o direito à aposentadoria especial ao Segurado que exerça sua atividade em condições que coloquem em risco a sua saúde ou a sua integridade física, nos termos dos arts. 201, § 1o. e 202, II da Constituição Federal.

3. Assim, o fato de os decretos não mais contemplarem os agentes perigosos não significa que não seja mais possível o reconhecimento da especialidade da atividade, já que todo o ordenamento jurídico, hierarquicamente superior, traz a garantia de proteção à integridade física do trabalhador.

4. Corroborando tal assertiva, a Primeira Seção desta Corte, no julgamento do 1.306.113/SC, fixou a orientação de que a despeito da

178.844.956-5 6

MINISTÉRIO DA ECONOMIA-ME
SECRETARIA ESPECIAL DE PREVIDÊNCIA E TRABALHO
SECRETARIA DE PREVIDÊNCIA
CONSELHO DE RECURSOS DA PREVIDÊNCIA SOCIAL-CRPS
CONSELHO PLENO

> *supressão do agente **eletricidade** pelo Decreto 2.172/1997, é possível o reconhecimento da especialidade da atividade submetida a tal agente perigoso, desde que comprovada a exposição do trabalhador de forma permanente, não ocasional, nem intermitente*
>
> *5. Seguindo essa mesma orientação, é possível reconhecer a possibilidade de caracterização da atividade de vigilante como especial, com ou sem o uso de arma de fogo, mesmo após 5.3.1997, desde que comprovada a exposição do trabalhador à atividade nociva, de forma permanente, não ocasional, nem intermitente.*
>
> *6. In casu, merece reparos o acórdão proferido pela TNU afirmando a impossibilidade de contagem como tempo especial o exercício da atividade de vigilante no período posterior ao Decreto 2.172/1997, restabelecendo o acórdão proferido pela Turma Recursal que reconheceu a comprovação da especialidade da atividade.*
>
> *7. Incidente de Uniformização interposto pelo Segurado provido para fazer prevalecer a orientação ora firmada.*

Há que se observar que a matéria é totalmente pacífica em nossos tribunais federais diante do acolhimento do repetitivo do Superior Tribunal de Justiça, contudo, ainda se encontra controvertido nos órgãos julgadores deste Conselho de Recursos.

A mera alegação do Instituto que não existe uma código específico para sinalizar a possibilidade de enquadramento do agente nocivo eletricidade na legislação especial, não pode ser óbice a impedir o direito dos segurado que estão expostos diariamente e até com risco de vida, posto que a declaração dos tribunais é clara que a ***relação dos agentes nocivos é meramente exemplificativa.***

Soma-se ainda o fato que, ao impedir o enquadramento, o custo processual junto aos órgãos judiciais se torna imensamente prejudicial aos cofres

MINISTÉRIO DA ECONOMIA-ME
SECRETARIA ESPECIAL DE PREVIDÊNCIA E TRABALHO
SECRETARIA DE PREVIDÊNCIA
CONSELHO DE RECURSOS DA PREVIDÊNCIA SOCIAL-CRPS
CONSELHO PLENO

previdenciários, principalmente pelo simples fato que o segurado terá seguramente êxito na sua demanda.

Assim, em sentido contrário ao entendimento autárquico, comunga-se com os milhares de segurados que buscaram o seu direito e lograram êxito nas vias judiciais, portanto considera-se cabível o respectivo enquadramento na legislação especial, por encontrar amparo no § 3º do art. 57 da Lei nº 8.213/91.

CONCLUSÃO: Pelo exposto, **VOTO** no sentido de **CONHECER do incidente processual proposto pelo SEGURADO**, para no mérito, **DAR-LHE PROVIMENTO.**

Brasília - DF, 25 de setembro de 2020.

VALTER SÉRGIO PINHEIRO COELHO
Relator

MINISTÉRIO DA ECONOMIA-ME
SECRETARIA ESPECIAL DE PREVIDÊNCIA E TRABALHO
SECRETARIA DE PREVIDÊNCIA
CONSELHO DE RECURSOS DA PREVIDÊNCIA SOCIAL-CRPS
CONSELHO PLENO

PROT: 44233.095803/2017-22
NB: 46/178.844.956-5
APELANTE: José Luiz André
APELADO: ACÓRDÃO DA 1ª CAJ
SEGURADO: Instituto Nacional do Seguro Social – INSS
ASSUNTO: Pedido de Uniformização de Jurisprudência
Relator: Valter Sérgio Pinheiro Coelho
Voto Divergente: Robson Ferreira Maranhão

VOTO DIVERGENTE

Com a máxima vênia, discordo do entendimento exarado pela nobre relatora, em virtude de não encontrar na legislação administrativa e previdenciária, fundamentos para enquadramento como especial dos períodos de atividade desenvolvidas pelo recorrente na função de eletricista, como exposto à eletricidade acima de 250W, isto é, de exposição de forma de periculosidade.

Trata-se, o referido processo, de análise de divergência de entendimento, no caso concreto, entre Câmaras de Julgamento envolvendo a conversão de tempo de atividade especial exposto ao agente nocivo eletricidade, após 05/03/1997.

Inicialmente, cabe salientar que é da competência deste Conselho Pleno uniformizar a jurisprudência administrativa demonstrada por divergências jurisprudenciais entre as Câmaras de Julgamento em sede de recurso especial, conforme disciplinado no art. 3º, inc. II, do Regimento Interno do CRPS, aprovado pela Portaria MDAS nº 116/2017, a saber:

> **Art. 3º** Ao Conselho Pleno compete:
> (...)
> **II** - uniformizar, no caso concreto, as divergências jurisprudenciais entre as Juntas de Recursos nas matérias de sua alçada ou entre as Câmaras de julgamento em sede de Recurso Especial, mediante a emissão de Resolução; (...)

Nesta fase de admissibilidade do pedido de Uniformização de Jurisprudência, os pressupostos do seu requerimento com a citação do art. 63, inc. I, §§ 1º e 6º do mesmo Regimento Interno:

> **Art. 63.** O Pedido de Uniformização de Jurisprudência poderá ser requerido em casos concretos, pelas partes do processo, dirigido ao Presidente do respectivo órgão julgador, nas seguintes hipóteses:

MINISTÉRIO DA ECONOMIA-ME
SECRETARIA ESPECIAL DE PREVIDÊNCIA E TRABALHO
SECRETARIA DE PREVIDÊNCIA
CONSELHO DE RECURSOS DA PREVIDÊNCIA SOCIAL-CRPS
CONSELHO PLENO

> **I** - quando houver divergência na interpretação em matéria de direito entre acórdãos de Câmaras de Julgamento do CRSS, em sede de Recurso Especial, ou entre estes e resoluções do Conselho Pleno;
> (...)
> § 1º A divergência deverá ser demonstrada mediante a indicação do acórdão divergente, proferido nos últimos cinco anos, por outro órgão julgador, composição de julgamento, ou, ainda, por resolução do Conselho Pleno.
> **§ 2º** É de 30 (trinta) dias o prazo para o requerimento do Pedido de Uniformização de Jurisprudência e para o oferecimento de contrarrazões, contados da data da ciência da decisão e da data da intimação do pedido, respectivamente, hipótese em que suspende o prazo para o seu cumprimento.

Deixo bem claro a minha posição e entendimento sobre o caso, que periculosidade pode acarretar um acidente, o que todos os trabalhadores estão sujeitos, inclusive o Vigilante, que antes do Decreto 2.172/97, também constava na lista dos trabalhadores expostos a periculosidade e, nem por isso este Conselho Pleno converte tal atividade em condições especiais. O que é bem diferente de nocividade, pois neste caso, o trabalhador estaria perdendo a sua saúde e a sua força de trabalho ao longo do tempo, por exposição aos agentes nocivos, como temo: o chumbo, benzeno, sílica etc.
Deixo de transcrever a divergência de forma especifica, por ter sido bem exposta pela nobre conselheira preventa e ratifico a tempestividade por preencher os pressupostos de admissibilidade contidos no art. 63 do Regimento Interno desde Conselho de Recursos, aprovado pela Portaria MDSA nº 116/2017.
Indubitavelmente, afirmo que a matéria em questão não é nova no Conselho Pleno. Tem-se diversos julgamentos, por maioria de votos, com o entendimento de que o agente eletricidade somente poderia ser alvo de análise administrativa até 05/03/1997. Nesse sentido temos, as seguintes ementas referentes as Resoluções, a saber:

> **Resolução nº 44/2019, de 25/10/2019**, assim ementada:
>
> **EMENTA: APOSENTADORIA POR TEMPO DE CONTRIBUIÇÃO. PEDIDO DE UNIFORMIZAÇÃO DE JURISPRUDÊNCIA. ATIVIADE INSALUBRE. ELETRICIDADE. IMPOSSIBILIDADE DE ENQUADRAMENTO APÓS 05/03/1997. DECRETO Nº 53.831/64. DEVIDA UNIFORMIZAÇÃO DE JURISPRUDÊNCIA.** (Cons. Rel. Eneida da Costa Alvim)

MINISTÉRIO DA ECONOMIA-ME
SECRETARIA ESPECIAL DE PREVIDÊNCIA E TRABALHO
SECRETARIA DE PREVIDÊNCIA
CONSELHO DE RECURSOS DA PREVIDÊNCIA SOCIAL-CRPS
CONSELHO PLENO

Resolução nº 39/2019, de 25/10/2019, assim ementada:

APOSENTADORIA POR TEMPO DE CONTRIBUIÇÃO. PEDIDO DE UNIFORMIZAÇÃO DE JURISPRUDENCIA. Divergência jurisprudencial entre as Câmaras de Julgamento no que tange a conversão do agente eletricidade a partir de 06/03/97, com advento do Decreto nº 2.172/97. Competência para análise deste Conselho Pleno na forma do art. 3º inc. II do Regimento Interno do CRPS aprovado pela Portaria MDAS nº 116/2017. Pressupostos de Admissibilidade do pedido alcançados na forma do art. 63 do mesmo Regimento. Impossibilidade de conversão do agente eletricidade a partir de 06/03/97 por inexistência de previsão legal, não sendo possível o Conselho julgar em desacordo com o previsto em lei, decreto e ato normativo ministerial, na forma do art. 69 do Regimento Interno do CRSS. Precedentes do Conselho Pleno. Pedido de Uniformização conhecido e improvido. (Cons. Rel. Rodolfo Espinel Donadon)

Resolução nº 35/2019, de 24/09/2019, assim ementada:

EMENTA: PEDIDO DE UNIFORMIZAÇÃO DE JURISPRUDÊNCIA.APOSENTADORIA POR TEMPO DE CONTRIBUIÇÃO. PRESSUPOSTOS DE ADMISSIBILIDADE DO PEDIDO ALCANÇADOS (PORTARIA MDSA Nº 116/2017). ATIVIDADE ESPECIAL. AGENTE NOCIVO. ELETRICIDADE. NÃO ENQUADRAMENTO APÓS 06/03/97. FALTA DE PREVISÃO LEGAL. MATÉRIA JÁ CONSOLIDADA EM RESOLUÇÃO DO CRPS. PEDIDO CONHECIDO E PROVIDO.

1. A falta de previsão legal para o enquadramento do agente nocivo eletricidade é matéria de direito sedimentada no Conselho Pleno conforme resoluções e aplicação da legislação previdenciária, sendo acolhida a uniformização de jurisprudência.
2. Não há previsão regimental que possibilite a aplicação da jurisprudência judicial consolidada sobre o assunto, sob pena de responsabilidade civil e administrativa prevista em lei.
3. Pedido de Uniformização de Jurisprudência provido.(Cons. Rel. Tarsila Otaviano da Costa)

MINISTÉRIO DA ECONOMIA-ME
SECRETARIA ESPECIAL DE PREVIDÊNCIA E TRABALHO
SECRETARIA DE PREVIDÊNCIA
CONSELHO DE RECURSOS DA PREVIDÊNCIA SOCIAL-CRPS
CONSELHO PLENO

Resoluções nº 22/2019 e 23/2019, ambas de 28/06/2019, assim ementadas (mesma ementa):

APOSENTADORIA POR TEMPO DE CONTRIBUIÇÃO. PEDIDO DE UNIFORMIZAÇÃO DE JURISPRUDENCIA. Divergência jurisprudencial entre as Câmaras de Julgamento no que tange a conversão do agente eletricidade a partir de 06/03/97, com advento do Decreto nº 2.172/97. Competência para análise deste Conselho Pleno na forma do art. 3º inc. II do Regimento Interno do CRSS aprovado pela Portaria MDAS nº 116/2017. Pressupostos de Admissibilidade do pedido alcançados na forma do art. 63 do mesmo Regimento. Impossibilidade de conversão do agente eletricidade a partir de 06/03/97 por inexistência de previsão legal, não sendo possível o Conselho julgar em desacordo com o previsto em lei, decreto e ato normativo ministerial, na forma do art. 69 do Regimento Interno do CRSS. Precedentes do Conselho Pleno. Pedido de Uniformização conhecido e provido. Necessidade de revisão de ofício do acórdão impugnado na forma do § 12 do art. 63 do Regimento Interno do CRSS. (Cons. Rel. Rodolfo Espinel Donadon)

Resoluções nº 53/2018 e 52/2018, ambas de 28/08/2018, assim ementadas (mesma Ementa):

APOSENTADORIA ESPECIAL. PEDIDO DE UNIFORMIZAÇÃO DE JURISPRUDENCIA. Divergência jurisprudencial entre as Câmaras de Julgamento no que tange a conversão do agente eletricidade a partir de 06/03/97, com advento do Decreto nº 2.172/97. Competência para análise deste Conselho Pleno na forma do art. 3º inc. II do Regimento Interno do CRSS aprovado pela Portaria MDAS nº 116/2017. Pressupostos de Admissibilidade do pedido alcançados na forma do art. 63 do mesmo Regimento. Impossibilidade de conversão do agente eletricidade a partir de 06/03/97 por inexistência de previsão legal, não sendo possível o Conselho julgar em desacordo com o previsto em lei, decreto e ato normativo ministerial, na forma do art. 69 do Regimento Interno do CRSS. Precedente do Conselho Pleno. Pedido de Uniformização conhecido e improvido. (Cons. Rel. Rodolfo Donadon)

Resolução nº 08/2016, de 23/03/2016:

178.844.956-5 12

MINISTÉRIO DA ECONOMIA-ME
SECRETARIA ESPECIAL DE PREVIDÊNCIA E TRABALHO
SECRETARIA DE PREVIDÊNCIA
CONSELHO DE RECURSOS DA PREVIDÊNCIA SOCIAL-CRPS
CONSELHO PLENO

PEDIDO DE UNIFORMIZAÇÃO DE JURISPRUDÊNCIA. APOSENTADORIA POR TEMPO DE CONTRIBUIÇÃO. ATIVIDADE ESPECIAL. ELETRICIDADE. INVIABILIDADE DE ENQUADRAMENTO DE PERÍODOS A PARTIR DE 06/03/97.

1. O agente nocivo eletricidade, a partir de 06/03/97, foi excluído do rol de agentes que propicia a concessão da aposentadoria especial, não podendo ser considerada para fins de reconhecimento da especialidade das atividades exercidas pelo segurado.

2. Pedido de Uniformização de Jurisprudência conhecido e provido. (Cons. Rel. Geraldo Almir Arruda)

Data vênia, mais uma vez, agora, mais detidamente ao nobre Conselheiro deste Conselho Pleno do Conselho de Recursos da Previdência Social, Rodolfo Espinel Donadon, por coadunar com seu entendimento, para expor aqui grande parte de seu voto no processo de Nº de Protocolo do Recurso: 44232.441283/2015-82, Documento: 42/172.254.554-0, Recorrente: Lucas Moura da Fonseca em que reconheceu do pedido de uniformização de jurisprudência para, no mérito, dar provimento. Peço a compreensão para aqui expor parte de seu voto com formatação metódica para o um bom entendimento e compreensão do que se defende. Assim exposto o nobre relator:

"Tomando por base o voto precursor avaliado pelo Pleno, Resolução (...) nº 08/2016, no entendimento do Colega que proferiu o voto vencedor, as razões para não se reconhecer, administrativamente, o agente eletricidade a partir de 06/03/1997 podem ser assim resumidas:

a)inexistência de suporte jurídico como fator impeditivo para análise;

b) princípio da legalidade a que se submete o Conselho somente permite praticar atos que a lei autoriza, não lhe sendo facultado "praticar atos em contrariedade a norma jurídica que o vincule". No caso, o art. 70 do Regimento Interno do então CRPS, aprovado pela Portaria MPS nº 548/2011;

c) "inexiste lacuna ou omissão na legislação previdenciária a propiciar, por analogia, o enquadramento de períodos posteriores a 05/03/1997." O art. 58 da Lei nº 8.213/91 atribuiu ao Poder Executivo a exclusiva prerrogativa de definir a relação dos agentes nocivos ensejadores da aposentadoria especial;

MINISTÉRIO DA ECONOMIA-ME
SECRETARIA ESPECIAL DE PREVIDÊNCIA E TRABALHO
SECRETARIA DE PREVIDÊNCIA
CONSELHO DE RECURSOS DA PREVIDÊNCIA SOCIAL-CRPS
CONSELHO PLENO

d) o Anexo IV do Decreto nº 3.048/99, em seu texto inicial, trata o rol dos agentes nocivos como exaustivo, mitigado, apenas, pelo Decreto nº 8.123/13 que ao dar nova redação ao § 4º do art. 68 do Decreto nº 3.048/99, também deu conotação especial de agentes nocivos reconhecidamente cancerígenos em humanos, listados pelo Ministério do Trabalho e Emprego. Em atendimento a tal dispositivo legal, o agente eletricidade não foi incluído em nenhum dos três grupos da Lista Nacional de Agentes Cancerígenos instituída pela Portaria Interministerial MTE/MPS nº 9, de 07/10/2014;

e) A lista de agentes nocivos contidos no Anexo IV do Decreto nº 2.172/97 foi precedida de estudo aprofundado, com participação técnica do então Ministério do Trabalho e Emprego, analisados, um por um, cada agente nocivo contido nos normativos;

f) O Poder Judiciário, ao converter o agente eletricidade após 05/03/97, por analogia, detém o poder de controle da constitucionalidade das leis e demais atos normativos, poder esse que o Conselho não o detém;

g) Por fim, não se questiona a nocividade do agente, mas sua ausência do rol do Anexo IV do Decreto nº 2.172/97 não possibilita sua conversão.

Na condição de Relator dos Pedidos de Uniformização de Jurisprudência que geraram as Resoluções acima citadas nº 39/2019, 22 e 23/2019, 52 e 53/2018, a construção do voto partiu do princípio da veemente incidência do princípio da legalidade ao Conselho. Para constar, o Regimento Interno do CRSS, aprovado pela Portaria MDAS nº 116/2017, manteve o mesmo conteúdo do art. 70 do então Regimento Interno do CRPS utilizado como embasamento legal pelo Colega, alterando-se, apenas, a numeração do dispositivo legal, art. 69, a saber:

> ***Art. 69**. É vedado aos órgãos julgadores do CRSS afastar a aplicação, por inconstitucionalidade ou ilegalidade, de tratado, acordo internacional, lei, decreto ou ato normativo ministerial em vigor, ressalvados os casos em que:*
>
> *I - já tenha sido declarada a inconstitucionalidade da norma pelo Supremo Tribunal Federal, em ação direta, após a publicação da decisão, ou pela via incidental, após a publicação da resolução do Senado Federal que suspender a sua execução; e*
> *II - haja decisão judicial, proferida em caso concreto, afastando a aplicação da norma, por ilegalidade ou inconstitucionalidade, cuja extensão dos efeitos jurídicos tenha sido autorizada pelo Presidente da República.*

MINISTÉRIO DA ECONOMIA-ME
SECRETARIA ESPECIAL DE PREVIDÊNCIA E TRABALHO
SECRETARIA DE PREVIDÊNCIA
CONSELHO DE RECURSOS DA PREVIDÊNCIA SOCIAL-CRPS
CONSELHO PLENO

Vejamos a incidência do princípio da legalidade perante o Conselho, exclusivamente, a respeito da matéria em discussão.

Nos termos do Código 1.1.8 do Anexo III, do Decreto n.º 53.831, de 25/03/64, eletricidade situa-se no campo de Agente, para "Trabalhos permanentes em instalações ou equipamentos elétricos com riscos de acidentes - Eletricistas, cabistas, montadores e outros", e exposto a tensões superiores a 250 volts. Tratava-se de exposição por periculosidade e não foi incluído no rol dos agentes nocivos do Anexo IV do Decreto nº 2.172/97.

Em um primeiro aspecto, o § 1º do art. 201 da CF/88 dispõe ser "vedada a adoção de requisitos e critérios diferenciados para a concessão de aposentadoria (...), ressalvados os casos de atividades exercidas sob condições especiais que prejudiquem a saúde ou a integridade física (...)". Ao se analisar o entendimento doutrinário[1] e jurisprudencial[2], menciona-se que o prejuízo à integridade física se correlaciona ao agente periculosidade. No mesmo entendimento, o caput do art. 57 da Lei nº 8.213/91 também faz referência à integridade física do trabalhador, em consequência, da periculosidade. Portanto, a exclusão do agente periculosidade não poderia ser feita por Decreto, além da taxatividade do rol dos agentes nocivos.

Os fundamentos acima são totalmente aceitáveis e, indo mais além, a Norma Regulamentadora – NR-10 da FUNDACENTRO, com redação publicada em 08/12/04, portanto, após a edição do Decreto nº 2.172, estabeleceu os requisitos e condições para proteção da saúde e segurança do trabalhador que atue ou interaja, direta ou indiretamente, em instalações elétricas e serviços com eletricidade. O agente não deixou de ser perigoso.

A Constituição Federal expressamente determinou a regulamentação do art. 201 por meio de Lei. No caso, instituída a Lei nº 8.213/91 que, por sua vez, foi regulamentada pelo Decreto nº 3.048/99. Portanto, no campo administrativo, a simples alegação de ilegalidade ou mesmo inconstitucionalidade de aplicação do Decreto não tem guarida. Incidência clara do referido art. 69 do Regimento Interno da Casa.

A partir de 06/03/97, o Poder Executivo não designou a possibilidade de conversão deste agente nocivo. Administrativamente, o rol dos agentes nocivos a partir do Decreto 2.172/97 não é meramente exemplificativo. O art. 58 da Lei nº 8.213/91 menciona que a relação dos agentes nocivos químicos, físicos e biológicos ou

[1] LANDENTHIN, Adriana Bramante de Castro. Aposentadoria especial: teoria e prática. Curitiba: Juruá, 2013, pags.74/76 e 80.
[2] STJ. REsp 1602919/PR Recurso Especial. Rel. Excl. Sr. Min. Herman Benamin, 2ª Turma, Julgamento em 14/06/16. Publicado em 05/09/16.

MINISTÉRIO DA ECONOMIA-ME
SECRETARIA ESPECIAL DE PREVIDÊNCIA E TRABALHO
SECRETARIA DE PREVIDÊNCIA
CONSELHO DE RECURSOS DA PREVIDÊNCIA SOCIAL-CRPS
CONSELHO PLENO

associação de agentes prejudiciais à saúde ou à integridade física será definida pelo Poder Executivo.

Retomo a análise do Decreto nº 3.048/99 e destaco os seguintes dispositivos legais:

> ***Art. 64.*** *(....)*
>
> *§ 2º **Consideram-se condições especiais** que prejudiquem a saúde e a integridade física aquelas nas quais a exposição ao agente nocivo ou associação de agentes presentes no ambiente de trabalho esteja acima dos limites de tolerância estabelecidos**segundo critérios quantitativosou**esteja caracterizada segundo os critérios da**avaliação qualitativa** dispostos no § 2º do art. 68. (Redação dada pelo Decreto nº 8.123, de 2013)*
>
> ***Art. 68.*** *A **relação dos agentes nocivos químicos, físicos, biológicos** ou associação de agentes prejudiciais à saúde ou à integridade física, considerados para fins de concessão de aposentadoria especial, **consta do Anexo IV**.*
>
> ***§ 1ºAs dúvidas sobre o enquadramento dos agentes de que trata o caput,** para efeito do disposto nesta Subseção, **serão resolvidas pelo Ministério do Trabalho e Emprego e pelo Ministério da Previdência e Assistência Social.***
>
> *(...)*

O que se percebe pela análise dos dispositivos legais acima citados, principalmente as partes em destaque, é que o Poder Executivo regulamentou os critérios de análise dos agentes nocivos, conforme previsto no art. 58 da Lei nº 8.213/91. Estão definidos critérios quantitativos e qualitativos, contidos no Anexo IV do Decreto nº 3.048/99. Dúvidas sobre enquadramentos seriam revolvidas pelo então Ministério do Trabalho e da Previdência Social.

Neste contexto, do ponto de vista administrativo, a inexistência de critério de análise – revestido pelo Poder Executivo na figura de um código de conversão – não é meramente um detalhe. Por traz desse critério há todo um estudo feito por quem de competência. Tal permite distinguir se uma atividade depende de 15, 20 ou 25 anos de tempo especial, se o agente é químico, físico ou biológico. No mais, limita o poder de atuação da administração. Se não tem código que embasa a conversão, poderia ser utilizado qualquer critério de análise, inclusive, entender que aquela atividade do

MINISTÉRIO DA ECONOMIA-ME
SECRETARIA ESPECIAL DE PREVIDÊNCIA E TRABALHO
SECRETARIA DE PREVIDÊNCIA
CONSELHO DE RECURSOS DA PREVIDÊNCIA SOCIAL-CRPS
CONSELHO PLENO

segurado exposta ao agente eletricidade seria passível de conversão por fator de tempo – 15 anos – por exemplo. O Poder Executivo não "esqueceu" do agente eletricidade, assim como outros agentes deixaram de existir na análise da aposentadoria especial, como frio e umidade por exemplo. Teve alguma razão técnica por traz da sua exclusão.

Mantenho essa linha de raciocínio se o Poder Executivo aboliu a análise do agente eletricidade a partir de 06/03/97, em respeito ao princípio da legalidade, não pode o Conselho de Recursos do Seguro Social (CRSS) julgar em sentido contrário, unicamente com base em entendimento jurisprudencial ou doutrinário, sob pena de ferir a Lei nº 8.213/91 e demais artigos do Decreto nº 3.048/99 que a regulamentou. No mais, o Conselho estaria legislando, competência que não lhe cabe atualmente.

Não venho aqui questionar a nocividade do agente eletricidade, apenas a legalidade da ação do Conselho em julgar em desacordo com o previsto na lei.

Levantando outra questão, ainda sob a ótica da incidência do princípio da legalidade, este não pode ser aplicado caso a caso. Ou seja, ao se converter por eletricidade a partir de 06/03/1997, outras questões devem ser resolvidas também e, no meu entender, novamente feririam o art. 69 do Regimento Interno do Conselho. Vejamos:

A norma exposta no parágrafo único do art. 69 do Decreto nº 3.048/99 menciona:

> ***Art. 69.** A data de início da aposentadoria especial será fixada: (Redação dada pelo Decreto nº 8.123, de 2013)*
> *(...)*
> ***Parágrafo único**. O segurado que retornar ao exercício de atividade ou operação que o sujeite aos riscos e agentes nocivos **constantes do Anexo IV**, ou nele permanecer, na mesma ou em outra empresa, qualquer que seja a forma de prestação do serviço ou categoria de segurado, **será imediatamente notificado da cessação do pagamento de sua aposentadoria especial,** no prazo de sessenta dias contado da data de emissão da notificação, salvo comprovação, nesse prazo, de que o exercício dessa atividade ou operação foi encerrado. (Redação dada pelo Decreto nº 8.123, de 2013)*

O parágrafo único do art. 69, ao remeter ao Anexo IV do Decreto, estabeleceu que para aquelas atividades ai descritas o segurado aposentado de forma especial não poderia continuar na atividade tida como ensejadora da aposentadoria. Em tese, se não existe conversão de agente eletricidade a partir de 06/03/97, justamente

MINISTÉRIO DA ECONOMIA-ME
SECRETARIA ESPECIAL DE PREVIDÊNCIA E TRABALHO
SECRETARIA DE PREVIDÊNCIA
CONSELHO DE RECURSOS DA PREVIDÊNCIA SOCIAL-CRPS
CONSELHO PLENO

por não constar no Anexo IV, a regra acima não se aplicaria ao período supostamente convertido. Logo, se ao administrador cabe fazer o que a lei determina, estaríamos diante de uma situação onde o segurado exposto ao agente eletricidade por 25 anos, considerando período após 06/03/1997, ao ter concedida uma aposentadoria especial não necessitaria afastar da atividade insalubre. Para aquelas atividades previstas no Anexo IV, o afastamento é obrigatório, porém, para agente nocivo não previsto no Anexo IV, não haveria necessidade de afastamento.

Bom, se o Conselho admite a possibilidade de converter o agente nocivo eletricidade a partir de 06/03/97 e também resolve determinar que tal atividade necessita de afastamento a partir do momento da concessão da aposentadoria especial, o princípio da legalidade, no meu entendimento, teria sido violado duas vezes. Primeiro, por legislar e incluir agente não previsto; em segundo lugar, por aplicar norma que não faz referência a agente nocivo não contido no Anexo IV. É importante frisar que o reconhecimento administrativo do agente como nocivo, por si só, não dá nenhuma competência ao Conselho para incluí-lo no ordenamento jurídico.

Para fins previdenciários, o agente eletricidade foi considerado nocivo até 05/03/1997 como agente detentor de periculosidade. Igualmente, a categoria do vigilante, porém, a esta última também não é possível avaliar tal agente a partir do Decreto nº 2.172/97. Inclusive, entendimento deste Conselho Pleno, a saber:

> ***Resolução nº 17/2018 de 27/02/18***
>
> *APOSENTADORIA ESPECIAL. PEDIDO DE UNIFORMIZAÇÃO DE JURISPRUDENCIA.* ***Divergência jurisprudencial entre as Câmaras de Julgamento no que tange ao enquadramento da atividade de vigilante a partir de 29/04/95. (...).*** *A Lei nº 9.032/95 aboliu a modalidade de enquadramento por categoria profissional não sendo permitido ao Conselho enquadrar a atividade de vigilante a partir de 29/04/95, por inexistência de previsão legal. Estrita observância do julgamento ao previsto em lei, decreto e ato normativo ministerial, na forma do art. 69 do Regimento Interno do CRSS. Pedido de Uniformização conhecido e improvido. (Cons. Rel. Rodolfo Espinel Donadon)*

Com mesmo entendimento, ***Resolução nº 13 de 24/05/17****, também de minha relatoria.*

O que se assemelha na análise do eletricista e do vigilante é justamente o fato de ambos estarem exposto ao agente periculosidade, contudo, o entendimento firmado pelo Conselho Pleno é que, no âmbito administrativo previdenciário, é possível

MINISTÉRIO DA ECONOMIA-ME
SECRETARIA ESPECIAL DE PREVIDÊNCIA E TRABALHO
SECRETARIA DE PREVIDÊNCIA
CONSELHO DE RECURSOS DA PREVIDÊNCIA SOCIAL-CRPS
CONSELHO PLENO

o reconhecimento do agente como nocivo somente até 05/03/1997 como passível de conversão para fins de reconhecimento de tempo especial."

Diante do exposto, em síntese, entendo em convicção, que não é possível a conversão de período sem o seu correlacionado código (exigência legal) e o 1.1.8 do Anexo III do Decreto 53.831/64, e que fora revogado. Bem como, de igual modo, temos o Decreto nº 2.172/97 também revogou o agente periculosidade do rol dos agentes nocivos, fundamento de outro fator impeditivo para se reconhecer a insalubridade do período, sem violar, no campo administrativo, com também previdenciária, o princípio da legalidade. Portanto, o pedido formulado pelo senhor não deve, no momento, prosperar no mérito.

Nestes termos, **conheço do pedido de Uniformização de Jurisprudência e no mérito, negar-lhe provimento**, para reconhecer a existência de diversos precedente neste Conselho a respeito da matéria com entendimento favorável ao pretendido pelo INSS e a impossibilidade de conversão do agente eletricidade a partir de 06/03/97 por inexistência de previsão legal, não sendo possível o Conselho julgar em desacordo com o previsto em lei, decreto e ato normativo ministerial, na forma do art. 69 do Regimento Interno do CRSS.

Ante todo ao exposto, **VOTO** no sentido de, preliminarmente, **CONHECER DO PEDIDO DE UNIFORMIZAÇÃO DE JURISPRUDÊNCIA** para, no mérito, **NEGAR-LHE PROVIMENTO.**

Brasília-DF, 25 de setembro de 2020.

ROBSON FERREIRA MARANHÃO
Conselheiro 1ª Caj

MINISTÉRIO DA ECONOMIA-ME
SECRETARIA ESPECIAL DE PREVIDÊNCIA E TRABALHO
SECRETARIA DE PREVIDÊNCIA
CONSELHO DE RECURSOS DA PREVIDÊNCIA SOCIAL-CRPS
CONSELHO PLENO

DECISÓRIO

RESOLUÇÃO Nº 62/2020

Vistos e relatados os presentes autos, em sessão realizada hoje, **ACORDAM** os membros do Conselho Pleno, por **MAIORIA** no sentido de **CONHECER DO PEDIDO DE UNIFORMIZAÇÃO DE JURISPRUDÊNCIA,** e no mérito **NEGAR-LHE PROVIMENTO,** de acordo com o **VOTO DIVERGENTE** do Relator Robson Ferreira Maranhão e sua fundamentação. Vencido Voto do Relator Valter Sérgio Pinheiro Coelho. Vencidos ainda os Conselheiros Gustavo Beirão Araújo, Paulo Sérgio de Carvalho Costa Ribeiro, Renato Agostinho das Chagas, Moisés Oliveira Moreira.

Participaram, ainda, do presente julgamento os (as) Conselheiros (as): Vania Pontes Santos, Maria Madalena Silva Lima, Imara Sodré Sousa Neto, Sulamita Cristina Dias, Guilherme Lustosa Pires, Rodolfo Espinel Donadon, Alexandra Álvares de Alcântara, Tarsila Otaviano da Costa e Adriene Cândida Borges.

Brasília-DF, 25 de setembro de 2020.

ROBSON FERREIRA MARANHÃO
Conselheiro 1ª Caj

MARCELO FERNANDO BORSIO
Presidente

3.1.63 Resolução 63/2020 (ruído/limite/decibéis/80/90/95/Db/*Tempus Regit Actum*)

Objeto: Trata-se de Reclamação interposta por segurado por suposta violação à Súmula 29 da AGU: SÚMULA Nº 29, DE 9 DE JUNHO DE 2008 – Publicada no DOU, Seção 1, de 10/06; 11/06 e 12/06/2008.

Decisão: Provimento parcial.

Tese jurídica: "Atendidas as demais condições legais, considera-se especial, no âmbito do RGPS, a atividade exercida com exposição a ruído superior a 80 decibéis até 05/03/97, superior a 90 decibéis desta data até 18/11/2003, e superior a 85 decibéis a partir de então."

MINISTÉRIO DA ECONOMIA-ME
SECRETARIA ESPECIAL DE PREVIDÊNCIA E TRABALHO
SECRETARIA DE PREVIDÊNCIA
CONSELHO DE RECURSOS DA PREVIDÊNCIA SOCIAL-CRPS
CONSELHO PLENO

Nº de Protocolo do Recurso: 44232.794638/2016-14
Documento/Benefício: 42/175.144.503.5
Unidade de origem: Agência da Previdência Social/São Paulo-Tatuapé
Tipo do Processo: Reclamação ao Conselho Pleno
Recorrente: Instituto Nacional do Seguro Social/INSS
Recorrido: Otávio Aparecido de Oliveira
Assunto: Aposentadoria por Tempo de Contribuição
Relatora: Alexandra Álvares Alcântara

(Processo Eletrônico)

Relatório

As páginas informadas referem-se ao processo completo (Árvore Documental-form.PDF).

Trata-se de RECLAMAÇÃO AO CONSELHO PLENO proposta por OTÁVIO APARECIDO DE OLIVEIRA contra os termos do ACÓRDÃO nº 19/2019 (fls. 278/281), prolatado pela egrégia 4ª Câmara de Julgamento, no qual deu provimento ao recurso especial interposto pelo INSS, sob o fundamento de que não está comprovado tempo especial, não atendido os requisitos para a concessão de APOSENTADORIA POR TEMPO DE CONTRIBUIÇÃO.

O benefício foi requerido em 11.03.2016 e indeferido por falta de tempo de contribuição, eis que apurado o total de 29 anos 01 mês e 24 dias de contribuição até 11.03.2016 (fls. 92/94).

Foram colacionados aos autos, entre outros:

- Formulários PPP(s) para os intervalos de 01.11.1989 a 20.06.1995 (1/2 oficial de serralheiro), de 01.04.1998 a 17.07.2003 (serralheiro), na SERRALHERIA SCARABELLI LTDA, indicada a exposição a ruído de 103dB, radiação não ionizante, poeiras e fumos metálicos – fls. 47/48, 202/205;
- Formulário PPP para o intervalo de 02.01.2004 a 12.02.2009 (serralheiro), na SERRALHERIA SCARABELLI LTDA, indicada a

175.144.503.5

9· 1

MINISTÉRIO DA ECONOMIA-ME
SECRETARIA ESPECIAL DE PREVIDÊNCIA E TRABALHO
SECRETARIA DE PREVIDÊNCIA
CONSELHO DE RECURSOS DA PREVIDÊNCIA SOCIAL-CRPS
CONSELHO PLENO

exposição a ruído de 95dB, radiação não ionizante, poeiras e fumos metálicos – fls. 51/52, 204/207;

- Formulário PPP para o intervalo de 01.04.2009 a 01.07.2011 (serralheiro), na SERRALHERIA SCARABELLI LTDA, indicada a exposição a ruído de 94,8dB, radiação não ionizante, poeiras e fumos metálicos – fls. 53/54, 208/209;
- Carteira de Trabalho e da Previdência Social – fls. 55/91, 118/135, 210/246;
- CNIS – Cadastro Nacional de Informações Sociais – fls. 98/106, 253/257;
- Comprovante de inscrição e de situação cadastral da empresa ILUREL INDÚSTRIA DE LUSTRES E REPUXAÇÃO LTDA, com abertura em 23.12.1968 e com situação de baixada em 31.12.2008, acompanhado de certidão de baixa de inscrição no CNPJ; SINTEGRA / ICMS (não habilitado) e a Ficha Cadastral Simplificada do Governo do Estado de São Paulo – fls. 139/143.

Em recurso ordinário, o Interessado buscou o reconhecimento de tempo especial para os intervalos de 14.07.1978 a 29.09.1981 e de 01.11.1989 até atual (fl. 01).

Com o recurso ordinário foram apresentados:

- Declaração da empresa SCARABELLI, no qual informa que o sócio Carlos Roberto Scarabelli está autorizado a assinar e a tratar de quaisquer assuntos referentes a Perfil Profissiográfico Previdenciário - fl. 05;
- Contrato Social da empresa SCARABELLI INSTALAÇÃO E MONTAGEM S/C LTDA e alterações contratuais – fls. 15/31.

A egrégia 23ª JR, por meio do ACÓRDÃO nº 2.911/2016 (fls. 147/149), deu parcial provimento ao recurso ordinário, mantido o intervalo de 14.07.1978 a 29.09.1981 como de natureza comum e acolhido como especial os períodos de 01.04.1998 a 17.03.2003, de 02.01.2004 a 12.02.2009 e de 01.04.2009 a 01.07.2011, considerada a exposição ao ruído acima do limite tolerado, no código 2.0.1, do Anexo IV, porém, sem implementar os requisitos para o Benefício.

MINISTÉRIO DA ECONOMIA-ME
SECRETARIA ESPECIAL DE PREVIDÊNCIA E TRABALHO
SECRETARIA DE PREVIDÊNCIA
CONSELHO DE RECURSOS DA PREVIDÊNCIA SOCIAL-CRPS
CONSELHO PLENO

A Perícia Médica emitiu parecer contrário ao reconhecimento de especialidade para os intervalos de 01.11.1989 a 20.06.1995, de 01.04.1998 a 17.07.2003, de 02.01.2004 a 12.02.2009 e de 01.04.2009 a 01.07.2011 – fls. 151/152.

Em Recurso Especial, o INSS requer que seja reformada a decisão da Junta de Recursos, pois a Perícia Médica não enquadrou os intervalos de 01.11.1989 a 20.06.1995, de 01.04.1998 a 17.07.2003, de 02.01.2004 a 12.02.2009 e de 01.04.2009 a 01.07.2011 – fls. 154/156.

Sem contrarrazões pelo interessado, apesar da ciência em 16.12.2016 (fl. 158).

A egrégia 1ª Composição Adjunta da 4ª Câmara de Julgamento, por meio do Acórdão nº 652/2017, negou provimento ao recurso do INSS e ratificou o tempo especial acolhido para os intervalos de 01.04.1998 a 17.03.2003, de 02.01.2004 a 12.02.2009 e de 01.04.2009 a 01.07.2011, pela exposição ao agente nocivo ruído acima do limite tolerado, sem autorizar a concessão do Benefício (fls. 160/167).

O interessado apresentou pedido de Revisão de Acórdão visando o enquadramento do período de 01.01.1989 a 20.06.1995 pela categoria profissional, bem como, por exposição ao agente nocivo ruído acima do limite tolerado. Com o enquadramento perfaz os requisitos para o Benefício. Outrossim, concorda com eventual reafirmação da DER – fls. 170/179.

Com o pedido revisional, o Interessado apresentou declaração da empresa SERRALHEIRA SCARABELLI LTDA, com a informação de que não houve mudanças de *layout*, maquinários e equipamentos de proteção, assim como nas condições dos agentes ambientais, utilizada as informações do PPRA / Laudo mais próximo – fl. 180.

A egrégia 04ª CAJ, por meio do Decisório nº 831/2017, converteu o julgamento em diligência, tendo solicitada a manifestação da SST – Seção de Saúde do Trabalhador considerada a nova documentação apresentada – fls. 189/191.

O SST mantém o parecer contrário aos intervalos de 01.11.1989 a 20.06.1995, de 01.04.1998 a 17.07.2003, de 02.01.2004 a 12.02.2009 e de 01.04.2009 a

MINISTÉRIO DA ECONOMIA-ME
SECRETARIA ESPECIAL DE PREVIDÊNCIA E TRABALHO
SECRETARIA DE PREVIDÊNCIA
CONSELHO DE RECURSOS DA PREVIDÊNCIA SOCIAL-CRPS
CONSELHO PLENO

01.07.2011, pois não foi informado dados do responsável pelos registros ambientais; as medidas da intensidade do agente ruído não apresentado em dBA; não atendida a metodologia da NHO-01/NEN; a agente radiação não ionizante possui enquadramento técnico até 05.03.1997; não comprovada a exposição em caráter permanente a radiação não ionizante e nem indicada a fonte; não especificado o tipo de poeira e o agente fumo metálico é previsto até 05.03.1997 – fls. 273/275.

A egrégia 04ª CAJ, por meio do Acórdão nº 19/2019 (fls. 278/281), conheceu do recurso do INSS e deu provimento para manter como de natureza comum o intervalo de 01.01.1989 a 20.06.199**9** (*período correto: 20.06.199**5**), sob o fundamento de que "*a medição não encontra amparo no Anexo nº 01, na Norma Regulamento nº 15 do Ministério do Trabalho e Emprego, uma vez que a técnica utilizada é aquela para ruído contínuo ou intermitente e não de impacto*".

Não consta ciência da decisão anterior.

Em pedido de Reclamação ao Conselho Pleno, o Interessado afirma que há infringência a Enunciado editado pelo Conselho Pleno e violação ao artigo 269, parágrafo único da Instrução Normativa nº 77/2015, pois laborou na atividade de serralheiro, ora passível de enquadramento por Categoria Profissional, no código 2.5.3, Anexo III, do Decreto nº 53.831/64. Sustenta ainda que, comprovou a exposição ao agente físico ruído acima de 103dB, superior ao limite permitido pela Súmula 29 da AGU. Salientou que, a CAJ desconsiderou a exposição ao agente ruído por entender que não foi apresentado em dB, porém essa exigibilidade é a partir de janeiro de 2004, sendo ainda admitida outra metodologia de acordo com a Resolução 26 do Conselho Pleno e, caberia ao próprio INSS fiscalizar as empresas quanto ao cumprimento das exigências definidas em legislação previdenciária, como a realização de inspeção "*in loco*" pela Perícia Médica. Assim, há infringência ao Enunciado nº 32 do CRPS e a Súmula nº 29 da AGU – fls. 286/304.

O Presidente da 4ª Câmara de Julgamento se manifestou sobre o processamento da Reclamação acima no seguinte sentido (fl. 310):

> "1. Trata-se de Reclamação (Regimento, art. 64) dirigida à composição plenária deste CRPS, ofertada pelo segurado OTÁVIO APARECIDO DE OLIVEIRA em face de acórdão prolatado pela 4ª CaJ (nº 19/2019 - evento 64).

MINISTÉRIO DA ECONOMIA-ME
SECRETARIA ESPECIAL DE PREVIDÊNCIA E TRABALHO
SECRETARIA DE PREVIDÊNCIA
CONSELHO DE RECURSOS DA PREVIDÊNCIA SOCIAL-CRPS
CONSELHO PLENO

> 2. Considerando que a competência para apreciar a admissibilidade da reclamatória pertence unicamente ao Presidente do CRPS (Regimento, art. 64, § 2º), este dossiê eletrônico deve ser encaminhado ao Gabinete da Presidência, para apreciação quanto a esse aspecto preliminar".

Despacho do Vice-Presidente do Conselho de Recursos da Previdência Social admitindo a Reclamação ao Conselho Pleno, na forma do artigo 64 do Regimento interno do CRPS – fl. 311.

O processo foi distribuído ao Relator RENATO AGOSTINHO DAS CHAGAS e redistribuído a essa Conselheira.

É o relatório

VOTO

> EMENTA: APOSENTADORIA POR TEMPO DE CONTRIBUIÇÃO. TEMPO ESPECIAL POR EXPOSIÇÃO A RUÍDO E A CATEGORIA PROFISSIONAL. RECLAMAÇÃO AO CONSELHO PLENO. PRESSUPOSTOS DE ADMISSIBILIDADE DO PEDIDO ATENDIDOS NOS TERMOS DO ARTIGO 64, INCISOS I DA PORTARIA MINISTERIAL MDS Nº 116/2017. DEMONSTRADA INFRINGÊNCIA DO ÓRGÃO JULGADOR A SÚMULA DA AGU. PREJUDICADA A ANÁLISE DE INFRINGÊNCIA AO ENUNCIADO DO CONSELHO PLENO. RECLAMAÇÃO PROCEDENTE EM PARTE.
> 1 – Período de prestação de serviço em que são aceitas medições pontuais, nível equivalente, média ou dose. Comprovada a exposição a ruído acima do patamar tolerado e atendida as demais condições, permite configurar a infringência à Súmula nº 29 da AGU.
> 2 – Sem previsão legal para enquadramento da atividade de serralheiro, por Categoria Profissional, nos quadros anexos dos Decretos nº 53.831/64 e 83.080/79, estando prejudicada a alegação de infringência ao Enunciado nº 32 do CRPS.
> 3 – Reclamação ao Conselho Pleno proposta pelo SEGURADO procedente em parte.

175.144.503.5

MINISTÉRIO DA ECONOMIA-ME
SECRETARIA ESPECIAL DE PREVIDÊNCIA E TRABALHO
SECRETARIA DE PREVIDÊNCIA
CONSELHO DE RECURSOS DA PREVIDÊNCIA SOCIAL-CRPS
CONSELHO PLENO

A Reclamação ao Conselho Pleno está disciplinada pelo artigo 64, do Regimento Interno do CRPS, aprovado pela Portaria Ministerial MDS nº 116/2017, confira-se:

> *Art. 64. A Reclamação ao Conselho Pleno poderá ocorrer, no caso concreto, por requerimento das partes do processo, dirigido ao Presidente do CRSS, somente quando os acórdãos das Juntas de Recursos do CRSS, em matéria de alçada, ou os acórdãos de Câmaras de Julgamento do CRSS, em sede de Recurso Especial, infringirem:*
>
> I - *Pareceres da Consultoria Jurídica do MDSA, aprovados pelo Ministro de Estado do Desenvolvimento Social e Agrário, bem como,* ***Súmulas e Pareceres do Advogado-Geral da União, na forma da Lei Complementar nº 73, de 10 de fevereiro de 1993;***
>
> II - *Pareceres da Consultoria Jurídica dos extintos MPS e MTPS, vigentes e aprovados pelos então Ministros de Estado da Previdência Social e do Trabalho e Previdência Social;*
>
> III - ***Enunciados editados pelo Conselho Pleno.***
>
> *§ 1º O prazo para o requerimento da Reclamação ao Conselho Pleno é de 30 (trinta) dias contados da data da ciência da decisão infringente e suspende o prazo para o seu cumprimento.*
>
> *§ 2º Caberá ao Presidente do CRSS fazer o juízo de admissibilidade da Reclamação ao Conselho Pleno verificando se estão presentes os pressupostos previstos no caput, podendo:*
>
> I - *indeferir por decisão monocrática irrecorrível, quando verificar que não foram demonstrados os pressupostos de admissibilidade previstos no caput;*
>
> II - *distribuir o processo ao Conselheiro relator da matéria no Conselho Pleno quando verificar presentes os pressupostos de admissibilidade previstos no caput.*
>
> *§ 3º Os processos poderão ser preliminarmente submetidos pelo Presidente do CRSS ao órgão julgador que prolatou o acórdão infringente, para facultar-lhe a Revisão de Ofício nos termos do art. 59 deste regimento.*
>
> *§ 4º O resultado do julgamento da Reclamação pelo Conselho Pleno será objeto de notificação ao órgão julgador que prolatou o acórdão infringente, para fins de adequação do julgado à tese fixada pelo Pleno, por meio da Revisão de Ofício.*

175.144.503.5

MINISTÉRIO DA ECONOMIA-ME
SECRETARIA ESPECIAL DE PREVIDÊNCIA E TRABALHO
SECRETARIA DE PREVIDÊNCIA
CONSELHO DE RECURSOS DA PREVIDÊNCIA SOCIAL-CRPS
CONSELHO PLENO

O pedido incidental é considerado tempestivo, diante da ausência de ciência da decisão recorrida.

No presente, o Segurado assevera que o Acórdão nº 19/2019, prolatado pela 4ª Câmara de Julgamento infringe o Enunciado nº 32 do Conselho Pleno do CRPS (Conselho de Recursos da Previdência Social), bem como os termos da Súmula nº 29 da AGU.

Peço vênia para transcrever o Decisório questionado:

"(...)

A controvérsia suscitada pelo segurado, no incidente processual proposto, diz respeito ao enquadramento dos períodos laborados na empresa SERRALHERIA SCARABELLI LTDA e a possibilidade de concessão do benefício previsto no art. 56 do Regulamento da Previdência Social, aprovado pelo Decreto nº 3.048/99.

Em seu parecer técnico, em função da diligência da proposta pelo colegiado desta Câmara de Julgamento, a perícia médica do Instituto foi contrária ao enquadramento dos períodos requeridos, com as seguintes observações:

SERRALHERIA SCARABELLI LTDA:

- 01/11/1989 a 20/06/1995, 01/04/1998 a 17/07/2003, 02/01/2004 a 12/02/2009 e de 01/04/2009 a 01/07/2011:

– O formulário apresentado encontra-se em desacordo com o Art. 264 da Instrução Normativa INSS/PRES Nº 77, de 21/01/2015, alterada pela Instrução Normativa INSS/Pres. nº 86 de 25/04/2016l.

- O PPP anexado não informa dados do Responsável pelos Registros Ambientais para todo o período pleiteado, em desacordo com a IN nº85/PRES/INSS de 18/02/2016 considerando: Art. 268.

- As medidas da intensidade do agente ruído não foram apresentadas em dB (A) conforme técnica e orientação estabelecidas pela conforme estabelecido pela Instrução Normativa INSS/PRES Nº 77, de 21/01/2015, alterada pela Instrução Normativa INSS/Pres. nº 86 de 25/04/2016, Art. 280.

A partir de 01 de janeiro de 2004, será efetuado o enquadramento quando o Nível de Exposição Normalizado - NEN se situar acima de 85 (oitenta e cinco) dB (A) ou for ultrapassada a dose unitária, conforme NHO 1 da FUNDACENTRO.

175.144.503.5

MINISTÉRIO DA ECONOMIA-ME
SECRETARIA ESPECIAL DE PREVIDÊNCIA E TRABALHO
SECRETARIA DE PREVIDÊNCIA
CONSELHO DE RECURSOS DA PREVIDÊNCIA SOCIAL-CRPS
CONSELHO PLENO

- O agente radiação não ionizante possui de enquadramento técnico até 05/03/1997, véspera da publicação do Decreto nº 2.172/1997, ocasião em que foi excluído fins de enquadramento de tempo trabalho de natureza especial. A profissiografia não identifica fonte de radiação não ionizante nas atividades descritas.

- A profissiografia caracteriza permanência para o agente solicitado (fumo metálico) conforme descrição da função, portanto não existe comprovada exposição de agente nocivo de modo permanente, não ocasional nem intermitente.

- O agente fumo metálico possui previsão de enquadramento técnico até 05/03/1997, véspera da publicação do Decreto nº 2.172/1997, ocasião aquela em que este agente agressor foi excluído definitivamente para fins de enquadramento de tempo trabalho de natureza especial.

Convém lembra que no acórdão contestado, o colegiado da então 1ª Composição Adjunta desta Câmara de Julgamento negou provimento ao recurso especial do INSS, mas manteve o entendimento contrário à concessão do benefício, pelos seguintes fundamentos:

- 01/04/1998 a 17/03/2003, 02/01/2004 a 12/02/2009 e 01/04/2009 a 01/07/2011 laborado na empresa SERRALHERIA SCARABELLI LTDA., no setor de montagem, no cargo de serralheiro, com informação de exposição a ruído de 103 dB, 95 dB, e 94,8 dB, respectivamente, medição por leitura instantânea. Consta informação de responsável técnico em época própria. Conforme descrito pela Junta de Recursos, restou comprovada a exposição a elevados níveis sonoros, de modo que estes períodos devem permanecer enquadrados.

Os períodos supramencionados devem permanecer enquadrados para futura concessão de benefício.

Como disposto pela Junta de Recursos, com a conversão dos períodos para tempo comum, não há implemento do tempo de contribuição necessário.

Com relação ao período objeto do incidente processual proposto, ou seja, de 01/01/1989 a 20/06/1999, não foi objeto de análise por parte da E. 23ª Junta de Recursos, assim como pelo referido colegiado da então 1ª CA desta Câmara de Julgamento também não se manifestou sobre a matéria, tendo em vista que não foi contestado no recurso especial do Instituto.

Com efeito, analisado o formulário PPP com relação ao referido período, em que pese o segurado encontrava-se exposto ao fator de risco ruído, em intensidade de 103 dB, com medição instantânea, a medição não encontra amparo no Anexo nº 01, na Norma Regulamento nº 15 do Ministério do Trabalho e Emprego, uma vez que a técnica utilizada é aquela para ruído contínuo ou intermitente e não de impacto, conforme transcrição a seguir:

1. Entende-se por Ruído Contínuo ou Intermitente, para os fins de aplicação de Limites de Tolerância, o ruído que não seja ruído de impacto.

175.144.503.5

9

MINISTÉRIO DA ECONOMIA-ME
SECRETARIA ESPECIAL DE PREVIDÊNCIA E TRABALHO
SECRETARIA DE PREVIDÊNCIA
CONSELHO DE RECURSOS DA PREVIDÊNCIA SOCIAL-CRPS
CONSELHO PLENO

> *2. Os níveis de ruído contínuo ou intermitente devem ser medidos em decibéis (dB) com instrumento de nível de pressão sonora operando no circuito de compensação "A" e circuito de resposta lenta (SLOW). As leituras devem ser feitas próximas ao ouvido do trabalhador.*
>
> *Assim, não há como efetuar o enquadramento do período pretendido, por não encontrar amparo legal.*
>
> *CONCLUSÃO: Pelo exposto, VOTO no sentido de CONHECER DO RECURSO do INSS, para no mérito, DAR-LHE PROVIMENTO, reformando o acórdão proferido pela E. 23ªJR/MT." (Grifos Nossos).*

De acordo com a profissiografia, o Segurado trabalhou no período de 01.11.1989 a 20.06.1995, no cargo de ½ oficial de serralheiro, no setor de montagem na SERRALHERIA SCARABELLI LTDA. Nessa atividade, cuidava da instalação de grades, portões e outros, executava o serviço de posicionamento, alinhamento e fixação das peças e realizava eventualmente corte e solda de peças, com exposição aos agentes nocivos: ruído de 103dB (técnica: leitura instantânea), radiação não ionizante, poeiras e fumos metálicos.

Dada a informação de **leitura instantânea**, a i. Câmara formou convicção de que o ruído apurado é o de impacto, configurado impeditivo para o enquadramento do intervalo de 1989/1995[1], pois não abarcada no Anexo 1 da NR-15.

Para elucidar a medição "leitura instantânea", transcrevo o seguinte[2]:

> *"6.2.1.3 Medidores de leitura instantânea*
> ***Os medidores de leitura instantânea a serem utilizados na avaliação da exposição ocupacional ao ruído contínuo ou intermitente, ou de impacto*** *devem ser no mínimo do tipo 2, segundo especificações constantes das Normas NSI SI.4-1983 e IEC 651, ou de suas futuras revisões.*
>
> *Para a medição de ruído contínuo ou intermitente, os medidores devem estar ajustados de forma a operar no circuito de ponderação*

[1] Erro material no acórdão nº 19/2019 ao indicar o intervalo de 01.01.1989 a 20.06.1999, posto que a data final corresponde a 20.06.1995.

[2] Norma de Higiene Ocupacional. PROCEDIMENTO TÉCNICO – AVALIAÇÃO DA EXPOSIÇÃO OCUPACIONAL AO RUÍDO. Ministério do Trabalho e Emprego / FUNDACENTRO, 2001, fls. 24, 28 e 30.

175.144.503.5

MINISTÉRIO DA ECONOMIA-ME
SECRETARIA ESPECIAL DE PREVIDÊNCIA E TRABALHO
SECRETARIA DE PREVIDÊNCIA
CONSELHO DE RECURSOS DA PREVIDÊNCIA SOCIAL-CRPS
CONSELHO PLENO

"A", circuito de resposta lenta (slow) e cobrir uma faixa de medição mínima de 80 a 115dB(A).

Para a medição de ruído de impacto os medidores devem estar ajustados de forma a operar no circuito "linear", circuito de resposta para medição de nível de pico, e cobrir uma faixa de medição de pico mínima de 100 a 150dB".

Mais adiante, consta aborda:

6.4 Procedimento específico de medição de ruído contínuo ou intermitente
(...)
6.4.3 ***Utilizando medidor de leitura instantânea***
(...)" – (Grifos Nossos).

Consoante a NR-15, "*entende-se por Ruído Contínuo ou Intermitente, para os fins de aplicação de Limites de Tolerância, o ruído que não seja ruído de impacto*" e "*entende-se por ruído de impacto aquele que apresenta picos de energia acústica de duração inferior a 1(um) segundo, a intervalos superiores a 1(um) segundo. Os níveis de impacto deverão ser avaliados em decibéis (dB), com medidor de nível de pressão sonora operando no circuito linear e circuito de resposta para impacto. As leituras devem ser feitas próximas ao ouvido do trabalhador. O limite de tolerância para ruído de impacto será de 130dB(LINEAR). Nos intervalos entre os picos, o ruído existente deverá ser avaliado como ruído contínuo*".

O termo "***leitura instantânea***" não corresponde a técnica, mas sim ao aparelho (medidor) utilizado para apuração da pressão sonora, o qual pode ser ajustado para aferir o ruído contínuo ou intermitente (previsto no Anexo 1 da NR-15) ou o de impacto (previsto no Anexo 2 da NR-15). Por isso, a sua mera indicação é insuficiente para concluir que se trata exclusivamente de apuração de ruído de impacto.

Observado o princípio *tempus regit actum*, no período em debate (1989/1995), não havia exigência legal para se especificar a técnica utilizada para

175.144.503.5

MINISTÉRIO DA ECONOMIA-ME
SECRETARIA ESPECIAL DE PREVIDÊNCIA E TRABALHO
SECRETARIA DE PREVIDÊNCIA
CONSELHO DE RECURSOS DA PREVIDÊNCIA SOCIAL-CRPS
CONSELHO PLENO

apuração do ruído visando o reconhecimento do direito ao tempo especial, conforme os Regulamentos da Previdência Social abaixo transcritos:

Decreto nº 53.831/64

Art. 1º. A Aposentadoria Especial, a que se refere o art. 31 da Lei 3.807, de 26 de agosto de 1960, será concedida ao segurado que exerça ou tenha exercido atividade profissional em serviços considerados insalubres, perigosos ou penosos nos termos deste decreto.

Art.2º. Para os efeitos da concessão da Aposentadoria Especial, serão considerados serviços insalubres, perigosos ou penosos, os constantes do Quadro Anexo em que se estabelece também a correspondência com os prazos referidos no art. 31 da citada Lei.

Anexo II

Código	Campo De Aplicação	Serviços E Atividades Profissionais	Classificação	Tempo Mínimo De Trabalho	Observações
1.1.6	RUÍDO Operações em locais com ruído excessivo capaz de ser nocivo à saúde	Trabalhos sujeitos a efeitos de ruídos industriais excessivos – caldeireiros, operadores de máquinas pneumáticas, de motores, turbinas e outros	Insalubre	25 anos	Jornada normal ou especial fixada em lei, em locais com ruídos acima de 80 decibéis. Decreto 1.232, de 22.6.62 e art. 187 CLT

Decreto nº 83.080/79

Art. 60. A aposentadoria especial é devida ao segurado que, contando no mínimo 60 (sessenta) contribuições mensais, tenha trabalhado em atividades profissionais perigosas, insalubre ou penosas, desde que:

175.144.503.5

MINISTÉRIO DA ECONOMIA-ME
SECRETARIA ESPECIAL DE PREVIDÊNCIA E TRABALHO
SECRETARIA DE PREVIDÊNCIA
CONSELHO DE RECURSOS DA PREVIDÊNCIA SOCIAL-CRPS
CONSELHO PLENO

> *I – a atividade conste dos quadros que acompanham este Regulamento, como Anexo I e II;*
> *II – o tempo de trabalho, conforme os mencionados quadros, seja no mínimo de 15 (quinze), 20 (vinte) ou 25 (vinte e cinco) anos.*

Anexo I

Código	Campo De Aplicação	Atividade Profissional (Trabalhadores Em Caráter Permanente)	Tempo Mínimo De Trabalho
1.1.5	RUÍDO	Caldeiraria (atividades discriminadas no código 2.5.2 do Anexo II). Trabalhos em usinas geradoras de eletricidade (sala de turbinas e geradores). Trabalhos com exposição permanente a ruído acima de 90dB. Operação com máquinas pneumáticas (atividades discriminadas entre as do código 2.5.3 do Anexo II). Trabalhos em cabinas de prova de motores de avião.	25 anos

No mais, o Conselho Pleno já considerou que "***pelos parâmetros da NR-15, a mensuração do nível de intensidade da exposição poderia ser obtida por medições pontuais, nível equivalente, média ou dose. Tais medidas eram encontradas por meio de Decibelímetro, aquele que mede o nível de intensidade da pressão sonora no exato momento em que ela ocorre – momentâneo, ou por Dosímetro – que mede uma dose de ruído ao qual uma pessoa tenha sido exposta por um determinado período de tempo***"[3].

Atualmente, temos o ENUNCIADO nº 13/2019:

> *ENUNCIADO 13*
> *Atendidas as demais condições legais, considera-se especial, no âmbito do RGPS, a atividade exercida com exposição a ruído*

[3] Resolução nº 16/2019 do CRPS. Voto Vencedor prolatado pelo Conselheiro Relator RODOLFO ESPINEL DONADON.

MINISTÉRIO DA ECONOMIA-ME
SECRETARIA ESPECIAL DE PREVIDÊNCIA E TRABALHO
SECRETARIA DE PREVIDÊNCIA
CONSELHO DE RECURSOS DA PREVIDÊNCIA SOCIAL-CRPS
CONSELHO PLENO

> *superior a 80 decibéis até 05/03/97, superior a 90 decibéis desta data até 18/11/2003, e superior a 85 decibéis a partir de então.*
> *I - Os níveis de ruído devem ser medidos, observado o disposto na Norma Regulamentadora nº 15 (NR-15), anexos 1 e 2, com aparelho medidor de nível de pressão sonora, operando nos circuitos de compensação - dB (A) para ruído contínuo ou intermitente ou dB (C) para ruído de impacto.*
> *II - Até 31 de dezembro de 2003, para a aferição de ruído contínuo ou intermitente, é obrigatória a utilização das metodologias contidas na NR-15, devendo ser aceitos ou o nível de pressão sonora pontual ou a média de ruído, podendo ser informado decibelímetro, dosímetro ou medição pontual no campo "Técnica Utilizada" do Perfil Profissiográfico Previdenciário (PPP).*

Ou seja, para a análise do direito vindicado deverá ser respeitada as normas vigentes à época do trabalho, podendo ser aceitas medições pontuais, nível equivalente, média ou dose.

Sobre a Súmula nº 29, de 09.06.2008, da AGU, destaca-se:

> *"**Atendidas as demais condições legais**, **considera-se especial**, no âmbito do RGPS, **a atividade exercida com exposição a ruído superior a 80 decibéis até 05/03/97, superior a 90 decibéis desta data até 18/11/2003, e superior a 85 decibéis a partir de então**". (Grifos Nossos).*

A referida Súmula permite o reconhecimento de tempo especial, por exposição ao agente nocivo ruído quando os níveis apurados se mostram superiores a 80 decibéis até 05.03.1997; superior a 90 decibéis a partir desta data até 18.11.2003 e superior a 85 decibéis a partir de então, desde que atendida as demais condições legais, quer seja, habitualidade e permanência; existência de levantamento ambiental que retrate as condições da prestação de serviços e/ou outras previstas, respeitada a legislação vigente à época do período trabalhado.

175.144.503.5

MINISTÉRIO DA ECONOMIA-ME
SECRETARIA ESPECIAL DE PREVIDÊNCIA E TRABALHO
SECRETARIA DE PREVIDÊNCIA
CONSELHO DE RECURSOS DA PREVIDÊNCIA SOCIAL-CRPS
CONSELHO PLENO

Resta configurada a infringência à Súmula nº 29 da AGU, na medida em que o Segurado apresenta conjunto probatório que demonstra a exposição ao ruído acima de 80dB para o intervalo de 1989/1995 e atendida as demais condições previstas para o interstício.

Da Reclamação ao Pleno em razão do ENUNCIADO nº 32 do CRPS

Na Reclamação proposta, o Segurado também afirma que há infringência ao Enunciado nº 32 do Conselho Pleno do CRPS, *in verbis*:

> *"A atividade especial efetivamente desempenhada pelo(a) segurado(a), permite o enquadramento por categoria profissional nos Anexos aos Decretos nº 53.831/64 e nº 83.831/79, ainda que divergente do registro em Carteira de Trabalho da Previdência Social – CTPS – e/ou Ficha de Registro de Empregados, desde que comprovado o exercício nas mesmas condições de insalubridade, periculosidade ou penosidade".*

O Segurado exerceu a atividade de ½ oficial de serralheiro entre 1989/1995, conforme os elementos extraídos da Carteira de Trabalho e da Previdência Social e o Perfil Profissiográfico Previdenciário.

Contudo, o pedido resta prejudicado, levando-se em conta a ausência de previsão para enquadramento da atividade de serralheiro nos quadros anexos dos Decretos nº 53.831/64 e 83.080/79.

O enquadramento da atividade de serralheiro indicada na CANSB – Consolidação dos Atos Sobre Benefícios é limitada aos trabalhadores da área portuária, não sendo essa a situação dos autos.

Sendo assim, não há como reconhecer infringência aos termos do antigo Enunciado nº 32 do CRPS.

175.144.503.5

MINISTÉRIO DA ECONOMIA-ME
SECRETARIA ESPECIAL DE PREVIDÊNCIA E TRABALHO
SECRETARIA DE PREVIDÊNCIA
CONSELHO DE RECURSOS DA PREVIDÊNCIA SOCIAL-CRPS
CONSELHO PLENO

Depreende-se, pois, que o Acórdão nº 19/2019 (fls. 278/281), prolatado pela 4ª Câmara de Julgamento deve ser reformado para a adequação da tese ora fixada, uma vez que infringiu a Súmula nº 29 da AGU.

Convém recomendar a ilustre Câmara de Julgamento que aclare a questão referente a possibilidade (ou não) do reconhecimento de tempo especial para *os intervalos de 01.04.1998 a 17.03.2003, 02.01.2004 a 12.02.2009 e 01.04.2009 a 01.07.2011, pois ora reproduz a manifestação contrária da Perícia Médica e ora reproduz a fundamentação da 1ª Composição Adjunta da 4ª Câmara de Julgamento no qual manteve os intervalos acima como especiais, em face da exposição ao ruído acima do limite tolerado.* Como se verifica no decisório, há manifestação efetiva da Câmara apenas em relação ao intervalo de 1989/1995, o qual era o objeto de pedido revisional do segurado.

Portanto, o pedido de Reclamação apresentado pelo SEGURADO deve ser conhecido e, no mérito, provido em parte.

CONCLUSÃO: Pelo exposto **VOTO** no sentido de **JULGAR PROCEDENTE EM PARTE o pedido de RECLAMAÇÃO AO CONSELHO PLENO**, nos termos do artigo 64 da Portaria Ministerial MDSA nº 116/2017.

Brasília - DF, 25 de setembro de 2020.

Alexandra A. de Alcantara
ALEXANDRA ÁLVARES ALCÂNTARA
Relatora

175.144.503.5

MINISTÉRIO DA ECONOMIA-ME
SECRETARIA ESPECIAL DE PREVIDÊNCIA E TRABALHO
SECRETARIA DE PREVIDÊNCIA
CONSELHO DE RECURSOS DA PREVIDÊNCIA SOCIAL-CRPS
CONSELHO PLENO

DECISÓRIO

RESOLUÇÃO Nº 63/2020

Vistos e relatados os presentes autos, em sessão realizada hoje, **ACORDAM** os membros do Conselho Pleno, por **UNANIMIDADE**, no sentido de **JULGAR PROCEDENTE EM PARTE o pedido de RECLAMAÇÃO AO CONSELHO PLENO**, nos termos do artigo 64 da Portaria Ministerial MDSA nº 116/2017, de acordo com o Voto da Relatora e sua fundamentação.

Participaram, ainda, do presente julgamento os (as) Conselheiros (as): Robson Ferreira Maranhão, Vânia Pontes Santos, Gustavo Beirão Araújo, Paulo Sérgio de Carvalho Costa Ribeiro, Maria Madalena Silva Lima, Renato Agostinho das Chagas, Moisés Oliveira Moreira, Imara Sodré Sousa Neto, Sulamita Cristina Dias, Guilherme Lustosa Pires, Valter Sérgio Pinheiro Coelho, Tarsila Otaviano da Costa e Adriene Cândida Borges

Brasília-DF, 25 de setembro de 2020

ALEXANDRA ÁLVARES ALCÂNTARA
Relatora

MARCELO FERNANDO BORSIO
Presidente

175.144.503.5

3.1.64 Resolução 64/2020 (auxílio/reclusão/baixa/renda/desempregado/último/salário/contribuição)

Objeto: Trata-se de Reclamação interposta pelo INSS por suposta violação à Questão 24 do Parecer CONJUR MPS 616/2010.

Decisão: Improvida.

Tese jurídica: De acordo com a Questão 24 do Parecer CONJUR MPS 616/2010, deve ser avaliado o último salário de contribuição do segurando desempregado para fins de aferição do critério de baixa renda para aferição do direito ao auxílio-reclusão. Avaliando o caso concreto, o último salário de contribuição era de R$ 622,00, estando dentro do limite de baixa renda do ano da prisão.

MINISTÉRIO DA ECONOMIA-ME
SECRETARIA ESPECIAL DE PREVIDÊNCIA E TRABALHO
SECRETARIA DE PREVIDÊNCIA
CONSELHO DE RECURSOS DA PREVIDÊNCIA SOCIAL-CRPS
CONSELHO PLENO

Nº de Protocolo do Recurso: 44232.602001/2016-19
Documento/Benefício: 25/174.045.026.1
Unidade de origem: Agência da Previdência Social/Ponta Grossa
Tipo do Processo: Reclamação ao Conselho Pleno
Recorrente: Instituto Nacional do Seguro Social/INSS
Recorrido: Janaína Fernandes de Paula/Lucas Eduardo Marques
Assunto: Auxílio-Reclusão
Relatora: Alexandra Álvares Alcântara

(Processo Eletrônico)

Relatório

As páginas informadas referem-se ao processo completo (Árvore Documental-form.PDF).

Trata-se de RECLAMAÇÃO AO CONSELHO PLENO proposta pelo Instituto Nacional do Seguro Social – INSS contra o Acórdão nº 4.605/2016 (fls. 93/96), lavrado pela 1ª Composição Adjunta da 3ª Câmara de Julgamento, que negou provimento ao recurso especial interposto pela Autarquia, por entender que as condições para a concessão de AUXÍLIO-RECLUSÃO foram atendidas, pois o último salário-de-contribuição está abaixo do limite estabelecido no artigo 5º da Portaria Interministerial MPS/MF nº 02/2012.

O benefício foi requerido em 10.08.2015 por LUCAS EDUARDO MARQUES, nascido em 15.12.2004, na condição de filho da segurada instituidora JANAÍNA FERNANDES DE PAULA, reclusa em 07.05.2013.

Constam nos autos:

- Declaração da Prefeitura Municipal de Ponta Grossa – Agência do Trabalhador o qual informa que a segurada possui cadastro na agência desde 21.08.2008, acompanhado de cadastro – fls. 08/09;
- Atestado de permanência carcerária onde consta a informação de que a segurada está reclusa na Cadeia Pública desde 07.05.2013 e permaneceu em regime fechado até o dia 18.12.2014, ocasião em que foi posta em liberdade mediante monitoramento eletrônico – fl. 10;

174.045.026.1

1

MINISTÉRIO DA ECONOMIA-ME
SECRETARIA ESPECIAL DE PREVIDÊNCIA E TRABALHO
SECRETARIA DE PREVIDÊNCIA
CONSELHO DE RECURSOS DA PREVIDÊNCIA SOCIAL-CRPS
CONSELHO PLENO

- Certidão da Vara de execuções Penais e Corregedoria dos Presídios Comarca de Ponta Grossa / PR com a informação de que a segurada está atualmente em prisão domiciliar com monitoramento eletrônico – fl. 11;
- Documentos pessoais – fl. 12;
- Carteira de Trabalho e Previdência Social em nome da segurada, com último contrato de trabalho para o intervalo de 01.11.2011 a 15.01.2012 – fls. 15/19;
- Certidão de nascimento de LUCAS EDUARDO MARQUES, em 15.12.2004 – fl. 20;
- Nova certidão da Vara de execuções Penais e Corregedoria dos Presídios Comarca de Ponta Grossa / PR com a informação de que a segurada está atualmente cumprindo pena em regime semiaberto com monitoramento eletrônico – fl. 24;
- CNIS – Cadastro Nacional de Informações Sociais constando último salário-de-contribuição na importância de R$ 824,59 para 01.2012 referente ao vínculo com a empresa PIZZARIA MAGNATA LTDA ME, com admissão em 01.11.2011 e desligamento em 15.01.2012 – fls. 34, 39/42;
- Termo de Rescisão do Contrato de Trabalho com a empresa ROSALINA DAS BROTAS ALMEIDA ALVES BEBIDAS ME – fls. 35/36;
- HISCRE – Histórico de Créditos (valores não liberados) – fl. 36;
- INFBEN da concessão de auxílio-reclusão a partir de 07.05.2013 – fl. 44.

Em 29.09.2015 consta Relatório Individual com a indicação da concessão indevida do Benefício, decorrente de erro administrativo, uma vez que o último salário recebido está acima do limite estabelecido em Portaria Ministerial – fl.43.

Ofício de Defesa em 01.10.2015 no qual consta que na rescisão do contrato de trabalho indica remuneração de R$ 824,59 (oitocentos e vinte e quatro reais e cinquenta e nove reais) para a competência de 01.2012, correspondente a 15 (quinze) dias e, multiplicando-se correspondentemente aos 30 (trinta) dias do mês, atinge-se o valor de R$ 1.649,18 (mil seiscentos e quarenta e nove reais e dezoito centavos), acima do valor prevista na Portaria Interministerial MPS/MF nº 02/2012 – fl. 45.

Consta Declaração da empresa ROSALINA DAS BROTAS ALMEIDA ALVES com a informação de que a sra. Janaína Fernandes de Paula trabalhou no período de 01.11.2011 a 14.01.2012, com rescisão feito a pedido. Esclarece que, o

MINISTÉRIO DA ECONOMIA-ME
SECRETARIA ESPECIAL DE PREVIDÊNCIA E TRABALHO
SECRETARIA DE PREVIDÊNCIA
CONSELHO DE RECURSOS DA PREVIDÊNCIA SOCIAL-CRPS
CONSELHO PLENO

complemento no valor de R$ 150,80 (cento e cinquenta reais e oitenta centavos) se refere aos meses de novembro e dezembro de 2011, pois a segurada recebeu o valor do piso anterior à título de salário o valor correspondente a R$ 545,00 (quinhentos e quarenta e cinco reais) para esses meses, mas o salário da época era no valor de R$ 622,00 (seiscentos e vinte e dois reais) – fl. 51.

Na Defesa apresentada, o Interessado afirma que a remuneração era de R$ 545,00 (quinhentos e quarenta e cinco reais) em CTPS. Ainda, que recebia o mínimo e na rescisão constam verbas rescisórias, 13° salário, salário família e férias que não compõe o salário-de-contribuição – fl. 52.

O Benefício foi suspenso – fl. 57.

INFBEN do Benefício com a suspensão em 01.11.2015 – fl. 77.

Em recurso ordinário, o Interessado alega, em suma que não há irregularidade na percepção do Benefício, pois o INSS está utilizando como parâmetro o montante das verbas indenizatórias pela rescisão do contrato de trabalho, juntando para tanto, o termo constando que os 15 dias de Salário de fato seria, R$ 311,00(trezentos e onze reais) e o restante da diferença computada pelo INSS, trata-se de verbas rescisória referente ao período proporcional de férias, 13° salário, saldo de salário, enfim, trata-se de indenização que não compunha o seu salário mensal– fls. 58/60.

A egrégia 27ª JR, por meio do Acórdão nº 2.030/2016 (fls. 82/84), deu provimento ao recurso ordinário, tendo considerado que os dados constantes em CTPS relativo ao último contrato de trabalho revelam que a remuneração mensal equivale a R$ 622,00 (seiscentos e vinte dois reais) e o pagamento das demais verbas se referem ao valor proporcional de férias, 13° salário, salário família.

Em recurso especial, o INSS afirma que o último salário-de-contribuição considerado no seu valor mensal foi de R$ 923,60 (novecentos e vinte e três reais e sessenta centavos) , conforme consta no seu termo de rescisão de contrato de trabalho, enquanto o teto era de R$ 915,05 (novecentos e quinze reais e cinco centavos), nos termos da Portaria Interministerial nº 02, de 09.01.2012.

Não foi oferecida contrarrazões.

MINISTÉRIO DA ECONOMIA-ME
SECRETARIA ESPECIAL DE PREVIDÊNCIA E TRABALHO
SECRETARIA DE PREVIDÊNCIA
CONSELHO DE RECURSOS DA PREVIDÊNCIA SOCIAL-CRPS
CONSELHO PLENO

A egrégia 01ª Composição Adjunta da 3ª Câmara de Julgamento, por meio do Acórdão nº 4.605/2016 (fls. 93/96), conheceu do recurso do INSS e negou provimento, tendo concluído que o salário de contribuição foi de um salário mínimo no valor de R$ 622,00 (seiscentos e vinte dois reais), sendo o restante da importância trata-se de férias proporcionais, 13° proporcional, salário família e saldo de salário. E, de acordo com a previsão do Parecer CONJUR/MPS 79/2013, o décimo terceiro salário e o terço de férias não devem ser considerados no cômputo do último salário - de – contribuição, para fins de aferição de renda, necessária à concessão do auxílio-reclusão.

Ciência da decisão especial em 18.10.2016 e proposta Reclamação em 25.10.2016.

No pedido de Reclamação ao Conselho Pleno, o INSS sustenta que o Acórdão nº 4.605/2016, proferido pela 1ª Composição Adjunta da 3ª Câmara de Julgamento viola o disposto na questão 24 do PARECER CONJUR MPS nº 616/2010, eis que para a análise do direito deve ser enquadrado como baixa renda o último salário-de-contribuição efetivamente recebido. Nesse particular, o requerente não faz jus a concessão do benefício de auxílio-reclusão, pois o último salário de contribuição considerado no seu valor mensal foi de R$ 923,60 (novecentos e vinte e três reais e sessenta centavos), conforme o seu termo de rescisão de contrato de trabalho, enquanto o teto era de R$ 915,05 (novecentos e quinze reais e cinco centavos), nos termos da Portaria Interministerial nº 02, de 09.01.2012 – fls. 98/99.

Despacho da 3ª Câmara de Julgamento para a manutenção da decisão prolatada no acórdão questionado, por se encontrar em consonância com a questão 24 do PARECER CONJUR MPS nº 616/2010 - fl. 105.

Foram anexadas Resoluções do Conselho Pleno sobre a matéria – fls. 106/168.

Despacho do Vice-Presidente do Conselho de Recursos da Previdência Social admitindo a Reclamação ao Conselho Pleno, na forma do artigo 64 do Regimento interno do CRPS – fl. 169.

O processo foi distribuído ao Relator RENATO AGOSTINHO DAS CHAGAS e redistribuído a essa Conselheira.

É o relatório.

174.045.026.1 9

MINISTÉRIO DA ECONOMIA-ME
SECRETARIA ESPECIAL DE PREVIDÊNCIA E TRABALHO
SECRETARIA DE PREVIDÊNCIA
CONSELHO DE RECURSOS DA PREVIDÊNCIA SOCIAL-CRPS
CONSELHO PLENO

VOTO

EMENTA: AUXÍLIO-RECLUSÃO. RECLAMAÇÃO AO CONSELHO PLENO. PRESSUPOSTOS DE ADMISSIBILIDADE DO PEDIDO. NÃO ATENDIDOS NOS TERMOS DO ARTIGO 64, INCISOS I E II DA PORTARIA MINISTERIAL MDS Nº 116/2017. NÃO DEMONSTRADA A INFRINGÊNCIA DO ÓRGÃO JULGADOR AO PARECER CONJUR/MPS Nº 616/2010. RECLAMAÇÃO IMPROCEDENTE.
1 – Observância do último salário-de-contribuição do segurado desempregado abaixo do limite estabelecido na Portaria Interministerial nº 02/2012, considerado o seu valor mensal e não os dias de trabalho proporcionais.
2 – Reclamação ao Conselho Pleno proposta pelo INSS improcedente.

A Reclamação ao Conselho Pleno está disciplinada pelo artigo 64, do Regimento Interno do CRPS, aprovado pela Portaria Ministerial MDS nº 116/2017, confira-se:

> *Art. 64. A Reclamação ao Conselho Pleno poderá ocorrer, no caso concreto, por requerimento das partes do processo, dirigido ao Presidente do CRSS, somente quando os acórdãos das Juntas de Recursos do CRSS, em matéria de alçada, ou os acórdãos de Câmaras de Julgamento do CRSS, em sede de Recurso Especial, infringirem:*
>
> I - ***Pareceres da Consultoria Jurídica do MDSA, aprovados pelo Ministro de Estado do Desenvolvimento Social e Agrário, bem como, Súmulas e Pareceres do Advogado-Geral da União, na forma da Lei Complementar nº 73, de 10 de fevereiro de 1993;***
>
> II - *Pareceres da Consultoria Jurídica dos extintos MPS e MTPS, vigentes e aprovados pelos então Ministros de Estado da Previdência Social e do Trabalho e Previdência Social;*
>
> III - *Enunciados editados pelo Conselho Pleno.*
>
> *§ 1º O prazo para o requerimento da Reclamação ao Conselho Pleno é de 30 (trinta) dias contados da data da ciência da decisão infringente e suspende o prazo para o seu cumprimento.*

174.045.026.1

MINISTÉRIO DA ECONOMIA-ME
SECRETARIA ESPECIAL DE PREVIDÊNCIA E TRABALHO
SECRETARIA DE PREVIDÊNCIA
CONSELHO DE RECURSOS DA PREVIDÊNCIA SOCIAL-CRPS
CONSELHO PLENO

> *§ 2º Caberá ao Presidente do CRSS fazer o juízo de admissibilidade da Reclamação ao Conselho Pleno verificando se estão presentes os pressupostos previstos no caput, podendo:*
>
> I - *indeferir por decisão monocrática irrecorrível, quando verificar que não foram demonstrados os pressupostos de admissibilidade previstos no caput;*
>
> II - *distribuir o processo ao Conselheiro relator da matéria no Conselho Pleno quando verificar presentes os pressupostos de admissibilidade previstos no caput.*
>
> *§ 3º Os processos poderão ser preliminarmente submetidos pelo Presidente do CRSS ao órgão julgador que prolatou o acórdão infringente, para facultar-lhe a Revisão de Ofício nos termos do art. 59 deste regimento.*
>
> *§ 4º O resultado do julgamento da Reclamação pelo Conselho Pleno será objeto de notificação ao órgão julgador que prolatou o acórdão infringente, para fins de adequação do julgado à tese fixada pelo Pleno, por meio da Revisão de Ofício.*

O pedido incidental é tempestivo. Houve ciência da decisão recorrida em 18.10.2016 e proposta a Reclamação em 25.10.2016.

Conforme artigo 80, da Lei nº 8.213/91 (com a redação vigente à época do fato gerador), o "*auxílio-reclusão será devido, nas mesmas condições da pensão por morte, aos dependentes do segurado recolhido à prisão, que não receber remuneração da empresa em estiver em gozo de auxílio-doença, de aposentadoria ou de abono de permanência em serviço*".

No Incidente em tela, o INSS sustenta que o Acórdão nº 4.605/2016, proferido pela 1ª Composição Adjunta da 3ª Câmara de Julgamento contraria a questão 24 do PARECER CONJUR MPS nº 616/2010, aduzindo que o último salário de contribuição corresponde ao valor mensal de R$ 923,60 (novecentos e vinte e três reais e sessenta centavos), enquanto o teto era de R$ 915,05 (novecentos e quinze reais e cinco centavos), nos termos da Portaria Interministerial nº 02, de 09.01.2012.

O acórdão hostilizado negou provimento ao recurso do INSS, sob o fundamento de que deve ser mantida a concessão do Benefício, uma vez que na data do fato gerador em maio de 2013, o último salário-de-contribuição da segurada está abaixo do previsto na Portaria Interministerial nº 02/2012.

MINISTÉRIO DA ECONOMIA-ME
SECRETARIA ESPECIAL DE PREVIDÊNCIA E TRABALHO
SECRETARIA DE PREVIDÊNCIA
CONSELHO DE RECURSOS DA PREVIDÊNCIA SOCIAL-CRPS
CONSELHO PLENO

Pois bem, o dissenso paira na correlação da decisão prolatada pela 01ª Composição Adjunta da 3ª Câmara à questão 24 do PARECER CONJUR MPS nº 616/2010.

Dispõe o Regulamento da Previdência Social – Decreto nº 3.048/99:

> *Art. 116. O auxílio-reclusão será devido, nas mesmas condições da pensão por morte, aos dependentes do segurado recolhido à prisão que não receber remuneração da empresa nem estiver em gozo de auxílio-doença, aposentadoria ou abono de permanência em serviço, desde que o seu último salário-de-contribuição seja inferior ou igual a R$ 360,00 (trezentos e sessenta reais)*
>
> *§1º. É devido auxílio-reclusão aos dependentes do segurado quando não houver salário de contribuição na data de seu efetivo recolhimento à prisão, desde que mantida a qualidade de segurado.*
>
> *Art. 214. Entende-se por salário-de-contribuição. I - para o empregado e o trabalhador avulso: a remuneração auferida em uma ou mais empresas, assim entendida a totalidade dos rendimentos pagos, devidos ou creditados a qualquer título, durante o mês, destinados a retribuir o trabalho, qualquer que seja a sua forma, inclusive as gorjetas, os ganhos habituais sob a forma de utilidades e os adiantamentos decorrentes de reajuste salarial, quer pelos serviços efetivamente prestados, quer pelo tempo à disposição do empregador ou tomador de serviços, nos termos da lei ou do contrato ou, ainda, de convenção ou acordo coletivo de trabalho ou sentença normativa,'*
>
> *§ lº Quando a admissão, a dispensa, o afastamento ou a falta do empregado inclusive o doméstico, ocorrer no curso do mês, o salário-de-contribuição será proporcional ao número de dias efetivamente trabalhados, observadas as normas estabelecidas pelo Instituto Nacional do Seguro Social.*
>
> *(...)*
>
> *§ 5º O valor do limite máximo do salário-de-contribuição será publicado mediante portaria do Ministério da Previdência e Assistência Social, sempre que ocorrer alteração do valor dos benefícios".*

174.045.026.1

MINISTÉRIO DA ECONOMIA-ME
SECRETARIA ESPECIAL DE PREVIDÊNCIA E TRABALHO
SECRETARIA DE PREVIDÊNCIA
CONSELHO DE RECURSOS DA PREVIDÊNCIA SOCIAL-CRPS
CONSELHO PLENO

Em vista do regramento acima, o PARECER CONJUR MPS nº 616/2010 fixou a tese jurídica no sentido de ser possível a concessão do Benefício ao segurado desempregado que esteja em período de graça, **desde que o último salário-de-contribuição seja inferior ao limite estipulado em Portaria para enquadrar como baixa renda**.

Peço vênia para transcrever a Questão 24 do PARECER CONJUR MPS nº 616/2010:

> Questão 24. - Questão: A Portaria Interministerial MPS/MF nº 333/2010 limita o alcance do disposto no § 1º do art. 116 do Regulamento da Previdência Social, que determina ser devido o auxílio-reclusão aos segurados quando não houver salário-de-contribuição na data do recolhimento à prisão?
>
> 147. Dispõe o art. 5º da Portaria Interministerial nº 333, de 29 de junho de 2010: "Art. 5º O auxilio-reclusão, a partir de 1º de janeiro de 2010, será devido aos dependentes do segurado cujo salário-de-contribuição seja igual ou inferior a R$ 810,18 (oitocentos e dez reais e dezoito centavos), independentemente da quantidade de contratos e de atividades exercidas. §1º Se o segurado, embora mantendo essa qualidade, não estiver em atividade no mês da reclusão, ou nos meses anteriores, será considerado como remuneração o seu último salário-de-contribuição. §2º Para fins do disposto no § 1º, o limite máximo do valor da remuneração para verificação do direito ao benefício será o vigente no mês a que corresponder o salário-de-contribuição considerado". - grifos acrescidos.
>
> 148. Por sua vez, o § 1º do art. 116 do RPS tem a seguinte redação: "É devido auxílio-reclusão aos dependentes do segurado quando não houver salário-de-contribuição na data do seu efetivo recolhimento a prisão, desde que mantida a qualidade de segurado"
>
> 149. Lembre-se que o segurado, durante o período de graça (art. 15 da LBPS), conserva os seus direitos perante a previdência social.
>
> 150. Assim, o art. 5º da Portaria Interministerial nº 333, de 2010, da forma como redigido, não restringe o alcance do 1º do art. 116 do

MINISTÉRIO DA ECONOMIA-ME
SECRETARIA ESPECIAL DE PREVIDÊNCIA E TRABALHO
SECRETARIA DE PREVIDÊNCIA
CONSELHO DE RECURSOS DA PREVIDÊNCIA SOCIAL-CRPS
CONSELHO PLENO

> RPS, na medida em que este último limita-se a assegurar a possibilidade de reconhecimento do direito durante o período de manutenção da qualidade de segurado.
>
> 151. Ademais, a renda mensal do segurado a ser considerada para efeito de verificação do enquadramento no limite constitucional de baixa renda deve levar em conta o parâmetro existente, que corresponde ao último salário-de-contribuição recebido.
>
> 152. Por outro lado, se considerarmos que todo segurado em gozo de período de graça faria jus ao benefício, poderiam ocorrer, em casos extremos, graves distorções quanto a aplicação da regra transitória, na medida em que muitos deles efetivamente não integrariam a faixa da população de baixa renda.

Essa matéria já foi amplamente discutida no Conselho Pleno. Nesse sentido, transcrevo a Ementa referente a Resolução nº 61/2018, de relatoria do Conselheiro RODOLFO ESPINEL DONADON:

> *AUXÍLIO-RECLUSÃO. PEDIDO 3E UNIFORMIZAÇÃO JURIISPRUDENCI.A. Divergência jurisprudencial entre as Câmaras de Julgamento no que tange ao reconhecimento do último salário-de-contribuição do segurado recolhido à prisão. Competência, para análise deste Conselho Pleno na forma do art. 3° inc. H do Regimento Interno do CRSS aprovado pela Portaria MUAS n° 116/2017. Pressupostos de Admissibilidade do pedido alcançados na forma do art. 63 do mesmo Regimento. Reconhecimento do último salário-de-contribuição em seu valor mensal, independentemente do número de dias trabalhados no mês de referência. Precedentes do Conselho Pleno. Pedido de Uniformização conhecido e provido. Necessidade de revisão de oficio do acórdão impugnado na forma do § 12 do art. 63 do Regimento Interno do CRSS.*

Também, destaca-se a Resolução nº 35/2015, da relatoria do Conselheiro GERALDO ALMIR ARRUDA, assim ementado:

> *"PEDIDO DE UNIFORMIZAÇÃO DE JURISPRUDÊNCIA. AUXÍLIO-RECLUSÃO. SALÁRIO-DECONTRIBUIÇÃO É DEFINIDO EM RAZÃO DO SALÁRIO-DE- CONTRIBUIÇÃO*

174.045.026.1

MINISTÉRIO DA ECONOMIA-ME
SECRETARIA ESPECIAL DE PREVIDÊNCIA E TRABALHO
SECRETARIA DE PREVIDÊNCIA
CONSELHO DE RECURSOS DA PREVIDÊNCIA SOCIAL-CRPS
CONSELHO PLENO

MENSAL, INDEPENDENTEMENTE DO NÚMERO DE DIAS EFETIVAMENTE TRABALHADOS NO MÊS"

O acórdão vergastado afirmou que os dados constantes na Carteira de Trabalho relativo ao último contrato de trabalho da segurada revelam que a sua remuneração mensal equivale a R$ 622,00 (seiscentos e vinte e dois reais) e, não foram somados para fins de apuração do salário-de-contribuição as verbas de caráter indenizatório, valor proporcional de férias, 13° salário, salário-família constantes no Termo de Rescisão do Contrato de Trabalho, conforme se destaca abaixo:

> *"**O INSS computou as verbas rescisórias da recorrente para aquele período, no entanto, seu salário de contribuição foi de um salário mínimo no valor de R$ 622,00 (seiscentos e vinte dois reais), sendo o restante da importância trata-se de férias proporcionais, 13° proporcional, salário família e saldo de salário, conforme previsão do Parecer CONJUR/MPS 79/2013, item 32 e do art. 385, §6° da IN77/2015**"*
>
> ...
>
> *Portanto, não deve considerar apenas dias trabalhados durante o mês, sob pena de aflorar um descompasso de natureza pecuniária nas concessões dos benefícios, ou seja, para estabelecer o salário de contribuição que nos dá notícia a legislação de regência, em havendo fracionamento temporal, aplica-se o mês imediatamente anterior, de forma sucessiva, quando for o caso, é óbvio". (Grifos Nossos).*

Conforme se verifica a decisão questionada está alinhada com o entendimento já firmado pelo Conselho Pleno e não afronta o disposto na Questão 24 do PARECER CONJUR MPS n° 616/2010, pois embora a segurada instituidora se encontrasse desempregada na data da reclusão, o seu último salário de contribuição corresponde a importância de R$ 622,00 (seiscentos e vinte e dois reais), considerado o seu valor mensal e não os dias de trabalho proporcionais.

Há um equívoco na indicação do último salário-de-contribuição apontado pelo INSS, pois somou ao saldo de salário (15 dias) o valor indicado para o complemento de salário na importância de R$ 150,00 (cento e cinquenta reais), todavia, não se ateve à Declaração do empregador de que esse complemento se refere ao pagamento de diferenças devidas para os meses de novembro e dezembro de 2011, pois foram pagos o valor de piso salarial anterior correspondente a R$ 545,00 (quinhentos e

MINISTÉRIO DA ECONOMIA-ME
SECRETARIA ESPECIAL DE PREVIDÊNCIA E TRABALHO
SECRETARIA DE PREVIDÊNCIA
CONSELHO DE RECURSOS DA PREVIDÊNCIA SOCIAL-CRPS
CONSELHO PLENO

quarenta e cinco reais), quando o salário da época era no valor de R$ 622,00 (seiscentos e vinte e dois reais).

Depreende-se, pois, que o Acórdão nº 4.605/2016, prolatado pela 01ª Composição Adjunta da 3ª Câmara de Julgamento deve ser mantido, pois não violou a orientação contida no PARECER CONJUR MPS nº 616/2010.

Portanto, o pedido de Reclamação apresentado pelo INSS deve ser conhecido e, no mérito, improvido.

CONCLUSÃO: Pelo exposto **VOTO** no sentido de **JULGAR IMPROCEDENTE** o pedido de **RECLAMAÇÃO AO CONSELHO PLENO**, por não atender os termos do artigo 64, incisos I e II, da Portaria Ministerial MDS nº 116/2017.

Brasília - DF, 25 de setembro de 2020.

ALEXANDRA ÁLVARES ALCÂNTARA
Relatora

174.045.026.1

MINISTÉRIO DA ECONOMIA-ME
SECRETARIA ESPECIAL DE PREVIDÊNCIA E TRABALHO
SECRETARIA DE PREVIDÊNCIA
CONSELHO DE RECURSOS DA PREVIDÊNCIA SOCIAL-CRPS
CONSELHO PLENO

Nº de Protocolo do Recurso: 44232.602001/2016-19
Documento/Benefício: 25/174.045.026.1
Unidade de origem: Agência da Previdência Social/Ponta Grossa
Tipo do Processo: Reclamação ao Conselho Pleno
Recorrente: Instituto Nacional do Seguro Social/INSS
Recorrido: Janaína Fernandes de Paula/Lucas Eduardo Marques
Assunto: Auxílio-Reclusão
Relatora: Alexandra Álvares Alcântara
Voto Divergente: Gustavo Beirão Araújo

VOTO DIVERGNTE

EMENTA: RECLAMAÇÃO AO CONSELHO PLENO. AUXÍLIO-RECLUSÃO. PRESSUPOSTOS DE ADMISSIBILIDADE NÃO ALCANÇADOS. ANÁLISE DE MATÉRIA FÁTICO PROBATÓRIA. VEDAÇÃO. ART. 64 DO RICRPS. RECLAMAÇÃO NÃO CONHECIDA.

Em que pese o entendimento da nobre relatora, peço vênia para discordar. Depreende-se do voto da relatora que a divergência trazida no presente caso trata-se de matéria fático probatória, vedada a sua análise em sede Pedido de Uniformização de Jurisprudência, nos termos do art.63, I do RICRPS

> I - quando houver divergência na interpretação em **matéria de direito** entre acórdãos de Câmaras de Julgamento do CRSS, em sede de Recurso Especial, ou entre estes e resoluções do Conselho Pleno; (grifo nosso)

O deslinde da questão necessita de exame de documentos que comprovem o quantum recebido pela reclusa a fim de se reconhecer se o limite da portaria ministerial foi ou não ultrapassado. Em nenhum momento há qualquer tese jurídica a ser acata ou rechaçada.
É pacífica a tese de que deve-se considerar o valor do salário integral anterior à reclusão, tomado pelo seu valor integral, conforme resoluções do Conselho Pleno: 35/2015; 36/2015; 20/2017; 21/2017; 61/2018; 81/2018; 38/2019; 14/2018; 61/2018; 81/2018.

MINISTÉRIO DA ECONOMIA-ME
SECRETARIA ESPECIAL DE PREVIDÊNCIA E TRABALHO
SECRETARIA DE PREVIDÊNCIA
CONSELHO DE RECURSOS DA PREVIDÊNCIA SOCIAL-CRPS
CONSELHO PLENO

Em momento algum houve qualquer negativa nos acórdãos paradigma e paradigmados. A questão envolve tão somente se os valores constantes nos documentos são superiores ou inferiores ao limite da portaria.

CONCLUSÃO: PELO EXPOSTO VOTO NO SENTIDO DE NÃO CONHECER A RECLAMAÇÃO AO CONSELHO PLENO.

Brasília-DF, 25 de setembro de 2020

GUSTAVO BEIRÃO ARAÚJO
Conselheiro da 3ª Caj

174.045.026.1

13

MINISTÉRIO DA ECONOMIA-ME
SECRETARIA ESPECIAL DE PREVIDÊNCIA E TRABALHO
SECRETARIA DE PREVIDÊNCIA
CONSELHO DE RECURSOS DA PREVIDÊNCIA SOCIAL-CRPS
CONSELHO PLENO

DECISÓRIO

RESOLUÇÃO Nº 64 /2020

Vistos e relatados os presentes autos, em sessão realizada hoje, **ACORDAM** os membros do Conselho Pleno, por **MAIORIA**, no sentido de **JULGAR IMPROCEDENTE** o pedido de **RECLAMAÇÃO AO CONSELHO PLENO**, por não atender os termos do artigo 64, incisos I e II, da Portaria Ministerial MDSA nº 116/2017, de acordo com o Voto da Relatora e sua fundamentação. Vencido **VOTO DIVERGENTE** do Conselheiro Gustavo Beirão Araújo. Vencido ainda os Conselheiros (a) Paulo Sérgio de Carvalho Costa Ribeiro, Guilherme Lustosa Pires, Valter Sérgio Pinheiro Coelho e Rodolfo Espinel Donadon.

Participaram, ainda, do presente julgamento os (as) Conselheiros (as): Robson Ferreira Maranhão, Vânia Pontes Santos, Madalena Silva Lima, Renato Agostinho das Chagas, Moisés Oliveira Moreira, Imara Sodré Sousa Neto, Sulamita Cristina Dias, Tarsila Otaviano da Costa e Adriene Cândida Borges.

Brasília-DF, 25 de setembro de 2020

ALEXANDRA ÁLVARES ALCÂNTARA
Relatora

MARCELO FERNANDO BORSIO
Presidente

174.045.026.1

3.1.65 Resolução 65/2020 (empregado/doméstico/benefício/mínimo/período/anterior/ LC 150/2015/artigo 36/Lei 8.213)

Objeto: Trata-se de Reclamação interposta pelo INSS por suposta violação ao Parecer CONJUR MPS 364/2015.

Decisão: Improvida.

Tese jurídica: De acordo com o item III do Enunciado 2 do CRPS, "a concessão de benefícios no valor mínimo ao segurado empregado doméstico independe de prova do recolhimento das contribuições, inclusive a primeira sem atraso, desde que atendidos os demais requisitos legais exigidos, exceto para fins de contagem recíproca".

MINISTÉRIO DA ECONOMIA-ME
SECRETARIA ESPECIAL DE PREVIDÊNCIA E TRABALHO
SECRETARIA DE PREVIDÊNCIA
CONSELHO DE RECURSOS DA PREVIDÊNCIA SOCIAL-CRPS
CONSELHO PLENO

Nº de Protocolo do Recurso: 44233.233128/2017-46
Documento/Benefício: 41/181.810.198-7
Unidade de origem: Agência da Previdência Social/Salvador-Periperi
Tipo do Processo: Reclamação ao Conselho Pleno
Recorrente: Instituto Nacional do Seguro Social/INSS
Recorrida: Maria José dos Santos Lima
Assunto: Aposentadoria por Idade – Empregada Doméstica
Relatora: Alexandra Álvares Alcântara

(Processo Eletrônico)

Relatório

As páginas informadas referem-se ao processo completo (Árvore Documental-form.PDF).

Trata-se de RECLAMAÇÃO AO CONSELHO PLENO proposta pelo Instituto Nacional do Seguro Social – INSS, contra os termos do ACÓRDÃO nº 8.577/2018, prolatado pela egrégia 3ª Câmara de Julgamento, o qual negou provimento ao Recurso Especial interposto pelo INSS, por entender que as condições para a concessão de Aposentadoria por Idade foram atendidas, pois autorizado o cômputo dos períodos prestados como empregada doméstica para fins de carência.

O benefício foi requerido em 08.03.2017, por MARIA JOSÉ DOS SANTOS LIMA, nascida em 25.02.1957.

Foram coligidos aos autos, entre outros:

- Carteira de Trabalho e da Previdência Social emitida em 25.02.1988, constando vínculo de 01.06.1989 a 26.01.1996 (empregada doméstica) – fls. 04/08;
- Carteira de Trabalho e da Previdência Social emitida em 27.11.1978, constando vínculos de 20.01.2006 a 22.11.2006 (empregada doméstica), de 15.09.2014 a 14.10.2014 (empregada doméstica) – fls. 09/10;
- CNIS – Cadastro Nacional de Informações Sociais de 12.10.1976 a 24.01.1980 (empregado), de 26.05.1980 a 09.03.1981 (empregado), de 01.06.1981 a 01.02.1983 (empregado), de 01.06.1989 a

181.810.198-7

1

MINISTÉRIO DA ECONOMIA-ME
SECRETARIA ESPECIAL DE PREVIDÊNCIA E TRABALHO
SECRETARIA DE PREVIDÊNCIA
CONSELHO DE RECURSOS DA PREVIDÊNCIA SOCIAL-CRPS
CONSELHO PLENO

31.03.1994 (empregado doméstico), de 01.06.1994 a 31.07.1995 (empregado doméstico), de 01.09.1997 a 05.01.1998 (empregado), de 01.09.2014 a 31.10.2014 (empregado doméstico) e de 01.11.2015 a 31.07.2017 (segurado facultativo) – fl. 38;

- Extrato Previdenciário dos recolhimentos efetuados na condição de segurado facultativo entre 01.11.2015 a 31.07.2017, com o 1º recolhimento na data de 02.12.2015 (tempestivo) e pagas as contribuições a base de 01 (um) salário-mínimo – fls. 39, 58.

O INSS apurou o total de 15 anos 01 mês e 20 dias de tempo de contribuição e a carência correspondente a 168 (cento e sessenta e oito) meses de contribuição até 08.03.2017 – fls. 19/20.

O pedido foi indeferido por não comprovar a carência exigida ao Benefício.

Em recurso ordinário, a Interessada sustenta que os requisitos para o Benefício foram atendidos, por comprovar mais de 15 anos de contribuição, não podendo ser penalizada por falhas no recolhimento previdenciário decorrente de vínculo como empregada doméstica – fl. 26.

A egrégia 04ª Junta de Recursos, por meio do Decisório nº 755/2017 (fls. 40/42), converteu o julgamento em diligência visando a juntada de novo extrato do CNIS e do Extrato Previdenciário CNIS Cidadão. Ainda, o esclarecimento sobre o cômputo para fins de carência do intervalo de 01.06.1989 a 26.01.1996 e, em caso de dúvida sobre o vínculo como empregada doméstica, deveria ser realizada pesquisa externa.

Em atendimento ao solicitado constaram extrato previdenciário (fls. 44/49) e, no Despacho de fls. 50/51, o INSS afirma que não possui dúvida quanto ao exercício da atividade de doméstica, porém, somente é considerado para a carência as contribuições efetivamente recolhidas, pois são interstícios anteriores a Lei Complementar nº 150/2015 e, não se aplica o artigo 36 da Lei nº 8.213/91, por não comprovar a vinculação como doméstica até a DER.

A egrégia 04ª Junta de Recursos, por meio do ACÓRDÃO nº 123/2018 (fls. 52/56), deu provimento ao recurso ordinário, tendo autorizado o cômputo dos períodos prestados como empregada doméstica para fins de carência.

MINISTÉRIO DA ECONOMIA-ME
SECRETARIA ESPECIAL DE PREVIDÊNCIA E TRABALHO
SECRETARIA DE PREVIDÊNCIA
CONSELHO DE RECURSOS DA PREVIDÊNCIA SOCIAL-CRPS
CONSELHO PLENO

Em Recurso Especial, o INSS sustenta não ser possível computar integralmente para fins de carência os intervalos de 01.07.1989 a 26.01.1996, de 10.01.2006 a 22.11.2006 e de 15.09.2014 a 14.10.2014, ora prestados na condição de empregada doméstica diante de falhas no recolhimento previdenciário, em particular para as competências de 04 e 05.1994, de 08.1995 a 01.1996 e de 10.01.2006 a 22.11.2006. Salienta que a interessada buscou a concessão do Benefício com última vinculação previdenciária como segurado facultativo, o que impede aplicar os termos do artigo 36, da Lei nº 8.213/91. Por fim, deve ser observado o Parecer/CJ/Nº 2585/2001 - fls. 61/64.

Não foram oferecidas contrarrazões.

A egrégia 3ª Câmara de Julgamento, por meio do ACÓRDÃO nº 8.577/2018 (fls. 75/77), negou provimento ao recurso especial do INSS, ratificado o cômputo integral dos intervalos de 01.07.1989 a 26.01.1996, de 10.01.2006 a 22.11.2006 e de 15.09.2014 a 14.10.2014, em vista da obrigatoriedade do pagamento previdenciário pelo empregador doméstico, além da aplicação do artigo 36 da Lei nº 8.213/91 e Enunciado nº 18 do CRPS.

Ciência da decisão especial em 13.09.2018 e oferecida Reclamação ao Conselho Pleno em 10.10.2018.

Foram anexados: PARECER/CJ nº 2585/2001 (fls. 78/80); PARECER nº 364/2015/CONJUR-MPS/CGU/AGU (fls. 81/99).

Na Reclamação ao Conselho Pleno, o INSS afirma que o acórdão prolatado pela 3ª Câmara de Julgamento viola o PARECER CJ nº 2.585/2001, no qual permite o cômputo do tempo de serviço do empregado doméstico, mas impõe o requisito da carência com o efetivo recolhimento previdenciário para ser considerado para fins de concessão de benefício previdenciário. Ainda, há violação aos termos do PARECER Nº 364/2015/CONJUR-MPS/CGU/AGU, uma vez que remete a necessidade de ser observada a regra contida no inciso II, do artigo 27, da Lei nº 8.213/91 para os intervalos anteriores a competência de junho de 2015. Não há como somar para fins de carência as competências de 04 e 05.1994, de 08.1995 a 01.1996 e de 10.01.2006 a 22.11.2006, uma vez que a vinculação da requerente na DER se dá na condição de segurado facultativo – fls. 104/107.

MINISTÉRIO DA ECONOMIA-ME
SECRETARIA ESPECIAL DE PREVIDÊNCIA E TRABALHO
SECRETARIA DE PREVIDÊNCIA
CONSELHO DE RECURSOS DA PREVIDÊNCIA SOCIAL-CRPS
CONSELHO PLENO

Despacho do Vice-Presidente do Conselho de Recursos da Previdência Social admitindo a Reclamação ao Conselho Pleno, na forma do artigo 64 do Regimento interno do CRPS – fl. 111.

O processo foi distribuído ao Relator RENATO AGOSTINHO DAS CHAGAS e redistribuído a essa Conselheira – fl. 113.

É o relatório.

VOTO

EMENTA: APOSENTADORIA POR IDADE. EMPREGADA DOMÉSTICA. RECLAMAÇÃO AO CONSELHO PLENO. PRESSUPOSTOS DE ADMISSIBILIDADE DO PEDIDO NÃO ATENDIDOS NOS TERMOS DO ARTIGO 64 DA PORTARIA MINISTERIAL MDS Nº 116/2017. NÃO DEMONSTRADA A INFRINGÊNCIA DO ÓRGÃO JULGADOR A PARECERES DA CONSULTORIA JURÍDICA DO MPS. RECLAMAÇÃO IMPROCEDENTE.
1 – Possibilidade da concessão de Benefício de valor mínimo ao empregado doméstico em período anterior a edição da Lei Complementar nº 150/2015, sem a exigência da efetiva contribuição previdenciária.
2 – Observância do artigo 36 da Lei nº 8.213/91 mesmo na hipótese do segurado não mais possuir filiação como empregado doméstico na DER.
3 – Não demonstrada a infringência ao PARECER CJ nº 2585/2001 e ao PARECER nº 364/2015/CONJUR-MPS/CGU/AGU.
4 – Reclamação ao Conselho Pleno proposta pelo INSS improcedente.

A Reclamação ao Conselho Pleno está disciplinada pelo artigo 64, do Regimento Interno do CRPS, aprovado pela Portaria Ministerial MDS nº 116/2017, confira-se:

181.810.198-7

MINISTÉRIO DA ECONOMIA-ME
SECRETARIA ESPECIAL DE PREVIDÊNCIA E TRABALHO
SECRETARIA DE PREVIDÊNCIA
CONSELHO DE RECURSOS DA PREVIDÊNCIA SOCIAL-CRPS
CONSELHO PLENO

Art. 64. A Reclamação ao Conselho Pleno poderá ocorrer, no caso concreto, por requerimento das partes do processo, dirigido ao Presidente do CRSS, somente quando os acórdãos das Juntas de Recursos do CRSS, em matéria de alçada, ou os acórdãos de Câmaras de Julgamento do CRSS, em sede de Recurso Especial, infringirem:

I - *Pareceres da Consultoria Jurídica do MDSA, aprovados pelo Ministro de Estado do Desenvolvimento Social e Agrário, bem como, Súmulas e Pareceres do Advogado-Geral da União, na forma da Lei Complementar nº 73, de 10 de fevereiro de 1993;*

II - *Pareceres da Consultoria Jurídica dos extintos MPS e MTPS, vigentes e aprovados pelos então Ministros de Estado da Previdência Social e do Trabalho e Previdência Social;*

III - *Enunciados editados pelo Conselho Pleno.*

§ 1º O prazo para o requerimento da Reclamação ao Conselho Pleno é de 30 (trinta) dias contados da data da ciência da decisão infringente e suspende o prazo para o seu cumprimento.

§ 2º Caberá ao Presidente do CRSS fazer o juízo de admissibilidade da Reclamação ao Conselho Pleno verificando se estão presentes os pressupostos previstos no caput, podendo:

I - *indeferir por decisão monocrática irrecorrível, quando verificar que não foram demonstrados os pressupostos de admissibilidade previstos no caput;*

II - *distribuir o processo ao Conselheiro relator da matéria no Conselho Pleno quando verificar presentes os pressupostos de admissibilidade previstos no caput.*

§ 3º Os processos poderão ser preliminarmente submetidos pelo Presidente do CRSS ao órgão julgador que prolatou o acórdão infringente, para facultar-lhe a Revisão de Ofício nos termos do art. 59 deste regimento.

§ 4º O resultado do julgamento da Reclamação pelo Conselho Pleno será objeto de notificação ao órgão julgador que prolatou o acórdão

181.810.198-7

MINISTÉRIO DA ECONOMIA-ME
SECRETARIA ESPECIAL DE PREVIDÊNCIA E TRABALHO
SECRETARIA DE PREVIDÊNCIA
CONSELHO DE RECURSOS DA PREVIDÊNCIA SOCIAL-CRPS
CONSELHO PLENO

> *infringente, para fins de adequação do julgado à tese fixada pelo Pleno, por meio da Revisão de Ofício.*

O pedido incidental é tempestivo, levando-se em conta que o INSS teve ciência da decisão recorrida em 13.09.2018 e proposta a Reclamação em 10.10.2018.

No presente, o INSS sustenta que o ACÓRDÃO nº 8.577/2018, lavrado pela 3ª Câmara de Julgamento afronta o PARECER/CJ nº 2.585/2001, bem como os termos do PARECER nº 364/2015/CONJUR-MPS/CGU/AGU, uma vez que autorizou o cômputo das competências de 04 e 05.1994, de 08.1995 a 01.1996 e de 10.01.2006 a 22.11.2006 decorrentes de vínculos como empregada doméstica para fins de carência, sem o efetivo recolhimento previdenciário, não observado o inciso II, do artigo 27 da Lei nº 8.213/91 e a impossibilidade em ser aplicado ao caso o artigo 36, da Lei nº 8.213/91, pois a recorrida não é mais doméstica na DER (Data de Entrada do Requerimento).

O que se buscou no processo administrativo foi a concessão de Aposentadoria por Idade Urbana, nos moldes do artigo 48 da Lei nº 8.213/91, com a comprovação da carência correspondente a 180 (cento e oitenta) meses, pois embora o ingresso ao sistema previdenciário ocorreu antes da data de 24.07.1991, a idade de 60 (sessenta) anos foi alcançada no ano de 2.017.

Preceitua a Lei nº 8.213/91:

> *Art. 48. A aposentadoria por idade será devida ao segurado que, cumprida a carência exigida nesta Lei, completar 65 (sessenta e cinco) anos de idade, se homem, e 60 (sessenta), se mulher.*

> *Art. 142. Para o segurado inscrito na Previdência Social Urbana até 24 de julho de 1991, bem como para o trabalhador e o empregador rural cobertos pela Previdência Social Rural, a carência das aposentadorias por idade, por tempo de serviço e especial obedecerá à seguinte tabela, levando-se em conta o ano em que o segurado implementou todas as condições necessárias à obtenção do benefício:*

MINISTÉRIO DA ECONOMIA-ME
SECRETARIA ESPECIAL DE PREVIDÊNCIA E TRABALHO
SECRETARIA DE PREVIDÊNCIA
CONSELHO DE RECURSOS DA PREVIDÊNCIA SOCIAL-CRPS
CONSELHO PLENO

Ano de implementação das condições exigidos	*Meses de contribuição*
2011	*180 meses*

Para a carência foi autorizado o cômputo integral dos períodos de 01.06.1989 a 26.01.1996, de 20.01.2006 a 22.11.2006 e de 15.09.2014 a 14.10.2014, oriundos da vinculação como empregada doméstica.

Nesse sentido, o acórdão questionado assim considerou:

"O Instituto questiona o reconhecimento de períodos laborados na atividade de doméstica (01/07/1989 à 26/01/1996, de 10/01/2006 à 22/11/2006, e de 15/09/2014 à 14/10/2014) para fins de carência sem o recolhimento contributivo e/ou recolhimento atrasado.

Conforme o contido no art. 9º inc. II do Regulamento da Previdência social - RPS, aprovado pelo Decreto nº 3.048/99, considera-se empregado doméstico "aquele que presta serviço de natureza contínua, mediante remuneração, a pessoa ou família, no âmbito residencial desta, em atividade sem fins lucrativos" É, portanto, segurado obrigatório da Previdência Social.

O art. 30, inc. V, da Lei n.º 8.212/91 menciona que o empregador doméstico está obrigado a arrecadar a contribuição do segurado empregado a seu serviço e recolhê-la. O art. 20 estabelece a alíquota de 8, 9 ou 11% de retenção do salário do empregado doméstico. Por sua vez, o empregador doméstico contribui com 12% do salário-de-contribuição do empregador doméstico a seu serviço.

Além disso, o pagamento do valor do benefício será com base no salário-mínimo, nos termos do art. 36 da Lei nº 8213/91:

Art. 36. (...).

Nesta linha de pensamento, basta a comprovação da atividade corroborada com a anotação em carteira de trabalho para viabilizar a inclusão dos vínculos como tempo e carência".

181.810.198-7

MINISTÉRIO DA ECONOMIA-ME
SECRETARIA ESPECIAL DE PREVIDÊNCIA E TRABALHO
SECRETARIA DE PREVIDÊNCIA
CONSELHO DE RECURSOS DA PREVIDÊNCIA SOCIAL-CRPS
CONSELHO PLENO

A decisão em questão está em consonância com os PARECERES invocados pelo INSS.

Vejamos:

Para a concessão de Benefício Previdenciário devido ao segurado enquadrado como empregado doméstico a partir da vigência da Lei nº 8.213/91 até a modificação advinda pela Lei Complementar nº 150/2015, era indispensável comprovar o exercício da atividade remunerada e a efetiva contribuição previdenciária, esse último requisito, para atender a carência, como regra geral disciplinado no inciso II, do artigo 27 da LBPS:

> *"Art. 27. Para cômputo do período de carência, serão consideradas as contribuições:*
>
> *...*
>
> *II – realizadas a contar da data do efetivo pagamento da primeira contribuição sem atraso, não sendo consideradas para este fim as contribuições recolhidas com atraso referentes a competências anteriores, no caso dos segurados empregado doméstico, contribuinte individual, especial e facultativo, referidos, respectivamente, nos incisos II, V e VII do art. 11 e no art. 13. (Redação dada pela Lei nº 9.876, de 26.11.99)".*

A regra acima é excetuada pelo disposto no artigo 36 da Lei nº 8.213/91, *in verbis*:

> *Art. 36. Para o segurado empregado doméstico que, tendo satisfeito as condições exigidas para a concessão do benefício requerido,* ***não comprovar o efetivo recolhimento das contribuições devidas, será concedido o benefício de valor mínimo****, devendo sua renda ser recalculada quando da apresentação da prova do recolhimento das contribuições. (Grifos nossos).*

É possível computar para a carência o período laborado como empregado doméstico mesmo sem a contribuição previdenciária, ou havendo falhas ou recolhida de forma extemporânea, quando o benefício a ser concedido é de valor mínimo.

181.810.198-7

MINISTÉRIO DA ECONOMIA-ME
SECRETARIA ESPECIAL DE PREVIDÊNCIA E TRABALHO
SECRETARIA DE PREVIDÊNCIA
CONSELHO DE RECURSOS DA PREVIDÊNCIA SOCIAL-CRPS
CONSELHO PLENO

Isso está expresso no PARECER CJ nº 2.585/2001 conforme abaixo transcrito:

> *"CONCLUSÃO*
>
> *Ante o exposto, conclui-se que:*
> *1.* ***O segurado empregado doméstico, desde que atenda os demais requisitos previstos em lei, não é obrigado a comprovar o recolhimento das contribuições para obtenção de benefício no valor mínimo, nos termos do art. 36, da Lei nº 8.213, de 1991****.*
>
> *2.****Para que seja concedido benefício em valor superior ao mínimo****, em conformidade com as regras gerais, o segurado empregado doméstico deverá comprovar o efetivo recolhimento das contribuições relativas ao período de carência, além do atendimento aos demais requisitos exigidos pela lei de regência,* ***nos moldes do art. 27, inciso II, da Lei nº 8.213, de 1991****." (Grifos Nossos).*

Com relação ao PARECER Nº 364/2015/CONJUR-MPS/CGU/AGU, peço vênia para transcrever a sua conclusão:

> *"(...)*
>
> *ANTE O EXPOSTO, no exercício da atribuição no art. 11 da Lei Complementar nº 73/1993, este Procurador Federal, corroborando as manifestações da PFE-INSS e SPPS/MPS, apresenta as seguintes considerações conclusivas:*
> *a) (...)*
> *b) Para fins de cômputo do período de carência dos empregados domésticos, até o advento da LC nº 150/2015 a regra vigente à época deve disciplinar a matéria, de modo que, pelo enquadramento no inciso II do art. 27 da LBPS na redação então vigente, o recolhimento da respectiva contribuição previdenciária deve ser considerado uma condicionante para fins de carência. Por outro lado, para períodos posteriores a competência junho de 2015, data de entrada em vigor da referida norma complementar, a filiação ao RGPS, mesmo que desprovida do recolhimento da respectiva contribuição social, deve ser considerada para fins de carência dos empregados domésticos".*

181.810.198-7

MINISTÉRIO DA ECONOMIA-ME
SECRETARIA ESPECIAL DE PREVIDÊNCIA E TRABALHO
SECRETARIA DE PREVIDÊNCIA
CONSELHO DE RECURSOS DA PREVIDÊNCIA SOCIAL-CRPS
CONSELHO PLENO

Em um primeiro momento, é possível interpretar que o PARECER apenas permite considerar para a carência, o período da prestação da atividade do empregado doméstico efetivamente recolhido, em razão do disposto no inciso II, do artigo 27 da LBPS, para intervalo anterior a Lei Complementar nº 150/2015. Todavia, o PARECER somente abordou a hipótese prevista na regra geral, sem adentrar em particularidade do artigo 36 da LBPS, com vistas à concessão de benefício de valor mínimo. Ou seja, não excluiu a possibilidade da concessão de Benefício quando presente a situação prevista no mencionado artigo 36, por isso, não há que se falar em infringência quando autorizada a concessão de aposentadoria de valor mínimo, sem a respectiva contribuição previdenciária.

Ainda sobre o artigo 36 da Lei nº 8.213/91, o INSS sustenta que não deve ser considerado no caso em tela, pois no ato do requerimento do Benefício a filiação previdenciária da recorrida é na condição de segurado facultativo e não de empregado doméstico. Entretanto, esse entendimento não está contido nos PARECERES mencionados, pois não exigem confirmação do estado de filiação do empregado doméstico na Data de Entrada do Requerimento – DER.

E, o fato de constar no artigo 36 da LBPS da possibilidade de não ser exigida a prova do recolhimento previdenciário para o empregado doméstico que tenha satisfeito os requisitos para a concessão de benefício, não pode ser interpretada de maneira restritiva, abarcando somente àquele que ainda mantém a filiação nesta categoria no momento do requerimento administrativo. Deve ser considerado que, abrange todos àqueles que trabalham ou já trabalharam como domésticos, porém, não tiveram as suas contribuições recolhidas por seus empregadores e que requerem Benefício de valor mínimo. Não tem o condão de vincular a sua aplicabilidade apenas àquele que na DER continuam com essa mesma filiação, eis que, do contrário, limitaria o segurado a possuir uma única filiação à Previdência Social a de eterno empregado doméstico, pois qualquer mudança nesse *status* ensejaria perda de um direito e do tempo trabalhado pela falta de contribuição, cuja responsabilidade é do empregador, conforme leitura do artigo 30, inciso V, da Lei nº 8.212/91:

> *"o empregador doméstico está obrigado a arrecadar a contribuição do segurado empregado a seu serviço e recolhê-la, assim como a parcela a seu cargo, no prazo referido no inciso II deste artigo".*

Peço vênia para mencionar os termos do voto proferido pela Conselheira Quezia Contage Teixeira no Acórdão n° 631/2017 da lavra da 2ª Composição Adjunta

MINISTÉRIO DA ECONOMIA-ME
SECRETARIA ESPECIAL DE PREVIDÊNCIA E TRABALHO
SECRETARIA DE PREVIDÊNCIA
CONSELHO DE RECURSOS DA PREVIDÊNCIA SOCIAL-CRPS
CONSELHO PLENO

da 10ª Junta de Recursos, referente ao NB 41/178.496.096-6 (Protocolo: 44232.928037/2016-11):

> *"É bom lembrar que o fato de ter passado a contribuir sob outra categoria (contribuinte individual) junto ao INSS não pode ser, por si só, penalidade para a segurada que busca manter-se sob a proteção social. Se antes não podia ser punida por responsabilidade que cabia ao empregador doméstico, e não a si, o simples fato de passar a recolher depois sob uma obrigação tributária personalíssima (contribuinte individual que não presta serviço a outrem, ou facultativa) não pode ter o condão ou poder de modificar toda uma condição anterior que era mais benéfica em termos de responsabilidade tributária, como dito, nem pode ser capaz de apagar todo um contexto de histórico laboral precedente.*
>
> *Do contrário, estaríamos a exigir que a segurada, para se valer do entendimento favorável acerca do doméstico, tivesse que voltar a ser unicamente doméstica, e somente desta forma contribuir — até o fim - para ter direito a benefícios do Seguro Social, mesmo se não pudesse - seja em razão de saúde, de deficiência física ou mental, de idade avançada, ou de outras circunstâncias ou particularidades - fazê-lo. Ou então, no caso da postulante, exigir que abdicasse de vários anos de labor e recomeçasse a contribuir para suprir aqueles anos, embora não possa ser responsabilizada pelo atraso ou falha no recolhimento. Ou então privilegiar uma situação com risco de não se recolher contribuições (por desídia do empregador doméstico) em detrimento de outra situação em que as contribuições estão a cargo da própria interessada, e assim sem qualquer risco de ser computado tempo sem os recolhimentos correspondentes, caso da contribuinte individual e da facultativa.*
>
> *Registre-se ainda, como decidido pela 10aTurma Recursal dos JEF da 3" Região, em julgamento prolatado em 26.06.15 (processo n° 00056746520134036310), inexistir qualquer violação ao equilíbrio financeiro e atuarial do sistema em razão da carência legal (número de contribuições) exigida, isto ao se admitir o cômputo do período como doméstica sem contribuições. Além disso, em função do caráter social do sistema de proteção, tal equilíbrio deve ser entendido coletivamente, e não sob a ótica de cada beneficiário.*

181.810.198-7

11

MINISTÉRIO DA ECONOMIA-ME
SECRETARIA ESPECIAL DE PREVIDÊNCIA E TRABALHO
SECRETARIA DE PREVIDÊNCIA
CONSELHO DE RECURSOS DA PREVIDÊNCIA SOCIAL-CRPS
CONSELHO PLENO

> *Não se vislumbra, outrossim, em qualquer dispositivo legal em vigor, a proibição de mudança de categoria que resulte em tamanha injustiça. Nem pode o INSS criar nova modalidade de aposentadoria — no caso a aposentadoria por idade de doméstico, que é o que busca fazer com essa exigência de que sempre se seja doméstico — sem que haja previsão legal para tanto.".*

A jurisprudência predominante no Conselho Pleno é no sentido da "*Desnecessidade de demonstração de filiação ao RGPS como empregada doméstica na data de entrada do requerimento (DER) para obtenção de benefício de menor valor sem comprovação de contribuições*", conforme se extraí das Resoluções de números 48/2017, 49/2017, 67/208, 68/2018, 69/2018, 70/2018, 20/2019, 21/2019 e 42/2019.

No mais, a matéria ventilada no inconformismo do INSS foi recentemente submetida ao Conselho Pleno que uniformizou, em tese, a jurisprudência administrativa com a emissão do ENUNCIADO nº 02, com a seguinte orientação:

> ENUNCIADO 2
> Não se indefere benefício sob fundamento de falta de recolhimento de contribuição previdenciária quando a responsabilidade tributária não competir ao segurado.
> I - Considera-se presumido o recolhimento das contribuições do segurado empregado, inclusive o doméstico, do trabalhador avulso e, a partir da competência abril de 2003, do contribuinte individual prestador de serviço.
> II - Não é absoluto o valor probatório da Carteira de Trabalho e Previdência Social (CTPS), mas é possível formar prova suficiente para fins previdenciários se esta não tiver defeito formal que lhe comprometa a fidedignidade, salvo existência de dúvida devidamente fundamentada.
> III - **A concessão de benefícios no valor mínimo ao segurado empregado doméstico independe de prova do recolhimento das contribuições, inclusive a primeira sem atraso, desde que atendidos os demais requisitos legais exigidos, exceto para fins de contagem recíproca.**
> IV - **O vínculo do segurado como empregado doméstico será computado para fins de carência, ainda que esteja filiado ao Regime Geral de Previdência Social (RGPS) em categoria diversa na Data de Entrada do Requerimento (DER).**

MINISTÉRIO DA ECONOMIA-ME
SECRETARIA ESPECIAL DE PREVIDÊNCIA E TRABALHO
SECRETARIA DE PREVIDÊNCIA
CONSELHO DE RECURSOS DA PREVIDÊNCIA SOCIAL-CRPS
CONSELHO PLENO

A título de conhecimento, o novel Decreto nº 10.410/2020 passou a exigir da empregada doméstica apenas a prova de filiação ao Regime Geral da Previdência Social, conforme inciso I, do artigo 28:

> *"Art. 28. O período de carência é contado:*
> *I – para o segurado empregado, inclusive o doméstico, e o trabalhador avulso, a partir da data de sua filiação ao RGPS"*

Depreende-se, pois, que o Acórdão nº 8.577/2018 (fls. 75/77), prolatado pela 3ª Câmara de Julgamento deve ser mantido, por se encontrar em conformidade com o artigo 36, da Lei nº 8.213/91 e não infringe as disposições constantes no PARECER CJ nº 2585/2001 e no PARECER nº 364/2015/CONJUR-MPS/CGU/AGU.

Portanto, o pedido de Reclamação apresentado pelo INSS deve ser conhecido e, no mérito, improvido.

CONCLUSÃO: Pelo exposto **VOTO** no sentido de **JULGAR IMPROCEDENTE** o pedido de **RECLAMAÇÃO AO CONSELHO PLENO.**

Brasília - DF, 25 de setembro de 2020.

Alexandra A. de Alcântara

ALEXANDRA ÁLVARES ALCÂNTARA
Relatora

181.810.198-7

MINISTÉRIO DA ECONOMIA-ME
SECRETARIA ESPECIAL DE PREVIDÊNCIA E TRABALHO
SECRETARIA DE PREVIDÊNCIA
CONSELHO DE RECURSOS DA PREVIDÊNCIA SOCIAL-CRPS
CONSELHO PLENO

DECISÓRIO

RESOLUÇÃO Nº 65 /2020

Vistos e relatados os presentes autos, em sessão realizada hoje, **ACORDAM** os membros do Conselho Pleno, por **UNANIMIDADE**, no sentido de **JULGAR IMPROCEDENTE** o pedido de **RECLAMAÇÃO AO CONSELHO PLENO**, de acordo com o Voto da Relatora e sua fundamentação.

Participaram, ainda, do presente julgamento os (as) Conselheiros (as): Robson Ferreira Maranhão, Vânia Pontes Santos, Gustavo Beirão Araújo, Paulo Sérgio de Carvalho Costa Ribeiro, Maria Madalena Silva Lima, Renato Agostinho das Chagas, Moisés Oliveira Moreira, Imara Sodré Sousa Neto, Sulamita Cristina Dias, Guilherme Lustosa Pires, Valter Sérgio Pinheiro Coelho, Tarsila Otaviano da Costa e Adriene Cândida Borges

Brasília-DF, 25 de setembro de 2020

ALEXANDRA ÁLVARES ALCÂNTARA
Relatora

MARCELO FERNANDO BORSIO
Presidente

181.810.198-7

14

3.1.66 Resolução 66/2020 (decadência/decenal/autotutela/aposentadoria/acumulação/auxílio/suplementar)

Objeto: Trata-se de Resolução que julgou Reclamação interposta pelo INSS alegando que a decisão da Câmara de Julgamento violou a Questão 26 do Parecer Vinculante CONJUR MPS 616/2010.

Decisão: Desprovida.

Tese jurídica: O dever poder de autotutela há havia decaído após 10 anos, nos termos do artigo 103-A da Lei 8.213/91, de modo que restou conservada a acumulação indevida de aposentadoria com auxílio suplementar.

MINISTÉRIO DA ECONOMIA-ME
SECRETARIA ESPECIAL DE PREVIDÊNCIA E TRABALHO
SECRETARIA DE PREVIDÊNCIA
CONSELHO DE RECURSOS DA PREVIDÊNCIA SOCIAL-CRPS
CONSELHO PLENO

Nº de Protocolo do Recurso: 44232.538328/2015-31
Documento/Benefício: 95/084.411.957-1
Unidade de origem: Agência da Previdência Social/Jundiaí - Digital
Tipo do Processo: Reclamação ao Conselho Pleno
Recorrente: Walter de Oliveira Cordeiro
Recorrido: Instituto Nacional do Seguro Social/INSS
Assunto: Auxílio-Suplementar
Relatora: Alexandra Álvares Alcântara

(Processo Eletrônico)

Relatório

As páginas informadas referem-se ao processo completo (Árvore Documental-form.PDF).

Trata-se de RECLAMAÇÃO AO CONSELHO PLENO proposta pelo Instituto Nacional do Seguro Social – INSS contra o Acórdão nº 8.927/2018 (fls. 116/118), lavrado pela 3ª Câmara de Julgamento, no qual proveu o recurso especial interposto por WALTER DE OLIVEIRA CORDEIRO, sob o fundamento de que decaiu o direito em se rever o AUXÍLIO-SUPLEMENTAR, devendo ser reativado e não autorizada a cobrança de valores.

Em procedimento revisional, o INSS cessou o Auxílio-Suplementar, o qual era mantido desde 29.04.1988 e, emitiu cobrança de valores recebidos para o intervalo de concomitância com o Benefício de Aposentadoria por Invalidez Acidentária, em vista da acumulação indevida de Benefício.

Constam nos autos:

- INFBEN (Informações do Benefício) e CONBAS (Dados Básicos da Concessão) da Aposentadoria por Invalidez Acidentária, sob o nº 129.214.582-7, com Início do Benefício em 11.04.2003 – fls. 63, 90;
- INFBEN (Informações do Benefício) e CONBAS (Dados Básicos da Concessão) do Auxílio-Suplementar Acidente Trabalho, com DIB (Data de Início do Benefício) em 29.04.1988 e suspenso em 01.04.2015 – fls. 72, 88 e 98/99.

084.411.957-1

1

MINISTÉRIO DA ECONOMIA-ME
SECRETARIA ESPECIAL DE PREVIDÊNCIA E TRABALHO
SECRETARIA DE PREVIDÊNCIA
CONSELHO DE RECURSOS DA PREVIDÊNCIA SOCIAL-CRPS
CONSELHO PLENO

Na Consulta / Cadastro do CMOBEN consta o registro da ação CENSO – Acumulação Indevida com entrada em 11.09.2010 e, com a adoção de medidas pelo MOB – Monitoramento Operacional de Benefício a partir de 19.11.2014 (fls. 61/62).

Por meio do Ofício do MOB datado de 19.11.2014, o INSS comunica ao Interessado que, em atendimento à demanda CENSO ACUMULAÇÃO INDEVIDA, foi verificado indícios de irregularidades na manutenção do Auxílio-Suplementar após a cessação de Aposentadoria por Invalidez Acidentária, face o disposto no parágrafo único, do artigo 9º, da Lei nº 6.367/1976, tendo sido apurado débito para o intervalo de 01.11.2009 a 31.10.2014, já observada a prescrição quinquenal – fl. 77.

Cálculo e atualização monetária de valores recebidos indevidamente para o intervalo de 19.11.2009 a 31.10.2014, na importância de R$ 22.417,46 (vinte e dois mil, quatrocentos e dezessete reais e quarenta e seis centavos) – fls. 74/76.

Cálculo atualizado de débito – fls. 92/94.

Ofício datado de 23.06.2015 com a comunicação da constatação da irregularidade na manutenção do Benefício e a cobrança de valores – fls. 95/96.

Em recurso ordinário, o Interessado se opõe à cobrança de débito apurado na importância de R$ 25.649,02 (vinte e cinco mil, seiscentos e quarenta e nove reais e dois centavos), pois não concorreu para a manutenção conjunta de aposentadoria por invalidez e auxílio-suplementar, visto que isso decorreu de erro administrativo da Autarquia. Afirma ter agido de boa-fé e a natureza dos valores recebidos é alimentar – fl. 103.

A egrégia 14ª JR, por meio do Acórdão nº 2.623/2017 (fls. 106/108), negou provimento ao recurso ordinário, sob o fundamento da impossibilidade em ser mantido de forma concomitante o benefício de auxílio-suplementar e aposentadoria, não devendo ser aplicada a decadência em vista do Memorando-Circular nº 01/INSS/DIRBEN de 02/03/2010 e o Manual de Monitoramento Operacional de Benefícios aprovado pela Resolução nº 276/PRES/INSS de 01/3/2013. Ainda, não é possível a isenção dos valores recebidos face o disposto no PARECER CONJUR MPS nº 616/2010.

MINISTÉRIO DA ECONOMIA-ME
SECRETARIA ESPECIAL DE PREVIDÊNCIA E TRABALHO
SECRETARIA DE PREVIDÊNCIA
CONSELHO DE RECURSOS DA PREVIDÊNCIA SOCIAL-CRPS
CONSELHO PLENO

Em recurso especial, o Interessado afirma que os seus rendimentos são para manter a sua subsistência (tratamento médico, alimentos e pagamento de pensão), não possuindo condições para arcar o débito apurado pelo INSS.

Com o recurso especial foram apresentados relatórios médicos.

A egrégia 03ª CAJ, por meio do Acórdão nº 8.927/2018 (fls. 116/118), conheceu do recurso do Segurado e deu provimento, tendo concluído que decaiu o prazo para a revisão do Benefício, devendo ser reativado e, por consequência, não cabe a cobrança de valores.

Ciência da decisão especial em 02.10.2018 (fl. 119) e proposta Reclamação em 30.10.2018 (fl. 120).

No pedido de Reclamação ao Conselho Pleno, o INSS sustenta que há dissonância entre o entendimento que fundamenta o acórdão nº 8.927/2018, prolatado pela 3ª CAJ e o que dispõe a legislação em sentido estrito e a interpretação dada pelo PARECER CJ/MPS 3.509/2005 – AGU, visto que não se operou a decadência na apuração de irregularidade do Benefício, pois a Administração tomou ciência desse fato e cadastrou a demanda no aplicativo CMOBEN em 2010, sendo certo que o legislador não vinculou a impugnação do ato à ciência do segurado, mas de providências da Administração. Com isso, não é possível considerar a data da emissão do ofício ou mesmo a publicação do edital para fins da verificação da decadência, mas apenas para análise de eventual sobre a prescrição. Qualquer ato da Administração é hábil para frear a ocorrência da decadência, por isso, não é possível ignorar o cadastro da irregularidade dentro do sistema – fls. 120/122.

Com a Reclamação foram anexados: Nota Técnica nº 02/2014 da Procuradoria Federal Especializada do INSS (fls. 123/128) e PARECER CJ/MPS nº 2.434/2001 (fls. 129/139).

Despacho do Vice-Presidente do Conselho de Recursos da Previdência Social admitindo a Reclamação ao Conselho Pleno, na forma do artigo 64 do Regimento interno do CRPS – fl. 140.

084.411.957-1

MINISTÉRIO DA ECONOMIA-ME
SECRETARIA ESPECIAL DE PREVIDÊNCIA E TRABALHO
SECRETARIA DE PREVIDÊNCIA
CONSELHO DE RECURSOS DA PREVIDÊNCIA SOCIAL-CRPS
CONSELHO PLENO

O processo foi distribuído ao Relator RENATO AGOSTINHO DAS CHAGAS e redistribuído a essa Conselheira.

É o relatório

VOTO

EMENTA: AUXÍLIO-SUPLEMENTAR ACIDENTE DO TRABALHO. ACUMULAÇÃO COM APOSENTADORIA POR INVALIDEZ. REVISÃO. DECADÊNCIA. RECLAMAÇÃO AO CONSELHO PLENO. PRESSUPOSTOS DE ADMISSIBILIDADE DO PEDIDO NÃO ATENDIDOS NOS TERMOS DO ARTIGO 64, INCISO I DA PORTARIA MINISTERIAL MDS Nº 116/2017. NÃO DEMONSTRADA A INFRINGÊNCIA DO ÓRGÃO JULGADOR AO PARECER CJ/MPS Nº 3.509/2005 – AGU. RECLAMAÇÃO IMPROCEDENTE.

1 – O mero cadastro do MOB (Monitoramento Operacional de Benefício) lançado no sistema e paralisado por 04 (quatro) anos não se mostra suficiente para atender o disposto no parágrafo 2º, do artigo 103-A, da Lei nº 8.213/91, em face da inércia na adoção de medida efetiva que importe em impugnação da validação do ato administrativo.

2 - Revisão do Benefício proposta após a incidência do prazo decenal.

3 – Reclamação ao Conselho Pleno proposta pelo INSS improcedente.

A Reclamação ao Conselho Pleno está disciplinada pelo artigo 64, do Regimento Interno do CRPS, aprovado pela Portaria Ministerial MDS nº 116/2017, confira-se:

> *Art. 64. A Reclamação ao Conselho Pleno poderá ocorrer, no caso concreto, por requerimento das partes do processo, dirigido ao Presidente do CRSS, somente quando os acórdãos das Juntas de Recursos do CRSS, em matéria de alçada, ou os acórdãos de Câmaras de Julgamento do CRSS, em sede de Recurso Especial, infringirem:*

084.411.957-1

MINISTÉRIO DA ECONOMIA-ME
SECRETARIA ESPECIAL DE PREVIDÊNCIA E TRABALHO
SECRETARIA DE PREVIDÊNCIA
CONSELHO DE RECURSOS DA PREVIDÊNCIA SOCIAL-CRPS
CONSELHO PLENO

> I - ***Pareceres da Consultoria Jurídica do MDSA, aprovados pelo Ministro de Estado do Desenvolvimento Social e Agrário, bem como, Súmulas e Pareceres do Advogado-Geral da União, na forma da Lei Complementar nº 73, de 10 de fevereiro de 1993;***
>
> II - *Pareceres da Consultoria Jurídica dos extintos MPS e MTPS, vigentes e aprovados pelos então Ministros de Estado da Previdência Social e do Trabalho e Previdência Social;*
>
> III - *Enunciados editados pelo Conselho Pleno.*
>
> *§ 1º O prazo para o requerimento da Reclamação ao Conselho Pleno é de 30 (trinta) dias contados da data da ciência da decisão infringente e suspende o prazo para o seu cumprimento.*
>
> *§ 2º Caberá ao Presidente do CRSS fazer o juízo de admissibilidade da Reclamação ao Conselho Pleno verificando se estão presentes os pressupostos previstos no caput, podendo:*
>
> I - *indeferir por decisão monocrática irrecorrível, quando verificar que não foram demonstrados os pressupostos de admissibilidade previstos no caput;*
>
> II - *distribuir o processo ao Conselheiro relator da matéria no Conselho Pleno quando verificar presentes os pressupostos de admissibilidade previstos no caput.*
>
> *§ 3º Os processos poderão ser preliminarmente submetidos pelo Presidente do CRSS ao órgão julgador que prolatou o acórdão infringente, para facultar-lhe a Revisão de Ofício nos termos do art. 59 deste regimento.*
>
> *§ 4º O resultado do julgamento da Reclamação pelo Conselho Pleno será objeto de notificação ao órgão julgador que prolatou o acórdão infringente, para fins de adequação do julgado à tese fixada pelo Pleno, por meio da Revisão de Ofício.*

O pedido incidental é tempestivo, eis que o INSS teve ciência da decisão recorrida em 02.10.2018 e proposta a Reclamação em 30.10.2018.

A Autarquia sustenta que o Acórdão nº 8.927/2018, prolatado pela 3ª Câmara de Julgamento contraria o Parecer CJ/MPS nº 3.509/2005 – AGU, pois a revisão de Benefício foi iniciada dentro do prazo decadencial do artigo 103-A, da Lei nº 8.213/91.

MINISTÉRIO DA ECONOMIA-ME
SECRETARIA ESPECIAL DE PREVIDÊNCIA E TRABALHO
SECRETARIA DE PREVIDÊNCIA
CONSELHO DE RECURSOS DA PREVIDÊNCIA SOCIAL-CRPS
CONSELHO PLENO

Desta feita, o INSS aponta a impossibilidade de acumular o auxílio-suplementar com aposentadoria por invalidez previdenciário, face o disposto no parágrafo único, da Lei nº 6.367/76:

> *"Art. 9º O acidentado do trabalho que, após a consolidação das lesões resultantes do acidente, apresentar, como seqüelas definitivas, perdas anatômicas ou redução da capacidade funcional, constantes de relação previamente elaborada pelo Ministério da Previdência e Assistência Social (MPAS), as quais, embora não impedindo o desempenho da mesma atividade, demandem, permanentemente, maior esforço na realização do trabalho, fará jus, a partir da cessação do auxílio-doença, a um auxílio mensal que corresponderá a 20% (vinte por cento) do valor de que trata o inciso II do Artigo 5º desta lei, observando o disposto no § 4º do mesmo artigo.*
>
> *Parágrafo único. Esse benefício cessará com a aposentadoria do acidentado e seu valor não será incluído no cálculo de pensão".*

Resta comprovado o recebimento indevido do auxílio-suplementar quando da concessão da aposentadoria por invalidez acidentária. A irregularidade foi consumada a partir da concessão deste último, com a DIB (Data de Início do Benefício) em 11.04.2003.

Nos termos do acórdão questionado, a revisão proposta pelo INSS não pode ser validada, pois entre a data de concessão da aposentadoria e a data do primeiro ofício enviado ao segurado com a comunicação do indício de irregularidade já havia ultrapassado lapso temporal superior a 10 (dez) anos, conforme abaixo transcrito:

> *"(...)*
> *Quanto ao início da contagem do prazo decadencial o mesmo temos que o prazo dever contado a partir da acumulação indevida, no momento da concessão da Aposentadoria por Invalidez em 11/04/2003 ou até mesmo em momento anterior quando da concessão do nb 91/122.282.996-4 o qual cessado para a concessão da aposentadoria, este com DIB em 12/07/2001.*

MINISTÉRIO DA ECONOMIA-ME
SECRETARIA ESPECIAL DE PREVIDÊNCIA E TRABALHO
SECRETARIA DE PREVIDÊNCIA
CONSELHO DE RECURSOS DA PREVIDÊNCIA SOCIAL-CRPS
CONSELHO PLENO

> *Assim, estabelecido o prazo legal para a decadência e uma vez ultrapassado, haverá a convalidação do ato.*
>
> *Voltando ao caso concreto,* ***levando-se em conta a data da concessão da Aposentadoria por Invalidez em 11/04/2003 e a data do primeiro ofício enviado, 19/11/2014 (o correto seria o prazo final do Edital de Defesa, contudo não foi informada a data), já haviam se passado 11 anos e 7 meses após a concessão da aposentadoria e marco da irregularidade na manutenção do benefício. Ficando clara a ocorrência da Decadência****.*
>
> *Registre-se que utilizamos as datas do último benefício e do primeiro ofício para que não pairassem dúvidas quanto a ocorrência da decadência, contudo esse prazo poderia ser ainda maior se considerássemos o primeiro benefício em que houve acumulação e a data da efetiva notificação do segurado." (Grifos Nossos).*

O INSS alega que há dissonância entre o entendimento da Câmara e o que dispõe a legislação em sentido estrito e a interpretação dada pelo Parecer CJ/MPS nº 3.509/2005 – AGU, pois não foi operada a decadência na apuração de irregularidade do Benefício, **tendo em vista que a Administração tomou ciência desse fato e cadastrou a demanda no aplicativo CMOBEN em 2010**, sendo certo que **o legislador não vinculou a impugnação do ato à ciência do segurado, mas sim na adoção de providências da Administração**. Com isso, não é possível considerar a data da emissão do ofício ou mesmo a publicação do edital para fins da verificação da decadência, mas apenas para análise de eventual sobre a prescrição. Qualquer ato da Administração é hábil para frear a ocorrência da decadência, por isso, não é possível ignorar o cadastro da irregularidade dentro do sistema.

É pacífico que "*a Administração pode anular seus próprios atos, quando eivados de vícios que os tornam ilegais, porque deles não de origina, direitos; ou revogá-los, por motivo de conveniência ou oportunidade, respeitados os direitos adquiridos, e ressalvadas, em todos os casos, a apreciação judicial*". [1]

Convém lembrar o disposto no artigo 103-A, da Lei nº 8.213/91:

---

[1] Súmula nº 473, do Supremo Tribunal Federal.

084.411.957-1

MINISTÉRIO DA ECONOMIA-ME
SECRETARIA ESPECIAL DE PREVIDÊNCIA E TRABALHO
SECRETARIA DE PREVIDÊNCIA
CONSELHO DE RECURSOS DA PREVIDÊNCIA SOCIAL-CRPS
CONSELHO PLENO

Art. 103-A. O direito da Previdência Social de anular os atos administrativos de que decorram efeitos favoráveis para os seus beneficiários decai em dez anos, contados da data em que foram praticados, salvo comprovada má-fé. (Incluído pela Lei nº 10.839, de 2004)

§ 1º No caso de efeitos patrimoniais contínuos, o prazo decadencial contar-se-á da percepção do primeiro pagamento. (Incluído pela Lei nº 10.839, de 2004)

*§ 2º **Considera-se exercício do direito de anular qualquer medida de autoridade administrativa que importe impugnação à validade do ato**. (Grifos Nossos).*

É importante observar o disposto no parágrafo 2º, do artigo 103-A, da LBPS, pois o INSS não afasta a possibilidade em se incidir a decadência nessa modalidade de revisão, mas sim, que no caso concreto não foi consumada ante o cadastro de irregularidade feita no sistema nos idos do ano de 2010, sem prejuízo do primeiro ofício de defesa e edital terem sido providenciados em 19.11.2014.

Sobre esse tema, o Parecer CJ/MPS nº 3.509/2005 – AGU assim orienta:

"(...)

III - Da Interpretação do § 2º do Art. 103-a da Lei nº 8.213/91.

36. Por fim, considerando-se que, nos termos já expostos, os atos da Previdência Social anteriores à Lei nº 9.784/99 serão atingidos pela decadência a partir de 1º de fevereiro de 2009, cabe responder a indagação correlata de fundamental importância: tal marco incide sobre qual fase do procedimento de anulação do ato administrativo? Em outras palavras, impõe o ordenamento jurídico que, até a referida data, o ato tenha sido efetivamente anulado, sob pena de decadência, ou é suficiente que o órgão da Previdência Social impugne a validade do mesmo dentro do prazo decadencial, ainda que a decisão final sobrevenha quando já decorrido tal lapso?

MINISTÉRIO DA ECONOMIA-ME
SECRETARIA ESPECIAL DE PREVIDÊNCIA E TRABALHO
SECRETARIA DE PREVIDÊNCIA
CONSELHO DE RECURSOS DA PREVIDÊNCIA SOCIAL-CRPS
CONSELHO PLENO

37. É a própria legislação que dá solução ao questionamento.

38. Conforme mencionado, o art. 103-A da Lei nº 8.213/91, na redação dada pela Medida Provisória nº 138/2003, convertida na Lei nº 10.839/2004, repete o § 2º do art. 54 da Lei nº 9.784/99, ao determinar que:

§ 2º Considera-se exercício do direito de anular qualquer medida de autoridade administrativa que importe impugnação à validade do ato.

39. Embora tal redação não persista atualmente, face à recente edição da citada Medida Provisória nº 242, de 24/03/2005, cabe assim mesmo dela tratar, dada a precariedade do instrumento legal que inseriu as modificações no dispositivo, das quais se tratará oportunamente.

40. Em que pese posição contrária de parte da jurisprudência, o dispositivo legal, em sua redação original, mostra-se cristalino ao assegurar que qualquer medida da autoridade competente que represente impugnação à validade do ato, desde que praticada dentro do prazo decadencial, impede a consumação do mesmo.

41. ***De fato, o que se pretende penalizar com a decadência é a inércia da Administração. O impedimento da fruição do prazo decadencial deve depender exclusivamente da atuação unilateral da autoridade administrativa, de modo que, uma vez questionada a legalidade do ato antes de decorrido o lapso temporal pertinente - no caso da Previdência Social, dez anos, contados a partir da prática do ato ou, quando anterior à Lei nº 9.784/99, da data da vigência do diploma, 1º de fevereiro de 1999 -, a Administração está autorizada a anulá-lo, no exercício da autotutela, mesmo que a decisão do procedimento revisional sobrevenha após o prazo decenal.***

42. Não há outra interpretação lógica passível de adoção, e nem poderia haver, sob pena de desrespeito expresso ao princípio da primazia do interesse público.

MINISTÉRIO DA ECONOMIA-ME
SECRETARIA ESPECIAL DE PREVIDÊNCIA E TRABALHO
SECRETARIA DE PREVIDÊNCIA
CONSELHO DE RECURSOS DA PREVIDÊNCIA SOCIAL-CRPS
CONSELHO PLENO

43. Nesse sentido, assim já decidiu a Advocacia-Geral da União, por meio do Parecer nº GQ - 203, aprovado pelo Presidente da República em 06/12/99, publicado no DOU de 08/12/99:

35. Considera o § 2º do art. 54 como "exercício do direito de anular a qualquer medida de autoridade administrativa que importe impugnação à validade do ato". "Impugnação" tem o sentido léxico de "ato ou efeito de impugnar, contestação... conjunto de argumentos com que se impugna" e "impugnar" significa "contrariar com razões; refutar; contestar... Pugnar contra; opor-se a; resistir" (Novo Dicionário Aurélio da Língua Portuguesa).

*36. Afigura-se razoável o entendimento de que a edição do ato declaratório da nulidade do ato administrativo, ilegal ou inconstitucional, não haverá de ser editado necessariamente no prazo de cinco anos. **É impeditivo da decadência o ato declaratório da nulidade, em si, ou o "exercício do direito de anular", expresso por qualquer medida que impugne a validade do ato eivado de ilegalidade ou inconstitucionalidade, desde que verificados no qüinqüênio decadencial**. Assim normatizou o legislador porque percebeu as peculiaridades das múltiplas situações fáticas com que se defronta a Administração na gestão da coisa pública. Considere-se como exemplo típico o caso em exame: milhares de servidores, ativos e inativos, e pensionistas, administrados por numerosos órgãos e entidades de ensino, que vem dificultando, sobremaneira, a verificação das irregularidades em toda sua extensão, seu exame e as providências saneadoras definitivas.*

*44. **Conclui-se, pois, que a impugnação da validade do ato da Previdência Social, por meio de qualquer medida administrativa, desde que realizada dentro do prazo previsto no art. 103-A da Lei nº 8.213/91, nos termos de seu § 2º, impede a consumação da decadência, ainda que a decisão definitiva do procedimento revisional seja efetivamente proferida apenas em momento ulterior, quando já ultrapassado tal lapso**.*

...

084.411.957-1

MINISTÉRIO DA ECONOMIA-ME
SECRETARIA ESPECIAL DE PREVIDÊNCIA E TRABALHO
SECRETARIA DE PREVIDÊNCIA
CONSELHO DE RECURSOS DA PREVIDÊNCIA SOCIAL-CRPS
CONSELHO PLENO

54. Assim, a única interpretação do novo § 2º do art. 103-A da Lei nº 8.213/91 que prestigia os princípios constitucionais da segurança jurídica e da eficiência da Administração Pública reside no entendimento de que a medida de autoridade administrativa que represente impugnação à validade do ato da Previdência Social suspende o decurso do prazo decadencial, o qual voltará a incidir, contado a partir do momento em que havia sido paralisado, quando se concluir pela improcedência do procedimento revisional ou quando ultrapassado, sem decisão, o lapso de três anos previsto no § 3º do mesmo dispositivo.

55. Superada tal questão, é certo que o § 2º do art. 103-A da Lei nº 8.213/91, tanto em sua redação original quanto (e ainda mais) naquela dada pela Medida Provisória nº 242/2005, não deixa dúvida acerca da imposição do prazo decadencial de dez anos para que a Previdência Social impugne a validade de seus atos, com vistas à anulação dos mesmos, independentemente da conclusão do respectivo procedimento revisional dentro de tal lapso, pois tal medida impugnativa representa exercício do direito de anular e, na redação atualmente vigente, "interrompe" (em realidade, suspende) o decurso do prazo decadencial enquanto não for proferida decisão, pelo período máximo de três anos.

56. Ante todo o exposto, esta Consultoria manifesta-se no seguinte sentido:

....

*e) todavia, nos termos do § 2º do art. 103-A da Lei nº 8.213/91, em sua redação original, **qualquer medida da autoridade competente que importe impugnação à validade do ato representa exercício do direito de anular, desde que adotada dentro do prazo decenal mencionado, de sorte que, em tal hipótese, a decadência não se opera**, ainda que a anulação efetiva ocorra apenas depois de transcorrido tal lapso;*

f) a redação conferida ao art. 103-A da Lei nº 8.213/91 pela recente Medida Provisória nº 242, de 24/03/2005, não altera tal conclusão, mas a deixa expressa, ao determinar que a impugnação à validade do

084.411.957-1

11

MINISTÉRIO DA ECONOMIA-ME
SECRETARIA ESPECIAL DE PREVIDÊNCIA E TRABALHO
SECRETARIA DE PREVIDÊNCIA
CONSELHO DE RECURSOS DA PREVIDÊNCIA SOCIAL-CRPS
CONSELHO PLENO

ato da Previdência Social "interrompe" (cabendo, em respeito ao princípio da segurança jurídica, interpretar tal termo como se de suspensão se tratasse) o decurso do prazo decadencial enquanto pendente de decisão o procedimento revisional, pelo prazo máximo de três anos (§§ 2º e 3º), ao final do qual tal lapso recomeça a correr a partir do momento em que havia sido suspenso;

g) finalmente, a Administração Previdenciária, em todos os casos de revisão ex officio, deve notificar a parte interessada para apresentar defesa no prazo de vinte dias, em estrita observância às garantias constitucionais do contraditório e ampla defesa".

Pela leitura que se faz, não incide a decadência quando o INSS toma qualquer medida que **importe impugnação à validade do ato**, se praticada dentro do prazo decenal. Destaca-se a frase "importe impugnação à validade do ato", eis que a presença disso é que qualifica a medida tomada pela Administração como suficiente para obstar a decadência.

Sobre os contornos da decadência administrativa, peço licença para transcrever trechos do Voto proferido no Mandado de Segurança nº 28.953, de Relatoria da Ministra Carmen Lúcia, do egrégio Supremo Tribunal Federal:

""7. A União ressalta que o cômputo do prazo decadencial iniciado em 1º.2.1999 teria sido interrompido, pois, em

15.12.2003, foi "encaminha[do] o expediente contendo a denúncia ao relator [, que, em 27.1.2004,] "remeteu a documentação à unidade técnica especializada Sefip" (fl. 126).

No entanto, esses despachos mostram apenas o encaminhamento interno da denúncia, sem que se tenha por eles a interrupção do prazo decadencial. Mesmo porque, nos termos do § 2º do art. 54 da Lei n. 9.784, "considera-se exercício do direito de anular qualquer medida de autoridade administrativa que importe impugnação à validade do ato" (grifos nossos).

084.411.957-1

MINISTÉRIO DA ECONOMIA-ME
SECRETARIA ESPECIAL DE PREVIDÊNCIA E TRABALHO
SECRETARIA DE PREVIDÊNCIA
CONSELHO DE RECURSOS DA PREVIDÊNCIA SOCIAL-CRPS
CONSELHO PLENO

> *8.* ***O ato administrativo capaz de ensejar a interrupção do prazo decadencial, que, em regra, não se suspende ou interrompe*** *(art. 207 do Código Civil),* ***é aquele que "importe impugnação à validade do ato". Ou seja, é aquele que represente verdadeira contestação, oposição ou questionamento sobre a validade do ato em exame.***"

Ainda que se fale em qualquer medida, somente pode ser considerada hábil para frear a decadência àquela capaz de representar verdadeiramente a impugnação do ato. Ou seja, a medida adotada deve estar a termo nos autos e render a sua efetivação com a instauração do procedimento administrativo destinado à apuração de irregularidade.

No PARECER CONJUR MPS nº 616/2010, em particular na QUESTÃO 22, também trata do direito da Previdência Social de anular os atos de que decorram efeitos favoráveis a seus beneficiários e tece as seguintes considerações:

> *"Questão 22.*
> *(...)*
>
> *143. Nos termos do art. 103-A da Lei nº 8.213, de 1991, o INSS dispõe de dez anos para instaurar o processo de anulação do ato de concessão do benefício deferido por erro ou em valor superior ao devido, salvo comprovada má-fé. Se ficar comprovada má-fé do beneficiário, o ato de concessão do benefício fraudulentamente alcançado poderá ser revisto a qualquer tempo".*

O PARECER emitido em 2010 também reforça o prazo de decenal para o INSS instaurar o processo de anulação dos seus atos praticados.

À luz do que consta no PARECER MINISTERIAL de 2005, não é necessário a intimação do segurado em um primeiro momento, para impedir a fruição do prazo decadencial, por se tratar de atuação unilateral da autoridade administrativa.

Mais rigoroso é o entendimento exarado pelos Tribunais, ao considerar a necessidade da intimação do segurado acerca do ato praticado pelo INSS para que o prazo decadencial deixe de fluir:

084.411.957-1

MINISTÉRIO DA ECONOMIA-ME
SECRETARIA ESPECIAL DE PREVIDÊNCIA E TRABALHO
SECRETARIA DE PREVIDÊNCIA
CONSELHO DE RECURSOS DA PREVIDÊNCIA SOCIAL-CRPS
CONSELHO PLENO

APOSENTADORIA POR IDADE RURAL. REVISÃO DE BENEFÍCIO. LIMITES AO DESFAZIMENTO DE ATO CONCESSÓRIO POR PARTE DA ADMINISTRAÇÃO PÚBLICA. DECADÊNCIA. 1. Há e sempre houve limites para a Administração rever atos de que decorram efeitos favoráveis para o particular, em especial aqueles referentes à concessão de benefício previdenciário. 2. O cancelamento de benefício previdenciário pressupõe devido processo legal, ampla defesa e contraditório. 3. A Administração não pode cancelar um benefício previdenciário com base em simples reavaliação de processo administrativo perfeito e acabado. 4. A MP 138 (de 19/11/03, publicada no DOU de 20/11/03, quando entrou em vigor), instituiu o art. 103-A da Lei 8.213/91, estabelecendo prazo decadencial de dez anos para a Previdência Social anular os atos administrativos de que decorram efeitos favoráveis para os seus beneficiários. ***5. O prazo decadencial somente será considerado interrompido pela Administração quando regularmente notificado o segurado de qualquer medida de autoridade administrativa para instaurar o procedimento tendente a cancelar o benefício.*** *6. Caso em que, não tendo havido notificação do segurado do ato tendente a cancelar o benefício dentro do lapso de dez a anos a contar do primeiro pagamento, a autarquia decaiu do direito de anular o ato concessório do benefício. 7. Deve o pagamento do benefício, por conseguinte, ser restabelecido. (TRF4 5000652-90.2015.4.04.7134, QUINTA TURMA, Relator LUIZ CARLOS CANALLI, juntado aos autos em 20/10/2017)*

No presente, o mero registro de cadastro do MOB (Monitoramento Operacional de Benefícios) no sistema se mostra insuficiente para impedir a fruição do prazo decadencial, pois, embora lançado, o INSS permaneceu inerte na adoção de medida efetiva que importasse em impugnação da validação do ato administrativo. Do contrário, correríamos o risco de tornar inócuo o limite temporal mitigador do poder-dever da Administração de anular os seus atos.

084.411.957-1

14

MINISTÉRIO DA ECONOMIA-ME
SECRETARIA ESPECIAL DE PREVIDÊNCIA E TRABALHO
SECRETARIA DE PREVIDÊNCIA
CONSELHO DE RECURSOS DA PREVIDÊNCIA SOCIAL-CRPS
CONSELHO PLENO

Essa distorção fica visível, quando se observa o transcurso do prazo entre o cadastro do MOB no sistema ocorrido no ano de 2010 e a abertura do procedimento administrativo para instauração de irregularidade em 2014. Além de se mitigar o prazo decadencial previsto no *caput* do artigo 103-A, da LBPS, essa situação ensejaria, de certo, afronta ao princípio da segurança jurídica e prestigiaria a inércia da Administração.

Para reforçar isso, cita-se o disposto na Lei nº 9.873/99 o qual estabelece prazo de prescrição para o exercício de ação punitiva pela Administração Pública Federal, direta ou indireta, *in verbis*:

> *"Art. 1º. Prescreve em cinco anos a ação punitiva da Administração Pública Federal, direta e indireta, no exercício do poder de polícia, objetivando apurar infração à legislação em vigor, contados da data da prática do ato ou, no caso de infração permanente ou continuada, do dia em que tiver cessado.*
>
> *§ 1º* ***Incide a prescrição no procedimento administrativo paralisado por mais de três anos, pendente de julgamento ou despacho****, cujos autos serão arquivados de ofício ou mediante requerimento da parte interessada, sem prejuízo da apuração da responsabilidade funcional decorrente da paralisação, se for o caso.*
> *(...)*
> *Art. 2º. Interrompe-se a prescrição:*
> *I - pela citação do indiciado ou acusado, inclusive por meio de edital;*
> *II - por qualquer ato inequívoco, que importe apuração do fato;*
> *III - pela decisão condenatória recorrível." (Grifos Nossos).*

A medida que se encaixaria, em tese, na regra do §2º, do artigo 103-A da LBPS, é aquela tomada a partir de 19.11.2014, ou seja, o OFÍCIO com a instauração de procedimento administrativo no qual o INSS contesta a manutenção em conjunto de auxílio-suplementar e aposentadoria, com as suas nuances, consignada a garantia do contraditório e a ampla defesa. Porém, essa medida somente foi realizada em 2014, ou seja, depois do prazo decenal, consumada, portanto, a DECADÊNCIA.

084.411.957-1

15

MINISTÉRIO DA ECONOMIA-ME
SECRETARIA ESPECIAL DE PREVIDÊNCIA E TRABALHO
SECRETARIA DE PREVIDÊNCIA
CONSELHO DE RECURSOS DA PREVIDÊNCIA SOCIAL-CRPS
CONSELHO PLENO

Depreende-se, pois, que o Acórdão nº 8.927/2018 (fls. 116/118), prolatado pela 3ª Câmara de Julgamento deve ser mantido, pois não violou a orientação contida no Parecer CJ/MPS nº 3.509/2005 – AGU.

Portanto, o pedido de Reclamação apresentado pelo INSS deve ser conhecido e, no mérito, improvido.

CONCLUSÃO: Pelo exposto **VOTO** no sentido de **JULGAR IMPROCEDENTE o pedido de RECLAMAÇÃO AO CONSELHO PLENO**, por não atender os termos do artigo 64, inciso I, da Portaria Ministerial MDS nº 116/2017.

Brasília - DF, 28 de setembro de 2020.

Alexandra A. de Alcântara
ALEXANDRA ÁLVARES ALCÂNTARA
Relatora

084.411.957-1

MINISTÉRIO DA ECONOMIA-ME
SECRETARIA ESPECIAL DE PREVIDÊNCIA E TRABALHO
SECRETARIA DE PREVIDÊNCIA
CONSELHO DE RECURSOS DA PREVIDÊNCIA SOCIAL-CRPS
CONSELHO PLENO

DECISÓRIO

RESOLUÇÃO Nº 66/2020

Vistos e relatados os presentes autos, em sessão realizada hoje, **ACORDAM** os membros do Conselho Pleno, por **UNANIMIDADE**, no sentido de **JULGAR IMPROCEDENTE o pedido de RECLAMAÇÃO AO CONSELHO PLENO**, por não atender os termos do artigo 64, inciso I, da Portaria Ministerial MDSA nº 116/2017, de acordo com o Voto da Relatora e sua fundamentação.

Participaram, ainda, do presente julgamento os (as) Conselheiros (as): Robson Ferreira Maranhão, Vânia Pontes Santos, Gustavo Beirão Araújo, Paulo Sérgio de Carvalho Costa Ribeiro, Maria Madalena Silva Lima, Renato Agostinho das Chagas, Moisés Oliveira Moreira, Maria José de Paula Moraes, Imara Sodré Sousa Neto, Sulamita Cristina Dias, Guilherme Lustosa Pires, Valter Sérgio Pinheiro Coelho, Tarsila Otaviano da Costa e Adriene Cândida Borges

Brasília-DF, 28 de setembro de 2020

Alexandra A. de Alcântara
ALEXANDRA ÁLVARES ALCÂNTARA
Relatora

MARCELO FERNANDO BORSIO
Presidente

084.411.957-1

3.1.67 Resolução 67/2020 (tempo especial/agente/biológico/habitualidade/permanência/indissociabilidade/produto/serviço)

Objeto: Trata-se de Pedido de Uniformização de Jurisprudência interposto por segurado por suposta divergência de posicionamento entre Câmaras de Julgamento.

Decisão: Provimento parcial.

Tese jurídica: A habitualidade e permanência para o tempo especial por exposição aos agentes biológicos devem ser aferidas pela exposição ao agente nocivo de modo indissociável à produção do bem ou prestação do serviço, o que restou demonstrado em razão do contato com o esgoto em decorrência da atividade do segurado.

MINISTÉRIO DA ECONOMIA-ME
SECRETARIA ESPECIAL DE PREVIDÊNCIA E TRABALHO
SECRETARIA DE PREVIDÊNCIA
CONSELHO DE RECURSOS DA PREVIDÊNCIA SOCIAL-CRPS
CONSELHO PLENO

Nº de Protocolo do Recurso: 44233.141624/2017-74
Documento/Benefício: 42/179.583.354.5
Unidade de origem: Agência da Previdência Social/São Paulo-Tatuapé
Tipo do Processo: Pedido de Uniformização de Jurisprudência
Recorrente: Josué Martinho dos Santos
Recorrido: Instituto Nacional do Seguro Social/INSS
Assunto: Aposentadoria Por Tempo de Contribuição
Relatora: Alexandra Álvares Alcântara

(Processo Eletrônico)

Relatório

As páginas informadas referem-se ao processo completo (Árvore Documental-form.PDF).

Trata-se de PEDIDO DE UNIFORMIZAÇÃO DE JURISPRUDÊNCIA, em caso concreto, apresentado por JOSUÉ MARTINHO DOS SANTOS contra o Acórdão nº 8.019/2019, prolatado pela 1ª Câmara de Julgamento do CRPS, em razão de divergência na interpretação em matéria de direito entre acórdãos de Câmaras de Julgamento do CRPS, em sede de Recurso Especial.

O segurado (nascido em 25.08.1971) requereu a concessão de Aposentadoria por Tempo de Contribuição em 08.09.2016.

Foram coligidos aos autos:

- Declaração de não concordância com a aposentadoria proporcional e de aceitação de alteração da DER – fl. 17;
- Formulário PPP para os intervalos de 10.01.1994 a 31.03.1997 (ajudante), de 01.04.1997 a 31.05.2002 (encanador de rede), de 01.06.2002 a 30.04.2009 (operador de sistema de saneamento), de 01.05.2009 a 31.03.2010 (operador de sistema de saneamento) e de 01.04.2010 a 04.08.2016 (agente de saneamento ambiental) na COMPANHIA DE SANEAMENTO BÁSICO DO ESTADO DE SÃO PAULO - SABESP, indicada a exposição aos agentes biológico (esgoto) e umidade a partir de 10.01.1994, acompanhado de declaração – fls. 18/20;

179.583.354.5

9 1

MINISTÉRIO DA ECONOMIA-ME
SECRETARIA ESPECIAL DE PREVIDÊNCIA E TRABALHO
SECRETARIA DE PREVIDÊNCIA
CONSELHO DE RECURSOS DA PREVIDÊNCIA SOCIAL-CRPS
CONSELHO PLENO

- Carteira de Trabalho e da Previdência Social – fls. 21/31;
- INFBEN da concessão de auxílio-doença acidentário de 14.06.2009 a 07.10.2009 – fl. 32;
- CNIS – Cadastro Nacional de Informações Sociais – fls. 32/42.

Foi apurado o total de 25 anos 08 meses e 25 dias de contribuição, restando comprovar mais 09 anos 03 meses e 08 dias até 08.09.2016 – fls. 43/45.

A Perícia Médica manteve o intervalo de 10.01.1994 a 08.09.2016 como de natureza comum, por não se comprovar a exposição aos agentes nocivos em caráter habitual e permanente, não identificada a fonte do agente biológico e nem a fonte artificial para o agente umidade, além de constar informação sobre o equipamento de proteção individual – EPI e o PPP está com informações atualizadas anualmente desde 01.01.2004 – fls. 46/51.

Em recurso ordinário, o Interessado buscou o reconhecimento de tempo especial para o intervalo de 01.04.1993 a 04.08.2016, na função de ajudante com exposição aos agentes físicos umidade e biológico esgoto (fl. 02).

A egrégia 14ª JR, por meio do ACÓRDÃO nº 2.911/2016 (fls. 56/59), deu parcial provimento ao recurso ordinário, reconhecido tempo especial para o intervalo de 10.01.1994 a 05.03.1997, no código 1.1.3, do Anexo II, do Decreto nº 53.831/64, porém, mantido o intervalo posterior como de natureza comum, por falta de previsão legal para o agente umidade e, com relação ao Biológico não houve especificação de quais agentes nocivos estariam presentes. Com o acréscimo realizado, o segurado ainda não alcança os requisitos para o benefício na modalidade integral.

Em Recurso Especial, o Interessado reitera a alegação do direito ao enquadramento do período de 06.03.1997 a 04.08.2016 face a exposição ao agente biológico, com exposição de forma habitual e permanente de modo indissociável à prestação do serviço. Ainda, não prevalece o entendimento de que o EPI é eficaz, pois o simples fornecimento pelo empregador não exclui a hipótese de exposição do trabalhador aos agentes nocivos à saúde. Requer, por fim, a concessão de aposentadoria por tempo de contribuição integral, na forma do artigo 56 do Decreto nº 3.048/99 – fls. 63/69.

MINISTÉRIO DA ECONOMIA-ME
SECRETARIA ESPECIAL DE PREVIDÊNCIA E TRABALHO
SECRETARIA DE PREVIDÊNCIA
CONSELHO DE RECURSOS DA PREVIDÊNCIA SOCIAL-CRPS
CONSELHO PLENO

Nas contrarrazões, o INSS sustenta não haver novos elementos com o recurso especial – fl. 76.

A egrégia 1ª Câmara de Julgamento, por meio do Acórdão nº 8.019/2018 (fls. 78/80), negou provimento ao recurso do segurado aponta que há ausência de responsável técnico em tempo próprio para a caracterização da atividade como especial até 20.11.2000. Não autoriza o enquadramento do intervalo de 06.03.1997 a 04.08.2016, pois no PPP não indica o desempenho de atividades que permitem o enquadramento por bactérias, fungos e vírus, pois somente se indicou por agentes de risco umidade e esgoto, sem indicação de quantidade e especificação quanto ao esgoto, além de não demonstrar a exposição permanente.

Não consta ciência da decisão especial.

No Pedido de Uniformização de Jurisprudência, em caso concreto, o Interessado afirma trabalhou na Companhia de Saneamento Básico do Estado de São Paulo – SABESP, regularmente exposto ao agente biológico esgoto e umidade. No ambiente de trabalho está constatada a presença de microorganismos e parasitas infectocontagiosos vivos, além de toxinas. A exposição ocorreu de forma indissociável a prestação de serviço. Conforme demonstrado, o pedido se coaduna com os princípios que regem a matéria e há jurisprudência favorável em outros processos de colegas que também laboraram na SABESP. Apresenta como paradigma os acórdãos prolatados nos NB(s) 178.699.702-6 (órgão julgador: 3ª Câmara de Julgamento), 175.064.170-1 (órgão julgador: 3ª Câmara de Julgamento), 175.064.752-1 (órgão julgador: 4ª Câmara de Julgamento) e 155.085.194-0 (órgão julgador: 3ª Câmara de Julgamento). Requer a Uniformização de Jurisprudência acerca da exposição ao agente biológico com amparo nas decisões que serviram de paradigma, pela reforma do ato negativo – fls. 83/94.

O INSS apresenta manifestação para ser mantido o intervalo de 06.03.1997 a 04.08.2016 como de natureza comum - fl. 96.

No Despacho de fls. 98/100, o Presidente da 1ª Câmara de Julgamento com análise preliminar e em atendimento ao princípio da segurança jurídica, entende que foram preenchidos os pressupostos para o Pedido de Uniformização de Jurisprudência, por haver divergência entre os acórdãos da 1ª Câmara de Julgamento e outros exarados pela 3ª e 4ª Câmara de Julgamento do CRPS.

MINISTÉRIO DA ECONOMIA-ME
SECRETARIA ESPECIAL DE PREVIDÊNCIA E TRABALHO
SECRETARIA DE PREVIDÊNCIA
CONSELHO DE RECURSOS DA PREVIDÊNCIA SOCIAL-CRPS
CONSELHO PLENO

A Divisão de Assuntos Jurídicos entendeu que estão presentes os requisitos do artigo 63 do Regimento Interno do CRPS, por existirem divergências entre os acórdãos paradigmas citados – fl. 102.

Despacho do Vice-Presidente do Conselho de Recursos da Previdência Social admitindo o Pedido de Uniformização de Jurisprudência, em caso concreto, na forma do artigo 63 do Regimento interno do CRPS – fl. 103.

O processo foi distribuído à essa Relatora para a análise do pedido – fl. 104.

É o relatório.

VOTO

EMENTA: APOSENTADORIA POR TEMPO DE CONTRIBUIÇÃO. PEDIDO DE UNIFORMIZAÇÃO DE JURISPRUDÊNCIA, EM CASO CONCRETO. PRESSUPOSTOS DE ADMISSIBILIDADE DO PEDIDO ATENDIDOS NOS TERMOS DO ARTIGO 63 DA PORTARIA MINISTERIAL MDS Nº 116/2017. LAUDO EXTEMPORÂNEO E HABITUALIDADE E PERMANÊNCIA. DIVERGÊNCIA DEMONSTRADA EM RELAÇÃO AO AGENTE BIOLÓGICO (ESGOTO). Reconhecimento de atividade especial.
1 – Não há divergência para a análise do agente umidade,
2 – Admitida a possibilidade de ser utilizado laudo extemporâneo para a comprovação da exposição a agente nocivo, cuidando-se de matéria de direito sedimentada neste Conselho de Recursos.
3 – A exposição ao agente biológico se dá de modo indissociável às atividades com contato permanente a esgoto.
4 - Pedido de Uniformização do segurado conhecido e provido em parte.

Vêm os autos após interposição de PEDIDO DE UNIFORMIZAÇÃO DE JURISPRUDÊNCIA, em caso concreto, por parte do segurado, em face de divergência entre o Acórdão nº 8.019/2018 prolatado pela 1ª Câmara de Julgamento e os acórdãos paradigmas constantes nos NB(s) abaixo relacionados:

179.583.354.5

MINISTÉRIO DA ECONOMIA-ME
SECRETARIA ESPECIAL DE PREVIDÊNCIA E TRABALHO
SECRETARIA DE PREVIDÊNCIA
CONSELHO DE RECURSOS DA PREVIDÊNCIA SOCIAL-CRPS
CONSELHO PLENO

- NB 42/178.699.702-6 (órgão julgador: 3ª Câmara de Julgamento)
- NB 175.064.170-1 (órgão julgador: 3ª Câmara de Julgamento);
- NB 175.064.752-1 (órgão julgador: 4ª Câmara de Julgamento);
- NB 155.085.194-0 (órgão julgador: 3ª Câmara de Julgamento).

O pedido incidental é considerado tempestivo, uma vez que não há prova de ciência formal ao segurado.

Da Divergência

A Uniformização de Jurisprudência, no caso concreto, está disciplinada pelo artigo 3º, inciso II e artigo 63, inciso I e §1º da Portaria Ministerial MDS nº 116/2017, confira-se:

> *"Art. 3º Ao Conselho Pleno compete:*
>
> I - *uniformizar, em tese, a jurisprudência administrativa previdenciária e assistencial, mediante emissão de Enunciados;*
>
> II - *uniformizar, no caso concreto, as divergências jurisprudenciais entre as Juntas de Recursos nas matérias de sua alçada ou entre as Câmaras de julgamento em sede de Recurso Especial, mediante a emissão de Resolução; e*
>
> III - *decidir, no caso concreto, as Reclamações ao Conselho Pleno, mediante a emissão de Resolução.*
>
> *Art. 63. O Pedido de Uniformização de Jurisprudência poderá ser requerido em casos concretos, pelas partes do processo, dirigido ao Presidente do respectivo órgão julgador, nas seguintes hipóteses:*
>
> I - *quando houver divergência na interpretação em matéria de direito entre acórdãos de Câmaras de Julgamento do CRSS, em sede de Recurso Especial, ou entre estes e resoluções do Conselho Pleno; ou*
>
> ...

MINISTÉRIO DA ECONOMIA-ME
SECRETARIA ESPECIAL DE PREVIDÊNCIA E TRABALHO
SECRETARIA DE PREVIDÊNCIA
CONSELHO DE RECURSOS DA PREVIDÊNCIA SOCIAL-CRPS
CONSELHO PLENO

§ 1º A divergência deverá ser demonstrada mediante a indicação do acórdão divergente, proferido nos últimos cinco anos, por outro órgão julgador, composição de julgamento, ou, ainda, por resolução do Conselho Pleno".

Conforme normas transcritas, o pressuposto para a admissibilidade do pedido de uniformização de jurisprudência é a existência de divergência em matéria de direito. Não é permitida a reapreciação de matéria fática ou para solucionar divergência em matéria de provas.

No pedido de Uniformização de Jurisprudência, em caso concreto, o segurado aponta que trabalhou na Companhia de Saneamento Básico do Estado de São Paulo – SABESP, exposto aos agentes nocivos biológico e umidade de forma indissociável à prestação de serviço, havendo jurisprudência favorável em outros processos de colegas que trabalharam na COMPANHIA DE SANEAMENTO BÁSICO DO ESTADO DE SÃO PAULO – SABESP.

A ilustre 1ª Câmara de Julgamento não autorizou o enquadramento do intervalo de 06.03.1997 a 04.08.2016, laborado na COMPANHIA DE SANEAMENTO BÁSICO DO ESTADO DE SÃO PAULO – SABESP, após exame probatório e verificação das condições delineadas no código 3.0.1, do Anexo IV ao Decreto nº 3.048/99, tendo considerado:

> I – ausência de responsáveis técnicos em época própria para subsidiar a análise do período de 06.03.1997 até 20.11.2000;
> II – impossibilidade em ser acolhido tempo especial entre 06.03.1997 a 04.08.2016, pois o PPP não indica o desempenho de atividades que permitem o enquadramento por bactérias, fungos e vírus, visto que somente indicou agentes de risco umidade e esgoto, sem indicação da quantidade e especificação quanto ao esgoto;
> III – não é cabível o enquadramento do período no código 3.0.1 do Anexo IV do Decreto nº 3.048/99, por não restar demonstrada a exposição permanente aos agentes biológicos infecciosos.

Convém registrar que o recorrente não indicou os números de acórdãos paradigmas e tampouco foram anexados ao pedido de uniformização de jurisprudência, tendo se limitado a apontar precariamente os NB(s) de processos julgados pela 3ª Câmara de Julgamento e pela 4ª Câmara de Julgamento.

179.583.354.5

MINISTÉRIO DA ECONOMIA-ME
SECRETARIA ESPECIAL DE PREVIDÊNCIA E TRABALHO
SECRETARIA DE PREVIDÊNCIA
CONSELHO DE RECURSOS DA PREVIDÊNCIA SOCIAL-CRPS
CONSELHO PLENO

Nesse sentido, são citados os NB(s) abaixo e, em consulta ao e-SISREC foram localizados os seguintes acórdãos paradigmas, no qual se transcrever ementa e partes dos julgados:

Acórdão nº 2.925/2018 da 3ª CAJ (42/178.699.702-6)

Ementa: APOSENTADORIA POR TEMPO DE CONTRIBUIÇÃO. ART. 52 A 56. RECURSO ESPECIAL DO INSS E DO SEGURADO. COMPROVAÇÃO DO DESEMPENHO DA CATEGORIA PROFISSIONAL DE MOTORISTA DE CAMINHÃO. CÓDIGO 2.4.4 DO DECRETO Nº 53.831/64. **POSSIBILIDADE DE EFETUAR O ENQUADRAMENTO DO PERÍODO DE 01/10/1997 A 09/05/2016 – SABESP. CÓDIGO 3.0.1 DO QUADRO ANEXO DO DECRETO 2.172/97 E Nº 3.048/99**. NÃO IMPLEMENTAÇÃO DO TEMPO DE CONTRIBUIÇÃO NECESSÁRIO PARA A CONCESSÃO DO BENEFÍCIO NA DER. ART. 201, § 7º DA CONSTITUIÇÃO FEDERAL. RECURSO NEGADO AO INSS E PROVIDO PARCIALMENTE AO SEGURADO. (Grifos Nossos).

Considerou no decisório:

"**Relativamente ao período de 01/10/1997 a 09/05/2016, trabalhados para a Empresa Cia de Saneamento Básico do Estado de São Paulo - SABESP - nas funções de "Encanador de Rede; Operador de Sistema de Saneamento; e Agente de Saneamento Ambiental**". Conforme informações constantes no PPP acostados aos autos (P. 28 - processo completo), o segurado desempenhava suas atividades diárias atuava em serviços de "instalação, manutenção, remanejamento e prolongamento de redes de água e de esgoto. Desobstruir PV, redes e ramais de esgoto, limpeza de estação elevatória de esgoto. Ajudar a executar ligações, substituição, reparos e desobstrução de ramais domiciliares e de esgoto. Serrar tubos, fazer roscar, vedar e conectar encanamentos. Auxiliar a instalar registros, cavaletes, hidrômetros, curvas, luvas e etc.". No período de 2012 a

179.583.354.5

MINISTÉRIO DA ECONOMIA-ME
SECRETARIA ESPECIAL DE PREVIDÊNCIA E TRABALHO
SECRETARIA DE PREVIDÊNCIA
CONSELHO DE RECURSOS DA PREVIDÊNCIA SOCIAL-CRPS
CONSELHO PLENO

2016 realizar coleta e amostras de água tratada e bruta, esgoto doméstico e efluente industrial.

(...)

Salienta-se que a legislação previdenciária não exige o exercício exclusivo da atividade profissional e sim que o trabalho ocorra de forma permanente. Cabe, ainda, frisar que a exposição permanente para se caracterizar é necessária a indissociabilidade entre a exposição ao agente nocivo e o processo de produção, pouco importando o tempo de exposição ao agente nocivo nos termos do art. 65 do Regulamento da Previdência Social – RPS.

Habitualidade significa, pois, que as exposições aos agentes nocivos - relacionados nos respectivos Anexos da norma acima citada - ocorrem ao longo do tempo, enquanto que a permanência é a característica da atividade de uma jornada típica e representativa do todo, em que se dá a exposição aos indigitados agentes nocivos.

Relativamente à extemporaneidade do laudo técnico ambiental, cabe ressaltar que a referida extemporaneidade do documento apresentado não obsta o reconhecimento de tempo de trabalho sob condições especiais, até porque como as condições do ambiente de trabalho tendem a aprimorar-se com a evolução tecnológica, supõe-se que em tempos pretéritos a situação era pior ou quando menos igual à constatada na data da elaboração." (Grifos Nossos).

Acórdão nº 1.591/2018 da 3ª CAJ (NB 175.064.170-1)

Ementa: EMBARGOS. CONTRADIÇÃO. APOSENTADORIA ESPECIAL. NÃO COMPROVAÇÃO DA EXPOSIÇÃO A AGENTES AGRESSIVOS. FALTA DE EXPOSIÇÃO DECLARADO EM FORMULÁRIO. FALTA DE TEMPO NA FORMA DO ARTIGO 64 DO DECRETO Nº 3.048, DE 06/05/1999. RECURSO CONHECIDO E PROVIDO PARCIALMENTE AO SEGURADO.

Considerou no decisório, outrossim:

179.583.354.5

MINISTÉRIO DA ECONOMIA-ME
SECRETARIA ESPECIAL DE PREVIDÊNCIA E TRABALHO
SECRETARIA DE PREVIDÊNCIA
CONSELHO DE RECURSOS DA PREVIDÊNCIA SOCIAL-CRPS
CONSELHO PLENO

"(...)
a) **Perfil Profissiográfico Previdenciário, empresa Cia de Saneamento Básico do Estado de São Paulo, período de 16/06/1988 a 11/06/2015, nas funções de ajudante, controlador de reservatórios, operador de equipamentos, operador de sistema de saneamento e técnico em sistema de saneamento**, informando exposição a ruídos sem mensuração, vibração, umidade e **esgoto com intensidade NA**. **Cabe enquadramento do período de 16/06/1988 a 31/12/2007 por exposição a agentes biológicos na forma do código 3.0.1 do Decreto nº 3.048, de 06/05/1999**. Não cabe enquadramento de 01/01/2008 a 11/06/2015 por não comprovação da exposição ao agente cloro de forma habitual e permanente, conforme descrição das atividades".

Acórdão da 3ª CAJ (NB 155.085.194-0)

Não localizado o processo pelo número do NB indicado pelo recorrente em pesquisa no E-SISREC.

Diante da impossibilidade de ser localizado esse elemento, o acórdão em questão deve ser desconsiderado para o fim pretendido.

Acórdão nº 882/2019 da 4ª CAJ (NB 175.064.752-1)

Ementa: APOSENTADORIA POR TEMPO DE CONTRIBUIÇÃO. ART. 52 A 56. RECURSO ESPECIAL. **COMPROVADO O LABOR EM CONDIÇÕES ESPECIAIS NOS PERÍODOS**. FUNDAMENTO ARTIGO 70 E PARÁGRAFOS DO DECRETO 3048/99. RECURSO CONHECIDO E NEGADO AO INSS.

Constou no relatório:

"PPP da empresa Cia. San. Bas. Est.- SABESP, no período de 01/09/1989 até a data da DER, nos cargos de ajudante, ajudante geral, encanador de rede, operador de sistema de saneamento e

MINISTÉRIO DA ECONOMIA-ME
SECRETARIA ESPECIAL DE PREVIDÊNCIA E TRABALHO
SECRETARIA DE PREVIDÊNCIA
CONSELHO DE RECURSOS DA PREVIDÊNCIA SOCIAL-CRPS
CONSELHO PLENO

operador de saneamento ambiental, sem declarações de fatores de risco". (Grifos Nossos)

E foi considerado no Voto:
"Ratifico os enquadramentos realizados pela Junta de Recursos, haja vista a exposição ao agente nocivo biológicos".

No acórdão nº 963/2018, proferido pela 9ª JR, ora ratificado pela 4ª CAJ, foi destacado o seguinte:

"Relativamente a período em que **o Laudo Técnico Pericial é extemporâneo, há que se observar que tal fato não constitui óbice ao enquadramento como trabalho sujeito a condições especiais no respectivo período**, tendo em vista o contido na Súmula nº 68 da Turma Nacional de Uniformização dos Juizados Especiais Federais (DOU: 24/09/2012), a qual assim dispõe:

"O laudo pericial não contemporâneo ao período trabalhado é apto à comprovação da atividade especial do segurado."

À vista de tudo o que foi acima mencionado e de tudo o mais que consta dos autos, concluo que há possibilidade legal de enquadramento, como trabalho exercido em condições especiais, nos períodos laborados na Cia de Saneamento Básico do Estado de São Paulo – SABESP de:

- 01/09/1989 a 30/12/2014(data de emissão do PPP) – tendo em vista que, pelas informações prestadas no PPP, conforme já mencionadas inicialmente, restou devidamente comprovado **o trabalho em rede de esgoto mantendo contato direto com agentes biológicos insalubres, devendo, portanto, ser levado em consideração os critérios estabelecidos pelos Decretos nº 53.831/1964(Código 1.3.0 – Anexo III) e 83.080/1979 (Código 1.3.0 – Anexo I) até 05/03/1997, e conforme inclusive, previsto no Anexo nº 14 da Norma Regulamentadora - NR 15 (Portaria MTb nº 3.214, de 08/06/1978), e no período de 06/03/1997 a 30/12/2014 com enquadramento no mesmo Anexo na NR 15 e no Código 3.0.1 do Anexo IV do Decreto nº 2.172/1997 e do Decreto nº 3.048/1999**". (Grifos Nossos)

179.583.354.5

MINISTÉRIO DA ECONOMIA-ME
SECRETARIA ESPECIAL DE PREVIDÊNCIA E TRABALHO
SECRETARIA DE PREVIDÊNCIA
CONSELHO DE RECURSOS DA PREVIDÊNCIA SOCIAL-CRPS
CONSELHO PLENO

Está prejudicado o pedido em relação ao agente umidade, pois os enquadramentos deferidos nos acórdãos mencionados foram com vistas apenas ao agente biológico (esgoto). Não está configurada a divergência sob essa ótica.

De outro lado, vislumbra-se os requisitos do artigo 63 da Portaria Ministerial MDSA nº 116/2017, eis que nos acórdãos mencionados houve enquadramento de período a partir de 06.03.1997, pelo agente biológico, abordadas as questões referentes a utilização de laudo extemporâneo e a constatação de exposição em caráter habitual e permanente ao agente nocivo.

Do Mérito

As matérias de direito controversas se restringem quanto:

(a) Possibilidade do reconhecimento de atividade especial com a utilização de laudo extemporâneo;

(b) Habitualidade e permanência para o agente biológico.

Cabe mencionar que, o recorrente trabalhou no intervalo de 06.03.1997 a 04.08.2016 nas ocupações de ajudante / encanador de rede / operador de sistema de saneamento e agente de saneamento ambiental, na empresa COMPANHIA DE SANEAMENTO BÁSICO DO ESTADO DE SÃO PAULO – SABESP. Para todo o intervalo consta que atua em serviços de instalação, manutenção, remanejamento e prolongamento de redes de água e esgoto. Desobstruir PV, redes e ramais de esgoto, limpeza de estações elevatórias de esgoto. Executa ligações, substituição, reparo e desobstrução de ramais domiciliares de água e esgoto. Serrava tubos, faz roscas, veda e conectar encanamentos. Auxilia e instala registros, cavaletes, hidrômetros, curvas, luvas e outros, exposto aos agentes Biológicos (esgoto) e Físico (Umidade), com registros ambientais a partir de 20.11.2000.

O agente biológico está previsto nos anexos IV, dos Regulamentos da Previdência Social – Decretos nº 2.172/97 e 3.048/99:

MINISTÉRIO DA ECONOMIA-ME
SECRETARIA ESPECIAL DE PREVIDÊNCIA E TRABALHO
SECRETARIA DE PREVIDÊNCIA
CONSELHO DE RECURSOS DA PREVIDÊNCIA SOCIAL-CRPS
CONSELHO PLENO

3.0.0	**BIOLÓGICOS**	
3.0.1	**MICROORGANISMOS E PARASITAS INFECTO-CONTAGIOSOS VIVOS E SUAS TOXINAS** (Redação dada pelo Decreto nº 4.882, de 2003) a) trabalhos em estabelecimentos de saúde em contato com pacientes portadores de doenças infecto-contagiosas ou com manuseio de materiais contaminados; b) trabalhos com animais infectados para tratamento ou para o preparo de soro, vacinas e outros produtos; c) trabalhos em laboratórios de autópsia, de anatomia e anátomo-histologia; d) trabalho de exumação de corpos e manipulação de resíduos de animais deteriorados; e) **trabalhos em galerias, fossas e tanques de esgoto**; (Grifos Nossos) f) esvaziamento de biodigestores; g) coleta e industrialização de lixo.	25 anos

Do Laudo Extemporâneo

No acórdão questionado, está consignado que "*pela ausência de responsável técnico em tempo próprio há violação da norma disposta para caracterização da atividade como especial, posto que o formulário apresentado não disponha de suporte técnico até 20/11/2000*".

Com efeito, é possível a utilização de laudo técnico não contemporâneo ao exercício das atividades laborativas, de modo que não constitui óbice para o reconhecimento de tempo especial. Há presunção de conservação do anterior estado de coisas, o qual deve ser operada.

A indicação da empresa de que o segurado ficou exposto a agente nocivo, ainda que embasado em dados posteriores, é equivalente a confissão de como era, de

MINISTÉRIO DA ECONOMIA-ME
SECRETARIA ESPECIAL DE PREVIDÊNCIA E TRABALHO
SECRETARIA DE PREVIDÊNCIA
CONSELHO DE RECURSOS DA PREVIDÊNCIA SOCIAL-CRPS
CONSELHO PLENO

fato, as condições de trabalho do segurado à época em que laborou. Além do que, ao emitir o PPP retratando a existência do agente nocivo, o empregador se responsabiliza por essa informação prestada.

A Turma Nacional de Uniformização dos Juizados Especiais Federais já se posicionou por meio da Súmula nº 68:

> *"O laudo pericial não contemporâneo ao período trabalhado é apto à comprovação da atividade especial do segurado".*

O Conselho de Recursos do CRPS já pacificou o entendimento sobre a utilização de laudo extemporâneo, no sentido de que, se na data da emissão do laudo foi constatado o ambiente insalubre, quiçá na época do exercício da atividade laboral. Até mesmo o INSS consolidou este entendimento com a edição do Memorando-Circular nº 50, de 09.09.2016, no qual afasta a extemporaneidade do laudo.

Cita-se a Resolução nº 27/2019, do Conselho Pleno, processo de relatoria da Conselheira Tarsila Otaviano da Costa:

> *EMENTA: APOSENTADORIA POR TEMPO DE CONTRIBUIÇÃO. PEDIDO DE UNIFORMIZAÇÃO DE JURISPRUDENCIA. PRESSUPOSTOS DE ADMISSIBILIDADE DO PEDIDO ALCANÇADOS NA FORMA DO ART. 63 DO MESMO REGIMENTO. ATIVIDADE NOCIVA. EXERCÍCIO DE ATIVIDADE PROFISSIONAL. NÃO ENQUADRAMENTO POR FALTA DE DIVERGÊNCIA. AGENTE NOCIVO QUÍMICO. ANALISE SOB A ÓTICA DE EXPOSIÇÃO QUALITATIVA. AGENTE CANCERÍGENO. RECURSO CONHECIDO E PARCIALMENTE PROVIDO. 1. Não há constatação de divergência sobre tese jurídica em matéria de direito sobre o enquadramento por categoria profissional, não tendo acatado o pedido de uniformização requerido pelo segurado neste ponto. 2. **A extemporaneidade do laudo técnico é matéria de direito sedimentada neste Conselho de Recursos conforme resoluções e ato administrativo autárquico, sendo acolhida a uniformização de jurisprudência**. 3. A análise dos agentes químicos cancerígenos deve ocorrer de forma qualitativa, não observado pelo acórdão impugnado, sendo acolhida a uniformização para a reanálise observando-se a exposição habitual e permanente. 4. Pedido de*

179.583.354.5

MINISTÉRIO DA ECONOMIA-ME
SECRETARIA ESPECIAL DE PREVIDÊNCIA E TRABALHO
SECRETARIA DE PREVIDÊNCIA
CONSELHO DE RECURSOS DA PREVIDÊNCIA SOCIAL-CRPS
CONSELHO PLENO

Uniformização de Jurisprudência parcialmente provido. (Grifos Nossos).

Recentemente, o Conselho de Recursos editou novo Enunciado sobre a temática para consolidar o entendimento administrativo:

ENUNCIADO 11

O Perfil Profissiográfico Previdenciário (PPP) é documento hábil à comprovação da efetiva exposição do segurado a todos os agentes nocivos, sendo dispensável o Laudo Técnico de Condições Ambientais de Trabalho (LTCAT) para requerimentos feitos a partir de 1º/1/2004, inclusive abrangendo períodos anteriores a esta data.

I - Poderá ser solicitado o LTCAT em caso de dúvidas ou divergências em relação às informações contidas no PPP ou no processo administrativo.

II - O LTCAT ou as demonstrações ambientais substitutas extemporâneos que informem quaisquer alterações no meio ambiente do trabalho ao longo do tempo são aptos a comprovar o exercício de atividade especial, desde que a empresa informe expressamente que, ainda assim, havia efetiva exposição ao agente nocivo.

O período não acolhido como especial por motivação de extemporaneidade do laudo deve ser revisto pela Unidade Julgadora.

Da Habitualidade e Permanência

Sobre a exposição em caráter habitual e permanente ao agente nocivo, cabe considerar o disposto na Lei nº 8.213/91:

Art. 57. (...)

Parágrafo 3º. A concessão da aposentadoria especial dependerá de comprovação pelo segurado, perante o Instituto Nacional do Seguro

179.583.354.5

MINISTÉRIO DA ECONOMIA-ME
SECRETARIA ESPECIAL DE PREVIDÊNCIA E TRABALHO
SECRETARIA DE PREVIDÊNCIA
CONSELHO DE RECURSOS DA PREVIDÊNCIA SOCIAL-CRPS
CONSELHO PLENO

> *Social – INSS, do tempo de trabalho permanente, não ocasional, nem intermitente, em condições especiais que prejudiquem a saúde ou a integridade física, durante o período mínimo fixado".*

Extrai-se daí que o trabalho é que deve ser permanente, exercido em condições especiais que prejudiquem a saúde ou a integridade física do trabalhador.

Ainda, dispõe o Regulamento da Previdência Social – Decreto nº 3.048/99:

> *"Art. 65. Considera-se tempo de trabalho permanente aquele que é exercido de forma não ocasional nem intermitente, no qual a exposição do empregado, do trabalhador avulso ou do cooperado ao agente nocivo seja indissociável da produção do bem ou da prestação do serviço". (Grifos Nossos).*

É considerado trabalho permanente àquele prestado pelo trabalhador cuja exposição ao agente nocivo ocorre de modo indissociável à produção do bem ou da prestação do serviço. Nesse sentido, o tempo de exposição ao agente nocivo não se mostra relevante à caracterização da permanência, pois o primeiro se insere em outro conceito, quer seja, a nocividade (para aferir o prejuízo à saúde ou a integridade física impõe a apuração da concentração ou intensidade).

Tal entendimento está normatizado na Instrução Normativa do INSS nº 77/2015, no qual dispõe:

> *Art. 278. Para fins da análise de caracterização da atividade exercida em condições especiais por exposição à agente nocivo, consideram-se:*
>
> *I- nocividade: situação combinada ou não de substâncias, energias e demais fatores de riscos reconhecidos, presentes no ambiente de trabalho, capazes de trazer ou ocasionar danos à saúde ou à integridade física do trabalhador; e*
>
> *II - permanência: trabalho não ocasional nem intermitente no qual a exposição do empregado, do trabalhador avulso ou do contribuinte individual cooperado ao agente nocivo seja indissociável da produção do bem ou da prestação do serviço, em decorrência da subordinação jurídica a qual se submete.*

179.583.354.5

MINISTÉRIO DA ECONOMIA-ME
SECRETARIA ESPECIAL DE PREVIDÊNCIA E TRABALHO
SECRETARIA DE PREVIDÊNCIA
CONSELHO DE RECURSOS DA PREVIDÊNCIA SOCIAL-CRPS
CONSELHO PLENO

Desse modo, torna-se irrelevante que o trabalhador, na sua jornada de trabalho, exerça atividades variadas ou mesmo que trabalhe em locais diversos ou execute atividades administrativas.

Não se pressupõem em relação à habitualidade e permanência a submissão contínua ao agente nocivo durante toda a jornada de trabalho. Não se interpreta como ocasional, eventual ou intermitente a exposição ínsita ao desenvolvimento das atividades cometidas ao trabalhador, integrada à sua rotina de trabalho.

Peço vênia para mencionar trecho do voto do i. Conselheiro Dr. Geraldo Almir Arruda, acerca da habitualidade e permanência nas atividades do trabalhador, conforme exposto na Resolução nº 21/2014:

> "Se, por um curto período de trabalho na jornada diária do trabalhador, este se expõe a essas condições prejudiciais (a simples presença do agente nocivo qualitativo no ambiente de trabalho ou, na hipótese dos quantitativos, a superação do limite de tolerância), a exigência de exposição durante toda a jornada de trabalho e em todas as funções é, além de contrária ao espírito da lei, desproporcional e por inteiro imoral"
> (...)
> De se ver que, na referida ementa, a referência à não eventualidade e à não intermitência é utilizada para definir o trabalho permanente, e não como requisitos autônomos. A mais, fica evidente o entendimento da não necessidade de que o segurado, em toda a sua jornada, esteja exposto ao agente nocivo, nenhuma restrição acarretando ao conceito de exposição permanente o fato de haver interrupções na exposição ao risco, o que vai ao encontro do conceito de permanência fixado pelo art. 65 do RPS antes referido."

Com relação ao agente biológico, ainda que a exposição não ocorra durante toda a jornada de trabalho, deve ser considerado que o risco de contágio inerente à atividade desempenhada, de modo que há risco permanente de prejuízo à saúde do trabalhador.

Sobre esse tema, a Turma Nacional de Uniformização dos Juizados Especiais Federais sedimentou o entendimento de que, não é necessário que a exposição

179.583.354.5

9

16

MINISTÉRIO DA ECONOMIA-ME
SECRETARIA ESPECIAL DE PREVIDÊNCIA E TRABALHO
SECRETARIA DE PREVIDÊNCIA
CONSELHO DE RECURSOS DA PREVIDÊNCIA SOCIAL-CRPS
CONSELHO PLENO

a agentes biológicos ocorra durante a integridade da jornada de trabalho do segurado, bastando que haja efetivo e constante risco de contaminação e de prejuízo à saúde do trabalhador, satisfazendo os requisitos de habitualidade e permanência, conforme abaixo transcrito:

> *INCIDENTE DE UNIFORMIZAÇÃO. PREVIDENCIÁRIO. RECONHECIMENTO DE TEMPO ESPECIAL. EXPOSIÇÃO A AGENTES BIOLÓGICOS DEPOIS DA VIGÊNCIA DA LEI Nº 9.032/95. COMPROVAÇÃO DO EFETIVO E CONSTANTE RISCO DE CONTAMINAÇÃO E DE PREJUÍZO À SAÚDE. REQUISITOS DA HABITUALIDADE E PERMANÊNCIA SATISFEITOS. 1. Para o enquadramento do tempo de serviço como especial após o início da vigência da Lei nº 9032/95, não é necessário que a exposição a agentes biológicos ocorra durante a integralidade da jornada de trabalho do segurado, bastando, nesse caso, que haja efetivo e constante risco de contaminação e de prejuízo à saúde do trabalhador, satisfazendo, assim, os conceitos de habitualidade e permanência, analisados à luz das particularidades do labor desempenhado. (IUJEF 0008728-32.2009.404.7251, DJU 16/03/2012).*

No caso em tela, a exposição ao agente biológico se deu de modo indissociável às atividades com contato permanente ao esgoto. A nocividade é caracterizada pela avaliação qualitativa.

O período não reconhecido como especial por motivação de não comprovação por exposição habitual e permanente ao agente biológico deve ser revisto pela Unidade Julgadora.

Com as considerações apontadas no pedido incidental, cabe a reforma parcial do acórdão prolatado pela 1ª Câmara de Julgamento acerca da necessidade de revisão da análise da atividade especial sob a ótica do laudo extemporâneo e para a análise da exposição habitual e permanente ao agente biológico (esgoto).

Sendo assim, determina-se a remessa dos autos a 1ª Câmara de Julgamento para que proceda a novo julgamento da matéria, com a emissão de outro acórdão, observando os ditames do presente voto.

179.583.354.5

MINISTÉRIO DA ECONOMIA-ME
SECRETARIA ESPECIAL DE PREVIDÊNCIA E TRABALHO
SECRETARIA DE PREVIDÊNCIA
CONSELHO DE RECURSOS DA PREVIDÊNCIA SOCIAL-CRPS
CONSELHO PLENO

CONCLUSÃO: Pelo exposto **VOTO** no sentido de, preliminarmente, **CONHECER DO PEDIDO DE UNIFORMIZACÃO DE JURISPRUDÊNCIA apresentado pelo SEGURADO** e, no mérito, **DAR PARCIAL PROVIMENTO.**

Brasília - DF, 28 de setembro de 2020.

ALEXANDRA ÁLVARES ALCÂNTARA
Relatora

179.583.354.5

MINISTÉRIO DA ECONOMIA-ME
SECRETARIA ESPECIAL DE PREVIDÊNCIA E TRABALHO
SECRETARIA DE PREVIDÊNCIA
CONSELHO DE RECURSOS DA PREVIDÊNCIA SOCIAL-CRPS
CONSELHO PLENO

DECISÓRIO

RESOLUÇÃO Nº 67/2020

Vistos e relatados os presentes autos, em sessão realizada hoje, **ACORDAM** os membros do Conselho Pleno, por **UNANIMIDADE**, no sentido de **CONHECER DO PEDIDO DE UNIFORMIZACÃO DE JURISPRUDÊNCIA apresentado pelo SEGURADO,** e no mérito, **DAR PARCIAL PROVIMENTO**, de acordo com o Voto da Relatora e sua fundamentação.

Participaram, ainda, do presente julgamento os (as) Conselheiros (as): Robson Ferreira Maranhão, Vânia Pontes Santos, Gustavo Beirão Araújo, Paulo Sérgio de Carvalho Costa Ribeiro, Maria Madalena Silva Lima, Márcia Aparecida Martins, Moisés Oliveira Moreira, Maria José de Paula Moraes, Imara Sodré Sousa Neto, Sulamita Cristina Dias, Guilherme Lustosa Pires, Valter Sérgio Pinheiro Coelho, Tarsila Otaviano da Costa e Adriene Cândida Borges

Brasília-DF, 28 de setembro de 2020

ALEXANDRA ÁLVARES ALCÂNTARA
Relatora

MARCELO FERNANDO BORSIO
Presidente

179.583.354.5

19

3.1.68 Resolução 68/2020 (benefício por incapacidade/carência/intempestividade)

Objeto: Trata-se de Resolução que julgou Reclamação interposta pelo INSS alegando que a decisão da Câmara de Julgamento violou a Questão 14 do Parecer Vinculante CONJUR MPS 616/2010.

Decisão: Não conhecimento.

Tese jurídica: Reclamação julgada intempestiva e não conhecida no mérito.

MINISTÉRIO DA ECONOMIA-ME
SECRETARIA ESPECIAL DE PREVIDÊNCIA E TRABALHO
SECRETARIA DE PREVIDÊNCIA
CONSELHO DE RECURSOS DA PREVIDÊNCIA SOCIAL-CRPS
CONSELHO PLENO

Nº de Protocolo do Recurso: 44232.774593/2016-61
Documento/Benefício: 41/176.235.377-3
Unidade de origem: Agência da Previdência Social/Bastos
Tipo do Processo: Reclamação ao Conselho Pleno/CRPS
Recorrente: Instituto Nacional do Seguro Social/INSS
Recorrido: Eurides da Silva de Almeida
Assunto: Aposentadoria por Idade
Relatora: Maria Madalena Silva Lima

(Processo Eletrônico)

Relatório

Trata-se de Reclamação ao Conselho Pleno formulada pelo Instituto Nacional do Seguro Social – INSS, em matéria envolvendo a aplicação do Parecer Conjur/MPS nº 616/2010 e Parecer nº 199/2012/DLIC/CGMADM/PFEINSS/PGF/AGU.

Benefício de Aposentadoria por Idade requerido pela Senhora Eurides da Silva de Almeida em 02/05/2016. Indeferido por falta de período de carência sendo apurado um total de 142 meses de contribuições previdenciárias até a DER.

Recurso Ordinário interposto pela interessada solicitando computo do período de 22/09/2008 a 31/10/2013 (período de recebimento de auxilio doença) no cálculo do benefício pleiteado. Pedido negado pela 15ª Junta de Recursos decorrente da prescrição pela inercia da Autarquia com base no que dispõe o Parecer CONJUR/MPS 616/2010 – Questão 14.

Interposição de Recurso Especial pela interessada alegando que houve recolhimentos paralelos ao recebimento do benefício, como se pode verificar no CNIS. Solicitou reanalise do processo.

Recurso Especial parcialmente provido pela 1ª Composição Adjunta da 4ª Câmara de Julgamento fundamentando sua decisão no artigo 153 da Instrução Normativa 77/2015, computando o período de 19/09/2011 a 31/10/2013 para carência, sem que a interessada preenchesse as condições necessárias para concessão do benefício pleiteado.

MINISTÉRIO DA ECONOMIA-ME
SECRETARIA ESPECIAL DE PREVIDÊNCIA E TRABALHO
SECRETARIA DE PREVIDÊNCIA
CONSELHO DE RECURSOS DA PREVIDÊNCIA SOCIAL-CRPS
CONSELHO PLENO

Em 20/12/2016, o INSS interpôs revisão de ofício da decisão proferida pela 1ª Composição Adjunta da 4ª Câmara de Julgamento no acordão nº 6199/2016 proferido em 29/11/2016.

Decisão mantida pela 1ª Composição Adjunta da 4ª Câmara de Julgamento em 17/03/2017.

O INSS apresentou embargos de declaração em 24/03/2017 que não conheceu dos embargos alegando ocorrência de intempestividade conforme acordão nº 2254/2017 proferido em 20/04/2017.

O INSS apresentou Reclamação ao Conselho Pleno, em 19/05/2017, argumentando que a decisão proferida pela 1ª Composição Adjunta da 4ª Câmara de Julgamento contraria, frontalmente, a Questão 14 do Parecer CONJUR/MPS nº 616/2010 ao reconhecer para carência o período de recebimento de auxílio-doença de 19/09/2011 a 31/10/2013, além de descumprida a abrangência do computo de período delimitado na ACP nº 2009.71.00.004103-4/RS, uma vez que o benefício foi requerido em 02/05/2016 e segundo a ACP nº 2009.71.00.004103-4/RS e esclarecido nos incisos do §1° do artigo 153 da IN 77/2015 somente contaria o período de recebimento do auxílio-doença para carência, para benefícios requeridos entre o período compreendido entre 19 de setembro de 2011 a 03 de novembro de 2014.

Encaminhado os autos ao Presidente do CRSS para conhecimento e manifestação. Designado a esta Conselheira a análise do caso.

Não consta dos autos de que a recorrente tenha sido comunicada nem da revisão de ofício, nem dos embargos declaratórios e nem da reclamação ao Conselho Pleno, todos opostos pelo INSS.

VOTO

EMENTA:RECLAMAÇÃO À COMPOSIÇÃO PLENÁRIA DO CONSELHO DE RECURSO DO SEGURO SOCIAL – CRSS - INFRINGÊNCIA DA NORMA NOS TERMOS DO ART. 64 DO REGIMENTO INTERNO DO CRSS, APROVADO PELA PORTARIA MDS Nº 116, DE 20 DE MARÇO DE 2017. PEDIDO DE RECLAMAÇÃO OPOSTOS PELO INSTITUTO NACIONAL DO SEGURO SOCIAL – INSS INTEMPESTIVO – NÃO RECONHECIMENTO DA RELAÇÃO – ENTENDIMENTO JÁ FIRMADO PELO CONSELHO PLENO DO

MINISTÉRIO DA ECONOMIA-ME
SECRETARIA ESPECIAL DE PREVIDÊNCIA E TRABALHO
SECRETARIA DE PREVIDÊNCIA
CONSELHO DE RECURSOS DA PREVIDÊNCIA SOCIAL-CRPS
CONSELHO PLENO

CRPS DE QUE PEDIDO DE REVISÃO DE OFICIO NÃO INTERROMPE O PRAZO DO PEDIDO DE RECLAMAÇÃO.

A Reclamação dirigida ao Conselho Pleno encontra-se disciplinada no art. 64 do Regimento Interno do CRSS aprovado pela Portaria MDSA 116/2017, in verbis:

Art. 64. A Reclamação ao Conselho Pleno poderá ocorrer, no caso concreto, por requerimento das partes do processo, dirigido ao Presidente do CRSS, somente quando os acórdãos das Juntas de Recursos do CRSS, em matéria de alçada, ou os acórdãos de Câmaras de Julgamento do CRSS, em sede de Recurso Especial, infringirem:

I - Pareceres da Consultoria Jurídica do MDSA, aprovados pelo Ministro de Estado do Desenvolvimento Social e Agrário, bem como, Súmulas e Pareceres do Advogado-Geral da União, na forma da Lei Complementar nº 73, de 10 de fevereiro de 1993;

II - Pareceres da Consultoria Jurídica dos extintos MPS e MTPS, vigentes e aprovados pelos então Ministros de Estado da Previdência Social e do Trabalho e Previdência Social;

III - Enunciados editados pelo Conselho Pleno.

§ 1º O prazo para o requerimento da Reclamação ao Conselho Pleno é de 30 (trinta) dias contados da data da ciência da decisão infringente e suspende o prazo para o seu cumprimento.

§ 2º Caberá ao Presidente do CRSS fazer o juízo de admissibilidade da Reclamação ao Conselho Pleno verificando se estão presentes os pressupostos previstos no caput, podendo:

I - indeferir por decisão monocrática irrecorrível, quando verificar que não foram demonstrados os pressupostos de admissibilidade previstos no caput;

II - distribuir o processo ao Conselheiro relator da matéria no Conselho Pleno quando verificar presentes os pressupostos de admissibilidade previstos no caput.

176.235.377-3

MINISTÉRIO DA ECONOMIA-ME
SECRETARIA ESPECIAL DE PREVIDÊNCIA E TRABALHO
SECRETARIA DE PREVIDÊNCIA
CONSELHO DE RECURSOS DA PREVIDÊNCIA SOCIAL-CRPS
CONSELHO PLENO

§ 3º Os processos poderão ser preliminarmente submetidos pelo Presidente do CRSS ao órgão julgador que prolatou o acórdão infringente, para facultar-lhe a Revisão de Ofício nos termos do art. 59 deste regimento.

§ 4º O resultado do julgamento da Reclamação pelo Conselho Pleno será objeto de notificação ao órgão julgador que prolatou o acórdão infringente, para fins de adequação do julgado à tese fixada pelo Pleno, por meio da Revisão de Ofício."

O INSS apresentou Reclamação ao Conselho Pleno argumentando que a decisão proferida pela 1ª Composição Adjunta da 4ª Câmara de Julgamento contraria, frontalmente, a Questão 14 do Parecer CONJUR/MPS n° 616/2010 ao reconhecer para carência o período de recebimento de auxílio-doença de 19/09/2011 a 31/10/2013, além de descumpria a abrangência do computo de período delimitado na ACP n° 2009.71.00.004103-4/RS, uma vez que o benefício foi requerido em 02/05/2016 e segundo a ACP n° 2009.71.00.004103-4/RS e esclarecido nos incisos do §1° do artigo 153 da IN 77/2015 somente contaria o período de recebimento do auxílio-doença para carência, para benefícios requeridos entre o período compreendido entre 19 de setembro de 2011 a 03 de novembro de 2014.

A decisão proferida pela 1ª Composição Adjunta da 4ª Câmara de Julgamento emitiu decisão, de forma equivocada, fundamentando no artigo 153 da Instrução Normativa 77/2015, não levando em conta o estabelecido na ACP n° 2009.71.00.004103-4/RS e no Parecer CONJUR/MPS 616/2010 – Questão 14.

Contudo, verifica-se que a Reclamação formulada ao Pleno, pelo INSS ocorreu mais de 30 dias após a decisão proferida pela 1ª Composição Adjunta da 4ª Câmara de Julgamento, conforme abaixo:

- 29/11/2016 - Decisão proferida pela 1ª Composição Adjunta da 4ª Câmara de Julgamento
- 20/12/2016 – Revisão de Oficio pelo INSS à 1ª Composição Adjunta da 4ª Câmara de Julgamento
- 24/03/2017 – Embargos declaratórios opostos pelo INSS a 1ª Composição Adjunta da 4ª Câmara de Julgamento – que não foi conhecido por ter sido considerado intempestivo
- 19/05/2017 – Reclamação ao Conselho Pleno pelo INSS

Já foi firmado entendimento pelo Conselho Pleno de que pedidos de revisão de oficio não interrompe o prazo para interposição do Pedido de Reclamação ou Uniformização, pois não consta expressamente tal situação no artigo 59 do RI/CRSS

176.235.377-3

MINISTÉRIO DA ECONOMIA-ME
SECRETARIA ESPECIAL DE PREVIDÊNCIA E TRABALHO
SECRETARIA DE PREVIDÊNCIA
CONSELHO DE RECURSOS DA PREVIDÊNCIA SOCIAL-CRPS
CONSELHO PLENO

que trata sobre "Revisão de Acordão", situação diferente dos embargos declaratórios que vem expressamente informando que a "oposição tempestiva dos embargos interrompe o prazo para cumprimento do acórdão, para a Interposição de Recurso Especial, a apresentação de Reclamação ao Conselho Pleno e do Pedido de Uniformização de Jurisprudência".

Neste sentido, temos o mesmo entendimento já firmado por este Conselho Pleno conforme se verifica nas Resoluções 27/2015, 39/2017, 23/2018, 54/2018, 37/2019.

CONCLUSÃO: DESTA FORMA, VOTO NO SENTIDO DE NÃO CONHECER DO PEDIDO DE RECLAMAÇÃO AO CONSELHO PLENO.

Brasília - DF, 28 de setembro de 2020.

MARIA MADALENA SILVA LIMA
Relatora

176.235.377-3

MINISTÉRIO DA ECONOMIA-ME
SECRETARIA ESPECIAL DE PREVIDÊNCIA E TRABALHO
SECRETARIA DE PREVIDÊNCIA
CONSELHO DE RECURSOS DA PREVIDÊNCIA SOCIAL-CRPS
CONSELHO PLENO

DECISÓRIO

RESOLUÇÃO Nº 68/2020

Vistos e relatados os presentes autos, em sessão realizada hoje, **ACORDAM** os membros do Conselho Pleno, por **UNANIMIDADE**, no sentido de **NÃO CONHECER DO PEDIDO DE RECLAMAÇÃO AO CONSELHO PLENO**, de acordo com o Voto da Relatora e sua fundamentação.

Participaram, ainda, do presente julgamento os (as) Conselheiros (as): Robson Ferreira Maranhão, Vânia Pontes Santos, Gustavo Beirão Araújo, Paulo Sérgio de Carvalho Costa Ribeiro, Renato Agostinho das Chagas, Moisés Oliveira Moreira, Maria José de Paula Moraes, Imara Sodré Sousa Neto, Sulamita Cristina Dias, Guilherme Lustosa Pires, Valter Sérgio Pinheiro Coelho, Alexandra Álvares da Costa, Tarsila Otaviano da Costa e Adriene Cândida Borges

Brasília-DF, 28 de setembro de 2020

MADALENA SILVA LIMA
Relatora

MARCELO FERNANDO BORSIO
Presidente

176.235.377-3

3.1.69 Resolução 69/2020 (desconsideração/renda/BPC/LOAS/idoso/maior/65 anos)

Objeto: Trata-se de Pedido de Uniformização de Jurisprudência interposto pelo INSS por suposta divergência de posicionamento entre Câmaras de Julgamento.

Decisão: Provido.

Tese jurídica: A desconsideração da renda *per capita* familiar para fins do BPC/LOAS apenas abarca renda mínima de idoso acima de 65 anos, tendo a CAJ desconsiderado a renda de uma idosa de 61 anos de idade.

MINISTÉRIO DA ECONOMIA-ME
SECRETARIA ESPECIAL DE PREVIDÊNCIA E TRABALHO
SECRETARIA DE PREVIDÊNCIA
CONSELHO DE RECURSOS DA PREVIDÊNCIA SOCIAL-CRPS
CONSELHO PLENO

Nº de Protocolo do Recurso: 44232.700339/2016-27
Documento/Benefício: 87/701.860.410-0
Unidade de origem: Agência da Previdência Social/Barbacena
Tipo do Processo: Pedido de Uniformização de Jurisprudência
Recorrente: Instituto Nacional do Seguro Social/INSS
Recorrido: Leonardo José da Silva
Procurador: Antônio Pedro de Matos Baeta
Assunto: Benefício de Prestação Continuada da Assistência Social à Pessoa com Deficiência
Relatora: Moisés Oliveira Moreira

(Processo Eletrônico)

Relatório

Trata-se de pedido de uniformização de jurisprudência apresentado pelo Instituto Nacional de Seguro Social – INSS em 02/04/2018 (Evento 52).

O presente relaciona-se à decisão proferida pela 2ª Câmara de Julgamento do CRPS que, por do meio do Acórdão nº 1510/2018 (Evento 44), negou provimento ao recurso especial do INSS, reconhecendo o direito a benefício de amparo à pessoa com deficiência.

Citado Acórdão assinala que, tendo em vista a Ação Civil Pública nº 2009.38.00.005945-2, aplicável aos requerimentos feitos no território da Seção Judiciária de Minas Gerais, "não há que se falar em restrição aos beneficiários com mais de 65 anos de idade, mas sim, que recebam benefício no valor de um salário mínimo ao idoso, o que ocorre no caso em tela." Desse modo, conclui que as aposentadorias de um salário mínimo concedidas, no caso concreto, aos genitores do interessado, não devem ser computadas para fins de cálculo da renda mensal per capta, mesmo que um deles tenha idade inferior a 65 anos na data do requerimento.

701.860.410-0 1

MINISTÉRIO DA ECONOMIA-ME
SECRETARIA ESPECIAL DE PREVIDÊNCIA E TRABALHO
SECRETARIA DE PREVIDÊNCIA
CONSELHO DE RECURSOS DA PREVIDÊNCIA SOCIAL-CRPS
CONSELHO PLENO

O benefício em análise foi requerido em 20/10/2015 e indeferido por motivo de renda per capita superior a ¼ do salário mínimo vigente da data de entrada do requerimento – DER, contrariando, em atenção ao disposto no §3° da Lei 8.742/93, conforme comunicação de decisão do INSS (Evento 14).

Irresignado, o interessado interpôs recurso ordinário, solicitando reforma da decisão do INSS, destacando que, consoante julgamento do Plenário do STF em 2013, foi confirmada a inconstitucionalidade do §3° do art. 20 da Lei 8.742/93, que prevê a exigência de renda familiar mensal per capita inferior a um salário mínimo para fins de concessão do benefício ao idoso ou ao deficiente.

A 09ª Junta de Recursos - JR decidiu, inicialmente, converter os autos em diligência para instrução do processo com as avaliações sociais e periciais já realizadas, bem como para juntada de informação sobre existência de ação judicial e de extratos do Cadastro Nacional de Informações Sociais - CNIS dos pais e da irmã do interessado, componentes do grupo familiar.

Após cumprimento das diligências, a JR deu provimento ao recurso, por meio do Acórdão 6825/2017, consignado que o recorrente e os demais membros do grupo familiar não trabalham, e que apenas a mãe e o pai do interessado, Regina Celia do Vale, nascida em 27/12/1953, e Almerindo Nascimento da Silva, nascido em 18/04/1945, recebem salário mínimo proveniente de Aposentadoria por Idade.

Ainda de acordo com a JR, a Ação Civil Pública n° 2009.38.00.005945-2 assegura que, na análise dos requerimentos de benefício assistencial apresentados no território de jurisdição da Seção Judiciária de Minas Gerais, não seja computado, no cálculo da renda familiar per capita, o benefício previdenciário ou assistencial, no valor de um salário excluindo-se a renda auferida pelos pais da recorrente em decorrência da

MINISTÉRIO DA ECONOMIA-ME
SECRETARIA ESPECIAL DE PREVIDÊNCIA E TRABALHO
SECRETARIA DE PREVIDÊNCIA
CONSELHO DE RECURSOS DA PREVIDÊNCIA SOCIAL-CRPS
CONSELHO PLENO

supra mencionada Ação Civil Pública, a JR afirmou que inexiste renda do grupo familiar, cabendo a concessão do benefício pleiteado.

Diante dessa decisão, o INSS interpôs recurso especial aduzindo, em síntese, que a renda per capita familiar superou o limite estabelecido por lei, em face do número de pessoas que compõem o grupo familiar e de suas respectivas rendas. Alegou que a Ação Civil Pública nº 2009.38.00.005945-2 se aplica parcialmente ao caso, haja vista que a mãe do requerente possuía apenas 61 anos de idade na data de entrada do requerimento (20/10/2015). Somente a renda do pai, com 70 anos de idade, poderia ser desconsiderada para apuração da renda familiar per capita. Por fim, destaca que "a retro citada ACP estendeu os efeitos do parágrafo único do art. 34 do Estatuto do Idoso também aos benefícios previdenciários, contudo, manteve o parâmetro estabelecido para definição da pessoa idosa."

O interessado apresentou contrarrazões reafirmando ter direito ao benefício e pugnando pela manutenção do Acórdão proferido pela 9ª JR, pois a matéria foi examinada em sintonia com as provas dos autos e com o entendimento do STF.

A 2ª Câmara de Julgamento, por meio do Acórdão 1510/2018, negou provimento ao recurso do INSS, destacando que "Em que pesem as alegações da Autarquia, não há que se falar em restrição aos beneficiários com mais de 65 anos de idade, mas sim, que recebam benefício no valor de um salário mínimo ao idoso, o que ocorre no caso em tela." Concluiu pela inexistência de renda familiar a ser computada no cálculo da renda per capita, sendo esta, portanto, inferior a ¼ do salário mínimo.

Diante dessa decisão, o INSS apresentou pedido de revisão, reiterando que a decisão proferida pela 2ª CAJ viola o § 3º do art. 20 da Lei nº 8.742/93, pois, para efeito de benefício assistencial, idoso é o membro do grupo familiar com idade igual ou superior a 65 anos. Afirma que houve a "desconsideração da renda da Sra. Regina Célia

701.860.410-0

MINISTÉRIO DA ECONOMIA-ME
SECRETARIA ESPECIAL DE PREVIDÊNCIA E TRABALHO
SECRETARIA DE PREVIDÊNCIA
CONSELHO DE RECURSOS DA PREVIDÊNCIA SOCIAL-CRPS
CONSELHO PLENO

do Vale com base na Ação Civil Pública nº 2009.38.00.005945-2. Todavia, a referida componente do grupo familiar possuía apenas 61 anos de idade na data de entrada do requerimento."

O pedido de revisão foi rejeitado pela CAJ, sob justificativa de não constatação de vício insanável previsto no art. 59, V, do Regimento Interno do Conselho de Recursos da Previdência Social - RICRPS. Destacou a relatora que "Em que pesem as alegações da Autarquia, quando do voto condutor, ficou claro, por essa relatora, o entendimento que não há restrição aos idosos com mais de 65 anos de idade, mas sim aos beneficiários de aposentadoria por idade."

Por fim, a Autarquia Previdenciária apresentou o presente Pedido de uniformização de jurisprudência, reafirmando que a ACP 2009.38.00.005945-2 estendeu os efeitos do parágrafo único do art. 34 do Estatuto do Idoso também aos benefícios previdenciários, contudo, manteve o parâmetro estabelecido pelo *caput* do artigo para definição da pessoa idosa. Como fundamento para o Pedido de Uniformização de Jurisprudência, transcreveu alguns julgados do CRPS cujo entendimento da Autarquia prevaleceu.

A 2ª CAJ emitiu despacho concluindo pela presença de divergência em matéria de direito, necessária para admissibilidade do pedido de Uniformização de Jurisprudência. Assim, encaminhou os autos ao Presidente do CRPS, com trânsito pela Divisão de Assuntos Jurídicos/DAJ.

A Divisão de Assuntos Jurídicos do CRPS, corroborando a existência de divergência entre os Acórdãos paradigmas citados, submeteu os autos à Presidência do CRPS, com sugestão de prosseguimento do pedido de uniformização.

De ordem do Presidência do CRPS, o processo foi encaminhado a este conselheiro, para relatoria e submissão da matéria ao Conselho Pleno.

MINISTÉRIO DA ECONOMIA-ME
SECRETARIA ESPECIAL DE PREVIDÊNCIA E TRABALHO
SECRETARIA DE PREVIDÊNCIA
CONSELHO DE RECURSOS DA PREVIDÊNCIA SOCIAL-CRPS
CONSELHO PLENO

É o relatório.

EMENTA:

BENEFÍCIO DE AMPARO SOCIAL À PESSOA COM DEFICIÊNCIA. PEDIDO DE UNIFORMIZAÇÃO DE JURISPRUDÊNCIA AO CONSELHO PLENO. ART. 63 DO REGIMENTO INTERNO DO CRPS (PORTARIA MDSA Nº 116/2017). BENEFÍCIO CONCEIDO A IDOSO COM MENOS DE 65 ANOS DESCONSIDERADO NO CÁLCULO DA RENDA MENSAL PER CAPITA. AÇÃO CIVIL PÚBLICA 2009.38.00.005945-2. EXCLUSÃO APENAS DE BENEFÍCIOS ASSISTENCIAIS E PREVIDENCIÁRIOS CONCEDIDOS A IDOSOS MAIORES DE 65 ANOS. ART. 34 DO ESTATUTO DO IDOSO (LEI 10.731/2003). ART. 20 DA LOAS (LEI 8.742/93). PEDIDO DE UNIFORMIZAÇÃO CONHECIDO E PROVIDO.

VOTO

O presente pedido de uniformização de jurisprudência apresentado pelo INSS é tempestivo, em conformidade com o § 2 do art. 63 do Regimento Interno do CRPS, aprovado pela Portaria MDSA nº 116/2017[1], cabendo destacar:

---

[1] Art. 63. O Pedido de Uniformização de Jurisprudência poderá ser requerido em casos concretos, pelas partes do processo, dirigido ao Presidente do respectivo órgão julgador, nas seguintes hipóteses:

I - quando houver divergência na interpretação em matéria de direito entre acórdãos de Câmaras de Julgamento do CRSS, em sede de Recurso Especial, ou entre estes e resoluções do Conselho Pleno; ou

§ 1º A divergência deverá ser demonstrada mediante a indicação do acórdão divergente, proferido nos últimos cinco anos, por outro órgão julgador, composição de julgamento, ou, ainda, por resolução do Conselho Pleno.

§ 2º É de 30 (trinta) dias o prazo para o requerimento do Pedido de Uniformização de Jurisprudência e para o oferecimento de contrarrazões, contados da data da ciência da decisão e da data da intimação do pedido, respectivamente, hipótese em que suspende o prazo para o seu cumprimento.

§ 5º O pedido de uniformização poderá ser formulado pela parte uma única vez, tratando-se do mesmo caso concreto ou da mesma matéria examinada em tese, à luz do mesmo acórdão ou resolução indicados como paradigma.

MINISTÉRIO DA ECONOMIA-ME
SECRETARIA ESPECIAL DE PREVIDÊNCIA E TRABALHO
SECRETARIA DE PREVIDÊNCIA
CONSELHO DE RECURSOS DA PREVIDÊNCIA SOCIAL-CRPS
CONSELHO PLENO

A Autarquia Previdenciária indicou expressamente Acórdãos em que foram constatadas divergências, a saber: a) Processo 44233.079324/2017-69, Acórdão nº 734/2018, Relatora Maria Lígia Sória, 3ª CAJ/CRSS, julgado em 16/01/2018 e b) Processo 44232.849312/2016-31, Acórdão nº 592/2018, Relatora Nádia Cristina Paulo dos Santos Paiva, 1ª CAJ/CRSS, julgado em 16/01/2018.

Conforme o inc. II do art. 3º do Regimento do CRPS, compete ao Conselho Pleno: "*uniformizar, no caso concreto, as divergências jurisprudenciais entre as Juntas de Recursos nas matérias de sua alçada ou entre as Câmaras de julgamento em sede de Recurso Especial, mediante a emissão de Resolução*".

Assim, conclui-se pela admissibilidade do presente pedido.

Após análise dos Acórdãos proferidos pelas Câmaras de Julgamento, indicados pelo INSS no pedido de uniformização de jurisprudência, e do Acórdão nº 1510/2018 da 2ª Câmara de Julgamento, objeto do pedido, constata-se que a matéria de direito divergente de interpretação vincula-se à definição de quais benefícios previdenciários recebidos por pessoa idosa estariam excluídos do cálculo da renda per capta familiar, tendo em vista a decisão proferida no bojo da Ação Civil Pública 2009.38.00.005945-2.

Incialmente, contudo, vale destacar que a Lei 8.742/93, Lei Orgânica da Assistência Social – LOAS, ao regulamentar o art. 203, V, da CF[2], estabeleceu, em seu art. 20, *caput*, ser devido um salário mínimo mensal à pessoa com deficiência e ao idoso com 65 anos ou mais de idade que comprovem não possuir meios de prover a própria manutenção nem de tê-la provida por sua família.

---

[2] Art. 203. A assistência social será prestada a quem dela necessitar, independentemente de contribuição à seguridade social, e tem por objetivos: V - a garantia de um salário mínimo de benefício mensal à pessoa portadora de deficiência e ao idoso que comprovem não possuir meios de prover à própria manutenção ou de tê-la provida por sua família, conforme dispuser a lei.

701.860.410-0

MINISTÉRIO DA ECONOMIA-ME
SECRETARIA ESPECIAL DE PREVIDÊNCIA E TRABALHO
SECRETARIA DE PREVIDÊNCIA
CONSELHO DE RECURSOS DA PREVIDÊNCIA SOCIAL-CRPS
CONSELHO PLENO

O §3º do art. 20 da LOAS prevê que se considera incapaz de prover a manutenção da pessoa com deficiência ou idosa a família cuja renda mensal per capita seja inferior a 1/4 do salário-mínimo. Conforme Lei 13.982/2020, esse critério será adotado até 31/12/2020.

A previsão de critério objetivo para aferir a inexistência de meios para prover a manutenção da pessoa que requer o BPC sempre foi alvo de controvérsias.

Inclusive, o próprio Supremo Tribunal Federal, no ano de 2013, chegou a declarar a inconstitucionalidade do aludido §3º, todavia o fez de forma incidental, não em controle abstrato de constitucionalidade, de modo que o INSS continuou a aplicar o aludido critério na via administrativa.

Nesse sentido, vale registrar que essa matéria (aplicabilidade do art. 20, § 3º da LOAS - Lei 8.742/1993) é ponto pacífico neste Conselho Pleno, o qual considera válido o critério mencionado, conforme se observa nas Resoluções nº 42/2015 e 13/2016.

De volta ao objeto do pedido de uniformização, nota-se que a divergência entre o Acórdão proferido pela 2ª CAJ e o entendimento encampado pelo INSS pode ser detalhado da seguinte forma:

Quando a ACP determina a desconsideração de benefício previdenciário ou assistencial no valor de um salário mínimo, recebido por pessoa idosa ou deficiente física integrante do grupo familiar, quanto ao idoso, refere-se a qualquer aposentadoria por idade ou somente àquelas recebidas por pessoa idosa com idade superior a 65 anos?

A 2ª CAJ, ao emitir o Acórdão 1510/2018, concluiu, levando em consideração a ACP retro citada, que não há que se falar em restrição aos beneficiários com mais de 65 anos de idade, mas sim, que recebam benefício de valor de um salário mínimo ao idoso.

MINISTÉRIO DA ECONOMIA-ME
SECRETARIA ESPECIAL DE PREVIDÊNCIA E TRABALHO
SECRETARIA DE PREVIDÊNCIA
CONSELHO DE RECURSOS DA PREVIDÊNCIA SOCIAL-CRPS
CONSELHO PLENO

Já o INSS, em seu pedido de uniformização, afirma que a ACP contempla somente idosos com 65 anos ou mais de idade.

Antes de analisarmos a questão, convém tecer comentários sobre a Ação Civil Pública objeto da interpretação divergente.

No ano de 2009, a Defensoria Pública da União – DPU moveu a Ação Civil Pública nº 2009.38.00.005945-2 contra o INSS, visando à alteração do critério adotado pela Autarquia para definição da renda per capita, em relação ao benefício assistencial previsto na Lei 8.742/93.

Alegou que, com o advento do Estatuto do Idoso (Lei 10.741/2003), os critérios para concessão do aludido benefício foram aclarados pelo parágrafo único do art. 34 dessa Lei, segundo o qual o benefício concedido a qualquer membro do grupo familiar nos termos do *caput* não será computado para fins de cálculo da renda familiar per capita a que se refere a LOAS.

De acordo com a DPU, mesmo com esse dispositivo legal, o INSS continuou a reconhecer que somente as pessoas que tivessem em seu grupo familiar titulares de benefício assistencial ao idoso é que seriam contempladas com a legislação mais benéfica. Tal entendimento violaria vários princípios constitucionais, além de pactos internacionais, dos quais o Brasil é signatário.

O pedido de liminar da DPU foi expresso no sentido de se determinar ao INSS que deixasse de considerar no cálculo da renda per capita da pessoa que requer benefício assistencial, seja ela idosa ou deficiente, possível renda auferida, no valor de até um salário mínimo, por outro idoso ou deficiente do seu grupo familiar, qualquer que seja a natureza de tal renda (benefício assistencial, previdenciário, ou outra fonte).

A sentença proferida nos autos da ACP possui os seguintes dizeres:

MINISTÉRIO DA ECONOMIA-ME
SECRETARIA ESPECIAL DE PREVIDÊNCIA E TRABALHO
SECRETARIA DE PREVIDÊNCIA
CONSELHO DE RECURSOS DA PREVIDÊNCIA SOCIAL-CRPS
CONSELHO PLENO

"ANTE O EXPOSTO, JULGO PARCIALMENTE PROCEDENTE o pedido, para determinar ao INSS que:

1. na análise dos requerimentos de benefício assistencial apresentados no território de jurisdição desta Seção Judiciária de Minas Gerais, não compute, no cálculo da renda familiar per capita, o benefício previdenciário ou assistencial, no valor de um salário mínimo, recebido por pessoa idosa ou deficiente integrante do grupo familiar;

2. proceda a revisão dos indeferimentos administrativos decorrentes de interpretação divergente dessa aqui reconhecida, no prazo de 1 20 (cento e vinte) dias;

3. concedo a tutela antecipatória para assegurar o cumprimento dos itens 1 e 2 deste dispositivo, observado o prazo constante no item "2"."

Nota-se, pois, que o intuito da ACP em comento foi afastar a renda de um salário mínimo recebida por pessoa idosa ou com deficiência pertencente ao grupo familiar, qualquer que fosse a natureza dessa renda.

Resta, agora, definir o conceito de pessoa idosa que foi utilizado para tal finalidade.

Dispõe o art. 34 do Estatuto do Idoso:

"Art. 34. Aos idosos, a partir de 65 (sessenta e cinco) anos, que não possuam meios para prover sua subsistência, nem de tê-la provida por sua família, é assegurado o benefício mensal de 1 (um) salário-mínimo, nos termos da Lei Orgânica da Assistência Social – Loas. (Vide Decreto nº 6.214, de 2007)

MINISTÉRIO DA ECONOMIA-ME
SECRETARIA ESPECIAL DE PREVIDÊNCIA E TRABALHO
SECRETARIA DE PREVIDÊNCIA
CONSELHO DE RECURSOS DA PREVIDÊNCIA SOCIAL-CRPS
CONSELHO PLENO

Parágrafo único. O benefício já concedido a qualquer membro da família nos termos do caput não será computado para os fins do cálculo da renda familiar per capita a que se refere a Loas."

Já o art. 20 da Lei 8.742/93 (LOAS) estabelece:

Art. 20. O benefício de prestação continuada é a garantia de um salário-mínimo mensal à pessoa com deficiência e ao idoso com 65 (sessenta e cinco) anos ou mais que comprovem não possuir meios de prover a própria manutenção nem de tê-la provida por sua família.

Assim sendo, para fins de avaliação e concessão de benefício assistencial, seja nos termos do Estatuto do Idoso, seja nos termos da LOAS, considera-se idosa a pessoa maior de 65 anos.

Tendo em vista o contexto da ACP 2009.38.00.005945-2, que envolvia interpretação do Estatuto do Idoso na parte concernente à Assistência Social (Capítulo VIII), bem como o próprio teor da decisão proferida na ACP, relacionada ao pedido da Defensoria Pública da União, nota-se que o benefício previdenciário ou assistencial recebido por pessoa idosa a ser excluído do cálculo da renda familiar per capita refere-se àqueles concedidos a idosos com 65 anos ou mais de idade.

A propósito de tal conclusão, faz-se oportuno mencionar que Lei 13.982, de 2 de abril de 2020, prestigiou o entendimento amplamente consagrado na doutrina e jurisprudência, e incluiu o §14 ao art. 20 da LOAS pregando que:

"O benefício de prestação continuada ou o benefício previdenciário no valor de até 1 (um) salário-mínimo concedido a idoso acima de 65 (sessenta e cinco) anos de idade ou pessoa com deficiência não será computado, para fins de concessão do benefício de prestação continuada a outro idoso ou pessoa com deficiência da mesma família, no cálculo da renda a que se refere o § 3º deste artigo."

MINISTÉRIO DA ECONOMIA-ME
SECRETARIA ESPECIAL DE PREVIDÊNCIA E TRABALHO
SECRETARIA DE PREVIDÊNCIA
CONSELHO DE RECURSOS DA PREVIDÊNCIA SOCIAL-CRPS
CONSELHO PLENO

Portanto, desde a publicação da referida Lei, não apenas em relação aos contemplados pela ACP 2009.38.00.005945-2, mas também, para todos abrangidos pela LOAS, haverá exclusão do cálculo da renda per capita tanto dos benefícios assistenciais (idosos e deficientes), quanto dos benefícios previdenciários no valor de um salário mínimo concedido a idosos acima de 65 anos.

Feita essa análise, percebe-se que a tese delineada no Acórdão nº 1510/2018 da 2ª Câmara de Julgamento não encontra amparo jurídico, razão pela qual se deve dar provimento ao pedido de uniformização de jurisprudência em debate.

Isso posto, torno insubsistente o Acórdão nº 1510/2018, com remessa dos autos à 2ª Câmara de Julgamento, para que proceda a novo julgamento da matéria, emitindo novo acórdão, observando os ditames do presente voto.

CONCLUSÃO:

Diante do exposto, **Voto** no sentido de **CONHECER DO PEDIDO DE UNIFORMIZAÇÃO DE JURISPRUDÊNCIA do INSS**, para, no mérito, **DAR-LHE PROVIMENTO.**

Brasília - DF, 28 de setembro de 2020.

MOISÉS OLIVEIRA MOREIRA
Relator

701.860.410-0

MINISTÉRIO DA ECONOMIA-ME
SECRETARIA ESPECIAL DE PREVIDÊNCIA E TRABALHO
SECRETARIA DE PREVIDÊNCIA
CONSELHO DE RECURSOS DA PREVIDÊNCIA SOCIAL-CRPS
CONSELHO PLENO

DECISÓRIO

RESOLUÇÃO Nº 69/2020

Vistos e relatados os presentes autos, em sessão realizada hoje, **ACORDAM** os membros do Conselho Pleno, por **UNANIMIDADE**, no sentido de **CONHECER DO PEDIDO DE UNIFORMIZAÇÃO DE JURISPRUDÊNCIA do INSS**, para, no mérito, **DAR-LHE PROVIMENTO**, de acordo com o Voto do Relator e sua fundamentação.

Participaram, ainda, do presente julgamento os (as) Conselheiros (as): Robson Ferreira Maranhão, Vânia Pontes Santos, Gustavo Beirão Araújo, Paulo Sérgio de Carvalho Costa Ribeiro, Maria Madalena Silva Lima, Renato Agostinho das Chagas, Maria José de Paula Moraes, Imara Sodré Sousa Neto, Sulamita Cristina Dias, Guilherme Lustosa Pires, Valter Sérgio Pinheiro Coelho, Rodolfo Espinel Donadon, Alexandra Álvares de Alcântara, Tarsila Otaviano da Costa e Adriene Cândida Borges

Brasília-DF, 28 de setembro de 2020

MOISÉS OLIVEIRA MOREIRA
Relator

MARCELO FERNANDO BORSIO
Presidente

701.860.410-0

3.1.70 Resolução 70/2020 (tempo/especial/agente/biológico/devolução/CAJ/reapreciação)

Objeto: Trata-se de Pedido de Uniformização de Jurisprudência interposto por segurado por suposta divergência de posicionamento entre Câmaras de Julgamento.

Decisão: Provido.

Tese jurídica: Determinou o retorno do processo à CAJ para reapreciação da matéria fática inerente ao tempo especial por agente biológico, podendo ou não reformar a decisão anterior.

MINISTÉRIO DA ECONOMIA-ME
SECRETARIA ESPECIAL DE PREVIDÊNCIA E TRABALHO
SECRETARIA DE PREVIDÊNCIA
CONSELHO DE RECURSOS DA PREVIDÊNCIA SOCIAL-CRPS
CONSELHO PLENO

Nº de Protocolo do Recurso: 44232.212096/2014-11
Documento/Benefício: 168.918.623-0
Unidade de origem: Agência da Previdência Social Andradas
Tipo do Processo: Pedido de Uniformização de Jurisprudência
Recorrente: Hercília de Cássia Alcântara Pereira
Recorrido:
Benefício: Aposentadoria por Tempo de Contribuição
Relatora: Sulamita Cristina Dias

(Processo Eletrônico)

Relatório

Cuidam os autos de pedido de UNIFORMIZAÇÃO DE JURISPRUDÊNCIA, formulado por **Hercília de Cássia Alcântara Pereira**, em face de o v. Acórdão nº 2528/2016, proferido pela extinta 2ª Composição Adjunta da d. 2ª Câmara de Julgamento, que por unanimidade, deu provimento aos embargos de declaração opostos pela embargante, uma vez que restou configurada a omissão no Acórdão Regional, ao não analisar o período de 01/06/1984 a 15/02/1987, afastando no julgado o enquadramento do referido período, porquanto não há normativo que subsidie a exposição a agentes biológicos, exercendo a função de "lavanderia-serviços gerais".

No acórdão regional, a 2ª Composição Adjunta da 2ª Câmara de Julgamento, analisou tão somente o período de 06/03/1997 a 05/05/2014 em funções de enfermagem, trabalhando na SANTA CASA DE POÇOS DE CALDAS, sendo essa a insurgência proposta na revisão de ofício no evento 51, em que se requer a reanálise do período retro e o enquadramento do período laborado junto a Associação Hospital Ademar de Barros, laborado na lavanderia do hospital, exposta a agentes nocivos biológicos o qual foi omitido, e, acolhido como embargos de declaração no evento 58.

Insta registrar, que a interessada formulou o pedido de concessão do benefício – Aposentadoria Especial – em **06/08/2014**, nascida em 10/03/1964, aos 50 anos na DER.

Consoante se depreende da documentação colacionada aos autos, o benefício foi indeferido inicialmente pela Autarquia, porquanto não foi apurado tempo de contribuição suficiente para a concessão do benefício, ainda que a perícia médica autárquica tenha enquadrado o período de 29/04/1995 a 05/03/1997, por exposição a

168.918.623-0

1

MINISTÉRIO DA ECONOMIA-ME
SECRETARIA ESPECIAL DE PREVIDÊNCIA E TRABALHO
SECRETARIA DE PREVIDÊNCIA
CONSELHO DE RECURSOS DA PREVIDÊNCIA SOCIAL-CRPS
CONSELHO PLENO

agentes biológicos, conforme a Análise e Decisão Técnica de Atividade Especial às fls.79/82.

Em análise ao recurso ordinário ora interposto pela interessada, a d. 21ª Junta de Recursos, negou provimento ao pedido formulado, afastando o enquadramento dos períodos pugnados, não alcançando tempo de atividade especial suficiente para a concessão do benefício, ora vindicado no requerimento inicial (fls.99/102).

Recurso especial interposto pela interessada, no qual apresenta seu inconformismo, pugnando pelo enquadramento dos períodos de **01/06/1984 a 15/02/1987** e 06/03/1997 a 05/05/2014, por exposição a agente biológicos, haja vista que no período em exerceu atividade na lavanderia do hospital, esteve em contato direto com as roupas de pacientes contaminados, sendo de responsabilidade exclusiva da empresa o preenchimento dos formulários de atividades especiais (fls.104/112).

Conclusos os autos à extinta 2ª Composição Adjunta da d. 2ª Câmara de Julgamento, esta exarou a decisão no acórdão nº 2149/2015, negando provimento ao recurso especial, analisando e afastando o enquadramento do período de 06/03/1997 a 05/05/2014, haja vista que a exposição a exposição a agentes biológicos está afeta a atividades sujeita aos agentes nocivos biológicos em unidades hospitalares de tratamento de doenças infectocontagiosas como descritas no Anexo IV do Decreto 3.048/99 (fls.115/117).

Diante da decisão alhures, a interessada opôs embargos de declaração suscitando omissão quanto a ausência de enquadramento do período de 01/06/1984 a 15/02/1987, laborado na função de auxiliar de serviços gerais, junto a Associação Hospital Ademar de Barros, considerando que laborou na lavanderia do hospital exposta a agentes biológicos, e, de mesmo modo suscitou contradição para a ausência de enquadramento para o período de 06/03/1997 a 05/05/2014, laborado junto ao Hospital da Santa Casa de Poços de Caldas (fls.123/140).

Rejeitados os embargos de declaração às fls.144.

Ato contínuo, a recorrente propôs revisão de ofício, por violação a legislação pertinente, ao não analisar o período laborado junto a Associação Hospital Ademar de Barros, e, não promover o enquadramento do período laborado junto ao Hospital da Santa Casa de Poços de Caldas (fls.150/169).

A decisão foi sanada no Acórdão nº 276/2016, se manifestando quanto ao período de 01/06/1984 a 15/02/1987, cuja análise foi omissa no acórdão anterior, não promovendo o enquadramento por falta de amparo legal (fls.174/176).

168.918.623-0

MINISTÉRIO DA ECONOMIA-ME
SECRETARIA ESPECIAL DE PREVIDÊNCIA E TRABALHO
SECRETARIA DE PREVIDÊNCIA
CONSELHO DE RECURSOS DA PREVIDÊNCIA SOCIAL-CRPS
CONSELHO PLENO

Maneja adiante, o pedido **uniformização de jurisprudência**, repisando no mérito o pedido de enquadramento dos períodos de 01/06/1984 a 15/02/1987 e 06/03/1997 a 05/05/2014, suscitando violação a preceitos da Lei nº 8.213/1991, Instrução Normativa, Norma Regulamentadora e os Decretos 53.831/1964 e 83.080/1979, com a possibilidade de enquadramento observada a exposição por **exposição a agentes biológicos** (fls.355/373).

Requesta quanto ao indeferimento do pedido de enquadramento dos períodos controvertidos, colacionando acórdãos paradigmas proferidos pelas 1ª Câmara de Julgamento, sob o NB 42/169.128.003-5, pela 1ª Composição Adjunta da 2ª Câmara de Julgamento, sob o NB 42/164.536.521-0, 1ª Composição Adjunta da 3ª Câmara de Julgamento, NB 42/165.382.099-0, e, 1ª Composição Adjunta da 4ª Câmara de Julgamento, no NB 42/165.168.060-1, que tratou do mesmo caso, local de trabalho e na mesma função, laborado dentro de ambiente hospitalar.

Fundamenta o entendimento orientada por jurisprudências dos Tribunais Federais acerca do tema debatido nos autos, que em teses judiciais defendem a exposição nociva dos agentes biológicos.

O incidente foi admitido que por cognição sumária, visto que evidenciou a divergência na matéria submetida no julgado *a quo*, aquela prolatada no paradigma, vindo conclusos os autos para análise e decisão.

É o relatório.

Voto

EMENTA: PEDIDO DE UNIFORMIZAÇÃO DE JURSIPRUDÊNCIA. APOSENTADORIA POR TEMPO DE CONTRIBUIÇÃO. POSSIBILIDADE. HABITUALIDADE E PERMANÊNCIA CARACTERIZADA NAS ATIVIDADES. EXPOSIÇÃO A AGENTES BIOLÓGICOS. TRABALHADOR DE LAVANDERIA – SERVIÇOS GERAIS, ATENDENTE DE ENFERMAGEM E AUXILIAR DE ENFERMAGEM, LABORADO EM AMBIENTE HOSPITALAR. INTELIGÊNCIA DO ART. 56 E 70 DO DECRETO Nº 3.048/99 E ART. 57 DA LEI Nº 8.213/1991. PEDIDO DE UNIFORMIZAÇÃO DE JURISPRUDÊNCIA CONHECIDO.

Incidente de Uniformização de Jurisprudência interposto por **Hercília de Cássia Alcântara Pereira** tempestivo nos termos do §3º do artigo 63, da Portaria/MDS

MINISTÉRIO DA ECONOMIA-ME
SECRETARIA ESPECIAL DE PREVIDÊNCIA E TRABALHO
SECRETARIA DE PREVIDÊNCIA
CONSELHO DE RECURSOS DA PREVIDÊNCIA SOCIAL-CRPS
CONSELHO PLENO

nº 116, de 20 de março de 2017, que regulamento o Regimento Interno deste c. Conselho de Recurso da Previdência Social – CRPS.

1. Da insurgência quanto ao incidente proposto

O pedido de uniformização de jurisprudência se encontra disciplinado pelos artigos 3º, inciso II e 63, do Regimento Interno do CRPS, confira-se:

"Art. 3º Ao Conselho Pleno compete:
I - uniformizar, em tese, a jurisprudência administrativa previdenciária e assistencial, mediante emissão de Enunciados;
II - uniformizar, no caso concreto, as divergências jurisprudenciais entre as Juntas de Recursos nas matérias de sua alçada ou entre as Câmaras de julgamento em sede de Recurso Especial, mediante a emissão de Resolução; e
III - decidir, no caso concreto, as Reclamações ao Conselho Pleno, mediante a emissão de Resolução."

"Art. 63. O Pedido de Uniformização de Jurisprudência poderá ser requerido em casos concretos, pelas partes do processo, dirigido ao Presidente do respectivo órgão julgador, nas seguintes hipóteses:
I - quando houver divergência na interpretação em matéria de direito entre acórdãos de Câmaras de Julgamento do CRSS, em sede de Recurso Especial, ou entre estes e resoluções do Conselho Pleno; ou
II - quando houver divergência na interpretação em matéria de direito entre acórdãos de Juntas de Recursos do CRSS, nas hipóteses de alçada exclusiva previstas no art. 30, § 2º, deste Regimento, ou entre estes e Resoluções do Conselho Pleno."

Nesse sentido, assevera-se que o expediente apresentado deve se ater a matéria de direito, não se prestando a reapreciar a matéria fático probatória ou solucionar divergência em matéria de provas.

No caso em comento, a interessada insurge quanto ao não enquadramento das atividades exercidas nos períodos de 01/06/1984 a 15/02/1987, empregada como serviços gerais, no setor de lavanderia e de 06/03/1997 a 05/05/2014, empregada como atendente de enfermagem e auxiliar de enfermagem, no setor de enfermagem, junto a entidades hospitalares, laborados de forma habitual e permanente.

Por outro lado, se verifica que os acórdãos paradigmas que manteve a especialidade, os empregados laboraram em ambiente hospitalar, no mesmo cargo ou função e mesmo estabelecimento hospitalar, possibilitando o enquadramento seja por

168.918.623-0

MINISTÉRIO DA ECONOMIA-ME
SECRETARIA ESPECIAL DE PREVIDÊNCIA E TRABALHO
SECRETARIA DE PREVIDÊNCIA
CONSELHO DE RECURSOS DA PREVIDÊNCIA SOCIAL-CRPS
CONSELHO PLENO

atividade profissional e/ou por exposição a agentes biológicos, considerada à insalubridade do local de trabalho.

Analisando os acórdãos em comento (o vergastado e aqueles trazidos como paradigma), vislumbro a tese jurídica a ser contraposta aquela divergente, senão vejamos.

O enquadramento por atividade especial na categoria a exposição ao agente biológico na área de saúde é devido para atividades que exponha o segurado a microrganismos ainda que de forma genérica até 05/03/1997. Veja os anexos dos Decretos nº 53.831/1964:

1.3.2.	Germes infecciosos ou parasitários humanos – Animais Serviços de Assistência Médica, Odontológica e Hospitalar em que haja contato obrigatório com organismos doentes ou com materiais infecto-contagiantes.	Trabalhos permanentes expostos ao contato com doentes ou materiais infecto-contagiantes - assistência médica, odontológica, **hospitalar** e **<u>outras atividades afins</u>**. (grifei).

A partir do Decreto nº 2.172/97 foi restrito para as atividades:

a) trabalhos em estabelecimentos de saúde em contato com pacientes portadores de doenças infecto-contagiosas <u>ou com manuseio de materiais contaminados</u>;
b) trabalhos com animais infectados para tratamento ou para o preparo de soro, vacinas e outros produtos;
c) trabalhos em laboratórios de autópsia, de anatomia e anátomo-histologia;
d) trabalho de exumação de corpos e manipulação de resíduos de animais deteriorados;
e) trabalhos em galerias, fossas e tanques de esgoto;
f) esvaziamento de biodigestores;
g) coleta e industrialização do lixo.

Essa previsão foi dada pelo Decreto nº 4.882/2003, que assim prescreve:

"3.0.1 - **MICROORGANISMOS** E PARASITAS INFECTO-CONTAGIOSOS VIVOS E SUAS TOXINAS . 25 ANOS." (NR)

Entende-se que as datas e os procedimentos mencionados, sobre a comprovação do exercício de atividades exercidas em condições especiais, devem ser observados tendo em vista que, conforme §1° do artigo 70 do Decreto nº 3.048/99, acrescentado pelo Decreto n.º 4.287, de 03/09/2003, para caracterização do tempo de

168.918.623-0

MINISTÉRIO DA ECONOMIA-ME
SECRETARIA ESPECIAL DE PREVIDÊNCIA E TRABALHO
SECRETARIA DE PREVIDÊNCIA
CONSELHO DE RECURSOS DA PREVIDÊNCIA SOCIAL-CRPS
CONSELHO PLENO

atividade especial deve ser aplicada a legislação em vigor na época da prestação de serviços.

Feitas tais consideração, se verifica que nos períodos de **01/06/1984 a 15/02/1987 e 06/03/1997 a 05/05/2014**, com efeito a atividade de "serviços gerais", "atendente de enfermagem" ou "auxiliar de enfermagem" não se encontravam explicitamente elencada nos anexos dos Decretos nº 53.831/1964, 83.080/1979 ou 3.048/1999, contudo, todas as atividades foram desempenhadas dentro de hospital, sendo que a expressão "**outras atividades afins**", pode ser aplicada ao caso, uma vez que as atividades manipulando roupas contaminadas de pacientes e o trato com os pacientes, não afasta a exposição a agentes biológicos dentro do ambiente hospitalar.

É certo que as pessoas que trabalham em ambiente hospitalar, assim como os empregados especialistas da área de saúde, estão sujeitas a contaminação por objetos, visto que ainda não se disponibilizou equipamentos de uso individual de segurança, capazes de reter a contaminação por agentes biológicos.

Insta ressaltar que, quando se pondera especificamente sobre agentes biológicos já está pacificado que os conceitos de habitualidade e permanência são diversos daquele usado para outros agentes nocivos, pois o que se protege não é o tempo de exposição, mas o risco de exposição, e, no caso, o risco das atividades esteve presente enquanto a interessada servia os pacientes.

Nessa esteira, as atividades desenvolvidas pelas entidades, nas funções as quais a recorrente laborava dentro daquelas instalações eram insalubres, visto que comprovada a exposição a agentes biológicos, conforme se insere dos formulários acostados aos autos, portanto, comprovada a especialidade para os períodos retro citados.

Assim é a jurisprudência remansosa dos Tribunais Federais, os quais trago a lume, senão vejamos:

"PREVIDENCIÁRIO. APOSENTADORIA POR IDADE URBANA. TEMPO ESPECIAL. CARÊNCIA. JUROS DE MORA. 1. Ao apreciar agravo de instrumento, esta Corte Regional Federal afastou a necessidade de prévio requerimento administrativo, para que se recorra ao poder judiciário, para fins de obtenção de benefício (fls. 54/58). 2. A autora nasceu em 10/06/1942 e trabalhou de 12/10/1978 a 01/09/1984 no Hospital Nossa Senhora da Penha S.A de 12/10/1978 a 01/09/1984 na função de ajudante de lavanderia, conforme anotações na carteira de trabalho (fls. 11). 3. Nossas Cortes Superiores há tempos firmaram orientação de que as anotações lançadas na carteira de trabalho gozam da presunção de veracidade, o que se infere a contrario sensu do

MINISTÉRIO DA ECONOMIA-ME
SECRETARIA ESPECIAL DE PREVIDÊNCIA E TRABALHO
SECRETARIA DE PREVIDÊNCIA
CONSELHO DE RECURSOS DA PREVIDÊNCIA SOCIAL-CRPS
CONSELHO PLENO

Enunciado 12 do Superior Tribunal do Trabalho e da Súmula 225 do Supremo Tribunal Federal. Não foi por outro motivo que o próprio Decreto 3.048/1999, ao regulamentar a contagem do tempo de contribuição prevista no art. 55 da Lei 8.213/1991, determinou que os servidores previdenciários acatassem os contratos registrados na carteira profissional como prova suficiente do tempo de contribuição. 4. Os trabalhadores encarregados da limpeza e higienização de ambientes hospitalares foram catalogados no item 1.3.2 do quadro anexo ao Decreto 53.831/1964, que trata como insalubres os "Trabalhos permanentes expostos ao contato com doentes ou materiais infecto-contagiantes. Assistência médica, hospitalar e outras atividades afins". 5. Nesse sentido a Súmula 82 do Turma Nacional de Uniformização: "O código 1.3.2 do quadro anexo ao Decreto n.º 53.831/64, além dos profissionais da área da saúde, contempla os trabalhadores que exercem atividades de serviços gerais em limpeza e higienização de ambientes hospitalares". 6. No período anterior a 28/04/1995, bastava para a aquisição do direito à contagem especial do tempo de serviço o enquadramento da atividade exercida pelo trabalhador nas tabelas introduzidas pelo quadro a que se refere o art. 2º do Decreto 53.831/64 e suas alterações, a teor do disposto no art. 31 da Lei 3.807/60. Esse enquadramento especial não dependia cumulativamente da prova efetiva da exposição a agentes nocivos, bastando para tanto o mero enquadramento por atividade profissional, o que foi mantido pelo art. 295 do Decreto 357/1991, bem como pelos que lhe sucederam, editados para regulamentar o art. 57 da Lei 8.213/1991. 7. A autora completou a idade mínima para a concessão da aposentadoria por idade em 10/06/2002, época em que detinha mais de cento e vinte e seis meses de contribuição, superando a carência reclamada pelo art. 142 da Lei 8.213/1991. 8. Mesmo antes da benesse instituída pelo art. 3º da Lei 10.666, de 08/05/2003, ao interpretar os arts. 15 e 102 da Lei 8.213/91 o Superior Tribunal de Justiça firmou orientação no sentido de que, previamente cumprido o período de carência previsto para a aposentadoria por velhice, é irrelevante a existência da qualidade de "segurada" quando do preenchimento do requisito etário, hipótese na qual se encarta o caso em exame. 9. Os juros de mora devem ser contados com base nos seguintes percentuais mensais: a) 1%, de forma simples, a partir da citação e até junho/2009 (por analogia aos aplicáveis às verbas alimentares, nos termos do Decreto 2.322/1987, conforme decisão proferida pelo Superior Tribunal de Justiça no ERESP 58.337/SP); b) 0,5% de forma simples a partir de julho/2009 (por retratar o coeficiente aplicável aos depósitos em poupança, conforme art. 5º da Lei 11.960/2009). 10. A correção monetária deve incidir a partir do vencimento de cada prestação mensal, nos termos da Súmula 148 do Superior Tribunal de Justiça, mas não deve ser aplicada a Taxa Referencial, que não foi abarcada pela versão atual do Manual de Cálculos da Justiça Federal, aprovado pela Resolução CJF 267/2013. 11. Apelação não provida. Remessa tida por interposta parcialmente provida, para reduzir os juros de mora mensais a 0,5% a partir da Lei 11.960/2009". (AC 0064123-75.2009.4.01.9199, JUIZ FEDERAL UBIRAJARA TEIXEIRA, TRF1 -

168.918.623-0

7

MINISTÉRIO DA ECONOMIA-ME
SECRETARIA ESPECIAL DE PREVIDÊNCIA E TRABALHO
SECRETARIA DE PREVIDÊNCIA
CONSELHO DE RECURSOS DA PREVIDÊNCIA SOCIAL-CRPS
CONSELHO PLENO

1ª CÂMARA REGIONAL PREVIDENCIÁRIA DE JUIZ DE FORA, e-DJF1 08/06/2017 PAG.).

*"**Relativamente ao agente biológico**, não há estabelecimento de nível máximo de tolerância pela legislação de regência, bastando a simples constatação de sua presença (análise qualitativa) para ser caracterizada a nocividade, bem assim, a exposição não precisa ocorrer durante toda a jornada de trabalho, uma vez que suficiente o contato de forma eventual para que haja risco de contração de doenças*" (AC 0017602-67.2012.4.01.9199/MG, Juíza Federal Raquel Soares Chiarellrimeira, 1ª Turma, DJe de 04/11/2015; AC 0033166-94.2006.4.01.3800/MG, Juiz Federal Rodrigo Rigamonte Fonseca, 1ª CRP/MG, DJe de 02/06/2015, entre outros).

Como se vê, a pretensão da interessada encontra suporte na própria norma exarada pela legislação previdenciária e na jurisprudência do Tribunais Federais.

Feitas tais considerações, a tese suscitada pela interessada em seu incidente merece acolhida, razão pela qual deve dar provimento ao pedido de uniformização de jurisprudência em debate, uma vez que para a análise de agentes biológicos, há de se vislumbrar a simples constatação no ambiente laboral.

Diante do exposto, o Acórdão nº 2528/2016 merece a devida reforma, devendo os autos serem remetidos a 2ª Câmara de Julgamento, considerando que as Câmara Adjuntas foram extintas, para que sejam submetidos a novo julgamento da matéria, e, emissão de novo Acórdão, observado o entendimento disposto no presente voto.

SULAMITA CRISTINA DIAS
Relatora

168.918.623-0

MINISTÉRIO DA ECONOMIA-ME
SECRETARIA ESPECIAL DE PREVIDÊNCIA E TRABALHO
SECRETARIA DE PREVIDÊNCIA
CONSELHO DE RECURSOS DA PREVIDÊNCIA SOCIAL-CRPS
CONSELHO PLENO

Ref.: NB 168.918.623-0
Tipo de procedimento: UNIFORMIZAÇÃO DE JURISPRUDÊNCIA
Suscitante: HERCÍLIA DE CÁSSIA ALCÂNTARA PEREIRA
Suscitado: INSTITUTO NACIONAL DO SEGURO SOCIAL (INSS)

VOTO DIVERGENTE

I

Trata-se de Incidente de Uniformização suscitado por **HERCÍLIA DE CÁSSIA ALCÂNTARA PEREIRA** em face do acórdão nº 2149/2015, prolatado pela hoje extinta 2ª Composição Adjunta da 2ª Câmara de Julgamento - posteriormente complementado pelo acórdão nº 2528/2016 - que entendeu pela **impossibilidade** de se converter em especial, para efeito de enquadramento, os períodos de labor entre 1º.06.1984 a 15.02.1987 e 06.03.1997 a 05.05.2014 exercidos nas funções/encargos de auxiliar de serviços gerais (lavanderia) **e** atendente de enfermagem, prestados na Associação Hospital Ademar de Barros e Santa Casa de Poços de Caldas, respectivamente.

A il. Relatora, Conselheira Sulamita Cristina Dias, embora ressaltando que as atividades de "serviços gerais" e "auxiliar de enfermagem" não estejam "*explicitamente elencadas nos anexos dos Decretos nºs 53.831/1964, 83.080/1979 ou 3.048/1999*", afirmou que os encargos envolvendo "*manipulação de roupas contaminadas de pacientes e o trato com os pacientes não afasta a exposição a agentes biológicos dentro do ambiente hospitalar*", concluindo por **conceder provimento ao Incidente de Uniformização** ao argumento de que as atividades desenvolvidas pela Suscitante no interior das instalações dos hospitais "*eram insalubres, visto*

que comprovada a exposição a agentes biológicos, conforme se insere dos formulários acostados aos autos".

II

Peço licença para divergir **parcialmente** das conclusões apresentadas pela Conselheira Sulamita Dias em seu voto.

É induvidoso que o pedido inicial da segurada **HERCÍLIA DE CÁSSIA ALCÂNTARA PEREIRA** englobava os períodos de 1º.06.1984 a 15.02.1987 e 06.03.1997 a 05.05.2014, sendo o primeiro atrelado ao encargo exercido na **lavanderia** da Associação Hospital Ademar de Barros, enquanto que o segundo refere-se à atividade de auxiliar de enfermagem junto à Santa Casa de Poços de Caldas.

Ambos os pedidos foram indeferidos pela 21ª Junta de Recursos (acórdão nº 405/2015 - evento 12), **mantidas** a negativa de especialidade pela 2ª Composição

168.918.623-0

9

MINISTÉRIO DA ECONOMIA-ME
SECRETARIA ESPECIAL DE PREVIDÊNCIA E TRABALHO
SECRETARIA DE PREVIDÊNCIA
CONSELHO DE RECURSOS DA PREVIDÊNCIA SOCIAL-CRPS
CONSELHO PLENO

Adjunta da 2ª Câmara de Julgamento (acórdão nº 2149/2015 - evento 27 e acórdão nº 2528/2016 - evento 61), daí advindo o presente Incidente.

Ocorre, todavia, que o pedido de Uniformização foi admitido **somente** em relação ao período laborado na função de Atendente de Enfermagem (Santa Casa de Poços de Caldas), sendo **rejeitada a admissibilidade no tocante ao tempo de trabalho exercido na lavanderia da Associação Hospital Ademar de Barros** e isso está bem definido na decisão (evento 76) da Presidente da extinta 2ª Composição Adjunta da 2ª Câmara de Julgamento, **verbis**:

> "10. Ao analisar as peças constitutivas do presente, primeiramente **concluo que não há embasamento para contestação do primeiro período (01/06/84 a 15/02/87) posto que não fora comprovado que há decisões pelas CAJs em favor de conversão do tempo de ASG - lavanderia hospitalar - ser considerado tempo de serviço especial nos termos do PPP apresentado para o presente caso. Neste sentido, sou contra revisão deste período, e entendo que o Acórdão da CAJ fora feliz quanto a esta análise específica**.
>
> 11. Já quanto aos períodos de 01/04/89 a 30/09/1992, 12/06/93 a 28/02/99 e 01/03/99 até a DER, setor – enfermagem, cargo e função - atendente de enfermagem, entendo que merece razão ao interessado, porquanto os processos 44232.106009/2013-06 e 44232.168058/2013-24 têm a mesma história processual, sendo que os Acórdãos tratam do mesmo tema, demonstrando a divergência na interpretação da matéria posta em debate entre acórdãos das Câmaras de Julgamento deste Conselho".

Nessa linha, infere-se que a **ausência de divergência** quanto ao labor exercido em lavanderia hospitalar foi determinante para o juízo **negativo** de admissibilidade quanto a tal ponto, sendo certo que a manifestação da Presidente da 2ª Composição Adjunta da 2ª Câmara de Julgamento foi **inteiramente encampada** pela então Presidente deste Conselho de Recursos (evento 79), **que aprovou-a sem qualquer reparo**, trancando na origem a possibilidade de se discutir na composição plenária a questão do enquadramento da jornada de trabalho referente ao labor exercido no encargo de ajudante de serviços gerais na lavanderia da Associação Hospital Ademar de Barros (1º.06.1984 a 15.02.1987).

MINISTÉRIO DA ECONOMIA-ME
SECRETARIA ESPECIAL DE PREVIDÊNCIA E TRABALHO
SECRETARIA DE PREVIDÊNCIA
CONSELHO DE RECURSOS DA PREVIDÊNCIA SOCIAL-CRPS
CONSELHO PLENO

III

Já com relação ao labor na Santa Casa de Poços de Caldas, na função de atendente de enfermagem, ainda que o tema enquadramento de serviço prestado em unidade hospitalar não seja pacífico - não o é no âmbito da 4ª CaJ - , a Suscitante trouxe à debate acórdão (nº 474/2015) da 1ª Composição Adjunta da 2ª CaJ em que se discutiu a mesma situação **e no mesmo local** (Santa Casa de Poços de Caldas), sendo a decisão favorável ao segurado ali interessado, razão pela qual **acolho o Incidente neste específico ponto e voto por conceder-lhe provimento para que a 2ª Câmara de Julgamento**, à luz do mencionado acórdão nº 474/2015, promova o reexame fático da matéria, podendo ou não reformar a decisão impugnada.

Brasília, 28 de setembro de 2020.

PAULO SÉRGIO DE C. COSTA RIBEIRO
Conselheiro - 4ª CaJ

168.918.623-0

MINISTÉRIO DA ECONOMIA-ME
SECRETARIA ESPECIAL DE PREVIDÊNCIA E TRABALHO
SECRETARIA DE PREVIDÊNCIA
CONSELHO DE RECURSOS DA PREVIDÊNCIA SOCIAL-CRPS
CONSELHO PLENO

DECISÓRIO

RESOLUÇÃO Nº 70/2020

Vistos e relatados os presentes autos, em sessão realizada hoje, **ACORDAM** os membros do Conselho Pleno, por **MAIORIA**, no sentido de **acolher o Incidente neste específico ponto** e **Voto por CONCEDER-LHE PROVIMENTO para que a 2ª Câmara de Julgamento**, à luz do mencionado acórdão nº 474/2015, promova o reexame fático da matéria, podendo ou não reformar a decisão impugnada, de acordo com o **VOTO DIVERGENTE** do Conselheiro Paulo Sérgio de Carvalho Costa Ribeiro e sua fundamentação. Vencido o Voto da Relatora Sulamita Cristina Dias.

Participaram, ainda, do presente julgamento os (as) Conselheiros (as): Robson Ferreira Maranhão, Vânia Pontes Santos, Gustavo Beirão Araújo, Maria Madalena Silva Lima, Renato Agostinho das Chagas, Moisés Oliveira Moreira, Maria José de Paula Moraes, Imara Sodré Sousa Neto, Guilherme Lustosa Pires, Valter Sérgio Pinheiro Coelho, Rodolfo Espinel Donadon, Alexandra Álvares de Alcântara, Tarsila Otaviano da Costa e Adriene Cândida Borges

Brasília-DF, 28 de setembro de 2020

PAULO SÉRGIO DE C. COSTA RIBEIRO
Conselheiro - 4ª CaJ

MARCELO FERNANDO BORSIO
Presidente

168.918.623-0

3.1.71 Resolução 71/2020 (Reclamação/intempestividade/não conhecimento)

Objeto: Trata-se de Resolução que julgou Reclamação interposta por segurado alegando que a decisão da Câmara de Julgamento violou o atual Enunciado 14 do CRPS e a Súmula 29 da AGU.

Decisão: Não conhecimento.

Tese jurídica: Interposição intempestiva da Reclamação.

MINISTÉRIO DA ECONOMIA-ME
SECRETARIA ESPECIAL DE PREVIDÊNCIA E TRABALHO
SECRETARIA DE PREVIDÊNCIA
CONSELHO DE RECURSOS DA PREVIDÊNCIA SOCIAL-CRPS
CONSELHO PLENO

Nº de Protocolo do Recurso: 44232.647298/2016-33
Documento/Benefício: 42/175.238.597-4
Unidade de origem: Agência da Previdência Social/São Paulo-Tatuapé
Tipo do Processo: Reclamação ao Conselho Pleno
Recorrente: Gilberto Ribeiro da Silva
Recorrido: Instituto Nacional do Seguro Social/INSS
Benefício: Aposentadoria por Tempo de Contribuição
Relatora: Tarsila Otaviano da Costa

(Processo Eletrônico)

Relatório

Trata-se de Reclamação ao Conselho Pleno (evento59) promovido pelo procurador do segurado **Gilberto Ribeiro da Silva** em face da decisão da 1ª CAJ/CRPS no Acórdão nº 9175/2016 que deu provimento ao recurso especial autárquico ao não reconhecer período controverso por exposição ao agente ruído por falta do responsável pelos registros ambientais e metodologia diversa, indeferindo o benefício Aposentadoria por Tempo de Contribuição requerido em 24/08/2015 (eventos26).

Em pedido revisional (evento37) requereu a análise do período controverso sob a ótica da atividade profissional, em respeito ao Enunciado nº 32 do CRPS.

O Colegiado de 2º grau admitiu o pedido revisional como embargos (evento48), proferindo no Acórdão nº 7577/2018 a decisão de não conhecimento em fase da intempestividade recursal (evento53).

O postulante defende afronta ao antigo Enunciado nº 32 do CRPS (atual Enunciado nº 14) devido ao período controverso ter sido exercido na atividade de maçariqueiro conforme anotação em carteira de trabalho e formulário de labor especial. Também cita afronta a Súmula nº 29 da AGU, por entender que também há possibilidade de conversão por exposição ao agente ruído.

Na oportunidade, ainda questiona erro material no voto objeto de incidente processual.

O Instituto não apresentou contrarrazões ao incidente processual, encaminhando os autos à Câmara de Julgamento.

MINISTÉRIO DA ECONOMIA-ME
SECRETARIA ESPECIAL DE PREVIDÊNCIA E TRABALHO
SECRETARIA DE PREVIDÊNCIA
CONSELHO DE RECURSOS DA PREVIDÊNCIA SOCIAL-CRPS
CONSELHO PLENO

O interessado impetrou ação de Mandado de Segurança sob o nº 5014920-80.2019.4.03.6183 (evento61) com a finalidade de andamento e julgamento do incidente processual.

A 01ª CAJ, por meio de despacho de seu Presidente, encaminhou os autos para o Presidente do Conselho de Recursos (evento68)

A Divisão de Assuntos Jurídicos do CRPS não se manifestou quanto à matéria, encaminhando os autos para a Presidência (evento74).

O procedimento de Reclamação foi admitido pela Vice-Presidência do CRPS (evento77), conforme despacho com redistribuição dos presentes autos para Conselheira (evento78).

É o Relatório.

EMENTA: RECLAMAÇÃO. APOSENTADORIA POR TEMPO DE CONTRIBUIÇÃO. ALEGAÇÃO DE AFRONTA A ENUNCIADO DO CRPS. PROPOSITURA DE PEDIDO REVISIONAL ADMITIDO COMO EMBARGOS CONSIDERADO INTEMPESTIVO. INCIDENTE PROPOSTO APÓS O PRAZO REGIMENTAL. NÃO CONHECIMENTO.

Em primeiro plano, para análise dos pressupostos de admissibilidade da presente Reclamação, importa a transcrição dos arts. 3 e 64 do Regimento Interno do CRPS, aprovado pela Portaria MDSA nº 116/2017, a saber:

> *Art. 3. Compete ao Conselho Pleno:*
> *(...)*
> *III - decidir, no caso concreto, as Reclamações ao Conselho Pleno, mediante a emissão de Resolução*
> *(...)*
> *Art. 64. A Reclamação ao Conselho Pleno poderá ocorrer, no caso concreto, por requerimento das partes do processo, dirigido ao Presidente do CRSS, somente quando os acórdãos das Juntas de Recursos do CRSS, em matéria de alçada, ou os acórdãos de Câmaras de Julgamento do CRSS, em sede de Recurso Especial, infringirem:*

MINISTÉRIO DA ECONOMIA-ME
SECRETARIA ESPECIAL DE PREVIDÊNCIA E TRABALHO
SECRETARIA DE PREVIDÊNCIA
CONSELHO DE RECURSOS DA PREVIDÊNCIA SOCIAL-CRPS
CONSELHO PLENO

I - Pareceres da Consultoria Jurídica do MDSA, aprovados pelo Ministro de Estado do Desenvolvimento Social e Agrário, bem como, Súmulas e Pareceres do Advogado Geral da União, na forma da Lei Complementar nº 73, de 10 de fevereiro de 1993;
II - Pareceres da Consultoria Jurídica dos extintos MPS e MTPS, vigentes e aprovados pelos então Ministros de Estado da Previdência Social e do Trabalho e Previdência Social;
III - Enunciados editados pelo Conselho Pleno.

O pedido da reclamação é intempestivo. O interessado promoveu pedido de revisão de acórdão em 27/02/2018 (evento 37), não tendo este incidente processual o condão de suspensão do prazo regimental para os recursos ao Conselho Pleno.

Ainda que a unidade julgadora tenha admitido o pedido revisional como embargos, a decisão foi de não conhecimento por intempestividade recursal, portanto, não houve a suspensão do prazo previsto no art. 58, § 2º[1] do Regimento Interno. Como a propositura do Pedido de Reclamação ocorreu em 29/03/2019 (evento60), resta intempestivo considerando-se a data da ciência ocorrida na propositura do pedido revisional (27/02/2018).

Desta feita não cabe a análise do mérito do pedido da Reclamação promovida pelo segurado.

Esclarece-se, por oportuno, que os incidentes de competência do Conselho Pleno não comportam a proposição de relevação da intempestividade prevista no inciso II do artigo 16 do Regimento Interno do CRPS.

Desta feita, não conheço do Pedido de Reclamação por intempestividade, nos termos do art. 64, § 2º do Regimento Interno do Conselho de Recursos da Previdência Social.

---

[1] § 2º A oposição tempestiva dos embargos interrompe o prazo para o cumprimento do acórdão, para a interposição de Recurso Especial, a apresentação de Reclamação ao Conselho Pleno e do Pedido de Uniformização de Jurisprudência. A interrupção cessa a partir da intimação das partes acerca da decisão dos declaratórios, quando passa a fluir o lapso temporal de 30 (trinta) dias.

MINISTÉRIO DA ECONOMIA-ME
SECRETARIA ESPECIAL DE PREVIDÊNCIA E TRABALHO
SECRETARIA DE PREVIDÊNCIA
CONSELHO DE RECURSOS DA PREVIDÊNCIA SOCIAL-CRPS
CONSELHO PLENO

CONCLUSÃO: Pelo exposto, **Voto** no sentido de **NÃO CONHECER DO PEDIDO DE RECLAMAÇÃO DO SEGURADO.**

Brasília-DF, 26 de outubro de 2020.

TARSILA OTAVIANO DA COSTA
Relatora

MINISTÉRIO DA ECONOMIA-ME
SECRETARIA ESPECIAL DE PREVIDÊNCIA E TRABALHO
SECRETARIA DE PREVIDÊNCIA
CONSELHO DE RECURSOS DA PREVIDÊNCIA SOCIAL-CRPS
CONSELHO PLENO

DECISÓRIO

RESOLUÇÃO Nº 71/2020

Vistos e relatados os presentes autos, em sessão realizada hoje, **ACORDAM** os membros do Conselho Pleno, por **UNANIMIDADE**, no sentido de **NÃO CONHECER DO PEDIDO DE RECLAMAÇÃO DO SEGURADO**, de acordo com o Voto da Relatora e sua fundamentação.

Participaram, ainda, do presente julgamento os (as) Conselheiros (as): Robson Ferreira Maranhão, Vânia Pontes Santos, Gustavo Beirão Araújo, Paulo Sérgio de Carvalho Costa Ribeiro, Maria Madalena Silva Lima, Márcia Aparecida Martins, Moisés Oliveira Moreira, Maria José de Paula Moraes, Imara Sodré Sousa Neto, Sulamita Cristina Dias, Guilherme Lustosa Pires, Valter Sérgio Pinheiro Coelho, Rodolfo Espinel Donadon, Alexandra Álvares de Alcântara e Adriene Cândida Borges.

Brasília-DF, 26 de outubro de 2020.

TARSILA OTAVIANO DA COSTA
Relatora

MARCELO FERNANDO BORSIO
Presidente

175.238.597-4 5

3.1.72 Resolução 72/2020 (tempo especial/NHO 1 FUNDACENTRO/NR 15/ dosimetria)

Objeto: Trata-se de Pedido de Uniformização de Jurisprudência interposto pelo INSS por suposta divergência de posicionamento entre Câmaras de Julgamento.

Decisão: Desprovido.

Tese jurídica: Afastada a exigência de aferição do ruído obrigatoriamente pelo NEN a contar de 19/11/2003 (adesão ao posicionamento do Tema TNU 174 pela aplicação alternativa entre NR 15 e NHO 1), tendo sido aceita a aferição por dosimetria.

MINISTÉRIO DA ECONOMIA-ME
SECRETARIA ESPECIAL DE PREVIDÊNCIA E TRABALHO
SECRETARIA DE PREVIDÊNCIA
CONSELHO DE RECURSOS DA PREVIDÊNCIA SOCIAL-CRPS
CONSELHO PLENO

Nº de Protocolo do Recurso: 44233.102123/2017-72
Documento/Benefício: 42/178.916.329-0
Unidade de origem: Agência da Previdência Social/São Paulo-Cidade Ademar
Tipo do Processo: Pedido de Uniformização de Jurisprudência
Recorrente: Charles dos Anjos Miranda
Recorrido: Instituto Nacional do Seguro Social/INSS
Benefício: Aposentadoria por Tempo de Contribuição
Relatora: Alexandra Álvares de Alcântara

(Processo Eletrônico)

Relatório

As páginas informadas referem-se ao processo completo (Árvore Documental-form.PDF).

Trata-se de PEDIDO DE UNIFORMIZAÇÃO DE JURISPRUDÊNCIA, em caso concreto, apresentado pelo Instituto Nacional do Seguro Social – INSS contra o Acórdão nº 109/2019, prolatado pela 1ª Câmara de Julgamento do CRPS, em razão de divergência na interpretação em matéria de direito entre acórdãos de Câmaras de Julgamento do CRPS, em sede de Recurso Especial.

O sr. CHARLES DOS ANJOS MIRANDA, nascido em 03.09.1969, requereu a concessão de Aposentadoria por Tempo de Contribuição em 06.05.2016.

Foram coligidos aos autos:

- Carteira de Trabalho e da Previdência Social – fls. 15/24;
- Formulário PPP – Perfil Profissiográfico Previdenciário para os intervalos de 25.05.1988 a 30.06.1989 (ajudante de filtro), de 01.07.1989 a 30.11.1989 (operador de máquinas), de 01.12.1989 a 30.11.1990 (líder) e de 01.12.1990 a 13.06.2000 (líder de controle de qualidade) na AEROGLASS BRASILEIRA S/A, exposto a ruído de 80,5dBA – fls. 28/29;
- Formulário PPP - Perfil Profissiográfico Previdenciário para os intervalos de 06.12.2000 a 30.09.2002 (auxiliar de produção), de 01.10.2001 a 31.07.2003 (operador de produção) e de 01.08.2003 a 29.04.2016 (operador multifuncional I) na DELPHI AUTOMOTIVE SYSTEMS DO BRASIL LTDA, exposto a ruído de 90,0dBA e percloroetileno (de 06.12.2000 a 31.11.2005). ruído de 93,0dBA (de

MINISTÉRIO DA ECONOMIA-ME
SECRETARIA ESPECIAL DE PREVIDÊNCIA E TRABALHO
SECRETARIA DE PREVIDÊNCIA
CONSELHO DE RECURSOS DA PREVIDÊNCIA SOCIAL-CRPS
CONSELHO PLENO

01.12.2005 a 30.09.2008); ruído de 91,0dBA (de 01.05.2013 a 30.04.2014), de 88,1dBA (de 01.05.2013 a 30.04.2014) e ruído de 89,5dBA (de 01.05.2014 a atual) – fl. 30;

- PPRA(s) - Programa de Prevenção de Riscos Ambientais 2013/2014, 2014 da empresa DELPHI AUTOMOTIVE SYSTEMS DO BRASIL LTDA, no qual está registrado para a avaliação o dosímetro de ruído (técnica dosimetria), considerada a NR-15 - Anexo nº 01 da Portaria 3.214/78 – escala de compensação "A", resposta slow – fls. 45/64;
- PPRA- Programa de Prevenção de Riscos Ambientais 2005/2006 da empresa DELPHI AUTOMOTIVE SYSTEMS DO BRASIL LTDA – fls. 82/86.

A Perícia Médica reconheceu tempo especial de 25.05.1988 a 05.03.1997 por exposição ao ruído (código 1.1.6). E se manifestou contrário ao enquadramento do período de 06.03.1997 a 13.06.2000 (exposição a ruído abaixo do limite tolerado). Solicitou da empresa DELPHI os demonstrativos ambientais para o intervalo de 06.12.2000 a 29.04.2016 - fls. 31/33.

O INSS apurou o total de 32 anos 09 meses e 08 dias de contribuição até 06.05.2016, restando comprovar mais 02 anos 02 meses e 22 dias (fls. 34/35), o qual motivou o indeferimento do pedido por falta de tempo de contribuição.

Em recurso ordinário, o Interessado sustenta que apresentou prova da atividade especial, em particular para os intervalos de 25.05.1988 a 13.06.2000 e de 06.12.2000 a 05.01.2016, em vista da exposição ao agente nocivo ruído em níveis superiores aos limites permitidos, sendo certo que, a legislação vigente não determina como se deve proceder a análise do nível de ruído e não veda expressamente os métodos a serem utilizados, não havendo impedimentos para utilização desta ou de outra metodologia, por isso, é admitida a sua apuração embasada na NR-15 e/ou na NHO-01– fls. 02/05.

Por meio do decisório nº 603/2017 (fls. 41/43), a egrégia 26ª JR converteu o julgamento em diligência para a manifestação da Seção de Saúde do Trabalhador / SST quanto a possibilidade de enquadramento para o intervalo de 06.12.2000 a 29.04.2016.

A Seção de Saúde do Trabalhador emitiu parecer contrário ao reconhecimento de tempo especial de **06.12.2000 a 18.11.2003** (PPP indica 90dBA e PPRA 89,5dBA, ambos abaixo do limite tolerado e com relação ao agente químico, no

MINISTÉRIO DA ECONOMIA-ME
SECRETARIA ESPECIAL DE PREVIDÊNCIA E TRABALHO
SECRETARIA DE PREVIDÊNCIA
CONSELHO DE RECURSOS DA PREVIDÊNCIA SOCIAL-CRPS
CONSELHO PLENO

PPRA não há sua menção, se referindo apenas a névoa de óleo, sem a caracterização de sua composição para ser verificada as substâncias), de **19.11.2003 a 31.12.2003** (foi informado medida pontual para o ruído e com relação ao agente químico, no PPRA não há sua menção, se referindo apenas a névoa de óleo, sem a caracterização de sua composição para ser verificada as substâncias), de **01.01.2004 a 30.11.2005** (ruído não apresentado em NEN, conforme NHO-01 da Fundacentro, mas utilizado a NR-15, conforme PPRA e em relação ao agente químico, no PPRA não há sua menção, se referindo apenas a névoa de óleo, sem a caracterização de sua composição para ser verificada as substâncias) e de **01.12.2005 a 29.04.2016** (ruído não apresentado em NEN, conforme NHO-01 da Fundacentro, mas utilizado a NR-15, conforme PPRA) – fls. 65/70.

A egrégia 26ª Junta de recursos, por meio do Acórdão nº 879/2018 (fls. 72/76), manteve os períodos de 06.03.1997 a 13.06.2000 e de 06.12.2000 a 29.04.2016 como de natureza comum, considerada a manifestação da Perícia Médica, uma vez que as informações constantes nos formulários não atenderam as disposições normativas previstas para a matéria, assim, o recurso foi improvido.

O segurado interpôs Recurso Especial no qual sustenta que os formulários legais apresentados cumprem os requisitos legais e estão aptos para análise e comprovação do tempo especial, com a exposição a fatores de risco de modo habitual e permanente, durante todo o período laborado na empresa. Os elementos apresentados indicam a exposição ao agente nocivo ruído acima do limite tolerado, sendo admitida a apuração com base na NR-15 e/ou NHO-01. Para corroborar a alegação ainda apresenta PPRA referente ao período de 2005/2006, elaborado pela empresa DELPHI DIESEL SYSTEMS DO BRASIL LTDA – fls. 79/81.

Nas contrarrazões, o INSS requer a manutenção da decisão da Junta de Recursos – fl. 88.

A egrégia 1ª Câmara de Julgamento, por meio do ACÓRDÃO nº 109, de 03.01.2019 (fls. 89/93), deu provimento ao recurso especial do segurado, com o reconhecimento de tempo especial de 19.11.2003 a 31.12.2003 e de 01.01.2004 a 30.11.2005 e de 01.12.2005 a 29.04.2016, pois ficou exposto ao agente nocivo ruído em níveis superiores a 85,0dBA, sendo possível a apuração com dosimetria constante na NR-15, pois não foi revogada pelo Decreto nº 4.882, de 18.11.2003.

Ciência da decisão especial em 08.01.2019 (fl. 94) e apresentado Pedido de Uniformização de Jurisprudência em 28.01.2019 (fl. 95).

MINISTÉRIO DA ECONOMIA-ME
SECRETARIA ESPECIAL DE PREVIDÊNCIA E TRABALHO
SECRETARIA DE PREVIDÊNCIA
CONSELHO DE RECURSOS DA PREVIDÊNCIA SOCIAL-CRPS
CONSELHO PLENO

No Pedido de Uniformização de Jurisprudência, o INSS alega, em suma que, com a edição do Decreto nº 4.882/2003, o qual reduziu o nível de tolerância de 90dBA para 85dB para a mesma jornada de 8 horas, condicionou a utilização da metodologia mais moderna disposto na Normas de Higiene Ocupacional 01 (NHO-01), que cancelou e substituiu os Anexos I e II da NR-15 pela tabela 1 da NHO-01 da Fundacentro. Nesse particular, há divergência na interpretação em matéria de direito entre acórdãos de Câmaras de Julgamento do CRPS em sede de Recurso Especial, tendo apresentado como paradigmas os acórdãos nº 3.184/2018 da 4ª Câmara de Julgamento (PT nº 37157.011749/2017-65); nº 8.304/2016 da 1ª Câmara de Julgamento (PT nº 44232.350076/2015-10); nº 3.632/2016 da 2ª Composição Adjunta da 2ª Câmara de Julgamento (PT nº 44232.664431/2016-16) e nº 3.159/2016 da 2ª Câmara de Julgamento (PT nº 44232.292641/2014-36). Desse modo, pretende com o procedimento impedir a transformação do período prestado como atividade especial, na forma da lei - fls. 95/107.

O Interessado oferece contrarrazões ao pedido de uniformização e refuta os argumentos do INSS. Afirma que a decisão unânime prolatada pela 1ª Câmara de Julgamento do CRPS não afronta qualquer dispositivo legal ou Portaria, bem como não diverge de Súmula ou Parecer da AGU, portanto, se encontra em perfeita consonância com a legislação vigente. Reitera que o enquadramento do período laborado na empresa DELPHI é medida que se impõe, pois a exposição ao ruído está acima do limite tolerado e em conformidade com a Resolução nº 26/2018 do Conselho Pleno do CRPS – fls. 110/112.

No Despacho de fls. 118/120, o Presidente da 1ª Câmara de Julgamento solicitou o encaminhamento dos autos para a Presidência do CRPS na forma do artigo 63 da Portaria MDSA nº 116/2017 e determinou a juntada dos acórdãos paradigmas nos autos – fls. 118/120.

Foram anexados os acórdãos da 1ª CAJ; da 2ª Composição Adjunta da 2ª CAJ e da 4ª CAJ - fls. 121/135.

A Divisão de Assuntos Jurídicos entendeu que estão presentes os requisitos do artigo 63 do Regimento Interno do CRPS, por existirem divergências entre os acórdãos paradigmas citados – fls. 136/137.

Despacho do Vice-Presidente do Conselho de Recursos da Previdência Social admitindo o Pedido de Uniformização de Jurisprudência, na forma do artigo 63 do Regimento interno do CRPS – fl. 138.

MINISTÉRIO DA ECONOMIA-ME
SECRETARIA ESPECIAL DE PREVIDÊNCIA E TRABALHO
SECRETARIA DE PREVIDÊNCIA
CONSELHO DE RECURSOS DA PREVIDÊNCIA SOCIAL-CRPS
CONSELHO PLENO

O processo foi distribuído à Relatora SULAMITA CRISTINA DIAS e redistribuído a essa Conselheira por equidade na distribuição entre os conselheiros que atual no Conselho Pleno – fl. 139.

É o relatório.

VOTO

EMENTA: APOSENTADORIA POR TEMPO DE CONTRIBUIÇÃO. PEDIDO DE UNIFORMIZAÇÃO DE JURISPRUDÊNCIA, EM CASO CONCRETO. PRESSUPOSTOS DE ADMISSIBILIDADE DO PEDIDO ATENDIDOS NOS TERMOS DO ARTIGO 63 DA PORTARIA MINISTERIAL MDS Nº 116/2017. METODOLOGIA. DIVERGÊNCIA DEMONSTRADA.
1 – Comprovada a divergência entre acórdãos de Câmaras de Julgamento do CRPS, em sede de Recurso Especial na discussão sobre metodologia para apuração do agente nocivo Ruído.
2 – São admitidas as metodologias da NR-15-Anexo1 e da NHO-01 DA FUNDACENTRO, que reflitam a medição de exposição durante toda a jornada de trabalho para aferição do agente nocivo ruído a partir de 01.01.2004, observada as Resoluções nº 26/2018, 72/2018 e 73/2018 do Conselho Pleno do CRPS (Conselho de Recursos da Previdência Social).
3 - Mantido o acórdão hostilizado por se encontrar em consonância com a legislação previdenciária e, de acordo com o entendimento já pacificado pelo Conselho Pleno do CRPS.
4 - Pedido de Uniformização do INSS Conhecido e Improvido.

Vêm os autos após interposição de PEDIDO DE UNIFORMIZAÇÃO DE JURISPRUDÊNCIA, em caso concreto, por parte do INSS, em face de divergência entre o Acórdão nº 109/2019 prolatado pela 1ª Câmara de Julgamento e os acórdãos paradigmas abaixo:

- 4ª Câmara de Julgamento (Voto divergente vencedor), por meio do Acórdão nº 3184/2018, no julgamento do PT nº 37157.011749/2017-65;

MINISTÉRIO DA ECONOMIA-ME
SECRETARIA ESPECIAL DE PREVIDÊNCIA E TRABALHO
SECRETARIA DE PREVIDÊNCIA
CONSELHO DE RECURSOS DA PREVIDÊNCIA SOCIAL-CRPS
CONSELHO PLENO

- 1ª Câmara de Julgamento – pela qual deu provimento ao recurso do segurado, por meio do Acórdão nº 8304/2016, no julgamento do PT nº 44232.350076/2015-10;
- 2ª Câmara de Julgamento – pela qual deu provimento parcial ao recurso do segurado, através do Acórdão nº 3159/2016 no processo 44232.292641/2014-36;
- 2ª Composição Adjunta da 2ª Câmara de Julgamento – pela qual deu provimento ao recurso do INSS, através do Acórdão nº 3632/2016 no processo 44232.664431/2016-16.

O pedido incidental é tempestivo, levando-se em conta que o INSS teve ciência da decisão recorrida em 08.01.2019 e proposto o Pedido de Uniformização de Jurisprudência em 28.01.2019.

Da Divergência

A Uniformização de Jurisprudência, no caso concreto, está disciplinada pelo artigo 3º, inciso II e artigo 63, inciso I e §1º da Portaria Ministerial MDS nº 116/2017, confira-se:

> *"Art. 3º Ao Conselho Pleno compete:*
>
> I - *uniformizar, em tese, a jurisprudência administrativa previdenciária e assistencial, mediante emissão de Enunciados;*
>
> II - *uniformizar, no caso concreto, as divergências jurisprudenciais entre as Juntas de Recursos nas matérias de sua alçada ou entre as Câmaras de julgamento em sede de Recurso Especial, mediante a emissão de Resolução; e*
>
> III - *decidir, no caso concreto, as Reclamações ao Conselho Pleno, mediante a emissão de Resolução.*
>
> *Art. 63. O Pedido de Uniformização de Jurisprudência poderá ser requerido em casos concretos, pelas partes do processo, dirigido ao Presidente do respectivo órgão julgador, nas seguintes hipóteses:*
>
> I - *quando houver divergência na interpretação em matéria de direito entre acórdãos de Câmaras de Julgamento do CRSS, em sede*

MINISTÉRIO DA ECONOMIA-ME
SECRETARIA ESPECIAL DE PREVIDÊNCIA E TRABALHO
SECRETARIA DE PREVIDÊNCIA
CONSELHO DE RECURSOS DA PREVIDÊNCIA SOCIAL-CRPS
CONSELHO PLENO

de Recurso Especial, ou entre estes e resoluções do Conselho Pleno; ou

...

§ 1º A divergência deverá ser demonstrada mediante a indicação do acórdão divergente, proferido nos últimos cinco anos, por outro órgão julgador, composição de julgamento, ou, ainda, por resolução do Conselho Pleno".

Conforme normas transcritas, o pressuposto para a admissibilidade do pedido de uniformização de jurisprudência é a existência de divergência em matéria de direito. Não é permitida a reapreciação de matéria fática ou para solucionar divergência em matéria de provas.

No pedido de Uniformização de Jurisprudência, o INSS aponta que o enquadramento do intervalo de 01.01.2004 a 29.04.2016, está em desacordo com a metodologia da NHO-01 da FUNDACENTRO, eis que com a edição do Decreto nº 4.882/2003 foi reduzido o nível de tolerância de 90dB para 85dBA para a mesma jornada de 8 horas, condicionando a utilização da metodologia mais moderna disposta na Norma de Higiene Ocupacional 01 (NHO 01), que cancelou e substituiu os Anexos I e II da NR 15 pela tabela 1 da NHO 01 da FUNDACENTRO.

De acordo com o acórdão hostilizado, o segurado teve êxito em comprovar especialidade para os intervalos de 01.01.2004 a 30.11.2005 e de 01.12.2005 a 29.04.2016 em vista da exposição ao agente nocivo ruído acima de 85dBA, com base na técnica utilizada dosimetria constante da NR-15. Peço vênia para transcrever partes das considerações contidas no Voto:

"A respeito da exigência legal para que a informação do ruído obrigatoriamente ter que vir em NEN não excluiu, em nenhuma hipótese, qualquer outro tipo de metodologia, desde que válida pelo Ministério do Trabalho e Emprego. Nesse sentido, o art. 68, § 13 do RPS, "Na hipótese de não terem sido estabelecidos pela FUNDACENTRO a metodologia e procedimentos de avaliação, cabe ao Ministério do Trabalho e Emprego definir outras instituições que os estabeleçam".

Pelo que se sabe a NR-15 da FUNDACENTRO não foi revogada pelo Decreto nº 4.882 de 18/11/2003. Portanto, é válida e os laudos produzidos sob seus parâmetros também o são"

MINISTÉRIO DA ECONOMIA-ME
SECRETARIA ESPECIAL DE PREVIDÊNCIA E TRABALHO
SECRETARIA DE PREVIDÊNCIA
CONSELHO DE RECURSOS DA PREVIDÊNCIA SOCIAL-CRPS
CONSELHO PLENO

Nesse sentido, discordo do parecer da Perícia Médica do INSS para reconhecer como válidas as informações prestadas pela empresa mantendo os parâmetros de avaliação do ruído calculados quando da elaboração do laudo e estando em acordo com a lei, independente de serem ou não pela técnica "NEN".

Os acórdãos paradigmas consideraram o seguinte:

Acórdão nº 3.184/2018 da 4ª CAJ (NB: 42/177.714.374-5)

Ementa: APOSENTADORIA POR TEMPO DE CONTRIBUIÇÃO. RECURSO ESPECIAL. MANUTENÇÃO DO ATO ADMINISTRATIVO QUE INDEFERIU O BENEFÍCIO REQUERIDO. IMPOSSIBILIDADE DE ENQUADRAMENTO DO PERÍODO QUESTIONADO, UMA VEZ QUE A **METODOLOGA DE AVALIAÇÃO NÃO ATENDEU ÀS EXIGÊNCIAS DO ART. 68 DO REGULAMENTO DA PREVIDÊNCIA SOCIAL**. SEM O RESPECTIVO ENQUADRAMENTO, O SEGURADO NÃO LOGROU COMPROVAR O TEMPO DE CONTRIBUIÇÃO NECESSÁRIO AO BENEFÍCIO PREVISTO NO ART. 56 DO CITADO REGULAMENTO. RECURSO CONHECIDO E PROVIDO AO INSS.

Foi considerado no decisório:

"(...)
Como se pode verificar, a partir da edição do Decreto nº 4.882/2003, os registros ambientais deveriam atender a metodologia e os procedimentos de avaliação estabelecidos pela FUNDACENTRO, no caso a NHO-01 editada em 2001, substituindo os métodos até então aplicados com base na NR-15."

Acórdão nº 8.304/2016 da 1ª CAJ (NB: 42/171.477.434-9)

Ementa: APOSENTADORIA POR TEMPO DE CONTRIBUIÇÃO. RECURSO ESPECIAL. NÃO ENQUADRAMENTO DE PERIODOS CONTROVERSOS. RUÍDO. LAUDO EXTEMPORANEO. **METODOLOGIA NÃO CONTEMPLADA PELA**

MINISTÉRIO DA ECONOMIA-ME
SECRETARIA ESPECIAL DE PREVIDÊNCIA E TRABALHO
SECRETARIA DE PREVIDÊNCIA
CONSELHO DE RECURSOS DA PREVIDÊNCIA SOCIAL-CRPS
CONSELHO PLENO

LEGISLAÇÃO. O INTERESSADO NÃO IMPLEMENTA O DIREITO À PRESTAÇÃO REQUERIDA. ART. 56 DO DECRETO Nº 3.048/99 RECURSO CONHECIDO E PROVIDO AO INSS

Considerou no decisório, outrossim:

"O cerne da questão se refere ao enquadramento ou não do período de 03/05/1988 a 24/07/1995, 02/10/1995 a 31/01/1997, 01/09/1997 a 21/05/2001, 04/06/2001 a 31/05/2002, 01/06/2002 a 31/12/2003, 01/01/2004 a 30/07/2006, 01/01/2008 a 31/12/2008 e 01/01/2011 a 05/07/2013 por exposição ao agente nocivo ruído.

(...)

Conforme determinação do art. 58, parágrafo 1º, da lei 8213/91, para o enquadramento em atividades especial a metodologia a ser utilizada para o agente ruído até 18/11/2003 é a da NR 15, anexo 1 e anexo 2 conforme decreto nº 3048/99; **para os períodos a partir de 19/11/2003 a metodologia a ser utilizada é NHO 01 da Fundacentro, de acordo com o decreto 3048/99 modificado pelo dec. 4882/2003, respeitando-se os limites de tolerância ali citados.**

Ainda, após análise de novo formulário apresentado às fls. 97/98, verifico que não foi empregada a técnica correta para medição, conforme solicitado em diligência. Desta forma, não verifico a possibilidade de enquadramento como especial dos períodos acima mencionados."

Acórdão nº 3.159/2016 da 2ª CAJ (NB: 42/169.487.172-7)

Ementa: "APOSENTADORIA POR TEMPO DE CONTRIBUIÇÃO. IMPOSSIBILIDADE DO ENQUADRAMENTO SOLICITADO. NÃO PREENCHIMENTO DOS REQUISITOS DO ART. 56 DO DECRETO Nº 3.048/99. RECURSO CONHECIDO E PROVIDO PARCIALMENTE AO SEGURADO".

Considerado na fundamentação do decisório que: "**O PPP apresentado às fls. 21/22, 23/24 e 130/134 não está preenchido em conformidade com os parâmetros estabelecidos pela NHO 01 da FUNDACENTRO**".

MINISTÉRIO DA ECONOMIA-ME
SECRETARIA ESPECIAL DE PREVIDÊNCIA E TRABALHO
SECRETARIA DE PREVIDÊNCIA
CONSELHO DE RECURSOS DA PREVIDÊNCIA SOCIAL-CRPS
CONSELHO PLENO

Acórdão nº 3.632/2016 da 2ª Composição Adjunta da 2ª CAJ (NB: 42/174.953.909-5)

Ementa: APOSENTADORIA POR TEMPO DE CONTRIBUIÇÃO. ART. 52 A 56. RECURSO ESPECIAL DO INSS. TEMPO DE CONTRIBUIÇÃO INSUFICIENTE PARA DEFERIMENTO DO BENEFÍCIO DE APOSENTADORIA POR TEMPO DE CONTRIBUIÇÃO INTEGRAL. EPI NÃO NEUTRALIZA EFEITOS DOS AGENTES NOCIVOS. FUNDAMENTAÇÃO LEGAL: ARTIGOS 64 E 188 DO DECRETO 3048/99 RECURSO CONHECIDO E PROVIDO AO INSS.

Considerado na fundamentação do decisório que:

Do exposto temos - NÃO ser possível a manutenção do enquadramento efetuado pela Junta de Recursos, baseando-se apenas no nível de ruído informado, sem se ater as informações constantes nos formulários, assim como a Análise e Decisão Técnica de Atividade Especial, a teor do disposto no §§ 9 e 12 do art. 68 do RPS/Decreto nº 3.048/1999, *in verbis*:

"Art. 68. (...) § 9o Considera-se perfil profissiográfico, para os efeitos do § 8o, o documento com o históricolaboral do trabalhador, segundo modelo instituído pelo INSS, que, entre outras informações, deve conter o resultado das avaliações ambientais, o nome dos responsáveis pela monitoração biológica e das avaliações ambientais, os resultados de monitoração biológica e os dados administrativos correspondentes. (Redação dada pelo Decreto nº 8.123, de 2013) (...)

§ 12. Nas avaliações ambientais deverão ser considerados, além do disposto no Anexo IV, a metodologia e os procedimentos de avaliação estabelecidos pela Fundação Jorge Duprat Figueiredo de Segurança e Medicina do Trabalho – FUNDACENTRO. (Incluído pelo Decreto nº 8.123, de 2013)".

Assim, no caso concreto temos que, o enquadramento do período 01/01/2004 a 13/08/2012 não pode prosperar, pois **os formulários apresentados não preenchem os requisitos contidos na legislação previdenciária para sua validade (técnica de aferição do agente nocivo ruído)**.

MINISTÉRIO DA ECONOMIA-ME
SECRETARIA ESPECIAL DE PREVIDÊNCIA E TRABALHO
SECRETARIA DE PREVIDÊNCIA
CONSELHO DE RECURSOS DA PREVIDÊNCIA SOCIAL-CRPS
CONSELHO PLENO

Como se vê, estão presentes os requisitos do artigo 63 da Portaria Ministerial MDS nº 116/2017, pois os acórdãos supracitados foram produzidos dentro dos últimos 05 (cinco) anos e, abordam a questão referente a necessidade em ser observada a metodologia NHO-01 da FUNDACENTRO para aferir o ruído a partir do Decreto nº 4.882/2003.

Do Mérito

A matéria de direito controversa é restrita quanto à possibilidade do reconhecimento de atividade especial por exposição a ruído sem a comprovação da utilização da metodologia prevista pela NHO-01 da FUNDACENTRO / NEN.

Tal metodologia é mencionada a partir do Decreto nº 4.882, de 2003, quando incluiu o parágrafo 11, no artigo 68 do Regulamento da Previdência Social – Decreto nº 3.048/99, com a seguinte redação:

> *§ 11. As avaliações ambientais deverão considerar a classificação dos agentes nocivos e os limites de tolerância estabelecidos pela legislação trabalhista, bem como a metodologia e os procedimentos de avaliação estabelecidos pela Fundação Jorge Duprat Figueiredo de Segurança e Medicina do Trabalho – FUNDACENTRO.*

Convém lembrar que, o legislador determina que seja observado os termos da "**Legislação Trabalhista**" na elaboração do laudo técnico das condições ambientais do trabalho para fins de comprovação do tempo especial, o qual subsidia as informações prestadas no PPP (Perfil Profissiográfico Previdenciário), inclui-se, nesse contexto, a metodologia utilizada para a apuração do agente nocivo, de acordo com o §1º, do artigo 58 da Lei nº 8.213/91:

> *Art. 58. (...)*
>
> *§1º A comprovação da efetiva exposição do segurado aos agentes nocivos será feita mediante formulário, na forma estabelecida pelo Instituto Nacional do Seguro Social – INSS, emitido pela empresa ou seu preposto, com base em laudo técnico de condições ambientais do trabalho expedido por médico do trabalho ou engenheiro de segurança do trabalho nos* ***termos da legislação trabalhista.***
> *(Grifos Nossos).*

MINISTÉRIO DA ECONOMIA-ME
SECRETARIA ESPECIAL DE PREVIDÊNCIA E TRABALHO
SECRETARIA DE PREVIDÊNCIA
CONSELHO DE RECURSOS DA PREVIDÊNCIA SOCIAL-CRPS
CONSELHO PLENO

Nesse sentido, é imperioso ressaltar que a NR-15 ainda está em vigor. Assim, coexistem em plena vigência a NR-15 e a NHO-01/FUNDACENTRO – NEN, ambas de responsabilidade do antigo Ministério do Trabalho e Emprego, por isso, ficam admitidos os dois critérios, sendo esse último de caráter mais protetivo.

Com fulcro na NR-15,"*entende-se por limite de tolerância* ***a concentração ou intensidade máxima ou mínima, relacionada com a natureza e o tempo de exposição ao agente****, que não causará dano à saúde do trabalhador, durante a sua vida laboral*". Aqui considera-se para um nível de ruído de 85 dB(A), jornada de 8 h, dose de 100% e duplicação de dose (q) igual a 5, sendo certo que, a medida em que os níveis de ruído aumentam os limites de tolerância diminuem. É importante registrar que o incremento de 5 dB determina a redução à metade da máxima exposição diária permissível, processo este conhecido como dose dobradora ou duplicação de dose.

E, segundo a NHO – 01 da FUNDACENTRO, o NEN é o nível de exposição convertido para uma jornada padrão de 8 horas diárias, para fins de comparação com o limite de exposição. Com o NEN – Níveis de Exposição Normalizado é utilizado o incremento de dose (q) igual a 3.

Sobre esse tema, a ilustre Professora ADRIANE BRAMANTE DE CASTRO LADENTHIN[1], considera:

> "Além disso, cabe destacar, que as normas trabalhistas foram legalmente autorizadas para embasar a comprovação do tempo especial pela Lei nº 9.732/98, que trouxe nova redação ao artigo 58, §1º, da Lei nº 8.213/91. Dessa forma, a empresa que utiliza a NR-15 como metodologia para avaliações ambientais não está errada. Além disso, o INSS aceita também o PPRA e o PCMSO como substituto do LTCAT. Não há qualquer justificativa legal, portanto, para desprezar a técnica pela NR-15.
>
> No caso do ruído, as duas metodologias utilizam a dosimetria, mas com critérios diferentes. Enquanto na NHO-01, a taxa de duplicação de dose é de 3 em 3 (Q=3); na NR-15, a taxa de duplicação de dose é de 5 em 5dB (Q=5), que pode ser melhor visualizada nas tabelas comparativas abaixo:

[1] APOSENTADORIA ESPECIAL DISSECANDO O PPP, editora LJ LuJU – 1ª edição – São Paulo, 2020, fl. 82.

MINISTÉRIO DA ECONOMIA-ME
SECRETARIA ESPECIAL DE PREVIDÊNCIA E TRABALHO
SECRETARIA DE PREVIDÊNCIA
CONSELHO DE RECURSOS DA PREVIDÊNCIA SOCIAL-CRPS
CONSELHO PLENO

NR-15	LIMITE MÁXIMO DIÁRIO PERMITIDO
85dB	8 horas
88dB	5 horas
90dB	4 horas
95dB	2 horas

NHO-01	LIMITE MÁXIMO DIÁRIO PERMITIDO
85dB	8 horas
88dB	4 horas
90dB	2 horas
95dB	47,62 minutos

A comparação de ambas as tabelas nos permite concluir que a metodologia da NHO-01 é mais vantajosa para o trabalhador do que a da NR-15. Desse modo, se a empresa utilizar a NHO para avaliação ambiental, o nível de ruído provavelmente será maior do que aquele medido pela NR-15".

Com isso, que pese a referência feita pelo Decreto nº 4.882/2003 sobre a metodologia da FUNDACENTRO – NHO-01/NEN, não afasta a possibilidade do reconhecimento do direito ao tempo especial, em particular, com vistas ao RUÍDO, quando utilizado o critério da NR-15 que reflita a medição de exposição durante toda a jornada de trabalho. Novamente, o que se visou com a NHO-01/NEN foi a apuração do ruído com base em técnicas mais modernas, com novos conceitos e métodos que complementam a NR-15, inclusive, é mais benéfico ao trabalhador.

Na Resolução nº 26/2018 do Conselho Pleno do CRPS a questão está assim pontuada:

> *"Sobre este ponto, entendo que* ***independentemente se a técnica foi feita conforme NR-15 e não conforme NHO-01, estando o ruído acima do limite, podemos concluir que se foi feito conforme NR-15 e não NHO-01, a intensidade seria também superior****, uma vez que a NHO-01 é uma técnica mais moderna e conservadora, sendo mais protetiva ao trabalhador, já que utiliza um fator de dobra (q=3) enquanto a NR-15 utiliza um fator de dobra (q=5)" (Grifos nossos).*

Ainda, destaca-se as Resoluções do Conselho Pleno de números 72/2018 e 73/2018, ambas de relatoria do Conselheiro RODOLFO ESPINEL DONADON, com as seguintes ementas:

MINISTÉRIO DA ECONOMIA-ME
SECRETARIA ESPECIAL DE PREVIDÊNCIA E TRABALHO
SECRETARIA DE PREVIDÊNCIA
CONSELHO DE RECURSOS DA PREVIDÊNCIA SOCIAL-CRPS
CONSELHO PLENO

Resolução nº 72/2018:

APOSENTADORIA ESPECIAL. PEDIDO DE UNIFORMIZAÇÃO DE JUSRISPRUDÊNCIA. Divergência jurisprudencial entre as Câmaras de Julgamento no que tange conversão de tempo de atividade especial. Exposição ao agente nocivo ruído com a observância da técnica de apuração pela NHO-01 da Fundacentro. Competência para análise deste Conselho Pleno na forma do art. 3º inc. II do Regimento Interno do CRSS aprovado pela Portaria MDSA nº 116/2017. Pressupostos de Admissibilidade do pedido alcançados na forma do art. 63 do mesmo Regimento. **A exigência do ruído em NEN, a partir de 18/11/2003, não é estritamente obrigatória podendo ser aceitas outras metodologias válidas que atestem o ruído por meio de dosimetria**. Precedente do Conselho Pleno. Pedido de Uniformização conhecido e provido. Necessidade de revisão de ofício do acórdão impugnado na forma do §12 do art. 63 do Regimento Interno do CRSS. (Grifos Nossos).

Resolução nº 73/2018:

APOSENTADORIA ESPECIAL. PEDIDO DE UNIFORMIZAÇÃO DE JUSRISPRUDÊNCIA. Divergência jurisprudencial entre as Câmaras de Julgamento no que tange conversão de tempo de atividade especial. Exigência de histograma e/ou memória de cálculo. Exposição ao agente nocivo ruído com a observância da técnica de apuração pela NHO-01 da Fundacentro. Competência para análise deste Conselho Pleno na forma do art. 3º inc. II do Regimento Interno do CRSS aprovado pela Portaria MDSA nº 116/2017. Pressupostos de Admissibilidade do pedido alcançados na forma do art. 63 do mesmo Regimento. Não é exigível o fornecimento de histograma e/ou memória de cálculo para o período de 11/10/2001 até 18/11/2003, por falta de previsão legal em lei, decreto e ato normativo ministerial vinculado ao CRSS, bem como a inexigilibilidade dada ao inc. III do art. 280 da IN/INSS nº 77/2015, pela DIRSAT/INSS, ante o reconhecimento da indisponibilidade de aparelhos de medição no período indicado. **A exigência do ruído em NEN, a partir de 18/11/2003, não é estritamente obrigatória podendo ser aceitas outras metodologias válidas que atestem o ruído por meio de dosimetria**. Precedente do Conselho Pleno. Pedido de Uniformização conhecido e provido. Necessidade de revisão de ofício do acórdão

MINISTÉRIO DA ECONOMIA-ME
SECRETARIA ESPECIAL DE PREVIDÊNCIA E TRABALHO
SECRETARIA DE PREVIDÊNCIA
CONSELHO DE RECURSOS DA PREVIDÊNCIA SOCIAL-CRPS
CONSELHO PLENO

> impugnado na forma do §12 do art. 63 do Regimento Interno do CRSS. (Grifos Nossos).

Desse modo, até 31.12.2003 é possível para a aferição de ruído contínuo ou intermitente é obrigatória a utilização das metodologias contidas na NR-15, devendo ser aceitos ou o nível de pressão sonora pontual ou a média do ruído, podendo ser informado decibelímetro, dosímetro ou medição pontual. Porém, **a partir de 01.01.2004 é necessário demonstrar a monitoração ambiental pela NR-15 (dosimetria de ruído) ou pela NHO-01 da Fundacentro**.

Recentemente, o Conselho de Recursos editou novo Enunciado sobre a temática para consolidar o entendimento administrativo:

> *"ENUNCIADO 13*
> *Atendidas as demais condições legais, considera-se especial, no âmbito do RGPS, a atividade exercida com exposição a ruído superior a 80 decibéis até 05/03/97, superior a 90 decibéis desta data até 18/11/2003, e superior a 85 decibéis a partir de então.*
> *I - Os níveis de ruído devem ser medidos, observado o disposto na Norma Regulamentadora nº 15 (NR-15), anexos 1 e 2, com aparelho medidor de nível de pressão sonora, operando nos circuitos de compensação - dB (A) para ruído contínuo ou intermitente ou dB (C) para ruído de impacto.*
> *II - Até 31 de dezembro de 2003, para a aferição de ruído contínuo ou intermitente, é obrigatória a utilização das metodologias contidas na NR-15, devendo ser aceitos ou o nível de pressão sonora pontual ou a média de ruído, podendo ser informado decibelímetro, dosímetro ou medição pontual no campo "Técnica Utilizada" do Perfil Profissiográfico Previdenciário (PPP).*
> *III - A partir de 1º de janeiro de 2004, para a aferição de ruído contínuo ou intermitente, é obrigatória a utilização das metodologias contidas na Norma de Higiene Ocupacional 01 (NHO-01) da FUNDACENTRO ou na NR-15, que reflitam a medição de exposição durante toda a jornada de trabalho, vedada a medição pontual, devendo constar do PPP a técnica utilizada e a respectiva norma.*
> *IV - Em caso de omissão ou dúvida quanto à indicação da metodologia ou técnica utilizadas para aferição da exposição nociva ao agente ruído, o PPP não deve ser admitido como prova da especialidade, devendo ser apresentado o respectivo Laudo Técnico de Condições Ambientais do Trabalho (LTCAT) ou solicitada*

MINISTÉRIO DA ECONOMIA-ME
SECRETARIA ESPECIAL DE PREVIDÊNCIA E TRABALHO
SECRETARIA DE PREVIDÊNCIA
CONSELHO DE RECURSOS DA PREVIDÊNCIA SOCIAL-CRPS
CONSELHO PLENO

> *inspeção no ambiente de trabalho, para fins de verificar a técnica utilizada na medição, bem como a respectiva norma".*

No caso concreto, a documentação apresentada (PPP e PPRA(s)) indica que o segurado trabalhou nos intervalos de 01.01.2004 a 30.11.2005 e de 01.12.2005 a 29.04.2016, no cargo de operador multifuncional I, no setor de injetores, na empresa DELPHI AUTOMOTIVE SYSTEMS DO BRASIL LTDA, **exposto a ruído acima de 85dBA, ora apurado com a técnica dosimetria (utilizado o dosímetro) da NR-15, Anexo nº 01 da Portaria 3.214/78**.

Assim, o fato de o ruído não ser informado pela NHO-01 da FUNDACENTRO / NEN, não é motivo suficiente para afastar a conclusão do PPP.

O enquadramento deferido pela 1ª Câmara de Julgamento, por meio do ACÓRDÃO nº 109/2019, para os intervalos de 01.01.2004 a 30.11.2005 e de 01.12.2005 a 29.04.2016 no código 2.0.1, do Anexo IV, do Decreto nº 3.048/99, está em consonância com a legislação previdenciária e de acordo com o entendimento já firmado por esse Conselho, não havendo reparo a ser feito.

Portanto, quanto ao mérito suscitado pelo INSS não assiste razão.

CONCLUSÃO: Pelo exposto **VOTO** no sentido de, preliminarmente, **CONHECER do PEDIDO DE UNIFORMIZAÇÃO DE JURISPRUDÊNCIA**, em caso concreto, **apresentado pelo INSS** e, no mérito, **NEGAR PROVIMENTO.**

Brasília-DF, 26 de outubro de 2020.

Alexandra A. de Alcântara
ALEXANDRA ÁLVARES DE ALCÂNTARA
Relatora

MINISTÉRIO DA ECONOMIA-ME
SECRETARIA ESPECIAL DE PREVIDÊNCIA E TRABALHO
SECRETARIA DE PREVIDÊNCIA
CONSELHO DE RECURSOS DA PREVIDÊNCIA SOCIAL-CRPS
CONSELHO PLENO

DECISÓRIO

RESOLUÇÃO Nº 72/2020

Vistos e relatados os presentes autos, em sessão realizada hoje, **ACORDAM** os membros do Conselho Pleno, por **UNANIMIDADE**, no sentido de **CONHECER do PEDIDO DE UNIFORMIZAÇÃO DE JURISPRUDÊNCIA**, em caso concreto, **apresentado pelo INSS** e, no mérito, **NEGAR PROVIMENTO** de acordo com o Voto da Relatora e sua fundamentação.

Participaram, ainda, do presente julgamento os (as) Conselheiros (as): Robson Ferreira Maranhão, Vânia Pontes Santos, Gustavo Beirão Araújo, Paulo Sérgio de Carvalho Costa Ribeiro, Maria Madalena Silva Lima, Márcia Aparecida Martins, Moisés Oliveira Moreira, Maria José de Paula Moraes, Imara Sodré Sousa Neto, Sulamita Cristina Dias, Guilherme Lustosa Pires, Valter Sérgio Pinheiro Coelho, Rodolfo Espinel Donadon, Tarsila Otaviano da Costa e Adriene Cândida Borges.

Brasília-DF, 26 de outubro de 2020.

Alexandra A. de Alcântara
ALEXANDRA ÁLVARES DE ALCÂNTARA
Relatora

MARCELO FERNANDO BORSIO
Presidente

178.916.329-0

3.2. RESOLUÇÕES 2019 (EMENTÁRIO)

No que tange às **45 Resoluções editadas pelo Plenário do CRPS no ano de 2019**, iremos apresentar abaixo **Ementário publicado oficialmente** no seguinte portal: http://www.antigo.previdencia.gov.br/wp-content/uploads/2020/03/EMENTARIO-RESOLUCOES-CRPS-2019.pdf:

1

CONSELHO DE RECURSOS DA PREVIDÊNCIA SOCIAL – CRPS[1]

EMENTÁRIO DE RESOLUÇÕES DO CONSELHO PLENO COM IDENTIFICAÇÃO DA MATÉRIA – 2019

MATÉRIA	RESOLUÇÃO Nº	DATA JULGAMENTO	EMENTA
REVISÃO DO ART. 29, II, DA LEI Nº 8.213/91 – Reconhecida a decadência para efetuar a revisão, cabe o desfazimento do ato, mas não a devolução dos valores recebidos. Inaplicabilidade do art. 154 do Decreto nº 3048/99 e do Parecer CONJUR 616/210, questão nº 15 (devolução de valores recebidos de boa-fé decorrente de erro de interpretação de norma jurídica). Obs:. Mudança do entendimento firmado na Resolução 41/2018 quanto à devolução dos valores	45	25/10/2019	EMENTA: PENSÃO POR MORTE. PEDIDO DE UNIFORMIZAÇÃO DE JURISPRUDÊNCIA. Divergência jurisprudencial entre as Câmaras de Julgamento no que tange aos efeitos devolutivos de valores recebidos indevidamente, Competência para análise deste Conselho Pleno na forma art. 3º inc. II do Regimento Interno do CRSS aprovado pela Portaria MDAS nº 116/2017. Pressupostos de Admissibilidade do pedido alcançados na forma do art. 63 do mesmo Regimento. Revisão errônea da RMI decorrente da ACP nº 0002320-59.2012.4.03.6183. Impossibilidade. Acordo judicial que determinou a observância da decadência. Inaplicabilidade do art. 154 do Regulamento da Previdência Social – RPS aprovado pelo Decreto nº 348/99 c/c Parecer Conjur/MPS nº 616/2010 em virtude de não se tratar de erro de interpretação den orma, mas erro de Sistema, o que não gera a devolução dos valores recebidos de boa-fé. Inteligência do Parecer Conjur/MPS nº 321/2011. Pedido de Uniformização conhecido e parcialmente provido. Necessidade de revisão de ofício do acórdão impugnado na forma do §12 do art. 63 do Regimento Interno do CRSS.
ATIVIDADE ESPECIAL – Impossibilidade de conversão do agente nocivo ELETRICIDADE após a publicação do Decreto nº 2.172, de 05/03/1997	44	25/10/2019	EMENTA: APOSENTADORIA POR TEMPO DE CONTRIBUIÇÃO. PEDIDO DE UNIFORMIZAÇÃO DE JURISPRUDÊNCIA. ATIVIDADE INSALUBRE. ELETRICIDADE. IMPOSSIBILIDADE DE ENQUADRAMENTO APÓS 05/03/1997. DECRETO 53.831/64. DEVIDA UNIFORMIZAÇÃO DE JURISPRUDÊNCIA.
CARÊNCIA – Inexistência de vedação legal para o cômputo como carência das	43	25/10/2019	EMENTA: APOSENTADORIA POR IDADE. PEDIDO DE UNIFORMIZAÇÃO DE JURISPRUDÊNCIA. RECONHECIDO VÍNCULO LABORAL EMPREGADO

1 Por força da publicação da Lei nº 13.844, de 18 de junho de 2019, o então Conselho de Recursos do Seguro Social (CRSS) voltou a ser denominado de Conselho de Recursos da Previdência Social (CRPS), com subordinação ao Ministério da Economia (art. 32, XXXI).

contribuições decorrentes de vínculo laborativo mantido entre cônjuges			X EMPREGADOR, NA CONDIÇÃO DE CÔNJUGE. EMPREGADOR TITULAR DE EMPRESA INDIVIDUAL. REQUERENTE ESPOSA DO EMPREGADOR. LEI 8.213/91, ART. 11 E 14. LEI 10.406/2002, ART. 10122, ART. 2º E 3º.
EMPREGADA DOMÉSTICA – Desnecessidade de demonstração de filiação ao RGPS como empregada doméstica na data de entrada do requerimento (DER) para obtenção de benefício de menor valor sem comprovação de contribuições (Obs.: Matéria objeto do Enunciado CRPS nº 2, IV de 2019)	42	25/10/2019	EMENTA: APOSENTADORIA POR IDADE. PEDIDO DE UNIFORMIZAÇÃO DE JURISPRUDÊNCIA APRESENTADO PELO INSS. VÍNCULO EMPREGATÍCIO EMPREGADA DOMÉSTICA. COMPROVADA ATIVIDADE, INDEPENDENTE DE RECOLHIMENTOS JUNTO AO CNIS OU CONDIÇÃO DE DOMÉSTICA NA DER. DECRETO 3.048/99, ART. 9º, II. LEI 8.213/91, ART. 36. ENUNCIADO 18/CRPS.
Não conhecimento de Pedido de Uniformização de Jurisprudência por não demonstração de divergência em matéria de direito. Rediscussão de matéria fático-probatória	41	25/10/2019	EMENTA: PEDIDO DE UNIFORMIZAÇÃO DE JURISPRUDÊNCIA. PENSÃO POR MORTE. INDÍCIO DE IRREGULARIDADE. SAQUES EFETIVADOS APÓS O ÓBITO DO SEGURADO INSTITUIDOR. DEVOLUÇÃO DE VALORES PAGOS INDEVIDAMENTE. RECURSO ESPECIAL DO INTERESSADO PROVIDO EM PARTE. MÁ-FÉ NÃO COMPROVADA NOS AUTOS. INTELIGÊNCIA DOS ARTIGOS 156 E 244 DO DECRETO Nº 3.048/99. ART. 3º, INCISO II E 63, DO REGIMENTO INTERNO DO CRPS.
ATIVIDADE ESPECIAL – Exposição ao agente nocivo BENZENO indissociável à atividade de FRENTISTA. Agente cancerígeno de avaliação qualitativa	40	25/10/2019	EMENTA: APOSENTADORIA POR TEMPO DE CONTRIBUIÇÃO. PEDIDO DE UNIFORMIZAÇÃO DE JURISPRUDÊNCIA. Divergência jurisprudencial entre as Câmaras de Julgamento no que tange conversão de tempo de frentista em Posto de Combustível exposto a hidrocarbonetos. Competência para análise deste Conselho Pleno na forma art. 3º inc. II do Regimento Interno do CRPS aprovado pela Portaria MDAS nº 116/2017. Pressupostos de Admissibilidade do pedido alcançados na forma do art. 63 do mesmo Regimento. É possível a conversão de tempo de frentista exposto a hidrocarbonetos contendo benzeno. Precedente do Conselho Pleno. Pedido de Uniformização conhecido e improvido.
ATIVIDADE ESPECIAL – Impossibilidade de conversão do agente nocivo ELETRICIDADE após a publicação do Decreto nº 2.172, de 05/03/1997	39	25/10/2019	EMENTA: APOSENTADORIA POR TEMPO DE CONTRIBUIÇÃO. PEDIDO DE UNIFORMIZAÇÃO DE JURISPRUDÊNCIA. Divergência jurisprudencial entre as Câmaras de Julgamento no que tange a conversão do agente eletricidade a partir de 06/03/1997, com advento do Decreto nº 2.172/97. Competência para

			análise deste Conselho Pleno na forma art. 3º inc. II do Regimento Interno do CRPS aprovado pela Portaria MDAS nº 116/2017. Pressupostos de Admissibilidade do pedido alcançados na forma do art. 63 do mesmo Regimento. Impossibilidade de conversão do agente eletricidade a partir de 06/03/97 por inexistência de previsão legal, não sendo possível o Conselho julgar em desacordo com o previsto em lei, decreto e ato normativo ministerial, na forma do art. 69 do Regimento Interno do CRSS. Precedentes do Conselho Pleno. Pedido de Uniformização conhecido e improvido.
AUXÍLIO-RECLUSÃO – A análise do último salário-de-contribuição deve levar em conta o seu valor mensal, independentemente do número de dias trabalhados o mês de referência	38	25/10/2019	EMENTA: AUXÍLIO-RECLUSÃO. PEDIDO DE UNIFORMIZAÇÃO DE JURISPRUDÊNCIA. Divergência jurisprudencial entre as Câmaras de Julgamento no que tange ao reconhecimento do último salário-de-contribuição do segurado recolhido à prisão. Competência para análise deste Conselho Pleno na forma art. 3º inc. II do Regimento Interno do CRPS aprovado pela Portaria MDAS nº 116/2017. Pressupostos de Admissibilidade do pedido alcançados na forma do art. 63 do mesmo Regimento. Reconhecimento do último salário-de-contribuição em seu valor mensal, independentemente do número de dias trabalhados no mês de referência. Precedentes do Conselho Pleno. Pedido de Uniformização conhecido e provido. Necessidade de revisão de ofício do acórdão impugnado na forma do §12 do art. 63 do Regimento Interno do CRPS.
Não conhecimento de Reclamação ao Conselho Pleno por intempestividade	37	25/10/2019	EMENTA: BENEFÍCIO ASSISTENCIAL. LOAS. PEDIDO DE RECLAMAÇÃO AO CONSELHO PLENO. INADMISSIBILIDADE. IMTEMPESTIVIDADE. O Conselho Pleno já firmou o entendimento de que as petições dirigidas pelo INSS as Unidades de Origem para fins de revisão de acórdão não interrompem o prazo para interposição do Pedido de Reclamação. Precedentes. No caso dos autos, o pedido foi interposto de forma intempestiva não atendendo ao prazo estabelecido no §1º do art. 64 do Regimento Interno do CRPS. Pedido não conhecido.
ATIVIDADE ESPECIAL – Exposição ao agente nocivo CHUMBO decorrente do ambiente laboral. Possibilidade de avaliação qualitativa	36	25/10/2019	EMENTA: PEDIDO DE UNIFORMIZAÇÃO DE JURISPRUDÊNCIA. REVISÃO DE APOSENTADORIA POR TEMPO DE CONTRIBUIÇÃO. POSSIBILIDADE. RECURSO ESPECIAL DAS PARTES. PERÍODOS DE ATIVIDADES ESPECIAL CONFIRMADOS PARCIALMENTE. EXPOSIÇÃO A AGENTE NOCIVO QUÍMICO – CHUMBO. CARACTERIZAÇÃO DA ANÁLISE QUALITATIVA. CONDIÇÃO DE ANÁLISE ESTABELECIDA NOS LOCAIS E

4

			ATIVIDADES DA EMPRESA OU USOS ESPECÍFICOS DO PRODUTO QUÍMICO.
ATIVIDADE ESPECIAL – Impossibilidade de conversão do agente nocivo ELETRICIDADE após a publicação do Decreto nº 2.172, de 05/03/1997	35	24/09/2019	EMENTA: PEDIDO DE UNIFORMIZAÇÃO DE JURISPRUDÊNCIA. APOSENTADORIA POR TEMPO DE CONTRIBUIÇÃO. PRESSUPOSTOS DE ADMISSIBILIDADE DO PEDIDO ALCANÇADOS NA FORMA DO ART. 63 DO REGIMENTO INTERNO (PORTARIA MDAS Nº 116/2017). ATIVIDADE ESPECIAL. AGENTE NOCIVO. ELETRICIDADE. NÃO ENQUADRAMENTO APÓS 06/03/97. FALTA DE PREVISÃO LEGAL. MATÉRIA JÁ CONSOLIDADA EM RESOLUÇÃO DO CRPS. PEDIDO CONHECIDO E PROVIDO. 1. A falta de previsão leal para o enquadramento do agente nocivo eletricidade é matéria de direito sedimentada no Conselho Pleno conforme resoluções e aplicação da legislação previdenciária, sendo acolhida a uniformização de jurisprudência. 2. Não há previsão regimental que possibilite a aplicação da jurisprudência judicial consolidada sobre o assunto, sob pena de responsabilidade civil e administrativa prevista em lei. 3. Pedido de Uniformização de Jurisprudência provido.
APOSENTADORIA HÍBRIDA – Impossibilidade de contar, para efeito de carência, o tempo de serviço rural exercido antes de 11/1991. Parecer CONJUR nº 119/2013 e Súmula AGU nº 27	34	24/09/2019	EMENTA: PEDIDO DE UNIFORMIZAÇÃO DE JURISPRUDÊNCIA. APOSENTADORIA POR IDADE. PRESSUPOSTOS DE ADMISSIBILIDADE DO PEDIDO ALCANÇADOS NA FORMA DO ART. 63 DO REGIMENTO INTERNO (PORTARIA MDSA Nº 116/2017). CÔMPUTO DE PERÍODO RURAL PARA FINS DE CARÊNCIA EM BENEFÍCIO URBANO. INFRINGÊNCIA A NORMA LEGAL E AO PARECER Nº 119/2013/CONJUR-MPS/CGU/AGU. MATÉRIA JÁ CONSOLIDADA EM RESOLUÇÃO DO CRPS. PEDIDO DE UNIFORMIZAÇÃO CONHECIDO E PROVIDO. 1. Não é possível o cômputo de vínculos rurais como carência exercidos anteriores a competência 11/1991 conforme vedação legal e ministerial. 2. Afronta as disposições do Parecer nº 119/2013/CONJUR-MPS/CGU/AGU e Súmula nº 27 da AGU, vinculativo a este Conselho de Recursos conforme arigo 30, inciso II e artigo 68 e 69 do Regimento Interno do CRPS. 3. Pedido de Uniformização conhecido e provido.
Não conhecimento de Pedido de Uniformização de Jurisprudência em razão da não demonstração de divergência em matéria de direito	33	24/09/2019	EMENTA: Pedido de Uniformização de Jurisprudência. Art. 63 do Regimento Interno do CRPS. Aposentadoria por tempo de contribuição. Reconhecimento de atividade especial por exposição a agente nocivo ruído. Atividade indissociável da produção do bem e serviço – art. 65 do Decreto 3.048 de 1999. Aplicação de jurisprudência deste Conselho – Resolução nº 20 e 21 de

5

			2016. Divergência não demonstrada – rediscussão de matéria fático probatória.
ATIVIDADE ESPECIAL - A exigência do ruído em NEN não é estritamente obrigatória, podendo ser aceitas outras metodologias válidas que atestem o ruído por meio de dosimetria, seja da NHO-01 ou da NR-15, vedada a utilização de técnica de medição de ruído de forma pontual	32	24/09/2019	EMENTA: Pedido de Uniformização de Jurisprudência. Art. 63 do Regimento Interno do CRPS. Aposentadoria por tempo de contribuição. Reconhecimento de atividade especial por exposição a agente nocivo ruído. Monitoração ambiental diversa na NHO-01. Possibilidade. Aplicação da Resolução nº 72/2018 do Conselho Pleno do CRPS. Divergência demonstrada – envio dos autos à Câmara de Julgamento de origem para adequação ao entendimento deste Conselho.
	31	24/09/2019	EMENTA: PEDIDO DE UNIFORMIZAÇÃO DE JURISPRUDÊNCIA. APOSENTADORIA POR TEMPO DE CONTRIBUIÇÃO. ATIVIDADE ESPECIAL EM RAZÃO DE EXPOSIÇÃO AO AGENTE NOCIVO RUÍDO. A EXIGÊNCIA DO RUÍDO EM NEN A PARTIR DE 18/11/2003 NÃO É ESTRITAMENTE OBRIGATÓRIA, PODENDO SER ACEITAS OUTRAS METODOLOGIAS VÁLIDAS. PEDIDO DE UNIFORMIZAÇÃO DE JURISPRUDÊNCIA CONHECIDO E PROVIDO.
	30	24/09/2019	EMENTA: PEDIDO DE UNIFORMIZAÇÃO DE JURISPRUDÊNCIA, APOSENTADORIA POR TEMPO DE CONTRIBUIÇÃO. ATIVIDADE ESPECIAL EM RAZÃO DE EXPOSIÇÃO AO AGENTE NOCIVO RUÍDO QUANDO A TÉCNICA UTILIZADA PARA AFERIR A CONCENTRAÇÃO DO RUÍDO FOR A "DOSIMETRIA". PEDIDO DE UNIFORMIZAÇÃO DE JURISPRUDÊNCIA CONHECIDO E PROVIDO.
Irrepetibilidade dos valores recebidos indevidamente pelo segurado de BOA-FÉ em virtude da ACUMULAÇÃO irregular de aposentadoria por invalidez e auxílio-suplementar decorrente de ERRO DE SISTEMA. Inaplicabilidade do art. 154 do Decreto nº 3048/99 e do Parecer CONJUR 616/210, questão nº 15 (devolução de valores recebidos de boa-fé decorrente de erro de interpretação de norma jurídica)	29	24/09/2019	EMENTA: CUMULAÇÃO AUXÍLIO-SUPLEMENTAR E APOSENTADORIA. PEDIDO DE UNIFORMIZAÇÃO DE JURISPRUDÊNCIA. Divergência jurisprudencial entre as Câmaras de Julgamento quanto à necessidade de devolução dos valores recebidos. Competência para análise desde Conselho Pleno na forma do art. 3º inc. II do Regimento Interno do CRSS aprovado pela Portaria MDAS nº 116/2017. Pressupostos de Admissibilidade do pedido alcançados na forma do art. 63 do mesmo Regimento. Não aplicação do art. 154 do Regulamento da Previdência Social – RPS aprovado pelo Decreto nº 3.048/99 c/c Parecer Conjur/MPS nº 616/2010. Não se trata de erro de interpretação de normas mas erro de Sistema. Não devolução dos valores recebidos de boa-fé por erro de Sistema. Parecer Conjur/MPS nº 321/2011.

			Aplicação subsidiária da Súmula nº 72 da AGU. Pedido de Uniformização conhecido e improvido.
ACUMULAÇÃO DE BENEFÍCIOS – Decai em 10 (dez) anos o direito do INSS de rever a acumulação indevida de auxílio-suplementar com outro benefício previdenciário, salvo comprovada má-fé (Obs.: Matéria objeto do Enunciado CRPS nº 10, II, de 2019)	28	28/06/2019	EMENTA: AUXÍLIO SUPLEMENTAR POR ACIDENTE DE TRABALHO. PEDIDO DE UNIFORMIZAÇÃO DE JURISPRUDÊNCIA. IRREGULARIDADE NA MANUTENÇÃO DE BENEFÍCIOS. ATO NULO. APLICAÇÃO DA LEI NA FORMA ESTRITA. DECADÊNCIA DO DIREITO DE REVISÃO. ENUNCIADO N° 40 DO CRSS. PEDIDO DE UNIFORMIZAÇÃO NÃO CONHECIDO. 1. O instituto da decadência abarca os atos administrativos considerados nulos ou anuláveis nos termos do artigo 54 da Lei n° 9.784/1999. 2. A notificação do segurado sobre a constatação da irregularidade de benefício após o prazo decadencial afasta a devolução de valores ao erário em face da não comprovação da má-fé, conforme o artigo 103-A da Lei n° 8.213/1991. 3. Edição de enunciado sobre o tema, corroborando o entendimento já prolatado por este Colegiado, sob o n° 40/2018. 4. Pedido de Uniformização de Jurisprudência não conhecido.
ATIVIDADE ESPECIAL – Legitimidade de laudo técnico extemporâneo para comprovar a exposição a agente nocivo. A exposição a agente cancerígeno é avaliada de forma qualitativa	27	28/06/2019	EMENTA: APOSENTADORIA POR TEMPO DE CONTRIBUIÇÃO. PEDIDO DE UNIFORMIZAÇÃO DE JURISPRUDENCIA. PRESSUPOSTOS DE ADMISSIBILIDADE DO PEDIDO ALCANÇADOS NA FORMA DO ART. 63 DO MESMO REGIMENTO. ATIVIDADE NOCIVA. EXERCÍCIO DE ATIVIDADE PROFISSIONAL. NÃO ENQUADRAMENTO POR FALTA DE DIVERGÊNCIA. AGENTE NOCIVO QUÍMICO. ANALISE SOB A ÓTICA DE EXPOSIÇÃO QUALITATIVA. AGENTE CANCERÍGENO. RECURSO CONHECIDO E PARCIALMENTE PROVIDO. 1. Não há constatação de divergência sobre tese jurídica em matéria de direito sobre o enquadramento por categoria profissional, não tendo acatado o pedido de uniformização requerido pelo segurado neste ponto. 2. A extemporaneidade do laudo técnico é matéria de direito sedimentada neste Conselho de Recursos conforme resoluções e ato administrativo autárquico, sendo acolhida a uniformização de jurisprudência. 3. A análise dos agentes químicos cancerígenos deve ocorrer de forma qualitativa, não observado pelo acórdão impugnado, sendo acolhida a uniformização para a reanálise observando-se a exposição habitual e permanente. 4. Pedido de Uniformização de Jurisprudência parcialmente provido.
ATIVIDADE ESPECIAL – Impossibilidade	26	28/06/2019	EMENTA: RECLAMAÇÃO. APOSENTADORIA POR TEMPO DE

7

de enquadramento por categoria profissional (código 2.2.1 do Quadro Anexo ao Decreto 53.831/64) do trabalhador rural vinculado ao Regime de Previdência Rural - PRORURAL (Obs.: Matéria objeto do Enunciado CRPS nº 15, de 2019)			CONTRIBUIÇÃO. CONVERSÃO DE PERÍODO TRABALHADO COMO LAVRADOR EM EMPRESA DE AGROINDÚSTRIA. INFRIGÊNCIA DA DECISÃO ATACADA AO ENUNCIADO N° 33 DO CRPS. VINCULAÇÃO AO PRORURAL. CONCEITO LEGAL VIGENTE À ÉPOCA DO LABOR. 1. A decisão atacada infringiu a interpretação contida no Enunciado n° 33 do CRPS acerca da natureza do vínculo empregatício. 2. A existência de recolhimento previdenciário não configura a vinculação ao Regime da Previdência Social Urbana, nos termos da definição contida no art. 4° da Lei Complementar n° 16/1973, que esclarece sobre a Previdência Rural (PRORURAL)
Ressarcimento de valores recebidos indevidamente pela segurada, ainda que de BOA-FÉ, em decorrência de concessão irregular de salário-maternidade. Parecer CONJUR nº 616/2010, questão 15	25	28/06/2019	EMENTA: PEDIDO DE UNIFORMIZAÇÃO DE JURISPRUDÊNCIA. SALARIO MATERNIDADE. IRREGULARIDADE NA CONCESSÃO DO BENEFICIO. DIVERGENCIA EM MATERIA DE DIREITO NÃO DEMONSTRADA. IMPOSSIBILIDADE DE ISENÇÃO DE VALORES RECEBIDOS INDEVIDAMENTE. INTELIGÊNCIA DO ARTIGO 154 DO DECRETO N° 3.048/99. APLICAÇÃO DA PRESCRIÇÃO QUINQUENAL. PEDIDO DE UNIFORMIZAÇÃO DE JURISPRUDÊNCIA CONHECIDO E NÃO PROVIDO.
xxxxxx	24	xxxxxx	xxxxxx
ATIVIDADE ESPECIAL – Impossibilidade de conversão do agente nocivo ELETRICIDADE após a publicação do Decreto nº 2.172, de 05/03/1997	23	28/06/2019	EMENTA: APOSENTADORIA POR TEMPO DE CONTRIBUIÇÃO. PEDIDO DE UNIFORMIZAÇÃO DE JURISPRUDÊNCIA. Divergência jurisprudencial entre as Câmaras de Julgamento no que tange a conversão do agente eletricidade a partir de 06/03/97, com advento do Decreto n° 2.172/97. Competência para análise deste Conselho Pleno na forma do art. 3° inc. II do Regimento Interno do CRSS aprovado pela Portaria MDAS n° 116/2017. Pressupostos de Admissibilidade do pedido alcançados na forma do art. 63 do mesmo Regimento. Impossibilidade de conversão do agente eletricidade a partir de 06/03/97 por inexistência de previsão legal, não sendo possível o Conselho julgar em desacordo com o previsto em lei, decreto e ato normativo ministerial, na forma do art. 69 do Regimento Interno do CRSS. Precedentes do Conselho Pleno. Pedido de Uniformização conhecido e provido. Necessidade de revisão de ofício do acórdão impugnado na forma do § 12 do art. 63 do Regimento Interno do CRSS.
	22	28/06/2019	EMENTA: APOSENTADORIA ESPECIAL. PEDIDO DE UNIFORMIZAÇÃO DE JURISPRUDÊNCIA. Divergência jurisprudencial entre as Câmaras de

8

			Julgamento no que tange a conversão do agente eletricidade a partir de 06/03/97, com advento do Decreto n° 2.172/97. Competência para análise deste Conselho Pleno na forma do art. 3° inc. II do Regimento Interno do CRSS aprovado pela Portaria MDAS n° 116/2017. Pressupostos de Admissibilidade do pedido alcançados na forma do art. 63 do mesmo Regimento. Impossibilidade de conversão do agente eletricidade a partir de 06/03/97 por inexistência de previsão legal, não sendo possível o Conselho julgar em desacordo com o previsto em lei, decreto e ato normativo ministerial, na forma do art. 69 do Regimento Interno do CRSS. Precedentes do Conselho Pleno. Pedido de Uniformização conhecido e provido. Necessidade de revisão de ofício do acórdão impugnado na forma do § 12 do art. 63 do Regimento Interno do CRSS.
EMPREGADA DOMÉSTICA – Desnecessidade de demonstração de filiação ao RGPS como empregada doméstica na data de entrada do requerimento (DER) para obtenção de benefício de menor valor sem comprovação de contribuições (Obs.: Matéria objeto do Enunciado CRPS nº 2, IV de 2019)	21	28/06/2019	EMENTA: RECLAMAÇÃO AO CONSELHO PLENO. APOSENTADORIA POR IDADE. NÃO INFRIGÊNCIA DA NORMA NOS TERMOS DO ART. 64 DO REGIMENTO INTERNO DO CRPS APROVADO PELA PORTARIA MDSA N° 116/2017. NEGADO PROVIMENTO.
	20	28/06/2019	EMENTA: APOSENTADORIA POR IDADE. RECLAMAÇÃO AO CONSELHO PLENO. Competência para análise deste Conselho Pleno na forma do art. 3° inc. III do Regimento Interno do CRSS aprovado pela Portaria MDAS n° 116/2017. Pressupostos de Admissibilidade do pedido não alcançados na forma do art. 64 do mesmo Regimento. Infringência de Órgão Julgador ao Parecer CONJUR/IVIPS/CGU/AGU n° 672/2012 não demonstrada. Precedentes do Conselho Pleno. Reclamação improcedente.
LOAS – O requisito de renda familiar inferior a ¼ do salário mínimo não é critério exclusivo para avaliação da situação de miserabilidade, admitindo-se outros meios de prova, dentre os quais o Parecer Social (Obs.: Alteração da jurisprudência do CRPS. Vide Resoluções nº 06/2018, 58/2018, 75/2018, 76/2018, 77/2018 e 78/2018)	19	28/06/2019	EMENTA: BENEFÍCIO DE PRESTAÇÃO CONTINUADA. LOAS. PEDIDO DE UNIFORMIZAÇÃO DE JURISPRUDÊNCIA. Divergência jurisprudencial entre as Câmaras de Julgamento no que tange aos critérios de fixação da renda per capita familiar. Competência para análise deste Conselho Pleno na forma do art. 3° inc. II do Regimento Interno do CRSS aprovado pela Portaria MDAS n° 116/2017. Pressupostos de Admissibilidade do pedido alcançados na forma do art. 63 do mesmo Regimento. Para a fixação dos critérios da renda familiar tem-se que o Supremo Tribunal Federal julgou inconstitucional a regra de V4 do salário mínimo. Aplicação limitada ao Conselho. Falta de ato legal declarando a norma inconstitucional. Prevalência do § 3° do art. 20, contudo, a

9

			avaliação da situação de miserabilidade familiar deve ser realizada concomitantemente com aspectos além da renda conforme § 11 do art. 20 da LOAS. Precedente do Conselho Pleno. Pedido de Uniformização conhecido e improvido.
ATIVIDADE ESPECIAL – Exposição ao agente nocivo BENZENO indissociável à atividade de FRENTISTA. Agente cancerígeno de avaliação qualitativa	18	28/06/2019	EMENTA: APOSENTADORIA POR TEMPO DE CONTRIBUIÇÃO. PEDIDO DE UNIFORMIZAÇÃO DE JURISPRUDÊNCIA. AGENTE NOCIVO BENZENO. FRENTISTA. COMPROVADA POSIÇÃO AO AGENTE NOCIVO BENZENO. PERÍODO DE ATIVIDADE RECONHECIDO COMO INSALUBRE. DECRETO 3.048/99, ART. 56 E ANEXO IV, CÓDIGO 1.0.3.
ATIVIDADE ESPECIAL – Ilegitimidade do PPP que menciona como técnica utilizada para aferir a concentração do ruído o "decibelímetro", que se refere, na verdade, ao aparelho que realizada esta aferição	17	28/06/2019	EMENTA: PEDIDO DE UNIFORMIZAÇÃO DE JURISPRUDÊNCIA. APOSENTADORIA POR TEMPO DE CONTRIBUIÇÃO. ATIVIDADE ESPECIAL EM RAZÃO DE EXPOSIÇÃO AO AGENTE NOCIVO RUÍDO QUANDO A TÉCNICA UTILIZADA PARA AFERIR A CONCENTRAÇÃO DO RUÍDO "DECIBELIMETRO".
ATIVIDADE ESPECIAL - A exigência do ruído em NEN não é estritamente obrigatória, podendo ser aceitas outras metodologias válidas que atestem o ruído por meio de dosimetria, seja da NHO-01 ou da NR-15, vedada a utilização de técnica de medição de ruído de forma pontual	16	28/06/2019	EMENTA: APOSENTADORIA ESPECIAL. PEDIDO DE UNIFORMIZAÇÃO DE JURISPRUDÊNCIA. Divergência jurisprudencial entre as Câmaras de Julgamento no que tange conversão de tempo de atividade especial. Exposição ao agente nocivo ruído com a observância da técnica de apuração pela NHO-01 da Fundacentro. Competência para análise deste Conselho Pleno na forma do art. 3° inc. II do Regimento Interno do CRSS aprovado pela Portaria MDAS n° 116/2017. Pressupostos de Admissibilidade do pedido alcançados na forma do art. 63 do mesmo Regimento. A exigência do ruído em NEN, a partir de 01/01/2004, não é estritamente obrigatória podendo ser aceitas outras metodologias válidas que atestem o ruído por meio de dosimetria. Precedentes do Conselho Pleno. Pedido de Uniformização conhecido e provido. Necessidade de revisão de ofício do acórdão impugnado na forma do § 12 do art. 63 do Regimento Interno do CRSS.
	15	28/06/2019	EMENTA: APOSENTADORIA ESPECIAL. PEDIDO DE UNIFORMIZAÇÃO DE JURISPRUDÊNCIA. Divergência jurisprudencial entre as Câmaras de Julgamento no que tange conversão de tempo de atividade especial. Exposição ao agente nocivo ruído com a observância da técnica de apuração pela NHO-01 da Fundacentro. Competência para análise deste Conselho

			Pleno na- fornia do art. 3° inc. II do Regimento Interno do CRSS aprovado pela Portaria MDAS n° 116/2017. Pressupostos de Admissibilidade do pedido alcançados na forma do art. 63 do mesmo Regimento. A exigência do ruído em NEN, a partir de 18/11/2003, não é estritamente obrigatória podendo ser aceitas outras metodologias válidas que atestem o ruído por meio de dosimetria. Precedente do Conselho Pleno. Pedido de Uniformização conhecido e provido. Necessidade de revisão de ofício do acórdão impugnado na forma do § 12 do art. 63 do Regimento Interno do CRSS
	14	28/06/2019	EMENTA: APOSENTADORIA ESPECIAL. PEDIDO DE UNIFORMIZAÇÃO DE JURISPRUDÊNCIA. Divergência jurisprudencial entre as Câmaras de Julgamento no que tange conversão de tempo de atividade especial. Exposição ao agente nocivo ruído com a observância da técnica de apuração pela NHO-01 da Fundacentro. Competência para análise deste Conselho Pleno na- fornia do art. 3° inc. II do Regimento Interno do CRSS aprovado pela Portaria MDAS n° 116/2017. Pressupostos de Admissibilidade do pedido alcançados na forma do art. 63 do mesmo Regimento. A exigência do ruído em NEN, a partir de 18/11/2003, não é estritamente obrigatória podendo ser aceitas outras metodologias válidas que atestem o ruído por meio de dosimetria. Precedente do Conselho Pleno. Pedido de Uniformização conhecido e provido. Necessidade de revisão de ofício do acórdão impugnado na forma do § 12 do art. 63 do Regimento Interno do CRSS
ATIVIDADE ESPECIAL - A exigência do ruído em NEN não é estritamente obrigatória, podendo ser aceitas outras metodologias válidas que atestem o ruído por meio de dosimetria, seja da NHO-01 ou da NR-15, vedada a utilização de técnica de medição de ruído de forma pontual	13	28/06/2019	EMENTA: APOSENTADORIA ESPECIAL. PEDIDO DE UNIFORMIZAÇÃO DE JURISPRUDÊNCIA. Divergência jurisprudencial entre as Câmaras de Julgamento no que tange conversão de tempo de atividade especial. Exposição ao agente nocivo ruído com a observância da técnica de apuração pela NHO-01 da Fundacentro. Competência para análise deste Conselho Pleno na forma do art. 3° inc. II do Regimento Interno do CRSS aprovado pela Portaria MDAS n° 116/2017. Pressupostos de Admissibilidade do pedido alcançados na forma do art. 63 do mesmo Regimento. A exigência do ruído em NEN, a partir de 01/01/2004, não é estritamente obrigatória podendo ser aceitas outras metodologias válidas que atestem o ruído por meio de dosimetria. Precedentes do Conselho Pleno. Pedido de Uniformização conhecido e provido. Necessidade de revisão de oficio do acórdão impugnado na forma do § 12 do art. 63 do Regimento Interno do CRSS.

Ressarcimento de valores recebidos indevidamente pela segurada, ainda que de BOA-FÉ, em decorrência de manutenção irregular de pensão por morte. Parecer CONJUR nº 616/2010, questão 15	12	28/06/2019	EMENTA: RECLAMAÇÃO AO CONSELHO PLENO. PENSÃO POR MORTE. DEVOLUÇÃO DE VALORES RECEBIDOS INDEVIDAMENTE. IMPOSSIBILIDADE DE PERDÃO DA DÍVIDA MESMO COMPROVADA A BOA-FÉ. PARECER 616/2010 QUESTÃO 15. APLICAÇÃO DO INSTITUTO DA DECADÊNCIA. RECLAMAÇÃO PROCEDENTE.
Não conhecimento de Pedido de Uniformização de Jurisprudência em razão da não demonstração de divergência em matéria de direito	11	26/03/209	EMENTA. PEDIDO DE UNIFORMIZAÇÃO DE JURISPRUDÊNCIA. NÃO DEMONSTRAÇÃO DE DIVERGÊNCIA EM MATÉRIA DE DIREITO NOS ACÓRDÃOS PARADIGMAS. AUSÊNCIA DOS PRESSUPOSTOS LEGAIS, NOS TERMOS DOS ART. 63 DA PORTARIA MDSA N° 116/2017.
Não conhecimento de Pedido de Uniformização de Jurisprudência por intempestividade. Não conhecimento de Reclamação por não demonstração de violação a parecer ministerial ou enunciado do CRPS.	10	26/03/2019	EMENTA: EMENTA. PEDIDO DE UNIFORMIZAÇÃO DE JURISPRUDÊNCIA E RECLAMAÇÃO. AUSÊNCIA DOS PRESSUPOSTOS LEGAIS, NOS TERMOS DOS ART. 63 E 64 DA PORTARIA MDSA N° 116/2017. - 1. A Reclamação foi apresentada no prazo legal mas não preencheu os requisitos do artigo 64 do Regimento Interno do CRPS. 2. O Pedido de Uniformização foi apresentado de forma intempestiva. 3. Incidentes processuais não conhecidos.
Não conhecimento de Pedido de Uniformização de Jurisprudência por perda de objeto decorrente do ajuizamento de ação judicial	09	26/03/2019	EMENTA: Pedido de Uniformização de Jurisprudência. Art. 63 do Regimento Interno do CRSS. Aposentadoria por Idade. Art. 201, § 7°, II da Constituição Federal - 65 anos para homem e 60 para mulher. Carência de 180 contribuições mensais. Art. 25, II da Lei 8.213 de 1991. Necessidade de comprovar a condição trabalhador rural na DER para a concessão do benefício com a benesse da redução de idade - requisitos do art. 48, §§ 1° e 2° da Lei 8213 de 1991. Inaplicabilidade do art. 3° da Lei 10.666 de 2003.
ATIVIDADE ESPECIAL – Inexigibilidade de apresentação de formulários para o enquadramento por CATEGORIA PROFISSIONAL (Obs.: Matéria objeto do Enunciado CRPS nº 14, I, de 2019)	08	26/03/2019	EMENTA: Pedido de Uniformização de Jurisprudência. Art. 63 do Regimento Interno do CRSS. Aposentadoria por tempo de contribuição. Art. 9, § 1°, I da Emenda Constitucional n° 20 de 1998. Enquadramento de atividade especial por categoria profissional. Desnecessidade de comprovação da atividade especial por documento profissiográfico - SB40, DSS-8030, DIRBEN-8030 e PPP. Aplicação de jurisprudência deste Conselho - Resolução n° 04 e 05 de 2016.
	07	26/03/2019	EMENTA: Pedido de Uniformização de Jurisprudência. Art. 63 do Regimento Interno do CRSS. Aposentadoria por tempo de contribuição. Art. 9, § 1°, I da Emenda Constitucional n° 20 de 1998. Enquadramento de atividade especial por categoria profissional. Desnecessidade de comprovação da atividade

			especial por documento profissiográfico — SB40, DSS-8030, DIRBEN-8030 e PPP. Aplicação de jurisprudência . deste Conselho — Resolução n° 04 e 05 de 2016.
Não conhecimento de Reclamação ao Conselho Pleno por intempestividade	06	26/03/2019	EMENTA: Reclamação ao Conselho Pleno. Art. 64 do Regimento Interno do CRSS. Aposentadoria por tempo de contribuição. Art. 9, § 1°, I da Emenda Constitucional n° 20 de 1998. Reconhecimento de atividade especial por exposição a agente nocivo ruído. Utilização eficaz do EPI pelo trabalhador - Violação do Parecer Conjur/MPS n° 616 de 2010. Aplicação do Enunciado n° 21 do CRPS.
Não conhecimento de Pedido de Uniformização de Jurisprudência em razão da não demonstração de divergência em matéria de direito	05	26/03/2019	EMENTA: APOSENTADORIA POR TEMPO DE CONTRIBUIÇÃO. PEDIDO DE UNIFORMIZAÇÃO DE JURISPRUDÊNCIA. ATIVIDADE ESPECIAL. O RECONHECIMENTO DA NATUREZA ESPECIAL DAS ATIVIDADES EXERCIDAS PELO SEGURADO EXIGE DOIS REQUISITOS: A NOCIVIDADE E A PERMANÊNCIA. NÃO APRESENTAÇÃO DE DIVERGÊNCIA EM MATERIA DE DIREITO. REDISCUSSÃO DE MATÉRIA FÁTICA. RECURSO NÃO CONHECIDO
APOSENTADORIA HÍBRIDA – Necessidade de comprovação do efetivo exercício de atividade rural no período imediatamente anterior à data de entrada do requerimento (DER). Parecer CONJUR nº 19/2013, questão nº 33.	04	26/03/2019	EMENTA: RECLAMAÇÃO. APOSENTADORIA POR IDADE. CÔMPUTO DE PERÍODOS URBANOS E RURAIS. INCLUSÃO DE PERÍODO RURAL PARA FINS DE CARÊNCIA EM BENEFÍCIO URBANO. QUALIDADE DE SEGURADA FACULTATIVA NA DATA DE ENTRADA DO REQUERIMENTO. INFRIGÊNCIA DA DECISÃO ATACADA AO PARECER N° 19/2013/CONJUR MPS/CGU/AGU. PROCEDÊNCIA. A decisão atacada infringiu as disposições do Parecer n° 19/2013/CONJUR-MPS/CGU/AGU, segundo o qual o benefício controvertido requer que se trate de segurado que detenha a qualidade de trabalhador rural no período imediatamente anterior ao requerimento do benefício ou do cumprimento do requisito etário, não podendo ser computado como carência tempo de atividade rural para segurado com filiação urbana.
ATIVIDADE ESPECIAL – Impossibilidade de enquadramento da atividade de TSERVENTE/TORNEIRO MECÂNICO por CATEGORIA PROFISSIONAL por falta de previsão legal	03	26/03/2019	EMENTA: APOSENTADORIA POR TEMPO DE CONTRIBUIÇÃO. PEDIDO DE UNIFORMIZAÇÃO DE JURISPRUDÊNCIA. POSSIBILIDADE DE UTILIZAÇÃO DE LAUDO DE EMPRESA TOMADORA DE SERVIÇO PARA ELABORAÇÃO DE FORMULÁRIO PPP. INDEFERIMENTO DE ENQUADRAMENTO DEVIDO NÃO COMPROVAÇÃO DE EXPOSIÇÃO A AGENTE NOCIVO. DECRETO 3.048/99.

13

PRESCRIÇÃO – A má-fé no recebimento indevido de benefício afasta a decadência para a revisão administrativa, mas não a prescrição quinquenal para a cobrança dos valores a ressarcir (Obs.: Matéria objeto do Enunciado CRPS nº 10, III, de 2019)	02	26/03/2019	EMENTA: APOSENTADORIA POR TEMPO DE CONTRIBUIÇÃO. PEDIDO DE UNIFORMIZAÇÃO DE JURISPRUDÊNCIA. OPERADA DECADÊNCIA PARA COBRANÇA DE VALORES RECEBIDOS INDEVIDAMENTE. NÃO COMPROVADA MÁ-FÉ. IMPOSSIBILIDADE DE SE AFASTAR PRESCRIÇÃO QUINQUENAL. LEI 8.213/91, ART. 103.
LOAS – O requisito de renda familiar inferior a ¼ do salário mínimo não é critério exclusivo para avaliação da situação de miserabilidade, admitindo-se outros meios de prova, dentre os quais o Parecer Social (Obs.: Alteração da jurisprudência do CRPS. Vide Resoluções nº 06/2018, 58/2018, 75/2018, 76/2018, 77/2018 e 78/2018)	01	26/03/2019	EMENTA: PEDIDO DE UNIFORMIZAÇÃO DE JURISPRUDÊNCIA. BENEFÍCIO DE PRESTAÇÃO CONTINUADA. DECISÃO DO STF NA RECLAMAÇÃO 4374/PE. ALTERAÇÃO DO CONTEÚDO DA ADI 1.232/DF. CRITÉRIO DE RENDA EM DE SALÁRIO MÍNIMO INCONSTITUCIONAL. ARTIGO 20 §11 DA LEI 8.742/93. POSSIBILIDADE DE UTILIZAÇÃO DE OUTROS ELEMENTOS PROBATÓRIOS DA CONDIÇÃO DE MISERABILIDADE DO GRUPO FAMILIAR E DA SITUAÇÃO DE VULNERABILIDADE. PARECER SOCIAL. POSSIBILIDADE. PEDIDO CONHECIDO E NEGADO.

Acaso o leitor deseje baixar o conteúdo integral destas Resoluções CRPS 2019, basta acessar o nosso link:

Para acesso ao conteúdo, utilize o QR Code ao lado.

3.3. RESOLUÇÕES 2018 (EMENTÁRIO)

Por sua vez, no que toca às **81 Resoluções editadas pelo Plenário do CRPS no ano de 2018**, iremos apresentar abaixo **Ementário publicado oficialmente** no seguinte portal: *http://www.antigo.previdencia.gov.br/wp-content/uploads/2019/12/EMENTARIO_RESOLUCOES_CRPS_2018_.pdf*:

CONSELHO DE RECURSOS DA PREVIDÊNCIA SOCIAL – CRPS[1]

EMENTÁRIO DE RESOLUÇÕES DO CONSELHO PLENO COM IDENTIFICAÇÃO DA MATÉRIA – 2018

MATÉRIA	RESOLUÇÃO Nº	DATA JULGAMENTO	EMENTA
AUXÍLIO RECLUSÃO – A aferição do requisito de baixa renda na hipótese de segurado desempregado no período de graça deve ser feita com base no último salário de contribuição. Parecer/CONJUR nº 616/2010, questão nº 24	81	28/11/2018	EMENTA: Reclamação ao Conselho Pleno. Art. 64 do Regimento Interno do CRSS. Auxílio reclusão. Art. 80 da Lei 8.213 de 1991 e arts. 116 a 119 do Decreto n° 3.048 de 1999. Salário de contribuição superior ao limite legal.
Ressarcimento de valores recebidos indevidamente pelo segurado, ainda que de BOA-FÉ, em decorrência de concessão irregular de auxílio-doença por falta de qualidade de segurado. Parecer CONJUR nº 616/2010, questão 15	80	28/11/2018	EMENTA: Reclamação ao Conselho Pleno. Art. 64 do Regimento Interno do CRSS. Auxílio doença previdenciário. Concessão do benefício. Falta de qualidade de segurado na data de início de incapacidade - pagamento em atraso das contribuições previdenciárias. Arts. 15 e 60 a 63 da Lei 8.213 de 1991 e arts. 71 a 80 do Decreto 3.048 de 1999. Violação ao Parecer Conjur/MPS n° 616 de 2010 - a boa-fé do segurado não é impeditivo a devolução de valores recebidos indevidamente
PENSÃO POR MORTE – Retroação da data de início do pagamento (DIP) à data de óbito do instituidor para dependente maior inválido que não comprova a incapacidade na data de entrada do requerimento (DER). Pedido de Uniformização não conhecido por perda de objeto decorrente do ajuizamento de ação judicial.	79	28/11/2018	EMENTA: Pedido de Uniformização de Jurisprudência. Art. 63 do Regimento Interno do CRSS. Pensão por morte. Arts. 74 a 79 da Lei 8.213 de 1991. Comprovação da qualidade de dependente - maior inválida. Data de início de pagamento do benefício - beneficiária não comprovou sua incapacidade na data de entrada do benefício. Apresentação de sentença de interdição ao longo do curso do processo. Renúncia do direito de discutir a controvérsia na seara administrativa - ajuizamento de ação judicial com o mesmo objeto na forma do art. 36 do Regimento Interno.
	78	28/11/2018	EMENTA: Reclamação ao Conselho Pleno. Art. 64 do Regimento Interno do CRSS. Benefício de Prestação Continuada à Pessoa com Deficiência. Requisitos do art. 20, §§ 1° e 3° da Lei 8.742/93. Renda per capita superior a 1/4 do salário mínimo. Violação ao Parecer Conjur/MPS n° 616 de 2010 -valores de benefícios previdenciários recebidos por integrantes do grupo familiar da pessoa portadora de deficiência integra o cálculo da renda per capita.
	77	28/11/2018	EMENTA: Pedido de Uniformização de Jurisprudência. Art. 63 do Regimento Interno do CRSS. Beneficio de Prestação Continuada à Pessoa com Deficiência. Requisitos do art. 20, §§ 1° e 3° da Lei 8.742/93. Renda per capita superior a 1/4 do salário mínimo. Divergência na interpretação em matéria de direito entre acórdãos de Câmaras de Julgamento do CRSS em sede de Recurso Especial quanto a mitigação da renda per capita de 1/4 do salário mínimo.

1 - Por força da publicação da Lei nº 13.844, de 18 de junho de 2019, o então Conselho de Recursos do Seguro Social (CRSS) voltou a ser denominado de Conselho de Recursos da Previdência Social (CRPS), com subordinação ao Ministério da Economia (art. 32, XXXI).

LOAS – Impossibilidade de mitigar o requisito objetivo de caracterização da miserabilidade (renda per capita inferior a ¼ do salário mínimo) com base em jurisprudência do STF emitida em sede de controle difuso de constitucionalidade. Parecer/CONJUR nº 616/2010, questão nº 11	76	28/11/2018	EMENTA: Pedido de Uniformização de Jurisprudência. Art. 63 do Regimento Interno do CRSS. Benefício de Prestação Continuada à Pessoa com Deficiência. Requisitos do art. 20, §§ 1° e 3° da Lei 8.742/93. Renda per capita superior a 1/4 do salário mínimo. Divergência na interpretação em matéria de direito entre acórdãos de Câmaras de Julgamento do CRSS em sede de Recurso Especial quanto a mitigação da renda per capita de 1/4 do salário mínimo.
	75	28/11/2018	EMENTA: BENEFÍCIO DE PRESTAÇÃO CONTINUADA. LOAS. PEDIDO DE UNIFORMIZAÇÃO DE JURISPRUDÊNCIA. Divergência jurisprudencial entre as Câmaras de Julgamento no que tange aos critérios de fixação da renda per capita familiar. Competência para análise deste Conselho Pleno na forma do art. 3° inc. II do Regimento Interno do CRSS aprovado pela Portaria MDAS n° 116/2017. Pressupostos de Admissibilidade do pedido alcançados na forma do art. 63 do mesmo Regimento. Para a fixação dos critérios da renda familiar aplicam-se àqueles definidos na Lei n° 8.742/93, regulamentada pelo Decreto n° 6.214/97. Necessário cumprimento do exposto em lei, decreto e ato normativo ministerial, conforme o previsto no art. 69 do RI/CRSS. Precedentes do Conselho Pleno. Pedido de Uniformização conhecido e provido. Necessidade de revisão de ofício do acórdão impugnado na forma do § 12 do art. 63 do Regimento Interno do CRSS.
ATIVIDADE ESPECIAL – Possibilidade de utilizar laudo técnico extemporâneo para demonstração de exposição ao agente nocivo RUÍDO (Obs.: Matéria objeto do Enunciado CRPS nº 11, II, de 2019)	74	28/08/2018	EMENTA: APOSENTADORIA POR TEMPO DE CONTRIBUIÇÃO. PEDIDO DE UNIFORMIZAÇÃO DE JURISPRUDENCIA. PRESSUPOSTOS DE ADMISSIBILIDADE DO PEDIDO ALCANÇADOS NA FORMA DO ART. 63 DO MESMO REGIMENTO. ATIVIDADE NOCIVA. AGENTE RUÍDO. EXIGÊNCIA DE REQUISITOS. RECURSO CONHECIDO E PARCILAMENTE PROVIDO. 1. Não há constatação de divergência sobre tese jurídica em matéria de direito sobre a definição da metodologia para a aferição do agente nocivo ruído, não tendo acatado o pedido de uniformização requerido pelo segurado. 2. A extemporaneidade do laudo técnico é matéria de direito sedimentada neste Conselho de Recursos conforme resoluções e ato administrativo autárquico, sendo acolhida a uniformização de jurisprudência. 3. Pedido de Uniformização de Jurisprudência parcialmente provido.
ATIVIDADE ESPECIAL – Inexigência de apresentação de histograma/memória de cálculo para a demonstração de exposição ao agente nocivo RUÍDO. Possibilidade de análise de PPP confeccionado com base em metodologia diversa da NHO-01 da FUNDACENTRO, como a da NR-15, mesmo após a publicação do Decreto nº 4.882, de 18/11/2003, que passou a exigir a comprovação do ruído em NEN (Nível de Exposição Normalizado). (Obs.: Matéria objeto do Enunciado CRPS nº 13, III, de 2019)	73	28/11/2018	EMENTA: APOSENTADORIA ESPECIAL. PEDIDO DE UNIFORMIZAÇÃO DE JURISPRUDENCIA. Divergência jurisprudencial entre as Câmaras de Julgamento no que tange conversão de tempo de atividade especial. Exigência de histograma e/ou memória de cálculo. Exposição ao agente nocivo ruído com a observância da técnica de apuração pela NHO-01 da Fundacentro. Competência para análise deste Conselho Pleno na forma do art. 3° inc. II do Regimento Interno do CRSS aprovado péla Portaria MDAS n° 116/2017. Pressupostos de Admissibilidade do pedido alcançados na forma do art. 63 do mesmo Regimento. Não é exigível o fornecimento de histograma e/ou memória de cálculo para o período de 11/10/2001 até 18/11/2003, por falta de previsão legal em lei, decreto e ato normativo ministerial vinculativo ao CRSS, bem como a inexigibilidade dada ao inc. III do art. 280 da IN/INSS n° 77/2015; pela DIRSAT/INSS, ante o reconhecimento da indisponibilidade de aparelhos de medição no período indicado: A exigência do ruído em NEN, a partir de 18/11/2003, não é estritamente obrigatória podendo ser aceitas outras metodologias válidas que atestem o ruído por meio de dosimetria. Precedente do Conselho Pleno. Pedido de Uniformização conhecido e provido. Necessidade de revisão de ofício do acórdão impugnado na forma do § 12 do art. 63 do Regimento Interno do CRSS.
ATIVIDADE ESPECIAL – Possibilidade de análise de PPP confeccionado com base em metodologia diversa da NHO-01 da FUNDACENTRO, como a da NR-15, mesmo	72	28/11/2018	EMENTA: APOSENTADORIA ESPECIAL. PEDIDO DE UNIFORMIZAÇÃO DE JURISPRUDENCIA. Divergência jurisprudencial entre as Câmaras de Julgamento no que tange conversão de tempo de atividade especial. Exposição ao agente nocivo ruído com a observância da técnica de apuração pela NHO-01 da Fundacentro. Competência para análise deste Conselho Pleno na forma do art. 3° inc. II do Regimento Interno do CRSS

após a publicação do Decreto nº 4.882, de 18/11/2003, que passou a exigir a comprovação do ruído em NEN (Nível de Exposição Normalizado). (Obs.: Matéria objeto do Enunciado CRPS nº 13, III, de 2019)			aprovado pela Portaria MDAS n° 116/2017. Pressupostos de Admissibilidade do pedido alcançados na forma do art. 63 do mesmo Regimento. A exigência do ruído em NEN, a partir de 18/11/2003, não é estritamente obrigatória podendo ser aceitas outras metodologias válidas que atestem o ruído por meio de dosimetria. Precedente do Conselho Pleno. Pedido de Uniformização conhecido e provido. Necessidade de revisão de oficio do acórdão impugnado na forma do § 12 do art. 63 do Regimento Interno do CRSS.
ATIVIDADE ESPECIAL – A atenuação, neutralização ou eliminação dos agentes nocivos pelo EPI não afasta o enquadramento da atividade especial pelo agente nocivo RUÍDO. (OBS.: Matéria objeto do Enunciado CRPS nº 12, de 2019).	71	27/11/2018	EMENTA: Reclamação ao Conselho Pleno. Art. 64 do Regimento Interno do CRSS. Aposentadoria por tempo de contribuição. Art. 9, § 1°, I da Emenda Constitucional n° 20 de 1998. Reconhecimento de atividade especial por exposição a agente nocivo ruído. Utilização eficaz do EPI pelo trabalhador - Violação do Parecer Conjur/MPS n° 616 de 2010. Aplicação do Enunciado n° 21 do CRPS.
	70	27/11/2018	EMENTA: Reclamação ao Conselho Pleno. Art. 64 do Regimento Interno do CRSS. Aposentadoria por Idade. Art. 201, § 7°, II da Constituição Federal — 65 anos para homem e 60 para mulher. Carência de 180 contribuições mensais. Art. 25, II da Lei 8.213 de 1991. Necessidade de comprovar a condição de empregada doméstica na DER - desnecessidade. Aplicação conjunta do art. 36 da Lei 8.213 de 1991 com o Enunciado n° 18 do CRPS além da Resolução n° 06 de 2017 do Conselho Pleno do CRSS.
	69	27/11/2018	EMENTA: APOSENTADORIA POR IDADE. PEDIDO DE UNIFORMIZAÇÃO DE JURISPRUDÊNCIA. Divergência jurisprudencial entre as Câmaras de Julgamento no que tange à exigência de filiação da segurada como empregada doméstica para fins de requerimento de aposentadoria sem contribuições previdenciárias. Pressupostos de Admissibilidade do pedido alcançados na forma do art. 63 do mesmo Regimento. Suposta infringência de Órgão Julgador ao Parecer CONJUR/MPS/CGU/AGU n° 672/2012 não confirmada. O empregado doméstico goza da presunção de recolhimentos quando estes são devidos por seu empregador. Precedentes do Conselho Pleno. Pedido de Uniformização conhecido e improvido.
EMPREGADA DOMÉSTICA – Desnecessidade de demonstração de filiação ao RGPS como empregada doméstica na data de entrada do requerimento (DER) para obtenção de benefício de menor valor sem comprovação de contribuições (Obs.: Matéria objeto do Enunciado CRPS nº 2, IV de 2019)	68	27/11/2018	EMENTA: APOSENTADORIA POR IDADE. PEDIDO DE UNIFORMIZAÇÃO DE JURISPRUDÊNCIA. Divergência jurisprudencial entre as Câmaras de Julgamento no que tange à exigência de filiação da segurada como empregada doméstica para fins de requerimento de aposentadoria sem contribuições previdenciárias. Pressupostos de Admissibilidade do pedido alcançados na forma do art. 63 do mesmo Regimento. Suposta infringência de Órgão Julgador ao Parecer CONJUR/MPS/CGU/AGU n° 672/2012 não confirmada. O empregado doméstico goza da presunção de recolhimentos quando estes são devidos por seu empregador. Precedentes do Conselho Pleno. Pedido de Uniformização conhecido e improvido.
	67	27/11/2018	EMENTA: APOSENTADORIA POR IDADÉ. PEDIDO DE UNIFORMIZAÇÃO DE JURISPRUDÊNCIA. Divergência jurisprudencial entre as Câmaras de Julgamento no que tange à exigência de filiação da segurada como empregada doméstica para fins de requerimento de aposentadoria sem contribuições previdenciárias. Pressupostos de Admissibilidade do pedido alcançados na forma do art. 63 do mesmo Regimento. Suposta infringência de Órgão Julgador ao Parecer CONJUR/MPS/CGU/AGU n° 672/2012 não confirmada. O empregado doméstico goza da presunção de recolhimentos quando estes são devidos por seu empregador. Precedentes do Conselho Pleno. Pedido de Uniformização conhecido e improvido.

Impossibilidade de reanálise da documentação apresentada para enquadramento de atividade especial em sede de Pedido de Uniformização de Jurisprudência. Reexame de matéria fático-probatória e rediscussão dos fundamentos de decisão de Câmara de Julgamento	66	27/11/2018	EMENTA: EMENTA. APOSENTADORIA ESPECIAL. PEDIDO DE UNIFORMIZAÇÃO DE JURISPRUDENCIA. Divergência jurisprudencial em matéria de direito entre Câmaras de Julgamento não demonstrada. Pretensão fundamentada em reexame de matéria fático-probatória. Ausência de pressupostos de admissibilidade contidos no inc. I do art. 63 do Regimento Interno do CRSS. Não conhecimento do pedido de Uniformização.
EXERCENTE DE MANDATO ELETIVO – Impossibilidade de utilizar os salários de contribuição recolhidos como vereador em período anterior à publicação da Lei nº 10.887/2004 na condição de segurado facultativo se o requerente já era segurado obrigatório do RGPS em outra categoria	65	27/11/2018	EMENTA: BENEFICIO. PEDIDO DE RECLAMAÇÃO AO CONSELHO PLENO. MANDATO ELETIVO. UTILIZAÇÃO DO TEMPO DE CONTRIBUIÇÃO COMO VEREADOR. INEXISTÊNCIA DE CONTRIBUIÇÕES. FILIAÇÃO COMO SEGURADO FACULTATIVO VEDADA POR LEI. RECLAMAÇÃO CONHECIDA E PROVIDA.
Os incidentes de competência do Conselho Pleno do CRPS não comportam a proposição de relevação da INTEMPESTIVIDADE	64	27/11/2018	EMENTA: EMENTA: APOSENTADORIA POR TEMPO DE CONTRIBUIÇÃO. PEDIDO DE UNIFORMIZAÇÃO DE NÃO INTEMPESTIVIDADE. JURISPRUDENCIA. CUMPRIMENTO DOS PRESSUPOSTOS DE ADMISSIBILIDADE. NÃO CONHECIMENTO. LEGISLAÇÃO: ART. 54 DO REGIMENTO INTERNO DO CONSELHO DE RECURSOS DO SEGURO SOCIAL
Não conhecimento de Reclamação ao Conselho Pleno do CRPS por ausência de demonstração de violação a parecer ministerial	63	27/11/2018	xxxxxxxxxx
Não conhecimento de Reclamação ao Conselho Pleno do CRPS por perda de objeto decorrente do ajuizamento de ação judicial	62	27/11/2018	EMENTA: RECLAMAÇÃO AO CONSELHO PLENO. APOSENTADORIA POR IDADE. EMPREGADA DOMÉSTICA. INEXISTÊNCIA DE RECOLHIMENTO PREVIDENCIÁRIO. OBRIGAÇÃO DO EMPREGADOR. APLICAÇÃO DE ENUNCIADO DO CONSELHO DE RECURSOS. RENÚNCIA A DISCUSSÃO ADMINISTRATIVA EM FACE DA INVESTIDURA DE AÇÃO JUDICIAL COM O MESMO OBJETO. CONCESSÃO NA VIA JUDICIAL REFERENTE AO REQUERIMENTO ADMINISTRATIVO. PERDA DO OBJETO DA RECLAMAÇÃO. LEGISLAÇÃO: ART. 36, 56 E 64 DO REGIMENTO INTERNO DO CRSS.
AUXÍLIO RECLUSÃO – A aferição do requisito de baixa renda deve considerar o salário de contribuição integral, ainda que a última remuneração tenha sido recebida em valor proporcional aos dias trabalhados	61	27/11/2018	EMENTA: AUXÍLIO-RECLUSÃO. PEDIDO 3E UNIFORMIZAÇÃO JURIISPRUDENCIA. Divergência jurisprudencial entre as Câmaras de Julgamento no que tange ao reconhecimento do último salário-de-contribuição do segurado recolhido à prisão. Competência, para análise deste Conselho Pleno na forma do art. 3° inc. h do Regimento Interno do CRSS aprovado pela Portaria MDAS n° 116/2017. Pressupostos de Admissibilidade do pedido alcançados na forma do art. 63 do mesmo Regimento. Reconhecimento do último salário-de-contribuição em seu valor mensal, independentemente do número de dias trabalhados no mês de referência. Precedentes do Conselho Pleno. Pedido de Uniformização conhecido e provido. Necessidade de revisão de oficio do acórdão impugnado na forma do § 12 do art. 63 do Regimento Interno do CRSS.
Edição do ENUNCIADO nº 40 do CRPS – Aplicação do prazo decadencial para revisão da acumulação de auxílio-suplementar com aposentadoria de qualquer natureza, salvo comprovada má-fé (Obs.: Matéria objeto do Enunciado CRPS nº 10, II, de 2019)	60	29/08/2018	EMENTA: A DECADÊNCIA PREVISTA NO ART. 103-A DA LEI N° 8.213/91 INCIDE NA REVISÃO DE ACÚMULO DE AUXÍLIO-SUPLEMENTAR COM APOSENTADORIA DE QUALQUER NATUREZA, SALVO SE COMPROVADA A MÁ-FÉ DO(A) BENEFICIÁRIO(A), A CONTAR DA PERCEPÇÃO DO PRIMEIRO PAGAMENTO INDEVIDO, OBSERVADOS OS SEGUINTES PARÂMETROS: I - Para as acumulações ocorridas antes da pulicação da Lei n° 9.784, o prazo será contado a partir de 01/02/1999. (Parecer MPS/CJ n° 3.509 de 26/04/2005, DOU de 28/04/2005) II - A má-fé deve ser comprovada, no caso concreto, assegurada a ampla defesa e o contraditório".

Retificação do ENUNCIADO nº 39 do CRPS – Efeitos financeiros da habilitação tardia de beneficiários menores, incapazes ou ausentes em benefícios previdenciários (Obs.: Matéria objeto do Enunciado CRPS nº 4, III, de 2019)	59	29/08/2018	EMENTA: A habilitação tardia de beneficiários menores, incapazes ou ausentes, em benefícios previdenciários já com dependentes anteriormente habilitados, somente produzirá efeitos financeiros a contar da Data de entrada do Requerimento - DER, sendo incabível a retroação da Data do Início do Pagamento - DIP para permitir a entrega de valores a partir do fato gerador do benefício.
LOAS – Inafastabilidade do critério objetivo de comprovação da condição de miserabilidade (renda familiar inferior a ¼ do salário mínimo)	58	28/08/2018	EMENTA: CONSELHO PLENO. PEDIDO DE UNIFORMIZAÇÃO DE JURISPRUDENCIA. AMPARO SOCIAL A PESSOA PORTADORA DE DEFICIÊNCIA. RENDA FAMILIAR SUPERIOR A 1/4 DO SALÁRIO MINIMO. COMPROVAÇÃO DA MISERABILIDADE. PROVIDO.
Impossibilidade de reanálise dos níveis de exposição a RUÍDO em sede de Pedido de Uniformização de Jurisprudência. Reexame de matéria fático-probatória e não demonstração de divergência	57	28/08/2018	EMENTA: Pedido de Uniformização de Jurisprudência. Art. 63 do Regimento Interno do CRSS. Aposentadoria por tempo de contribuição. Art. 9, § 1°, I da Emenda Constitucional n° 20 de 1998. Reconhecimento de atividade especial por exposição a agente nocivo ruído. Utilização eficaz do EPI pelo trabalhador - Enunciado n° 21 do CRPS. Exposição abaixo ao limite de tolerância - Súmula n° 29 da AGU. Divergência não demonstrada - rediscussão de matéria fático probatória.
Reconhecimento de infringência ao Parecer CONJUR 616/2010 (questão 15), que legitima o ressarcimento de valores recebidos indevidamente em decorrência da acumulação irregular de benefícios, inclusive na hipótese de boa-fé	56	28/08/2018	EMENTA: RECLAMAÇÃO À COMPOSIÇÃO PLENARIA DO CONSELHO DE RECURSOS DO SEGURO SOCIAL - CRSS (ART. 64 DO REGIMENTO INTERNO DO CRSS, APROVADO PELA PORTARIA MDSA N° 116, DE 20 DE MARÇO DE 2017). INFLIGENCIA DA NORMA NOS TERMOS DO ARTIGO 64 DO RI/CRSS, APROVADO PELA PORTARIA N° 116/2017 - RECLAMAÇÃO JULGADA COMO PROCEDENTE
Não conhecimento de Pedido de Uniformização de Jurisprudência em razão da não demonstração de divergência em matéria de direito	55	28/08/2018	EMENTA: AUXÍLIO-DOENÇA. PEDIDO DE UNIFORMIZAÇÃO DE JURISPRUDENCIA. Divergência jurisprudencial em matéria de direito entre Câmaras de Julgamento não demonstrada. Pretensão fundamentada em reexame de matéria fático-probatória. Ausência de pressupostos de admissibilidade contidos no inc. I do art. 63 do Regimento Interno do CRSS. Não conhecimento do pedido de Uniformização.
Não conhecimento de Pedido de Uniformização de Jurisprudência por intempestividade. O prazo para interposição deste incidente não é interrompido pelo requerimento de revisão de ofício feito ao órgão de origem	54	28/08/2018	EMENTA: APOSENTADORIA ESPECIAL. PEDIDO DE UNIFORMIZAÇÃO DE JURISPRUDENCIA. Pressupostos de Admissibilidade do pedido não alcançados na forma do § 2° do art. 63 do Regimento Interno do CRSS aprovado pela Portaria MDAS n° 116/2017. Intempestividade. O Conselho Pleno já firmou o entendimento de que as petições dirigidas pelas partes aos Órgãos de Origem para fins de revisão de acórdão não interrompem o prazo para interposição do Pedido de Uniformização de Jurisprudência. Precedentes. Pedido de Uniformização não conhecido.
	53	28/08/2018	EMENTA: APOSENTADORIA ESPECIAL. PEDIDO DE UNIFORMIZAÇÃO DE JURISPRUDENCIA. Divergência jurisprudencial entre as Câmaras de Julgamento no que tange a conversão do agente eletricidade a partir de 06/03/97, com advento do Decreto n° 2.172/97. Competência para análise deste Conselho Pleno na forma do art. 3° inc. II do Regimento Interno do CRSS aprovado pela Portaria MDAS n° 116/2017. Pressupostos de Admissibilidade do pedido alcancados na forma do art. 63 do mesmo Regimento. Impossibilidade de conversão do agente eletricidade a partir de 06/03/97 por inexistência de previsão legal, não sendo possível o Conselho julgar em desacordo com o previsto em lei, decreto e ato normativo ministerial, na forma do art. 69 do Regimento Interno do CRSS. Precedente do Conselho Pleno. Pedido de Uniformização conhecido e improvido.

ATIVIDADE ESPECIAL – Impossibilidade de conversão do agente nocivo ELETRICIDADE após a publicação do Decreto nº 2.172, de 05/03/1997	52	28/28/2018	EMENTA: APOSENTADORIA ESPECIAL. PEDIDO DE UNIFORMIZAÇÃO DE JURISPRUDENCIA. Divergência jurisprudencial entre as Câmaras de Julgamento no que tange a conversão do agente eletricidade a partir de 06/03/97, com advento do Decreto n° 2.172/97. Competência para análise deste Conselho Pleno na forma do art. 3° inc. II do Regimento Interno do CRSS aprovado pela Portaria MDAS n° 116/2017. Pressupostos de Admissibilidade do pedido alcançados na forma do art. 63 do mesmo Regimento. Impossibilidade de conversão do agente eletricidade a partir de 06/03/97 por inexistência de previsão legal, não sendo possível o Conselho julgar em desacordo com o previsto em lei, decreto e ato normativo ministerial, na forma do art. 69 do Regimento Interno do CRSS. Precedente do Conselho Pleno. Pedido de Uniformização conhecido e improvido.
	51	28/28/2018	EMENTA: PEDIDO DE UNIFORMIZAÇÃO DE JURISPRUDÊNCIA. APOSENTADORIA POR TEMPO DE CONTRIBUIÇÃO - ANÁLISE DE ENQUADRAMENTO DE PERÍODO POSTERIOR À 06/03/1997 EXPOSTO AO AGENTE AGRESSIVO ELETRICIDADE - CONHECIMENTO DO PEDIDO DE UNIFORMIZAÇÃO DE JURISPRUDÊNCIA NOS TERMOS DO ARTIGO 63 DO REGIMENTO INTERNO DO CONSELHO DE RECURSOS DO SEGURO SOCIAL - CRSS, APROVADO PELA PORTARIA N° 116, DE 20 DE MARÇO DE 2017
	50	28/08/2018	EMENTA: APOSENTADORIA POR TEMPO DE CONTRIBUIÇÃO. PEDIDO DE UNIFORMIZAÇÃO DE JURISPRUDÊNCIA. Divergência jurisprudencial entre as Câmaras de Julgamento no que tange a conversão do agente eletricidade a partir de 06/03/97, com advento do Decreto n° 2.172/97. Competência para análise deste Conselho Pleno na forma do art. 3° inc. II. do Regimento Interno do CRSS aprovado pela Portaria MDAS n° 116/2017. Pressupostos de Admissibilidade do pedido alcançados na forma do art. 63 do mesmo Regimento. Impossibilidade de conversão do agente eletricidade a partir de 06/03/97 por inexistência de previsão legal, não sendo possível o Conselho julgar em desacordo com o previsto em lei, decreto e ato normativo ministerial, na forma do art. 69 do Regimento Interno do CRSS. Precedente do Conselho Pleno. Pedido de Uniformização conhecido e provido. Necessidade da Unidade Julgadora do CRSS adequar o julgamento ao decidido pelo Pleno. Inteligência do § 12 do art. 63 do Regimento Interno.
	49	28/08/2018	EMENTA: EMENTA: PEDIDO DE UNIFORMIZAÇÃO DE JURISPRUDÊNCIA. APOSENTADORIA ESPECIAL. REQUISITOS. AGENTE ELETRICIDADE. NÃO ENQUADRAMENTO APÓS 03/03/97. FALTA DE PREVISÃO LEGAL. MATÉRIA JÁ CONSOLIDADA EM RESOLUÇÃO DO CRSS. PEDIDO CONHECIDO E PROVIDO.
	48	28/08/2018	EMENTA: PEDIDO DE UNIFORMIZAÇÃO DE JURISPRUDÊNCIA. APOSENTADORIA ESPECIAL. AGENTE NOCIVO ELETRICIDADE APÓS 05.03/1997. EXCLUSÃO DO ROL DE AGENTES NOCIVOS DO DECRETO 2.172.1997 E ANEXO IV DO DECRETO 3.048/99
Não conhecimento de Pedido de Uniformização de Jurisprudência por não demonstração de divergência em matéria de direito	47	28/08/2018	EMENTA: INSS não atendeu ao inciso I do artigo 64 da Portaria MPS 548/2011. Acórdão atacado e Acórdão paradigma não versam sobre a mesma situação de direito.
ATIVIDADE ESPECIAL – Impossibilidade de conversão do agente nocivo ELETRICIDADE após a publicação do Decreto nº 2.172, de 05/03/1997	46	28/08/2018	EMENTA: PEDIDO DE UNIFORMIZAÇÃO DE JURISPRUDÊNCIA APOSENTADORIA ESPECIAL - SOLICITAÇÃO DE CONVERSÃO DO PERÍODO DE 06/03/1997 EM DIANTE, POR EXPOSIÇÃO AO AGENTE AGRESSIVO ELETRICIDADE NO CÓDIGO 1.1.8 DO DECRETO N° 53.831/64 APÓS O ADVENTO DO DECRETO N° 2.172/1997 - IMPOSSIBILIDADE DE CONVERSÃO DO PERÍODO PELA INEXISTÊNCIA DE PREVISÃO LEGAL - PEDIDO DE UNIFORMIZAÇÃO CONHECIDO E PROVIDO
			EMENTA: PEDIDO DE UNIFORMIZAÇÃO DE JURISPRUDÊNCIA. Divergência jurisprudencial entre Câmaras de Julgamento no que tange a incidência do prazo decadencial para o INSS rever o acúmulo de auxilio-suplementar com aposentadoria de

ACUMULAÇÃO DE BENEFÍCIOS – Decai em 10 (dez) anos o direito do INSS de rever a acumulação indevida de auxílio-suplementar com aposentadoria de qualquer natureza, salvo comprovada má-fé, considerando-se como termo *a quo* deste prazo a data de configuração da irregularidade (Obs.: Matéria objeto do Enunciado CRPS nº 10, II, de 2019)	45	28/08/2018	qualquer natureza. Competência para análise deste Conselho Pleno na forma do art. 3° inc. II do Regimento Interno do CRSS aprovado pela Portaria MDAS n° 116/2017. Pressupostos de Admissibilidade do pedido alcançados na forma do art. 63 do mesmo Regimento. O art. 103-A da Lei n° 8.213/91 se aplica ao caso em análise, devendo ser considerado, como termo a quo, a data da configuração da sua manutenção ilegítima. Precedentes do Conselho Pleno. Pedido de Uniformização conhecido e improvido.
Não conhecimento de Pedido de Uniformização de Jurisprudência por não demonstração de divergência em matéria de direito	44	28/08/2018	EMENTA: APOSENTADORIA ESPECIAL PEDIDO DE UNIFORMIZAÇÃO DE JURISPRUDÊNCIA. Divergência jurisprudencial em matéria de direito entre Câmaras de Julgamento não demonstrada. Pretensão fundamentada em reexame de matéria fático-probatória. Ausência de pressupostos de admissibilidade contidos no inc. I do art. 63 do Regimento Interno do CRSS. Não conhecimento do pedido de Uniformização.
	43	28/08/2018	EMENTA: APOSENTADORIA ESPECIAL PEDIDO DE UNIFORMIZAÇÃO DE JURISPRUDÊNCIA. Divergência jurisprudencial em matéria de direito entre Câmaras de Julgamento não demonstrada. Pretensão fundamentada em reexame de matéria fático-probatória. Ausência de pressupostos de admissibilidade contidos no inc. I do art. 63 do Regimento Interno do CRSS. Não conhecimento do pedido de Uniformização.
	42	28/08/2018	EMENTA: APOSENTADORIA ESPECIAL PEDIDO DE UNIFORMIZAÇÃO DE JURISPRUDÊNCIA. Divergência jurisprudencial em matéria de direito entre Câmaras de Julgamento não demonstrada. Pretensão fundamentada em reexame de matéria fático-probatória. Ausência de pressupostos de admissibilidade contidos no inc. I do art. 63 do Regimento Interno do CRSS. Não conhecimento do pedido de Uniformização.
REVISÃO DO ART. 29, II, DA LEI Nº 8.213/91 – Reconhecida a decadência para efetuar a revisão, cabe o desfazimento do ato e a devolução dos valores recebidos pelo segurado, ainda que de boa-fé	41	28/08/2018	EMENTA: PENSÃO. POR MORTE. PEDIDO DE UNIFORMIZAÇÃO DE JURISPRUDÊNCIA. Divergência jurisprudencial entre as Câmaras de Julgamento no que tange aos efeitos devolutivos de valores recebidos indevidamente. Competência para análise deste Conselho Pleno na forma do art. 3° inc. II do Regimento Interno do CRSS aprovado pela Portaria MDAS n° 116/2017. Pressupostos de Admissibilidade do pedido alcançados na forma do art. 63 do mesmo Regimento. Revisão errônea da RMI decorrente de ACP n° 0002320-59.2012.4.03.6183. Impossibilidade. Acordo judicial que determinou a observância da decadência. Devolução de valores. Pedido de Uniformização conhecido e provido. Necessidade de revisão de ofício do acórdão impugnado na forma do § 12 do art. 63 do Regimento Interno do CRSS.
ATIVIDADE ESPECIAL – Admite-se a exposição ocasional e intermitente ao agente nocivo desde que esta seja inerente à atividade do segurado. Resolução CRPS nº 21/2014.	40	28/08/2018	EMENTA: PEDIDO DE UNIFORMIZAÇÃO DE JURISPRUDÊNCIA. APOSENTADORIA POR TEMPO DE CONTRIBUIÇÃO. NÃO ENQUADRAMENTO DE ATIVIDADE EM CONDIÇÕES POR EXPOSIÇÃO AO AGENTE NOCIVO SER OCASIONAL E INTERMITENTE. FUNDAMENTAÇÃO CONTRÁRIA À RESOLUÇÃO 21/2014 DO CONSELHO PLENO. ARTIGO 63, INCISO I DA PORTARIA MDSA 116/2017.
	39	28/08/2018	EMENTA: EMENTA: APOSENTADORIA POR TEMPO DE CONTRIBUIÇÃO. PEDIDO DE UNIFORMIZAÇÃO DE JURISPRUDÊNCIA. HABITUALIDADE E PERMANÊNCIA. PERMANÊNCIA CARACTERIZADA PELA INODISSOCIABILIDADE ENTRE A EXPOSIÇÃO AO AGENTE NOCIVO E O PROCESSO DE PRODUÇÃO DO BEM OU DE PRESTAÇÃO DO SERVIÇO. NÃO COMPROVADA EXPOSIÇÃO A AGENTE NOCIVO. DECRETO 3.048/99.
Não conhecimento de Pedido de Uniformização de Jurisprudência por não demonstração de divergência em matéria de direito	38	29/05/2018	EMENTA: PEDIDO DE UNIFORMIZAÇÃO DE JURISPRUDÊNCIA. Não foi atendido o inciso I do artigo 63 da Portaria MDSA 116/2017. Requisito de admissibilidade não atendido. Acórdãos paradigmas não divergem em interpretação de matéria de direito.

PENSÃO POR MORTE – A habilitação posterior de DEPENDENTE INCAPAZ gera efeitos financeiros a partir da data de entrada do requerimento (DER). (OBS.: Matéria objeto do Enunciado CRPS nº 4, III de 2019)	37	29/05/2018	EMENTA: EMENTA: PENSÃO POR MORTE. PEDIDO DE UNIFORMIZAÇÃO DE JURISPRUDÊNCIA. PENSÃO POR MORTE PARA DEPENDENTE INCAPAZ. IMPOSSIBILIDADE DE CONCESSÃO DE BENEFÍCIO DESDE O ÓBITO. PARA DEPENDENTE COM HABILITAÇÃO POSTERIOR. BENEFÍCIO DEVIDO A PARTIR DA DER. DEVIDA UNIFORMIZAÇÃO DE JURISPRUDÊNCIA. PORTARIA 116/2017, ART. 3°, 61 E 63. DECRETO 3.048/99, ART. 107.
Não conhecimento de Pedido de Uniformização de Jurisprudência por não demonstração de divergência em matéria de direito. Rediscussão de matéria fático-probatória	36	29/05/2018	EMENTA: EMENTA: APOSENTADORIA POR TEMPO DE CONTRIBUIÇÃO. PEDIDO DE UNIFORMIZAÇÃO DE JURISPRUDÊNCIA. POSSIBILIDADE DE UTILIZAÇÃO DE LAUDO DE EMPRESA TOMADORA DE SERVIÇO PARA ELABORAÇÃO DE FORMULÁRIO PPP. INDEFERIMENTO DE ENQUADRAMENTO DEVIDO NÃO COMPROVAÇÃO DE EXPOSIÇÃO A AGENTE NOCIVO. DECRETO 3.048/99.
Ressarcimento de valores recebidos indevidamente pelo segurado, ainda que de BOA-FÉ, em decorrência de concessão irregular de aposentadoria por invalidez por falta de perícia médica. Parecer CONJUR nº 616/2010, questão 15	35	29/05/2018	EMENTA: APOSENTADORIA POR INVALIDEZ PREVIDENCIÁRIA. PEDIDO DE UNIFORMIZAÇÃO DE JURISPRUDÊNCIA. IRREGULARIDADE NO ATO MANUTENÇÃO DE BENEFÍCIOS. DEVOLUÇÃO AO ERÁRIO. CARATER ALIMENTAR. VINCULAÇÃO A PARECER MINISTERIAL. RECURSO CONHECIDO E PROVIDO. 1. A constatação de irregularidade dentro do prazo decadencial insurge na devolução ao erário do montante percebido mesmo constatada a boa-fé do segurado. 2. A determinação - da devolução está correlacionada em parecer ministerial vinculativo a este Conselho de Recursos conforme artigo 68 do Regimento Interno. 3. Pedido de Uniformização de Jurisprudência provido.
EMPREGADA DOMÉSTICA – Desnecessidade de demonstração de filiação ao RGPS como empregada doméstica na data de entrada do requerimento (DER) para obtenção de benefício de menor valor sem comprovação de contribuições (Obs.: Matéria objeto do Enunciado CRPS nº 2, IV de 2019)	34	29/05/2018	EMENTA: APOSENTADORIA POR IDADE. PEDIDO DE UNIFORMIZAÇÃO DE JURISPRUDÊNCIA. VÍNCULO EMPREGATÍCIO NA CONDIÇÃO DE EMPREGADA DOMÉSTICA. COMPUTO -PARA EFEITO DE CARÊNCIA. RECURSO CONHECIDO E IMPROVIDO. 1. Inexiste exigência legal e ministerial sobre a vinculação da filiação na categoria de empregada doméstica na data de entrada do requerimento administrativo. 3. Pedido de Uniformização de Jurisprudência improvido.
Não conhecimento de Reclamação ao Conselho Pleno por intempestividade	33	29/05/2018	xxxxxxxxxx
Não conhecimento de Pedido de Uniformização de Jurisprudência por não demonstração de divergência em matéria de direito.	32	29/05/2018	EMENTA: PEDIDO DE UNIFORMIZAÇÃO DE JURISPRUDÊNCIA. Não foi atendido o inciso I do artigo 63 da Portaria MDSA 116/2017. Requisito de admissibilidade não atendido. Acórdãos paradigmas não divergem em interpretação de matéria de direito.
Ressarcimento de valores recebidos indevidamente pelo segurado, ainda que de BOA-FÉ, em decorrência de manutenção irregular de pensão por morte após a maioridade do dependente. Parecer CONJUR nº 616/2010, questão 15	31	29/05/2018	EMENTA: PEDIDO DE UNIFORMIZAÇÃO DE JURISPRUDÊNCIA. RECEBIMENTO INDEVIDO DE BENEFÍCIO QUE DEVERIA TER CESSADO. Artigo 154 do Decreto 3.048/99; PARECER CONJUR 616/2010, com entendimento consolidado na Resolução 44/2017
ACUMULAÇÃO DE BENEFÍCIOS – Decai em 10 (dez) anos o direito do INSS de rever a acumulação indevida de auxílio-suplementar com aposentadoria de por tempo de contribuição, salvo comprovada má-fé, considerando-se como termo *a quo* deste prazo a data	30	29/05/2018	EMENTA: Acumulação indevida de auxílio suplementar com aposentadoria. Primeiro pagamento da aposentadoria em 12/1211995. Aposentado foi notificado da apuração de irregularidade somente em 13/0812014. Impossibilidade de suspensão face o artigo 103-A da lei 8.213191. Direito adquirido. Má fé não comprovada. Resoluções 23/2015 e 12/2016 do CRSS.

de configuração da irregularidade (Obs.: Matéria objeto do Enunciado CRPS nº 10, II, de 2019)			
LOAS – Flexibilização do requisito objetivo de caracterização da miserabilidade (renda per capita inferior a ¼ do salário mínimo) com base em parecer socioeconômico. Afastada a aplicação da questão 11 do Parecer/CONJUR nº 616/2010.	29	29/05/2018	xxxxxxxxxx
	28	29/05/2018	xxxxxxxxxx
APOSENTADORIA HÍBRIDA – Necessidade de comprovação do efetivo exercício de atividade rural no período imediatamente anterior à data de entrada do requerimento (DER). Parecer CONJUR nº 19/2013, questão nº 33.	27	29/05/2018	EMENTA: RECLAMAÇÃO AO PLENO.APOSENTADORIA POR IDADE. COMPUTO DE PERIODOS URBANOS E RURAIS. NATUREZA DO ÚLTIMO VINCULO. CARÊNCIA. INFRINGENCIA DA DECISÃO ATACADA AO PARECER N° 19/2013/CONJUR/CGU/AGU. SEGUNDO O QUAL O BENEFICIO CONTROVERTIDO REQUER QUE SE TRATE DE SEGURADO QUE TENHA A QUALIDADE DE TRABALHADOR RURAL NO PERÍODO IMEDIATAMENTE ANTERIOR AO REQUERIMENTO DO BENEFICIO OU DO CUMPRIMENTO DO REQUISITO ETÁRIO, NÃO PODENDO SER COMPUTADO COMO CARÊNCIA TEMPO DE ATIVIDADE RURAL ANTERIOR A COMPETENCIA NOVEMBRO DE 1991.
ATIVIDADE ESPECIAL – Utilização de técnica de medição do agente RUÍDO diversa da NHO-01. Ônus da prova do INSS, no exercício de seu poder de polícia, de refutar as informações do PPP. (Obs.: Matéria objeto do Enunciado CRPS nº 13, III, de 2019)	26	29/05/2018	EMENTA: PEDIDO DE UNIFORMIZAÇÃO DE JURISPRUDÊNCIA. APOSENTADORIA POR TEMPO DE CONTRIBUIÇÃO. NÃO ENQUADRAMENTO DE ATIVIDADE EM CONDIÇÕES POR EXPOSIÇÃO AO AGENTE NOCIVO SER OCASIONAL E INTERMITENTE. FUNDAMENTAÇÃO CONTRÁRIA À RESOLUÇÃO 21/2014 DO CONSELHO PLENO. ARTIGO 63, INCISO I DA PORTARIA MDSA 116/2017
Emissão do ENUNCIADO nº 39 do CRPS – Efeitos financeiros da habilitação tardia de beneficiários menores, incapazes ou ausentes em benefícios previdenciários (Obs.: Matéria objeto do Enunciado CRPS nº 4, III, de 2019)	25	27/02/2018	EMENTA: A habilitação tardia de menores, sejam estes incapazes ou ausentes, em benefícios previdenciários já com dependentes anteriormente habilitados, somente produzirá efeitos financeiros a contar da Data de Entrada do Requerimento (DER), sendo incabível a retroação da Data de Início do Pagamento (DIP) para permitir a entrega de valores a partir do fato gerador do benefício
PENSÃO POR MORTE – A habilitação posterior de DEPENDENTE INCAPAZ gera efeitos financeiros a partir da data de entrada do requerimento (DER). (OBS.: Matéria objeto do Enunciado CRPS nº 4, III de 2019)	24	27/02/2018	EMENTA: PEDIDO DE UNIFORMIZAÇÃO EM TESE DE JURISPRUDÊNCIA. ARTIGO 61 DO REGIMENTO INTERNO DO CRSS, APROVADO PELA PORTARIA MDSA N° 116/2017.PENSÃO POR MORTE PREVIDENCIÁRIA. HABILITAÇÃO TARDIA DE MENOR INCAPAZ. DEPENDENTES PRECEDENTES. APLICABILIDADE DO ARTIGO 76 DA LEI N° 8.213/1991. IMPOSSIBILIDADE DE RETROAÇÃO DA DATA DE INÍCIO DO PAGAMENTO - DIP. EFEITOS FINANCEIROS A PARTIR DA HABILITAÇÃO. SUGESTÃO DE EMISSÃO DE ENUNCIADO. ARTIGO 62 DO RICRSS. PEDIDO DE UNIFORMIZAÇÃO DE JURISPRUDÊNCIA CONHECIDO E PROVIDO.
Não conhecimento do Pedido de Uniformização de Jurisprudência por intempestividade	23	27/02/2018	EMENTA: PEDIDO DE UNIFORMIZAÇÃO DE JURISPRUDÊNCIA. INCISO II DO ARTIGO 3° E INCISO I DO ARTIGO 63, AMBOS DO REGIMENTO INTERNO DO CRSS, APROVADO PELA PORTARIA MDSA N° 116/2017. APOSENTADORIA POR TEMPO DE CONTRIBUIÇÃO. ATIVIDADE ESPECIAL. §§ 1° E 2° DO ARTIGO 64 E ARTIGO 70, AMBOS DO DECRETO N° 3.048/1999. INTEMPESTIVIDADE DO PEDIDO. § 2° DO ARTIGO 63 DO RICRSS. PEDIDO DE UNIFORMIZAÇÃO DE JURISPRUDÊNCIA NÃO CONHECIDO.

ACUMULAÇÃO DE BENEFÍCIOS – Decai em 10 (dez) anos o direito do INSS de rever a acumulação indevida de auxílio-suplementar com aposentadoria por invalidez, salvo comprovada má-fé considerando-se como termo *a quo* deste prazo a data de configuração da irregularidade (Obs.: Matéria objeto do Enunciado CRPS nº 10, II, de 2019)	22	27/02/2018	EMENTA: AUXÍLIO SUPLEMENTAR ACIDENTE DE TRABALHO. RECURSO ESPECIAL DO INSS CUMULAÇÃO DE BENEFÍCIO COM APOSENTADORIA POR INVALIDEZ. COBRANÇA DE VALORES RECEBIDOS. DECADÊNCIA. LEI 8.213/91, ART. 86. Decreto 3.048/99, art. 103.
	21	27/02/2018	EMENTA: AUXÍLIO SUPLEMENTAR ACIDENTE DE TRABALHO. RECURSO ESPECIAL DO INSS CUMULAÇÃO DE BENEFÍCIO COM APOSENTADORIA POR INVALIDEZ. COBRANÇA DE VALORES RECEBIDOS. DECADÊNCIA. LEI 8.213/91, ART. 86. Decreto 3.048/99, art. 103.
ATIVIDADE ESPECIAL – Inexigibilidade de apresentação de formulários para o enquadramento por CATEGORIA PROFISSIONAL (Obs.: Matéria objeto do Enunciado CRPS nº 14, I, de 2019)	20	27/02/2018	EMENTA: APOSENTADORIA POR TEMPO DE CONTRIBUIÇÃO. PEDIDO DE UNIFORMIZAÇÃO DE JURISPRUDÊNCIA. ATIVIDADE INSALUBRE. MOTORISTA/TRATORISTA. RECONHECIMENTO DE ATIVIDADE ESPECIAL SEM APRESENTAÇÃO DE FORMULÁRIO. REGISTRO INCONTROVERSO EM CARTEIRA DE TRABALHO. DEVIDA UNIFORMIZAÇÃO DE JURISPRUDÊNCIA.
Ressarcimento de valores recebidos indevidamente pelo segurado, ainda que de BOA-FÉ, em decorrência de revisão irregular de pensão por morte. Parecer CONJUR nº 616/2010, questão 15	19	27/02/2018	EMENTA: PENSÃO POR MORTE. RECLAMAÇÃO AO PLENO. REVISÃO INDEVIDADE DE BENEFÍCIO CONCEDIDO. DEVOLUÇÃO DE VALORES RECEBIDOS INDEVIDAMENTE. IMPOSSIBILIDADE DE PERDÃO DA DÍVIDA, AINDA QUE COMPROVADA BOA-FÉ POR PARTE DO INTERESSADO. DECRETO 3.048/99, ART. 154.
PENSÃO POR MORTE – Em caso de dependente MAIOR INVÁLIDO, a invalidez deve ser anterior à maioridade, independentemente de o óbito ter ocorrido antes ou após a publicação do Decreto nº 6.939, de 18 de agosto de 2009. Parecer CONJUR 616/2010, questão nº 12	18	27/02/2018	EMENTA: PENSÃO POR MORTE. PEDIDO DE UNIFORMIZAÇÃO DE JURISPRUDÊNCIA. DIVERGÊNCIA JURISPRUDENCIAL ENTRE AS CÂMARAS DE JULGAMENTO NO QUE TANGE AO RECONHECIMENTO DA DATA A SER CONSIDERADA NOS CASOS DE INVALIDEZ PARA FINS DE PENSÃO POR MORTE NA QUALIDADE DE FILHO MAIOR INVÁLIDO. Competência para análise deste Conselho Pleno na forma do art. 3° inc. II do Regimento Interno do CRSS aprovado pela Portaria MDAS n° 116/2017. Pressupostos de Admissibilidade do pedido alcançados na forma do art. 63 do mesmo Regimento. Fixação à tese contida no Parecer Conjur/MPS n° 616/2010 no sentido de que a invalidez tem que ser reconhecida em data anterior à maioridade de vinte e um anos. Vinculação ao julgamento. Art. 68 e 69 do Regimento Interno do CRSS. Precedentes do Conselho Pleno. Pedido de Uniformização conhecido e provido. Necessidade da Unidade Julgadora do CRSS adequar o julgamento ao decidido pelo Pleno. Inteligência do § 12 do art. 63 do Regimento Interno.
ATIVIDADE ESPECIAL – Impossibilidade de enquadrar a atividade de VIGILANTE por CATEGORIA PROFISSIONAL após a publicação da Lei nº 9.032, de 28/04/1995 (Obs.: Matéria objeto do Enunciado CRPS nº 14, de 2019)	17	27/02/2018	EMENTA: APOSENTADORIA ESPECIAL. PEDIDO DE UNIFORMIZAÇÃO DE JURISPRUDENCIA. Divergência jurisprudencial entre as Câmaras de Julgamento no que tange ao enquadramento da atividade de vigilante a partir de 29/04/95. Competência para análise deste Conselho Pleno na forma do art. 3° inc. II do Regimento Interno do CRSS aprovado pela Portaria MDAS n° 116/2017. Pressupostos de Admissibilidade do pedido alcançados na forma do art. 63 do mesmo Regimento. A Lei n° 9.032/95 aboliu a modalidade de enquadramento por categoria profissional não sendo permitido ao Conselho enquadrar a atividade de vigilante a partir de 29/04/95, por inexistência de previsão legal. Estrita observância do julgamento ao previsto em lei, decreto e ato normativo ministerial, na forma do art. 69 do Regimento Interno do CRSS. Pedido de Uniformização conhecido e improvido.
			EMENTA: APOSENTADORIA ESPECIAL. PEDIDO DE UNIFORMIZAÇÃO DE JURISPRUDENCIA. Divergência jurisprudencial entre as Câmaras de Julgamento no que tange ao enquadramento da atividade de vigilante a partir de 29/04/95. Competência para análise deste Conselho Pleno na forma do art. 3° inc. II do

	16	27/02/2018	Regimento Interno do CRSS aprovado pela Portaria MDAS n° 116/2017. Pressupostos de Admissibilidade do pedido alcançados na forma do art. 63 do mesmo Regimento. A Lei n° 9.032/95 aboliu a modalidade de enquadramento por categoria profissional não sendo permitido ao Conselho enquadrar a atividade de vigilante a partir de 29/04/95, por inexistência de previsão legal. Estrita observância do julgamento ao previsto em lei, decreto e ato normativo ministerial, na forma do art. 69 do Regimento Interno do CRSS. Pedido de Uniformização conhecido e improvido.
Ressarcimento de valores recebidos indevidamente pelo segurado, ainda que de BOA-FÉ, em decorrência de revisão irregular de aposentadoria por invalidez. Parecer CONJUR nº 616/2010, questão 15	15	27/02/2018	EMENTA: APOSENTADORIA POR INVALIDEZ. PEDIDO DE UNIFORMIZAÇÃO DE JURISPRUDÊNCIA. Divergência jurisprudencial entre as Coraras de Julgamento no que tange à devolução de valores recebidos indevidamente, por erro da Autarquia. Competência para análise deste Conselho Pleno na forma do art. 3° inc. II do Regimento Interno do CRSS aprovado pela Portaria MDAS n° 116/2017. Pressupostos de Admissibilidade do pedido alcançados na forma do art. 63 do mesmo Regimento. A devolução de valores recebidos indevidamente, ainda que por erro da Autarquia, é obrigãtória na forma da legislação previdenciária - art. 115 da Lei n° 8.213/91 e art. 154 do Decreto n° 3.048/99 - e Questão n° 15 do Parecer Conjur/MPS n° 616/2010. Estrita observância do julgamento ao previsto em lei, decreto e ato normativo ministerial, na forma dos arts. 68 e 69 do Regimento Interno do CRSS. Precedentes do Conselho Pleno. Pedido de Uniformização conhecido e improvido.
AUXÍLIO RECLUSÃO – A aferição do requisito de baixa renda na hipótese de segurado desempregado no período de graça deve ser feita com base no último salário de contribuição. Parecer/CONJUR nº 616/2010, questão nº 24	14	27/02/2018	EMENTA: AUXÍLIO-RECLUSÃO. RECLAMAÇÃO AO CONSELHO PLENO. Infringência de Órgão Julgador ao Parecer CONJURJMPS n° 616/2010, Questão 24. Competência para análise deste Conselho Pleno na forma do art. 3° inc. III do Regimento Interno do CRSS aprovado pela Portaria MDAS n° 116/2017. Pressupostos de Admissibilidade do pedido alcançados na forma do art. 64 do mesmo Regimento. Observância do último salário-de-contribuição do segurado; mesmo desempregado na data-da reclusão. Impossibilidade do Conselho afastar tese jurídica contida em Parecer normativo ministerial aprovado pelo Ministro de Estado. Art. 68 do Regimento Interno da Casa c/c Parecer n° 05/2014/CGU/AGU. Reclamação conhecida e provida. Necessidade da Unidade Julgadora do CRSS adequar o julgamento ao decidido pelo Pleno. Inteligência do § 4° do art. 64 do Regimento Interno.
Não conhecimento de Pedido de Uniformização de Jurisprudência em razão da não demonstração de divergência em matéria de direito	13	27/02/2018	EMENTA: APOSENTADORIA POR IDADE. PEDIDO DE UNIFORMIZAÇÃO DE JURISPRUDENCIA. Divergência jurisprudencial entre Câmaras de Julgamento não demonstrada.,Pretensão fundamentada em matéria distinta da apreciada no acórdão questionado. Ausência de pressupostos de admissibilidade contidos no § 1° do art. 63 do Regimento Interno do CRSS. Não conhecimento do pedido de Uniformização.
EMPREGADA DOMÉSTICA – Desnecessidade de demonstração de filiação ao RGPS como empregada doméstica na data de entrada do requerimento (DER) para obtenção de benefício de menor valor sem comprovação de contribuições (Obs.: Matéria objeto do Enunciado CRPS nº 2, IV de 2019)	12	27/02/2018	EMENTA: APOSENTADORIA POR IDADE. PEDIDO DE UNIFORMIZAÇÃO DE JURISPRUDÊNCIA. Divergência jurisprudencial entre as Câmaras de Julgamento no que tange à exigência de filiação da segurada como empregada doméstica para fins de requerimento de aposentadoria sem contribuições previdenciárias. Pressupostos de Admissibilidade do pedido alcançados na forma do art. 63 do mesmo Regimento. Suposta infringência de Órgão Julgador ao Parecer CONJUR/MPS/CGU/AGU n° 672/2012 não confirmada. Precedentes do Conselho Pleno. Pedido de Uniformização conhecido e improvido.
Não conhecimento de Pedido de Uniformização de Jurisprudência em razão da não demonstração de divergência em matéria de direito	11	27/02/2018	EMENTA: AUXÍLIO-DOENÇA PREVIDENCIÁRIO. PEDIDO DE RETROAÇÃO DA DATA DO INÍCIO DO BENEFÍCIO (DIB). ALEGAÇÃO DE AFRONTA A ENUNCIADO DO CRSS. DISCUSSÃO DE PROVA FÁTICA. DIVERGÊNCIA JURISPRUDENCIAL ENTRE CÂMARAS DE JULGAMENTO NÃO DEMONSTRADA. AUSÊNCIA DE PRESSUPOSTOS DE ADMISSIBILIDADE CONTIDOS NO § 1° DO AR. 63 DO REGIMENTO INTERNO DO CRSS. NÃO CONHECIMENTO DO PEDIDO DE UNIFORMIZAÇÃO.

ACUMULAÇÃO DE BENEFÍCIOS – Decai em 10 (dez) anos o direito do INSS de rever a acumulação indevida de auxílio-acidente com outro benefício previdenciário, salvo comprovada má-fé	10	27/02/2018	EMENTA: AUXILIO ACIDENTE POR ACIDENTE DE TRABALHO. PEDIDO DE UNIFORMIZAÇÃO DE JURISPRUDENCIA. IRREGULARIDADE NA MANUTENÇÃO DE BENEFÍCIOS. ATO NULO. APLICAÇÃO DA LEI NA FORMA ESTRITA. DECADÊNCIA DO DIREITO DE REVISÃO. PEDIDO DE UNIFORMIZAÇÃO CONHECIDO E NÃO PROVIDO. 1. O instituto da decadência abarca os atos administrativos considerados nulos ou anuláveis nos termos do artigo 54 da Lei n° 9.784/1999. 2. A notificação do segurado sobre a constatação da irregularidade de benefício após o prazo decadencial afasta a devolução de valores ao erário em face da não comprovação da má-fé, conforme o artigo 103-A da Lei n° 8.213/1991. 3. Pedido de Uniformização de Jurisprudência improvido.
ACUMULAÇÃO DE BENEFÍCIOS – Decai em 10 (dez) anos o direito do INSS de rever a acumulação indevida de auxílio-suplementar com outro benefício previdenciário, salvo comprovada má-fé (Obs.: Matéria objeto do Enunciado CRPS nº 10, II, de 2019)	09	27/02/2018	EMENTA: EMENTA: AUXÍLIO SUPLEMENTAR POR ACIDENTE DE TRABALHO. PEDIDO DE UNIFORMIZAÇÃO DE JURISPRUDÊNCIA. IRREGULARIDADE NA MANUTENÇÃO DE BENEFÍCIOS. ATO NULO. APLICAÇÃO DA LEI NA FORMA ESTRITA. DECADÊNCIA DO DIREITO DE REVISÃO. PEDIDO DE UNIFORMIZAÇÃO CONHECIDO E NÃO PROVIDO. 1. O instituto da decadência abarca os atos administrativos considerados nulos ou anuláveis nos termos do artigo 54 da Lei n° 9.784/1999. 2. A notificação do segurado sobre a constatação da irregularidade de benefício após o prazo decadencial afasta a devolução de valores ao erário em face da não comprovação da má-fé, conforme o artigo 103-A da Lei n° 8.213/1991. 3. Pedido de Uniformização de Jurisprudência improvido.
	08	27/02/2018	EMENTA: AUXÍLIO SUPLEMENTAR POR ACIDENTE DE TRABALHO. PEDIDO DE UNIFORMIZAÇÃO DE JURISPRUDÊNCIA. IRREGULARIDADE NA MANUTENÇÃO DE BENEFÍCIOS. ATO NULO. APLICAÇÃO DA LEI NA FORMA, ESTRITA. DECADÊNCIA DO DIREITO DE REVISÃO. PEDIDO DE UNIFORMIZAÇÃO CONHECIDO E NÃO PROVIDO. 1. O instituto da decadência abarca os atos administrativos considerados nulos ou anuláveis nos termos do artigo 54 da Lei n° 9.784/1999. 2. A notificação do segurado sobre a constatação da irregularidade de beneficio após o prazo decadencial afasta a devolução de valores ao erário em face da não comprovação da má-fé, conforme o artigo 103-A da Lei n° 8.213/1991. 3. Pedido de Uniformização de Jurisprudência improvido.
ALUNO APRENDIZ – Possibilidade de cômputo de tempo de aluno aprendiz vinculado a escola técnica estadual (Obs.: Matéria objeto do Enunciado CRPS nº 2, V de 2019)	07	27/02/2018	xxxxxxxxxx
LOAS – Inafastabilidade do critério objetivo de comprovação da condição de miserabilidade (renda familiar inferior a ¼ do salário mínimo). Parecer CONJUR 616/2010, questão nº 16	06	27/02/2018	xxxxxxxxxx
SALÁRIO-MATERNIDADE – É do empregador a responsabilidade pelo pagamento do salário-maternidade da empregada gestante demitida sem justa causa durante o período de estabilidade. Parecer CONJUR nº 616/2010, questão nº 8; Parecer CONJUR nº 675/2012, item 8. (Obs.: Em sentido contrário o Enunciado CRPS nº 6, de 2019)	05	27/02/2018	EMENTA: PEDIDO DE UNIFORMIZAÇÃO DE JURISPRUDÊNCIA. INCISO II DO ARTIGO 3° E INCISO I DO ARTIGO 63, AMBOS DO REGIMENTO INTERNO DO CRSS, APROVADO PELA PORTARIA MDSA N° 116/2017. SALÁRIO-MATERNIDADE. DISPENSA SEM JUSTA CAUSA. ESTABILIDADE GESTACIONAL. RESPONSABILIDADE DO EMPREGADOR PELO PAGAMENTO. PARECER CONJUR/MPS N° 616/2010 DE OBSERVÂNCIA OBRIGATÓRIA PELOS ÓRGÃOS DO CRSS. PARECER N° 005/2014/CONJUR/CGU/AGU. PARÁGRAFO ÚNICO DO ARTIGO 68 DO REGIMENTO INTERNO DO CRSS, APROVADO PELA PORTARIA MDSA N° 116/2017. PEDIDO DE UNIFORMIZAÇÃO DE JURISPRUDÊNCIA CONHECIDO E PROVIDO.

Revogação do Enunciado nº 36 do CRSS, editado por meio da Resolução nº 6, de 19/11/2013 (É permitida a cumulação de auxílio-suplementar ou auxílio-acidente com aposentadoria de qualquer espécie, concedida de 25/07/1991 a 10/11/1997.)	04	27/02/2018	EMENTA: Revogar a decisão do Presidente do Conselho Recursos do Seguro Social — CRSS de 21/11/2013, que suspendeu "ad referendum" deste Conselho Pleno, os efeitos do Enunciado n° 36 do CRSS, e, DAR PROVIMENTO, por unanimidade, ao pedido da Procuradoria Federal Especializada junto ao Instituto Nacionál do Seguro Social, de acordo com o voto e sua fundamentação, para revogar o Enunciado 36, editado por meio da Resolução n° 6 em 19/11/2013 (DOU 225, DE 20/11/2013, SEÇÃO 1, PÁG. 43).
ACUMULAÇÃO DE BENEFÍCIOS – O auxílio suplementar é benefício diverso do auxílio-acidente e não pode ser acumulado com aposentadoria de qualquer natureza. Nulidade do Enunciado CRPS nº 36. Parecer MPS/CJ nº 543/1996 e Parecer CONJUR 616/2010	03	27/02/2018	EMENTA: PEDIDO DE DECLARAÇÃO DE NULIDADE CUMULADO COM ANTECIPAÇÃO DE TUTELA. § 2° DO ARTIGO 62 DO REGIMENTO INTERNO DO CRSS, APROVADO PELA PORTARIA MDSA N° 116, DE 20.03.2017. ENUNCIADO N° 36 EDITADO PELO CONSELHO PLENO DO ENTÃO CRPS PELA RESOLUÇÃO N° 6, DE 19.11.2013. ENTENDIMENTO DISSONANTE DOS PARECERES MPS/CJ N° 543/1996 E CONJUR/MPS N° 616/2010 DE OBSERVÂNCIA OBRIGATÓRIA PELOS ÓRGÃOS JULGADORES DO CRSS. PARECER N° 005/2014/CONJUR/CGU/AGU. PARÁGRAFO ÚNICO DO ARTIGO 68 DO RICRSS. ENUNCIADO N° 35/2013 REVOGADO PELA RESOLUÇÃO N° 17/2014. PEDIDO DE DECLARAÇÃO DE NULIDADE JULGADO PROCEDENTE.
Improcedência de Reclamação ao Conselho Pleno por falta de demonstração de violação de Parecer Ministerial	02	27/02/2018	EMENTA: APOSENTADORIA POR IDADE. SEGURADA ESPECIAL. RECLAMAÇÃO AO CONSELHO PLENO. PEDIDO IMPROCEDENTE. Falta de comprovação de violação da decisão da Câmara a Parecer Ministerial conforme art. 64 do mesmo Regimento.
SEGURADO ESPECIAL – Inaplicabilidade da Lei nº 10.666/2003 ao segurado especial, devendo comprovar o efetivo exercício de atividade rural no período imediatamente anterior à data de requerimento do benefício	01	27/02/2018	EMENTA: APOSENTADORIA POR IDADE. SEGURADO ESPECIAL. RECLAMAÇÃO AO CONSELHO PLENO. Infringência de Órgão Julgador ao Parecer n° 674/2012/CONJUR/MPS/CGU/AGU, aprovado pela Portaria Ministerial n° 264/MPS de 28/05/2013 — não aplicação das disposições do § 1° do art. 3° da Lei n° 10.666/2003 ao trabalhado rural. Competência para análise deste Conselho Pleno na forma do art. 3° inc. III do Regimento Interno do CRSS aprovado pela Portaria MDAS n° 116/2017. Pressupostos de Admissibilidade do pedido alcançados na forma do art. 64 do mesmo Regimento. Impossibilidade de o Conselho afastar tese jurídica contida em Parecer normativo ministerial aprovado pelo Ministro de Estado. Art. 68 do Regimento Interno da Casa c/c Parecer n° 05/2014/CGU/AGU. Reclamação conhecida e provida. Necessidade da Unidade Julgadora do CRSS adequar o julgamento ao decidido pelo Pleno. Inteligência do § 4° do art. 64 do Regimento Interno.

Acaso o leitor deseje baixar o conteúdo integral destas Resoluções CRPS 2018, basta acessar o nosso link:

Para acesso ao conteúdo, utilize o QR Code ao lado.

Apêndice

REGIMENTO INTERNO DO CRPS

Apresenta-se agora o Regimento Interno do CRPS aprovado pela Portaria MDSA 116, de 20/03/2017, quando ainda havia a vinculação ao Ministério do Desenvolvimento Social e Agrário e o órgão se chamava de CRSS (Conselho de Recursos do Seguro Social).

Ainda não houve a atualização do Regimento Interno, que deve inserir a vinculação atual ao Ministério da Economia e as novas atribuições do CRPS introduzidas pela Lei 13.846 e 13.876/2019: julgar contestações e recursos relativos à atribuição, pelo Ministério da Economia, do Fator Acidentário de Prevenção aos estabelecimentos das empresas e recursos de processos relacionados à compensação financeira de que trata a Lei nº 9.796, de 5 de maio de 1999, e à supervisão e à fiscalização dos regimes próprios de previdência social de que trata a Lei nº 9.717, de 27 de novembro de 1998.

MINISTÉRIO DO DESENVOLVIMENTO SOCIAL E AGRÁRIO

GABINETE DO MINISTRO

PORTARIA Nº 116, DE 20 DE MARÇO DE 2017 (*)

O **MINISTRO DE ESTADO DO DESENVOLVIMENTO SOCIAL E AGRÁRIO**, no uso da atribuição que lhe confere o artigo 6º do Decreto nº 8.949, de 29 de dezembro de 2016, e considerando o disposto no art. 304 do Regulamento da Previdência Social - RPS, aprovado pelo Decreto nº 3.048, de 6 de maio de 1999, e o inciso I do Parágrafo Único do art. 7º da Lei n.º 13.341, de 29 de setembro de 2016, resolve:

Art. 1º Aprovar o Regimento Interno do Conselho de Recursos do Seguro Social - CRSS do Ministério do Desenvolvimento Social e Agrário na forma do Anexo.

Art.2º Esta Portaria entra em vigor na data de sua publicação.

Art. 3º Revoga-se a Portaria MPS nº 548, de 13 de setembro de 2011.

OSMAR GASPARINI TERRA

(*) Republicada por ter saído no DOU nº 55, em 21/3/2017, Seção1, páginas 68 a 73, com incorreção no original.

Publicada no DOU nº 57, de 23/3/2017, Seção 1, pág. 68/74
Retificação publicada no DOU nº 96, de 22/5/2017, Seção 1 pág. 57

ANEXO

REGIMENTO INTERNO DO CONSELHO DE RECURSOS DO SEGURO SOCIAL

CAPÍTULO I - DA CATEGORIA E DA COMPETÊNCIA

Art. 1º O Conselho de Recursos do Seguro Social - CRSS, colegiado integrante da estrutura do Ministério do Desenvolvimento Social e Agrário - MDSA, é órgão de controle jurisdicional das decisões do Instituto Nacional do Seguro Social - INSS, nos processos de interesse dos beneficiários e das empresas, nos casos previstos na legislação.

Parágrafo único: O CRSS tem sede em Brasília/DF e jurisdição em todo o Território Nacional.

CAPÍTULO II - DA ORGANIZAÇÃO

Art. 2º O CRSS tem a seguinte estrutura:

I - ÓRGÃOS COLEGIADOS:

1. Conselho Pleno;
2. Quatro Câmaras de Julgamento;
2.1. Quatro Serviços de Secretaria de Câmara de Julgamento;
3. Vinte e nove Juntas de Recursos; e

II - ÓRGÃOS ADMINISTRATIVOS:

1. Presidência;
1.1. Serviço de Secretaria do Gabinete da Presidência;
1.2. Serviço de Apoio aos Órgãos Colegiados;
1.3. Assessoria do Gabinete;
2. Coordenação de Gestão Técnica;
3. Divisão de Assuntos Jurídicos;
4. Divisão de Assuntos Administrativos;

§ 1º Os Órgãos Colegiados serão assistidos por Assessoria Técnico - Médica no âmbito do CRSS.

§ 2º As competências e atribuições de Seções, vinculadas as Funções Gratificadas - FG no âmbito do CRSS, em conformidade com o anexo II do Decreto n.º 8.949, de 29 de dezembro de 2016, serão definidas em ato próprio da Presidência do Conselho de Recursos do Seguro Social.

CAPÍTULO III - DA COMPETÊNCIA

Seção I

Dos Órgãos Julgadores

Art. 3º Ao Conselho Pleno compete:

I - uniformizar, em tese, a jurisprudência administrativa previdenciária e assistencial, mediante emissão de Enunciados;

II - uniformizar, no caso concreto, as divergências jurisprudenciais entre as Juntas de Recursos nas matérias de sua alçada ou entre as Câmaras de julgamento em sede de Recurso Especial, mediante a emissão de Resolução; e

III - decidir, no caso concreto, as Reclamações ao Conselho Pleno, mediante a emissão de Resolução.

Art. 4º Às Câmaras de Julgamento compete julgar os Recursos Especiais interpostos contra as decisões proferidas pelas Juntas de Recursos.

Art. 5º Às Juntas de Recursos compete julgar os Recursos Ordinários interpostos contra as decisões do INSS nos processos de interesse dos beneficiários do Regime Geral de Previdência Social e das empresas; nos processos referentes aos benefícios assistenciais de prestação continuada previstos no art. 20 da Lei nº 8.742, de 07 de dezembro de 1993 e, nos casos previstos na legislação, nos processos de interesse dos contribuintes do Regime Geral de Previdência Social. (Retificação publicada no DOU nº 96, de 22/5/2017, Seção 1 pag. 57)

Seção II

Dos Órgãos Administrativos

Art. 6º A Presidência do CRSS compete:

I - expedir resoluções, portarias, provimentos, instruções, circulares, certidões e outros atos necessários ao regular andamento do serviço, no âmbito do CRSS;

II - solicitar e acompanhar a elaboração de atos de administração orçamentária e financeira relativos aos recursos destinados à manutenção do CRSS, inclusive a requisição de adiantamento por conta de créditos orçamentários consignados ao Conselho;

III - solicitar à Subsecretaria de Assuntos Administrativos do MDSA e ao INSS os recursos materiais e humanos necessários ao funcionamento dos órgãos do CRSS; (Retificação publicada no DOU nº 96, de 22/5/2017, Seção 1 pag. 57)

IV - comunicar ao Ministro de Estado do Desenvolvimento Social e Agrário a ocorrência dos casos que impliquem em perda de mandato de Conselheiro ou vacância de cargo em comissão e encaminhar representação sobre quaisquer irregularidades praticadas no âmbito do Conselho, propondo, quando for o caso, a efetivação das medidas cabíveis.

V - fixar a competência das Câmaras e Juntas em razão da matéria.

Art. 7º Ao Serviço de Secretaria do Gabinete da Presidência compete:

I - prestar apoio ao Presidente do Conselho na recepção de documentos, pessoas, telefonemas, correspondências e outros expedientes de apoio;

II - elaborar despachos, documentos e relatórios em assistência ao Gabinete;

III - organizar a agenda de despachos, audiências e entrevistas do Presidente do Conselho;

IV - prover o Gabinete do Presidente do Conselho de material permanente e de consumo necessários;

V – executar os serviços de digitação e reprodução de atos e demais expedientes, bem como os serviços nos sistemas oficiais de transmissão de mensagens e documentos;

VI - executar as atividades de secretaria do Conselho Pleno.

Art. 8º Ao Serviço de Apoio aos Órgãos Colegiados compete:

I - receber, preparar e encaminhar, mensalmente, à Coordenação Geral de Recursos Humanos do CGRH/MDSA, para fins de pagamento, a relação dos valores devidos aos Conselheiros das Câmaras de Julgamento e Juntas de Recursos, a partir das informações relativas ao quantitativo de processos por eles relatados, prestadas pelos respectivos presidentes;

II - formalizar o procedimento para a seleção de conselheiros, instruindo os processos de nomeação e de recondução, segundo os requisitos exigidos, para posterior encaminhamento à Coordenação de Gestão Técnica - CGT;

III - providenciar junto à CGRH/MDSA a documentação para confecção de carteiras funcionais dos Presidentes e Conselheiros das Câmaras de Julgamento e Juntas de Recursos;

IV - fornecer ao Gabinete do Ministro minutas de portarias referentes à nomeação e recondução de Conselheiros;

V - organizar e manter atualizado cadastro de Conselheiros dos órgãos do CRSS; e

VI - gerenciar e analisar as demandas afetas ao sistema eletrônico de recursos, e monitorar a sua evolução, bem como, levar ao conhecimento do presidente do CRSS os problemas de funcionamento e de operação, acompanhados das propostas para solução dos mesmos.

Art. 9º À Coordenação de Gestão Técnica compete:

I - supervisionar, orientar e fiscalizar as atividades funcionais dos órgãos judicantes da estrutura do Conselho;

II - realizar o monitoramento operacional e técnico dos órgãos julgadores do CRSS, acompanhando a movimentação de processos e efetuando inspeções, apresentando relatório circunstanciado e conclusivo ao Presidente do CRSS;

III - proceder a correições ordinárias e extraordinárias nos órgãos julgadores do CRSS;

IV - coordenar e supervisionar a instalação e funcionamento de comissões de sindicância, inquéritos e processos administrativos disciplinares, prestando suporte material e técnico;

V - efetuar a avaliação e acompanhamento do desempenho dos Conselheiros, presidir o Comitê de Avaliação e estabelecer diretrizes e métodos das avaliações de escolha e de desempenho dos Conselheiros;

VI - propor ao Presidente do CRSS a instauração de procedimento para a uniformização em tese de jurisprudência administrativa previdenciária e assistencial;

VII - autuar, processar e acompanhar os incidentes de Reclamação pelo Descumprimento de Decisão; e

VIII - propor ao Presidente do Conselho a expedição de atos e medidas necessárias ao fiel cumprimento das normas e orientações dos órgãos do CRSS.

Art. 10. À Divisão de Assuntos Jurídicos, ressalvadas as competências da Consultoria Jurídica do Ministério do Desenvolvimento Social e Agrário e da Advocacia-Geral da União, compete:

I - prestar assessoria jurídica aos órgãos do CRSS, nas matérias que lhe forem submetidas;

II - pronunciar-se a respeito do aspecto jurídico dos atos normativos ou interpretativos, oriundos do CRSS quando da sua elaboração e edição;

III - manifestar-se a respeito de consultas sobre matéria previdenciária e assistencial formuladas pelos órgãos do CRSS;

IV - examinar expedientes e decisões judiciais com vistas a orientar os órgãos do CRSS quanto ao seu fiel cumprimento, sem prejuízo da expedição de ofício à Procuradoria Regional da União e à Procuradoria Federal Especializada junto ao INSS, para ciência e adoção das providências cabíveis na esfera judicial;

V - prestar assistência jurídica aos órgãos julgadores em suas atividades, transmitindo-lhes o sentido da jurisprudência administrativa no âmbito do CRSS;

VI - manter cadastro atualizado das decisões dos órgãos julgadores do CRSS e da jurisprudência dominante no Poder Judiciário;

VII - auxiliar as autoridades do CRSS na prestação de Informações em mandado de segurança, bem como acompanhar as ações interpostas em desfavor dos representantes do governo no exercício dos seus mandatos, inclusive dos presidentes dos órgãos julgadores do CRSS;

VIII - propor ao Presidente do CRSS a instauração de procedimento para uniformização em tese de jurisprudência administrativa previdenciária e assistencial.

Art. 11. À Divisão de Assuntos Administrativos compete:

I - executar atividades de controle de recebimento e remessa de processos, de expedientes, de material, de informática e de patrimônio;

II - providenciar publicações e divulgação dos atos do CRSS, pautas de julgamento e decisões dos órgãos colegiados, inclusive por meio eletrônico;

III - supervisionar as atividades de documentação e de logística necessárias ao CRSS;

IV- acompanhar as atividades de controle orçamentário e financeiro junto ao órgão responsável no MDSA, e manter cadastro atualizado das informações afetas ao CRSS;

V - fornecer ao Gabinete do Ministro minutas de portarias referente à cessão de servidores do INSS e nomeação de funções do Grupo de Direção e Assessoramento Superiores - DAS.

Art. 12. Aos Serviços e Seções de Secretaria de Câmara de Julgamento e Junta de Recursos compete:

I - dirigir, coordenar e supervisionar os serviços administrativos;

II - assessorar o Presidente, preparando seus despachos e expedientes;

III - examinar, informar e encaminhar os documentos em tramitação no órgão;

IV- supervisionar os procedimentos necessários à preparação de processos para inclusão em pauta, bem como suas devoluções aos órgãos de origem, após o julgamento;

V - preparar a pauta de julgamento;

VI - prestar apoio administrativo às sessões de julgamento;

VII - elaborar quadro demonstrativo de movimento de processos, bem como boletim estatístico mensal relativo ao desempenho do órgão julgador e remessa à Coordenação de Gestão Técnica;

VIII- elaborar o Relatório anual das atividades do órgão; e

IX - providenciar a documentação, controlar a frequência e elaborar a escala de férias dos servidores das respectivas Câmaras ou Juntas.

Art. 13. O coordenador, os chefes de divisão e de serviço serão substituídos, em suas faltas ou impedimentos, por servidores indicados pelas respectivas autoridades competentes, a fim de que sejam designados na forma da legislação específica.

CAPÍTULO IV - DAS ATRIBUIÇÕES DOS DIRIGENTES, CONSELHEIROS E DEMAIS OCUPANTES DE CARGOS EM COMISSÃO

Seção I

Das atribuições do Presidente do CRSS

Art. 14. Ao Presidente do CRSS incumbe:

I - dirigir, supervisionar, coordenar e orientar as atividades do Conselho;

II - despachar com o Ministro de Estado do Desenvolvimento Social e Agrário;

III - sanear ou determinar o saneamento dos processos que contenham falhas de natureza processual;

IV - convocar e presidir as sessões do Conselho Pleno, manter a ordem e a harmonia das sessões, resolver as questões de ordem que lhe forem submetidas pelos Conselheiros, apurar as votações e proclamar os resultados;

V - comunicar ao Ministro de Estado do Desenvolvimento Social e Agrário a ocorrência dos casos que impliquem em perda de mandato de Conselheiro ou vacância de cargo em comissão e encaminhar representação sobre quaisquer irregularidades praticadas no âmbito do Conselho, propondo, quando for o caso, a efetivação das medidas cabíveis;

VI - convocar suplentes de qualquer Câmara ou Junta para atuar em outro órgão colegiado do CRSS, em caráter temporário ou até o fim de mandato, em atendimento às necessidades dos julgamentos;

VII - representar o Conselho perante autoridades e entidades públicas e privadas;

VIII - propor ao Ministro de Estado do Desenvolvimento Social e Agrário alteração do Regimento Interno do CRSS;

IX - solicitar ao MDSA e ao INSS os recursos materiais e humanos necessários ao funcionamento dos órgãos do CRSS;

X - comunicar ao órgão de recursos humanos de lotação do servidor em exercício no âmbito do CRSS a conduta passível de aplicação de sanção administrativa, após apuração em sindicância ou processo administrativo disciplinar; ou, comunicar a autoridade competente nas hipóteses em que não seja atribuição do CRSS apurar a falta funcional;

XI - determinar a instauração de sindicância ou processo administrativo disciplinar no âmbito do CRSS;

XII - determinar o afastamento preventivo do Conselheiro que tenha incorrido nas hipóteses de perda do mandato, de ofício ou a requerimento do Presidente do órgão julgador a que esteja vinculado o Conselheiro;

XIII- designar e dispensar os ocupantes de funções gratificadas cujo provimento seja de sua alçada;

XIV- decidir, mediante despacho fundamentado, sobre pedidos formulados pelas partes, inclusive em relação à decisão que não conhece a arguição de impedimento de Conselheiro;

XV- decidir sobre conflito de competência estabelecido entre Câmaras de Julgamento ou entre Câmara de Julgamento e Junta de Recursos;

XVI- provocar a uniformização em tese da jurisprudência administrativa previdenciária e assistencial;

XVII- executar outras atribuições constantes deste Regimento ou determinadas pelo Ministro de Estado do Desenvolvimento Social e Agrário;

XVIII - analisar e decidir monocraticamente o Recurso em face do não recebimento do pedido de uniformização pela Presidência do órgão julgador;

XIX - fazer o juízo de admissibilidade dos Embargos de Declaração contra as Resoluções editadas pelo Conselho Pleno, e

XX - fazer o juízo de admissibilidade da Reclamação ao Conselho Pleno. (Retificação publicada no DOU nº 96, de 22/5/2017, Seção 1 pag. 57)

Seção II

Das atribuições dos Presidentes das Câmaras e Juntas

Art. 15. Aos Presidentes de Câmara de Julgamento e Junta de Recursos incumbe:

I - coordenar, dirigir, supervisionar e orientar os serviços administrativos e judicantes da Câmara ou Junta;

II - presidir as sessões, com direito a voto de desempate, relatar processos, manter a ordem e a harmonia das sessões, resolver as questões de ordem, apurar as votações e proclamar os resultados;

III - adotar as providências necessárias ao rápido e perfeito julgamento dos processos, inclusive solicitando ao Presidente do CRSS a requisição de servidores para lotação na respectiva Câmara ou Junta;

IV - convocar e dispensar os Conselheiros suplentes;

V - fazer o juízo de admissibilidade do Pedido de Uniformização de Jurisprudência previstos no Regimento do CRSS;

VI - examinar e decidir mediante despacho fundamentado sobre pedidos incidentais formulados pelas partes;

VII - expedir certidões;

VIII- fixar os dias e horários para a realização das sessões ordinárias e convocar as extraordinárias;

IX - adotar medidas efetivas para garantir a celeridade e a eficiência na apreciação dos recursos e documentos, observados as normas gerais expedidas pela Presidência do CRSS;

X - considerar justificadas, ou não, as faltas dos Conselheiros às sessões ordinárias, comunicando ao Presidente do CRSS os casos que configurem falta injustificada;

XI - conceder licença do mandato aos Conselheiros com exercício fixado nos respectivos órgãos julgadores, nos casos de motivo relevante ou de doença ou lesão que acarretem incapacidade, ressalvadas as hipóteses de servidores públicos ativos com regime jurídico próprio e as atribuições do INSS em relação aos benefícios previdenciários devidos aos Conselheiros amparados pelo RGPS;

XII - requerer ao Presidente do CRSS o afastamento preventivo de Conselheiro que tenha incorrido nas hipóteses de perda de mandato;

XIII- suscitar conflito de competência em relação aos processos que tramitam perante seus respectivos órgãos julgadores;

XIV - propor ao Presidente do CRSS a instauração de procedimento para uniformização em tese de jurisprudência administrativa previdenciária e assistencial;

XV - encaminhar à Divisão de Assuntos Administrativos, com no mínimo (05) cinco dias úteis de antecedência ao da sessão, as pautas de julgamento; e

XVI - executar outras atribuições fixadas no Regimento Interno ou determinadas pelo Presidente do CRSS.

Parágrafo único. Além das atribuições previstas no caput, competirá:

I - aos Presidentes das Juntas de Recursos, representá-las perante as autoridades e entidades públicas e privadas, no âmbito de sua jurisdição; e

II - aos Presidentes das Câmaras de Julgamento, decidir monocraticamente, por despacho fundamentado irrecorrível, os conflitos de competência que lhe forem submetidos por Juntas de Recursos.

Seção III

Das atribuições do Conselheiro Relator

Art. 16. Ao Conselheiro relator das Câmaras e Juntas incumbe:

I - presidir e acompanhar a instrução do processo no âmbito do Colegiado, inclusive requisitando diligência preliminar, até sua inclusão em pauta;

II - propor à composição julgadora relevar a intempestividade de recursos, no corpo do próprio voto, quando fundamentadamente entender que, no mérito, restou demonstrada de forma inequívoca a liquidez e a certeza do direito da parte;

III - verificar se as partes foram regularmente cientificadas de todos os atos processuais praticados no curso do processo, a fim de que aos litigantes sejam assegurados o pleno exercício do contraditório e ampla defesa;

IV- solicitar, a qualquer tempo, o pronunciamento técnico da assessoria médica ou jurídica, visando obter subsídios para formar o seu convencimento;

V - retirar de pauta os autos de processo para reexame da matéria controvertida, podendo solicitar instrução complementar;

VI- devolver à Secretaria do respectivo órgão julgador os processos relatados, com observância dos prazos fixados pelo Presidente do CRSS;

VII - apontar a ocorrência de conexão ou de continência, determinando a reunião de processos, mediante referendo do Órgão Colegiado por ocasião da apreciação da matéria;

VIII- declarar-se impedido de participar do julgamento, na forma regimental;

IX - executar outras atribuições fixadas no Regimento, ou solicitadas pelo Presidente do CRSS, ou ainda pelo Presidente da Câmara ou Junta a que estejam vinculados.

Seção IV

Das atribuições Administrativas dos Dirigentes

Art. 17. Aos Presidentes de Câmara de Julgamento, Juntas de Recursos, Chefes de Divisão e Serviço, incumbe planejar, dirigir, coordenar, orientar, acompanhar e avaliar a execução das atividades afetas às respectivas unidades e exercer outras atribuições que lhes forem cometidas, em suas áreas de atuação, pelo Presidente do CRSS.

CAPÍTULO V - DA COMPOSIÇÃO, DIREÇÃO E MANDATO

Seção I

Da composição e Direção

Art. 18. O CRSS é presidido por um representante do governo com notório conhecimento da legislação previdenciária e assistencial, previamente designado como Conselheiro, nomeado pelo Ministro de Estado do Desenvolvimento Social e Agrário.

Parágrafo Único - O Presidente do CRSS é substituído, nas suas ausências e impedimentos, por um dos Presidentes de Câmara de Julgamento, previamente designado.

Art. 19. O Conselho Pleno será composto pelo Presidente do CRSS, que o presidirá e pelos Presidentes e Conselheiros Titulares das Câmaras de Julgamento.

Parágrafo único. Em caso de ausência ou impedimento, os Presidentes e os Conselheiros titulares serão substituídos, respectivamente, pelos Presidentes substitutos e pelos Conselheiros suplentes designados, no respectivo órgão julgador do CRSS.

Art. 20. As Câmaras de Julgamento e as Juntas de Recursos, presididas e administradas por representante do governo, são integradas por quatro membros, denominados Conselheiros, nomeados pelo Ministro de Estado do Desenvolvimento Social e Agrário obedecendo-se a seguinte composição de julgamento:

I - um Conselheiro Presidente da respectiva Câmara ou Junta, que presidirá a composição de julgamento;

II - um Conselheiro representante do governo;

III - um Conselheiro representante dos trabalhadores; e

IV - um Conselheiro representante das empresas.

§ 1º Os Presidentes das Câmaras e das Juntas serão substituídos, nas suas ausências e impedimentos, pelo outro Conselheiro titular representante do governo em atividade na respectiva Câmara ou Junta e, caso este também esteja ausente ou impedido, assumirá, interinamente, o Conselheiro representante do governo no efetivo exercício das funções de Conselheiro do CRSS do respectivo órgão julgador.

§ 2º Por razões de eficiência e celeridade, o Presidente do CRSS poderá determinar o funcionamento de composições de julgamento adjuntas em localidades situadas fora do território da sede da Junta de Recursos ou Câmara de Julgamento.

§ 3º Respeitados os Princípios do Contraditório e da Ampla Defesa, por razões de eficiência e celeridade, o Presidente do CRSS poderá alterar a competência territorial dos órgãos julgadores do CRSS conforme a necessidade do serviço e o volume de processos em trâmite no CRSS.

§ 4º A critério do Presidente da Câmara de Julgamento ou da Junta de Recursos, o Conselheiro do Governo, preferencialmente o titular, poderá presidir as sessões de julgamento, considerando-se a necessidade do serviço e o volume de processos em tramitação no órgão julgador.

Seção II

Do Procedimento de Escolha dos Conselheiros

Art. 21. A indicação e escolha dos Conselheiros das Juntas de Recursos e das Câmaras de Julgamento deverão atender aos seguintes critérios:

I - os representantes do governo são escolhidos entre servidores públicos federais ativos ou inativos, preferencialmente do MDSA ou do INSS, com curso superior em nível de graduação concluído, e notório conhecimento de legislação previdenciária e assistencial comprovado, indicados pelo Presidente do CRSS e submetidos à avaliação da Coordenação de Gestão Técnica, que exercerão as atividades pertinentes à função de Conselheiro em caráter de exclusividade, quando ativos, sem prejuízo dos direitos e vantagens do respectivo cargo de origem;

II - os representantes classistas deverão ter escolaridade de nível superior, formação jurídica preferencialmente para as Juntas de Recursos e necessariamente para as Câmaras de Julgamento, com conhecimentos da legislação previdenciária e assistencial, salvo os representantes de trabalhadores rurais, que deverão ter concluído o nível médio, e serão escolhidos dentre os indicados, em lista tríplice, pelas entidades de classe ou centrais sindicais das respectivas jurisdições.

§ 1º Os Conselheiros Presidentes das Juntas de Recursos e das Câmaras de Julgamento serão escolhidos dentre os Conselheiros representantes do governo, ocupando, nesta condição, cargo em comissão, da maneira como dispuser a estrutura regimental do MDSA.

§ 2º Os servidores do INSS poderão ser cedidos para ter exercício no CRSS, sem prejuízo dos direitos e das vantagens do respectivo cargo de origem, mediante ato do Ministro de Estado do Desenvolvimento Social e Agrário.

§ 3º É vedada a nomeação ou a recondução de Conselheiro que seja cônjuge, companheiro ou companheira ou parente em linha reta, colateral ou por afinidade, até o terceiro grau, de outro Conselheiro em atividade na mesma Junta de Recursos ou Câmara de Julgamento.

§ 4º As propostas de renovação de mandato dos Conselheiros por recondução serão encaminhadas até 90 (noventa) dias antes do vencimento do prazo do mandato em curso, sendo imprescindível a avaliação técnica quanto aos aspectos quantitativos e qualitativos do desempenho.

§ 5º Expirado o prazo do mandato, o Conselheiro poderá continuar no exercício da função pelo prazo máximo de 90 (noventa) dias, até que seja publicado o ato de recondução ou até a entrada em exercício do Conselheiro designado para ocupar a mesma vaga.

§ 6º Os Conselheiros suplentes das representações de governo e classistas serão convocados para integrar as composições de julgamento em atividade nos casos de renúncia, perda de mandato, licença, vacância e impedimentos legais dos Conselheiros titulares, ou por necessidade de serviço.

§ 7º As indicações de que trata o inciso I do caput serão apresentadas pelo Presidente do INSS, quando se tratar de servidores da Autarquia, pelo Secretário-Executivo e pelo Presidente do CRSS, quando se tratar de servidor do MDSA ou de outro órgão, após avaliação realizada pela Coordenação de Gestão Técnica.

§ 8º Para os fins do disposto no § 7º, o Presidente do CRSS solicitará às autoridades de que trata o parágrafo anterior a cessão de servidores para exercerem a função de conselheiros representantes do governo.

§ 9º A indicação da representação governamental não poderá recair sobre servidores que estejam respondendo a processo administrativo disciplinar, como acusado, ou que tenham sido punidos.

Art. 22. A escolha de Conselheiros das representações classistas dos trabalhadores e das empresas será realizada em processo formal, observados os seguintes procedimentos:

I - O Presidente do CRSS fará publicar aviso no sítio oficial, contendo as vagas disponíveis nas áreas territoriais de abrangência e os requisitos mínimos exigidos; local e prazo para entrega das indicações do nome dos representantes interessados em integrar o quadro de Conselheiros.

II - As listas tríplices, juntamente com os currículos dos candidatos e demais documentos necessários à instrução do processo, deverão ser encaminhadas ao Presidente do CRSS no prazo máximo de 30 (trinta) dias, contados da data de publicação do aviso no sítio oficial.

III - A Coordenação de Gestão Técnica formará um Comitê de Avaliação composto por três membros, o Coordenador da CGT e dois presidentes de órgãos julgadores, sendo estes alternados por períodos pré-estabelecidos. O Comitê será responsável em realizar as avaliações segundo diretrizes que prestigiem a capacidade técnica e experiência profissional dos candidatos, submeter os resultados à aprovação do Presidente do CRSS e garantir a transparência do processo seletivo ou de recondução dos conselheiros.

IV – o Presidente do órgão julgador onde será lotado o candidato em avaliação integrará o Comitê de Avaliação nos casos de escolha de Conselheiros.

V - a entidade de classe ou central sindical contemplada com a nomeação de seu representante será excluída do processo de seleção de novos Conselheiros no mesmo órgão julgador, ressalvada a hipótese em que, esgotado todos os procedimentos, nenhuma outra entidade indicar pretendente.

VI - no caso em que o CRSS entender pela recondução ao mandato, a entidade de classe poderá ratificar a indicação do Conselheiro, o que deverá ocorrer somente após a avaliação do presidente do órgão julgador e do Comitê de Avaliação, ficando dispensados os procedimentos dos incisos I e II.

VII - É garantido às representações de classes informações ou esclarecimentos acerca de todo o processo de escolha e recondução de conselheiros, que serão atendidas pela Coordenação de Gestão Técnica.

Parágrafo Único: Os procedimentos de escolha e de recondução dos conselheiros serão realizados em períodos previamente estabelecidos em ato do Presidente do CRSS, com prazo para início a ser considerado:

I - Do ato de publicação das vagas, no caso de escolha de novos conselheiros, ou;

II - Do envio do processo de recondução pelo Presidente do órgão julgador para o Serviço de Apoio aos Órgãos Colegiados, no caso de recondução.

Art. 23. A posse dos Presidentes de Câmara de Julgamento, de Junta de Recursos e a dos representantes governamentais e classistas, titulares e suplentes, integrantes de Câmara de Julgamento, se dará perante o Presidente do CRSS; e a dos demais representantes governamentais e classistas, titulares e suplentes, integrantes de Junta de Recursos, se dará perante o Presidente da respectiva Junta. (Retificação publicada no DOU nº 96, de 22/5/2017, Seção 1 pag. 57)

Seção III

Do Mandato

Art. 24. O mandato dos Conselheiros das Câmaras de Julgamento e das Juntas de Recursos é de dois anos, a contar da data estabelecida no ato de nomeação publicado. Na ausência desta, será considerada a data de publicação no Diário Oficial da União, sendo permitida a recondução, atendidas as condições impostas no Regimento do CRSS.

§ 1º O exercício da função de Conselheiro do CRSS será considerado serviço público relevante, não gerando qualquer espécie de vínculo de natureza empregatícia, estatutária ou contratual, sendo que o mandato não caracteriza relação de trabalho.

§ 2º Os Conselheiros representantes do governo continuarão sendo remunerados pelos órgãos e entidades de origem, enquanto que os representantes classistas de trabalhadores e empresas, bem como os representantes do governo, quando inativos, farão jus ao recebimento de gratificação por processo relatado com voto, na forma prevista no Regulamento próprio.

§ 3º O Conselheiro nomeado deverá tomar posse no prazo máximo de 10 (dez) dias úteis a contar da data estabelecida para início de mandato na publicação oficial da sua nomeação, sendo que a perda deste prazo implica em renúncia tácita ao mandato.

§ 4º A troca de titularidade entre Conselheiros dentro do respectivo órgão julgador somente poderá ocorrer mediante justificativa do Presidente da Câmara ou Junta encaminhadas à Coordenação de Gestão Técnica que submeterá à aprovação do Presidente do CRSS, não implicando em renovação de período de mandato.

§ 5º O Conselheiro poderá renunciar voluntariamente ao mandato em curso por motivo de foro íntimo, hipótese em que não será aplicável a penalidade de inabilitação para o exercício da função de Conselheiro que trata o art. 25, § 1º, deste Regimento.

§ 6º Findo o prazo regulamentar do mandato ou em caso de renúncia ao mandato em curso, o Conselheiro deverá restituir, ao respectivo órgão julgador, todos os processos que estejam sob sua responsabilidade, no prazo máximo de 05 (cinco) dias úteis, contados do protocolo da renúncia ou do término do mandato, sob pena de adoção das providências cabíveis na esfera civil, penal e administrativa.

Art. 25. Compete ao Ministro de Estado do Desenvolvimento Social e Agrário, sem prejuízo dos demais procedimentos e cominações legais, atendendo a solicitação fundamentada do Presidente do CRSS, declarar a perda do mandato do Conselheiro, titular ou suplente, nos casos em que:

I - retiver em seu poder, injustificadamente, os autos de processos que lhe foram distribuídos além dos prazos estabelecidos pelo Presidente do Conselho;

II - procrastinar a prática de atos processuais além dos prazos legais ou regimentais estabelecidos;

III - deixar de comparecer às sessões de julgamento, sem motivo justificado.

IV - participar de julgamento em cujo processo deveria saber estar impedido;

V - estar submetido a uma das penalidades disciplinares estabelecidas nos incisos II a VI do caput do art. 127 da Lei nº 8.112/90, ou, a processo criminal;

VI - praticar ilícito;

VII - demonstrar insuficiência de desempenho, quanto aos aspectos quantitativo ou qualitativo, apurada pelo Presidente do órgão julgador ou pela Coordenação de Gestão Técnica;

VIII- exercer atividades incompatíveis com o exercício de suas atribuições, tais como:

a) entrar em exercício em qualquer cargo, emprego ou função pública, inclusive cargo eletivo;

b) patrocinar, administrativa ou judicialmente, diretamente ou por interposta pessoa, interesse de empresas, segurados ou beneficiários perante a Seguridade Social, ou ainda, participar de sociedade de profissionais que exerçam tais atividades; e

c) exercer outras atividades na iniciativa privada consideradas incompatíveis com a função de Conselheiro do CRSS.

IX - incorrer em falta disciplinar, apurada por sindicância ou processo administrativo disciplinar, pelas seguintes condutas:

a) retardar, sem motivo justificado, o julgamento ou outros atos processuais;

b) praticar, no exercício da função, quaisquer atos de comprovado favorecimento;

c) apresentar, no exercício do mandato ou na vida privada, conduta incompatível com o decoro da função de Conselheiro do CRSS, mediante ações ou omissões; e

d) praticar ilícito administrativo.

§ 1° O Conselheiro do CRSS afastado por qualquer das razões previstas neste artigo, salvo na hipótese da alínea "a" do inciso VIII do caput, ficará inabilitado para o exercício da função de Conselheiro do CRSS pelo prazo de cinco anos, contados da publicação oficial do ato que decidir pela perda do mandato.

§ 2 ° Na ocorrência de afastamento preventivo, deverá restituir todos os processos ao respectivo órgão julgador, no prazo máximo de 05 (cinco) dias úteis, a contar da data da ciência pessoal ou postal que o intimar do afastamento.

§ 3° O conselheiro que perder o mandato deverá restituir, ao respectivo órgão julgador, todos os processos que estejam sob sua responsabilidade, no prazo máximo de 05 (cinco) dias úteis, contados da data da ciência pessoal ou postal do ato.

§ 4° A não restituição dos processos no prazo assinalado ensejará a adoção das providências cabíveis na esfera civil, penal e administrativa.

§ 5° Na apuração de faltas disciplinares ou ilícitos administrativos aplicam-se, no que couber, as disposições da Lei no 8.112, de 11 de dezembro de 1990.

CAPÍTULO VI - DO PROCESSO

Seção I

Dos Prazos

Art. 26. Os prazos estabelecidos neste Regimento são contínuos e começam a correr a partir da data da ciência da parte, excluindo-se da contagem o dia do início e incluindose o do vencimento.

§ 1º O prazo só se inicia ou vence em dia de expediente normal no órgão em que tramita o recurso ou em que deva ser praticado o ato.

§ 2º Considera-se prorrogado o prazo até o primeiro dia útil seguinte se o vencimento ocorrer em dia em que não houver expediente ou em que este for encerrado antes do horário normal.

§ 3º Os prazos previstos neste Regimento são improrrogáveis, salvo em caso de exceção expressa.

§ 4º - Quando o ato for praticado por meio eletrônico para atender a prazo processual, serão considerados tempestivos os transmitidos integralmente até as vinte e quatro horas de seu último dia útil.

Seção II

Das Intimações

Art. 27. Intimação é o ato pelo qual se dá ciência a alguém dos atos, termos e decisões do processo, para que faça ou deixe de fazer alguma coisa.

Parágrafo único. O interessado poderá praticar os atos processuais pessoalmente ou por intermédio de representante, devidamente constituído nos autos.

Art. 28. A intimação será efetuada por ciência no processo, por via postal com aviso de recebimento, por telegrama, por meio eletrônico, ou por outro meio que assegure a regularidade da ciência do interessado ou do seu representante, sem sujeição a ordem de preferência.

§ 1º A cientificação será efetuada por meio de edital somente nos casos de interessados indeterminados ou desconhecidos, ou cujo domicílio seja indefinido, entendido este como endereço vago ou incompleto.

§ 2º Considera-se feita a intimação:

I - se pessoal, na data da ciência do interessado ou de seu representante legal ou, caso haja recusa ou impossibilidade de prestar a nota de ciente, a partir da data em que for dada a ciência, declarada nos autos pelo servidor que realizar a intimação;

II - se por via postal ou similar, na data do recebimento aposta no comprovante, ou da nota de ciente do responsável;

III - se por edital, 15 (quinze) dias após sua publicação ou afixação;

IV - por meio eletrônico, com a confirmação de envio da correspondência eletrônica ao destinatário, fazendo-se a juntada da cópia do comprovante de envio.

§ 3º Presumem-se válidas as intimações dirigidas ao endereço residencial ou profissional declinado nos autos pela parte, beneficiário ou representante, cumprindo aos interessados atualizar o respectivo endereço sempre que houver modificação temporária ou definitiva.

§ 4º A intimação será nula quando realizada sem observância das prescrições legais, mas o comparecimento do interessado supre sua falta ou irregularidade.

Seção III

Dos Recursos

Art. 29. Denomina-se Recurso Ordinário aquele interposto pelo interessado, segurado ou beneficiário da Seguridade Social, em face de decisão proferida pelo INSS, dirigido às Juntas de Recursos do CRSS, observada a competência regimental.

Parágrafo único. Considera-se decisão de primeira instância recursal os acórdãos proferidos pelas Juntas de Recursos, exceto em matéria de alçada, na forma definida neste Regimento, hipótese em que a decisão será de única instância. (Retificação publicada no DOU nº 96, de 22/5/2017, Seção 1 pag. 57)

Art. 30. Das decisões proferidas no julgamento do Recurso Ordinário caberá Recurso Especial dirigido às Câmaras de Julgamento.

§ 1º O INSS recorrerá das decisões das Juntas de Recurso quando:

I - violarem disposição de lei, de decreto ou de portaria ministerial;

II - divergirem de Súmula ou de Parecer do Advogado Geral da União, editado na forma da Lei Complementar nº 73, de 10 de fevereiro de 1993.

III - divergirem de pareceres da Consultoria Jurídica do MDSA, dos extintos MTPS e MPS ou da Procuradoria Federal Especializada - INSS, aprovado pelo ProcuradorChefe;

IV - divergirem de enunciados editados pelo Conselho Pleno do CRSS e do antigo CRPS;

V - tiverem sido fundamentadas em laudos ou pareceres médicos divergentes emitidos pela Assessoria Técnico-Médica no âmbito do CRSS e pelos médicos peritos do INSS, ressalvados os benefícios de auxílio-doença, nos termos do inciso I do § 2º deste artigo; e (Retificação publicada no DOU nº 96, de 22/5/2017, Seção 1 pag. 57)

VI - contiverem vício insanável.

§ 2º Constituem alçada exclusiva das Juntas de Recursos, não comportando recurso às Câmaras de Julgamento, as seguintes decisões:

I - fundamentada exclusivamente em matéria médica, relativa aos benefícios de auxílio-doença; (Retificação publicada no DOU nº 96, de 22/5/2017, Seção 1 pag. 57)

II - proferida sobre reajustamento de benefício em manutenção, em consonância com os índices estabelecidos em lei, exceto quando a diferença na Renda Mensal Atual - RMA decorrer de alteração da Renda Mensal Inicial - RMI.

§ 3º A interposição tempestiva do Recurso Especial suspende os efeitos da decisão de primeira instância e devolve à instância superior o conhecimento integral da causa.

Subseção I

Das disposições comuns aos recursos

Art. 31. É de 30 (trinta) dias o prazo para a interposição de recurso e para o oferecimento de contrarrazões, contado da data da ciência da decisão e da data da intimação da interposição do recurso, respectivamente.

§ 1º Os recursos serão interpostos pelo interessado, preferencialmente, junto ao órgão do INSS que proferiu a decisão sobre o seu benefício, que deverá proceder a sua regular instrução com a posterior remessa do recurso à Junta ou Câmara, conforme o caso.

§ 2º O prazo para o INSS interpor recursos terá início a partir da data do recebimento do processo na unidade que tiver atribuição para a prática do ato.

§ 3º Na hipótese de Recurso Ordinário, serão considerados como contrarrazões do INSS os motivos do indeferimento. Em se tratando de Recurso Especial, expirado o prazo para contrarrazões, os autos serão imediatamente encaminhados para julgamento.

§ 4º O órgão de origem prestará nos autos informação fundamentada quanto à data da interposição do recurso, não podendo recusar o recebimento ou obstar-lhe o seguimento do recurso ao órgão julgador com base nessa circunstância.

§ 5º Os recursos em processos que envolvam suspensão ou cancelamento de benefícios resultantes do programa permanente de revisão da concessão e da manutenção dos benefícios do Seguro Social, ou decorrentes de atuação de auditoria, deverão ser julgados no prazo máximo de 60 (sessenta) dias após o recebimento pelo órgão julgador.

§ 6º Findo o prazo de que trata o parágrafo anterior, o processo será incluído pelo Presidente da unidade julgadora na pauta da sessão de julgamento imediatamente subsequente, da qual participar o Conselheiro a quem foi distribuído o processo.

Art. 32. Quando solicitado pelas partes, o órgão julgador deverá informar o local, data e horário de julgamento, para fins de sustentação oral das razões do recurso.

§ 1º O INSS poderá ser representado, nas sessões das Câmaras de Julgamento, das Juntas de Recursos e do Conselho Pleno do CRSS, pela Procuradoria Federal Especializada junto ao INSS, sendo facultada a sustentação oral de suas razões, com auxílio de assistentes técnicos do INSS.

§ 2º Até o anúncio do início dos trabalhos de julgamento, a parte ou seu representante poderão formular pedido para realizar sustentação oral presencial ou para apresentar alegações finais em forma de memoriais.

§ 3º O pedido de inscrição para realização de sustentação oral por videoconferência, quando disponível, deverá ser dirigido à Secretaria do órgão julgador até 72h antes da sessão de julgamento, podendo ser feito por mensagem eletrônica.

§ 4º É facultado ao Presidente do CRSS, por meio de ato próprio e sob coordenação conjunta da Coordenação de Gestão Técnica e Divisão de Assuntos Jurídicos, alterar os procedimentos relativos aos julgamentos em adequação às tendências tecnológicas, desde que em respeito aos princípios da publicidade, do devido processo legal, do contraditório e da ampla defesa.

Art. 33. Admitir ou não o recurso é prerrogativa do CRSS, sendo vedado a qualquer órgão do INSS recusar o seu recebimento ou sustar-lhe o andamento, exceto nas hipóteses expressamente disciplinadas neste Regimento.

§ 1º Não serão conhecidos pelas Câmaras de Julgamento os recursos de competência exclusiva das Juntas de Recursos, observado o disposto no art. 30, § 2º deste Regimento.

§ 2º Em se tratando de recurso firmado pelo próprio segurado ou beneficiário que não seja advogado, o Conselheiro relator do processo deverá identificar, se não for apontada, a norma infringida ou não observada pelo INSS.

Art. 34. O INSS pode, enquanto não tiver ocorrido a decadência, reconhecer expressamente o direito do interessado e reformar sua decisão, observado o seguinte procedimento:

I - quando o reconhecimento ocorrer na fase de instrução do Recurso Ordinário o INSS deixará de encaminhar o recurso ao órgão julgador competente;

II - quando o reconhecimento ocorrer após a chegada do recurso no CRSS, mas antes de qualquer decisão colegiada, o INSS deverá encaminhar os autos ao respectivo órgão julgador, devidamente instruído com a comprovação da reforma de sua decisão e do reconhecimento do direito do interessado, para julgamento do mérito.

III - quando o reconhecimento ocorrer após o julgamento da Junta de Recurso ou da Câmara de Julgamento, o INSS deverá encaminhar os autos ao órgão julgador que proferiu a última decisão, devidamente instruído com a comprovação da reforma de sua decisão e do reconhecimento do direito do interessado, para que, se for o caso, seja proferida nova decisão.

Parágrafo único Na hipótese de reforma parcial de decisão do INSS, o processo terá seguimento em relação à questão objeto da controvérsia remanescente.

Subseção II

Da desistência do recurso

Art. 35. Em qualquer fase do processo, desde que antes do julgamento do recurso pelo órgão competente, o recorrente poderá, voluntariamente, desistir do recurso interposto.

§ 1º A desistência voluntária será manifestada de maneira expressa, por petição ou termo firmado nos autos do processo.

§ 2º Uma vez interposto o recurso, o não cumprimento pelo interessado, de exigência ou providência que a ele incumbiriam, e para a qual tenha sido devidamente intimado, não implica em desistência tácita ou renúncia ao direito de recorrer, devendo o processo ser julgado no estado em que se encontra, arcando o interessado com o ônus de sua inércia.

Art. 36. A propositura, pelo interessado, de ação judicial que tenha objeto idêntico ao pedido sobre o qual versa o processo administrativo importa em renúncia tácita ao direito de recorrer na esfera administrativa e desistência do recurso interposto.

§ 1º Considera-se idêntica a ação judicial que tiver as mesmas partes, a mesma causa de pedir e o mesmo pedido do processo administrativo.

§ 2º Certificada a ocorrência da propositura da ação judicial, os prazos processuais em curso ficam suspensos e o INSS dará ciência ao interessado ou a seu representante legal para que se manifeste no prazo de 30 (trinta) dias. Expirado o prazo, os autos serão encaminhados para julgamento.

§ 3º Caso o conhecimento da propositura da ação judicial seja posterior ao encaminhamento do recurso ao CRSS e este ainda não tenha sido julgado administrativamente, o INSS comunicará o fato à Junta ou Câmara incumbida de proferir decisão, acompanhado dos elementos necessários para caracterização da renúncia tácita.

§ 4º Na hipótese em que o conhecimento da propositura da ação judicial seja posterior ao julgamento do recurso administrativo, se a decisão administrativa definitiva for favorável ao interessado e não existir decisão judicial transitada em julgado, o INSS comunicará o fato à Procuradoria Federal Especializada para:

I - orientar como proceder em relação ao cumprimento da decisão administrativa; e

II - se for o caso, estabelecer entendimento com o autor da ação judicial objetivando a extinção do litígio.

§ 5º Se o conhecimento da propositura da ação judicial for posterior ao julgamento do recurso administrativo e houver decisão judicial transitada em julgado com o mesmo objeto do processo administrativo, conforme orientação da Procuradoria Federal Especializada, a coisa julgada prevalecerá sobre a decisão administrativa.

Subseção III

Do Processamento do Recurso

Art. 37. Os processos submetidos a julgamento pelo CRSS serão numerados folha a folha, e as peças neles inseridas, a partir do recurso, devem ser digitadas, datadas e assinadas, recusadas as expressões injuriosas ou desrespeitosas, que poderão ser riscadas dos autos pelo Presidente da Câmara ou Junta.

§ 1º O interessado poderá juntar documentos, atestados, exames complementares e pareceres médicos, requerer diligências e perícias e aduzir alegações referentes à matéria objeto do processo até antes do início da sessão de julgamento, hipótese em que será avaliada a necessidade de conferir direito de vista à parte contrária para ciência e manifestação.

§ 2º Os requerimentos de provas serão objeto de apreciação por parte do Conselheiro relator, mediante referendo da composição de julgamento, cabendo sua recusa, em decisão fundamentada, quando se revelem impertinentes, desnecessárias ou protelatórias.

§ 3º É expressamente vedada a retirada dos autos da repartição pelas partes, sendo facultado ao recorrente ou seu representante, ou ainda ao terceiro que comprovar legítimo interesse no processo, a vista dos autos ou o fornecimento de cópias de peças processuais, salvo se o processo estiver com o relator, exigindo-se, para tanto, a apresentação de pedido por escrito assinado pelo requerente, o qual deverá ser anexado aos autos.

§ 4º Na hipótese do parágrafo anterior, caso não seja possível produzir cópias reprográficas na própria repartição, um funcionário da Secretaria, autorizado pela respectiva chefia, deverá acompanhar o interessado ao local onde as cópias serão extraídas.

§ 5º Os documentos originais apresentados para instrução do processo, quando de natureza pessoal das partes, deverão ser restituídos e substituídos por cópias cuja autenticidade seja declarada pelo servidor processante, devendo ser retida a documentação original quando houver indício de fraude.

§ 6º As Carteiras de Trabalho e Previdência Social - CTPS e os Carnês de Contribuição serão extratados pelo servidor do INSS responsável pela instrução do processo, que fará anexar aos autos simulação autenticada do tempo de contribuição apurado, inclusive dos dados existentes no Cadastro Nacional de Informações Sociais - CNIS e das seguintes informações:

I - na hipótese de aposentadoria por tempo de contribuição ou de aposentadoria especial deverá conter o tempo:

a) apurado até 15 de dezembro de 1998; e, até 28 de novembro de 1999 até a data do requerimento; assim como o tempo adicional referente ao pedágio para aposentadoria proporcional sem direito adquirido antes da Emenda Constitucional nº 20, de 15 de dezembro de 1998, seguidos do número de contribuições válidas para efeito de carência;

b) apurado até 18/06/15, para fins de verificação da aposentadoria por tempo de contribuição sem o fator previdenciário, e o número de contribuições válidas para efeito de carência; e

II - para os demais casos, conforme as hipóteses, o número de contribuições válidas para efeito de carência, o tempo de contribuição até a data do requerimento para fins de aposentadoria por idade urbana sem considerar a perda da qualidade de segurado, e o número de meses de atividade rural correspondente ao prazo de carência para os benefícios de trabalhadores rurais.

§ 7º Sob nenhum pretexto poderão ser retirados do processo os originais dos atos processuais nele exarados, podendo ser fornecida cópia autêntica ou certidão, para uso do interessado.

Art. 38. Os recursos, após cadastrados, serão distribuídos por ordem cronológica de entrada nas Câmaras ou Juntas, aos conselheiros relatores.

§ 1º As Juntas de Recursos e as Câmaras de Julgamento priorizarão a análise e solução dos seguintes recursos:

I - que tenham como parte beneficiários com idade igual ou superior a sessenta anos; e

II - relativos às prestações de auxílio-doença, de aposentadoria por invalidez e do benefício assistencial de que trata o art. 20 da Lei nº 8.742, de 7 de dezembro de 1993.

§ 2º Os Presidentes das Câmaras de Julgamento e das Juntas de Recursos devem diligenciar no sentido de que haja equidade e proporcionalidade na distribuição dos processos aos Conselheiros em atividade, inclusive quanto à espécie do benefício em discussão e à complexidade da matéria objeto dos processos, priorizando os Conselheiros titulares.

Art. 39. Na distribuição deverá ser observada a ocorrência de conexão e continência de acordo com os seguintes critérios:

I - reputam-se conexos dois ou mais processos de recurso quando lhes for comum o objeto ou a causa de pedir; e

II - haverá continência quando existir identidade de partes e da causa de pedir, mas o objeto de um dos processos de recurso, por ser mais amplo, abrange o do outro.

§ 1º As partes somente poderão alegar a conexão ou a continência até a interposição do recurso ou o oferecimento de contrarrazões.

§ 2º Os órgãos julgadores deverão determinar a reunião dos processos quando for comprovada tempestivamente a ocorrência de conexão ou continência e poderão determinar a juntada de cópias de outros processos para instrução do julgamento nas demais hipóteses em que houver ponto comum nas questões fáticas.

§ 3º Os processos que retornarem de diligência, os referentes à revisão ou a embargos de declaração serão distribuídos ao mesmo relator, salvo, se em licença ou impedido, hipótese em que os processos serão distribuídos a outro conselheiro pertencente à mesma representação.

Art. 40. As partes poderão oferecer exceção de impedimento de qualquer Conselheiro até o momento da apresentação de memoriais ou na sustentação oral.

§ 1º O Conselheiro estará impedido de participar do julgamento quando:

I - participou do julgamento em 1ª instância;

II - interveio como procurador da parte, como perito ou serviu como testemunha;

III - no processo estiver postulando, como procurador ou advogado da parte, o seu cônjuge ou companheiro ou companheira, ou qualquer parente seu, consanguíneo ou afim, em linha reta ou na linha colateral, até o terceiro grau, inclusive;

IV - seja cônjuge, companheiro ou companheira, parente, consanguíneo ou afim da parte interessada, em linha reta ou, na colateral, até o terceiro grau;

V - for amigo íntimo ou notório inimigo da parte interessada;

VI - tiver auferido vantagem ou proveito de qualquer natureza antes ou depois de iniciado o processo administrativo, em razão de aconselhamento acerca do objeto da causa; e

VII - tiver interesse, direta ou indiretamente, no julgamento do recurso em favor de uma das partes;

VIII- houver proferido a decisão indeferitória no âmbito do INSS.

§ 2º O impedimento será declarado pelo próprio Conselheiro ou suscitado por qualquer interessado, cabendo ao arguido pronunciar-se por escrito sobre a alegação que, se não for por ele reconhecida, será submetida à deliberação do Presidente do CRSS.

§ 3º O Conselheiro que deixar de declarar ou reconhecer seu impedimento, e for considerado impedido por decisão do Presidente do CRSS, poderá ser enquadrado na prática de falta disciplinar grave, sujeitando-se à penalidade de perda do mandato, observado o disposto no art. 25 deste Regimento, sem prejuízo das demais cominações legais.

§ 4º Se o impedimento for do Presidente da Câmara ou da Junta, assumirá a presidência dos trabalhos o seu substituto.

§ 5º No caso de impedimento do Conselheiro relator, o processo será redistribuído a outro Conselheiro da respectiva Câmara ou Junta, pertencente à mesma representação.

Seção IV

Do Julgamento

Art. 41. Cada sessão de julgamento será identificada por um número em ordem cronológica, renovados anualmente, e observará, para fins de deliberação, o quórum mínimo de três membros, sendo um de cada classe de representação.

Art. 42. Para cada sessão será elaborada pauta de julgamento, sendo os processos incluídos por solicitação do relator.

§ 1º Da pauta de julgamento constará a identificação dos processos a serem apreciados, da seguinte forma:

I - identificação do órgão julgador;

II - dia e hora do início da sessão de julgamento;

III - nome do relator;

IV - nome das partes;

V - número de protocolo dos recursos; e

VI - número de benefício.

§ 2º O número de processos por pauta será fixado por ato do Presidente do Conselho de Recursos do Seguro Social.

Art. 43. As pautas de julgamento das Câmaras de Julgamento e das Juntas de Recursos serão afixadas nas dependências do órgão julgador, em local visível e de fácil acesso ao público, bem como divulgadas na página oficial do Ministério do Desenvolvimento Social e Agrário na rede mundial de computadores - internet, com antecedência mínima de 03 (três) dias úteis à sessão em que o processo deva ser julgado.

§ 1º Os Presidentes das Juntas de Recursos e Câmaras de Julgamento deverão encaminhar as pautas de julgamento referidas no caput à Divisão de Assuntos Administrativos do CRSS com antecedência mínima de 05 (cinco) dias úteis ao da respectiva sessão, sob pena de incorrer em falta funcional.

§ 2º A sessão que não se realizar em razão da falta de expediente normal na repartição poderá ser remanejada, por decisão do Presidente do órgão julgador, para o primeiro dia útil subsequente, no horário possível, independentemente de nova divulgação.

§ 3º Cópia do inteiro teor das decisões proferidas pelos órgãos julgadores serão disponibilizados na rede mundial de computadores - internet, nos prazos estabelecidos pelo Presidente do CRSS, acessando-se a página oficial do Ministério do Desenvolvimento Social e Agrário, sem prejuízo da ciência do interessado por meio de intimação.

Art. 44. Os órgãos colegiados do CRSS obedecerão à seguinte ordem de trabalho:

I - abertura da sessão;

II - verificação de quórum;

III - leitura, discussão e aprovação da ata da sessão anterior;

IV - julgamento dos recursos; e

V - comunicações diversas.

Parágrafo único. Terão prioridade de julgamento na sessão os processos em que houver sustentação oral ou quando a parte estiver presente.

Art. 45. Apregoado o processo, o Presidente do órgão julgador dará a palavra ao Conselheiro relator, que apresentará o seu relatório, após o que será facultada ao recorrente e ao recorrido, sucessivamente, a oportunidade de sustentar suas razões, pelo tempo de até quinze minutos para cada um, nessa ordem, prosseguindo-se o voto.

§ 1º Havendo alegação de incompetência do órgão julgador, conexão, continência ou impedimento, as questões preliminares serão resolvidas antes do julgamento do mérito, devendo constar do voto do Conselheiro relator.

§ 2º O Presidente da Câmara ou Junta poderá, de ofício, ou por provocação de Conselheiro, das partes ou de seus respectivos representantes, desde que haja motivo justificado e relevante, determinar o adiamento do julgamento ou retirada do recurso de pauta.

§ 3º A sessão de julgamento será pública, ressalvado à Câmara ou Junta o exame reservado de matéria protegida por sigilo, admitida a presença das partes e de seus procuradores.

§ 4º O Presidente da Câmara ou da Junta poderá advertir ou determinar que se retire do recinto quem, de qualquer modo, perturbar a ordem, bem como poderá interpelar o orador ou interromper a sua fala, quando usada de modo inconveniente.

Art. 46. Após o voto do relator, os demais Conselheiros poderão usar a palavra e debater sobre questões pertinentes ao processo, proferindo seus votos na seguinte ordem de votação:

I - representante do governo;

II - representante dos trabalhadores;

III - representante das empresas; e

IV - presidente da composição de julgamento.

§ 1º O Conselheiro pode pedir vista dos autos antes de proferir seu voto, observada a ordem de votação, devendo apresentá-la na mesma sessão ou até a sessão de julgamento do mês subsequente.

§ 2º Quando da retomada do julgamento após o pedido de vista, o processo voltará a ser apreciado pelos mesmos integrantes da composição julgadora original, salvo em caso de impossibilidade regulamentar de algum dos Conselheiros.

§ 3º Tornar-se-á relator para o acórdão, o Conselheiro cujo voto divergente seja vencedor.

§ 4º Em caso de empate, o Presidente proferirá voto de desempate.

Art. 47. Os Conselheiros presentes à sessão de julgamento não poderão abster-se de votar, exceto em caso de impedimento, nas hipóteses previstas neste Regimento.

§ 1º Caso haja reconhecimento de impedimento de Conselheiro durante os trabalhos da sessão, o julgamento do processo ficará sobrestado para convocação de Conselheiro suplente para dar continuidade.

§ 2º O Conselheiro, inclusive o relator, poderá modificar seu voto antes da proclamação do resultado final do julgamento.

Art. 48. O relatório, os votos e a decisão final serão transcritos integralmente no processo e deles dar-se-á ciência às partes.

Parágrafo único. Deverão constar dos autos o voto divergente vencido, bem como as declarações de voto.

Art. 49. Na ausência do relator, o processo a ele destinado passará à responsabilidade do suplente convocado, pertencente à mesma representação.

Parágrafo único. O suplente em exercício que iniciar o julgamento, mediante análise do mérito da controvérsia, fica vinculado ao processo até a sua conclusão final, exceto se, por qualquer motivo, for desligado da instância julgadora.

Art. 50. Realizado o julgamento pela Câmara ou Junta, o processo será devolvido ao órgão de origem, para ciência das partes e cumprimento do julgado.

Art. 51. Da sessão será lavrada ata sucinta contendo:

I - número e natureza da sessão;

II - data, hora e local de abertura;

III - verificação de quórum e o nome dos ausentes, se houver;

IV - resultado de matéria administrativa;

V - remissão à pauta, indicando-se quantos processos foram julgados e os retirados de pauta, desde que haja motivo;

VI - os fatos ocorridos na sessão de julgamento, inclusive a presença das partes ou de seus representantes para fins de sustentar suas razões; e

VII - assinatura dos Conselheiros presentes.

Seção V

Das Decisões

Art. 52. As decisões das composições julgadoras serão lavradas pelo relator do processo, redigidas na forma de acórdão, deverão ser expressas em linguagem discursiva, simples, precisa e objetiva, evitando-se o uso de expressões vagas, de códigos, de siglas e de referências a instruções internas que dificultem a compreensão do julgamento.

§ 1º Deverão constar do acórdão:

I - dados identificadores do processo, incluindo nome do interessado ou beneficiário, número do processo ou do recurso, número e espécie do benefício;

II - relatório, que conterá a síntese do pedido, dos principais documentos, dos motivos do indeferimento, das razões do recurso e das principais ocorrências havidas no curso do processo;

III - ementa, na qual se exporá de forma resumida o assunto sob exame e o resultado do julgamento, com indicação da base legal que justifica a decisão;

IV - fundamentação, na qual serão avaliadas e resolvidas as questões de fato e de direito pertinentes à demanda, expondo-se as razões que formaram o convencimento do julgador, sendo vedada a exposição na forma de "considerandos";

V - conclusão, que conterá a decisão decorrente da convicção formada na fundamentação;

VI - julgamento, no qual constará a decisão final da composição julgadora, com o resultado da votação de seus membros, e

VII - os nomes dos Conselheiros participantes e a data de julgamento.

§ 2º As decisões deverão guardar estrita simetria com o pedido formulado e os motivos do indeferimento, devendo se manifestar expressamente sobre cada um dos pedidos.

§ 3º As decisões devem ser precisas, não podendo ficar condicionadas a evento futuro ou incerto.

Art. 53. As decisões proferidas pelas Câmaras de Julgamento e Juntas de Recursos poderão ser de:

I - conversão em diligência;

II - não conhecimento;

III - conhecimento e não provimento;

IV - conhecimento e provimento parcial;

V - conhecimento e provimento; e

VI - anulação.

§ 1º A conversão em diligência não dependerá de lavratura de acórdão e se dará para complementação da instrução probatória, saneamento de falha processual, cumprimento de normas administrativas ou legislação pertinente à espécie e adotará preferencialmente a diligência prévia, sem que haja prejulgamento.

§ 2º É de 30 (trinta) dias, prorrogáveis por mais 30 (trinta) dias, o prazo para que o INSS restitua os autos ao órgão julgador com a diligência integralmente cumprida.

§ 3º O pedido de prorrogação de prazo de que trata o parágrafo anterior, acompanhado de justificativa, será encaminhado via mensagem de correio eletrônico da previdência social ao Presidente, do órgão julgador que na hipótese de deferimento estabelecerá o prazo final, sem prejuízo das providências cabíveis se houver descumprimento injustificado.

§ 4º A diligência prévia deverá ser requisitada em forma simples e sucinta, pelo relator ou pelo Presidente da instância julgadora, antes da inclusão do processo em pauta.

§ 5º A diligência a ser cumprida diretamente por entidade, órgão ou pessoa estranha ao âmbito de abrangência ou da fiscalização do Ministério do Desenvolvimento Social e Agrário será solicitada pelo Presidente do CRSS ou, no âmbito de sua jurisdição, pelos Presidentes das Juntas de Recursos.

§ 6º Para efeito do disposto no inciso II, do art. 16, a relevação da intempestividade do recurso não admite realização de diligências para instrução do feito.

§ 7º Em se tratando de matéria exclusivamente médica deverá ser ouvida previamente a Assessoria Técnico-Médica, prestada por servidor lotado na instância julgadora que, na qualidade de perito do colegiado, se pronunciará, de forma fundamentada e conclusiva, no âmbito de sua competência, hipótese em que será utilizado encaminhamento interno por meio de despacho.

§ 8º Nos casos em que a controvérsia for sobre o enquadramento de atividades exercidas sob condições especiais que prejudiquem a saúde ou a integridade física, o Conselheiro Relator, mediante despacho fundamentado, poderá submeter os autos à Assessoria Técnico Médica, hipótese em que restringirá as consultas às situações de dúvidas concretas.

§ 9º De acordo com os votos proferidos, as decisões serão tomadas por unanimidade, por maioria ou por desempate.

§ 10. Ato do Presidente do CRSS trará as definições e critérios de conversão de diligência prévia.

Art. 54. Constituem razões de não conhecimento do recurso:

I - a intempestividade;

II - a ilegitimidade ativa ou passiva de parte;

III - a renúncia à utilização da via administrativa para discussão da pretensão, decorrente da propositura de ação judicial;

IV - a desistência voluntária manifestada por escrito pelo interessado ou seu representante;

V - qualquer outro motivo que leve à perda do objeto do recurso; e

VI - a preclusão processual.

Art. 55. As decisões serão assinadas pelo Conselheiro relator e pelo Presidente do órgão julgador e receberão um número que lhes será atribuído, segundo a ordem cronológica de sua expedição, em série numérica, renovados anualmente.

Seção VI

Do Cumprimento das Decisões

Art. 56. É vedado ao INSS escusar-se de cumprir, no prazo regimental, as diligências solicitadas pelas unidades julgadoras do CRSS, bem como deixar de dar efetivo cumprimento às decisões do Conselho Pleno e acórdãos definitivos dos órgãos colegiados, reduzir ou ampliar o seu alcance ou executá-lo de modo que contrarie ou prejudique seu evidente sentido.

§ 1º É de 30 (trinta) dias, contados a partir da data do recebimento do processo na origem, o prazo para o cumprimento das decisões do CRSS, sob pena de responsabilização funcional do servidor que der causa ao retardamento.

§ 2º A decisão da instância recursal excepcionalmente poderá deixar de ser cumprida no prazo estipulado no § 1º deste artigo se após o julgamento pela Junta ou Câmara, for demonstrado pelo INSS, por meio de comparativo de cálculo dos benefícios, que ao beneficiário foi deferido outro benefício mais vantajoso, desde que haja opção expressa do interessado, dando-se ciência ao órgão julgador com o encaminhamento dos autos.

§ 3º Na hipótese mencionada no parágrafo anterior, caso o beneficiário não compareça ou não manifeste expressamente sua opção após ter sido devidamente cientificado, o INSS deve manter o benefício que vem sendo pago administrativamente e se exime do cumprimento da decisão do CRSS, desde que esta situação esteja devidamente comprovada nos autos e que seja dada ciência ao órgão julgador por meio do encaminhamento dos autos.

§ 4º A implantação dos acórdãos referentes a recursos envolvendo benefícios de auxílio-doença, de matéria exclusivamente médica, será feita pelo Assistente Técnico-Médico do CRSS por meio do sistema disponibilizado pelo Instituto Nacional do Seguro Social. (Retificação publicada no DOU nº 96, de 22/5/2017, Seção 1 pag. 57)

§ 5º Os prazos de implementação no que se refere o parágrafo quarto deste artigo seguirão conforme consta no parágrafo primeiro deste mesmo artigo.

Subseção I

Da Reclamação pelo Descumprimento de Decisão do CRSS

Art. 57. Em caso de não cumprimento de decisão definitiva dos órgãos julgadores do CRSS, no prazo e condições estabelecidos no artigo anterior, é facultado à parte prejudicada formular reclamação, mediante requerimento instruído com cópia da decisão descumprida e outros elementos necessários à compreensão do processo, dirigida ao Presidente do CRSS, a ser processada pela Coordenação de Gestão Técnica.

§ 1º A reclamação poderá ser protocolada junto ao INSS ou diretamente nos órgãos que compõem a estrutura do CRSS, os quais a remeterão, imediatamente, ao órgão responsável pelo seu processamento.

§ 2º Recebida e autuada a reclamação na Coordenação de Gestão Técnica, esta expedirá, de imediato, ofício ou mensagem por meio eficaz de telecomunicação ou via eletrônica, com as devidas cautelas à autenticação da mensagem e do seu recebimento, ao órgão encarregado do cumprimento da decisão, para que informe sobre a situação processual, apresentando, se for o caso, os motivos do não cumprimento do julgado, no prazo improrrogável de 05 (cinco) dias.

§ 3º Encerrado o prazo do parágrafo anterior, não havendo resposta ou sendo as justificativas consideradas improcedentes, será expedido ofício firmado pelo Presidente do CRSS à Diretoria de Benefícios do INSS para adoção das medidas cabíveis ao efetivo cumprimento da decisão e, se for o caso, instauração de procedimento administrativo para apuração de falta funcional do servidor responsável pelo retardamento.

§ 4º A Coordenação de Gestão Técnica acompanhará os processos de reclamação até a solução final, mantendo registros em meio físico ou eletrônico de todas as ocorrências, devendo encaminhar relatório anual circunstanciado ao órgão competente de controle interno do Ministério do Desenvolvimento Social e Agrário.

CAPÍTULO VII - DOS DEMAIS PROCEDIMENTOS APLICÁVEIS AOS ÓRGÃOS JULGADORES DO CRSS

Seção I

Dos Embargos de Declaração

Art. 58. Caberão embargos de Declaração em face de acórdão dos órgãos julgadores do CRSS:

I - quando houver obscuridade, ambiguidade ou contradição entre a decisão e os seus fundamentos, ou, quando for omitido ponto sobre o qual deveriam pronunciar- se,

II - para corrigir erro material, entendendo-se como tal, os decorrentes de erros de grafia, numéricos, de cálculos ou, ainda, de outros equívocos semelhantes, que não afetem o mérito do pedido, o fundamento ou a conclusão do voto, bem como não digam respeito às interpretações jurídicas dos fatos relacionados nos autos, o acolhimento de opiniões técnicas de profissionais especializados ou o exercício de valoração de provas.

§ 1° Os embargos de declaração serão opostos pelas partes do processo, mediante petição fundamentada, dirigida ao relator do acórdão embargado, no prazo de 30 (trinta) dias contados da ciência do acórdão, excetuando apenas a hipótese prevista no inciso II deste artigo, que poderão ser opostos a qualquer tempo.

§ 2° A oposição tempestiva dos embargos interrompe o prazo para o cumprimento do acórdão, para a interposição de Recurso Especial, a apresentação de Reclamação ao Conselho Pleno e do Pedido de Uniformização de Jurisprudência. A interrupção cessa a partir da intimação das partes acerca da decisão dos declaratórios, quando passa a fluir o lapso temporal de 30 (trinta) dias.

§ 3° Analisados os embargos, o processo será submetido pelo relator ao colegiado para juízo de admissibilidade e de mérito, salvo quanto ao erro material (inciso II), que se dará por meio de Despacho à decisão do presidente do Órgão Julgador, e, se couber, proceder ao saneamento e reedição do acórdão. (Alterada conforme Portaria nº 176, de 19 de maio de 2017, publicada no DOU nº 96, de 22/5/2017, seção 1, pag.56)

§ 4º Nos embargos de Declaração, via de regra, não há necessidade de se oportunizar a manifestação da parte contrária, salvo nos casos em que a pretensão do embargante, na integração do julgado, implicar na modificação da decisão final, hipótese em que, excepcionalmente, deverá ser oportunizado o oferecimento de contrarrazões ao embargado.

§ 5° O acórdão deverá ser cumprido no prazo máximo de 30 (tinta) dias da ciência do setor responsável pela sua implantação, sob pena de responsabilização funcional do servidor que der causa ao retardamento, ressalvado se, no prazo estabelecido, for interposto recurso previsto neste Regimento. (Alterada conforme Portaria nº 176, de 19 de maio de 2017, publicada no DOU nº 96, de 22/5/2017, seção 1, pag.56)

§ 6º As disposições deste artigo aplicam-se, no que couber, às decisões em forma de resolução, editadas em casos concretos pelo Conselho Pleno.

§ 7° Os embargos de declaração possuem caráter integrativo da decisão, não acarretando a anulação do acórdão embargado, salvo nas hipóteses de efeito modificativo.

§ 8° Os embargos de declaração terão andamento prioritário nos órgãos do CRSS.

Seção II

Da Revisão de Acórdão

Art. 59. Os órgãos julgadores deverão rever suas próprias decisões, de ofício, ou a pedido, enquanto não ocorrer a decadência de que trata o art. 103-A da Lei nº 8.213, de 24 de julho de 1991, quando:

I - violarem literal disposição de lei ou decreto;

II - divergirem dos Pareceres da Consultoria Jurídica do MDSA, aprovados pelo Ministro de Estado do Desenvolvimento Social e Agrário, bem como, Súmulas e Pareceres do Advogado-Geral da União, na forma da Lei Complementar nº 73, de 10 de fevereiro de 1993;

III - divergirem dos Pareceres da Consultoria Jurídica dos extintos MPS e MTPS, vigentes e aprovados pelos então Ministros de Estado da Previdência Social e do Trabalho e Previdência Social;

IV - divergirem de enunciado editado pelo Conselho Pleno; e V - for constatado vício insanável.

§ 1º Considera-se vício insanável, entre outros:

I - A decisão que tiver voto de Conselheiro impedido ou incompetente, bem como, se condenado por crimes relacionados à matéria objeto de julgamento do colegiado;

II - a fundamentação baseada em prova obtida por meios ilícitos, ou cuja falsidade tenha sido apurada em processo administrativo ou judicial;

III - a decisão decorrer de julgamento de matéria diversa da contida nos autos;

IV - a fundamentação de voto decisivo ou de acórdão incompatível com sua conclusão;

V - a decisão fundada em "erro de fato", compreendendo-se como tal, aquela que considerou fato inexistente, ou, considerou inexistente fato efetivamente ocorrido, sendo indispensável, em ambos os casos, que o fato não represente ponto controvertido sobre o qual o órgão julgador deveria ter se pronunciado.

§ 2º O Conselheiro relator ou, na sua falta, o designado para substituí-lo, deverá reduzir a termo as razões de seu convencimento, e determinar a intimação das partes do processo, com cópia do termo lavrado, para que se manifestem no prazo sucessivo de 30 (trinta) dias, antes de submeter o seu entendimento à apreciação da unidade julgadora.

§ 3º A Revisão de Ofício terá andamento prioritário nos órgãos do CRSS.

Seção III

Do Conflito de Competência

Art. 60. Ocorre conflito de competência quando dois ou mais órgãos julgadores se declaram competentes para julgar o mesmo processo, ou quando nenhum deles assuma a competência.

§ 1º Os conflitos de competência entre Juntas de Recursos serão dirimidos pelos Presidentes das Câmaras de Julgamento, segundo distribuição alternada, e nos demais casos, pelo Presidente do CRSS.

§ 2º Em qualquer hipótese o conflito será resolvido por decisão monocrática irrecorrível.

CAPÍTULO VIII - DOS PROCEDIMENTOS APLICÁVEIS AO CONSELHO PLENO

Seção I

Da Uniformização em Tese da Jurisprudência

Art. 61. A uniformização, em tese, da jurisprudência administrativa previdenciária poderá ser suscitada para encerrar divergência jurisprudencial administrativa ou para consolidar jurisprudência reiterada no âmbito do CRSS, mediante a edição de enunciados.

§ 1º A uniformização em tese poderá ser provocada pelo Presidente do CRSS, pela Coordenação de Gestão Técnica, pela Divisão de Assuntos Jurídicos, pelos Presidentes das Câmaras de Julgamento ou, exclusivamente em matéria de alçada, por solicitação de Presidente de Juntas de Recursos, ou pela Diretoria de Benefícios do INSS, mediante a prévia apresentação de estudo fundamentado sobre a matéria a ser uniformizada, no qual deverá ser demonstrada a existência de relevante divergência jurisprudencial ou de jurisprudência convergente reiterada.

§ 2º A divergência ou convergência de entendimentos deverá ser demonstrada mediante a elaboração de estudo fundamentado com a indicação de decisórios divergentes ou convergentes, conforme o caso, proferidos nos últimos cinco anos, por outro órgão julgador, composição de julgamento, ou, ainda, por resolução do Conselho Pleno.

§ 3º Elaborado o estudo na forma prevista no § 2º a autoridade competente encaminhará a proposta de uniformização em tese da jurisprudência previdenciária ao Presidente do CRSS que a distribuirá ao relator da matéria no Conselho Pleno.

§ 4º Aplica-se à uniformização em tese da jurisprudência administrativa previdenciária e assistencial, no que couber, o procedimento previsto no artigo 63 deste Regimento.

Art. 62. A emissão de enunciados dependerá da aprovação da maioria absoluta dos membros do Conselho Pleno e vincula, quanto à interpretação do direito, todos os Conselheiros do CRSS.

§ 1º A interpretação dada pelo enunciado não se aplica aos casos definitivamente julgados no âmbito administrativo, não servindo como fundamento para a revisão destes.

§ 2º O enunciado poderá ser revogado ou ter sua redação alterada, por maioria simples, mediante provocação das autoridades de que trata o § 1º do art. 61, sempre precedido de estudo fundamentado, nos casos em que esteja desatualizado em relação à legislação previdenciária; houver equívoca interpretação da norma; ou quando sobrevier parecer normativo ministerial, aprovado pelo Ministro de Estado, nos termos da Lei Complementar nº 73, de 1993, que lhe prejudique ou retire a validade ou eficácia.

Seção II

Do Pedido de Uniformização de Jurisprudência

Art. 63. O Pedido de Uniformização de Jurisprudência poderá ser requerido em casos concretos, pelas partes do processo, dirigido ao Presidente do respectivo órgão julgador, nas seguintes hipóteses:

I - quando houver divergência na interpretação em matéria de direito entre acórdãos de Câmaras de Julgamento do CRSS, em sede de Recurso Especial, ou entre estes e resoluções do Conselho Pleno; ou

II - quando houver divergência na interpretação em matéria de direito entre acórdãos de Juntas de Recursos do CRSS, nas hipóteses de alçada exclusiva previstas no art. 30, § 2º, deste Regimento, ou entre estes e Resoluções do Conselho Pleno.

§ 1º A divergência deverá ser demonstrada mediante a indicação do acórdão divergente, proferido nos últimos cinco anos, por outro órgão julgador, composição de julgamento, ou, ainda, por resolução do Conselho Pleno.

§ 2º É de 30 (trinta) dias o prazo para o requerimento do Pedido de Uniformização de Jurisprudência e para o oferecimento de contrarrazões, contados da data da ciência da decisão e da data da intimação do pedido, respectivamente, hipótese em que suspende o prazo para o seu cumprimento.

§ 3º Reconhecida em sede cognição sumária a existência da divergência pelo Presidente do órgão julgador, o processo será encaminhado ao Presidente do Conselho Pleno para que o pedido seja distribuído ao relator da matéria.

§ 4º Do não recebimento do pedido de uniformização pela Presidência do órgão julgador, caberá recurso ao Presidente do CRSS, no prazo de 30 (trinta) dias da ciência da decisão comprovada nos autos.

§ 5º O pedido de uniformização poderá ser formulado pela parte uma única vez, tratando-se do mesmo caso concreto ou da mesma matéria examinada em tese, à luz do mesmo acórdão ou resolução indicados como paradigma.

§ 6º O Conselho Pleno poderá pronunciar-se pelo não conhecimento do pedido de uniformização, ou pelo seu conhecimento e seguintes conclusões:

I - edição de Enunciado, com força normativa vinculante, quando houver aprovação da maioria absoluta de seus membros e havendo deliberação do colegiado para sua emissão;

II - edição de Resolução para o caso concreto, quando houver aprovação da maioria simples de seus membros.

§ 7º Proferido o julgamento, caso haja deliberação para edição de enunciado, o Conselheiro responsável pelo voto vencedor deverá redigir o projeto de enunciado, a ser aprovado na mesma sessão ou na sessão ordinária seguinte.

§ 8º O pronunciamento do Conselho Pleno, nos casos de uniformização de jurisprudência, poderá ser adiado, uma única vez, para a sessão seguinte a pedido de, no mínimo, três membros presentes.

§ 9º O pedido de adiamento na forma do parágrafo anterior não impedirá que votem os Conselheiros que se julguem habilitados a fazê-lo.

§ 10. Os Conselheiros que tenham participado do julgamento na Câmara do CRSS não estão impedidos de julgar o pedido de uniformização no Conselho Pleno.

§ 11. Aplica-se ao pedido de uniformização de jurisprudência, no que couber, o disposto no Capítulo VII deste Regimento.

§ 12. No caso de provimento do Pedido de Uniformização de Jurisprudência, o Órgão Julgador do CRSS que proferiu o acórdão infringente deverá revê-lo de ofício, após ser notificado do resultado do julgamento, adequando o julgado à tese fixada pelo Pleno.

Seção III

Da Reclamação ao Conselho Pleno

Art. 64. A Reclamação ao Conselho Pleno poderá ocorrer, no caso concreto, por requerimento das partes do processo, dirigido ao Presidente do CRSS, somente quando os acórdãos das Juntas de Recursos do CRSS, em matéria de alçada, ou os acórdãos de Câmaras de Julgamento do CRSS, em sede de Recurso Especial, infringirem:

I - Pareceres da Consultoria Jurídica do MDSA, aprovados pelo Ministro de Estado do Desenvolvimento Social e Agrário, bem como, Súmulas e Pareceres do Advogado-Geral da União, na forma da Lei Complementar nº 73, de 10 de fevereiro de 1993;

II - Pareceres da Consultoria Jurídica dos extintos MPS e MTPS, vigentes e aprovados pelos então Ministros de Estado da Previdência Social e do Trabalho e Previdência Social;

III - Enunciados editados pelo Conselho Pleno.

§ 1º O prazo para o requerimento da Reclamação ao Conselho Pleno é de 30 (trinta) dias contados da data da ciência da decisão infringente e suspende o prazo para o seu cumprimento.

§ 2º Caberá ao Presidente do CRSS fazer o juízo de admissibilidade da Reclamação ao Conselho Pleno verificando se estão presentes os pressupostos previstos no caput, podendo:

I - indeferir por decisão monocrática irrecorrível, quando verificar que não foram demonstrados os pressupostos de admissibilidade previstos no caput;

II - distribuir o processo ao Conselheiro relator da matéria no Conselho Pleno quando verificar presentes os pressupostos de admissibilidade previstos no caput.

§ 3º Os processos poderão ser preliminarmente submetidos pelo Presidente do CRSS ao órgão julgador que prolatou o acórdão infringente, para facultar-lhe a Revisão de Ofício nos termos do art. 59 deste regimento.

§ 4º O resultado do julgamento da Reclamação pelo Conselho Pleno será objeto de notificação ao órgão julgador que prolatou o acórdão infringente, para fins de adequação do julgado à tese fixada pelo Pleno, por meio da Revisão de Ofício.

Seção IV

Das Disposições Gerais

Art. 65. As reuniões do Conselho Pleno serão abertas por seu Presidente, após verificada a presença de, no mínimo, metade mais um dos seus membros.

§ 1º O Presidente do CRSS designará o relator nos procedimentos aplicáveis ao Conselho Pleno.

§ 2º Após a leitura do relatório e do voto do Conselheiro relator, será iniciado o processo de votação, no qual os conselheiros poderão:

I - acompanhar o relator;

II - divergir do relator; ou

III - pedir vista dos autos.

§ 3º Encerrada a votação, o Presidente do Conselho Pleno proclamará a decisão.

§ 4º O pedido de vista por um dos Conselheiros aproveita aos demais, que deverão apresentar seus votos, caso divirjam do relator, na sessão seguinte, sendo disponibilizadas cópias das principais peças dos autos aos Conselheiros que solicitarem.

§ 5º O Presidente do CRSS proferirá seu voto nas reuniões do Conselho Pleno quando for necessário o desempate e quando for o propositor da uniformização em tese da jurisprudência.

§ 6º Quando a decisão do Conselho Pleno for editada em forma de Resolução para o caso concreto será exigida a maioria simples.

Art. 66. O Presidente do CRSS poderá propor ao Ministro de Estado do Desenvolvimento Social e Agrário a ampliação do número de composições que atuarão em cada instância julgadora, observando-se o volume de processos existentes, na forma estabelecida pelo § 10, do art. 303 do RPS.

Art. 67. Quando as Câmaras de Julgamento entenderem pela necessidade de anulação do julgamento anterior, poderão devolver os autos à unidade de origem para reexame da matéria e nova decisão sobre o mérito da causa ou, atendendo ao princípio de economia processual, se não houver prejuízo para a instrução da matéria ou para a defesa das partes, poderão, elas próprias, pronunciar-se em caráter definitivo sobre o mérito da controvérsia no âmbito administrativo.

Art. 68. Os Pareceres da Consultoria Jurídica do MDSA, quando aprovados pelo Ministro de Estado, nos termos da Lei Complementar nº 73, de 10 de fevereiro de 1993, vinculam os órgãos julgadores do CRSS, à tese jurídica que fixarem, sob pena de responsabilidade administrativa quando da sua não observância.

Parágrafo Único: A vinculação normativa a que se refere o caput aplica-se também aos pareceres da Consultoria Jurídica dos extintos MPS e MTPS, vigentes e aprovados pelos então Ministros de Estado da Previdência Social e do Trabalho e Previdência Social, enquanto não revistos pela atual Consultoria Jurídica do MDSA.

Art. 69. É vedado aos órgãos julgadores do CRSS afastar a aplicação, por inconstitucionalidade ou ilegalidade, de tratado, acordo internacional, lei, decreto ou ato normativo ministerial em vigor, ressalvados os casos em que:

I - já tenha sido declarada a inconstitucionalidade da norma pelo Supremo Tribunal Federal, em ação direta, após a publicação da decisão, ou pela via incidental, após a publicação da resolução do Senado Federal que suspender a sua execução; e

II - haja decisão judicial, proferida em caso concreto, afastando a aplicação da norma, por ilegalidade ou inconstitucionalidade, cuja extensão dos efeitos jurídicos tenha sido autorizada pelo Presidente da República.

Art. 70. Caberá às autoridades do CRSS prestar as informações solicitadas em mandados de segurança impetrados contra os seus atos, com o auxílio institucional da Advocacia

Geral da União, bem como, quando necessário, solicitar a inclusão do INSS no feito judicial como litisconsorte passivo necessário, além de:

I - encaminhar à Advocacia-Geral da União as notificações, citações e decisões proferidas pelo Poder Judiciário, dentre elas, concedendo ou negando liminar em mandado de segurança impetrado contra os seus atos, bem assim, as decisões de mérito nos mandados de segurança, no prazo de quarenta e oito horas; e

II - solicitar ao Presidente do CRSS, por intermédio de procedimento próprio, a instauração de sindicância e de processo administrativo disciplinar no âmbito dos respectivos órgãos colegiados.

Art. 71. Nos casos de omissão deste Regimento, aplicam-se sucessivamente, se houver compatibilidade das regras, as disposições pertinentes da Lei nº 13.105, de 16 de março de 2015, que instituiu o Código de Processo Civil, e da Lei no 9.784, de 29 de janeiro de 1999, que regula o processo administrativo no âmbito da Administração Pública Federal.

Art. 72. O fornecimento de instalações físicas, sua manutenção, conservação e adaptação, bem como os demais recursos materiais e humanos necessários ao desenvolvimento das atividades das Câmaras de Julgamento e Juntas de Recursos serão assegurados pelo MDSA e pelo INSS, mediante solicitação dos respectivos Presidentes.

§ 1º As Gerências Executivas responsáveis pelo apoio logístico incluirão em suas propostas orçamentárias os recursos necessários destinados aos órgãos julgadores do CRSS.

§ 2º Os servidores públicos cedidos na forma do § 7º do art. 303 do RPS exercerão suas atividades no CRSS sem prejuízo dos direitos e vantagens do respectivo cargo de origem, inclusive quanto aos que vierem a ser atribuídos.

Art. 73. As disposições desse Regimento se aplicam também às composições adjuntas de julgamento.

Art. 74. As normas deste Regimento Interno aplicam-se imediatamente aos processos em curso no Conselho de Recursos do Seguro Social e no INSS, não atingindo os atos processuais já praticados em período anterior a sua vigência e ficando revogadas as disposições em contrário.

Art. 75. É assegurada às Representações Classistas a participação junto ao CRSS em atendimento às prerrogativas de transparência e controle social em defesa dos interesses previdenciários dos trabalhadores e empregadores, a qual deverá ser estabelecida em conformidade com os preceitos de governança pública e participação social, por meio de ato normativo próprio do Ministro de Estado.

CAPÍTULO IX - DAS DISPOSIÇÕES TRANSITÓRIAS

Art. 76. É assegurada a manutenção dos mandatos dos conselheiros que ainda estão em curso na publicação deste Regimento, mediante avaliação para fins de verificação da habilitação dos conselheiros para o exercício da função em conformidade com as novas diretrizes previstas neste Regimento e ato próprio do CRSS, devendo ser observadas as seguintes condições:

I - Todos os conselheiros com mandatos em curso serão avaliados pela Coordenação de Gestão Técnica, por meio do Comitê de Avaliação, dentro de parâmetros de eficiência, qualidade e quantidade estabelecidos, sendo o resultado destas avaliações consideradas para fins de habilitação para a o exercício da função de conselheiro;

II - As avaliações serão realizadas priorizando os conselheiros que estejam com os mandatos próximos do término, conforme definição em ato do Presidente do CRSS, a fim de assegurar as devidas reconduções;

III - Os procedimentos formais para as avaliações previstas neste artigo são os mesmos estabelecidos para a recondução dos conselheiros previstos neste Regimento.

§ 1º Os Conselheiros habilitados pelo Comitê de Avaliação, terão o mandato renovado por dois anos, em caráter excepcional, a contar da data de publicação da habilitação.

§ 2º É garantida a finalização do mandato, que é de dois anos, àqueles conselheiros que não forem considerados habilitados pelo Comitê de Avaliação.

Art. 77. As alterações de que tratam o inciso II do art. 21 terão o prazo máximo de até 02 (dois) anos para serem plenamente implementadas.

Parágrafo único: É facultado ao Presidente do CRSS realocar os conselheiros representantes de governo e de classes, entre Câmaras de Julgamento, e das Câmaras de Julgamento para as Juntas de Recurso, que não atenderem aos requisitos do inciso II do art. 21, com a finalidade de adequar quantitativos, representações e critério de notório conhecimento, desde que realizados todos os procedimentos previstos para a recondução.

Art. 78. Os procedimentos relativos à escolha ou recondução de conselheiros que já estiverem em curso quando da publicação deste Regimento serão finalizados de acordo com os normativos então vigentes.

Parágrafo único. O CRSS tem o prazo máximo de 90 (noventa) dias para emissão de ato próprio a fim de disciplinar e complementar internamente as novas diretrizes a serem adotadas para os procedimentos de escolha e recondução de Conselheiros.

Referência

AMADO, Frederico. Curso de Direito e Processo Previdenciário, 13 ed. Juspodivm: 2020.

ANOTAÇÕES

ANOTAÇÕES

ANOTAÇÕES

ANOTAÇÕES

EDITORA JusPODIVM
www.editorajuspodivm.com.br

Impressão e Acabamento
PlenaPrint
Indústria Gráfica